西安鱼化寨

（壹）

西安市文物保护考古研究院　编著

科学出版社

北京

内 容 简 介

本书系西安鱼化寨遗址田野考古发掘报告。鱼化寨遗址位于西安西郊皂河西岸的二级台地上，发现于1937年，是关中地区发现较早的史前遗址之一。2002年10月至2005年5月，西安市文物保护考古研究院对鱼化寨遗址进行了全面勘探和重点发掘，总发掘面积2861平方米，共发现各类遗迹531处，其中房址107座、灰坑255座、灶址29座、窑址1座、壕沟2条、土坑墓14座，瓮棺墓123座，文化内涵十分丰富，时间跨度较大，是一处大型史前环壕聚落遗址。本书全面系统地公布了此次考古发掘的遗迹与遗物，为研究关中地区老官台文化、仰韶文化和龙山文化提供了重要的实物资料。

本书适合于新石器时代考古、先秦史的研究人员以及大专院校相关专业师生参考、阅读。

图书在版编目（CIP）数据

西安鱼化寨 / 西安市文物保护考古研究院编著. —北京：科学出版社，2017.2

ISBN 978-7-03-044319-9

Ⅰ. ①西⋯　Ⅱ. ①西⋯　Ⅲ. ①史前文化–文化遗址–发掘报告–西安市　Ⅳ. ①K878.05

中国版本图书馆CIP数据核字（2015）第103290号

责任编辑：张亚娜 / 责任校对：邹慧卿　钟　洋　彭　涛

责任印制：肖　兴 / 封面设计：美光制版

科学出版社 出版

北京东黄城根北街16号

邮政编码：100717

http://www.sciencep.com

北京新华印刷有限公司 印刷

科学出版社发行　各地新华书店经销

*

2017年2月第 一 版　　开本：889×1194　1/16

2017年2月第一次印刷　　印张：97　插页：144

字数：3 290 000

定价：1800.00元（全四册）

（如有印装质量问题，我社负责调换）

序

仰韶文化是中国最早发现并命名的新石器时代考古学文化，也一直是中国史前考古学关注和重点研究的文化之一。经过90余年的发掘与研究，有关仰韶文化的时空分布、分期、类型划分及文化特征等方面的研究日渐深入。但毋庸讳言仍有许多需要进一步探索的问题，如仰韶文化的来源及最早遗存的特征，半坡、史家与庙底沟类遗存的关系问题，仰韶文化聚落形态及其演变问题等等。

多年的研究表明，渭水流域的关中地区，从仰韶文化遗址的分布数量、规模和文化遗存的典型性等方面看，均应是仰韶文化分布的中心区域。历年来的调查与发掘，为仰韶文化的研究提供了最具典型性和最主要的考古资料。特别是半坡、北首岭、泉护村、姜寨、福临堡、案板、杨官寨、新街等一系列遗址的发掘，对于认识仰韶文化的基本特征、时空分布、分期与发展演变过程等诸多问题都起到至关重要的作用。这些不断的考古新发现，是推动仰韶文化研究不断走向深入的动力。因此，田野考古发掘始终是考古学研究的基础。

鱼化寨遗址的考古发掘，就是近十多年来关中地区仰韶文化最重要的考古发掘之一。经过几个年度的考古发掘和长达近十年的艰苦、认真、细致的资料整理和报告编写，终于编成了四大册，洋洋二百多万言及大量图表、照片的巨著。现在，这部巨著即将要付梓了，这是一件可喜、可贺的事。

2003年，本人有幸在时任西安市文物保护考古所副所长程林泉研究员的引领下，亲临发掘现场参观，观摩出土遗物，感触颇多。以后随着发掘的进程，在不同场合聆听过时任考古发掘领队的尚民杰研究员及考古发掘与资料整理的主要参与者张翔宇、郭永淇、翟霖林等青年学者们的介绍，不断加深了对鱼化寨遗址的认识。特别需要说明的是，蒙尚民杰院长、张翔宇副院长的概允，2009年以来，我的几位博士、硕士研究生先后参加了鱼化寨遗址发掘资料的整理，并主要依据这批资料完成了博士、硕士论文的撰写。一方面，在指导博、硕士论文的过程中不断加深了对鱼化寨遗址仰韶时期遗存的认识；另一方面开创了西北大学与西安市文物保护考古研究院合作培养考古学高级专门人才的机制与模式。我们师生在鱼化寨遗址发掘资料整理的过程中获益良多，这是需要特别感谢的。

近来受西安市文物保护考古研究院领导和鱼化寨遗址的发掘与资料整理、报告编写者的委托，希望能为《西安鱼化寨》报告写个序言。然而要准确把握和评价鱼化寨遗址发掘的学术意义并非易事，反复思考后，仅在本人长期研究仰韶文化的基础上，谈谈对鱼化寨遗址发掘及《西安鱼化寨》的几点初步认识。

首先，鱼化寨遗址的发掘，发现了从老官台时期、仰韶文化各阶段到龙山时期的系列遗存及地层堆积。尽管老官台时期和仰韶文化庙底沟期仅发现有少量陶片，未见地层堆积和相关遗迹，但由于目前仅发掘了遗址的一小部分，相信遗址范围内一定有这两个时期的堆积和相关遗存。由此看来，鱼化寨遗址是保存有从前仰韶时期、仰韶时期到龙山时期的各主要文化发展阶段重要信息的宝库。特别是仰韶时期的堆积，最厚达4米多，可划分为十多个文化层；各层均保存有数量不等的房址、灰坑（窖穴）、墓葬（瓮棺）和壕沟等遗迹。特别值得赞许的是报告编写者按地层单位与遗迹单位发表了出土的主要遗物线图、照片及相关的平剖面图和统计表，尽可能地保持了资料报道的客观性。由于这些遗存所处的地层与相对年代关系清楚，出土物报道较全面，因而《西安鱼化寨》的出版，为进一步从时间的过程考察仰韶文化的来源以及发生、发展与演变过程提供了十分重要的研究资料。

其次，鱼化寨遗址的发掘，再次找到了丰富的仰韶文化最早遗存。仰韶文化从何而来？最早的仰韶文化遗存的基本特征如何？这些都是仰韶文化研究的基本问题之一。早在20世纪70年代，梁星彭先生依据陕西宝鸡北首岭遗址下层发现的早于仰韶文化半坡类型的文化堆积，提出了早于半坡类型的"北首岭下层类型"的命名，这是关于仰韶文化最早遗存的首次探索。之后，许多学者对"北首岭下层"的内涵与特征进行了分析，多数学者认为以小口平底瓶、直腹弦纹罐为代表的一类遗存晚于老官台文化，早于仰韶文化半坡类型（半坡期）。但对这类遗存的性质却有不同的观点，或认为属仰韶文化半坡期较早阶段的遗存，或认为是早于仰韶文化的"北首岭文化"。从陶器看，这类遗存有与老官台文化相似的器类，如圜底钵、深腹平底碗、直腹弦纹罐等；小口平底瓶、直腹弦纹罐与仰韶文化半坡期小口尖底瓶、鼓腹弦纹罐既有相似性，又有差异性。但总体看来与仰韶文化半坡期相似的因素更多，联系也更紧密。就地层关系而言，鱼化寨遗址这类遗存（9～12层）压在仰韶文化半坡期较早阶段的堆积（4～8层）之下，再次从地层关系上证明这类遗存早于半坡期。因此，这类遗存应属仰韶文化最早的遗存，可称之为仰韶文化初期或北首岭期。同类的遗存还见于宝鸡福临堡、临潼零口和南郑龙岗寺等遗址。但就遗迹而言，鱼化寨遗址发现较多且地层关系清楚，计有房址10座，灶址1座，灰坑25座。因此，《西安鱼化寨》出版后，可使学术界对仰韶文化最早遗存乃至仰韶文化分期有更全面的认识。

再次，鱼化寨遗址的发掘，首次发现了仰韶文化内、外两重环壕聚落。从地层关系看，内壕（G1）和外壕（G2）均压在第③层下，并被第③层下的一些遗迹叠压或打破。第③层及其之下开口的遗存，被认为属仰韶文化史家期。从第③层下的一些房址、灰坑和内、外壕沟的堆积中，均可见史家期葫芦口尖底瓶、敛口瓮、变体鱼纹盆等典型陶器，未见晚于史家期的陶片。由此可以推测，内、外壕均属仰韶文化史家期的遗存。这两条壕沟口宽均在10米以上，深在3.5～4.8米，应属防御性的设施。从内壕之内和内、外壕沟之间分布的房址规模、形制看，并无明显的差异；又第Ⅲ发掘区的内壕被第③层下房址、灰坑、瓮棺等多处打破或叠压，而外壕则少有打破或叠压现象。由此推测，内、外壕的建造和使用时间可能略有早晚，内壕修建的稍早，壕内面积仅约1.3万平方米；之后，可能由于人口增长等原因聚落的居住区需要扩张，于是内壕首先被废弃而新修了外壕，外壕内的面积也增加到约3万平方米。到了史家期较晚期阶段或之末，外壕也被废弃。这种情况反映了鱼化寨仰韶时期聚落从无环壕到有环壕，从规模较小到规模较大，从兴盛到衰落的演变过程。这是研究仰韶文化聚落形态及其演变过程的一个典型案例，因此，《西安鱼化寨》的出版，对今后的聚落考古研究有很重要的参考意义。

最后，《西安鱼化寨》在编写体例方面也有明显的特点。全报告共分为三编，第一编为概述，第二编为发掘资料，第三编为初步研究。其中第二编发掘资料，是依据地层关系建立的文化堆积序列，自早至晚全面报道。特别是出土物并未做型式的划分，而是按地层及遗迹单位公布，这在很大程度上保持了资料的原真性与客观性。而第三编初步研究，则显示了发掘者们依据客观资料做的类型学分析与分期等主观研究及人骨、动植物遗存、彩陶等科技检测、鉴定与分析等。这样的编写模式，可避免将发掘者的主观认识、特别是类型学方面的认识强加在客观资料之中，便于以后学者们引用和进一步研究。

如何编写发掘报告，是考古学界多年来见仁见智不断探索的问题，因而出现种种体例不尽相同的发掘报告。愚以为，考古发掘报告最主要的目的是在科学发掘的基础上，客观而全面地记录发现的古代人类活动的遗存。由于遗址发掘后是永远不可能再恢复原状的，发掘报告就成为永久性的第一手研究资料。因此考古发掘报告中有关资料部分的刊布，一是要全面，即尽可能全面地公布发现的所有地层关系、遗迹、遗物及相关的图表，避免人为地仅选择所谓重要的或代表性的遗存报道；二是要客观，即尽可能避免过多地在考古资料中加入发掘者或报告编写者的主观认识，如型式的详细划分等，更不主张依据这种类型学的认识来编排考古资料。当然考古发掘过程也是一个不断观察与研究的过程，发掘者对遗迹、遗物的判断与认识也是以后继续研究的重要参考，但在考古报告中，资料部分与研究部分最好分开。因为大部分考古发掘，仅仅发掘了遗址的一部分、甚至是一小部分，用这些少量的考古资料做出的类型学分析，乃至陶器的演变规律未必准确，有时甚至很不准确。而用这种不准确的认识来编排考古资料和相关的统计表格，会给以后的研究带来许多困惑和不便。

总之，考古发掘、资料整理与报告编写过程，是一个连续的、不断探索与认识的过程。考古发掘的质量会影响到报告编写的质量，反之报告编写的质量也会在很大程度上影响考古发掘的意义，而这些又最终影响到整个考古学研究的过程。做为现代考古学研究基础的田野考古发掘与报告编写，是需要历代学人在不断实践的过程中，不断总结经验；需要在科学发掘的基础上不断提高认识的准确性和精确度；需要在传统田野考古经验的基础上，不断增加现代科学技术的含量。只有这样才能为学术界提供更多的有学术价值的研究信息，才能促进史前考古学研究不断走向深入，最终达到重建史前史的目的。

西北大学文化遗产学院

张宏彦

2017年1月15日

目 录

第一编 概 述

第一章 自然环境与历史沿革 (3)
 一、地理位置 (3)
 二、自然环境 (4)
 三、历史沿革 (5)

第二章 发现与发掘经过 (7)
 一、遗址的发现 (7)
 二、发掘经过 (8)

第三章 资料整理与报告编写 (10)
 一、资料整理与报告编写过程 (10)
 二、报告编写体例说明 (11)

第二编 发掘资料

第一章 地层堆积 (15)
 第一节 Ⅰ区地层堆积 (15)
 第二节 Ⅱ区地层堆积 (16)
  一、地层堆积 (16)
  二、出土遗物 (17)
 第三节 Ⅲ区地层堆积 (25)
  一、地层堆积 (25)
  二、出土遗物 (26)

第二章 仰韶文化第⑨~⑫层遗存 (71)
 第一节 房址 (71)
 第二节 灶址 (97)

第三节　灰坑 …………………………………………………………………… （97）

第三章　仰韶文化第④～⑧层遗存 …………………………………………………… （154）

　　第一节　房址 …………………………………………………………………… （155）

　　第二节　灶址 …………………………………………………………………… （353）

　　第三节　灰坑 …………………………………………………………………… （355）

　　第四节　土坑墓 ………………………………………………………………… （497）

　　第五节　瓮棺墓 ………………………………………………………………… （514）

第四章　仰韶文化第③层遗存 ………………………………………………………… （617）

　　第一节　房址 …………………………………………………………………… （617）

　　第二节　灶址 …………………………………………………………………… （699）

　　第三节　灰坑 …………………………………………………………………… （714）

　　第四节　窑址 …………………………………………………………………… （884）

　　第五节　壕沟 …………………………………………………………………… （890）

　　　一、G1 ………………………………………………………………………… （890）

　　　二、G2 ………………………………………………………………………… （925）

　　第六节　瓮棺墓 ………………………………………………………………… （947）

第五章　仰韶文化第②层遗存 ………………………………………………………… （971）

　　第一节　灰坑 …………………………………………………………………… （972）

　　第二节　土坑墓 ………………………………………………………………… （1210）

　　第三节　瓮棺墓 ………………………………………………………………… （1211）

第六章　龙山文化遗存 ………………………………………………………………… （1212）

第三编　初步研究

第一章　分期研究 ……………………………………………………………………… （1221）

　　一、地层关系 …………………………………………………………………… （1221）

　　二、早期遗存的分期 …………………………………………………………… （1221）

　　三、典型陶器的组合与分期 …………………………………………………… （1232）

　　四、晚期遗存的分期 …………………………………………………………… （1234）

　　五、各期的年代及性质 ………………………………………………………… （1236）

第二章　各期遗存的文化面貌 ………………………………………………………… （1238）

　　一、老官台文化遗存 …………………………………………………………… （1238）

　　二、仰韶文化遗存 ……………………………………………………………… （1238）

三、龙山文化遗存 …………………………………………………………………………（1243）

第三章　仰韶文化瓮棺墓研究…………………………………………………………………（1244）

　　一、出土器物性质分析 ……………………………………………………………………（1244）

　　二、特殊葬具反映葬俗分析 ………………………………………………………………（1245）

　　三、仰韶文化晚期瓮棺墓分析 ……………………………………………………………（1246）

第四章　出土人骨的研究………………………………………………………………………（1248）

　　一、年龄的鉴定结果 ………………………………………………………………………（1248）

　　二、年龄的统计分析 ………………………………………………………………………（1254）

　　三、下颌骨的相关测量数据 ………………………………………………………………（1255）

　　四、四肢骨的观察、测量及探讨 …………………………………………………………（1255）

　　五、病理状况 ………………………………………………………………………………（1257）

　　六、小结 ……………………………………………………………………………………（1257）

第五章　出土动物遗存分析……………………………………………………………………（1258）

　　一、前言 ……………………………………………………………………………………（1258）

　　二、分类简述 ………………………………………………………………………………（1258）

　　三、各遗迹单位动物骨骼保存分布情况 …………………………………………………（1286）

　　四、小结 ……………………………………………………………………………………（1301）

第六章　植物遗存报告…………………………………………………………………………（1312）

　　一、采样与浮选 ……………………………………………………………………………（1312）

　　二、浮选结果 ………………………………………………………………………………（1313）

　　三、分析讨论 ………………………………………………………………………………（1321）

　　四、结语 ……………………………………………………………………………………（1326）

第七章　出土仰韶文化早期彩陶的初步科学分析……………………………………………（1327）

结语………………………………………………………………………………………………（1334）

附表………………………………………………………………………………………………（1335）

附录………………………………………………………………………………………………（1444）

Abstract…………………………………………………………………………………………（1464）

要约………………………………………………………………………………………………（1471）

后记………………………………………………………………………………………………（1479）

插图目录

图一　鱼化寨遗址地理位置及附近部分史前遗址分布图 …………………………………（3）

图二　鱼化寨遗址地形图 …………………………………………………………………（7）

图三　鱼化寨遗址发掘区位置图 …………………………………………………………（8）

图四　鱼化寨遗址布方及环壕范围图 ……………………………………………………（插页）

图五　Ⅰ区T0415、T0416西壁剖面图 …………………………………………………（15）

图六　Ⅱ区T0203西壁剖面图 ……………………………………………………………（16）

图七　Ⅱ区②层出土遗物 …………………………………………………………………（18）

图八　Ⅱ区③层出土陶器 …………………………………………………………………（19）

图九　Ⅱ区③层出土遗物 …………………………………………………………………（21）

图一〇　Ⅱ区③层出土骨器 ………………………………………………………………（22）

图一一　Ⅱ区④层出土陶器 ………………………………………………………………（23）

图一二　Ⅱ区④层出土遗物 ………………………………………………………………（24）

图一三　Ⅲ区T0809、T0810、T0811、T0812、T0813、T0814、T0815、T0816、T0817、
　　　　T0818、T0819西壁剖面图 ……………………………………………………（插页）

图一四　Ⅲ区T0212、T0312、T0412、T0512、T0612、T0712、T0812、T0912、T1012、
　　　　T1112、T1212、T1312北壁剖面图 ……………………………………………（插页）

图一五　Ⅲ区②层出土陶器 ………………………………………………………………（27）

图一六　Ⅲ区②层出土陶器 ………………………………………………………………（28）

图一七　Ⅲ区②层出土陶器 ………………………………………………………………（30）

图一八　Ⅲ区②层出土遗物 ………………………………………………………………（31）

图一九　Ⅲ区③层出土陶器 ………………………………………………………………（32）

图二〇　Ⅲ区③层出土陶钵 ………………………………………………………………（34）

图二一　Ⅲ区③层出土陶器 ………………………………………………………………（36）

图二二　Ⅲ区③层出土遗物 ………………………………………………………………（37）

图二三　Ⅲ区③层出土遗物 ………………………………………………………………（39）

图二四　Ⅲ区④层出土陶器 ………………………………………………………………（41）

图二五　Ⅲ区④层出土遗物 ………………………………………………………………（43）

图二六　Ⅲ区④层出土遗物 ………………………………………………………………（44）

图二七　Ⅲ区⑤层出土陶器 ………………………………………………………………（46）

图二八	Ⅲ区⑤层出土遗物	（47）
图二九	Ⅲ区⑥层出土陶器	（49）
图三〇	Ⅲ区⑥层出土遗物	（51）
图三一	Ⅲ区⑦层出土陶器	（52）
图三二	Ⅲ区⑦层出土遗物	（53）
图三三	Ⅲ区⑦层出土遗物	（54）
图三四	Ⅲ区⑧层出土遗物	（56）
图三五	Ⅲ区⑧层出土骨器	（58）
图三六	Ⅲ区⑨层出土陶器	（59）
图三七	Ⅲ区⑨层出土遗物	（61）
图三八	Ⅲ区⑩层出土陶器	（63）
图三九	Ⅲ区⑩层出土遗物	（64）
图四〇	Ⅲ区⑪层出土陶器	（66）
图四一	Ⅲ区⑪层出土遗物	（67）
图四二	Ⅲ区⑫层出土遗物	（69）
图四三	Ⅲ区⑨~⑫层下遗迹分布图	（72）
图四四	F14平、剖面图	（73）
图四五	F32平、剖面图	（74）
图四六	F32出土陶器	（75）
图四七	F32出土遗物	（76）
图四八	F46平、剖面图	（77）
图四九	F46出土陶器	（78）
图五〇	F49平、剖面图	（79）
图五一	F49出土遗物	（81）
图五二	F52平、剖面图	（82）
图五三	F52出土陶器	（83）
图五四	F52出土遗物	（85）
图五五	F69平、剖面图	（86）
图五六	F69出土陶器	（87）
图五七	F70平、剖面图	（87）
图五八	F70出土陶器	（88）
图五九	F72平、剖面图	（89）
图六〇	F72出土遗物	（91）
图六一	F76平、剖面图	（92）
图六二	F76出土陶器	（94）
图六三	F76出土陶器	（95）
图六四	F86平、剖面图	（96）

图六五	Z14平、剖面图	（97）
图六六	H143平、剖面图	（98）
图六七	H146平、剖面图	（98）
图六八	H146出土陶器	（100）
图六九	H146出土陶器	（100）
图七〇	H147平、剖面图	（101）
图七一	H147出土遗物	（102）
图七二	H148平、剖面图	（103）
图七三	H148出土遗物	（104）
图七四	H154平、剖面图	（105）
图七五	H154出土陶锉	（105）
图七六	H155平、剖面图	（106）
图七七	H155出土陶器	（107）
图七八	H155出土遗物	（107）
图七九	H157平、剖面图	（108）
图八〇	H157出土陶器	（109）
图八一	H158出土平、剖面图	（109）
图八二	H158出土陶器	（110）
图八三	H166平、剖面图	（111）
图八四	H166出土陶器	（112）
图八五	H177平、剖面图	（113）
图八六	H177出土陶器	（114）
图八七	H177出土遗物	（115）
图八八	H181平、剖面图	（115）
图八九	H181出土陶器	（117）
图九〇	H196平、剖面图	（118）
图九一	H196出土石器	（118）
图九二	H197平、剖面图	（118）
图九三	H197出土陶器	（119）
图九四	H198平、剖面图	（120）
图九五	H198出土陶器	（121）
图九六	H200平、剖面图	（122）
图九七	H200出土陶器	（123）
图九八	H200出土陶钵	（124）
图九九	H200出土遗物	（125）
图一〇〇	H201平、剖面图	（126）
图一〇一	H201出土陶器	（128）

图一〇二	H201出土遗物	（129）
图一〇三	H202平、剖面图	（130）
图一〇四	H202出土陶器	（132）
图一〇五	H202出土遗物	（133）
图一〇六	H224平、剖面图	（133）
图一〇七	H224出土陶器	（134）
图一〇八	H224出土遗物	（135）
图一〇九	H225平、剖面图	（136）
图一一〇	H225出土遗物	（137）
图一一一	H228平、剖面图	（138）
图一一二	H228出土遗物	（138）
图一一三	H229平、剖面图	（139）
图一一四	H229出土陶器	（141）
图一一五	H229出土遗物	（143）
图一一六	H231平、剖面图	（144）
图一一七	H231出土陶器	（144）
图一一八	H235平、剖面图	（145）
图一一九	H235出土陶器	（147）
图一二〇	H235出土陶钵	（148）
图一二一	H235出土遗物	（149）
图一二二	H243平、剖面图	（150）
图一二三	H243出土陶器	（150）
图一二四	H243出土陶器	（151）
图一二五	H253平、剖面图	（152）
图一二六	H253出土遗物	（153）
图一二七	Ⅱ区④层下遗迹分布图	（154）
图一二八	Ⅲ区④~⑧层下遗迹分布图	（插页）
图一二九	TG1④层下遗迹分布图	（156）
图一三〇	F2平、剖面图	（156）
图一三一	F2出土陶器	（157）
图一三二	F2出土陶器	（159）
图一三三	F2出土遗物	（160）
图一三四	F5平、剖面图	（161）
图一三五	F5出土陶器	（162）
图一三六	F6平、剖面图	（163）
图一三七	F6出土遗物	（164）
图一三八	F8平、剖面图	（165）

图一三九	F8出土陶器	（167）
图一四〇	F8出土陶罐	（168）
图一四一	F8出土陶器	（170）
图一四二	F8出土陶瓮	（171）
图一四三	F8出土遗物	（172）
图一四四	F15平、剖面图	（173）
图一四五	F15出土陶器	（175）
图一四六	F15出土遗物	（176）
图一四七	F17平、剖面图	（177）
图一四八	F17出土陶器	（179）
图一四九	F17出土遗物	（180）
图一五〇	F20平、剖面图	（181）
图一五一	F20出土陶器	（183）
图一五二	F20出土陶器	（185）
图一五三	F20出土遗物	（187）
图一五四	F21平、剖面图	（188）
图一五五	F21出土陶器	（190）
图一五六	F21出土陶钵	（191）
图一五七	F21出土陶器	（192）
图一五八	F22平、剖面图	（193）
图一五九	F23平、剖面图	（194）
图一六〇	F23出土遗物	（195）
图一六一	F24平、剖面图	（196）
图一六二	F24出土陶器	（196）
图一六三	F25平、剖面图	（197）
图一六四	F25出土遗物	（199）
图一六五	F26平、剖面图	（201）
图一六六	F27平、剖面图	（202）
图一六七	F27出土陶器	（203）
图一六八	F28平、剖面图	（205）
图一六九	F28出土陶器	（207）
图一七〇	F28出土陶器	（208）
图一七一	F28出土遗物	（209）
图一七二	F29平、剖面图	（210）
图一七三	F29出土陶器	（211）
图一七四	F30平、剖面图	（212）
图一七五	F31平、剖面图	（213）

图一七六	F31出土陶器	（214）
图一七七	F33平、剖面图	（216）
图一七八	F33出土遗物	（217）
图一七九	F34平、剖面图	（218）
图一八〇	F34出土陶器	（220）
图一八一	F34出土陶器	（221）
图一八二	F34出土遗物	（222）
图一八三	F35平、剖面图	（223）
图一八四	F35出土陶器	（224）
图一八五	F36平、剖面图	（224）
图一八六	F36出土陶器	（225）
图一八七	F36出土遗物	（226）
图一八八	F37平、剖面图	（227）
图一八九	F37出土遗物	（229）
图一九〇	F38平、剖面图	（230）
图一九一	F39平、剖面图	（231）
图一九二	F39出土遗物	（232）
图一九三	F40平、剖面图	（233）
图一九四	F40出土陶器	（234）
图一九五	F41平、剖面图	（235）
图一九六	F41出土陶器	（236）
图一九七	F41出土陶器	（237）
图一九八	F42平、剖面图	（238）
图一九九	F42出土遗物	（239）
图二〇〇	F43平、剖面图	（241）
图二〇一	F44平、剖面图	（242）
图二〇二	F44出土遗物	（243）
图二〇三	F45平、剖面图	（244）
图二〇四	F47平、剖面图	（245）
图二〇五	F48平、剖面图	（246）
图二〇六	F48出土陶器	（247）
图二〇七	F48出土陶器	（248）
图二〇八	F48出土遗物	（249）
图二〇九	F51平、剖面图	（251）
图二一〇	F51出土陶器	（252）
图二一一	F51出土遗物	（253）
图二一二	F53平、剖面图	（254）

图二一三	F53出土陶钵	（254）
图二一四	F54平、剖面图	（256）
图二一五	F55平、剖面图	（257）
图二一六	F55出土陶器	（259）
图二一七	F55出土陶钵	（260）
图二一八	F55出土遗物	（261）
图二一九	F56平、剖面图	（262）
图二二〇	F56出土遗物	（263）
图二二一	F57平、剖面图	（264）
图二二二	F57出土陶器	（266）
图二二三	F58平、剖面图	（267）
图二二四	F59平、剖面图	（268）
图二二五	F60平、剖面图	（269）
图二二六	F61平、剖面图	（269）
图二二七	F62平、剖面图	（270）
图二二八	F62出土陶器	（271）
图二二九	F63平、剖面图	（272）
图二三〇	F63出土陶器	（273）
图二三一	F64平、剖面图	（274）
图二三二	F64出土陶器	（275）
图二三三	F64出土遗物	（276）
图二三四	F65平、剖面图	（277）
图二三五	F65出土遗物	（278）
图二三六	F66平、剖面图	（279）
图二三七	F67平、剖面图	（280）
图二三八	F67出土遗物	（281）
图二三九	F68平、剖面图	（282）
图二四〇	F68出土陶器	（283）
图二四一	F68出土陶器	（284）
图二四二	F71平、剖面图	（286）
图二四三	F71出土陶器	（287）
图二四四	F73平、剖面图	（288）
图二四五	F73出土遗物	（288）
图二四六	F74平、剖面图	（290）
图二四七	F74出土陶器	（290）
图二四八	F75平、剖面图	（291）
图二四九	F75出土陶器	（293）

图二五〇	F78平、剖面图	（294）
图二五一	F78出土陶器	（296）
图二五二	F79平、剖面图	（297）
图二五三	F79出土陶器	（300）
图二五四	F79出土陶罐	（301）
图二五五	F79出土陶罐	（302）
图二五六	F79出土陶钵	（303）
图二五七	F79出土陶瓮	（305）
图二五八	F79出土陶器	（306）
图二五九	F79出土遗物	（307）
图二六〇	F80平、剖面图	（308）
图二六一	F80出土陶器	（311）
图二六二	F80出土陶器	（312）
图二六三	F80出土遗物	（313）
图二六四	F81平、剖面图	（314）
图二六五	F81出土陶器	（316）
图二六六	F82平、剖面图	（317）
图二六七	F82出土陶器	（319）
图二六八	F83平、剖面图	（320）
图二六九	F83出土陶器	（322）
图二七〇	F83出土遗物	（323）
图二七一	F84平、剖面图	（324）
图二七二	F84出土陶器	（326）
图二七三	F84出土陶器	（328）
图二七四	F84出土遗物	（329）
图二七五	F85平、剖面图	（330）
图二七六	F85出土陶器	（331）
图二七七	F87平、剖面图	（333）
图二七八	F87出土陶器	（334）
图二七九	F87出土遗物	（335）
图二八〇	F88平、剖面图	（336）
图二八一	F89平、剖面图	（337）
图二八二	F89出土陶器	（338）
图二八三	F90平、剖面图	（339）
图二八四	F90出土陶器	（341）
图二八五	F90出土陶器	（342）
图二八六	F90出土遗物	（343）

图二八七	F100平、剖面图	（343）
图二八八	F100出土遗物	（344）
图二八九	F101平、剖面图	（344）
图二九〇	F101出土陶器	（345）
图二九一	F102平、剖面图	（347）
图二九二	F102出土陶器	（348）
图二九三	F102出土遗物	（349）
图二九四	F103平、剖面图	（350）
图二九五	F103出土陶器	（351）
图二九七	F107出土陶罐	（352）
图二九六	F107平、剖面图	（352）
图二九八	Z5平、剖面图	（353）
图二九九	Z6平、剖面图	（354）
图三〇〇	Z7平、剖面图	（354）
图三〇一	Z15平、剖面图	（354）
图三〇二	Z25平、剖面图	（355）
图三〇三	Z27平、剖面图	（355）
图三〇四	H5平、剖面图	（356）
图三〇五	H5出土陶器	（356）
图三〇六	H9平、剖面图	（357）
图三〇七	H9出土陶器	（358）
图三〇八	H10平、剖面图	（358）
图三〇九	H10出土陶器	（360）
图三一〇	H10出土陶瓮	（361）
图三一一	H13平、剖面图	（361）
图三一二	H13出土陶器	（362）
图三一三	H17平、剖面图	（362）
图三一四	H20平、剖面图	（363）
图三一五	H20出土遗物	（364）
图三一六	H22平、剖面图	（365）
图三一七	H22出土陶器	（365）
图三一八	H28平、剖面图	（366）
图三一九	H30平、剖面图	（366）
图三二〇	H30出土陶器	（367）
图三二一	H32平、剖面图	（367）
图三二二	H32出土陶器	（368）
图三二三	H80平、剖面图	（369）

图三二四	H80出土陶器	（370）
图三二五	H81平、剖面图	（370）
图三二六	H81出土遗物	（372）
图三二七	H88平、剖面图	（373）
图三二八	H88出土遗物	（374）
图三二九	H91平、剖面图	（375）
图三三〇	H91出土陶盆	（376）
图三三一	H91出土陶罐	（376）
图三三二	H91出土遗物	（377）
图三三三	H97平、剖面图	（379）
图三三四	H99平、剖面图	（379）
图三三五	H99出土陶器	（379）
图三三六	H106平、剖面图	（379）
图三三七	H106出土陶器	（380）
图三三八	H107平、剖面图	（381）
图三三九	H107出土陶瓮	（381）
图三四〇	H108平、剖面图	（382）
图三四一	H109平、剖面图	（382）
图三四二	H109出土遗物	（383）
图三四三	H111平、剖面图	（384）
图三四四	H111出土陶器	（386）
图三四五	H111出土遗物	（387）
图三四六	H144平、剖面图	（388）
图三四七	H144出土陶器	（389）
图三四八	H144出土陶器	（389）
图三四九	H145平、剖面图	（390）
图三五〇	H145出土陶器	（392）
图三五一	H145出土陶器	（393）
图三五二	H149平、剖面图	（393）
图三五三	H149出土遗物	（394）
图三五四	H150平、剖面图	（395）
图三五五	H150出土遗物	（396）
图三五六	H151平、剖面图	（397）
图三五七	H151出土陶器	（397）
图三五八	H152平、剖面图	（398）
图三五九	H152出土陶器	（399）
图三六〇	H152出土陶器	（400）

图三六一	H153平、剖面图	……………………………………………………	（401）
图三六二	H153出土陶器	……………………………………………………	（402）
图三六三	H156平、剖面图	……………………………………………………	（402）
图三六四	H156出土陶器	……………………………………………………	（403）
图三六五	H160平、剖面图	……………………………………………………	（404）
图三六六	H160出土遗物	……………………………………………………	（406）
图三六七	H161平、剖面图	……………………………………………………	（407）
图三六八	H161出土陶器	……………………………………………………	（408）
图三六九	H161出土陶器	……………………………………………………	（410）
图三七〇	H161出土遗物	……………………………………………………	（411）
图三七一	H162平、剖面图	……………………………………………………	（412）
图三七二	H162出土陶器	……………………………………………………	（413）
图三七三	H162出土陶器	……………………………………………………	（414）
图三七四	H163平、剖面图	……………………………………………………	（415）
图三七五	H163出土陶器	……………………………………………………	（416）
图三七六	H164平、剖面图	……………………………………………………	（417）
图三七七	H164出土陶器	……………………………………………………	（419）
图三七八	H164出土遗物	……………………………………………………	（420）
图三七九	H165平、剖面图	……………………………………………………	（421）
图三八〇	H165出土遗物	……………………………………………………	（422）
图三八一	H167平、剖面图	……………………………………………………	（423）
图三八二	H167出土遗物	……………………………………………………	（424）
图三八三	H168平、剖面图	……………………………………………………	（425）
图三八四	H168出土陶器	……………………………………………………	（426）
图三八五	H168出土陶钵	……………………………………………………	（427）
图三八六	H168出土陶器	……………………………………………………	（427）
图三八七	H169平、剖面图	……………………………………………………	（428）
图三八八	H169出土陶器	……………………………………………………	（429）
图三八九	H170平、剖面图	……………………………………………………	（430）
图三九〇	H170出土陶器	……………………………………………………	（431）
图三九一	H170出土陶器	……………………………………………………	（432）
图三九二	H171平、剖面图	……………………………………………………	（433）
图三九三	H171出土遗物	……………………………………………………	（434）
图三九四	H172平、剖面图	……………………………………………………	（435）
图三九五	H172出土陶器	……………………………………………………	（436）
图三九六	H173平、剖面图	……………………………………………………	（437）
图三九七	H173出土遗物	……………………………………………………	（437）

图三九八	H174平、剖面图	（438）
图三九九	H174出土陶器	（438）
图四〇〇	H175平、剖面图	（439）
图四〇一	H175出土陶器	（440）
图四〇二	H175出土遗物	（441）
图四〇三	H176平、剖面图	（442）
图四〇四	H178平、剖面图	（442）
图四〇五	H178出土陶器	（444）
图四〇六	H179平、剖面图	（445）
图四〇七	H179出土遗物	（446）
图四〇八	H180平、剖面图	（447）
图四〇九	H180出土遗物	（449）
图四一〇	H182平、剖面图	（450）
图四一一	H182出土陶器	（450）
图四一二	H183平、剖面图	（451）
图四一三	H183出土陶器	（453）
图四一四	H185平、剖面图	（454）
图四一五	H185出土遗物	（455）
图四一六	H190平、剖面图	（456）
图四一七	H190出土陶器	（458）
图四一八	H190出土陶器	（459）
图四一九	H191平、剖面图	（460）
图四二〇	H191出土陶罐	（462）
图四二一	H191出土遗物	（462）
图四二二	H193平、剖面图	（463）
图四二三	H193出土陶器	（463）
图四二四	H193出土遗物	（464）
图四二五	H194平、剖面图	（466）
图四二六	H195平、剖面图	（466）
图四二七	H195出土陶器	（467）
图四二八	H195出土陶器	（469）
图四二九	H195出土遗物	（470）
图四三〇	H199平、剖面图	（471）
图四三一	H203平、剖面图	（471）
图四三二	H203出土陶器	（472）
图四三三	H203出土陶器	（473）
图四三四	H205平、剖面图	（474）

图四三五	H205出土陶器	（475）
图四三六	H207平、剖面图	（476）
图四三七	H207出土遗物	（477）
图四三八	H210平、剖面图	（478）
图四三九	H210出土陶器	（479）
图四四〇	H222平、剖面图	（479）
图四四一	H222出土陶器	（480）
图四四二	H222出土遗物	（481）
图四四三	H230平、剖面图	（482）
图四四四	H230出土遗物	（483）
图四四五	H232平、剖面图	（484）
图四四六	H232出土遗物	（484）
图四四七	H236平、剖面图	（485）
图四四八	H236出土陶器	（487）
图四四九	H236出土遗物	（487）
图四五〇	H240平、剖面图	（488）
图四五一	H240出土遗物	（489）
图四五二	H241平、剖面图	（489）
图四五三	H241出土陶器	（490）
图四五四	H244平、剖面图	（490）
图四五五	H244出土陶器	（491）
图四五六	H248平、剖面图	（492）
图四五七	H248出土陶器	（493）
图四五八	H249平、剖面图	（493）
图四五九	H249出土遗物	（494）
图四六〇	H252平、剖面图	（494）
图四六一	H252出土陶器	（495）
图四六二	H254平、剖面图	（496）
图四六三	H254出土陶钵	（496）
图四六四	M2平、剖面图	（497）
图四六五	M2出土陶器	（499）
图四六六	M3平、剖面图	（500）
图四六七	M3出土陶器	（500）
图四六八	M4平、剖面图	（501）
图四六九	M4出土陶壶	（501）
图四七〇	M5平、剖面图	（502）
图四七一	M5出土陶器	（503）

图四七二	M7平、剖面图	（504）
图四七三	M7出土遗物	（504）
图四七四	M8平、剖面图	（505）
图四七五	M8出土遗物	（506）
图四七六	M9平、剖面图	（507）
图四七七	M9出土陶器	（507）
图四七八	M10平、剖面图	（508）
图四七九	M10出土遗物	（509）
图四八〇	M11平、剖面图	（510）
图四八一	M11出土陶盂	（510）
图四八二	M12平、剖面图	（511）
图四八三	M12出土陶器	（511）
图四八四	M13平、剖面图	（512）
图四八五	M13出土陶器	（513）
图四八六	M14平、剖面图	（513）
图四八七	M14出土陶器	（513）
图四八八	W1平、剖面图	（515）
图四八九	W1出土陶器	（516）
图四九〇	W4平、剖面图	（516）
图四九一	W4出土陶器	（517）
图四九二	W6平、剖面图	（517）
图四九三	W6出土陶器	（518）
图四九四	W7平、剖面图	（518）
图四九五	W7出土陶器	（519）
图四九六	W8平、剖面图	（520）
图四九七	W8出土陶器	（520）
图四九八	W9平、剖面图	（521）
图四九九	W9出土陶器	（521）
图五〇〇	W10平、剖面图	（522）
图五〇一	W10出土陶瓮	（522）
图五〇二	W11平、剖面图	（523）
图五〇三	W11出土陶器	（523）
图五〇四	W12平、剖面图	（524）
图五〇五	W12出土陶器	（524）
图五〇六	W13平、剖面图	（525）
图五〇七	W13出土陶器	（525）
图五〇八	W14平、剖面图	（526）

图五〇九	W14出土陶器	(527)
图五一〇	W15平、剖面图	(527)
图五一一	W15出土陶器	(528)
图五一二	W16平、剖面图	(528)
图五一三	W16出土陶器	(529)
图五一四	W17平、剖面图	(529)
图五一五	W17出土陶器	(530)
图五一六	W18平、剖面图	(530)
图五一七	W18出土遗物	(531)
图五一八	W19平、剖面图	(532)
图五一九	W19出土陶器	(532)
图五二〇	W21平、剖面图	(533)
图五二一	W21出土陶瓮	(533)
图五二二	W22平、剖面图	(533)
图五二三	W22出土陶器	(533)
图五二四	W23平、剖面图	(534)
图五二五	W23出土陶器	(534)
图五二六	W24平、剖面图	(535)
图五二七	W24出土陶器	(536)
图五二八	W25平、剖面图	(537)
图五二九	W25出土陶器	(537)
图五三〇	W28平、剖面图	(538)
图五三一	W28出土陶器	(538)
图五三二	W32平、剖面图	(539)
图五三三	W32出土陶器	(539)
图五三四	W33平、剖面图	(540)
图五三五	W33出土陶器	(540)
图五三六	W34平、剖面图	(541)
图五三七	W34出土陶器	(541)
图五三八	W35平、剖面图	(542)
图五三九	W35出土陶瓮	(542)
图五四〇	W36平、剖面图	(543)
图五四一	W36出土陶器	(543)
图五四二	W37平、剖面图	(544)
图五四三	W37出土陶器	(544)
图五四四	W38平、剖面图	(545)
图五四五	W38出土陶器	(545)

图五四六	W39平、剖面图	（546）
图五四七	W39出土陶器	（546）
图五四八	W40平、剖面图	（547）
图五四九	W40出土陶器	（548）
图五五〇	W41平、剖面图	（548）
图五五一	W41出土陶器	（548）
图五五二	W42平、剖面图	（549）
图五五三	W42出土陶器	（550）
图五五四	W43平、剖面图	（551）
图五五五	W43出土陶器	（551）
图五五六	W44平、剖面图	（552）
图五五七	W44出土陶器	（552）
图五五八	W45平、剖面图	（553）
图五五九	W45出土陶器	（553）
图五六〇	W46平、剖面图	（554）
图五六一	W46出土陶器	（554）
图五六二	W47平、剖面图	（555）
图五六三	W47出土陶器	（555）
图五六四	W48平、剖面图	（556）
图五六五	W48出土陶器	（556）
图五六六	W49平、剖面图	（557）
图五六七	W49出土陶器	（557）
图五六八	W50平、剖面图	（558）
图五六九	W50出土陶器	（558）
图五七〇	W51平、剖面图	（559）
图五七一	W51出土陶器	（559）
图五七二	W52平、剖面图	（560）
图五七三	W52出土陶器	（560）
图五七四	W53平、剖面图	（561）
图五七五	W53出土陶瓮	（561）
图五七六	W54平、剖面图	（562）
图五七七	W54出土陶器	（562）
图五七八	W55平、剖面图	（563）
图五七九	W55出土陶器	（563）
图五八〇	W56平、剖面图	（564）
图五八一	W56出土遗物	（564）
图五八二	W57平、剖面图	（565）

图五八三	W57出土陶器	（565）
图五八四	W58平、剖面图	（566）
图五八五	W58出土陶器	（566）
图五八六	W59平、剖面图	（567）
图五八七	W59出土陶器	（567）
图五八八	W60平、剖面图	（568）
图五八九	W60出土陶器	（568）
图五九〇	W61平、剖面图	（569）
图五九一	W61出土陶器	（569）
图五九二	W62平、剖面图	（571）
图五九三	W62出土陶器	（571）
图五九四	W63平、剖面图	（572）
图五九五	W63出土陶器	（572）
图五九六	W64平、剖面图	（573）
图五九七	W64出土陶器	（573）
图五九八	W65平、剖面图	（574）
图五九九	W65出土陶器	（574）
图六〇〇	W66平、剖面图	（575）
图六〇一	W66出土陶器	（575）
图六〇二	W67平、剖面图	（576）
图六〇三	W67出土陶器	（576）
图六〇四	W70平、剖面图	（577）
图六〇五	W70出土陶器	（578）
图六〇六	W71平、剖面图	（579）
图六〇七	W71出土陶器	（579）
图六〇八	W72平、剖面图	（580）
图六〇九	W72出土陶器	（580）
图六一〇	W73平、剖面图	（581）
图六一一	W73出土陶器	（582）
图六一二	W74平、剖面图	（583）
图六一三	W74出土陶器	（583）
图六一四	W75平、剖面图	（584）
图六一五	W75出土陶器	（584）
图六一六	W78平、剖面图	（585）
图六一七	W78出土陶器	（585）
图六一八	W79平、剖面图	（585）
图六一九	W79出土陶器	（585）

图六二〇	W80平、剖面图	（586）
图六二一	W80出土陶器	（586）
图六二二	W81平、剖面图	（587）
图六二三	W81出土陶器	（587）
图六二四	W82平、剖面图	（588）
图六二五	W82出土陶器	（588）
图六二六	W83平、剖面图	（589）
图六二七	W83出土陶器	（589）
图六二八	W84平、剖面图	（590）
图六二九	W84出土陶器	（590）
图六三〇	W85平、剖面图	（591）
图六三一	W85出土遗物	（591）
图六三二	W86平、剖面图	（592）
图六三三	W86出土陶器	（592）
图六三四	W87平、剖面图	（593）
图六三五	W87出土陶器	（593）
图六三六	W88平、剖面图	（594）
图六三七	W88出土陶器	（594）
图六三八	W89平、剖面图	（595）
图六三九	W89出土陶器	（595）
图六四〇	W90平、剖面图	（596）
图六四一	W90出土陶器	（596）
图六四二	W91平、剖面图	（597）
图六四三	W91出土遗物	（597）
图六四四	W92平、剖面图	（598）
图六四五	W92出土陶器	（598）
图六四六	W93平、剖面图	（599）
图六四七	W93出土陶器	（599）
图六四八	W94平、剖面图	（600）
图六四九	W94出土陶器	（600）
图六五〇	W95平、剖面图	（601）
图六五一	W95出土陶器	（601）
图六五二	W96平、剖面图	（602）
图六五三	W96出土陶器	（602）
图六五四	W97平、剖面图	（603）
图六五五	W97出土陶器	（603）
图六五六	W98平、剖面图	（604）

图六五七	W98出土陶器	（604）
图六五八	W99平、剖面图	（605）
图六五九	W99出土陶器	（605）
图六六〇	W112平、剖面图	（606）
图六六一	W112出土陶器	（606）
图六六二	W115平、剖面图	（607）
图六六三	W115出土陶器	（607）
图六六四	W116平、剖面图	（608）
图六六五	W116出土陶器	（608）
图六六六	W117平、剖面图	（609）
图六六七	W117出土陶器	（609）
图六六八	W118平、剖面图	（610）
图六六九	W118出土陶器	（610）
图六七〇	W119平、剖面图	（611）
图六七一	W119出土陶器	（611）
图六七二	W120平、剖面图	（612）
图六七三	W120出土陶器	（612）
图六七四	W121平、剖面图	（613）
图六七五	W121出土陶器	（613）
图六七六	W122平、剖面图	（614）
图六七七	W122出土陶器	（614）
图六七八	W123平、剖面图	（615）
图六七九	W123出土陶器	（615）
图六八〇	Ⅱ区③层下遗迹分布图	（618）
图六八一	Ⅲ区③层下遗迹分布图	（插页）
图六八二	TG1③层下遗迹分布图	（619）
图六八三	TG2③层下遗迹分布图	（619）
图六八四	TG3③层下遗迹分布图	（619）
图六八五	F1平、剖面图	（620）
图六八六	F1出土陶器	（621）
图六八七	F3平、剖面图	（622）
图六八八	F3出土陶器	（624）
图六八九	F3出土遗物	（625）
图六九〇	F4平、剖面图	（626）
图六九一	F7平、剖面图	（627）
图六九二	F7出土陶器	（627）
图六九三	F7出土陶器	（629）

图六九四	F9平、剖面图	（630）
图六九五	F9出土陶器	（632）
图六九六	F9出土陶器	（633）
图六九七	F10平、剖面图	（633）
图六九八	F11平、剖面图	（634）
图六九九	F11出土陶器	（636）
图七〇〇	F11出土遗物	（637）
图七〇一	F12平、剖面图	（638）
图七〇二	F12出土陶器	（640）
图七〇三	F12出土陶器	（641）
图七〇四	F13平、剖面图	（643）
图七〇五	F13出土遗物	（644）
图七〇六	F16平、剖面图	（645）
图七〇七	F16出土陶器	（646）
图七〇八	F16出土遗物	（647）
图七〇九	F18平、剖面图	（649）
图七一〇	F18出土陶器	（649）
图七一一	F19平、剖面图	（650）
图七一二	F19出土陶器	（651）
图七一三	F50平、剖面图	（652）
图七一四	F77平、剖面图	（653）
图七一五	F77出土遗物	（655）
图七一六	F91平、剖面图	（656）
图七一七	F91出土陶器	（658）
图七一八	F91出土遗物	（659）
图七一九	F92平、剖面图	（661）
图七二〇	F92出土陶器	（662）
图七二一	F92出土遗物	（663）
图七二二	F93平、剖面图	（664）
图七二三	F93出土陶器	（665）
图七二四	F93出土遗物	（667）
图七二五	F94平、剖面图	（668）
图七二六	F94出土陶器	（669）
图七二七	F94出土遗物	（670）
图七二八	F95平、剖面图	（671）
图七二九	F95出土陶器	（672）
图七三〇	F95出土遗物	（673）

图七三一	F96平、剖面图	（675）
图七三二	F96出土遗物	（676）
图七三三	F97平、剖面图	（678）
图七三四	F97出土陶器	（680）
图七三五	F97出土陶罐	（682）
图七三六	F97出土陶钵	（683）
图七三七	F97出土遗物	（684）
图七三八	F98平、剖面图	（685）
图七三九	F98出土陶器	（687）
图七四〇	F98出土陶罐	（688）
图七四一	F98出土陶钵	（689）
图七四二	F98出土陶器	（690）
图七四三	F99平、剖面图	（691）
图七四四	F99出土遗物	（691）
图七四五	F104平、剖面图	（692）
图七四六	F104出土陶器	（693）
图七四七	F105平、剖面图	（693）
图七四八	F105出土遗物	（695）
图七四九	F106平、剖面图	（696）
图七五〇	F106出土陶器	（697）
图七五一	F106出土遗物	（698）
图七五二	Z1平、剖面图	（699）
图七五三	Z2平、剖面图	（699）
图七五四	Z2出土陶器	（700）
图七五五	Z3平、剖面图	（701）
图七五六	Z4平、剖面图	（701）
图七五七	Z4出土陶器	（702）
图七五八	Z8平、剖面图	（702）
图七五九	Z8出土陶罐	（703）
图七六〇	Z9平、剖面图	（703）
图七六一	Z9出土遗物	（704）
图七六二	Z10平、剖面图	（705）
图七六三	Z10出土遗物	（706）
图七六四	Z11平、剖面图	（707）
图七六五	Z11出土陶器	（707）
图七六六	Z12平、剖面图	（708）
图七六七	Z13平、剖面图	（708）

图七六八	Z16平、剖面图	（708）
图七六九	Z17平、剖面图	（709）
图七七〇	Z18平、剖面图	（709）
图七七一	Z19平、剖面图	（709）
图七七二	Z19出土陶器	（710）
图七七三	Z20平、剖面图	（711）
图七七四	Z21平、剖面图	（711）
图七七五	Z22平、剖面图	（711）
图七七六	Z23平、剖面图	（711）
图七七七	Z24平、剖面图	（712）
图七七八	Z26平、剖面图	（712）
图七七九	Z28平、剖面图	（712）
图七八〇	Z28出土遗物	（713）
图七八一	Z29平、剖面图	（713）
图七八二	H6平、剖面图	（714）
图七八三	H6出土陶器	（715）
图七八四	H7平、剖面图	（715）
图七八五	H7出土遗物	（717）
图七八六	H8平、剖面图	（718）
图七八七	H8出土陶罐	（718）
图七八八	H11平、剖面图	（718）
图七八九	H11出土陶器	（720）
图七九〇	H11出土陶器	（722）
图七九一	H14平、剖面图	（723）
图七九二	H14出土陶器	（723）
图七九三	H15平、剖面图	（724）
图七九四	H15出土遗物	（725）
图七九五	H16平、剖面图	（726）
图七九六	H16出土陶器	（726）
图七九七	H18平、剖面图	（727）
图七九八	H18出土陶器	（729）
图七九九	H18出土遗物	（729）
图八〇〇	H21平、剖面图	（730）
图八〇一	H21出土遗物	（732）
图八〇二	H23平、剖面图	（733）
图八〇三	H23出土圆陶片	（733）
图八〇四	H25平、剖面图	（733）

图八〇五	H25出土遗物	（734）
图八〇六	H31平、剖面图	（734）
图八〇七	H31出土陶器	（735）
图八〇八	H33平、剖面图	（735）
图八〇九	H33出土陶器	（737）
图八一〇	H34平、剖面图	（738）
图八一一	H34出土陶器	（739）
图八一二	H38平、剖面图	（739）
图八一三	H42平、剖面图	（739）
图八一四	H42出土陶器	（742）
图八一五	H42出土陶器	（743）
图八一六	H43平、剖面图	（744）
图八一七	H43出土陶器	（745）
图八一八	H43出土陶罐	（746）
图八一九	H43出土遗物	（747）
图八二〇	H47平、剖面图	（748）
图八二一	H47出土陶瓮	（748）
图八二二	H48平、剖面图	（749）
图八二三	H48出土遗物	（750）
图八二四	H50平、剖面图	（751）
图八二五	H50出土陶器	（752）
图八二六	H50出土陶器	（753）
图八二七	H51平、剖面图	（754）
图八二八	H51出土陶钵	（755）
图八二九	H52平、剖面图	（755）
图八三〇	H52出土陶罐	（756）
图八三一	H53平、剖面图	（756）
图八三二	H53出土陶钵	（757）
图八三三	H54平、剖面图	（757）
图八三四	H55平、剖面图	（757）
图八三五	H55出土遗物	（758）
图八三六	H56平、剖面图	（759）
图八三七	H56出土陶器	（761）
图八三八	H57平、剖面图	（762）
图八三九	H57出土陶器	（763）
图八四〇	H58平、剖面图	（763）
图八四一	H58出土陶器	（764）

图八四二	H58出土陶器	（765）
图八四三	H60平、剖面图	（766）
图八四四	H60出土陶器	（767）
图八四五	H61平、剖面图	（768）
图八四六	H61出土陶钵	（768）
图八四七	H62平、剖面图	（769）
图八四八	H62出土陶器	（770）
图八四九	H65平、剖面图	（770）
图八五〇	H65出土陶器	（771）
图八五一	H66平、剖面图	（772）
图八五二	H66出土陶瓮	（772）
图八五三	H68平、剖面图	（773）
图八五四	H68出土陶器	（774）
图八五五	H68出土陶器	（775）
图八五六	H68出土遗物	（777）
图八五七	H70平、剖面图	（778）
图八五八	H70出土陶器	（780）
图八五九	H70出土遗物	（781）
图八六〇	H71平、剖面图	（782）
图八六一	H71出土陶器	（782）
图八六二	H73平、剖面图	（783）
图八六三	H73出土陶器	（784）
图八六四	H74平、剖面图	（785）
图八六五	H74出土陶器耳	（785）
图八六六	H77平、剖面图	（785）
图八六七	H77出土陶器	（786）
图八六八	H77出土陶器	（787）
图八六九	H77出土遗物	（788）
图八七〇	H78平、剖面图	（789）
图八七一	H78出土陶器	（789）
图八七二	H79平、剖面图	（790）
图八七三	H79出土骨镞	（791）
图八七四	H82平、剖面图	（791）
图八七五	H82出土陶器	（791）
图八七六	H85平、剖面图	（792）
图八七七	H85出土陶器	（792）
图八七八	H92平、剖面图	（793）

图八七九	H93平、剖面图	（793）
图八八〇	H93出土陶器	（795）
图八八一	H94平、剖面图	（796）
图八八二	H94出土陶器	（796）
图八八三	H95平、剖面图	（797）
图八八四	H96平、剖面图	（797）
图八八五	H98平、剖面图	（798）
图八八六	H98出土陶器	（800）
图八八七	H101平、剖面图	（801）
图八八八	H101出土遗物	（802）
图八八九	H102平、剖面图	（803）
图八九〇	H102出土陶器	（805）
图八九一	H103平、剖面图	（805）
图八九二	H103出土陶器	（807）
图八九三	H105平、剖面图	（807）
图八九四	H105出土陶器	（808）
图八九五	H112平、剖面图	（809）
图八九六	H112出土陶器	（811）
图八九七	H112出土遗物	（812）
图八九八	H114平、剖面图	（813）
图八九九	H114出土陶器	（814）
图九〇〇	H115平、剖面图	（815）
图九〇一	H115出土陶器	（816）
图九〇二	H115出土陶器	（817）
图九〇三	H116平、剖面图	（818）
图九〇四	H116出土陶器	（819）
图九〇五	H117平、剖面图	（820）
图九〇六	H117出土陶器	（821）
图九〇七	H121平、剖面图	（822）
图九〇八	H121出土陶器	（824）
图九〇九	H122平、剖面图	（825）
图九一〇	H122出土陶器	（825）
图九一一	H122出土陶器	（826）
图九一二	H127平、剖面图	（827）
图九一三	H128平、剖面图	（827）
图九一四	H128出土陶器	（829）
图九一五	H128出土陶器	（830）

图九一六	H133平、剖面图	……	（831）
图九一七	H134平、剖面图	……	（831）
图九一八	H134出土陶器	……	（833）
图九一九	H135平、剖面图	……	（834）
图九二〇	H135出土陶器	……	（834）
图九二一	H138平、剖面图	……	（835）
图九二二	H138出土陶器	……	（837）
图九二三	H141平、剖面图	……	（837）
图九二四	H141出土遗物	……	（838）
图九二五	H159平、剖面图	……	（839）
图九二六	H188平、剖面图	……	（839）
图九二七	H188出土陶器	……	（840）
图九二八	H192平、剖面图	……	（841）
图九二九	H192出土陶器	……	（843）
图九三〇	H192出土陶钵	……	（844）
图九三一	H192出土遗物	……	（845）
图九三二	H206平、剖面图	……	（847）
图九三三	H208平、剖面图	……	（847）
图九三四	H208出土遗物	……	（848）
图九三五	H209平、剖面图	……	（849）
图九三六	H209出土陶器	……	（850）
图九三七	H216平、剖面图	……	（851）
图九三八	H216出土陶器	……	（852）
图九三九	H216出土陶器	……	（853）
图九四〇	H216出土遗物	……	（854）
图九四一	H217平、剖面图	……	（855）
图九四二	H217出土陶器	……	（856）
图九四三	H218平、剖面图	……	（857）
图九四四	H218出土陶器	……	（858）
图九四五	H218出土陶器	……	（860）
图九四六	H219平、剖面图	……	（862）
图九四七	H219出土陶器	……	（863）
图九四八	H219出土陶罐	……	（863）
图九四九	H219出土陶钵	……	（864）
图九五〇	H219出土陶器	……	（865）
图九五一	H220平、剖面图	……	（866）
图九五二	H220出土遗物	……	（867）

图九五三	H223平、剖面图	（868）
图九五四	H223出土陶器	（869）
图九五五	H226平、剖面图	（870）
图九五六	H226出土陶盆	（870）
图九五七	H227平、剖面图	（871）
图九五八	H227出土陶器	（872）
图九五九	H238平、剖面图	（873）
图九六〇	H238出土陶钵	（873）
图九六一	H239平、剖面图	（873）
图九六二	H239出土陶器	（874）
图九六三	H242平、剖面图	（874）
图九六四	H242出土陶器	（876）
图九六五	H242出土陶器	（877）
图九六六	H245平、剖面图	（878）
图九六七	H245出土陶器	（878）
图九六八	H247平、剖面图	（879）
图九六九	H247出土遗物	（879）
图九七〇	H250平、剖面图	（880）
图九七一	H250出土陶器	（881）
图九七二	H250出土遗物	（882）
图九七三	H251平、剖面图	（883）
图九七四	H251出土陶器	（883）
图九七五	H255平、剖面图	（884）
图九七六	Y1平、剖面图	（885）
图九七七	Y1出土陶器	（887）
图九七八	Y1出土陶器	（888）
图九七九	Y1出土陶器	（889）
图九八〇	G1剖面图	（890）
图九八一	G1①层出土遗物	（893）
图九八二	G1②层出土陶器	（895）
图九八三	G1②层出土遗物	（896）
图九八四	G1③层出土陶器	（897）
图九八五	G1③层出土遗物	（899）
图九八六	G1④层出土陶器	（900）
图九八七	G1④层出土遗物	（901）
图九八八	G1⑤层出土陶器	（903）
图九八九	G1⑤层出土陶器	（904）

图九九〇	G1⑤层出土遗物	（905）
图九九一	G1⑥层出土陶器	（906）
图九九二	G1⑥层出土遗物	（907）
图九九三	G1⑦层出土遗物	（908）
图九九四	G1⑧层出土陶器	（909）
图九九五	G1⑧层出土遗物	（910）
图九九六	G1⑨层出土陶器	（912）
图九九七	G1⑨层出土遗物	（913）
图九九八	G1⑩层出土陶器	（915）
图九九九	G1⑩层出土陶器	（916）
图一〇〇〇	G1⑪层出土陶器	（917）
图一〇〇一	G1⑪层出土骨器	（918）
图一〇〇二	G1⑫层出土遗物	（920）
图一〇〇三	G1⑬层出土遗物	（921）
图一〇〇四	G1⑭层出土陶器	（922）
图一〇〇五	G1⑮层出土遗物	（923）
图一〇〇六	G1⑰层出土陶器	（924）
图一〇〇七	G2剖面图	（925）
图一〇〇八	G2①层出土陶器	（926）
图一〇〇九	G2②层出土遗物	（928）
图一〇一〇	G2③层出土陶器	（929）
图一〇一一	G2③层出土遗物	（931）
图一〇一二	G2④层出土遗物	（932）
图一〇一三	G2⑤层出土陶器	（934）
图一〇一四	G2⑤层出土陶器	（935）
图一〇一五	G2⑤层出土遗物	（936）
图一〇一六	G2⑥层出土陶器	（938）
图一〇一七	G2⑥层出土陶器	（938）
图一〇一八	G2⑥层出土遗物	（940）
图一〇一九	G2⑦层出土陶器	（941）
图一〇二〇	G2⑦层出土陶器	（942）
图一〇二一	G2⑦层出土遗物	（943）
图一〇二二	G2⑧层出土陶器	（945）
图一〇二三	G2⑧层出土遗物	（946）
图一〇二四	W2平、剖面图	（947）
图一〇二五	W2出土陶器	（947）
图一〇二六	W5平、剖面图	（948）

图一〇二七	W5出土陶瓮	（948）
图一〇二八	W20平、剖面图	（949）
图一〇二九	W20出土陶瓮	（949）
图一〇三〇	W26平、剖面图	（950）
图一〇三一	W26出土陶器	（950）
图一〇三二	W27平、剖面图	（950）
图一〇三三	W27出土陶器	（950）
图一〇三四	W29平、剖面图	（951）
图一〇三五	W29出土陶器	（951）
图一〇三六	W30平、剖面图	（952）
图一〇三七	W30出土陶器	（952）
图一〇三八	W31平、剖面图	（953）
图一〇三九	W31出土陶器	（953）
图一〇四〇	W68平、剖面图	（953）
图一〇四一	W68出土陶器	（954）
图一〇四二	W69平、剖面图	（954）
图一〇四三	W69出土陶器	（954）
图一〇四四	W76平、剖面图	（955）
图一〇四五	W76出土陶器	（956）
图一〇四六	W77平、剖面图	（956）
图一〇四七	W77出土陶器	（956）
图一〇四八	W100平、剖面图	（957）
图一〇四九	W100出土陶器	（957）
图一〇五〇	W101平、剖面图	（958）
图一〇五一	W101出土陶器	（958）
图一〇五二	W102平、剖面图	（959）
图一〇五三	W102出土陶器	（959）
图一〇五四	W103平、剖面图	（959）
图一〇五五	W103出土陶器	（960）
图一〇五六	W104平、剖面图	（960）
图一〇五七	W104出土陶器	（960）
图一〇五八	W105平、剖面图	（961）
图一〇五九	W105出土陶瓮	（961）
图一〇六〇	W106平、剖面图	（962）
图一〇六一	W106出土陶器	（962）
图一〇六二	W107平、剖面图	（963）
图一〇六三	W107出土陶器	（963）

图一〇六四	W108平、剖面图	（964）
图一〇六五	W108出土陶瓮	（964）
图一〇六六	W109平、剖面图	（965）
图一〇六七	W109出土陶器	（965）
图一〇六八	W110平、剖面图	（966）
图一〇六九	W110出土陶器	（966）
图一〇七〇	W111平、剖面图	（967）
图一〇七一	W111出土陶器	（967）
图一〇七二	W113平、剖面图	（968）
图一〇七三	W113出土陶器	（968）
图一〇七四	W114平、剖面图	（969）
图一〇七五	W114出土陶器	（969）
图一〇七六	Ⅱ区②层下遗迹分布图	（971）
图一〇七七	Ⅲ区②层下遗迹分布图	（插页）
图一〇七八	TG2②层下遗迹分布图	（972）
图一〇七九	TG3②层下遗迹分布图	（972）
图一〇八〇	TG5②层下遗迹分布图	（972）
图一〇八一	H12平、剖面图	（973）
图一〇八二	H12出土陶器	（974）
图一〇八三	H19平、剖面图	（975）
图一〇八四	H19出土陶器	（977）
图一〇八五	H19出土遗物	（978）
图一〇八六	H24平、剖面图	（979）
图一〇八七	H24出土陶器	（980）
图一〇八八	H26平、剖面图	（981）
图一〇八九	H26出土陶器	（983）
图一〇九〇	H26出土陶器	（985）
图一〇九一	H26出土遗物	（986）
图一〇九二	H27平、剖面图	（987）
图一〇九三	H27出土陶器	（989）
图一〇九四	H27出土遗物	（990）
图一〇九五	H29平、剖面图	（990）
图一〇九六	H29出土遗物	（992）
图一〇九七	H35平、剖面图	（993）
图一〇九八	H35出土陶器	（996）
图一〇九九	H35出土陶罐	（997）
图一一〇〇	H35出土陶罐	（998）
图一一〇一	H35出土陶钵	（999）

图一一〇二	H35出土陶钵	（1000）
图一一〇三	H35出土陶器	（1001）
图一一〇四	H35出土遗物	（1002）
图一一〇五	H36平、剖面图	（1003）
图一一〇六	H36出土陶器	（1005）
图一一〇七	H36出土陶钵	（1005）
图一一〇八	H36出土陶器	（1006）
图一一〇九	H37平、剖面图	（1007）
图一一一〇	H37出土陶器	（1009）
图一一一一	H37出土陶器	（1010）
图一一一二	H39平、剖面图	（1011）
图一一一三	H39出土陶器	（1012）
图一一一四	H40平、剖面图	（1013）
图一一一五	H40出土陶器	（1013）
图一一一六	H40出土遗物	（1014）
图一一一七	H41平、剖面图	（1015）
图一一一八	H41出土陶器	（1018）
图一一一九	H41出土陶罐	（1019）
图一一二〇	H41出土陶罐	（1020）
图一一二一	H41出土陶器	（1021）
图一一二二	H41出土遗物	（1022）
图一一二三	H44平、剖面图	（1023）
图一一二四	H44出土陶器	（1025）
图一一二五	H44出土陶器	（1025）
图一一二六	H45平、剖面图	（1026）
图一一二七	H45出土陶器	（1029）
图一一二八	H45出土陶罐	（1029）
图一一二九	H45出土陶钵	（1030）
图一一三〇	H45出土陶器	（1031）
图一一三一	H45出土遗物	（1032）
图一一三二	H46平、剖面图	（1033）
图一一三三	H46出土陶罐	（1035）
图一一三四	H46出土陶器	（1036）
图一一三五	H49平、剖面图	（1037）
图一一三六	H49出土陶钵	（1037）
图一一三七	H59平、剖面图	（1038）
图一一三八	H59出土陶器	（1040）
图一一三九	H59出土陶罐	（1041）

图一一四〇	H59出土陶钵	（1042）
图一一四一	H59出土陶器	（1043）
图一一四二	H63平、剖面图	（1043）
图一一四三	H63出土陶器	（1045）
图一一四四	H63出土遗物	（1046）
图一一四五	H64平、剖面图	（1047）
图一一四六	H64出土陶器	（1049）
图一一四七	H67平、剖面图	（1050）
图一一四八	H67出土陶器	（1052）
图一一四九	H67出土陶钵	（1053）
图一一五〇	H67出土陶器	（1054）
图一一五一	H69平、剖面图	（1055）
图一一五二	H69出土陶器	（1056）
图一一五三	H72平、剖面图	（1057）
图一一五四	H72出土陶器	（1059）
图一一五五	H72出土陶器	（1060）
图一一五六	H75平、剖面图	（1060）
图一一五七	H75出土陶器	（1062）
图一一五八	H76平、剖面图	（1063）
图一一五九	H76出土陶器	（1065）
图一一六〇	H76出土陶器	（1065）
图一一六一	H83平、剖面图	（1066）
图一一六二	H83出土陶瓶	（1069）
图一一六三	H83出土陶盆	（1070）
图一一六四	H83出土陶罐	（1071）
图一一六五	H83出土陶罐	（1072）
图一一六六	H83出土陶钵	（1073）
图一一六七	H83出土陶钵	（1074）
图一一六八	H83出土陶器	（1075）
图一一六九	H83出土陶器	（1076）
图一一七〇	H84平、剖面图	（1076）
图一一七一	H84出土陶器	（1077）
图一一七二	H86平、剖面图	（1078）
图一一七三	H86出土陶器	（1080）
图一一七四	H86出土陶器	（1081）
图一一七五	H87平、剖面图	（1082）
图一一七六	H89平、剖面图	（1082）
图一一七七	H89出土陶器	（1084）

图一一七八	H89出土陶钵	（1085）
图一一七九	H89出土陶钵	（1086）
图一一八〇	H89出土陶器	（1087）
图一一八一	H90平、剖面图	（1087）
图一一八二	H90出土陶器	（1090）
图一一八三	H90出土陶罐	（1091）
图一一八四	H90出土遗物	（1093）
图一一八五	H100平、剖面图	（1094）
图一一八六	H100出土陶器	（1096）
图一一八七	H100出土陶罐	（1097）
图一一八八	H100出土陶钵	（1098）
图一一八九	H100出土陶器	（1099）
图一一九〇	H104平、剖面图	（1100）
图一一九一	H104出土陶器	（1101）
图一一九二	H110平、剖面图	（1101）
图一一九三	H113平、剖面图	（1101）
图一一九四	H113出土陶器	（1103）
图一一九五	H113出土遗物	（1104）
图一一九六	H118平、剖面图	（1105）
图一一九七	H118出土陶器	（1106）
图一一九八	H119平、剖面图	（1106）
图一一九九	H119出土陶器	（1108）
图一二〇〇	H119出土陶器	（1109）
图一二〇一	H119出土遗物	（1110）
图一二〇二	H120平、剖面图	（1111）
图一二〇三	H120出土陶器	（1112）
图一二〇四	H123平、剖面图	（1113）
图一二〇五	H123出土陶器	（1115）
图一二〇六	H123出土陶器	（1115）
图一二〇七	H124平、剖面图	（1116）
图一二〇八	H124出土遗物	（1117）
图一二〇九	H125平、剖面图	（1118）
图一二一〇	H125出土遗物	（1119）
图一二一一	H126平、剖面图	（1120）
图一二一二	H126出土陶器	（1123）
图一二一三	H126出土陶罐	（1123）
图一二一四	H126出土陶钵	（1125）
图一二一五	H126出土陶器	（1126）

图一二一六	H126出土遗物	（1126）
图一二一七	H129平、剖面图	（1127）
图一二一八	H129出土陶器	（1128）
图一二一九	H130平、剖面图	（1128）
图一二二〇	H130出土陶器	（1131）
图一二二一	H130出土陶罐	（1132）
图一二二二	H130出土陶器	（1133）
图一二二三	H130出土陶器	（1134）
图一二二四	H131平、剖面图	（1134）
图一二二五	H131出土陶器	（1136）
图一二二六	H131出土陶器	（1137）
图一二二七	H132平、剖面图	（1138）
图一二二八	H132出土陶器	（1140）
图一二二九	H132出土陶罐	（1141）
图一二三〇	H132出土陶钵	（1142）
图一二三一	H132出土遗物	（1143）
图一二三二	H136平、剖面图	（1144）
图一二三三	H136出土陶器	（1146）
图一二三四	H136出土陶器	（1146）
图一二三五	H137平、剖面图	（1147）
图一二三六	H137出土陶器	（1149）
图一二三七	H137出土陶器	（1150）
图一二三八	H137出土遗物	（1151）
图一二三九	H139平、剖面图	（1152）
图一二四〇	H139出土陶器	（1153）
图一二四一	H140平、剖面图	（1154）
图一二四二	H140出土遗物	（1156）
图一二四三	H142平、剖面图	（1157）
图一二四四	H142出土陶器	（1158）
图一二四五	H142出土陶器	（1159）
图一二四六	H184平、剖面图	（1160）
图一二四七	H184出土陶器	（1161）
图一二四八	H184出土陶器	（1162）
图一二四九	H186平、剖面图	（1163）
图一二五〇	H186出土陶器	（1165）
图一二五一	H186出土陶罐	（1166）
图一二五二	H186出土陶钵	（1167）
图一二五三	H186出土陶器	（1168）

图一二五四	H187平、剖面图	(1168)
图一二五五	H187出土陶器	(1171)
图一二五六	H187出土陶钵	(1172)
图一二五七	H187出土遗物	(1173)
图一二五八	H189平、剖面图	(1174)
图一二五九	H189出土陶器	(1176)
图一二六〇	H204平、剖面图	(1177)
图一二六一	H204出土陶器	(1178)
图一二六二	H211平、剖面图	(1178)
图一二六三	H211出土陶器	(1180)
图一二六四	H211出土陶器	(1181)
图一二六五	H212平、剖面图	(1182)
图一二六六	H212出土陶器	(1184)
图一二六七	H212出土遗物	(1185)
图一二六八	H213平、剖面图	(1186)
图一二六九	H213出土陶器	(1188)
图一二七〇	H213出土陶器	(1189)
图一二七一	H214平、剖面图	(1189)
图一二七二	H214出土遗物	(1191)
图一二七三	H215平、剖面图	(1193)
图一二七四	H215出土遗物	(1194)
图一二七五	H221平、剖面图	(1195)
图一二七六	H221出土陶器	(1196)
图一二七七	H233平、剖面图	(1197)
图一二七八	H233出土陶器	(1198)
图一二七九	H234平、剖面图	(1199)
图一二八〇	H234出土遗物	(1201)
图一二八一	H237平、剖面图	(1202)
图一二八二	H237出土陶器	(1203)
图一二八三	H237出土陶罐	(1204)
图一二八四	H237出土陶钵	(1205)
图一二八五	H237出土遗物	(1207)
图一二八六	H246平、剖面图	(1208)
图一二八七	H246出土陶器	(1209)
图一二八八	M1平、剖面图	(1210)
图一二八九	M6平、剖面图	(1210)
图一二九〇	W3平、剖面图	(1211)
图一二九一	W3出土陶瓮	(1211)

图一二九二	I区遗迹（龙山文化遗迹）分布图	（1213）
图一二九三	H1平、剖面图	（1213）
图一二九四	H1出土陶器	（1214）
图一二九五	H2平、剖面图	（1215）
图一二九六	H2出土陶罐	（1215）
图一二九七	H3平、剖面图	（1216）
图一二九八	H3出土遗物	（1217）
图一二九九	H4平、剖面图	（1218）
图一三〇〇	H4出土陶器	（1218）
图一三〇一	H202共存陶器	（1222）
图一三〇二	F79共存陶器	（1223）
图一三〇三	H192共存陶器	（1223）
图一三〇四	鱼化寨遗址仰韶文化早期陶瓶、盆演变图	（1224）
图一三〇五	鱼化寨遗址仰韶文化早期陶罐演变图	（1227）
图一三〇六	鱼化寨遗址仰韶文化早期陶钵演变图	（1229）
图一三〇七	鱼化寨遗址仰韶文化早期陶瓮演变图	（1230）
图一三〇八	H72出土陶器	（1234）
图一三〇九	H211出土陶器	（1234）
图一三一〇	H136出土陶器	（1234）
图一三一一	H113出土陶器	（1235）
图一三一二	②层出土陶器	（1235）
图一三一三	鱼化寨遗址仰韶文化晚期陶器分期图	（1236）
图一三一四	鱼化寨猪下颌M3尺寸与王屋山现生野猪比较图	（1271）
图一三一五	鱼化寨遗址猪、王屋山野猪和沙门盐津家猪的下颌M3长的比较图	（1272）
图一三一六	鱼化寨遗址獐个体年龄百分比分布图（据左下颌骨）	（1279）
图一三一七	鱼化寨遗址不同文化类型野生哺乳动物/家养哺乳动物	（1306）
图一三一八	鱼化寨遗址不同文化类型东洋界动物/哺乳动物总数	（1306）
图一三一九	北首岭期主要食用动物百分比柱形图	（1307）
图一三二〇	半坡期主要食用动物肉量百分比柱形图	（1308）
图一三二一	史家期主要食用动物肉量百分比柱形图	（1309）
图一三二二	半坡晚期主要食用动物肉量百分比柱形图	（1310）
图一三二三	鱼化寨遗址主要食用动物肉量百分比柱形图	（1310）
图一三二四	鱼化寨遗址浮选样品炭屑含量分析	（1322）
图一三二五	彩陶表面的显微结构照片	（1329）
图一三二六	部分彩陶胎体的XRD图	（1332）
图一三二七	部分彩陶颜料的XRD图	（1333）

插表目录

表一	F52陶系统计表	（82）
表二	F52器形统计表	（83）
表三	F70陶系统计表	（88）
表四	F76陶系统计表	（92）
表五	F76器形统计表	（93）
表六	H146陶系统计表	（98）
表七	H146器形统计表	（99）
表八	H147陶系统计表	（101）
表九	H148陶系统计表	（103）
表一〇	H148器形统计表	（104）
表一一	H166陶系统计表	（111）
表一二	H166器形统计表	（112）
表一三	H181陶系统计表	（116）
表一四	H181器形统计表	（116）
表一五	H198陶系统计表	（120）
表一六	H200陶系统计表	（122）
表一七	H200器形统计表	（123）
表一八	H201陶系统计表	（127）
表一九	H201器形统计表	（127）
表二〇	H202陶系统计表	（130）
表二一	H202器形统计表	（131）
表二二	H225陶系统计表	（136）
表二三	H229陶系统计表	（140）
表二四	H229器形统计表	（140）
表二五	H235陶系统计表	（145）
表二六	H235器形统计表	（146）
表二七	H253陶系统计表	（152）
表二八	F5陶系统计表	（161）
表二九	F5器形统计表	（162）

表三〇	F8陶系统计表	（166）
表三一	F8器形统计表	（166）
表三二	F15陶系统计表	（174）
表三三	F15器形统计表	（174）
表三四	F17陶系统计表	（178）
表三五	F17器形统计表	（178）
表三六	F20陶系统计表	（182）
表三七	F20器形统计表	（182）
表三八	F21陶系统计表	（189）
表三九	F21器形统计表	（189）
表四〇	F25陶系统计表	（198）
表四一	F25器形统计表	（198）
表四二	F28陶系统计表	（205）
表四三	F28器形统计表	（206）
表四四	F34陶系统计表	（219）
表四五	F34器形统计表	（219）
表四六	F37陶系统计表	（228）
表四七	F37器形统计表	（228）
表四八	F39陶系统计表	（232）
表四九	F55陶系统计表	（258）
表五〇	F55器形统计表	（258）
表五一	F57陶系统计表	（265）
表五二	F57器形统计表	（265）
表五三	F75陶系统计表	（291）
表五四	F75器形统计表	（292）
表五五	F78陶系统计表	（295）
表五六	F78器形统计表	（295）
表五七	F79陶系统计表	（298）
表五八	F79器形统计表	（299）
表五九	F80陶系统计表	（309）
表六〇	F80器形统计表	（309）
表六一	F81陶系统计表	（315）
表六二	F81器形统计表	（315）
表六三	F82陶系统计表	（318）
表六四	F82器形统计表	（318）
表六五	F83陶系统计表	（321）
表六六	F83器形统计表	（321）

表六七	F84陶系统计表	（325）
表六八	F84器形统计表	（325）
表六九	F89陶系统计表	（337）
表七〇	F89器形统计表	（338）
表七一	F90陶系统计表	（339）
表七二	F90器形统计表	（340）
表七三	H10陶系统计表	（359）
表七四	H10器形统计表	（359）
表七五	H81器形统计表	（371）
表七六	H91器形统计表	（375）
表七七	H108陶系统计表	（381）
表七八	H109陶系统计表	（382）
表七九	H109器形统计表	（383）
表八〇	H111陶系统计表	（384）
表八一	H111器形统计表	（385）
表八二	H144器形统计表	（388）
表八三	H145陶系统计表	（391）
表八四	H145器形统计表	（391）
表八五	H152陶系统计表	（398）
表八六	H152器形统计表	（399）
表八七	H160陶系统计表	（403）
表八八	H160器形统计表	（404）
表八九	H161器形统计表	（407）
表九〇	H162陶系统计表	（412）
表九一	H162器形统计表	（413）
表九二	H163陶系统计表	（415）
表九三	H164器形统计表	（418）
表九四	H168器形统计表	（425）
表九五	H169陶系统计表	（428）
表九六	H169器形统计表	（429）
表九七	H170器形统计表	（431）
表九八	H171陶系统计表	（433）
表九九	H178陶系统计表	（442）
表一〇〇	H178器形统计表	（443）
表一〇一	H179陶系统计表	（445）
表一〇二	H179器形统计表	（445）
表一〇三	H180陶系统计表	（448）

表一〇四	H180器形统计表	（448）
表一〇五	H183陶系统计表	（451）
表一〇六	H183器形统计表	（452）
表一〇七	H190陶系统计表	（456）
表一〇八	H190器形统计表	（457）
表一〇九	H191陶系统计表	（460）
表一一〇	H191器形统计表	（461）
表一一一	H195陶系统计表	（466）
表一一二	H195器形统计表	（467）
表一一三	H203器形统计表	（471）
表一一四	H205陶系统计表	（475）
表一一五	H207陶系统计表	（476）
表一一六	H207器形统计表	（477）
表一一七	H222器形统计表	（480）
表一一八	H236陶系统计表	（485）
表一一九	H236器形统计表	（486）
表一二〇	H244陶系统计表	（490）
表一二一	H244器形统计表	（491）
表一二二	H252陶系统计表	（494）
表一二三	H252器形统计表	（495）
表一二四	F1陶系统计表	（620）
表一二五	F1器形统计表	（621）
表一二七	F3器形统计表	（623）
表一二六	F3陶系统计表	（623）
表一二八	F9陶系统计表	（631）
表一二九	F9器形统计表	（631）
表一三〇	F11陶系统计表	（635）
表一三一	F11器形统计表	（635）
表一三二	F12陶系统计表	（639）
表一三三	F12器形统计表	（639）
表一三四	F77陶系统计表	（653）
表一三五	F77器形统计表	（654）
表一三六	F91陶系统计表	（657）
表一三七	F91器形统计表	（657）
表一三八	F93陶系统计表	（664）
表一三九	F93器形统计表	（665）
表一四〇	F97陶系统计表	（679）

表一四一	F97器形统计表	（679）
表一四二	F98陶系统计表	（686）
表一四三	F98器形统计表	（686）
表一四四	Z4陶系统计表	（701）
表一四五	Z8陶系统计表	（703）
表一四六	Z10陶系统计表	（706）
表一四七	H7陶系统计表	（716）
表一四八	H7器形统计表	（716）
表一四九	H11陶系统计表	（719）
表一五〇	H11器形统计表	（719）
表一五一	H15陶系统计表	（723）
表一五二	H18陶系统计表	（727）
表一五三	H18器形统计表	（728）
表一五四	H21陶系统计表	（731）
表一五五	H21器形统计表	（731）
表一五六	H33陶系统计表	（736）
表一五七	H33器形统计表	（736）
表一五八	H42陶系统计表	（740）
表一五九	H42器形统计表	（741）
表一六〇	H43器形统计表	（744）
表一六一	H48陶系统计表	（749）
表一六二	H50陶系统计表	（751）
表一六三	H50器形统计表	（751）
表一六四	H51陶系统计表	（755）
表一六五	H52陶系统计表	（755）
表一六六	H53陶系统计表	（756）
表一六七	H56陶系统计表	（760）
表一六八	H56器形统计表	（760）
表一六九	H58陶系统计表	（764）
表一七〇	H58器形统计表	（764）
表一七一	H60陶系统计表	（767）
表一七二	H68器形统计表	（773）
表一七三	H70陶系统计表	（778）
表一七四	H70器形统计表	（779）
表一七五	H73陶系统计表	（782）
表一七六	H73器形统计表	（783）
表一七七	H77器形统计表	（786）
表一七八	H93陶系统计表	（793）

表一七九	H93器形统计表	（794）
表一八〇	H98陶系统计表	（799）
表一八一	H98器形统计表	（799）
表一八二	H101陶系统计表	（801）
表一八三	H101器形统计表	（802）
表一八四	H102陶系统计表	（804）
表一八五	H102器形统计表	（804）
表一八六	H103陶系统计表	（806）
表一八七	H103器形统计表	（806）
表一八八	H105陶系统计表	（808）
表一八九	H112陶系统计表	（809）
表一九〇	H112器形统计表	（810）
表一九一	H114陶系统计表	（813）
表一九二	H114器形统计表	（814）
表一九三	H115器形统计表	（816）
表一九四	H117器形统计表	（821）
表一九五	H121陶系统计表	（823）
表一九六	H121器形统计表	（823）
表一九七	H128陶系统计表	（828）
表一九八	H128器形统计表	（828）
表一九九	H134陶系统计表	（832）
表二〇〇	H134器形统计表	（832）
表二〇一	H138陶系统计表	（836）
表二〇二	H138器形统计表	（836）
表二〇三	H188陶系统计表	（839）
表二〇四	H188器形统计表	（840）
表二〇五	H192器形统计表	（842）
表二〇六	H208陶系统计表	（847）
表二〇七	H208器形统计表	（848）
表二〇八	H216器形统计表	（851）
表二〇九	H217陶系统计表	（855）
表二一〇	H217器形统计表	（856）
表二一一	H218陶系统计表	（857）
表二一二	H218器形统计表	（858）
表二一三	H219器形统计表	（861）
表二一四	H223器形统计表	（868）
表二一五	H227陶系统计表	（871）

表二一六	H227器形统计表		（872）
表二一七	H242器形统计表		（875）
表二一八	H250器形统计表		（880）
表二一九	Y1陶系统计表		（886）
表二二〇	Y1器形统计表		（886）
表二二一	H12陶系统计表		（973）
表二二二	H19陶系统计表		（975）
表二二三	H19器形统计表		（976）
表二二四	H24陶系统计表		（979）
表二二五	H24器形统计表		（981）
表二二六	H26陶系统计表		（982）
表二二七	H26器形统计表		（984）
表二二八	H27陶系统计表		（988）
表二二九	H27器形统计表		（988）
表二三〇	H29陶系统计表		（991）
表二三一	H29器形统计表		（991）
表二三二	H35陶系统计表		（994）
表二三三	H35器形统计表		（995）
表二三四	H36陶系统计表		（1003）
表二三五	H36器形统计表		（1004）
表二三六	H37陶系统计表		（1008）
表二三七	H37器形统计表		（1008）
表二三八	H39陶系统计表		（1012）
表二三九	H39器形统计表		（1012）
表二四〇	H41陶系统计表		（1016）
表二四一	H41器形统计表		（1017）
表二四二	H44陶系统计表		（1023）
表二四三	H44器形统计表		（1024）
表二四四	H45陶系统计表		（1026）
表二四五	H45器形统计表		（1028）
表二四六	H46陶系统计表		（1034）
表二四七	H46器形统计表		（1034）
表二四八	H59陶系统计表		（1038）
表二四九	H59器形统计表		（1039）
表二五〇	H63陶系统计表		（1044）
表二五一	H63器形统计表		（1044）
表二五二	H64陶系统计表		（1047）
表二五三	H64器形统计表		（1048）

表二五四	H67陶系统计表	（1050）
表二五五	H67器形统计表	（1051）
表二五六	H69陶系统计表	（1055）
表二五七	H69器形统计表	（1056）
表二五八	H72陶系统计表	（1057）
表二五九	H72器形统计表	（1058）
表二六〇	H75陶系统计表	（1061）
表二六一	H75器形统计表	（1061）
表二六二	H76陶系统计表	（1064）
表二六三	H76器形统计表	（1064）
表二六四	H83陶系统计表	（1067）
表二六五	H83器形统计表	（1068）
表二六六	H86陶系统计表	（1079）
表二六七	H86器形统计表	（1079）
表二六八	H89陶系统计表	（1083）
表二六九	H89器形统计表	（1083）
表二七〇	H90陶系统计表	（1088）
表二七一	H90器形统计表	（1089）
表二七二	H100陶系统计表	（1094）
表二七三	H100器形统计表	（1095）
表二七四	H113陶系统计表	（1102）
表二七五	H113器形统计表	（1103）
表二七六	H119陶系统计表	（1107）
表二七七	H119器形统计表	（1108）
表二七八	H123陶系统计表	（1114）
表二七九	H123器形统计表	（1114）
表二八〇	H125陶系统计表	（1118）
表二八一	H125器形统计表	（1119）
表二八二	H126陶系统计表	（1121）
表二八三	H126器形统计表	（1122）
表二八四	H130陶系统计表	（1129）
表二八五	H130器形统计表	（1130）
表二八六	H131陶系统计表	（1135）
表二八七	H131器形统计表	（1135）
表二八八	H132陶系统计表	（1138）
表二八九	H132器形统计表	（1139）
表二九〇	H136陶系统计表	（1145）

表二九一	H136器形统计表		（1145）
表二九二	H137陶系统计表		（1148）
表二九三	H137器形统计表		（1148）
表二九四	H139陶系统计表		（1152）
表二九五	H139器形统计表		（1153）
表二九六	H140陶系统计表		（1154）
表二九七	H140器形统计表		（1155）
表二九八	H142器形统计表		（1157）
表二九九	H184陶系统计表		（1160）
表三〇〇	H184器形统计表		（1161）
表三〇一	H186陶系统计表		（1164）
表三〇二	H186器形统计表		（1164）
表三〇三	H187陶系统计表		（1169）
表三〇四	H187器形统计表		（1170）
表三〇五	H189陶系统计表		（1174）
表三〇六	H189器形统计表		（1175）
表三〇七	H204陶系统计表		（1177）
表三〇八	H211陶系统计表		（1179）
表三〇九	H211器形统计表		（1179）
表三一〇	H212陶系统计表		（1183）
表三一一	H212器形统计表		（1183）
表三一二	H213陶系统计表		（1187）
表三一三	H213器形统计表		（1187）
表三一四	H214陶系统计表		（1190）
表三一五	H214器形统计表		（1190）
表三一六	H215陶系统计表		（1193）
表三一七	H215器形统计表		（1194）
表三一八	H221陶系统计表		（1195）
表三一九	H221器形统计表		（1196）
表三二〇	H233器形统计表		（1197）
表三二一	H234陶系统计表		（1200）
表三二二	H234器形统计表		（1200）
表三二三	H237器形统计表		（1202）
表三二四	H246陶系统计表		（1208）
表三二五	H246器形统计表		（1209）
表三二六	蚌壳残片在各个时期和遗迹中的分布		（1259）
表三二七	褐家鼠在各个时代骨骼的分布情况		（1261）

表三二八	褐家鼠股骨测量数据表	（1261）
表三二九	中华竹鼠在各个时代骨骼的分布情况	（1262）
表三三〇	草兔在各个时代骨骼的分布情况	（1263）
表三三一	狗尺骨测量数据	（1264）
表三三二	狐下颌测量数据表	（1265）
表三三三	狐寰椎测量数据表	（1265）
表三三四	貉头骨测量数据表	（1266）
表三三五	黄鼬头骨测量数据表	（1267）
表三三六	狗獾下颌测量数据表	（1268）
表三三七	不同时期猪最小个体数统计表	（1271）
表三三八	鱼化寨遗址猪的年龄结构	（1272）
表三三九	不同时期猪的M3牙齿测量数据及平均值	（1273）
表三四〇	根据鱼化寨遗址出土猪下颌牙齿的萌出和磨损级别确定的年龄及性别状况	（1274）
表三四一	不同时期獐最小个体数统计表	（1277）
表三四二	不同时期獐下颌骨测量数据	（1278）
表三四三	鱼化寨遗址獐下颌骨牙齿萌发及磨蚀情况	（1278）
表三四四	獐桡骨测量数据	（1280）
表三四五	獐股骨测量数据	（1280）
表三四六	獐跟骨测量数据表	（1280）
表三四七	獐距骨测量数据表	（1280）
表三四八	獐跖骨测量数据	（1281）
表三四九	不同时期梅花鹿最小个体数统计表	（1282）
表三五〇	梅花鹿鹿角测量数据表	（1283）
表三五一	梅花鹿下颌骨测量数据	（1284）
表三五二	梅花鹿下颌骨牙齿萌发及磨蚀情况	（1284）
表三五三	北首岭期主要食用动物百分比表	（1307）
表三五四	半坡期主要食用动物肉量百分比表	（1308）
表三五五	史家期主要食用动物肉量百分比表	（1309）
表三五六	半坡晚期主要食用动物肉量百分比表	（1309）
表三五七	鱼化寨遗址主要食用动物肉量百分比表	（1310）
表三五八	浮选样品采集情况表	（1312）
表三五九	坚果和核果遗存出土统计表	（1314）
表三六〇	植物种子统计（去除H201）	（1315）
表三六一	野大豆测量	（1318）
表三六二	彩陶样品概况	（1327）
表三六三	彩陶物理性能测试结果	（1329）
表三六四	彩陶胎体的XRF分析结果	（1330）
表三六五	彩陶颜料的XRF分析结果	（1330）

彩版目录

彩版一　　鱼化寨遗址地貌
彩版二　　发掘与整理期间指导、参观的专家
彩版三　　报告整理工作
彩版四　　F8、F79陶器组合
彩版五　　F97、M2陶器组合
彩版六　　M3、M8随葬陶器组合
彩版七　　M10、M12随葬陶器组合
彩版八　　M14、W40随葬陶器组合
彩版九　　W70、W73随葬陶器组合
彩版一〇　陶瓶
彩版一一　陶瓶
彩版一二　陶盆
彩版一三　陶盆
彩版一四　陶罐
彩版一五　陶罐
彩版一六　陶罐
彩版一七　陶罐
彩版一八　陶罐
彩版一九　陶钵
彩版二〇　陶钵
彩版二一　陶钵
彩版二二　陶钵
彩版二三　陶瓮
彩版二四　陶器
彩版二五　陶器
彩版二六　陶器
彩版二七　陶器
彩版二八　陶器
彩版二九　玉器

彩版三〇　石锛
彩版三一　石器
彩版三二　石器
彩版三三　骨器
彩版三四　骨锥
彩版三五　骨锥
彩版三六　骨锥
彩版三七　骨镞
彩版三八　骨镞
彩版三九　骨匕
彩版四〇　骨器
彩版四一　骨器
彩版四二　骨笄
彩版四三　骨笄
彩版四四　骨牙器
彩版四五　角、蚌器
彩版四六　彩陶盆
彩版四七　彩陶片
彩版四八　彩陶片
彩版四九　彩陶片
彩版五〇　人骨涂朱
彩版五一　植物遗存
彩版五二　植物遗存

图版目录

图版一　Ⅲ区探方分布
图版二　地层堆积
图版三　F41、F79
图版四　灰坑
图版五　土坑墓
图版六　土坑墓
图版七　M1及部分瓮棺墓分布
图版八　瓮棺墓
图版九　瓮棺墓
图版一〇　瓮棺墓
图版一一　瓮棺墓
图版一二　灶址
图版一三　G1、G2
图版一四　Ⅱ区②层出土遗物
图版一五　Ⅱ区③层出土遗物
图版一六　Ⅱ区③层出土骨器
图版一七　Ⅱ区④层出土遗物
图版一八　Ⅱ区④层出土骨器
图版一九　Ⅲ区②层出土陶器
图版二〇　Ⅲ区②层出土陶器
图版二一　Ⅲ区②层出土陶器
图版二二　Ⅲ区②层出土陶器
图版二三　Ⅲ区②层出土遗物
图版二四　Ⅲ区③层出土陶器
图版二五　Ⅲ区③层出土陶器
图版二六　Ⅲ区③层出土遗物
图版二七　Ⅲ区③层出土石器
图版二八　Ⅲ区③层出土石器
图版二九　Ⅲ区③层出土骨器

图版三〇	Ⅲ区③层出土骨器
图版三一	Ⅲ区③层出土遗物
图版三二	Ⅲ区④层出土陶器
图版三三	Ⅲ区④层出土陶器
图版三四	Ⅲ区④层出土石器
图版三五	Ⅲ区④层出土遗物
图版三六	Ⅲ区④层出土骨器
图版三七	Ⅲ区⑤层出土遗物
图版三八	Ⅲ区⑤层出土遗物
图版三九	Ⅲ区⑤层出土骨器
图版四〇	Ⅲ五⑥层出土遗物
图版四一	Ⅲ区⑥层出土遗物
图版四二	Ⅲ区⑥层出土遗物
图版四三	Ⅲ区⑦层出土遗物
图版四四	Ⅲ区⑦层出土骨器
图版四五	Ⅲ区⑦层出土遗物
图版四六	Ⅲ区⑧层出土遗物
图版四七	Ⅲ区⑧层出土遗物
图版四八	Ⅲ区⑧层、⑨层出土遗物
图版四九	Ⅲ区⑨层出土遗物
图版五〇	Ⅲ区⑨层出土骨器
图版五一	Ⅲ区⑨层出土骨器
图版五二	Ⅲ区⑩层出土遗物
图版五三	Ⅲ区⑩层出土遗物
图版五四	Ⅲ区⑩层出土骨器
图版五五	Ⅲ区⑪层出土遗物
图版五六	Ⅲ区⑪、⑫层出土骨器
图版五七	F52、F72、F76、H146、H155出土遗物
图版五八	H155、H157、H177出土遗物
图版五九	H177、H198、H200、H201出土遗物
图版六〇	H201、H202出土遗物
图版六一	H228、H229、H225、H235出土遗物
图版六二	H235出土遗物
图版六三	F2、F6出土遗物
图版六四	F8出土陶器
图版六五	F8出土陶器
图版六六	F8出土陶钵

图版六七　F8出土陶器与墙皮残块
图版六八　F8、F15、F17、F20出土陶器
图版六九　F20出土陶器
图版七〇　F20、F28出土遗物
图版七一　F28、F36、F39、F42、F48出土遗物
图版七二　F55、F63、F67出土遗物
图版七三　F67、F73、F79出土遗物
图版七四　F79出土陶罐
图版七五　F79出土陶钵
图版七六　F79出土遗物
图版七七　F79、F80出土遗物
图版七八　F80、F83、F84出土遗物
图版七九　F84、F85出土遗物
图版八〇　F87、F90出土遗物
图版八一　H10、H20、H22出土陶器
图版八二　H22、H32、H88、H91、H106出土遗物
图版八三　H111、H145、H149、H152、H160出土遗物
图版八四　H160、H161、H163、H164、H165出土遗物
图版八五　H167、H169出土遗物
图版八六　H175、H179出土遗物
图版八七　H182、H183、H185、H190出土陶器
图版八八　H191、H193、H195出土遗物
图版八九　H195、H203、H205、H222出土遗物
图版九〇　H222、H230、H232、H244出土遗物
图版九一　M2出土陶器
图版九二　M3、M4出土陶器
图版九三　M5、M7出土陶器
图版九四　M7、M8出土遗物
图版九五　M8出土遗物
图版九六　M8、M9、M10出土遗物
图版九七　M10出土陶器
图版九八　M10、M11、M12出土遗物
图版九九　M12、M13出土陶器
图版一〇〇　M13、M14出土陶器
图版一〇一　W1、W4、W6出土陶器
图版一〇二　W7、W8、W9出土陶器
图版一〇三　W9、W10、W11、W12、W13出土陶器

图版一〇四　W13、W14、W15、W16出土陶器
图版一〇五　W17、W18、W19出土遗物
图版一〇六　W19、W22、W23、W24出土陶器
图版一〇七　W24、W25、W32、W33出土陶器
图版一〇八　W34、W35、W36、W37出土陶器
图版一〇九　W37、W38、W40出土陶器
图版一一〇　W40、W41出土陶器
图版一一一　W42、W43、W44出土陶器
图版一一二　W44、W45、W46出土陶器
图版一一三　W46、W47、W48、W49出土陶器
图版一一四　W49、W50、W51、W52出土陶器
图版一一五　W52、W54、W55、W56出土陶器
图版一一六　W56、W57、W58、W59出土遗物
图版一一七　W59、W60、W61出土陶器
图版一一八　W62、W63、W64出土陶器
图版一一九　W65、W66、W67出土陶器
图版一二〇　W70出土陶器
图版一二一　W71、W72、W73出土陶器
图版一二二　W73出土陶器
图版一二三　W74、W75、W79出土陶器
图版一二四　W80、W81、W82、W83出土陶器
图版一二五　W84、W85、W86出土陶器
图版一二六　W87、W88、W89出土陶器
图版一二七　W90、W91、W92、W93出土遗物
图版一二八　W93、W94、W95、W96出土陶器
图版一二九　W96、W97、W98、W99出土陶器
图版一三〇　W112、W115、W116、W117出土陶器
图版一三一　W117、W118、W119、W120出土陶器
图版一三二　W121、W122、W123出土陶器
图版一三三　F1、F3、F7、F11出土遗物
图版一三四　F11、F13、F77出土遗物
图版一三五　F77、F92出土遗物
图版一三六　F92、F94出土遗物
图版一三七　F94、F95、F96、F97出土遗物
图版一三八　F97出土陶罐
图版一三九　F97出土陶器
图版一四〇　F97出土遗物

图版一四一　F98、F99、F106出土遗物
图版一四二　Z9、Z10、H15出土遗物
图版一四三　H18、H21、H25、H43、H68出土遗物
图版一四四　H68、H73、H77、H79、H82出土遗物
图版一四五　H82、H85、H101、H112、H115、H116、H234出土遗物
图版一四六　H116、H121、H135、H188、H192、H218出土遗物
图版一四七　H218、H219、Y1、G1①、G1②出土遗物
图版一四八　G1②、G1③出土遗物
图版一四九　G1③出土遗物
图版一五〇　G1③、G1④、G1⑤出土遗物
图版一五一　G1⑤出土陶、石器
图版一五二　G1⑤、G1⑥、G1⑦、G1⑧出土遗物
图版一五三　G1⑧出土遗物
图版一五四　G1⑨、G1⑩出土遗物
图版一五五　G1⑪出土遗物
图版一五六　G1⑪、G1⑫、G1⑬出土遗物
图版一五七　G1⑬、G1⑮、G2②、G2③出土遗物
图版一五八　G2③出土遗物
图版一五九　G2④出土遗物
图版一六〇　G2⑤出土遗物
图版一六一　G2⑤、G2⑥出土遗物
图版一六二　G2⑥、G2⑦出土遗物
图版一六三　G2⑦、G2⑧出土遗物
图版一六四　W2、W26、W27、W30出土陶器
图版一六五　W68、W69、W76出土陶器
图版一六六　W77、W100、W101、W102、W104出土陶器
图版一六七　W107、W108出土陶器
图版一六八　W109、W110、W111出土陶器
图版一六九　W113、W114出土陶器
图版一七〇　H12、H19、H26出土遗物
图版一七一　H27、H29出土遗物
图版一七二　H29、H35出土遗物
图版一七三　H35、H36、H37、H40、H41出土遗物
图版一七四　H41、H44、H46出土遗物
图版一七五　H45、H46、H59、H63出土遗物
图版一七六　H63、H64、H72出土陶器
图版一七七　H72、H75、H76出土陶器

图版一七八	H76、H83、H84出土陶器
图版一七九	H86、H89、H90、H104出土遗物
图版一八〇	H104、H119、H120、H123出土遗物
图版一八一	H123、H125出土遗物
图版一八二	H126、H129、H130出土陶器
图版一八三	H130、H131、H132出土陶器
图版一八四	H132、H136、H137出土遗物
图版一八五	H140、H184、H186、H187出土遗物
图版一八六	H187、H204、H211出土陶器
图版一八七	H211、H212出土遗物
图版一八八	H214、H215、H233、H237出土陶器
图版一八九	H237、H246、W3出土陶器
图版一九〇	绳纹
图版一九一	绳纹
图版一九二	绳纹
图版一九三	绳纹
图版一九四	绳纹
图版一九五	绳纹
图版一九六	绳纹
图版一九七	绳纹
图版一九八	绳纹
图版一九九	席纹
图版二〇〇	弦纹
图版二〇一	附加堆纹
图版二〇二	剔刺纹、指甲纹、布纹
图版二〇三	彩陶盆
图版二〇四	陶器制作痕迹
图版二〇五	石器制作痕迹
图版二〇六	骨器制作痕迹
图版二〇七	骨器制作痕迹与其他痕迹
图版二〇八	人骨
图版二〇九	人骨
图版二一〇	人骨
图版二一一	动物骨
图版二一二	动物骨
图版二一三	动物骨
图版二一四	动物骨

图版二一五　动物骨
图版二一六　动物骨
图版二一七　动物骨
图版二一八　动物骨
图版二一九　动物骨
图版二二〇　动物骨
图版二二一　动物骨

第一编 概 述

第一章　自然环境与历史沿革

一、地理位置

西安市位于黄河流域中部关中盆地，北纬33°42′~34°44′30″，东经107°40′~109°49′。南和东南以秦岭山脉为界，与佛坪、宁陕、柞水、洛南县、商州市相邻，西以黑河之西太白山及青华台塬为界，与太白、眉县接壤；北以渭河为界，与扶风、武功、兴平县（市）及咸阳市的杨陵、秦都、渭城区隔河相望；东北大致以荆山黄土台塬为界，与富平、三原、泾阳县毗连；东以零河和灞源山东为界，与华县、渭南市相接。南北宽约100千米，东西长约204千米，平面轮廓略呈西南倾斜的斜长方形。城区中心位置北纬34°15′24″，东经108°55′45″，辖境内面积9983平方千米，其中市区面积1066平方千米。

鱼化寨遗址所在的鱼化寨村，行政区划上现隶属于西安市雁塔区鱼化寨街道，周围地势平坦，土地肥沃，水源充足，自古以来就是农耕居民理想的生息之地（图一）。

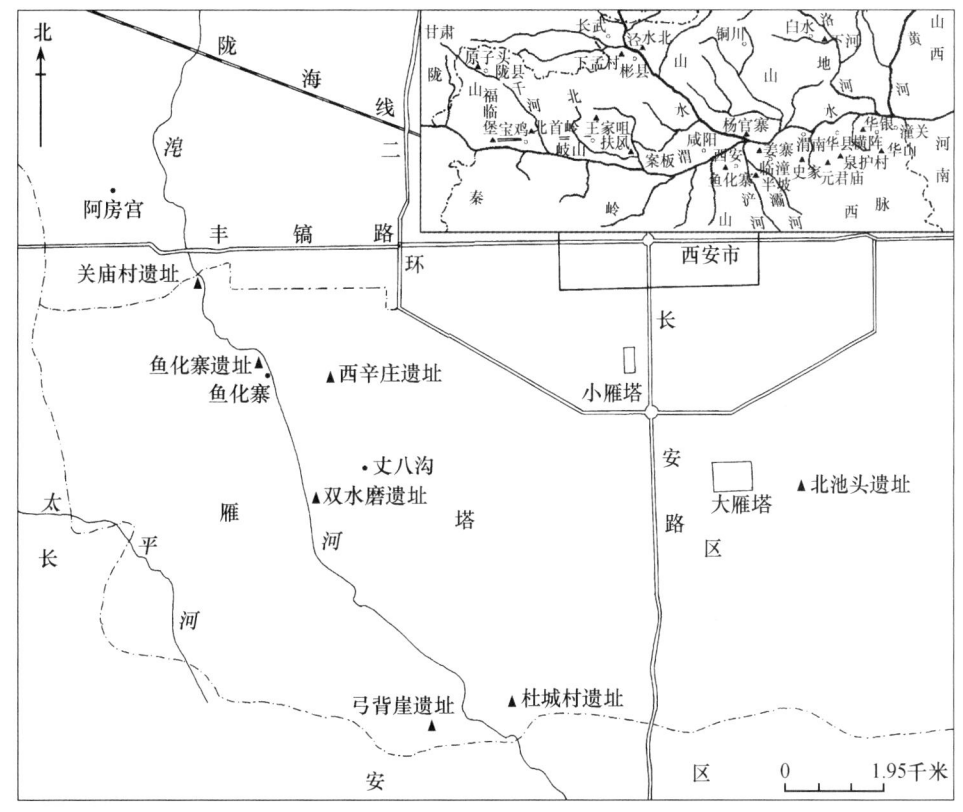

图一　鱼化寨遗址地理位置及附近部分史前遗址分布图

二、自然环境

西安市位于关中平原中部，八百里秦川的中心，区域内地形多样，有土层深厚、土壤肥沃的平原，有起伏不大的台塬，也有海拔高、落差大的崇山峻岭，这里气候温暖湿润，降水充沛，植被发达，河流密布，是人类理想的繁衍生息之地，是中华民族的摇篮。

关中平原，是渭河及其众多支流长期冲积、泛滥而形成的冲积平原，地势平坦，土壤肥沃，灌溉便利，经过长期的开发与改造，已成为膏野千里、物产富饶的农业发达区，也是古代最富裕的地区之一。司马迁评之为"故关中之地，于天下三分之一，而人众不过什三，然量其富则什居其六"。东方朔称之为"天府""陆海"。班固称其为"广衍沃野，厥田上上"。张衡称这里为"九州之上腴"。

山脉，主要是位于其东、南两面的秦岭，秦岭之上靠近西安一段的著名山峰主要有终南山、南五台、翠华山、圭峰山、骊山等。终南山，又名太乙山、南山，是秦岭武功至蓝田段的总称，它横亘于渭水之南，山势雄伟，峰峦层层，林木满山，沟谷幽深，是西安南部一道天然屏障。南五台，位于西安之南约三十千米，是西安附近秦岭的主峰，因山上有五峰（亦名五台）且在耀县五台山之南而得名，山形峻峭，风景秀丽，素有"南山神秀，五台为最"之美誉。翠华山，位于南五台山东南，高峰环绕，翠屏环列，山顶的太乙池，池深水清，犹如一块碧玉镶嵌于云端。圭峰山，位于西安市西南约四十千米，山峰如圭，故名，山势挺拔，陡峻俏丽，山旁的山谷为沣水之源，激流汹涌，动人心魄。骊山，位于西安东南二十多千米，是秦岭向西北延伸的一支余脉，东西绵延二十余千米，山上林木茂盛，夕阳西下，景色优美，"骊山晚照"是关中八景之一，山麓的温泉——华清池更是闻名古今。

这里有诸多高而平的台塬，较为著名的有白鹿原、少陵原、铜人原、神禾原、细柳原、毕原、凤栖原、洪渎原等。白鹿原，又称霸陵原，位于西安东南浐、灞二水之间，南接秦岭，北抵灞水南岸，东西宽六七千米，南北长二十多千米。少陵原，位于西安南浐、潏二水之间，汉代名为鸿固原，因汉宣帝杜陵位于该原之上，故又名杜陵原，南北绵延二十多千米。铜人原，位于白鹿原东北，东西长约七千米，南北宽约五千米，魏明帝欲迁秦始皇所铸铜人于洛阳，因重不可致，遂留此地，故名铜人原。神禾原，位于西安市南樊川与御宿川之间高地上，相传原上曾产六斤重的谷穗，故名神禾原。它南起南五台山，北至潏河岸。细柳原、毕原均在西安西南约十五千米处。凤栖原，位于韦曲附近，东接少陵原，西到勋阴坡。洪渎原，又称咸阳原，处于泾、渭二水之间，东西长三十多千米，南北宽十余千米，地势西北高东南低，原上有西汉九位皇帝陵及大量陪葬墓。另外西安城区内还有龙首原、乐游原等。

西安地区水源丰富，河流众多，泾、渭、浐、灞、沣、滈、涝、潏号称长安八水。渭河，发源于甘肃，东南流入陕西境内，横贯关中平原，向东注入黄河，它支流众多，水量充沛，不仅为关中平原的农田灌溉、城市用水提供了重要水源，也是东南物质转运到长安的一条重要通道。泾河，渭河的最大支流，在农田灌溉方面起了极其重要的作用，战国晚期的郑国渠、西汉的白渠均引泾水灌田数万顷，使关中平原变成了千里沃野。沣河，源出终南山，自户县进入长安县境内，向北至咸阳市附近注入渭河，为周、秦、汉、唐都城用水提供了重要水源。滈水，西安西南二十多千米，源于秦岭的石鳖谷，之后合诸谷之水向西北流入沣河。浐河，西安东五千米处，发源于秦岭，合诸峪之水流向西北，在西安附近与灞水会合流入渭河。浐河与长安城的关系最为密切，唐长安城内的曲江池、兴庆池、太液池水源均为浐河。灞河，发源于蓝田东南的秦岭中，原名滋水，春秋时秦穆公改名灞水，与浐河并行，在西安附近会合注入渭水。灞河是长安之东一道天然的护城河，关东入长安者必渡此水，灞河沿岸，多种柳树，春季柳絮飘扬，宛如雪花，"灞柳风雪"是著名的关中八景之一。潏河，位于西安西南约十五千米，发源于秦岭大义谷，北流十余千米后分为两支，一支北流易名皂河，一支西流注入滈水。

西安地区位于四关之中，地理位置十分优越，东有函谷关，西有散关，南有武关，北有萧关。函谷关，秦、西汉初置于今河南灵宝，西汉中期之后移至今河南新安城东，是通向东方最便捷的通道。散关，位于今宝鸡渭滨区益门乡的二里关村，是关中通往汉中、巴蜀的交通要冲。武关，位于今陕西丹凤武关乡武关村，是关中通往东南的重要通道。萧关，位于今宁夏固原东南的古城乡，有"长安咽喉，西凉襟带"之称。四关形势险要，易守难攻，使古代长安的防御固如金汤。

三、历 史 沿 革

优越的自然环境孕育了这里古老而发达的文明，重要的地理位置奠定了这一地区在中国历史上的特殊地位，从人类的童年——猿人时期到周秦汉唐的盛世王朝，再到宋元明清时期的军事重镇，均印证了这一史实。

石器时代，蓝田的陈家窝、公王岭发现了距今五六十万年和七八十万年的猿人化石，我们现在称之为蓝田猿人，他们使用着粗糙的打制石器，过着狩猎和采集生活，揭开了中国人类历史的新篇章。老官台文化，新石器时代早期文化，距今七八千年，这一时期原始农业得到了发展，出现了早期的聚落。仰韶文化，新石器时代中期文化，距今五千至七千年，是新石器时代最发达的一个文化，其中以西安半坡遗址、临潼姜寨遗址最为典型。客省庄类型，新石器时代晚期文化，距今四五千年，目前西安地区发现该类文化遗址数百处。

夏商时期，西安地区也发现了丰富的文化遗存。蓝田发现有典型的二里头文化遗存。商文化遗存分布范围扩大到关中平原大部，如西安老牛坡遗址。先周文化主要分布在关中平原中、西部，殷墟文化后期呈现出由西向东扩展的态势，至西周初年，已扩展到关中平原的大部分地区。

西周时期，西安地区成为全国的政治、经济、文化中心。丰、镐两京是西周时的都城，遗址中心区面积约十五平方千米，发现大面积的夯土基址，规模宏大，设施齐全，很可能是王室的宫殿或宗庙建筑，另外还发现了公共墓地，分区规划，排列有序，聚族而葬，大型墓葬有专门的车马陪葬坑，小型墓葬则极为简陋。

春秋战国时期，活动于这片土地上的主要是秦人。公元前383年，秦献公迁都栎阳，秦孝公采纳商鞅"变法修刑、内务耕稼、外劝战死之赏罚"的意见，实行变法，奠定了统一六国的基础。公元前349年，秦孝公迁都咸阳，在这里秦统一了六国，建立了中国第一个统一的封建王朝。

西汉时期，定都长安，西安地区属京畿之地，是全国的政治、文化、经济中心。刘邦打败项羽之后，本打算定都洛阳，后经娄敬和张良建议，才决定建都关中。刘邦进驻关中之后，先以栎阳为临时都城，开始营建长安城，公元前190年基本完成，后经汉武帝扩建，长安城成为当时一座国际性大都市，西汉末年人口近五十万。

东汉时期，长安的政治地位有所下降，但作为陪都仍占据非常重要的地位。新莽至东汉初，长安城及其所在关中平原遭到了严重破坏，割据势力独霸一方，他们之间战乱不止，使关中地区白骨蔽野，城郭皆空，政治、经济遭到彻底破坏。东汉政府对关中地区始终采取保护政策，经过东汉政府一百多年的重点经营，东汉中、后期的关中地区已是一片繁荣富裕的景象。东汉末年，关中地区再罹战乱，百姓逃亡，田地荒芜，强者四散，赢者相食，东汉政府苦心经营的繁荣局面毁坏殆尽。

魏晋南北朝时期，长安虽不时成为短暂王朝的都城，但总体一直处于衰败暮落时期。西晋长安城"商场、官署集于城内一角，著名街道有名无实，宫殿旁杂草丛生，野鸡鸣叫，狐狸野兔掘穴"。永嘉之乱后，长安城中户不盈百，墙宇颓毁，蒿棘成林，长安城已衰败到了极点。前赵、前秦、后秦、西魏和北周均以长安城为都城，西安地区的政治地位和经济也得到了一定的恢复。前秦时期，迁燕地王公百官及鲜卑四万余户于长安，又迁关东豪强和其他少数民族数万到长安和关中，长安城中人口增多，经济也逐渐繁荣起来。

隋唐时期，西安地区再次成为全国的政治、经济、文化中心。隋朝统一全国之后，建都长安，隋文帝在旧城东南修建新城，即大兴城，新城从隋文帝开皇二年（公元582年）开始修建，至隋炀帝大业九年（公元613年）完成，历时三十余年。唐代长安城是在隋大兴城的基础上，经过多次扩建增修而成，规模宏大，宫殿巍峨，里坊整齐，道路笔直，四通八达，较之隋大兴城更加雄伟壮观，城内手工业高度发达，商业贸易极其繁荣，其中东市、西市是当时的商业活动中心，市内商品种类齐全，数量繁多。经济的繁荣，文化的发达使长安城成为一座国际性大都市。

唐代以后，长安再未作过都城，但因其重要的地理位置，宋、元、明、清历代政府一直把长安作为控制西北、西南的军事重镇。唐昭宗元祐元年，驻防长安的节度使韩建改筑长安城，放弃外郭城和宫城，对皇城进行了改修，以加强军事防御。宋、元时期的长安城基本沿用此城。元代，元世祖忽必烈封其第三子忙哥剌为安西王，在城外东北修建了安西王府，易名奉元城。明代，朱元璋封其次子朱樉为秦王，易奉元城为西安府，对这座古城进行了扩建，在城内修建了秦王府，明穆宗时在墙体外包一层青砖，用以加固城墙。

鱼化寨村为鱼化街、鱼东村、鱼南村、鱼西村、八家巷、寺门、福谦堡、河东村的统称，村委会驻鱼化街。村西北侧有新石器时代和西周时期文化遗址。周曾在此筑雨花苑，秦汉为上林苑离宫别馆区，唐为定昆池风景区，唐末称高阳村。相传明代军屯的将官江苏梅姓人住村南，遂以原籍雨化寨命名。《咸宁长安两县续志》称"玉皇庙在雨化寨"。清末和民国时期为鱼化镇。

参考文献

1. 武伯纶：《西安历史述略》，陕西人民出版社，1979年。
2. 武伯纶、武复兴：《西安史话》，陕西人民出版社，1981年。
3. 刘庆柱：《汉长安城》，文物出版社，2003年。
4. 国家文物局：《中国文物地图集》（陕西分册），陕西地图出版社，1998年。
5. 马霄沂：《东汉长安与关中平原》，《中国历史地理论丛》2000年第2期。
6. 西安市地方志编纂委员会：《西安市志（第一卷·总类）》，西安出版社，1996年。
7. 西安市雁塔区地方志编纂委员会：《雁塔区志》，三秦出版社，2003年。

第二章　发现与发掘经过

一、遗址的发现

鱼化寨遗址位于西安市雁塔区鱼化寨街道鱼化寨村西北侧，皂河西岸的二级台地上，今西安外事学院北教学区西北部。遗址东、北两侧被皂河环绕，地势中心高，周围低，中心最高处海拔404.2米，高出周围2~3米（图二；彩版一，1、2）。

鱼化寨遗址发现于1937年，是关中地区发现较早的史前遗址之一。1937年8月，西北史地学会的何士骥先生对鱼化寨遗址进行了首次调查，发现有灰层堆积的断面，采集有大量的陶、石、骨、角、蚌器，并对所采陶片进行了初步分类，认定其为仰韶文化遗址。1945年，西北文物研究室对遗址进行了调查，获得了一批陶、石、骨器。1953年，考古研究所陕西调查发掘队对遗址作了进一步了解。20世纪80年代、2007~2009年进行的全国文物普查对遗址均进行了调查。多次调查确认遗址面积约7.5万平方米，文化层堆积厚约4米。

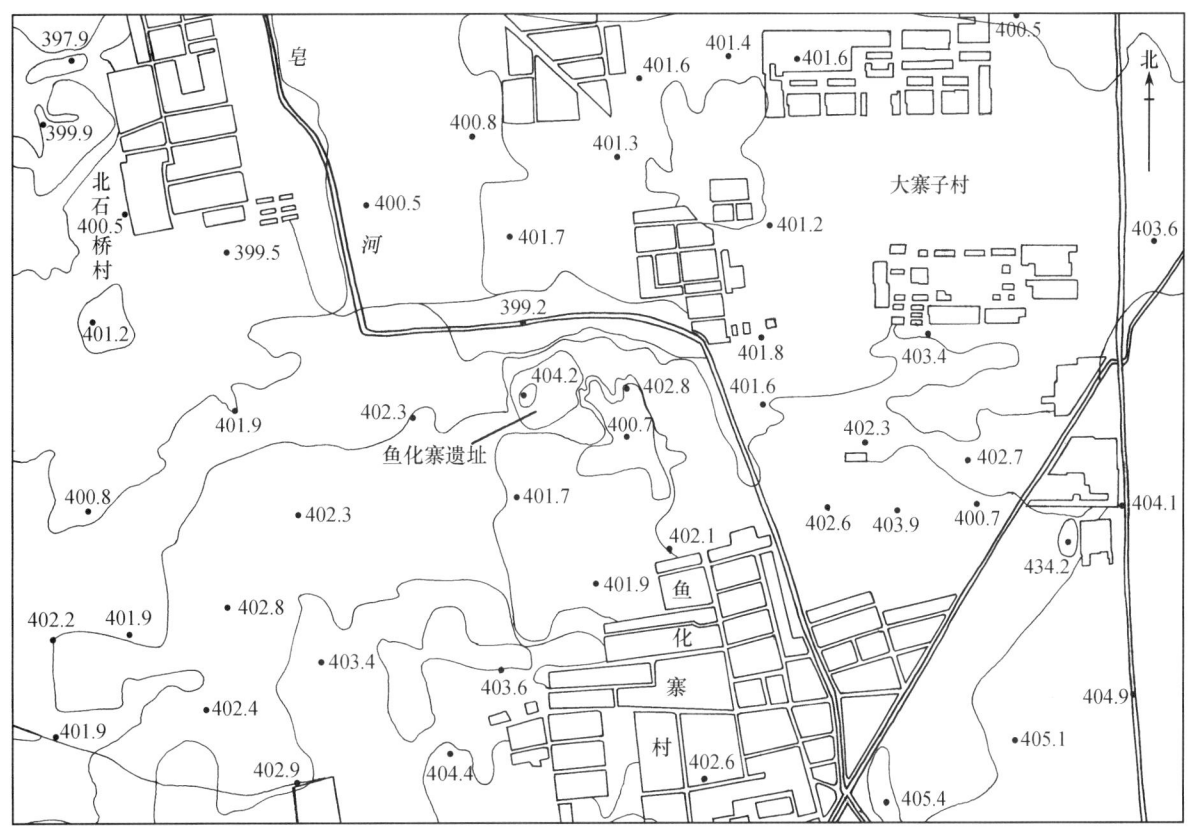

图二　鱼化寨遗址地形图

鱼化寨遗址在1956年被列为第一批陕西省文物保护单位，1992年被撤销。发掘成果上报之后，鱼化寨遗址于2008年9月16日被陕西省人民政府公布为第五批省级文物保护单位。2013年5月3日被国务院核定为第七批全国重点文物保护单位。

二、发掘经过

2002年10月，为配合西安外事学院北教学区建设，西安市文物保护考古研究院（原西安市文物保护考古所）组织考古队进驻工地，对鱼化寨遗址进行了全面勘探和重点发掘。依据发掘的先后顺序，将发掘的三个区域分别作为第Ⅰ、Ⅱ、Ⅲ区，其中Ⅰ区位于台地西南侧，Ⅱ区位于台地西部偏南，Ⅲ区位于台地南部。每个发掘区内的探方按照象限法各自统一布方，统一编号（图三）。

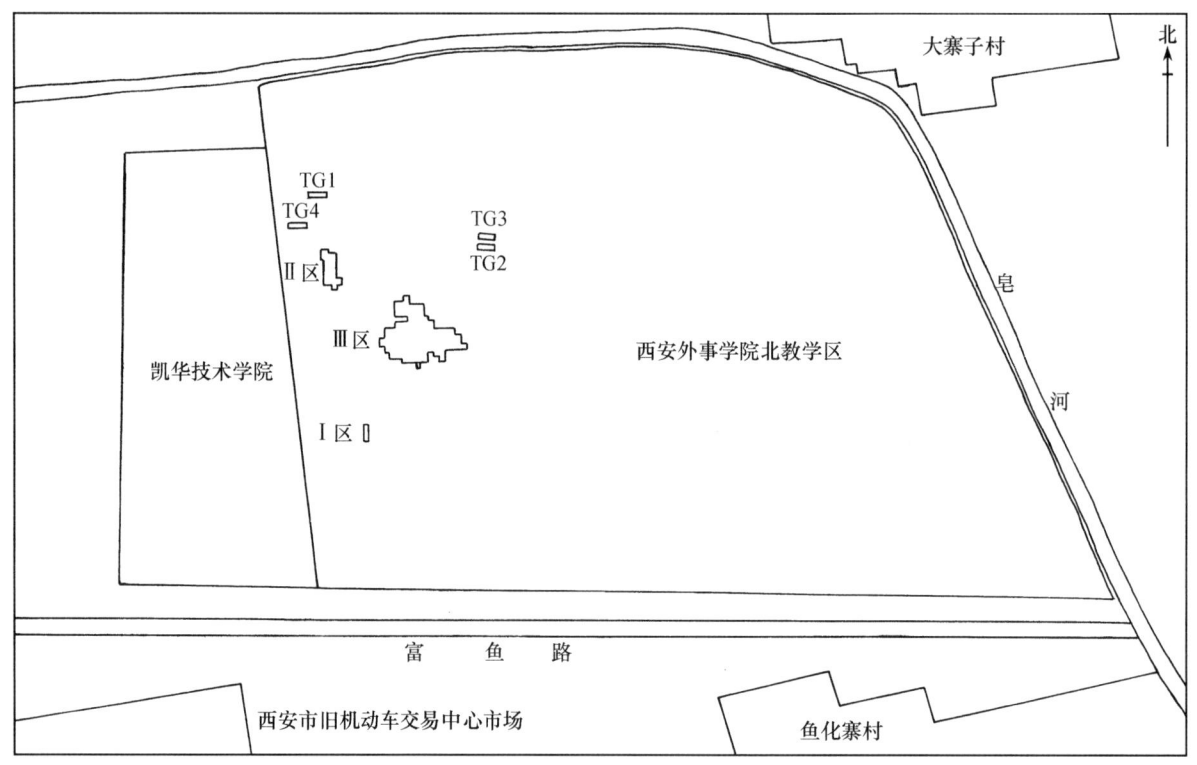

图三　鱼化寨遗址发掘区位置图

2002年10月13日至11月8日，在Ⅰ区布方发掘，共布5米×5米正南北向探方4个（T0415～T0418），发掘面积100平方米，共发现灰坑4座（H1～H4）。

2002年10月30日至2003年4月4日，在Ⅱ区布方发掘，共布5米×5米正南北向探方13个（T0101～T0106、T0201～T0206、T0301），发掘过程中，为将F2与F8揭露完整，我们又在T0201与T0301南侧、T0105与T0106西侧、T0106北侧进行了扩方，总发掘面积353.5平方米，共发现房址3座（F1、F2、F8），灰坑34座（H5～H34、H38、H46、H47、H49），瓮棺墓2座（W1、W2）及壕沟一段（为G1的一部分）。

2002年11月20日至2005年5月20日，在Ⅲ区布方发掘，共布5米×5米正南北向探方89

第二章 发现与发掘经过

一、遗址的发现

鱼化寨遗址位于西安市雁塔区鱼化寨街道鱼化寨村西北侧，皂河西岸的二级台地上，今西安外事学院北教学区西北部。遗址东、北两侧被皂河环绕，地势中心高，周围低，中心最高处海拔404.2米，高出周围2~3米（图二；彩版一，1、2）。

鱼化寨遗址发现于1937年，是关中地区发现较早的史前遗址之一。1937年8月，西北史地学会的何士骥先生对鱼化寨遗址进行了首次调查，发现有灰层堆积的断面，采集有大量的陶、石、骨、角、蚌器，并对所采陶片进行了初步分类，认定其为仰韶文化遗址。1945年，西北文物研究室对遗址进行了调查，获得了一批陶、石、骨器。1953年，考古研究所陕西调查发掘队对遗址作了进一步了解。20世纪80年代、2007~2009年进行的全国文物普查对遗址均进行了调查。多次调查确认遗址面积约7.5万平方米，文化层堆积厚约4米。

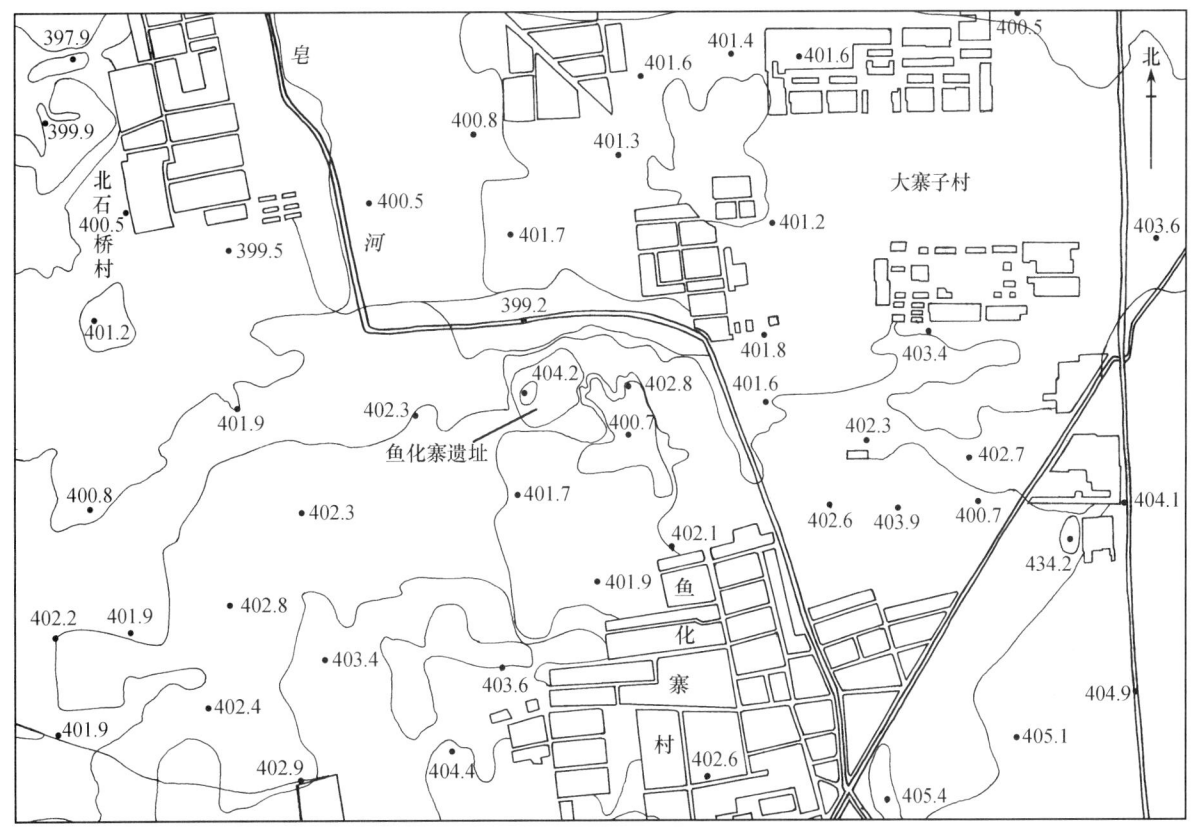

图二　鱼化寨遗址地形图

鱼化寨遗址在1956年被列为第一批陕西省文物保护单位，1992年被撤销。发掘成果上报之后，鱼化寨遗址于2008年9月16日被陕西省人民政府公布为第五批省级文物保护单位。2013年5月3日被国务院核定为第七批全国重点文物保护单位。

二、发掘经过

2002年10月，为配合西安外事学院北教学区建设，西安市文物保护考古研究院（原西安市文物保护考古所）组织考古队进驻工地，对鱼化寨遗址进行了全面勘探和重点发掘。依据发掘的先后顺序，将发掘的三个区域分别作为第Ⅰ、Ⅱ、Ⅲ区，其中Ⅰ区位于台地西南侧，Ⅱ区位于台地西部偏南，Ⅲ区位于台地南部。每个发掘区内的探方按照象限法各自统一布方，统一编号（图三）。

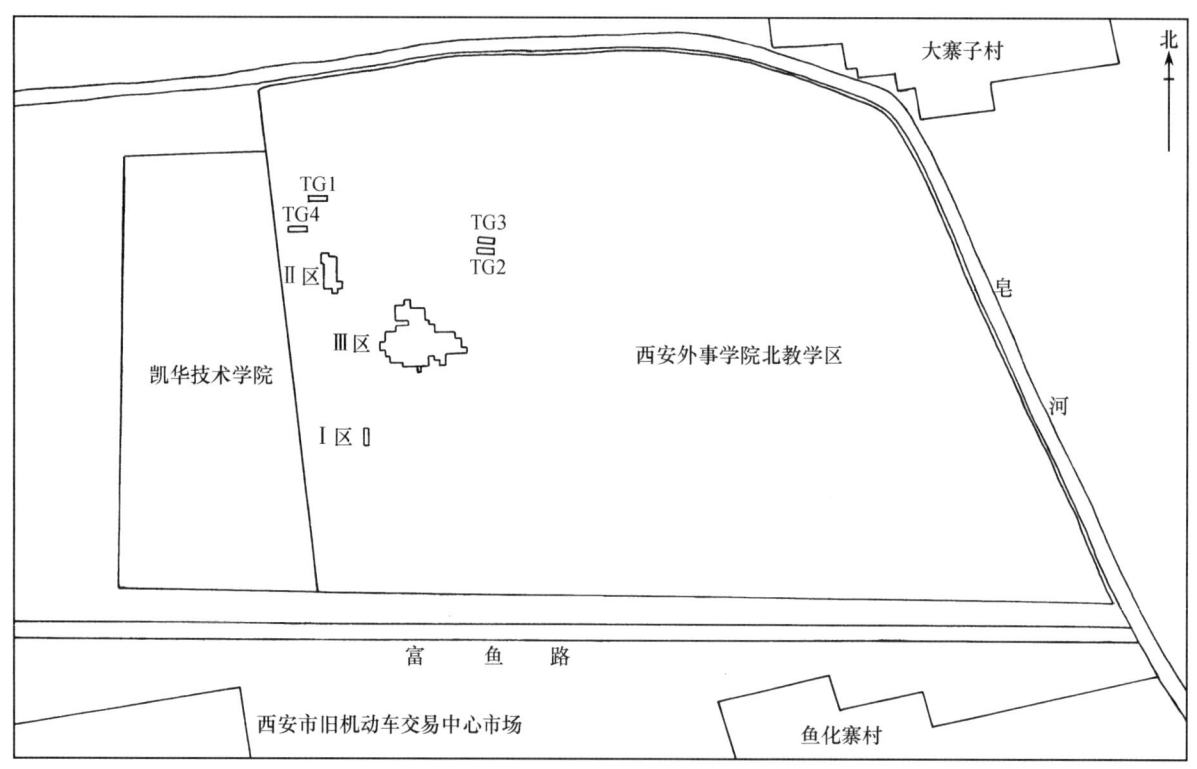

图三　鱼化寨遗址发掘区位置图

2002年10月13日至11月8日，在Ⅰ区布方发掘，共布5米×5米正南北向探方4个（T0415～T0418），发掘面积100平方米，共发现灰坑4座（H1～H4）。

2002年10月30日至2003年4月4日，在Ⅱ区布方发掘，共布5米×5米正南北向探方13个（T0101～T0106、T0201～T0206、T0301），发掘过程中，为将F2与F8揭露完整，我们又在T0201与T0301南侧、T0105与T0106西侧、T0106北侧进行了扩方，总发掘面积353.5平方米，共发现房址3座（F1、F2、F8），灰坑34座（H5～H34、H38、H46、H47、H49），瓮棺墓2座（W1、W2）及壕沟一段（为G1的一部分）。

2002年11月20日至2005年5月20日，在Ⅲ区布方发掘，共布5米×5米正南北向探方89

个（T0212～T0213、T0311～T0316、T0410～T0417、T0419～T0420、T0511～T0517、T0519～T0520、T0610～T0621、T0709～T0719、T0809～T0819、T0909～T0917、T1011～T1014、T1110～T1114、T1209～T1214、T1311～T1313、T1411），加上T0917北侧的扩方，总发掘面积2231平方米（图版一，1、2），共发现房址104座（F3～F7、F9～F107），灶址29座（Z1～Z29），灰坑211座（H35～H37、H39～H45、H48、H50～H110、H113～H119、H121～H122、H125～H255），窑址1座（Y1），土坑墓14座（M1～M14），瓮棺墓121座（W3～W123），壕沟2条（G1～G2）。

在对Ⅲ区进行发掘期间，考古队对发掘中发现的壕沟范围进行了勘探，依据勘探情况，在发现有内壕与外壕的部位还布有5个探沟，其中TG1与TG4位于G2西北部，TG5位于G2南部，TG2与TG3位于G1东部通道处。

2003年4月25日至5月22日，对TG1进行发掘。TG1，东西向，东西长15米，南北宽3米，面积45平方米。发现灰坑2座（H111、H112），壕沟1段（G2）。

2003年5月31日至7月20日，对TG2进行发掘。TG2，西北东南方向，东偏南12°，东西长8.5米，南北宽3米，面积25.5平方米。发现壕沟一段（G1）。

2003年6月1日至7月20日，对TG3进行发掘。TG3，与TG2方向相同，东西长11米，南北宽3米，面积33平方米。发现灰坑3座（H120、H123、H124），壕沟1段（G1）。

2003年7月5日至8月4日，对TG4进行发掘。TG4，东西向，东西长31米，南北宽2米，面积62平方米。发现壕沟1段（G2）。

2003年9月9日至9月26日，对TG5进行发掘。TG5，南北向，南北长5米，东西宽2米，面积10平方米。发现灰坑1座（H234），壕沟1段（G2）。

考古发掘工作自2002年10月开始，至2005年5月结束，前后持续了两年半的时间。总发掘面积2861平方米，共发现各类遗迹531处，其中房址107座、灰坑255座、灶址29座、窑址1座、壕沟2条、土坑墓14座、瓮棺墓123座。

此次参加发掘工作的领队为现西安市文物保护考古研究院尚民杰院长，先后参加工作的人员有张翔宇、郭永淇、张政、王励耘、王志勇、王晓鹏、罗成辉、余清泉、陈国兵、李明亮、史宏宇、马金民、刘锁才、陈俊峰、齐继绪、方志军、薛绪劳、高勤虎、孔德峰、祁自立、赵俊英、上官林全、丁西峰、郭宗录、邱俊忠等人。

第三章 资料整理与报告编写

一、资料整理与报告编写过程

考古资料的整理工作分两个阶段进行。2009年以前为第一阶段，主要是发掘期间的一些基本工作。2009年，该项目被立项为国家社科基金资助青年项目（后因未及时结项被中止），之后开始系统的整理工作。

第一阶段的整理工作在发掘工作的过程中和发掘结束后的一段时间内进行。主要是利用阴雨天的停工间歇进行发掘记录的整理、陶片的清洗、部分陶器的拼对与修复、小件器物登记等基础工作。

第二阶段于2009年10月至2012年9月进行，主要进行资料核对、资料输入、陶片拼对、器形与陶系统计、陶器修复、标本挑选、卡片制作、绘图、摄影等工作，本阶段的工作还可分解为若干小的阶段（彩版三）。

① 2009年10月中旬，对遗址出土的所有陶片进行梳理（由于考古发掘工地结束之后，所有陶片均转移至北郊施家庄临时驻地，后又转移至文物库房，几经周转，不同探方、不同遗迹单位的陶片袋子已经混在一起，必须进行梳理）。以探方为单元，将同一探方内遗迹单位的陶片集中在一起，并将属于同一个遗迹单位的陶片袋数量进行记录，以免发生遗漏。梳理过程中，将袋子已有朽蚀的全部换新，标签出现模糊或破损的全部核对资料并换新。

② 2009年10月下旬至2010年12月中旬，进行统计、修复、标本挑选、编号工作。先进行陶器的拼对，然后逐个探方、逐个遗迹单位进行统计，对陶器进行器形和陶系的统计，石、骨、角、蚌器进行数量统计。其中器形与陶系的统计按照《田野考古工作规程》（2009年版）的要求进行，对同一种器物分别按照不同的陶质陶色、纹饰分别进行统计，器形统计中将同种器物的口沿与底分别统计，以二者之和作为同种器物的数量（这种统计可获得器物的最大个体数）。对可复原的陶器进行加固、修复。挑选标本时尽可能全面反映该单位遗物的总体特征，同类器物只要形制不同，则全部挑选。然后对挑选出来的标本按遗迹单位分别进行编号，并对编号的标本全部进行登记。

③ 2010年12月中旬至2011年4月初，制作器物卡片。

④ 2011年4月初至2011年10月底，进行遗迹图校对，并清绘全部遗迹、遗物图。其中自9月初至10月底进行器物拍照。

⑤ 2011年10月底至2012年3月底，进行贴图工作。

⑥ 2012年3月底至9月初，进行图文校对，以及各类登记表、统计表的校对。撰写自然环境、历史沿革及工作过程等内容作为前言，综合分析此次发掘的主要收获作为结语。最后将各部分合成通校，形成报告。

第二阶段的整理工作由张翔宇主持，现场由翟霖林负责，参加人员先后有呼安林、王凤娥、石彦云、罗再朋、张红仓、李明亮、王耀、赵海涛、马海洋、杨永岗、王志勇、史联峰、张星、李若飞、王励耘、闫松林及西北大学文化遗产学院邸楠、王琳、史君、裴之祺、李昆桦、李蔓、张磊、宁振楠，吉林大学边疆考古研究中心王欢，陕西师范大学历史文化学院邓萌萌，河南大学历史文化学院李军强、何强等。

二、报告编写体例说明

本报告以全面、系统地公布发掘资料为重点，辅以初步研究。报告正文分为三编，共十五章，正文之后为结语、附表、附录、后记、英文摘要、日文摘要。第一编为概述，分三章，分别介绍西安地区的自然环境与历史沿革、遗址的发现与发掘经过、发掘资料整理与报告编写。第二编为发掘资料，分六章，整体的特点在于按照层位关系分章，按照遗迹类别分节，全面系统地公布资料，做到全部遗迹单位都有遗迹介绍，出土遗物的单位都有遗物标本介绍：第一章为文化堆积，由于遗址年代跨度较大，保存状况良好，地层堆积序列相对完整，故依据地层对遗迹进行了五个组别的划分。第Ⅱ、Ⅲ发掘区与五个探沟的地层可以相互对照，是统一的堆积序列，第Ⅰ区距离其他发掘区较远，地层堆积与其他区域不完全一致，并且发现遗迹的年代也与Ⅱ、Ⅲ区不同。因为遗址地层堆积十分丰富，地层中出土有大量完整、典型、精美的遗物，故在对地层堆积情况介绍之后，对遗物也进行了标本挑选并介绍，鉴于容量较大，故独立成章。第二至五章为仰韶文化遗存，其中第二章为第⑨~⑫层遗存，第三章为第④~⑧层遗存，第四章为第③层遗存，第五章为第②层遗存；需要说明的是，这里的章标题如"第⑨~⑫层遗存"，指的是第⑨层下至⑫层下开口的遗迹单位，其他各章相同。第六章为龙山文化遗存。在第二至六章中，各章内遗迹按照房址、灶址、灰坑、窑址、土坑墓、瓮棺墓、壕沟的顺序分节进行介绍[①]，每类遗迹依据编号次序介绍。遗物介绍从属于其出土单位，不做型式划分，只以质地、用途、形态做简单区分予以描述：首先是陶器的描述，分瓶、盆、罐、钵、壶、缸、瓮、盂、盘、杯、甑、釜、灶、器盖、器座等依次介绍，并对形态较为特殊的彩陶片、器底、器耳等进行介绍；其次是玉、石、骨、角、蚌器的有关介绍。对遗迹遗物尺寸的描述中，遗迹精确至厘米，遗物精确至毫米。第三编为初步研究，共分七章，分别对遗址分期、各期文化面貌、瓮棺墓、人骨、动物遗存、植物遗存、彩陶成分进行分析与探讨。

发掘期间与资料整理期间，我们发表过一些报道与论述[②]，西北大学多名研究生在整理鱼化

[①] 报告中灰坑、瓮棺墓的结构仅以口部与底部大小的差异进行划分，口小底大者为袋状，口底同大者为筒状，口大底小者为锅底状。

[②] a.尚民杰、郭永淇、张翔宇：《西安再次发现大型史前环壕聚落遗址》，《中国文物报》2003年8月29日1版。b.《西安鱼化寨遗址仰韶文化土坑墓发掘简报》，《考古与文物》2011年6期。c.《西安鱼化寨遗址仰韶文化瓮棺葬墓发掘简报》，《文博》2012年1期。d.《西安鱼化寨遗址发掘简报》，《考古与文物》2012年5期。e.张雪莲等：《中原地区几处仰韶文化时期考古遗址的人类食物状况分析》，《人类学学报》2010年2期；f.翟霖林：《西安鱼化寨遗址仰韶文化瓮棺葬墓的几个问题》，《文博》2012年1期；g.邸楠、翟霖林：《鱼化寨遗址仰韶文化遗存分期研究》，《考古与文物》2013年3期。

寨资料的基础上完成了毕业论文的写作①，涉及的遗迹、遗物资料若与本报告不一致，皆以本报告为准。

在田野发掘期间，中国社会科学院考古研究所刘庆柱所长、李毓芳研究员，西安外事学院黄腾院长，陕西省文物局呼林贵研究员，陕西省考古研究所原所长石兴邦先生、原所长巩启明先生、魏京武先生，西北大学文博学院刘士莪先生、张宏彦先生、钱耀鹏先生，西安市文物保护考古研究院时任所长孙福喜、副所长程林泉、王磊等曾多次来工地视察并指导工作（彩版二，1、6），慰问考古队员，支持和保证了发掘工作顺利进行。

资料整理和报告编写阶段，张忠培先生、黄景略先生、徐苹芳先生、张弛教授、张宏彦教授、赵春青研究员、戴向明研究员、任晓燕研究员、胡松梅研究员、魏兴涛研究员、朱君孝副教授、黄可佳副教授、马明志副研究员及张鹏程、张伟、邵晶、杨利平、郭小宁等学者同行曾来参观指导工作（彩版二，2~5），并对报告编写提出很多有益的建议。西安市文物保护考古研究院在人员、经费等各方面给予了大力支持。在此一并表示由衷谢忱。

---

① a.西北大学文博学院2007级博士研究生翟霖林：《西安鱼化寨遗址的聚落考古学研究》；b.西北大学文博学院2008级硕士研究生邸楠：《鱼化寨遗址仰韶文化遗存的分期及相关问题的研究》；c.西北大学文化遗产学院2009级硕士研究生王琳：《西安市鱼化寨遗址仰韶文化早期瓮棺葬研究》；d.西北大学文化遗产学院2012级硕士研究生翟扶文：《西安鱼化寨遗址仰韶早期制陶工艺的观察和分析》。

第二编 发掘资料

第一章 地层堆积

通过发掘，我们了解到鱼化寨遗址的文化层堆积十分复杂。在三个发掘区中，Ⅰ区由于后期人类活动，地层几乎破坏殆尽，地层堆积也十分简单；第Ⅱ、Ⅲ区文化层堆积较厚且十分复杂，最厚处可达4米以上，堆积序列相对完整。下面我们对三个发掘区的地层堆积情况分别进行系统介绍。

第一节 Ⅰ区地层堆积

Ⅰ区地层堆积可分为4层，以T0415与T0416的西壁剖面为例介绍如下（图五）：

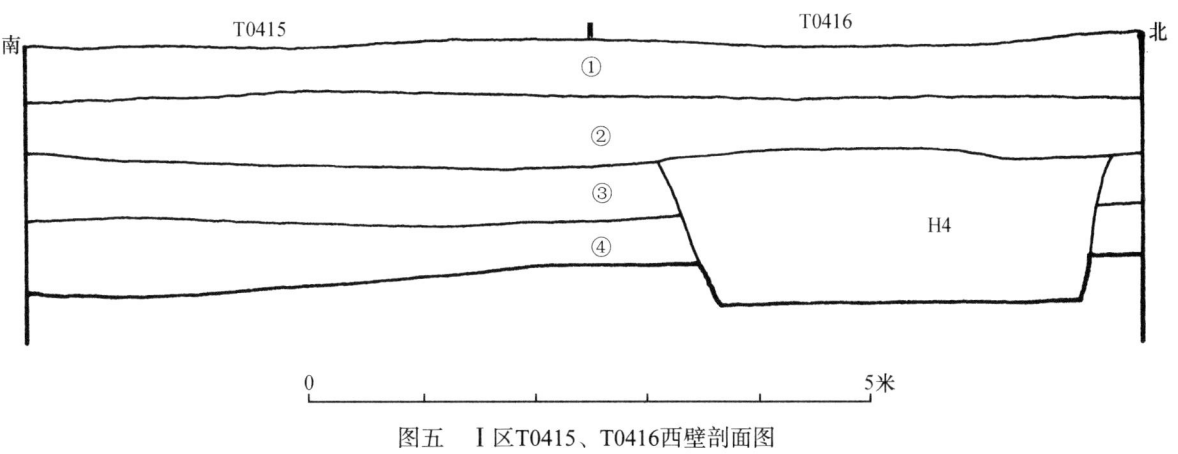

图五 Ⅰ区T0415、T0416西壁剖面图

①层：土质疏松，土色灰褐。厚0.4～0.5米。包含有大量植物根系，出有现代砖瓦残块、瓷片及零星陶片。该层为现代耕土层。

②层：土质较硬，土色黄褐。厚0.45～0.65米。出有大量红陶、褐陶、灰陶及少量彩陶片，可辨器型有斜沿罐、平折沿罐、折沿盆、缸、瓮等。根据出土的陶片分析，该层堆积应属龙山文化早期。开口于该层下的遗迹有H1～H4。

③层：土质较疏松，土色灰褐。厚0.45～0.5米。夹杂有较多红烧土颗粒，出有少量红陶、褐陶及少量彩陶片，可辨器型有葫芦口瓶、折沿罐、直口钵等，彩陶纹样主要为黑色宽带纹和变体鱼纹。该层堆积应属仰韶文化早期。此层下未发现遗迹单位。

④层：土质坚硬，土色黄褐。厚0.38~0.7米。出土有大量泥质红陶与夹砂红褐陶陶片，可辨器型有直口钵、杯形口瓶、折沿盆、曲沿罐、圆陶片等。该层堆积应属仰韶文化早期。此层下未发现遗迹单位。

④层之下为生土。

第二节　Ⅱ区地层堆积

一、地层堆积

Ⅱ区的发掘仅进行到④层，④层以下未发掘。以T0203西壁剖面为例介绍如下（图六）：

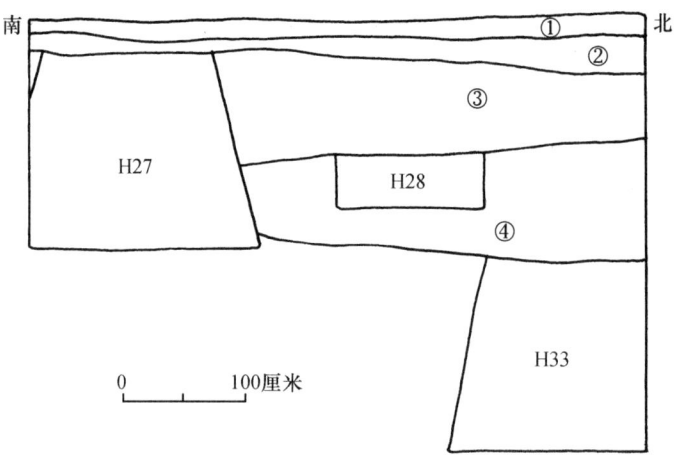

图六　Ⅱ区T0203西壁剖面图

①层：土质疏松，土色灰褐。厚0.15~0.2米。包含有大量植物根系，出有现代砖瓦残块、瓷片及零星陶片。该层为现代耕土层。

②层：土质较硬，土色浅褐。厚0.15~0.25米。出有大量红陶、褐陶、灰陶及零星彩陶片，可辨器型有重唇口、平唇口及喇叭口瓶，折沿罐，弧折沿盆，宽沿浅腹盆，敛口钵，平沿缸等。根据出土陶片分析，该层堆积应属仰韶文化晚期。开口于该层下的遗迹有H27等。

③层：土质较疏松，土色灰褐。厚0.5~0.9米。夹杂有较多红烧土颗粒，出有大量红陶、褐陶及少量彩陶片，可辨器型有葫芦口瓶、折沿罐、卷沿罐、直口钵、卷沿盆等，彩陶纹样主要为黑色宽带纹和变体鱼纹。该层下发现有H28等遗迹。

④层：土质致密，土色黄褐。厚0.55~1.1米。出土有大量红陶与红褐陶陶片，可辨器型有直口钵、杯形口瓶、折沿盆、曲沿罐等。该层下发现有H33等遗迹。

④层之下未发掘。

二、出土遗物

以下按照地层堆积，从上到下介绍第②～④层出土遗物。

1. ②层

以陶器为主，石、骨器次之，角器再次。

（1）陶器

器类有盆、罐、钵、缸、盘、甑、环等。

盆　标本T0204②：1，沿、腹相接处稍残。粗夹砂橘红陶。敞口，圆唇，斜直腹，平底。素面。腹部可见刮抹痕迹。口径16.4、底径10、残高5.6厘米（图七，1）。

标本T0106②：4，口、腹部残片。粗泥质灰陶。敛口，窄平折沿，尖唇，直腹。素面。内壁可见泥条盘筑痕迹，器表可见轮修痕迹。复原口径19.5、残高8.4厘米（图七，11）。

罐　均口、腹部残片。形制相同。标本T0106②：2，粗夹砂红褐陶。侈口，折沿，圆唇，圆鼓腹。口下饰鸡冠状附加堆纹，附加堆纹以下饰左上至右下斜向绳纹。沿面可见轮修痕迹（图七，4）。

钵　标本T0204②：2，可复原。细泥质橘红陶。敛口，厚圆唇，斜直腹，平底微凹。器表磨光。素面。口下可见浅红色叠烧痕迹，内壁可见轮修痕迹。口径22.5、底径9.9、通高11.4厘米（图七，3；图版一四，1）。

标本T0106②：1，口、腹部残片。细泥质橘红陶。敛口，圆唇，口沿内侧贴有一周泥片，斜直腹。器表刮抹光滑。素面。口下可见深红色叠烧痕迹与轮修痕迹，腹部可见刮抹痕迹。复原口径30、残高11.2厘米（图七，2）。

缸　均口、腹部残片。形制相同。标本T0106②：3，粗夹砂红褐陶。敛口，平折沿，方唇。腹部饰左上至右下斜向绳纹。唇部可见轮修痕迹。复原口径44、残高5.6厘米（图七，6）。

盘　标本T0106②：5，可复原。细泥质橘红陶。敛口，圆唇，浅腹，平底。器表磨光。素面。口径38、底径39.2、通高4.8厘米（图七，7）。

标本T0106②：6，口、腹、底部残片，无法复原。粗夹砂橘红陶。敞口，平折沿，浅腹，平底。素面。通高2.6厘米（图七，9）。

甑　标本T0106②：7，下腹、底部残片。粗泥质橘红陶。平底，底部可辨有10个圆孔，均系由外向内在陶坯上戳成。底部周缘饰一周指窝纹。底径14、残高2.4厘米（图七，5）。

环　标本T0106②：10，残。细泥质橘红陶。圆环状，横断面呈三角形，内圈稍厚。通体磨光。内径4.9、外径7.1厘米（图七，10；图版一四，2）。

（2）石器

器类有纺轮、斧、镞、刮削器。

纺轮　标本T0106②：9，残。泥岩。圆饼状，中心有一管钻而成的圆孔。通体磨光。直径5.6、孔径0.6、厚1.4厘米（图七，13）。

斧　标本T0106②：8，稍残。石英岩。平面呈长条形，横断面呈圆角长方形，刃部较锋利。通体磨光。刃部可见使用形成的连续坑疤。长17.1、宽4.8～7.5、厚2.8厘米（图七，12；图版一四，5）。

图七　Ⅱ区②层出土遗物

1、11. 陶盆（T0204②：1、T0106②：4）　2、3. 陶钵（T0106②：1、T0204②：2）　4. 陶罐（T0106②：2）
5. 陶甑（T0106②：7）　6. 陶缸（T0106②：3）　7、9. 陶盘（T0106②：5、T0106②：6）　8. 石镞（T0106②：12）
10. 陶环（T0106②：10）　12. 石斧（T0106②：8）　13. 石纺轮（T0106②：9）　14、15. 骨锥（T0206②：12、T0205②：14）
16. 刮削器（T0204②：13）

镞 标本T0106②:12,完整。片麻岩。平面呈三角形,器身扁平,锋部扁尖,平翼,镞身一面平直,一面有脊,下端平齐。长4.4厘米(图七,8;图版一四,4)。

刮削器 标本T0204②:13,石英岩。平面大体呈方形,器身扁平,两侧边分别进行打击修理,一侧形成一直刃,一侧形成一凹刃,刃部锋利。一面磨光。长5.3、宽4.3、厚1厘米(图七,16;图版一四,3)。

(3) 骨器

骨锥 标本T0206②:12,尾端残。器身呈圆柱状,横断面呈圆形,尖部较锐利。残长7.2厘米(图七,14;图版一四,6)。标本T0205②:14,尾端稍残。器身呈圆柱状,横断面呈圆形,尖部锐利。通体磨光。长8.2、上部直径0.8厘米(图七,15;彩版三六,5;图版一四,7)。

2. ③层

以陶器为主,石、骨器次之。

(1) 陶器

器类有盆、罐、钵、瓮、盂、器盖、圆陶片、球、环等。

盆 均口、腹部残片。形制相同,侈口,卷沿,弧腹,器表磨光。标本T0106③:4,细泥质橘红陶。方唇。唇部饰一周黑色窄带纹彩绘。外沿面可见轮修痕迹(图八,5)。标本T0106③:5,

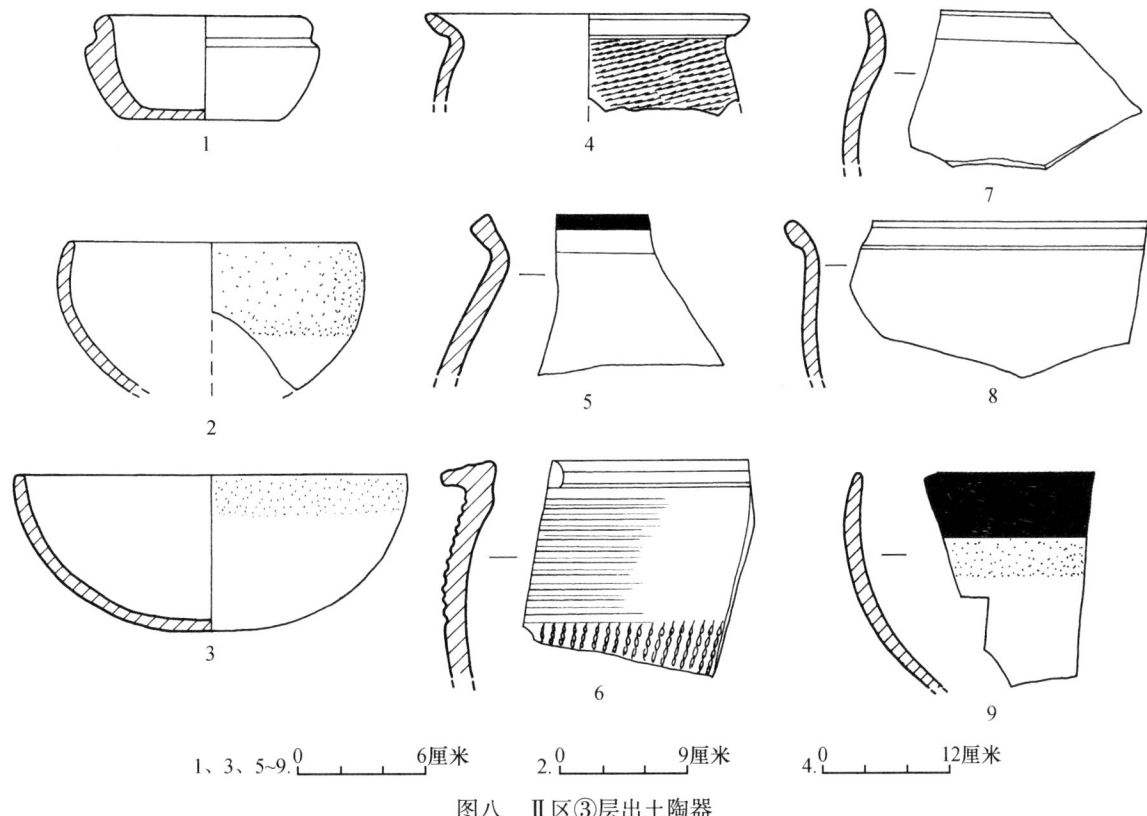

图八 Ⅱ区③层出土陶器
1. 盂 (T0201③:23) 2、3、9. 钵 (T0106③:3、T0106③:1、T0106③:2) 4. 罐 (T0106③:8)
5、7、8. 盆 (T0106③:4、T0106③:6、T0106③:5) 6. 瓮 (T0106③:7)

细泥质黑陶。圆唇。素面。外沿面可见轮修痕迹（图八，8）。标本T0106③：6，细泥质橘红陶。方唇。素面。表层有部分剥落（图八，7）。

罐 均口、腹部残片。形制相同。标本T0106③：8，粗夹砂红褐陶。侈口，卷沿，圆唇，鼓腹。口沿以下饰右上至左下斜向绳纹。复原口径30、残高9.2厘米（图八，4）。

钵 标本T0106③：1、T0106③：2形制相同，直口微敛，圆唇，浅弧腹，器表磨光。标本T0106③：1，可复原。细泥质黑陶。圜底。素面。口下可见灰白色叠烧痕迹。口径18、通高7厘米（图八，3；图版一五，1）。标本T0106③：2，口、腹部残片。细泥质橘红陶。口下饰一周黑色宽带彩绘。彩绘下侧可见深红色叠烧痕迹（图八，9）。

标本T0106③：3，口、腹部残片。细泥质橘红陶。敛口，圆唇，深弧腹。器表磨光。素面。口下可见深红色叠烧痕迹。复原口径19.5、残高9.9厘米（图八，2）。

瓮 均口、腹部残片。形制相同。标本T0106③：7，细夹砂红褐陶。敛口，平折沿，圆唇，鼓腹。口沿下侧饰多周弦纹，弦纹以下饰右上至左下斜向绳纹，绳纹斜度较小。内壁可见轮修痕迹（图八，6）。

盂 标本T0201③：23，可复原。粗泥质橘红陶。直口，圆唇，浅弧腹，上腹部有一道显著棱脊，平底。素面。口径9、底径7.4、通高4.6厘米（图八，1；图版一五，2）。

器盖 标本T0106③：9，可复原。细夹砂红褐陶。敞口，圆唇，斜直壁，圆饼形纽。纽部饰密集指甲纹。内、外壁均可见轮修痕迹，内壁可见泥条盘筑痕迹。器表可见烟熏痕迹。口径10.8、纽径9、通高6厘米（图九，7；图版一五，3）。

圆陶片 形制相同，均圆形。标本T0106③：10-1，完整。粗夹砂橘红陶。系利用罐类器的残片打制而成。边缘较钝。器表饰多道绳纹。直径5.3、厚0.9厘米（图九，2）。标本T0106③：10-2，完整。细泥质橘红陶。系利用陶钵口部残片打制而成。边缘较钝。器表饰黑色宽带纹彩绘。直径5.4、厚0.8厘米（图九，1）。标本T0106③：10-3，完整。细泥质橘红陶。系利用陶钵或盆的残片打制而成。边缘较钝。直径3.2、厚0.8厘米（图九，3）。

球 标本T0104③：14，完整。细泥质黑陶。圆球状。通体磨光。器表可见较小坑疤。直径2厘米（图九，9）。

环 标本T0204③：21，残。细泥质黑陶，圆环状，断面呈三角形，内圈较厚。通体磨光。内径3.3、外径5.5、厚1厘米（图九，8）。

（2）石器

器类有斧、锛等。

斧 标本T0106③：11，稍残。石英。平面呈长方形，横断面呈椭圆形，弧刃，刃部较锋利。通体磨光。刃部可见使用形成的连续坑疤。残长8.8、宽9.2、厚2.3厘米（图九，5；图版一五，4）。

锛 标本T0104③：13，稍残。石英岩。平面呈梯形，横断面呈长方形，刃部锋利。通体磨光。刃部可见使用形成的小坑疤。长5.1、宽3.3～3.9、厚0.8厘米（图九，4；图版一五，5）。标本T0201③：12，上部残。石英岩。平面呈梯形，横断面呈椭圆形，刃部锋利。通体磨光。刃部可见使用形成的连续坑疤。长6、宽4.5～5.3、厚1.5厘米（图九，6；图版一五，6）。

（3）骨器

器类有笄、锥、针、匕等。

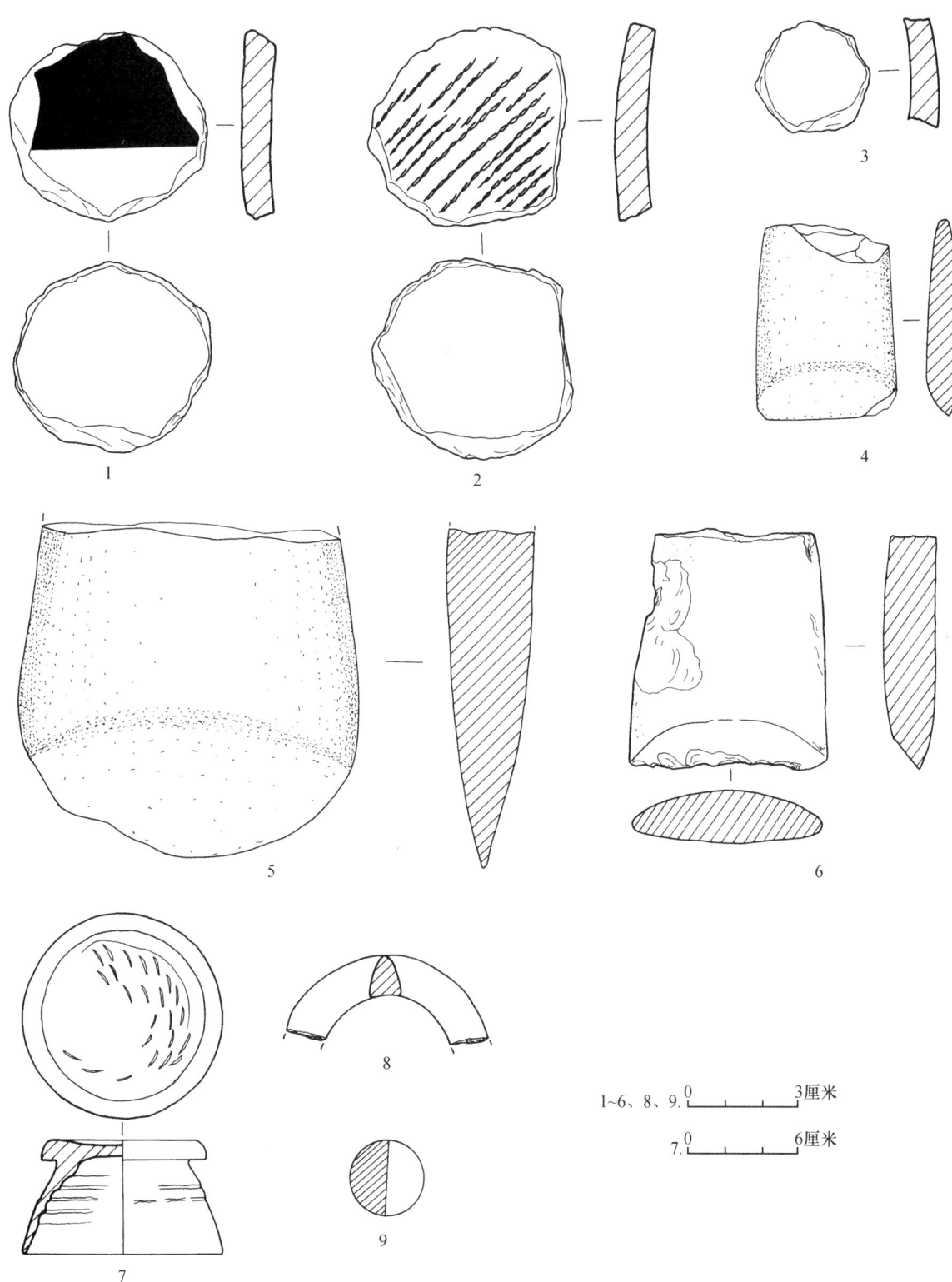

图九 Ⅱ区③层出土遗物

1～3. 圆陶片（T0106③：10-2、T0106③：10-1、T0106③：10-3） 4、6. 石锛（T0104③：13、T0201③：12）
5. 石斧（T0106③：11） 7. 器盖（T0106③：9） 8. 陶环（T0204③：21） 9. 陶球（T0104③：14）

笄　标本T0201③：19，完整。系利用动物长骨磨制而成。器身呈圆柱状，横断面呈圆形，一端圆钝，另一端较锐利。通体磨光。长11.1、直径0.8厘米（图一〇，2；彩版四三，5；图版一六，1）。标本T0201③：17，一端稍残。系利用动物长骨磨制而成。器身呈扁圆柱状，横断面呈椭圆形，一端圆钝，另一端较锐利。通体磨光。残长12.8、直径0.6厘米（图一〇，1；彩版四三，6；图版一六，2）。

锥　标本T0201③：20，尾端残。系利用梅花鹿掌骨背面一段磨制而成。器身呈扁圆柱状，横断面呈椭圆形，尖部锐利。通体磨光。残长6.9厘米（图一〇，7；图版一六，5）。标本T0201③：18，完整。尾端保留关节。器身呈三棱锥状，横断面呈三角形，尖部较锐利。通体磨光。长8.8厘米（图一〇，3；图版一六，4）。标本T0201③：2，完整。系利用动物长骨磨制而成，尾端保留少量关节。器身呈三棱柱状，横断面呈三角形，尖部锐利。通体磨光。长8厘米（图一〇，4；图版一六，3）。标本T0201③：1，尾端稍残。系利用动物肋骨磨制而成。器身扁薄，稍弯曲，尖部锐利。通体磨光。长12.7厘米（图一〇，8；图版一六，6）。

针　标本T0201③：16，尾端残。器身细长，尖部锐利，尾端有一圆孔。通体磨光。残长4.8厘米（图一〇，6；图版一六，7）。

匕　标本T0201③：15，稍残。平面呈长方形。器身平而薄。刃部较锋利。通体磨光。长9.4、宽3.4、厚0.4厘米（图一〇，5；图版一六，8）。

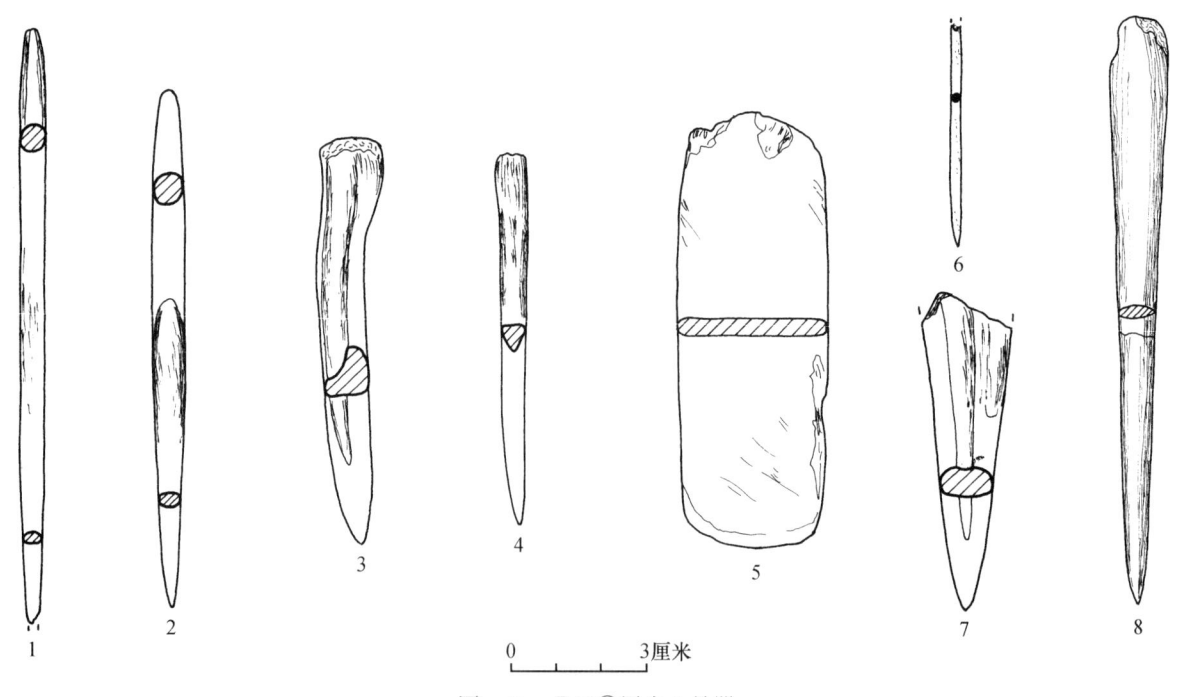

图一〇　Ⅱ区③层出土骨器

1、2.笄（T0201③：17、T0201③：19）　3、4、7、8.锥（T0201③：18、T0201③：2、T0201③：20、T0201③：1）
5.匕（T0201③：15）　6.针（T0201③：16）

3. ④层

以陶器为主，石、骨器次之。

（1）陶器

器类有瓶、盆、罐、钵、圆陶片、球等。

瓶　均口、颈部残片。标本T0205④∶3，细夹砂红褐陶。环形口，短颈。器表磨光。素面。沿面可见轮修痕迹。复原口径8、残高7.8厘米（图一一，6）。

盆　均口、腹部残片。形制相同。标本T0205④∶2，细泥质橘红陶。直口，平折沿，沿面微鼓，圆唇，深弧腹。器表磨光。素面。外沿面可见轮修痕迹。复原口径39、残高9厘米（图一一，3）。

罐　均口、腹部残片。标本T0205④∶5，粗夹砂红褐陶。侈口，折沿，沿面内曲，圆唇，鼓肩，并起一道显著棱脊，鼓腹。肩部以下饰左上至右下斜向绳纹。复原口径43.2、残高16厘米（图一一，2）。

标本T0205④∶6，粗夹砂红褐陶。侈口，折沿，圆唇，鼓腹。腹部饰多周弦纹。口沿下侧可见轮修痕迹。复原口径40.5、残高6.9厘米（图一一，4）。

标本T0205④∶4，粗泥质橘红陶。侈口，卷沿，方唇，直腹。腹部饰一周左上至右下斜向划

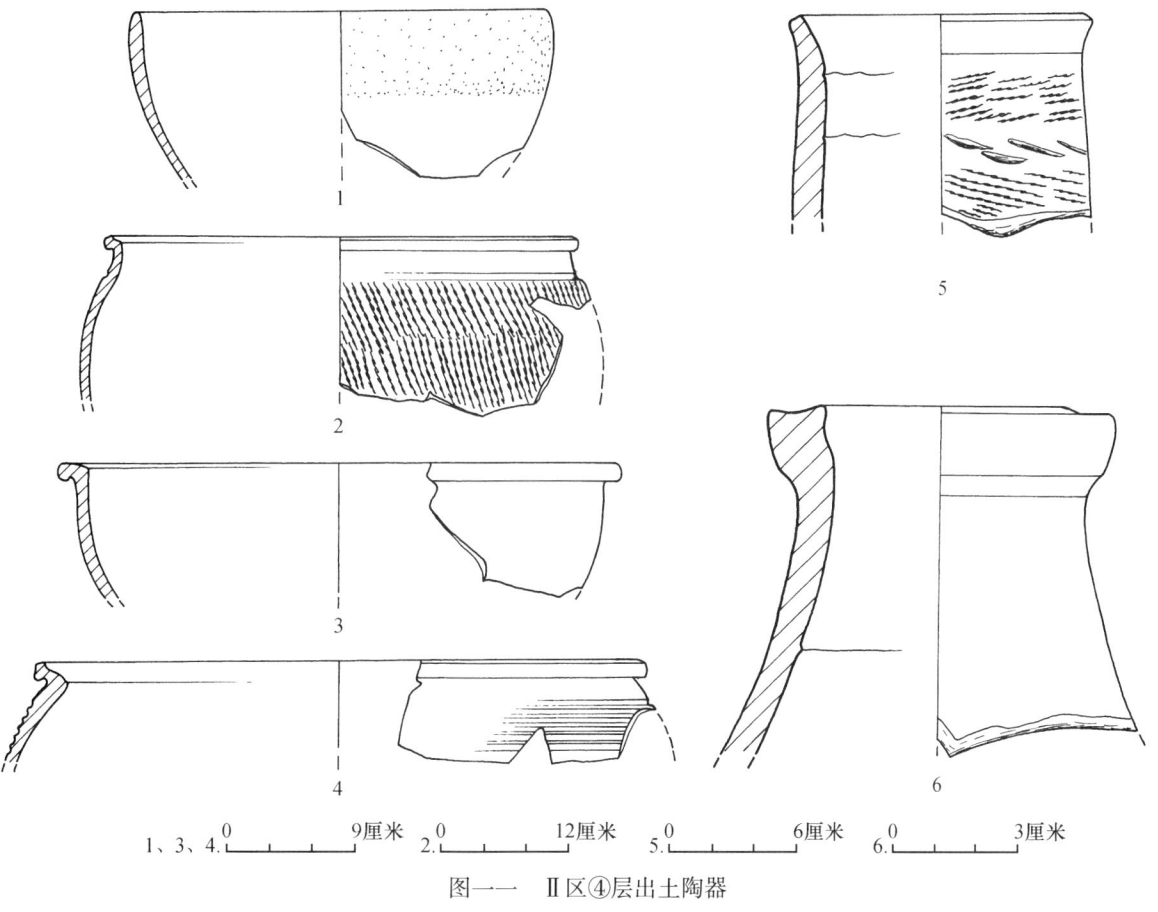

图一一　Ⅱ区④层出土陶器

1. 钵（T0205④∶1）　2、4、5. 罐（T0205④∶5、T0205④∶6、T0205④∶4）
3. 盆（T0205④∶2）　6. 瓶（T0205④∶3）

纹，划纹以上饰横向绳纹，以下饰左上至右下斜向绳纹。内壁可见泥条盘筑痕迹。复原口径14、残高10厘米（图一一，5）。

钵　均口、腹部残片。形制相同。标本T0205④：1，细泥质橘红陶。直口微敛，圆唇，深弧腹。器表磨光。素面。复原口径28.5、残高11.1厘米（图一一，1）。

圆陶片　形制相同，均圆形。标本T0205④：8，细泥质橘红陶。系利用陶钵或盆的残片打制而成。圆形。边缘较锋利。直径3.4、厚0.5厘米（图一二，6；图版一七，1）。

球　标本T0103④：14，完整。细泥质橘红陶。圆球状。通体磨光。器表可见少量坑疤。直径2厘米（图一二，7；图版一七，2）。

（2）石器

器类有雕刻器等。

雕刻器　标本T0205④：7，稍残。石灰岩。平面呈三角形，器身扁平，两面磨光，两劈裂侧边相交形成一横刃。刃部可见打制疤痕及细小的使用疤痕。残长11.4、厚2厘米（图一二，8；图版一七，3）。

（3）骨器

器类有笄、坠饰、锥、针、铲、镞等。

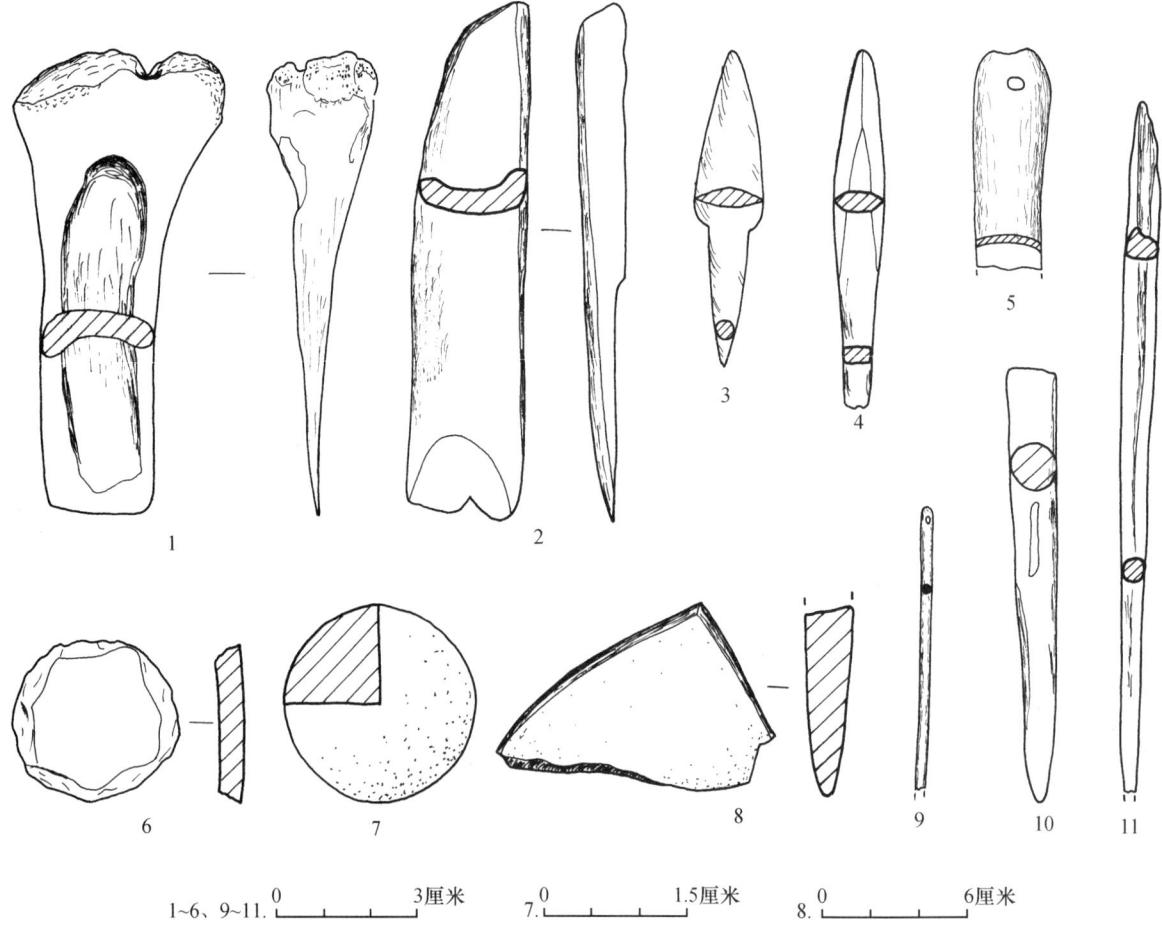

图一二　Ⅱ区④层出土遗物
1、2.骨铲（T0205④：11、T0205④：9）　3、4.骨镞（T0105④：1、T0205④：12）　5.骨坠饰（T0103④：16）
6.圆陶片（T0205④：8）　7.陶球（T0103④：14）　8.雕刻器（T0205④：7）　9.骨针（T0102④：15）
10.骨锥（T0205④：10）　11.骨笄（T0205④：13）

3. ④层

以陶器为主,石、骨器次之。

（1）陶器

器类有瓶、盆、罐、钵、圆陶片、球等。

瓶　均口、颈部残片。标本T0205④:3,细夹砂红褐陶。环形口,短颈。器表磨光。素面。沿面可见轮修痕迹。复原口径8、残高7.8厘米（图一一,6）。

盆　均口、腹部残片。形制相同。标本T0205④:2,细泥质橘红陶。直口,平折沿,沿面微鼓,圆唇,深弧腹。器表磨光。素面。外沿面可见轮修痕迹。复原口径39、残高9厘米（图一一,3）。

罐　均口、腹部残片。标本T0205④:5,粗夹砂红褐陶。侈口,折沿,沿面内曲,圆唇,鼓肩,并起一道显著棱脊,鼓腹。肩部以下饰左上至右下斜向绳纹。复原口径43.2、残高16厘米（图一一,2）。

标本T0205④:6,粗夹砂红褐陶。侈口,折沿,圆唇,鼓腹。腹部饰多周弦纹。口沿下侧可见轮修痕迹。复原口径40.5、残高6.9厘米（图一一,4）。

标本T0205④:4,粗泥质橘红陶。侈口,卷沿,方唇,直腹。腹部饰一周左上至右下斜向划

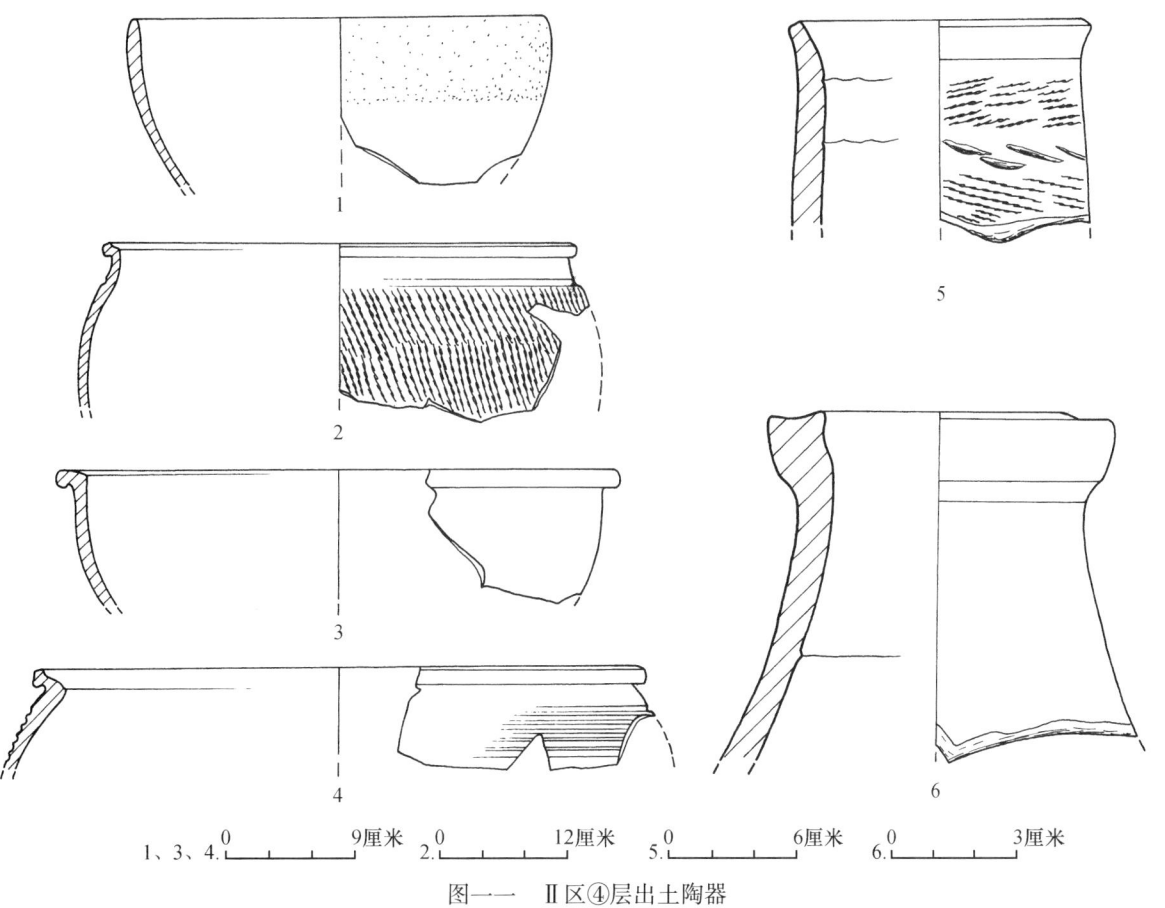

图一一　Ⅱ区④层出土陶器

1. 钵（T0205④:1）　2、4、5. 罐（T0205④:5、T0205④:6、T0205④:4）
3. 盆（T0205④:2）　6. 瓶（T0205④:3）

纹，划纹以上饰横向绳纹，以下饰左上至右下斜向绳纹。内壁可见泥条盘筑痕迹。复原口径14、残高10厘米（图一一，5）。

钵　均口、腹部残片。形制相同。标本T0205④：1，细泥质橘红陶。直口微敛，圆唇，深弧腹。器表磨光。素面。复原口径28.5、残高11.1厘米（图一一，1）。

圆陶片　形制相同，均圆形。标本T0205④：8，细泥质橘红陶。系利用陶钵或盆的残片打制而成。圆形。边缘较锋利。直径3.4、厚0.5厘米（图一二，6；图版一七，1）。

球　标本T0103④：14，完整。细泥质橘红陶。圆球状。通体磨光。器表可见少量坑疤。直径2厘米（图一二，7；图版一七，2）。

（2）石器

器类有雕刻器等。

雕刻器　标本T0205④：7，稍残。石灰岩。平面呈三角形，器身扁平，两面磨光，两劈裂侧边相交形成一横刃。刃部可见打制疤痕及细小的使用疤痕。残长11.4、厚2厘米（图一二，8；图版一七，3）。

（3）骨器

器类有笄、坠饰、锥、针、铲、镞等。

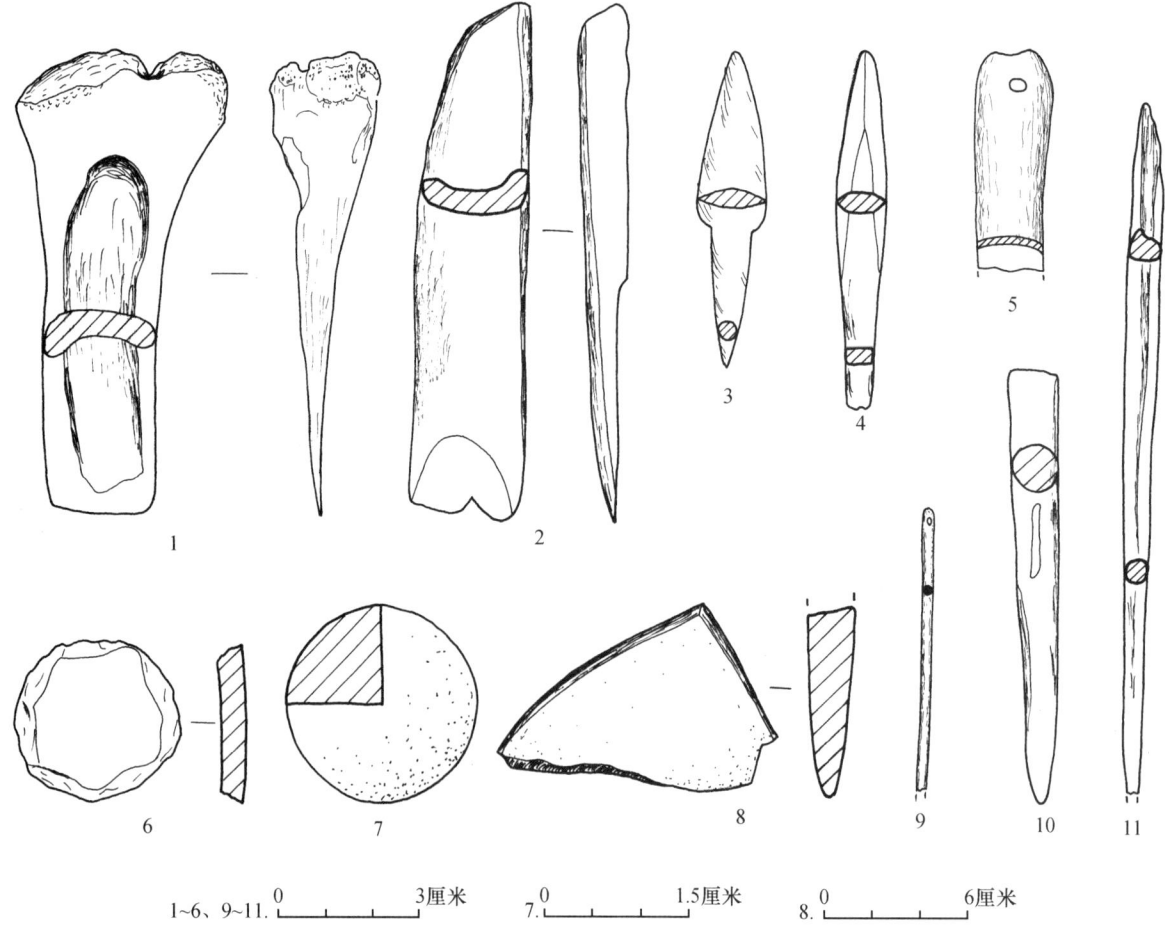

图一二　Ⅱ区④层出土遗物

1、2. 骨铲（T0205④：11、T0205④：9）　3、4. 骨镞（T0105④：1、T0205④：12）　5. 骨坠饰（T0103④：16）
6. 圆陶片（T0205④：8）　7. 陶球（T0103④：14）　8. 雕刻器（T0205④：7）　9. 骨针（T0102④：15）
10. 骨锥（T0205④：10）　11. 骨笄（T0205④：13）

笄　标本T0205④：13，尖部残。系利用动物长骨磨制而成。器身呈圆柱状，横断面呈圆形，尾端扁平。通体磨光。残长13.8厘米（图一二，11；彩版四三，2；图版一七，4）。

坠饰　标本T0103④：16，一端残。器身扁薄，一端有一单面钻成的圆孔。通体磨光。残长4.4、宽1.6、厚0.2厘米（图一二，5；图版一七，5）。

锥　标本T0205④：10，完整。系利用动物长骨磨制而成。器身呈圆柱状，横断面呈圆形，尾端平齐，尖部较锐利。长8.6厘米（图一二，10；彩版三五，2；图版一八，1）。

针　标本T0102④：15，尖部残。器身细长，尾端有一圆孔。通体磨光。残长5.7、直径0.2厘米（图一二，9；图版一八，2）。

铲　标本T0205④：11，完整。系利用梅花鹿左桡骨近段磨制而成，尾端保留关节。器身呈半管状，较为扁薄，刃部平齐，较为锋利。通体磨光。长9.3厘米（图一二，1；彩版三三，3；图版一八，3）。标本T0205④：9，稍残。长条形，器身近半管状，较为扁薄，刃部锋利。通体磨光。长10.4厘米（图一二，2；图版一八，4）。

镞　标本T0205④：12，完整。器身扁平，体部与铤部分界明显，锋部圆尖，中部有脊，铤部扁平而薄。长7.2厘米（图一二，4；彩版三七，2；图版一八，5）。标本T0105④：1，完整。体部与铤部等长，器身扁平而厚，带翼，体部平面呈等腰三角形，两面有脊，锋部扁尖，刃部较钝，铤部呈扁圆锥状。长6.3厘米（图一二，3；彩版三八，4；图版一八，6）。

第三节　Ⅲ区地层堆积

一、地层堆积

Ⅲ区地层堆积可划分为12层，以T0809、T0810、T0811、T0812、T0813、T0814、T0815、T0816、T0817、T0818、T0819西壁剖面与T0212、T0312、T0412、T0512、T0612、T0712、T0812、T0912、T1012、T1112、T1212、T1312北壁剖面为例介绍如下（图一三、图一四；图版二，1、2）：

①层：土质疏松，土色灰褐。厚0.1~0.2米。包含有大量植物根系，出有现代砖瓦残块、瓷片及零星陶片。该层为现代耕土层。

②层：土质较硬，土色黄褐。厚0.15~0.2米。出有大量红陶、褐陶、灰陶及少量彩陶片，可辨器型有重唇口及喇叭口瓶、斜沿罐、平折沿罐、弧折沿盆、宽沿浅腹盆等。根据出土陶片分析，该层堆积应属仰韶文化晚期。开口于该层下的遗迹有H69、H136、H211、H215等。

③层：土质较疏松，土色灰褐。厚0.5~0.85米。夹杂有较多红烧土颗粒，出有少量红、褐陶及少量彩陶片，可辨器型有葫芦口瓶、折沿罐、直口钵等，彩陶纹样主要为黑色宽带纹和变体鱼纹。该层下发现有H48、H56、H94、H121、F1、F12、F92、G1、G2等遗迹。

④层：土质坚硬，土色黄褐。厚0.55~1米。出土有大量泥质红陶与夹砂红褐陶陶片，可辨器型有直口钵、杯形口瓶、折沿盆、曲沿罐、圆陶片等。该层下发现有H88、H156、H193、F20、F79等遗迹。

⑤层：土质疏松，土色浅灰。厚0.15~0.3米。出有大量细泥红陶和夹砂褐陶陶片，器型与④层相似。该层下发现有H191、F24等遗迹。

⑥层：土质较硬，土色灰褐。厚0.2~0.35米。夹杂有较多红烧土颗粒和动物骨骼，出有少量细泥红陶钵、夹砂罐等陶器的口沿，与④层相似。该层下发现有H165、F64等遗迹。

⑦层：土质较硬，土色浅灰。厚0.15~0.2米。出土有少量陶片，器型与④层相似。该层下发现有H163、H205、F44、F51等遗迹。

⑧层：土质较硬，土色灰褐。厚0.15~0.35米。出有大量细泥红陶和夹砂褐陶陶片，器型与④层相似。该层下发现有H150、H182、F40、F87等遗迹。

⑨层：土质疏松，土色黑灰。厚0.1~0.15米。夹杂有白色土斑，出有大量细泥红陶与夹砂褐陶陶片，可辨器型有直口钵、直腹罐、环状口瓶、折沿盆等。该层下发现有H177、H198等遗迹。

⑩层：土质较硬，土色青灰。厚0.2~0.25米。出有少量红陶片，器型与⑨层相似。该层下发现有H196、H200、F76等遗迹。

⑪层：土质较硬，土色灰褐。厚0.15~0.25米。夹杂有黄色土粒和黑色炭屑，包含物与⑨层相似。该层下发现有H201、H202、F70等遗迹。

⑫层：土质坚硬，土色黑褐。厚0.2~0.3米。出土物较少，器型与⑨层相似。该层下发现有H158、H235、F32、F46等遗迹。

⑫层之下为生土。

根据③~⑫层出土陶片分析，其堆积形成年代应不晚于仰韶文化早期，这些层位所出的陶器存在很多共性，同时也存在着显著的差异，可进一步划分成三组：第一组包括⑨~⑫层，所出陶器以环状口瓶、折沿盆、直腹弦纹罐、侈口鼓腹罐、直口方唇钵、敛口钵为主要组合，器型特征基本一致；第二组包括④~⑧层，各层出土陶器以杯形口瓶、折沿深弧腹盆、侈口折沿罐、直口深腹钵等为主要组合，特征基本一致；第三组包括③层，陶器以葫芦口瓶、折腹盆、浅弧腹盆、侈口折沿或卷沿罐、浅弧腹钵等为主要组合，特征基本一致。

二、出土遗物

以下按照地层堆积，从上到下介绍②~⑫层出土遗物。

1. ②层

以陶器为主，石、骨器次之。

（1）陶器

器类有瓶、盆、罐、钵、缸、盘、杯、甑、灶、器盖、钏、刀、球等。

瓶　均口、颈部残片。标本T0717②：1、T0815②：7、T0514②：1形制相同，均细泥质橘红陶，重唇敛口，束颈，器表磨光，素面。标本T0717②：1，典型重唇口，口部二层台高差明显。沿面可见轮修痕迹（图一五，4）。标本T0815②：7，典型重唇口，口部二层台较明显，高差较小。沿面可见轮修痕迹，内壁可见泥条盘筑痕迹。口径10.8、残高5.8厘米（图一五，2；图版

第二编 发掘资料

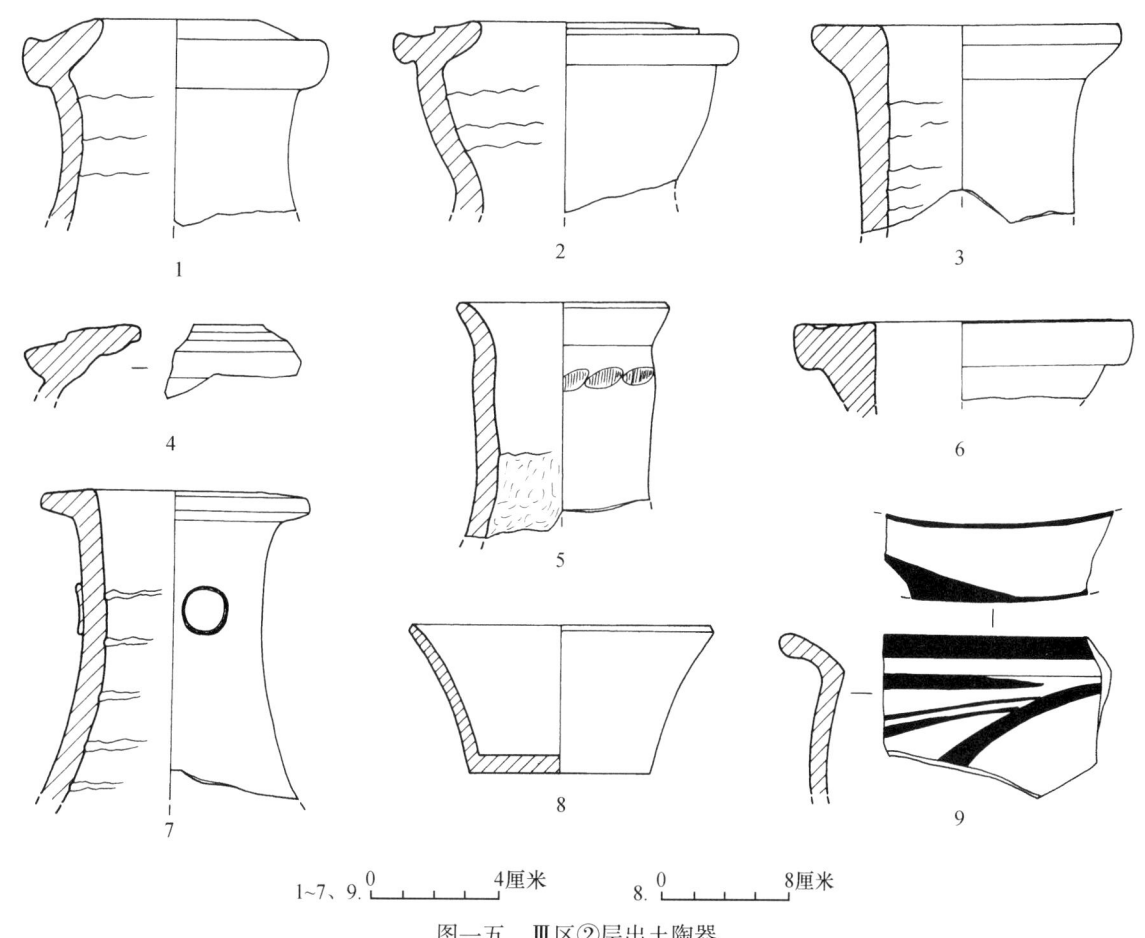

图一五 Ⅲ区②层出土陶器
1~7. 瓶（T0514②∶1、T0815②∶7、T0715②∶6、T0717②∶1、T0915②∶8、T0916②∶10、T0715②∶5）
8、9. 盆（T0816②∶14、T0514②∶2）

一九，1）。标本T0514②∶1，退化重唇口，口部两唇之间连成斜坡。沿面可见轮修痕迹，内壁可见泥条盘筑痕迹。复原口径9.6、残高6.3厘米（图一五，1；图版一九，2）。

标本T0916②∶10，细泥质橘红陶。平唇口，沿面有一道宽浅凹槽。器表磨光。素面。沿面可见轮修痕迹。复原口径10.8、残高2.4厘米（图一五，6）。

标本T0715②∶5、T0715②∶6形制相同，均细泥质橘红陶，喇叭口，束颈。标本T0715②∶5，敞口，平折沿，圆唇。器表磨光。颈部饰三个圆饼状附加堆纹。内壁可见泥条盘筑痕迹。口径8.4、残高9.3厘米（图一五，7；图版一九，3）。标本T0715②∶6，直口，平折沿，圆唇。器表磨光。沿面与颈部可见轮修痕迹，内壁可见泥条盘筑痕迹。口径9.8、残高6厘米（图一五，3）。

标本T0915②∶8，细夹砂灰陶。侈口，圆唇，细长颈，颈中部略鼓。之上饰一周划纹。内壁可见泥条盘筑痕迹。口径6.6、残高7.2厘米（图一五，5；图版一九，4）。

盆 标本T0514②∶2，口、腹部残片。细泥质橘红陶。侈口，折沿，圆唇，弧腹。器表磨光。沿面饰黑色弧边三角形彩绘，上腹部饰黑色弧边三角形、线纹彩绘。外沿面可见轮修痕迹（图一五，9）。

标本T0816②∶14，可复原。粗夹砂红褐陶。敞口，方唇，斜腹，平底。素面。口下可见轮修痕迹。口径19.2、底径11.2、通高9厘米（图一五，8；图版一九，5）。

罐 标本T0517②：9，可复原。细泥质橘红陶。整体呈腰鼓状，敛口，圆唇，鼓腹，平底，中腹部有一对竖向圆柱桥形耳，最大腹径位于中部。器表磨光。素面。器表可见刮抹痕迹。口径18、腹径22.8、底径12.6、通高25.5厘米（图一六，5；彩版一八，3；图版一九，6）。

标本T0909②：17，可复原。粗夹砂红褐陶。敞口，方唇，曲腹，平底。通体饰竖向划纹。口径14.2、底径11、通高13厘米（图一六，4；图版二〇，1）。

标本T0816②：10、T0816②：11、T0716②：12均口、腹部残片。形制相同，粗夹砂红褐陶，侈口，折沿，圆唇，鼓腹。标本T0816②：10，腹微鼓，最大腹径位于中上部。上腹部饰一对鸡冠状附加堆纹，中腹部饰三周条带状附加堆纹，口沿以下饰交错绳纹。沿面可见轮修痕迹。口径31.2、腹径32.4、残高25.5厘米（图一六，1）。标本T0816②：11，最大径位于上腹部。口下饰鸡冠状附加堆纹，上腹部饰二周凸脊状附加堆纹，并饰右上至左下斜向划纹。复原口径23.4、腹径27.9、残高25.2厘米（图一六，2）。标本T0716②：12，最大径位于中上腹部。上腹部饰鸡冠状附加堆纹，口沿以下饰右上至左下斜向绳纹。沿面可见轮修痕迹。复原口径27、残高10.8厘米（图一六，3）。

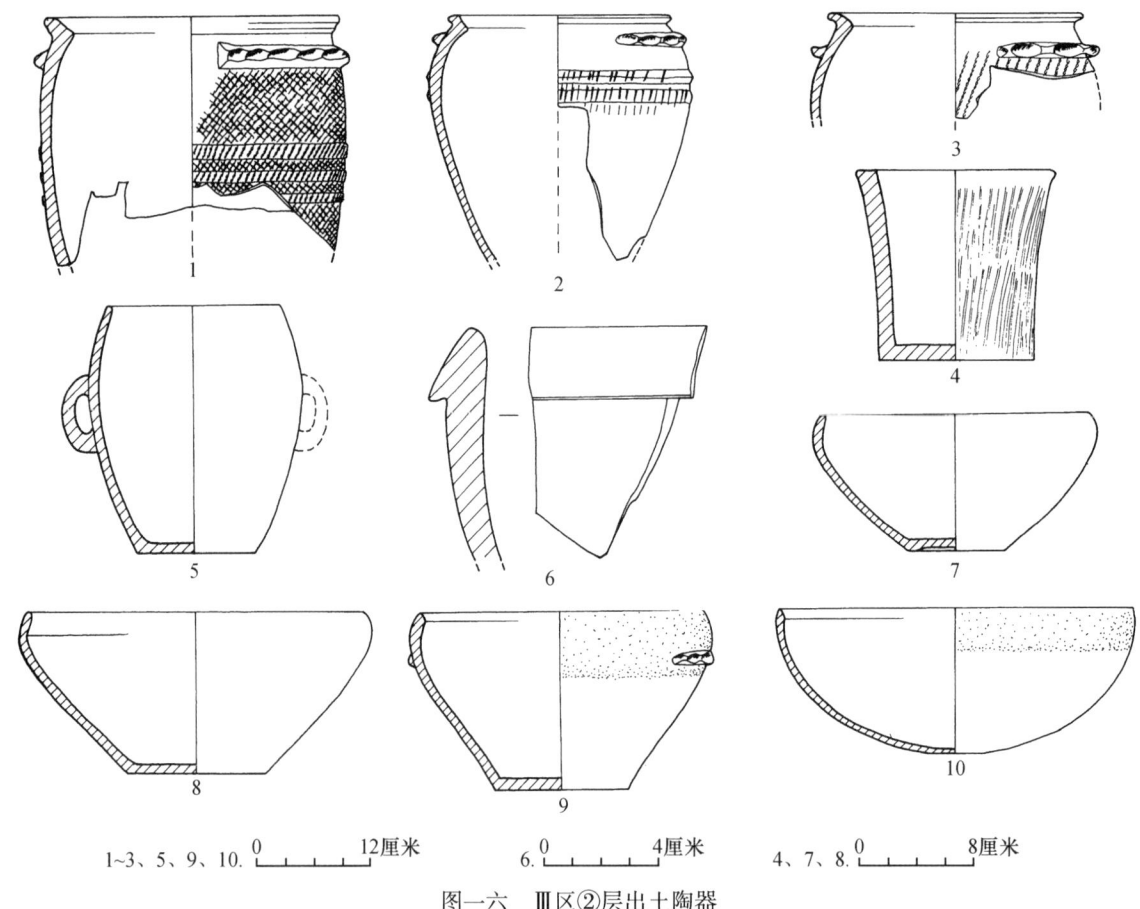

图一六 Ⅲ区②层出土陶器

1～5. 罐（T0816②：10、T0816②：11、T0716②：12、T0909②：17、T0517②：9） 6. 缸（T0514②：3）
7～10. 钵（T0817②：4、T0810②：2、T0817②：3、T0715②：1）

钵　标本T0715②：1，可复原。细泥质橘红陶。直口微敛，尖唇，口沿内侧有一周矮棱，浅弧腹，圜底。器表磨光。素面。口下可见深红色叠烧痕迹。下腹部可见烟熏痕迹。口径37.5、通高15厘米（图一六，10；图版二〇，2）。

标本T0810②：2、T0817②：4均可复原。形制相同，敛口，圆唇，斜直腹，平底。标本T0810②：2，可复原。细泥质橘红陶。器表刮抹光滑。素面。口下可见轮修痕迹，腹部可见刮抹痕迹。口径23.6、底径10、通高11厘米（图一六，8；图版二〇，3）。标本T0817②：4，细泥质灰陶。平底微凹。器表磨光。口下可见轮修痕迹，腹部可见刮抹痕迹。口径18.6、底径6.8、通高9.4厘米（图一六，7；图版二〇，4）。

标本T0817②：3，可复原。细泥质橘红陶。敛口，厚圆唇，曲腹，平底。器表磨光。上腹部饰一对鸡冠状附加堆纹。口下可见浅红色叠烧痕迹。下腹部可见烟熏痕迹。口径30、底径14.4、通高18.3厘米（图一六，9；图版二〇，5）。

缸　均口、腹部残片。标本T0514②：3，粗夹砂红褐陶。敛口，叠唇，鼓腹。器表刮抹光滑。素面。沿面可见轮修痕迹（图一六，6）。

盘　标本T0716②：13，可复原。粗夹砂红褐陶。敞口，方唇，斜直腹，大平底。素面。口径16.4、底径10、通高5厘米（图一七，1；图版二〇，6）。

标本T0909②：1、T0709②：16均可复原，形制相同，粗泥质橘红陶，敛口，方唇，斜直腹，大平底。标本T0909②：1，腹部饰竖向绳纹。口径11、底径14.2、通高5.2厘米（图一七，2；图版二一，1）。标本T0709②：16，素面。口下可见轮修痕迹，腹部可见刮抹痕迹。口径13、底径15.2、通高4.6厘米（图一七，3；图版二一，2）。

杯　标本T0812②：16，可复原。细夹砂红褐陶。侈口，折沿，方唇，斜直腹，平底。素面。器表可见烟熏痕迹。口径6.7、底径4.4、通高4.4厘米（图一七，4；图版二一，3）。

甑　标本T0709②：18，可复原。粗夹砂红褐陶。侈口，折沿，方唇，斜直腹，平底，底部有十个圆孔，系在陶坯上由外向内戳成。上腹部饰一对鸡冠状附加堆纹。沿面可见轮修痕迹，内壁可见垫窝痕迹。口径19.6、底径11、孔径0.4～0.6、通高14.4厘米（图一七，8；图版二一，4、5）。

灶　标本T0816②：20，下腹、底部残片。粗夹砂红褐陶。直腹，平底，腹、底相接处有一周矮棱，瓦足。腹部饰竖向绳纹。残高8.4厘米（图一七，5；图版二二，1、2）。

器盖　标本T0314②：19，可复原。细夹砂红褐陶。喇叭口状，敞口，圆唇，斜直壁，圆饼形纽，纽下有一个由外向内戳成的圆孔。器表可见刮抹痕迹，内壁可见轮修痕迹。口部可见烟熏痕迹。口径23、纽径11.2、通高10厘米（图一七，6；图版二二，3）。

标本T0817②：15，口、壁残片。细夹砂红褐陶。喇叭口状，敞口，方唇，曲壁。素面。器表可见轮修痕迹。复原口径11.5、残高6厘米（图一七，7）。

钏　均残。形制相同，均呈环形，器表饰螺旋纹。标本T0917②：22，细泥质黑陶。宽4、厚1厘米（图一八，1；图版二二，4）。标本T0917②：23，细泥质灰陶。宽3.6、厚0.8厘米（图一八，2）。

刀　标本T0917②：21，完整。细泥质橘红陶。系利用瓶的残片打制而成。平面呈长方形，两侧有打击而成的缺口。长8.7、宽5.1、厚0.6厘米（图一八，7；图版二二，5）。

球　标本T0517②：29，完整。细泥质橘红陶。圆球状。通体磨光。器表可见较小坑疤。直径2.5厘米（图一八，8；图版二二，6）。

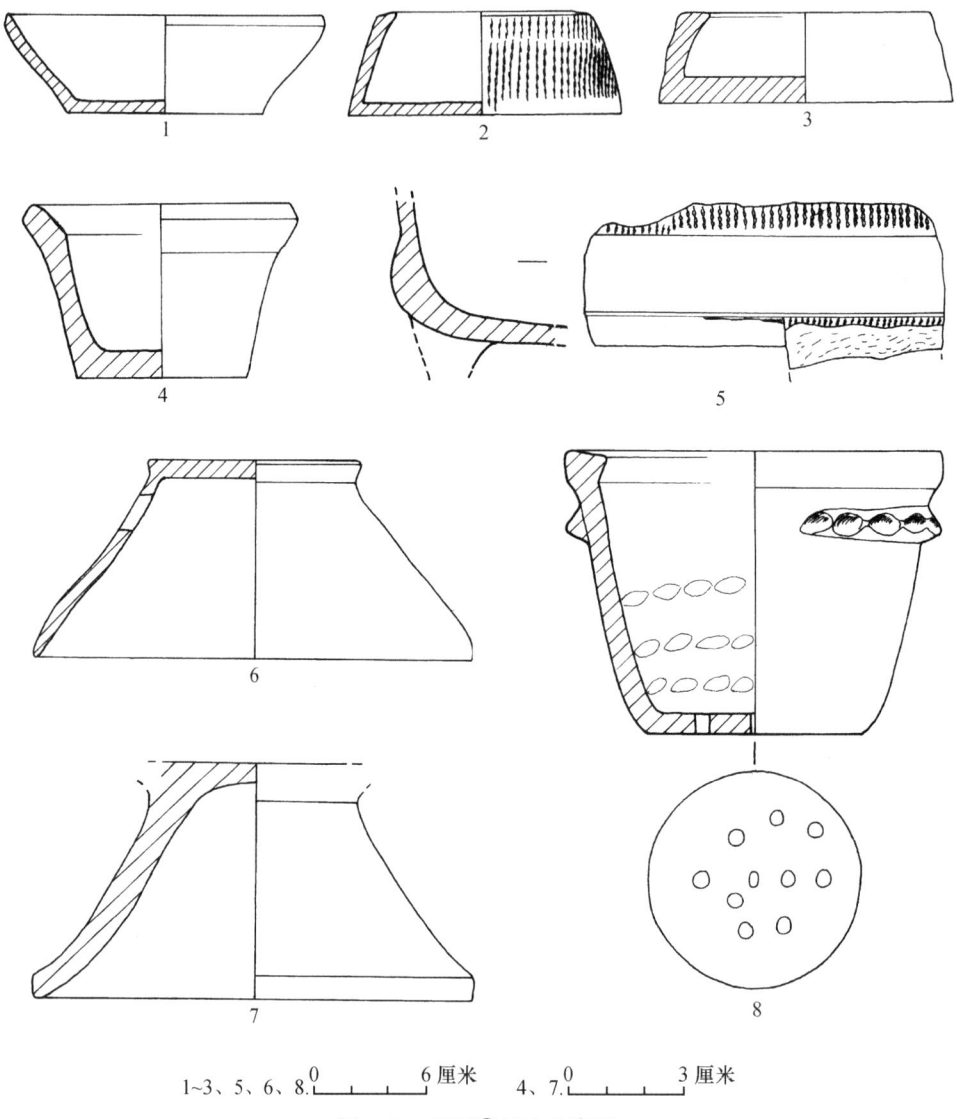

图一七　Ⅲ区②层出土陶器
1~3. 盘（T0716②：13、T0909②：1、T0709②：16）　4. 杯（T0812②：16）　5. 灶（T0816②：20）
6、7. 器盖（T0314②：19、T0817②：15）　8. 甑（T0709②：18）

（2）石器

器类有磨石、刮削器等。

磨石　标本T0917②：24，石英粗砂岩。平面呈梯形。上下两面磨光，中部因使用均略向内凹。长13.8、宽5.6~8.7、厚3.4厘米（图一八，4；图版二三，1）。

刮削器　标本T0517②：31，完整。平面呈近椭圆形，一侧边稍经打击，形成一弧刃，刃缘较锋利。背面保留砾石面。长径5.1、短径4.3厘米（图一八，3；图版二三，2）。

（3）骨器

器类有匕、鱼叉等。

匕　标本T1311②：3，完整。系利用动物长骨磨制而成。器身扁平而薄，尾端有一单面钻成的圆孔，刃部较钝。通体磨光。长10.5、宽1.5、厚0.2厘米（图一八，5；彩版三九，6；图版

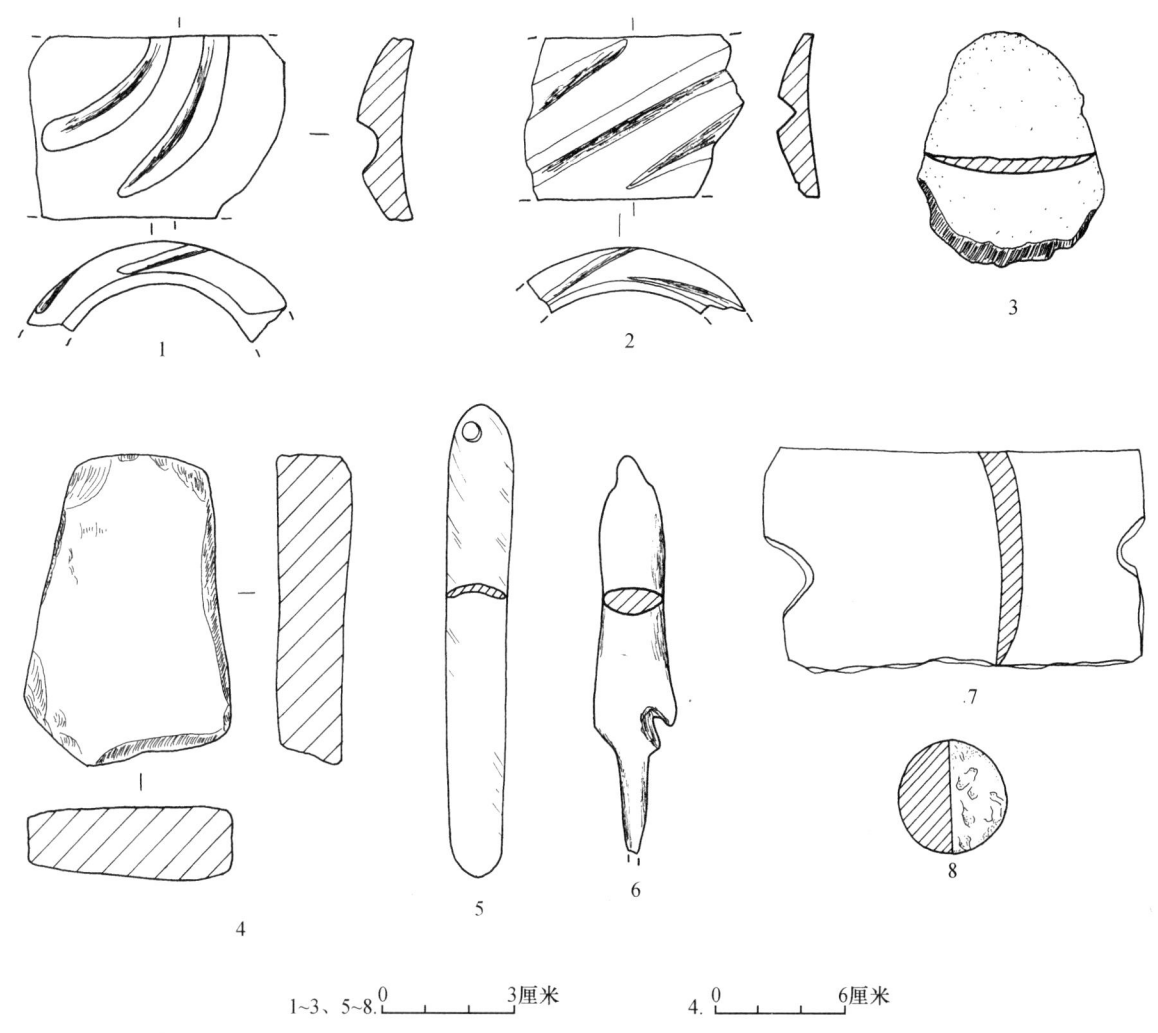

图一八 Ⅲ区②层出土遗物
1、2. 陶钏（T0917②：22、T0917②：23） 3. 刮削器（T0517②：31） 4. 磨石（T0917②：24） 5. 骨匕（T1311②：3）
6. 骨鱼叉（T0910②：26） 7. 陶刀（T0917②：21） 8. 陶球（T0517②：29）

二三，3）。

鱼叉 标本T0910②：26，柄部残。单钩，器身呈扁条状，叉头较薄，锋部扁尖，倒钩在器身下部一侧，较短而钝，柄部呈扁圆柱状。残长8.9厘米（图一八，6；彩版四〇，1；图版二三，4）。

2. ③层

以陶器为主，石、骨器次之，角器再次，玉、蚌器最少。

（1）陶器

器类有瓶、盆、罐、钵、杯、器盖、铃、圆陶片、笄、铲、球、锉等。

瓶 均口沿残片。标本T0816③：11，细夹砂橘红陶。敛口，圆唇，短颈。颈部饰一周划纹。内壁可见泥条盘筑痕迹，外沿面可见轮修痕迹。复原口径7、残高9.4厘米（图一九，4）。

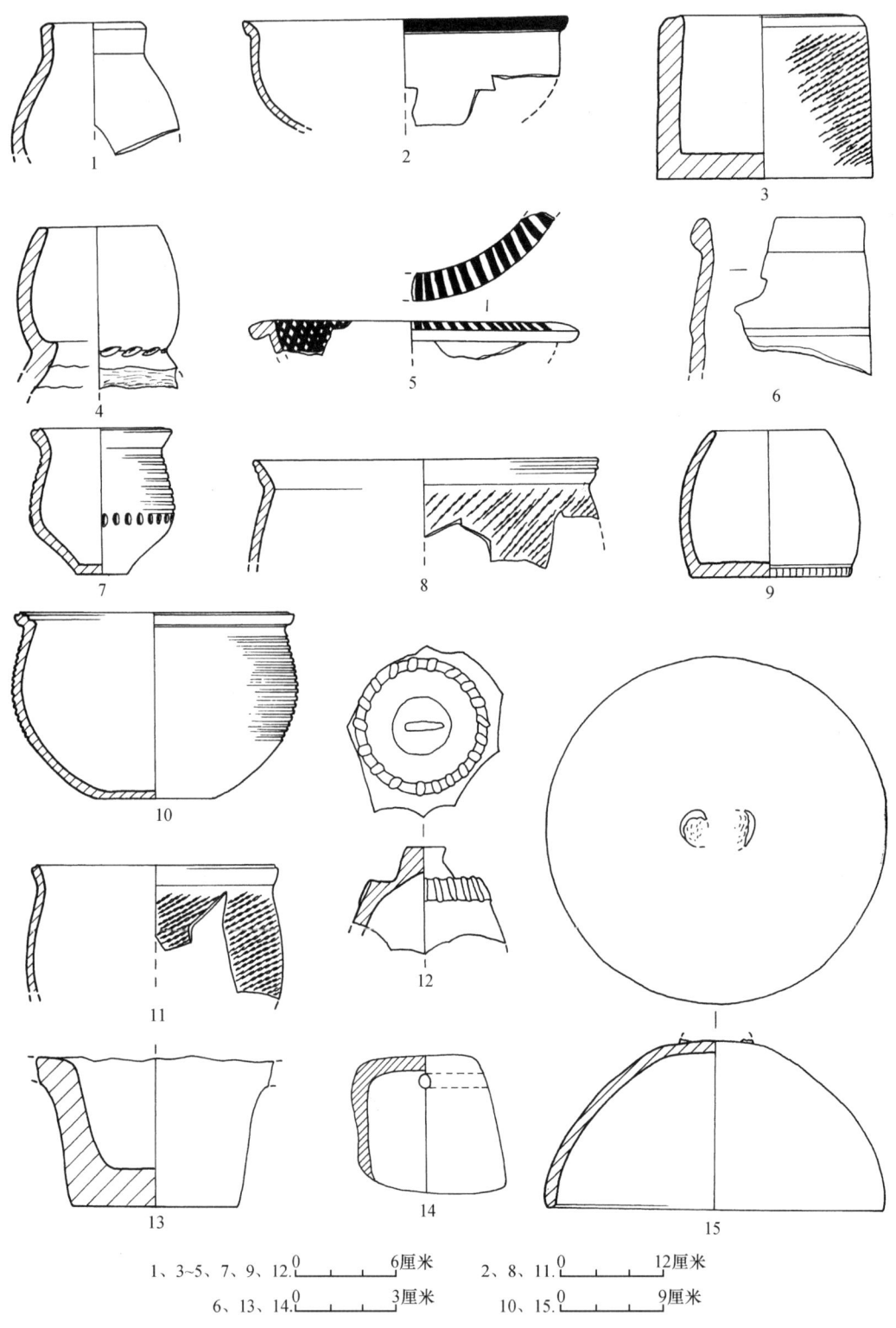

图一九　Ⅲ区③层出土陶器

1、4. 瓶（T0716③：10、T0816③：11）　2、5、6. 盆（T0916③：9、T0719③：2、T0713③：1）
3、7、8、10、11. 罐（T0816③：17、T0917③：14、T0816③：15、T0816③：12、T0816③：16）
9、13. 杯（T0816③：13、T0511③：39）　12、15. 器盖（T0816③：18、T0315③：4）　14. 铃（T0915③：33）

标本T0716③：10，细夹砂橘红陶。葫芦形口，圆唇。器表磨光。素面。内、外壁均可见轮修痕迹。复原口径6.4、残高7.8厘米（图一九，1）。

盆　均口、腹部残片。标本T0719③：2，细泥质橘红陶。敞口，平折沿，沿面略向外侧下斜，圆唇，弧腹。器表磨光。沿面饰黑色短线纹彩绘，内壁饰黑色网纹彩绘。唇部可见轮修痕迹。复原口径17、残高2厘米（图一九，5；彩版四九，3）。

标本T0916③：9、T0713③：1形制相同，均侈口，卷沿，圆唇，弧腹，器表磨光。标本T0916③：9，细泥质橘红陶。唇部与外沿面饰一周黑色窄带纹彩绘。复原口径38.4、残高12.4厘米（图一九，2）。标本T0713③：1，细泥质黑陶。上腹部有一道矮棱。素面（图一九，6）。

罐　标本T0816③：12，可复原。细泥质橘红陶。侈口，卷沿，沿面微曲，方唇，唇部有二道浅细凹槽，鼓腹，平底，最大腹径位于中腹部。上腹部饰多周弦纹。口径24.9、腹径25.5、底径10.5、通高16.2厘米（图一九，10；图版二四，1）。

标本T0816③：15，口、腹部残片。粗夹砂红褐陶。侈口，折沿，圆唇，外沿面有二道浅细凹槽，鼓腹。口沿以下饰右上至左下斜向绳纹。口部可见烟熏痕迹。复原口径41.2、残高12.8厘米（图一九，8）。

标本T0917③：14、T0816③：16形制相同，均粗夹砂红褐陶。侈口，卷沿，方唇，鼓腹。标本T0917③：14，完整。最大径位于中下腹部。上、中腹部饰多周弦纹，弦纹下侧饰一周指甲纹。口径8.4、腹径8.6、底径3、通高8.6厘米（图一九，7；彩版一七，5；图版二四，2）。标本T0816③：16，口、腹部残片。口沿以下饰右上至左下斜向绳纹。口部可见烟熏痕迹。复原口径29.6、腹径30.8、残高16厘米（图一九，11）。

标本T0816③：17，可复原。粗夹砂红褐陶。直口，方唇，口沿下侧有一道矮棱，直腹，平底。通体饰右上至左下斜向绳纹。口径12.4、底径12.8、通高9.4厘米（图一九，3；图版二四，3）。

钵　标本T0816③：1、T0315③：2、T0414③：3、T0917③：5、T0716③：7、T1114③：1均可复原。形制相同，直口微敛，圆唇，深弧腹，圜底。标本T0816③：1，细泥质橘红陶。底部有一周浅细凹槽。器表磨光。素面。口下可见浅褐色叠烧痕迹。腹部可见烟熏痕迹。口径29.4、通高14.4厘米（图二〇，8；图版二四，4）。标本T0315③：2，细泥质橘红陶。底部有一周凸棱，底心有一小凹坑。器表刮抹光滑。底部有布纹。口径15.4、通高8厘米（图二〇，5；图版二四，5；图版二〇二，7）。标本T0414③：3，细泥质橘红陶。底近平。器表磨光。底部有席纹。口径16.6、通高8.4厘米（图二〇，4；图版二四，6）。标本T0917③：5，细泥质橘红陶。器表磨光。素面。口径29.4、通高15厘米（图二〇，9；图版二五，1）。标本T0716③：7，细夹砂橘红陶。底近平。素面。口下可见浅红色叠烧痕迹。口径19.5、底径10、通高10.5厘米（图二〇，6）。标本T1114③：1，细夹砂橘红陶。底近平，底部有一周凸棱。素面。腹部可见刮抹痕迹。口径12、通高6.6厘米（图二〇，7；图版二五，2）。

标本T0816③：6，可复原。细夹砂橘红陶。敞口，圆唇，斜直腹，平底。素面。口径16.8、底径8.6、通高7厘米（图二〇，1；图版二五，3）。

标本T0816③：8、T0713③：2均口、腹部残片。形制相同，细泥质橘红陶。直口微敛，圆唇，浅弧腹。器表磨光。标本T0816③：8，口下饰黑色宽带纹彩绘（图二〇，2）。标本T0713③：2，上腹部饰黑色变体鱼纹彩绘（图二〇，3；彩版四九，2）。

杯　标本T0816③：13，可复原。细泥质橘红陶。敛口，弧腹，平底。器表磨光。近底部饰

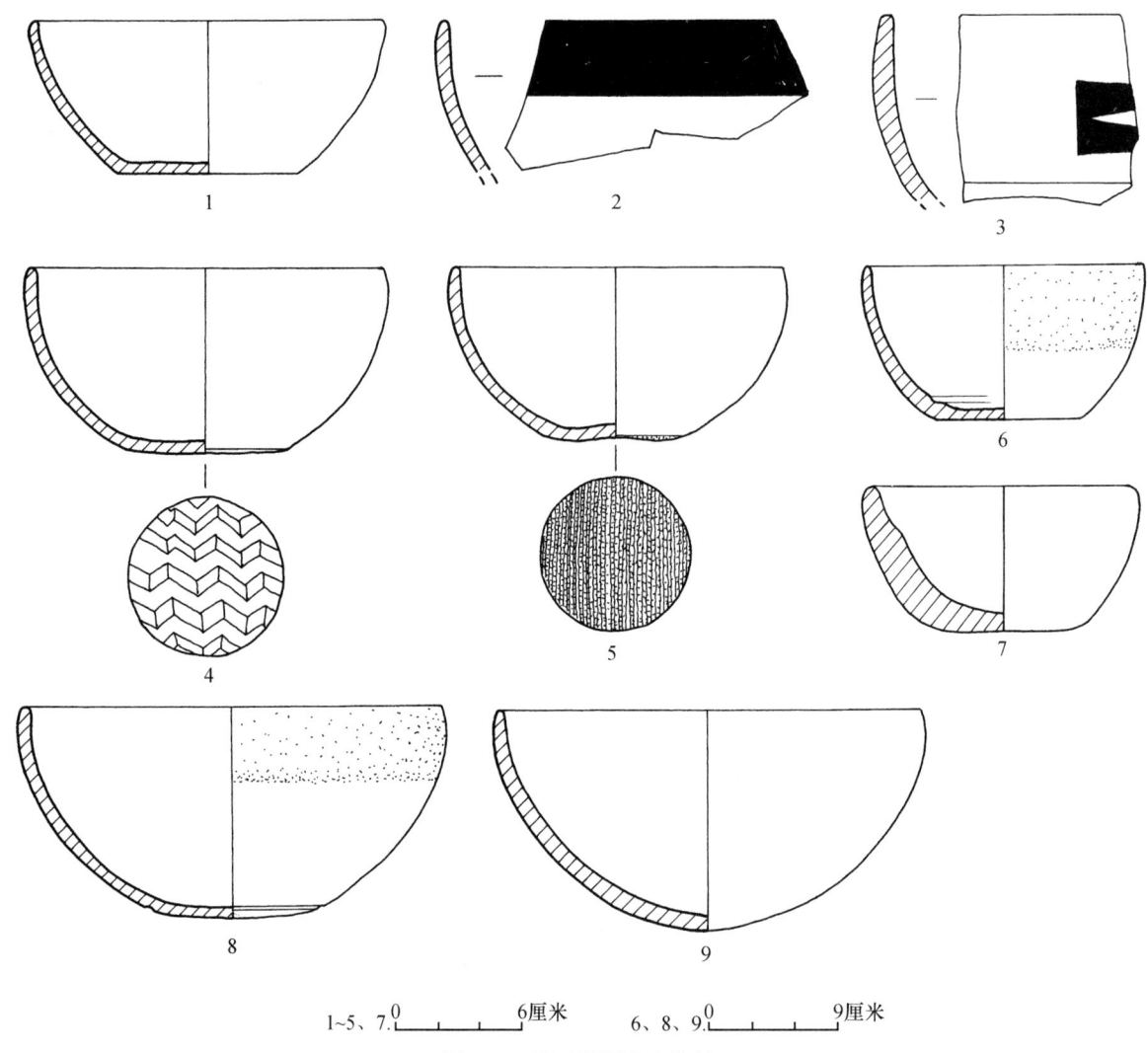

图二〇 Ⅲ区③层出土陶钵

1～9.（T0816③：6、T0816③：8、T0713③：2、T0414③：3、T0315③：2、T0716③：7、T1114③：1、T0816③：1、T0917③：5）

一周弦纹，底部周缘饰一周划纹。口径6.6、腹径10.8、底径9.4、通高8.6厘米（图一九，9；图版二五，4）。

标本T0511③：39，唇部残。粗夹砂红褐陶。敞口，卷沿，斜直腹，平底。素面。底径4.9、残高4.3厘米（图一九，13）。

器盖　标本T0315③：4，纽部残。粗夹砂红褐陶。覆钵状，直口微敛，圆唇，弧壁，依据残存痕迹，推测可能为桥形纽。器表刮抹光滑。口部可见轮修痕迹与烟熏痕迹。口径30、残高14.1厘米（图一九，15）。

标本T0816③：18，纽、壁残片。细夹砂橘红陶。扁圆柱形纽。纽部周缘饰一周竖向划纹。残高6.2厘米（图一九，12）。

铃　标本T0915③：33，可复原。细泥质橘红陶。直口，圆唇，斜直壁，上部有两对共四个圆形穿孔。器表磨光。素面。口径4.3、高4厘米（图一九，14；图版二五，5）。

圆陶片　标本T0620③：19-1，完整。细泥质橘红陶。系利用陶钵口沿残片打制而成，保留少量沿面。椭圆形，边缘较钝。器表饰黑色宽带纹彩绘。彩绘下侧可见浅红色叠烧痕迹。长径8.3、短径7、厚0.7厘米（图二一，1；彩版二八，3；图版二五，6）。

标本T0620③：19-2、T0620③：19-3均完整。形制相同，圆形。标本T0620③：19-2，细泥质橘红陶。系利用陶钵口部残片打制而成。边缘较钝。器表可见深褐色叠烧痕迹。直径5.6、厚0.6厘米（图二一，3）。标本T0620③：19-3，粗夹砂红褐陶。系利用罐类器残片打制而成。边缘较锋利。器表饰绳纹。直径5、厚0.7厘米（图二一，2）。

笄　标本T0620③：26，残。细泥质黑陶。"丁"字形，器身呈圆柱状，横断面呈圆形，笄帽扁圆。通体磨光。残长6厘米（图二一，8；图版二六，1）。

铲　标本T0620③：27，残。细泥质橘红陶。平面呈舌形，器身较薄。器表磨光。残长5、残宽7、厚0.5厘米（图二一，4；图版二六，4）。

球　标本T0314③：32，稍残。细泥质橘红陶。圆球状。通体磨光。直径4.3厘米（图二一，7）。标本T0519③：43，完整。细泥质橘红陶。圆球状。通体磨光。器表可见较小坑疤。直径2.8厘米（图二一，6）。

锉　标本T0315③：40，残。细泥质橘红陶。平面呈圆形，残存部分平面呈扇形，器身扁平。器表麻点清晰，密度较大。器表使用痕迹较重。复原直径11.6、厚1厘米（图二一，5；图版二六，3）。

标本T0520③：41，一端残。细泥质橘红陶。残存部分呈长条状，横断面呈圆角长方形。器身麻点清晰，密度较大。残长10.8、宽2.5、厚1.5厘米（图二一，9；图版二六，2）。

（2）玉器

斧　标本T0719③：1，残。碧绿色，半透明，夹杂黑色条纹。残存部分平面略呈长方形，刃部较锋利。通体磨光。刃部可见使用形成的较小坑疤。残长7.5、宽5、厚1.5厘米（图二二，10；彩版二九，1；图版二六，5）。

（3）石器

器类有环、笄、坠饰、斧、锛、铲、球、磨棒等。

环　标本T0620③：20，残。闪长岩。圆环状，断面呈三角形，内圈较厚。通体磨光。厚2.3厘米（图二二，15；图版二六，6）。

笄　标本T0909③：51，残。石英岩。器身呈扁圆柱状，横断面呈椭圆形，笄帽扁平。残长6.5厘米（图二二，12；图版二七，1）。

坠饰　标本T0516③：34，稍残。石英岩。平面呈梯形，器身扁平，上部有一两面对钻而成的圆孔。通体磨光。长4.1、宽2.2~3.5、厚0.5厘米（图二二，11；图版二七，2）。

斧　标本T0620③：21，稍残。石英岩。平面呈梯形，横断面呈长方形，刃部较锋利。通体磨光。长8、宽4~5、厚1厘米（图二二，8；图版二七，3）。标本T0520③：22，稍残。石英细砂岩。平面呈梯形，横断面呈椭圆形，弧刃，较锋利。通体磨光。长10.4、宽5.1~6.6、厚3.5厘米（图二二，5；图版二七，4）。标本T0415③：1，稍残。石英细砂岩。平面呈梯形，横断面呈椭圆形，刃部较钝。通体磨光。长13、宽5.2~7.2、厚3.4厘米（图二二，6；图版二七，5）。标本T0814③：36，稍残。石英岩。平面呈梯形，横断面呈椭圆形，弧刃，较锋利。刃部磨光。器身有较多坑疤，刃部有不连续的小坑疤。长9、宽4.5~6.1、厚1.9厘米（图二二，4；图版二七，6）。标本T0911③：37，稍残。石英岩。平面呈梯形，横断面呈椭圆形，刃部较锋利。通体磨光。刃部可见少量坑疤。长11.1、宽4.5~8、厚1.7厘米（图二二，2；图版二八，1）。标本T0619③：55，

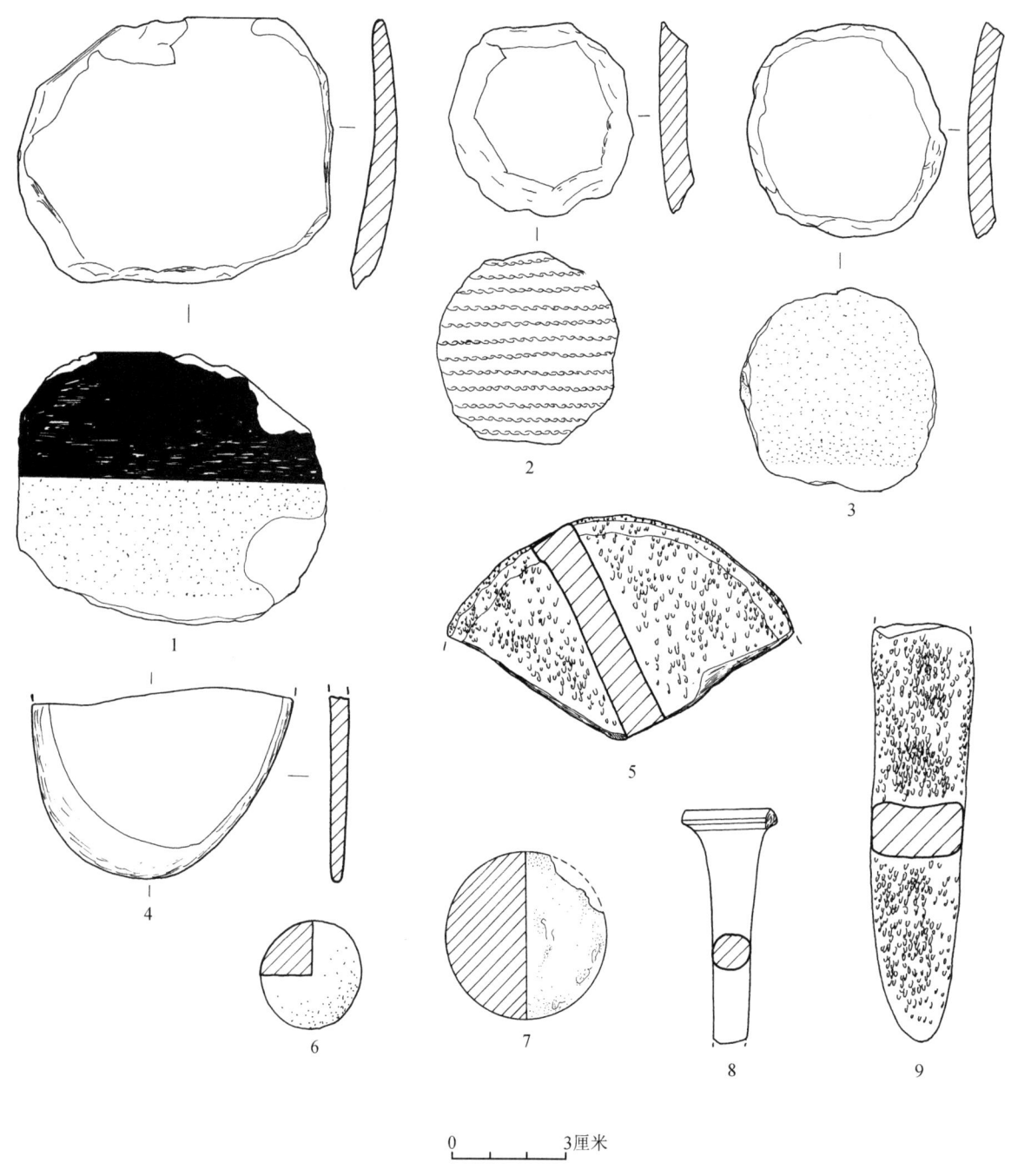

图二一 Ⅲ区③层出土陶器

1~3.圆陶片（T0620③:19-1、T0620③:19-3、T0620③:19-2） 4.铲（T0620③:27）
5、9.锉（T0315③:40、T0520③:41） 6、7.球（T0519③:43、T0314③:32） 8.笄（T0620③:26）

稍残。石英细砂岩。平面呈长条形，横断面呈椭圆形，弧刃，较钝。通体磨光。刃部有使用形成的连续坑疤。长10.5、宽4~6、厚2.7厘米（图二二，3；图版二八，2）。

锛　标本T0909③:35，完整。角岩。平面呈梯形，横断面呈长方形，斜刃，较锋利。通体磨光。刃部可见因使用形成的不连续坑疤。长7、宽3.2~4.6、厚1厘米（图二二，9；图版二八，3）。

铲　标本T1014③:38，完整。凝灰岩。平面呈犁形，器身扁平，中间较厚而周缘较薄，尖部

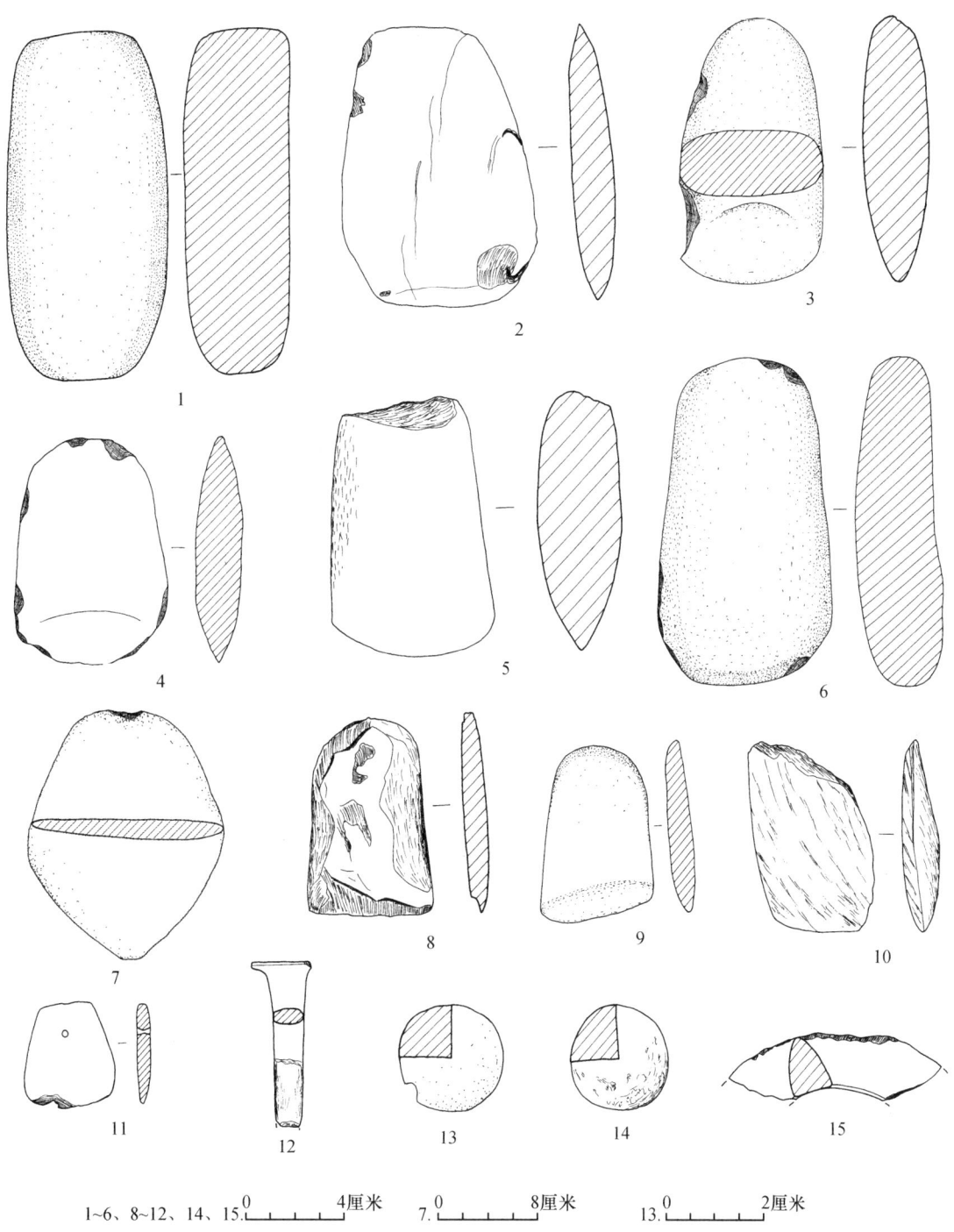

图二二　Ⅲ区③层出土遗物

1. 石磨棒（T0514③:54）　2~6、8. 石斧（T0911③:37、T0619③:55、T0814③:36、T0520③:22、T0415③:1、T0620③:21）　7. 石铲（T1014③:38）　9. 石锛（T0909③:35）　10. 玉斧（T0719③:1）　11. 石坠饰（T0516③:34）　12. 石笄（T0909③:51）　13、14. 石球（T0520③:52、T0520③:53）　15. 石环（T0620③:20）

较锋利。通体磨光，尾端经打制修整。长19、厚1.6厘米（图二二，7；彩版三一，2；图版二八，5；图版二〇五，2）。

球　标本T0520③：52，完整。石灰岩。圆球状。通体磨光。器表可见少量坑疤。直径2.1厘米（图二二，13；图版二八，4）。标本T0520③：53，完整。泥岩。圆球状。通体磨光。器表可见密集坑疤。直径4厘米（图二二，14）。

磨棒　标本T0514③：54，完整。石英细砂岩。器身呈扁圆柱状，一面较平坦，两端均可见较密集的坑疤。推测作为磨棒使用的同时，也作为石锤使用。通体磨光。长14、宽6.6、厚4.6厘米（图二二，1；图版二八，6）。

（4）骨器

器类有笄、锥、针、匕、凿、镞、鱼叉等。

笄　标本T0815③：46，完整。系利用动物长骨磨制而成。器身呈圆柱状，横断面呈圆形，尾端平齐，尖部锐利。通体磨光。长11.6、直径0.6厘米（图二三，9；彩版四三，3；图版二九，1）。标本T0520③：48，两端均残。系利用动物长骨磨制而成。器身呈扁圆柱状，横断面呈椭圆形。通体磨光。残长9.8厘米（图二三，8；图版二九，2）。

锥　标本T0809③：1，完整。系利用獐的掌骨磨制而成，尾端保留关节。器身呈三棱柱状，横断面呈三角形，尖部锐利。通体磨光。长18.6厘米（图二三，1；彩版三六，2；图版二九，3）。标本T0311③：45，稍残。器身呈圆柱状，横断面呈圆形，尖部锐利。通体磨光。残长7.5、直径0.7厘米（图二三，4；图版二九，4）。标本T0315③：44，器身稍残。系利用梅花鹿左掌骨近段掌外侧磨制而成，尾端保留少量关节。器身呈三棱柱状，横断面呈三角形，尾端平齐，有一椭圆形钻孔，尖部锐利。长15.3厘米（图二三，2；图版二九，5）。标本T0620③：25，完整。系利用动物长骨磨制而成，尾端保留关节。器身呈扁圆柱状，横断面呈椭圆形，尖部较钝。通体磨光。长6.4厘米（图二三，5；彩版三六，3；图版二九，6）。标本T0519③：28，稍残。系利用梅花鹿左跖骨近段掌外侧磨制而成，尾端保留关节。器身呈半管状，尖部锐利。长13.5厘米（图二三，3；图版三〇，1）。

针　标本T0714③：1，完整。器身较短，尾端扁平，有一圆孔，尖部锐利。通体磨光。长3.8厘米（图二三，12；彩版四一，3；图版三〇，2）。

匕　标本T0620③：24，完整。系利用梅花鹿掌骨近段背侧磨制而成。长条形，器身较厚，呈近半管状，刃平齐而锋利。通体磨光。长10.3、宽1.4、厚0.6厘米（图二三，7；彩版三九，4；图版三〇，3）。

凿　标本T0314③：31，完整。系利用梅花鹿左跖骨近段掌面磨制而成，尾端保留关节。平面呈长条形，上端与刃部均平齐，双面刃，较为锋利，尾端有一圆孔。通体磨光。长7.6、宽2.5、厚0.8厘米（图二三，14；彩版三三，4；图版三〇，4；图版二〇六，6）。标本T0315③：49，稍残。系利用梅花鹿右胫骨近段胫骨粗隆磨制而成。平面呈三角形，器身呈扁条状，上端磨制平齐，刃部扁平，双面刃，较钝。通体磨光。长9.3厘米（图二三，6；图版三〇，5）。

镞　标本T0517③：47，稍残。器身扁平而厚，锋部圆尖，铤部不明显。通体磨光。长5.1厘米（图二三，11；图版三〇，6）。标本T0415③：2，完整。器身扁平而厚，横断面呈圆角长方形，体部与铤部分界不明显，锋部圆尖，铤部扁平而薄，下端平齐。通体磨光。长8.4厘米（图二三，16；图版三一，1；彩版三七，6）。

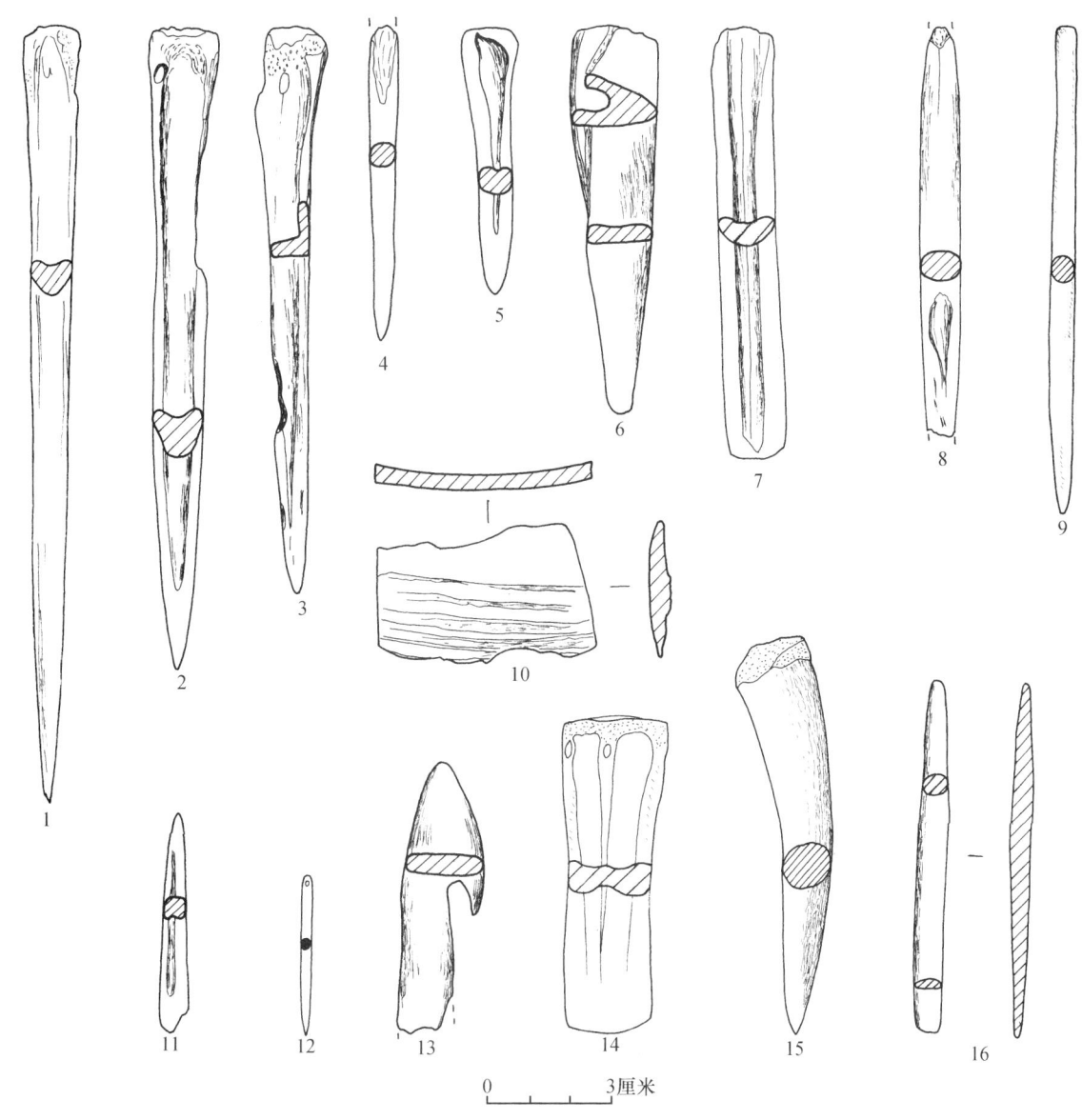

图二三　Ⅲ区③层出土遗物

1~5. 骨锥（T0809③：1、T0315③：44、T0519③：28、T0311③：45、T0620③：25）　6、14. 骨凿（T0315③：49、T0314③：31）　7. 骨铲（T0620③：24）　8、9. 骨竿（T0520③：48、T0815③：46）　10. 蚌刀（T0520③：23）　11、16. 骨镞（T0517③：47、T0415③：2）　12. 骨针（T0714③：1）　13. 骨鱼叉（T0617③：50）　15. 角锥（T0913③：30）

鱼叉　标本T0617③：50，柄部稍残。单钩，器身呈扁条状，叉头较薄，锋部扁尖，倒钩在器身中部一侧，较短而锐利，柄部扁平而厚。残长6.5厘米（图二三，13；图版三一，2）。

（5）角器

锥　标本T0913③：30，尾端稍残。系利用梅花鹿角尖一段磨制而成。器身稍弯，横断面呈圆形，尖部磨光，较锐利。残长9.5厘米（图二三，15；图版三一，3）。

（6）蚌器

刀　标本T0520③：23，稍残。平面呈长方形。刃部较锋利。长5.2、宽3.3、厚0.4厘米（图二三，10；图版三一，4）。

3. ④层

以陶器为主，石、骨器次之，角器最少。

（1）陶器

器类有瓶、盆、罐、钵、瓮、圆陶片、球等。

瓶　标本T0514④：8，口、颈部残片。粗泥质橘红陶。直杯口，较为短矮，方唇，束颈。器表磨光。素面。内、外沿面均可见轮修痕迹，内壁可见泥条盘筑痕迹。口径8.8、残高9厘米（图二四，8）。标本T0514④：9，口部残。细泥质橘红陶。束颈，溜肩，鼓腹，小平底，腹部有一对竖向圆柱桥形耳。腹部饰右上至左下斜向绳纹。内壁可见泥条盘筑痕迹。腹径19.6、底径2.4、残高37.2厘米（图二四，9；图版三二，1）。标本T0715④：16，口、底均残。细泥质橘红陶。溜肩，鼓腹，腹中部有一对竖向圆柱桥形耳。腹部饰右上至左下斜向绳纹，绳纹近平。腹径32、残高40厘米（图二四，10）。

盆　形制相同。标本T0514④：7，可复原。细泥质橘红陶。直口，平折沿，沿面略向外侧下斜，圆唇，深弧腹，平底，底心微凹。上腹部饰多周弦纹。沿面可见轮修痕迹。口径43.5、底径12、通高20.5厘米（图二四，6；图版三二，2）。

罐　标本T0514④：11，可复原。粗夹砂红褐陶。侈口，折沿，沿面内曲，圆唇，肩略鼓，并起一道不显著检脊，鼓腹，平底，最大径位于上腹部。腹部饰右上至左下斜向绳纹。唇部与口沿下侧可见轮修痕迹。口径29.2、腹径34.8、底径13.2、通高37.2厘米（图二四，14；图版三二，3）。

标本T0514④：10，可复原。粗夹砂红褐陶。敛口，方唇，鼓肩，并起一道显著棱脊，球形腹，平底。棱脊以下饰右上至左下斜向绳纹，口下可见轮修痕迹。口径16.5、腹径29.4、底径13.5、通高25.5厘米（图二四，15；图版三二，4）。

标本T0514④：14，口、腹部残片。细泥质橘红陶。敞口，窄平折沿，圆唇，斜直腹。器表刮抹光滑。素面。器表可见轮修痕迹。复原口径20.4、残高8.6厘米（图二四，13）。

钵　标本T0514④：1、T0514④：3、T0514④：4、T1212④：5、T0514④：6均可复原。形制相同，细泥质橘红陶，直口微敛，深弧腹，圜底，器表磨光。标本T0514④：1，圆唇。素面。口下可见深褐色叠烧痕迹与轮修痕迹。口径25.8、通高14.2厘米（图二四，11；图版三二，5）。标本T0514④：3，圆唇。底部饰席纹。口沿下侧可见浅红色叠烧痕迹与轮修痕迹。下腹部可见烟熏痕迹。口径20.4、通高10.5厘米（图二四，5；图版三二，6）。标本T0514④：4，圆唇。底部有一周浅细凹槽。素面。口下可见浅红色叠烧痕迹与轮修痕迹。口径19.5、通高9.9厘米（图二四，1；图版三三，1）。标本T1212④：5，方唇，腹稍浅，底部有一周浅细凹槽。素面。口下可见深红色叠烧痕迹。口径21、通高8.7厘米（图二四，2；图版三三，2）。标本T0514④：6，方唇，底部有一周浅细凹槽。素面。口下可见浅红色叠烧痕迹。口径28、通高15.6厘米（图二四，3；图版三三，3）。

标本T0514④：2，可复原。细泥质橘红陶。直口微敛，圆唇，深弧腹，平底，底心内凹。器表磨光。素面。口下可见深褐色叠烧痕迹。口径20.1、底径7.5、通高14.4厘米（图二四，4；图版三三，4）。

瓮　均口、腹部残片。标本T0514④：12，粗夹砂红褐陶。侈口，折沿，沿面微曲，方唇，鼓腹。口沿以下饰右上至左下斜向绳纹。唇部可见轮修痕迹。复原口径35.6、残高16厘米（图

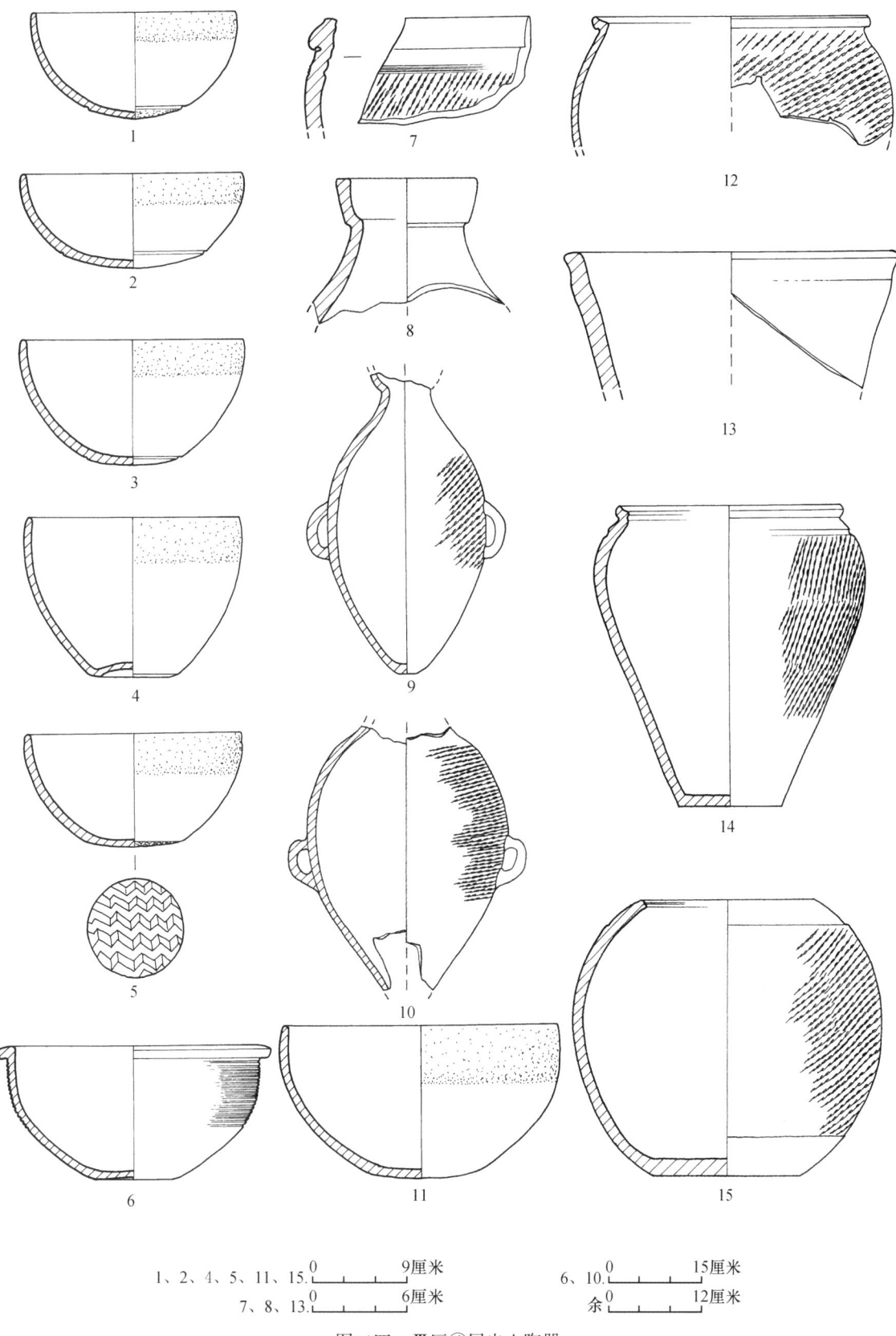

图二四 Ⅲ区④层出土陶器

1~5、11.钵（T0514④:4、T1212④:5、T0514④:6、T0514④:2、T0514④:3、T0514④:1）
7、12.瓮（T0514④:13、T0514④:12） 6.盆（T0514④:7） 8~10.瓶（T0514④:8、T0514④:9、T0715④:16）
13、14、15.罐（T0514④:14、T0514④:11、T0514④:10）

二四，12）。

标本T0514④：13，粗夹砂红褐陶。敛口，折沿，沿面向外侧下斜，圆唇，鼓肩，并起一道显著棱脊，鼓腹。棱脊以下饰右上至左下斜向绳纹，口沿内侧饰六道弦纹。口沿下侧可见轮修痕迹（图二四，7）。

圆陶片　均细泥质橘红陶。标本T0514④：17-1，完整。系利用陶钵口部残片打制而成。圆形，边缘较锋利。器表可见浅褐色叠烧痕迹。直径7.3、厚0.6厘米（图二五，9；图版三三，5）。

标本T0514④：17-2、T0514④：17-3形制相同，均椭圆形。标本T0514④：17-2，完整。系利用陶钵口沿残片打制而成，保留少量沿面。边缘较钝。器表可见浅褐色叠烧痕迹。长径7.2、短径5.1、厚0.6厘米（图二五，7）。标本T0514④：17-3，完整。系利用陶钵口部残片打制而成。边缘较钝。器表可见深褐色叠烧痕迹。长径7、短径6.3、厚0.7厘米（图二五，8）。

球　标本T0909④：33，完整。细泥质橘红陶。圆球状。通体磨光。器表可见少量坑疤。直径2.2厘米（图二五，4；图版三三，6）。

（2）石器

器类有笄、斧、锛、球、砍砸器等。

笄　标本T0810④：30，残。石英岩。器身呈圆柱状，横断面呈圆形，笄帽扁平。通体磨光。残长5.6厘米（图二五，1；图版三四，1）。

斧　标本T0915④：25，稍残。石英岩。平面呈梯形，横断面呈椭圆形，弧刃，较为锐利。通体磨光。长10、宽4~5.6、厚2.4厘米（图二五，12；图版三四，2）。标本T0315④：35，上部残。角岩。平面呈梯形，横断面呈椭圆形，弧刃，较锋利。通体磨光。刃部有较小坑疤。残长7.6、宽5.1~6、厚2厘米（图二五，11；图版三四，3）。

锛　标本T0514④：16，稍残。石英岩。平面呈梯形，横断面呈椭圆形，刃部较锋利。通体磨光。刃部可见使用形成的不连续坑疤。长6.5、宽2.2~4.4、厚1.2厘米（图二五，6；图版三四，4）。

球　标本T0813④：31，残。石英细砂岩。半圆球状。通体磨光。器表可见较小坑疤。直径2.7厘米（图二五，5；图版三四，5）。标本T0520④：34，完整。石英细砂岩。圆球状。通体磨光。器表可见较密坑疤。直径2.1厘米（图二五，3；图版三四，6）。标本T0909④：32，稍残。石英粗砂岩。圆球状。器表较粗糙，可见密集坑疤。直径6.8厘米（图二五，2；图版三五，1）。

砍砸器　标本T0514④：15，石英。半圆柱状，器身厚重，上部保留砾石面，刃部系单面打击制成，较锋利。长10.4、宽6.2、厚6厘米（图二五，10；图版三五，2）。

（3）骨器

器类有笄、锥、针、凿、镞等。

笄　标本T0911④：20，一端残。系利用动物长骨磨制而成。器身圆柱状，横断面呈圆形，尖部锐利。通体磨光。残长13、最大直径0.8厘米（图二六，11；图版三五，3）。标本T0315④：1，完整。器身呈圆柱状，横断面呈椭圆形，两端尖部均较锐利。通体磨光。长8.3厘米（图二六，6；彩版四三，1；图版三五，4）。标本T0514④：18，一端残。器身呈圆柱状，横断面呈圆形，尖部较锐利。通体磨光。长8.2、直径0.7厘米（图二六，2；图版三五，5）。

锥　标本T0719④：19，完整。系利用动物长骨磨制而成。器身呈扁圆柱状，横断面呈椭圆形，尖部锐利。通体磨光。长7.8厘米（图二六，3；图版三五，6）。标本T0515④：24，尾端残。系利用动物长骨磨制而成。器身呈扁圆柱状，横断面呈椭圆形，尖部锐利。通体磨光。残长8.6厘

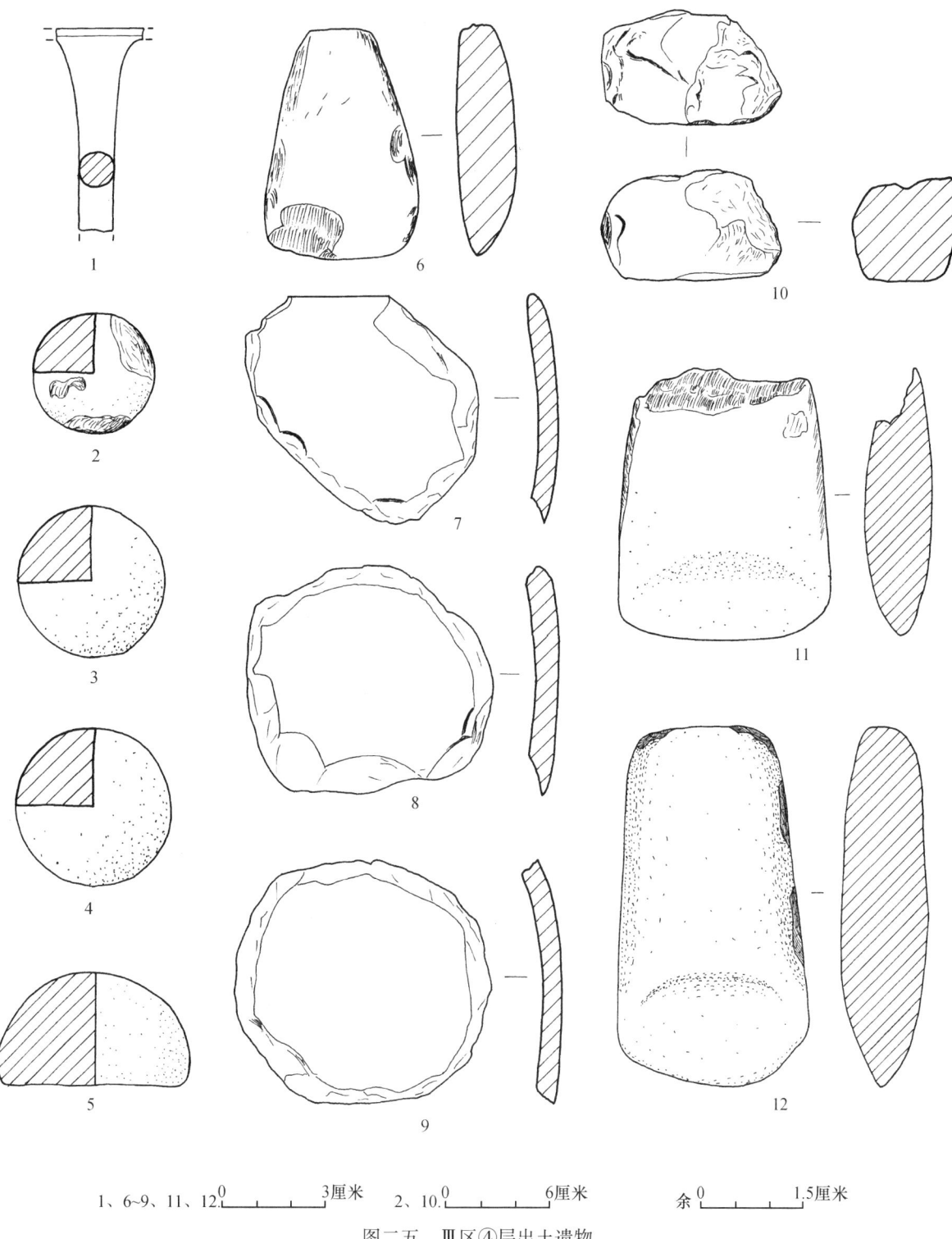

图二五 Ⅲ区④层出土遗物

1. 石笄（T0810④∶30） 2、3、5. 石球（T0909④∶32、T0520④∶34、T0813④∶31） 4. 陶球（T0909④∶33）
6. 石锛（T0514④∶16） 7~9. 圆陶片（T0514④∶17-2、T0514④∶17-3、T0514④∶17-1） 10. 砍砸器（T0514④∶15）
11、12. 石斧（T0315④∶35、T0915④∶25）

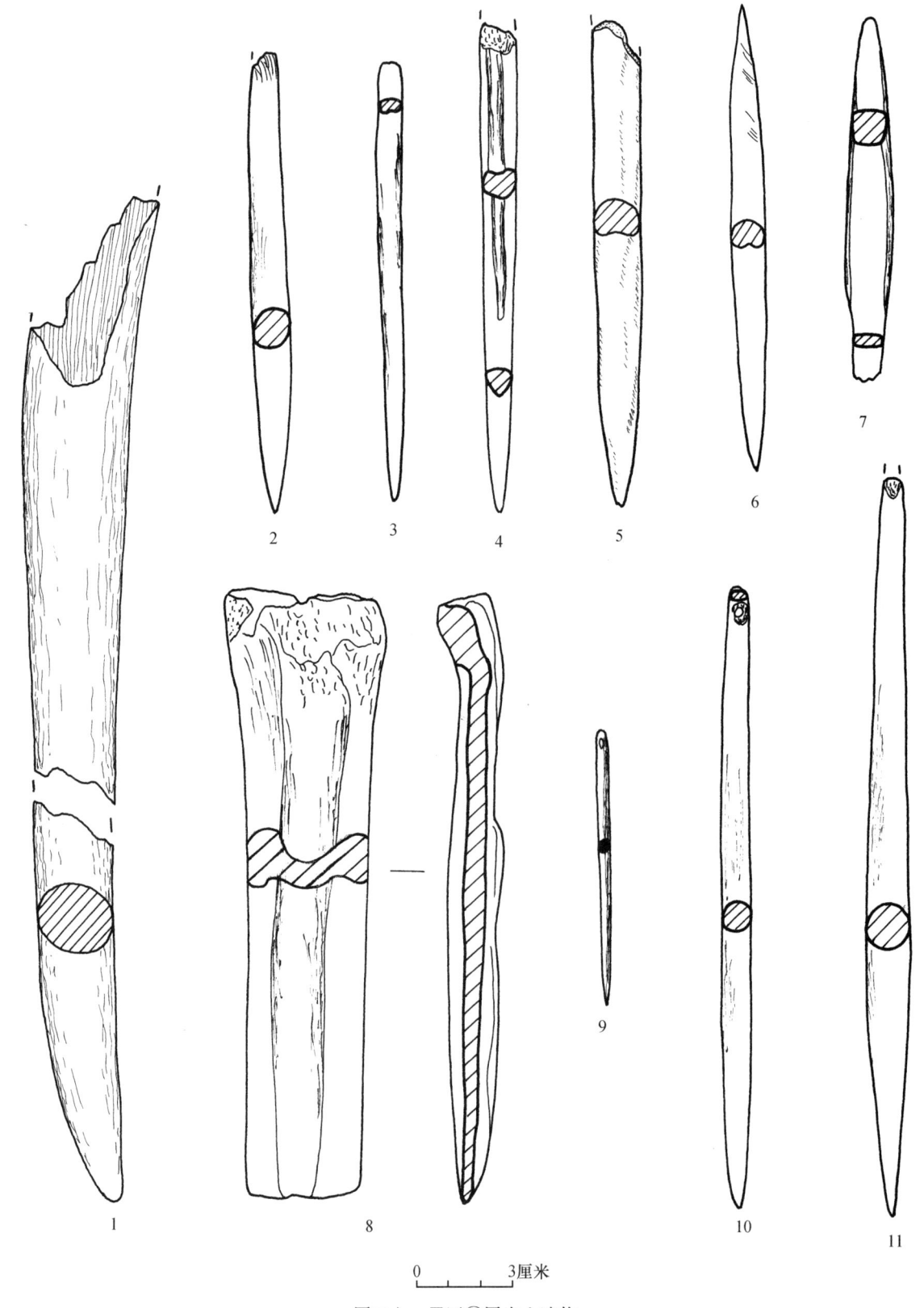

图二六　Ⅲ区④层出土遗物

1. 角锥（T1112④：29）　2、6、11. 骨笄（T0514④：18、T0315④：1、T0911④：20）　3~5. 骨锥（T0719④：19、T0315④：27、T0515④：24）　7. 骨镞（T0909④：28）　8. 骨凿（T0619④：22）　9、10. 骨针（T0912④：23、T0619④：21）

米（图二六，5；图版三六，1）。标本T0315④：27，尾端残。器身呈三棱柱状，横断面呈三角形，尖部锐利。通体磨光。残长8.7厘米（图二六，4；图版三六，2；图版二〇七，1）。

针 标本T0619④：21，完整。系利用动物长骨磨制而成。器身细长，横断面呈圆形，尖部锐利，尾端扁平，尾端有一两面对钻而成的圆孔。通体磨光。长11、直径0.5厘米（图二六，10；图版三六，3）。标本T0912④：23，完整。器身细长，尖部锐利，尾端有一圆孔。通体磨光。长4.9厘米（图二六，9；彩版四一，2；图版三六，4）。

凿 标本T0619④：22，完整。系利用梅花鹿左跖骨近段掌面磨制而成，尾端保留关节。平面呈长条形，上端与刃部均平齐，双面刃，较为锋利。通体磨光。长10.8、宽2.9厘米（图二六，8；图版三六，5）。

镞 标本T0909④：28，完整。器身扁平而厚，横断面呈圆角方形，体部与锋部分界不明显，锋部圆尖，铤部扁平而薄。长6.5厘米（图二六，7；图版三六，6；图版二〇七，2）。

（4）角器

锥 标本T1112④：29，残。系利用梅花鹿角尖一段磨制而成。器身呈圆柱状，横断面呈圆形，尖部锐利。通体磨光。残长17.8厘米（图二六，1）。

4. ⑤层

以陶器为主，石、骨器次之，另有少量玉器、角器。

（1）陶器

器类有瓶、盆、罐、钵、壶、圆陶片等。

瓶 均口、颈、肩部残片。标本T0813⑤：5，细夹砂橘红陶。直杯口，微敛，较为短矮，方唇，短颈，溜肩。素面。内壁可见泥条盘筑痕迹，外沿面可见轮修痕迹。复原口径6.4、残高8.6厘米（图二七，1）。

标本T0913⑤：4，细泥质橘红陶。直杯口，方唇，束颈，溜肩。器表磨光。肩部饰横向绳纹，肩部以下饰右上至左下斜向绳纹。内壁可见泥条盘筑痕迹，外沿面可见轮修痕迹。口径9、残高18厘米（图二七，5）。

盆 均口、腹部残片，形制相同。标本T0813⑤：3，细泥质橘红陶。直口微敞，平折沿，方唇，深弧腹。上腹部饰多周弦纹。唇部可见轮修痕迹。复原口径37.2、残高8.7厘米（图二七，6）。

罐 标本T0516⑤：8，可复原。粗夹砂红褐陶。侈口，折沿，尖圆唇，鼓腹，平底，最大腹径位于中上腹部。素面。口径10、腹径10.2、底径6.7、通高9.6厘米（图二七，8；图版三七，3）。

标本T0713⑤：7，口、腹部残片。细泥质橘红陶。敛口，口沿内侧有一道凸棱，尖唇，鼓腹，最大腹径位于中下部。上腹部饰多周整齐的剔刺纹。复原口径20、腹径24.2、残高10.4厘米（图二七，7）。

钵 形制相同，均细泥质橘红陶，直口微敛，深弧腹，圜底，底部有一周凸棱，素面，器表磨光。标本T0713⑤：1，可复原。尖唇。表层有部分剥落。口径26.1、通高12.9厘米（图二七，3；图版三七，1）。标本T0514⑤：2，可复原。圆唇。圜底近平。口下可见轮修痕迹。口径12、通高5.5厘米（图二七，4；图版三七，2）。

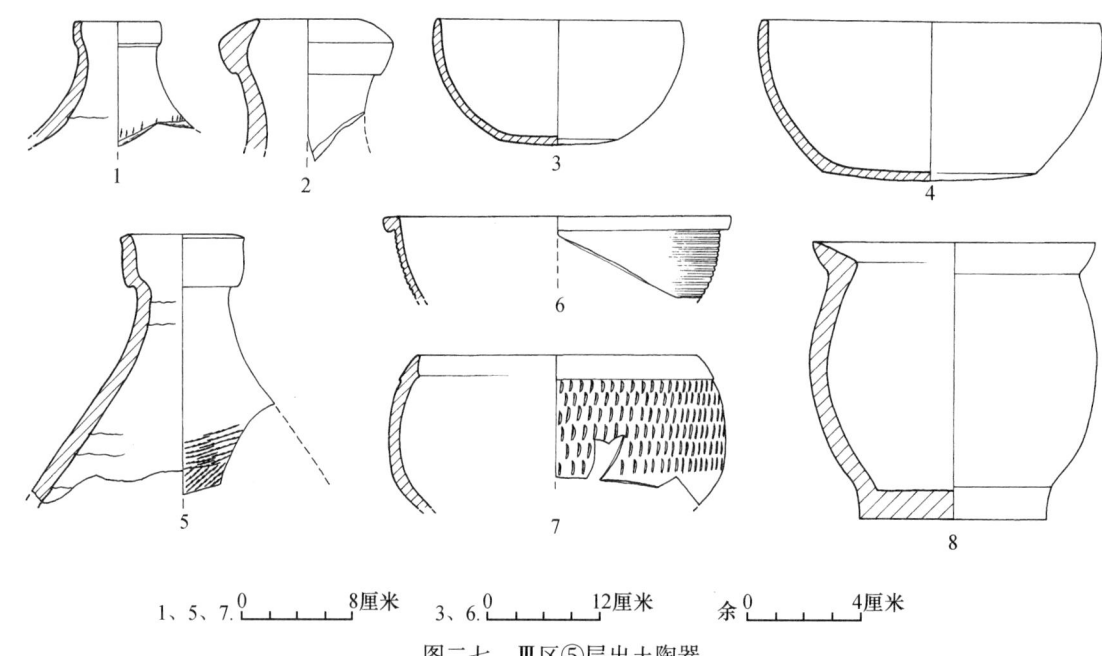

图二七 Ⅲ区⑤层出土陶器
1、5. 瓶（T0813⑤：5、T0913⑤：4） 2. 壶（T0613⑤：6） 3、4. 钵（T0713⑤：1、T0514⑤：2） 6. 盆（T0813⑤：3）
7、8. 罐（T0713⑤：7、T0516⑤：8）

壶　标本T0613⑤：6，口、颈部残片。细泥质橘红陶。花苞状口，尖唇，细长颈。器表磨光，素面。复原口径3.7、残高4.9厘米（图二七，2）。

圆陶片　完整。形制相同，均细泥质橘红陶，圆形。标本T0615⑤：9-1，系利用陶盆残片打制而成。边缘较钝。一面有多道弦纹。直径7.3、厚0.9厘米（图二八，11）。标本T0615⑤：9-2，系利用陶钵口部残片打制而成。边缘较锋利。一面可见浅褐色叠烧痕迹。直径4.7、厚0.6厘米（图二八，14）。

（2）玉器

饰件　标本T1312⑤：3，完整。淡绿色，半透明，夹杂白色和褐色暇斑。扁豆角形，弧边中部有两个两面对钻而成的圆孔。通体磨光。长6.4、宽1.5、厚0.4厘米（图二八，3；彩版二九，6；图版三七，4）。

（3）石器

器类有球、斧、砧等。

球　均完整。标本T0615⑤：10，石灰岩。扁圆球状。通体磨光。器表可见较小的坑疤。长径3.7、短径3.1厘米（图二八，10；图版三七，5）。标本T0615⑤：11，石英岩。圆球状。通体磨光。器表可见较小的坑疤。直径3厘米（图二八，9；图版三七，6）。标本T0912⑤：16，石英岩。圆球状。通体磨光。器表可见较小的坑疤。直径2厘米（图二八，7）。标本T1312⑤：17，石英岩。圆球状。通体磨光。器表可见较小的坑疤。直径2.5厘米（图二八，8；图版三八，1）。标本T0511⑤：25，石英细砂岩。圆球状。通体磨光。器表可见少量坑疤。直径1.8厘米（图二八，13；图版三八，2）。标本T0810⑤：21，石英细砂岩。圆球状。通体磨光。器身可见较小坑疤。直径1.8厘米（图二八，12；图版三八，3）。

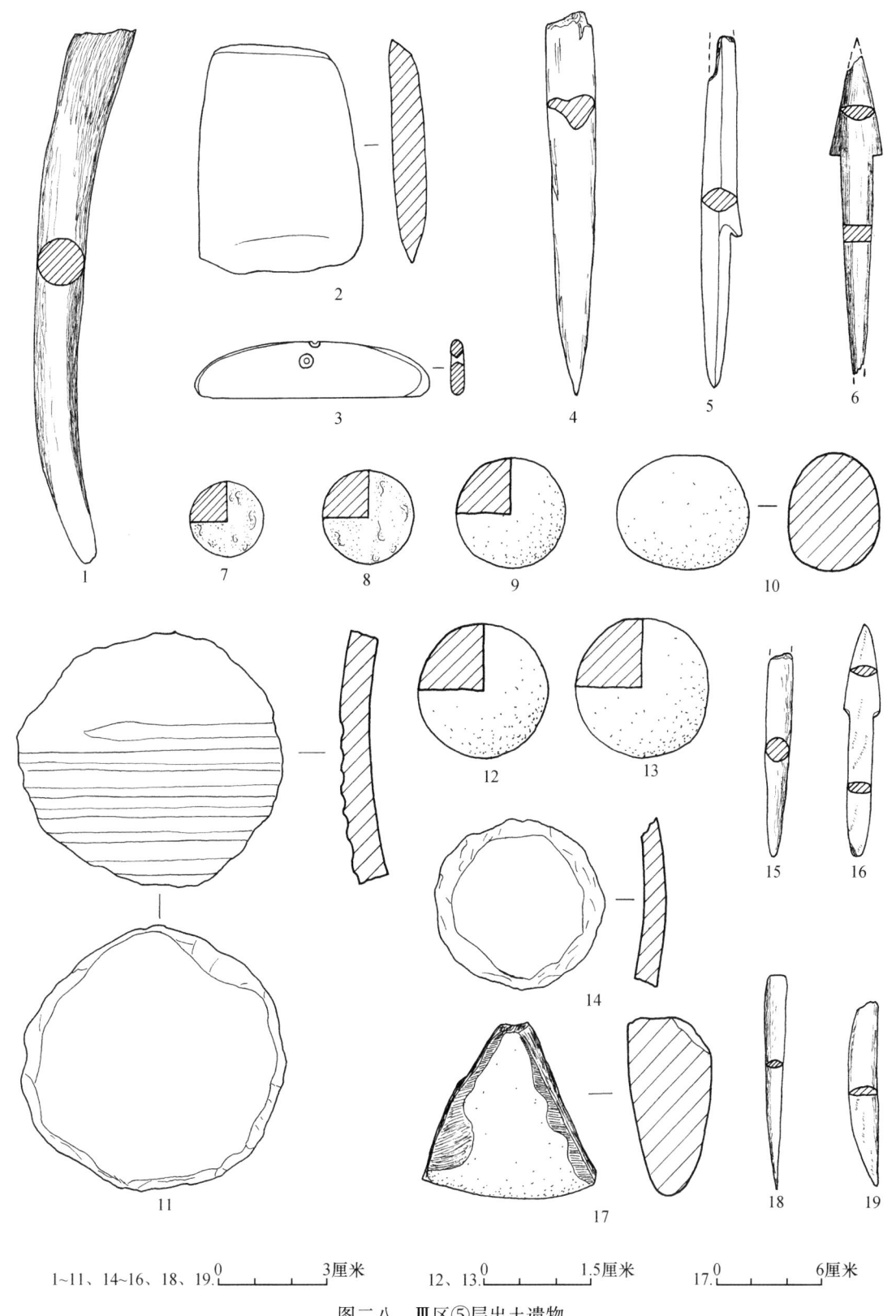

图二八 Ⅲ区⑤层出土遗物

1. 角锥（T0912⑤:24） 2. 石斧（T0815⑤:14） 3. 玉饰（T1312⑤:3） 4、18. 骨锥（T0615⑤:12、T0314⑤:15）
5. 骨鱼叉（T1114⑤:22） 6、16. 骨镞（T0912⑤:23、T0614⑤:1） 7~10、12、13. 石球（T0912⑤:16、T1312⑤:17、T0615⑤:11、T0615⑤:10、T0810⑤:21、T0511⑤:25） 11、14. 圆陶片（T0615⑤:9-1、T0615⑤:9-2）
15. 骨笄（T1312⑤:19） 17. 石砧（T0615⑤:13） 19. 骨刀（T1312⑤:18）

斧 标本T0815⑤：14，完整。石英岩。平面呈梯形，横断面呈长方形，刃部较锋利。通体磨光。刃部可见使用形成的坑疤。长6.1、宽3.3～4.3、厚0.9厘米（图二八，2；图版三八，5）。

砧 标本T0615⑤：13，稍残。石英粗砂岩。平面呈三角形，器身较厚。两面均较平坦，其中一面中部稍为低凹，可见集中的坑疤。长9.6、厚4.3厘米（图二八，17；图版三八，4）。

（4）骨器

器类有笄、锥、刀、镞、鱼叉等。

笄 标本T1312⑤：19，一端残。器身呈圆柱状，横断面呈圆形，尖部较锐利。通体磨光。残长5.5、直径0.7厘米（图二八，15；图版三八，6）。

锥 标本T0615⑤：12，完整。系利用动物长骨磨制而成。断面呈三角形，尖部较为锐利。通体磨光。长10.3厘米（图二八，4；图版三九，1）。标本T0314⑤：15，完整。器身扁平，尖部锐利。通体磨光。长5.7厘米（图二八，18；彩版三五，1；图版三九，2）。

刀 标本T1312⑤：18，完整。系利用猪犬齿磨制而成。刃部较锋利。器表磨光。长5厘米（图二八，19；彩版四〇，4；图版三九，3）。

镞 标本T0912⑤：23，铤部、锋部均稍残。体部短而铤部长，带翼，体部平面呈等腰三角形，锋部扁尖，刃部锋利，铤部呈扁柱体状。通体磨光。残长8.5厘米（图二八，6；图版三九，4）。标本T0614⑤：1，完整。体部较钝而铤部长，带翼，体部平面呈等腰三角形，两面有脊，锋部扁尖，刃部锋利，铤部呈扁柱体状。通体磨光。长6.2厘米（图二八，16；彩版三八，5；图版三九，5；图版二〇七，3）。

鱼叉 标本T1114⑤：22，锋部残。系利用动物长骨磨制而成。单钩，器身扁平，叉头较长，两面中部均有脊，倒钩在器身中部的一侧，较短，十分锐利，柄部长而略呈圆锥状。残长9.5厘米（图二八，5；图版三九，6）。

（5）角器

锥 标本T0912⑤：24，完整。系利用梅花鹿角尖一段磨制而成。器身呈圆柱状，稍弯曲，横断面呈圆形，尖部较钝，磨光。长14.3厘米（图二八，1）。

5. ⑥层

以陶器为主，骨器次之，石器再次，另有少量角、蚌器。

（1）陶器

器类有盆、罐、钵、球等，另有剔刺纹陶片。

盆 均口、腹部残片。标本T0812⑥：3，细泥质橘红陶。敛口，折沿，沿面向外侧下斜，尖唇，弧腹。器表磨光。素面。外沿面可见轮修痕迹（图二九，3）。

罐 标本T0812⑥：8，口、腹部残片。细泥质橘红陶。侈口，卷沿，方唇，鼓腹。器表磨光。素面（图二九，7）。

标本T0912⑥：5，口、腹部残片。粗夹砂红褐陶。侈口，卷沿，沿面微曲，方唇，鼓腹。腹部饰右上至左下斜向绳纹。外沿面可见轮修痕迹（图二九，11）。

标本T0912⑥：9，口、腹部残片。细泥质橘红陶。侈口，折沿，方唇，鼓腹。上腹部饰多周弦纹。沿面可见轮修痕迹（图二九，8）。

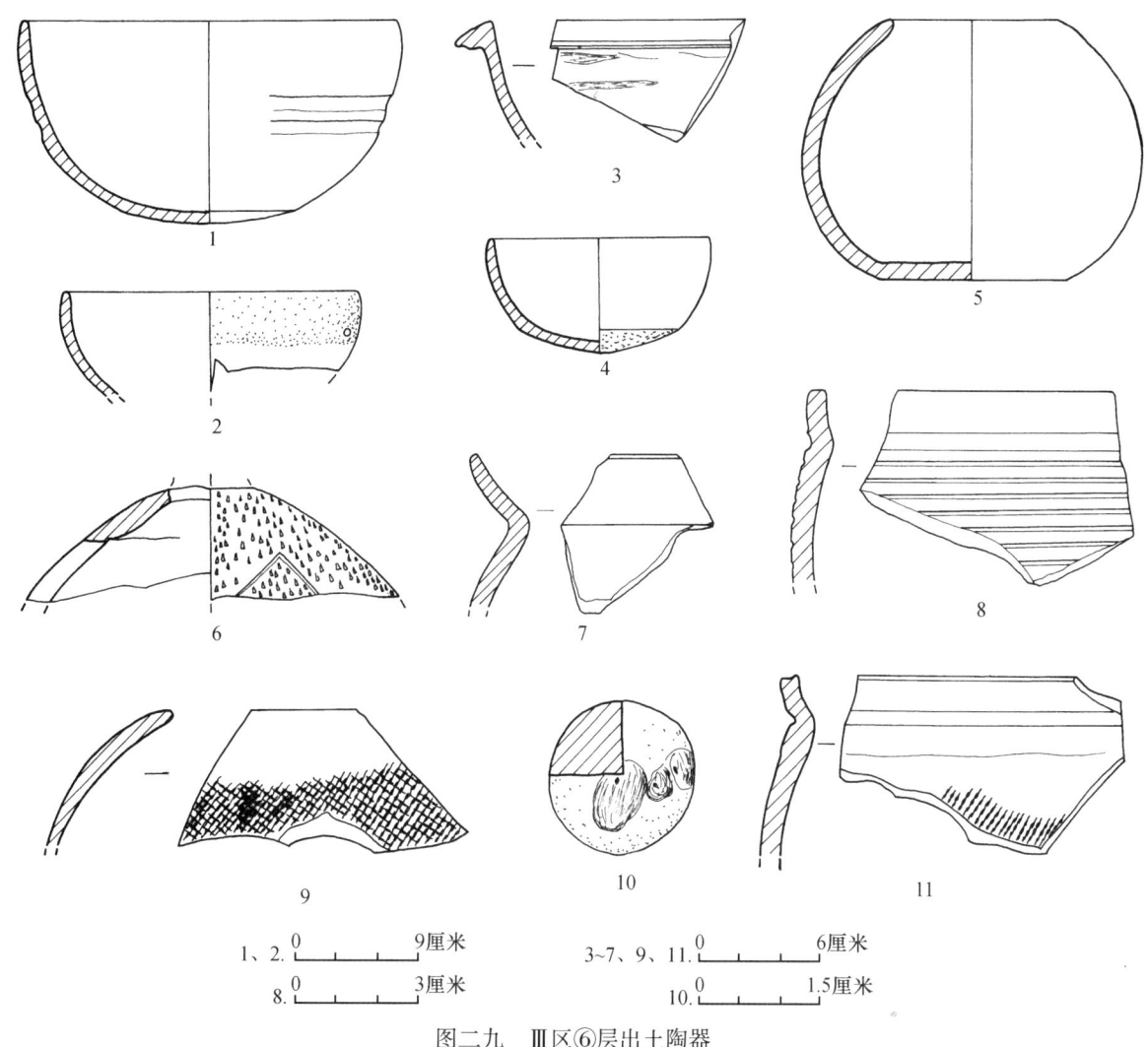

图二九 Ⅲ区⑥层出土陶器

1、2、4.钵（T0812⑥:1、T0912⑥:2、T1411⑥:1） 3.盆（T0812⑥:3）
5、7~9、11.罐（T0712⑥:4、T0812⑥:8、T0912⑥:9、T0912⑥:6、T0912⑥:5）
6.陶片（T0912⑥:7） 10.陶球（T1014⑥:16）

标本T0712⑥:4、T0912⑥:6形制相同，均敛口，圆唇，球形腹。标本T0712⑥:4，可复原。细泥质橘红陶。平底。素面。口径8.4、腹径17、底径9、通高12.6厘米（图二九，5；彩版一五，5；图版四〇，1）。标本T0912⑥:6，口、腹部残片。粗泥质橘红陶。腹部饰交错绳纹。内壁可见轮修痕迹（图二九，9）。

钵 形制相同，均细泥质橘红陶，直口微敛，圆唇，深弧腹，素面。标本T1411⑥:1，可复原。圜底，底部有一周凸棱，凸棱内区域较为粗糙。器表刮抹光滑。口径11、通高5.6厘米（图二九，4；图版四〇，2）。标本T0812⑥:1，可复原。圜底，底部有一周凸棱。腹部饰二周弦纹。口下可见轮修痕迹。口径27.9、通高14.7厘米（图二九，1）。标本T0912⑥:2，口、腹部残片。口下有一个两面对钻而成的圆孔。器表磨光。口下可见深褐色叠烧痕迹。复原口径21.9、残高6厘米（图二九，2）。

剔刺纹陶片 标本T0912⑥:7，腹部残片。细泥质橘红陶。鼓腹。器表饰密集剔刺纹，并饰折线状划纹。内壁可见泥条盘筑痕迹与轮修痕迹。可能为罐类器的残片。残高5.4厘米（图二九，6；

图版二〇二，4）。

球　标本T1014⑥：16，稍残。细泥质橘红陶。圆球状。通体磨光。器表可见较大坑疤。直径1.8厘米（图二九，10；图版四〇，3）。

（2）石器

器类有球、石核、石片、残石器等。

球　标本T0619⑥：15，完整。燧石。扁圆球状。通体磨光。长径2.2、短径1.5厘米（图三〇，10；图版四〇，4）。

石核　标本T0912⑥：10，石英。器身呈不规则状。单面对向进行多次剥片，剥片均较大。另一面及一侧有多处集中的坑疤。长7.7、宽4.7厘米（图三〇，13；图版四〇，5）。

石片　标本T0912⑥：11，石英。器身呈不规则块状。可见打击点及半锥体，背面保存砾石面。长4.3、宽3.5、厚2.2厘米（图三〇，14；图版四〇，6）。

残石器　标本T1012⑥：22，石灰岩。形态与陶器足十分相似，实根，尖部较平。通体磨光。残高4.8厘米（图三〇，11；图版四一，1）。

（3）骨器

器类有锥、镞、鱼叉等。

锥　标本T0912⑥：12，完整。系利用獐的右跖骨近段掌外侧磨制而成，尾端保留关节。横断面呈三角形，尖部较锐利。长9.5厘米（图三〇，2；图版四一，2）。标本T0511⑥：17，完整。器身呈圆柱状，横断面呈圆形，尖部较锐利。通体磨光。长7.9、直径0.7厘米（图三〇，3；图版四一，3）。标本T0713⑥：22，完整。系利用梅花鹿跖骨或掌骨近段外侧一段磨制而成，尾端保留关节。器身较扁，尖部锐利。通体磨光。长10.4厘米（图三〇，1；彩版三四，5、6；图版四一，4、5）。

镞　标本T0414⑥：13，完整。器身略扁平，体部与铤部分界明显，锋部圆尖，铤部扁而薄。长7.4厘米（图三〇，5；图版四一，6）。标本T0713⑥：14，完整。器身扁平，锋部扁尖，刃部厚钝，体部中段较宽，下段渐窄，铤部呈扁圆柱状。长6.6厘米（图三〇，7；彩版三七，3；图版四二，1）。标本T0811⑥：19，完整。平面呈柳叶形，器身扁平，锋部扁尖，刃部圆钝，铤部扁平而薄，下端平齐。通体磨光。长6.2厘米（图三〇，6；图版四二，2）。标本T0811⑥：20，完整。体部长而铤部短，带翼，体部平面呈等腰三角形，锋部扁尖，刃部较钝，铤部呈扁圆柱状。通体磨光。长8.8厘米（图三〇，4；彩版三八，6；图版四二，3）。

鱼叉　标本T0611⑥：18，柄部残。单钩，器身呈扁条状，叉头较薄，锋部扁尖，倒钩在器身一侧，较短而锐利，柄部扁平而厚。残长5.7厘米（图三〇，8；图版四二，4）。

（4）角器

锥　标本T0909⑥：21，尾端残。系利用梅花鹿的角尖一段磨制而成。器身呈圆柱状，横断面呈圆形，尖部较钝。通体磨光。器身可见砍痕。残长12.3厘米（图三〇，12；彩版四五，1；图版四二，5；图版二〇七，5）。

（5）蚌器

饰件　标本T0714⑥：2，稍残。平面呈长椭圆形，顶端有一个两面对钻的圆孔。长3.3、中部宽1.1、厚0.2厘米（图三〇，9；彩版四五，6；图版四二，6）。

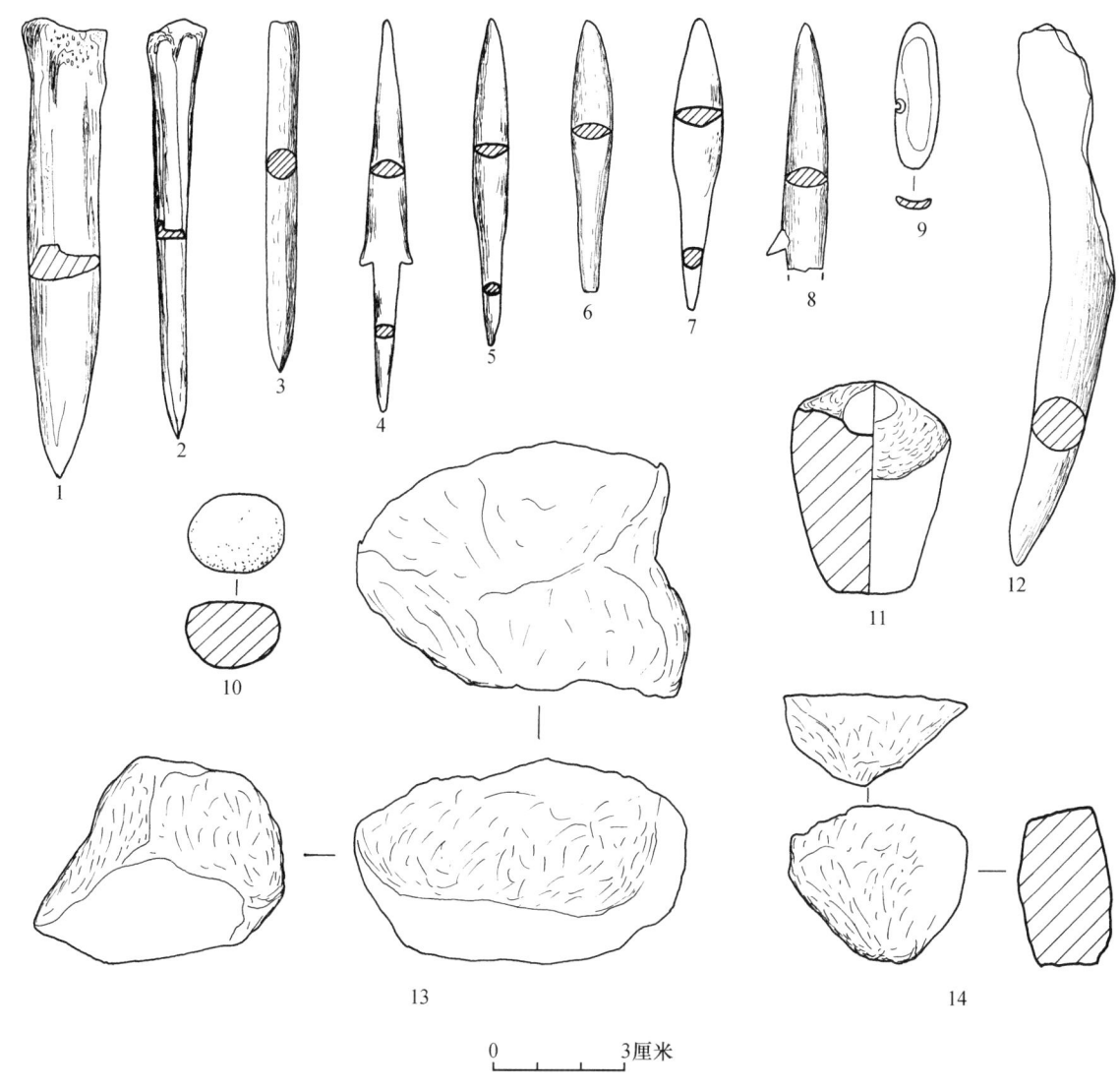

图三〇 Ⅲ区⑥层出土遗物

1~3. 骨锥（T0713⑥：22、T0912⑥：12、T0511⑥：17） 4~7. 骨镞（T0811⑥：20、T0414⑥：13、T0811⑥：19、T0713⑥：14） 8. 骨鱼叉（T0611⑥：18） 9. 蚌饰（T0714⑥：2） 10. 石球（T0619⑥：15） 11. 残石器（T1012⑥：22） 12. 角锥（T0909⑥：21） 13. 石核（T0912⑥：10） 14. 石片（T0912⑥：11）

6. ⑦层

以陶器为主，石、骨器次之，角器再次。

（1）陶器

器类有盆、罐、钵、瓮、铃、圆陶片等。

盆　均口、腹部残片。形制相同。标本T0719⑦：3，细泥质橘红陶。直口，平折沿，沿面微鼓，圆唇，深弧腹。上腹部有一两面对钻而成的圆孔。上腹部饰多周弦纹。外沿面可见轮修痕迹（图三一，1）。

罐　标本T0719⑦：5，口、腹部残片。粗夹砂红褐陶。侈口，卷沿，方唇，鼓腹。上腹部饰多周弦纹，弦纹下侧饰右上至左下斜向绳纹。外沿面可见轮修痕迹。复原口径21.3、残高9厘米（图三一，5）。

标本T0913⑦：6，可复原。细泥质橘红陶。侈口，卷沿，方唇，外沿面有一周浅细凹槽，鼓腹，平底，最大腹径位于中下腹部。上、中腹部饰多周弦纹。器表磨光，器表可见轮修痕迹。口径15.6、腹径16.6、底径10.6、通高9.8厘米（图三一，2；图版四三，1）。

钵　标本T0719⑦：2，口、腹部残片。粗泥质橘红陶。直口微敛，方唇，斜直腹。器表磨光。素面。口下可见轮修痕迹（图三一，6）。

标本T0517⑦：1、标本T0819⑦：1形制相同，均细泥质橘红陶。直口微敛，圆唇，弧腹。标本T0819⑦：1，可复原。弧腹稍浅，平底。器表刮抹光滑。素面。器表可见刮抹痕迹。口径23、底径7、通高8厘米（图三一，8）。标本T0517⑦：1，口、腹部残片。器表饰黑色几何纹彩绘（图三一，4；彩版四七，1）。

瓮　均口、腹部残片。标本T0719⑦：4，细泥质橘红陶。侈口，方唇，高领，鼓腹。器表磨光。素面。内、外壁均可见轮修痕迹。复原口径22.5、残高7.5厘米（图三一，7）。

铃　标本T0719⑦：7，可复原。细泥质橘红陶。敞口，方唇，斜直壁。上部有一圆形穿孔。器表磨光。素面。口径4、通高4.9厘米（图三一，3；图版四三，2）。

圆陶片　均完整。细泥质橘红陶，系利用陶钵或盆的残片打制而成。标本T0719⑦：8-1，圆形，边缘较钝。直径6.3、厚0.5厘米（图三二，3）。标本T0719⑦：8-2，半圆形，边缘较锋利。直径6.4、厚0.7厘米（图三二，2）。

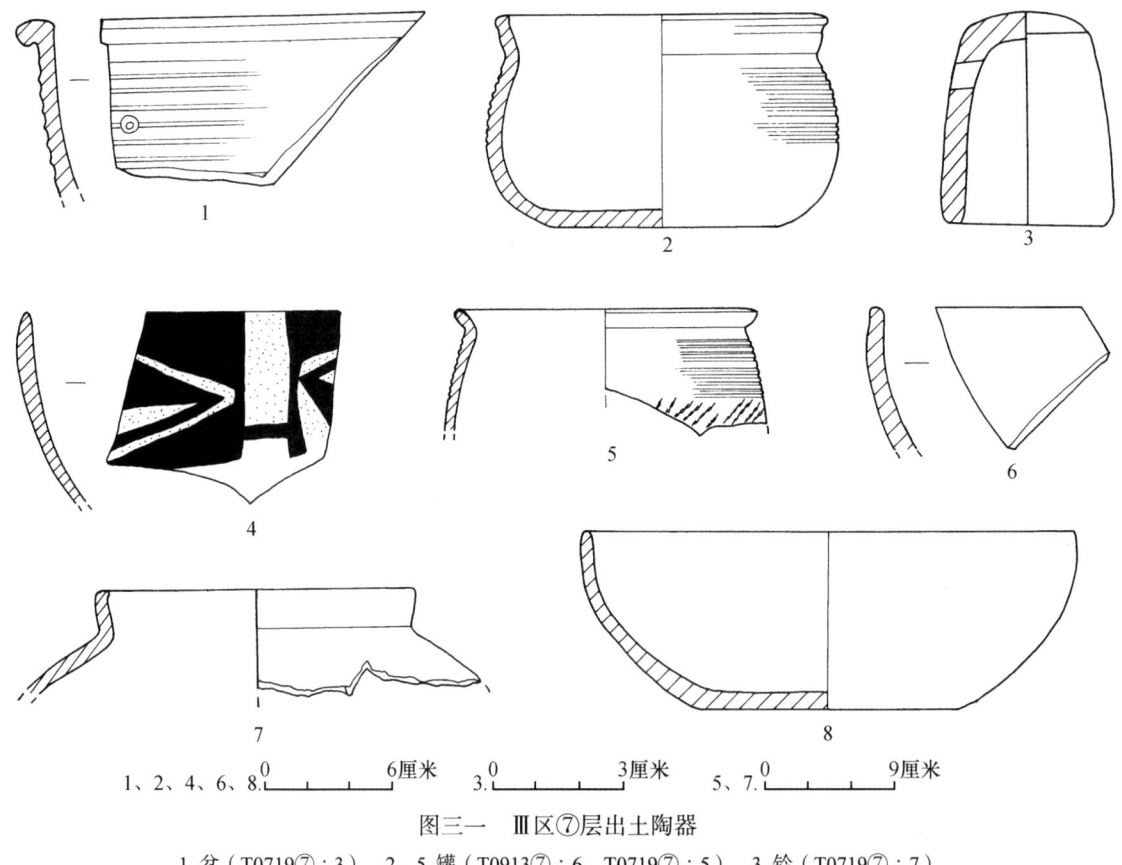

图三一　Ⅲ区⑦层出土陶器

1.盆（T0719⑦：3）　2、5.罐（T0913⑦：6、T0719⑦：5）　3.铃（T0719⑦：7）
4、6、8.钵（T0517⑦：1、T0719⑦：2、T0819⑦：1）　7.瓮（T0719⑦：4）

（2）石器

器类有坠饰、锛、球、雕刻器、刮削器、残石器等。

坠饰　标本T1013⑦：20，稍残。石灰岩，器体呈绿色。平面呈近五边形，一端有一单面钻孔。长2.9、宽1.8、厚0.3厘米（图三二，6；彩版三二，4；图版四三，3）。

锛　标本T1012⑦：13，稍残。石英岩。平面呈梯形，刃部较为锋利。通体磨光。长4.9、宽2.8~3.8、厚1厘米（图三二，4；图版四三，4）。标本T1114⑦：14，稍残。角岩。平面呈长方形，刃部较为锋利。通体磨光。长4、宽2.2、厚0.8厘米（图三二，8；图版四三，5）。

球　标本T0512⑦：15，完整。凝灰岩。圆球状。通体磨光。器表有使用形成的坑疤。直径3.6厘米（图三二，5）。

雕刻器　标本T0719⑦：9，稍残。石灰岩。平面呈三角形，器身扁平，两面较平，两侧边经打制修整，弧边经锤击修整成一横刃，较为锋利。通体磨光。刃部有使用形成的坑疤。长10.2、厚1.5厘米（图三二，9；图版四三，6）。

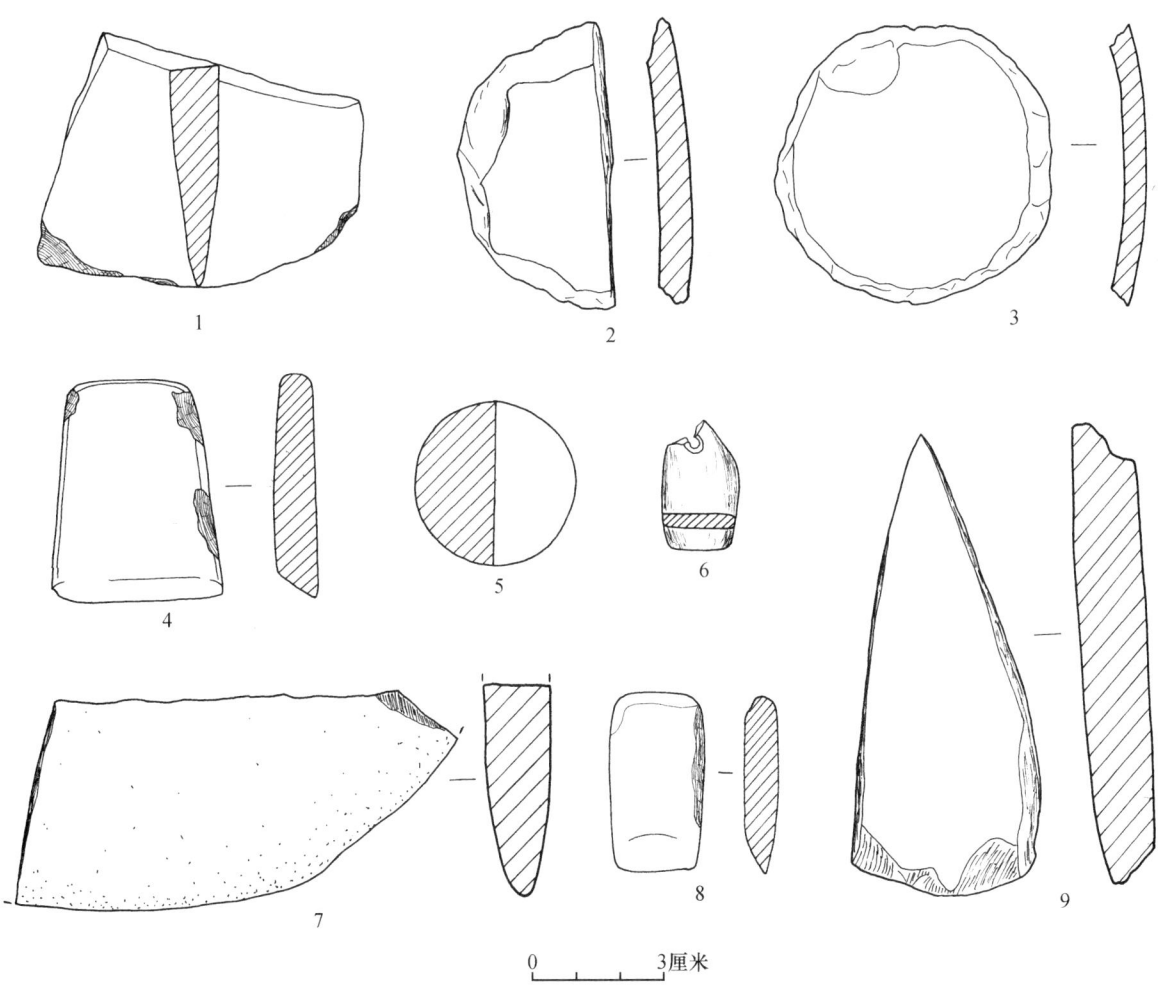

图三二　Ⅲ区⑦层出土遗物

1. 刮削器（T0311⑦：12）　2、3 圆陶片（T0719⑦：8-2、T0719⑦：8-1）　4、8. 石锛（T1012⑦：13、T1114⑦：14）　5. 石球（T0512⑦：15）　6. 石坠饰（T1013⑦：20）　7. 残石器（T0912⑦：27）　9. 雕刻器（T0719⑦：9）

刮削器　标本T0311⑦：12，完整。角岩。平面呈扇形。弧刃，较为锋利。两面磨光，侧边稍经打击修理。刃部有使用形成的连续疤痕。长径7.3、短径5.5、厚1.1厘米（图三二，1）。

残石器　标本T0912⑦：27，残。平面呈三角形，器身扁平，两面与弧边磨光。残长10、厚1.4厘米（图三二，7）。

（3）骨器

器类有笄、针、刀、匕、镞、鱼钩等。

笄　标本T0719⑦：10，一端残。系利用动物长骨磨制而成。器身呈圆柱状，横断面呈圆形，尖部较锐利。残长7.6、直径0.7厘米（图三三，8；图版四四，1）。标本T0614⑦：18，完整。系利用动物长骨磨制而成。器身稍弯，横断面呈圆形，两端均较锐利。通体磨光。长12.7厘米（图三三，7；图版四四，2）。

针　标本T0714⑦：1，完整。器身细长，尾端扁平，有一圆孔，尖部锐利。通体磨光。长6.5厘米（图三三，9；图版四四，3）。

刀　标本T0719⑦：21，残。平面呈长条形，器身扁平而薄，刃部锋利。通体磨光。残长5.8厘米（图三三，11，图版四四，4）。

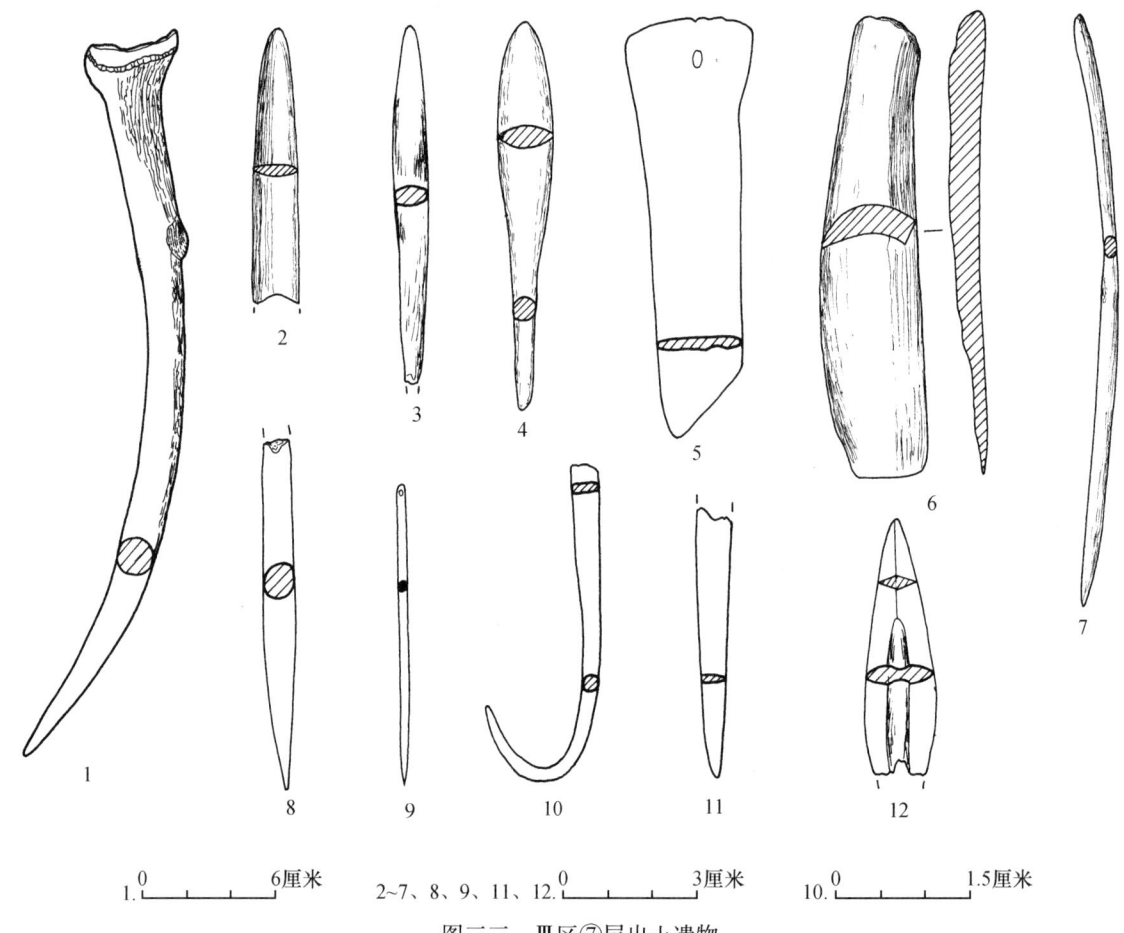

图三三　Ⅲ区⑦层出土遗物
1. 角锥（T0913⑦：19）　2～4、12. 骨镞（T0912⑦：17、T1312⑦：22、T0719⑦：23、T0512⑦：24）
5、6. 骨匕（T0719⑦：11、T0912⑦：16）　7、8. 骨笄（T0614⑦：18、T0719⑦：10）　9. 骨针（T0714⑦：1）
10. 骨鱼钩（T0719⑦：25）　11. 骨刀（T0719⑦：21）

匕 标本T0719⑦∶11，完整。系利用梅花鹿跖骨近段掌面磨制而成，尾端保留关节面。平面呈长条形，斜刃，较为锋利。通体磨光。长9、宽2.2、厚0.3厘米（图三三，5；彩版三九，2；图版四四，5）。标本T0912⑦∶16，稍残。系利用动物劈裂的长骨磨制而成。平面呈长条形，刃部较锋利。通体磨光。器表可见火烤痕迹。长10、宽2.3、厚0.7厘米（图三三，6；彩版三九，1；图版四四，6）。

镞 标本T0912⑦∶17，铤部残。平面呈柳叶形，器身扁平，锋部圆尖。通体磨光。残长6厘米（图三三，2；图版四五，1；图版二〇六，5）。标本T0512⑦∶24，铤部残。平面呈柳叶形，器身宽而薄平，锋部扁尖，刃部锋利，体部上半部分两面均有脊，下半部分两面均有竖向凹槽。通体磨光。残长5.5厘米（图三三，12；图版四五，2）。标本T0719⑦∶23，完整。器身扁平而厚，锋部扁尖，刃部锋利，体部中段较宽，下段渐窄，铤部呈圆柱状。通体磨光。长8.5厘米（图三三，4；彩版三八，2；图版四五，3）。标本T1312⑦∶22，铤部残。器身扁平，锋部圆尖，铤部呈扁圆柱状。残长7.7厘米（图三三，3；图版四五，4）。

鱼钩 标本T0719⑦∶25，完整。尾端扁平，尖部锐利。通体磨光。长3.4厘米（图三三，10；彩版四〇，3；图版四五，5）。

（4）角器

锥 标本T0913⑦∶19，完整。系利用梅花鹿完整的幼年鹿角磨制而成。尖部锐利。通体磨光。器身可见咬痕。长30.6厘米（图三三，1；彩版四五，2；图版四五，6；图版二〇七，6）。

7. ⑧层

以陶器为主，石、骨器次之。

（1）陶器

器类有瓶、盆、罐、钵、瓮、圆陶片、锉等。

瓶 均口、颈部残片。形制相同。标本T0917⑧∶4，细夹砂红褐陶。直杯口，方唇，束颈，溜肩。器表磨光。素面。内壁可见泥条盘筑痕迹，外沿面可见轮修痕迹。口径8.4、残高10.4厘米（图三四，1）。

盆 均口、腹部残片。形制相同。标本T0917⑧∶3，细泥质橘红陶。直口微敞，平折沿，圆唇，弧腹。器表磨光。素面。外沿面可见轮修痕迹（图三四，7）。

罐 均口、腹部残片。形制相同。标本T0917⑧∶6，粗夹砂红褐陶。侈口，卷沿，方唇，唇部有一道凸棱，鼓腹。素面。内壁可见烟熏痕迹。复原口径21.4、残高9厘米（图三四，3）。

钵 标本T0917⑧∶1，口、腹部残片。细泥质橘红陶。直口，方唇，深弧腹。器表磨光。素面。口下可见深红色叠烧痕迹（图三四，4）。

标本T0917⑧∶2，口、腹部残片。细泥质橘红陶。直口微敛，圆唇，深弧腹。器表磨光。口下饰一周黑色宽带纹彩绘（图三四，6）。

标本T0917⑧∶7，可复原。细泥质橘红陶。敞口，圆唇，深弧腹，平底。器表磨光。素面。器表可见轮修痕迹。口径6.8、底径4.5、通高3.2厘米（图三四，10；图版四六，1）。

瓮 均口、腹部残片。形制相同。标本T0917⑧∶5，粗夹砂红褐陶。侈口，卷沿，沿面微曲，方唇，唇部有一道浅细凹槽，鼓腹。口沿以下饰多周弦纹，并饰少量竖向短划纹。外沿面可见轮修

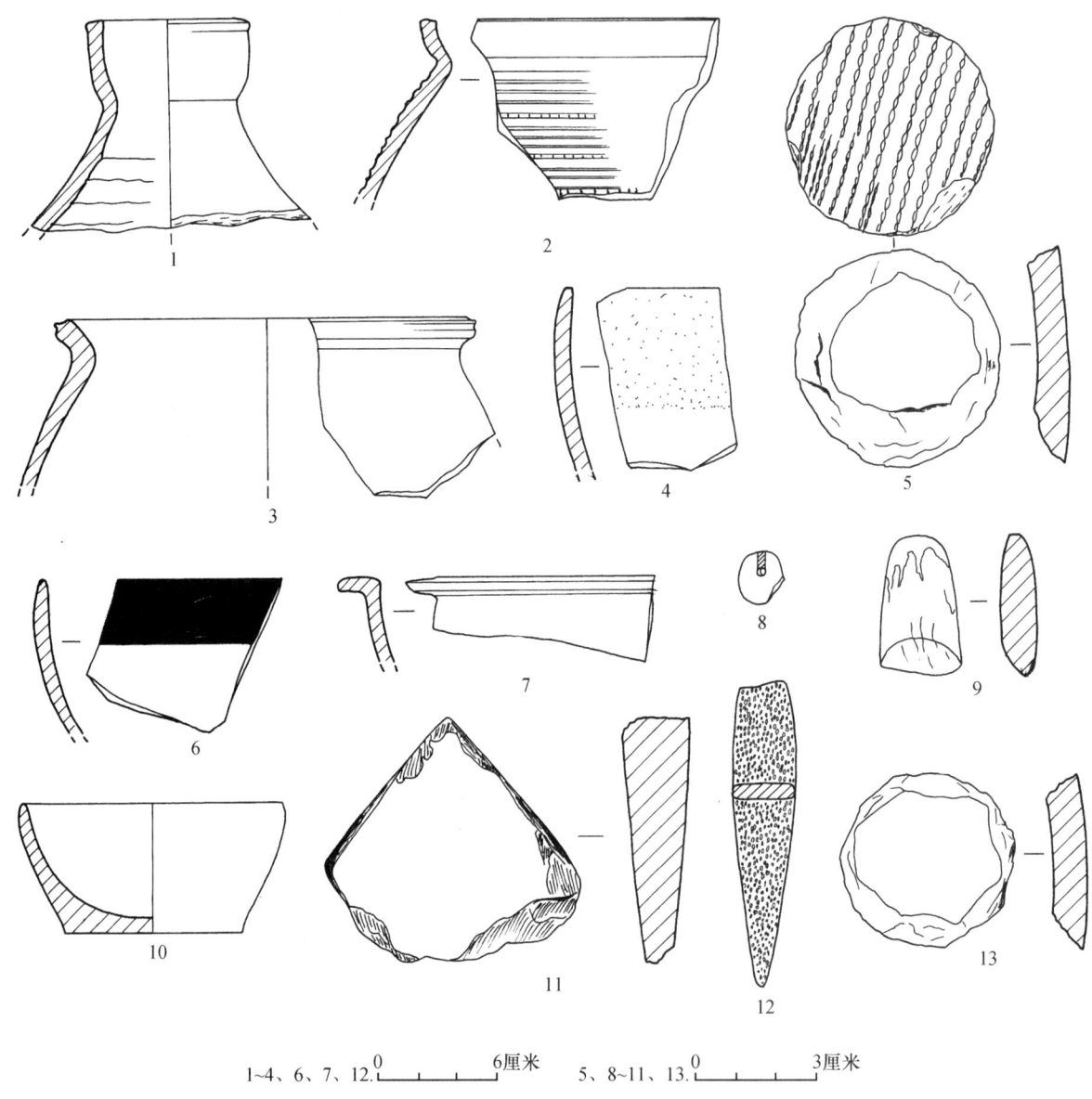

图三四 Ⅲ区⑧层出土遗物

1. 陶瓶（T0917⑧：4） 2. 陶瓮（T0917⑧：5） 3. 陶罐（T0917⑧：6） 4、6、10. 陶钵（T0917⑧：1、T0917⑧：2、T0917⑧：7） 5、13. 圆陶片（T0917⑧：8-2、T0917⑧：8-1） 7. 陶盆（T0917⑧：3） 8. 石饰件（T0314⑧：1） 9. 石锛（T0314⑧：10） 11. 雕刻器（T0917⑧：9） 12. 陶锉（T0719⑧：1）

痕迹（图三四，2）。

圆陶片 均完整。形制相同，均圆形。标本T0917⑧：8-1，细泥质橘红陶。系利用陶钵或盆的残片打制而成。边缘较钝。直径4.3、厚0.8厘米（图三四，13；图版四六，2）。标本T0917⑧：8-2，粗夹砂红褐陶。系利用陶罐或瓶的残片打制而成。边缘较锋利。一面有多道绳纹。直径5.2、厚0.8厘米（图三四，5；图版四六，3）。

锉 标本T0719⑧：1，尖部稍残。平面呈三角形，横断面呈圆角长方形，锐尖。器身麻点清晰，密度较大。残长15、顶部宽3.2、厚0.8厘米（图三四，12；图版四七，1）。

（2）石器

器类有饰件、锛、雕刻器等。

饰件　标本T0314⑧：1，稍残。石英，淡绿色。平面呈椭圆形，中部有一两面对钻而成的圆孔。通体磨光。长径1.3、短径1.1、厚0.2厘米（图三四，8；彩版三二，3；图版四六，5）。

锛　标本T0314⑧：10，完整。石英。平面呈梯形，刃部锋利。通体磨光。长3.5、宽1.4~2.1、厚0.9厘米（图三四，9；彩版三〇，2；图版四六，6）。

雕刻器　标本T0917⑧：9，稍残。板岩。平面呈三角形，器身扁平，边缘经锤击修整呈一弧刃，刃部较锋利。两面磨光，两侧边经修整。长6厘米（图三四，11；图版四六，4）。

（3）骨器

器类有饰件、笄、锥、针、镞、铲等。

饰件　标本T1311⑧：14，侧边稍残。系利用动物骨片磨制而成，尾端保留关节面。平面呈长方形，器身较薄，尾端有一圆孔。长6.9、宽2.8厘米（图三五，7；图版四七，2）。

笄　标本T1014⑧：16，一端残。器身呈圆柱状，横断面呈圆形，尖部锐利。通体磨光。残长9.5、最大直径0.5厘米（图三五，2；图版四七，3）。

锥　标本T1014⑧：17，完整。器身呈圆柱状，横断面呈圆形，尖部锐利。通体磨光。长6.8厘米（图三五，8；图版四七，4）。标本T0512⑧：1，完整。系利用梅花鹿左掌骨近段磨制而成，尾端保留关节。器身较扁，横断面呈半环状，尖部锐利。通体磨光。长10.2厘米（图三五，5；彩版三四，3；图版四七，5）。

针　标本T0716⑧：11，完整。系利用动物长骨磨制而成。器身细长，呈圆柱状，横断面呈圆形，尾端扁平，尖部锐利，尾端有一圆孔。通体磨光。长17.7、直径0.5厘米（图三五，1；彩版四一，1；图版四七，6）。标本T0716⑧：12，尾端稍残。系利用动物长骨磨制而成。器身细长，呈扁圆柱状，横断面呈椭圆形，尖部较钝，尾端有一圆孔。通体磨光。残长9、直径0.4厘米（图三五，3；图版四八，1）。

镞　标本T0912⑧：13，完整。器身呈扁圆柱状，体部较长，锋部圆尖，铤部短而略扁。通体磨光。长9.5厘米（图三五，4；图版四八，2）。

铲　标本T1014⑧：15，尾端残。系利用动物长骨磨制而成。器身呈半管状，横断面呈弧形，尖部较锐利。通体磨光。残长9、宽2.5、厚0.3厘米（图三五，6；图版四八，3）。

8. ⑨层

以陶器为主，石、骨器次之。

（1）陶器

器类有瓶、盆、罐、钵、壶、圆陶片、锉等。

瓶　均口、颈部残片。形制相同。标本T0913⑨：5，细泥质橘红陶。环形口，微敛，短颈。器表磨光。素面。复原口径7.2、残高5厘米（图三六，4）。

盆　均口、腹部残片。形制相同。标本T0913⑨：3，细泥质橘红陶。敞口，折沿，沿面向外侧下斜，方唇，弧腹。器表磨光。素面。唇部可见轮修痕迹（图三六，2）。

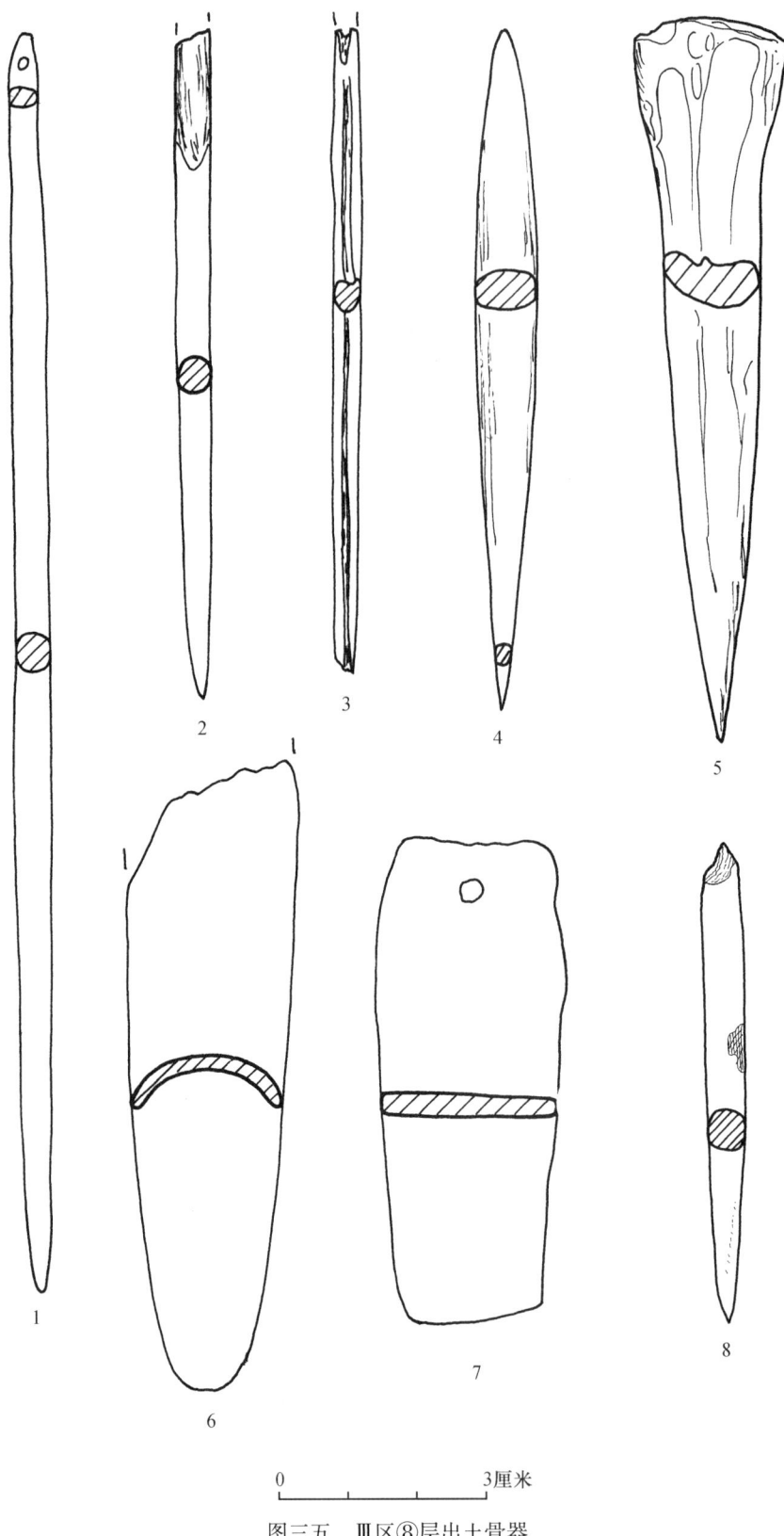

图三五　Ⅲ区⑧层出土骨器
1、3. 针（T0716⑧：11、T0716⑧：12）　2. 笄（T1014⑧：16）　4. 镞（T0912⑧：13）
5、8. 锥（T0512⑧：1、T1014⑧：17）　6. 铲（T1014⑧：15）　7. 饰件（T1311⑧：14）

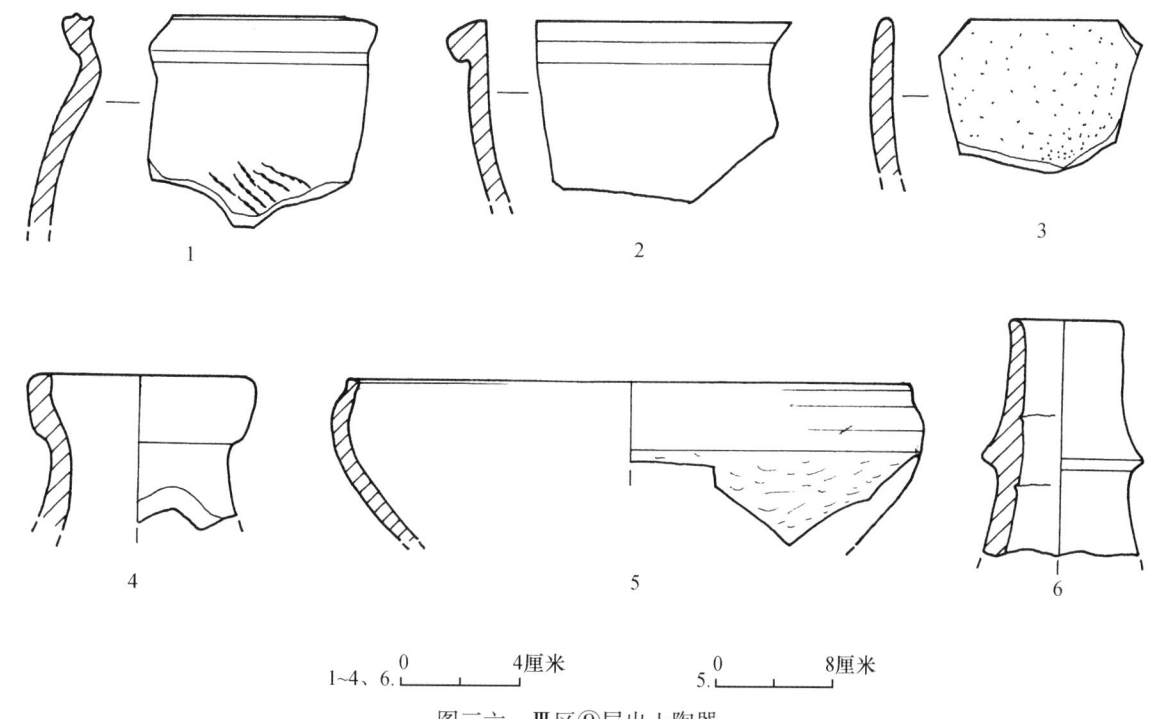

图三六　Ⅲ区⑨层出土陶器

1.罐（T0913⑨：6）　2.盆（T0913⑨：3）　3、5.钵（T0913⑨：1、T0913⑨：2）　4.瓶（T0913⑨：5）　6.壶（T0913⑨：4）

罐　均口、腹部残片。形制相同。标本T0913⑨：6，粗夹砂红褐陶。侈口，卷沿，方唇，唇部有一道凸棱，腹微鼓。腹部饰左上至右下斜向绳纹（图三六，1）。

钵　均口、腹部残片。标本T0913⑨：1，细泥质橘红陶。直口，方唇，深弧腹。器表磨光。素面。口下可见浅红色叠烧痕迹（图三六，3）。

标本T0913⑨：2，细夹砂红褐陶。敛口，方唇，斜直腹。素面。口下可见轮修痕迹，腹部可见刮抹痕迹。复原口径37.6、残高10.6厘米（图三六，5）。

壶　均口、颈部残片。形制相同。标本T0913⑨：4，细泥质橘红陶。直口微敛，圆唇，细长颈，颈中部有一周棱脊。器表磨光。素面。内壁可见泥条盘筑痕迹，器表可见轮修痕迹。口径3.8、残高7.6厘米（图三六，6；图版四八，4）。

圆陶片　完整。均细泥质橘红陶，系利用陶钵口部残片打制而成。标本T0913⑨：7-1，圆形，边缘较锋利。一面可见浅褐色叠烧痕迹。直径3.8、厚0.7厘米（图三七，1）。标本T0913⑨：7-2，半圆形，边缘较锋利。一面可见浅褐色叠烧痕迹。直径5.1、厚0.4厘米（图三七，2）。

锉　标本T1012⑨：20，一端残。平面呈棱形，横断面呈圆角长方形，锐尖。器身麻点清晰，密度较大。残长16.4、最宽处3.4、厚0.9厘米（图三七，4；图版四八，5）。标本T0613⑨：1，完整。平面呈三角形，横断面呈圆角长方形，锐尖。器身麻点清晰，密度较大。长12.5、顶部宽3、厚1.1厘米（图三七，5；图版四八，6）。

（2）石器

器类有凿、球、刮削器、雕刻器等。

凿　标本T1211⑨：10，上部残。角岩。残存部分平面呈三角形，横断面呈圆角长方形，刃部锐利。通体磨光。残长4.3、厚1.1厘米（图三七，3；图版四九，1）。

球　标本T0414⑨：26，完整。石英细砂岩。圆球状。通体磨光。直径1.5厘米（图三七，9；图版四九，2）。

刮削器　标本T1211⑨：9，稍残。燧石。平面略呈长方形，器身扁平，三面经打击修理，形成弧刃，较为锋利。两面与背部磨光。长7.5、宽3.9、厚1.2厘米（图三七，16；图版四九，3）。

雕刻器　标本T1211⑨：8，稍残。石英岩。平面呈三角形，器身扁平，边缘经修整呈弧刃，刃部较钝。两面磨光。长8.2、厚0.7~1.6厘米（图三七，22；图版四九，4）。

（3）骨器

器类有笄、锥、针、镞等。

笄　标本T0911⑨：13，一端残。系利用动物劈裂的长骨磨制而成。器身稍弯，断面呈半圆形。通体磨光。残长13厘米（图三七，7；图版四九，5）。标本T1312⑨：14，完整。系利用动物长骨磨制而成。器身呈圆柱状，两端均较尖锐，横断面呈圆形。通体磨光。长10.6、最大直径0.7厘米（图三七，6；彩版四二，5；图版四九，6）。标本T1013⑨：1，完整。器身呈圆柱状，横断面呈圆形，两端均较锐利。通体磨光。长8.7、最大直径0.5厘米（图三七，12；彩版四二，4；图版五〇，1）。

锥　标本T0719⑨：19，尾端残。器身呈圆柱状，断面呈圆形，尖部较锐利。通体磨光。残长8、直径0.7厘米（图三七，11；图版五〇，2）。标本T0611⑨：15，完整。系利用獐的左跖骨近段掌面磨制而成，尾端保留关节。尖部较锐利。通体磨光。长8.2厘米（图三七，14；彩版三三，5；图版五〇，3）。标本T0916⑨：23，尾端残。器身呈圆柱状，断面呈圆形，尾端较扁平，尖部锐利。残长8.8厘米（图三七，10；图版五〇，4）。标本T0512⑨：22，完整。系利用獐的掌骨骨干一段磨制而成。平面呈长条状，器身扁平而薄，尖部锐利。通体磨光。长15厘米（图三七，13；图版五〇，5）。标本T0414⑨：21，尾端残。系利用梅花鹿掌骨或跖骨骨干一段磨制而成。器身呈三棱柱状，横断面呈三角形，尖部锐利。通体磨光。残长15厘米（图三七，8；图版五〇，6）。

针　标本T0613⑨：17，尾端残。器身细长，尾端有一圆孔，尖部锐利。通体磨光。残长2.9厘米（图三七，18；图版五一，1）。标本T1013⑨：16，尾端残。器身细长，尾端有一圆孔，尖部锐利。通体磨光。残长5.7厘米（图三七，17；图版五一，2）。

镞　标本T1213⑨：11，铤部稍残。平面呈柳叶形，器身扁平，锋部圆尖，铤部扁平。残长7厘米（图三七，20；图版五一，3）。标本T0614⑨：12，铤部残。体部窄长，两面有脊，锋部扁尖，刃部锋利，铤部呈扁圆柱状。残长6.4厘米（图三七，19；图版五一，4）。标本T0815⑨：25，完整。器身扁平，锋部扁尖，刃部较钝，体部中段较宽，下段渐窄，铤部呈圆锥体状。通体磨光。长5厘米（图三七，21；图版五一，5）。标本T0511⑨：24，完整。体部与铤部分界不明显，器身扁平，锋部扁尖，刃部较钝，铤部呈扁圆柱状。长8.8厘米（图三七，15；彩版三八，1；图版五一，6）。

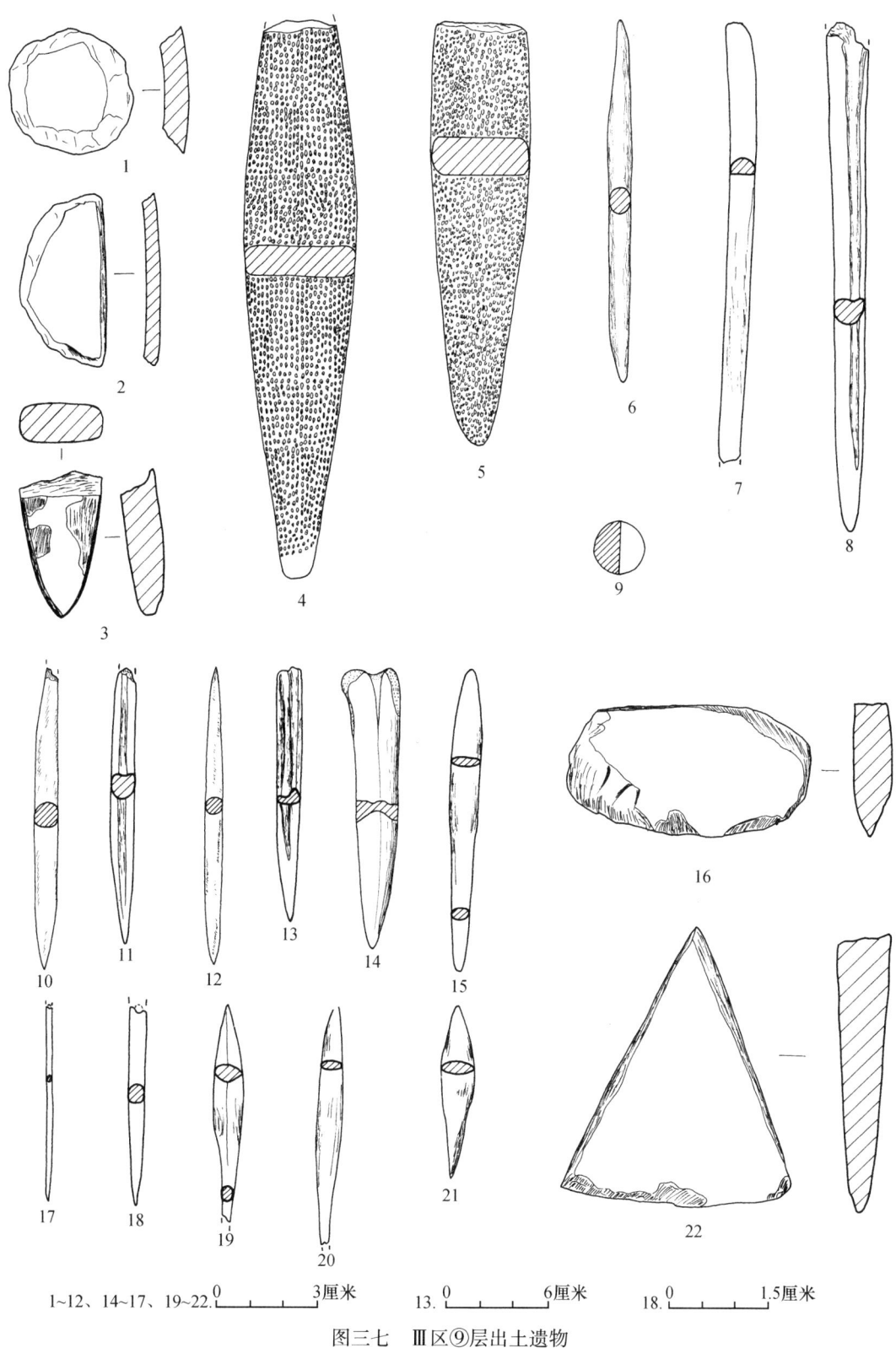

图三七　Ⅲ区⑨层出土遗物

1、2. 圆陶片（T0913⑨：7-1、T0913⑨：7-2）　3. 石凿（T1211⑨：10）　4、5. 陶锉（T1012⑨：20、T0613⑨：1）　6、7、12. 骨笄（T1312⑨：14、T0911⑨：13、T1013⑨：1）　8、10、11、13、14. 骨锥（T0414⑨：21、T0916⑨：23、T0719⑨：19、T0512⑨：22、T0611⑨：15）　9. 石球（T0414⑨：26）　15、19～21. 骨镞（T0511⑨：24、T0614⑨：12、T1213⑨：11、T0815⑨：25）　16. 刮削器（T1211⑨：9）　17、18. 骨针（T1013⑨：16、T0613⑨：17）　22. 雕刻器（T1211⑨：8）

9.⑩层

以陶器为主，石、骨器次之。

（1）陶器

器类有瓶、盆、罐、钵、盂、圆陶片、铲等。

瓶 均口沿残片。标本T0816⑩：9，细泥质橘红陶。环形口，沿面有一周宽浅凹槽。器表磨光。素面。内外壁、沿面均可见轮修痕迹。复原口径10.2、残高2.7厘米（图三八，5）。

盆 均口、腹部残片。形制相同。标本T0816⑩：2，细泥质橘红陶。敞口，平折沿，沿面向外侧下斜，尖圆唇，弧腹。器表磨光。素面。外沿面可见轮修痕迹。复原口径33.9、残高6.9厘米（图三八，10）。

罐 均口、腹部残片。标本T0816⑩：5、T0816⑩：6形制相同，均粗夹砂红褐陶，侈口，卷沿，方唇，唇部有一道凸棱，直腹。标本T0816⑩：5，上腹部饰多周弦纹，弦纹以下饰右上至左下斜向绳纹。内壁可见轮修痕迹（图三八，1）。标本T0816⑩：6，腹部饰左上至右下斜向绳纹。内壁可见轮修痕迹（图三八，4）。

标本T0816⑩：4、T0816⑩：7形制相同，均侈口，卷沿，腹微鼓。标本T0816⑩：4，粗泥质橘红陶。圆唇。器表磨光。口沿以下饰多周弦纹。复原口径22、残高5.2厘米（图三八，8）。标本T0816⑩：7，粗夹砂红褐陶。沿面微曲，方唇，唇部有一道凸棱。口沿以下饰多周弦纹，弦纹以下饰右上至左下斜向绳纹，绳纹与弦纹略有交错。复原口径23.1、残高9厘米（图三八，7）。

标本T0816⑩：3，细泥质橘红陶。侈口，折沿，圆唇，鼓腹。器表磨光。口沿下侧饰连续的黑色三角纹彩绘。外沿面可见轮修痕迹（图三八，3）。

钵 形制相同。标本T0816⑩：1，可复原。细泥质橘红陶。直口微敞，方唇，深弧腹，圜底，底部有一周浅细凹槽。器表磨光。素面。口径17.6、通高8.2厘米（图三八，11；图版五二，1）。

盂 标本T0816⑩：8，可复原。粗泥质橘红陶。扁鼓状，敛口，圆唇，折腹，平底。器表刮抹光滑。素面。器表可见轮修痕迹和刮抹痕迹。口径8.4、腹径12.4、底径6、通高5厘米（图三八，2；图版五二，2）。

圆陶片 形制相同，均圆形。标本T0816⑩：10-1，完整。粗夹砂红褐陶。系利用罐类器的残片打制而成。边缘较钝。直径5.7、厚0.8厘米（图三八，12）。标本T0816⑩：10-2，完整。细泥质橘红陶。系利用陶钵口沿残片打制而成，保留少量沿面。边缘较锋利。一面可见浅褐色叠烧痕迹。直径4.5、厚0.3厘米（图三八，9；图版五二，3）。

铲 稍残。标本T0816⑩：13，粗泥质橘红陶。平面呈长方形，刃部较薄。长6.3、宽4厘米（图三八，6；图版五二，4）。

（2）石器

器类有球、斧、凿、镞、雕刻器、管状器等。

球 标本T0613⑩：20，完整。石英岩。器身呈圆球状。通体磨光，器表可见较密集的坑疤。直径1.2厘米（图三九，11；图版五二，5）。

斧 标本T0816⑩：12，稍残。石英岩。平面呈梯形，弧刃，较为锋利。刃部有使用形成的疤痕。长7.2、宽4.5～6.7、厚1.7厘米（图三九，1；图版五二，6）。

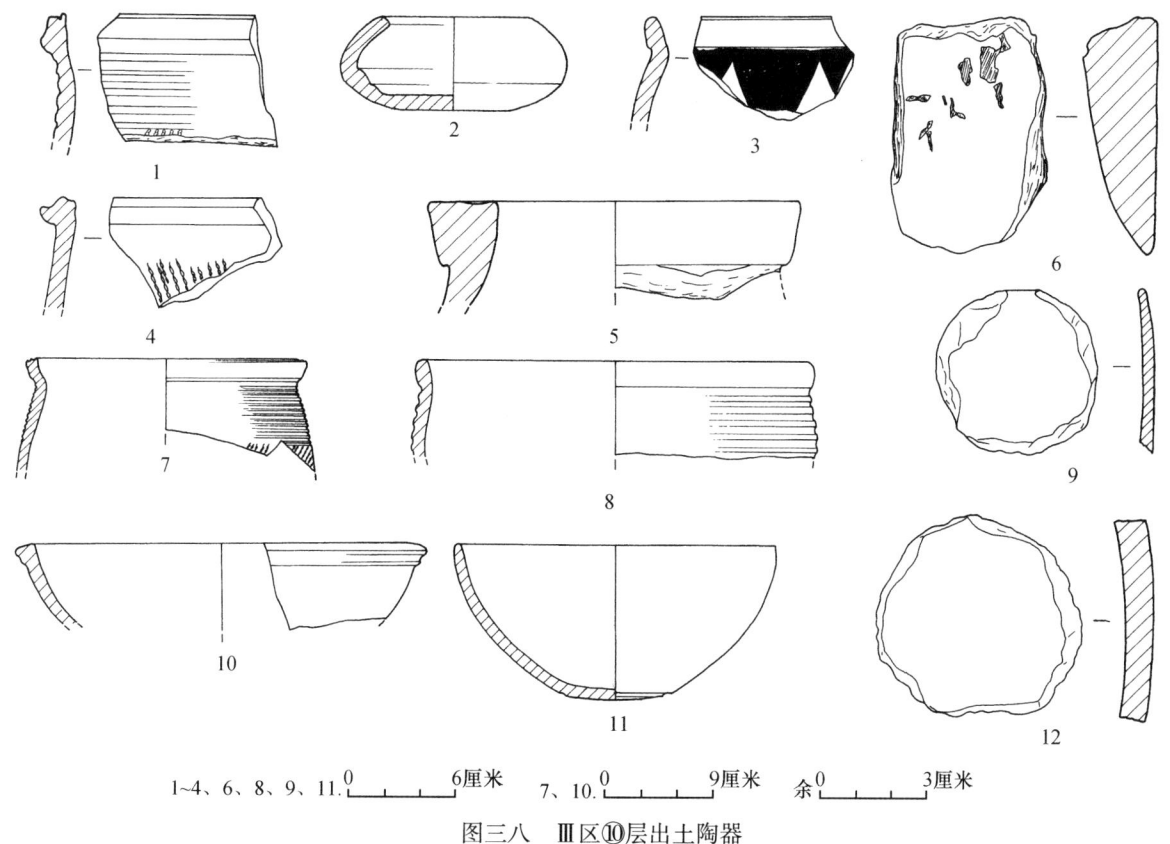

图三八 Ⅲ区⑩层出土陶器
1、3、4、7、8.罐（T0816⑩：5、T0816⑩：3、T0816⑩：6、T0816⑩：7、T0816⑩：4） 2.盂（T0816⑩：8）
5.瓶（T0816⑩：9） 6.铲（T0816⑩：13） 9、12.圆陶片（T0816⑩：10-2、T0816⑩：10-1）
10.盆（T0816⑩：2） 11.钵（T0816⑩：1）

凿 标本T0314⑩：14，稍残。角岩。平面呈长条形，器身扁平，横断面呈圆角长方形，横刃，较为锋利。通体磨光。长10.1、宽3、厚1.8厘米（图三九，2；彩版三一，3；图版五三，1）。标本T0714⑩：1，完整。石英细砂岩。平面呈长条形，器身扁平，横断面呈圆角长方形，双面刃，较为锋利。通体磨光。顶部与器表可见打击形成的坑疤。长9、宽2.5、厚1.6厘米（图三九，3；图版五三，2）。

镞 标本T0813⑩：23，铤部残。片麻岩。器身呈扁圆柱状，锋部圆尖，铤部扁平。通体磨光。残长8.7厘米（图三九，4；图版五三，3）。

雕刻器 标本T0816⑩：11，完整。石英岩。平面大体呈三角形，两面磨光，两劈裂边相交形成一横刃。其上可见打制疤痕及细小的使用疤痕。长9、厚1~2厘米（图三九，6；图版五三，4）。

管状器 标本T0816⑩：24，一端残。泥岩。中部有一竖向管钻圆孔，器身保留1个圆孔。器表较粗糙。残长7.2厘米（图三九，5；图版五三，5）。

（3）骨器

器类有笄、锥、针、镞等。

笄 标本T0816⑩：17，完整。系利用动物长骨磨制而成。器身呈扁圆柱状，横断面呈半圆形，尾端圆钝，尖部较锐利。长15、最大直径0.8厘米（图三九，7；彩版四二，3；图版五三，6）。标本T0514⑩：16，完整。系利用动物长骨磨制而成。器身呈圆柱状，横断面呈圆形，两端

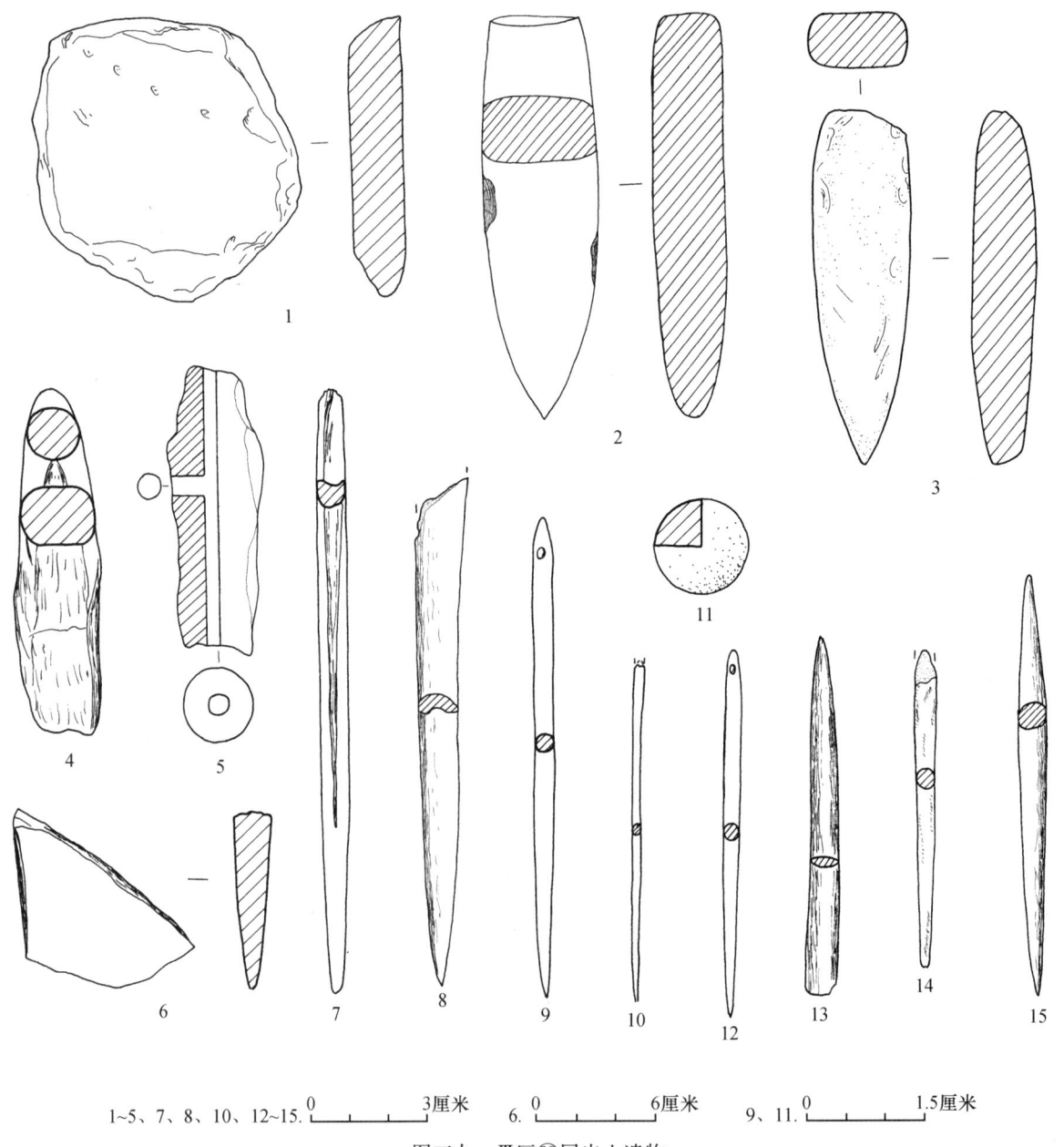

图三九 Ⅲ区⑩层出土遗物
1. 石斧（T0816⑩：12） 2、3. 石凿（T0314⑩：14、T0714⑩：1） 4. 石镞（T0813⑩：23） 5. 石管状器（T0816⑩：24）
6. 雕刻器（T0816⑩：11） 7、14、15. 骨笄（T0816⑩：17、T0515⑩：22、T0514⑩：16） 8. 骨锥（T0514⑩：19）
9、10、12. 骨针（T0515⑩：21、T0715⑩：18、T1011⑩：1） 11. 石球（T0613⑩：20） 13. 骨镞（T0514⑩：15）

均较尖锐。通体磨光。长10.5、最大直径0.7厘米（图三九，15；彩版四二，2；图版五四，1）。标本T0515⑩：22，一端残。器身呈圆柱状，尖部锐利。通体磨光。残长8厘米（图三九，14；图版五四，2）。

锥　标本T0514⑩：19，尾端稍残。系利用动物长骨磨制而成。器身扁平，尖部锐利。通体磨光。残长12.8厘米（图三九，8；图版五四，3）。

针　标本T0715⑩：18，尾端稍残。器身细长，尖部锐利，尾端有一圆孔。通体磨光。残长8.5

厘米（图三九，10；图版五四，4）。标本T0515⑩：21，完整。器身细长，尾端扁平，尖部锐利，尾端有一两面对钻而成的圆孔。通体磨光。长6厘米（图三九，9）。标本T1011⑩：1，完整。器身细长，尾端扁平，尖部锐利。尾端有一两面对钻而成的圆孔。通体磨光。长9.3、直径0.4厘米（图三九，12；彩版四〇，6；图版五四，5）。

镞　标本T0514⑩：15，完整。器身扁平，锋部圆尖，铤部不明显，末端平齐。通体磨光。长9厘米（图三九，13；图版五四，6）。

10. ⑪层

以陶器为主，石、骨器次之。

（1）陶器

器类有瓶、盆、罐、钵、瓮、圆陶片，另有器底、器足。

瓶　均口、颈部残片，形制相同。标本T0917⑪：6，粗泥质橘红陶。环形口，方唇，短颈。器表磨光。素面。内壁可见泥条盘筑痕迹。复原口径9、残高8.6厘米（图四〇，6）。

盆　均口、腹部残片，形制相同。标本T0917⑪：5，细泥质橘红陶。敞口，平折沿，圆唇，弧腹。器表磨光。素面。外沿面可见轮修痕迹。复原口径50、残高7.3厘米（图四〇，3）。

罐　均口、腹部残片。标本T0917⑪：9，粗夹砂红褐陶。侈口，卷沿，方唇，腹微鼓。口沿以下饰多周弦纹，弦纹以下饰左上至右下斜向绳纹（图四〇，10）。

标本T0917⑪：7、T0917⑪：8形制相同，均粗夹砂红褐陶，侈口，卷沿，鼓腹。标本T0917⑪：7，圆唇。腹部饰交错绳纹（图四〇，11）。标本T0917⑪：8，方唇。唇部饰一周竖向划纹，口沿下侧饰一周右上至左下斜向划纹，划纹以下饰交错绳纹（图四〇，7）。

钵　均口、腹部残片。标本T0917⑪：2，粗泥质橘红陶。敛口，方唇。素面。内、外壁均可见轮修痕迹（图四〇，13）。

标本T0917⑪：1、T0917⑪：3、T0917⑪：4形制相同，均直口，深弧腹。标本T0917⑪：1，细夹砂橘红陶。圆唇。口下饰多周弦纹。口下可见轮修痕迹，腹部可见刮抹痕迹。复原口径34、残高11.2厘米（图四〇，1）。标本T0917⑪：3，细泥质橘红陶。直口微敞，方唇。器表磨光。素面。口下可见深红色叠烧痕迹（图四〇，4）。标本T0917⑪：4，细泥质黑陶。尖圆唇。器表磨光。素面（图四〇，12）。

瓮　均口、腹部残片。标本T0917⑪：10，粗夹砂红褐陶。侈口，卷沿，方唇，唇部有一道凸棱，腹微鼓。腹部饰左上至右下斜向绳纹。口沿下侧可见轮修痕迹（图四〇，9）。

标本T0917⑪：12，粗夹砂红褐陶。直口，方唇，直腹。口沿以下饰多周弦纹。内壁可见轮修痕迹（图四〇，5）。

标本T0917⑪：11，粗夹砂红褐陶。侈口，卷沿，沿面微曲，方唇，唇部有一道凸棱，腹微鼓。口沿下侧饰多周弦纹，弦纹上饰短划纹，弦纹以下饰右上至左下斜向绳纹，绳纹与弦纹略有交错（图四〇，8）。

器底　标本T0917⑪：13，下腹、底部残片。细泥质橘红陶。下腹斜直，平底，底心微凹。器表磨光。素面。可能为钵、盆类器底部。底径7.2、残高2.8厘米（图四〇，2）。

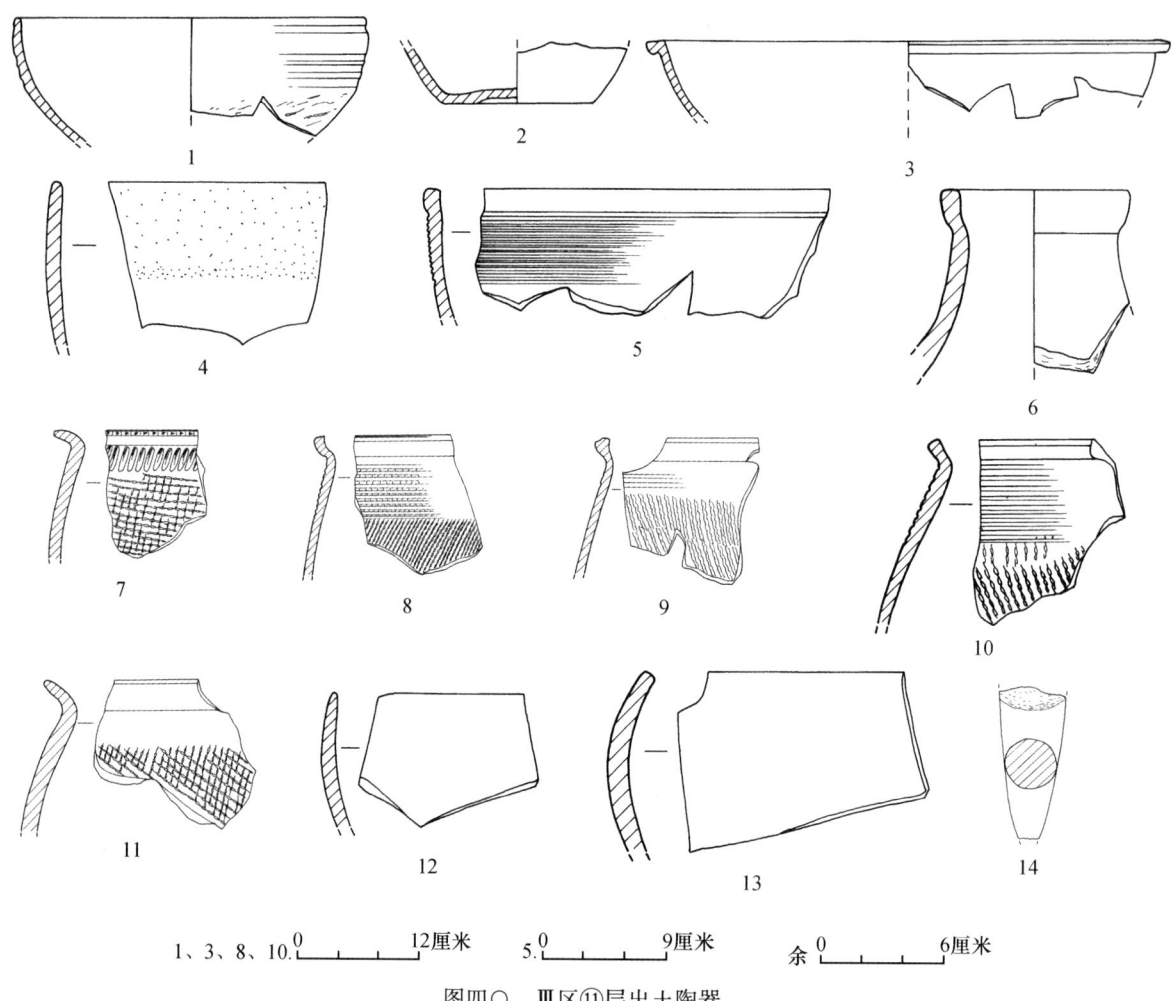

图四〇　Ⅲ区⑪层出土陶器

1、4、12、13. 钵（T0917⑪：1、T0917⑪：3、T0917⑪：4、T0917⑪：2）　2. 器底（T0917⑪：13）
3. 盆（T0917⑪：5）　5、8、9. 瓮（T0917⑪：12、T0917⑪：11、T0917⑪：10）　6. 瓶（T0917⑪：6）
7、10、11. 罐（T0917⑪：8、T0917⑪：9、T0917⑪：7）　14. 器足（T0917⑪：17）

器足　标本T0917⑪：17，足部残片，足尖残。粗夹砂红褐陶。尖足。素面。器表可见刮抹痕迹。可能为三足器足。残高7.1厘米（图四〇，14；图版五五，1）。

圆陶片　标本T0917⑪：14-1、T0917⑪：14-2形制相同，均细泥质橘红陶，圆形，边缘较钝。标本T0917⑪：14-1，完整。系利用陶钵的口部残片打制而成。器表可见浅褐色叠烧痕迹。直径5.5、厚0.3厘米（图四一，6；图版五五，2）。标本T0917⑪：14-2，完整。系利用陶钵或盆的底部残片打制而成。器表饰席纹。直径4.2、厚0.5厘米（图四一，3；图版五五，3）。

标本T0917⑪：14-3，完整。细泥质橘红陶。系利用陶钵或盆的残片打制而成。半圆形，边缘较锋利。直径7、厚0.6厘米（图四一，9）。

（2）石器

器类有雕刻器、石片、残石器等。

雕刻器　标本T0917⑪：15，稍残。石英岩。平面呈三角形，器身扁平，两面磨光，两劈裂侧边相交形成一横刃。刃部有打制疤痕及细小的使用疤痕。长8.5、厚0.7~1.6厘米（图四一，1；图版

第二编 发掘资料 67

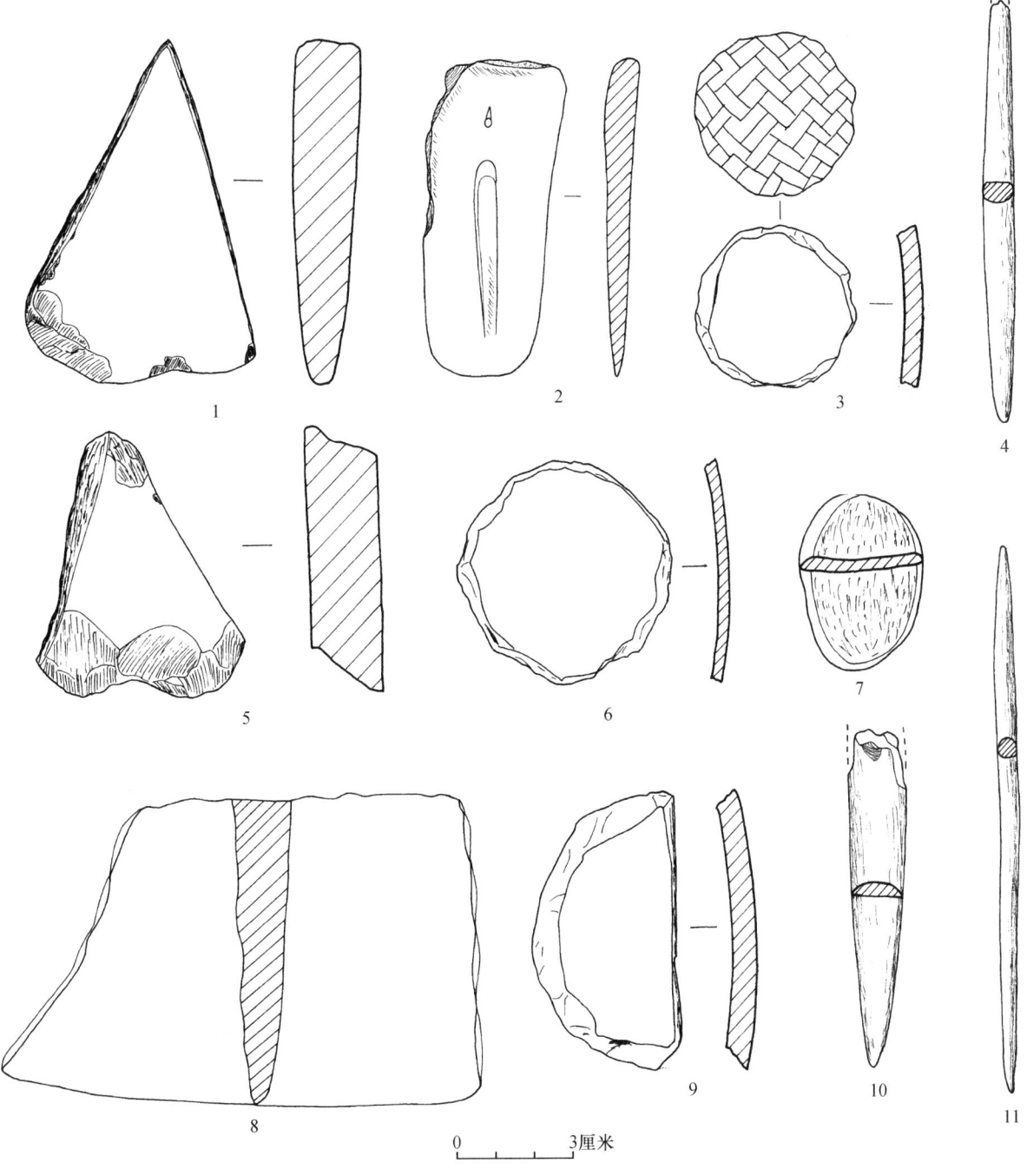

图四一 Ⅲ区⑪层出土遗物

1、5. 雕刻器（T0917⑪：15、T0917⑪：16） 2. 骨铲（T0816⑪：23） 3、6、9. 圆陶片（T0917⑪：14-2、T0917⑪：14-1、T0917⑪：14-3） 7. 石片（T1013⑪：21） 4、11. 骨笄（T1113⑪：20、T0914⑪：19） 8. 残石器（T0517⑪：22）
10. 骨锥（T0313⑪：18）

五五，4）。标本T0917⑪：16，稍残。角岩。平面呈三角形，器身扁平，上下两面磨光，边缘经锤击修整呈一直刃。刃部可见使用形成的坑疤。长6.6、厚1.8厘米（图四一，5；图版五五，5）。

石片 标本T1013⑪：21，稍残。石英岩。平面呈椭圆形，器身扁平。通体磨光。长径4.4、短径3.2、厚0.3厘米（图四一，7）。

残石器　标本T0517⑪：22，残。石英粗砂岩。器身扁平，一端平齐，单面磨光。残长12.2、残宽7.5、厚1.5厘米（图四一，8；图版五五，6）。

（3）骨器

器类有笄、锥、铲等。

笄　标本T0914⑪：19，完整。系利用动物长骨磨制而成。器身细长，呈圆柱状，横断面呈圆形，两端均较锐利。通体磨光。长13.5、最大直径0.5厘米（图四一，11；彩版四二，1；图版五六，1）。标本T1113⑪：20，一端稍残。系利用动物长骨磨制而成。器身呈扁圆柱状，横断面呈椭圆形，尖部较钝。残长10.5厘米（图四一，4；图版五六，2）。

锥　标本T0313⑪：18，尾端稍残。系利用梅花鹿掌骨骨干一段磨制而成。器身呈扁圆柱状，横断面呈半圆形，尖部锐利。通体磨光。残长8.4厘米（图四一，10；图版五六，3）。

铲　标本T0816⑪：23，稍残。系利用马鹿右跖骨远段背面磨制而成，尾端保留少量关节。平面呈长方形，器身宽而扁平，刃部平齐而锐利。通体磨光。长7.8、宽3.5、厚0.8厘米（图四一，2；彩版三三，1、2；图版五六，4、5）。

11. ⑫层

以陶器为主，石、骨器次之。

（1）陶器

器类有瓶、罐、钵、圆陶片，另有彩陶片。

瓶　均口、颈部残片。标本T0916⑫：6，细泥质橘红陶。环形口，沿面有一道宽浅凹槽，短颈。器表磨光。素面。复原口径9、残高5.9厘米（图四二，4）。

标本T0916⑫：5，细泥质橘红陶。盘形口，方唇，唇部有三道浅细凹槽。器表磨光。素面。内壁可见轮修痕迹。复原口径9.6、残高4.1厘米（图四二，1）。

罐　均口、腹部残片。标本T0916⑫：7、T0916⑫：9形制相同，均粗夹砂红褐陶，侈口，卷沿，方唇，唇部有一道凸棱。标本T0916⑫：7，腹微鼓。腹部饰右上至左下斜向绳纹。外沿面可见轮修痕迹（图四二，3）。标本T0916⑫：9，直腹。口沿以下饰多周弦纹（图四二，7）。

标本T0916⑫：8，粗夹砂红褐陶。侈口，卷沿，尖唇，鼓腹。唇部饰一周右上至左下斜向划纹，口沿以下饰右上至左下斜向绳纹（图四二，9）。

钵　均口、腹部残片。标本T0916⑫：1、T0916⑫：3形制相同，均细泥质橘红陶，直口，圆唇，深弧腹，器表磨光，素面。标本T0916⑫：1，口下可见深红色叠烧痕迹。复原口径40.8、残高6厘米（图四二，12）。标本T0916⑫：3，上腹部有二个圆孔，上侧圆孔为由外向内单面钻成，下侧圆孔为两面对钻而成。口下可见浅褐色叠烧痕迹（图四二，10）。

标本T0916⑫：2、T0916⑫：4形制相同，均敛口，方唇，斜直腹，素面。标本T0916⑫：2，细泥质橘红陶。器表刮抹光滑。内、外壁均可见轮修痕迹。口部可见烟熏痕迹（图四二，2）。标本T0916⑫：4，粗泥质橘红陶。内壁可见轮修痕迹，器表可见刮抹痕迹。复原口径21.9、残高9厘米（图四二，13）。

彩陶片　标本T0916⑫：11，腹部残片。细泥质橘红陶。弧腹。器表磨光。器表饰黑色平行折

图四二　Ⅲ区⑫层出土遗物

1、4. 陶瓶（T0916⑫:5、T0916⑫:6）　2、10、12、13. 陶钵（T0916⑫:2、T0916⑫:3、T0916⑫:1、T0916⑫:4）
3、7、9. 陶罐（T0916⑫:7、T0916⑫:9、T0916⑫:8）　5. 石片（T0517⑫:12）　6. 彩陶片（T0916⑫:11）
8. 圆陶片（T0916⑫:10）　11. 骨鱼叉（T1411⑫:1）

线纹彩绘。可能为陶钵残片（图四二，6）。

圆陶片　形制相同，均圆形。标本T0916⑫：10，完整。粗夹砂红褐陶。系利用罐类器的残片打制而成。边缘较钝。直径5、厚0.8厘米（图四二，8）。

（2）石器

石片　标本T0517⑫：12，片麻岩。器身扁平。通体磨光。直径1.9、厚0.3厘米（图四二，5）。

（3）骨器

鱼叉　标本T1411⑫：1，柄部稍残。双倒钩，叉头短而柄部长，锋部扁尖，刃部锋利，倒钩在器身中部偏上的两侧，一侧稍长，均圆尖而锐利，柄部呈扁圆柱状。残长13厘米（图四二，11；彩版四〇，2；图版五六，6）。

第二章　仰韶文化第⑨～⑫层遗存

鱼化寨⑨~⑫层发现的遗迹主要分布于第Ⅲ发掘区的南部，在整个遗址中也位于南部，在其它区域未见遗迹单位，仅发现有少量这一时期的陶片。说明该期遗存的分布也是比较广泛的，大体上是整个台地的范围。这一时期共发现遗迹36处，遗迹单位的种类有房址、灰坑、灶址，其中房址10座，灰坑25座，灶址1座（图四三）。

第一节　房　　址

房址共发现10座，编号为F14、F32、F46、F49、F52、F69、F70、F72、F76、F86。房址的建筑方式有半地穴式与地面式两种，其中半地穴式4座，地面式6座。平面形状有长方形、梯形、椭圆形、圆形、不规则形五种，其中长方形5座，梯形、椭圆形、圆形各1座，不规则形2座。房址结构有单间式与套间式两种，其中单间房9座，套间房1座。房址全部为30平方米以下的小型房址。房址居住面有未加工、黄褐色土加工硬面、火烤硬面三种，其中黄褐色土硬面5座，火烤硬面2座，未加工3座。门向并不统一，有东、南、北、东南、西南共五种朝向，其中东向3座，北向3座，南、东南、西南向各1座，不详者1座。门道均为长方形，半地穴式房址的门道有斜坡与台阶两种形制。房内均未发现灶址。此外，有些房址内还发现有土床等设施。

下面依据房址的编号次序详细描述。

1. F14

F14位于Ⅲ区T0511、T0512、T0611、T0612内，开口于⑫层下。地面式，平面呈长方形，长4、宽3.4米。房周围墙体已毁，仅存基槽，宽0.15~0.25、深0.2米；在底部发现有一圈柱洞，共58个（D1~D58），其中东墙27个（D1~D27），南墙12个（D28~D39），西墙11个（D40~D50），北墙8个（D51~D58）。直径0.05~0.15、深0.15~0.3米。居住面为黄土加工而成的硬面，较平整。门向北，位于北墙东端，宽0.65米（图四四）。

房内无堆积。

2. F32

F32位于Ⅲ区T0611、T0612、T0711、T0712、T0811、T0812内，开口于⑫层下。地面式，平面呈长方形，东西长7.35、南北宽3.85米。房周围墙体已毁，仅存基槽，宽0.2~0.5、深

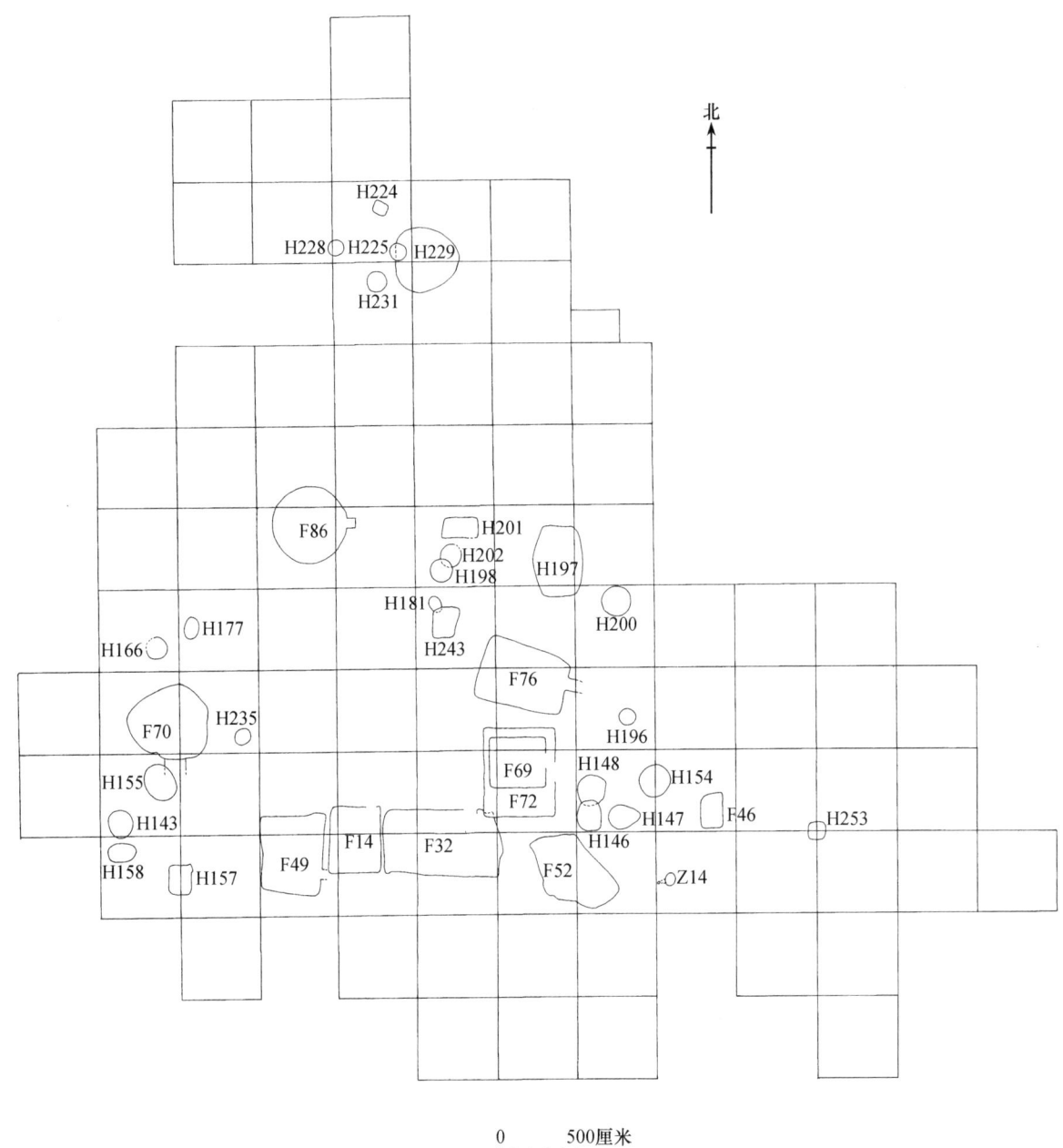

图四三　Ⅲ区⑨~⑫层下遗迹分布图

0.25米，内填疏松的灰褐色土；在底部发现一圈柱洞，共92个（D1~D92），其中西墙21个（D1~D21）、北墙15个（D22~D36）、东墙8个（D37~D44）、南墙48个（D45~D92），直径0.05~0.25、深0.15~0.25米。居住面为黄土加工而成的硬面，较为平整。在东部发现柱洞12个（D93~D104），大体呈曲尺形分布，直径0.05~0.2米。门向北，位于北墙东部，宽0.7米（图四五）。

房内堆积为浅灰色土，土质疏松，厚0.05~0.1米，出土少量陶片、石块。

陶片为主要的出土物，以细泥质橘红陶为主，粗泥质橘红陶次之，还有少量粗夹砂红褐陶与细夹砂红褐陶；纹饰以素面为主，弦纹次之，绳纹再次。

F32共出土遗物22件。以陶器为主，石器次之。

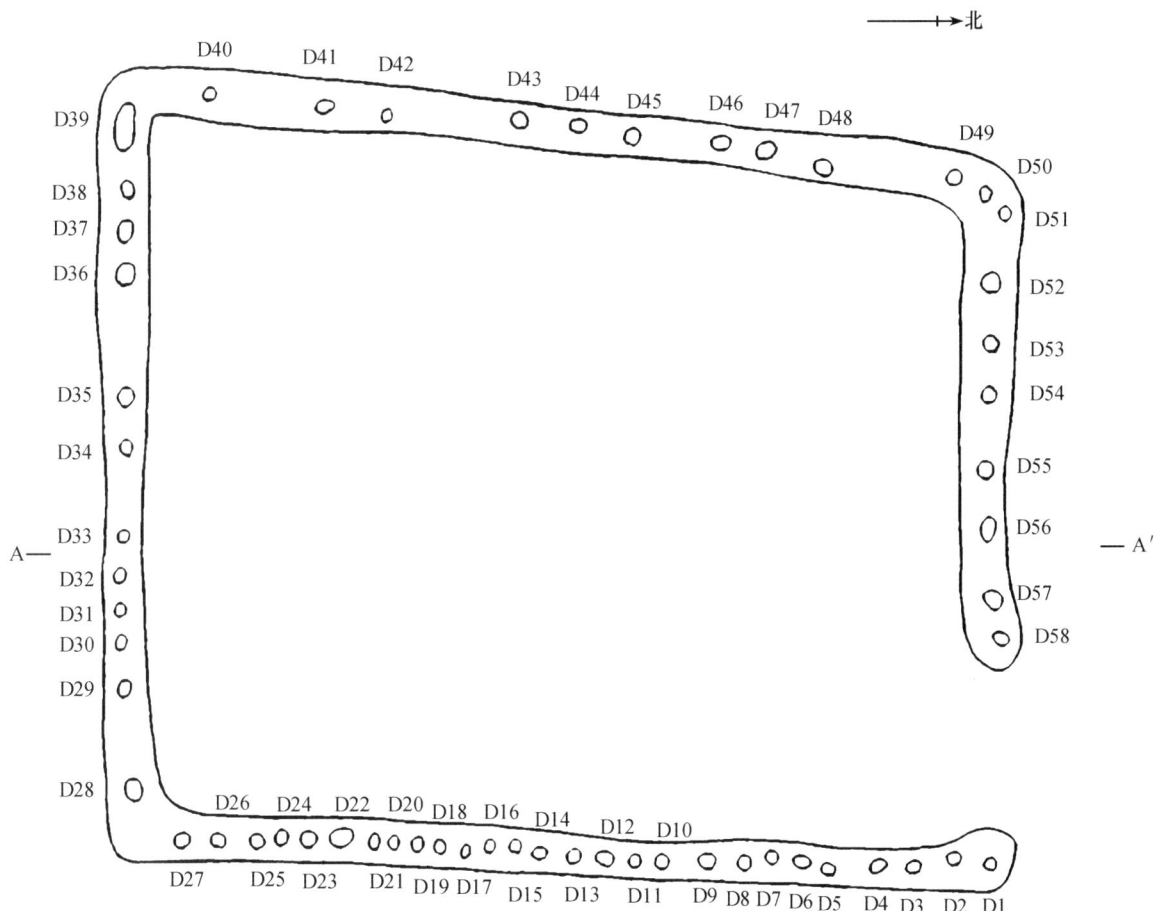

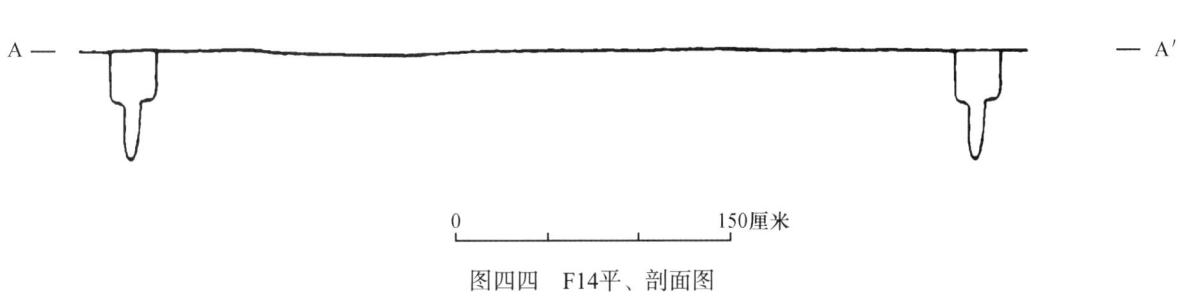

图四四 F14平、剖面图

（1）陶器

共21件。器类有瓶、盆、罐、钵、瓮、圆陶片，另有器底。

瓶 1件。标本F32：14，口沿残片。细泥质橘红陶。敛口，较矮，圆唇。器表磨光。素面。内壁可见轮修痕迹（图四六，1）。

盆 2件。均口、腹部残片。形制相同，均细泥质橘红陶，直口，折沿，沿面向外侧下斜，弧腹，器表磨光，素面。标本F32：12，直口微敛，尖唇。口沿下侧可见轮修痕迹（图四六，4）。标本F32：13，直口微敞，圆唇。内壁可见刮抹痕迹（图四六，2）。

北
D1
D2
D21
D92
D91
D22
D23
D24
D25
D96
D97
D98
D99
D100
D101
D102
D103
D104
D95
D94
D93
A
A′
D48
D47
D46
D45
D44
D43
D42
D41
D40
D39
D38
D37
D36
A
A′
0
150厘米

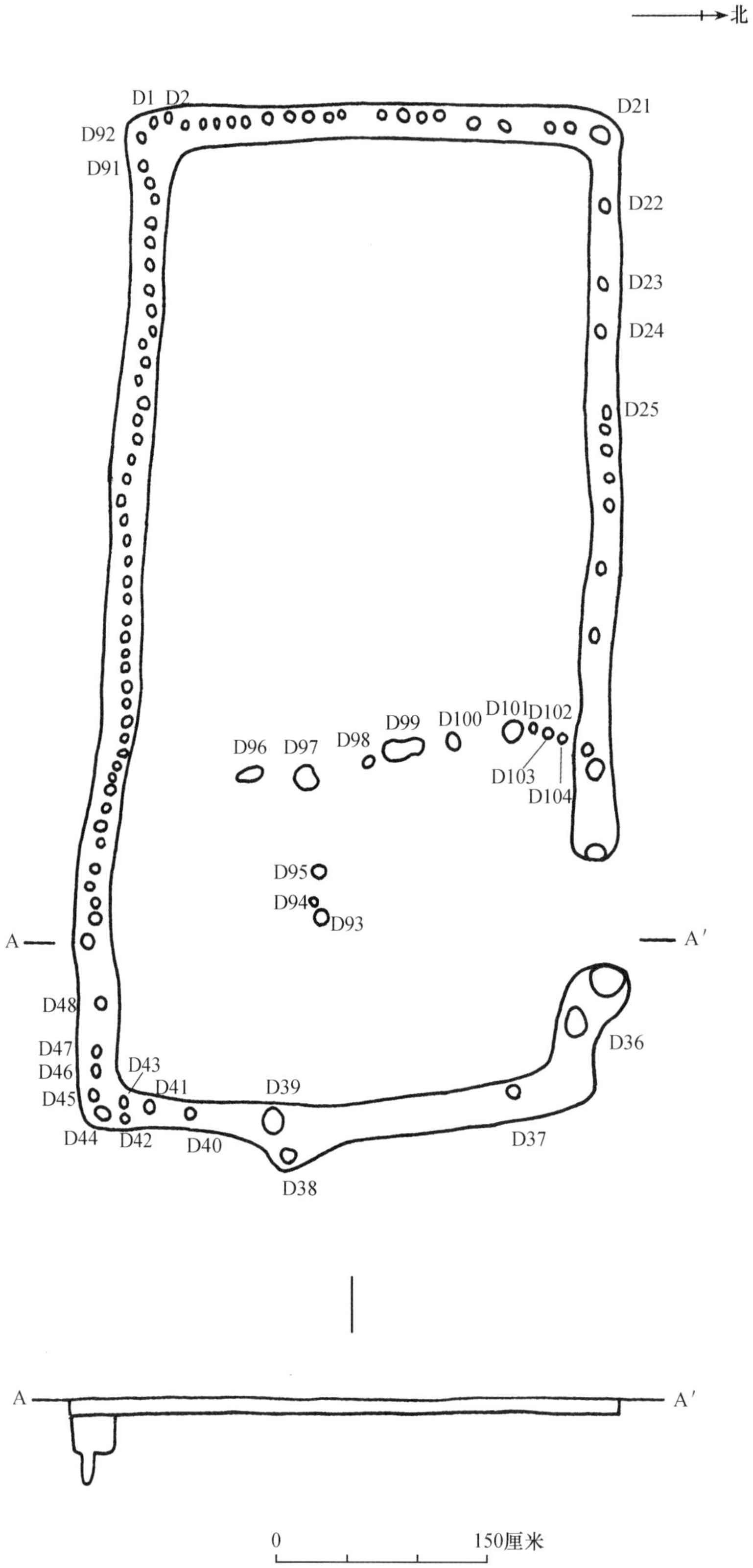

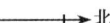

图四五　F32平、剖面图

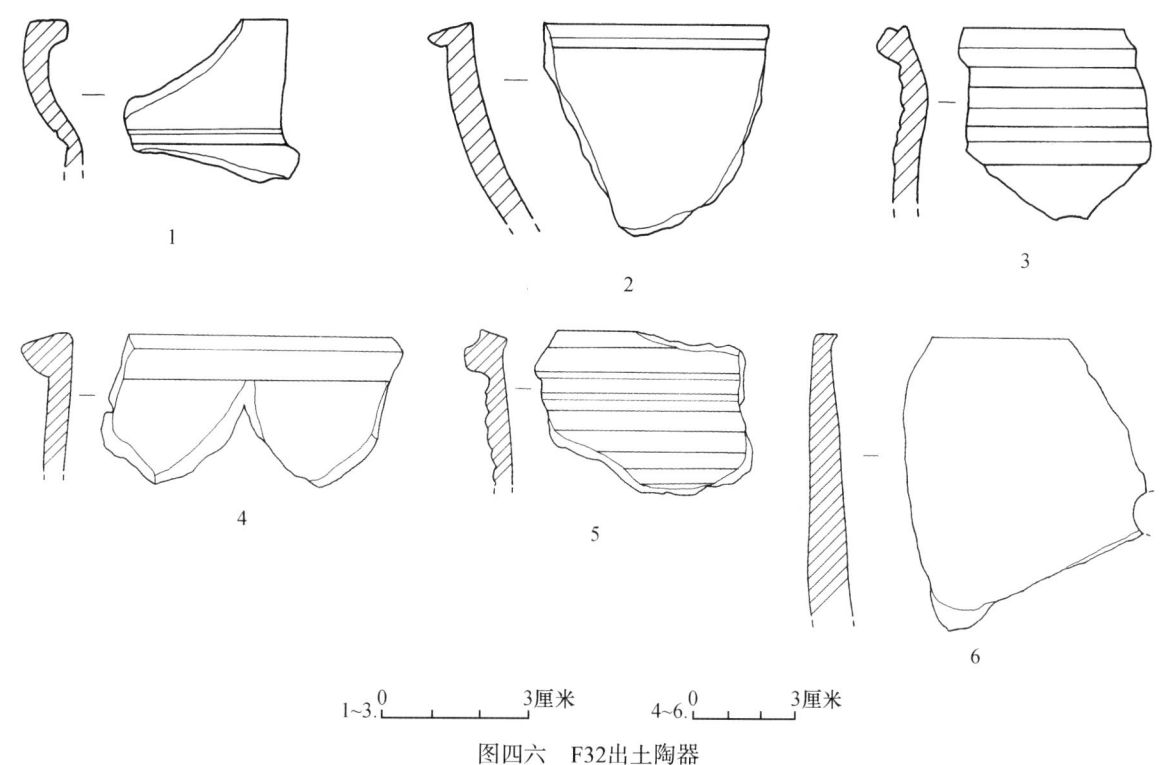

图四六　F32出土陶器

1. 瓶（F32∶14）　2、4. 盆（F32∶13、F32∶12）　3、5、6. 罐（F32∶15、F32∶18、F32∶19）

罐　3件。均口、腹部残片。标本F32∶15、F32∶18形制相同，均粗夹砂红褐陶，侈口，卷沿，方唇，唇部有一道凸棱，直腹。标本F32∶15，口沿以下饰多周弦纹（图四六，3）。标本F32∶18，口沿以下饰多周弦纹。器表有烟熏痕迹（图四六，5）。

标本F32∶19，粗夹砂红褐陶。直口，方唇，直腹，腹部有一圆孔。素面。内壁可见轮修痕迹（图四六，6）。

钵　10件。均口、腹部残片。标本F32∶6、F32∶7、F32∶8、F32∶10形制相同，均敛口，斜直腹。标本F32∶6，粗泥质橘红陶。圆唇。素面。器表可见轮修痕迹（图四七，5）。标本F32∶7，细夹砂红褐陶。圆唇。素面。内壁可见轮修痕迹（图四七，7）。标本F32∶8，细夹砂红褐陶。方唇。素面（图四七，4）。标本F32∶10，粗泥质橘红陶。方唇。腹部饰多周弦纹。内壁可见轮修痕迹（图四七，8）。

标本F32∶1、F32∶2、F32∶3、F32∶4、F32∶5、F32∶9形制相同，均直口，深弧腹，素面。标本F32∶1，细泥质橘红陶。圆唇。器表磨光。口下可见深红色叠烧痕迹（图四七，12）。标本F32∶2，细泥质橘红陶。圆唇。器表磨光。口下可见浅褐色叠烧痕迹，内壁可见轮修痕迹（图四七，2）。标本F32∶3，细泥质橘红陶。方唇。器表磨光。口下可见轮修痕迹（图四七，1）。标本F32∶4，细泥质橘红陶。圆唇。器表可见轮修与烟熏痕迹（图四七，3）。标本F32∶5，粗泥质橘红陶。口微敛，圆唇。下腹部较为粗糙。口下可见轮修痕迹，内壁可见刮抹痕迹（图四七，6）。标本F32∶9，细夹砂红褐陶。方唇。内、外壁均可见轮修痕迹（图四七，11）。

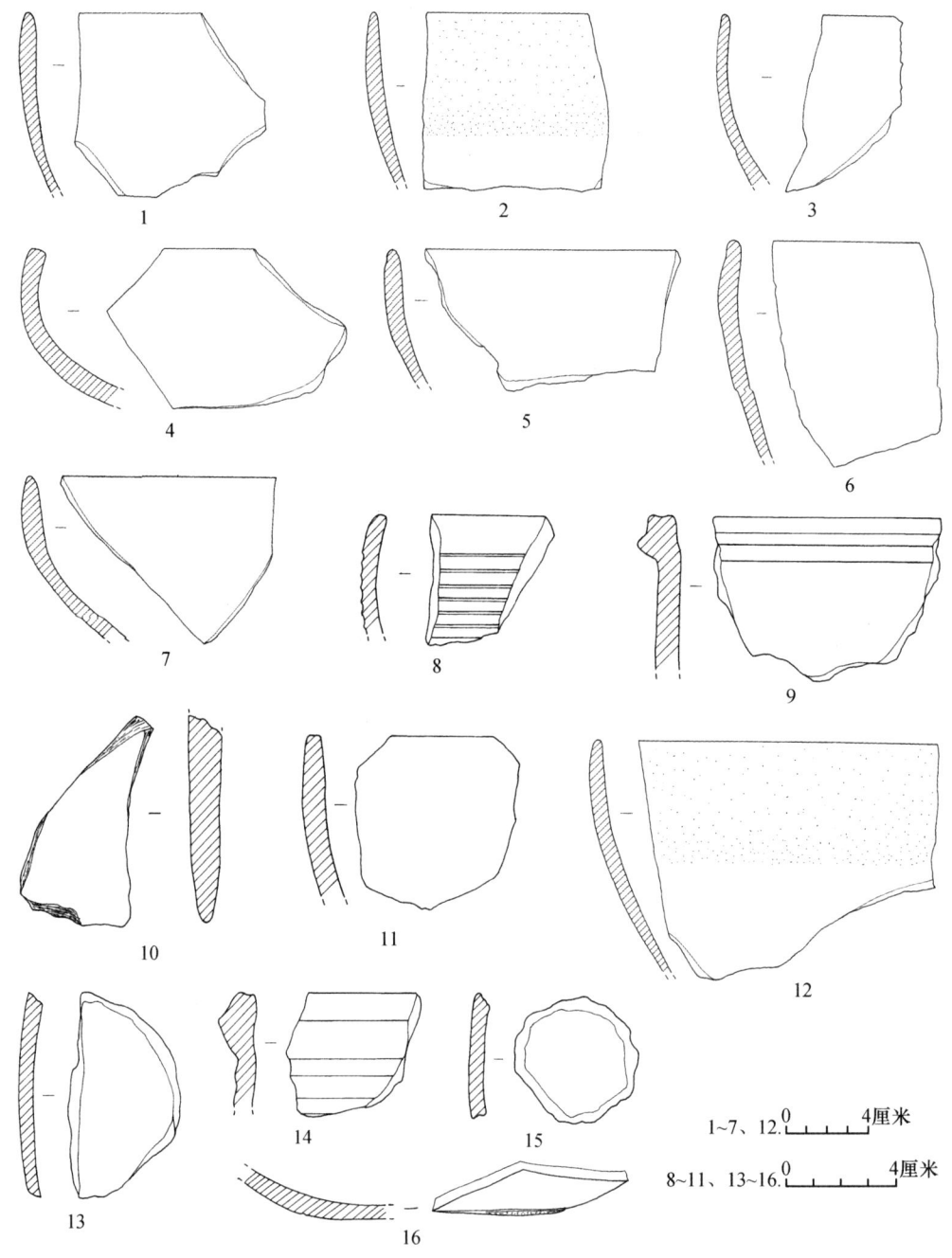

图四七 F32出土遗物

1~8、11、12.陶钵（F32：3、F32：2、F32：4、F32：8、F32：6、F32：5、F32：7、F32：10、F32：9、F32：1）
9、14.陶瓮（F32：16、F32：17） 10.残石器（F32：21） 13、15.圆陶片（F32：20-2、F32：20-1） 16.器底（F32：11）

瓮 2件。均口、腹部残片。形制相同，均粗夹砂红褐陶，口微侈，卷沿，方唇，唇部有一道凸棱，直腹。标本F32：16，沿面微曲。素面。唇部可见轮修痕迹（图四七，9）。标本F32：17，口沿以下饰多周弦纹。唇部可见轮修痕迹（图四七，14）。

器底 标本F32：11，下腹、底部残片。细泥质橘红陶。圜底，底部有一道浅细凹槽，凹槽内区域较为粗糙。器表磨光。素面。可能为钵底（图四七，16）。

圆陶片　3件。均完整。标本F32：20-1，细泥质橘红陶。系利用钵的残片打制而成。圆形，边缘较钝。直径4.6、厚0.55厘米（图四七，15）。标本F32：20-2，细泥质橘红陶。系利用钵的口部残片打制边缘而成。半圆形，边缘稍钝。器表可见深红色叠烧痕迹。直径7.4、直径0.5厘米（图四七，13）。

（2）石器

1件。残石器。标本F32：21，石英岩。平面大体呈三角形，器身扁平。两面均磨光。残长7.5、厚1.2厘米（图四七，10）。

3. F46

F46位于Ⅲ区T1012东南部，开口于⑫层下。半地穴式，平面呈不规则形，口大底小，口部长径2.2、短径1.26、残深0.32米。居住面稍经加工，不甚平整。房内共发现柱洞7个（D1~D7），直径0.04~0.08、深0.04米。门不详（图四八）。

房内堆积为灰褐色土，土质较为致密，厚0.32米，包含有零星的火烧土颗粒，出土少量陶片，另有骨头。

陶片全部为细泥质橘红陶；纹饰均为素面。

F46共出土遗物4件。全部为陶器。器类有钵、锉，另有器底。

钵　3件。均口、腹部残片。形制相同，均细泥质橘红陶，直口，深弧腹，器表磨光，素面。标本F46：1，圆唇。口下可见浅红色叠烧痕迹，内壁可见轮修痕迹（图四九，1）。标本F46：2，圆唇。口下可见浅褐色叠烧痕迹（图四九，2）。标本F46：3，尖圆唇。器表可见轮修痕迹（图四九，3）。

器底　标本F46：4，下腹、底部残片。细泥质橘红陶。下腹斜直，平底，底心内凹。器表磨光。素面。可能为钵底。底径6.7、残高2厘米（图四九，5）。

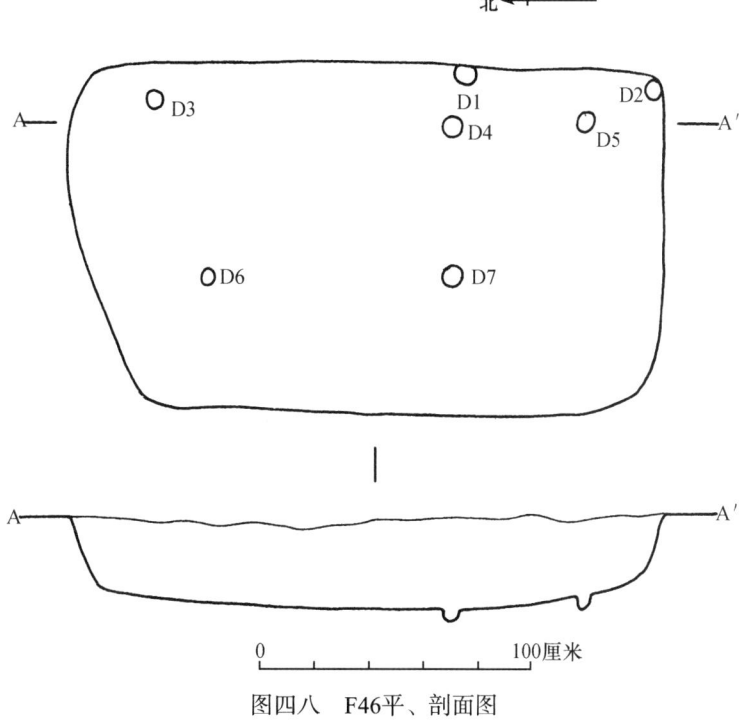

图四八　F46平、剖面图

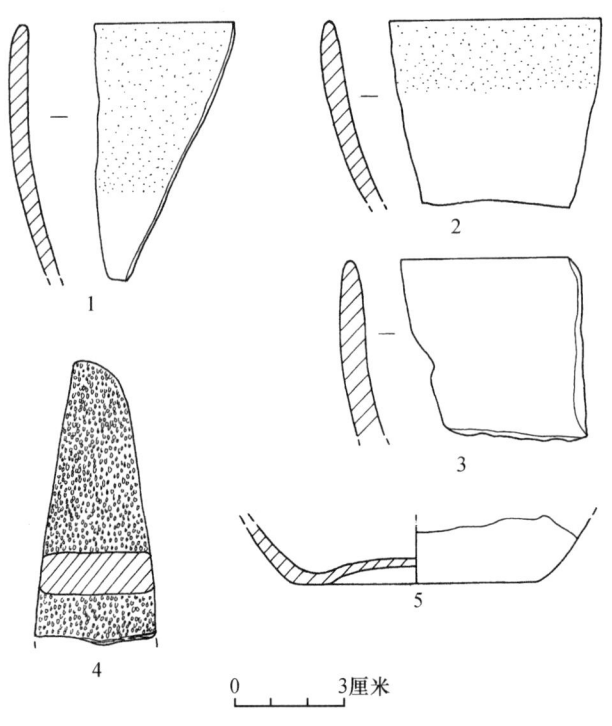

图四九　F46出土陶器

1~3. 陶钵（F46：1、F46：2、F46：3）　4. 陶锉（F46：5）　5. 器底（F46：4）

锉　1件。标本F46：5，一端残。细泥质橘红陶。残存部分平面呈三角形，横断面呈长方形，锐尖，两侧边较直。器表麻点清晰，密度较大。残长7.5、最宽处3.3、厚1.1厘米（图四九，4）。

4. F49

F49位于Ⅲ区T0511、T0512内，开口于⑪层下。地面式，平面呈梯形，南北长5、北宽4.14、南宽3.6米。房周围墙体已毁，仅存基槽，宽0.1~0.2、深0.15~0.18米，内填疏松的浅灰色土；在底部发现一圈柱洞，共90个（D1~D90），其中北墙18个（D1~D18），东墙19个（D19~D37），南墙26个（D38~D63），西墙27个（D64~D90），直径0.05~0.08、深0.05~0.1米、柱间距0.05~0.25米，以0.12米左右居多，内填疏松的浅灰色土，个别柱洞内保存有朽木痕迹。居住面略经加工，较为平整。房内中部发现2个柱洞（D91、D92），直径分别为0.06、0.12米。门向东，位于东墙南部。门道呈长方形，残长0.18、宽0.62米（图五〇）。

房内堆积为少量疏松的浅灰色土，出土少量陶片，另有骨头。

陶片以细泥质橘红陶为主，粗夹砂红褐陶次之，还有少量细夹砂红褐陶与粗泥质橘红陶；纹饰以素面为主，弦纹次之，绳纹再次。

F49共出土遗物22件。以陶器为主，牙器次之。

（1）陶器

21件。器类有瓶、盆、罐、钵、器盖、圆陶片、锉。

瓶　1件。标本F49：10，口沿残片。细夹砂红褐陶。敛口，较为短矮，方唇。素面。器表可见轮修痕迹。口径8、残高5厘米（图五一，4）。

第二编　发掘资料

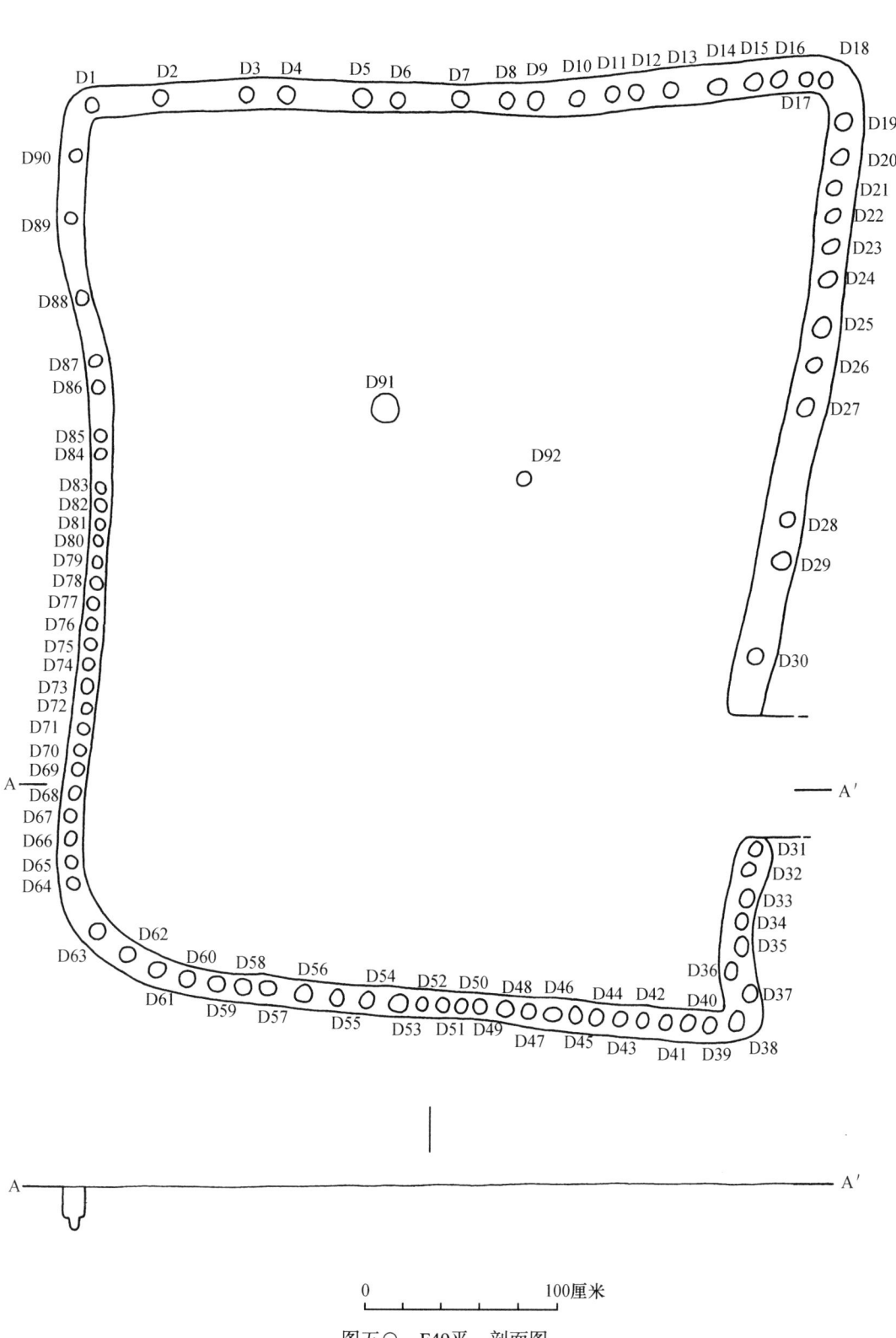

图五〇　F49平、剖面图

盆　1件。标本F49∶9，口、腹部残片。粗泥质橘红陶。直口微敛，平折沿，圆唇，弧腹。器表磨光。素面。内壁可见轮修痕迹（图五一，1）。

罐　4件。均口、腹部残片。形制相同，均粗夹砂红褐陶，侈口，卷沿，方唇，唇部有一道凸棱。标本F49∶11，直腹。口沿以下饰多周弦纹。外沿面可见轮修痕迹（图五一，6）。标本F49∶12，腹微鼓。口沿以下饰多周弦纹。唇部可见烟熏痕迹（图五一，5）。标本F49∶13，腹微鼓。腹部饰竖向绳纹。外沿面可见轮修痕迹（图五一，3）。标本F49∶15，直腹。口沿以下饰多周弦纹。器表可见烟熏痕迹（图五一，2）。

钵　5件。均口、腹部残片。标本F49∶1、F49∶2形制相同，均细泥质橘红陶，直口，深弧腹，器表磨光，素面。标本F49∶1，方唇。口下可见浅褐色叠烧痕迹（图五一，9）。标本F49∶2，圆唇。口下可见浅褐色叠烧痕迹，内壁可见轮修痕迹（图五一，8）。

标本F49∶3、F49∶4形制相同，均敛口，方唇，斜直腹，素面。标本F49∶3，细夹砂红褐陶。内、外壁均可见轮修痕迹（图五一，12）。标本F49∶4，粗泥质橘红陶。器表可见轮修痕迹（图五一，7）。

器盖　2件。均口、壁残片。形制相同，均粗夹砂红褐陶，敞口，方唇，弧壁。标本F49∶6，器表饰多周弦纹（图五一，10）。标本F49∶7，器表饰横向划纹。内壁可见轮修痕迹与烟熏痕迹（图五一，11）。

圆陶片　6件。均完整。形制相同，细泥质橘红陶，圆形。标本F49∶16-1，系利用钵的口部残片打制而成。边缘锋利。一面可见浅褐色叠烧痕迹。直径5.7、厚0.5厘米（图五一，13）。标本F49∶16-2，系利用钵的残片打制而成。边缘稍钝。直径4、厚0.5厘米（图五一，14）。

锉　2件。形制相同。标本F49∶17，两端均残。细泥质橘红陶。残存部分平面略呈梯形，横断面呈圆角长方形。器表麻点清晰，密度较小。残长4.3、宽1.6~2.6、厚1厘米（图五一，15）。

（2）牙器

1件。锥。标本F49∶18，完整。系利用猪的下犬齿磨制而成。器身弯曲，在牙根处磨成一锋利的尖。通体磨光。长4.2厘米（图五一，16）。

5. F52

F52位于Ⅲ区T0811、T0911内，开口于⑫层下。半地穴式，平面呈不规则形，长径5.4、短径3、残深0.75米。居住面为黄土加工而成的硬面，较为平整。东北部有一平台，呈曲尺状，长5.4、宽0.34~1.9、高0.12~0.22米。房内共发现柱洞11个（D1~D11），均贴近墙壁，形状有圆形和椭圆形。其中圆形柱洞6个（D3、D7~D11），直径0.13~0.18米。其余为椭圆形，长径0.16~0.18、短径0.08~0.16米。门向西南，宽1米，内侧有一半月形台阶，长1.32、最宽处0.6、高0.3米。门口处有一凹槽，长1、宽0.22、深0.08米，底部有3个柱洞（D12~D14），大小相同，直径0.06、深0.18米（图五二）。

房内堆积为灰褐色土，土质致密，出土陶片较多，另有石块、骨头。

陶片以粗夹砂红褐陶和粗泥质橘红陶为主，细泥质橘红陶次之，还有少量细夹砂橘红陶及细夹砂红褐陶；纹饰以素面居多，绳纹和弦纹次之（表一）。

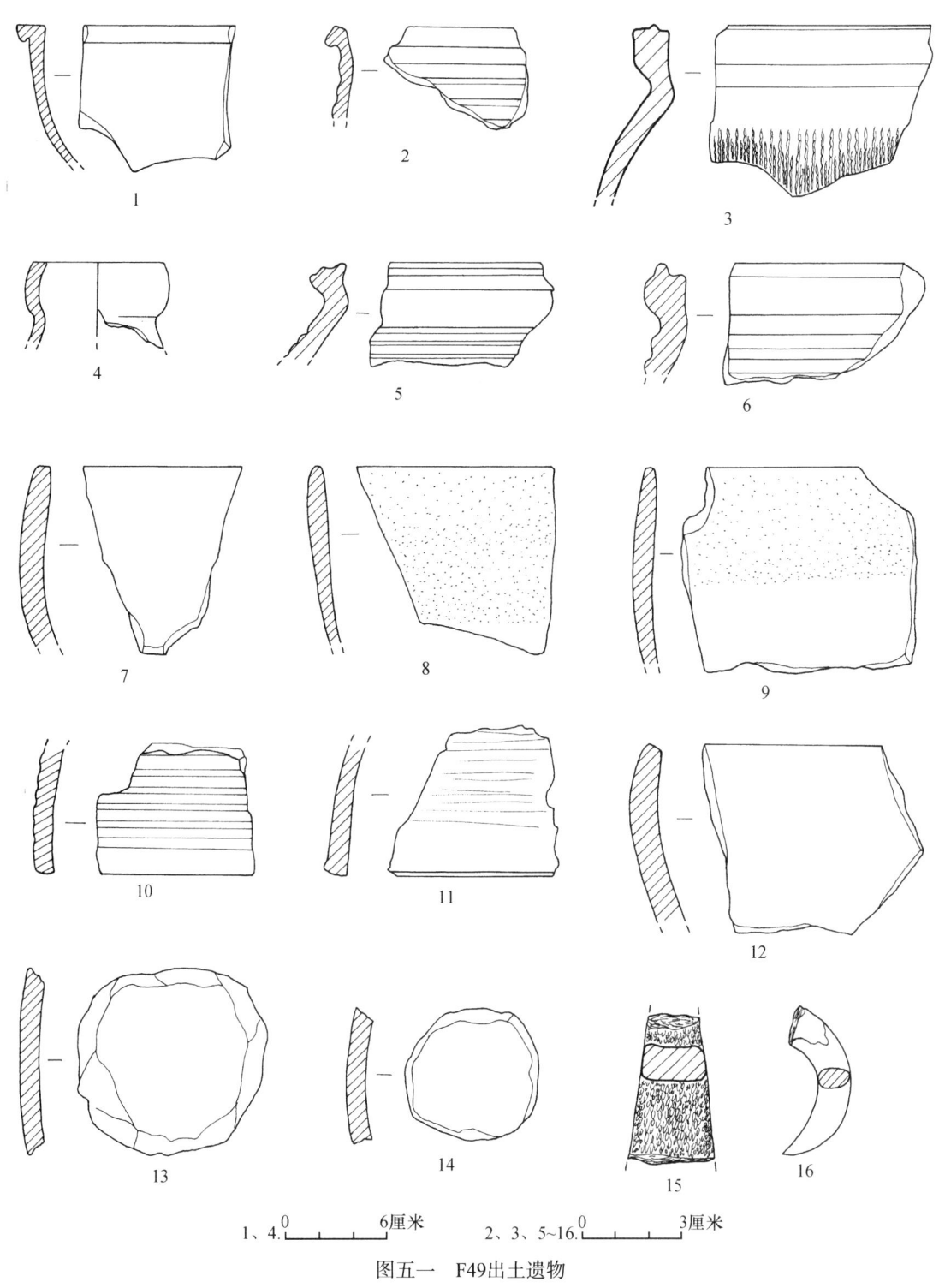

图五一　F49出土遗物

1. 陶盆（F49∶9）　2、3、5、6. 陶罐（F49∶15、F49∶13、F49∶12、F49∶11）　4. 陶瓶（F49∶10）
7～9、12. 陶钵（F49∶4、F49∶2、F49∶1、F49∶3）　10、11. 器盖（F49∶6、F49∶7）
13、14. 圆陶片（F49∶16-1、F49∶16-2）　15. 陶锉（F49∶17）　16. 牙锥（F49∶18）

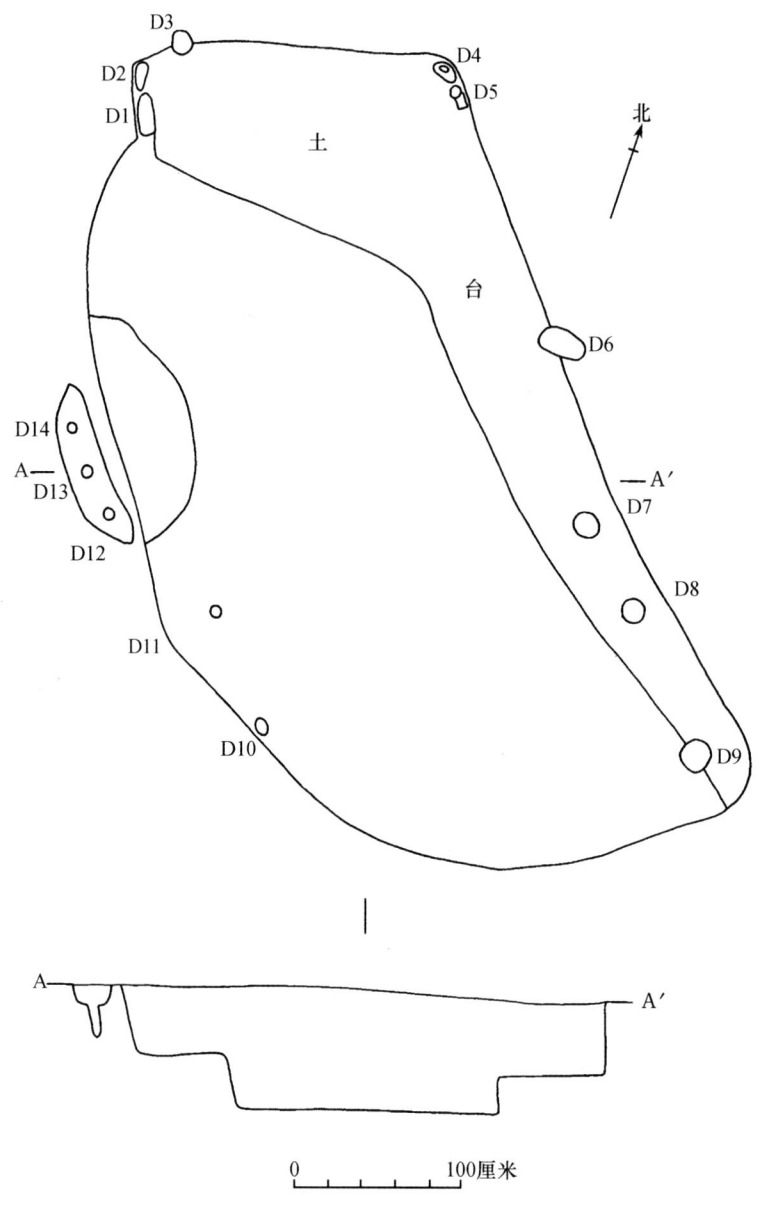

图五二　F52平、剖面图

表一　F52陶系统计表　　　　　　　　　　　　　　　　　　　　（单位：kg）

陶质 陶色 纹饰	细泥质 橘红	粗泥质 橘红	细夹砂 橘红	粗夹砂 红褐		合计	百分比（%）	
素面		0.40	0.03	0.06	0.24	0.73	55.73	100
素面+磨光	0.21					0.21	16.03	
绳纹					0.19	0.19	14.50	
弦纹		0.07			0.11	0.18	13.74	
合计	0.21	0.47	0.03	0.06	0.54	1.31		
	1.31							
百分比（%）	16.03	35.88	2.29	4.58	41.22			
	100							

F52共出土遗物22件。以陶器为主，石器次之，角器再次。

（1）陶器

18件。器类有瓶、盆、罐、钵、圆陶片、锉，另有器耳（表二）。

瓶 2件。均口沿残片。形制相同。标本F52：7，细夹砂红褐陶。环形口，十分短矮，圆唇。素面。内壁可见轮修痕迹。复原口径6.8、残高4厘米（图五三，5）。

表二 F52器形统计表　　　　　　　　　　　　　　　　（单位：件）

陶质	细泥质	粗泥质			细夹砂	粗夹砂		合计	百分比（%）	
陶色	橘红	橘红			红褐	红褐				
纹饰 器形	素面+磨光	素面	素面+磨光	弦纹	素面	素面	绳纹			
罐　口						2	2	5	35.71	100
罐　底						1				
钵	4							4	28.57	
瓶		1			1			2	14.29	
盆	1		1	1				3	21.42	
合计	5	1	1	1	1	3	2	14		
	14									
百分比（%）	35.71	7.14	7.14	7.14	7.14	21.42	14.29			
	100									

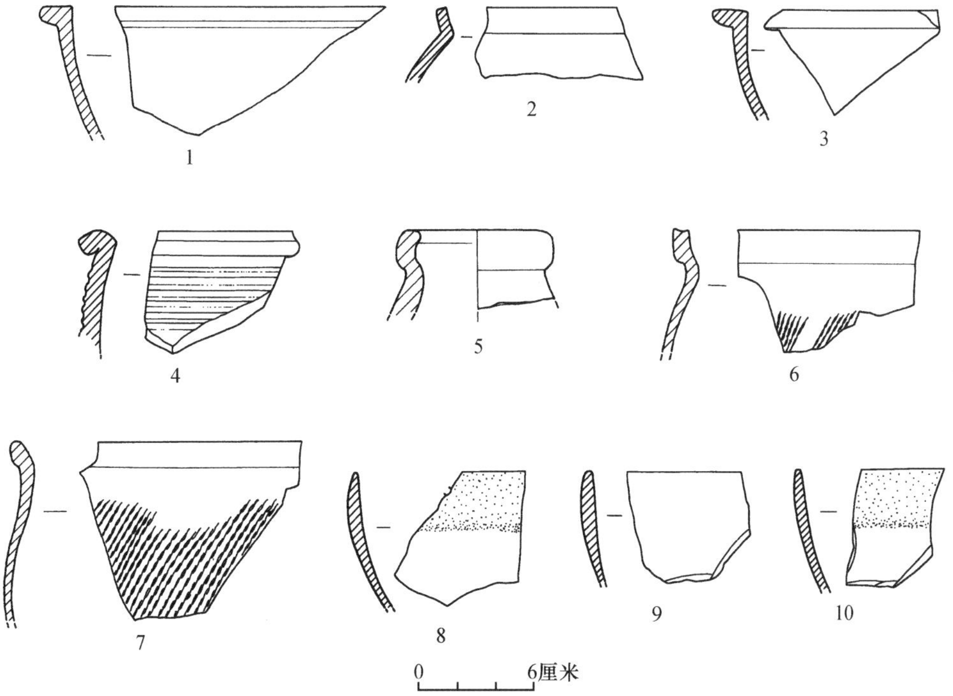

图五三　F52出土陶器

1、3、4. 盆（F52：6、F52：4、F52：5）　2、6、7. 罐（F52：8、F52：10、F52：9）　5. 瓶（F52：7）
8~10. 钵（F52：1、F52：3、F52：2）

盆　3件。均口、腹部残片。形制相同，直口，平折沿，圆唇，弧腹，器表磨光。标本F52：4，细泥质橘红陶。素面。外沿面可见轮修痕迹（图五三，3）。标本F52：5，粗泥质橘红陶。直口微敛，沿面上鼓，圆唇，口沿以下饰多周弦纹。唇部可见轮修痕迹（图五三，4）。标本F52：6，粗泥质橘红陶。直口微敞。素面。唇部可见轮修痕迹。器表可见烟熏痕迹（图五三，1）。

罐　5件。均口、腹部残片。标本F52：9，粗夹砂红褐陶。侈口，卷沿，圆唇，腹部较直。腹部饰右上至左下斜向绳纹（图五三，7）。

标本F52：8、F52：10形制相同，均粗夹砂红褐陶，侈口，卷沿，沿面微曲，方唇，鼓腹。标本F52：8，素面。外沿面可见轮修痕迹。器表可见烟熏痕迹（图五三，2）。标本F52：10，腹部饰右上至左下斜向绳纹。外沿面可见轮修痕迹。口部可见烟熏痕迹（图五三，6）。

钵　4件。均口、腹部残片。形制相同，均细泥质橘红陶，直口，方唇，深弧腹，器表磨光，素面。标本F52：1，口下有一个由内外单面钻成的圆孔。口下可见浅褐色叠烧痕迹（图五三，8）。标本F52：2，口下可见深红色叠烧痕迹（图五三，10）。标本F52：3，表层有部分剥落。口下可见轮修痕迹（图五三，9）。

器耳　标本F52：11，腹部残片。粗泥质橘红陶。弧腹，有一竖向扁圆桥形耳。素面。可能为瓶耳（图五四，3）。

圆陶片　2件。均完整。形制相同，细泥质橘红陶，圆形。标本F52：12-1，系利用钵的口沿残片打制而成，保留部分沿面。边缘较锋利。一面可见深红色叠烧痕迹。直径4.5、厚0.4厘米（图五四，1）。标本F52：12-2，系利用钵的口部残片打制而成。边缘稍钝。一面可见深红色叠烧痕迹。直径4.7、厚0.5厘米（图五四，2）。

锉　2件。标本F52：13，一端残。细泥质橘红陶。残存部分平面呈三角形，两侧边较直，横断面呈圆角长方形，锐尖。器表麻点清晰，密度较大。残长5.7、最宽处2.8、厚0.7厘米（图五四，7）。标本F52：14，两端均残。细泥质橙黄陶。残存部分平面略呈梯形，横断面呈圆角长方形。器身麻点清晰，密度较小。残长10.2、最宽处4.2、厚0.8厘米（图五四，8）。

（2）石器

3件。器类有雕刻器、研磨器。

雕刻器　2件。标本F52：15，稍残。石英岩。平面略呈梯形，横断面呈三角形，两面平坦，均磨光。刃部使用磨损较重。周缘可见打制痕迹。残长5.8厘米（图五四，4）。

标本F52：16，残。石英岩。残存部分呈楔形。两面平坦，均磨光。周缘可见打制痕迹。刃部可见使用形成的细小疤痕。残长6.8厘米（图五四，5）。

研磨器　1件。标本F52：17，完整。石英细砂岩。椭圆形饼状。一面平坦，另一面稍鼓。平坦一面可见使用痕迹，稍鼓一面可见打制痕迹。长8.4、宽6.5、厚3.5厘米（图五四，6；图版五七，1）。

（3）角器

1件。锥。标本F52：18，尾端残。系利用梅花鹿角磨制而成。器身稍弯曲，横断面呈椭圆形，尖部较钝。尖部可见劈裂痕迹。通体磨光。长14.4厘米（图五四，9；图版五七，3）。

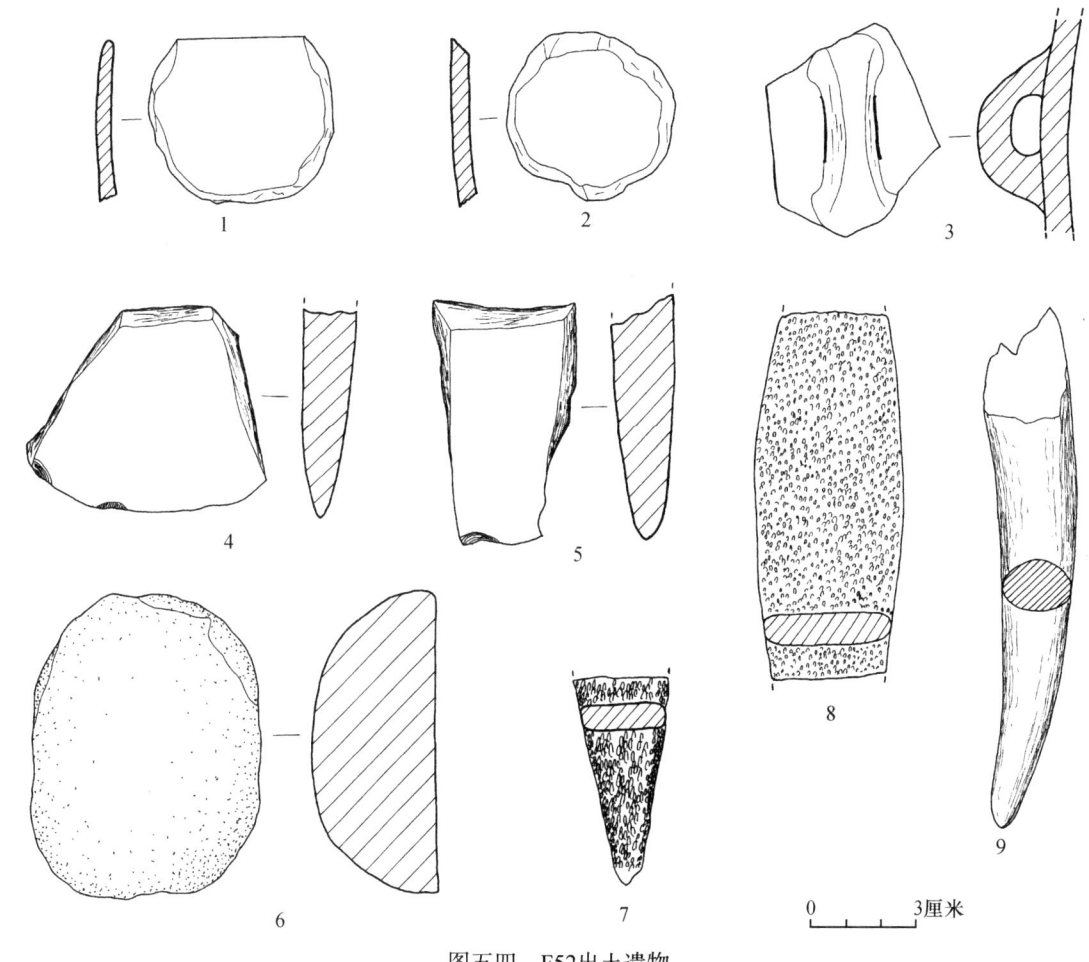

图五四　F52出土遗物

1、2. 圆陶片（F52∶12-1、F52∶12-2）　3. 器耳（F52∶11）　4、5. 雕刻器（F52∶15、F52∶16）　6. 研磨器（F52∶17）
7、8. 陶锉（F52∶13、F52∶14）　9. 角锥（F52∶18）

6. F69

F69位于Ⅲ区T0712、T0713、T0812、T0813内，开口于⑩层下。地面式，平面呈长方形，东西长3.6、南北宽2.98米。房周围墙体已毁，仅存基槽，宽0.2、深0.2米，内填较为疏松的黑褐色土；在底部发现一圈柱洞，共41个（D1～D41），其中北墙14个（D1～D14），东墙6个（D15～D20），南墙10个（D21～D30），西墙11个（D31～D41），直径0.05～0.08、深0.08～0.16米，柱间距以0.2米左右居多。居住面为黄土加工的硬面，经烧烤而呈黑褐色，较为平整。门向东，位于东墙中部，宽0.7米（图五五）。

房内堆积为浅灰色土，土质疏松，厚0.05～0.15米，包含有少量黄土块，出土少量陶片，另有兽骨。

陶片以细泥质橘红陶为主，粗夹砂红褐陶次之；纹饰以素面为主，弦纹次之。

F69共出土遗物7件。全部为陶器。器类有罐、钵，另有器底。

罐　2件。均口、腹部残片。形制相同，粗夹砂红褐陶，侈口，卷沿，方唇，腹部微鼓。标本F69∶6，唇部有一道浅细凹槽。素面。器表可见轮修痕迹与烟熏痕迹（图五六，3）。标本

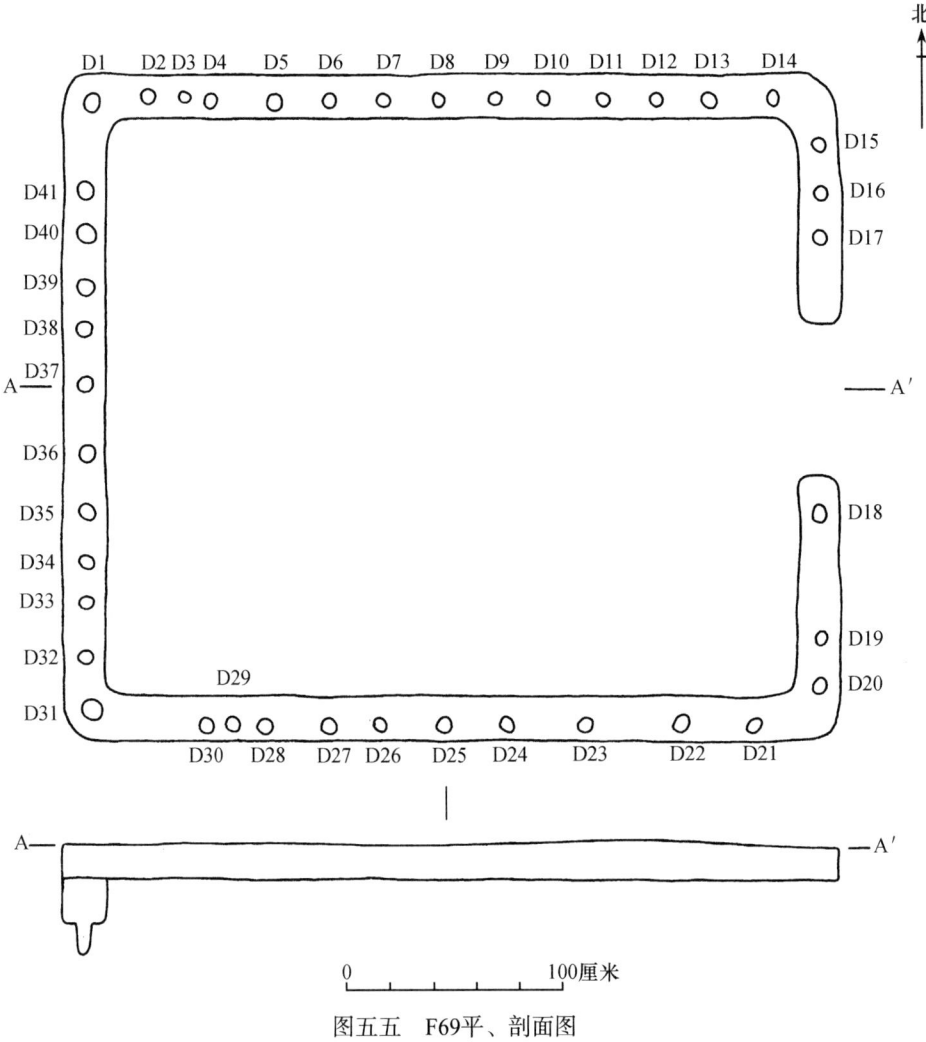

图五五 F69平、剖面图

F69：7，沿面微曲，唇部有一道凸棱。口沿以下饰多周弦纹。沿面可见轮修痕迹（图五六，1）。

钵 5件。均口、腹部残片。形制相同，细泥质橘红陶，直口，深弧腹，器表磨光，素面。标本F69：1，圆唇。口下可见深红色叠烧痕迹（图五六，5）。标本F69：2，圆唇。口下可见深红色叠烧痕迹与轮修痕迹（图五六，4）。标本F69：3，方唇。口下可见轮修痕迹（图五六，2）。标本F69：4，圆唇。口下可见深红色叠烧痕迹（图五六，6）。标本F69：5，尖圆唇。口下可见浅褐色叠烧痕迹（图五六，7）。

器底 标本F69：8，下腹、底部残片。细泥质橘红陶。下腹斜直，平底。器表磨光。腹、底相接处饰一周竖向指甲纹。底部可见烟熏痕迹。可能为钵或盆底。复原底径16.5、残高3.3厘米（图五六，8）。

7. F70

F70位于Ⅲ区T0312、T0313、T0412、T0413内，开口于⑪层下。半地穴式，平面大体呈椭圆形，长径5、短径4.55、深0.6～1米。居住面周围高，中间低，高差0.2米，为黄褐色土与深灰色土掺和铺就，平整坚硬。房内西部、东北部、东南部各有一个平台，均呈不规则形。西部平台长径

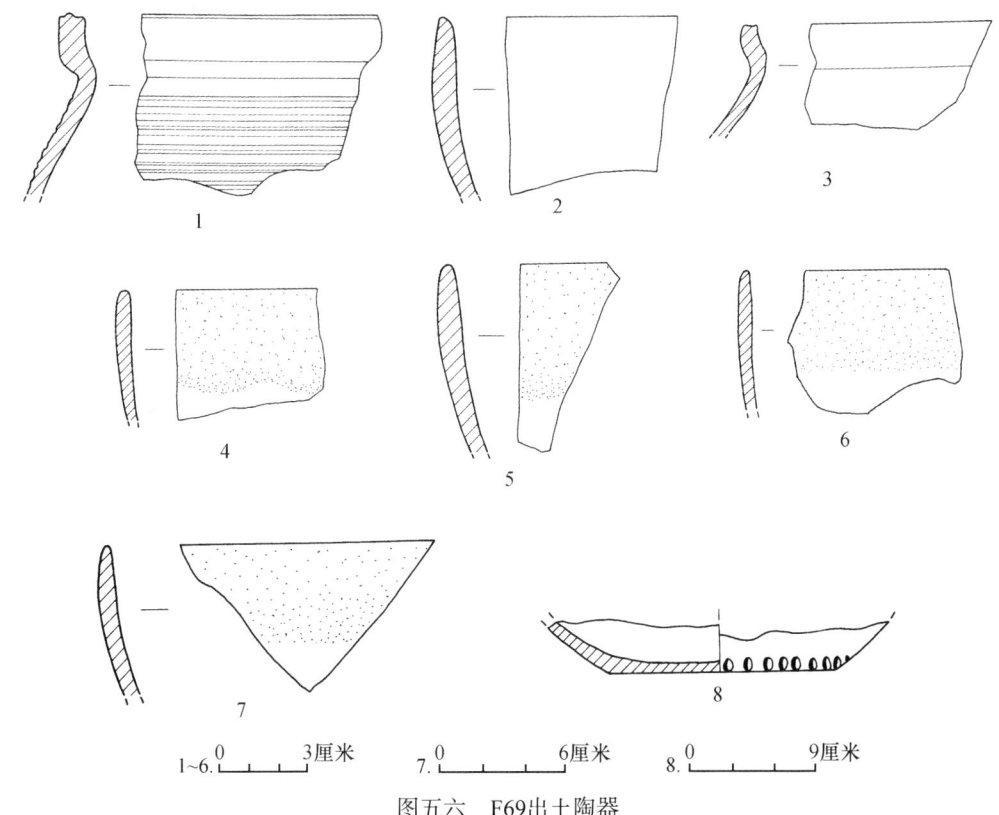

图五六 F69出土陶器

1、3.陶罐（F69:7、F69:6） 2、4~7.陶钵（F69:3、F69:2、F69:1、F69:4、F69:5） 8.器底（F69:8）

3.7、短径2、高0.3米；东北部平台长径2.2、短径1.3、高0.4米；东南部平台长径2.75、短径2.6、高0.35米。平台底部垫有黄土，厚0.1~0.15米，黄土之上有一层厚5厘米的草木灰。平台表面有长期踩踏而成的硬面，呈灰褐色，厚0.05~0.08米。房内共发现3个柱洞（D1~D3），分别位于3个平台上，直径0.25~0.35、深0.3~0.55米。门向南。门道长方形，底部呈南高北低的斜坡状。残长0.8、宽1.25米。进门处有一凹槽，东西长2.2、南北宽0.15~0.2、深0.5米。底部发现一排圆形与椭圆形柱洞11个（D4~D14），柱洞直径0.05~0.1米，柱间距0.15~0.25米（图五七）。

房内堆积可分为5层：第①层为红褐色土，土质致密，厚0.3米，出土有少量陶片，另有骨头；第②层为黄褐色土，土质较疏松，厚0.15米，出土少量陶片，另有兽骨、蚌壳；第③层为深褐色土，土质疏松，厚0.2米，无出土物；第④层为浅

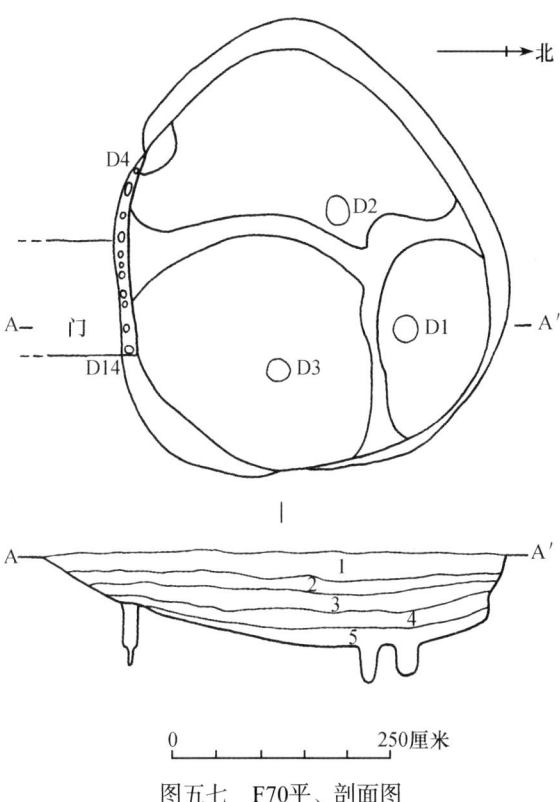

图五七 F70平、剖面图

灰色土，土质疏松，厚0.2米，无出土物；第⑤层为浅褐色土，土质致密，夹杂有火烧土块，厚0.2米，出土大量陶片。

陶片为主要的出土物，以细泥质橘红陶为主，粗夹砂红褐陶次之，粗泥质橙黄陶再次，还有少量细泥质橙黄陶与细夹砂红褐陶；纹饰以素面占绝大多数，并有少量绳纹、弦纹、交错绳纹（表三）。

F70共出土遗物4件。全部为陶钵，另有器耳。

表三　F70陶系统计表　　　　　　　　　　　　　　　　（单位：kg）

陶质 陶色 纹饰	细泥质		粗泥质	细夹砂	粗夹砂	合计		百分比（%）	
	橘红	橙黄	橙黄	红褐	红褐				
素面	0.68	0.54	1.38	0.60	1.66	4.86		54.55	
素面+磨光	2.98					2.98	8.91	33.45	100
绳纹					0.29	0.29		3.25	
弦纹					0.41	0.41		4.60	
交错绳纹					0.37	0.37		4.15	
合计	3.66	0.54	1.38	0.60	2.73				
	8.91								
百分比（%）	41.08	6.06	15.49	6.73	30.64				
	100								

钵　4件。均口、腹部残片。标本F70：1、F70：2、F70：3形制相同，均细泥质橘红陶，直口，深弧腹，素面。标本F70：1，圆唇。器表磨光。口下可见深红色叠烧痕迹（图五八，1）。标本F70：2，方唇。口下可见浅褐色叠烧痕迹（图五八，4）。标本F70：3，圆唇。口下可见轮修痕迹（图五八，3）。

标本F70：4，细夹砂红褐陶。敛口，方唇，斜直腹。素面。内、外壁均可见轮修痕迹（图五八，2）。

器耳　标本F70：5，腹部残片。细泥质橘红陶。弧腹，有一竖向扁圆桥形耳。器表磨光。素面。内壁可见泥条盘筑与轮修痕迹。可能为瓶耳（图五八，5）。

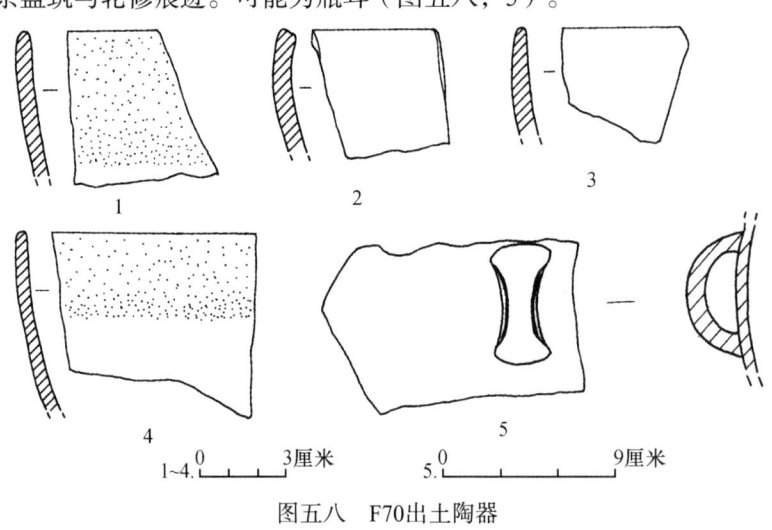

图五八　F70出土陶器
1~4. 钵（F70：1、F70：4、F70：3、F70：2）　5. 器耳（F70：5）

8. F72

F72位于Ⅲ区T0712、T0713、T0812、T0813内，开口于⑩层下，中部被F69打破。地面式，平面呈长方形，南北长5.4、东西宽4.5米。房周围墙体已毁，仅存基槽，宽0.2、深0.2米，内填疏松的青灰色土；在底部发现一圈柱洞，共48个（D1～D48），其中北墙15个（D1～D15），东墙13个（D16～D28），南墙7个（D29～D35），西墙13个（D36～D48），直径0.03～0.05、深0.05～0.1米，柱间距0.04～0.2米。北墙外侧有5个柱洞（D49～D53），直径0.2～0.3、深0.3～0.4米，柱间距1.4～1.8米。居住面为青灰色土加工而成的硬面，较为平整。门向东，位于东墙中部，宽1米（图五九）。

房内堆积为黑褐色土，土质疏松，厚0.3米，出土少量陶片，另有石块。

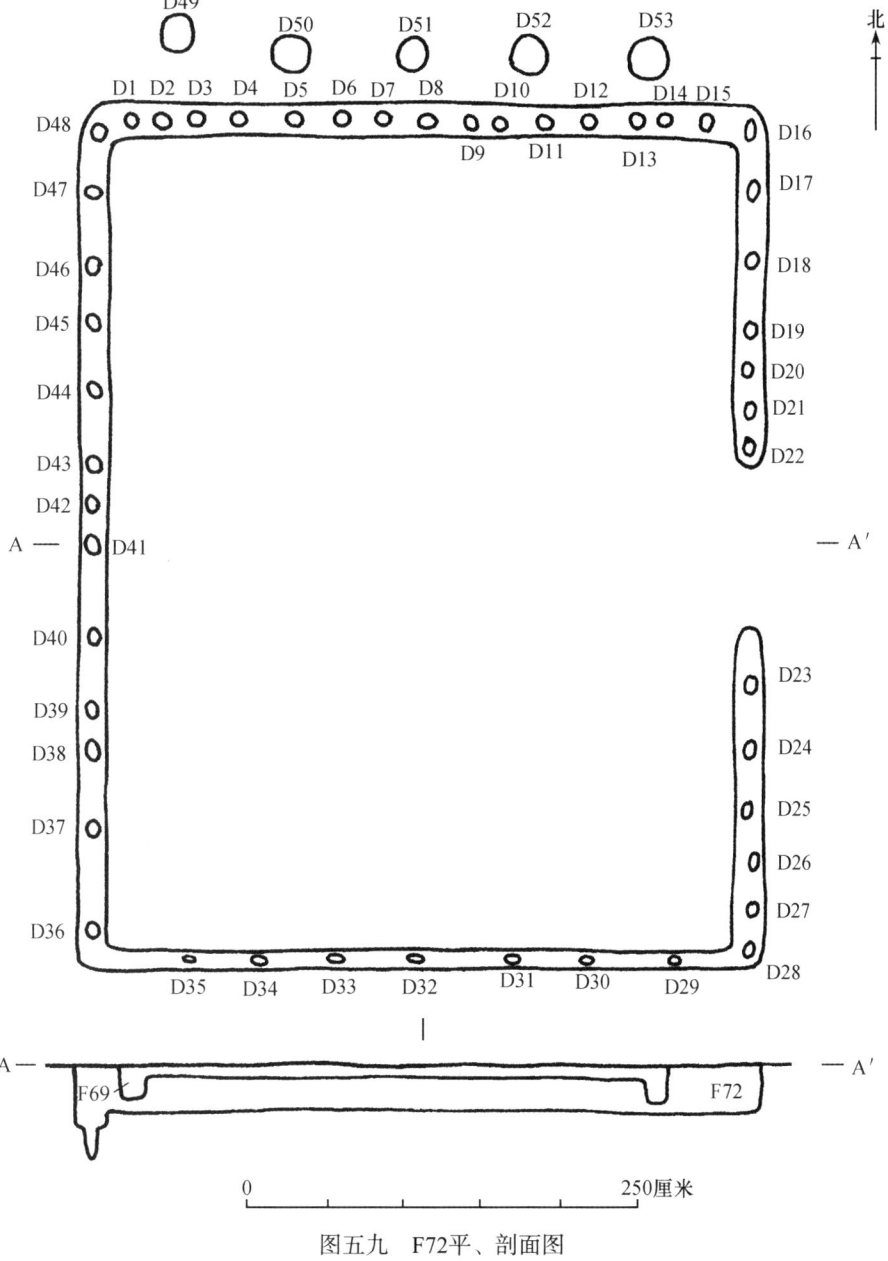

图五九 F72平、剖面图

陶片以细泥质橘红陶为主，另有少量细夹砂红褐陶、细夹砂橘红陶、粗夹砂红褐陶；纹饰以素面为主，绳纹次之。

F72共出土遗物13件。以陶器为主，石器次之。

（1）陶器

10件。器类有盆、罐、钵、圆陶片。

盆　1件。标本F72：8，口、腹部残片。细泥质橘红陶。直口微敛，卷沿，圆唇，弧腹。器表磨光。素面。唇部可见轮修痕迹（图六〇，1）。

罐　2件。均口、腹部残片。标本F72：9，细夹砂橘红陶。侈口，卷沿，方唇，鼓腹。腹部饰竖向绳纹。外沿面可见轮修痕迹（图六〇，2）。

标本F72：11，细夹砂红褐陶。直口微侈，方唇，圆鼓腹。器表磨光。素面。内壁可见轮修痕迹。器表可见烟熏痕迹（图六〇，7）。

钵　5件。均口、腹部残片。标本F72：1、F72：2、F72：4、F72：6形制相同，直口，深弧腹，素面。标本F72：1，细泥质橘红陶。尖圆唇。口下可见深红色叠烧痕迹（图六〇，9）。标本F72：2，细泥质橘红陶。方唇。口下可见深红色叠烧痕迹（图六〇，3）。标本F72：4，细泥质橘红陶。圆唇。口下可见深褐色叠烧痕迹（图六〇，5）。标本F72：6，粗夹砂红褐陶。圆唇。口下可见轮修痕迹（图六〇，8）。

标本F72：7，细夹砂红褐陶。敛口，方唇，斜直腹。素面。内壁可见轮修痕迹（图六〇，11）。

圆陶片　2件。均完整。形制相同，圆形。标本F72：12-1，细泥质橘红陶。系利用钵的口部残片打制而成。边缘稍钝。一面可见叠烧痕迹。直径4.9、厚0.5厘米（图六〇，4）。标本F72：12-2，细夹砂橘红陶。系利用钵的残片打制而成。边缘较钝。直径3.4、厚0.5厘米（图六〇，6）。

（2）石器

3件。器类有凿、雕刻器、残石器。

凿　1件。标本F72：14，顶部残。片麻岩。器身呈扁圆柱状，圆尖，尾部扁平。通体磨光。残长8.7厘米（图六〇，13；图版五七，4）。

雕刻器　1件。标本F72：15，一端残。角岩。残存部分平面呈楔形。两面平坦，均磨光，边缘经锤击修理。刃部可见使用形成的小疤。残长5.7、厚1.4厘米（图六〇，12）。

残石器　1件。标本F72：13，石英细砂岩。器身较薄，两面较平坦。一面可见磨制痕迹。残长5.8厘米（图六〇，10）。

9. F76

F76位于Ⅲ区T0713、T0714、T0813、T0814、T0913内，开口于⑩层下，中部被H182打破。半地穴式，平面呈长方形，东西长5.3、南北宽3.76、残深0.6米。墙面经火烤呈红褐色。北墙有3个贴壁柱洞（D1～D3），直径0.2米。居住面为黄土加工而成的硬面，经火烤而呈青灰色，较为平整。南部发现柱洞2个（D4～D5），大小相同，直径0.14、深0.18米。门向东，略偏南，位于东墙中部偏北处。门道长方形，底部呈东高西低的斜坡状。残长0.8、宽0.7米（图六一）。

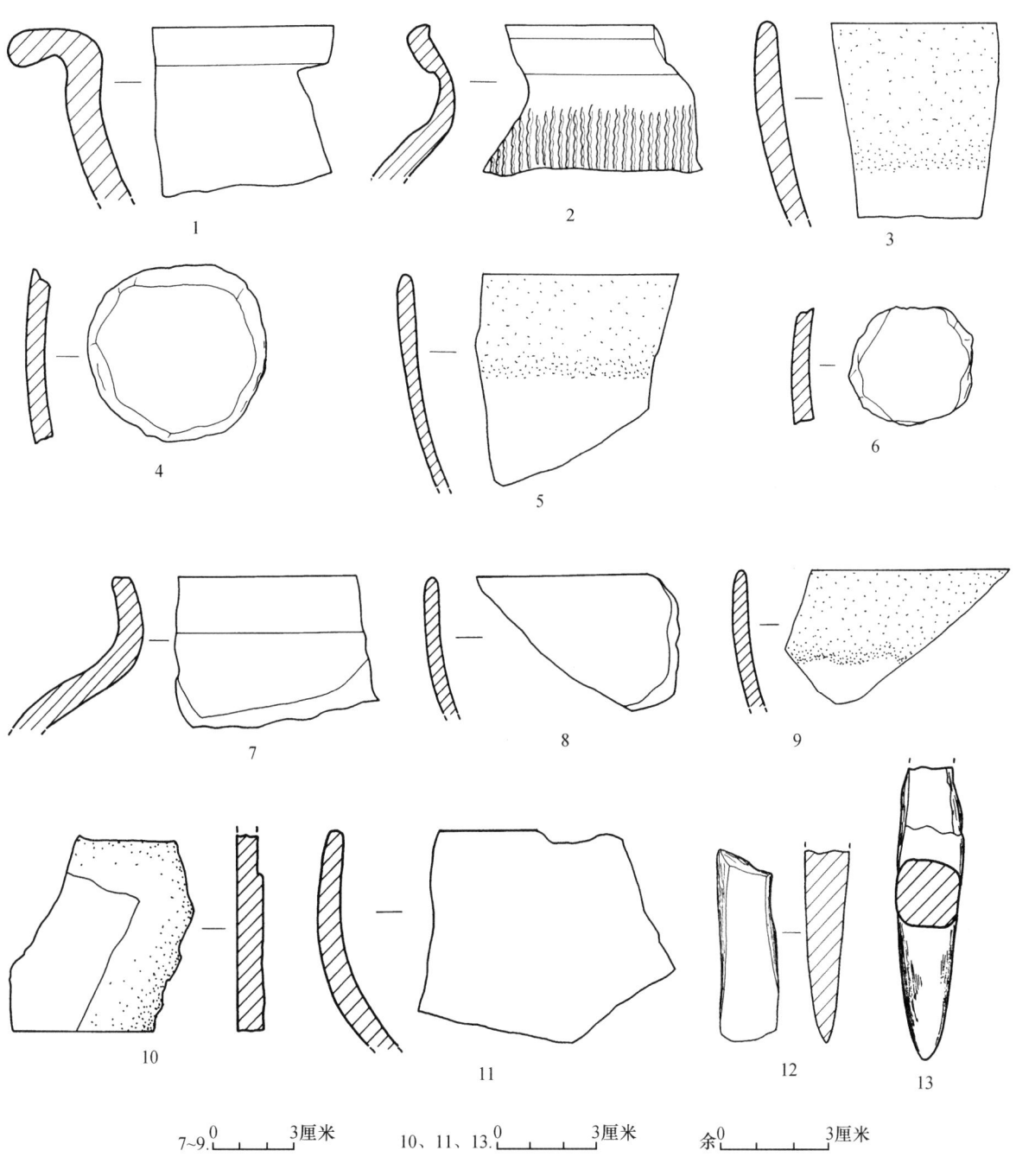

图六〇　F72出土遗物

1. 陶盆（F72：8）　2、7. 陶罐（F72：9、F72：11）　3、5、8、9、11. 陶钵（F72：2、F72：4、F72：6、F72：1、F72：7）
4、6. 圆陶片（F72：12-1、F72：12-2）　10. 残石器（F72：13）　12. 雕刻器（F72：15）　13. 石凿（F72：14）

房内堆积为灰褐色土，较为疏松，包含有少量炭屑，出土大量陶片，另有骨头。

陶片以粗泥质橘红陶为主，细泥质橘红陶和粗夹砂红褐陶次之，还有少量细夹砂橘红陶；纹饰以素面为主，绳纹和弦纹次之，还有少量交错绳纹、戳印纹、指甲纹、划纹（表四）。

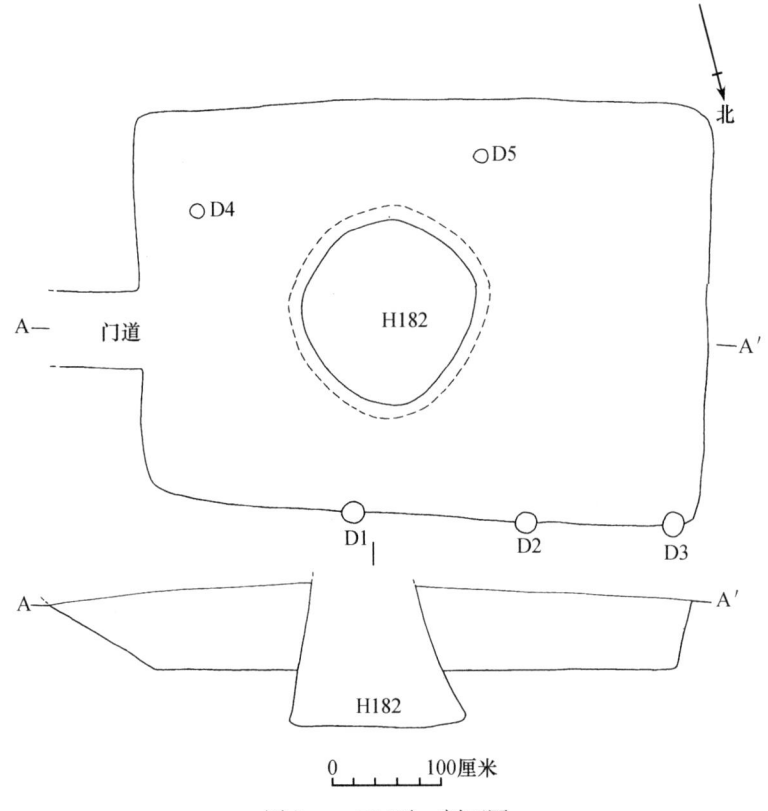

图六一　F76平、剖面图

表四　F76陶系统计表　　　　　　　　　　　　　　　　　　　　　　　　　　（单位：kg）

陶质 陶色 纹饰	细泥质 橘红	粗泥质 橘红	细夹砂 橘红	粗夹砂 红褐	合计		百分比（%）	
素面	0.52	1.33	0.66	0.38	2.89		38.18	
素面+磨光	1.48				1.48		19.55	
绳纹		1.38		0.21	1.59		21.00	
弦纹				0.54	0.54		7.13	
交错绳纹				0.10	0.10	7.57	1.32	100
绳纹+弦纹				0.65	0.65		8.59	
戳印纹+绳纹				0.06	0.06		0.79	
指甲纹		0.13			0.13		1.72	
划纹+绳纹 +戳印纹				0.126	0.126		1.66	
合计	2.00	2.84	0.66	2.066	7.57			
百分比（%）	26.42	37.52	8.72	27.29	100			

F76共出土遗物31件。全部为陶器。器类有盆、罐、钵、瓮、锉、圆陶片，另有器底（表五）。

表五 F76器形统计表 （单位：件）

陶质	细泥质	细夹砂	粗夹砂			合计		百分比（%）	
陶色	橘红	橘红	红褐						
纹饰\器形	素面+磨光	素面	素面	交错绳纹	弦纹	戳印纹+绳纹				
罐				1	1		2		8.33	
瓮					1	2	3		12.50	
钵 口	8	1	1				11	24	45.83	100
钵 底	1									
盆	7						7		29.17	
器盖		1					1		4.17	
合计	16	2	1	1	3	1	24			
				24						
百分比（%）	66.67	8.33	4.17	4.17	12.50	4.17				
				100						

盆 7件。标本F76:8，腹部稍残。细泥质橘红陶。敞口，折沿，沿面向外侧下斜，圆唇，弧腹，平底。素面。器表磨光。口沿下侧可见轮修痕迹。口径29.1、底径9.1、复原高度13.5厘米（图六二，1）。

标本F76:9，口、腹部残片。细泥质橘红陶。敛口，折沿，沿面向外侧下斜，圆唇，弧腹。器表磨光。素面。沿面可见轮修痕迹（图六二，8）。

罐 2件。均口、腹部残片。标本F76:15，粗夹砂红褐陶。侈口，卷沿，方唇，直腹。口沿以下饰多周弦纹。沿面可见轮修痕迹（图六二，3）。

标本F76:13，粗夹砂红褐陶。侈口，折沿，圆唇，鼓腹。唇部饰竖向划纹，口沿下侧饰一周左上至右下斜向戳印纹，戳印纹下侧饰左上至右下斜向绳纹，绳纹近平。沿面可见轮修痕迹（图六二，4）。

钵 11件。标本F76:1、F76:2、F76:3、F76:4、F76:5、F76:6、F76:7均口、腹部残片。形制相同，细泥质橘红陶，直口，深弧腹，素面。标本F76:1，方唇。器表可见轮修痕迹，内壁可见刮抹痕迹（图六二，11）。标本F76:2，方唇。器表磨光。口下可见浅褐色叠烧痕迹（图六二，5）。标本F76:3，方唇。器表磨光。口下可见深红色叠烧痕迹（图六二，12）。标本F76:4，方唇，口下有一对由外向内单面钻成的圆孔。器表磨光。口下可见深红色叠烧痕迹。复原口径30、残高8.4厘米（图六二，10）。标本F76:5，方唇。器表磨光。口下可见浅红色叠烧痕迹（图六二，2）。标本F76:6，方唇。器表磨光。口下可见浅褐色叠烧痕迹，内壁可见轮修痕迹（图六二，9）。标本F76:7，圆唇。器表磨光。口下可见浅褐色叠烧痕迹（图六二，6）。

标本F76:10，可复原。细夹砂橘红陶。敛口，方唇，曲腹，平底。素面。器表可见刮抹痕迹，内壁可见轮修痕迹。口径46、底径18、高26厘米（图六二，7；彩版一九，1；图版五七，2）。

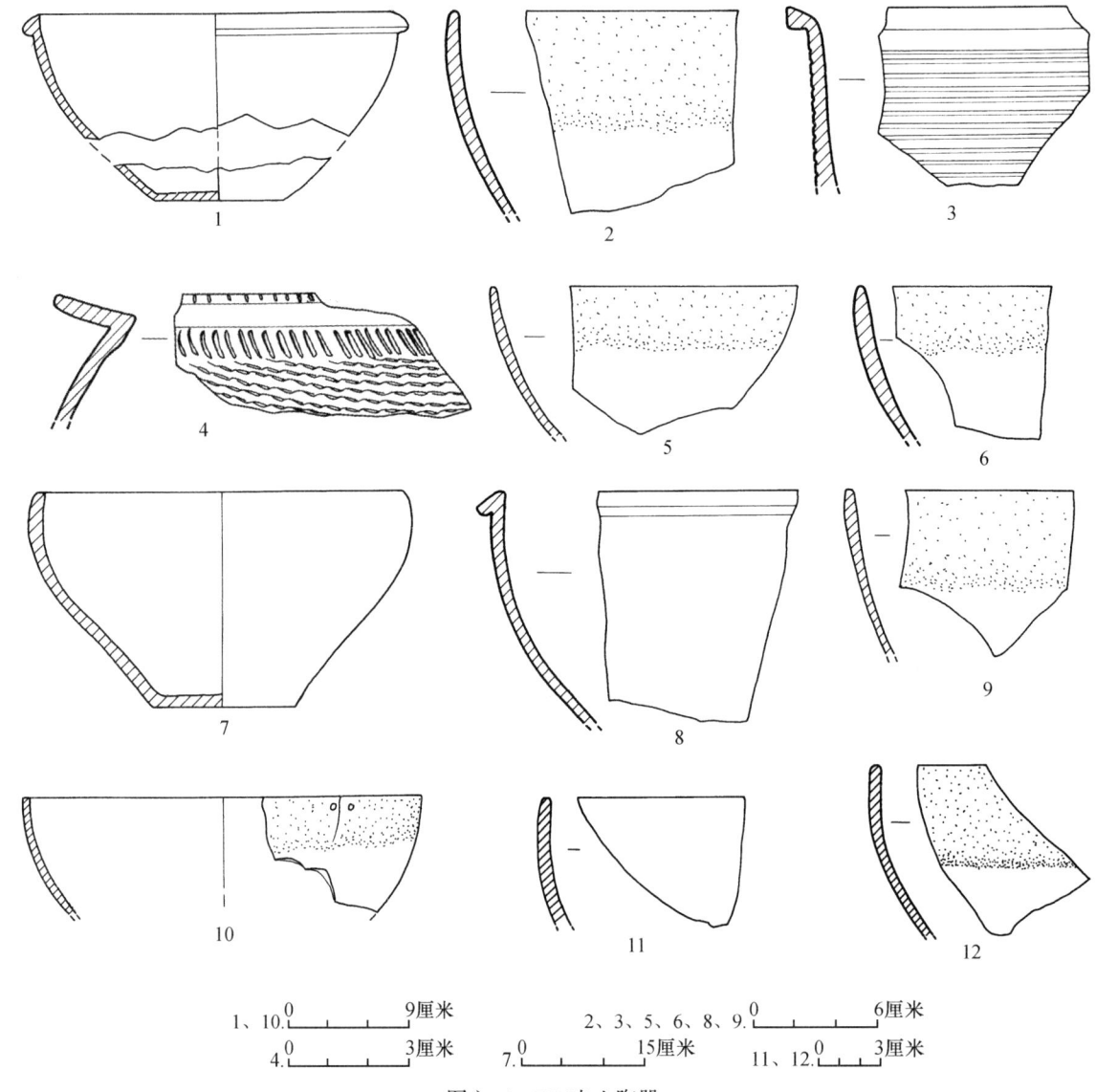

图六二　F76 出土陶器

1、8. 盆（F76：8、F76：9）　2、5~7、9~12. 钵（F76：5、F76：2、F76：7、F76：10、F76：6、F76：4、F76：1、F76：3）
3、4. 罐（F76：15、F76：13）

瓮　3件。均口、腹部残片。标本F76：12、F76：14形制相同，均粗夹砂红褐陶，直口、卷沿，口沿内侧有一道宽浅凹槽，方唇，唇部有一道凸棱，直腹，口沿以下饰多周弦纹。标本F76：12，唇部可见轮修痕迹（图六三，1）。标本F76：14，内壁可见轮修痕迹（图六三，2）。

标本F76：16，粗夹砂红褐陶。直口，方唇，高领，鼓肩，并起一道显著棱脊，鼓腹，上腹部有横向圆柱桥形耳。腹部饰交错绳纹。复原口径24、腹径42、残高12.9厘米（图六三，4）。

器底　标本F76：17，下腹、底部残片。细泥质橘红陶。弧腹，厚平底。器表经刮抹较为光滑。素面。内壁可见轮修痕迹。可能为钵底。复原底径9、残高5.6厘米（图六三，3）。

锉　1件。标本F76：21，一端残。粗泥质橘红陶。残存部分平面呈三角形，横断面呈圆角长方形，锐尖。器表麻点清晰，密度较大。残长6.6、最宽处2.4、厚0.7厘米（图六三，9）。

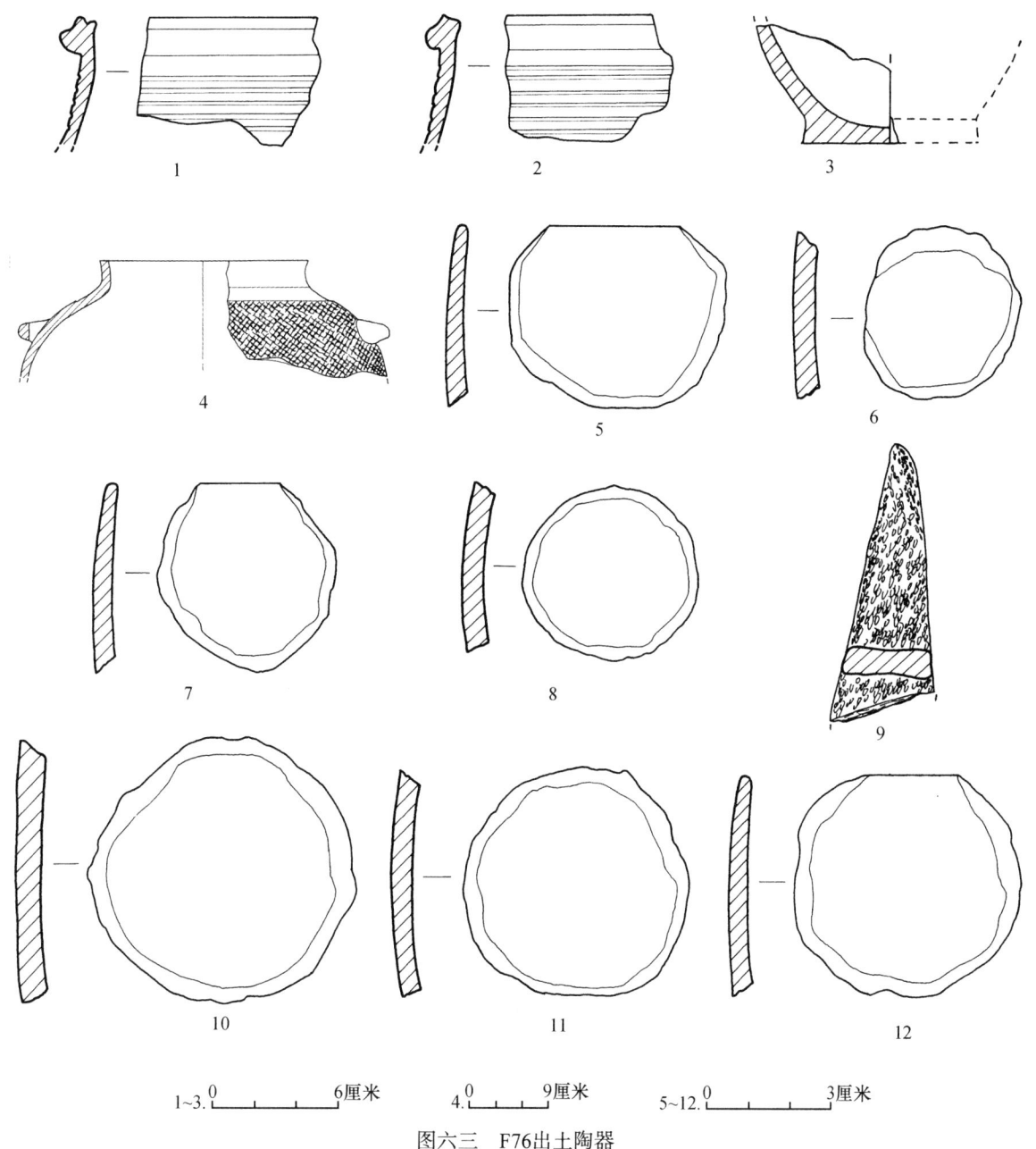

图六三 F76出土陶器

1、2、4.瓮（F76：12、F76：14、F76：16） 3.器底（F76：17） 5~8、10~12.圆陶片（F76：20-3、F76：20-4、F76：20-5、F76：20-2、F76：20-1、F76：20-7、F76：20-6） 9.锉（F76：21）

圆陶片 7件。均完整。形制相同，细泥质橘红陶，圆形。标本F76：20-1，系利用钵的残片打制而成。边缘稍钝。直径6.5、厚0.55厘米（图六三，10）。标本F76：20-2，系利用钵的口部残片打制而成。边缘较锋利。一面可见深红色叠烧痕迹。直径4.2、厚0.5厘米（图六三，8）。标本F76：20-3，系利用钵的口沿残片打制而成，保留少量沿面。边缘稍钝。一面可见浅红色叠烧痕迹。直径5.2、厚0.45厘米（图六三，5）。标本F76：20-4，系利用钵的残片打制而成。边缘稍钝。直径3.8、厚0.5厘米（图六三，6）。标本F76：20-5，系利用钵的口沿残片打制而成，保留少量沿面。边缘稍钝。器表可见深红色叠烧痕迹。直径4.3、厚0.5厘米（图六三，7）。标本F76：20-6，系利用钵的口沿残片打制而成，保留少量沿面。边缘稍钝。一面可见深褐色叠烧痕迹。直径5.6、厚0.5厘米（图六三，12）。标本F76：20-7，系利用钵的残片打制而成。边缘较锋利。直径5.5、厚0.5厘米（图六三，11）。

10. F86

F86位于Ⅲ区T0515、T0516、T0615、T0616内，开口于⑪层下。地面式，平面呈圆形，直径4.8米。房周围墙体已毁，仅存基槽，宽0.2、深0.15米；在底部发现一圈柱洞，共35个（D1～D35），直径0.05～0.1、深0.06～0.15米，柱间距0.05～0.5米，以0.2米居多。居住面略经加工，较为平整。在西南部有1个柱洞（D36），直径0.3、深0.35米。门向北，门道长方形，底部平坦，长0.58、宽0.6米（图六四）。

房内堆积可分为2层：第①层为深灰色土，土质疏松，厚0.15～0.2米，无出土物；第②层为黄褐色土，土质致密，厚0.07～0.1米，无出土物。

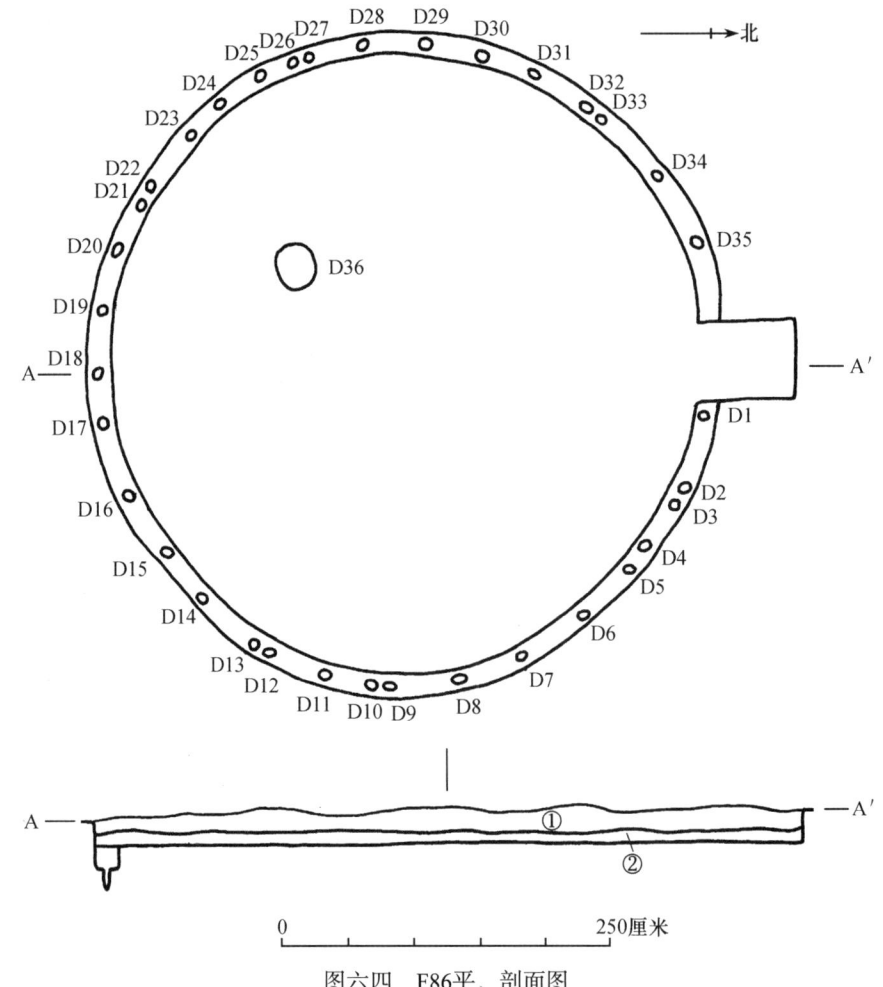

图六四　F86平、剖面图

第二节 灶 址

灶址仅发现1座，编号为Z14。Z14位于Ⅲ区T1011西南部，开口于⑫层下。平面呈椭圆形，筒状，平底。壁、底因长期火烤形成红色烧结面。长径0.82、短径0.62、深0.36米。西壁底部有一烟道，宽0.16、高0.18米；出烟口位于灶坑的西侧，平面呈椭圆形，长径0.2、短径0.13米（图六五）。

灶坑内堆积为浅灰色土，土质疏松，夹杂有少量火烧土块。

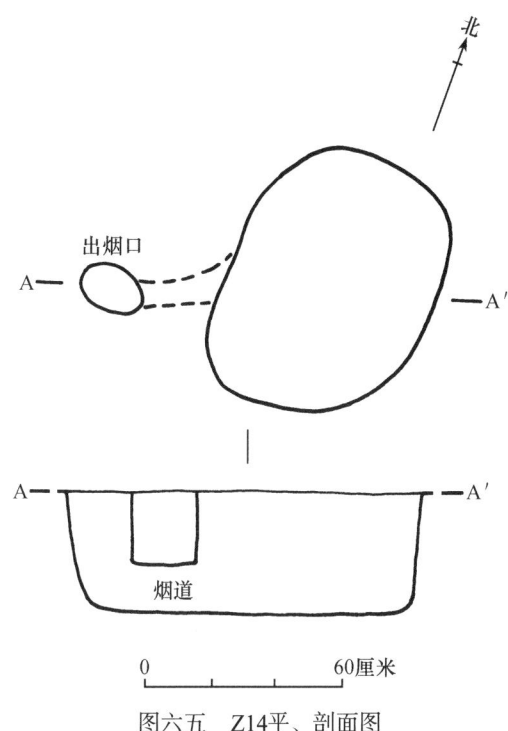

图六五 Z14平、剖面图

第三节 灰 坑

灰坑共发现25座，编号为H143、H146、H147、H148、H154、H155、H157、H158、H166、H177、H181、H196、H197、H198、H200、H201、H202、H224、H225、H228、H229、H231、H235、H243、H253。灰坑的平面形状有圆形、椭圆形、（长）方形、梯形、不规则形，其中圆形10座，椭圆形6座，（长）方形3座，梯形1座，不规则形5座。结构有袋状、筒状、锅底状，其中袋状13座，筒状与锅底状均6座。此外，有3座灰坑底部被加工成硬面，2座灰坑底部有三级台阶。

下面依据灰坑编号依次详细描述。

1. H143

H143位于Ⅲ区T0311西北部和T0312的西南部，开口于⑨层下。平面呈椭圆形，筒状，直壁，坑底南高北低。坑口长径1.7、短径1.54、深0.4～0.5米（图六六）。

坑内堆积为灰褐色土，土质疏松，出土零星陶片。

2. H146

H146位于Ⅲ区T0912西南部，开口于⑩层下。平面呈圆角长方形，锅底状，弧壁，圜底，底部有一层硬面。坑口南北长1.68、东西宽1.5、深0.8米。坑底共发现柱洞5个（D1～D5），其中北部3个（D1～D3），西南角、东南角各1个（D4、D5），直径0.06～0.17、深0.2米（图六七）。

坑内堆积为灰褐色土，土质较疏松，包含黄土块，出土少量陶片、石块、骨头。

陶片为主要的出土物，以细夹砂红褐陶为主，粗夹砂红褐陶次之，细泥质橘红陶再次；纹饰以素面占绝大多数，并有少量绳纹、弦纹（表六）。

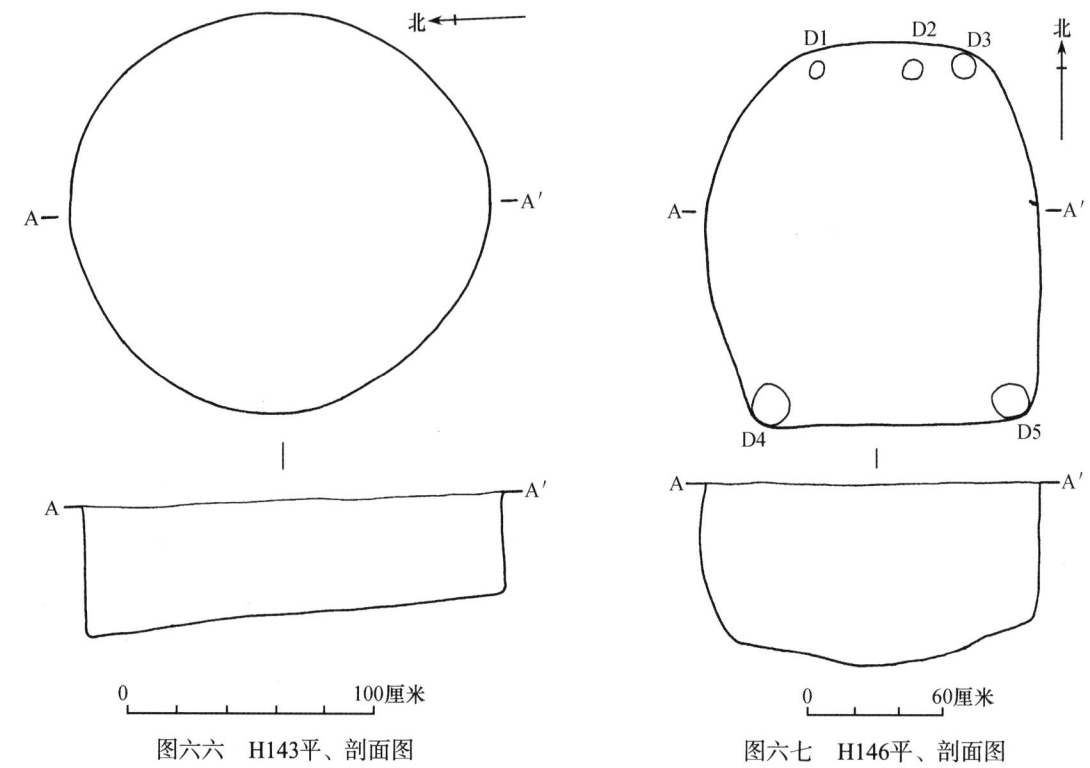

图六六 H143平、剖面图　　　　　图六七 H146平、剖面图

表六　H146陶系统计表　　　　　　　　　　　　　　　（单位：kg）

陶质	细泥质	细夹砂	粗夹砂	合计		百分比（%）	
陶色	橘红	红褐	红褐				
纹饰							
素面	0.114	1.25	0.31	1.674		78.22	
素面+磨光	0.28			0.28	2.14	13.08	100
绳纹			0.15	0.15		7.01	
弦纹			0.04	0.04		1.87	
合计	0.394	1.25	0.50	2.14			
百分比（%）	18.41	58.41	23.36	100			

H146共出土遗物28件。全部为陶器。器类有盆、罐、钵、瓮、圆陶片，另有器耳（表七）。

盆　7件。形制相同，均细泥质橘红陶，敞口，折沿，沿面向外侧下斜，圆唇，上腹稍弧，下腹斜直，上、中腹部相接处有一道折棱。器表磨光。素面。标本H146：7，可复原。平底。口径32.4、底径12、通高9厘米（图六八，1；彩版一二，1；图版五七，5）。标本H146：8，口、腹部残片。唇部可见轮修痕迹。复原口径30、残高6厘米（图六八，2）。

表七　H146器形统计表　　　　　　　　　　　　　　　　　　　　（单位：件）

陶质	细泥质	细夹砂	粗夹砂		合计		百分比（%）	
陶色	橘红	红褐	红褐					
纹饰\器形	素面+磨光	素面	素面	弦纹				
盆	7				7	24	29.17	100
罐			7	1	8		33.33	
钵	3	1			4		16.67	
瓮			5		5		20.83	
合计	10	1	12	1	24			
百分比（%）	41.67	4.17	50.00	4.17	100			

罐　8件。均口、腹部残片。形制相同，粗夹砂红褐陶，侈口，卷沿，方唇，唇部有一道浅细凹槽，直腹。标本H146:15，口沿以下饰多周弦纹（图六八，5）。标本H146:20，素面。内壁可见轮修痕迹（图六八，4）。

钵　4件。均口、腹部残片。标本H146:1、H146:2、H146:4形制相同，均细泥质橘红陶，直口，方唇，深弧腹，器表磨光，素面。标本H146:1，口下可见浅红色叠烧痕迹。复原口径31.5、残高11.4厘米（图六八，3）。标本H146:2，口下可见浅红色叠烧痕迹与轮修痕迹，腹部可见刮抹痕迹（图六八，8）。标本H146:4，口下可见浅褐色叠烧痕迹，内壁可见轮修痕迹（图六八，6）。

标本H146:3，细夹砂红褐陶。敛口，方唇，斜直腹。素面。内、外壁均可见轮修痕迹（图六八，7）。

瓮　5件。均口、腹部残片。标本H146:14、H146:17、H146:21形制相同，均粗夹砂红褐陶，侈口，卷沿，方唇，直腹，素面。标本H146:14，沿面微曲，唇部有一道浅细凹槽（图六九，8）。标本H146:17，沿面微曲，唇部有一道凸棱（图六九，2）。标本H146:21，唇部有一道凸棱。内壁可见轮修痕迹（图六九，3）。

标本H146:16、H146:19形制相同，均粗夹砂红褐陶，敛口，方唇，直腹，素面。标本H146:16，唇部有一道凹槽（图六九，4）。标本H146:19，唇部有一道宽浅凹槽（图六九，1）。

器耳　标本H146:27，腹部残片。细泥质橘红陶。腹部较直，有一竖向扁圆桥形耳。素面。可能为瓶耳（图六九，5）。

圆陶片　4件。标本H146:29-2、H146:29-3、H146:29-4均完整，形制相同，均细泥质橘红陶，圆形。标本H146:29-2，系利用钵的口沿残片打制而成，保留少量沿面。边缘较锋利。一面可见深红色叠烧痕迹。直径4、厚0.3厘米（图六九，6）。标本H146:29-3，系利用钵的口部残片打制而成。边缘较锋利。器表可见浅褐色叠烧痕迹。直径4.5、厚0.4厘米（图六九，10）。标本H146:29-4，系利用钵的口沿残片打制而成。边缘稍钝。器表可见深红色叠烧痕迹。直径4.2、厚

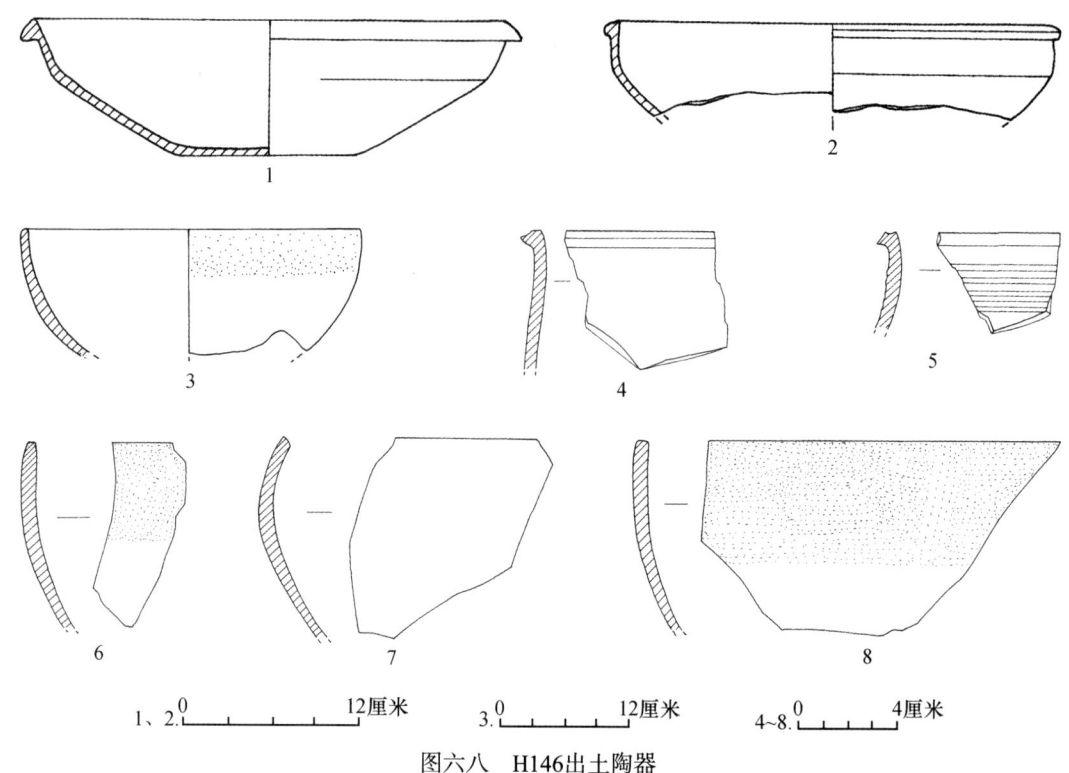

图六八　H146出土陶器

1、2. 盆（H146：7、H146：8）　3、6~8. 钵（H146：1、H146：4、H146：3、H146：2）　4、5. 罐（H146：20、H146：15）

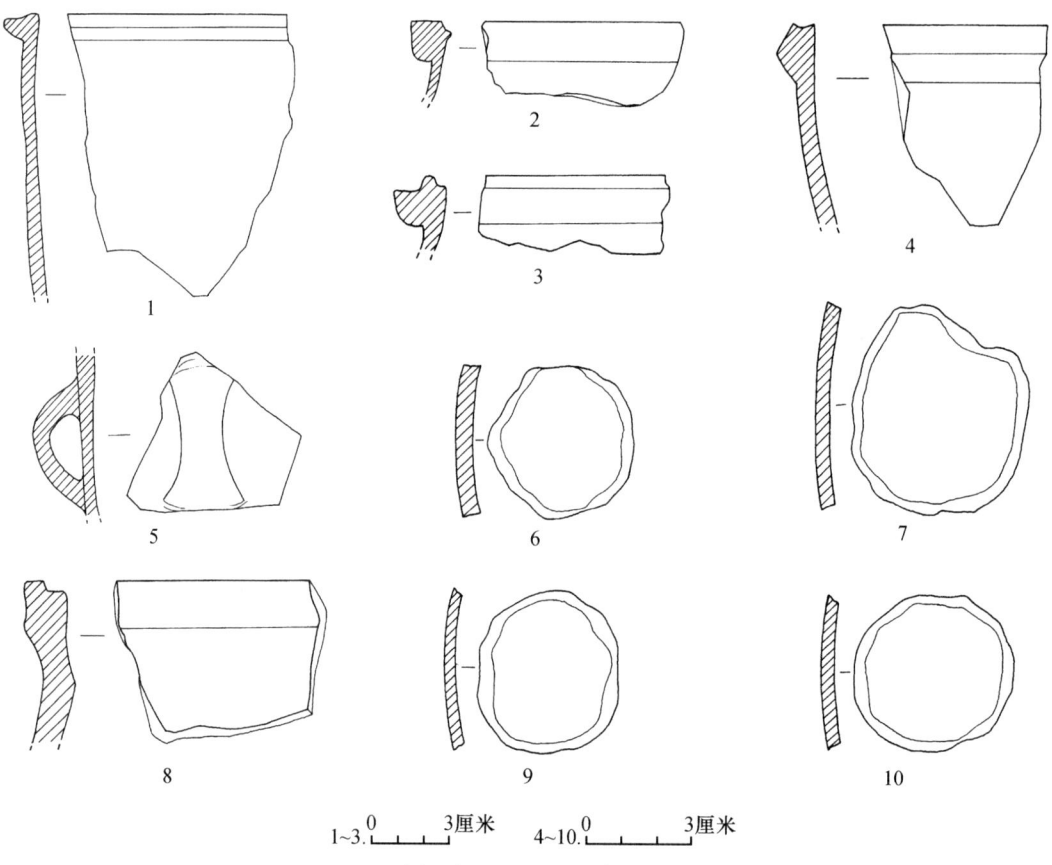

图六九　H146出土陶器

1、2、3、4、8. 瓮（H146：19、H146：17、H146：21、H146：16、H146：14）　5. 器耳（H146：27）
6、7、9、10. 圆陶片（H146：29-2、H146：29-1、H146：29-4、H146：29-3）

0.5厘米（图六九，9）。

标本H146∶29-1，稍残。细泥质橘红陶。系利用钵的残片打制而成。椭圆形，边缘稍钝。长径5.8、短径4.7、厚0.4厘米（图六九，7）。

3. H147

H147位于Ⅲ区T0912南部，开口于⑩层下。平面呈不规则形，袋状，东壁、南壁竖直，西壁、北壁外弧，平底。口长径1.68、短径1.46、底长径1.8、短径1.58、深0.42～0.7米。底部靠近南壁处有6个柱洞（D1～D6），直径0.08～0.12、深0.14米（图七○）。

坑内堆积为灰褐色土，土质较为致密，夹杂有火烧土块，出土少量陶片，另有石块、兽骨。

陶片为主要的出土物，以粗夹砂橘红陶为主，细泥质橘红陶次之，粗夹砂红褐陶再次，并有少量粗泥质橘红陶、细夹砂橘红陶；纹饰以素面占绝大多数，并有少量弦纹（表八）。

H147共出土遗物11件。以陶器为主，石器次之。

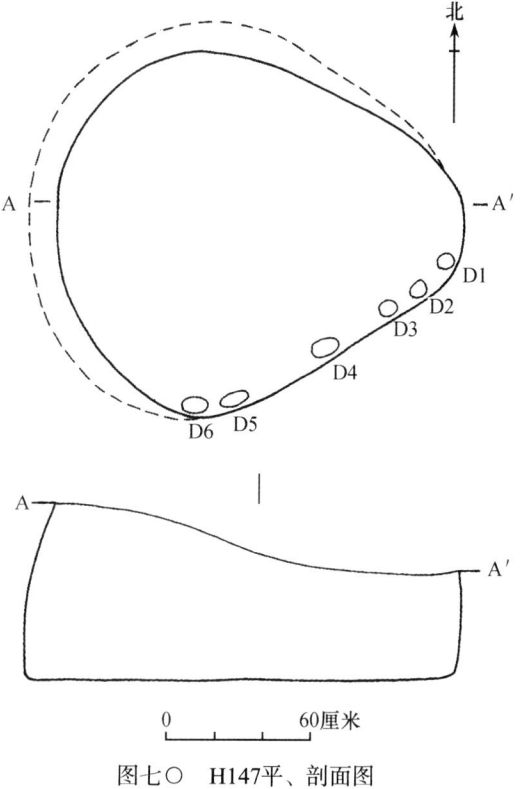

图七○ H147平、剖面图

表八 H147陶系统计表　　　　　　　　　　　　　　（单位：kg）

陶质	细泥质	粗泥质	细夹砂	粗夹砂		合计	百分比（%）	
陶色 纹饰	橘红	橘红	橘红	橘红	红褐			
素面		0.08	0.04	0.28		0.40	47.62	
素面+磨光	0.27				0.27	0.84	32.14	100
弦纹				0.04	0.126	0.166	17.96	
合计	0.27	0.08	0.04	0.32	0.126			
	0.84							
百分比（%）	32.14	9.52	4.76	38.10	15.00			
	100							

（1）陶器

10件。器类有罐、钵、圆陶片。

罐　1件。标本H147∶8，口、腹部残片。粗夹砂红褐陶。侈口，卷沿，沿面微曲，方唇，唇部有二道浅细凹槽，腹部较直。口沿以下饰多周弦纹。外沿面可见轮修痕迹（图七一，10）。

钵　7件。均口、腹部残片。标本H147∶1、H147∶2、H147∶3、H147∶4、H147∶7形制相同，均细泥质橘红陶，直口，深弧腹，器表磨光，素面。标本H147∶1，方唇。口下可见浅褐色叠烧痕迹（图七一，1）。标本H147∶2，圆唇。口下可见浅褐色叠烧痕迹与轮修痕迹（图七一，

6)。标本H147∶3，窄方唇。口下可见浅褐色叠烧痕迹（图七一，2）。标本H147∶4，方唇。口下可见浅褐色叠烧痕迹（图七一，9）。标本H147∶7，圆唇。口下可见浅褐色叠烧痕迹，内壁可见轮修痕迹（图七一，4）。

标本H147∶5、H147∶6形制相同，均细夹砂橘红陶，敛口，斜直腹，素面。标本H147∶5，方唇，唇部有一道浅细凹槽。内、外壁均可见轮修痕迹（图七一，3）。标本H147∶6，圆唇。器表可见轮修痕迹（图七一，5）。

图七一　H147出土遗物
1~6、9.陶钵（H147∶1、H147∶3、H147∶5、H147∶7、H147∶6、H147∶2、H147∶4）
7、8.圆陶片（H147∶9-1、H147∶9-2）　10.陶罐（H147∶8）　11.研磨器（H147∶10）

圆陶片　2件。均完整。形制相同，均系利用钵的残片打制而成。圆形。边缘稍钝。标本H147：9-1，细泥质橘红陶。直径6.9、厚0.85厘米（图七一，7）。标本H147：9-2，细夹砂红褐陶。直径6、厚0.9厘米（图七一，8）。

（2）石器

1件。研磨器。标本H147：10，完整。石英细砂岩。平面呈扇形。两面为砾石面，较光滑。其中一面可见黑色颜料痕迹。残长9.7厘米（图七一，11）。

4. H148

H148位于Ⅲ区T0912西部，开口于⑪层下，南部被H146打破。平面呈不规则形，袋状，斜直壁，底部南高北低。坑口长径1.66、短径1.56、底长径1.76、短径1.58、深0.52~0.7米（图七二）。

坑内堆积为黄褐色土，土质较致密，出土大量陶片，另有石块、兽骨。

陶片为主要的出土物，以粗夹砂橘红陶为主，细泥质橘红陶、细夹砂橘红陶、粗夹砂红褐陶次之，并有少量细夹砂红褐陶；纹饰全为素面（表九）。

H148共出土遗物17件。以陶器为主，石器次之。

（1）陶器

15件。器类有盆、罐、钵、圆陶片，另有器底（表一〇）。

盆　3件。均口、腹部残片。形制相同。标本H148：3，细泥质橘红陶。敞口，平折沿，圆唇，弧腹。器表磨光。素面。唇部可见轮修痕迹（图七三，1）。

罐　5件。均口沿残片。标本H148：4，细夹砂红褐陶。侈口，卷沿，沿面微曲，方唇。素面。唇部与外沿面均可见轮修痕迹（图七三，5）。

标本H148：5，粗夹砂红褐陶。侈口，折沿，方唇，沿面内凹。素面。外沿面可见轮修痕迹（图七三，3）。

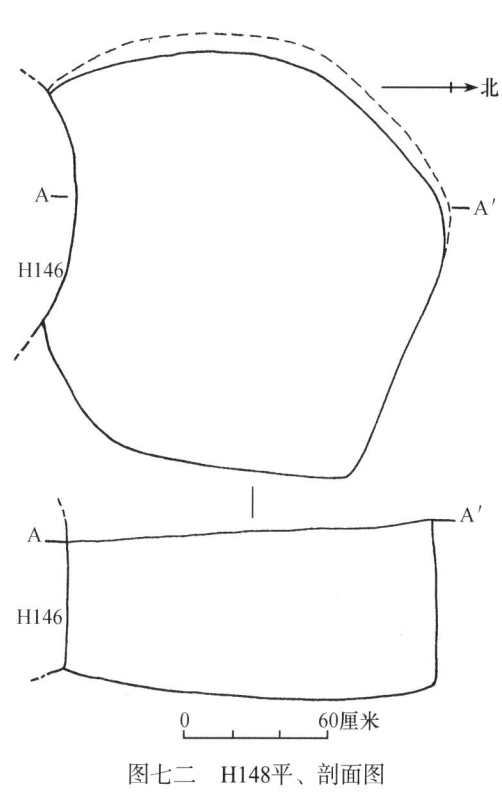

图七二　H148平、剖面图

表九　H148陶系统计表　　　　　　　　　　　　（单位：kg）

陶质	细泥质	细夹砂		粗夹砂		合计		百分比（%）	
陶色 纹饰	橘红	橘红	红褐	橘红	红褐				
素面		0.27	0.02	0.80	0.21	1.30	1.61	80.75	100
素面+磨光	0.31			0.31		0.31		19.25	
合计	0.31	0.27	0.02	0.80	0.21				
	1.61								
百分比（%）	19.25	16.77	1.24	49.69	13.04				
	100								

表一〇　H148器形统计表　　　　　　　　　　　　　　　　（单位：件）

陶质	细泥质	细夹砂	细夹砂	粗夹砂	粗夹砂	合计		百分比（%）	
陶色	橘红	橘红	红褐	橘红	红褐				
纹饰 器形	素面+磨光	素面	素面	素面	素面				
盆	3		1			3		21.43	
罐			1		4	5	14	35.71	100
钵	2	2		1	1	6		42.86	
合计	5	2	1	1	5				
	14								
百分比（%）	35.71	14.29	7.14	7.14	35.71				
	100								

钵　6件。均口、腹部残片。形制相同，敛口，方唇，素面。标本H148：1，细夹砂橘红陶。内、外壁可见轮修痕迹，腹部可见刮抹痕迹（图七三，4）。标本H148：2，粗夹砂红褐陶。口下可见轮修痕迹（图七三，2）。

器底　标本H148：6，下腹、底部残片。细泥质橘红陶。平底，底心内凹。器表磨光。素面。可能为钵底。底径8、残高2厘米（图七三，9）。

圆陶片　1件。标本H148：7，完整。细泥质橘红陶。系利用钵的底部残片打制而成。椭圆形，边缘较钝。长径5、短径4.3、厚0.8厘米（图七三，6）。

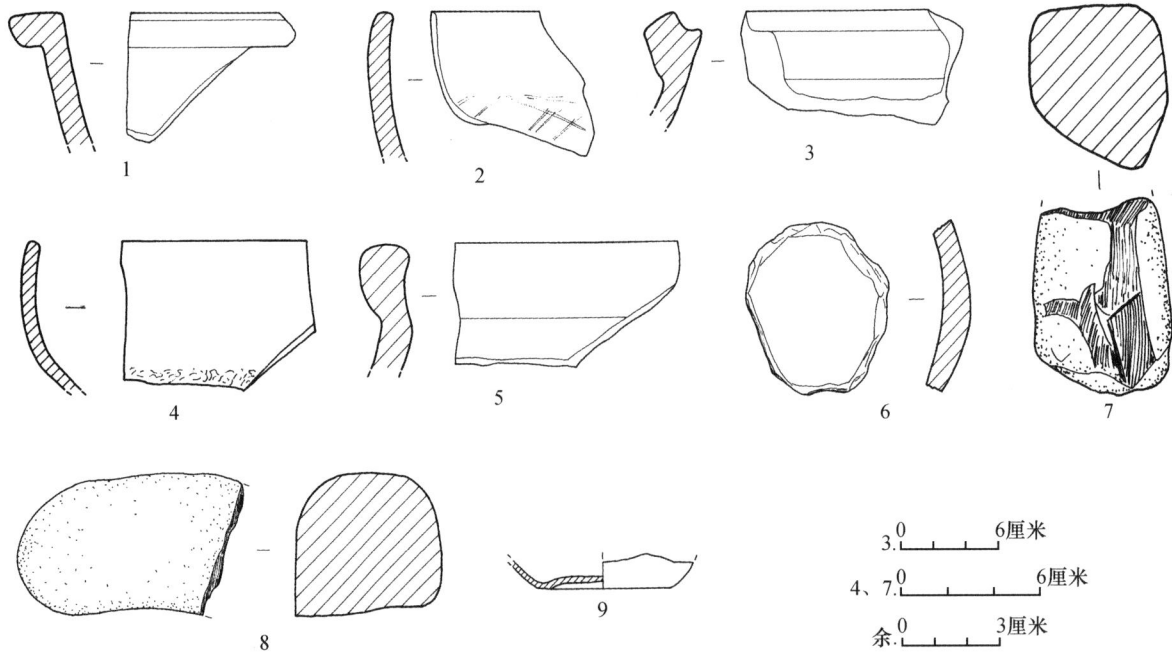

图七三　H148出土遗物

1.陶盆（H148：3）　2、4.陶钵（H148：2、H148：1）　3、5.陶罐（H148：5、H148：4）　6.圆陶片（H148：7）
7、8.研磨器（H148：9、H148：8）　9.器底（H148：6）

（2）石器

2件。研磨器。均残。标本H148：8，石英细砂岩。横断面呈近方形，两侧光滑。器身可见磨制痕迹。残长6.8厘米（图七三，8）。标本H148：9，石英细砂岩。一侧面较光滑。器身可见磨制痕迹。残长4厘米（图七三，7）。

5. H154

H154位于Ⅲ区T0912东部与T1012西部，开口于⑪层下。平面呈圆形，袋状，斜直壁，平底。坑口径1.94、底径2.14、深0.72米。底部有三层台阶，第一层台阶呈弧形，距口部0.06、高0.1米；第二层台阶呈扇形，距口部0.16、高0.3米；第三层台阶呈不规则形，距口部0.46、高0.26米。坑底与台阶表面均光滑平整（图七四）。

坑内堆积可分为4层：第①层为浅灰色土，土质较为疏松，厚0.06~0.24米；第②层为黄褐色土，土质较致密，厚0.06~0.17米；第③层为灰褐色土，土质较为疏松，厚0.14~0.22米；第④层为深灰色土，土质疏松，包含火烧土块，厚0.17~0.26米，出土少量陶片、兽骨。

H154仅出土陶锉1件。标本H154：1，两端均残。粗泥质橘红陶。残存部分平面呈梯形，横断面呈圆角长方形，两侧边较直。器身麻点清晰，密度较大。残长5.1、宽3.1~3.9、厚0.9厘米（图七五）。

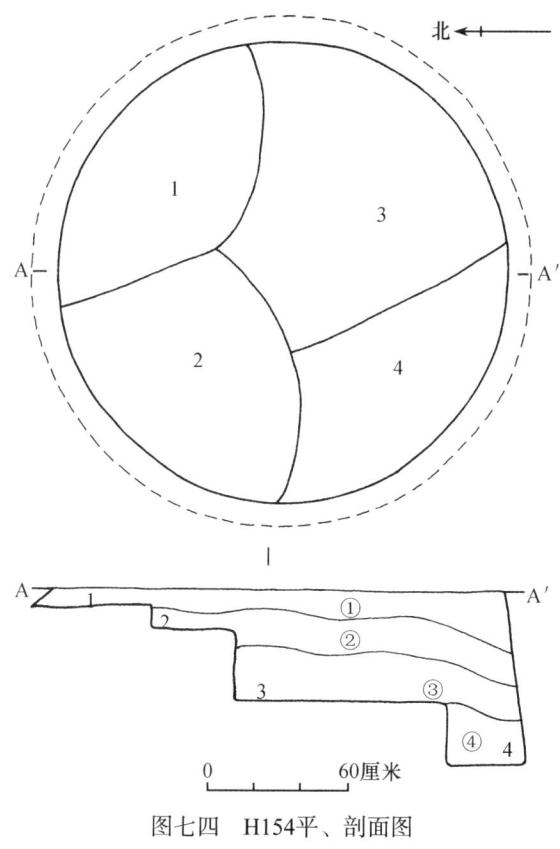

图七四 H154平、剖面图

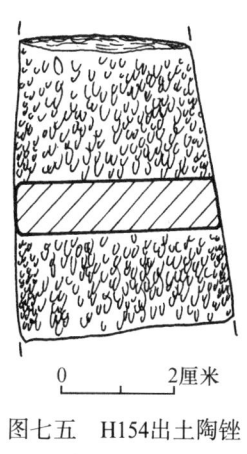

图七五 H154出土陶锉（H154：1）

6. H155

H155位于Ⅲ区T0312东北部，开口于⑫层下。平面呈椭圆形，锅底状，弧壁，平底。坑口长径2.2、短径1.84、底长径1.84、短径1.44、深1米（图七六）。

坑内堆积可分为2层：第①层为深灰色土，土质疏松，厚0.6～0.7米，出土少量陶片；第②层为深褐色土，土质较致密，厚0.3～0.4米，出土大量陶片，另有石块。

陶片为主要的出土物，以粗夹砂红褐陶为主，细泥质橘红陶次之，还有少量细夹砂橙黄陶与粗泥质橘红陶；纹饰以素面为主，弦纹次之。

H155共出土遗物14件。以陶器为主，石器次之。

（1）陶器

12件。器类有盆、罐、钵、圆陶片。

盆　1件。标本H155：4，口沿残片。细泥质橘红陶。敞口，折沿，沿面较窄，向外侧下斜，圆唇。器表磨光。素面。唇部可见轮修痕迹（图七七，9）。

罐　5件。均口、腹部残片。标本H155：5、H155：6、H155：8、H155：9形制相同，均粗夹砂红褐陶，侈口，卷沿，直腹。标本H155：6，方唇，唇部有一

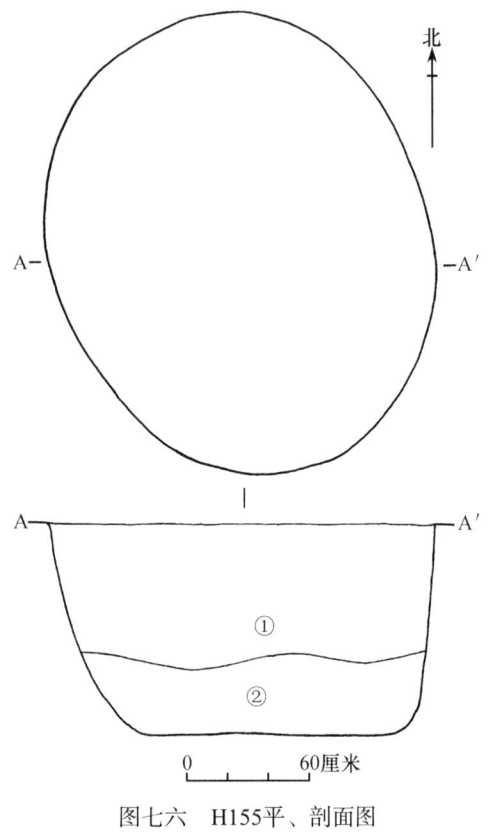

图七六　H155平、剖面图

道凸棱。素面（图七七，5）。标本H155：8，方唇，唇部有一道凸棱。口沿下侧饰两周弦纹，弦纹以下饰左上至右下斜向绳纹。口下可见轮修痕迹（图七七，1）。标本H155：5，圆唇，唇部有一道凸棱。口沿以下饰多周弦纹。唇部及口沿下侧可见轮修痕迹（图七七，3）。标本H155：9，方唇。口沿以下饰多周弦纹（图七七，4）。

标本H155：7，口、腹部残片。粗夹砂红褐陶。直口，卷沿，圆唇，腹微鼓。腹部饰交错绳纹。口下可见轮修痕迹（图七七，2）。

钵　3件。均口、腹部残片。标本H155：3，细泥质橘红陶。直口，方唇，深弧腹。器表磨光。素面。口下可见深红色叠烧痕迹，内壁可见轮修痕迹（图七七，7）。

标本H155：1、H155：2形制相同，均敛口，方唇。标本H155：1，细夹砂橙黄陶。唇部有一道浅细凹槽。素面。内外壁均可见轮修痕迹（图七七，6）。标本H155：2，粗泥质橘红陶。器表经刮抹较为光滑。素面。器表可见轮修痕迹（图七七，8）。

圆陶片　3件。均完整。形制相同，均细泥质橘红陶，系利用钵的口部残片打制而成，圆形，边缘较为锋利。标本H155：10-1，外壁可见零星小疤。一面可见深红色叠烧痕迹。直径7.5、厚0.4厘米（图七八，1）。标本H155：10-2，一面可见深红色叠烧痕迹。直径8、厚0.5厘米（图七八，2；图版五七，6；图版五八，1）。标本H155：10-3，一面可见深红色叠烧痕迹。直径4.8、厚0.4厘米（图七八，4）。

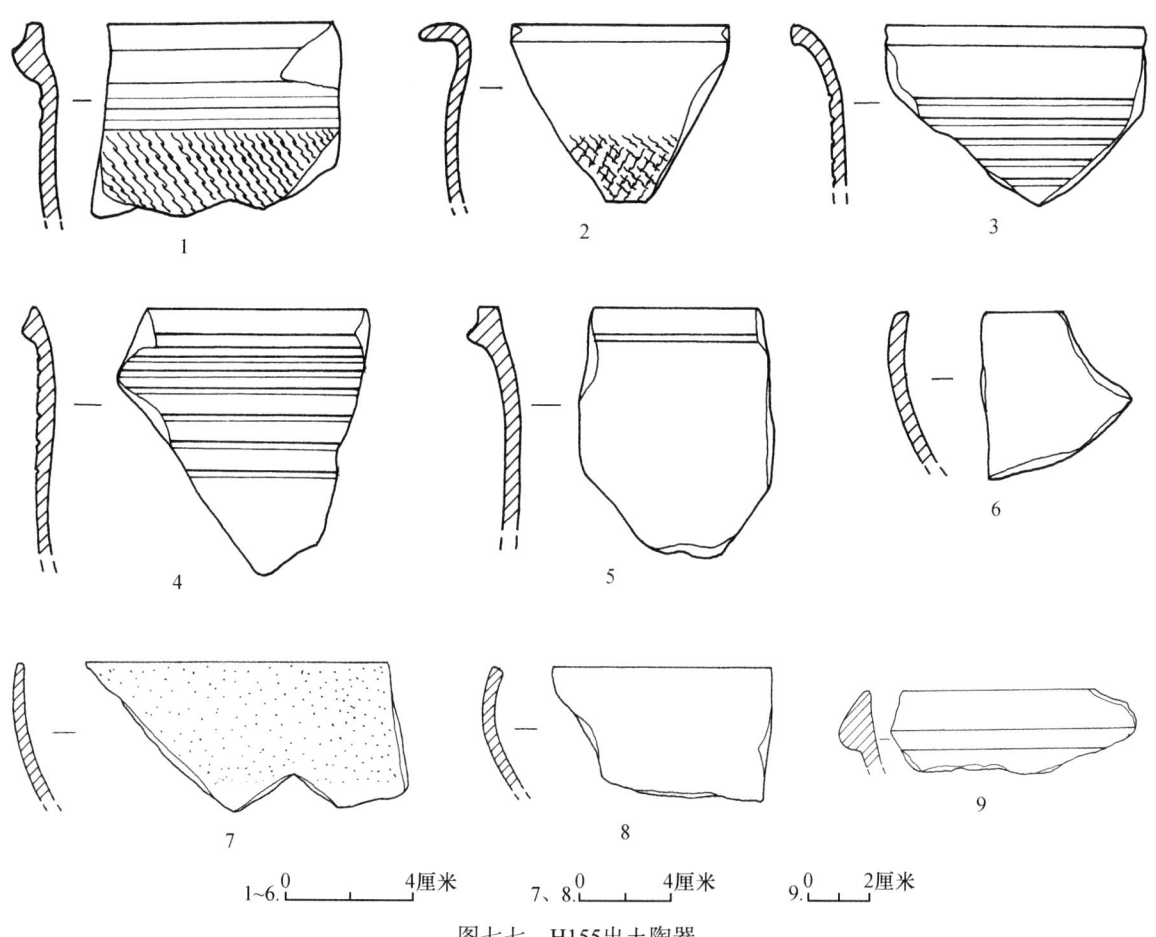

图七七 H155出土陶器

1~5.罐（H155：8、H155：7、H155：5、H155：9、H155：6） 6~8.钵（H155：1、H155：3、H155：2） 9.盆（H155：4）

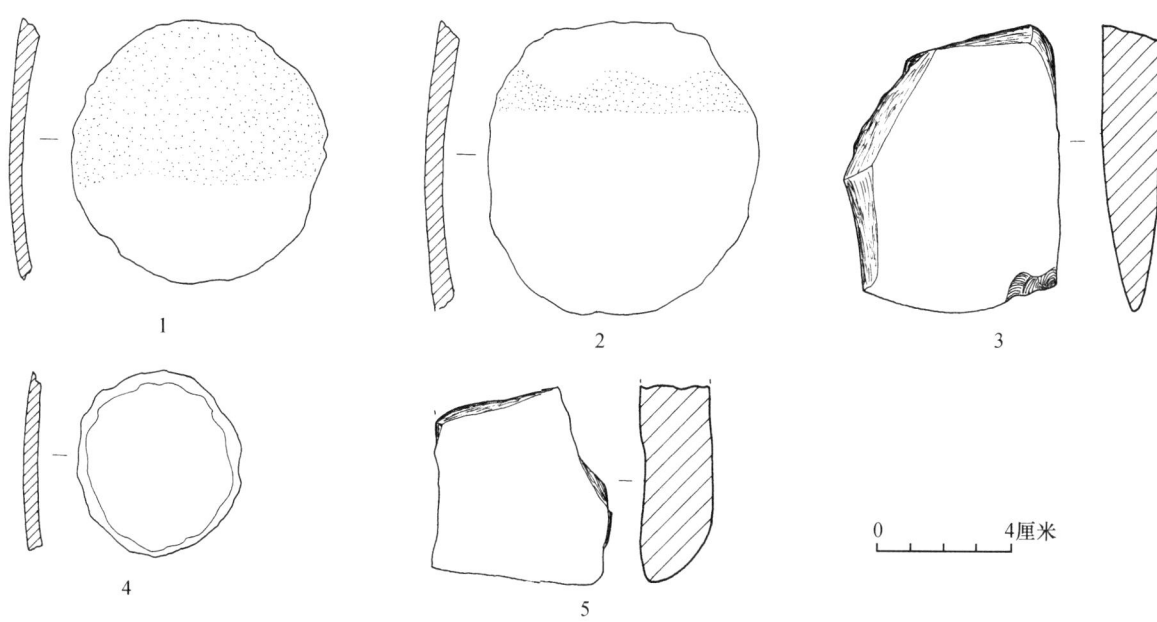

图七八 H155出土遗物

1、2、4.圆陶片（H155：10-1、H155：10-2、H155：10-3） 3.砍砸器（H155：12） 5.磨石（H155：11）

（2）石器

2件。器类有磨石、砍砸器。

磨石　1件。标本H155：11，残。石英细砂岩。残存部分平面呈不规则形，一面微鼓，一面稍内凹。残长5.6、残宽5、厚2厘米（图七八，5）。

砍砸器　1件。标本H155：12，完整。石英岩。平面呈不规则形，弧刃，较为锋利。两面磨光。刃部可见因使用形成的连续疤痕。长8.1、宽6.4、厚1.7厘米（图七八，3；图版五八，2）。

7. H157

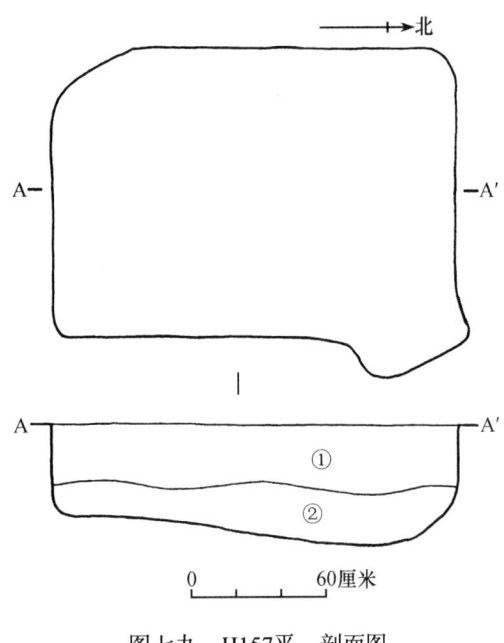

图七九　H157平、剖面图

H157位于Ⅲ区T0311东部与T0411西部，开口于⑫层下。平面呈不规则形，筒状，直壁，平底。坑口长1.8、宽1.4、深0.4～0.5米（图七九）。

坑内堆积可分为2层：第①层为深灰色土，土质疏松，厚0.28米，出土少量陶片、石块；第②层为浅黄色土，土质较致密，厚0.13～0.24米。

陶片以细泥质橘红陶为主，粗夹砂红褐陶次之；纹饰以素面为主，还有少量弦纹。

H157共出土7件遗物。全部为陶器。器类有罐、钵、圆陶片。

罐　1件。标本H157：3，口、腹部残片。粗夹砂红褐陶。侈口，卷沿，方唇，唇部有一道凸棱，直腹。腹部饰多周弦纹（图八〇，1）。

钵　2件。均口、腹部残片。形制相同，均细泥质橘红陶，直口，圆唇，深弧腹，器表磨光，素面。标本H157：1，器表可见轮修痕迹（图八〇，3）。标本H157：2，口下可见浅褐色叠烧痕迹与轮修痕迹（图八〇，2）。

圆陶片　4件。形制相同，均细泥质橘红陶，圆形。标本H157：4-1，稍残。系利用钵的底部残片打制而成。边缘较锋利。表层大部分已剥落。器表有一道浅细凹槽。直径4.3、厚0.2厘米（图八〇，4；图版五八，3）。标本H157：4-2，完整。系利用钵的口部残片打制而成。边缘较钝。外壁可见零星小疤。一面可见深红色叠烧痕迹。直径4、厚0.2厘米（图八〇，5；图版五八，4）。

8. H158

H158位于Ⅲ区T0311西北部，开口于⑫层下。平面呈椭圆形，锅底状，弧壁，平底。坑口长径1.68、短径1.2米，底长径1.1、短径0.7米，深0.3米（图八一）。

坑内堆积为深褐色土，土质较致密，出土少量陶片。

陶片以细泥质橘红陶为主，粗泥质橘红陶次之，还有少量粗夹砂红褐陶与细夹砂红褐陶；纹饰以素面为主，弦纹次之。

H158共出土14件遗物。全部为陶器。器类有盆、罐、钵、圆陶片、锉，另有器底。

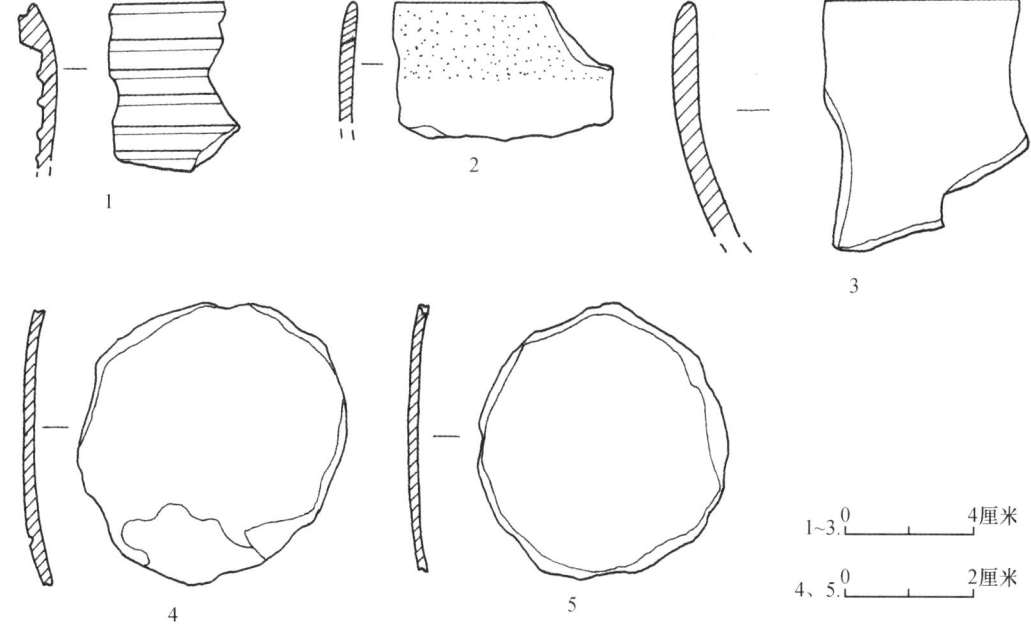

图八〇 H157出土陶器
1.罐（H157：3） 2、3.钵（H157：2、H157：1） 4、5.圆陶片（H157：4-1、H157：4-2）

盆 1件。标本H158：6，口、腹部残片。细泥质橘红陶。敞口，折沿，沿面较窄，向外侧下斜，圆唇，弧腹。器表磨光。素面。器表可见轮修痕迹与烟熏痕迹（图八二，3）。

罐 2件。均口、腹部残片。形制相同，均粗夹砂红褐陶，侈口，卷沿，方唇，腹部饰多周弦纹。标本H158：8，唇部有一道凸棱，腹较直（图八二，2）。标本H158：9，唇上有一道不显著凸棱，腹微鼓（图八二，1）。

钵 5件。均口、腹部残片。标本H158：2、H158：3形制相同，均细泥质橘红陶，直口，深弧腹，器表磨光，素面。标本H158：2，方唇。口下可见深红色叠烧痕迹（图八二，9）。标本H158：3，圆唇。内壁可见轮修痕迹（图八二，6）。

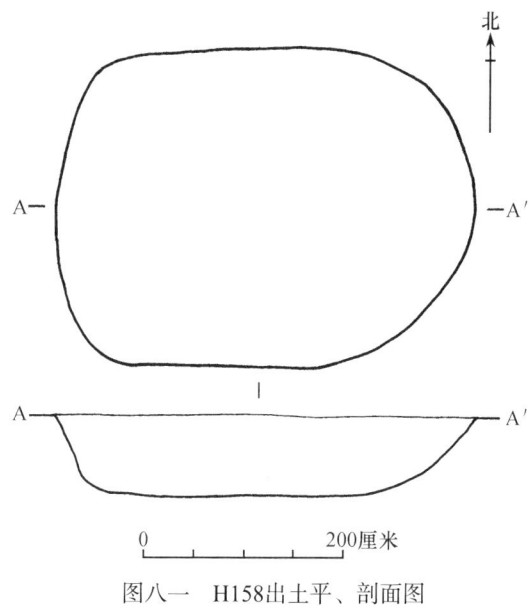

图八一 H158出土平、剖面图

标本H158：1、H158：4、H158：5形制相同，均敛口，方唇，素面。标本H158：1，粗泥质橘红陶。唇部与口沿下侧可见轮修痕迹。器表可见烟熏痕迹（图八二，5）。标本H158：4，细夹砂红褐陶。唇部有一道浅细凹槽。内外壁均可见轮修痕迹（图八二，4）。标本H158：5，细夹砂红褐陶。内外壁均可见轮修痕迹。器表可见烟熏痕迹（图八二，7）。

器底 标本H158：7，下腹、底部残片。细泥质橘红陶。平底，底心内凹。器表磨光。素面。下腹部可见轮修痕迹与烟熏痕迹。可能为钵底。残高4.2厘米（图八二，8）。

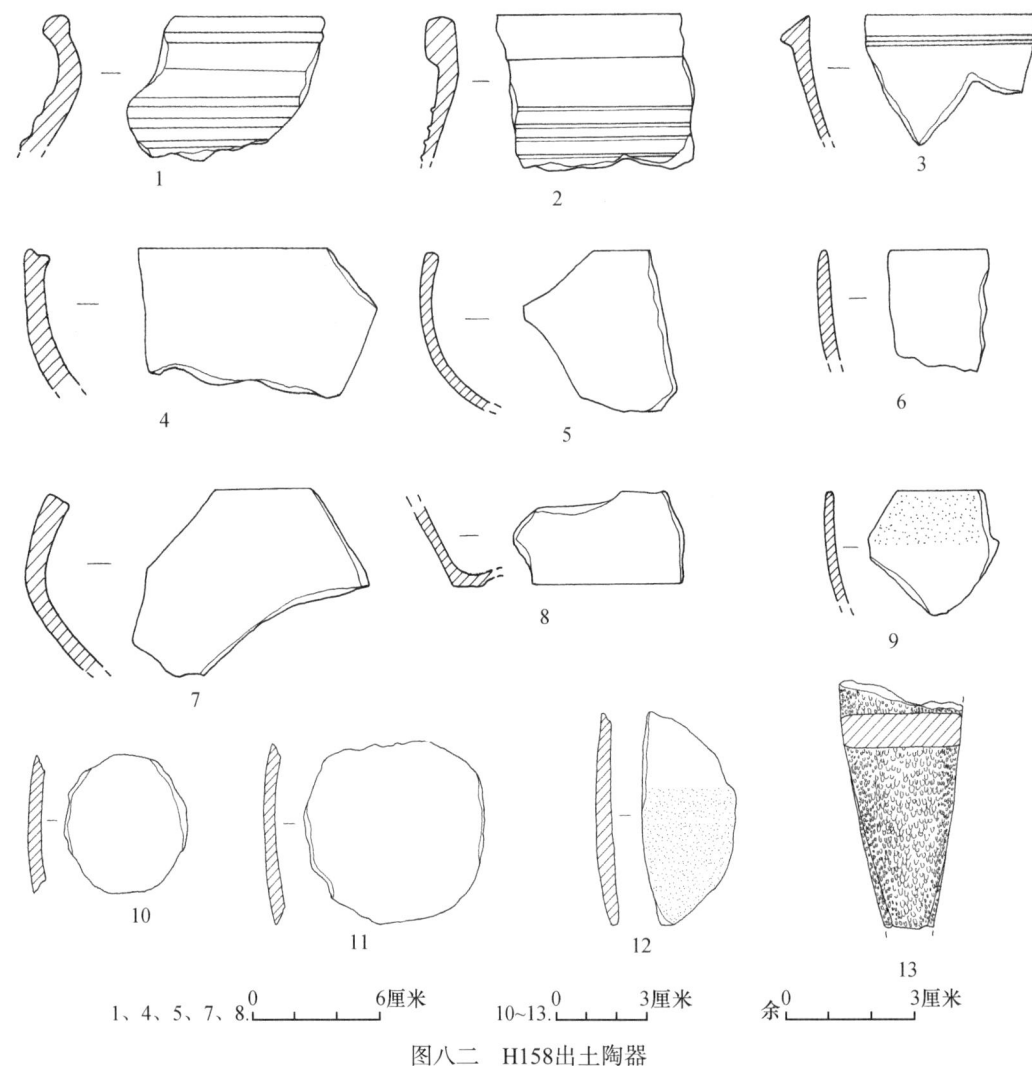

图八二　H158出土陶器

1、2.罐（H158：9、H158：8）　3.盆（H158：6）　4~7、9.钵（H158：4、H158：1、H158：3、H158：5、H158：2）
8.器底（H158：7）　10~12.圆陶片（H158：10-3、H158：10-1、H158：10-2）　13.锉（H158：11）

圆陶片　4件。均完整。标本H158：10-1，细泥质橘红陶。系利用钵的残片打制而成。圆形，边缘较为锋利。直径6.2、厚0.4厘米（图八二，11）。标本H158：10-3，细泥质橘红陶。系利用钵的残片打制而成。椭圆形，边缘较为锋利。长径4.5、短径3.9、厚0.4厘米（图八二，10）。标本H158：10-2，细泥质橘红陶。系利用钵的残片打制而成。半圆形，边缘较钝。一面可见深红色叠烧痕迹。直径7、厚0.5厘米（图八二，12）。

锉　2件。形制相同。标本H158：11，两端均残。粗泥质橘红陶。残存部分平面呈不规则形，横断面呈长方形，两侧边较直。器表麻点清晰，密度较大。残长8、宽1.7~4.2、厚1.1厘米（图八二，13）。

9. H166

H166位于Ⅲ区T0314的东南部，开口于⑪层下，西北部被H165打破。平面呈圆形，袋状，斜直壁，底部不甚平整。坑口径1.32、底径1.72米，深1.04米（图八三）。

坑内堆积为黄褐色土，土质较为致密，包含少量料姜石，出土大量陶片，另有石块、骨头、蚌壳。

陶片为主要的出土物，以粗夹砂红褐陶和细泥质橘红陶为主，并有一定比例粗泥质橘红陶和粗夹砂橘红陶，还有少量细夹砂橘红陶；纹饰以素面居多，绳纹次之，还有少量弦纹、彩陶（表一一）。

H166共出土遗物26件。全部为陶器。器类有瓶、罐、钵、圆陶片，另有器底、器耳（表一二）。

瓶　2件。均口、颈部残片。形制相同。标本H166∶5，粗泥质橘红陶。环形口，口部有一周矮棱，圆唇，短颈。器表磨光。素面。沿面与颈部均可见轮修痕迹。复原口径7.1、残高4厘米（图八四，1）。

罐　8件。均口、腹部残片。形制相同，均为粗夹砂红褐陶，侈口，卷沿，方唇，唇部有一道凸棱，直腹。标本H166∶6，素面。口下可见轮修痕迹（图八四，4）。标本H166∶7，口沿以下饰四周弦纹（图八四，5）。

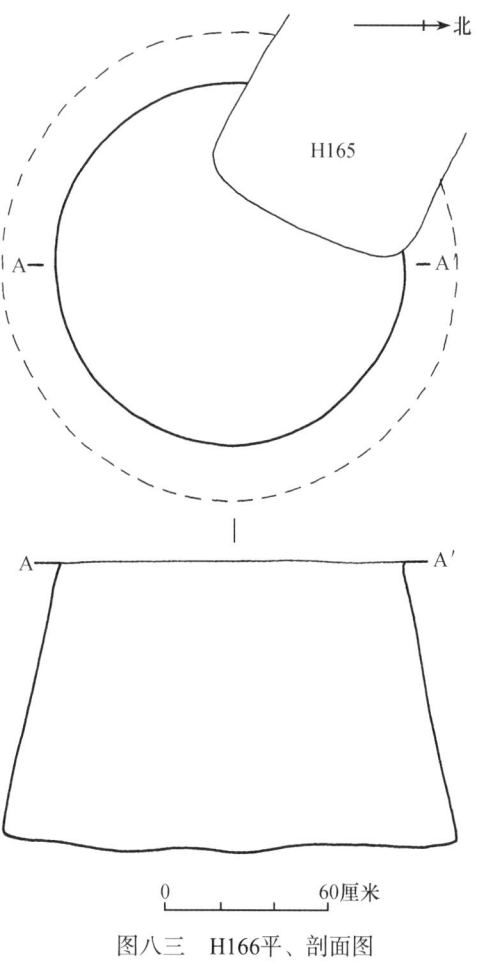

图八三　H166平、剖面图

表一一　H166陶系统计表　　　　　　　　　　（单位：kg）

陶质	粗泥质	细泥质	粗夹砂		细夹砂	合计		百分比（%）	
陶色 纹饰	橘红	橘红	橘红	红褐	橘红				
素面	0.18		0.17	0.21	0.04	0.60		27.40	
素面+磨光	0.114	0.77				0.884		40.37	
绳纹			0.02	0.49		0.51	2.19	23.29	100
弦纹				0.126		0.126		5.75	
绳纹+弦纹				0.03		0.03		1.37	
彩陶				0.04		0.04		1.83	
合计	0.294	0.77	0.19	0.896	0.04	2.19			
百分比（%）	13.42	35.16	8.68	40.91	1.83	100			

表一二　H166器形统计表　　　　　　　　　　　　　　　　　　（单位：件）

陶质	细泥质	粗泥质	粗夹砂		粗夹砂	合计	百分比（%）	
陶色	橘红	橘红	橘红		红褐			
纹饰 器形	素面+磨光	素面+磨光	素面	素面	弦纹			
瓶		2				2	8.33	
罐　口			6		1	8	33.34	100
底				1				
钵　口	13					14	58.33	
底	1							
合计	14	2	6	1	1	24		
百分比（%）	58.33	8.33	25.00	4.17	4.17			
			100					

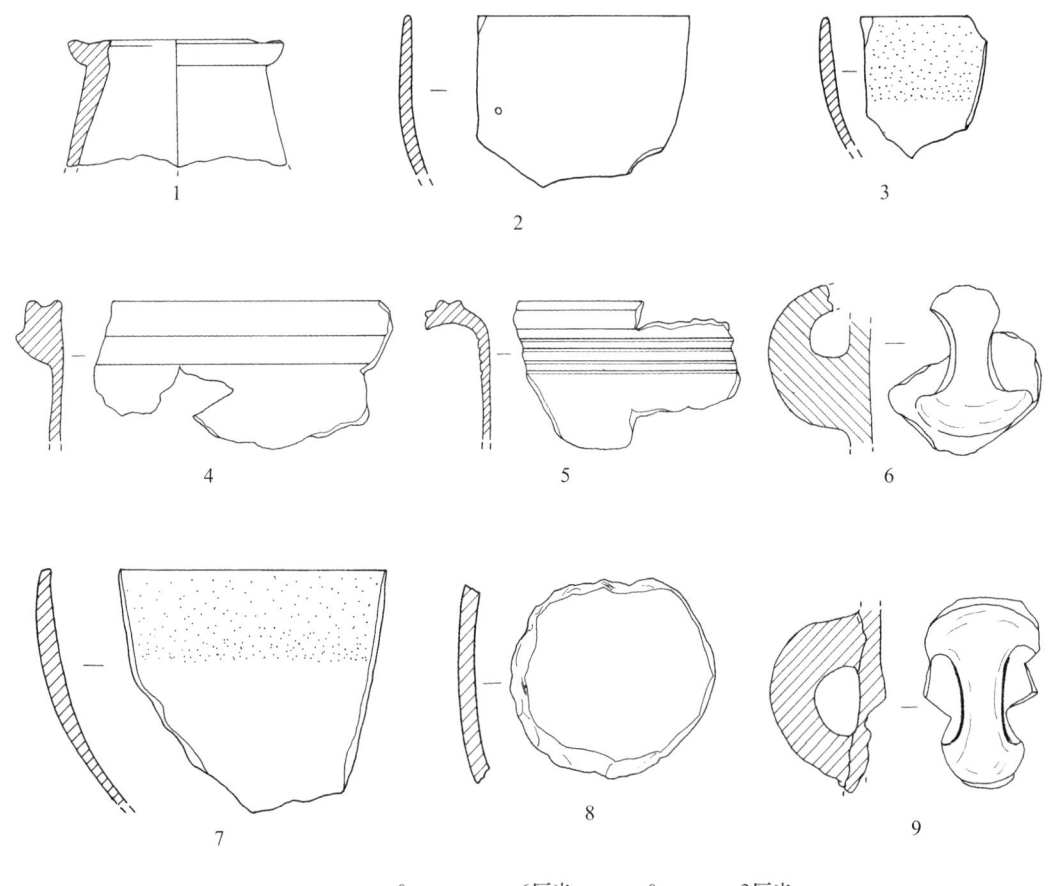

图八四　H166出土陶器

1. 瓶（H166：5）　2、3、7. 钵（H166：2、H166：1、H166：3）　4、5. 罐（H166：6、H166：7）
6、9. 器耳（H166：8、H166：9）　8. 圆陶片（H166：10）

钵　14件。均口、腹部残片。形制相同，均细泥质橘红陶，直口，方唇，深弧腹，器表磨光，素面。标本H166∶1，口下可见深红色叠烧痕迹（图八四，3）。标本H166∶2，表层有部分剥落。口下有一个由内向外单面钻成的圆孔（图八四，2）。标本H166∶3，口下可见浅褐色叠烧痕迹，器表可见轮修痕迹（图八四，7）。

器底　标本H166∶4，底部残片。细泥质橘红陶。有一周浅细凹槽，凹槽内区域较为粗糙。器表磨光。素面。可能为钵底。残高1.3厘米。

器耳　均为耳部残片。标本H166∶8，粗夹砂红褐陶。竖向圆柱桥形耳（图八四，6）。标本H166∶9，粗泥质橘红陶。竖向扁圆桥形耳（图八四，9）。以上两件可能均为瓶耳。

圆陶片　2件。形制相同。标本H166∶10，完整。细泥质橘红陶。系利用钵的口部残片打制而成。圆形，边缘锋利。一面可见深红色叠烧痕迹。直径6.6、厚0.5厘米（图八四，8）。

10. H177

H177位于Ⅲ区T0414西部，开口于⑨层下，被M10打破。平面呈椭圆形，袋状，斜直壁，平底。坑口长径1.28、短径0.92米，底部长径1.84、短径1.64米，深1.16米。底部有三层台阶，第一层距坑口0.6、高0.4米；第二层距坑口1、高0.1米；第三层距坑口1.1、高0.06米（图八五）。

坑内堆积可分为2层：第①层为浅褐色土，土质较疏松，厚0.78~0.81米，出土大量陶片；第②层为深褐色土，土质疏松，包含少量草拌泥残块，厚0.2~0.4米，出土有少量陶片，另有鹿角、兽骨。

陶片以细泥质橘红陶为主，粗夹砂红褐陶次之；纹饰以素面为主，弦纹次之，还有少量绳纹、划纹。

H177共出土遗物12件。以陶器为主，石器次之，骨器再次。

（1）陶器

9件。器类有罐、钵、圆陶片，另有墙皮残块。

罐　3件。均口、腹部残片。标本H177∶6，粗夹砂红褐陶。侈口，卷沿，方唇，唇部有一道凸棱，直腹。口沿以下饰弦纹（图八六，5）。

标本H177∶4、H177∶5形制相同，均粗夹砂红褐陶，侈口，卷沿，鼓腹。标本H177∶4，方唇。腹部饰左上至右下斜向绳纹。口下可见轮修痕迹（图八六，3）。标本H177∶5，方唇。唇部饰左上

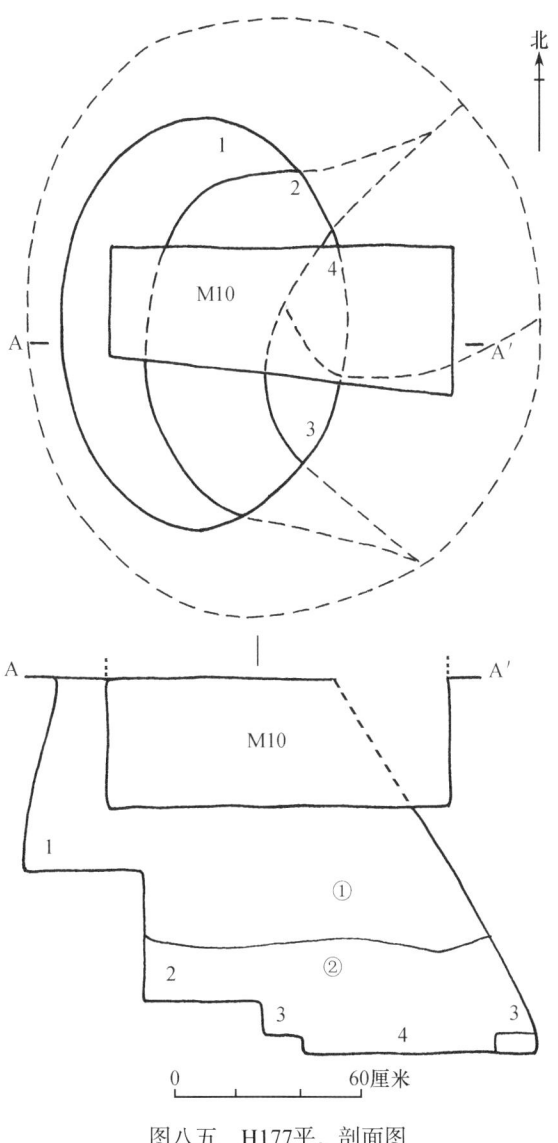

图八五　H177平、剖面图

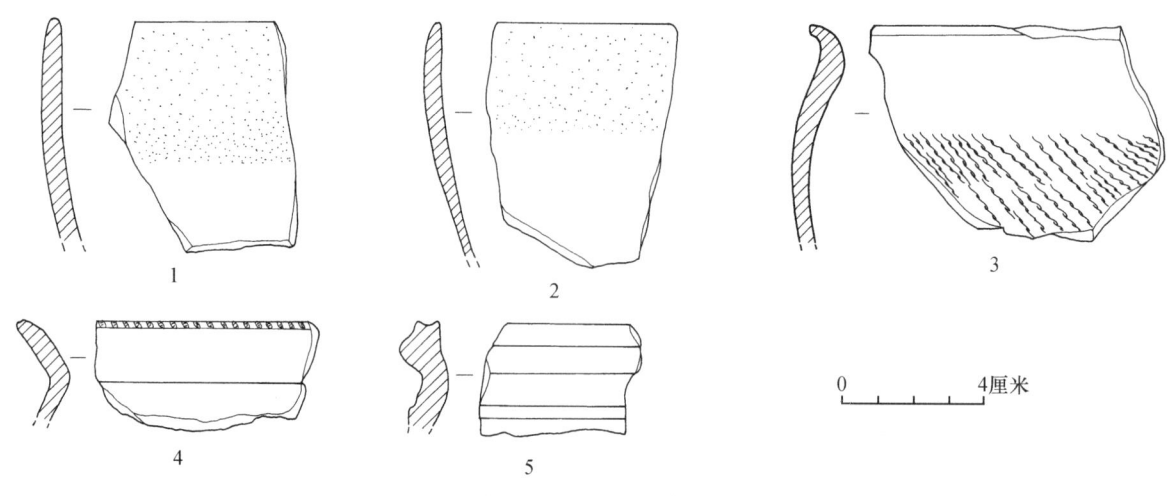

图八六　H177出土陶器
1、2.钵（H177：2、H177：1）　3~5.罐（H177：4、H177：5、H177：6）

至右下斜向划纹。外沿面可见轮修痕迹（图八六，4）。

钵　2件。均口、腹部残片。形制相同，均为细泥质橘红陶，直口，深弧腹，器表磨光，素面。标本H177：2，圆唇。口下可见深红色叠烧痕迹，内壁可见轮修痕迹（图八六，1）。标本H177：1，窄方唇。口下可见浅褐色叠烧痕迹（图八六，2）。

圆陶片　4件。均完整。标本H177：7-1、H177：7-3、H177：7-4形制相同，均细泥质橘红陶，圆形。标本H177：7-1，系利用钵的口部残片打制而成。边缘稍钝。一面可见浅褐色叠烧痕迹。直径7.1、厚0.4厘米（图八七，4）。标本H177：7-3，系利用钵的残片打制而成。边缘较锋利。直径5.9、厚0.6厘米（图八七，1）。标本H177：7-4，系利用钵的口沿残片打制而成，保留少量沿面。边缘较钝。一面可见黑色彩绘。直径5.8、厚0.6厘米（图八七，2）。

标本H177：7-2，细泥质橘红陶。系利用钵的口部残片打制而成。半圆形，边缘较锋利。一面可见深红色叠烧痕迹。直径8.7、厚0.5厘米（图八七，3）。

墙皮残块　标本H177：13，粗泥质，橘红色。一面较平坦，一面呈现植物根系纹理，中间夹有一层火烧土（图版五八，5）。

（2）石器

2件。器类有斧、残石器。

斧　1件。标本H177：8，尾端稍残。石英岩。平面呈梯形，横断面呈圆角长方形，弧刃，较为锋利。通体磨光，安柄处保留打制痕迹。刃部有使用形成的疤痕。长12.6、宽8.2~9.6、厚2.4厘米（图八七，7；图版五八，6）。

残石器　1件。标本H177：9，凝灰岩。残存部分平面呈不规则形。器表磨光，保留部分打制痕迹。残长5.9厘米（图八七，6；图版五九，1）。

（3）骨器

1件。锥。标本H177：10，完整。系利用梅花鹿左掌骨近段背面磨制而成。横断面呈弧形，尖部锐利。通体磨光。长8.7厘米（图八七，5；彩版三三，6；图版五九，2）。

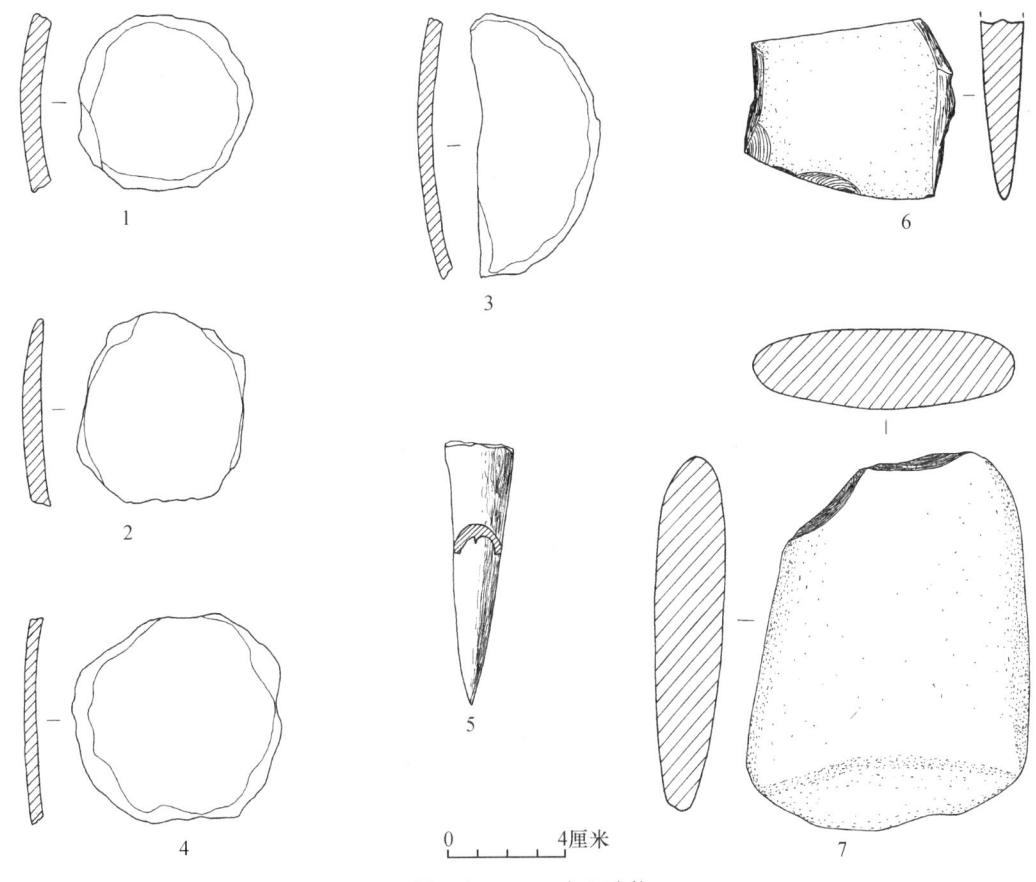

图八七　H177出土遗物

1~4. 圆陶片（H177：7-3、H177：7-4、H177：7-2、H177：7-1）　5. 骨锥（H177：10）　6. 残石器（H177：9）
7. 石斧（H177：8）

11. H181

H181位于Ⅲ区T0714西北部，开口于⑪层下，南部被H243打破。平面呈椭圆形，袋状，斜直壁，平底，底部不甚平整。坑口长径1.12、短径0.8米，底长径1.42、短径1.1米，深0.33~0.38米（图八八）。

坑内堆积为灰褐色土，土质疏松，包含大量炭屑、零星火烧土块及少量蜗牛壳，出土大量陶片。

陶片为主要出土物，以粗夹砂红褐陶为主，细泥质橘红陶次之，并有一定比例的细夹砂橙黄陶和少量细泥质灰陶、粗泥质橙黄陶；纹饰以素面居多，绳纹、弦纹次之，并有少量交错绳纹（表一三）。

H181共出土遗物20件。全部为陶器。器类有盆、罐、钵、瓮、圆陶片（表一四）。

盆　1件。口、腹部残片。标本H181：6，细泥质橘红陶。直口，折沿，沿面向外侧下斜，圆唇，弧腹。器表磨光。素面。沿面可见轮修痕迹（图八九，5）。

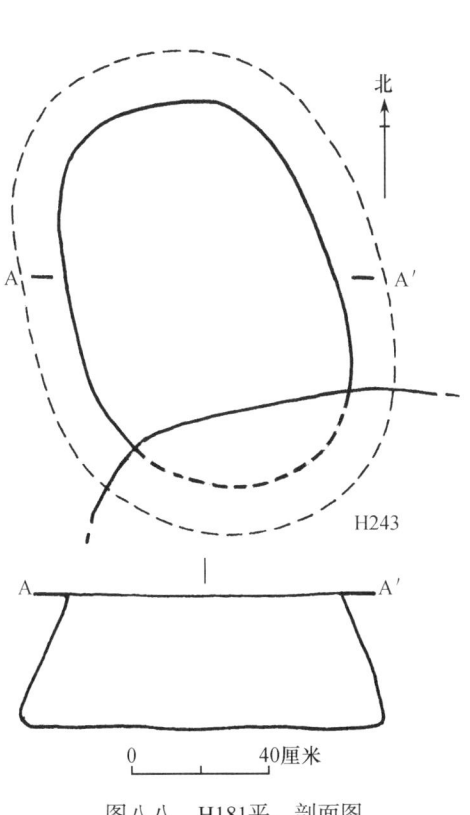

图八八　H181平、剖面图

表一三　H181陶系统计表　　　　　　　　　　　　　　　　　　　　（单位：kg）

陶质	细泥质		粗泥质	细夹砂	粗夹砂	合计	百分比（%）	
陶色 纹饰	橘红	灰	橙黄	橙黄	红褐			
素面	0.68	0.01	0.06	0.25	0.73	1.73	57.67	100
素面+磨光	0.57					0.57	19.00	
交错绳纹					0.01	0.01	0.33	
绳纹+弦纹					0.69	0.69	23.00	
合计	1.25	0.01	0.06	0.25	1.43	3.00		
百分比（%）	41.67	0.33	2.00	8.33	47.67	100		

表一四　H181器形统计表　　　　　　　　　　　　　　　　　　　　（单位：件）

陶质		细泥质	粗夹砂		合计	百分比（%）	
陶色		橘红	红褐				
纹饰 器形		素面+磨光	素面	绳纹+弦纹			
盆		1			1	5.56	100
罐	口		3		7	38.89	
	底		4				
钵	口	5			9	50.00	
	底	4					
瓮				1	1	5.56	
合计		10	7	1	18		
百分比（%）		55.56	38.88	5.56	100		

罐　7件。均口、腹部残片。形制相同。标本H181:7，粗夹砂红褐陶。敛口，方唇，唇部有一道凸棱，口沿内侧有一道宽浅凹槽，直腹。素面（图八九，4）。

钵　9件。均口、腹部残片。标本H181:1、H181:2、H181:3、H181:5形制相同，均细泥质橘红陶，直口，深弧腹，素面，器表磨光。标本H181:1，圆唇。内壁可见轮修痕迹（图八九，6）。标本H181:2，方唇。内、外壁均可见轮修痕迹（图八九，7）。标本H181:3，圆唇。器表可见灰白色叠烧痕迹（图八九，3）。标本H181:5，圆唇。器表可见烟熏痕迹（图八九，1）。

标本H181:4，细泥质橘红陶。敞口，圆唇，弧腹。素面。器表磨光。口下可见浅褐色叠烧痕迹。器表可见烟熏痕迹（图八九，2）。

瓮　1件。标本H181:8，口、腹部残片。粗夹砂红褐陶。敛口，卷沿，沿面微曲，方唇，唇

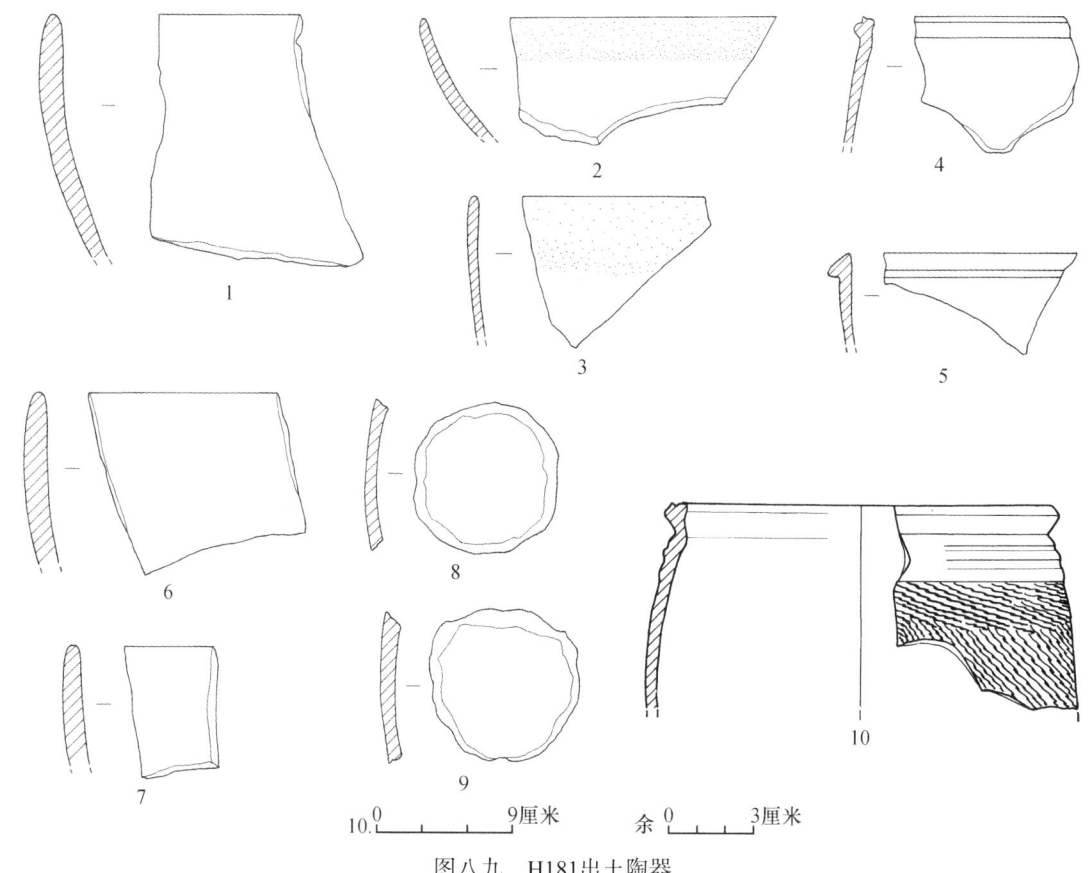

图八九 H181出土陶器
1~3、6、7. 钵（H181：5、H181：4、H181：3、H181：1、H181：2） 4. 罐（H181：7） 5. 盆（H181：6）
8、9. 圆陶片（H181：9-2、H181：9-1） 10. 瓮（H181：8）

部有一道凸棱，腹微鼓。口沿下侧饰多周弦纹，弦纹以下饰左上至右下斜向绳纹。口沿下侧可见轮修痕迹。复原口径26.1、残高12.9厘米（图八九，10）。

圆陶片 2件。均完整。形制相同，均系利用钵的口部残片打制而成，圆形。标本H181：9-1，细泥质橘红陶。边缘较锋利。一面可见深红色叠烧痕迹。直径5、厚0.5厘米（图八九，9）。标本H181：9-2，细泥质橘黄陶。边缘较锋利。一面可见深褐色叠烧痕迹。直径4.8、厚0.4厘米（图八九，8）。

12. H196

H196位于Ⅲ区T0913东南部，开口于⑩层下。平面呈圆形，袋状，斜直壁，平底，底部有一层硬面。坑口径1、底径1.46、深0.8米（图九〇）。

坑内堆积可分为2层：第①层为深灰色土，土质疏松，夹杂有少量炭屑，厚0.05米，出土少量陶片；第②层为黄褐色土，土质较致密，厚0.75米，出土少量陶片，另有石块。

陶片以粗夹砂红褐陶占绝大多数，并有一定比例的细泥质橘红陶；纹饰以素面居多，绳纹次之。

H196共出土遗物2件。全部为石器。器类有斧、凿。

斧 1件。标本H196：1，顶部稍残。角岩。平面呈梯形，横断面呈长方形，斜刃稍弧，较为锋利。通体磨光。周缘可见打制修整痕迹。残长9.5、宽5.7~6.5厘米（图九一，2）。

凿　1件。标本H196：2，稍残。角岩。平面略呈亚腰形，两面均较平坦，直刃，较为锋利。通体磨光。周缘可见打制痕迹。长5.3、宽4、厚1.2厘米（图九一，1）。

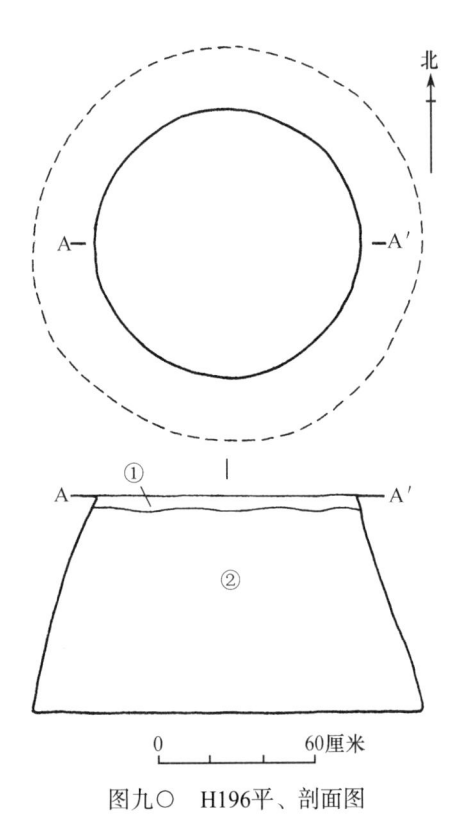

图九〇　H196平、剖面图

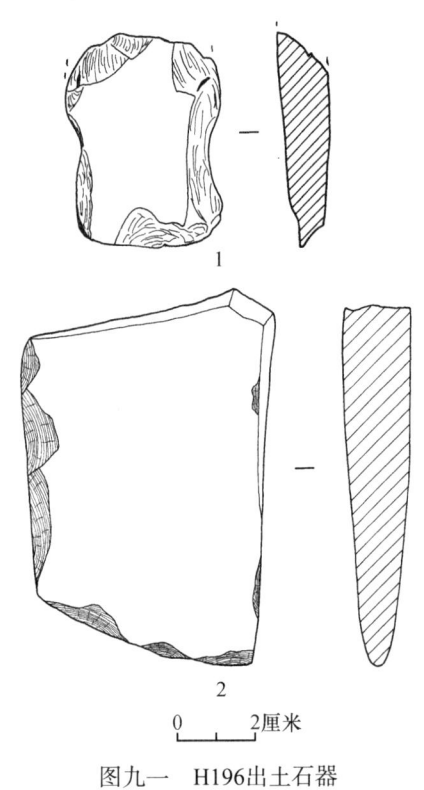

图九一　H196出土石器
1. 凿（H196：2）　2. 斧（H196：1）

13. H197

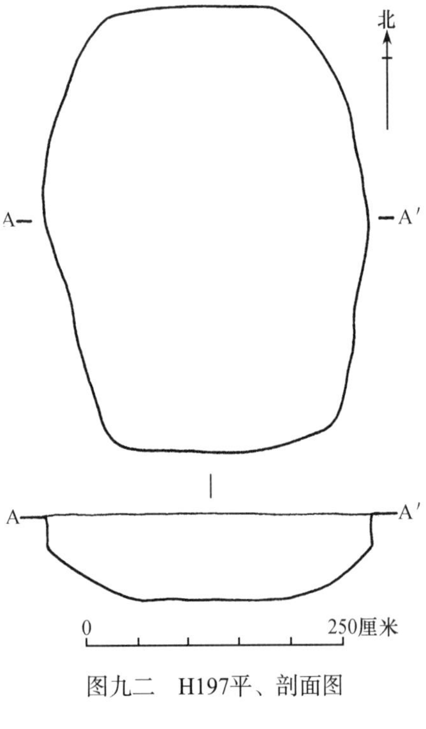

H197位于Ⅲ区T0814东北部、T0815东南部、T0915西南部、T0914西北部，开口于⑩层下。平面呈不规则形，锅底状，坑壁较直，下部折收，平底。坑口长径4.25、短径3.2米，底长径2.25、短径1.5米，深0.8米（图九二）。

坑内堆积为深灰色土，土质疏松，出土少量陶片。

陶片以细泥质橘红陶为主，还有少量粗夹砂红褐陶、粗夹砂灰褐陶、粗泥质橘红陶、细夹砂橘红陶；纹饰以素面为主，弦纹次之。

H197共出土遗物16件。全部为陶器。器类有盆、罐、钵、圆陶片。

盆　2件。均口、腹部残片。标本H197：6，细泥质橘红陶。直口微敛，折沿，沿面向外侧下斜，圆唇，弧腹。器表磨光。素面。口沿下侧可见轮修痕迹（图九三，2）。

标本H197：5，细泥质橘红陶。直口微敞，平折沿，圆唇，弧腹。器表磨光。素面。外沿面可见轮修痕迹（图

图九二　H197平、剖面图

九三，4）。

罐 2件。均口、腹部残片。形制相同，侈口，卷沿，方唇，唇部有一道凸棱，直腹。标本H197∶7，粗夹砂红褐陶。口沿以下饰多周弦纹（图九三，3）。标本H197∶8，粗夹砂灰褐陶。腹部饰多周弦纹（图九三，1）。

钵 5件。均口、腹部残片。标本H197∶1、H197∶9形制相同，均敛口，方唇，斜直腹，素面。标本H197∶1，粗泥质橘红陶。内、外壁均可见轮修痕迹。器表可见烟熏痕迹（图九三，5）。标本H197∶9，细夹砂橘红陶。口下可见轮修痕迹（图九三，6）。

标本H197∶2、H197∶3、H197∶4形制相同，均直口，方唇，深弧腹，素面。标本H197∶2，细泥质橘红陶。口微敛。器表磨光。口下可见深红色叠烧痕迹（图九三，9）。标本H197∶3，细泥质橘红陶。器表磨光。口下可见浅褐色叠烧痕迹（图九三，8）。标本H197∶4，粗泥质橘红陶。内、外壁均可见轮修痕迹（图九三，7）。

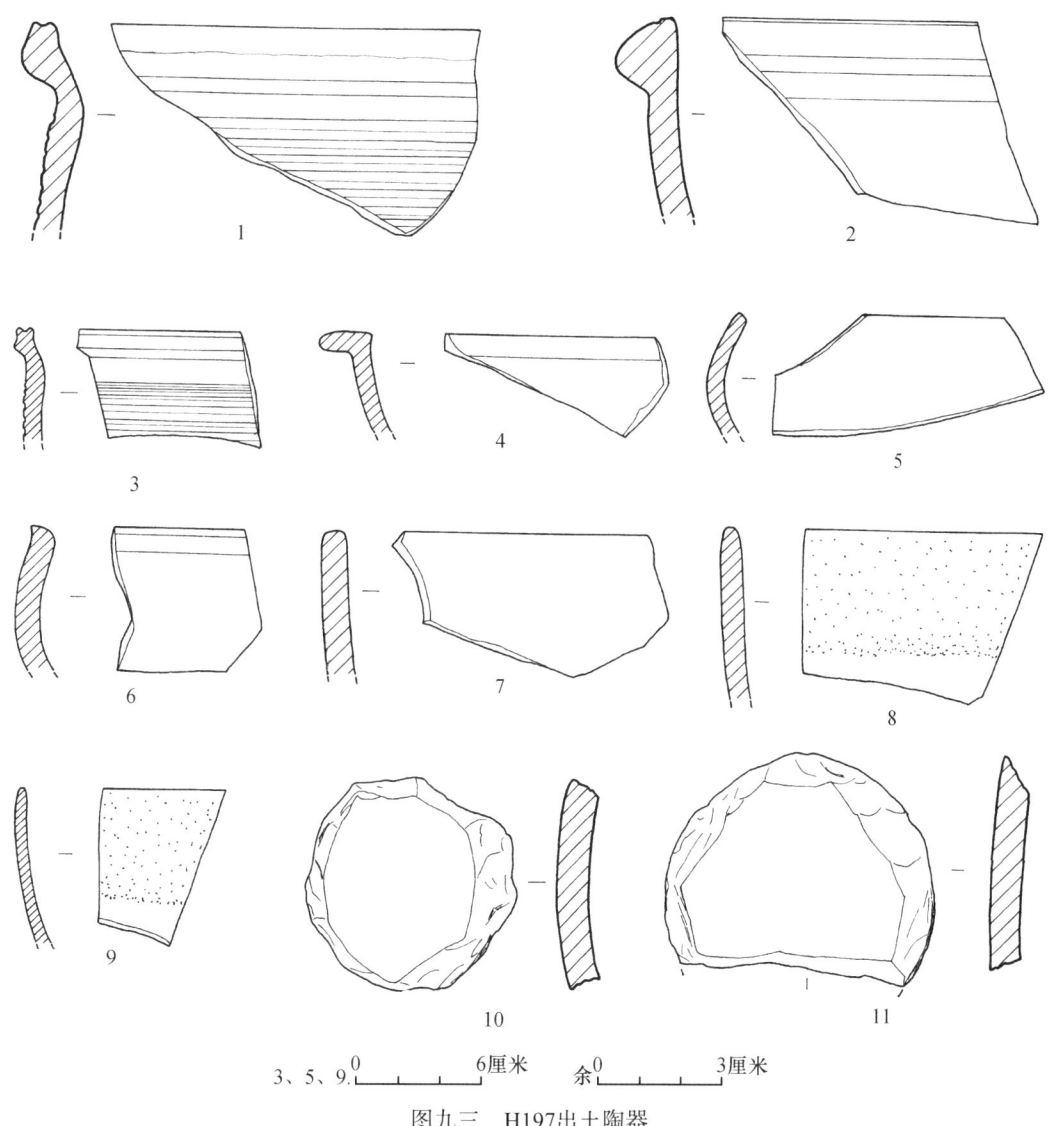

图九三 H197出土陶器
1、3.罐（H197∶8、H197∶7） 2、4.盆（H197∶6、H197∶5）
5~9.钵（H197∶1、H197∶9、H197∶4、H197∶3、H197∶2） 10、11.圆陶片（H197∶10-2、H197∶10-1）

圆陶片　7件。形制相同，均细泥质橘红陶，圆形，边缘较锋利。标本H197：10-1，残。系利用钵的口部残片打制而成。一面可见深红色叠烧痕迹。直径6.4、厚0.7厘米（图九三，11）。标本H197：10-2，完整。系利用钵的残片打制而成。直径4.8、厚0.8厘米（图九三，10）。

14. H198

H198位于Ⅲ区T0715西南部，开口于⑨层下。平面呈圆形，袋状，斜直壁，底部西高东低，不甚平整。坑口径1.36、底径1.5、深0.94~0.98米（图九四）。

坑内堆积可分为3层：第①层为黄褐色土，土质较致密，厚0.3~0.4米；第②层为深灰色土，土质疏松，厚0.2~0.3米，出土大量陶片，另有鹿角、田螺壳；第③层为黄褐色土，土质较致密，出土少量陶片。

陶片为主要的出土物，以细泥质橘红陶为主，粗夹砂红褐陶次之，粗夹砂橘红陶再次；纹饰以素面居多，绳纹次之，弦纹再次（表一五）。

H198共出土遗物9件。全部为陶器。器类有盆、罐、钵、圆陶片。

盆　1件。标本H198：2，可复原。细泥质橘红陶。直口微敛，平折沿，圆唇，弧腹略浅，平底。器表磨光。素面。沿面可见轮修痕迹。口径46.1、底径15、通高15.9厘米（图九五，6；图版五九，3）。

罐　6件。均口、腹部残片。标本H198：3、

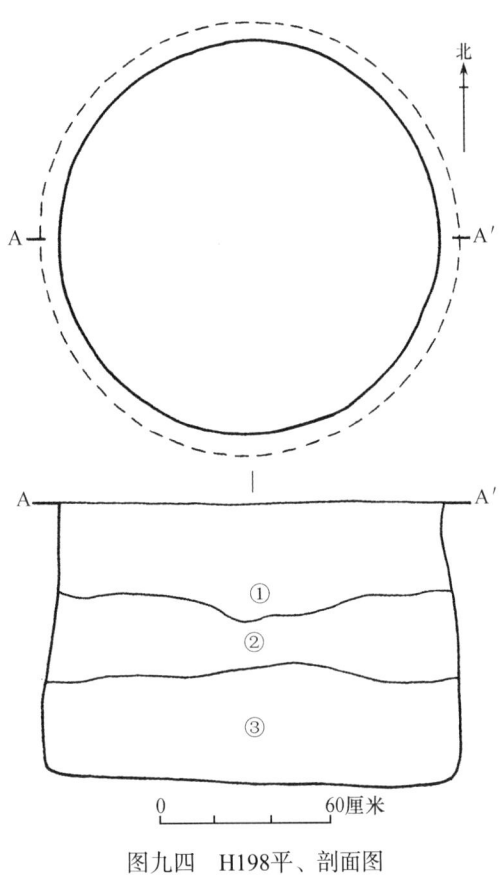

图九四　H198平、剖面图

表一五　H198陶系统计表　　　　　　　　　　　　　（单位：kg）

陶质	细泥质	粗夹砂		合计		百分比（%）
陶色 纹饰	橘红	橘红	红褐			
素面		0.03	0.83	0.86		22.99
素面+磨光	1.81			1.81	3.74	48.40
绳纹		0.69		0.69		18.45
弦纹		0.04	0.34	0.38		10.16
合计	1.81	0.76	1.17	3.74		100
百分比（%）	48.40	20.32	31.28	100		

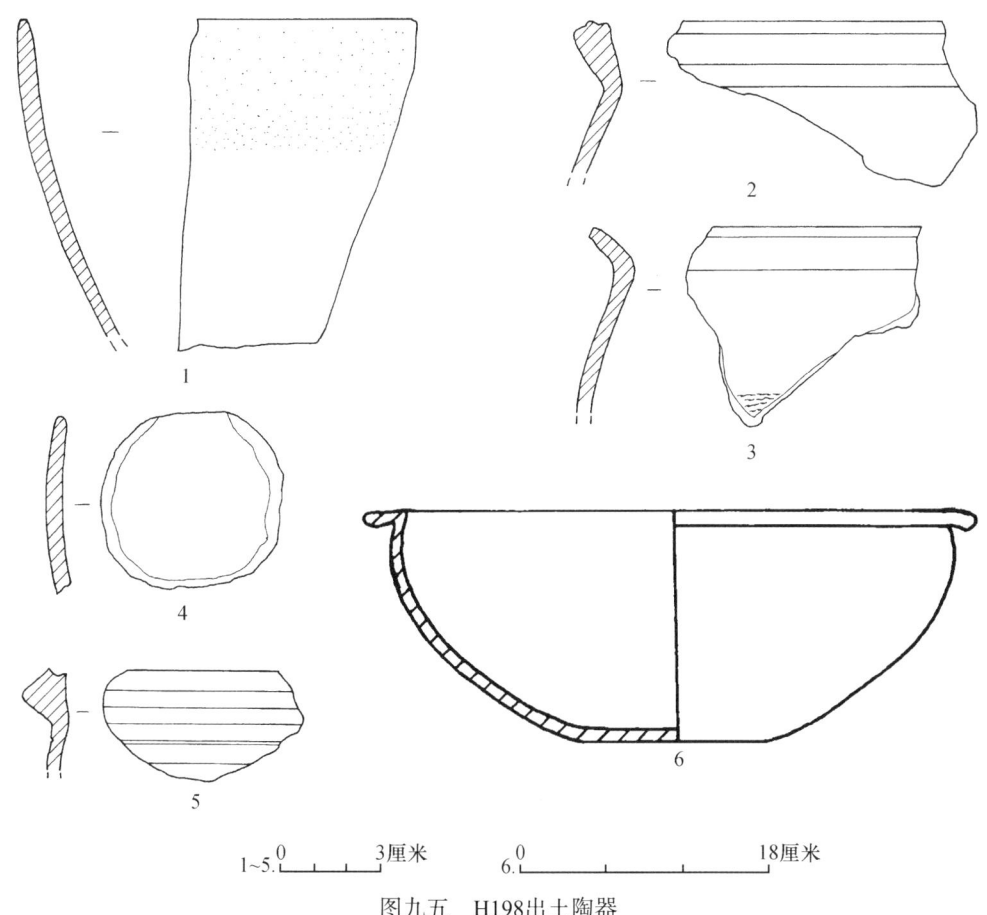

图九五 H198出土陶器
1.钵（H198：1） 2、3、5.罐（H198：3、H198：4、H198：5） 4.圆陶片（H198：6） 6.盆（H198：2）

H198：5形制相同，均粗夹砂红褐陶，侈口，卷沿，方唇，唇部有一道凸棱，直腹。标本H198：3，素面（图九五，2）。标本H198：5，口沿以下饰多周弦纹。内沿面可见轮修痕迹（图九五，5）。

标本H198：4，粗夹砂橘红陶。侈口，卷沿，方唇，鼓腹。腹部饰横向绳纹。外沿面可见轮修痕迹（图九五，3）。

钵 1件。标本H198：1，口、腹部残片。细泥质橘红陶。直口，方唇，深弧腹。器表磨光。素面。口下可见深红色叠烧痕迹（图九五，1）。

圆陶片 1件。标本H198：6，完整。细泥质橘红陶。系利用钵的口沿残片打制而成，保留少量沿面。圆形，边缘较锋利。一面可见深红色叠烧痕迹。直径5.6、厚0.5厘米（图九五，4）。

15. H200

H200位于Ⅲ区T0914北部，开口于⑩层下。平面呈圆形，袋状，斜直壁，平底，底部有一层硬面。坑口径1.8、底径2.2、深1米（图九六）。

坑内堆积为浅灰色土，土质较为疏松，出土大量陶片，另有石块。

陶片为主要的出土物，以细夹砂红褐陶为主，细泥质橘红陶、粗夹砂红褐陶、粗泥质橘红陶次之；纹饰以素面占绝大多数，并有一定比例的绳纹和少量弦纹、交错绳纹、彩陶（表一六）。

H200共出土遗物87件。以陶器为主，石器次之。

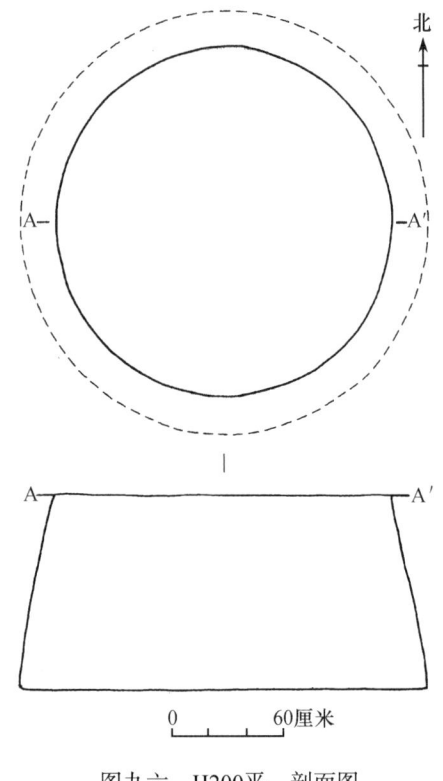

图九六 H200平、剖面图

（1）陶器

79件。器类有瓶、盆、罐、钵、瓮、圆陶片、锉、球（表一七）。

瓶 1件。标本H200∶15，口、颈部残片。细泥质橘红陶。环形口，稍高，方唇，唇部有一道浅细凹槽，束颈。素面。口沿内、外壁均可见轮修痕迹，颈部可见刮抹痕迹，内壁可见泥条盘筑痕迹。口径7.8、残高9.9厘米（图九七，6；彩版一〇，2；图版五九，4；图版二〇四，1）。

盆 8件。均口、腹部残片。形制相同，均细泥质橘红陶，直口，折沿，沿面向外侧下斜，弧腹，器表磨光，素面。标本H200∶12，圆唇。沿面可见轮修痕迹，器表可见刮抹痕迹（图九七，3）。标本H200∶13，圆唇。唇部可见轮修痕迹。器表烟熏痕迹。复原口径38.4、残高7.6厘米（图九七，8）。标本H200∶14，尖唇。外沿面可见轮修痕迹。复原口径44、残高8厘米（图九七，7）。

罐 19件。均口、腹部残片。标本H200∶20，粗夹砂红褐陶。侈口，卷沿，沿面微曲，方唇，唇部有一道凸棱，腹微鼓。口沿以下饰多周弦纹。沿面可见轮修痕迹。唇部可见烟熏痕迹（图九七，1）。

标本H200∶21，粗夹砂红褐陶。侈口，卷沿，方唇，直腹。口沿以下饰交错绳纹。口沿下侧可见轮修痕迹。复原口径12.3、残高5.8厘米（图九七，4）。

标本H200∶17、H200∶18形制相同，均粗夹砂红褐陶，侈口，折沿，圆唇，鼓腹。标本H200∶17，腹部饰左上至右下斜向绳纹（图九七，5）。标本H200∶18，腹部饰交错绳纹。口沿下侧可见轮修痕迹（图九七，2）。

表一六 H200陶系统计表　　　　　　　　　　　　　　　　　　（单位：kg）

陶质／陶色／纹饰	细泥质 橘红	粗泥质 橘红	细夹砂 红褐	粗夹砂 红褐	合计		百分比（%）	
素面	0.57	1.77	3.90	0.91	7.15		69.28	
素面+磨光	1.87				1.87		18.12	
绳纹		0.05		0.71	0.76		7.36	
弦纹			0.09	0.02	0.11	10.32	1.07	100
交错绳纹				0.07	0.07		0.68	
绳纹+弦纹				0.35	0.35		3.39	
彩陶	0.01				0.01		0.10	
合计	2.45	1.82	3.99	2.06	10.32			
	10.32							
百分比（%）	23.74	17.64	38.66	19.96				
	100							

表一七 H200器形统计表 （单位：件）

陶质	细泥质	细夹砂		粗夹砂					合计	百分比（%）	
陶色	橘红	红褐		红褐							
纹饰\器形	素面+磨光	素面	弦纹	素面	绳纹	弦纹	交错绳纹	绳纹+弦纹			
瓶		1							1	1.41	
盆	8								8	11.27	
罐 口		2	2	2	2	1	3	1	19	26.76	100
罐 底				6							
钵 口	20	4	16						41	57.75	
钵 底	1										
瓮						1		1	2	2.82	
合计	29	5	18	2	8	2	2	3	2	71	
	71										
百分比（%）	40.85	7.04	25.35	2.82	11.27	2.82	2.82	4.23	2.82		
	100										

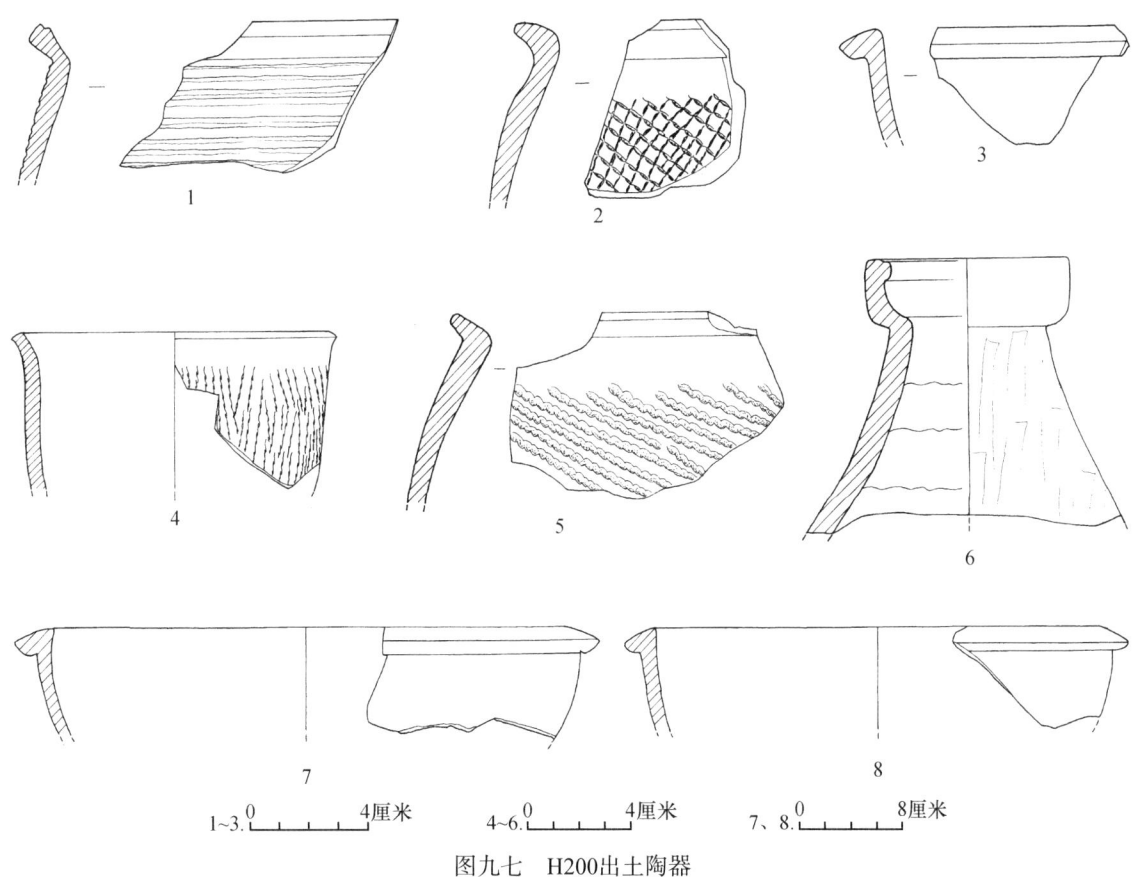

图九七 H200出土陶器

1、2、4、5.罐（H200：20、H200：18、H200：21、H200：17） 6.瓶（H200：15）
3、7、8.盆（H200：12、H200：14、H200：13）

钵 41件。标本H200：2、H200：3、H200：4、H200：5、H200：7、H200：8、H200：9、H200：10均口、腹部残片。形制相同，均直口，深弧腹，素面。标本H200：2，细泥质橘红陶。圆唇。口下可见深红色叠烧痕迹。器表磨光（图九八，3）。标本H200：3，细泥质橘红陶。圆唇。口下可见灰白色叠烧痕迹。器表磨光（图九八，5）。标本H200：4，细泥质橘红陶。圆唇。器表磨光（图九八，6）。标本H200：5，细泥质橘红陶。方唇。器表磨光。口下可见浅褐色叠烧痕迹（图九八，1）。标本H200：7，细泥质橘红陶。方唇。器表磨光。口下可见深褐色叠烧痕迹（图九八，2）。标本H200：8，细泥质橘红陶。圆唇。器表刮抹光滑。口下可见轮修痕迹，腹部可见刮抹痕迹（图九八，7）。标本H200：9，细泥质橘红陶。方唇。口下可见深红色叠烧痕迹（图九八，4）。标本H200：10，细夹砂红褐陶。圆唇。口下可见轮修痕迹。复原口径38、残高8.2厘米（图九八，10）。

标本H200：1、H200：6、H200：11形制相同，均敛口，方唇，斜直腹，素面。标本H200：1，可复原。细夹砂红褐陶。平底。口下可见轮修痕迹，腹部可见刮抹痕迹。口径36.6、底径7.6、通高16.8厘米（图九八，9）。标本H200：6，口、腹部残片。细泥质橘红陶。内、外壁均可见轮修痕迹（图九八，8）。标本H200：11，口、腹部残片。细泥质橘红陶。唇部有一道浅细凹槽。内壁可见轮修痕迹。复原口径35.6、残高9.6厘米（图九八，11）。

瓮 2件。均口、腹部残片。形制相同，均粗夹砂红褐陶，侈口，卷沿，方唇，唇部有一道凸棱，直腹。标本H200：16，口沿以下饰多周弦纹，腹部饰右上至左下斜向绳纹。外沿面可见轮修痕迹。器表可见烟熏痕迹。复原口径44.8、残高8.2厘米（图九九，1）。标本H200：19，口沿以下饰多周弦纹。外沿面可见轮修痕迹（图九九，3）。

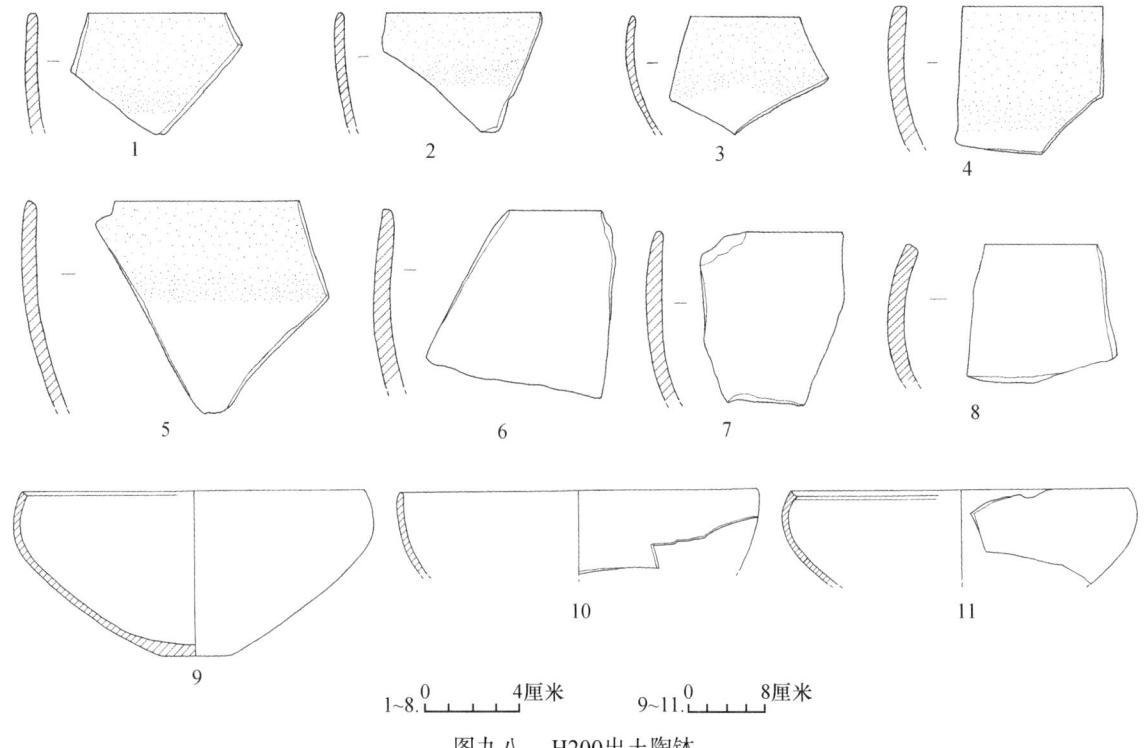

图九八 H200出土陶钵

1～11.（H200：5、H200：7、H200：2、H200：9、H200：3、H200：4、H200：8、H200：6、H200：1、H200：10、H200：11）

圆陶片　4件。形制相同，均细泥质橘红陶，圆形。标本H200∶22-1，稍残。系利用钵的口部残片打制而成。边缘较锋利。一面可见深红色叠烧痕迹。直径7.4、厚0.7厘米（图九九，4）。标本H200∶22-2，稍残。系利用钵的口部残片打制而成。边缘稍钝。一面可见深红色叠烧痕迹。直径6.1、厚0.7厘米（图九九，5）。标本H200∶22-3，完整。系利用钵的残片打制而成。边缘较钝。直径4、厚0.5厘米（图九九，8）。

锉　3件。形制相同。标本H200∶23，两端均残。粗泥质红褐陶。残存部分平面略呈三角形，两侧边较直，横断面呈长方形。器表麻点清晰，密度较大。残长8、最宽处3.6、厚1厘米（图九九，11）。

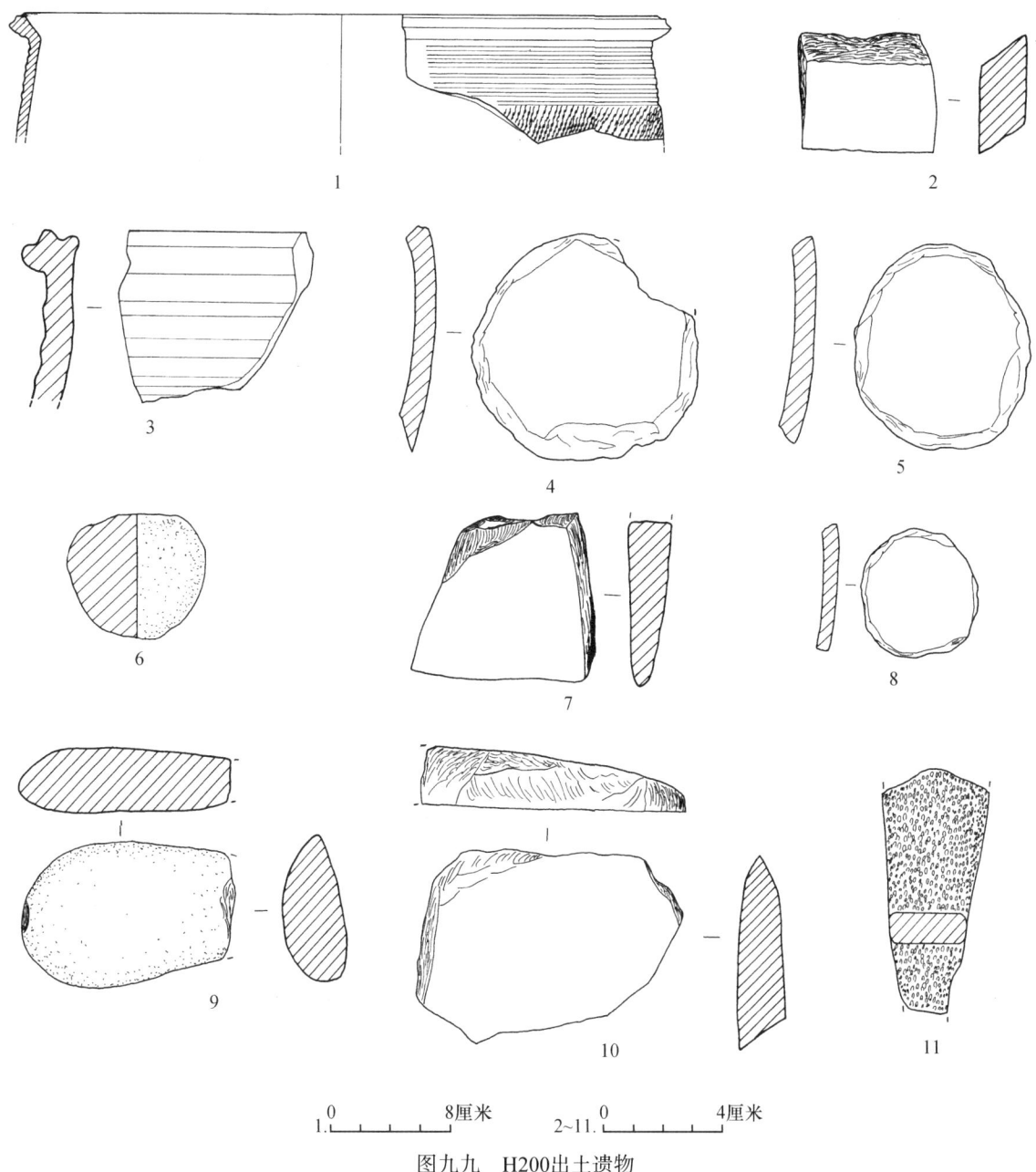

图九九　H200出土遗物

1、3.陶瓮（H200∶16、H200∶19）　2、10.刮削器（H200∶25、H200∶27）　4、5、8.圆陶片（H200∶22-1、H200∶22-2、H200∶22-3）　6.陶球（H200∶24）　7.残石器（H200∶26）　9.石锤（H200∶28）　11.陶锉（H200∶23）

球　1件。标本H200：24，完整。细夹砂红褐陶。近圆球形。器表可见植物根系痕迹。直径4.6厘米（图九九，6）。

（2）石器

8件。器类有锤、刮削器、残石器。

锤　1件。标本H200：28，一端残。石英岩。横断面呈半圆形，一面较平坦，一面稍鼓，顶部稍宽。鼓起的一面磨光。顶部可见锤击形成的较大疤痕及周围较为集中的坑疤。鼓起一面可见红色颜料痕迹。可能同时作为研磨器使用。残长7.2厘米（图九九，9）。

刮削器　2件。均完整。标本H200：25，石英岩。平面呈长方形，横断面呈平行四边形，两面均较平坦，两边分别进行打击修理，一侧形成一直刃，一侧形成一凹刃。上下两面磨光。长4.5、厚2.8厘米（图九九，2）。标本H200：27，石英岩。平面呈近长方形，两面平坦，锤击修理出一直刃，较为锋利。两面磨光。刃部可见使用形成的小疤痕。残长9、宽5.9厘米（图九九，10）。

残石器　5件。标本H200：26，石英岩。残存部分平面呈梯形，两面均较平坦。两面磨光。残长5.5、宽3.6~5.6厘米（图九九，7）。

16. H201

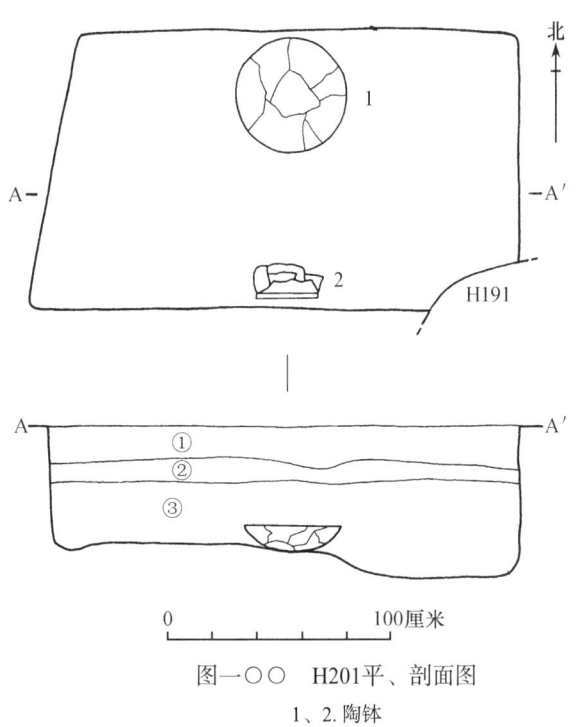

图一〇〇　H201平、剖面图
1、2.陶钵

H201位于Ⅲ区T0715北部，开口于⑪层下，东南部被H191打破。平面呈梯形，筒状，直壁，底部西高东低，凹凸不平。坑口东西长1.98~2.2、南北宽1.18、深0.5~0.66米（图一〇〇）。

坑内堆积可分为3层：第①层为深灰色土，土质疏松，厚0.15~0.2米；第②层为浅灰色土，厚0.05~0.1米；第③层为深褐色土，土质疏松，包含少量红烧土颗粒，厚0.25~0.41米，出土大量陶片，另有田螺壳、兽骨。

陶片为主要的出土物，以细泥质橘红陶、粗夹砂红褐陶为主，细夹砂橘红陶次之，并有一定比例的粗泥质橘红陶、细泥质红褐陶和少量细泥质橙黄陶、细泥质灰陶；纹饰以素面居多，弦纹次之，并有少量绳纹、戳印纹、剔刺纹（表一八）。

H201共出土遗物51件。以陶器为主，石器次之。

（1）陶器

47件。器类有罐、钵、器盖、锉（表一九）。

表一八　H201陶系统计表　　　　　　　　　　　　　　　　　　　　（单位：kg）

陶质	细泥质				粗泥质	细夹砂	粗夹砂	合计	百分比（%）
陶色 纹饰	橘红	橙黄	灰	红褐	橘红	橘红	红褐		
素面					0.57		1.01	1.58	20.41
素面+磨光	2.38	0.22	0.02	0.65				3.27	42.25
绳纹							0.39	0.39	5.04
弦纹						1.54	0.52	2.06	26.61
交错绳纹							0.23	0.23	2.97
绳纹+弦纹							0.04	0.04	0.52
戳印纹							0.04	0.04	0.52
剔刺纹							0.126	0.126	1.63
合计	2.38	0.22	0.02	0.65	0.57	1.54	2.356	7.74	
	7.74								
百分比（%）	30.75	2.84	0.26	8.40	7.36	19.90	30.44		
	100								

表一九　H201器形统计表　　　　　　　　　　　　　　　　　　　　（单位：件）

陶质	细泥质			细夹砂	粗夹砂				合计	百分比（%）
陶色	橘红	红褐	灰	橘红	橘红	红褐				
纹饰 器形	素面+磨光	素面+磨光	素面+磨光	素面	弦纹	素面	弦纹	交错绳纹	剔刺纹		
罐 口				4	5	1	3	2		18	39.13
底						3					
钵 口	15	6	1					1		27	58.70
底	3	1									
器盖									1	1	2.17
合计	18	7	1	4	5	4	3	3	1	46	
	46										
百分比（%）	39.13	15.22	2.17	8.70	10.87	8.70	6.52	6.52	2.17		
	100										

罐　18件。均口、腹部残片。标本H201：9、H201：11、H201：12、H201：15形制相同，均粗夹砂红褐陶，侈口，卷沿，方唇，直腹。标本H201：9，唇部有一道较矮凸棱。上腹部饰多周弦纹。口沿下侧可见轮修痕迹。下腹部可见烟熏痕迹。复原口径14、残高7.4厘米（图一〇一，4）。标本H201：11，唇部有一道凸棱。口沿以下饰多周弦纹。内、外壁均可见轮修痕迹（图一〇一，7；图版五九，5）。标本H201：12，唇部有一道凸棱。口沿以下饰多周弦纹。内壁可见轮修痕迹

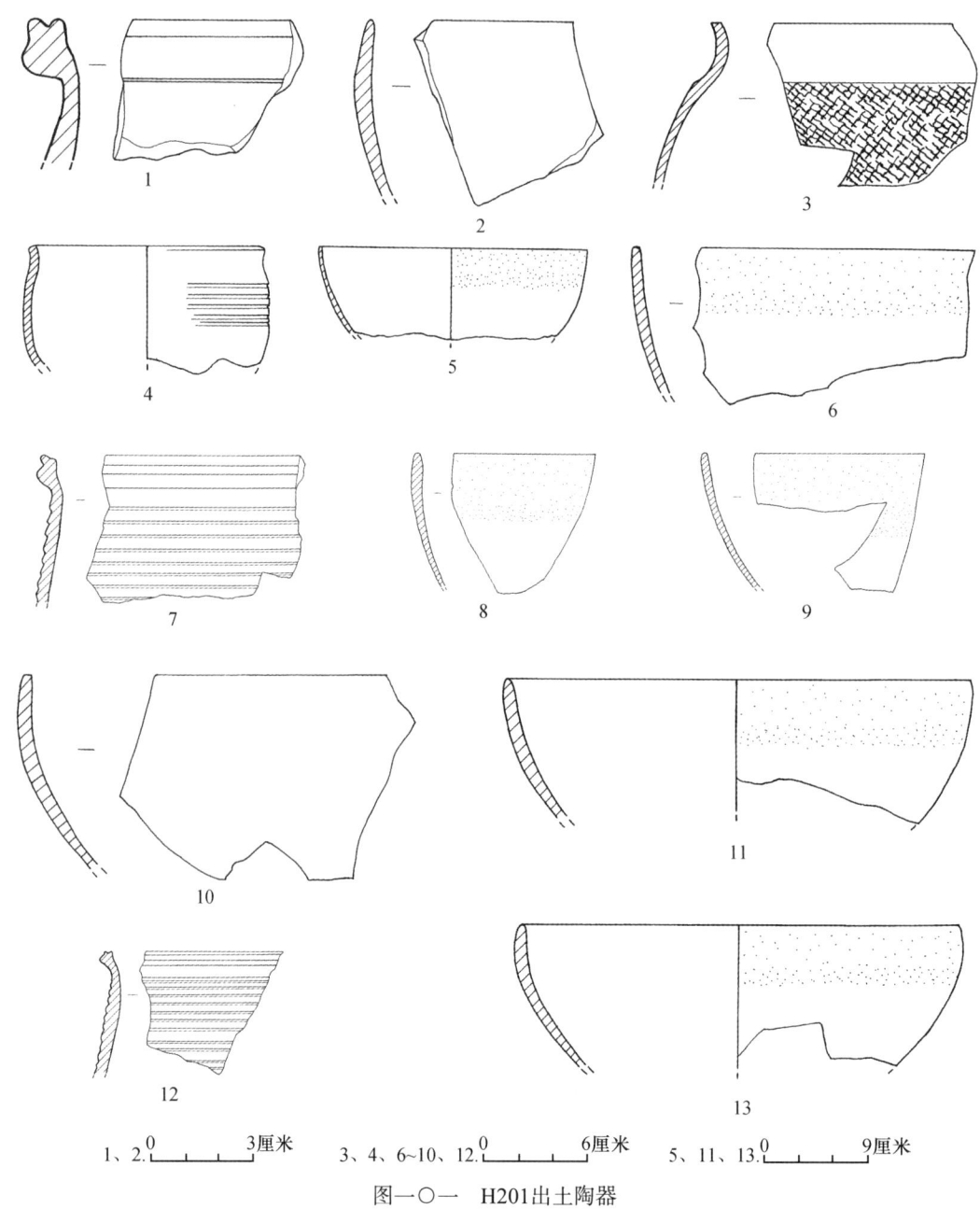

图一〇一　H201出土陶器

1、3、4、7、12.罐（H201：15、H201：10、H201：9、H201：11、H201：12）
2、5、6、8~11、13.钵（H201：7、H201：8、H201：4、H201：5、H201：6、H201：2、H201：1、H201：3）

（图一〇一，12）。标本H201：15，沿面微曲，唇部有一道凸棱。素面（图一〇一，1）。

标本H201：10，粗夹砂红褐陶。侈口，卷沿，圆唇，肩略鼓，并起一道不显著棱脊，鼓腹。棱脊以下饰交错绳纹。口沿下侧可见轮修痕迹（图一〇一，3）。

钵　27件。均口、腹部残片。形制相同，均细泥质橘红陶，直口，深弧腹，器表磨光，素面。标本H201：1，圆唇。口下可见浅褐色叠烧痕迹。复原口径41.1、残高12.9厘米（图一〇一，11）。标本H201：2，口微敛，方唇（图一〇一，10）。标本H201：3，圆唇。口下可见浅褐色叠烧痕迹与烟熏痕迹。复原口径38.7、残高12.6厘米（图一〇一，13）。标本H201：4，方唇。口下可见深红色叠烧痕迹（图一〇一，6）。标本H201∶5，圆唇。口下可见浅褐色叠烧痕迹（图一〇一，8）。标本H201∶6，圆唇。口下可见深褐色叠烧痕迹与轮修痕迹（图一〇一，9）。标本H201∶7，尖唇（图一〇一，2）。标本H201∶8，方唇。口下可见深褐色叠烧痕迹。复原口径24、残高7.8厘米（图一〇一，5）。

器盖　1件。标本H201∶16，口、壁残片。粗夹砂红褐陶。敞口，方唇，斜直壁。器表饰多周整齐的剔刺纹。口部可见烟熏痕迹（图一〇二，3）。

锉　1件。标本H201∶13，两端均残。粗泥质红陶。平面呈梭形，两侧边略弧，横断面呈圆角长方形。器表麻点清晰，密度较大。器身可见磨损痕迹。残长13.5、中部宽4.8、厚0.9厘米（图一〇二，6）。

（2）石器

4件。器类有锤、研磨器、残石器。

锤　1件。标本H201∶18，残。角岩。横断面略呈三角形。残留一端上有多处打击痕迹。残长5.7厘米（图一〇二，5）。

研磨器　2件。均完整。标本H201∶20，石英粗砂岩。平面呈不规则形。器表多处可见红色颜料痕迹，并可见较为集中的坑疤。残长8.3厘米（图一〇二，1）。标本H201∶17，石英岩。平面呈不规则形，横断面近呈椭圆形。一面较为平坦，可见集中的坑疤；另一面稍凹，可见红色颜料痕迹。残长9.1厘米（图一〇二，2；图版五九，6）。

残石器　1件。标本H201∶14，角岩。器身扁平，平面呈不规则形。边缘处经二次锤击修理，形成一弧刃，较为锋利。两面磨光。残长10.8厘米（图一〇二，4；图版六〇，1）。

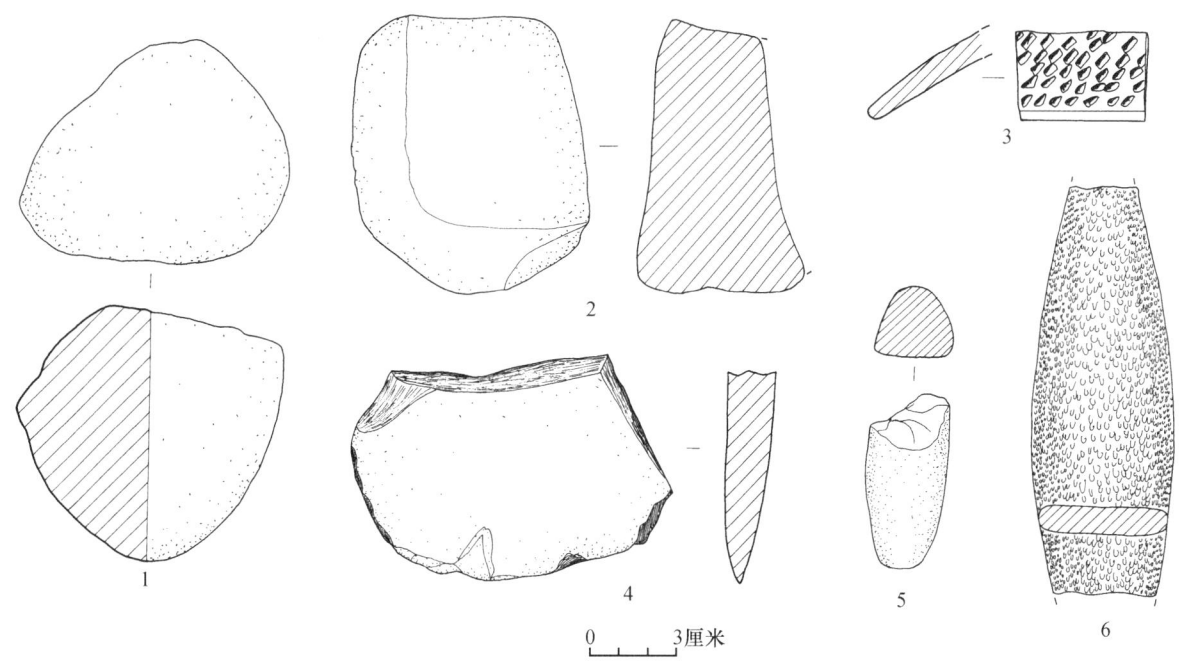

图一〇二　H201出土遗物

1、2.研磨器（H201∶20、H201∶17）　3.器盖（H201∶16）　5.石锤（H201∶18）　4.残石器（H201∶14）
6.陶锉（H201∶13）

17. H202

H202位于Ⅲ区T0715南部，开口于⑪层下，东北部被H191打破，西南部被H198打破。平面呈圆形，袋状，斜直壁，底部凹凸不平。坑口径1.32、底径1.88、深0.92米（图一〇三）。

坑内堆积可分2层：第①层为灰褐色土，土质疏松，夹杂有黄、褐色土块，厚0.4～0.5米，出土大量陶片；第②层为浅黄色土，土质较为致密，厚0.42～0.52米。

陶片为主要的出土物，以细夹砂橘红陶为主，细泥质橘红陶、粗夹砂红褐陶次之，并有少量粗泥质橘红陶和细夹砂红褐陶；纹饰以素面占绝大多数，并有少量弦纹和绳纹（表二〇）。

H202共出土遗物51件。以陶器为主，骨器次之。

（1）陶器

48件。器类有瓶、盆、罐、钵、圆陶片、锉（表二一）。

瓶　1件。标本H202：9，口沿残片。细泥质橘红陶。环形口，方唇，短颈。素面。表层有部分剥落（图一〇四，1）。

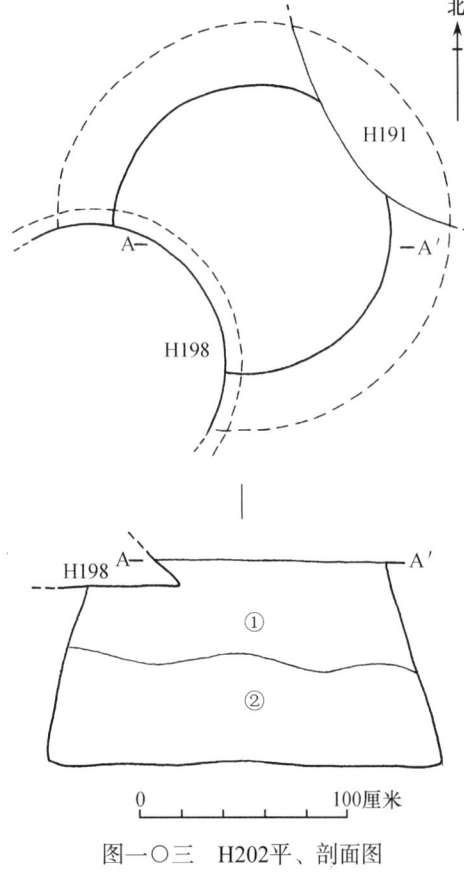

图一〇三　H202平、剖面图

表二〇　H202陶系统计表　　　　　　　　　　（单位：kg）

陶质	细泥质	粗泥质	细夹砂		粗夹砂	合计	百分比（%）	
陶色 纹饰	橘红	橘红	橘红	红褐	红褐			
素面	0.114	0.25	7.30	0.54	0.59	8.794	80.83	
素面+磨光	1.29					1.29	11.86	100
绳纹					0.25	0.25	2.30	
弦纹					0.55	0.55	5.06	
合计	1.404	0.25	7.30	0.54	1.39	10.88		
			10.88					
百分比（%）	12.90	2.30	67.10	4.96	12.78			
			100					

盆　2件。均口、腹部残片。形制相同，均细泥质橘红陶，直口微敛，折沿，沿面向外侧下斜，弧腹，素面，器表磨光。标本H202：7，尖圆唇。沿面与口沿下侧均可见轮修痕迹。器表可见烟熏痕迹（图一〇四，2）。标本H202：8，圆唇。口沿内侧可见轮修痕迹（图一〇四，11）。

表二一　H202器形统计表　　　　　　　　　　　　　　　（单位：件）

陶质		细泥质		细夹砂		粗夹砂			合计		百分比（%）	
陶色		橘红	橘红	橘红	红褐	红褐	红褐	红褐				
纹饰 器形		素面+磨光	素面	素面	素面	素面	绳纹	弦纹				
瓶			1						1	44	2.27	100
盆		2							2		4.55	
罐	口				1	2	1	9	17		38.64	
罐	底					1						
钵	口	16		2	2				24		54.55	
钵	底	4										
合计		22	1	2	3	6	1	9	44			
		44										
百分比（%）		50.00	2.27	4.55	6.82	13.64	2.27	20.45				
		100										

罐　17件。均口、腹部残片。标本H202：11、H202：12、H202：13形制相同，均粗夹砂红褐陶，侈口，卷沿，直腹。标本H202：13，方唇，唇部有一道凸棱。口沿以下饰多周弦纹（图一〇四，4）。标本H202：12，圆唇，唇部有一道凸棱。口沿以下饰多周弦纹。器表可见烟熏痕迹（图一〇四，6；图版六〇，2）。标本H202：11，方唇。口沿以下饰多周弦纹。器表可见烟熏痕迹（图一〇四，3）。

标本H202：10，粗夹砂红褐陶。侈口，卷沿，圆唇，鼓腹。腹部饰左上至右下斜向绳纹（图一〇四，7）。

钵　24件。标本H202：1、H202：2、H202：3、H202：4、H202：5均口、腹部残片。形制相同，均细泥质橘红陶，直口，深弧腹，器表磨光，素面。标本H202：1，方唇。口下可见深红色叠烧痕迹（图一〇四，13）。标本H202：2，方唇。口下可见浅褐色叠烧痕迹（图一〇四，8）。标本H202：3，方唇。口下可见浅褐色叠烧痕迹（图一〇四，5）。标本H202：4，方唇。口下可见深红色叠烧痕迹，内壁可见轮修痕迹（图一〇四，12）。标本H202：5，圆唇。口下可见浅褐色叠烧痕迹（图一〇四，10）。

标本H202：6，可复原。细夹砂橘红陶。烧制变形，敛口，方唇，斜直腹，假圈足，底微内凹。素面。内壁可见轮修痕迹。器表可见烟熏痕迹。口径47.8、底径18.8、通高29厘米（图一〇四，9；彩版一九，2；图版六〇，3）。

圆陶片　3件。标本H202：14-2、H202：14-3形制相同，均细泥质橘红陶，圆形。标本H202：14-2，残。系利用钵的残片打制而成。边缘较锋利。直径7.8、厚0.7厘米（图一〇五，3）。标本H202：14-3，完整。系利用钵的口沿残片打制而成，保留少量沿面。边缘稍钝。一面可见深红色叠烧痕迹。直径5.3、厚0.5厘米（图一〇五，2）。

标本H202：14-1，完整。细泥质橘红陶。系利用钵的口部残片打制而成。半圆形，边缘较锋利。一面可见深红色叠烧痕迹。长径6、短径3.5、厚0.6厘米（图一〇五，1）。

锉　1件。标本H202：15，完整。细泥质橘红陶。平面略呈三角形，两边稍弧。横断面呈圆角

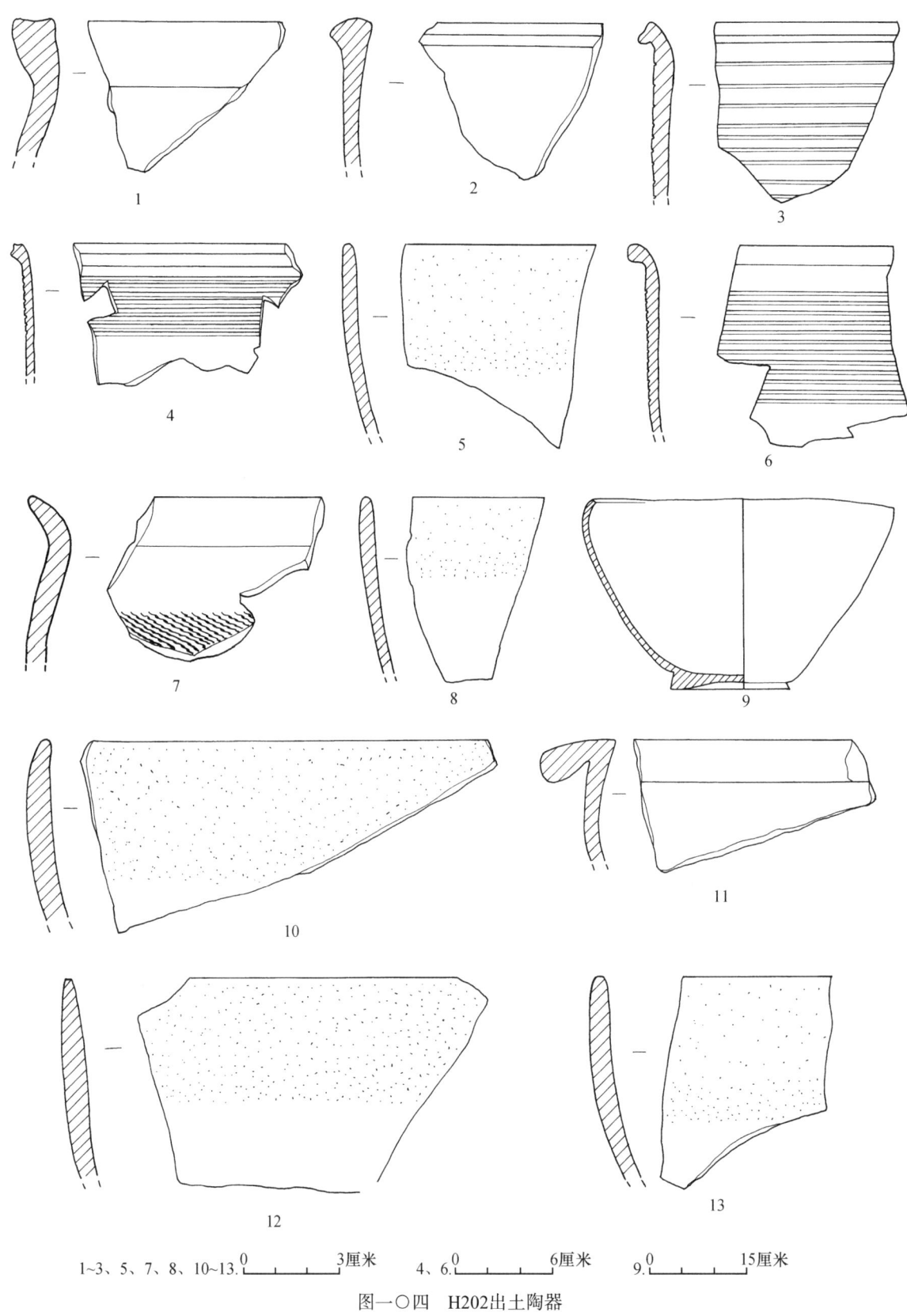

图一〇四 H202出土陶器

1.瓶（H202：9） 2、11.盆（H202：7、H202：8） 3、4、6、7.罐（H202：11、H202：13、H202：12、H202：10）
5、8～10、12、13.钵（H202：3、H202：2、H202：6、H202：5、H202：4、H202：1）

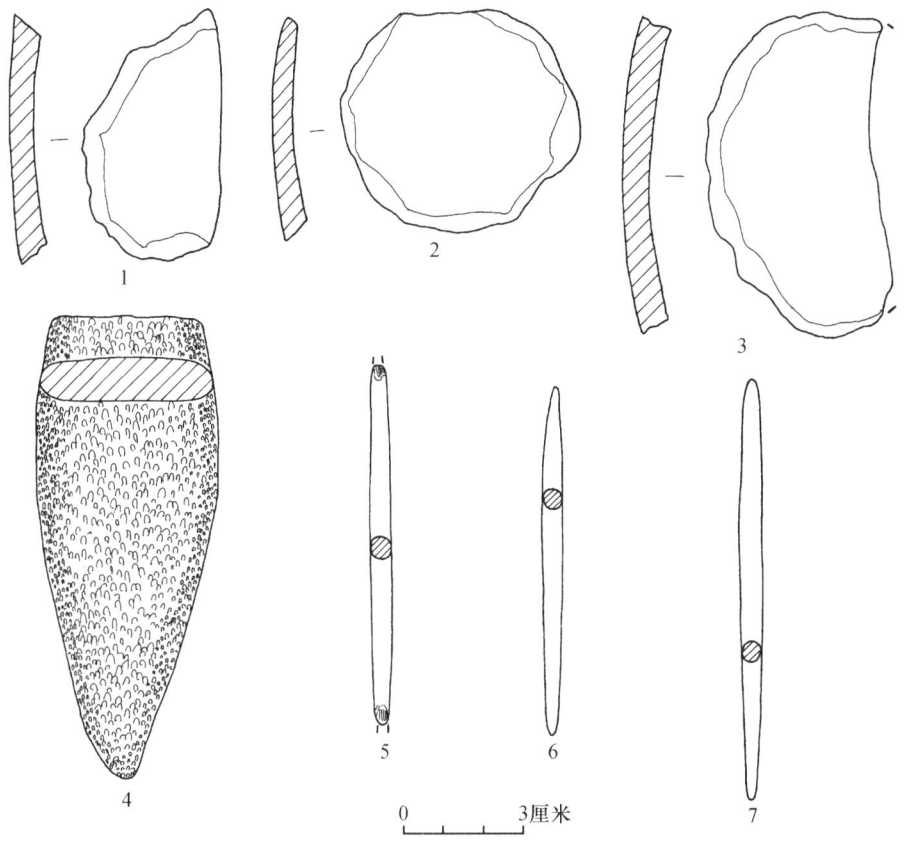

图一〇五　H202出土遗物

1~3. 圆陶片（H202：14-1、H202：14-3、H202：14-2）　4. 陶锉（H202：15）
5~7. 骨笄（H202：17、H202：16、H202：18）

长方形，锐尖。器表麻点清晰，密度较大。长11.1、顶部宽3.7、厚1.1厘米（图一〇五，4；图版六〇，4）。

（2）骨器

3件。均为笄。标本H202：16，完整。通体磨光。横断面呈圆形，两端均较锐利。通体磨光。长8.4、最大直径0.5厘米（图一〇五，6；彩版四一，5；图版六〇，5）。标本H202：17，两端均残。器身细长，横断面呈圆形。通体磨光。残长8.6、最大直径0.5厘米（图一〇五，5）。标本H202：18，完整。横断面呈圆形，尖端锐利。通体磨光。长9.8、最大直径0.6厘米（图一〇五，7；彩版四一，6；图版六〇，6）。

18. H224

H224位于Ⅲ区T0619东北部，开口于⑨层下。平面呈长方形，筒状，直壁，平底。坑口东西长0.8、南北宽0.7、深0.4米（图一〇六）。

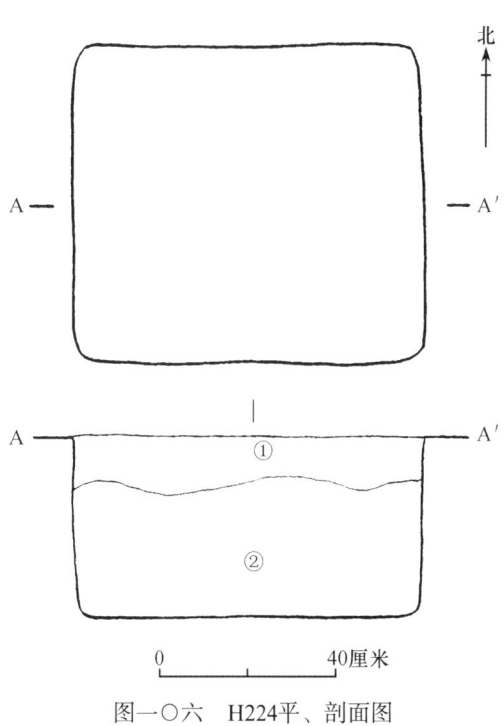

图一〇六　H224平、剖面图

坑内堆积可分为2层：第①层为浅灰色土，土质较致密，厚0.1～0.13米；第②层为深灰色土，土质较致密，厚0.27～0.3米，包含少量炭屑及零星火烧土颗粒，出土少量陶片。

陶片以细泥质橘红陶为主，粗夹砂红褐陶次之，还有少量细夹砂红褐陶与粗泥质橘红陶；纹饰以素面为主，弦纹次之，绳纹再次。

H224共出土遗物36件。以陶器为主，石器次之。

（1）陶器

32件。器类有罐、钵、瓮、圆陶片、锉，另有器耳。

罐　1件。标本H224：8，口、腹部残片。粗夹砂红褐陶。直口，卷沿，方唇，唇部有一道凸棱，腹微鼓。口沿以下饰多周弦纹（图一〇七，1）。

钵　5件。均口、腹部残片。标本H224：2、H224：3、H224：4形制相同，均敛口，圆唇，斜直腹，素面。标本H224：2，细泥质橘红陶。口下可见轮修痕迹，腹部可见刮抹痕迹（图一〇七，9）。标本H224：3，细夹砂红褐陶。内、外壁均可见轮修痕迹（图一〇七，8）。标本H224：4，细夹砂红褐陶。口下可见轮修痕迹（图一〇七，4）。

标本H224：1、H224：5形制相同，均细泥质橘红陶，直口，深弧腹，器表磨光，素面。标本H224：1，方唇。口下可见浅褐色叠烧痕迹（图一〇七，5）。标本H224：5，圆唇。口下可见灰白色叠烧痕迹（图一〇七，7）。

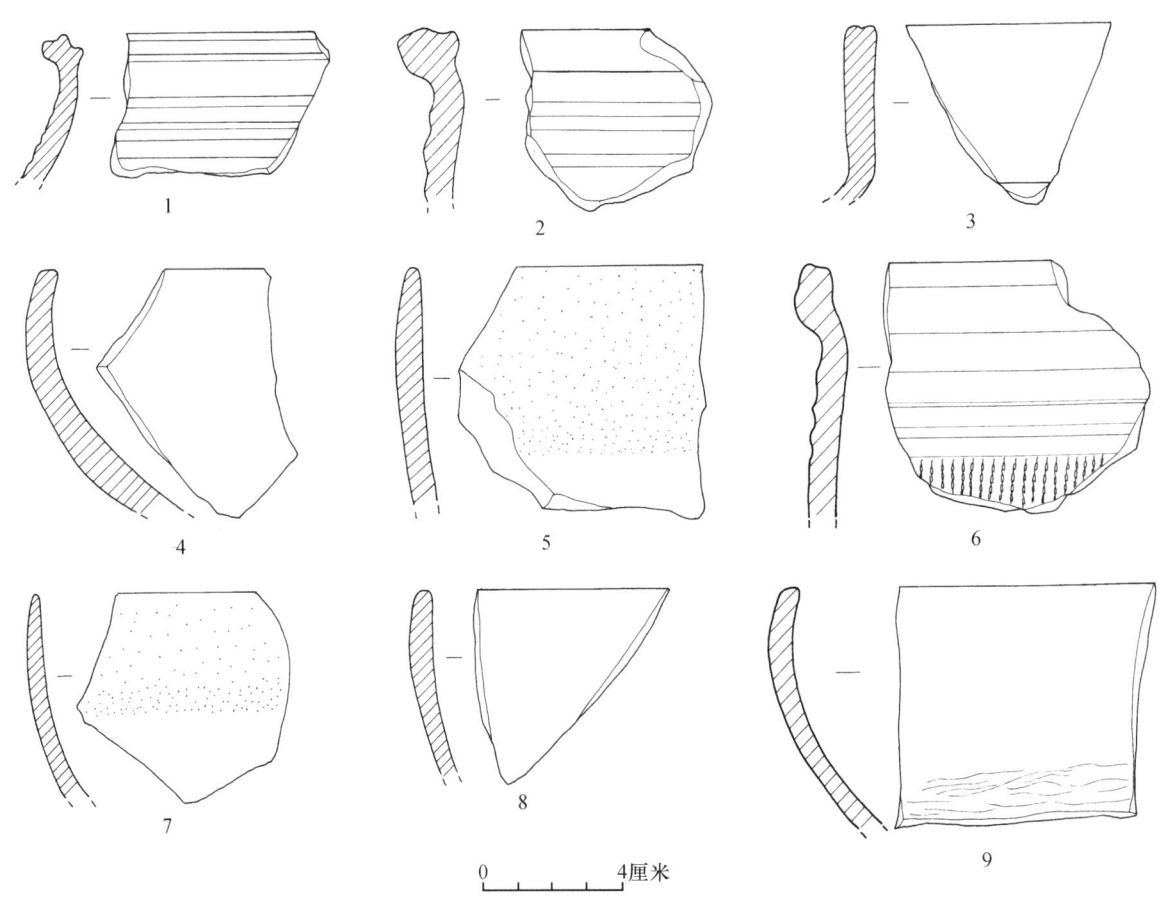

图一〇七　H224出土陶器

1.罐（H224：8）　2、3、6.瓮（H224：9、H224：6、H224：7）
4、5、7～9.钵（H224：4、H224：1、H224：5、H224：3、H224：2）

瓮 3件。均为口、腹部残片。标本H224：7、H224：9形制相同，均粗夹砂红褐陶，侈口，卷沿，方唇，唇部有一道凸棱，直腹。标本H224：7，口沿下侧饰多周弦纹，弦纹以下饰竖向绳纹（图一〇七，6）。标本H224：9，沿面微曲。口沿以下饰多周弦纹（图一〇七，2）。

标本H224：6，粗泥质橘红陶。直口，圆唇，高领，圆鼓腹。素面。内、外壁均可见轮修痕迹（图一〇七，3）。

器耳 标本H224：10，耳部残片。粗夹砂红褐陶。圆柱桥形耳。素面。可能为瓶耳（图一〇八，1）。

圆陶片 21件。标本H224：11-1、H224：11-2、H224：11-3形制相同，均细泥质橘红陶，圆形。标本H224：11-1，完整。系利用钵的口部残片打制而成。边缘稍钝。一面可见深红色叠烧痕迹。直径5.1、厚0.6厘米（图一〇八，6）。标本H224：11-2，残。系利用钵的口部残片打制而成。残存部分平面呈半圆形。边缘较锋利。一面可见深红色叠烧痕迹。直径7.8、厚0.6厘米（图一〇八，5）。标本H224：11-3，完整。系利用钵的残片打制而成。边缘稍钝。直径3、厚0.6厘米（图一〇八，7）。

标本H224：11-4，完整。细泥质橘红陶。系利用盆的残片打制而成。扇形，边缘较钝。长径6、短径5、厚1.3厘米（图一〇八，4）。

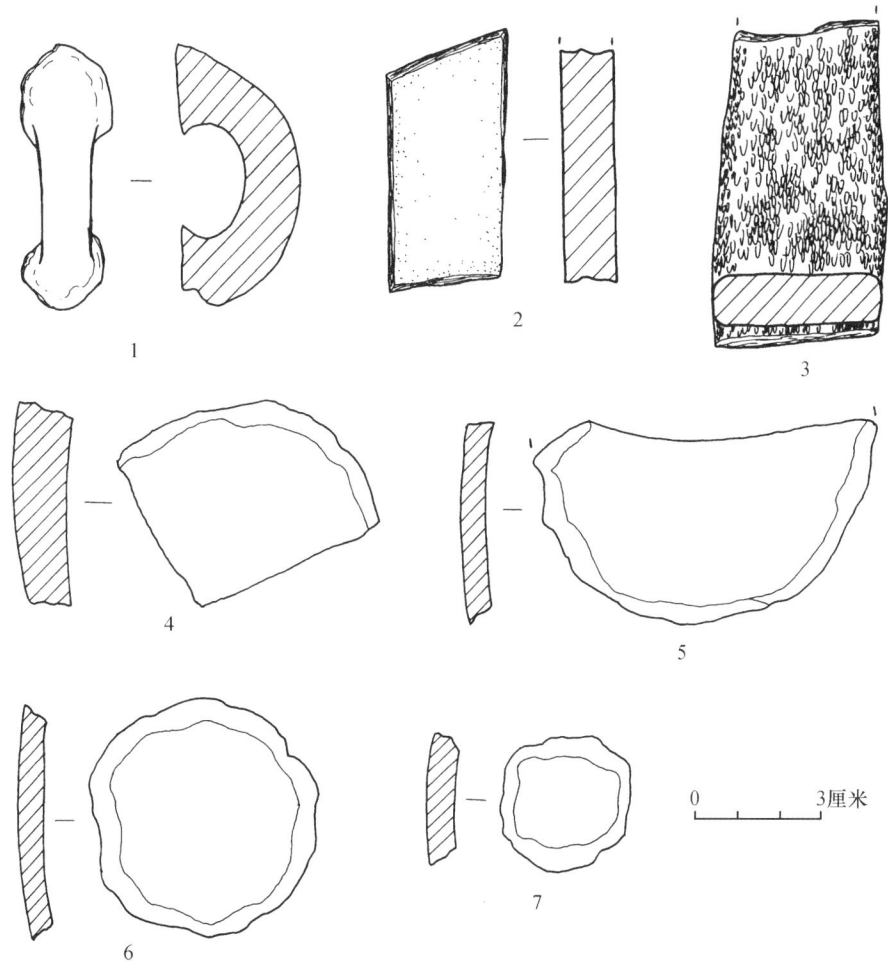

图一〇八 H224出土遗物
1. 器耳（H224：10） 2. 残石器（H224：13） 3. 陶锉（H224：12）
4~7. 圆陶片（H224：11-4、H224：11-2、H224：11-1、H224：11-3）

锉　2件。形制相同。标本H224：12，一端残。细泥质橘红陶。残存部分平面呈梯形，两侧边稍弧。器表麻点清晰，密度较小。残长7、最宽处3.9、厚1.1厘米（图一〇八，3）。

（2）石器

4件。均为残石器。标本H224：13，角岩。残存部分平面呈梯形。两面磨光。残长5.5、残宽2.6、厚1.2厘米（图一〇八，2）。

19. H225

H225位于Ⅲ区T0619东南部，开口于⑨层下。平面呈圆形，袋状，斜直壁，平底。坑口径1.05、底径1.09、深0.3米（图一〇九）。

坑内堆积为浅灰色土，土质较致密，出土少量陶片。

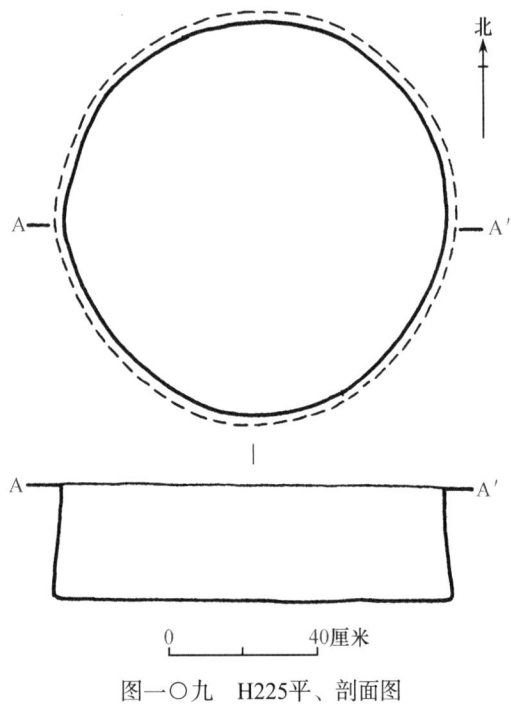

图一〇九　H225平、剖面图

陶片为主要的出土物，以粗夹砂橘红陶为主，细泥质橘红陶、粗夹砂红褐陶、粗夹砂灰陶次之，并有少量粗泥质橘红陶；纹饰以素面居多，绳纹次之（表二二）。

H225共出土遗物9件。以陶器为主，石器次之。

表二二　H225陶系统计表　　　　　　　　　　　　　（单位：kg）

陶质	细泥质	粗泥质	粗夹砂			合计		百分比（%）	
陶色 纹饰	橘红	橘红	橘红	红褐	灰				
素面		0.03	0.09	0.126	0.10	0.346	0.62	55.81	100
素面+磨光	0.14				0.14	0.14		22.58	
绳纹			0.13			0.13		20.97	
合计	0.14	0.03	0.22	0.126	0.10	0.62			
	0.62								
百分比（%）	22.58	4.84	35.48	20.32	16.13				
	100								

（1）陶器

7件。器类有钵、圆陶片、锉。

钵　5件。均为口、腹部残片。标本H225：3，粗夹砂红褐陶。敛口，方唇，斜直腹。素面。器表可见轮修痕迹（图一一〇，5）。

标本H225：1、H225：2、H225：4、H225：5形制相同，均细泥质橘红陶，直口，深弧腹，器表磨光，素面。标本H225：1，方唇。口下可见浅褐色叠烧痕迹。复原口径42、残高13.2厘米（图一一〇，2）。标本H225：2，圆唇。口下有一个两面对钻而成的圆孔。口下可见深红色叠烧痕迹。复原口径38.4、残高14.4厘米（图一一〇，3）。标本H225：4，方唇。口下可见浅褐色叠烧痕迹。内壁可见烟熏痕迹（图一一〇，4）。标本H225：5，圆唇。口下可见轮修痕迹。内壁可见烟

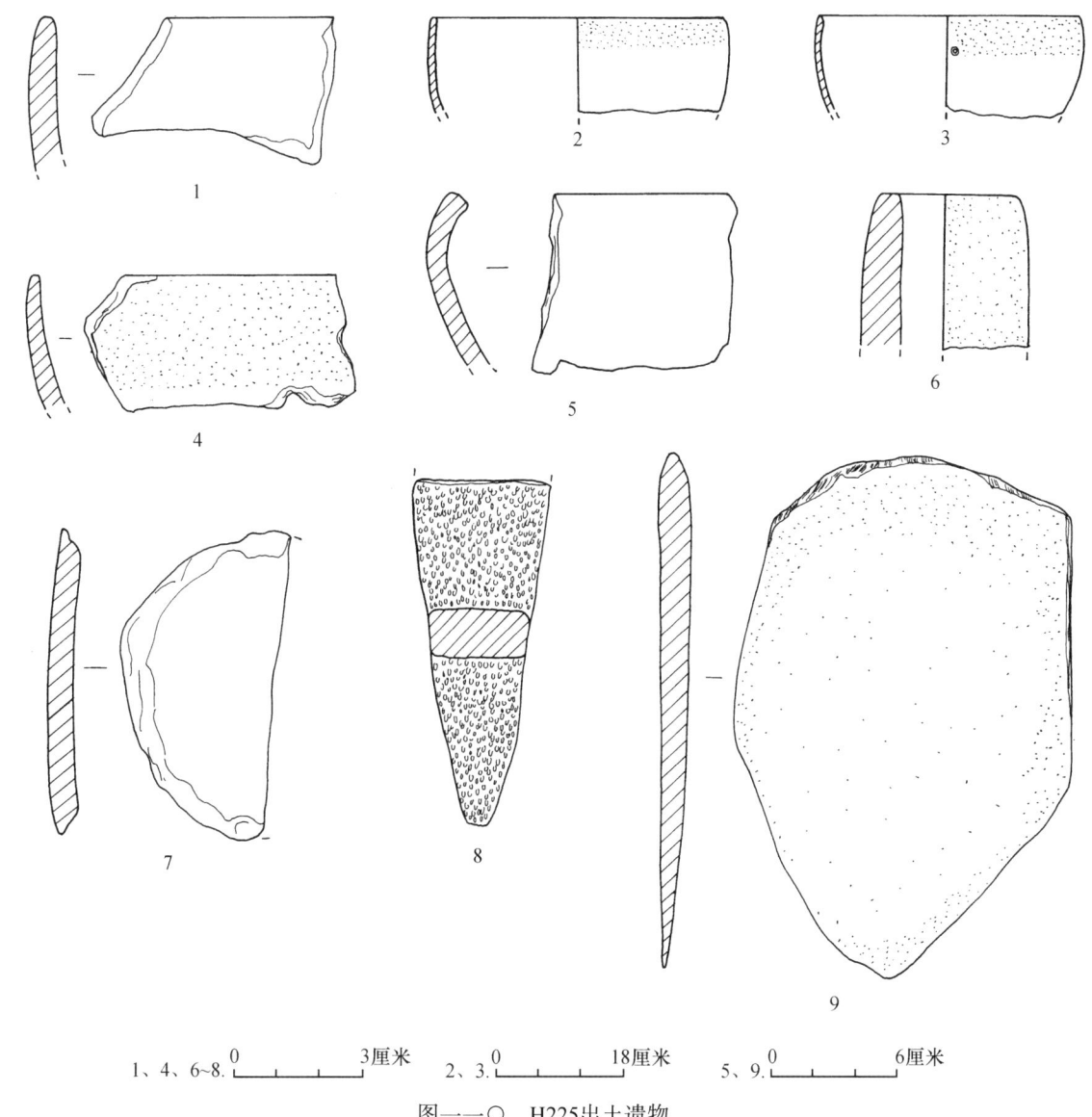

图一一〇　H225出土遗物

1~5. 陶钵（H225：5、H225：1、H225：2、H225：4、H225：3）　6. 石管状器（H225：9）　7. 圆陶片（H225：6）
8. 陶锉（H225：7）　9. 石铲（H225：8）

熏痕迹（图一一〇，1）。

圆陶片　1件。标本H225：6，残。细泥质橘红陶。系利用钵的残片打制而成。残存部分呈半圆形，边缘较锋利。直径7、厚0.6厘米（图一一〇，7）。

锉　1件。标本H225：7，一端残。细泥质橘红陶。残存部分平面呈三角形，横断面呈长方形，两侧边较直。器表麻点清晰，密度较大。残长8、最宽处3.2、厚1.2厘米（图一一〇，8）。

（2）石器

2件。器类有铲、管状器。

铲　1件。标本H225：8，完整。角岩。平面呈犁形，器身扁平，中间较厚而周缘较薄，尖部较锋利。通体磨光，尾端经打制修整。器表可见使用形成的小疤痕。长24.2、宽16.2、厚1.4厘米（图一一〇，9；彩版三一，1；图版六一，3；图版二〇五，1）。

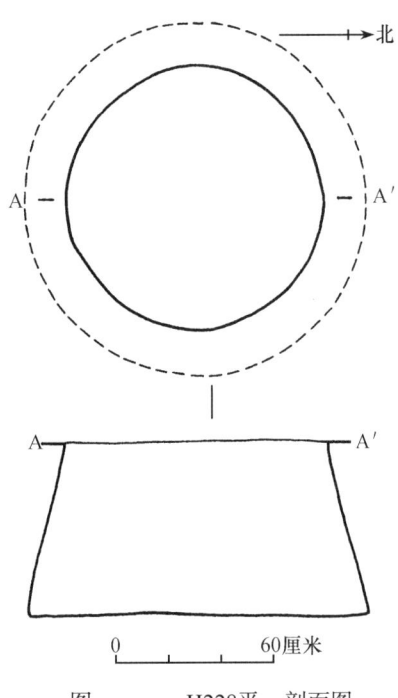

图一一一 H228平、剖面图

管状器 1件。标本H225：9，残。石英。内部钻孔而成。内壁可见多圈钻痕。复原口径3.4、残长3.6、孔径1厘米（图一一〇，6）。

20. H228

H228位于Ⅲ区T0519东南部和T0619西南部，开口于⑨层下。平面呈圆形，袋状，斜直壁，平底。坑口径1、底径1.33、深0.65米（图一一一）。

坑内堆积为浅灰色土，土质较致密，包含大量火烧土块与火烧土颗粒、炭屑。

陶片以细泥质橘红陶为主，粗夹砂红褐陶次之；纹饰全部为素面。

H228共出土遗物9件。以陶器为主，石、骨器次之。

（1）陶器

7件。器类有盆、罐、钵、圆陶片。

盆 1件。标本H228：3，口、腹部残片。细泥质橘红陶。直口微敛，折沿，沿面向外侧下斜，圆唇，弧腹。器表磨光。素面。唇部可见轮修痕迹（图一一二，4）。

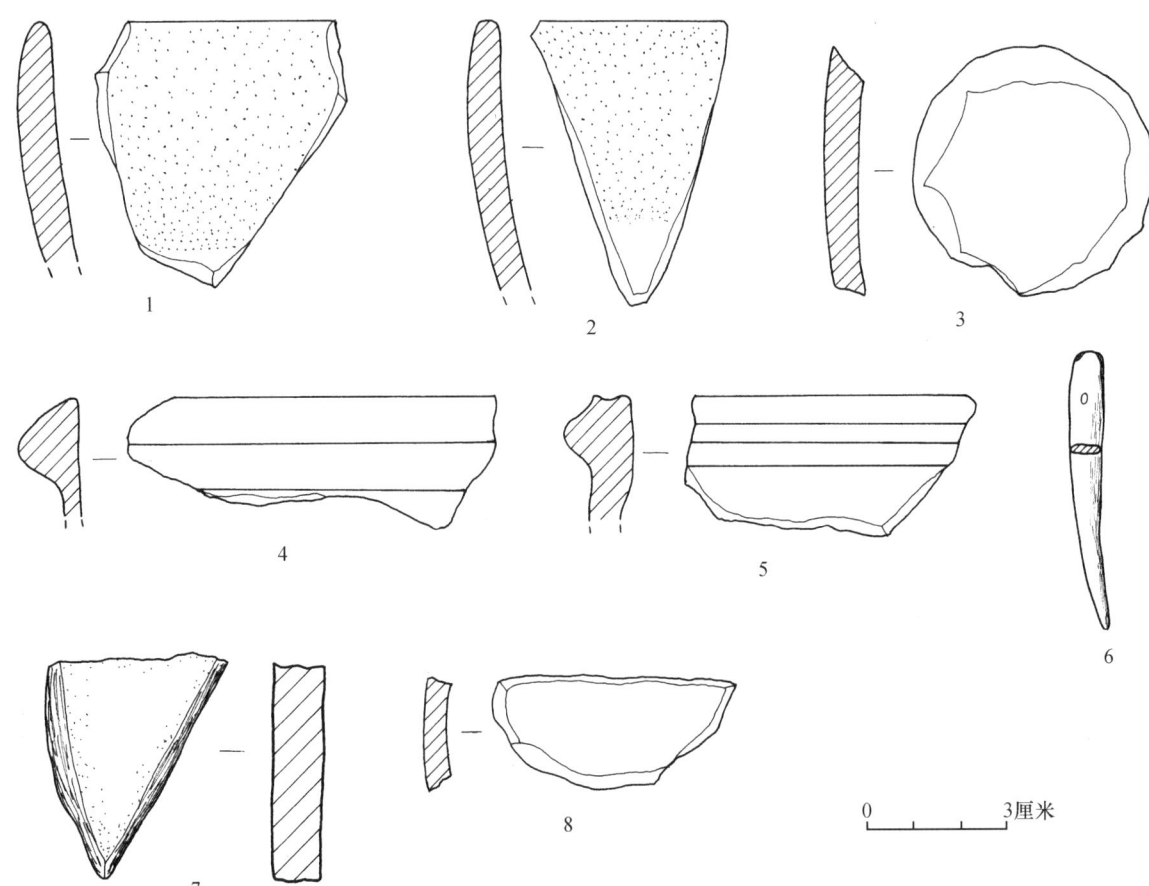

图一一二 H228出土遗物

1、2.陶钵（H228：1、H228：2） 3、8.圆陶片（H228：5-1、H228：5-2） 4.陶盆（H228：3） 5.陶罐（H228：4）
6.骨饰（H228：7） 7.雕刻器（H228：6）

罐 1件。标本H228：4，口、腹部残片。粗夹砂红褐陶。侈口，卷沿，方唇，唇部有一道凸棱，直腹。素面（图一一二，5）。

钵 2件。均口、腹部残片。形制相同，均细泥质橘红陶，直口，深弧腹，器表磨光，素面。标本H228：1，圆唇。口下可见深红色叠烧痕迹（图一一二，1）。标本H228：2，方唇。口下可见浅褐色叠烧痕迹（图一一二，2）。

圆陶片 3件。标本H228：5-1，边缘稍残。细泥质橘红陶。系利用钵的残片打制而成。圆形，边缘较锋利。直径5.3、厚0.7厘米（图一一二，3）。标本H228：5-2，完整。细泥质橘红陶。系利用钵的口部残片打制而成。半圆形，边缘较钝。一面可见浅褐色叠烧痕迹。长径5.3、短径2.5、厚0.5厘米（图一一二，8）。

（2）石器

1件。雕刻器。标本H228：6，完整。石英岩。平面呈三角形，器身扁平，顶部向下方一次进行了两次打片，形成一横刃，另一边经锤击修理，形成连续疤痕。两面磨光。长4.7、厚1.2厘米（图一一二，7）。

（3）骨器

1件。饰件。标本H228：7，完整。系利用骨片磨制而成。器身稍弯曲，较为扁平，尖部较锐利。尾端有一两面对划而成的椭圆形孔。长6厘米（图一一二，6；彩版四四，3；图版六一，1）。

21. H229

H229位于Ⅲ区T0618东北部、T0619东南部、T0719西南部、T0718西北部，开口于⑨层下，西部被H225打破。平面大体呈椭圆形，筒状，直壁，坑底东北高，西南低。坑口长径4、短径3.88、东北部深0.5、西南部深1.8米（图一一三）。

坑内堆积可分为4层：第①层为灰黑色土，土质较疏松，厚0.2米；第②层为灰褐色土，土质较致密，厚0.4~0.8米，出土大量陶片，另有石块、骨头；第③层为黄灰色土，土质较致密，厚0.3~0.5米，出土极少陶片；第④层为深灰色土，土质疏松，厚0.3米。

陶片为主要的出土物，以细泥质橘红陶为主，粗夹砂红褐陶次之，并有少量粗泥质橘红陶和细泥质橙黄陶；纹饰以素面占绝大多数，并有一定比例的绳纹、弦纹和少量指甲纹、指甲纹（表二三）。

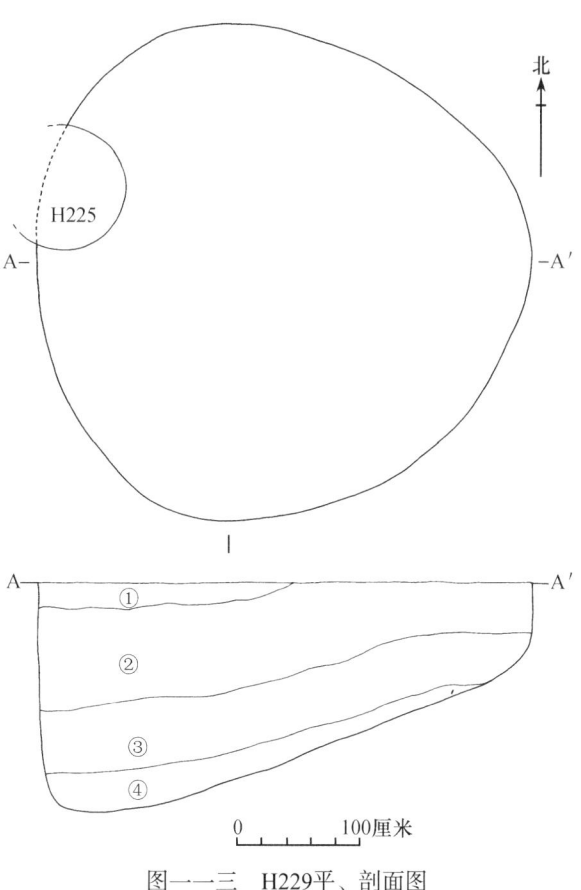

图一一三 H229平、剖面图

表二三　H229陶系统计表　　　　　　　　　　　　　　　　　　　　（单位：kg）

陶质	细泥质		粗泥质	粗夹砂	合计		百分比（%）	
陶色\纹饰	橘红	橙黄	橘红	红褐				
素面	0.08	0.18	0.114	0.80	1.174		22.15	
素面+磨光	2.55		0.32		2.87		54.15	
绳纹				0.50	0.50		9.43	
弦纹	0.17			0.27	0.44	5.30	8.30	100
绳纹+弦纹				0.07	0.07		1.32	
指甲纹	0.05			0.08	0.13		2.45	
指窝纹	0.114				0.114		2.15	
合计	2.964	0.18	0.434	1.72	5.30			
	5.30							
百分比（%）	55.92	3.40	8.19	32.45				
	100							

H229共出土遗物67件。以陶器为主，石器次之，骨器再次。

（1）陶器

62件。器类有瓶、盆、罐、钵、壶、圆陶片、锉，另有器底（表二四）。

表二四　H229器形统计表　　　　　　　　　　　　　　　　　　　　（单位：件）

陶质	细泥质	粗泥质	粗夹砂				合计	百分比（%）	
陶色	橘红	橘红	红褐						
纹饰\器形	素面+磨光	素面	素面	素面	弦纹	指甲纹	绳纹+弦纹			
瓶		2						2	3.64	
盆	2							2	3.64	
罐			3	7	1		1	12	21.82	
钵　口	32	1	1					38	69.09	100
钵　底	4									
壶	1							1	1.82	
合计	39	1	2	4	7	1	1	55		
	55									
百分比（%）	70.91	1.82	3.64	7.27	12.73	1.82	1.82			
	100									

瓶　2件。均口、颈部残片。形制相同。标本H229：8，粗泥质橘红陶。环形口，方唇，短颈。素面。内壁可见泥条盘筑与轮修痕迹。复原口径9、残高5厘米（图一一四，1）。

盆　2件。均口、腹部残片。标本H229：9，细泥质橘红陶。直口微敛，折沿，沿面向外侧下

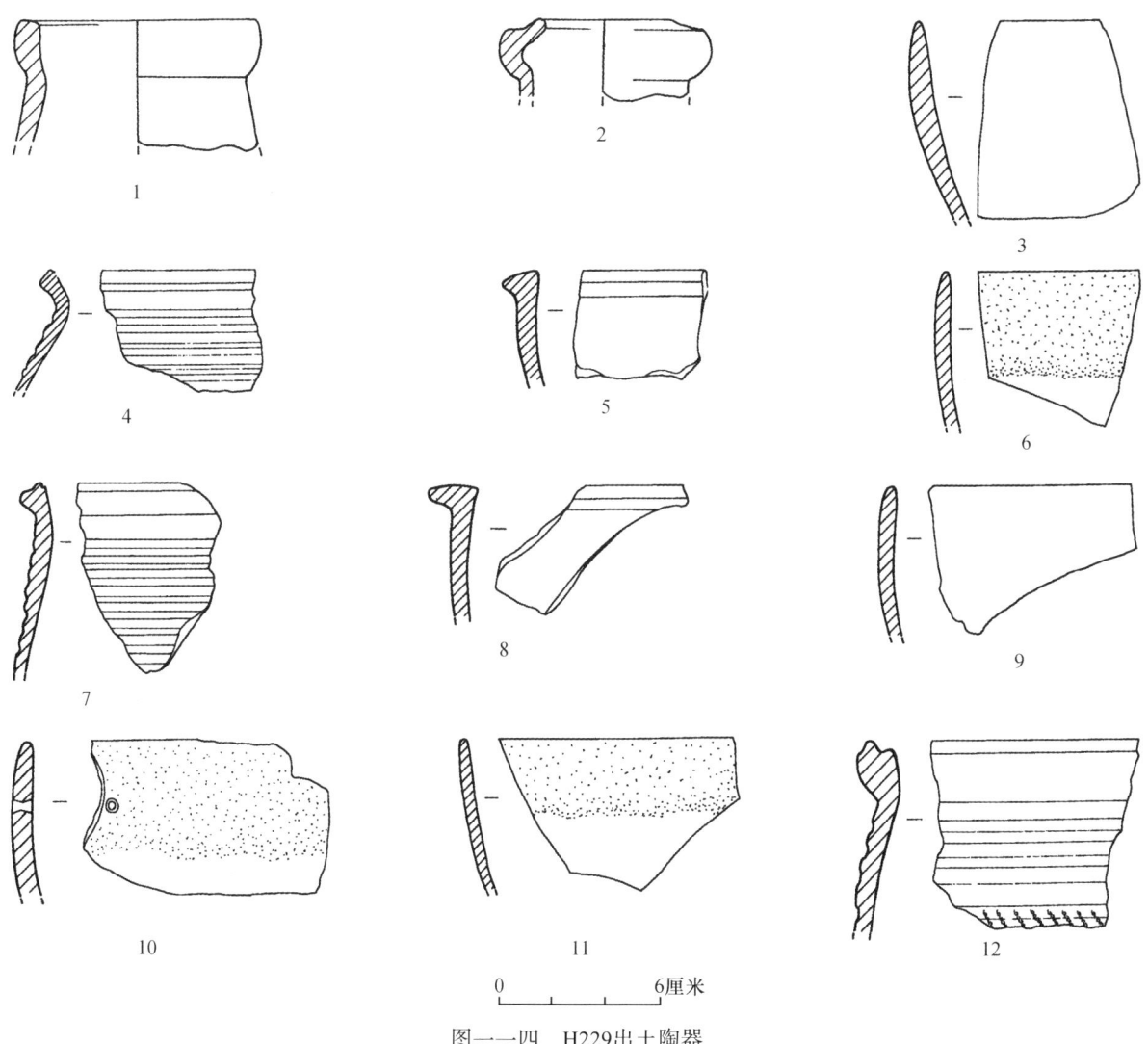

图一一四　H229出土陶器
1.瓶（H229：8）　2.壶（H229：7）　3、6、9~11.钵（H229：1、H229：3、H229：6、H229：2、H229：5）
4、7、12.罐（H229：11、H229：13、H229：12）　5、8.盆（H229：9、H229：10）

斜，尖唇，弧腹。器表磨光。素面。口沿下侧可见轮修痕迹（图一一四，5）。

标本H229：10，细泥质橘红陶。直口微敛，平折沿，圆唇，弧腹。器表磨光。素面。外沿面可见轮修痕迹（图一一四，8）。

罐　12件。均口、腹部残片。形制相同，均粗夹砂红褐陶，侈口，卷沿，方唇，唇部有一道凸棱，口沿以下饰多周弦纹。标本H229：11，腹微鼓。内壁可见轮修痕迹（图一一四，4）。标本H229：12，直腹。弦纹下侧饰左上至右下斜向绳纹。外沿面可见轮修痕迹。器表可见烟熏痕迹（图一一四，12）。标本H229：13，直腹。内壁可见轮修痕迹。器表可见烟熏痕迹（图一一四，7）。

钵　38件。均口、腹部残片。标本H229：2、H229：3、H229：5、H229：6形制相同，均细泥质橘红陶，直口，深弧腹，器表磨光，素面。标本H229：2，圆唇，口下有一个两面对钻而成的圆孔。口下可见深红色叠烧痕迹（图一一四，10）。标本H229：3，方唇。口下可见深褐色叠烧痕迹（图一一四，6）。标本H229：5，方唇。口下可见深红色叠烧痕迹（图一一四，11）。标本

H229：6，方唇。器表可见烟熏痕迹（图一一四，9）。

标本H229：1，细泥质橘红陶。直口，圆唇，深弧腹。器表刮抹光滑。素面。口下可见轮修痕迹（图一一四，3）。

壶　1件。标本H229：7，口沿残片。细泥质橘红陶。口部略呈花苞状，圆唇。器表磨光。素面。复原口径5、残高3.2厘米（图一一四，2）。

器底　标本H229：14，下腹、底部残片。细泥质橘红陶。下腹斜直，平底，底心内凹。器表磨光。素面。可能为钵底。底径6.4、残高2.6厘米（图一一五，13）。

标本H229：15，下腹、底部残片。细泥质橘红陶。下腹斜直，平底。腹部饰多周整齐的指甲纹。可能为罐底。残高2.4厘米（图一一五，14）。

圆陶片　6件。均完整。标本H229：16-1、H229：16-2、H229：16-4、H229：16-5、H229：16-6形制相同，均细泥质橘红陶，圆形。标本H229：16-1，系利用钵的口部残片打制而成。边缘稍钝。一面可见深褐色叠烧痕迹。直径7、厚0.5厘米（图一一五，1）。标本H229：16-2，系利用钵的口沿残片打制而成，保留少量沿面。边缘较锋利。一面可见浅褐色叠烧痕迹。直径5.4、厚0.5厘米（图一一五，4）。标本H229：16-4，系利用钵的口部残片打制而成，器身较薄。边缘较锋利。直径4.7、厚0.3厘米（图一一五，3）。标本H229：16-5，系利用钵的口部残片打制而成。边缘稍钝。一面可见浅褐色叠烧痕迹。直径5、厚0.6厘米（图一一五，6）。标本H229：16-6，系利用钵的口沿残片打制而成，保留少量沿面。边缘较钝。一面可见浅褐色叠烧痕迹。直径3.5、厚0.4厘米（图一一五，2）。

标本H229：16-3，细泥质橘红陶。系利用钵的残片打制而成。椭圆形，边缘较钝。直径5.8、厚0.6厘米（图一一五，5）。

锉　1件。标本H229：17，尖部残。粗泥质橘红陶。平面呈三角形，横断面呈圆角长方形，锐尖。器表麻点清晰，密度较小。器身磨损较为严重。残长9.3、顶部宽4.3、厚0.9厘米（图一一五，8）。

（2）石器

4件。器类有砧、砍砸器、雕刻器、残石器。

砧　1件。标本H229：18，残。闪长岩。残存部分平面呈长条形。两面均较平坦，其中一面稍向内凹。器表可见集中的坑疤。残长11厘米（图一一五，9）。

砍砸器　1件。标本H229：19，稍残。石英。圆饼状。两面均保留砾石面，一面较平坦，一面稍鼓。周缘经锤击修理，形成一弧刃。直径7.8、厚2.7厘米（图一一五，7）。

雕刻器　1件。标本H229：22，稍残。石英岩。平面呈三角形。两面均较平坦，周缘经锤击修理，形成一横刃。器表可见打制痕迹。残长6.5厘米（图一一五，12）。

残石器　1件。标本H229：23，片麻岩。残存部分平面呈梯形，器身扁平，横断面呈椭圆形。边缘磨光。残长5.3、宽4.5～5.1、厚1厘米（图一一五，10）。

（3）骨器

1件。锥。标本H229：24，完整。系利用劈裂的动物长骨骨片磨制而成，尾端保留有骨关节。横断面呈三角形，尖部较钝。通体磨光。器表可见烧烤痕迹。长7厘米（图一一五，11；图版六一，2）。

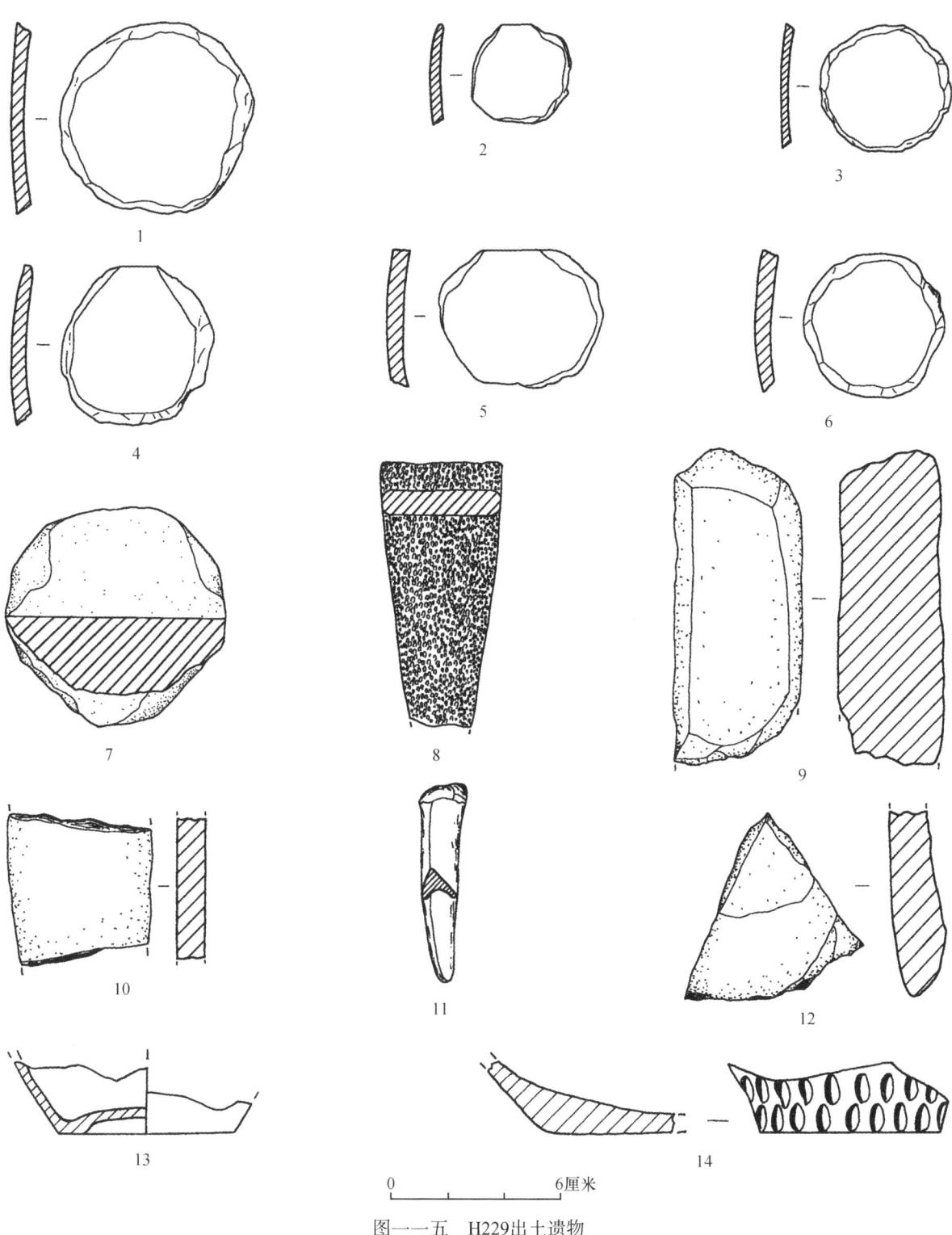

图一一五　H229出土遗物

1~6.圆陶片（H229：16-1、H229：16-6、H229：16-4、H229：16-2、H229：16-3、H229：16-5）　7.砍砸器（H229：19）
8.陶锉（H229：17）　9.石砧（H229：18）　10.残石器（H229：23）　11.骨锥（H229：24）　12.雕刻器（H229：22）
13、14.器底（H229：14、H229：15）

22. H231

H231位于Ⅲ区T0618北部，开口于⑨层下。平面呈圆形，袋状，斜直壁，平底。坑口径1.16、底径1.3、深0.7米（图一一六）。

坑内堆积为深灰色土，土质疏松，包含零星火烧土块，出土少量陶片。

陶片以细泥质橘红陶为主，细夹砂橘红陶次之；纹饰全部为素面。

H231共出土遗物6件。全部为陶器。器类有钵、圆陶片。

钵　3件。均口、腹部残片。标本H231：1，细泥质橘红陶。敛口，方唇，斜直腹。器表磨光。素面。内壁可见轮修与刮抹痕迹（图一一七，3）。

标本H231：2、H231：3形制相同，均直口，方唇，深弧腹。标本H231：2，细泥质橘红陶。器表磨光。素面。口下可见浅褐色叠烧痕迹与轮修痕迹（图一一七，1）。标本H231：3，细夹砂橘红陶。器表经刮抹较为光滑。素面。内、外壁均可见轮修痕迹（图一一七，2）。

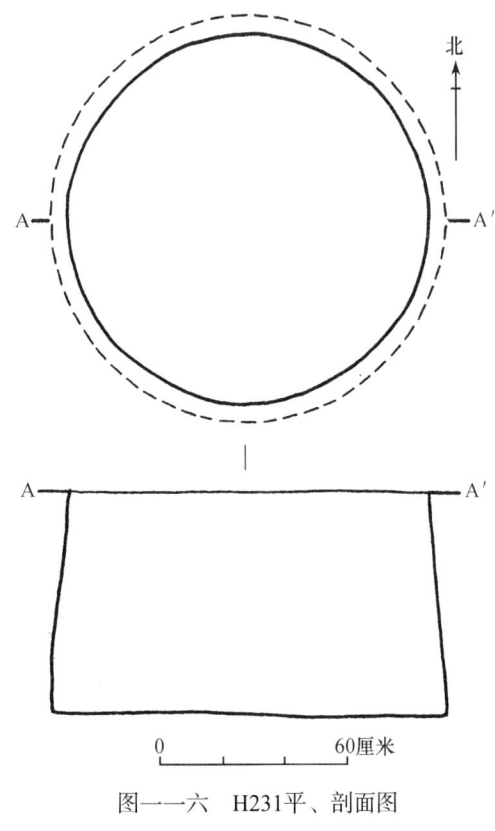

图一一六　H231平、剖面图

圆陶片　3件。均完整。形制相同，均细泥质橘红陶，圆形。标本H231：4-1，系利用钵的口部残片打制而成。边缘稍钝。一面可见深红色叠烧痕迹。直径6.4、厚0.6厘米（图一一七，4）。标本H231：4-2，系利用钵的残片打制而成。边缘较钝。直径7.3、厚0.5厘米（图一一七，5）。标本

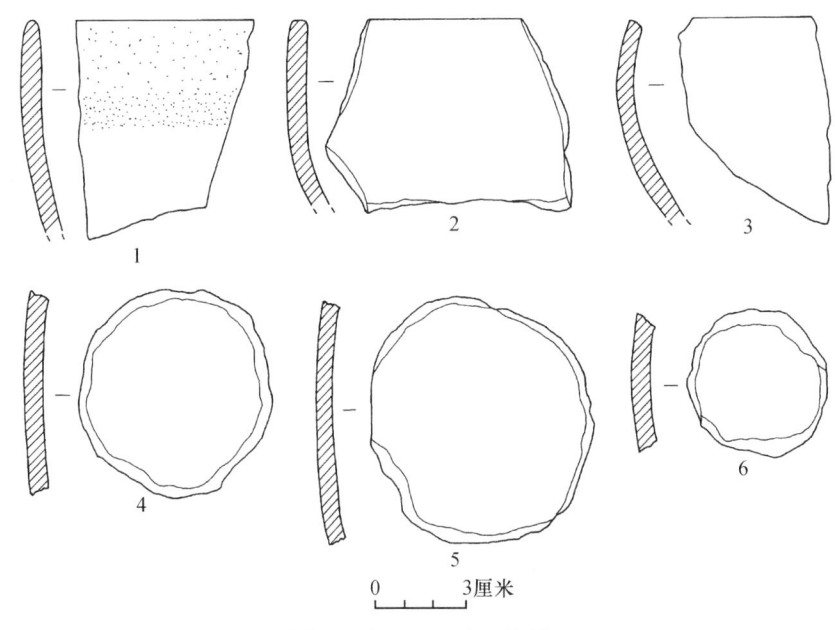

图一一七　H231出土陶器

1~3. 钵（H231：2、H231：3、H231：1）　4~6. 圆陶片（H231：4-1、H231：4-2、H231：4-3）

H231∶4-3，系利用钵的口沿残片打制而成。边缘较锋利。一面可见浅褐色叠烧痕迹。直径4.6、厚0.6厘米（图一一七，6）。

23. H235

H235位于Ⅲ区T0413东南部，开口于⑫层下。平面呈圆形，筒状，直壁，平底。坑口径1、深0.6米（图一一八）。

坑内堆积为浅褐色土，土质较为致密，包含少量火烧土颗粒，出土少量陶片。

陶片为主要的出土物，以细泥质橘红陶为主，粗夹砂红褐陶次之，粗泥质橙黄陶再次，并有一定比例的细泥质橙黄陶、粗泥质橘红陶、细夹砂红褐陶和少量粗夹砂灰褐陶；纹饰以素面占绝大多数，并有少量绳纹、弦纹、交错绳纹（表二五）。

H235共出土遗物87件。以陶器为主，石器次之。

（1）陶器

86件。器类有瓶、盆、罐、钵、圆陶片、锉，另有器底、器足（表二六）。

瓶 2件。均口、颈部残片。形制相同，均细泥质橘红陶，环形敛口，周缘有一道矮棱，尖圆唇，短颈，素面。标本H235∶14，溜肩。器表磨光。沿面与内壁可见轮修痕迹，内壁可见泥条盘筑痕迹。口径8.4、残高12厘米（图一一九，1；彩版一〇，1；图版六一，4）。标本H235∶15，口内侧有一道浅凹槽。沿面与内壁均可见轮修痕迹。口径6.2、残高3.8厘米（图一一九，4）。

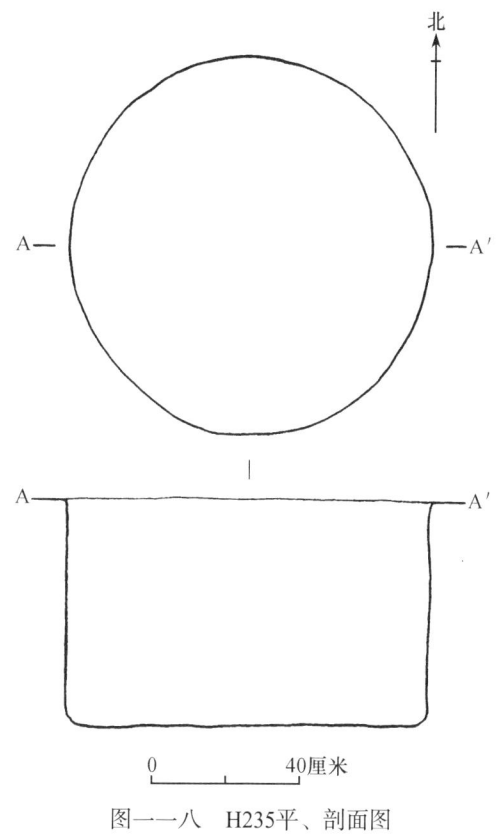

图一一八　H235平、剖面图

表二五　H235陶系统计表　　　　　　　　　　　　　（单位：kg）

陶质 陶色 纹饰	细泥质		粗泥质		细夹砂	粗夹砂		合计		百分比（%）
	橘红	橙黄	橘红	橙黄	红褐	红褐	灰褐			
素面	0.68	0.54	0.114	1.13	0.59	1.66	0.126	4.84		49.90
素面+磨光	2.98		0.81					3.79		39.07
绳纹						0.29		0.29	9.70	2.99	100
弦纹						0.41		0.41		4.23
交错绳纹						0.37		0.37		3.81
合计	3.66	0.54	0.924	1.13	0.59	2.73	0.126	9.70		
	9.70									
百分比（%）	37.73	5.57	9.53	11.65	6.08	28.14	1.30			
	100									

表二六　H235器形统计表　　　　　　　　　　　　　　　　　　　（单位：件）

陶质	细泥质			粗泥质			细夹砂	粗夹砂红褐				合计	百分比（%）
陶色	橘红		橙黄	橘红		橙黄	红褐						
纹饰＼器形	素面+磨光	素面	素面	素面+磨光	素面	素面	素面	素面	绳纹	弦纹	交错绳纹		
瓶	1	1										2	2.47
盆　口	2		1			3	3	1				13	16.05
盆　底	2						1						
罐　口								3	1	6	1	17	20.99
罐　底								6					
钵　口	41			1	1			1				49	60.49
钵　底	5												
合计	51	1	1	1	1	3	4	11	1	6	1	81	100
百分比（%）	62.96	1.23	1.23	1.23	1.23	3.70	4.94	13.58	1.23	7.41	1.23	100	

盆　13件。均口、腹部残片。形制相同，均细泥质橘红陶，直口，折沿，沿面较窄，向外侧下斜，深弧腹，器表磨光，素面。标本H235：12，直口微敞，圆唇。器表可见刮抹痕迹（图一一九，2）。标本H235：13，直口微敛，厚圆唇。口下可见刮抹痕迹（图一一九，5）。

罐　17件。均口、腹部残片。标本H235：17、H235：18、H235：19、H235：20、H235：21、H235：22形制相同，均粗夹砂红褐陶，侈口，卷沿，方唇，直腹。标本H235：19，唇部有一道凸棱。口沿以下饰多周弦纹。内壁可见轮修痕迹（图一一九，10）。标本H235：18，沿面微曲，唇部有一道凸棱。口沿以下饰多周弦纹（图一一九，8）。标本H235：21，唇部有一道凸棱。口沿以下饰多周弦纹。器表可见烟熏痕迹（图一一九，12）。标本H235：22，唇部有一道凸棱。素面（图一一九，6）。标本H235：20，唇部有一道较矮凸棱，口沿下侧有二道较矮棱脊。棱脊以下饰竖向绳纹（图一一九，11）。标本H235：17，口沿以下饰多周弦纹。复原口径20.1、残高7.8厘米（图一一九，3）。

标本H235：16，粗夹砂红褐陶。侈口，卷沿，尖圆唇，鼓腹，腹部饰交错绳纹。内壁可见轮修痕迹。复原口径21.9、残高5.7厘米（图一一九，7）。

标本H235：23，粗夹砂红褐陶。直口，窄平折沿，圆唇。素面。内壁可见泥条盘筑与轮修痕迹（图一一九，9）。

钵　49件。标本H235：2、H235：3、H235：4、H235：5、H235：6、H235：7、H235：8、H235：9均口、腹部残片。形制相同，均直口，方唇，深弧腹，素面。标本H235：2，粗泥质橘红陶。器表经刮抹较为光滑。内壁可见泥条盘筑与轮修痕迹。复原口径37.8、残高7.2厘米（图一二〇，10）。标本H235：3，细泥质橘红陶。口下可见浅褐色叠烧痕迹。器表磨光。内壁可见轮修痕迹。复原口径33.9、残高9.3厘米（图一二〇，2；图版六一，5、6）。标本H235：4，细泥

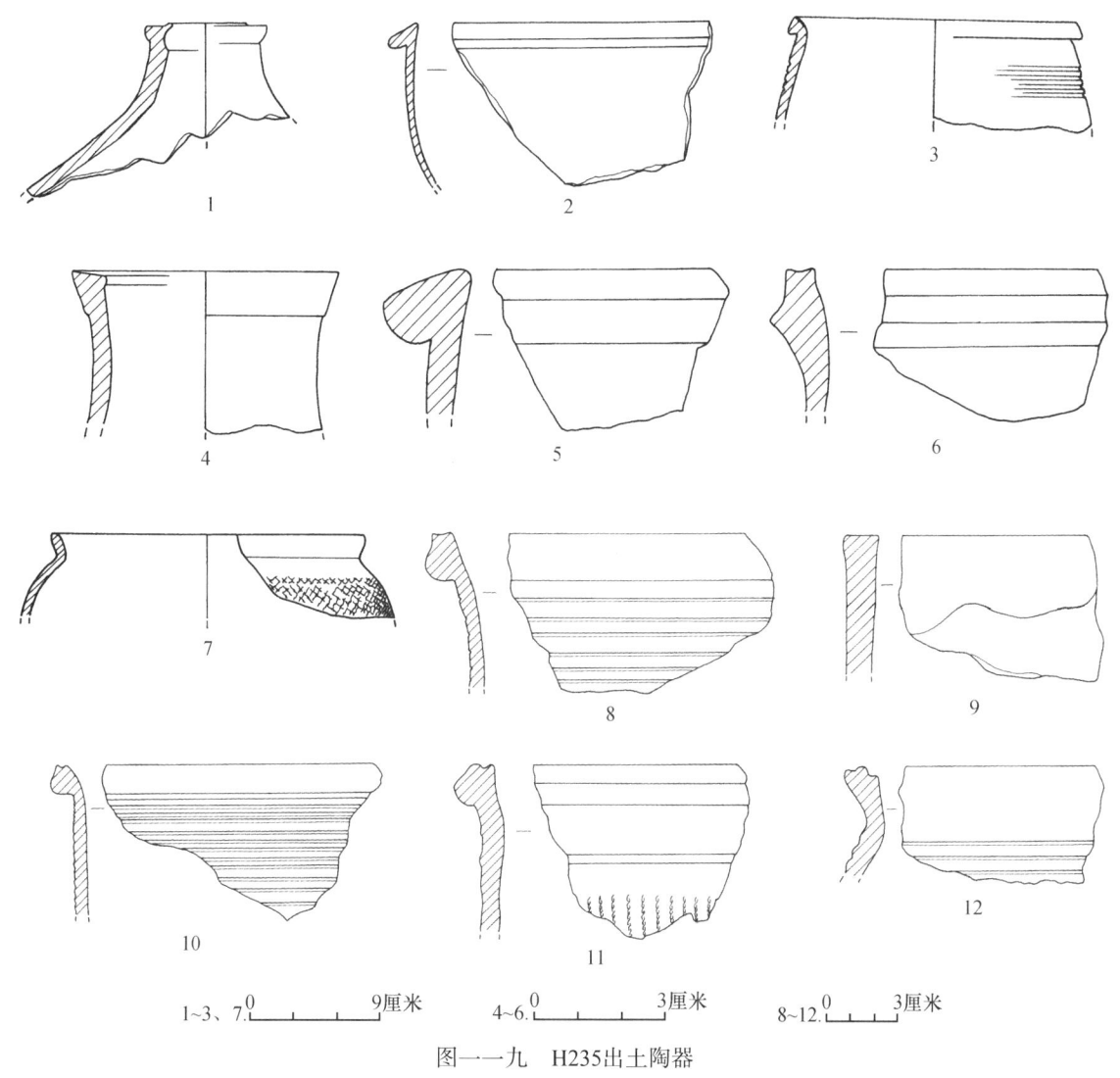

图一一九 H235出土陶器
1、4. 瓶（H235：14、H235：15） 2、5. 盆（H235：12、H235：13）
3、6~12. 罐（H235：17、H235：22、H235：16、H235：18、H235：23、H235：19、H235：20、H235：21）

质橘红陶。唇部与口下可见浅褐色叠烧痕迹。器表磨光（图一二〇，9）。标本H235：5，细泥质橘红陶。口下有一个由内向外单面钻成的圆孔。唇部与口下可见浅褐色叠烧痕迹。器表磨光。复原口径31.8、残高7.5厘米（图一二〇，1）。标本H235：6，细泥质橘红陶。唇部与口下可见浅褐色叠烧痕迹，唇部可见轮修痕迹。器表磨光。复原口径33.6、残高7.5厘米（图一二〇，5）。标本H235：7，细泥质橘红陶。口下可见深红色叠烧痕迹。器表磨光（图一二〇，6）。标本H235：8，细泥质橘红陶。口下有一个由内向外单面钻成的圆孔。口下可见浅褐色叠烧痕迹。器表磨光（图一二〇，4）。标本H235：9，细泥质橘红陶。口下可见灰褐色叠烧痕迹。器表磨光。内壁可见烟熏痕迹（图一二〇，7）。

标本H235：1、H235：10形制相同，均敛口，方唇，斜直腹，素面。标本H235：1，可复原。粗泥质橘红陶。平底。器表磨光。口部可见轮修痕迹。口径36.2、底径15、通高17.8厘米（图一二〇，8；图版六二，1）。标本H235：10，口、腹部残片。粗夹砂红褐陶。口部可见轮修痕迹

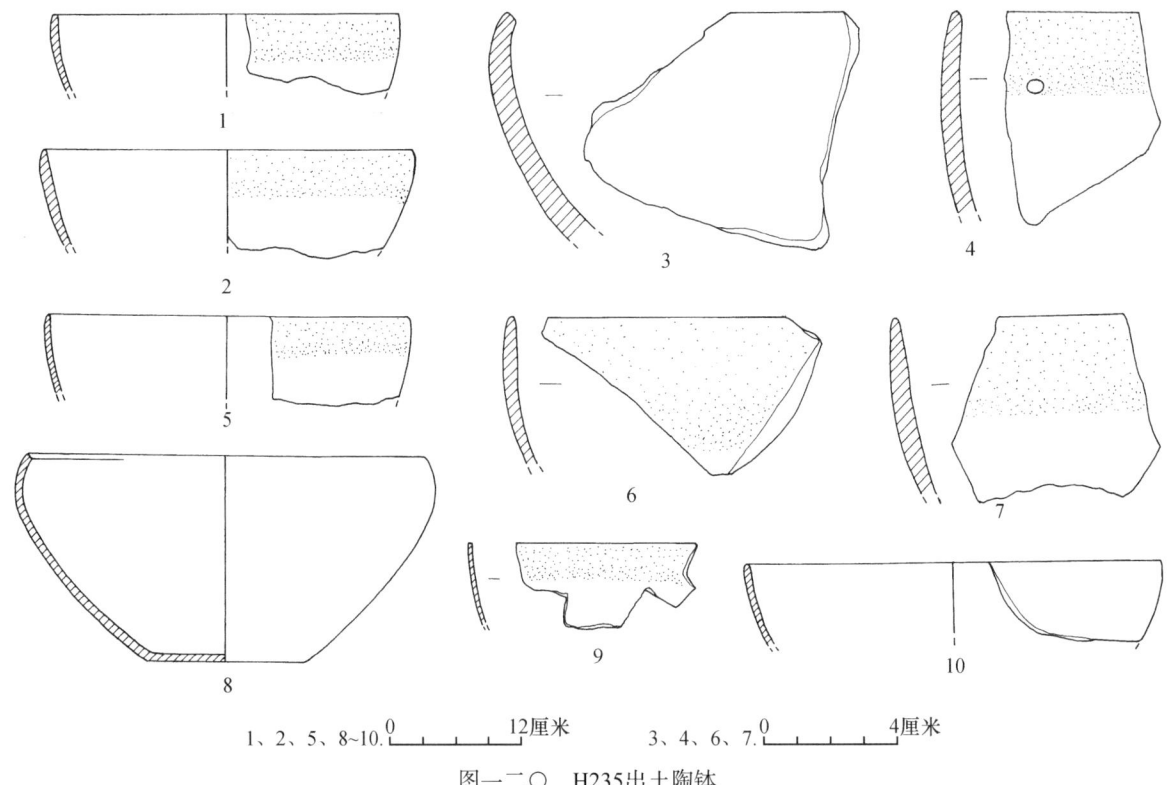

图一二〇　H235出土陶钵

1~10.（H235：5、H235：3、H235：10、H235：8、H235：6、H235：7、H235：9、H235：1、H235：4、H235：2）

（图一二〇，3）。

器底　标本H235：11，底部残片。细泥质橘红陶。圜底，底部有一道浅细凹槽，凹槽内区域较为粗糙，共有5个圆形穿孔，其中2个为由外向内单面钻成，3个为两面对钻而成。器表磨光。素面。可能为钵底。残高2.4厘米（图一二一，2）。

器足　标本H235：24，粗夹砂灰褐陶。尖锥状，底端较尖，实根。器表刮抹光滑。素面。残高5厘米（图一二一，8；图版六二，2）。

标本H235：25，粗夹砂红褐陶。尖锥状，底端较平，实根。器表刮抹光滑。素面。残高4.4厘米（图一二一，9；图版六二，3）。

圆陶片　4件。均完整。形制相同，均系细泥质橘红陶，系利用钵的口部残片打制而成，圆形。标本H235：26-1，边缘较锋利。一面可见深红色叠烧痕迹。直径8.4、厚0.4厘米（图一二一，7；图版六二，4）。标本H235：26-2，保留部分沿面。边缘较锋利。一面可见深红色叠烧痕迹。直径6.3、厚0.3厘米（图一二一，1）。标本H235：26-3，边缘较钝。一面可见深红色叠烧痕迹。直径6.1、厚0.5厘米（图一二一，4）。标本H235：26-4，保留部分沿面。边缘较钝。直径4.1、厚0.35厘米（图一二一，3）。

锉　1件。标本H235：27，完整。细泥质橘红陶。平面呈三角形，两侧边稍弧，横断面呈椭圆形，锐尖。器表麻点清晰，密度较大。长11.3、顶部宽4.6、厚1.1厘米（图一二一，5；图版六二，5）。

（2）石器

1件。斧。标本H235：28，残。石英岩。残存部分平面呈长条形，横断面呈椭圆形。安柄处经打制修整。通体磨光。残长9.2、宽3.7~5.2、厚2.1厘米（图一二一，6；图版六二，6）。

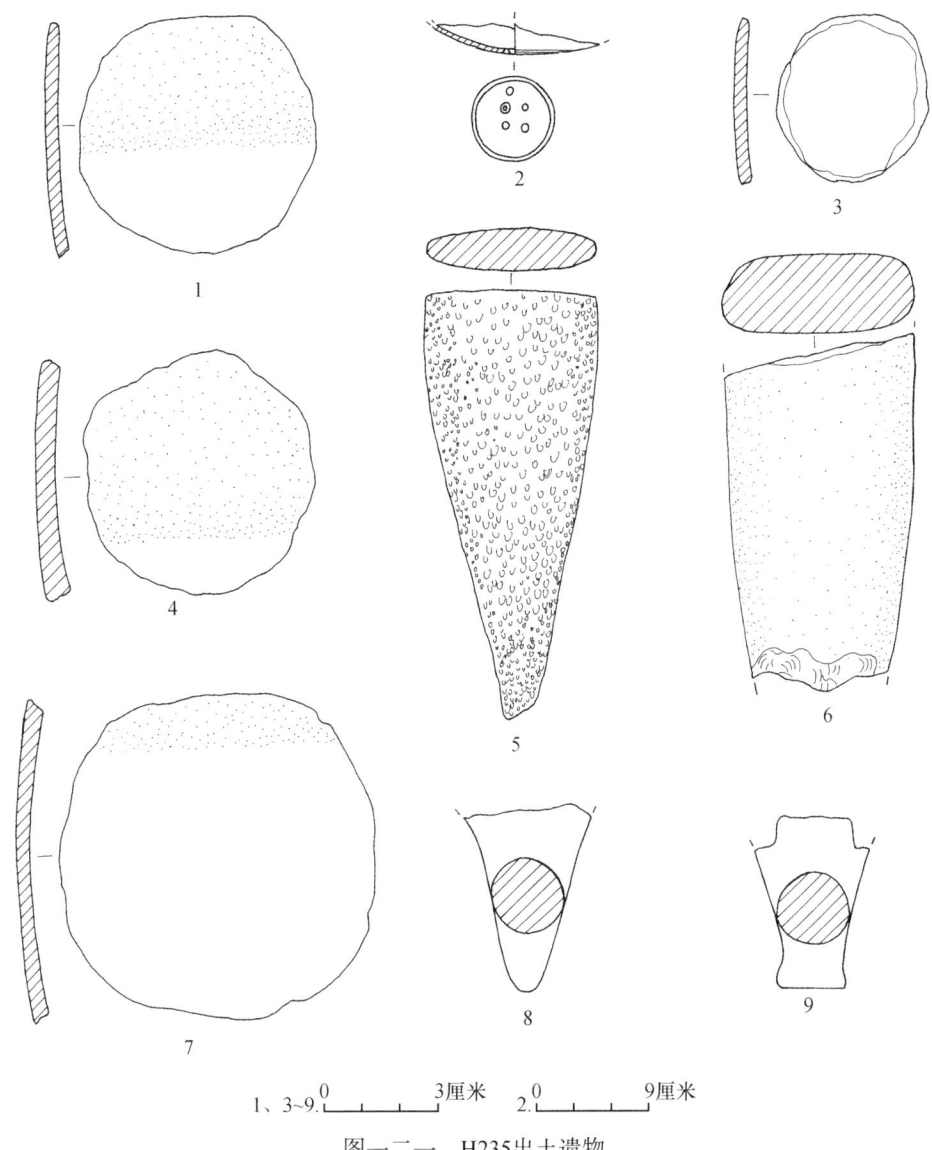

图一二一　H235出土遗物

1、3、4、7. 圆陶片（H235：26-2、H235：26-4、H235：26-3、H235：26-1）　2. 器底（H235：11）　5. 陶锉（H235：27）
6. 石斧（H235：28）　8、9. 器足（H235：24、H235：25）

24. H243

H243位于Ⅲ区T0714中部，开口于⑨层下。平面呈不规则形，锅底状，弧壁，圜底。坑口长径1.74、短径1.62、深0.2～0.36米（图一二二）。

坑内堆积为浅灰色土，土质较为致密，出土少量陶片。

陶片以细泥质橘红陶为主，还有少量粗泥质橘红陶、粗夹砂橘红陶、粗夹砂红褐陶；纹饰全部为素面。

H243共出土遗物19件。全部为陶器。器类有盆、罐、钵、器盖、圆陶片，另有器耳。

盆　1件。标本H243：6，口、腹部残片。细泥质橘红陶。直口微敞，窄平折沿，圆唇，弧腹。器表磨光。素面。唇部可见轮修痕迹（图一二三，4）。

罐　1件。标本H243：7，口、腹部残片。细泥质橘红陶。侈口，卷沿，方唇，腹微鼓。器表

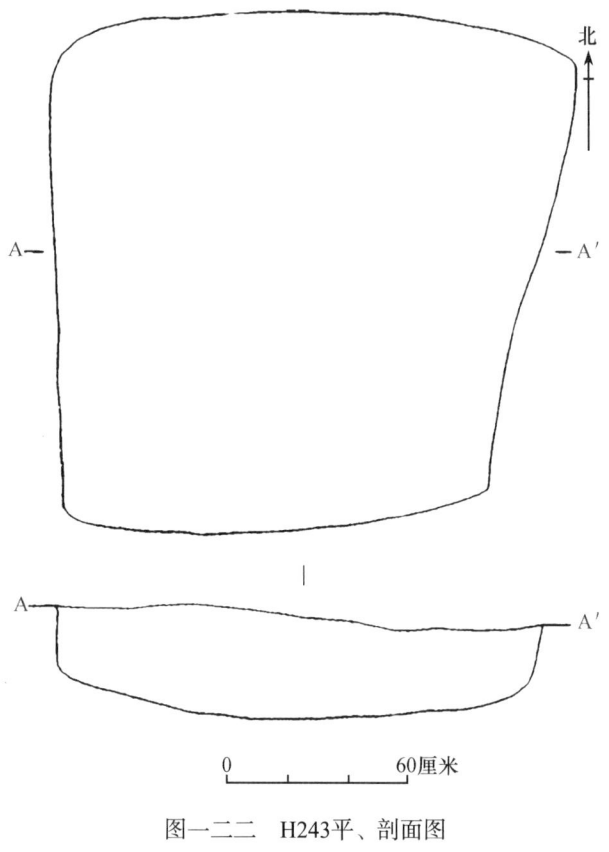

图一二二 H243平、剖面图

磨光。素面。沿面可见轮修痕迹（图一二三，6）。

钵 5件。均口、腹部残片。标本H243：1，粗泥质橘红陶。敛口，方唇，唇上有一道浅细凹槽，斜直腹。器表经刮抹较为光滑。素面。唇部可见轮修痕迹，器表可见刮抹痕迹（图一二三，2）。

标本H243：5，粗夹砂橘红陶。直口微敛，圆唇，弧腹，腹中部有一道较矮棱脊。素面。口下可见轮修痕迹（图一二三，1）。

标本H243：2、H243：3、H243：4形制相同，均直口、方唇，深弧腹，素面。标本H243：2，细泥质橘红陶。口下可见深红色叠烧痕迹（图一二三，3）。标本H243：3，细泥质橘红陶。口下可见轮修痕迹（图一二三，5）。标本H243：4，粗夹砂红褐陶。内壁可见轮修痕迹（图一二三，7）。

器盖 1件。标本H243：10，纽部残。细泥质橘红陶。覆钵状，敛口，窄平沿，方唇，弧壁。器表磨光。素面。口部可见轮修痕迹。内壁可见烟熏痕迹。口径19、残高7.2厘米（图一二四，6）。

器耳 标本H243：8，腹部残片。细泥质橘红陶。腹部较直，有一竖向扁圆桥形耳。素面。内壁可见轮修痕迹。可能为瓶耳（图一二四，1）。

圆陶片 11件。标本H243：9-1、H243：9-2、H243：9-3、H243：9-4、H243：9-7、

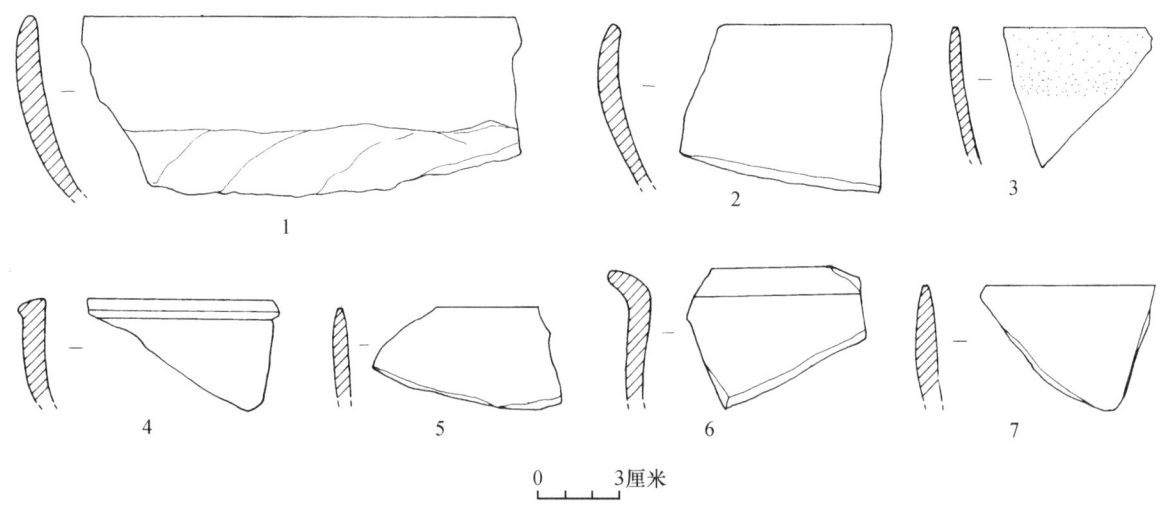

图一二三 H243出土陶器

1~3、5、7.钵（H243：5、H243：1、H243：2、H243：3、H243：4） 4.盆（H243：6） 6.罐（H243：7）

H243：9-8、H243：9-9、H243：9-10、H243：9-11形制相同，均细泥质橘红陶，圆形。标本H243：9-1，稍残。系利用钵的口沿残片打制而成。边缘较锋利。一面可见浅褐色叠烧痕迹。直径6.5、厚0.5厘米（图一二四，9）。标本H243：9-2，完整。系利用钵的口沿残片打制而成，保留少量沿面。边缘较锋利。一面可见浅褐色叠烧痕迹。直径6、厚0.5厘米。标本H243：9-3，完整。系利用钵的残片打制而成。边缘较锋利。器表可见轮修痕迹。直径5.4、厚0.6厘米。标本H243：9-4，完整。系利用钵的残片打制而成。边缘较锋利。直径4.9、厚0.4厘米（图一二四，8）。标本H243：9-7，残。系利用钵的残片打制而成。残存部分大体呈半圆形。边缘稍钝。直径6.6、厚0.6厘米（图一二四，11）。标本H243：9-8，完整。系利用钵的口沿残片打制而成，保留少量沿面。

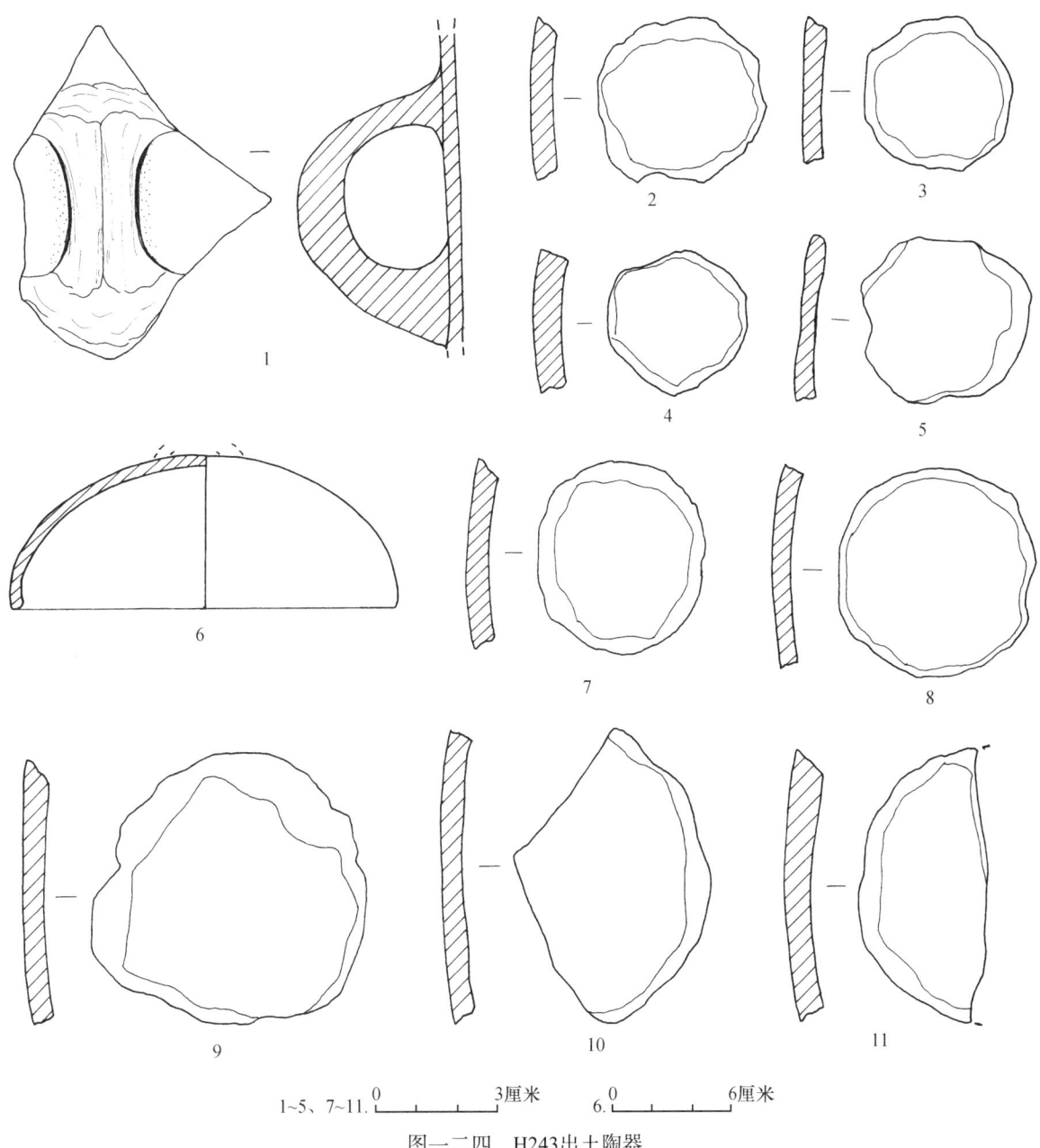

图一二四　H243出土陶器
1. 器耳（H243：8）　2~5、7~11. 圆陶片（H243：9-9、H243：9-10、H243：9-11、H243：9-8、H243：9-5、H243：9-4、H243：9-1、H243：9-6、H243：9-7）　6. 器盖（H243：10）

边缘稍钝。器表可见轮修痕迹。直径4.2、厚0.5厘米（图一二四，5）。标本H243∶9-9，稍残。系利用钵的口沿残片打制而成。边缘稍钝。器表可见深褐色叠烧痕迹。直径4.2、厚0.55厘米（图一二四，2）。标本H243∶9-10，完整。系利用钵的残片打制而成。边缘较钝。直径3.8、厚0.5厘米（图一二四，3）。标本H243∶9-11，完整。系利用钵的残片打制而成。边缘较钝。直径3.5、厚0.7厘米（图一二四，4）。

标本H243∶9-5，完整。细泥质橘红陶。系利用钵的口沿残片打制而成。椭圆形，边缘较锋利。一面可见浅褐色叠烧痕迹。长径4.7、短径4.1、厚0.5厘米（图一二四，7）。

标本H243∶9-6，完整。细泥质橘红陶，系利用钵的口沿残片打制而成。扇形，边缘较锋利。一面可见浅褐色叠烧痕迹。长径7、短径5、厚0.6厘米（图一二四，10）。

25. H253

H253位于Ⅲ区T1111东北部、T1112东南部、T1211西北部、T1212西南部，开口于⑨层下。平面呈圆角方形，筒状，直壁，平底。坑口边长0.5、深0.3米（图一二五）。

坑内堆积为浅灰色土，土质疏松，出土少量陶片，另有鹿角、兽骨。

陶片为主要的出土物，以粗夹砂红褐陶为主，细泥质橘红陶次之，并有一定比例的细夹砂红褐陶和少量细泥质黑陶；纹饰全部为素面（表二七）。

H253共出土遗物4件。以陶器为主，石器次之。

（1）陶器

3件。均为钵。皆是口、腹部残片。标本H253∶1、H253∶2形制相同，均细泥质橘红陶，直口，深弧腹，器表磨光，素面。标本H253∶1，圆唇。口下可见浅褐色叠烧痕迹（图一二六，1）。标本H253∶2，方唇。口下可见深红色叠烧痕迹（图一二六，3）。

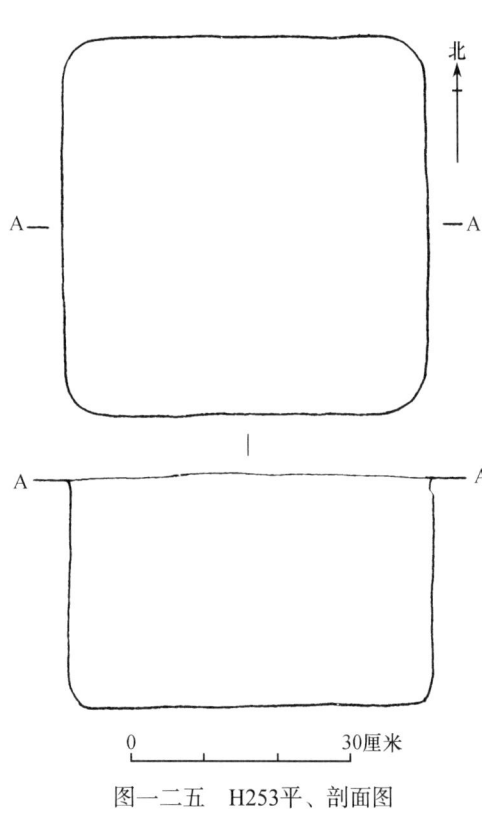

图一二五 H253平、剖面图

表二七 H253陶系统计表 （单位：kg）

陶质	细泥质		细夹砂	粗夹砂	合计		百分比（%）	
陶色纹饰	橘红	黑	红褐	红褐				
素面			0.126	0.38	0.506	0.81	62.47	100
素面+磨光	0.28	0.02			0.30		37.04	
合计	0.28	0.02	0.126	0.38	0.81			
	0.81							
百分比（%）	34.57	2.47	15.56	46.91				
	100							

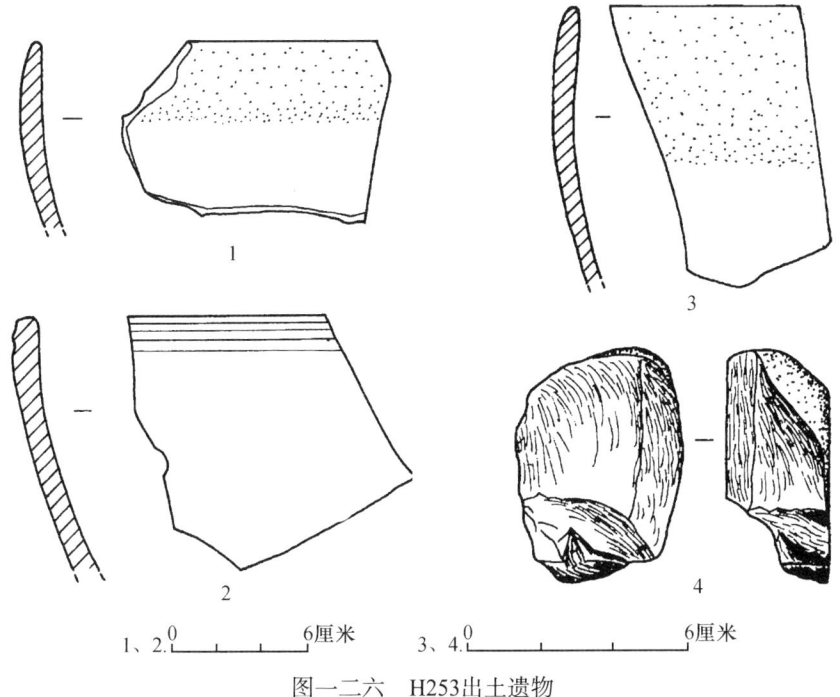

图一二六　H253出土遗物

1~3. 陶钵（H253：1、H253：3、H253：2）　4. 研磨器（H253：4）

标本H253：3，细夹砂红褐陶。敛口，方唇，斜直腹。口下有二道宽浅凹槽。内壁可见轮修痕迹（图一二六，2）。

（2）石器

1件。研磨器。标本H253：4，残。石英岩。残存部分平面呈长条形，横断面呈圆形。器表磨光。底端有红色颜料痕迹。残长6.2、宽4.6厘米（图一二六，4）。

第三章　仰韶文化第④~⑧层遗存

　　鱼化寨遗址④~⑧层是遗存最为丰富的一个时期，遗迹几乎遍布所有发掘区域。在Ⅰ区，虽然未发现该期遗迹单位，但从被破坏的地层和发现的该期陶片可知，其分布范围也应该达到了此地。可见该期遗存已经超过了现存台地的范围，是各个时期中分布范围最大的。这一时期共发现遗迹257处，种类有房址、灰坑、灶址、土坑墓、瓮棺墓，其中房址71座，灰坑72座，灶址6座，土坑墓12座，瓮棺墓96座（图一二七~图一二九）。

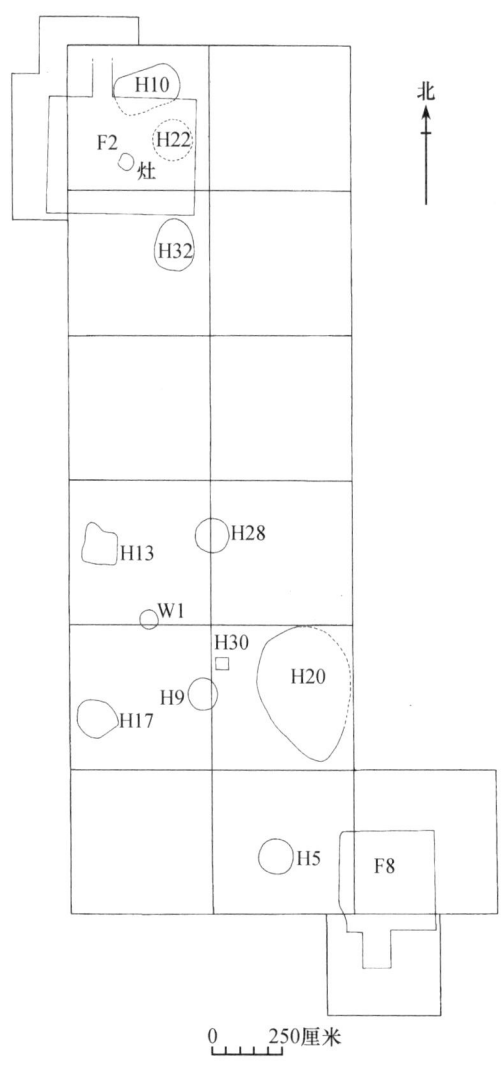

图一二七　Ⅱ区④层下遗迹分布图

第一节 房　　址

　　房址共发现71座，编号为F2、F5、F6、F8、F15、F17、F20、F21、F22、F23、F24、F25、F26、F27、F28、F29、F30、F31、F33、F34、F35、F36、F37、F38、F39、F40、F41、F42、F43、F44、F45、F47、F48、F51、F53、F54、F55、F56、F57、F58、F59、F60、F61、F62、F63、F64、F65、F66、F67、F68、F71、F73、F74、F75、F78、F79、F80、F81、F82、F83、F84、F85、F87、F88、F89、F90、F100、F101、F102、F103、F107。建筑方式有地面式与半地穴式两种，其中半地穴式6座，地面式65座。平面形状有长方形、方形、梯形、椭圆形、圆形五种，其中长方形22座，方形14座，梯形1座，椭圆形15座，圆形19座。结构主要为单间式，有68座，另外3座可能为套间结构。规模有30平方米以上的中型房址与30平方米以下的小型房址两类，未发现超过60平方米的大型房址，其中中型房址18座，小型房址53座。居住面有未加工面、黄褐色土硬面、料姜石末硬面、火烤硬面、经二层以上处理的面等，其中黄褐色土硬面44座，料姜石硬面11座，火烤硬面8座，经二层以上处理的面4座，未加工面4座。门向有东、南、西、北、东南、西南、西北、东北八种，其中东向9座，南向7座，西向4座，北向36座，东南3座，西南向3座，西北向1座，东北向4座，不详4座。门道绝大部分为长方形，也有少量梯形，半地穴房址的门道均为斜坡状，个别房址（如F58）有门槛。有灶的房址共24座，但共发现灶址25座（F71内有2座灶）。灶址的平面形状有圆形、椭圆形、长方形、"吕"字形、不规则形五种，其中圆形10座，椭圆形11座，长方形2座，"吕"字形1座，不规则形1座。保存形式有灶台、灶面、灶坑三种，其中灶台1座，灶面12座，灶坑12座。该期房址均未发现土床。在2座房址外发现环绕房址的小沟，用途不明。9座房址外侧有一周料姜石末或黄土加工成的硬面。

1. F2

　　F2位于Ⅱ区T0105、T0106及扩方内，开口于④层下，门道北端被H38打破，西北部被H29打破。地面式，平面呈长方形，东西长4.76米，南北宽4.06米。房周围保留有黄土筑成的墙体，残高0.5、宽0.4米，内壁经火烧烤，平整坚硬。墙体下挖有基槽，宽0.34、深0.5米。在基槽底部发现一周柱洞，共73个（D1～D73），东墙19个（D1～D19），南墙19个（D20～D38），西墙18个（D39～D56），北墙17个（D57～D73），直径0.06～0.18、柱间距0.02～0.14米，多在0.08米左右，深0.12～0.2米。

　　房内中部有一灶坑，椭圆形，锅底状，壁、底经烧烤，形成一层青灰色硬面。长径0.6、短径0.52、深0.16米。

　　居住面系黄土加工而成的硬面，十分平整，厚0.05米。

　　门向北，位于北墙中部偏西，与房内灶基本相对。门道为长方形，底部平坦，残长1.14、宽0.68米（图一三〇）。

　　房内堆积可分为2层：第①层为浅灰色土，土质疏松，包含零星火烧土块，厚0.3米，出土大量

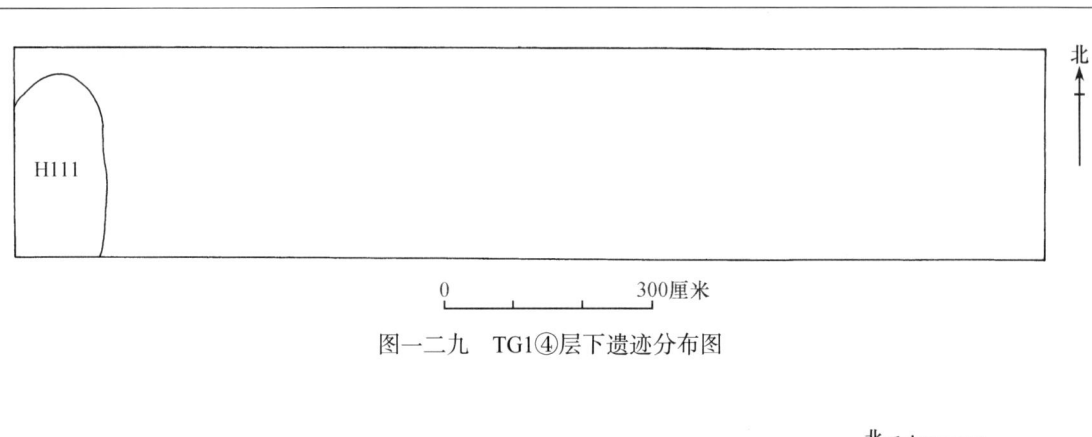

图一二九　TG1④层下遗迹分布图

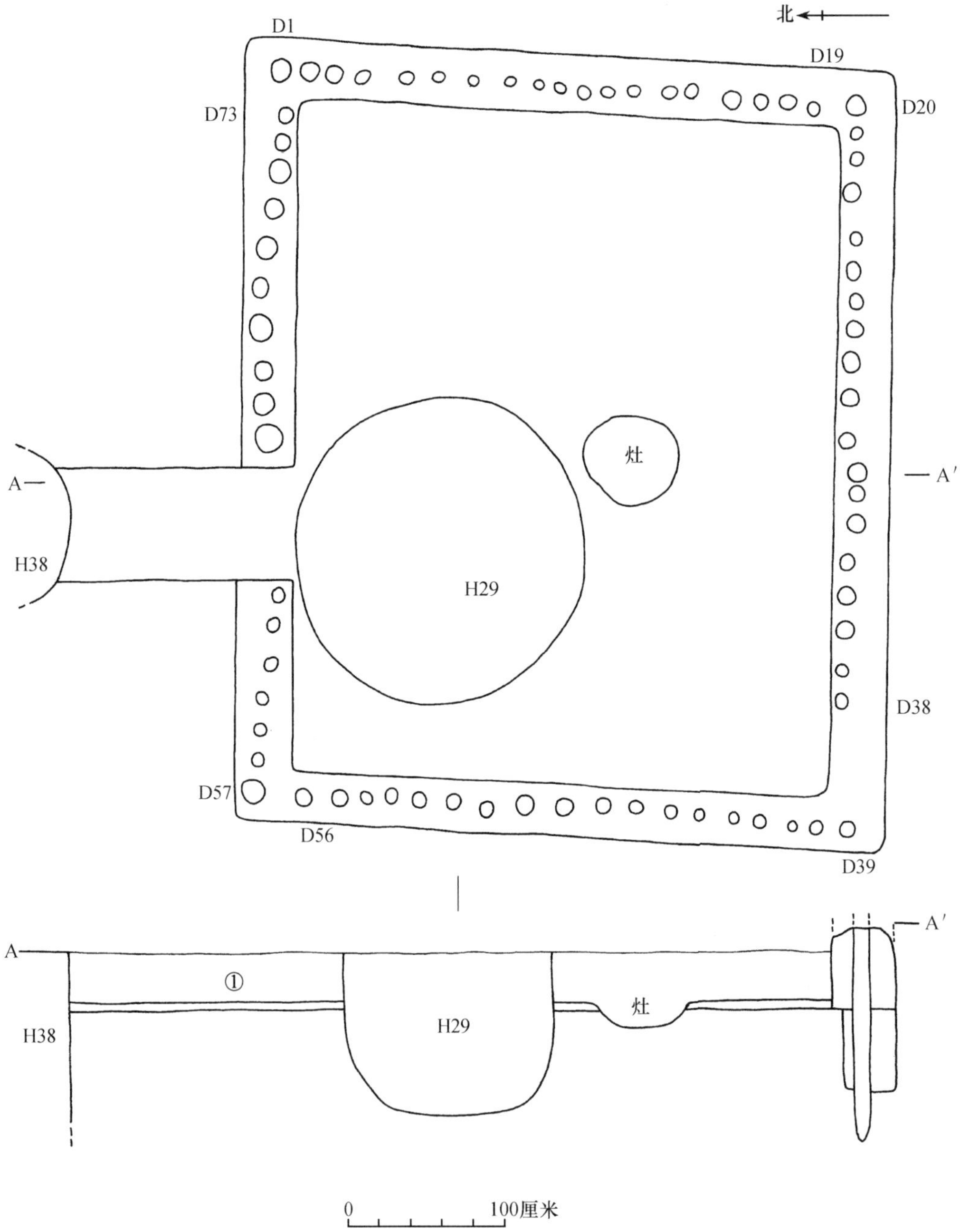

图一三〇　F2平、剖面图

陶片，另有石块、兽骨若干；第②层仅在东北角有发现，为一层厚0.1米的踩踏面，无出土物。

陶片为主要的出土物，以粗夹砂红褐陶为主，细泥质橘红陶次之，还有少量粗夹砂灰褐陶与粗夹砂橘红陶。纹饰以素面最多，绳纹次之，彩陶再次，还有少量弦纹、附加堆纹。

F2共出土遗物33件。以陶器为主，石器次之，骨器再次。

（1）陶器

30件。器类有瓶、盆、罐、钵、瓮、壶、圆陶片、刀，另有器耳、器底、彩陶片。

瓶 1件。标本F2∶13，口、颈部残片。细泥质橘红陶。直杯口，微敞，方唇，束颈。器表磨光。素面。外沿面可见轮修痕迹。口径11.4、残高9.3厘米（图一三一，6）。

盆 3件。均口、腹部残片。标本F2∶9、F2∶10形制相同，均细泥质橘红陶，直口微敛，平折沿，深弧腹。标本F2∶9，尖圆唇。器表较为粗糙。沿面饰短线及三角形组成的黑色彩绘纹饰。复原口径39.9、残高7.5厘米（图一三一，9）。标本F2∶10，沿面向外侧下斜，方唇。口沿以下饰多周弦纹。唇部可见轮修痕迹（图一三一，7）。

标本F2∶35，细泥质橘红陶。敛口，卷沿，圆唇，鼓腹。器表有部分脱落。素面。复原口径15.9、残高6厘米（图一三一，1）。

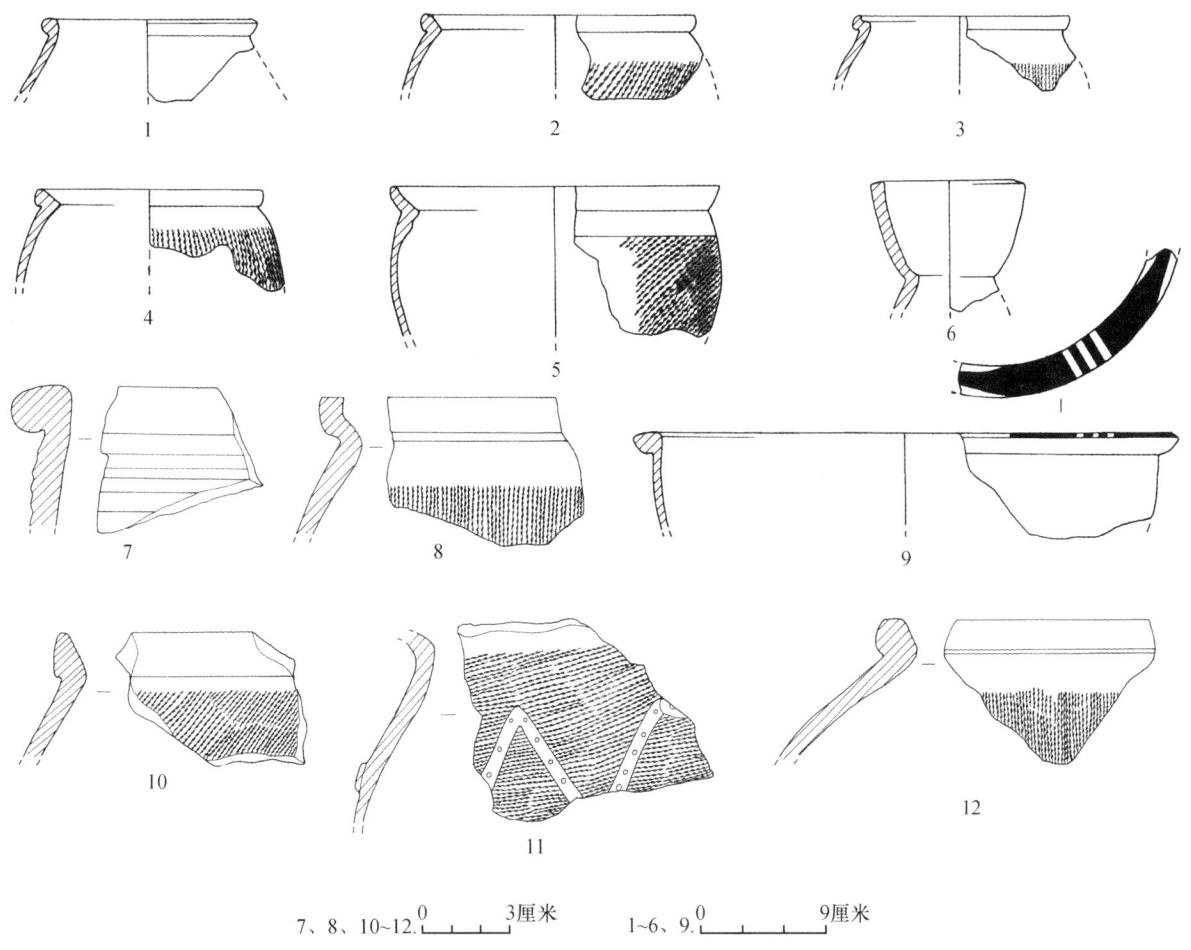

图一三一 F2出土陶器

1、7、9.盆（F2∶35、F2∶10、F2∶9） 2~5、8、10~12.罐（F2∶21、F2∶20、F2∶19、F2∶17、F2∶25、F2∶26、F2∶33、F2∶34） 6.瓶（F2∶13）

罐　8件。均口、腹部残片。标本F2∶25，粗夹砂红褐陶。侈口，卷沿，方唇，沿面内曲，鼓腹。腹部饰竖向绳纹。口沿下侧可见轮修痕迹（图一三一，8）。

标本F2∶19、F2∶20、F2∶21、F2∶33、F2∶34形制相同，均粗夹砂红褐陶，侈口，折沿，沿面微曲，鼓腹。标本F2∶19，圆唇。口沿以下饰竖向绳纹。复原口径16.8、残高7.2厘米（图一三一，4）。标本F2∶20，方唇。腹部饰竖向绳纹。口沿下侧可见轮修痕迹。复原口径15.9、残高5.1厘米（图一三一，3）。标本F2∶21，圆唇。口沿以下饰右上至左下斜向绳纹。外沿面可见轮修痕迹。复原口径20.1、残高6厘米（图一三一，2）。标本F2∶34，圆唇。腹部饰竖向绳纹。外沿面可见轮修痕迹（图一三一，12）。标本F2∶33，口沿以下右上至左下斜向绳纹，绳纹之上饰折线形附加堆纹，附加堆纹上有规则的圆形小坑。内壁可见轮修痕迹（图一三一，11）。

标本F2∶17、F2∶26形制相同，均粗夹砂红褐陶，侈口，折沿，鼓腹。标本F2∶17，圆唇，口沿下侧有一道矮棱。腹部饰右上至左下斜向绳纹。器表有烟熏痕迹，内壁可见泥条盘筑及轮修痕迹。复原口径24、残高10.5厘米（图一三一，5）。标本F2∶26，方唇。口沿以下饰右上至左下斜向绳纹（图一三一，10）。

钵　6件。均口、腹部残片。标本F2∶1、F2∶2、F2∶7形制相同，均细泥质橘红陶，直口微敛，深弧腹，器表磨光，素面。标本F2∶1，方唇。复原口径28.5、残高9.9厘米（图一三二，2）。标本F2∶2，方唇。口下可见深褐色叠烧痕迹，器表可见烟熏痕迹。复原口径31.8、残高11.1厘米（图一三二，1）。标本F2∶7，尖圆唇。器表可见烟熏痕迹（图一三二，5）。

标本F2∶3、F2∶6形制相同，均直口微敛，浅弧腹。标本F2∶3，细泥质橘红陶。圆唇。器表磨光。口下饰黑色宽带纹彩绘。彩绘之下可见浅红色叠烧痕迹，器表可见烟熏痕迹。复原口径22.5、残高8.1厘米（图一三二，10）。标本F2∶6，粗夹砂橘红陶。方唇。素面（图一三二，7）。

标本F2∶4，细泥质橘红陶，烧制变形。敛口，方唇，浅弧腹。器表磨光。素面。器表可见烟熏痕迹，内壁可见轮修痕迹（图一三二，4）。

瓮　7件。均口、腹部残片。标本F2∶22，粗夹砂红褐陶。侈口，卷沿，方唇，鼓腹。腹部饰右上至左下的斜向绳纹。复原口径36、残高9.3厘米（图一三二，12）。

标本F2∶23，粗夹砂红褐陶。侈口，折沿，圆唇，鼓肩，并起一道较矮棱脊，鼓腹。口沿以下饰右上至左下斜向绳纹（图一三二，13）。

标本F2∶15、F2∶24、F2∶28、F2∶29、F2∶32形制相同，均侈口，折沿，沿面内曲，鼓腹。标本F2∶15，粗夹砂红褐陶。沿面微曲，方唇，唇部有二道浅细凹槽，鼓肩，并起一道较矮棱脊。棱脊以下饰左上至右下斜向绳纹。唇部可见轮修痕迹。复原口径39、残高6.6厘米（图一三二，3）。标本F2∶24，粗夹砂红褐陶。沿面微曲，方唇，唇部有三道浅细凹槽，鼓肩，并起一道显著棱脊。棱脊以下饰右上至左下斜向绳纹（图一三二，6）。标本F2∶32，粗夹砂灰褐陶。沿面内曲，方唇，唇部有二道浅细凹槽，鼓肩，并起一道显著棱脊。棱脊以下饰右上至左下斜向绳纹（图一三二，9）。标本F2∶28，粗夹砂红褐陶。沿面微曲，圆唇，鼓腹。腹部饰右上至左下斜向绳纹。口沿下侧可见轮修痕迹（图一三二，11）。标本F2∶29，粗夹砂红褐陶。沿面微曲，圆唇，鼓腹。腹部饰右上至左下斜向绳纹（图一三二，8）。

壶　1件。标本F2∶39，腹、底部残片。细泥质橘红陶。球腹，下腹部呈反弧状斜收，小平底，最大腹径位于中腹部。器表磨光。素面。复原腹径24.6、底径6.3、残高18.6厘米（图

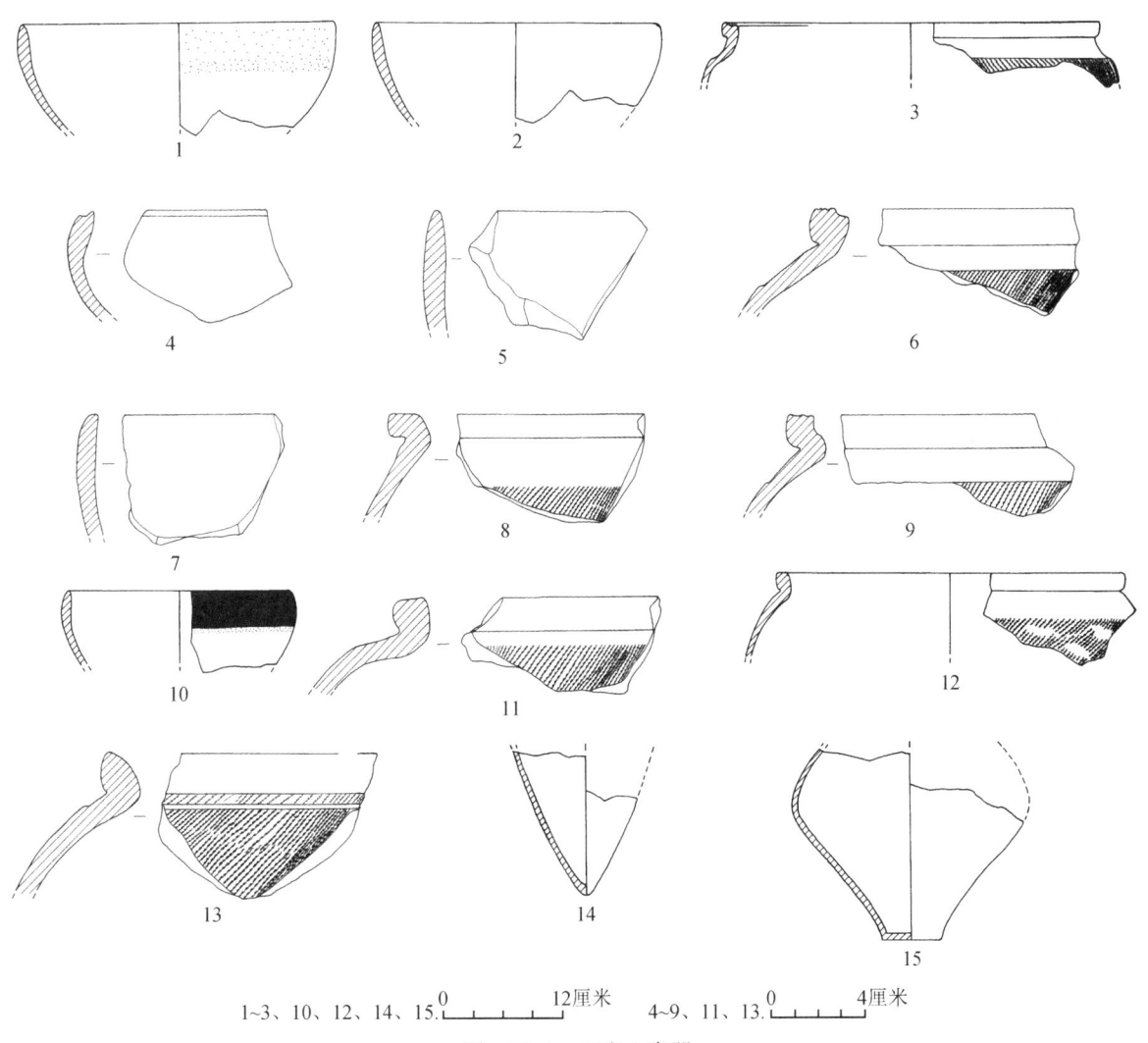

图一三二　F2出土陶器

1、2、4、5、7、10. 钵（F2：2、F2：1、F2：4、F2：7、F2：6、F2：3）　3、6、8、9、11～13. 瓮（F2：15、F2：24、F2：29、F2：32、F2：28、F2：22、F2：23）　14. 器底（F2：14）　15. 壶（F2：39）

一三二，15）。

器耳　1件。标本F2：40，腹部残片。粗夹砂橘红陶。弧腹，有一竖向扁圆桥形耳。器表饰右上至左下斜向绳纹。可能为瓶耳（图一三三，2）。

器底　1件。标本F2：14，底部残片。细泥质橘红陶。尖底。器表磨光。素面。内壁可见泥条盘筑及轮修痕迹。可能为瓶底。残高13.8厘米（图一三二，14）。

彩陶片　1件。标本F2：41，腹部残片。细泥质橘红陶。弧腹。器表磨光。饰黑色折线纹彩绘（图一三三，9）。

圆陶片　3件。均完整。形制相同，均细泥质橘红陶，系利用钵口部残片打制而成，圆形。标本F2：42-1，保留有少量沿面。边缘稍钝。一面可见浅褐色叠烧痕迹。直径6、厚0.5厘米（图一三三，4）。标本F2：42-2，边缘较锋利。器表可见烟熏痕迹。直径4.6、厚0.5厘米（图一三三，1）。标本F2：42-3，边缘稍钝。一面可见浅褐色叠烧痕迹。直径3.9、厚0.7厘米（图一三三，5）。

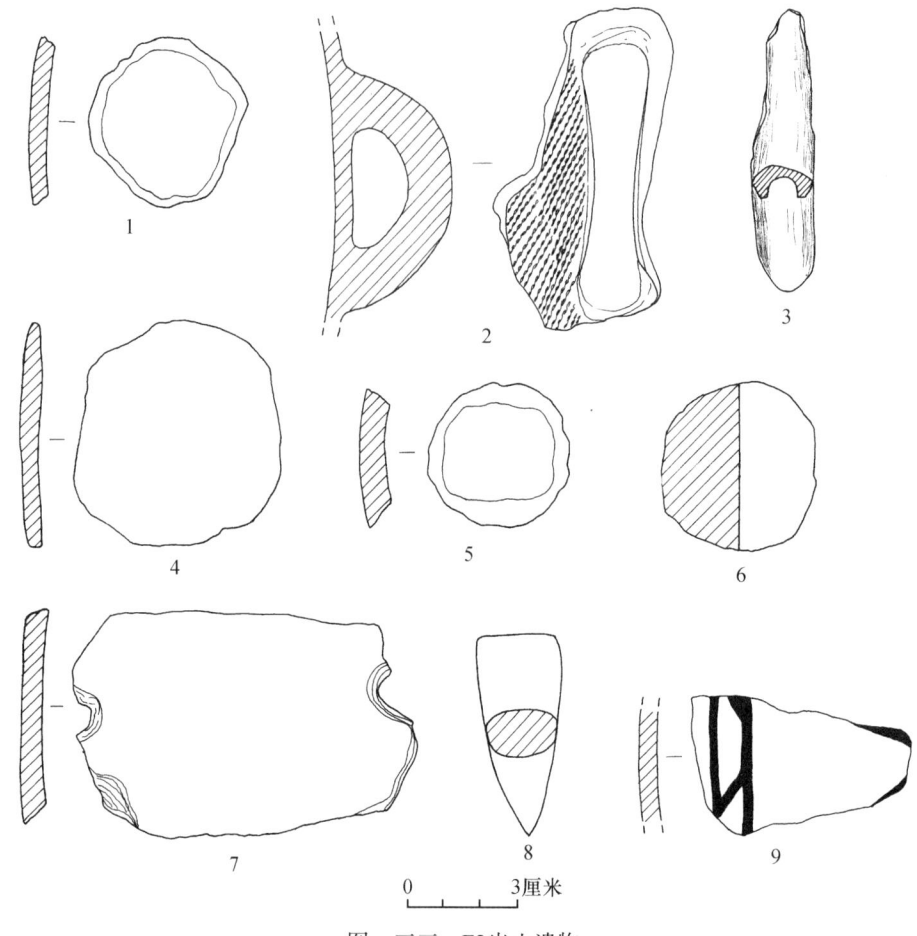

图一三三　F2出土遗物

1、4、5. 圆陶片（F2：42-2、F2：42-1、F2：42-3）　2. 器耳（F2：40）　3. 骨料（F2：46）　6. 石球（F2：45）
7. 陶刀（F2：43）　8. 石凿（F2：44）　9. 彩陶片（F2：41）

刀　1件。标本F2：43，完整。细泥质橘红陶，系利用钵或盆的残片打制而成。平面呈长方形，两侧分别打制出一个缺口，直刃，较锋利。缺口与刃部可见两面打击修理的疤痕。长9.5、宽6、厚0.6厘米（图一三三，7；图版六三，1）。

（2）石器

2件。器类有凿、球。

凿　1件。标本F2：44，完整。石英岩。近圆锥状，横断面呈圆形，近刃部横断面呈近方形，横刃，较为锐利。通体磨光，尾端可见琢制痕迹。长5.4厘米（图一三三，8；图版六三，2；图版二〇五，3）。

球　1件。标本F2：45，完整。石英岩。圆球状。保留少量砾石面。器表可见琢制痕迹。直径4.5厘米（图一三三，6；图版六三，3）。

（3）骨器

1件。骨料。标本F2：46，系利用动物长骨的劈裂骨片制成。半管状，尖部稍经磨制。器表可见烧烤痕迹。长7.6厘米（图一三三，3；图版六三，4）。

2. F5

F5位于Ⅲ区T0917西北部，开口于④层下，东部被H50打破。地面式，平面大体呈长方形，长2.12、宽1.8米。房周围墙体大部分已毁，仅靠近底部有少部分残存，宽0.16、残高0.28~0.46米，平地起建，黄土筑成，内侧平整光滑，抹有一层厚0.06~0.08米的草拌泥，经火烧烤比较坚硬。房内中部有一道东西向隔墙，厚0.05、残高0.1米，经火烧烤而呈红色，坚硬光滑。

居住面为暗红色火烧土硬面，十分平整。

门不详。依据残存情况，推测门可能向东（图一三四）。

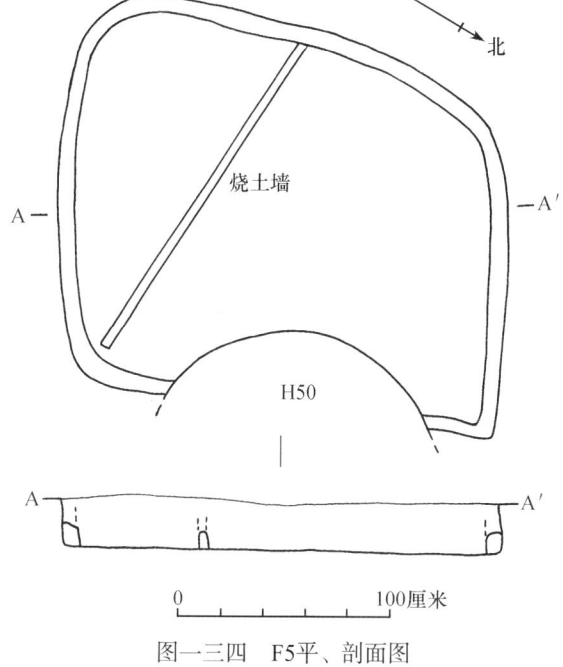

图一三四　F5平、剖面图

房内堆积为红褐色土，土质疏松，包含大量火烧土与草拌泥块，厚0.22米，出土大量陶片。

陶片以细泥质橘红陶及粗夹砂橘红陶为主，粗泥质橘红陶和粗夹砂红褐陶次之。纹饰以绳纹与素面居多，弦纹次之（表二八）。

F5共出土遗物8件。全部为陶器。器类有盆、罐、钵、锉（表二九）。

盆　2件。均口、腹部残片。标本F5∶2，粗泥质橘红陶。直口微敞，平折沿，圆唇，深弧腹。腹部饰右上至左下斜向绳纹。唇部可见轮修痕迹（图一三五，2）。

标本F5∶3，细泥质橘红陶。直口微敞，平折沿，沿面略向外侧下斜，尖圆唇，深弧腹。素面。器表可见刮抹与轮修痕迹。复原口径27.2、残高10厘米（图一三五，1）。

表二八　F5陶系统计表　　　　　　　　　　（单位：kg）

陶质	细泥质	粗泥质	粗夹砂		合计		百分比（%）	
陶色 纹饰	橘红	橘红	橘红	红褐				
素面	0.228				0.228	1.33	17.14	100
素面+磨光	0.282				0.282		21.20	
绳纹		0.20	0.41		0.61		45.86	
绳纹+弦纹				0.21	0.21		15.79	
合计	0.51	0.20	0.41	0.21	1.33			
	1.33							
百分比（%）	38.35	15.04	30.83	15.79				
	100							

表二九　F5器形统计表　　　　　　　　　　　　　　　　　（单位：件）

陶质		细泥质	粗泥质	粗夹砂		合计		百分比（%）	
陶色		橘红陶	橘红陶	橘红陶	红褐				
器形	纹饰	素面	绳纹	绳纹	绳纹+弦纹				
盆		1	1			2		28.57	
罐	口			1	1	4	7	57.14	100
	底			2					
钵		1				1		14.29	
合计		2	1	3	1	7			
				7					
百分比（%）		28.57	14.29	42.86	14.28				
				100					

罐　4件。均口、腹部残片。形制相同。标本F5∶4，粗夹砂红褐陶。侈口，折沿，方唇，鼓腹。口沿下侧饰一道弦纹，弦纹以下饰右上至左下斜向绳纹。沿面可见轮修痕迹。复原口径31.2、残高9.6厘米（图一三五，4）。

钵　1件。标本F5∶1，口、腹部残片。细泥质橘红陶。直口微敛，方唇，深弧腹。素面。器表可见轮修痕迹（图一三五，5）。

锉　1件。标本F5∶5，一端残。粗泥质橘红陶。残存部分平面呈三角形，两侧边较直，横断面呈圆角长方形。器表麻点清晰，密度较大。残长5.2、厚1.2厘米（图一三五，3）。

3. F6

F6位于Ⅲ区T0616中部，开口于④层下，东南部被H42打破。半地穴式，平面呈圆形，袋状，底部

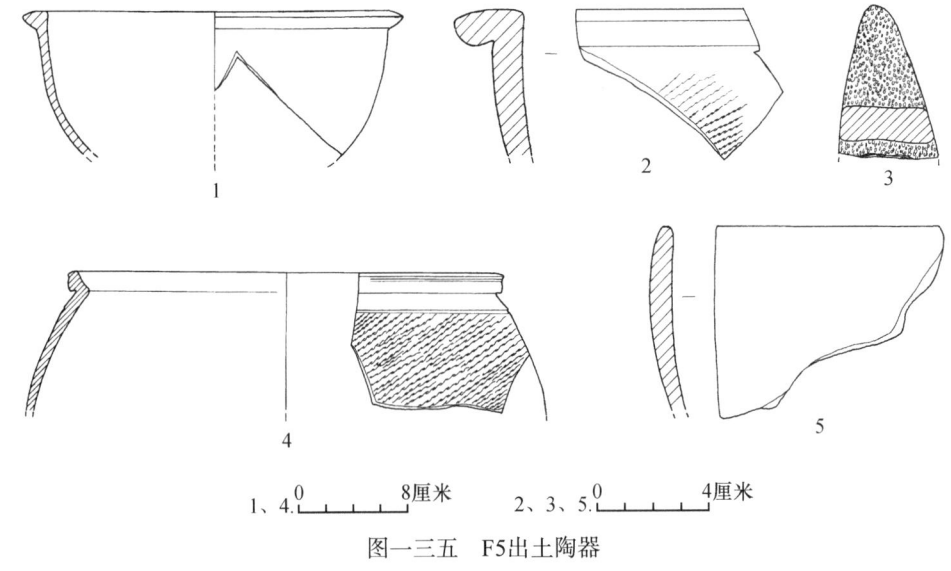

图一三五　F5出土陶器
1、2.盆（F5∶3、F5∶2）　3.锉（F5∶5）　4.罐（F5∶4）　5.钵（F5∶1）

四周高中间低，口径2.3、底径2.62、残深1.24米。

居住面为黄土加工而成的硬面，较为平整。

门向东南，门道梯形，呈东南高西北低的斜坡状，外端被打破，西北端宽0.7米，东南端残宽1.06米，残长0.84米（图一三六）。

房内堆积为浅色灰土，土质疏松，出土少量陶片，另有兽骨、石块。

陶片为主要的出土物，全部为细泥质橘红陶。纹饰以素面为主，另有少量弦纹、指甲纹。

F6共出土遗物12件。以陶器为主，骨器次之，石器再次。

（1）陶器

9件。器类有瓶、罐、钵、圆陶片，另有器底。

瓶　1件。标本F6：5，口、颈部残片。细泥质橘红陶。直杯口，微敛，较为短矮，方唇，束颈。器表磨光。素面。内壁可见泥条盘筑痕迹与轮修痕迹。口径7.2、残高10.8厘米（图一三七，6）。

罐　1件。标本F6：7，口、腹部残片。细泥质橘红陶。敛口，方唇，口沿内侧有一道宽浅凹槽。口沿以下饰多周整齐的指甲纹。外沿面与内壁均可见轮修痕迹（图一三七，5）。

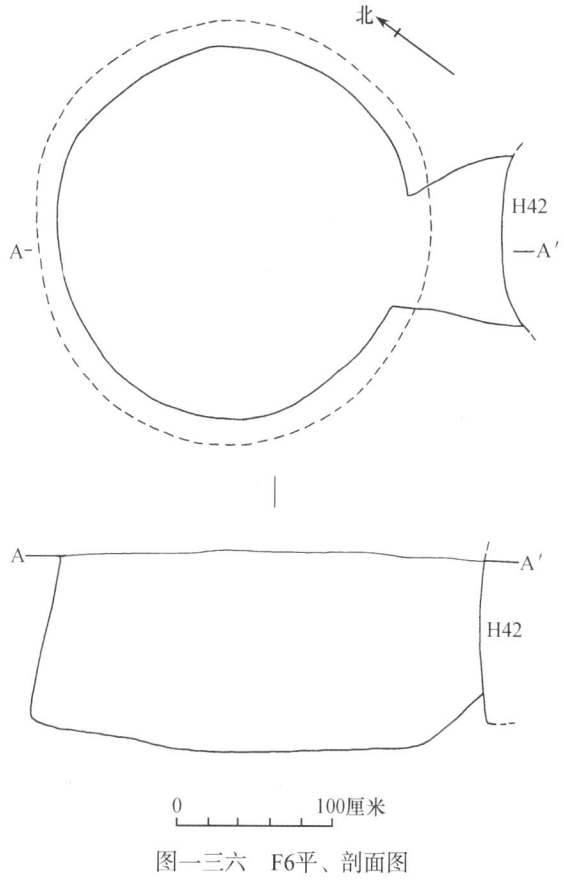

图一三六　F6平、剖面图

钵　4件。均口、腹部残片。形制相同，均细泥质橘红陶，直口微敛，深弧腹。标本F6：1，方唇。腹部饰二道宽浅弦纹。口下可见轮修痕迹（图一三七，1）。标本F6：2，方唇。器表磨光。素面。口下可见浅褐色叠烧痕迹，口部可见烟熏痕迹（图一三七，4）。标本F6：3，圆唇。器表磨光。素面。口下可见灰白色叠烧痕迹（图一三七，2）。标本F6：4，圆唇。器表磨光。素面。口下可见浅褐色叠烧痕迹（图一三七，3）。

器底　标本F6：6，底部残片。细泥质橘红陶。尖底，较为圆钝。器表磨光。素面。内壁可见捏塑痕迹。可能为瓶底。残高5.2厘米（图一三七，7）。

圆陶片　3件。均完整。形制相同，均细泥质橘红陶，圆形。标本F6：8-1，系利用钵的残片打制而成，边缘较为锋利。直径4.5、厚0.5厘米（图一三七，10）。标本F6：8-2，系利用钵、盆类器的残片打制而成，边缘较锋利。直径4.5、厚0.6厘米（图一三七，12）。标本F6：8-3，系利用钵的口沿残片打制而成，保留少量口沿，边缘较钝。直径4.7、厚0.65厘米（图一三七，11）。

（2）石器

1件。研磨器。标本F6：9，完整。石英细砂岩。器身呈圆饼状，较为扁平，两面均可见红色颜料痕迹。两面及周边均有较为集中的坑疤，边缘处可见零星较大疤痕。推测可能也用作石砧或石锤。直径12、厚2.8厘米（图一三七，9；图版六三，5）。

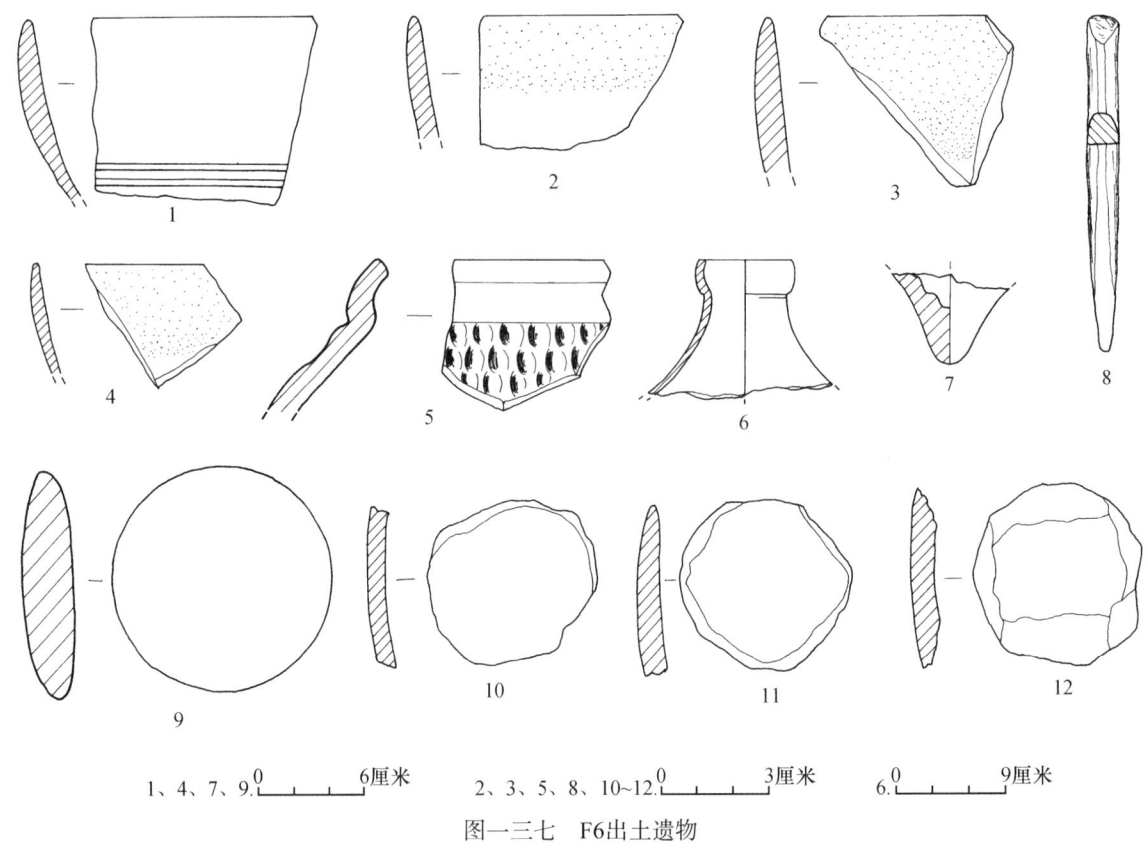

图一三七 F6出土遗物

1~3、4.陶钵（F6：1、F6：3、F6：4、F6：2） 5.陶罐（F6：7） 6.陶瓶（F6：5） 7.器底（F6：6）
8.骨锥（F6：10） 9.研磨器（F6：9） 10~12.圆陶片（F6：8-1、F6：8-3、F6：8-2）

（3）骨器

2件。均为锥。标本F6：10，尾端稍残。系利用动物长骨磨制而成。尾端横断面呈近三角形，尖部呈椭圆形，较为锐利。长8.8厘米（图一三七，8；图版六三，6）。

4. F8

F8位于Ⅱ区T0201、T0301及扩方内，开口于④层下。半地穴式，平面呈方形，边长2.8米，残深0.32米。在半地穴外侧的地面上发现一周柱洞，共28个（D1~D28），其中西侧14个（D1~D14），北侧4个（D15~D18），东侧5个（D19~D23），南侧5个（D24~D28），其直径为0.06~0.3米，以0.08米居多，柱间距0.16~0.5米，以0.16米居多，深0.14~0.45米，以0.18米居多。

居住面为黄土加工而成的硬面，经火烧烤，平整坚硬。在东、西部发现大量被压碎在原地的陶器。

门向南，位于南墙中部偏西。门道呈长方形，呈南高北低的斜坡状。长1.04、宽0.8米（图一三八）。

房内堆积为红褐色土，土质疏松，包含大量火烧土块与草拌泥块，出土大量陶片，另有石块、兽骨。

陶片为主要的出土物，以粗夹砂红褐陶为主，细泥质橘红陶次之，并有少量粗泥质橘红陶、粗

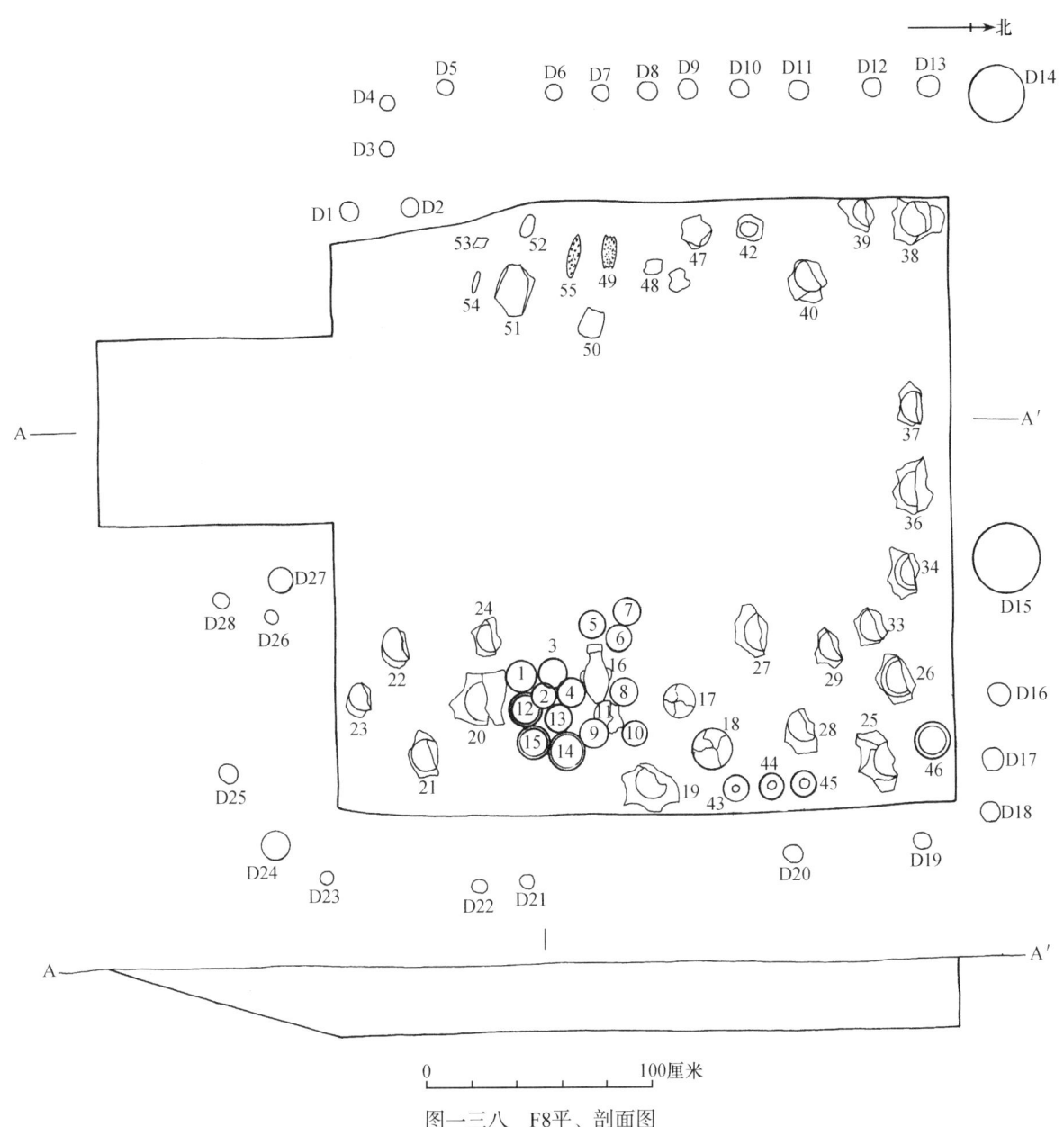

图一三八　F8平、剖面图

1~10.陶钵　12~15.陶盆　16.陶瓶　17、18、20、21、26、27、34、36、40、42、46.陶罐　19、22~25、28、29、33、37~39.陶瓮　43~45.陶壶　47.彩陶片　48.圆陶片　49、55.陶锉　50、51.石斧　52.石砧　53.石片　54.骨镞

泥质红褐陶与细夹砂红褐陶。纹饰以素面和绳纹居多，弦纹次之，并有少量交错绳纹、剔刺纹、彩陶（表三〇）。

F8共出土遗物61件。以陶器为主，石器次之，骨器再次。

（1）陶器

56件。器类有瓶、盆、罐、钵、壶、瓮、圆陶片、锉（彩版四，1；图版六四，1），另有彩陶片、墙皮残块（表三一）。

表三〇　F8陶系统计表　　　　　　　　　　　　　　　　　　　　（单位：kg）

陶质	细泥质	粗泥质	细夹砂	粗夹砂		合计	百分比（%）	
陶色 纹饰	橘红	橘红	红褐	红褐	红褐			
素面	0.228	2.326	3.15	1.12	3.56	10.38	14.47	
素面+磨光	16.78					16.78	23.39	
绳纹	1.60	0.114			26.67	28.384	39.56	
弦纹	7.968				0.84	8.808	12.28	
席纹	0.114					0.114	0.16	100
交错绳纹				3.57		3.57	4.98	
绳纹+弦纹					2.36	2.36	3.29	
剔刺纹	1.24					1.24	1.73	
彩陶	0.11					0.11	0.15	
合计	28.04	2.44	3.15	4.69	33.43	71.75		
			71.75					
百分比（%）	39.08	3.40	4.39	6.54	46.59	100		

表三一　F8器形统计表　　　　　　　　　　　　　　　　　　　　（单位：件）

陶质	细泥质							粗泥质	细夹砂		粗夹砂				合计	百分比（%）
陶色	橘红							橘红	红褐		红褐					
纹饰\器形	素面+磨光	素面	绳纹	弦纹	剔刺纹	席纹	彩陶	绳纹	素面	交错绳纹	素面	绳纹	弦纹	绳纹+弦纹		
瓶			1	3											4	7.69
盆		1		3											4	7.69
罐 口		1		1			1		3	3	4		4	1	19	36.54
罐 底											1					
钵 口	5	1													11	21.15
钵 底	1					1	1		2							
壶	3														3	5.77
瓮												10		1	11	21.15
合计	9	2	2	6	1	1	1	1	2	3	4	14	4	2	52	100
								52								
百分比（%）	17.31	3.85	3.85	11.54	1.92	1.92	1.92	1.92	3.85	5.77	7.69	26.92	7.69	3.85		
								100								

瓶　4件。形制相同。标本F8：16，可复原。细泥质橘红陶。直杯口，微敛，较短矮，方唇，束颈，溜肩，鼓腹，小平底，中下腹部有一对竖向圆柱桥形耳，最大腹径位于中腹部。腹部饰右上至左下斜向绳纹。口部可见轮修痕迹。口径6、腹径18.8、底径2、通高38.8厘米（图一三九，1；图版六四，2）。

盆　4件。标本F8：13，可复原。细泥质橘红陶。敞口，折沿，沿面较窄，向外侧下斜，尖圆

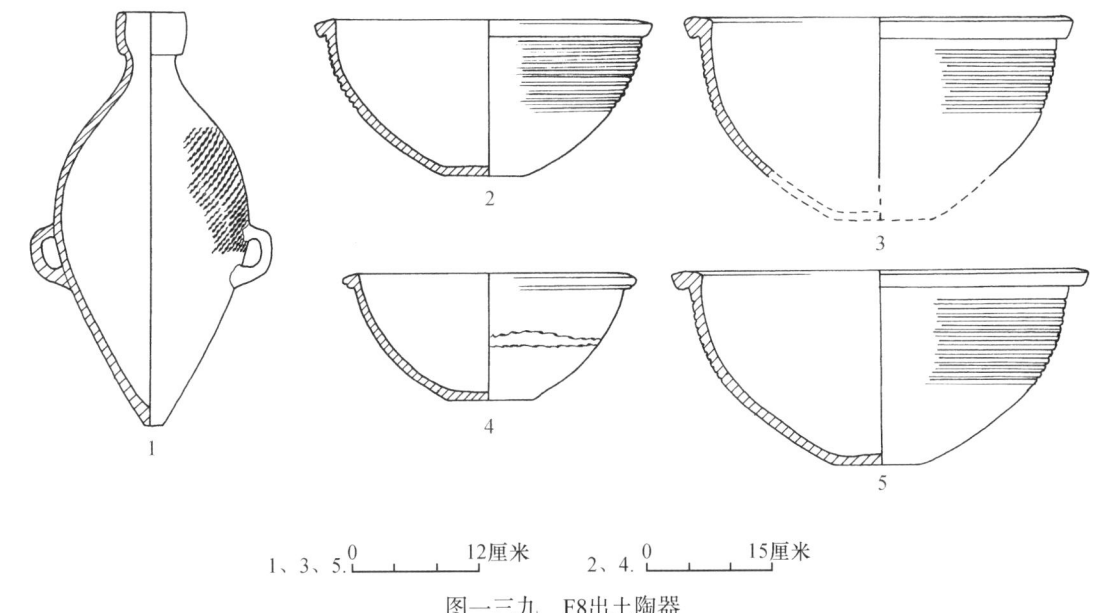

图一三九　F8出土陶器
1.瓶（F8∶16）　2～5.盆（F8∶12、F8∶14、F8∶13、F8∶15）

唇，深弧腹，平底微凹。器表经刮抹较为光滑。腹部饰二道横向绳纹。沿面可见轮修痕迹，腹部可见刮抹痕迹。口径35、底径10、通高15厘米（图一三九，4；图版六四，3）。

标本F8∶12、F8∶14、F8∶15形制相同，均细泥质橘红陶，直口，平折沿，沿面稍宽，略向外侧下斜，深弧腹，上腹部饰多周弦纹，下腹部抹光。标本F8∶14，底部残。尖圆唇。沿面可见轮修痕迹，下腹部可见刮抹痕迹。口径38、残高15.2厘米（图一三九，3）。标本F8∶15，可复原。直口微敞，圆唇，圜底近平，底部有一周凸棱。下腹部可见刮抹痕迹。口径40.8、底径8.4、通高18.4厘米（图一三九，5；图版六四，5；图版二〇〇，1）。标本F8∶12，可复原。尖圆唇，圜底近平，底部有一周凸棱。下腹部可见刮抹痕迹，口部可见烟熏痕迹。口径40、底径10、通高18.5厘米（图一三九，2；图版六四，4）。

罐　19件。标本F8∶18、F8∶20、F8∶40形制相同，均侈口，折沿，沿面微曲。标本F8∶18，完整。粗泥质橘红陶。圆唇，肩微鼓，并起一道较矮棱脊，腹圆鼓，平底微凹，最大腹径位于中腹部。腹部饰右上至左下斜向绳纹。下腹部可见刮抹痕迹，器表可见烟熏痕迹。口径19.5、腹径29.6、底径13.6、通高21.8厘米（图一四〇，1；彩版一六，1；图版六五，1；图版一九〇，2）。标本F8∶20，口、腹部残片。粗夹砂红褐陶。方唇，鼓腹。口沿以下饰右上至左下斜向绳纹。沿面及口沿下侧可见轮修痕迹，内壁可见泥条盘筑痕迹。复原口径26、残高20厘米（图一四〇，2）。标本F8∶40，口、腹部残片。粗夹砂红褐陶。方唇，肩微鼓，并起一道不显著棱脊，鼓腹。素面（图一四〇，10）。

标本F8∶26，口、腹部残片。粗夹砂红褐陶。侈口，折沿，圆唇，鼓肩，并起一道较矮棱脊。棱脊以下饰左上至右下斜向绳纹。复原口径24、残高6.4厘米（图一四〇，5）。

标本F8∶21、F8∶27均口、腹部残片。形制相同，均粗夹砂红褐陶，侈口，卷沿，鼓腹。标本F8∶21，圆唇，上腹圆鼓，下腹斜收，最大腹径位于上腹部。上、中腹部饰多周弦纹，弦纹之间饰右上至左下斜向绳纹。沿面可见轮修痕迹，器表可见烟熏痕迹，下腹部可见刮抹痕迹。口径32.8、残高16厘米（图一四〇，3）。标本F8∶27，方唇。腹部饰横向绳纹（图一四〇，9）。

标本F8∶34、F8∶36均口、腹部残片。形制相同，均细夹砂红褐陶，敛口，圆唇，圆腹。标本F8∶34，唇外有一周浅凹槽。腹部饰交错绳纹。复原口径14、残高2.2厘米（图一四〇，8）。标本F8∶36，唇外有二道宽浅凹槽。腹部饰交错绳纹。内壁可见轮修痕迹。复原口径25.2、残高2.8厘米（图一四〇，6）。

标本F8∶17，可复原。细夹砂红褐陶。直口微敞，圆唇，高领，上腹圆鼓，下腹斜收，平底，最大腹径位于中上腹部。腹部饰交错绳纹。唇部可见轮修痕迹，器表可见烟熏痕迹。口径13.8、腹径25.2、底径13.2、通高29.4厘米（图一四〇，11；彩版一六，2；图版六五，2；图版一九〇，1）。

标本F8∶46，可复原。细泥质橘红陶。敛口，折沿，圆唇，腹部圆折，下腹斜收，平底微凹，最大腹径位于中腹部。中上腹饰多周整齐的麦粒状剔刺纹。口径18、腹径24.6、底径9、通高13.5厘

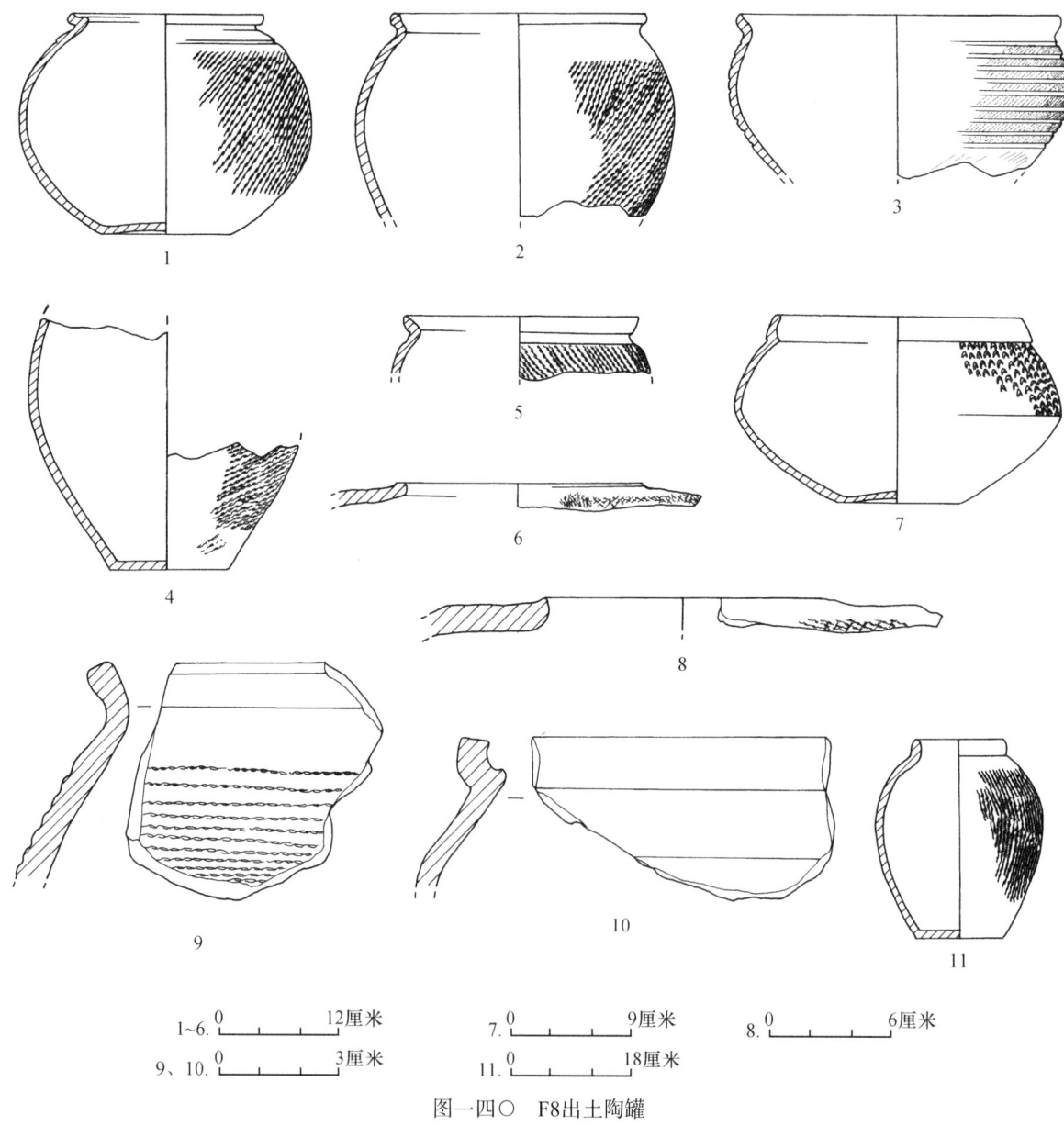

图一四〇　F8出土陶罐

1~11.（F8∶18、F8∶20、F8∶21、F8∶42、F8∶26、F8∶36、F8∶46、F8∶34、F8∶27、F8∶40、F8∶17）

米（图一四〇，7；图版六五，3）。

标本F8：42，腹、底部残片。粗夹砂红褐陶。鼓腹，下腹斜收，平底。腹部饰右上至左下斜向绳纹。内壁可见泥条盘筑痕迹，器表可见烟熏痕迹。底径12、残高24.8厘米（图一四〇，4）。

钵　11件。标本F8：1、F8：2、F8：3、F8：4、F8：5、F8：6、F8：8、F8：9、F8：10、F8：11形制相同，均直口微敛，深弧腹。标本F8：1，可复原。细泥质橘红陶。圆唇，圜底，底部有一周凸棱，底心有一小凹坑。器表磨光。素面。口下可见浅褐色叠烧痕迹与轮修痕迹。口径30、通高14.8厘米（图一四一，1；图版六五，4）。标本F8：2，可复原。细泥质橘红陶。方唇，圜底，底部有一周浅细凹槽。器表磨光。素面。口下可见浅褐色叠烧痕迹与轮修痕迹。口径29.5、通高15.5厘米（图一四一，2；图版六五，5）。标本F8：3，可复原。细泥质橘红陶。方唇，圜底。器表磨光。素面。口径28.5、通高14厘米（图一四一，3；图版六五，6）。标本F8：4，可复原。细泥质橘红陶。口部不平，圆唇，平底，器表磨光。底部饰席纹。器表可见刮抹痕迹。口径19.5、底径7.5、通高11.1厘米（图一四一，7；图版六六，1）。标本F8：5，可复原。细泥质橘红陶。直口，圆唇，圜底近平，底部有一周凸棱。器表经刮抹较为光滑。素面。口下可见轮修痕迹，腹部可见刮抹痕迹。口径18、通高9.6厘米（图一四一，4；图版六六，2）。标本F8：6，完整。细泥质橘红陶。方唇，圜底，底部有一周凸棱，凸棱内区域较为粗糙。器表磨光。素面。口下可见深灰色叠烧痕迹。器表可见刮抹痕迹。口径18、通高9.6厘米（图一四一，5；图版六六，3）。标本F8：8，完整。细泥质橘红陶。方唇，圜底近平，底部有一周凸棱，凸棱内区域较为粗糙。器表磨光。素面。口下可见浅褐色叠烧痕迹。器表可见刮抹痕迹。口径14.1、通高7.2厘米（图一四一，9；图版六六，4）。标本F8：10，可复原。细泥质橘红陶。圆唇，圜底，底部有一周浅细凹槽。器表磨光。素面。口下可见浅褐色叠烧痕迹。口径29.5、通高16厘米（图一四一，8；图版六六，6）。标本F8：11，口、腹部残片。细泥质橘红陶。圆唇。器表磨光。口下饰黑色宽带纹彩绘（图一四一，14）。标本F8：9，完整。细夹砂红褐陶。圆唇，平底。素面。内壁可见轮修痕迹，器表可见刮抹与烟熏痕迹。口径15.5、底径8.4、通高7.7厘米（图一四一，10；图版六六，5）。

标本F8：7，可复原。细夹砂红褐陶。直口微敛，圆唇，斜直腹，平底。素面。器表可见刮抹及烟熏痕迹。口径18、底径7.8、通高8.7厘米（图一四一，6；彩版二一，3；图版六七，1）。

壶　3件。均完整。标本F8：45，细泥质橘红陶。口部呈花苞状，敛口，尖圆唇，颈部细长，鼓腹圆折并起一周不显著棱脊，平底微凹，最大腹径位于中下腹部。器表磨光。素面。口径6、腹径21.5、底径7.2、通高26.5厘米（图一四一，11；彩版二五，3；图版六七，2）。

标本F8：44，细泥质橘红陶。口部呈花苞状，敛口，窄方唇，颈较长，鼓腹圆折并起一周显著棱脊，平底，最大腹径位于下腹部。器表磨光。素面。口径4、腹径15.6、底径6.5、通高24.8厘米（图一四一，12；彩版二五，4；图版六七，3）。

标本F8：43，细泥质橘红陶。敞口，平折沿，沿面微鼓，圆唇，束颈，鼓腹圆折并起一周不显著棱脊，平底，最大腹径位于中下腹部。器表磨光。素面。上腹部可见刮抹痕迹。口径4、腹径14.4、底径8、通高19.2厘米（图一四一，13；彩版二五，5；图版六七，4）。

瓮　11件。标本F8：25，口、腹部残片。粗夹砂红褐陶。侈口，卷沿，方唇，唇部有一道凹槽，鼓腹。口沿以下饰右上至左下斜向绳纹。内壁可见泥条盘筑痕迹。复原口径27.2、残高12.8厘米（图一四二，2）。

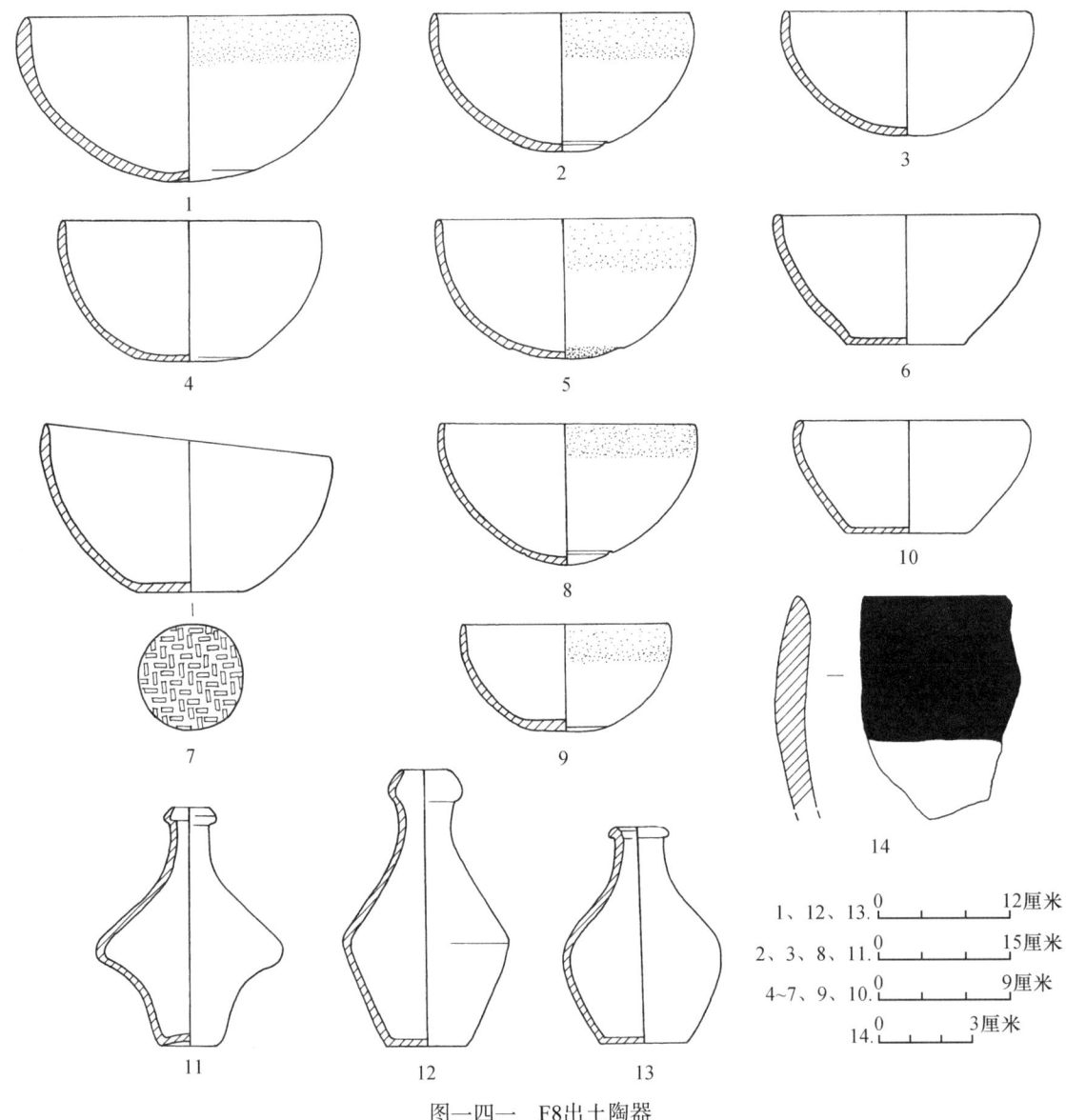

图一四一 F8出土陶器

1~10、14. 钵（F8：1、F8：2、F8：3、F8：5、F8：6、F8：7、F8：4、F8：10、F8：8、F8：9、F8：11）
11~13. 壶（F8：45、F8：44、F8：43）

标本F8：23、F8：24、F8：28、F8：29、F8：33、F8：37、F8：38、F8：39均口、腹部残片。形制相同，均粗夹砂红褐陶，侈口，折沿，鼓腹。标本F8：23，沿面微曲，方唇，唇部有二道浅细凹槽。腹部饰竖向绳纹。复原口径34、残高8.4厘米（图一四二，5）。标本F8：38，沿面微曲，方唇。口沿下侧饰一道弦纹，弦纹以下饰右上至左下斜向绳纹。唇部可见轮修痕迹，内壁可见泥条盘筑痕迹。复原口径34.4、残高8.4厘米（图一四二，7）。标本F8：33，沿面微曲，方唇，鼓肩，并起一道不显著棱脊。棱脊以下饰右上至左下斜向绳纹。沿面可见轮修痕迹，器表可见烟熏痕迹（图一四二，10）。标本F8：28，沿面有一道浅细凹槽，方唇。腹部饰右上至左下斜向细绳纹。复原口径30、残高6.8厘米（图一四二，6）。标本F8：24，方唇，肩微鼓，并起一道不显著棱脊。棱脊以下饰右上至左下斜向绳纹。沿面可见轮修痕迹。复原口径36.4、残高8.4厘米（图一四二，4）。

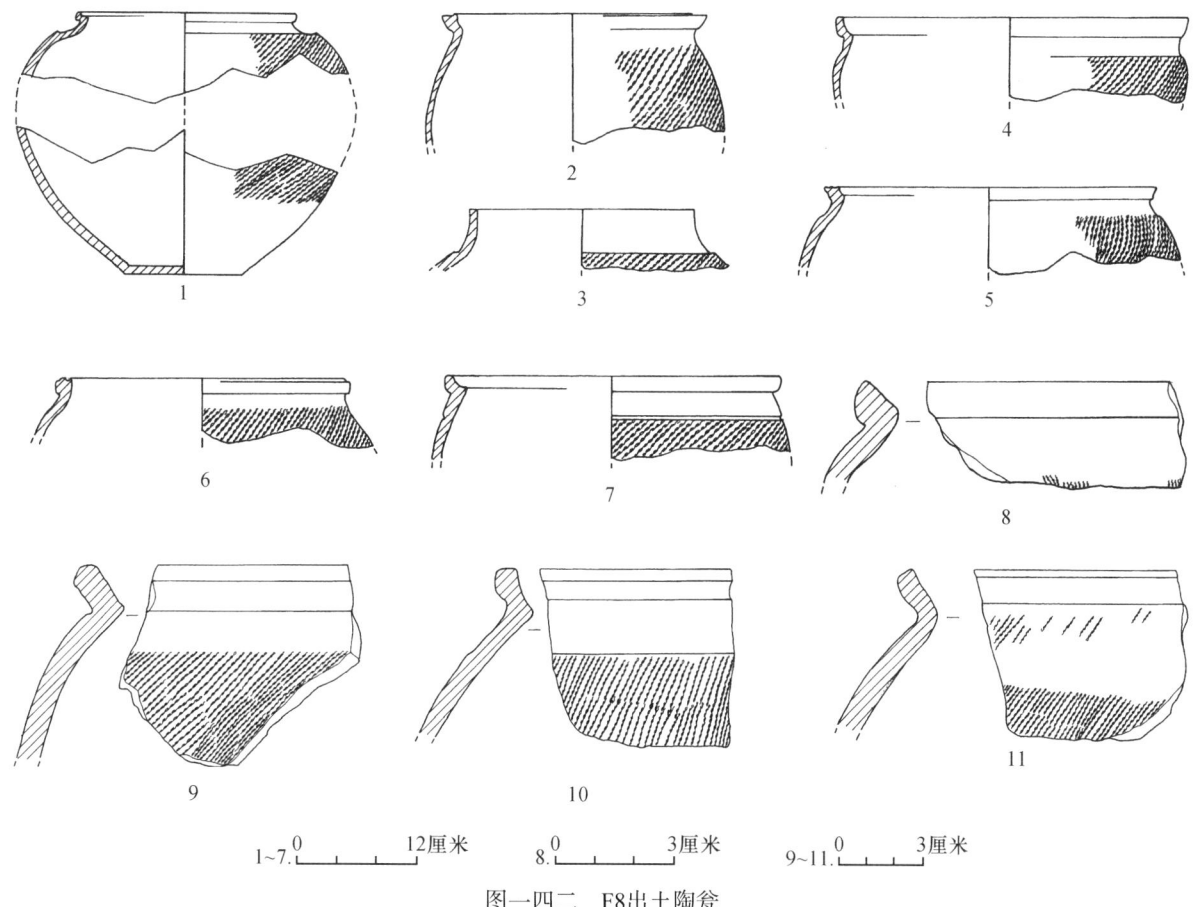

图一四二　F8出土陶瓷

1~11.（F8：19、F8：25、F8：22、F8：24、F8：23、F8：28、F8：38、F8：37、F8：29、F8：33、F8：39）

标本F8：29，沿面微曲，方唇。腹部饰右上至左下斜向绳纹（图一四二，9）。标本F8：39，方唇，唇部有一道浅细凹槽。口沿以下饰右上至左下斜向绳纹。口沿下侧可见轮修痕迹（图一四二，11）。标本F8：37，沿面微曲，圆唇。口沿以下饰左上至右下斜向绳纹（图一四二，8）。

标本F8：22，口、腹部残片。粗夹砂红褐陶。直口微敛，领部较高，方唇，鼓肩，并起一道较矮棱脊，鼓腹。棱脊以下饰右上至左下斜向绳纹。唇部可见轮修痕迹。口径23.3、残高6厘米（图一四二，3）。

标本F8：19，口、底部残片。粗夹砂红褐陶。敛口，方唇，唇部有一道浅细凹槽，鼓肩，并起一道显著棱脊，圆鼓腹，平底，最大腹径位于中上腹部。棱脊以下饰右上至左下斜向绳纹。下腹部可见刮抹痕迹。口径22.4、复原腹径34.8、底径12、复原通高26厘米（图一四二，1）。

彩陶片　标本F8：47，腹部残片。细泥质橘红陶。弧腹。器表磨光。饰黑色几何纹彩绘。可能为钵、盆类器物残片（图一四三，1）。

墙皮残块　粗泥质橘红陶，掺杂有少量植物枝叶。表面有斜线、折线与圆形坑窝组成的图案（图版六七，5、6）。

圆陶片　2件。均完整。均细泥质橘红陶，系利用钵的口部残片打制而成，边缘较锋利。标本F8：48-1，圆形。一面可见深褐色叠烧痕迹。直径4.2、厚0.9厘米（图一四三，6）。标本F8：48-2，半圆形。直径5.6、厚0.7厘米（图一四三，3）。

172　西安鱼化寨

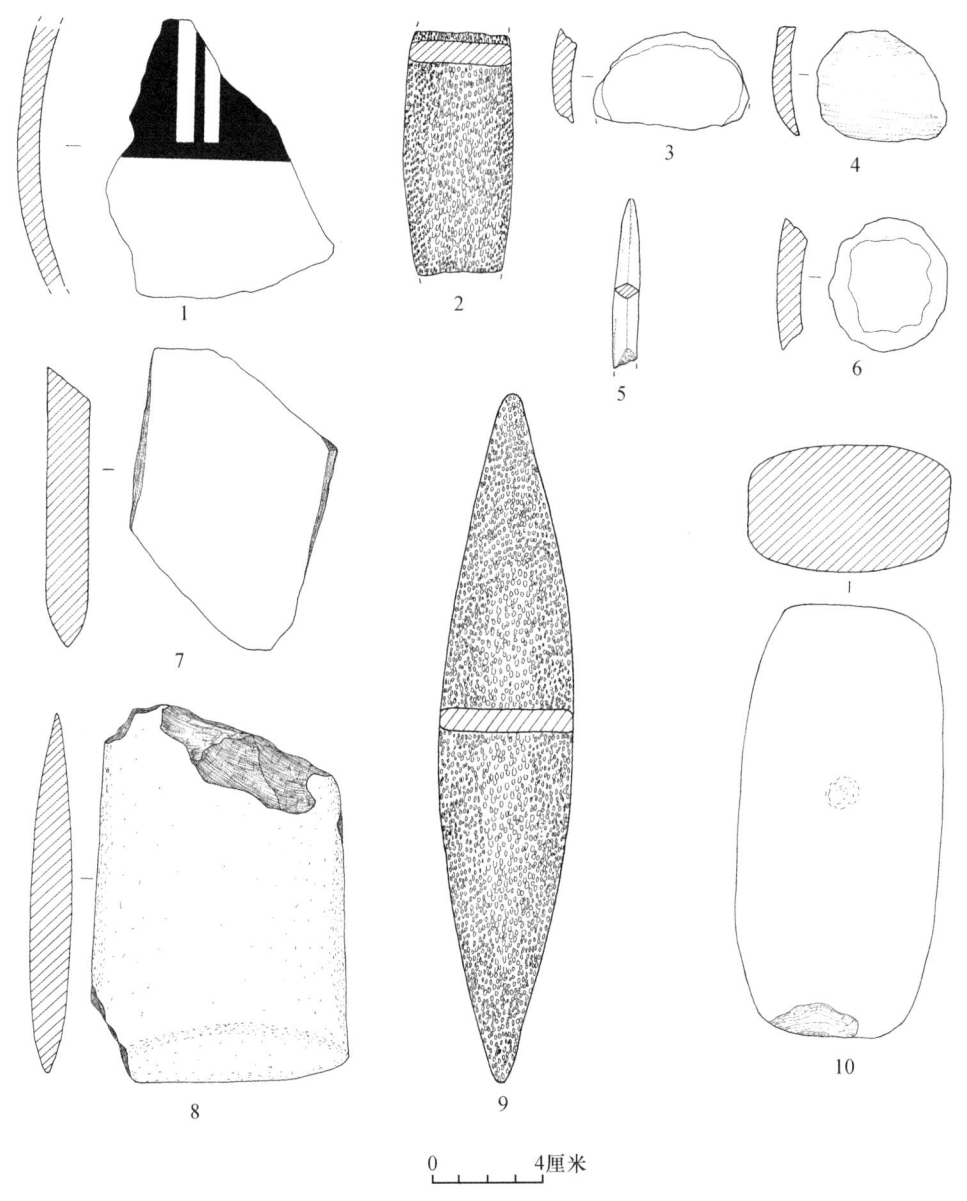

图一四三　F8出土遗物
1.彩陶片（F8：47）　2、9.陶锉（F8：49、F8：55）　3、6.圆陶片（F8：48-2、F8：48-1）　4.石片（F8：53）
5.骨镞（F8：54）　7、8.石斧（F8：51、F8：50）　10.石砧（F8：52）

锉　2件。F8：55，完整。细泥质橘红陶。平面呈梭形，横断面呈圆角长方形，锐尖。器表麻点清晰，密度较大。长24、中部宽4.8、厚0.8厘米（图一四三，9；彩版二八，6；图版六八，1）。标本F8：49，两端均残。细泥质橘红陶。残存部分平面呈长条形，两侧边稍弧，横断面呈圆角长方形。器表麻点清晰，密度较大。残长8.5、宽3.9、厚0.8厘米（图一四三，2）。

（2）石器

4件。器类有斧、砧、石片。

斧　2件。标本F8：50，稍残。石英岩。平面呈长方形，器身扁平。直刃，刃部锋利，尾端装柄处薄锐。通体磨光。尾端可见打击修理形成的较大疤痕。长13、宽9、厚1.5厘米（图一四三，

8）。标本F8∶51，稍残。板岩。平面呈近菱形。两面为砾石面，平坦光滑，刃部经磨光，尖锐锋利，可见打制修理痕迹。长10.5、宽7.4、厚1.5厘米（图一四三，7）。

砧 1件。标本F8∶52，完整。石英细砂岩。平面呈长条形，器身较厚。两面较平坦，一面中部有集中的坑疤。两端可见锤击疤痕。长15.1、宽7.2、厚4.5厘米（图一四三，10；彩版三一，6；图版六八，2）。

石片 1件。标本F8∶53，稍残。石英岩。平面呈不规则形，器身较薄。可见打击点，劈裂面稍凹，背面保留砾石面。残长4.8、厚0.8厘米（图一四三，4）。

（3）骨器

1件。镞。标本F8∶54，铤部稍残。体部与铤部分界不明显，体部横断面呈菱形，两面有脊，锋部扁尖，刃部锋利，铤部呈扁圆柱状，两面各有一凹槽。通体磨光。残长6厘米（图一四三，5）。

5. F15

F15位于Ⅲ区T1212、T1213、T1312、T1313内，开口于⑤层下，西南部被H90打破，东南部被W25打破。半地穴式，平面呈方形，边长4.3米，深0.3~0.4米。墙壁上涂抹一层厚0.02米的草拌泥，光滑平整。

居住面东高西低，经火烧烤呈暗红色，十分坚硬。

门向北，位于北壁中部。门道长方形，呈北高南低的斜坡状，长1.2、宽0.7米（图一四四）。

房内堆积可分为2层：第①层为黄褐色土，土质疏松，包含烧土块，厚0.25米，出土少量陶片，另有石块、骨头、蚌壳等；第②层为疏松的草木灰，厚0.15米，较为纯净。

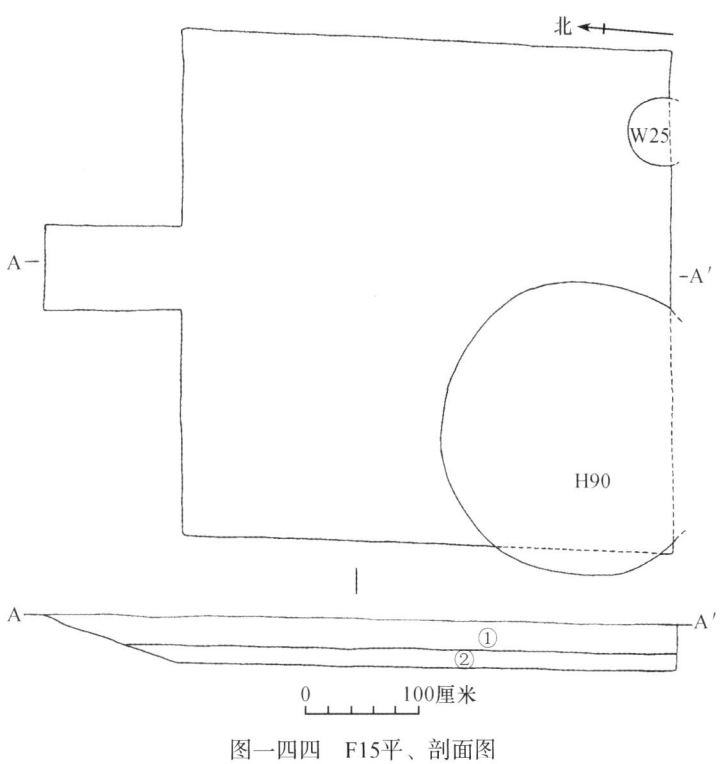

图一四四 F15平、剖面图

陶片为主要的出土物，以粗夹砂红褐陶为主，细泥质橘红陶次之，还有一定比例的粗泥质橘红陶和细夹砂红褐陶。纹饰以绳纹和素面居多，弦纹次之（表三二）。

F15共出土遗物27件。以陶器为主，石器次之，蚌、牙器再次。

（1）陶器

22件。器类有盆、罐、钵、瓮、圆陶片、锉（表三三）。

盆 2件。均口、腹部残片。形制相同。标本F15∶9，细泥质橘红陶。直口微敛，平折沿，沿面微鼓，圆唇，弧腹。器表磨光。素面。口沿下侧可见轮修痕迹（图一四五，4）。

表三二　F15陶系统计表　　　　　　　　　　　　　　　　　　　　　（单位：kg）

陶质　　陶色 纹饰	细泥质 橘红	粗泥质 橘红	细夹砂 红褐	粗夹砂 红褐	合计		百分比（%）	
素面	0.228	0.34	0.13		0.698	2.28	30.61	100
素面+磨光	0.16				0.16		7.02	
绳纹				0.72	0.72		31.58	
弦纹			0.126	0.45	0.576		25.26	
弦纹+绳纹				0.126	0.126		5.53	
合计	0.388	0.34	0.256	1.296	2.28			
	2.28							
百分比（%）	17.02	14.91	11.23	56.84				
	100							

表三三　F15器形统计表　　　　　　　　　　　　　　　　　　　　　（单位：件）

陶质	细泥质	粗泥质	细夹砂		粗夹砂			合计		百分比（%）	
陶色	橘红	橘红	红褐		红褐						
纹饰 器形	素面+磨光	素面	素面	素面	弦纹	绳纹	绳纹+弦纹	弦纹				
罐		1			2	1	1		5	16	31.25	100
瓮			1		1				2		12.50	
钵	3	2	1		1				7		43.75	
盆	2								2		12.50	
合计	5	2	2	1	1	3	1	1	16			
	16											
百分比（%）	31.25	12.50	12.50	6.25	6.25	18.75	6.25	6.25				
	100											

罐　5件。均口、腹部残片。标本F15:14、F15:16形制相同，均侈口，卷沿，沿面微曲，方唇，鼓腹。标本F15:14，粗泥质橘红陶。表层有部分剥落。素面。复原口径19、残高9.6厘米（图一四五，14）。标本F15:16，粗夹砂红褐陶。腹部饰右上至左下斜向绳纹。外沿面可见轮修痕迹（图一四五，3）。

标本F15:15，粗夹砂红褐陶。侈口，折沿，沿面微曲，方唇，鼓腹。腹部饰右上至左下斜向绳纹。外沿面可见轮修痕迹，下腹部可见刮抹痕迹。复原口径28.2、残高19厘米（图一四五，12）。

标本F15:10、F15:12形制相同，均粗夹砂红褐陶，侈口，折沿，圆唇，鼓腹。标本F15:10，上、中腹部饰多周弦纹，下腹部饰右上至左下斜向绳纹，绳纹与弦纹稍有交错。沿面可见轮修痕迹，口沿与内壁可见烟熏痕迹。复原口径22.4、残高12.2厘米（图一四五，11）。标本F15:12，口沿以下饰多周弦纹。外沿面可见轮修痕迹。复原口径21.4、残高4厘米（图一四五，6）。

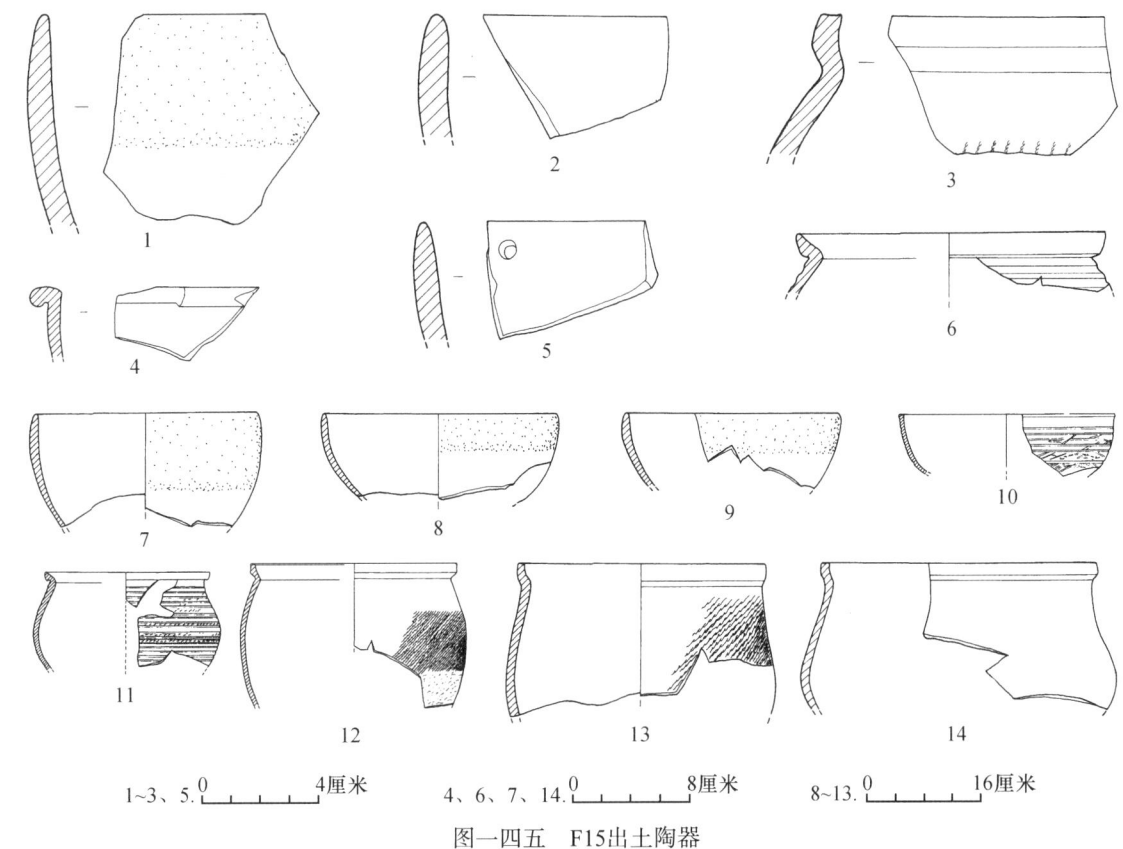

图一四五 F15出土陶器

1、2、5、7~10.钵（F15：4、F15：6、F15：5、F15：3、F15：1、F15：2、F15：7） 4.盆（F15：9） 13.瓮（F15：13）
3、6、11、12、14.罐（F15：16、F15：12、F15：10、F15：15、F15：14）

钵　7件。均口、腹部残片。标本F15：4，细泥质橘红陶。直口，方唇，深弧腹。器表磨光。素面。口下可见深红色叠烧痕迹（图一四五，1）。

标本F15：1、F15：2、F15：3、F15：5、F15：6形制相同，均直口微敛，深弧腹，素面。标本F15：1，细泥质橘红陶。圆唇。器表磨光。口下可见浅褐色与浅红色相间的叠烧痕迹。复原口径32、残高10.8厘米（图一四五，8）。标本F15：2，细泥质橘红陶。方唇。器表经刮抹较为光滑。口下可见浅褐色叠烧痕迹，器表可见刮抹痕迹。复原口径29.2、残高10厘米（图一四五，9）。标本F15：3，细泥质橘红陶。圆唇。器表经刮抹较为光滑。口下可见轮修痕迹。复原口径15、残高7.4厘米（图一四五，7）。标本F15：5，细泥质橘红陶。圆唇。口沿下有一个两面对钻而成的圆孔。器表磨光（图一四五，5）。标本F15：6，粗泥质橘红陶。圆唇。器表可见轮修痕迹（图一四五，2）。

标本F15：7，细夹砂红褐陶。直口，方唇，弧腹。腹部饰多周弦纹。口下可见轮修痕迹，腹部可见刮抹痕迹。复原口径29.6、残高8厘米（图一四五，10）。

瓮　2件。均口、腹部残片。标本F15：11，细夹砂红褐陶。敛口，圆唇，口沿下侧有一道矮棱，圆鼓腹。素面。内壁可见轮修痕迹。

标本F15：13，粗夹砂红褐陶。侈口，卷沿，沿面内曲，方唇，鼓腹。腹部饰右上至左下斜向绳纹。外沿面可见轮修痕迹。复原口径34、残高20厘米（图一四五，13）。

圆陶片　5件。形制相同，均圆形。标本F15：17-1，完整。粗泥质橘红陶。系利用钵的底部残片打制而成，一面有一道浅细凹槽。边缘较锋利。直径6.4、厚0.7厘米（图一四六，8）。标

176　西安鱼化寨

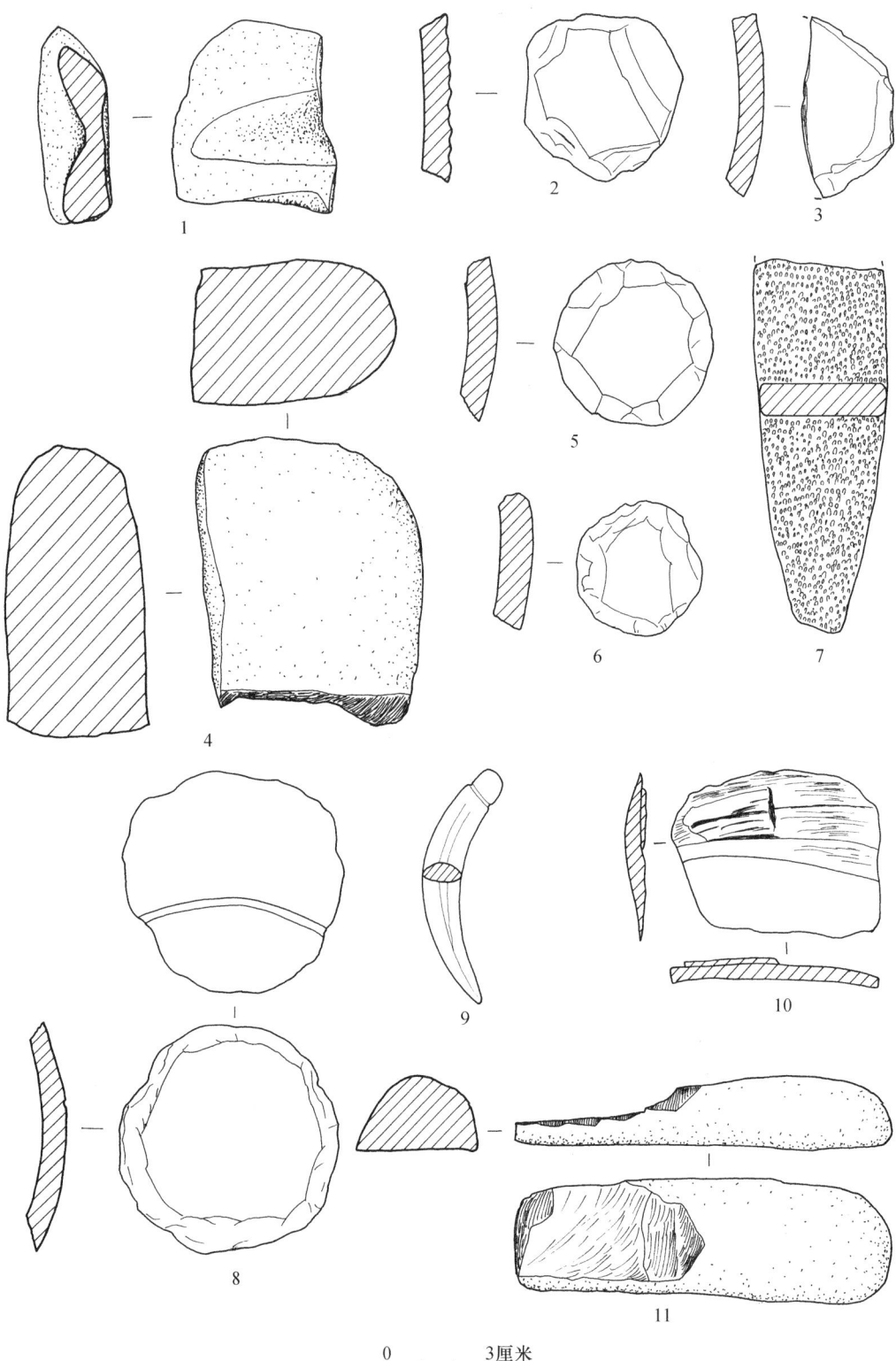

图一四六　F15出土遗物

1. 磨石（F15:20）　2、3、5、6、8. 圆陶片（F15:17-3、F15:17-5、F15:17-2、F15:17-4、F15:17-1）
4. 研磨器（F15:21）　7. 陶锉（F15:18）　9. 牙饰（F15:23）　10. 蚌刀（F15:22）　11. 石锤（F15:19）

本F15∶17-2，完整。细泥质橘红陶。系利用盆的残片打制而成。边缘较锋利。直径4.6、厚0.8厘米（图一四六，5）。标本F15∶17-3，完整。细夹砂橘红陶。系利用盆的残片打制而成。边缘较钝。一面可见数道弦纹。直径4.6、厚0.8厘米（图一四六，2）。标本F15∶17-4，完整。细泥质橘红陶。系利用钵的残片打制而成。边缘稍钝。直径3.8、厚0.9厘米（图一四六，6）。标本F15∶17-5，残。细夹砂橘红陶。系利用钵的残片打制而成。残存部分呈半圆形，边缘较锋利。直径5.2、厚0.7厘米（图一四六，3）。

锉　1件。标本F15∶18，一端残。细泥质橘红陶。残存部分平面呈三角形，横断面呈长方形，两侧边稍弧。器表麻点清晰，密度较小，使用痕迹较重。残长10.6、宽3.8、厚0.9厘米（图一四六，7）。

（2）石器

3件。器类有锤、磨石、研磨器。

锤　1件。标本F15∶19，稍残。石英岩。平面呈长条形，横断面呈半圆形。一端保留砾石面，较光滑，可见红色颜料痕迹，一侧有较为集中的坑疤；另一端较锋利，可见向两面进行的较大剥片。推测可能同时用作研磨器。长10.8厘米（图一四六，11）。

磨石　1件。标本F15∶20，残。石英细砂岩。一面可见使用形成的较深凹槽，另一面较平坦，凹槽较浅。两侧可见磨制使用痕迹。残长5.5厘米（图一四六，1）。

研磨器　1件。标本F15∶21，残。石英细砂岩。残存部分呈扇形。两面均较平坦，保留砾石面。表面可见红色颜料痕迹，周缘可见较为集中的坑疤，可能同时作为石锤使用。残长8.2、宽6.5、厚4厘米（图一四六，4）。

（3）蚌器

1件。刀。标本F15∶22，完整。两侧经截断，刃缘呈弧形，较锋利。长5.9、宽4.7厘米（图一四六，10）。

（4）牙器

1件。饰件。标本F15∶23，完整。系利用獐的左上犬齿磨制而成。器身扁平而弯曲，尖部锐利，尾端有一周浅细凹槽。通体磨光。长6.5厘米（图一四六，9；彩版四四，6；图版六八，3）。

6. F17

F17位于ⅢT0811、T0812、T0911、T0912内，开口于④层下。半地穴式，平面呈椭圆形，长径5、短径4.25、深0.4米。

居住面周围高，中心低，高差0.1米，经火烧烤而呈红褐色，十分坚硬，厚0.05～0.1米。半地穴外侧有一周黄土与料姜石掺合料铺成的硬面，宽0.5～1、厚0.1米。房内东部有2个泥圈柱洞（D1～D2），外径0.2～0.25、内径0.15、深0.2～0.3米。

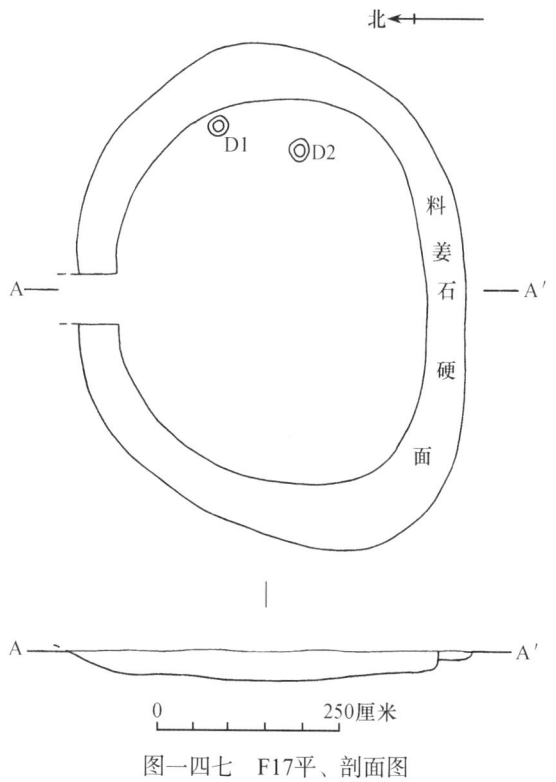

图一四七　F17平、剖面图

门向北，门道长方形，呈北高南低的斜坡状，残长0.1、宽0.65米（图一四七）。

房内堆积为浅黄色土，土质疏松，厚0.2~0.38米，包含大量的草拌泥块、火烧土块，出土大量陶片，另有石块、兽骨。

陶片为主要的出土物，细泥质橘红陶占绝大多数，还有部分粗夹砂红褐陶；纹饰以绳纹居多，素面次之（表三四）。

表三四　F17陶系统计表　　　　　　　　　　　　　　　　　　（单位：kg）

陶质 陶色 纹饰	细泥质 橘红	粗夹砂 红褐	合计		百分比（%）	
素面		0.13	0.13	4.17	3.12	100
素面+磨光	0.56		0.56		13.43	
绳纹	3.14	0.34	3.48		83.45	
合计	3.70	0.47	4.17			
百分比（%）	88.73	11.27	100			

F17共出土遗物16件。以陶器为主，石器次之。

（1）陶器

15件。器类有瓶、盆、罐、钵、瓮、圆陶片、拍（表三五）。

表三五　F17器形统计表　　　　　　　　　　　　　　　　　　（单位：件）

陶质 陶色 纹饰 器形	细泥质 橘红		粗夹砂 红褐		合计	百分比（%）	
	素面+磨光	绳纹	素面	绳纹			
罐			1	3	4	30.77	100
瓮				1	1	7.69	
钵	5				5	38.46	
瓶		2			2	15.38	
盆	1				1	7.69	
合计	6	2	1	4	13		
百分比（%）	46.15	15.38	7.69	30.77	100		

瓶　2件。标本F17：7，颈、肩、腹部残片。细泥质橘红陶。束颈，鼓肩，鼓腹，最大腹径位于中腹部，腹中部有一对竖向扁圆桥形耳。上、中腹部饰右上至左下斜向绳纹。腹径33.6、残高49.2厘米（图一四八，6）。

标本F17：8，口部残。细泥质橘红陶。束颈，溜肩，鼓腹，最大腹径位于中腹部，小平底，腹中部有一对竖向圆柱桥形耳。上、中腹部饰右上至左下斜向绳纹。腹径20.4、底径4、残高36厘米（图一四八，1；图版一九〇，3）。

盆　1件。标本F17：6，口、腹部残片。细泥质橘红陶。直口微敛，平折沿，沿面微鼓，弧腹。器表磨光。素面。唇部可见轮修痕迹（图一四八，2）。

罐　4件。均口、腹部残片。标本F17：11，粗夹砂红褐陶。侈口，卷沿，方唇，唇部有一道凸棱，直腹。素面（图一四八，3）。

标本F17：9、F17：12、F17：14形制相同，均粗夹砂红褐陶，侈口，折沿，鼓腹。标本F17：9，方唇。口沿以下饰右上至左下斜向绳纹。沿面可见轮修痕迹（图一四八，10）。标本F17：12，沿面微曲，方唇。腹部饰右上至左下斜向绳纹，绳纹斜度较小。口沿以下可见轮修痕迹（图一四八，12）。标本F17：14，圆唇。腹部饰右上至左下斜向绳纹。外沿面可见轮修痕迹（图一四八，9）。

钵　5件。均口、腹部残片。形制相同，均细泥质橘红陶，直口微敛，深弧腹，器表磨光，素面。标本F17：1，圆唇。口下可见灰白色叠烧痕迹与轮修痕迹（图一四八，7）。标本F17：2，

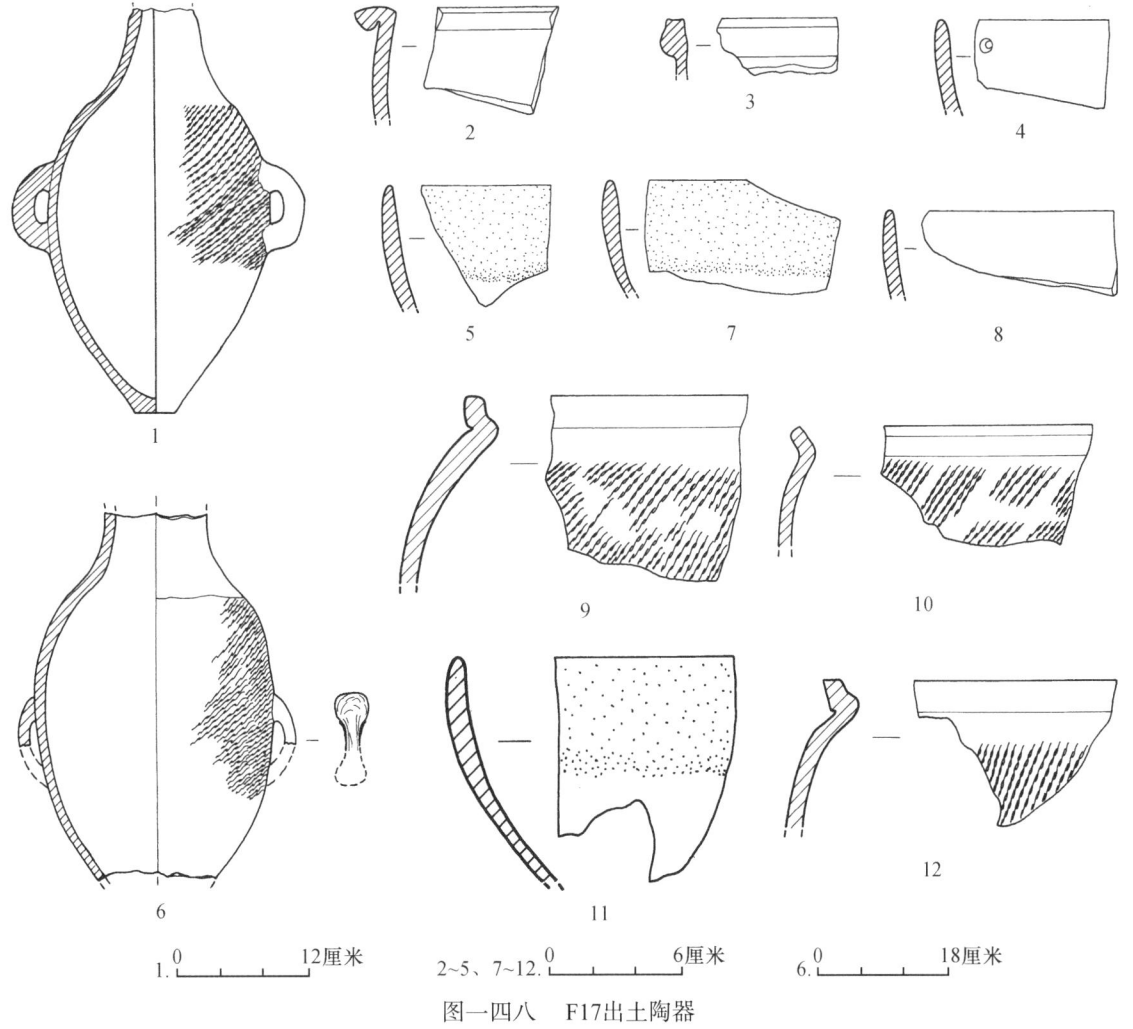

图一四八　F17出土陶器

1、6.瓶（F17：8、F17：7）　2.盆（F17：6）　3、9、10、12.罐（F17：11、F17：14、F17：9、F17：12）
4、5、7、8、11.钵（F17：4、F17：5、F17：1、F17：3、F17：2）

圆唇。口下可见浅褐色叠烧痕迹（图一四八，11）。标本F17：3，圆唇。口下可见轮修痕迹（图一四八，8）。标本F17：4，圆唇。口下有一个两面对钻而成的圆孔。口下可见轮修痕迹（图一四八，4）。标本F17：5，方唇。口下可见浅褐色叠烧痕迹（图一四八，5）。

瓮　1件。标本F17：13，口、腹部残片。粗夹砂红褐陶。侈口，折沿，方唇，鼓腹。口沿以下饰右上至左下斜向绳纹，绳纹斜度较小。沿面可见轮修痕迹（图一四九，1）。

圆陶片　1件。标本F17：15，完整。细泥质橘红陶。系利用钵的口部残片打制而成。圆形，边缘稍钝。一面可见浅褐色叠烧痕迹。直径6、厚0.7厘米（图一四九，4）。

拍　1件。标本F17：16，完整。细泥质橘红陶。整体呈圆锥形，顶部有一较浅的洞，底部较平坦。底径8.8、高7.6厘米（图一四九，2；图版六八，4）。

（2）石器

1件。石核。标本F17：17，石英细砂岩。存留部分呈不规则形。可见数次剥片痕迹。残长6厘米（图一四九，3）。

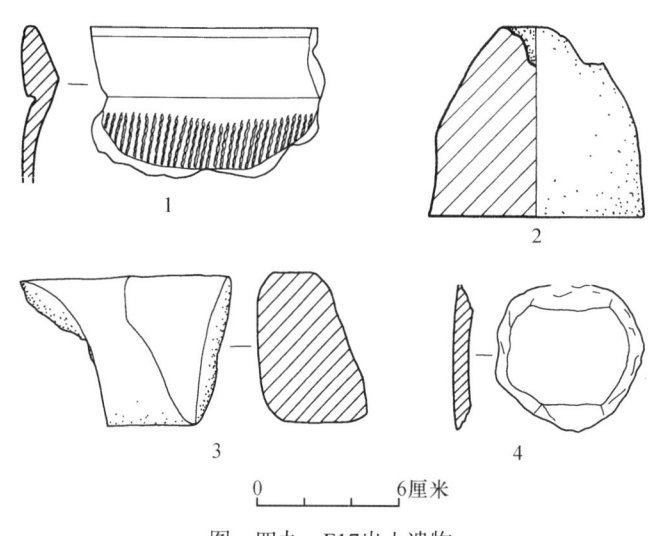

图一四九　F17出土遗物
1.陶瓮（F17：13）　2.陶拍（F17：16）　3.石核（F17：17）　4.圆陶片（F17：15）

7. F20

F20位于Ⅲ区T0212、T0213、T0312、T0313内，开口于④层下，北部被H130打破，东北部被H137打破。地面式，平面呈圆形，直径6米。周围保留有少量黄土墙，平地起建，较为坚硬，宽0.12~0.3米，残高0.2~0.3米。

房内南部有一灶面，椭圆形，表面经烧烤呈红褐色。长径0.8、短径0.68米。

居住面经过三层处理，总厚度为0.15~0.18米：最上层南高北低，平整坚硬，厚0.03~0.06米，下面两层亦均为硬面，每层厚0.06米。居住面上共发现柱洞6个（D1~D6），其中D1~D5直径0.10~0.24、深0.3~0.5米，D6为泥圈柱洞，外径0.66、内径0.2、深0.6米。

门不详。依据保存状况，推测门向北（图一五〇）。

房内堆积为浅黄色土，土质致密，包含大量草拌泥块，厚0.5~0.66米，出土大量陶片，另有石块、兽骨。

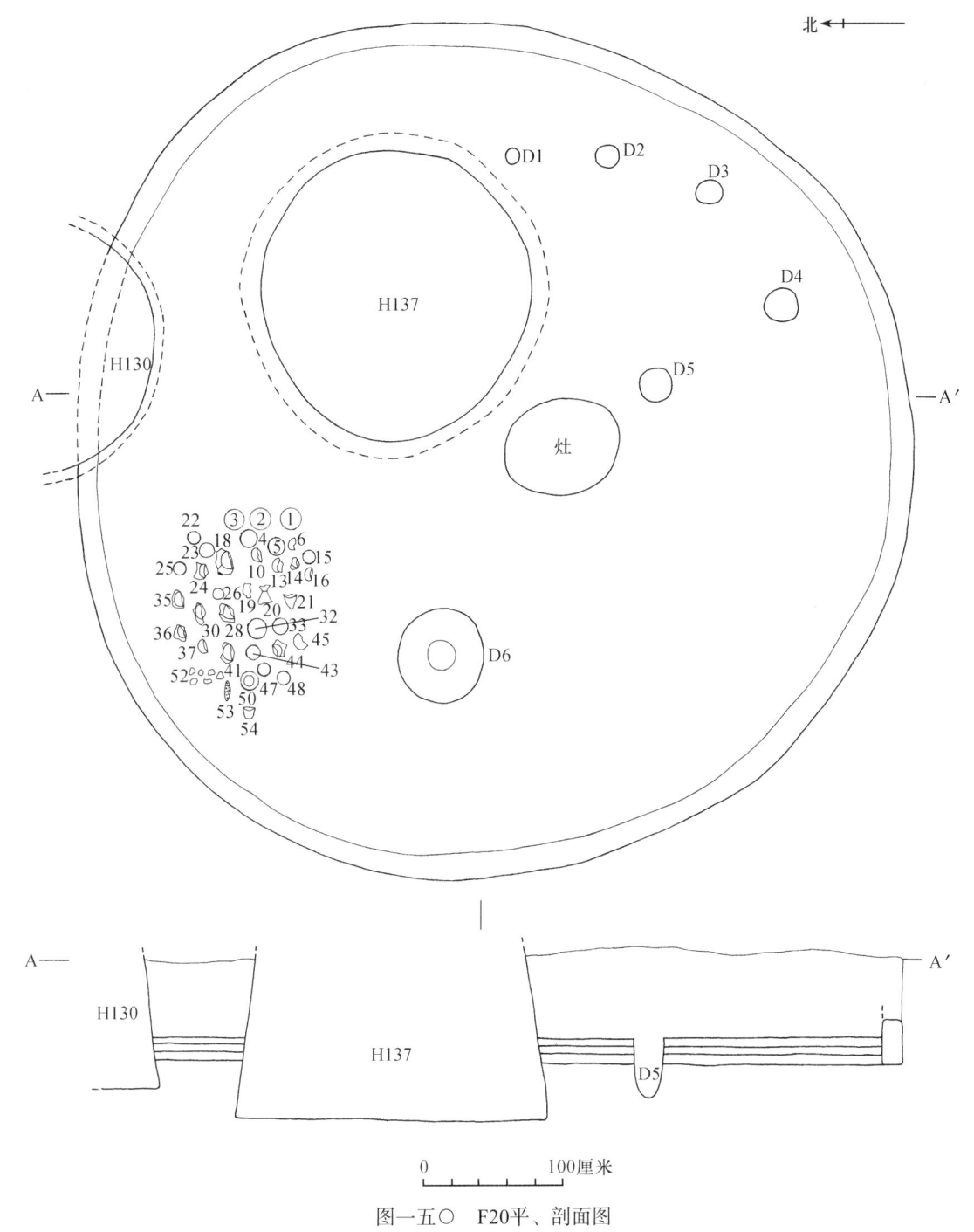

图一五〇　F20平、剖面图

1~6、10、13~15.陶钵　16.陶盆　19、20.陶瓶　18、23、25、26、30、32、33、35~37、41、43~45、47、48、50.陶缸　21.陶器底　22、24、28.陶瓮　52.圆陶片　53.陶锉　54.石铲

陶片为主要的出土物，以粗夹砂红褐陶为主，细泥质橘红陶次之，并有一定数量粗泥质橘红陶和少量细泥质灰陶、细夹砂红褐陶、粗夹砂橘红陶、细夹砂橘红陶；纹饰以素面及绳纹居多，并有一定比例的弦纹，还有少量交错绳纹、席纹、彩陶（表三六）。

表三六　F20陶系统计表　　　　　　　　　　　　　　　　　　（单位：kg）

陶质	细泥质		粗泥质	细夹砂		粗夹砂		合计	百分比（%）	
陶色 纹饰	橘红	灰	橘红	橘红	红褐	橘红	红褐			
素面	0.114		2.89	0.126			11.84	14.97	26.58	
素面+磨光	11.46		0.23		0.35		0.24	12.28	21.81	
绳纹	0.11		2.30	0.252	0.48	1.56	17.89	22.59	40.12	
弦纹	0.78				1.73		1.20	3.71	6.59	
交错绳纹							0.22	0.22	0.39	100
绳纹+弦纹							0.21	0.21	0.37	
席纹	0.36	0.65	0.33			0.25		1.59	2.82	
彩陶	0.40						0.34	0.74	1.31	
合计	13.224	0.65	5.75	0.378	2.56	1.81	31.94	56.31		
	56.31									
百分比（%）	23.48	1.15	10.21	0.67	4.55	3.21	56.72			
	100									

F20共出土遗物273件。以陶器为主，石器次之。

（1）陶器

272件。器类有瓶、盆、罐、钵、瓮、圆陶片、锉（图版六八，5），另有器底（表三七）。

表三七　F20器形统计表　　　　　　　　　　　　　　　　　　（单位：件）

陶质	细泥质						粗泥质			细夹砂			粗夹砂					合计	百分比（%）	
陶色	橘红						橘红			橘红	红褐		红褐							
纹饰 器形	素面+磨光	素面	绳纹	弦纹	席纹	彩陶	素面	绳纹	席纹	素面	素面+磨光	绳纹	素面	绳纹	弦纹	交错绳纹	绳纹+弦纹			
罐 口	1		1				1	1	2				31	77	3			167	63.74	
罐 底													51							
瓮										1	1				1	1		5	1.91	100
钵 口	60				1	8	2	2	2	1								81	30.92	
钵 底	5																			
瓶		1	1															2	0.76	
盆	1			3		2	1											7	2.67	
合计	67	1	1	4	1	10	3	2	2	2	1		83	78	3	1	1	262		
	262																			
百分比（%）	25.57	0.38	0.38	1.53	0.38	3.82	1.15	0.76	0.76	0.38	0.38	0.76	31.68	29.77	1.15	0.38	0.38			
	100																			

瓶　2件。标本F20∶19，口沿残片。细泥质橘红陶。直口微敛，较为短矮。素面。外沿面可见轮修痕迹（图一五一，1）。

标本F20∶20，颈、腹部残片。细泥质橘红陶。短束颈。器表饰右上至左下斜向绳纹，绳纹近平。内壁可见泥条盘筑痕迹。残高18.5厘米（图一五一，2）。

盆　7件。均口、腹部残片。形制相同。标本F20∶16，细泥质橘红陶。直口，平折沿，圆唇，弧腹。上腹部饰多周弦纹。下腹部可见刮抹痕迹（图一五一，3）。

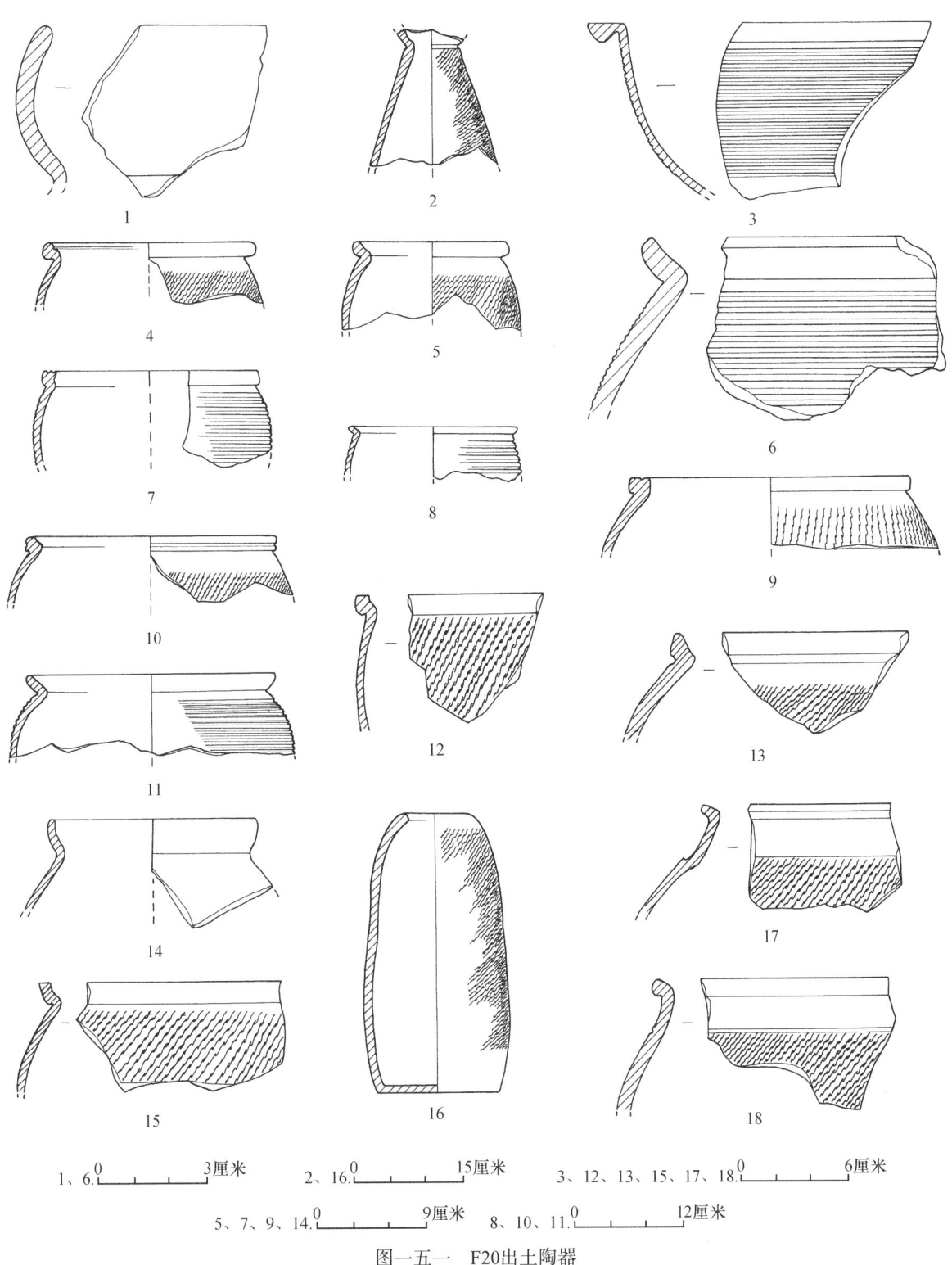

图一五一 F20出土陶器

1、2.瓶（F20∶19、F20∶20） 3.盆（F20∶16） 4~18.罐（F20∶43、F20∶26、F20∶35、F20∶47、F20∶33、F20∶32、F20∶25、F20∶23、F20∶44、F20∶36、F20∶48、F20∶30、F20∶50、F20∶41、F20∶37）

罐　167件。标本F20∶37、F20∶43均口、腹部残片。形制相同，均粗夹砂红褐陶，侈口，卷沿，圆唇，鼓腹。标本F20∶37，肩略鼓，并起一道不显著棱脊。棱脊以下饰右上至左下斜向绳纹。内壁可见泥条盘筑痕迹（图一五一，18）。标本F20∶43，沿面有一道浅细凹槽。腹部饰右上至左下斜向绳纹。复原口径18、残高5.1厘米（图一五一，4）。

标本F20∶26、F20∶30、F20∶35、F20∶36、F20∶44、F20∶47均口、腹部残片。形制相同，均侈口，折沿，沿面内曲，鼓腹。标本F20∶26，粗夹砂红褐陶。方唇。腹部饰右上至左下斜向绳纹。外沿面可见轮修痕迹。复原口径13.2、残高7.2厘米（图一五一，5）。标本F20∶30，粗夹砂红褐陶。方唇。口沿以下饰右上至左下斜向绳纹（图一五一，15）。标本F20∶35，粗夹砂红褐陶。沿面微曲，方唇。口沿以下饰多周弦纹（图一五一，6）。标本F20∶36，粗夹砂红褐陶。沿面微曲，圆唇，口沿下侧有一道凸棱。腹部饰右上至左下斜向绳纹。口沿下侧可见轮修痕迹（图一五一，13）。标本F20∶44，粗夹砂红褐陶。方唇。口沿以下饰右上至左下斜向绳纹（图一五一，12）。标本F20∶47，细泥质橘红陶。方唇，唇部有二道浅细凹槽。口沿以下饰多周弦纹。内壁可见轮修痕迹。复原口径18.3、残高8.1厘米（图一五一，7）。

标本F20∶25、F20∶41均口、腹部残片。形制相同，均侈口，折沿，圆唇，鼓腹。标本F20∶25，粗夹砂红褐陶。唇面有一道浅细凹槽。口沿以下饰右上至左下斜向绳纹。复原口径28、残高7.2厘米（图一五一，10）。标本F20∶41，细夹砂橘红陶。窄折沿，鼓肩，并起一道显著棱脊，圆鼓腹。棱脊以下饰右上至左下斜向绳纹。内壁可见轮修痕迹（图一五一，17）。

标本F20∶23、F20∶33均口、腹部残片。形制相同，均粗夹砂红褐陶，侈口，折沿，圆唇，圆鼓腹，口沿以下饰多周弦纹。标本F20∶23，内、外沿面、内壁均可见轮修痕迹，口部可见烟熏痕迹。复原口径28、残高8.8厘米（图一五一，11）。标本F20∶33，沿面可见轮修痕迹。复原口径19.2、残高6厘米（图一五一，8）。

标本F20∶32，口、腹部残片。粗夹砂红褐陶。敛口，平折沿，沿面有一道浅细凹槽，圆唇，鼓腹。腹部饰竖向绳纹。口沿下侧可见轮修痕迹。复原口径24、残高6厘米（图一五一，9）。

标本F20∶48，口、腹部残片。细泥质橘红陶。侈口，卷沿，圆唇，圆鼓腹。器表磨光。素面。外沿面可见刮抹痕迹。复原口径17.7、残高9厘米（图一五一，14）。

标本F20∶50，可复原。细夹砂橘红陶。敛口，圆唇，直筒形腹，平底。通体饰右上至左下斜向细绳纹。口径9、腹径20.5、底径17、通高38厘米（图一五一，16；彩版一六，3；图版六九，1）。

钵　81件。标本F20∶10、F20∶14均口、腹部残片。形制相同，均敛口，斜直腹，素面。标本F20∶10，细夹砂橘红陶。方唇。内壁可见轮修痕迹（图一五二，10）。标本F20∶14，粗泥质橘红陶。圆唇。内、外壁均可见轮修痕迹（图一五二，1）。

标本F20∶1、F20∶2、F20∶3、F20∶4、F20∶5、F20∶6、F20∶12、F20∶13、F20∶15形制相同，均细泥质橘红陶，直口微敛，深弧腹。标本F20∶1，可复原。圆唇，圜底，底部有一周凸棱。底部饰席纹。器表经刮抹较为光滑。口下可见轮修痕迹。口径22.5、通高11厘米（图一五二，11；图版六九，2）。标本F20∶2，可复原。方唇，圜底，底部有一周凸棱。器表磨光。素面。口下可见浅褐色叠烧痕迹与轮修痕迹。口径25、通高13.5厘米（图一五二，17；图版六九，3）。标本F20∶3，口、腹部残片。圆唇。器表磨光。素面。口下可见灰白色叠烧痕迹。口径30、残高15厘米（图一五二，16；图版六九，4）。标本F20∶15，可复原。方唇，口下有一个由外向内单面

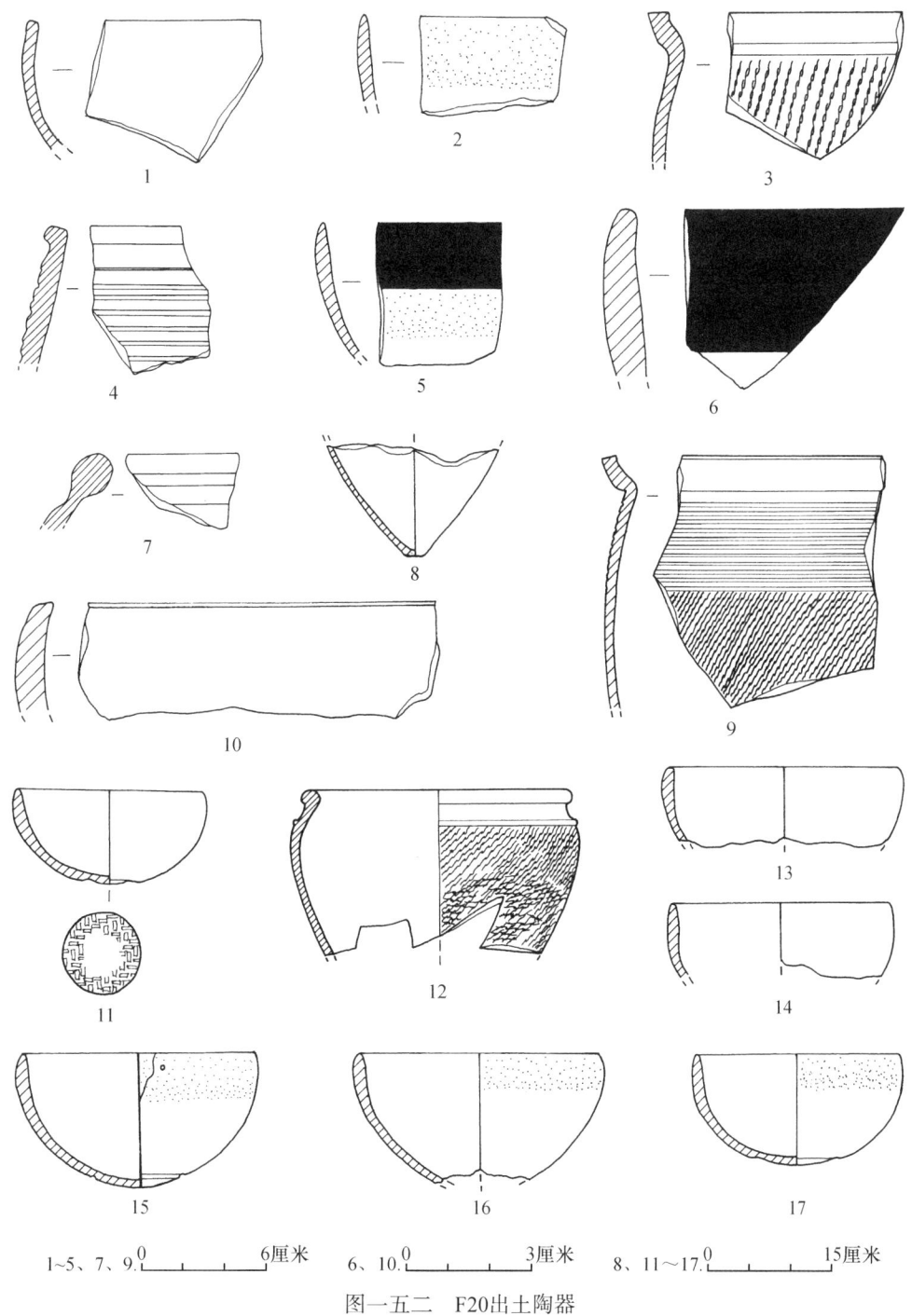

图一五二　F20出土陶器

1、2、5、6、10、11、13~17. 钵（F20：14、F20：12、F20：6、F20：13、F20：10、F20：1、F20：4、F20：5、F20：15、F20：3、F20：2）　3、4、7、9、12. 瓮（F20：24、F20：18、F20：45、F20：28、F20：22）　8. 器底（F20：21）

钻成的圆孔，圜底，底部有一周浅细凹槽。器表磨光。素面。口下可见浅褐色叠烧痕迹。口径28、通高16厘米（图一五二，15；图版六九，5）。标本F20：4，口、腹部残片。方唇。器表磨光。素面。口下可见轮修痕迹。复原口径27.5、残高9.5厘米（图一五二，13）。标本F20：5，口、腹部残片。方唇，口下有一对由外向内单面钻成的圆孔。器表磨光。素面。口下可见轮修痕迹。复原口径

26.5、残高9厘米（图一五二，14）。标本F20∶6，口、腹部残片。尖圆唇。器表磨光。口下饰黑色宽带纹彩绘。彩绘下侧可见深红色叠烧痕迹（图一五二，5）。标本F20∶12，口、腹部残片。尖圆唇。器表磨光。口下可见深褐色叠烧痕迹与轮修痕迹（图一五二，2）。标本F20∶13，口、腹部残片。圆唇。器表磨光。唇部与口下饰黑色宽带纹彩绘（图一五二，6）。

瓮　5件。均口、腹部残片。标本F20∶24、F20∶28形制相同，均粗夹砂红褐陶，侈口，卷沿，沿面内曲，方唇，鼓腹。标本F20∶24，口沿以下饰右上至左下斜向绳纹。外沿面可见轮修痕迹（图一五二，3）。标本F20∶28，上腹部饰多周弦纹，弦纹以下饰右上至左下斜向绳纹。外沿面可见轮修痕迹（图一五二，9）。

标本F20∶22、F20∶45均为口、腹部残片。形制相同，均粗夹砂红褐陶，敛口，圆唇。标本F20∶22，鼓肩，并起一道显著棱脊，鼓腹。棱脊以下饰交错绳纹。复原口径32.5、腹径35、残高19.5厘米（图一五二，12）。标本F20∶45，肩略鼓，并起一道不显著棱脊。素面。口沿下侧可见轮修痕迹（图一五二，7）。

标本F20∶18，口、腹部残片。细夹砂红褐陶。敛口，方唇，斜直腹。口沿以下饰多周弦纹。内壁可见轮修痕迹（图一五二，4）。

器底　标本F20∶21，下腹、底部残片。细泥质橘红陶。下腹斜直，小平底。器表经刮抹较为光滑。素面。内壁可见泥条盘筑与轮修痕迹。可能为瓶底。底径2、残高13.5厘米（图一五二，8）。

圆陶片　9件。形制相同，均圆形。标本F20∶52-1，完整。细夹砂橘红陶。系利用瓶的残片打制而成。边缘较钝。直径9.1、厚0.8厘米（图一五三，4）。标本F20∶52-2，完整。细泥质橘红陶。系利用钵的口部残片打制而成。边缘较钝。器表可见零星疤痕，并可见浅褐色叠烧痕迹。直径6.3、厚0.6厘米（图一五三，1）。标本F20∶52-3，残。细泥质橘红陶。系利用盆的残片打制而成。残存部分呈半圆形。边缘较钝。器表饰弦纹。直径5.9、厚0.6厘米（图一五三，3）。标本F20∶52-4，完整。细泥质橘红陶。系利用钵的残片打制而成。边缘较钝。外壁可见零星疤痕。直径5.6、厚0.6厘米（图一五三，2）。标本F20∶52-5，完整。细泥质橘红陶。系利用钵的残片打制而成。边缘较锋利。外壁可见零星疤痕。直径4.3、厚0.6厘米（图一五三，7）。标本F20∶52-6，完整。细泥质橘红陶。系利用钵的残片打制而成。边缘较钝。外壁可见零星疤痕。直径3.8、厚0.5厘米（图一五三，6）。

锉　1件。标本F20∶53，一端稍残。细泥质橘红陶。平面呈梭形，横断面呈圆角长方形，锐尖。器表麻点清晰，密度较大。残长19、中部宽4.8、厚1.2厘米（图一五三，5；图版六九，6）。

（2）石器

1件。铲。标本F20∶54，上端稍残。石英细砂岩。平面呈梯形，刃部较钝。通体磨光。刃部有使用形成的大疤痕。残长8.8、宽7.4~8.2、厚2厘米（图一五三，8；图版七○，1）。

8. F21

F21位于Ⅲ区T1311、T1312、T1411内，开口于④层下，西北部被H100打破，东北部被近代沟打破。地面式，平面呈圆形，直径6米。房周围墙体已毁，仅存基槽，宽0.12~0.15、深0.1米，内

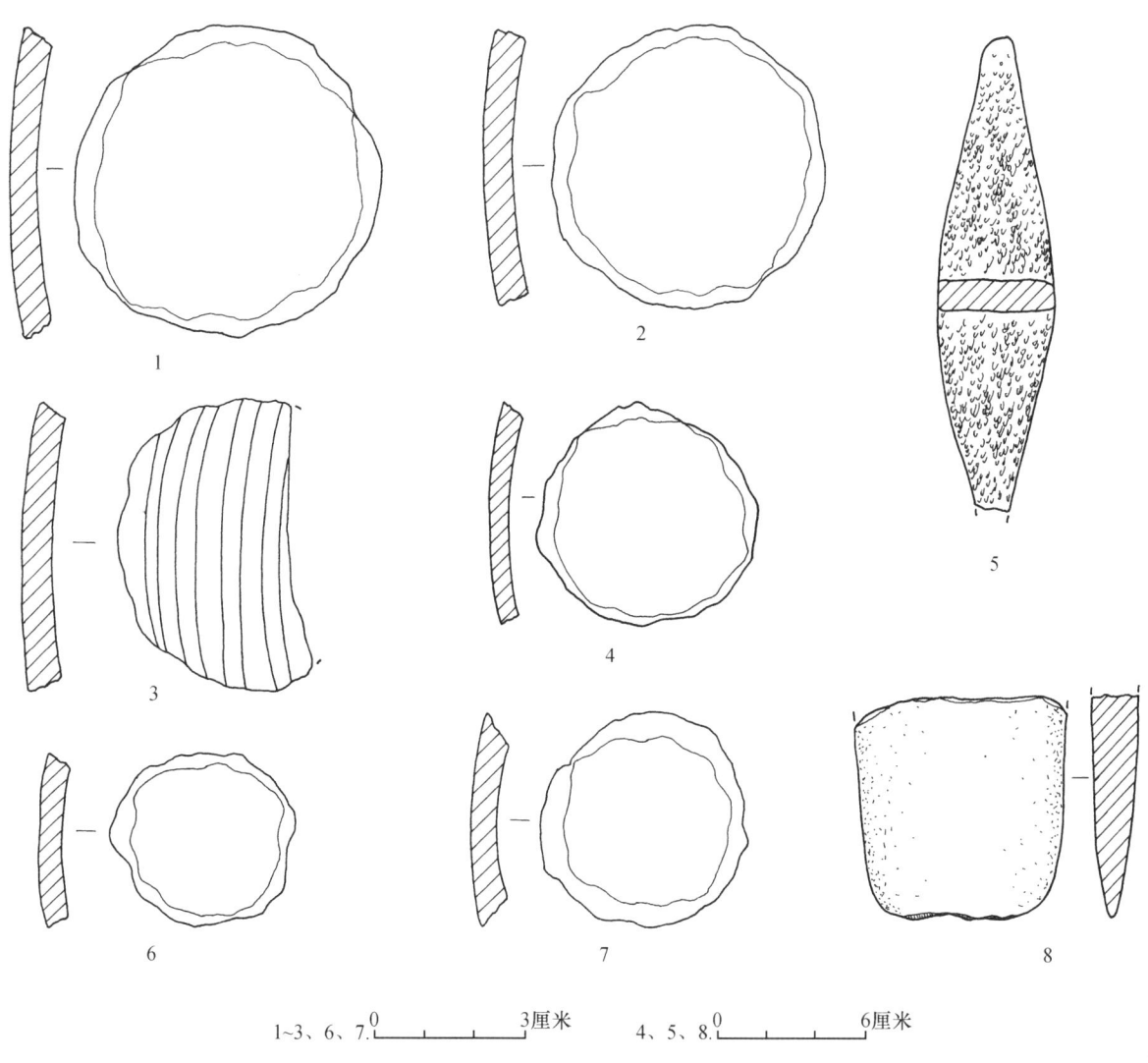

图一五三 F20出土遗物

1~4、6、7.圆陶片（F20：52-2、F20：52-4、F20：52-3、F20：52-1、F20：52-6、F20：52-5） 5.陶锉（F20：53）
8.石铲（F20：54）

填黄褐色土；在底部发现柱洞18个（D1~D18），直径普遍为0.05~0.12米，深0.12~0.23米，柱间距0.22~0.32米，位于门两侧的D6、D7稍大，直径0.2米、深0.24米。基槽外侧地面上有一周柱洞，共24个（D19~D42），直径0.1~0.15、深0.14~0.24米，柱间距0.06~0.12米。

居住面不甚平整，周围高，中心低，高差0.26米，表面坚硬。在北部有1个泥圈柱洞（D43），外径0.34、内径0.28、深0.48米。北部有一半圆形小沟，宽0.18、深0.24米，将居住面分为南、北两部分。

门向南。门道长方形，底部平坦，宽1.16、残长0.7米（图一五四）。

房内堆积可分为2层：第①层为浅灰色土，土质疏松，包含少量黄土块，厚0.15~0.22米，较为纯净；第②层为深灰色土，土质疏松，包含少量火烧土块，厚0.1~0.2米，出土大量陶片，另有兽骨。

陶片为主要的出土物，以粗夹砂红褐陶为主，细泥质橘红陶次之，还有少量细夹砂红褐陶、粗

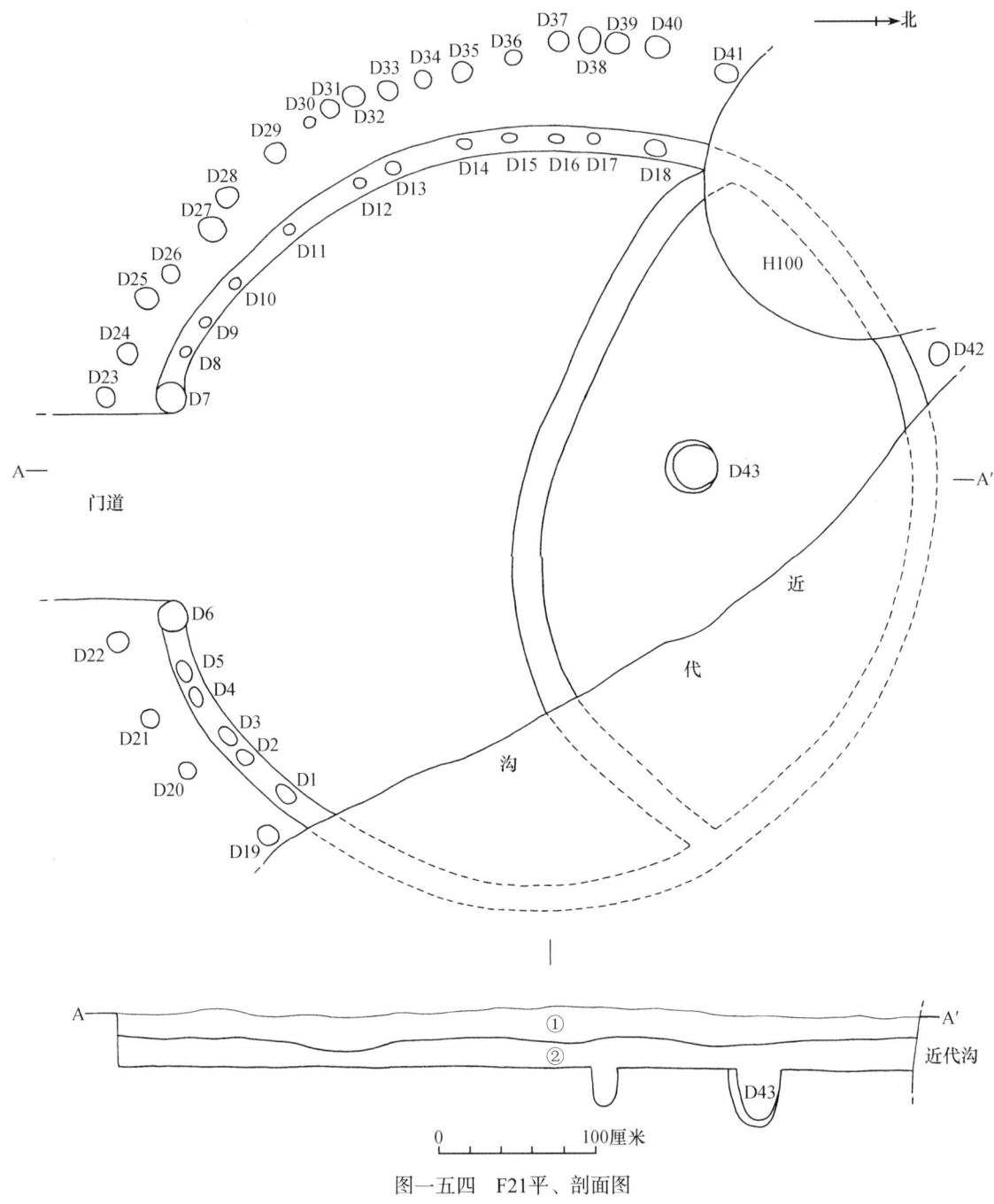

图一五四 F21平、剖面图

泥质橘红陶及细泥质灰陶；纹饰以素面居多，绳纹次之，还有少量弦纹及彩陶（表三八）。

F21共出土遗物34件。全部为陶器。器类有盆、罐、钵、圆陶片，另有器底（表三九）。

盆 3件。均为口、腹部残片。标本F21：14、F21：15形制相同，均细泥质橘红陶，直口，平折沿，弧腹。标本F21：14，直口微敞，尖唇。口沿以下饰多周弦纹。外沿面可见轮修痕迹（图一五五，5）。标本F21：15，直口微敛，圆唇。器表磨光。沿面饰黑色弧边三角纹彩绘。唇部可见轮修痕迹（图一五五，4）。

表三八　F21陶系统计表　　　　　　　　　　　　　　　　（单位：kg）

陶质	细泥质		粗泥质	细夹砂	粗夹砂	合计	百分比（%）	
陶色 纹饰	橘红	灰	橘红	红褐	红褐			
素面	0.456	0.13	0.42	0.10	1.28	2.386	39.44	
素面+磨光	1.07					1.07	17.69	
绳纹				0.22	1.91	2.13	35.21	
弦纹	0.27					0.27	4.46	100
绳纹+弦纹			0.02		0.06	0.08	1.32	
彩陶	0.11					0.11	1.82	
合计	1.906	0.13	0.44	0.32	3.25	6.05		
	6.05							
百分比（%）	31.50	2.15	7.27	5.29	53.72			
	100							

表三九　F21器形统计表　　　　　　　　　　　　　　　　（单位：件）

陶质	细泥质				粗夹砂		合计	百分比（%）	
陶色	橘红				红褐				
纹饰 器形	素面+磨光	素面	弦纹	彩陶	素面	绳纹			
罐					5	2	7	24.14	
钵 口	13	3	1				19	66.52	100
钵 底	2								
盆		1	1	1			3	10.34	
合计	15	4	2	1	5	2	29		
	29								
百分比（%）	51.72	13.79	6.90	3.45	17.24	6.90			
	100								

标本F21：13，细泥质橘红陶。敛口，平折沿，沿面向外侧下斜，弧腹。素面。唇部可见轮修痕迹，器表可见刮抹痕迹（图一五五，1）。

罐　7件。均口、腹部残片。标本F21：17、F21：20形制相同，均粗夹砂红褐陶，侈口，卷沿，方唇，鼓腹。标本F21：17，沿面微曲，鼓肩，并起一道不显著棱脊。棱脊以下饰右上至左下斜向绳纹。外沿面可见轮修痕迹（图一五五，3）。标本F21：20，沿面内曲。唇部有三道浅细凹槽。素面。沿面可见轮修痕迹（图一五五，7）。

标本F21：16、F21：18、F21：19形制相同，均粗夹砂红褐陶，侈口，折沿，沿面内曲，方唇，鼓腹。标本F21：16，素面。外沿面、内壁均可见轮修痕迹（图一五五，8）。标本F21：18，腹部饰右上至左下斜向稀疏绳纹。外沿面可见轮修痕迹，器表可见烟熏痕迹（图一五五，2）。标本F21：19，素面。沿面可见轮修痕迹（图一五五，6）。

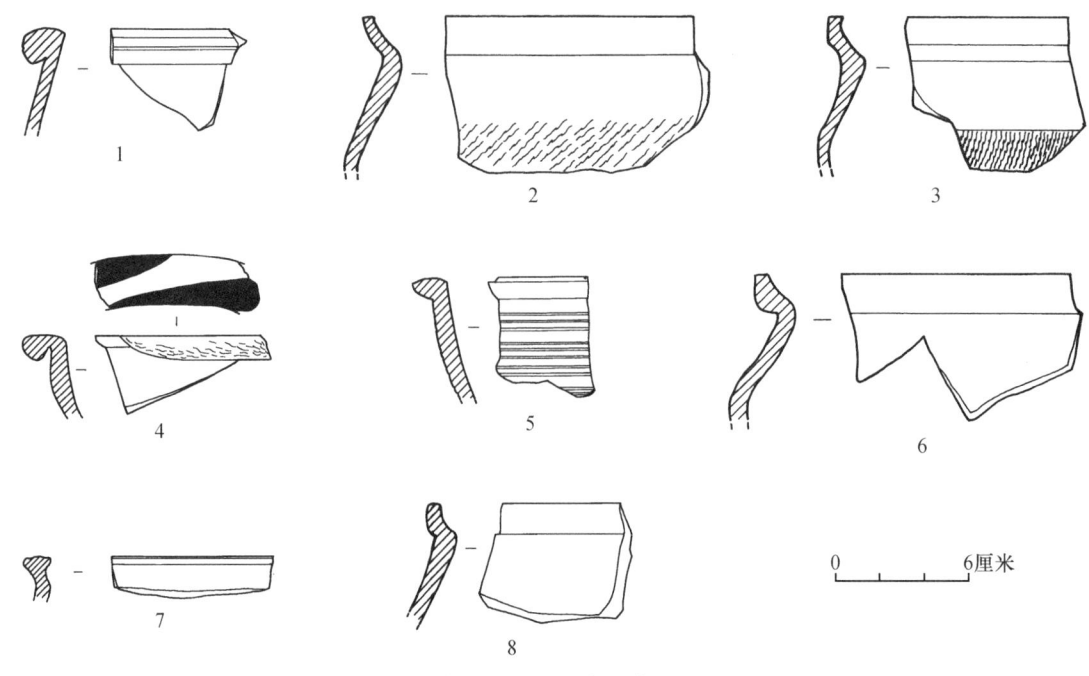

图一五五　F21出土陶器

1、4、5. 盆（F21：13、F21：15、F21：14）　2、3、6~8. 罐（F21：18、F21：17、F21：19、F21：20、F21：16）

钵　19件。均口、腹部残片。标本F21：3、F21：5、F21：7、F21：11形制相同，均细泥质橘红陶，直口，方唇，深弧腹，素面。标本F21：3，器表磨光。口下可见深红色叠烧痕迹（图一五六，5）。标本F21：5，口下可见浅褐色叠烧痕迹，器表可见轮修痕迹（图一五六，4）。标本F21：7，器表磨光。口下可见浅褐色叠烧痕迹（图一五六，6）。标本F21：11，器表可见轮修痕迹（图一五六，9）。

标本F21：1、F21：2、F21：4、F21：6、F21：9、F21：10、F21：12形制相同，均细泥质橘红陶，直口微敛，深弧腹，素面。标本F21：1，尖圆唇。器表磨光。口下可见浅褐色叠烧痕迹（图一五六，1）。标本F21：2，方唇。器表磨光。口下可见深红色叠烧痕迹与轮修痕迹（图一五六，2）。标本F21：4，方唇。器表磨光（图一五六，10）。标本F21：6，尖圆唇。器表磨光。口下可见浅褐色叠烧痕迹（图一五六，8）。标本F21：9，方唇。器表磨光。口下可见深红色叠烧痕迹（图一五六，11）。标本F21：10，圆唇。器表可见刮抹痕迹。表层有部分剥落（图一五六，7）。标本F21：12，圆唇。器表可见轮修痕迹（图一五六，12）。

标本F21：8，细泥质橘红陶。直口微敛，斜直腹。腹部饰二道弦纹。口下可见浅褐色叠烧痕迹（图一五六，3）。

器底　标本F21：21，下腹、底部残片。细泥质橘红陶。下腹斜直，平底，底心内凹。器表磨光。素面。可能为钵底。底径9.1、残高4.8厘米（图一五七，6）。

圆陶片　5件。均完整。形制相同，均圆形。标本F21：22-1，细泥质橘红陶。系利用钵的口部残片打制而成。边缘较锋利。一面可见浅褐色叠烧痕迹。直径4.7、厚0.8厘米（图一五七，1）。标本F21：22-2，细夹砂红褐陶。系利用罐的残片打制而成。边缘较钝。直径4.6、厚0.8厘米（图一五七，4）。标本F21：22-3，细泥质橘红陶。系利用钵的残片打制而成。边缘稍钝。直径3.8、厚0.6厘米（图一五七，2）。标本F21：22-4，细泥质橘红陶。系利用钵的口部残片打制而成。边缘较

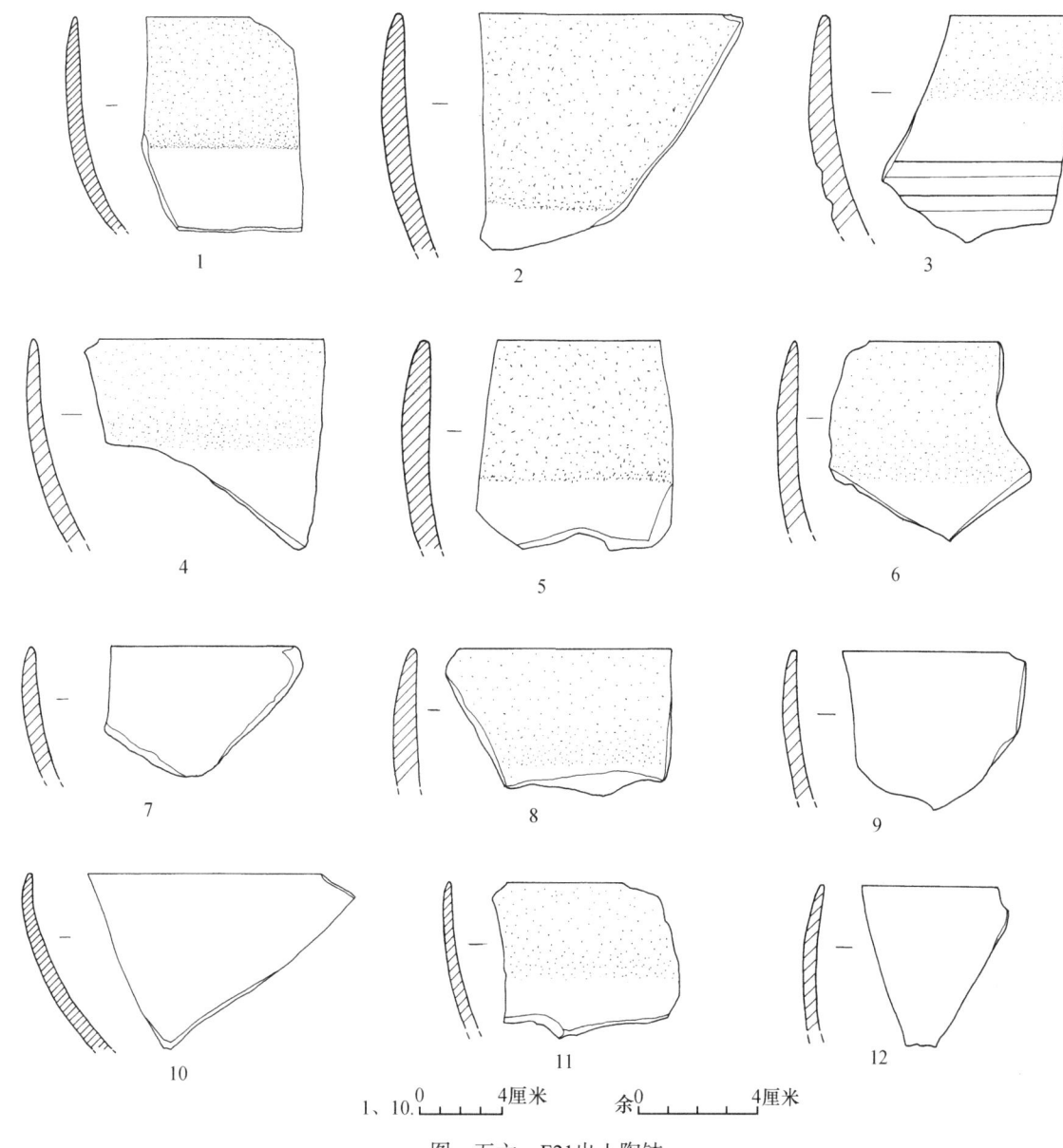

图一五六　F21出土陶钵

1~12.（F21：1、F21：2、F21：8、F21：5、F21：3、F21：7、F21：10、F21：6　F21：11、F21：4、F21：9、F21：12）

锋利。一面可见深褐色叠烧痕迹。直径4、厚0.8厘米（图一五七，3）。标本F21：22-5，细泥质橘红陶。系利用钵的残片打制而成。边缘较钝。直径3.4、厚0.8厘米（图一五七，5）。

9. F22

F22位于Ⅲ区T1111、T1112、T1211、T1212内，开口于④层下。地面式，平面呈椭圆形，长径8.5、短径7.5米。房周围墙体已毁，仅存基槽，宽0.15、深0.2米，内填灰褐色土；在底部发现1个柱洞（D1），直径0.06、深0.18米。在基槽外侧0.6~1.3米处，有一周密集排列的柱洞，共74个（D2~D75），直径0.06~0.14、深0.16、柱间距0.04~0.3米，以0.1米居多。基槽与柱洞之间为黄土硬面，其上发现柱洞21个（D76~D96），直径一般为0.1~0.25、深0.12~0.24米，其中D86为泥圈柱

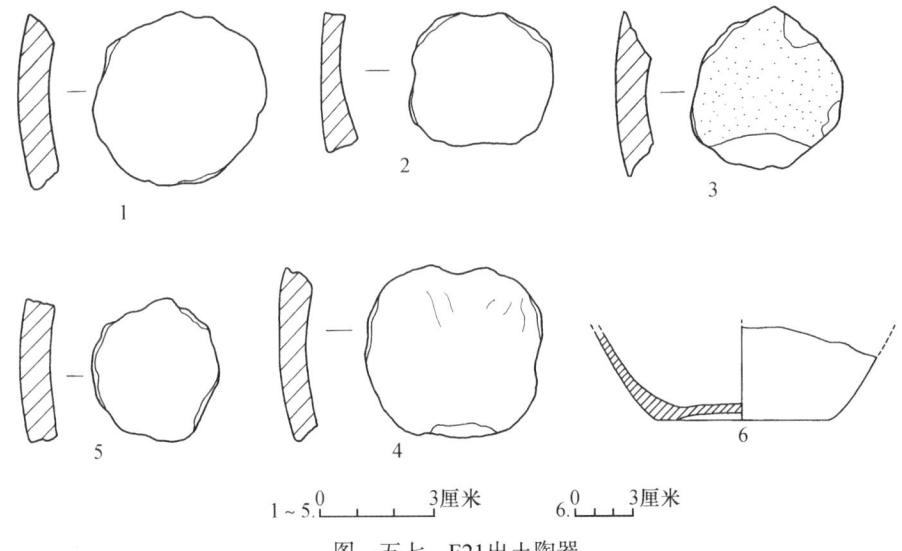

图一五七　F21出土陶器

1~5.圆陶片（F21:22-1、F21:22-3、F21:22-4、F21:22-2、F21:22-5）　6.器底（F21:21）

洞，外径0.45、内径0.15、深0.45米；这些柱洞中，有三组呈直线排列，连接基槽与外围柱洞。

房内西南部有一灶面，椭圆形，长径0.8、短径0.65米。

居住面为黄土加工而成的硬面，十分平整。房内有柱洞3个（D97~D99），其中D98为泥圈柱洞，外径0.35、内径0.15、深0.38米，另两个柱洞大小相同，直径0.1、深0.18米。

门向北，略偏西，与房内灶相对。门道长方形，底部平坦，残长1.35、宽1.18米（图一五八）。

房内堆积为灰褐色土，土质疏松，包含少量黄土块，厚0.1米，出土少量兽骨。

10. F23

F23位于Ⅲ区T0810、T0811、T0910、T0911内，开口于⑤层下，北部被F27打破。地面式，平面呈圆形，直径5.4米。房周围墙体已毁，仅存基槽，宽0.25~0.3、深0.2米；底部发现柱洞86个（D1~D86），直径0.1~0.15、深0.12~0.24、柱间距0.05~0.1米。

房内中部有一灶坑，椭圆形，锅底状。长径1.1、短径0.7、深0.4米。

居住面经过二层处理，总厚度0.04米：下部为一层灰土铺垫，厚0.02米；上部为一层黄土加工而成的硬面，厚0.02米，较为平整。在房内北部发现7个柱洞（D87~D93），其中D93为泥圈柱洞，外径0.55、内径0.3、深0.48米，其他6个柱洞直径0.15~0.35、深0.18~0.42米。

门向东北，正对房内灶，宽1.05米（图一五九）。

房内堆积为少量浅黄色土，土质致密，出土少量陶片。

陶片以细泥质橘红陶为主，粗夹砂红褐陶次之；纹饰以素面为主，绳纹次之。

F23共出土遗物7件。全部为陶器。器类有罐、钵、圆陶片、锉。

罐　1件。标本F23:4，口、腹部残片。粗夹砂红褐陶。侈口，卷沿，沿面微曲，方唇，鼓腹。腹部饰左上至右下斜向绳纹。外沿面可见轮修痕迹（图一六〇，1）。

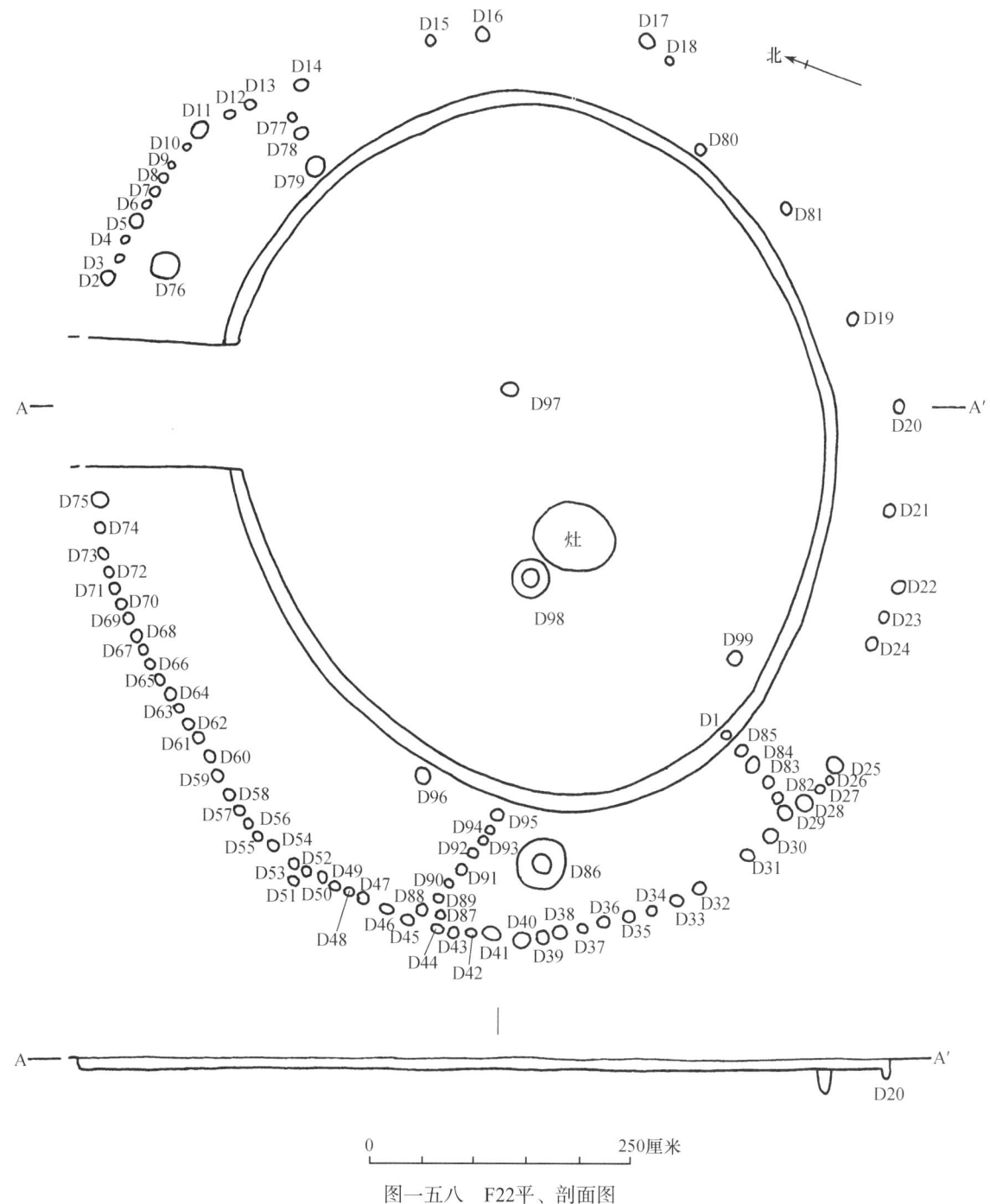

图一五八 F22平、剖面图

钵 3件。均口、腹部残片。形制相同，均细泥质橘红陶，直口微敛，深弧腹，器表磨光，素面。标本F23∶1，圆唇。口下可见轮修痕迹，腹部可见刮抹痕迹（图一六〇，4）。标本F23∶2，方唇。器表可见烟熏痕迹（图一六〇，3）。标本F23∶3，圆唇（图一六〇，2）。

圆陶片 2件。均完整。形制相同，均细泥质橘红陶，系利用钵的残片打制而成，圆形。标本F23∶5-1，边缘稍钝。直径5.3、厚0.6厘米（图一六〇，5）。标本F23∶5-2，边缘较锋利。直径4.2、厚0.6厘米（图一六〇，6）。

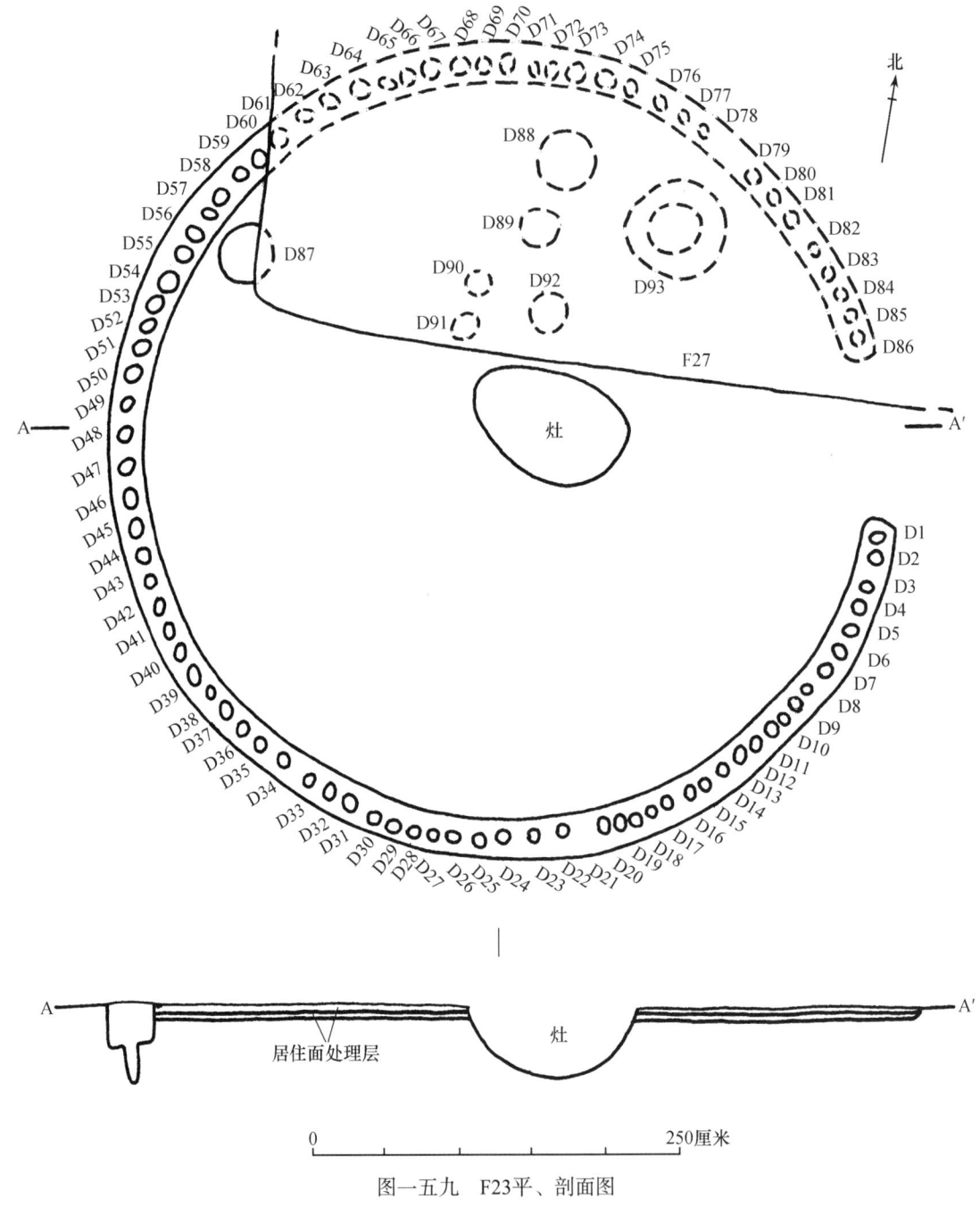

图一五九　F23平、剖面图

锉　1件。标本F23∶6，一端残。细泥质橘红陶。残存部分平面呈三角形，横断面呈圆角长方形，尖部较钝。器表麻点清晰，密度较大。残长3.8、最宽处2.4、厚0.8厘米（图一六〇，7）。

11. F24

F24位于Ⅲ区T0711与T0811内，开口于⑤层下，南部和西南部分别被H121、H122打破。地面式，平面呈圆形，直径3.7米。房周围有一圈柱洞，共38个（D1~D38），直径0.1~0.25、深0.2、柱间距0.05~0.2米。

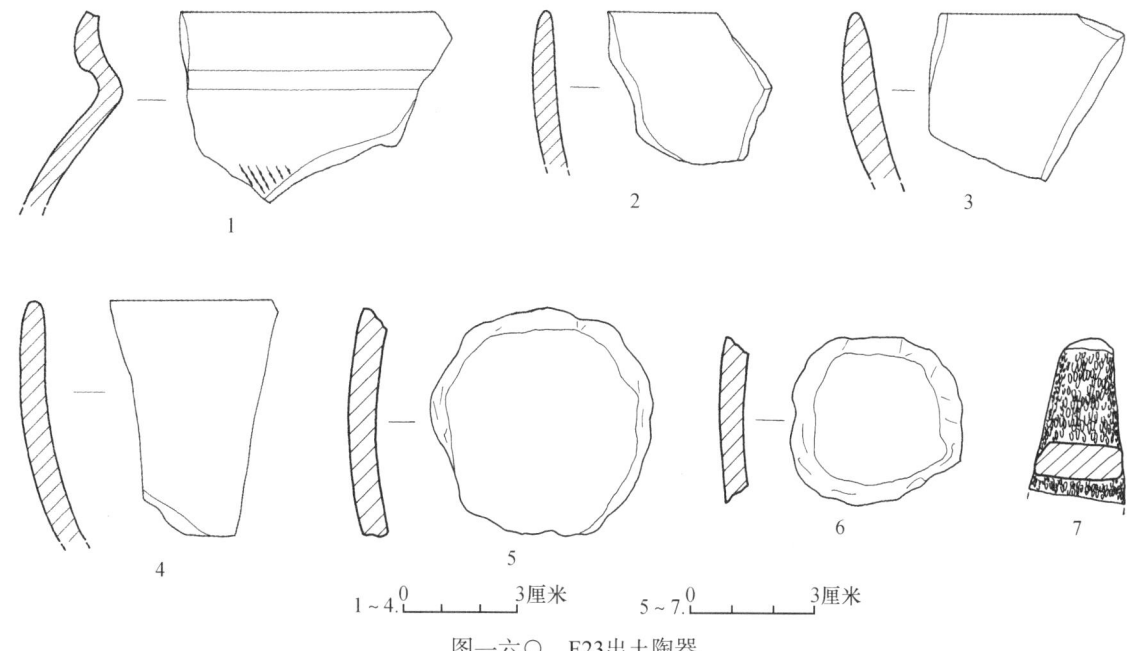

图一六〇　F23出土陶器

1. 罐（F23：4）　2~4. 钵（F23：3、F23：2、F23：1）　5、6. 圆陶片（F23：5-1、F23：5-2）　7. 锉（F23：6）

居住面为黄土加工而成的硬面，较为平整。

门向北，门道长方形，残长0.2、宽0.6米（图一六一）。

房内堆积为草木灰，厚0.05~0.1米，出土少量陶片。

陶片以细泥质橘红陶为主，细夹砂红褐陶次之；纹饰以素面为主，弦纹次之。

F24共出土遗物4件。全部为陶器。器类有钵、瓮。

钵　3件。均口、腹部残片。标本F24：1，粗泥质橘红陶。直口，圆唇，斜直腹。腹部饰二周弦纹。口下可见深褐色叠烧痕迹与轮修痕迹（图一六二，2）。

标本F24：3、F24：5形制相同，均细泥质橘红陶，直口，深弧腹，器表磨光，素面。标本F24：3，方唇。口下可见深红色叠烧痕迹（图一六二，1）。标本F24：5，圆唇。口下可见浅褐色叠烧痕迹（图一六二，3）。

瓮　1件。标本F24：6，口沿残片。细夹砂红褐陶。侈口，卷沿，沿面微曲，方唇，唇面内斜，唇部有一道浅细凸弦纹。素面。内壁可见轮修痕迹（图一六二，4）。

12. F25

F25位于Ⅲ区T0212、T0213、T0312与T0313内，开口于⑤层下，东北部被H130、H137打破。地面式，平面呈椭圆形，长径7.2、短径6.28米。东南部保留有少量墙体，残长1.3、残高0.2、宽0.2米，其他部位仅存基槽，宽0.15~0.2、深0.2米；在底部共发现柱洞89个（D1~D89），直径0.04~0.06、深0.12~0.20、柱间距0.06~0.2米，以0.2米居多。

居住面中间略高，周围稍低，为黄土加工而成的硬面，较为平整。东南部有三段不连续的小沟，用途不详。室内共发现5个泥圈柱洞（D90~D94），外径0.32~0.5、内径0.22~0.46、深0.6米。

196　西安鱼化寨

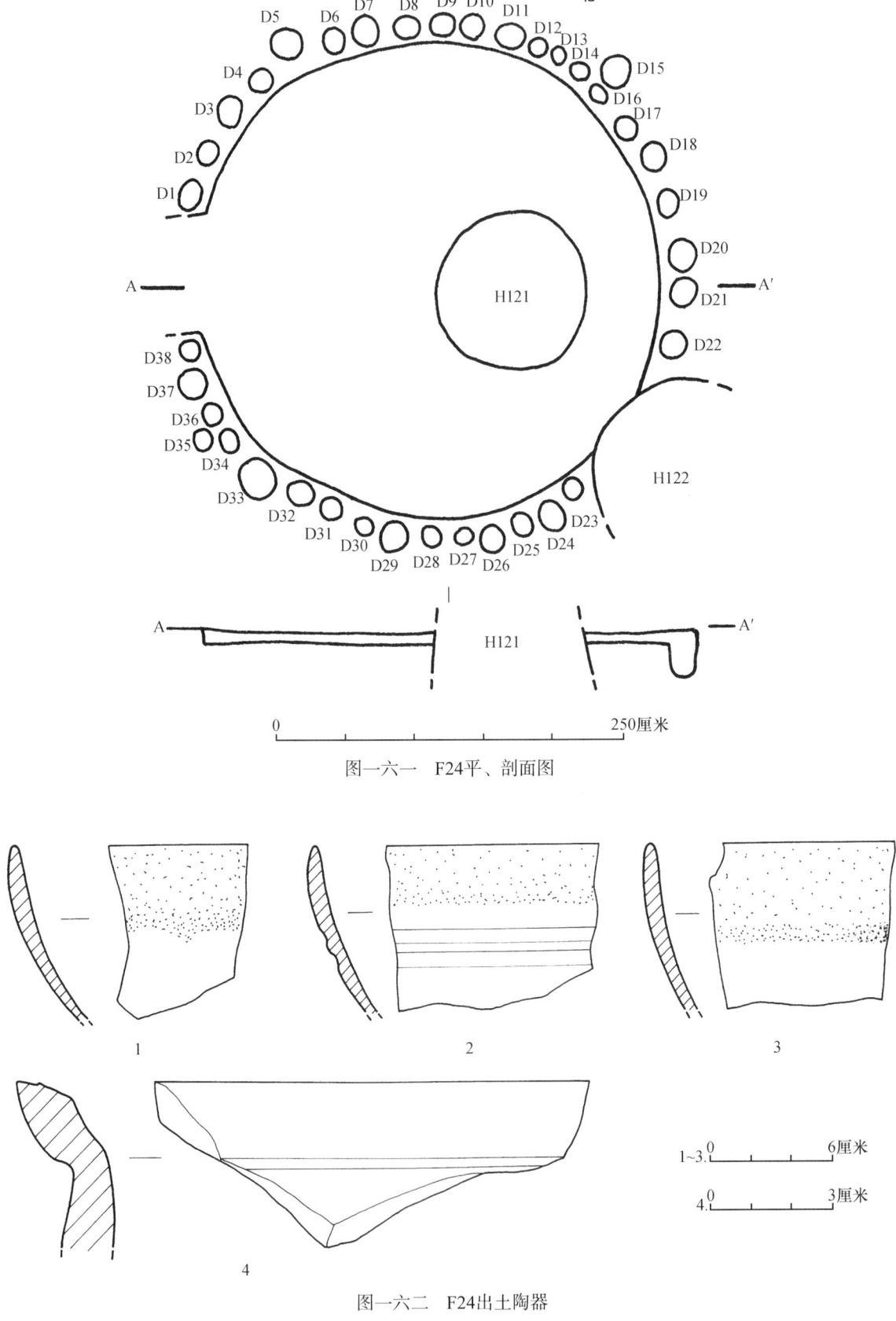

图一六一　F24平、剖面图

图一六二　F24出土陶器
1~3.钵（F24∶3、F24∶1、F24∶5）　4.瓮（F24∶6）

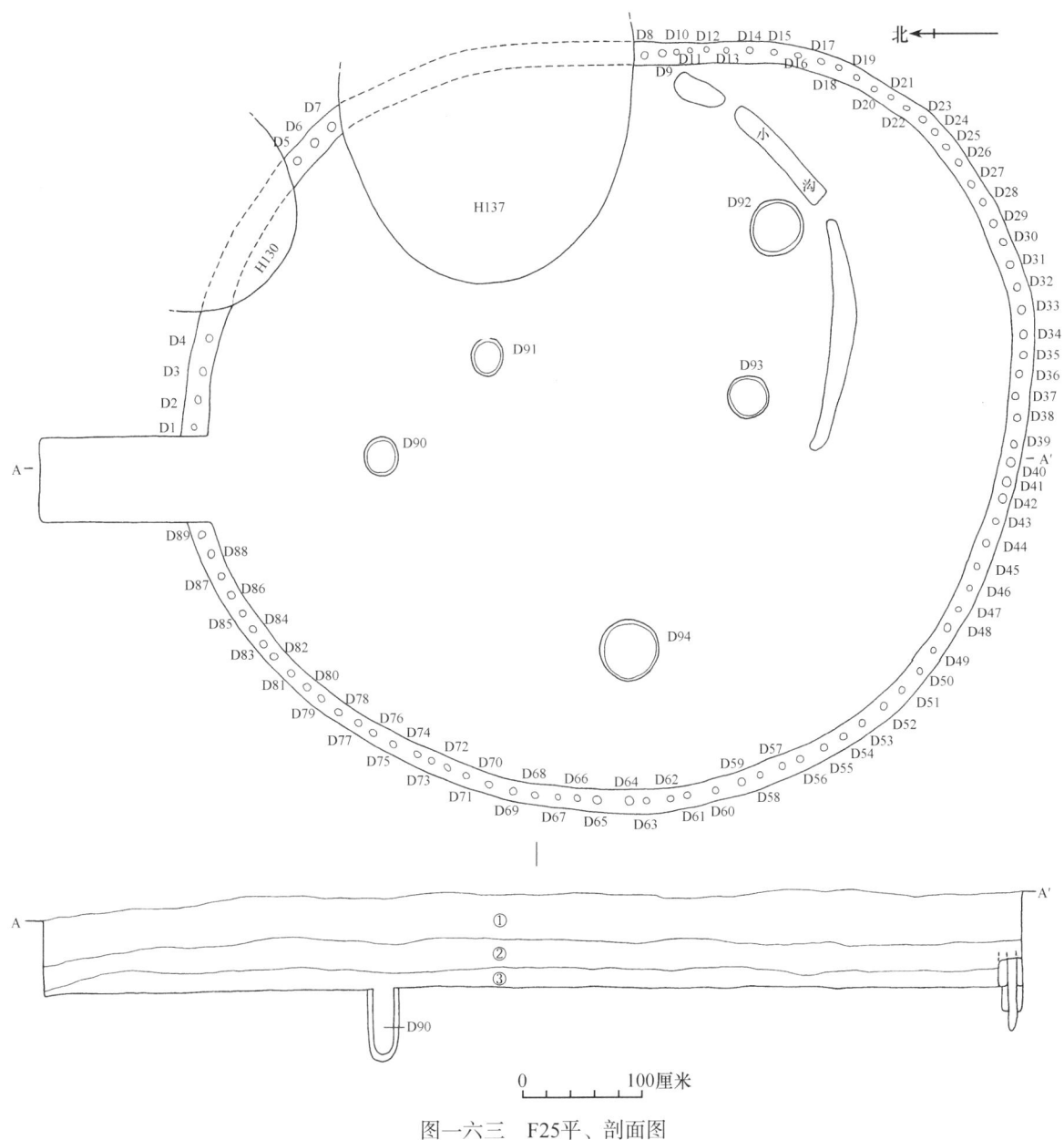

图一六三　F25平、剖面图

门向北。门道长方形，底部平坦，长1.24、宽0.7米（图一六三）。

房内堆积可分为3层：第①层为浅黄色土，土质致密，厚0.3~0.4米，无出土物；第②层为浅黄色土，土质疏松，厚0.2~0.26米；第③层为深灰色土，土质疏松，厚0.04~0.2米，出土零星陶片、石器与兽骨。

陶片为主要的出土物，以粗夹砂红褐陶为主，细泥质橘红陶、细夹砂橘红陶及粗泥质橘红陶次之，还有少量细泥质红褐陶；纹饰以素面居多，绳纹次之，还有少量弦纹及附加堆纹（表四〇）。

F25共出土遗物23件。以陶器为主，石器次之。

（1）陶器

22件。器类有盆、罐、钵、圆陶片、锉（表四一）。

表四〇 F25陶系统计表　　　　　　　　　　　　　　　　　　　　　　（单位：kg）

陶质	细泥质		粗泥质	细夹砂	粗夹砂	合计		百分比（%）
陶色\纹饰	橘红	红褐	橘红	橘红	红褐			
素面	0.114		0.19	0.23	0.236	0.77		37.20
素面+磨光	0.296	0.11				0.406		19.61
绳纹				0.14	0.59	0.73	2.07	35.27	100
弦纹			0.08			0.08		3.86
绳纹+弦纹					0.01	0.01		0.48
绳纹+附加堆纹					0.07	0.07	2.07	3.38
合计	0.41	0.11	0.27	0.37	0.906	2.07		
	2.07							
百分比（%）	19.81	5.31	13.04	17.87	43.77			
	100							

表四一 F25器形统计表　　　　　　　　　　　　　　　　　　　　　　（单位：件）

陶质	细泥质		粗泥质		粗夹砂				合计	百分比（%）	
陶色	橘红	红褐	橘红		红褐						
纹饰\器形	素面+磨光	素面	素面+磨光	素面	弦纹	素面	绳纹	绳纹+弦纹	绳纹+附加堆纹			
罐　口				1		2	1	1	1	9	20	45.00	100
底						3						
钵	7	1			1					9	45.00
盆			1	1						2	10.00
合计	7	1	1	2	1	5	1	1	1	20	
	20										
百分比（%）	35.00	5.00	5.00	10.00	5.00	25.00	5.00	5.00	5.00		
	100										

　　盆　2件。均口、腹部残片。形制相同。标本F25：4，细泥质红褐陶。直口微敛，平折沿，圆唇，弧腹，口沿下侧有一道凸棱。器表磨光。素面。唇部可见轮修痕迹（图一六四，3）。

　　罐　9件。均口、腹部残片。标本F25：6、F25：7、F25：9形制相同，均粗夹砂红褐陶，侈口，折沿，沿面微曲，方唇，鼓腹。标本F25：6，沿面中部有一道凸棱。腹部饰右上至左下斜向绳纹。外沿面可见轮修痕迹（图一六四，8）。标本F25：7，内、外壁均可见轮修痕迹（图一六四，5）。标本F25：9，口沿下侧饰四道弦纹，弦纹以下饰右上至左下斜向绳纹（图一六四，6）。

　　标本F25：8，粗夹砂红褐陶。侈口，折沿，尖圆唇，鼓腹。素面。内、外壁均可见轮修痕迹（图一六四，7）。

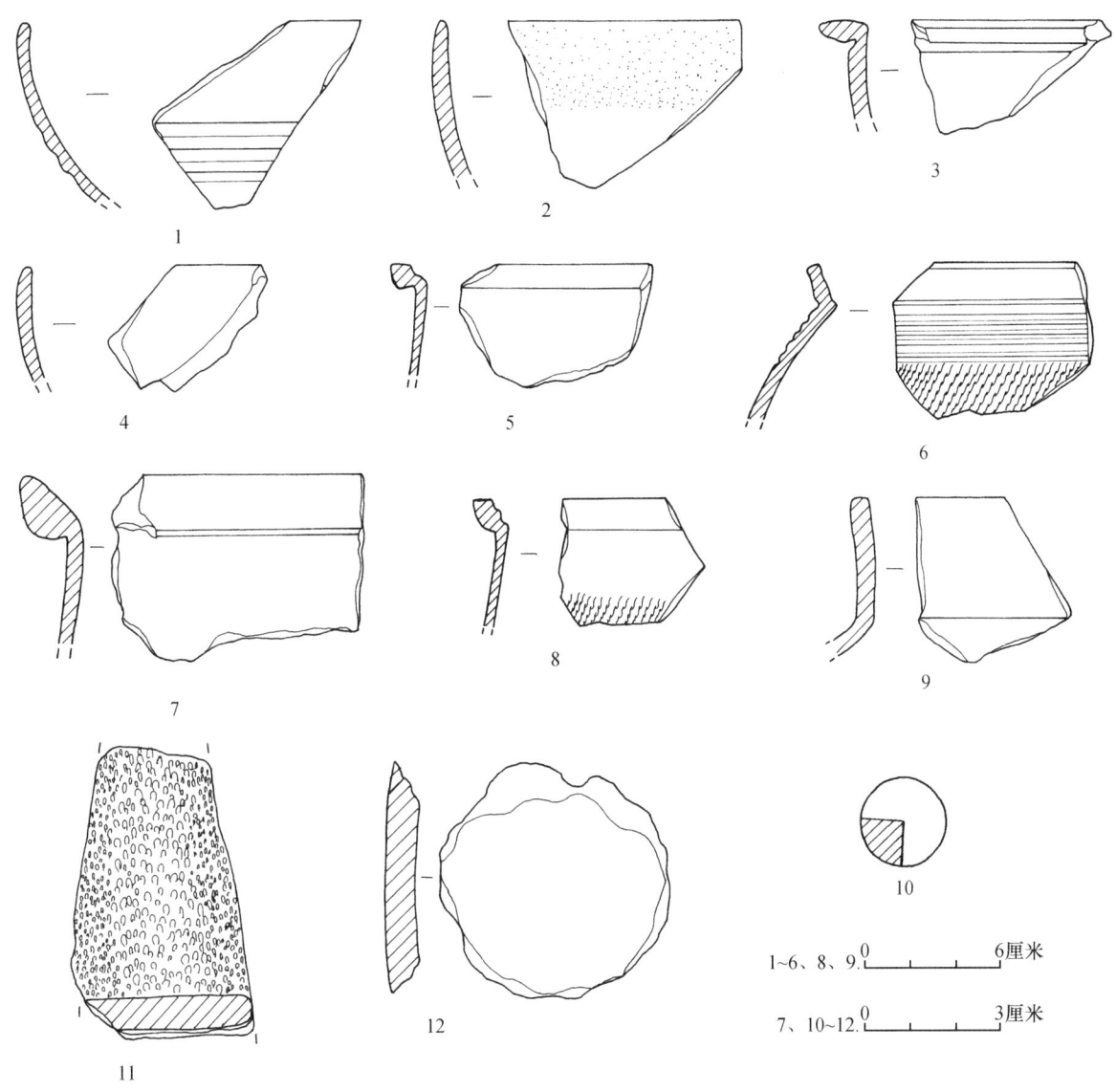

图一六四 F25出土遗物

1、2、4. 陶钵（F25：2、F25：3、F25：1） 3. 陶盆（F25：4） 5～9. 陶罐（F25：7、F25：9、F25：8、F25：6、F25：5） 10. 石球（F25：12） 11. 陶锉（F25：11） 12. 圆陶片（F25：10）

标本F25：5，粗泥质橘红陶。直口微敞，方唇，高领，鼓腹。器表经刮抹较为光滑。素面。口沿下侧可见轮修痕迹（图一六四，9）。

钵 9件。均口、腹部残片。标本F25：1、F25：3形制相同，均细泥质橘红陶，直口微敛，圆唇，深弧腹，素面。标本F25：1，口下可见轮修痕迹（图一六四，4）。标本F25：3，器表磨光。口下可见浅褐色叠烧痕迹（图一六四，2）。

标本F25：2，粗泥质橘红陶。直口微敛，圆唇，斜直腹。腹部饰三周弦纹。器表可见轮修痕迹（图一六四，1）。

圆陶片 1件。标本F25：10，完整。细泥质橘红陶。系利用钵的残片打制而成。圆形，边缘较为锋利。直径5、厚0.7厘米（图一六四，12）。

锉　1件。标本F25：11，两端均残。粗泥质橘红陶。残存部分平面大体呈梯形，两侧边较直，横断面呈圆角长方形。器表麻点清晰，密度较大。残长6.2、宽2.9～3.6、厚0.7厘米（图一六四，11）。

（2）石器

1件。球。标本F25：12，完整。石英岩。圆球状。质地较细腻，通体磨光。直径1.8厘米（图一六四，10）。

13. F26

F26位于Ⅲ区T0913、T1012、T1013、T1014、T1112、T1113、T1114内，开口于④层下，北部被H127打破，西南部被H67打破。地面式，平面大体呈圆形，直径6.4米。房周围墙体已毁，仅存基槽，宽0.25～0.3、深0.1～0.15米，内填黄褐色土；在底部发现一圈柱洞，共63个（D1～D63），直径0.1～0.12、深0.16～0.22、柱间距0.05～0.4米，多在0.2米左右。基槽东南与南部外侧有6个柱洞（D64～D69），直径0.06～0.1、深0.18～0.24米。墙外有一周硬面，宽0.7～1.4、厚0.05米。

房内南部有一灶坑，圆形，锅底状，壁、底因长期使用被烧成青灰色硬面，直径1.05、深0.3米。内填火烧土。

居住面为黄土加工而成的硬面，较为平整。在房内北部发现4个柱洞（D70～D73），直径0.08～0.12、深0.18～0.24米。

门向南，与房内灶相对。门道长方形，残长1、宽0.75米（图一六五）。

房内堆积为较疏松的浅灰色土，较为纯净，无出土物。

14. F27

F27位于Ⅲ区T0811、T0911内，开口于⑤层下，被F17叠压。地面式，平面呈长方形，东西长4.84、南北宽4.2米。房周围墙体已毁，仅存基槽，宽0.14～0.44、深0.1～0.12米，内填较为致密的灰褐色土；在底部发现柱洞64个（D1～D64），其中东墙18个（D1～D18），南墙16个（D2～D34），西墙16个（D35～D50），北墙14个（D51～D64），D35为泥圈柱洞，外径0.45、内径0.2米，其它柱洞直径0.05～0.15、深0.16～0.22、柱间距0.05～0.4米，以0.15米左右居多。个别柱洞内发现木头朽痕。

居住面为黄土加工而成的硬面，较为平整。房内共发现柱洞9个（D65～D73），其中D65～D71为泥圈柱洞，外径0.3～0.5、内径0.2～0.3、深0.25～0.35米；D72直径0.35、深0.3米；D73直径0.24、深0.3米。

门向北，位于北墙偏东部，宽0.8米（图一六六）。

房内堆积为较疏松的浅灰色土，包含较多的火烧土颗粒，厚0.42米，出土少量陶片，另有兽骨。

陶片为主要的出土物，以细泥质橘红陶为主，粗夹砂红褐陶次之，细夹砂红褐陶再次；纹饰以素面为主，绳纹次之，还有少量彩陶。

F27共出土遗物18件。全部为陶器。器类有瓶、盆、罐、钵、瓮、器盖、圆陶片。

瓶　1件。标本F27：10，口、颈部残片。细夹砂红褐陶。直口，较为短矮，方唇，唇部有一道浅细凹槽，短颈。素面。器表可见轮修痕迹，内壁可见泥条盘筑痕迹。口径8、残高7.4厘米（图

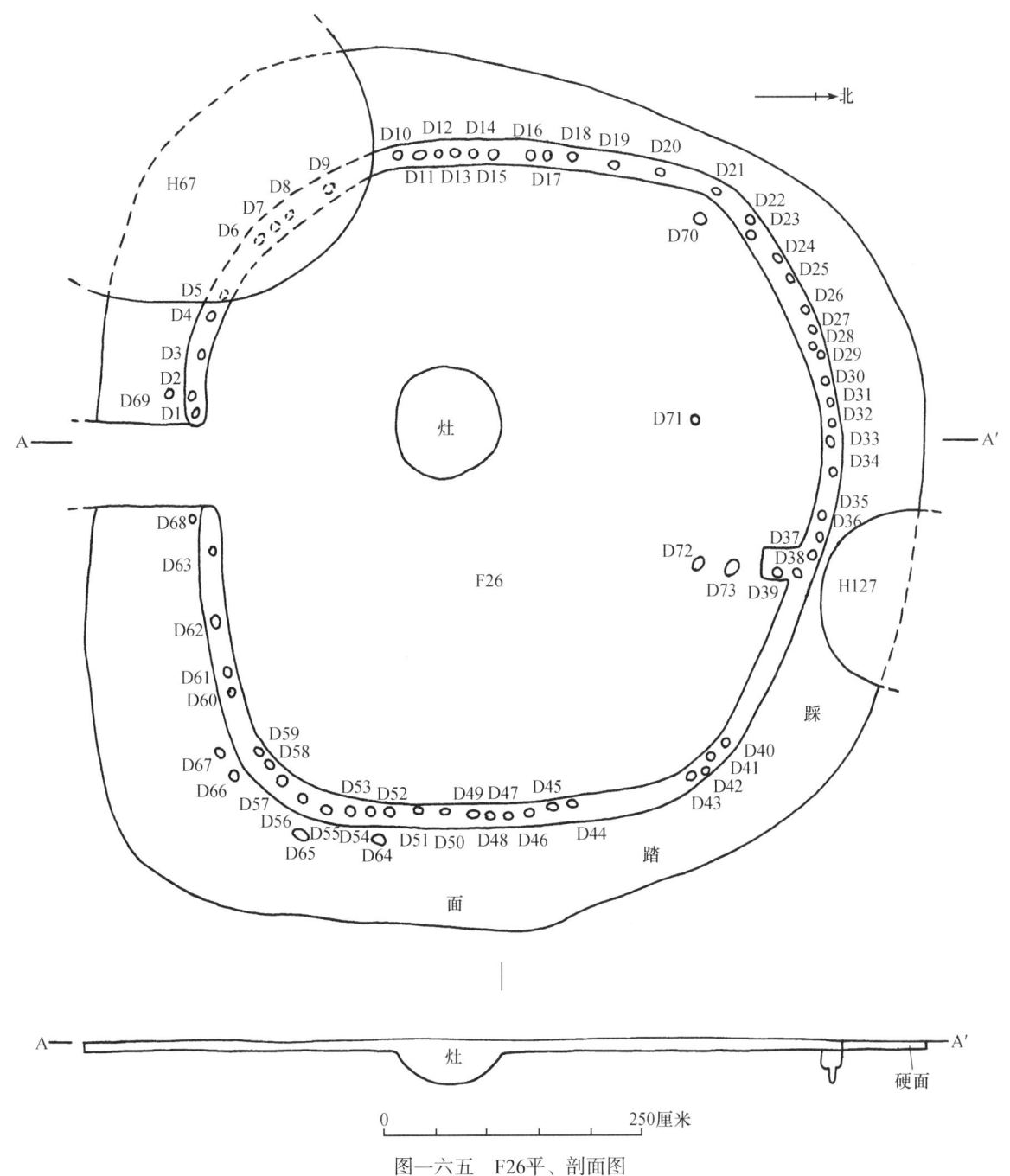

图一六五 F26平、剖面图

一六七，15）。

盆 1件。标本F27：9，口、腹部残片。细泥质橘红陶。敛口，窄沿，圆唇，弧腹。器表磨光。素面。口下可见轮修痕迹（图一六七，3）。

罐 5件。均口、腹部残片。标本F27：11，粗夹砂红褐陶。侈口，卷沿，沿面微曲，方唇，鼓腹。腹部饰右上至左下斜向绳纹，绳纹斜度较小。外沿面可见轮修痕迹（图一六七，7）。

标本F27：14，粗夹砂红褐陶。侈口，折沿，沿面内曲，方唇，鼓腹。口沿以下饰右上至左下斜向绳纹。外沿面可见轮修痕迹，器表可见烟熏痕迹（图一六七，8）。

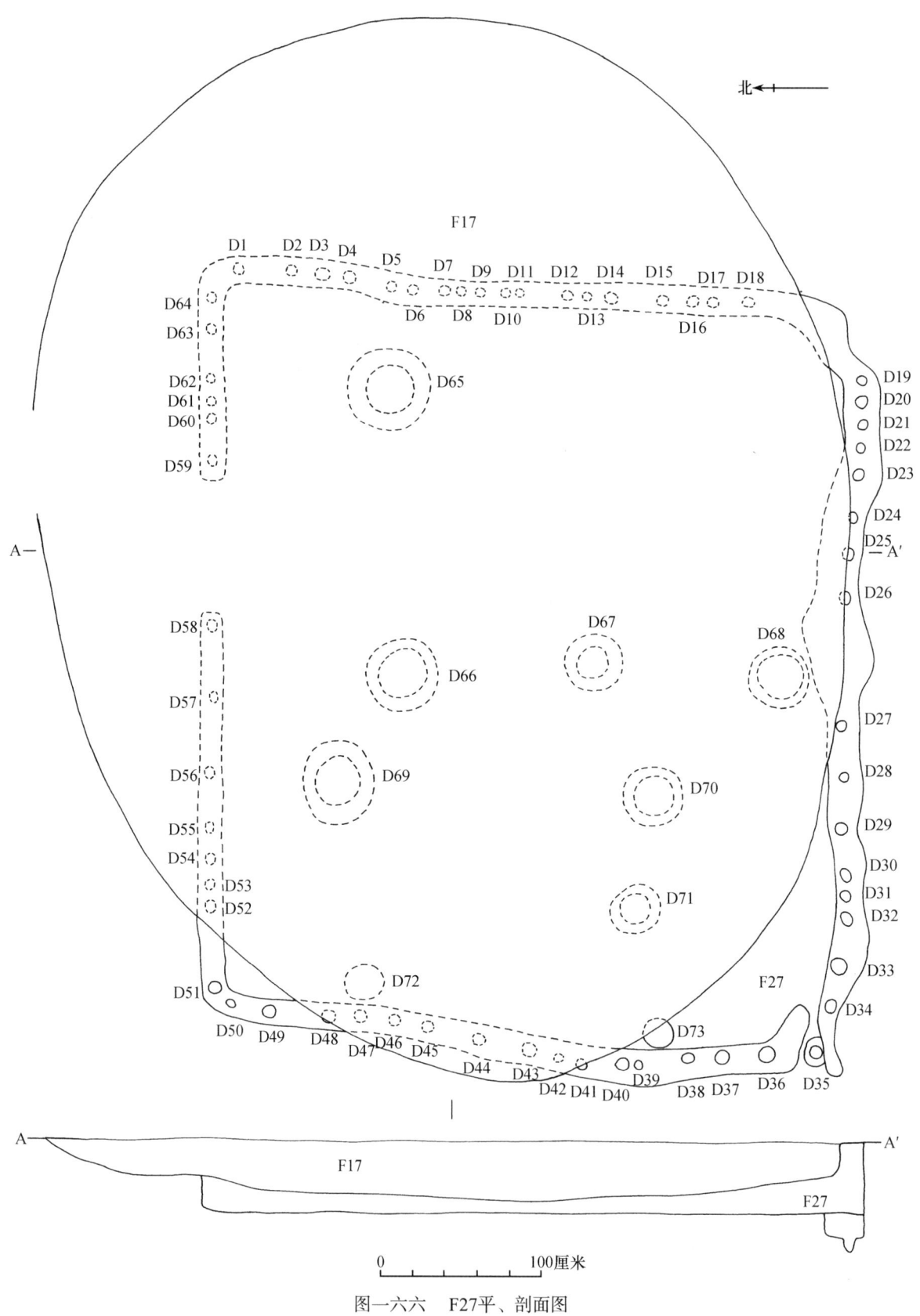

图一六六 F27平、剖面图

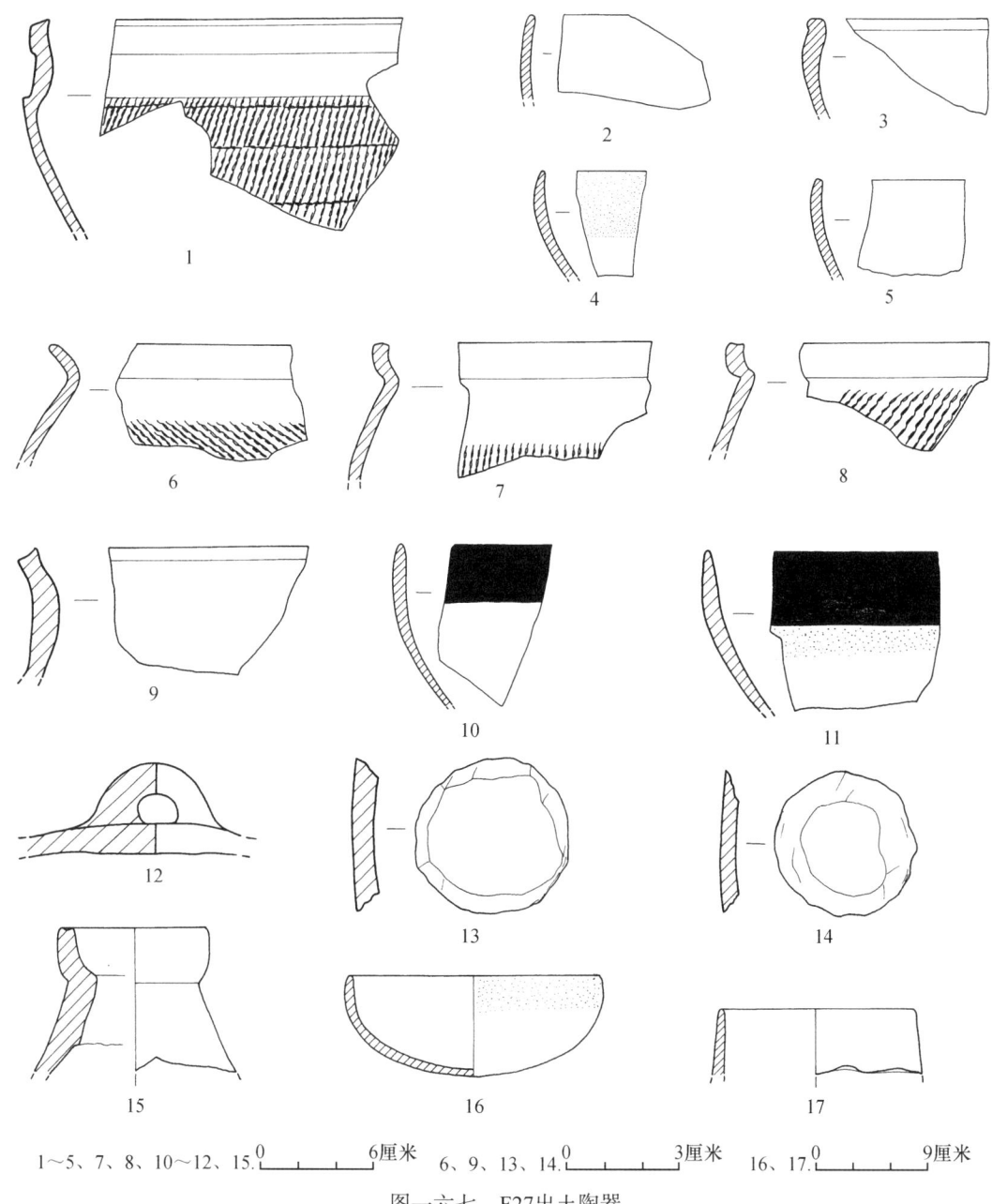

图一六七 F27出土陶器

1. 瓮（F27：18） 2、4、5、10、11、16、17. 钵（F27：6、F27：4、F27：5、F27：2、F27：1、F27：3、F27：8）
3. 盆（F27：9） 6~9. 罐（F27：21、F27：11、F27：14、F27：22） 12. 器盖（F27：25）
13、14. 圆陶片（F27：26-1、F27：26-2） 15. 瓶（F27：10）

标本F27：21，粗夹砂红褐陶。侈口，折沿，尖圆唇，圆鼓腹。腹部饰左上至右下斜向绳纹（图一六七，6）。

标本F27：22，粗夹砂红褐陶。侈口，卷沿，方唇，鼓腹。素面。器表可见轮修痕迹（图一六七，9）。

钵 7件。标本F27：1、F27：2、F27：3、F27：4、F27：5形制相同，均细泥质橘红陶，直口微敛，圆唇，弧腹。标本F27：1，口、腹部残片。器表磨光。口下饰黑色宽带纹彩绘。彩绘下侧可见浅红色叠烧痕迹（图一六七，11）。标本F27：2，口、腹部残片。器表磨光。口下及唇部饰黑色宽带纹彩绘。内壁可见轮修痕迹（图一六七，10）。标本F27：3，可复原。圜底。器表磨光。素面。口下可见浅红色叠烧痕迹，下腹部可见烟熏痕迹。口径19、通高7.8厘米（图一六七，16）。标本F27：4，口、腹部残片。器表经刮抹较为光滑。素面。口下可见浅红色叠烧痕迹与轮修痕迹（图一六七，4）。标本F27：5，口、腹部残片。器表磨光。素面。内壁可见轮修痕迹（图一六七，5）。

标本F27：6、F27：8均口、腹部残片。形制相同，均细泥质橘红陶，敛口，圆唇，弧腹，最大腹径位于中下腹部，素面。标本F27：6，器表磨光。器表可见烟熏痕迹（图一六七，2）。标本F27：8，器表粗糙，表层有部分剥落。内壁可见轮修痕迹。复原口径15、残高5.1厘米（图一六七，17）。

瓮　1件。标本F27：18，口、腹部残片。细夹砂红褐陶。敛口，方唇，折肩，并起一道显著棱脊，斜直腹。棱脊以下饰右上至左下斜向绳纹，并饰稀疏横向绳纹。外沿面与内壁可见轮修痕迹（图一六七，1）。

器盖　1件。标本F27：25，纽、壁残片。粗夹砂红褐陶。弓形纽，弧壁。素面（图一六七，12）。

圆陶片　2件。均完整。形制相同，均细泥质橘红陶，圆形。标本F27：26-1，系利用钵的残片打制而成。边缘较锋利。直径4、厚0.6厘米（图一六七，13）。标本F27：26-2，系利用钵的口部残片打制而成。边缘较锋利。一面可见浅褐色叠烧痕迹。直径3.8、厚0.4厘米（图一六七，14）。

15. F28

F28位于Ⅲ区T0714、T0715、T0814、T0815内，开口于④层下。地面式，平面呈椭圆形，长径4.9、短径4.6米。房周围墙体已毁，仅存基槽，宽0.08~0.1、深0.06~0.13米。基槽外侧垫有一周宽0.24~0.6米的纯黄色土，黄土内发现3个柱洞（D1~D3），直径0.2~0.28、深0.1~0.14米。

房内中部有一灶坑，圆形，锅底状，直径0.3、深0.2米；周缘有灶圈，宽0.14、高0.04米。

居住面为黄土加工而成的硬面，坚硬平整。

门向北，与房内灶相对。门道长方形，残长0.56、残宽0.75米（图一六八）。

房内堆积主要为火烧土块，包含部分草木灰，厚0.26~0.42米，出土陶片较多，另有石块、骨头。

陶片为主要的出土物，以粗夹砂红褐陶为主，细泥质橘红陶次之，粗泥质橘红陶再次，还有少量细泥质灰陶、粗夹砂橘红陶及细夹砂红褐陶；纹饰以绳纹和素面居多，还有少量弦纹、交错绳纹、彩陶（表四二）。

F28共出土遗物117件。以陶器为主，石器次之。

（1）陶器

116件。器类有瓶、罐、钵、瓮、器盖、锉，另有器耳、墙皮残块（表四三）。

瓶　3件。均口、腹部残片。形制相同。标本F28：14，细泥质橘红陶。直杯口，较高，圆唇，束颈，溜肩，鼓腹。肩部饰横向绳纹，腹部饰右上至左下斜向绳纹。内壁可见泥条盘筑与轮修痕迹。口径7.5、残高20.4厘米（图一六九，1）。

罐　69件。标本F28：18、F28：20、F28：27、F28：29、F28：35均口、腹部残片。形制相同，均粗夹砂红褐陶，侈口，卷沿，鼓腹。标本F28：18，方唇，唇部有一道浅细凹槽。口沿以下饰右上至左下斜向绳纹。复原口径21.9、残高10.2厘米（图一六九，2）。标本F28：20，圆唇，

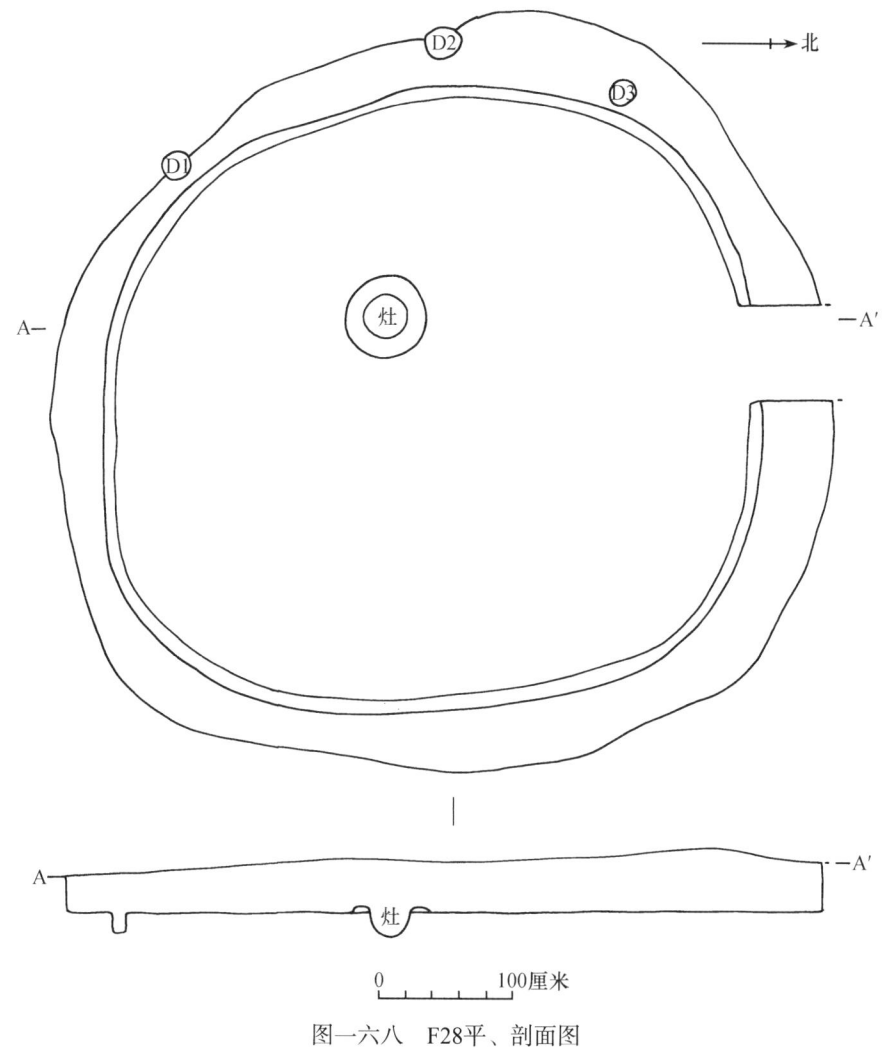

图一六八 F28平、剖面图

表四二 F28陶系统计表 （单位：kg）

陶质	细泥质		粗泥质	细夹砂	粗夹砂		合计		百分比（%）	
陶色 纹饰	橘红	灰	橘红	红褐	橘红	红褐				
素面			0.45	0.13		3.78	4.36		15.64	
素面+磨光	7.22	0.40					7.62		27.33	
绳纹	1.26		2.94		0.14	7.40	11.74		42.11	
弦纹					0.26	1.72	1.98	27.88	7.10	100
交错绳纹						1.61	1.61		5.77	
绳纹+弦纹						0.52	0.52		1.87	
彩陶	0.05						0.05		0.18	
合计	8.53	0.40	3.39	0.13	0.40	15.03	27.88			
	27.88									
百分比（%）	30.60	1.43	12.16	0.47	1.43	53.91				
	100									

表四三　F28器形统计表　　　　　　　　　　　　　　　　　　　　（单位：件）

陶质	细泥质				粗泥质		细夹砂		粗夹砂							合计	百分比（%）
陶色	橘红			灰	橘红		橘红	红褐	橘红		红褐						
纹饰＼器形	素面+磨光	绳纹	彩陶	素面+磨光	素面	绳纹	素面	素面	绳纹	弦纹	素面	绳纹	弦纹	交错绳纹	绳纹+弦纹		
罐　口		1				1	1		1	1	6	29			2	69	60.00
底					1						17	1	8	1			
瓮											1	2	1		1	5	4.35
钵	30	1	1	2	1						1					36	31.30
瓶		3														3	2.61
器盖	1							1								2	1.74
合计	31	5	1	2	1	2	1	1	1	1	24	31	10	1	3	115	100
百分比（%）	26.96	4.35	0.87	1.74	0.87	1.74	0.87	0.87	0.87	0.87	20.87	26.96	8.70	0.87	2.61	100	

口沿以下饰竖向绳纹。复原口径18、残高6.6厘米（图一六九，3）。标本F28：27，沿面微曲，方唇。口沿以下饰多周弦纹。沿面可见轮修痕迹。复原口径12.3、残高4.5厘米（图一六九，15）。标本F28：29，圆唇。口沿以下饰右上至左下斜向绳纹（图一六九，6）。标本F28：35，沿面微曲，方唇。素面。口沿下侧可见轮修痕迹（图一六九，4）。

标本F28：19、F28：21、F28：26、F28：36、F28：38、F28：40、F28：42、F28：52均口、腹部残片。形制相同，均粗夹砂红褐陶，侈口，折沿，沿面内曲，鼓腹。标本F28：19，沿面微曲，方唇，鼓肩，并起一道显著棱脊。棱脊以下饰右上至左下斜向绳纹。口沿下侧可见轮修痕迹，内壁可见泥条盘筑痕迹。复原口径30、残高13.5厘米（图一六九，17）。标本F28：21，方唇，鼓肩，并起一道不显著棱脊。棱脊以下饰右上至左下斜向绳纹。复原口径25.2、残高7.5厘米（图一六九，16）。标本F28：26，沿面微曲，方唇，唇部有二道浅细凹槽。腹部饰右上至左下斜向绳纹。外沿面可见轮修痕迹。复原口径22.8、残高5.7厘米（图一六九，11）。标本F28：36，沿面微曲，圆唇，鼓肩，并起一道显著棱脊。棱脊以下饰右上至左下斜向绳纹（图一六九，9）。标本F28：38，沿面微曲，方唇。腹部饰左上至右下斜向绳纹。外沿面可见轮修痕迹。复原口径24、残高5.4厘米（图一六九，14）。标本F28：40，圆唇，鼓肩，并起一道显著棱脊。腹部饰右上至左下斜向绳纹（图一六九，7）。标本F28：42，方唇，唇部有二道浅细凹槽。腹部饰右上至左下斜向绳纹。外沿面可见轮修痕迹（图一六九，5）。标本F28：52，沿面微曲，圆唇，鼓肩，并起一道显著棱脊。棱脊以下饰右上至左下斜向绳纹。唇部可见轮修痕迹。复原口径22.5、残高7.2厘米（图一六九，13）。

标本F28：17，可复原。细泥质橘红陶。侈口，折沿，沿面内曲，圆唇，圆鼓腹，最大腹径位于中腹部，平底。腹部饰左上至右下斜向绳纹。口沿下侧可见轮修痕迹。口径16.5、腹径22.5、底径7.5、通高15厘米（图一六九，10；彩版一七，1；图版七〇，2；图版一九〇，4）。

标本F28：37，口、腹部残片。粗夹砂橘红陶。侈口，折沿，圆唇，鼓腹。口沿以下饰多周弦纹（图一六九，8）。

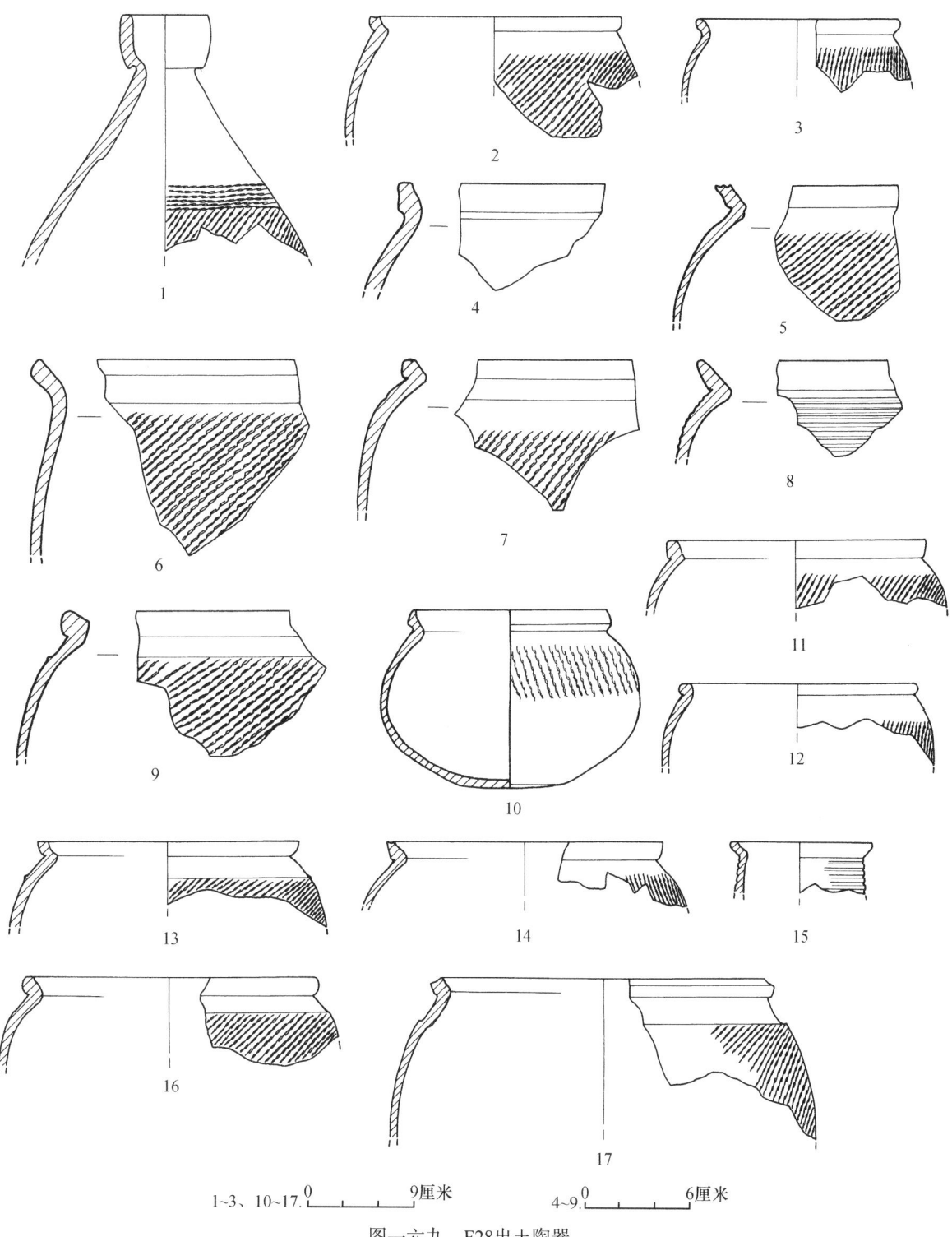

图一六九　F28出土陶器

1.瓶（F28：14）　2~17.罐（F28：18、F28：20、F28：35、F28：42、F28：29、F28：40、F28：37、F28：36、F28：17、F28：26、F28：28、F28：52、F28：38、F28：27、F28：21、F28：19）

标本F28：28，口、腹部残片。粗夹砂橘红陶。敛口，圆唇，唇部有一道浅细凹槽，鼓腹。腹部饰右上至左下斜向绳纹。复原口径21、残高6.9厘米（图一六九，12）。

钵　36件。标本F28：1、F28：2、F28：4、F28：5、F28：6形制相同，均细泥质橘红陶，直口微敛，圆唇，深弧腹，器表磨光。标本F28：1，可复原。圜底。器表经刮抹较为光滑。素面。口下可见轮修痕迹，腹部可见刮抹痕迹。口径16.8、通高8.7厘米（图一七〇，2；图版七〇，3）。标本F28：2，可复原。圜底，底部有一周浅细凹槽，凹槽内区域较为粗糙。素面。器表可见烟熏痕迹。口径20.8、通高10.8厘米（图一七〇，3；图版七〇，4）。标本F28：4，可复原。圜底，底部有一周浅细凹槽。素面。口下可见浅褐色叠烧痕迹。口径28.5、通高15.6厘米（图一七〇，1；图版七〇，5）。标本F28：5，口、腹部残片。腹部饰三道横向绳纹。口下可见轮修痕迹。复原口径27.6、残高12.6厘米（图一七〇，6）。标本F28：6，口、腹部残片。口下饰黑色宽带纹彩绘（图

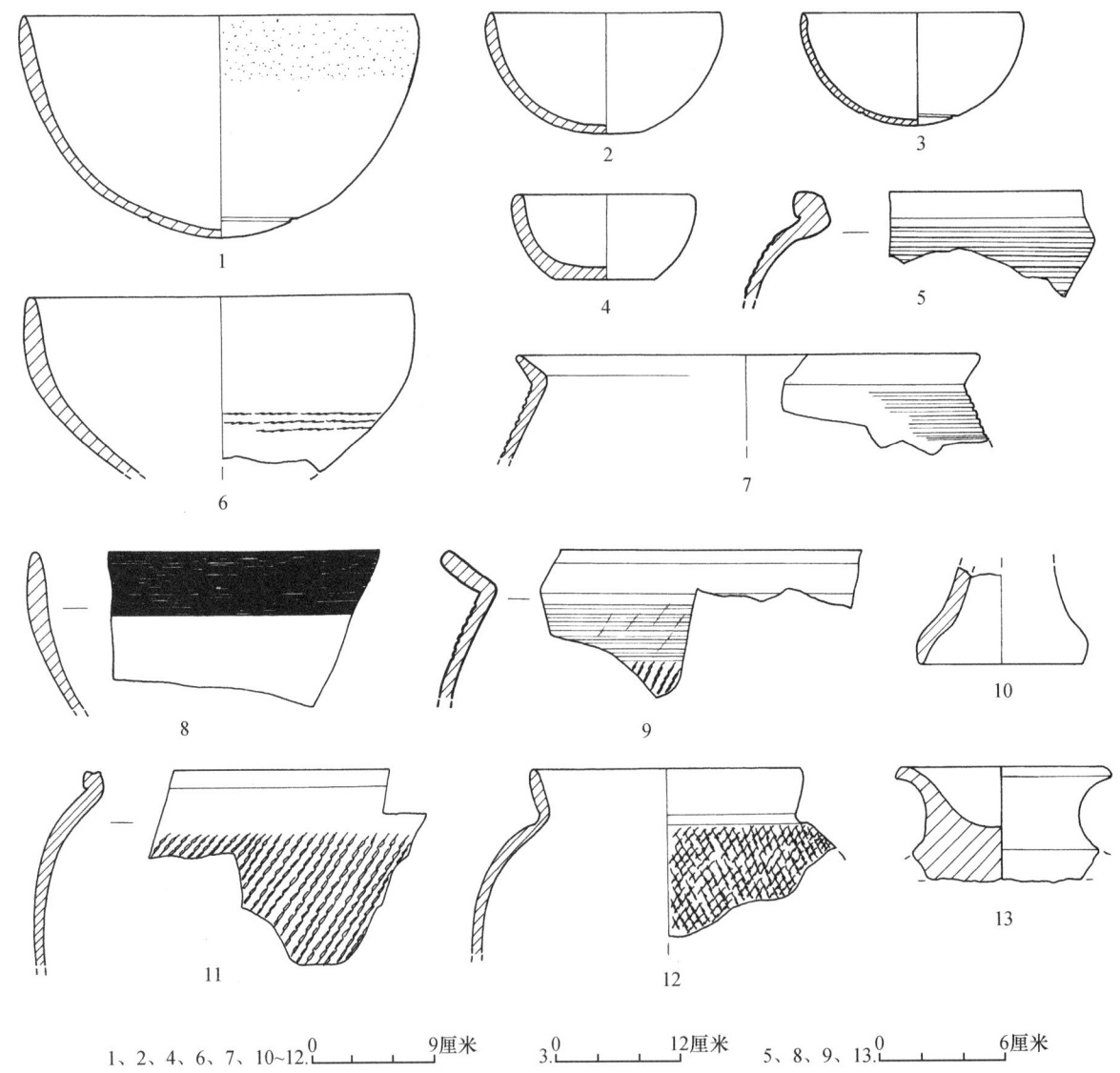

1、2、4、6、7、10~12. 0　　9厘米　　3. 0　　12厘米　　5、8、9、13. 0　　6厘米

图一七〇　F28出土陶器

1~4、6、8. 钵（F28：4、F28：1、F28：2、F28：3、F28：5、F28：6）
5、7、9、11、12. 瓮（F28：34、F28：25、F28：32、F28：30、F28：24）　10、13. 器盖（F28：46、F28：47）

一七〇，8）。

标本F28∶3，可复原。粗泥质橘红陶。敞口，圆唇，浅弧腹，平底。器表经刮抹较为光滑。素面。器表可见刮抹痕迹。口径12.6、底径7.2、通高6厘米（图一七〇，4；图版七〇，6）。

瓮　5件。均口、腹部残片。标本F28∶34，粗夹砂红褐陶。侈口，折沿，沿面微曲，方唇，鼓腹。口沿以下饰多周弦纹。唇部可见轮修痕迹（图一七〇，5）。

标本F28∶30，粗夹砂红褐陶。敛口，方唇，唇部有一道浅细凹槽，鼓腹。腹部饰右上至左下斜向绳纹（图一七〇，11）。

标本F28∶25、F28∶32形制相同，均粗夹砂红褐陶，侈口，折沿，鼓腹。标本F28∶25，圆唇。口沿以下饰多周弦纹。复原口径33.9、残高7.2厘米（图一七〇，7）。标本F28∶32，方唇。口沿以下饰多周弦纹，并饰右上至左下左斜向绳纹，绳纹与弦纹略有交错（图一七〇，9）。

标本F28∶24，粗夹砂红褐陶。侈口，圆唇，高领，鼓肩，并起一道显著棱脊，鼓腹。棱脊以下饰交错绳纹。唇部可见轮修痕迹，器表可见烟熏痕迹。复原口径19.8、残高12.9厘米（图一七〇，12）。

器盖　2件。标本F28∶46，口、壁残片。细泥质橘红陶。敞口，圆唇，反弧壁。器表磨光。素面。内壁可见轮修痕迹。复原口径11.7、残高6.9厘米（图一七〇，10）。

标本F28∶47，纽部残片。细夹砂红褐陶。圈足状纽。素面。内壁可见轮修痕迹。纽径10.6、残高5.4厘米（图一七〇，13）。

器耳　标本F28∶48，腹部残片。粗夹砂红褐陶。鼓腹，有一圆柱桥形耳。器表饰右上至左下斜向绳纹。内壁可见轮修痕迹。可能为瓶耳（图一七一，2）。

墙皮残块　表面有几何纹与圆形小窝组成的图案（图版七一，1）。

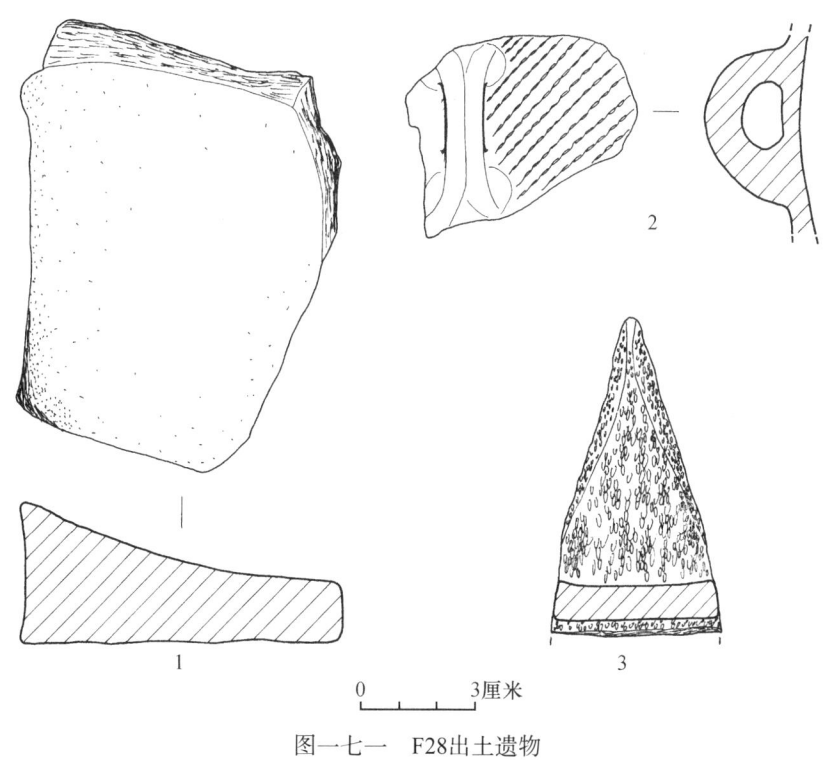

图一七一　F28出土遗物
1. 磨石（F28∶50）　2. 器耳（F28∶48）　3. 陶锉（F28∶49）

锉　1件。标本F28：49，一端残。粗泥质橘红陶。残存部分平面呈三角形，两侧边稍弧，横断面呈圆角长方形。器表麻点清晰，密度较大。残长8.5、厚1厘米（图一七一，3）。

（2）石器

1件。磨石。标本F28：50，完整。石英细砂岩。平面近梯形。一面较平坦，另一面可能因使用而中部向下凹。长11.5、宽8.2厘米（图一七一，1；图版七一，2）。

16. F29

F29位于ⅢT0714、T0814内，开口于⑤层下。地面式，平面呈圆形，直径4.8米。房周围墙体全部已毁，仅存墙基槽，宽0.1～0.22、深0.18米；在底部发现一圈柱洞，共73个（D1～D73），直径0.06～0.22、深0.15、柱间距0.04～0.28米。

居住面为黄土加工而成的硬面，十分平整。

门向北，宽0.7米（图一七二）。

房内堆积为草木灰，厚0.1～0.15米，出土少量陶片。

陶片全部为细泥质橘红陶；纹饰以素面为主，弦纹、彩陶次之。

F29共出土遗物6件。全部为陶器。器类有盆、钵、圆陶片。

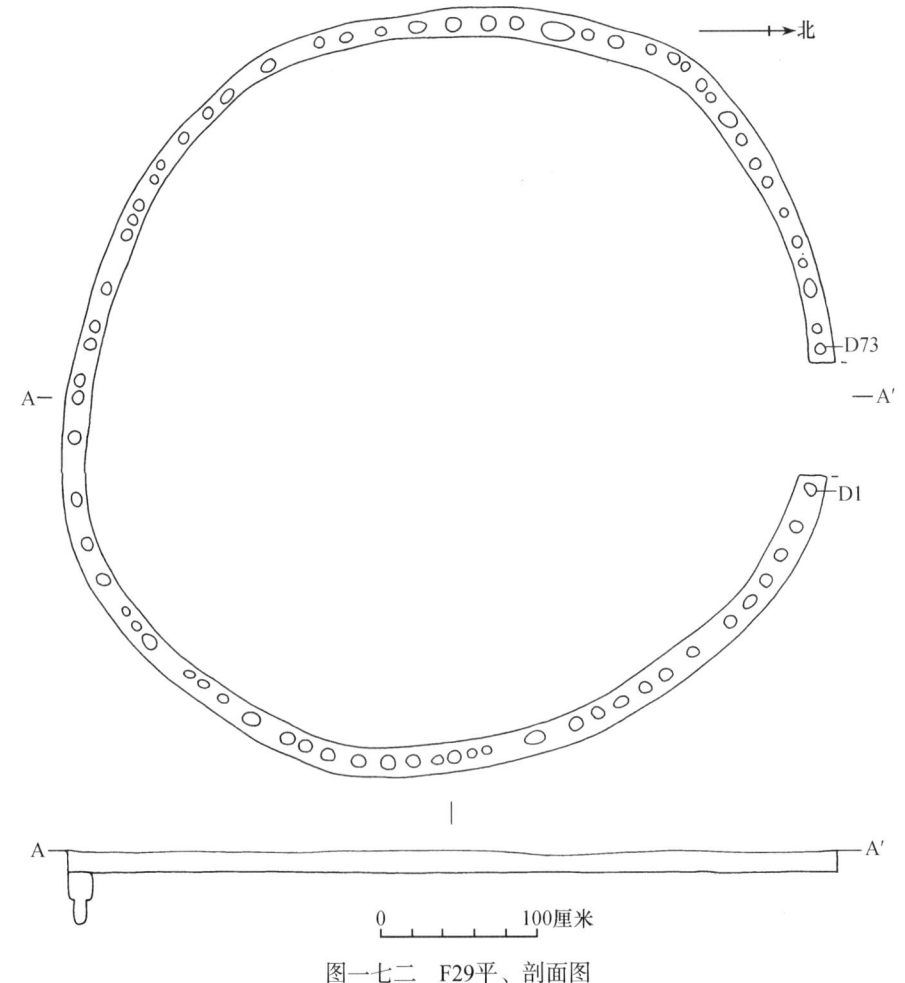

图一七二　F29平、剖面图

盆　1件。标本F29：5，口、腹部残片。细泥质橘红陶。直口，平折沿，沿面微鼓，尖圆唇，弧腹。口沿以下饰多周弦纹。沿面磨光。唇部可见轮修痕迹，沿面可见烟熏痕迹（图一七三，1）。

钵　4件。均口、腹部残片。形制相同，均细泥质橘红陶，直口微敛，深弧腹。标本F29：1，圆唇。口下可见浅褐色叠烧痕迹。器表磨光。素面（图一七三，4）。标本F29：2，方唇。素面。器表可见轮修痕迹（图一七三，5）。标本F29：3，尖圆唇。器表磨光。素面，口下可见轮修痕迹。（图一七三，3）。标本F29：4，方唇。器表磨光。口下饰黑色宽带纹彩绘（图一七三，2）。

圆陶片　1件。标本F29：6，完整。细泥质橘红陶。系利用钵的口部残片打制而成。圆形，边缘较锋利。一面可见浅褐色叠烧痕迹。直径4.5、厚0.6厘米（图一七三，6）。

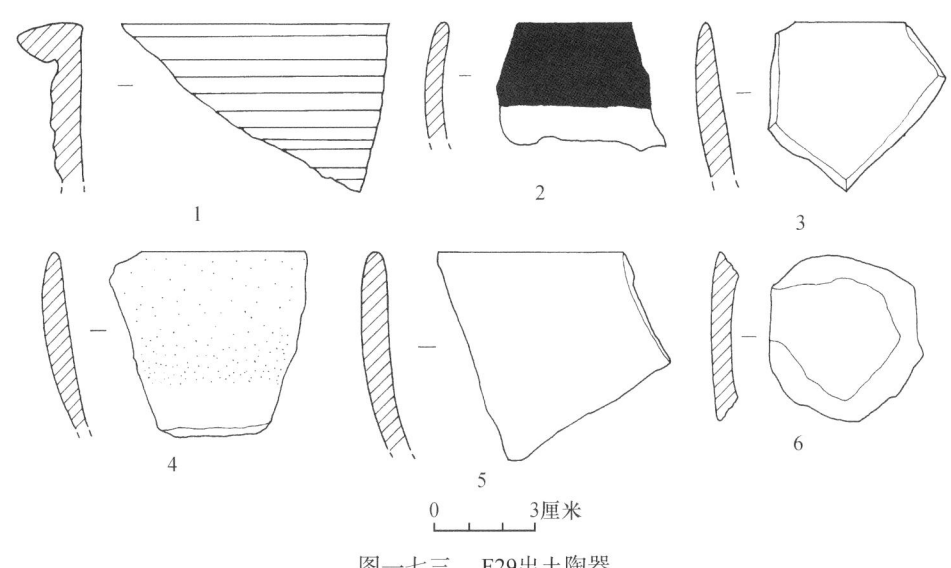

图一七三　F29出土陶器
1. 盆（F29：5）　2~5. 钵（F29：4、F29：3、F29：1、F29：2）　6. 圆陶片（F29：6）

17. F30

F30位于Ⅲ区T0311、T0312、T0411、T0412内，开口于⑦层下。地面式，平面呈方形，边长4.4米。房周围墙体大部分已毁，仅存基槽，宽0.14~0.18、深0.1~0.16米；在底部发现一圈柱洞，共104个（D1~D104），其中东墙26个（D1~D26），南墙22个（D27~D48），西墙28个（D49~D76），北墙28个（D77~D104），直径0.06~0.1、深0.06~0.12、柱间距0.1~0.3米。柱洞内填土为较疏松的浅灰色土，个别柱洞内存留有朽木痕迹。

居住面铺有一层料姜石末，厚0.01米，经火烧烤，十分坚硬。

门向南，位于南墙中部。门道长方形，底部平坦，残长0.4、宽0.58米（图一七四）。

房内堆积为浅灰色土，土质疏松，包含少量火烧土颗粒，厚0.4~0.5米，出土零星陶片、兽骨。

18. F31

F31位于Ⅲ区T0511、T0611内，开口于⑦层下，东北部被F36打破。地面式，依残存部分推测，平面呈长方形，长4.94、宽4.2米。房周围墙体全部已毁，仅存基槽，宽0.12~0.14、深0.05~0.08米，内填灰褐色土，土质较硬，包含极少泥质红陶残片；在底部共发现柱洞25个

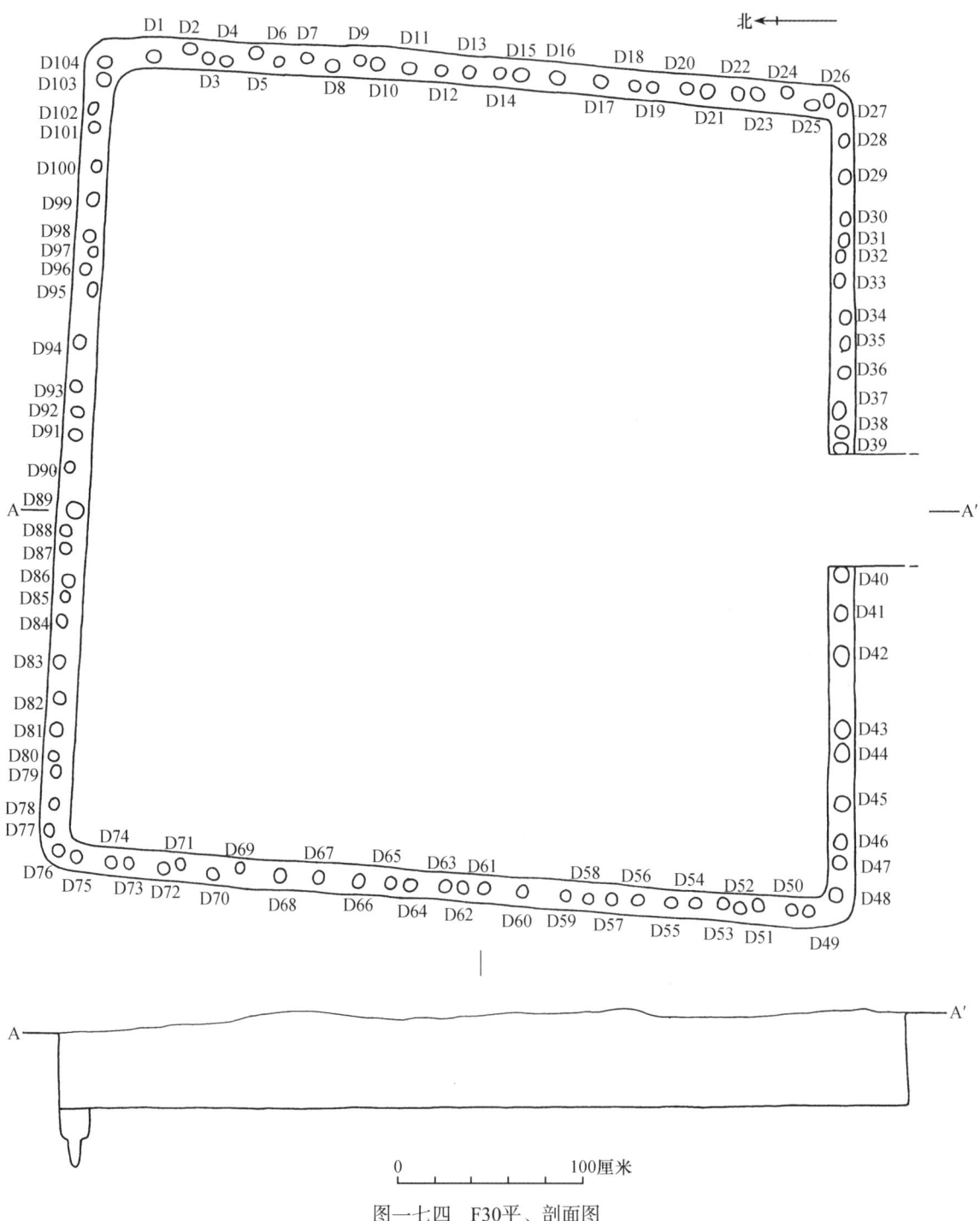

图一七四 F30平、剖面图

（D1~D25），其中北墙3个（D1~D3），东墙4个（D4~D7），南墙12个（D8~D19），西墙6个（D20~D25），直径0.05~0.12、深0.12~0.22、柱间距0.1~0.2米；柱洞内填土为较疏松的浅灰色土，个别柱洞内存留有朽木痕迹。

居住面南高北低，高差0.12米，表面铺有一层料姜石末，平整坚硬。

门不详（图一七五）。

房内堆积为浅灰色土，土质疏松，厚0.02~0.05米，包含少量火烧土颗粒，出土少量陶片。

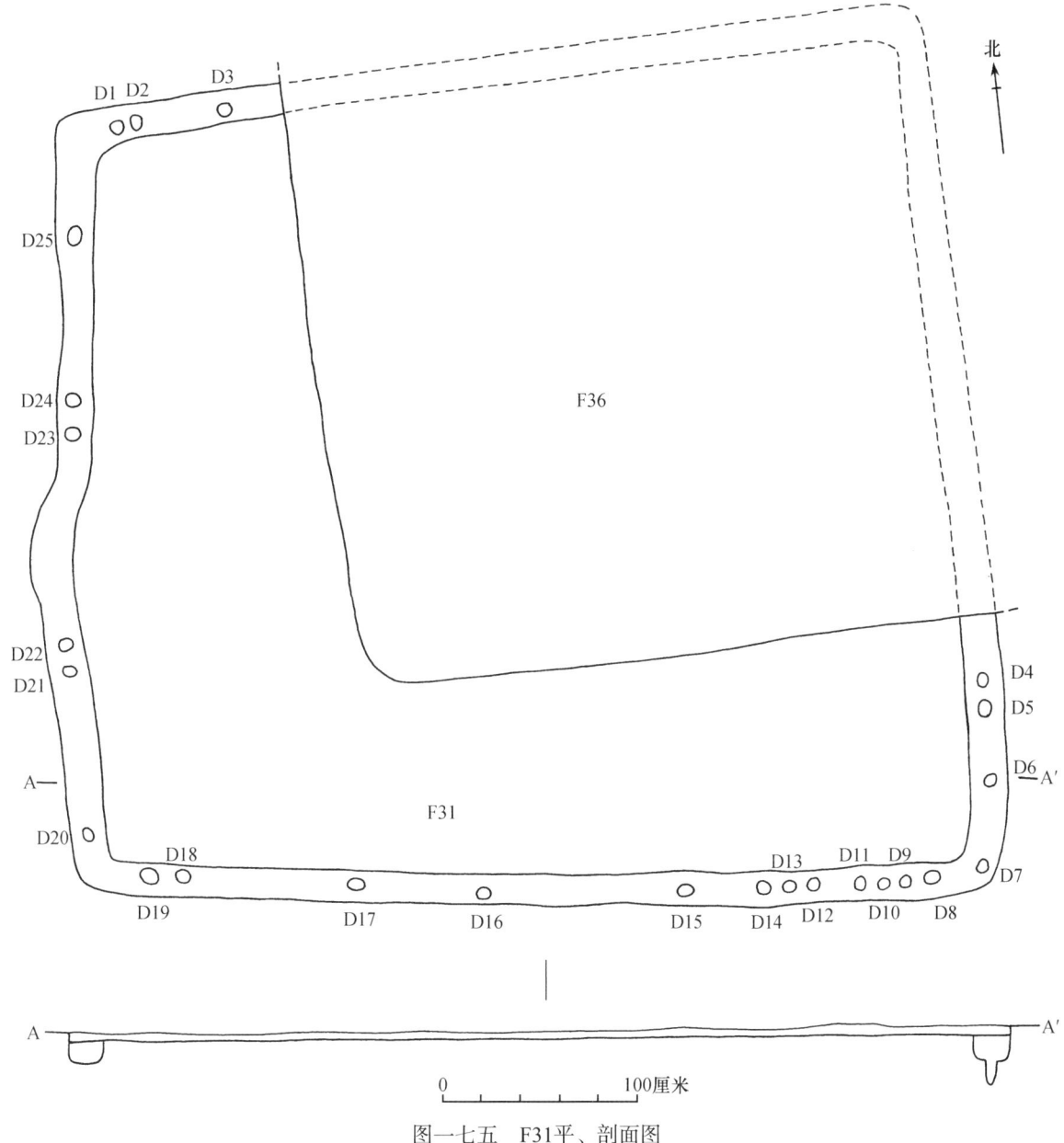

图一七五 F31平、剖面图

陶片以细泥质橘红陶为主，粗夹砂红褐陶次之，还有少量粗泥质橘红陶、粗夹砂橘红陶、细夹砂红褐陶；纹饰以素面为主，绳纹次之。

F31共出土遗物17件。全部为陶器。器类有盆、罐、钵、瓮、圆陶片，另有器耳。

盆　1件。标本F31∶6，口沿残片。细泥质橘红陶。直口微敛，平折沿，沿面微鼓，圆唇。器表磨光。素面。唇部可见轮修痕迹（图一七六，15）。

罐　3件。均口、腹部残片。形制相同，均粗夹砂红褐陶，侈口，折沿，沿面微曲，鼓腹。标本F31∶8，方唇。腹部饰竖向绳纹。口沿下侧可见轮修痕迹（图一七六，7）。标本F31∶10，方唇。素面。外沿面可见轮修痕迹，口部可见烟熏痕迹（图一七六，3）。标本F31∶11，圆唇。素面。沿面可见轮修痕迹（图一七六，4）。

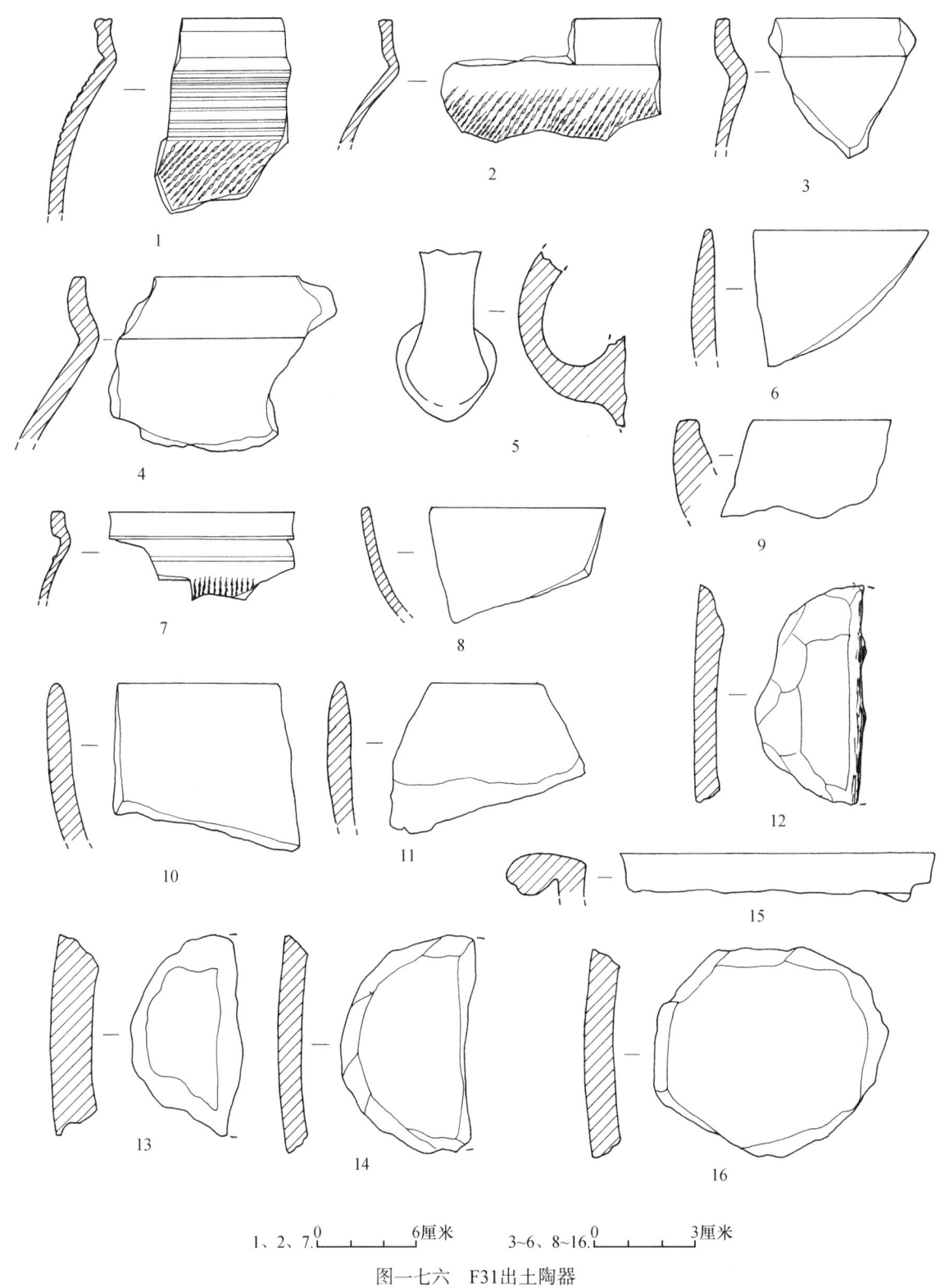

图一七六 F31出土陶器

1、2.瓮（F31：9、F31：7） 3、4、7.罐（F31：10、F31：11、F31：8） 5.器耳（F31：12） 6、8～11.钵（F31：3、F31：4、F31：5、F31：2、F31：1） 12～14、16.圆陶片（F31：13-3、F31：13-4、F31：13-2、F31：13-1）
15.盆（F31：6）

钵　5件。均口、腹部残片。标本F31：1、F31：2、F31：3、F31：5形制相同，均直口微敛，深弧腹，素面。标本F31：1，细泥质橘红陶。尖圆唇。口下可见轮修痕迹（图一七六，11）。标本F31：2，细泥质橘红陶。圆唇。器表磨光。口下可见轮修痕迹（图一七六，10）。标本F31：3，细泥质橘红陶。方唇。器表可见烟熏痕迹（图一七六，6）。标本F31：5，粗泥质橘红陶。方唇。口下可见轮修痕迹（图一七六，9）。

标本F31：4，细泥质橘红陶。敞口，方唇。器表磨光。素面（图一七六，8）。

瓮　2件。均口、腹部残片。形制相同，均粗夹砂橘红陶，侈口，卷沿，方唇，鼓腹。标本F31：7，腹部饰右上至左下斜向绳纹（图一七六，2）。标本F31：9，沿面微曲。上腹部饰多周弦纹，弦纹以下饰右上至左下斜向绳纹。沿面可见轮修痕迹（图一七六，1）。

器耳　标本F31：12，残。粗夹砂红褐陶。扁圆桥形耳。素面。可能为瓶耳（图一七六，5）。

圆陶片　6件。形制相同，均圆形。标本F31：13-1，完整。细泥质橘红陶。系利用钵的残片打制而成。边缘较钝。直径6.8、厚0.8厘米（图一七六，16）。标本F31：13-2，残。细泥质橘红陶。系利用盆的残片打制而成。边缘较钝。器表饰多道弦纹。直径6.2、厚0.7厘米（图一七六，14）。标本F31：13-3，残。细泥质橘红陶。系利用钵的残片打制而成。边缘较锋利。直径6.3、厚0.7厘米（图一七六，12）。标本F31：13-4，残。细夹砂红褐陶。系利用罐的残片打制而成。边缘较钝。直径5.7、厚1.2厘米（图一七六，13）。

19. F33

F33位于Ⅲ区T0810、T0811、T0910、T0911内，开口于⑤层下，西部被F23打破，北部被F27打破。地面式，平面呈圆形，直径5.2米。房周围墙体已毁，仅存基槽，宽0.16～0.2、深0.3米；在底部发现柱洞46个（D1～D46），直径0.06～0.14、深0.14、柱间距0.1～0.3米，多在0.1米左右。

居住面为黄土加工而成的硬面，十分平整。室内共发现4个泥圈柱洞（D47～D50），呈长方形排列，外径0.4～0.64、内径0.2～0.4、深0.42～0.64米。

门向东。门道长方形，底部平坦，略有损毁，残长0.4、宽0.68米（图一七七）。

房内堆积仅为少量草木灰，厚0.22米，出土少量陶片、兽骨。

陶片为主要的出土物，以粗夹砂红褐陶与细泥质橘红陶为主，粗泥质橘红陶次之；纹饰有绳纹与素面。

F33共出土遗物7件。以陶器为主，骨器次之。

（1）陶器

6件。器类有钵、瓮。

钵　3件。均口、腹部残片。形制相同，均直口微敛，深弧腹，素面。标本F33：1，细泥质橘红陶。方唇。器表磨光（图一七八，3）。标本F33：2，细泥质橘红陶。方唇。器表磨光。口下可见灰白色叠烧痕迹与轮修痕迹（图一七八，5）。标本F33：3，粗泥质橘红陶。圆唇。器表可见刮抹痕迹（图一七八，4）。

瓮　3件。均口、腹部残片。标本F33：5、F33：6形制相同，均粗夹砂红褐陶，侈口，卷沿，

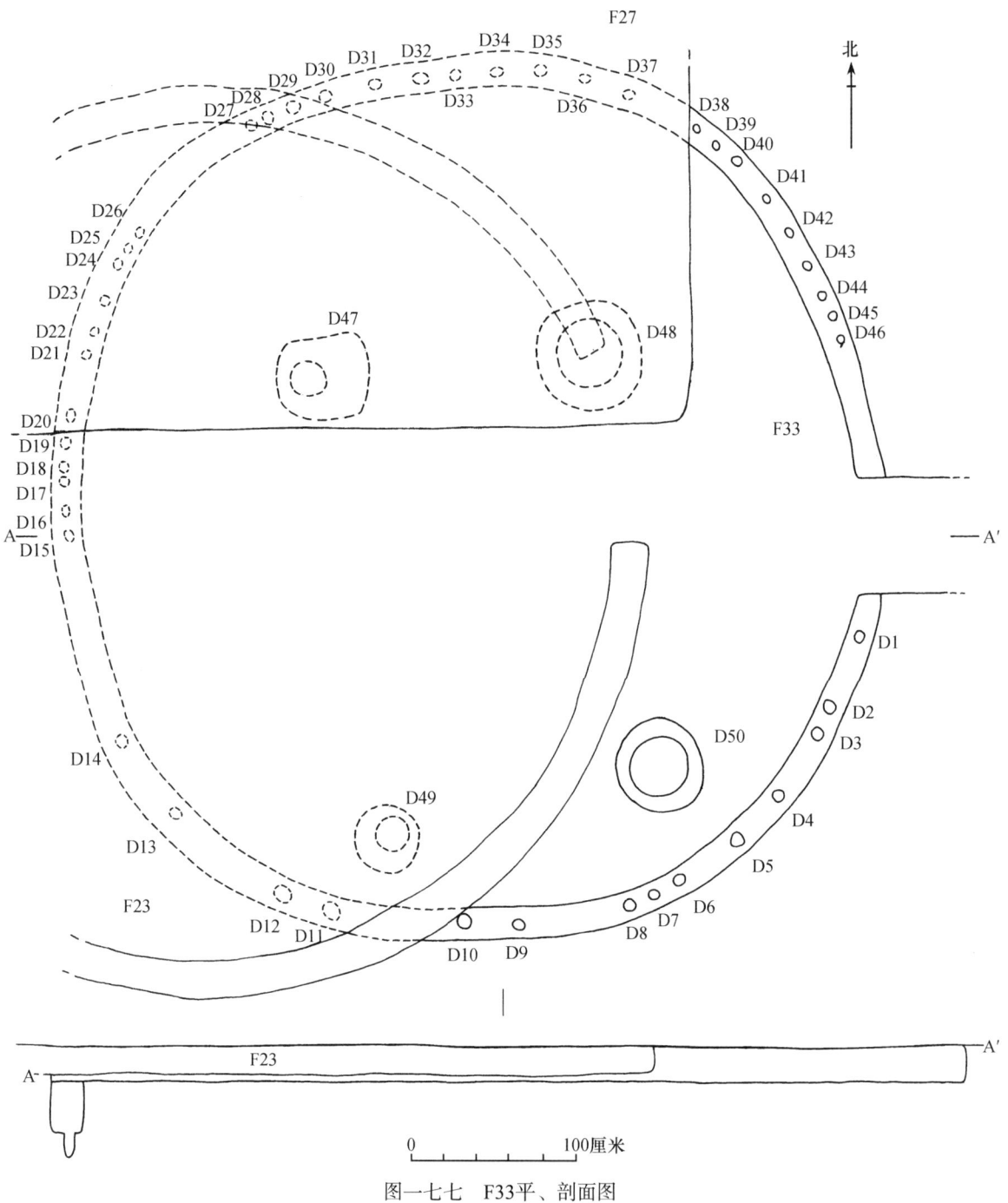

图一七七 F33平、剖面图

方唇，鼓腹。标本F33：5，沿面微曲。腹部饰右上至左下斜向绳纹。外沿面可见轮修痕迹（图一七八，1）。标本F33：6，外沿面有一道浅细凹槽。腹部饰右上至左下斜向绳纹，绳纹斜度较小。外沿面可见轮修痕迹（图一七八，6）。

标本F33：4，粗泥质橘红陶。侈口，折沿，沿面内曲，圆唇，鼓腹。腹部饰右上至左下斜向绳纹。内壁可见轮修痕迹（图一七八，2）。

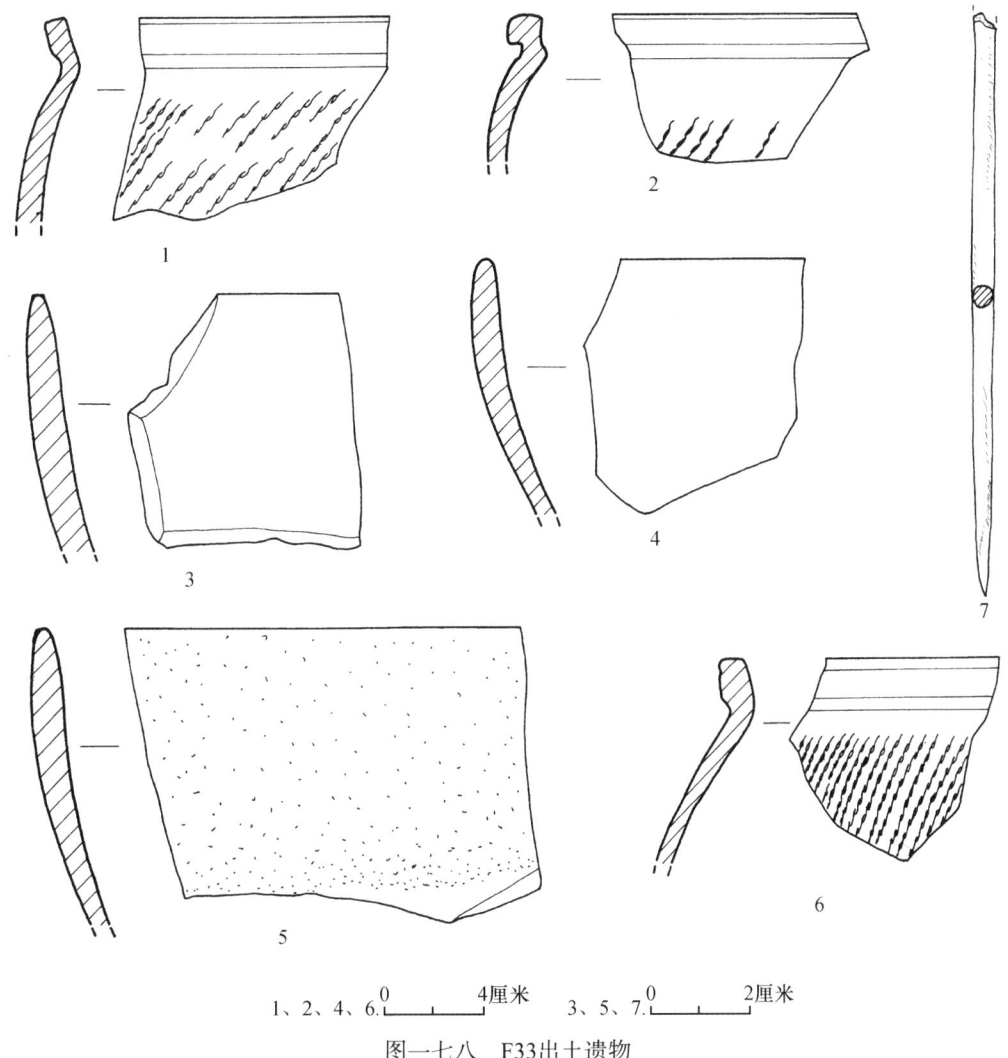

图一七八　F33出土遗物

1、2、6. 陶瓮（F33：5、F33：4、F33：6）　3~5. 陶钵（F33：1、F33：3、F33：2）　7. 骨针（F33：7）

（2）骨器

1件。针。标本F33：7，尾端稍残。系利用动物长骨磨制而成。器身细长，横断面呈圆形，尾端较扁平，尖部锐利。残长11.5、直径0.4厘米（图一七八，7）。

20. F34

F34位于Ⅲ区T0811、T0812、T0911、T0912内，开口于⑥层下。地面式，平面呈圆形，直径6.6米。房周围墙体大部分已毁，仅在北部残存1米长的一段墙壁，宽0.5、残高0.2~0.4米，内壁涂抹一层草拌泥。其他部位均仅存墙基槽，宽0.25~0.4、深0.2米。墙外有一周料姜石末铺成的硬面，宽0.25、厚0.05米。

房内中部偏南有一灶坑，圆形，锅底状。直径0.65、深0.2米，周缘有灶圈，高0.08~0.1、宽0.06~0.08米。

居住面西北高，东南低，总厚度为0.1米，表面平整，经过二层处理：第①层为黄土加工而成

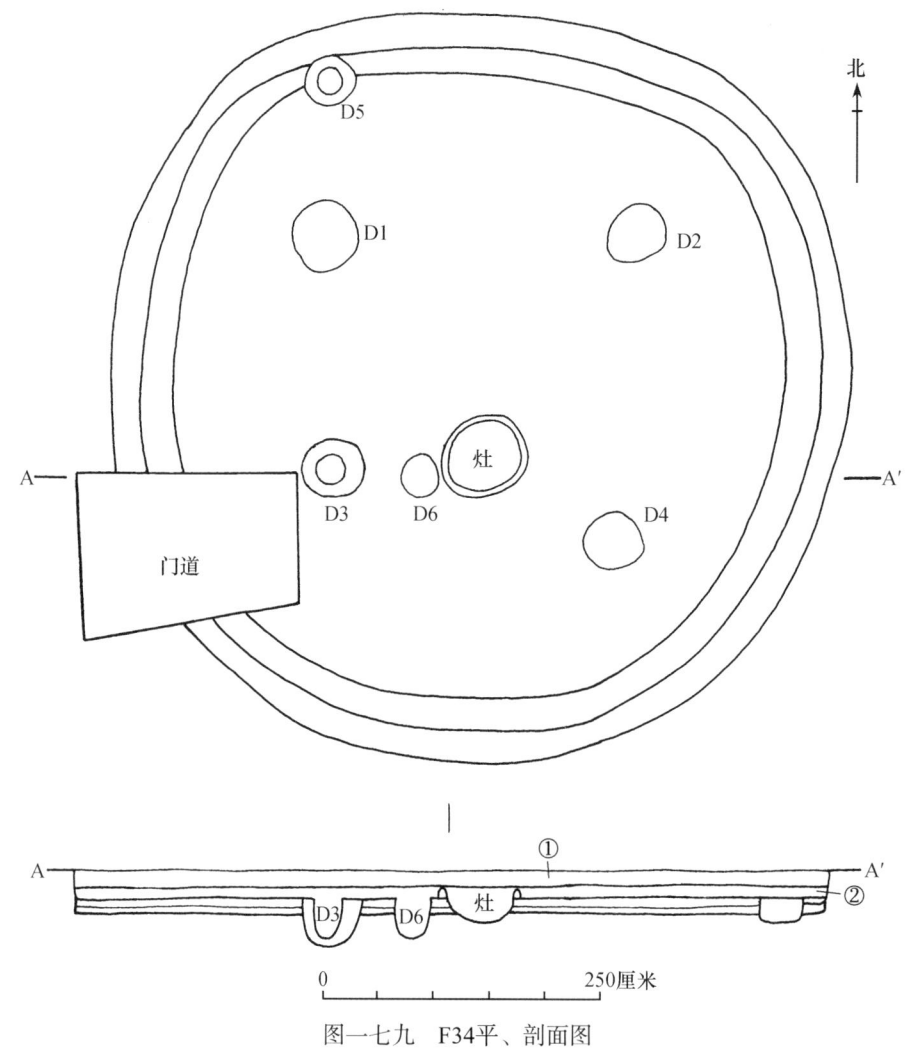

图一七九 F34平、剖面图

的硬面,厚0.05米;第②层为料姜石末铺成的硬面,厚0.05米。房内共发现6个柱洞(D1~D6),其中D1~D4大体呈梯形排列,D5位于北部,与墙基槽相交,D6位于灶西侧,D3、D5带有泥圈,外径分别为0.45与0.6、内径均为0.25、深0.45米,其他柱洞直径0.45~0.55、深0.35米左右。

门向西,位于西南部。门道呈梯形,东部伸进房内,底部平坦,铺有一层纯净黄土,较为坚硬,长2、东端宽1.15、西端宽1.45米(图一七九)。

房内堆积可分为2层:第①层为黄褐色土,土质疏松,厚0.15米,包含少量草拌泥残块,出土大量陶片,另有石块、兽骨;第②层为浅灰色土,土质疏松,厚0.1米。

陶片为主要的出土物,以粗夹砂红褐陶为主,细夹砂橘红陶和细泥质橘红陶次之,粗泥质橘红陶再次,还有少量粗泥质红褐陶、细夹砂红褐陶及细泥质灰陶;纹饰以素面占绝大多数,绳纹次之,还有少量交错绳纹及弦纹(表四四)。

F34共出土遗物42件。以陶器为主,石器次之。

(1)陶器

41件。器类有盆、罐、钵、瓮、器盖、圆陶片、饰件(表四五)。

表四四　F34陶系统计表　　　　　　　　　　　　　　　　　　　　　（单位：kg）

陶质	细泥质		粗泥质		细夹砂		粗夹砂	合计	百分比（%）	
陶色 纹饰	橘红	灰	橘红	红褐	橘红	红褐	红褐			
素面	0.228		0.49	0.16	1.12	0.126	1.03	3.154	54.10	
素面+磨光	1.30	0.04						1.34	22.98	
绳纹			0.13		0.18		0.61	0.92	15.78	
弦纹			0.05				0.252	0.302	5.18	5.83 / 100
交错绳纹					0.08			0.08	1.37	
绳纹+弦纹							0.03	0.03	0.51	
合计	1.528	0.04	0.67	0.16	1.38	0.126	1.922	5.83		
	5.83									
百分比（%）	26.21	0.69	11.49	2.74	23.67	2.16	32.97			
	100									

表四五　F34器形统计表　　　　　　　　　　　　　　　　　　　　　（单位：件）

陶质	细泥质	粗泥质		细夹砂		粗夹砂		合计	百分比（%）	
陶色	橘红	橘红		橘红		红褐				
纹饰 器形	素面+磨光	素面	弦纹	素面	素面	绳纹	弦纹			
罐　口		1	1		3	2	2	14	42.42	
底					5					
瓮						1		1	3.00	33 / 100
钵　口	9	3		1				16	48.48	
底	1	2								
盆	1	1						2	6.10	
合计	11	3	3	1	2	8	2	3	33		
	33									
百分比（%）	33.33	9.09	9.10	3.00	6.10	24.24	6.10	9.10			
	100									

盆　2件。均口、腹部残片。形制相同。标本F34：9，细泥质橘红陶。直口，平折沿，沿面微鼓，圆唇，弧腹。器表磨光。素面。唇部与口沿下侧均可见轮修痕迹（图一八〇，1）。

罐　14件。均口、腹部残片。标本F34：10、F34：11、F34：12、F34：15形制相同，均粗夹砂红褐陶，侈口，卷沿，方唇，鼓腹。标本F34：10，沿面内曲。素面。器表可见轮修痕迹（图一八〇，3）。标本F34：11，沿面微曲，肩略鼓，并起一道不显著棱脊。棱脊以下饰右上至左下斜向绳纹。外沿面可见轮修痕迹（图一八〇，2）。标本F34：12，口沿下侧有一道宽浅凹槽。口沿以下饰右上至左下斜向绳纹。沿面可见轮修痕迹（图一八〇，4）。标本F34：15，沿面微曲，唇部有

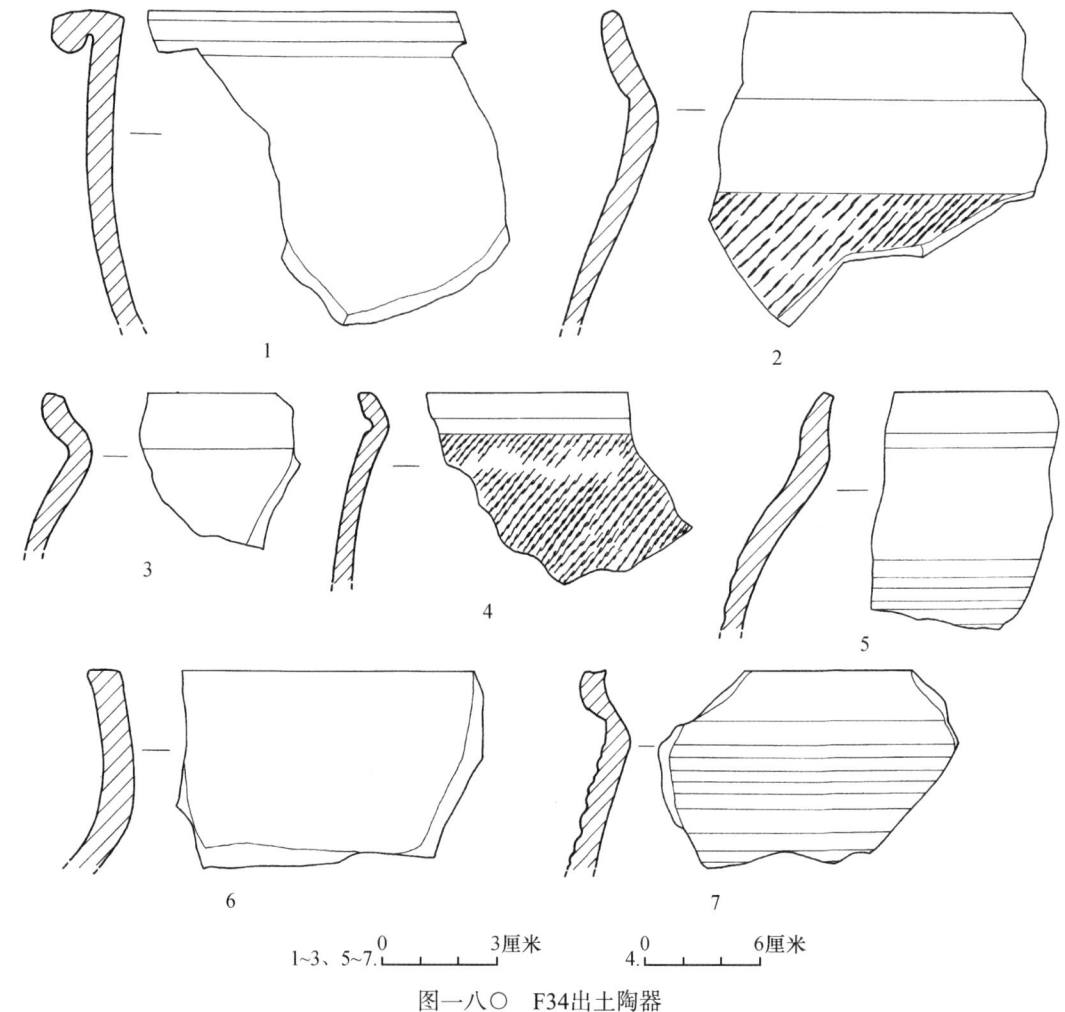

图一八〇 F34出土陶器
1. 盆（F34：9） 2~7. 罐（F34：11、F34：10、F34：12、F34：16、F34：14、F34：15）

一道浅细凹槽。口沿以下饰多周弦纹。沿面可见轮修痕迹（图一八〇，7）。

标本F34：14，粗夹砂红褐陶。侈口，方唇，高领，鼓腹。素面。领部可见轮修痕迹（图一八〇，6）。

标本F34：16，粗泥质橘红陶。敛口，方唇，口沿内侧有一道宽浅凹槽，圆鼓腹。腹部饰多周弦纹。外沿面可见轮修痕迹（图一八〇，5）。

钵 16件。均口、腹部残片。标本F34：5，细泥质橘红陶。敞口，圆唇，弧腹。素面。口下可见轮修痕迹（图一八一，5）。

标本F34：1、F34：2、F34：3、F34：4、F34：6、F34：7形制相同，均直口微敛，深弧腹，素面。标本F34：1，细泥质橘红陶。圆唇，口下有一个由内向外单面钻成的圆孔。器表磨光。表层有部分剥落。口下可见浅褐色叠烧痕迹（图一八一，2）。标本F34：2，细泥质橘红陶。尖圆唇。口下可见浅褐色叠烧痕迹。器表可见刮抹痕迹（图一八一，7）。标本F34：3，细泥质橘红陶。圆唇。器表磨光（图一八一，3）。标本F34：4，细泥质橘红陶。方唇。器表磨光。口下可见深红色叠烧痕迹（图一八一，1）。标本F34：6，粗泥质橘红陶。圆唇。口下可见轮修痕迹（图一八一，6）。标本F34：7，粗泥质橘红陶。圆唇。口下可见轮修痕迹（图一八一，4）。

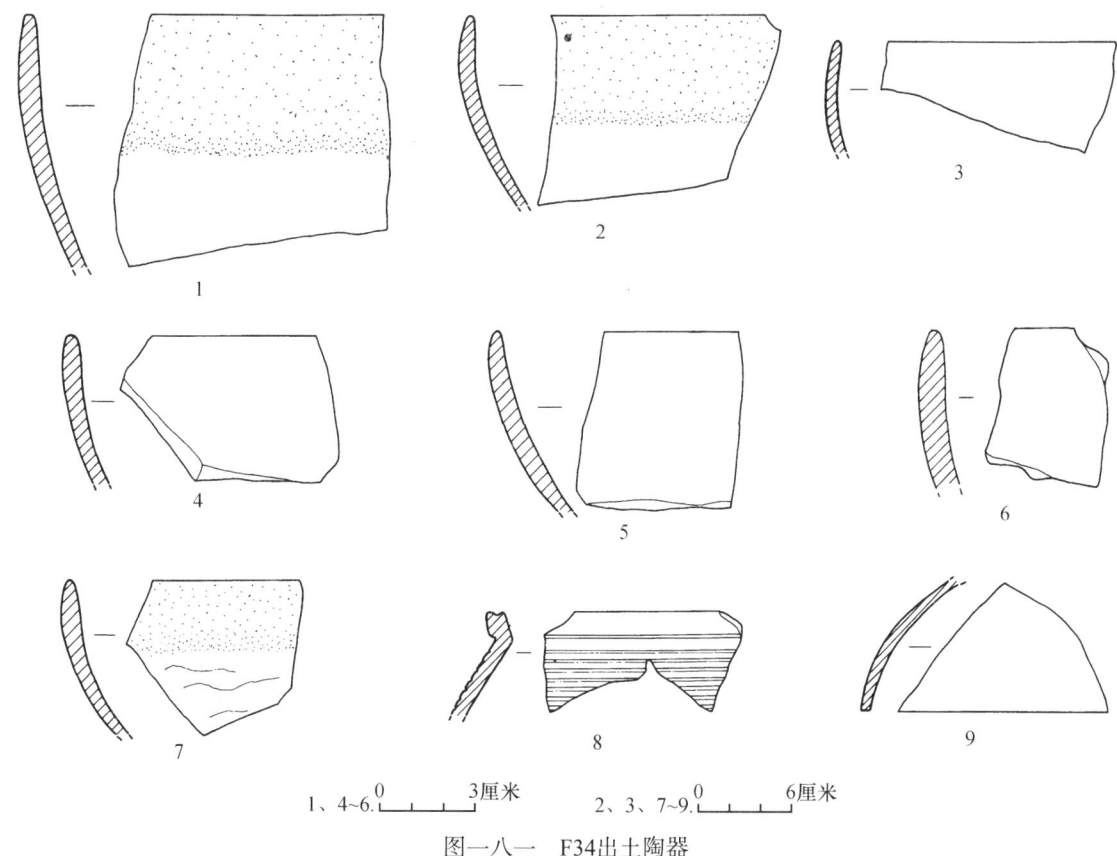

图一八一　F34出土陶器

1~7.钵（F34:4、F34:1、F34:3、F34:7、F34:5、F34:6、F34:2）　8.瓮（F34:13）　9.器盖（F34:8）

瓮　1件。标本F34:13，口、腹部残片。粗夹砂红褐陶。侈口，折沿，方唇，唇部有一道浅细凹槽，鼓腹。口沿以下饰多周弦纹。沿面可见轮修痕迹（图一八一，8）。

器盖　1件。标本F34:8，口、壁残片。细夹砂红褐陶。敞口，方唇，弧壁。素面。内壁可见轮修痕迹，器表可见刮抹痕迹（图一八一，9）。

圆陶片　6件。均完整。标本F34:18-1、F34:18-2、F34:18-5形制相同，均圆形。标本F34:18-1，细泥质橘红陶。系利用钵的口部残片打制而成。边缘较锋利。一面可见深红色叠烧痕迹。直径5.5、厚0.7厘米（图一八二，4）。标本F34:18-2，细泥质橘红陶。系利用钵的残片打制而成。边缘较钝。直径4.5、厚0.8厘米（图一八二，1）。标本F34:18-5，粗泥质橘红陶。系利用钵的残片打制而成。边缘稍钝。直径3.8、厚0.8厘米（图一八二，2）。

标本F34:18-3、F34:18-4形制相同，均细泥质橘红陶，半圆形，边缘较锋利。标本F34:18-3，系利用钵的口部残片打制而成。一面可见深红色叠烧痕迹。直径6.6、厚0.8厘米（图一八二，5）。标本F34:18-4，系利用钵的口沿残片打制而成，保留少量口沿。直径5.9、厚0.35厘米（图一八二，3）。

饰件　1件。标本F34:17，残。利用盂类器的口沿残片磨制而成。平面呈不规则形，一端有一圆孔。长6.3、宽3.8、厚0.3厘米（图一八二，6）。

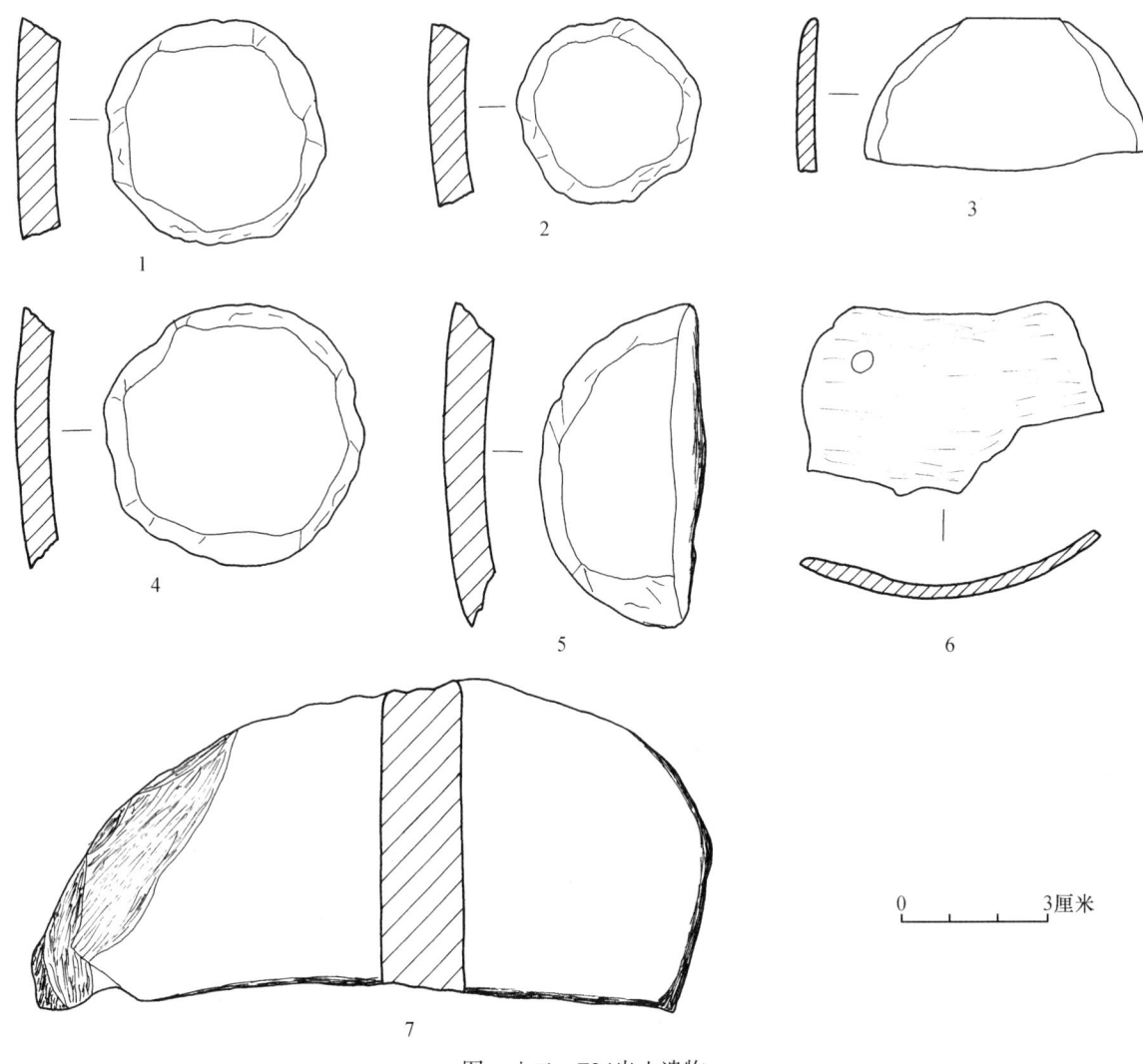

图一八二　F34出土遗物

1~5. 圆陶片（F34：18-2、F34：18-5、F34：18-4、F34：18-1、F34：18-3）　6. 陶饰件（F34：17）　7. 研磨器（F34：19）

（2）石器

1件。研磨器。标本F34：19，残。板岩。残存部分平面呈半圆形。两面平坦，器表可见红色颜料痕迹。残长14.2、宽6.7、厚1.7厘米（图一八二，7）。

21. F35

F35位于Ⅲ区T1011、T1012内，开口于⑥层下，东南部被H126打破。地面式，平面呈圆角长方形，南北长3.5、东西宽2.92米。房周围墙体大部分已毁，仅西墙有少量残存，以纯净黄土筑成，内侧涂有一层草拌泥，残长1.2、宽0.3、残高0.2~0.5米。墙下挖有基槽，宽0.14~0.18、深0.2米；在底部发现一圈柱洞，共22个（D1~D22），分布不甚规律，其中西墙7个（D1~D7），北墙5个（D8~D12），东墙5个（D13~D17），南墙5个（D18~D22），直径0.06~0.08、深0.14~0.24米。

居住面为料姜石末铺就,表面平整,十分坚硬。北部发现2个柱洞(D23、D24),D23直径0.16、深0.24米,D24带有泥圈,外径0.22、内径0.08、深0.28米。西北部有一片不规则形火烧土硬面,长径1.18、短径0.4,高0.04米,用途不明。

门向北,位于北墙中部。门道长方形,底部平坦,残长0.34、宽0.73米(图一八三)。

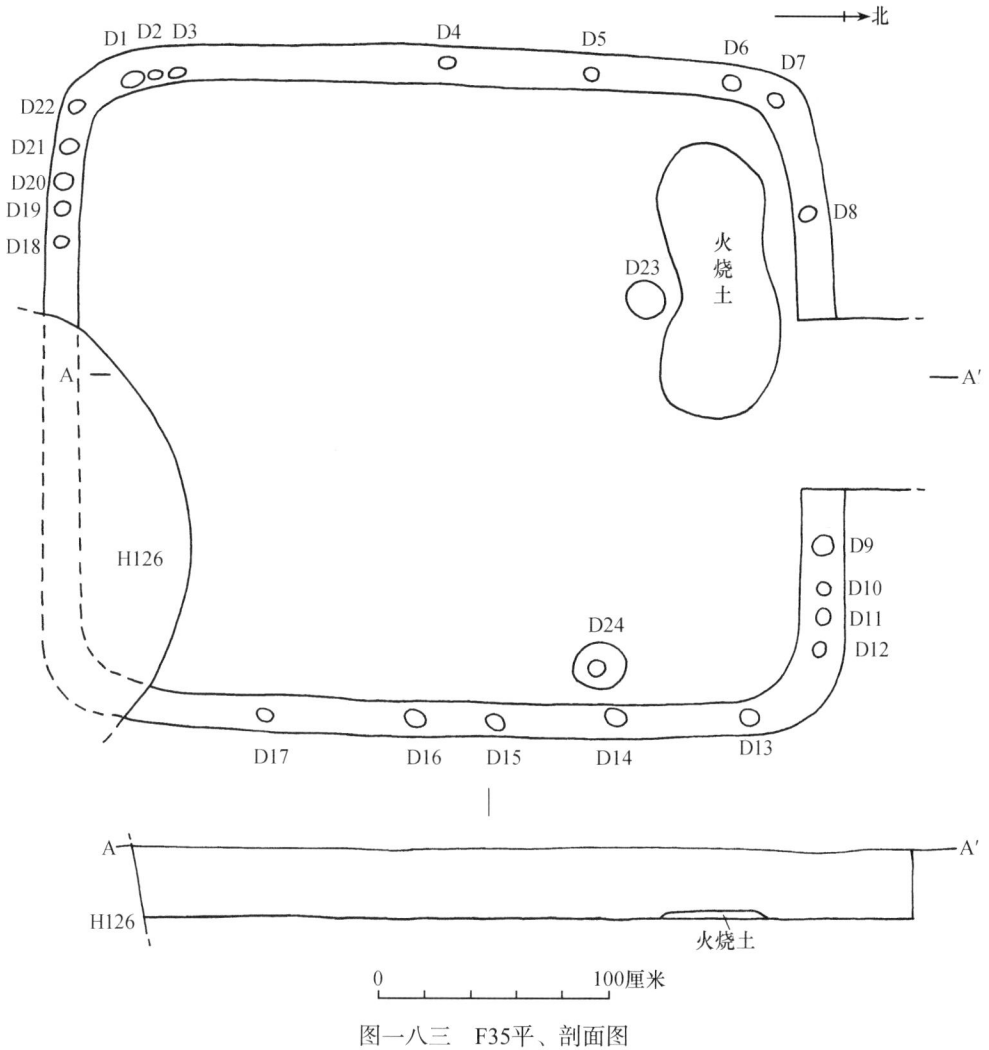

图一八三 F35平、剖面图

房内堆积为大量草拌泥块,厚0.3米,应为房屋顶部和墙壁倒塌后形成,出土少量陶片、兽骨。陶片均为细泥质橘红陶;纹饰均为素面。

F35共出土遗物2件。全部为陶器。器类有盆、钵。

盆 1件。标本F35:2,口、腹部残片。细泥质橘红陶。直口微敞,平折沿,圆唇,弧腹。器表磨光。素面。唇部可见轮修痕迹,内壁可见烟熏痕迹(图一八四,1)。

钵 1件。标本F35:1,口、腹部残片。细泥质橘红陶。直口微敛,尖唇,深弧腹。器表磨光。素面。器表可见轮修痕迹(图一八四,2)。

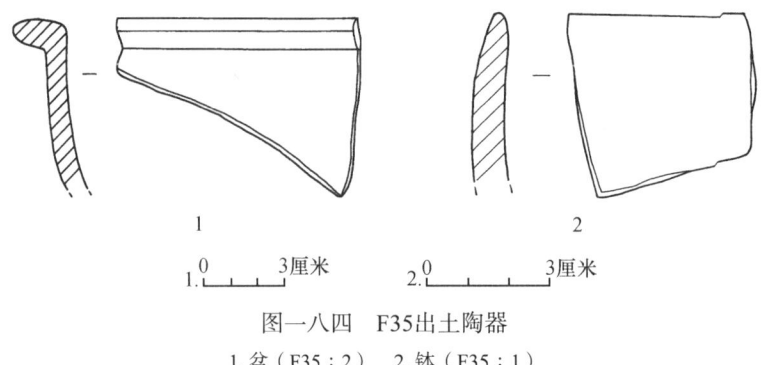

图一八四　F35出土陶器
1. 盆（F35:2）　2. 钵（F35:1）

22. F36

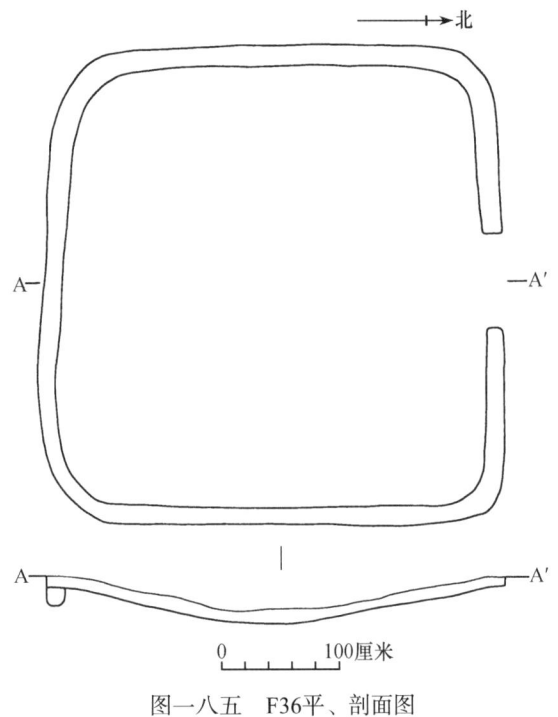

图一八五　F36平、剖面图

F36位于Ⅲ区T0511、T0512、T0611、T0612内，开口于⑦层下。地面式，平面呈圆角方形，边长4米。房周围墙体已毁，仅存基槽，宽0.14~0.2、深0.08~0.15米，内填疏松的灰褐色土。

居住面周围高，中心低，高差0.3米，为黄土铺成，略经加工，较为坚硬平整。

门向北，位于北墙中部，宽0.8米（图一八五）。

房内堆积为灰褐色土，土质疏松，厚0.1米，出土少量陶片，另有石块、兽骨。

陶片为主要的出土物，以细泥质橘红陶为主，粗夹砂红褐陶次之，还有少量粗泥质橘红陶、粗夹砂橘红陶、细夹砂红褐陶；纹饰以素面为主，绳纹次之，弦纹再次，还有少量划纹。

F36共出土遗物19件。以陶器为主，石器次之。

（1）陶器

17件。器类有盆、罐、钵、圆陶片。

盆　2件。均口、腹部残片。标本F36:11，细泥质橘红陶。直口，平折沿，圆唇，弧腹。器表磨光。素面。唇部可见轮修痕迹（图一八六，2）。

标本F36:10，粗泥质橘红陶。直口微敛，窄平折沿，尖圆唇，弧腹。口沿以下饰多周弦纹。唇部可见轮修痕迹（图一八六，1）。

罐　4件。均口、腹部残片。标本F36:12、F36:13、F36:15形制相同，均粗夹砂红褐陶，侈口，卷沿，沿面内曲，鼓腹。标本F36:12，沿面微曲，尖圆唇。唇部饰一周左上至右下斜向划纹，腹部饰多周弦纹。唇部与口沿下侧可见轮修痕迹（图一八六，3）。标本F36:13，沿面微曲，方唇。腹部饰右上至左下斜向绳纹。外沿面可见轮修痕迹（图一八六，6）。标本F36:15，圆唇，唇

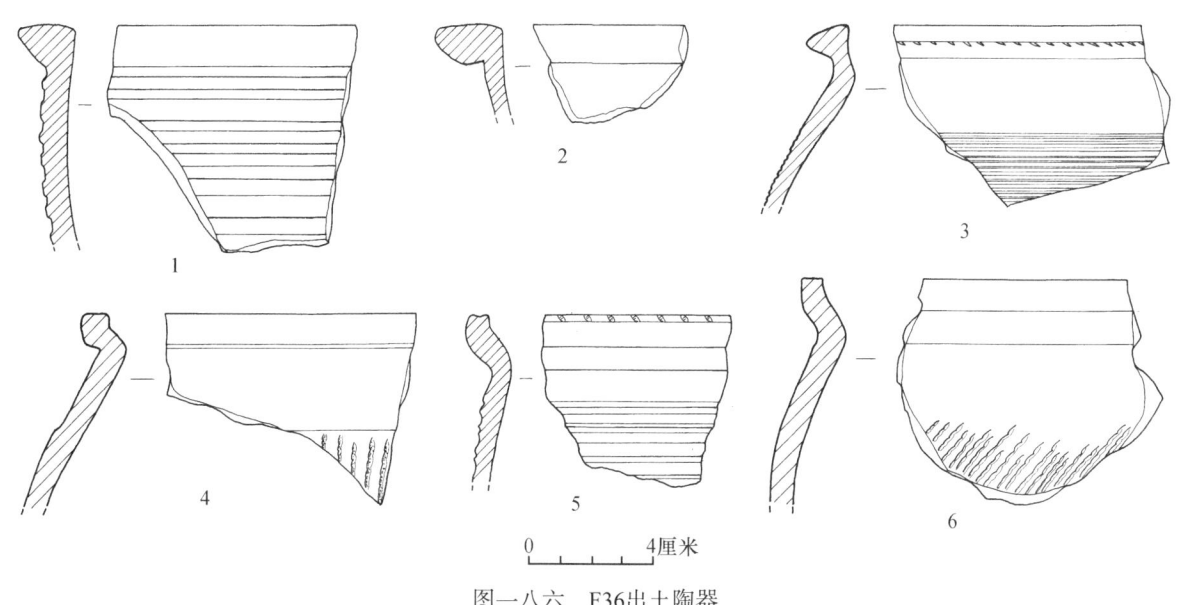

图一八六　F36出土陶器
1、2. 盆（F36：10、F36：11）　3～6. 罐（F36：12、F36：14、F36：15、F36：13）

部有一道浅细凹槽。唇缘饰一周左上至右下斜向划纹，腹部饰多周弦纹（图一八六，5）。

标本F36：14，粗夹砂橘红陶。侈口，折沿，沿面内曲，方唇，肩部略鼓，并起一道不显著棱脊，鼓腹。棱脊以下饰竖向绳纹。外沿面可见轮修痕迹（图一八六，4）。

钵　9件。均口、腹部残片。标本F36：1、F36：2、F36：3、F36：4、F36：5、F36：6、F36：7、F36：8形制相同，均直口微敛，深弧腹，素面。标本F36：1，细泥质橘红陶。圆唇。器表磨光。口下可见轮修痕迹（图一八七，9）。标本F36：2，粗泥质橘红陶。圆唇。器表磨光。口下可见轮修痕迹（图一八七，7）。标本F36：3，细泥质橘红陶。圆唇。器表磨光。口下可见浅褐色叠烧痕迹（图一八七，8）。标本F36：4，细泥质橘红陶。方唇。器表可见轮修痕迹（图一八七，3）。标本F36：5，细泥质橘红陶。圆唇。器表磨光。口下可见轮修痕迹（图一八七，1）。标本F36：6，细泥质橘红陶。圆唇。器表磨光（图一八七，4）。标本F36：7，细泥质橘红陶。尖圆唇。器表磨光（图一八七，5）。标本F36：8，细夹砂红褐陶。圆唇。器表可见轮修痕迹（图一八七，2）。

标本F36：9，细夹砂红褐陶。直口微敛，圆唇，斜直腹。素面（图一八七，6）。

圆陶片　2件。均完整。形制相同，均细泥质橘红陶，圆形。标本F36：16-1，系利用钵的口沿残片打制而成，保留少量沿面。边缘较钝。直径4.7、厚0.5厘米（图一八七，11）。标本F36：16-2，系利用钵的口部残片打制而成。边缘较锋利。一面可见深褐色叠烧痕迹与轮修痕迹。直径4.9、厚0.8厘米（图一八七，12）。

（2）石器

2件。器类有石核、刮削器。

石核　1件。标本F36：17，石英岩。单面对向进行多次剥片，剥片均较大。另一面及一侧有多处集中的坑疤。残长12.6、厚4.6厘米（图一八七，10）。

刮削器　1件。完整。标本F36：18，石英岩。一侧边稍经打击，形成一短凹刃，刃缘较锋利。背面保留砾石面。长4、宽2.8、厚2.7厘米（图一八七，13；图版七一，3）。

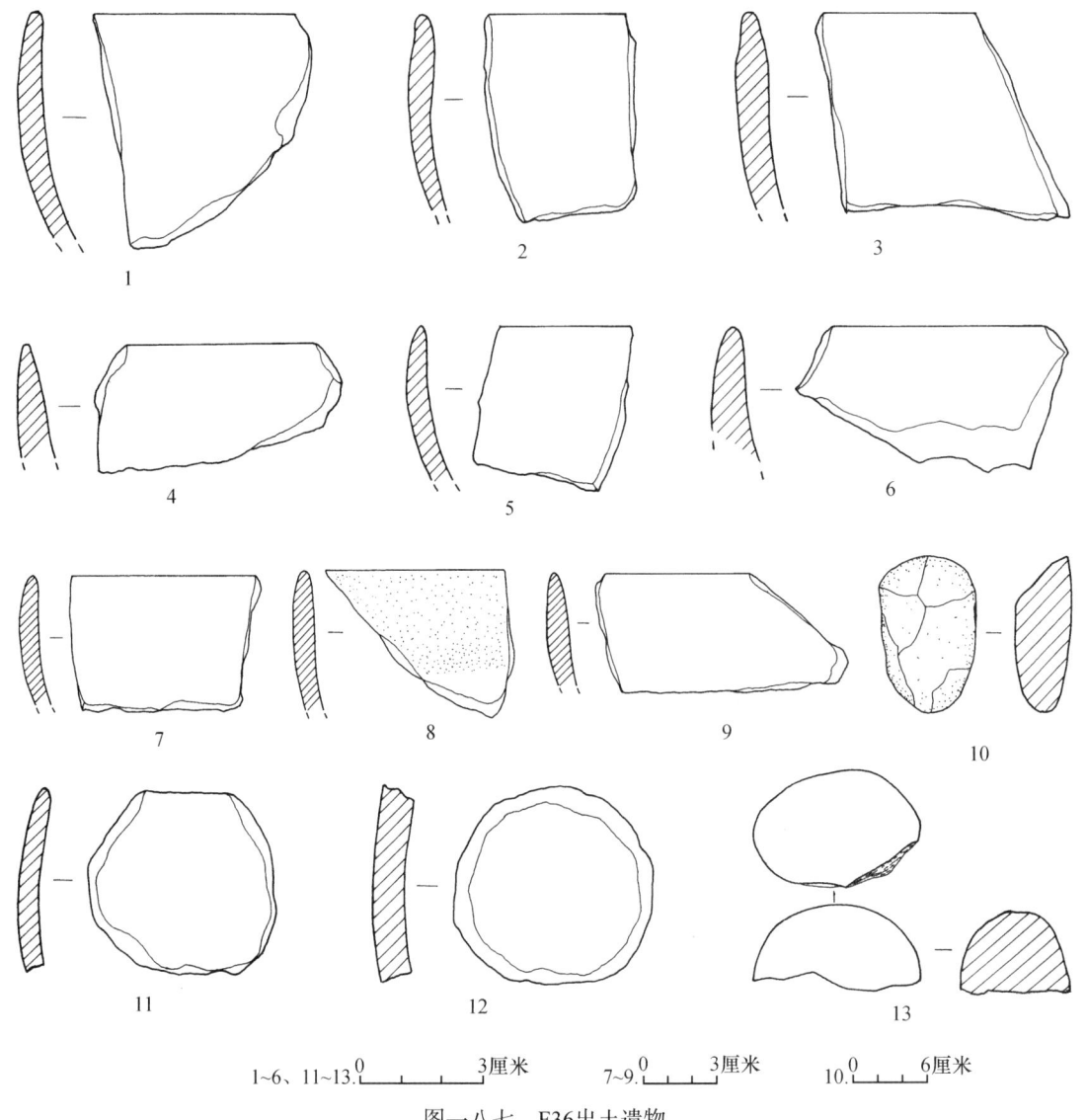

图一八七　F36出土遗物

1~9. 陶钵（F36：5、F36：8、F36：4、F36：6、F36：7、F36：9、F36：2、F36：3、F36：1）　10. 石核（F36：17）
11、12. 圆陶片（F36：16-1、F36：16-2）　13. 刮削器（F36：18）

23. F37

F37位于Ⅲ区T1110、T1111、T1210、T1211内，开口于⑦层下，南部被G2打破。地面式，平面呈椭圆形，残存部分长径6.4、短径6米。房周围墙体已毁，仅存基槽，宽0.23~0.46、深0.2米，内填较为疏松的灰褐色土；在底部发现柱洞53个（D1~D53），直径0.08~0.2、深0.12~0.26、柱间距0.04~0.28米。

居住面西南高，东北低，为料姜石末铺就，十分坚硬。房内发现4个柱洞（D54~D57），呈梯形排列，D57直径0.44、深0.55米，其余三个均带泥圈，外径0.28~0.38、内径0.08~0.2、深0.46~0.62米。

门向北，宽0.92米（图一八八）。

房内堆积为青灰色土，土质较为致密，厚0.16~0.27米，包含黄土块，出土少量陶片，另有石块。

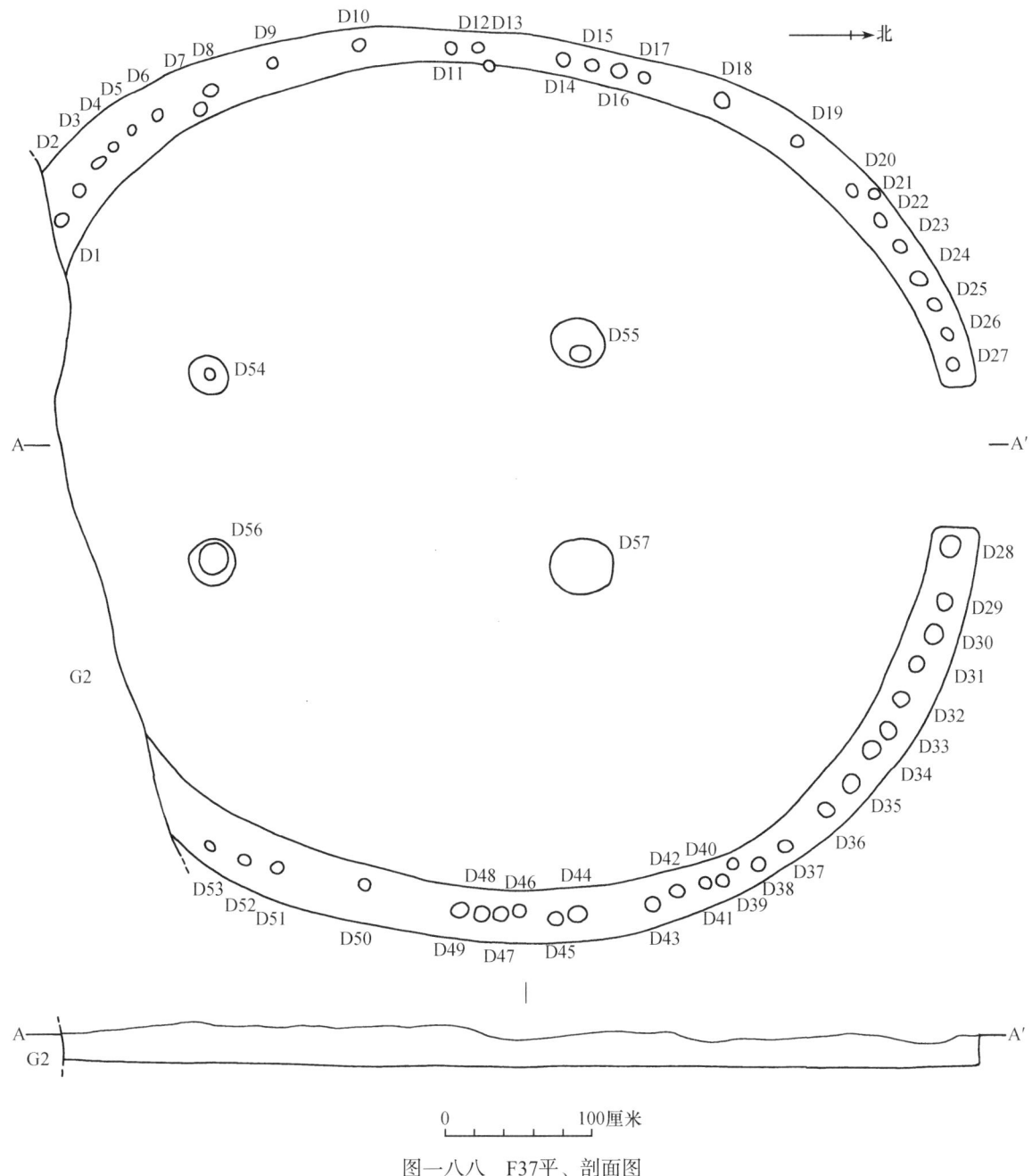

图一八八 F37平、剖面图

陶片为主要的出土物,以细泥质橘红陶和粗夹砂红褐陶为主,粗泥质橘红陶及细夹砂红褐陶次之;纹饰以素面居多,绳纹次之,弦纹再次(表四六)。

F37共出土遗物51件。以陶器为主,石器次之。

(1)陶器

50件。器类有盆、罐、钵、圆陶片、锉(表四七)。

盆 2件。均口、腹部残片。标本F37:6,细泥质橘红陶。直口微敛,平折沿,沿面微鼓,圆唇,弧腹。口沿以下饰多周弦纹。唇部可见轮修痕迹(图一八九,9)。

标本F37:8,细夹砂红褐陶。敛口,平折沿,沿面向外侧下斜,圆唇,弧腹。口沿以下饰多周弦纹(图一八九,7)。

表四六　F37陶系统计表　　　　　　　　　　　　　　　　　　　　（单位：kg）

陶质＼陶色＼纹饰	细泥质 橘红	粗泥质 橘红	细夹砂 红褐	粗夹砂 红褐	合计		百分比（%）	
素面	0.28	0.08	0.25	0.26	0.87	2.78	31.29	100
素面+磨光	0.32			0.32			11.51	
绳纹		0.25	0.32	0.38	0.95		34.17	
弦纹	0.18	0.21	0.126	0.12	0.636		22.88	
合计	0.78	0.54	0.696	0.76	2.78			
					2.78			
百分比（%）	28.06	19.42	25.04	27.34	100			

表四七　F37器形统计表　　　　　　　　　　　　　　　　　　　　（单位：件）

陶质	细泥质	粗泥质	细夹砂		粗夹砂		合计		百分比（%）	
陶色	橘红	橘红	红褐		红褐					
纹饰\器形	素面+磨光	弦纹	弦纹	素面	素面	绳纹				
罐 口					5	1	7	48	16.67	100
罐 底					1					
瓮				3		1	4		8.33	
钵 口	29	1	1	1			35		72.92	
钵 底	3									
盆		1	1				2		4.17	
合计	32	2	2	1	9	2	48			
							48			
百分比（%）	66.67	4.17	4.17	2.08	18.75	4.17	100			

罐　11件。均口、腹部残片。形制相同，均粗夹砂红褐陶，侈口，折沿，沿面内曲，鼓腹。标本F37：9，方唇。腹部饰右上至左下斜向绳纹。外沿面可见轮修痕迹（图一八九，6）。标本F37：10，圆唇。素面。器表可见轮修痕迹（图一八九，8）。

钵　35件。均口、腹部残片。标本F37：2，细夹砂红褐陶。敛口，方唇，弧腹。素面。器表可见轮修痕迹，内壁可见刮抹痕迹（图一八九，1）。

标本F37：1、F37：3、F37：5形制相同，均细泥质橘红陶，直口微敛，深弧腹，器表磨光，素面。标本F37：1，方唇。口下可见浅褐色叠烧痕迹（图一八九，4）。标本F37：3，尖圆唇。口下可见浅褐色叠烧痕迹，内壁可见刮抹痕迹（图一八九，3）。标本F37：5，圆唇。内壁可见轮修痕迹（图一八九，2）。

标本F37：4，粗泥质橘红陶。直口微敛，圆唇，斜直腹。腹部饰二周弦纹。口下可见轮修痕迹（图一八九，5）。

圆陶片　1件。标本F37：11，完整。细泥质橘红陶。系利用钵的残片打制而成。圆形，磨蚀痕

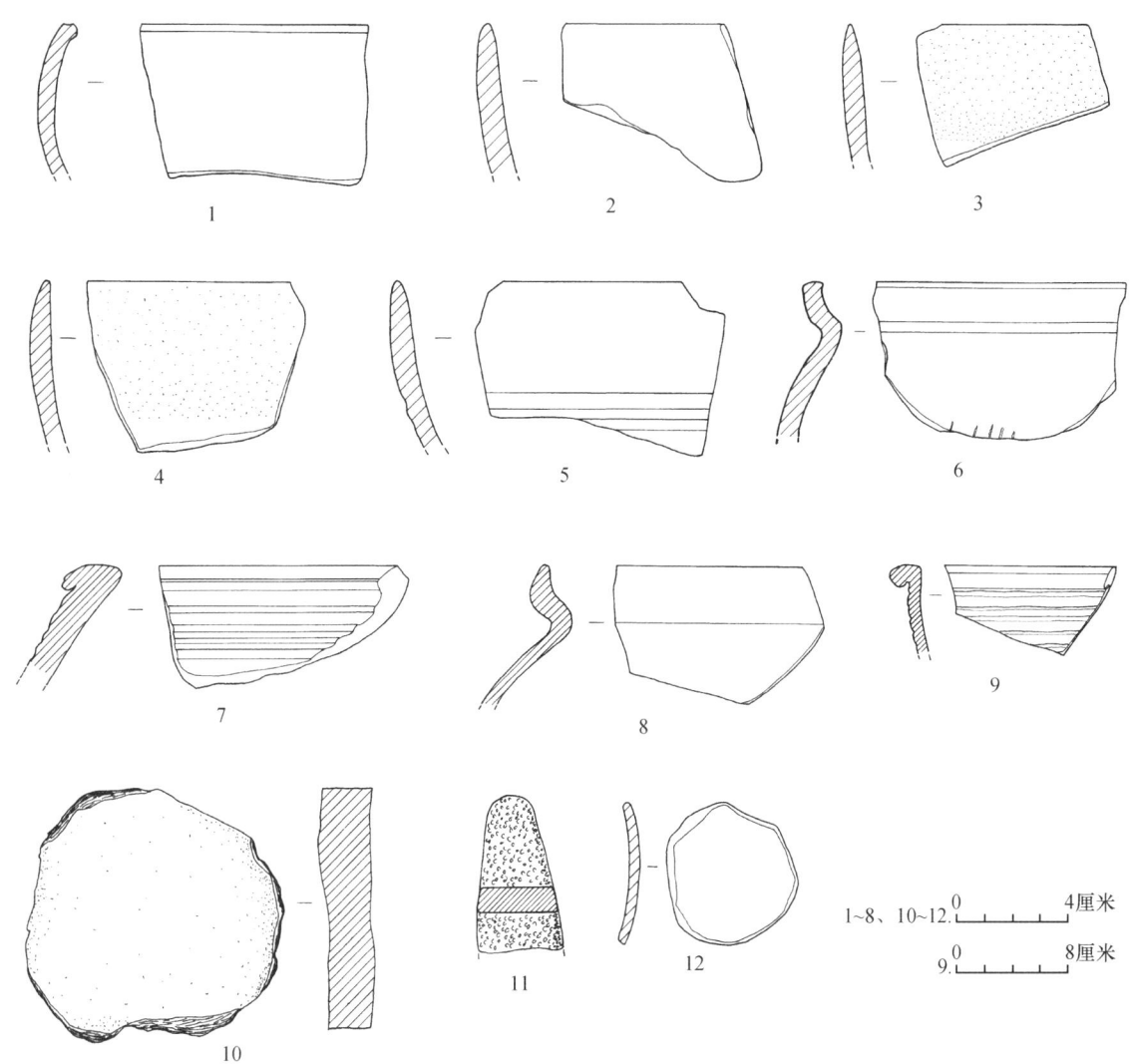

图一八九　F37出土遗物

1~5.陶钵（F37：2、F37：5、F37：3、F37：1、F37：4）　6、8.陶罐（F37：9、F37：10）
7、9.陶盆（F37：8、F37：6）　10.研磨器（F37：13）　11.陶锉（F37：12）　12.圆陶片（F37：11）

迹较重，边缘较钝。直径5、厚0.4厘米（图一八九，12）。

锉　1件。标本F37：12，一端残。粗泥质橘红陶。残存部分平面呈三角形，两侧边较直。器表麻点清晰，密度较小。残长5.5、最宽处3.1、厚0.9厘米（图一八九，11）。

（2）石器

1件。研磨器。标本F37：13，完整。石英粗砂岩。器身呈圆饼状，一面较平坦，可见研磨痕迹。长径9.3、短径8.9、厚1.8厘米（图一八九，10）。

24. F38

F38位于Ⅲ区T1311、T1411内，开口于⑧层下，北部被H100打破。地面式，平面呈圆角方形，边长3.7米。房周围墙体已毁，仅存基槽，宽0.16~0.2、深0.16~0.2米，内填较为致密的黄褐色土；在底部发现一圈柱洞，共63个（D1~D63），其中西墙16个（D1~D16），北墙6个（D17~D22），东墙20个（D23~D42），南墙21个（D43~D63），直径0.07~0.14、深0.12~0.22、柱间距0.04~0.2米，以0.1米居多。

居住面南部略高，为黄土加工而成的硬面，较为平整。房内共发现5个柱洞（D64~D68），呈梅花状分布，均带泥圈，外径0.3~0.7、内径0.2~0.22、深0.3~0.76米。

门向北，位于北墙中部，残长0.2、残宽0.2米（图一九〇）。

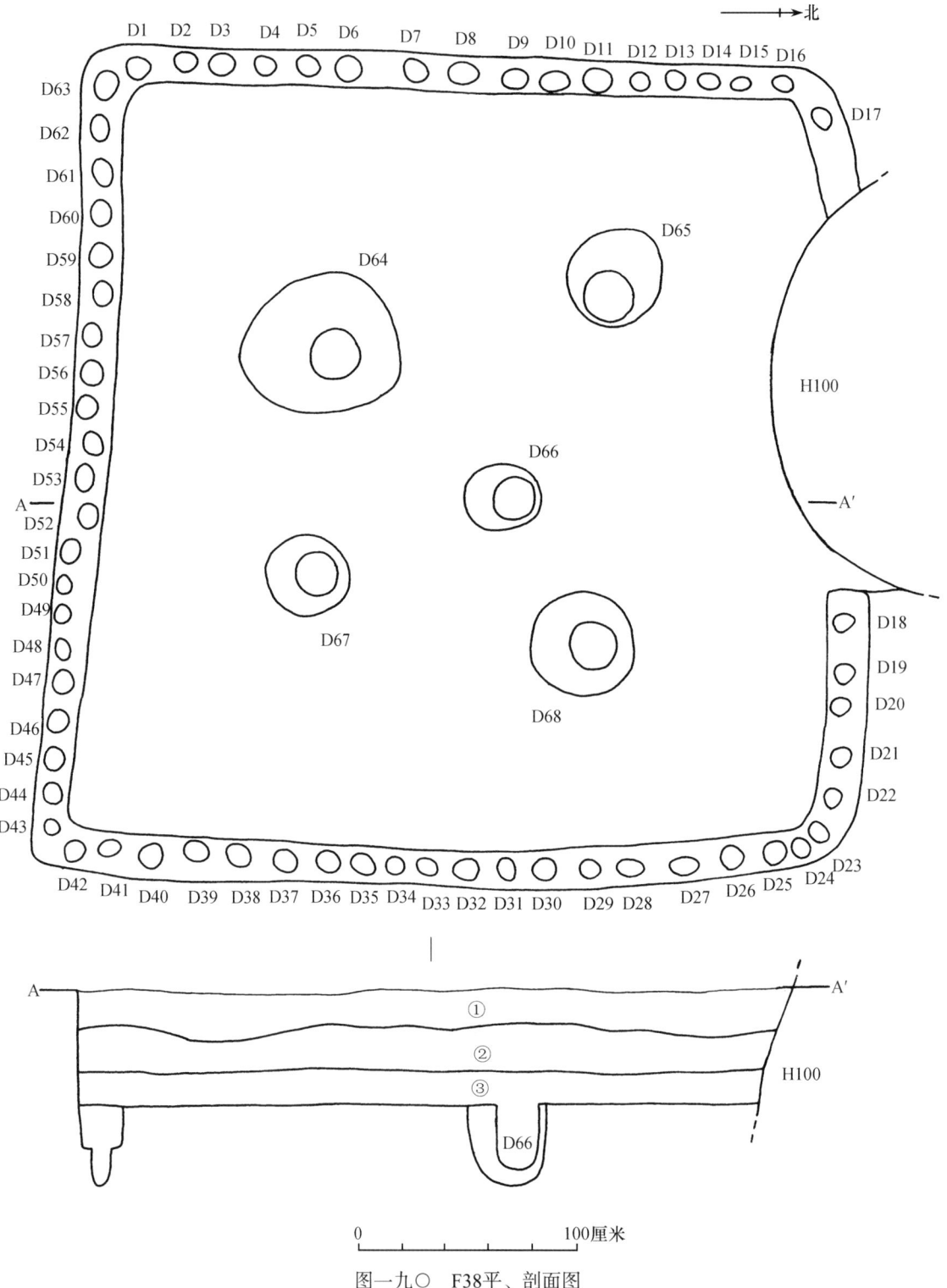

图一九〇　F38平、剖面图

房内堆积可分为3层：第①层为灰褐色土，土质疏松，厚0.1~0.2米，出土少量陶片；第②层为浅黄色土，土质致密，厚0.1~0.2米，出土少量陶片，另有兽骨；第③层为深灰色土，土质疏松，厚0.15米。

25. F39

F39位于Ⅲ区T1212、T1213、T1312、T1313内，开口于⑦层下。地面式，平面呈圆角长方形，东西长4.9、南北宽4.3米。房周围保存有少量墙体，平地起建，以草拌泥筑成，宽0.16~0.2、残高0.26米。墙内发现柱洞75个（D1~D75），其中西墙15个（D1~D15），北墙16个（D16~D31），东墙21个（D32~D52），南墙23个（D53~D75），直径0.06~0.1、深0.1~0.16、柱间距0.05~0.2米。

房内北部有一灶坑，圆形，锅底状，直径1、深0.25米。

居住面为黄土加工成的硬面，较为平整。房内共发现5个泥圈柱洞（D76~D80），外径0.25~0.65、内径0.15~0.45、深0.32~0.64米，其中D76~D79大体呈长方形排列。

门向北，位于北墙中部，正对房内灶。门道长方形，底部平坦，长1.15、宽0.75米（图一九一）。

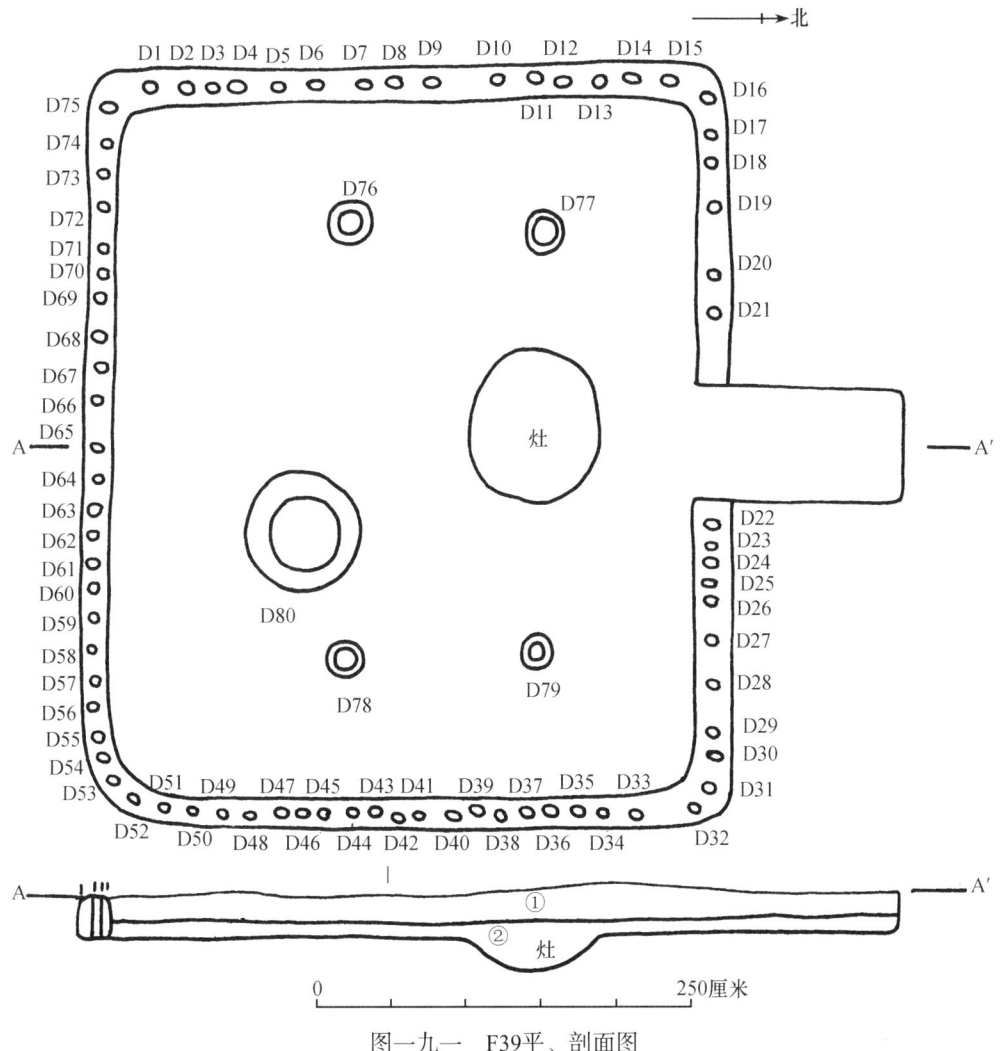

图一九一 F39平、剖面图

房内堆积可分为2层：第①层为黄褐色土，土质较致密，厚0.15~0.25米，包含黄土块及火烧土颗粒，出土少量陶片；第②层为深灰色土，土质疏松，厚0.1米，出土陶片较多，另有石块、兽骨。

陶片为主要的出土物，其中粗夹砂红褐陶占绝大多数，粗泥质橘红陶次之，还有少量细泥质橘红陶；纹饰以绳纹和素面为主（表四八）。

表四八　F39陶系统计表　　　　　　　　　　　　　　　（单位：kg）

陶质 陶色 纹饰	细泥质 橘红	粗泥质 橘红	粗夹砂 红褐	合计		百分比（%）	
素面		0.27	0.42	0.69		43.95	
素面+磨光	0.03			0.03	1.57	1.91	100
绳纹			0.85	0.85		54.14	
合计	0.03	0.27	1.27	1.57			
	1.57						
百分比（%）	1.91	17.20	80.89				
	100						

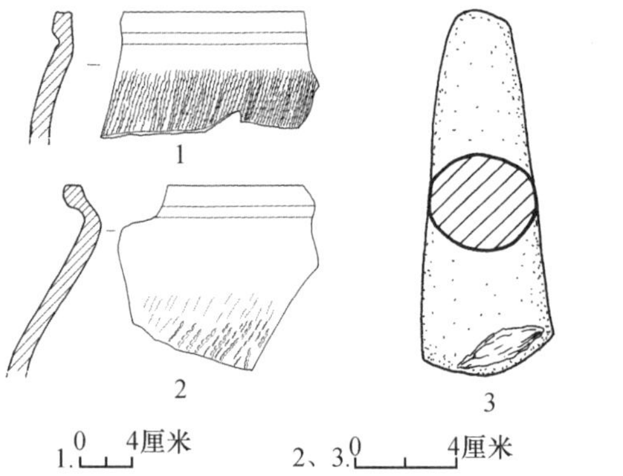

F39共出土遗物3件。以陶器为主，石器次之。

（1）陶器

2件。器类有罐、瓮。

罐　1件。标本F39:1，口、腹部残片。粗夹砂红褐陶。侈口，折沿，方唇，鼓腹。腹部饰右上至左下斜向绳纹。外沿面可见轮修痕迹（图一九二，2）。

瓮　1件。标本F39:2，口、腹部残片。粗夹砂红褐陶。侈口，卷沿，方唇，唇部有一道浅细凹槽，口沿下侧有一道凸棱，鼓腹。腹部饰右上至左下斜向绳纹。外沿面可见轮修痕迹（图一九二，1）。

图一九二　F39出土遗物
1.陶瓮（F39:2）　2.陶罐（F39:1）　3.石斧（F39:3）

（2）石器

1件。斧。标本F39:3，完整。石英岩。平面呈长条形，横断面呈椭圆形，尾端经打击修整，弧刃，较为锋利。通体磨光。刃部可见打击痕迹，器身可见琢制疤痕。长13.6、宽2.6~5.2、厚3.6厘米（图一九二，3；图版七一，4）。

26. F40

F40位于Ⅲ区T1212、T1213、T1312、T1313内，开口于⑧层下。地面式，平面大体呈椭圆形，长径5.35、短径4.5米。房周围墙体全部已毁，仅存一周柱洞，共56个（D1~D56），直径0.08~0.2、深0.2~0.3、柱间距0.04~0.32米，多在0.2米左右。

居住面为黄土加工而成的硬面，较平整。

门向北，宽0.85米（图一九三）。

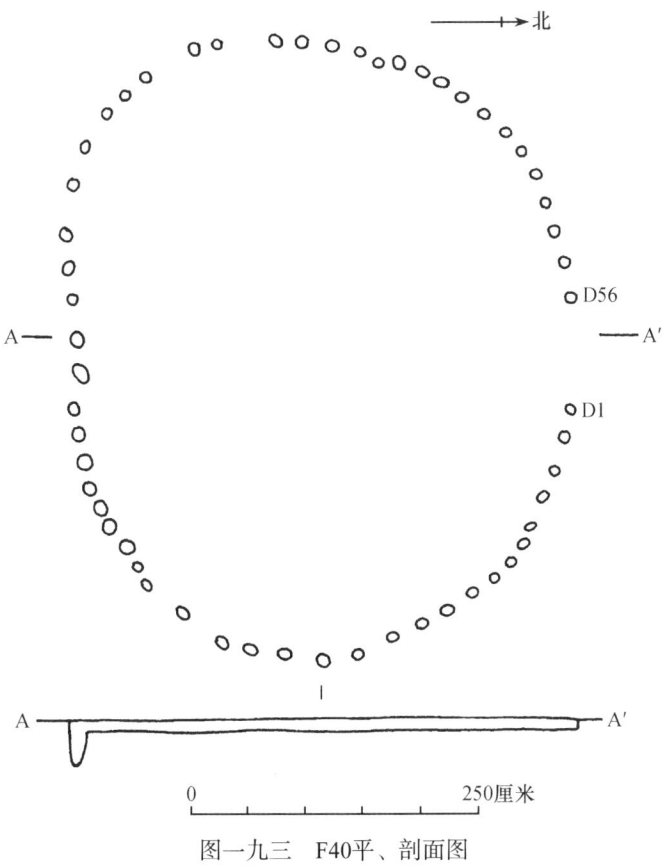

图一九三　F40平、剖面图

房内堆积为浅灰色土，土质疏松，厚0.1米，出土少量陶片。

陶片以细泥质橘红陶为主，细夹砂红褐陶次之；纹饰以素面为主，弦纹次之。

F40共出土遗物10件。全部为陶器。器类有钵、圆陶片。

钵　3件。均口、腹部残片。标本F40：3，细泥质橘红陶。直口，方唇，深弧腹。器表磨光。素面（图一九四，2）。

标本F40：1、F40：2形制相同，均细泥质橘红陶，直口微敛，深弧腹，器表磨光，素面。标本F40：1，尖圆唇。口下可见浅褐色叠烧痕迹与轮修痕迹（图一九四，3）。标本F40：2，圆唇。内壁可见刮抹痕迹（图一九四，1）。

圆陶片　7件。形制相同，均圆形。标本F40：4-1，完整。细夹砂红褐陶。系利用罐的残片打制而成。边缘较锋利。直径5.8、厚0.7厘米（图一九四，6）。标本F40：4-2，稍残。细泥质橘红陶。系利用钵的口部残片打制而成。边缘较锋利。一面可见浅褐色叠烧痕迹。直径5.3、厚0.5厘米（图一九四，5）。标本F40：4-3，完整。细泥质橘红陶。系利用盆的残片打制而成。边缘较锋利。器表饰二道弦纹。直径4.5、厚0.5厘米（图一九四，4）。标本F40：4-4，完整。细泥质橘红陶。系利用钵的口部残片打制而成。边缘较钝。一面可见浅褐色叠烧痕迹。直径3.5、厚0.7厘米（图一九四，10）。标本F40：4-5，完整。细泥质橘红陶。系利用钵的残片打制而成。边缘较锋利。直径3.6、厚0.5厘米（图一九四，7）。标本F40：4-6，完整。细泥质橘红陶。系利用钵的残片打制而成。边缘稍钝。直径3.5、厚0.3厘米（图一九四，8）。标本F40：4-7，完整。细泥质橘红陶。系利用钵的口沿残片打制而成。边缘较锋利。器表可见浅褐色叠烧痕迹。直径3.6、厚0.8厘米（图一九四，9）。

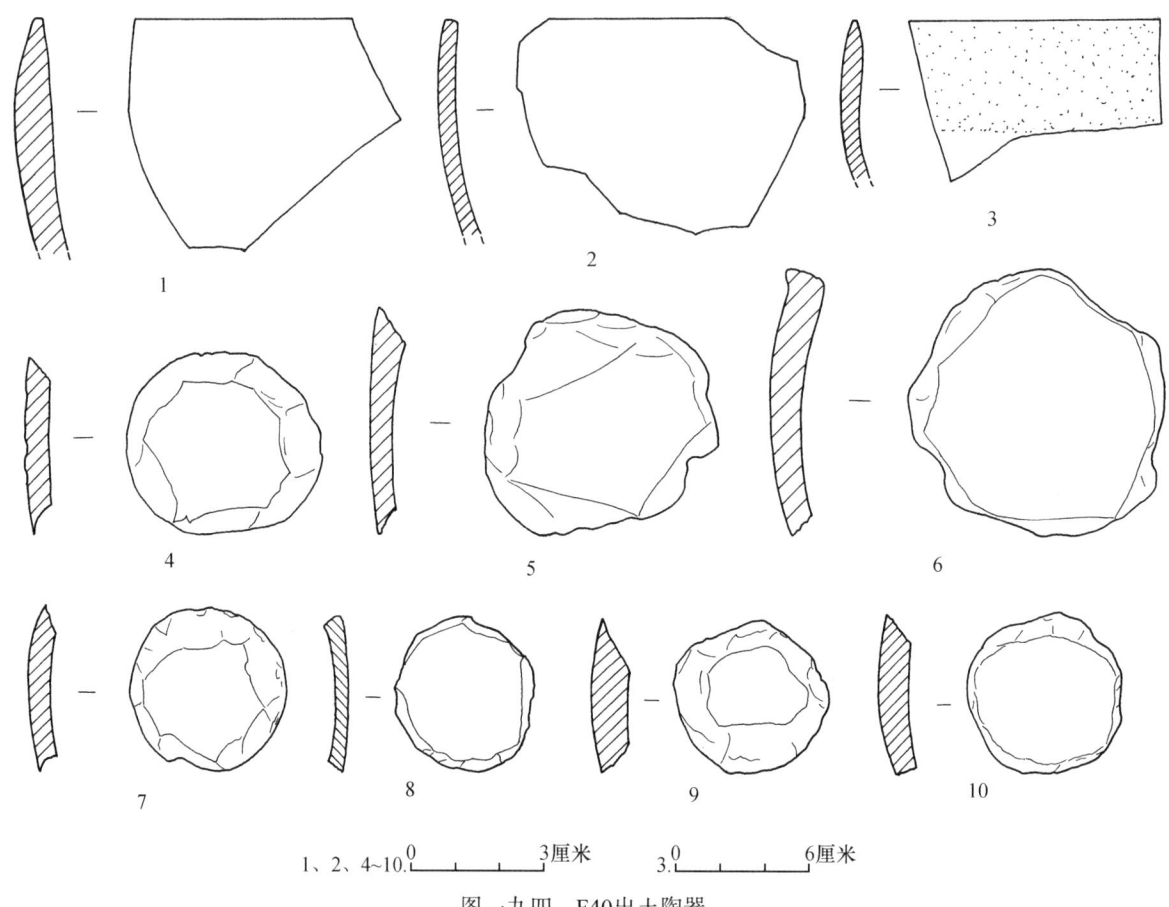

图一九四 F40出土陶器

1~3. 钵（F40:2、F40:3、F40:1） 4~10. 圆陶片（F40:4-3、F40:4-2、F40:4-1、F40:4-5、F40:4-6、F40:4-7、F40:4-4）

27. F41

F41位于Ⅲ区T0811、T0812、T0911、T0912内，开口于⑥层下，被F34打破中部，并叠压于F42之上。地面式，平面呈圆形，直径6米。房周围保留有部分墙体，宽0.2、残高0.15米，墙下挖有基槽，宽0.25、深0.2米，内填浅褐色土；在底部共发现柱洞78个（D5~D82），直径0.05~0.08、深0.12~0.2、柱间距0.12~0.3米。房外2米有一周小沟，环绕F41，宽0.2、深0.15米。小沟与房子间为青色硬面。

居住面西北高东南低，略呈缓坡，高差0.1~0.12米，料姜石末铺就，厚0.01米，十分坚硬。房内共发现4个柱础，呈方形排列，为黄土夯打而成，十分坚硬，直径0.5~0.6、高0.05~0.08米。西南部发现2个圆形柱洞（D1~D2），D1直径0.4、深0.35米，D2为泥圈柱洞，外径0.5、内径0.25、深0.3米。

门向西南。门口两侧各有1个柱洞（D3~D4），大小相同，直径0.35、深0.16米。门道梯形，底部平坦，铺有一层红土加工而成的硬面，南宽2.35、北宽1.1、长2米（图一九五；图版三，1）。

房内堆积可分为2层：第①层为黄褐色土，土质疏松，厚0.4~0.45米；第②层为深灰色土，土质疏松，厚0.03~0.05米，出土少量陶片，另有兽骨。

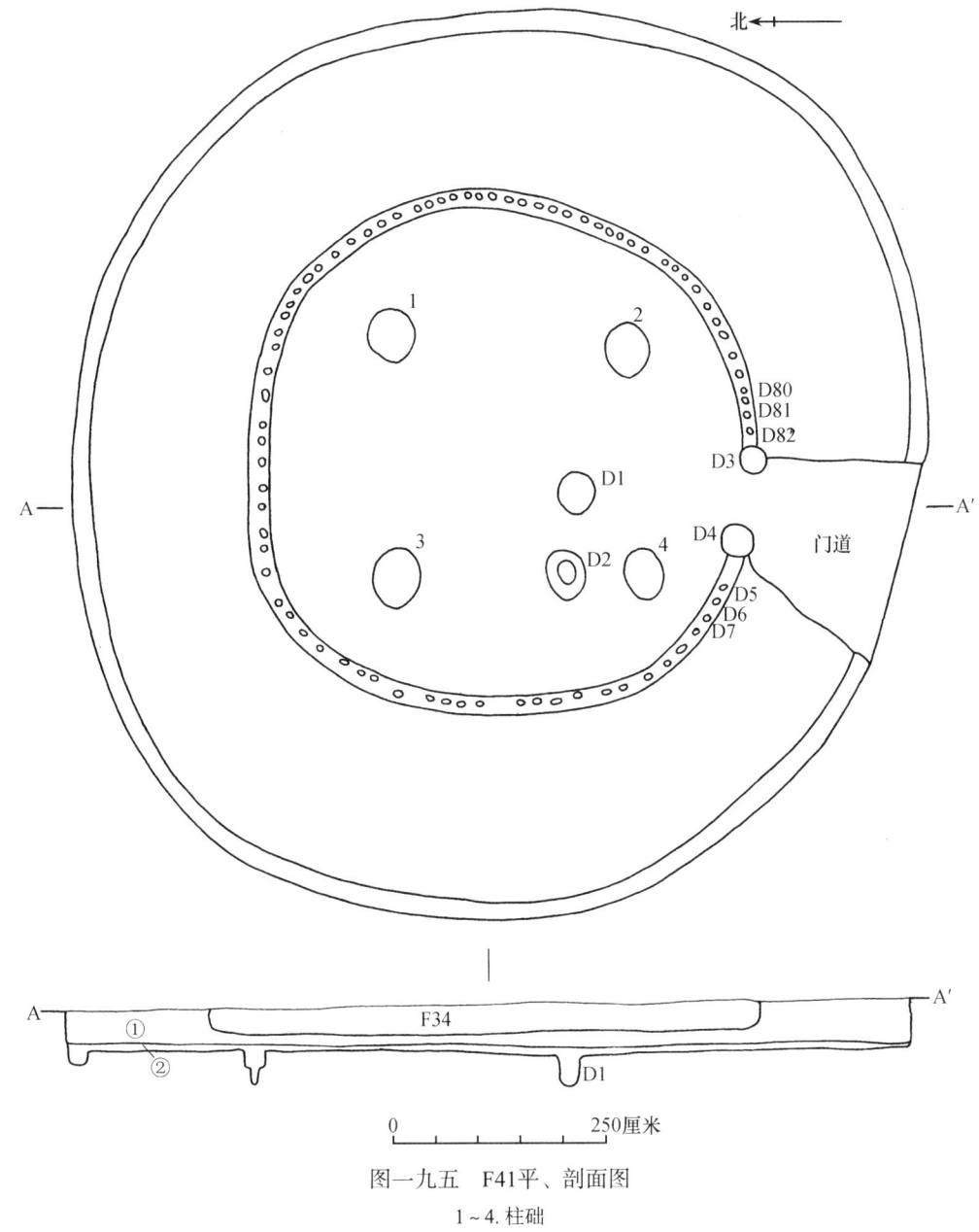

图一九五　F41平、剖面图
1~4.柱础

陶片为主要的出土物，以细泥质橘红陶为主，粗泥质橘红陶次之，粗夹砂红褐陶再次，还有少量细夹砂红褐陶；纹饰以素面为主，绳纹次之，还有少量弦纹。

F41共出土遗物19件。全部为陶器。器类有瓶、盆、罐、钵、圆陶片，另有器底。

瓶　2件。均口沿残片。标本F41：13，细夹砂红褐陶。直杯口，微敛，较为短矮，方唇，唇部有一道浅细凹槽。素面。外沿面可见轮修痕迹。复原口径10、残高3.2厘米（图一九六，4）。

标本F41：12，细泥质橘红陶。直杯口，较高，方唇。素面。内壁可见轮修痕迹（图一九六，1）。

盆　3件。均口、腹部残片。标本F41：9，细泥质橘红陶。敞口，折沿，沿面向外侧下斜，尖唇。器表磨光。素面。唇部可见轮修痕迹，器表可见烟熏痕迹（图一九六，3）。

标本F41：10，细泥质橘红陶。敛口，平折沿，沿面微鼓，方唇。器表磨光。素面。口沿下侧可见轮修痕迹（图一九六，6）。

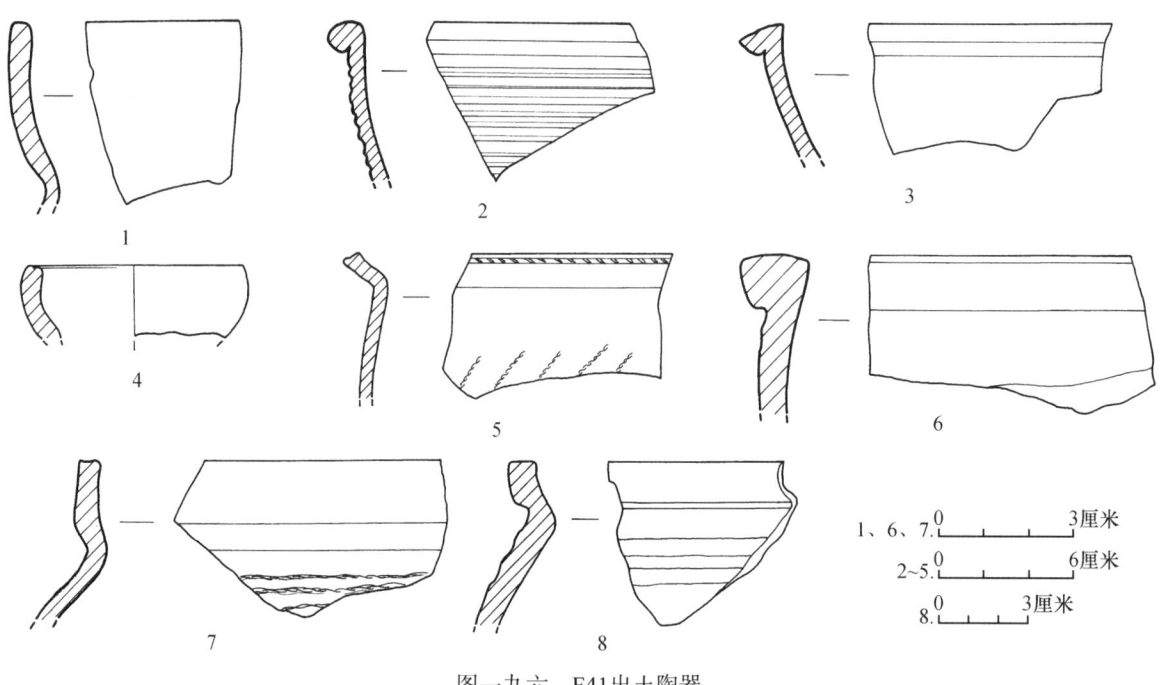

图一九六 F41出土陶器

1、4.瓶（F41：12、F41：13） 2、3、6.盆（F41：11、F41：9、F41：10） 5、7、8.罐（F41：15、F41：14、F41：16）

标本F41：11，粗泥质橘红陶。直口，平折沿，沿面上鼓，圆唇，弧腹。口沿以下饰多周弦纹。唇部可见轮修痕迹（图一九六，2）。

罐 3件。均口、腹部残片。形制相同，侈口，卷沿，沿面微曲，方唇，鼓腹。标本F41：14，粗夹砂红褐陶。唇部有一道浅细凹槽。口沿以下饰横向绳纹。外沿面可见轮修痕迹（图一九六，7）。标本F41：15，粗泥质橘红陶。唇缘饰左上至右下斜向划纹，腹部饰右上至左下斜向稀疏绳纹。沿面可见轮修痕迹（图一九六，5）。标本F41：16，粗夹砂红褐陶。唇部有一道浅细凹槽。腹部饰多周弦纹。外沿面可见轮修痕迹（图一九六，8）。

钵 8件。均口、腹部残片。标本F41：1、F41：4、F41：7形制相同，均细泥质橘红陶，直口，方唇，深弧腹，器表磨光，素面。标本F41：1，口下可见深红色叠烧痕迹（图一九七，1）。标本F41：4，口下可见浅褐色叠烧痕迹（图一九七，5）。标本F41：7，口下有一个由外向内单面钻而未钻成的圆孔。口下可见深褐色与浅红色叠烧痕迹（图一九七，4）。

标本F41：2、F41：3、F41：5形制相同，均细泥质橘红陶，直口微敛，深弧腹，器表磨光，素面。标本F41：2，圆唇。口下可见浅褐色叠烧痕迹（图一九七，2）。标本F41：3，方唇。口下可见深红色叠烧痕迹。器表可见烟熏痕迹（图一九七，7）。标本F41：5，圆唇，口下有一两面对钻而成的圆孔。口下可见轮修痕迹（图一九七，8）。

标本F41：6、F41：8形制相同，均直口微敛，斜直腹，素面。标本F41：6，粗泥质橘红陶。圆唇。内壁可见轮修痕迹（图一九七，6）。标本F41：8，细夹砂红褐陶。方唇。内壁可见轮修痕迹（图一九七，3）。

器底 标本F41：17，下腹、底部残片。细泥质橘红陶。弧腹，平底，底心内凹。器表磨光。素面。可能为钵底。残高3.6厘米（图一九七，9）。

圆陶片 3件。均完整。标本F41：18-1，粗泥质橘红陶。系利用钵的残片打制而成，有两边未

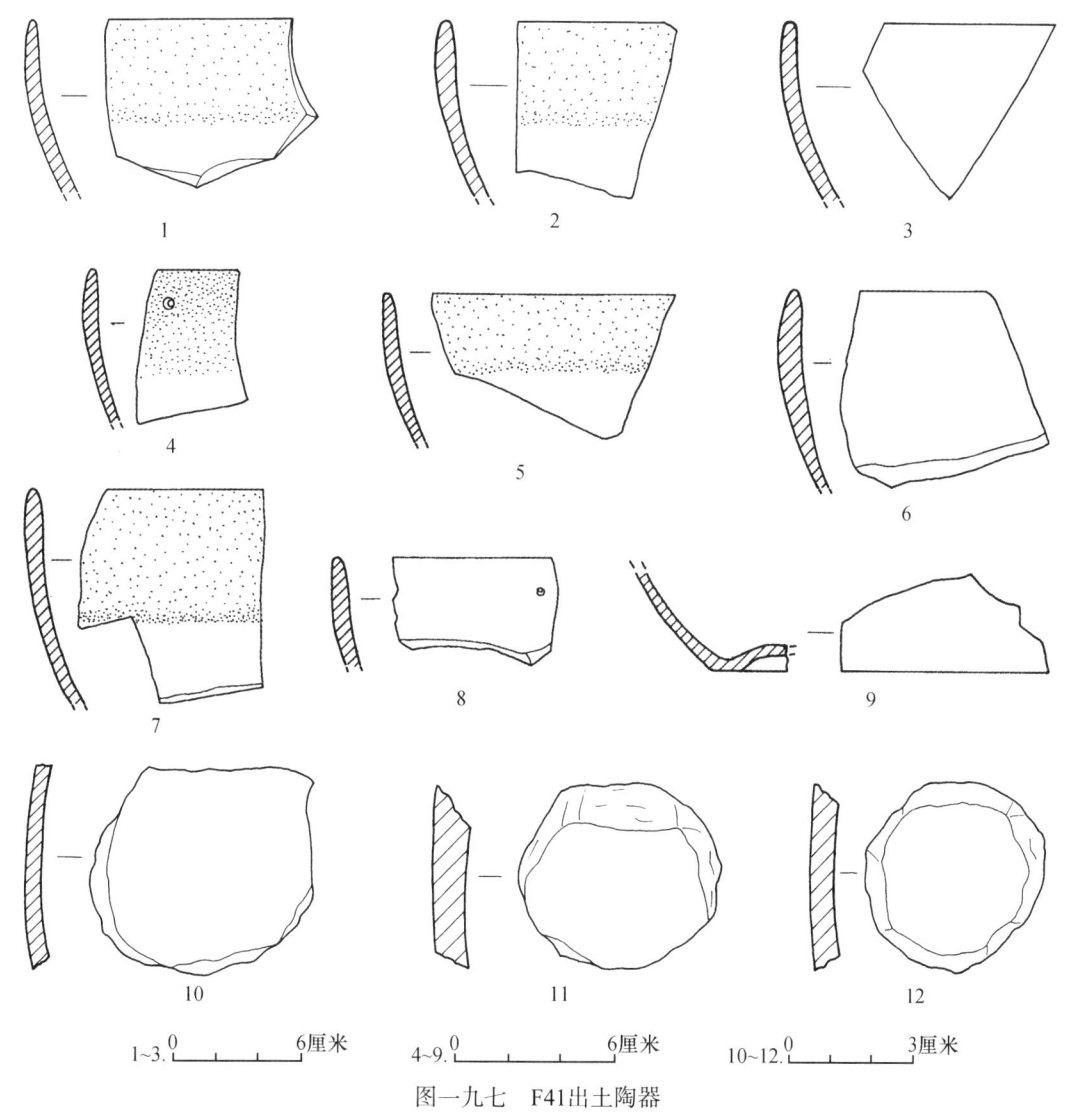

图一九七　F41出土陶器

1~8. 钵（F41：1、F41：2、F41：8、F41：7、F41：4、F41：6、F41：3、F41：5）
9. 器底（F41：17）　10~12. 圆陶片（F41：18-1、F41：18-2、F41：18-3）

经修整。近圆形，边缘较钝。直径5.3、厚0.4厘米（图一九七，10）。

标本F41：18-2，细泥质橘红陶。系利用钵的残片打制而成。椭圆形，边缘较钝。长径4.8、短径4.4、厚0.8厘米（图一九七，11）。

标本F41：18-3，细泥质橘红陶。系利用钵的残片打制而成。圆形，边缘稍钝。直径4.4、厚0.6厘米（图一九七，12）。

28. F42

F42位于Ⅲ区T0811、T0812、T0911、T0912内，开口于⑥层下，被F41叠压。地面式，平面呈椭圆形，长径6.14、短径5.84米。房周围墙体已毁，仅存基槽，宽0.2、深0.3米，内填致密的黄土；在底部发现一圈柱洞，共84个（D1~D84），形状有圆形与椭圆形，圆形柱洞直径0.06~0.1米，椭圆形柱洞长径0.08~0.1、短径0.04~0.06米，深0.2~0.25、柱间距0.16~0.24米。

居住面西北略高于东南，高差0.1米，料姜石末铺就，呈灰褐色，十分坚硬。室内共发现柱洞8个（D85~D92），其中D85、D92大小相同，直径0.13、深0.26米，其他6个为泥圈柱洞，外径0.24~0.34、内径0.1~0.12、深0.4米。

门向西南，两侧各有1个柱洞（D93~D94），D93为泥圈柱洞，外径0.35、内径0.1、深0.36米，D94直径0.35、深0.36米。门道梯形，底部平坦，为黄土加工而成的硬面。残存部分西南端宽0.82、东北端宽0.78、残长0.8米（图一九八）。

房内堆积为黄褐色土，较为致密，厚0.6米，出土少量陶片。

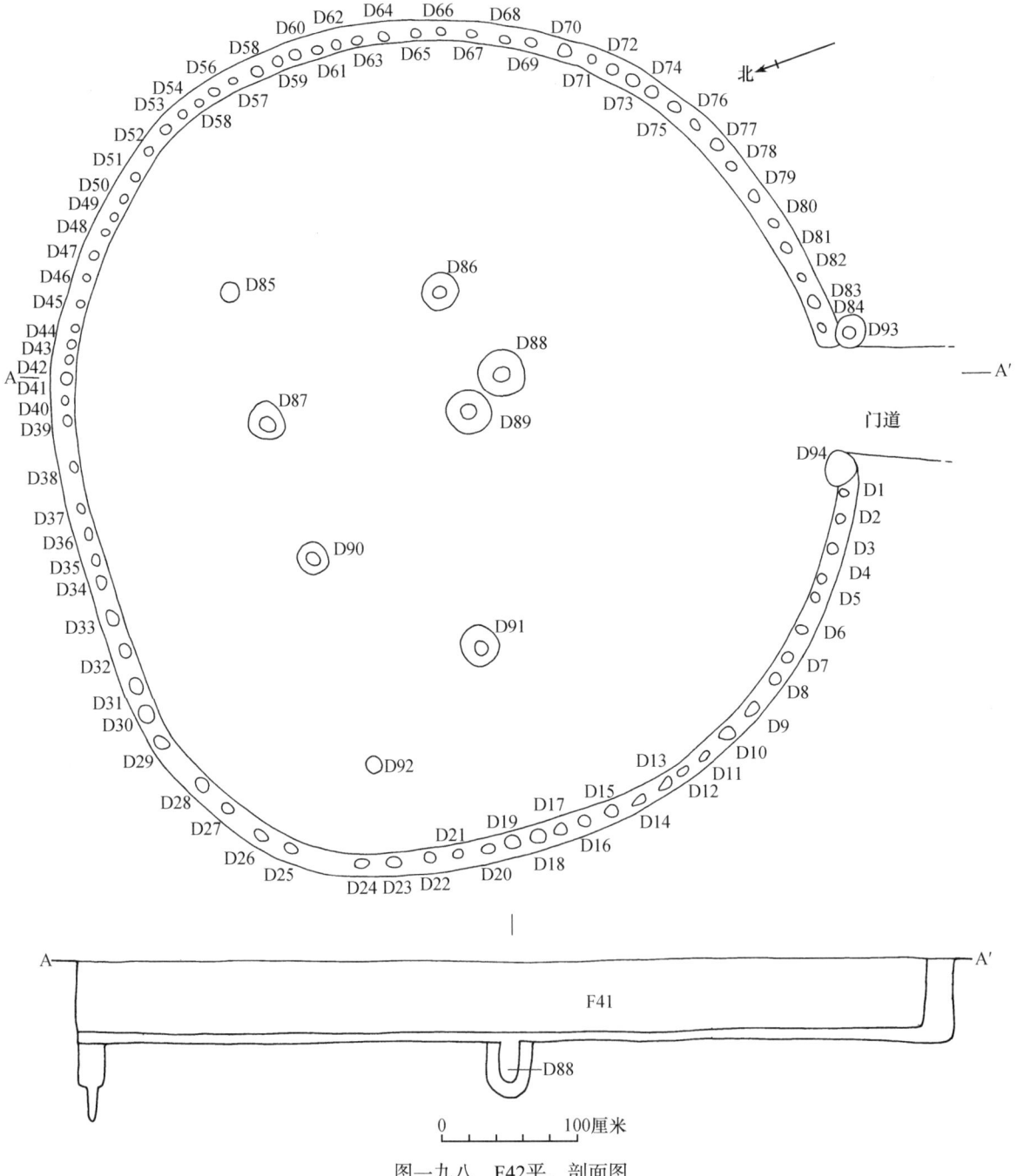

图一九八　F42平、剖面图

陶片以细泥质橘红陶为主，粗泥质橘红陶次之，还有少量粗夹砂红褐陶、细夹砂红褐陶、细夹砂橘红陶；纹饰以素面为主，弦纹次之，绳纹再次，还有少量划纹。

F42共出土遗物14件。以陶器为主，石器次之。

（1）陶器

12件。器类有盆、罐、钵、瓮、锉。

盆　2件。均口、腹部残片。标本F42：6，细泥质橘红陶。敞口，折沿，沿面向外侧下斜，尖圆唇，弧腹。器表磨光。素面。唇部可见轮修痕迹。复原口径45.9、残高7.5厘米（图一九九，1）。

标本F42：7，细泥质橘红陶。直口微敛，平折沿，沿面上鼓，圆唇，弧腹。口沿以下饰多周弦纹。唇部可见轮修痕迹（图一九九，2）。

罐　2件。标本F42：9，口、腹部残片。粗夹砂红褐陶。侈口，折沿，沿面内曲，方唇，鼓腹。唇部饰短划纹，腹部饰右上至左下斜向绳纹。沿面可见轮修痕迹（图一九九，3）。

标本F42：11，口沿残片。细泥质橘红陶。直口，方唇，高领。素面。器表可见轮修痕迹（图一九九，4）。

钵　6件。均口、腹部残片。标本F42：3、F42：5形制相同，均直口微敛，圆唇，深弧腹，素面。标本F42：3，粗泥质橘红陶。器表可见轮修痕迹（图一九九，13）。标本F42：5，细泥质橘红

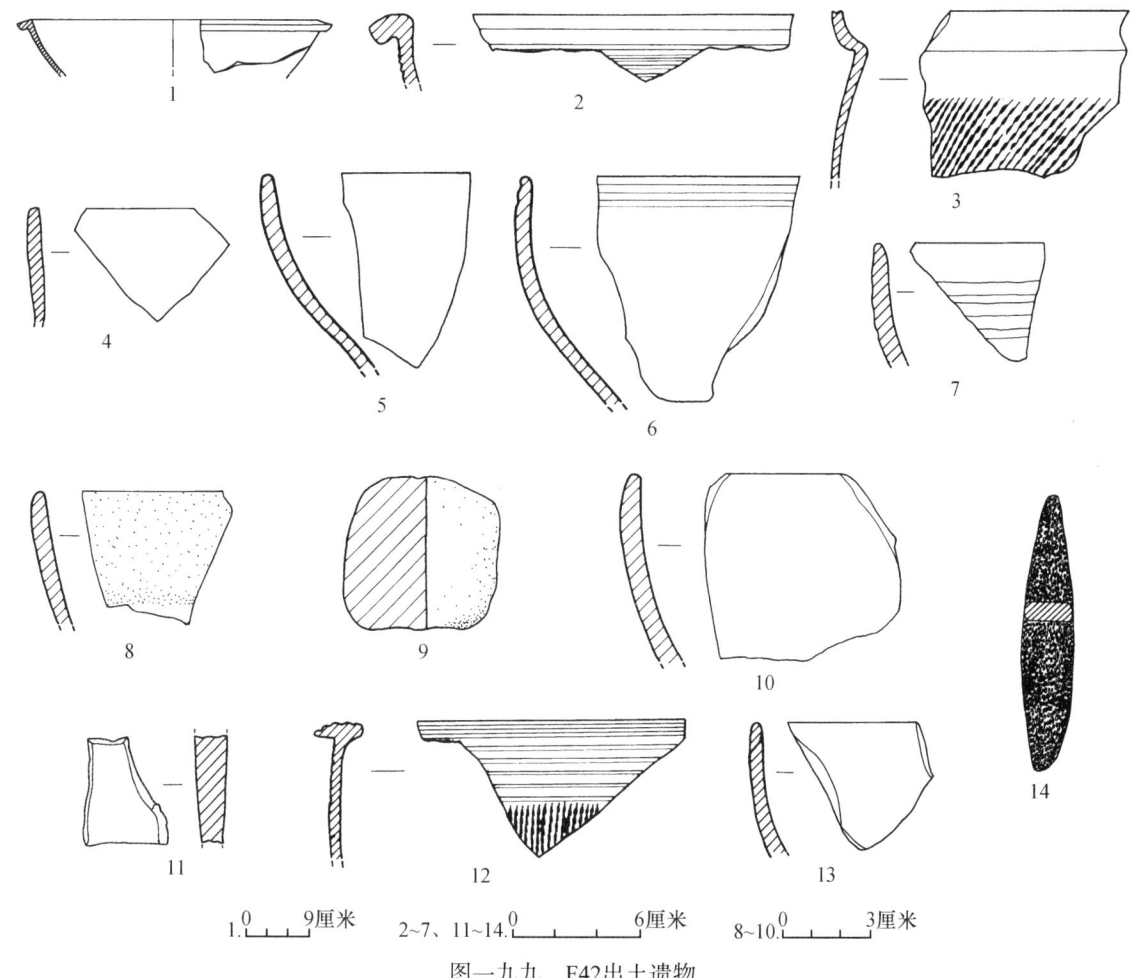

图一九九　F42出土遗物

1、2.陶盆（F42：6、F42：7）　3、4.陶罐（F42：9、F42：11）　5~8、10、13.陶钵（F42：2、F42：1、F42：4、F42：5、F42：10、F42：3）　9.研磨器（F42：14）　11.残石器（F42：13）　12.陶瓮（F42：8）　14.陶锉（F42：12）

陶。器表磨光。口下可见深红色叠烧痕迹（图一九九，8）。

标本F42：1、F42：2、F42：4、F42：10形制相同，均直口微敛，斜直腹。标本F42：1，细夹砂红褐陶。圆唇。口下饰二周弦纹。器表较为粗糙，内壁可见轮修痕迹（图一九九，6）。标本F42：2，粗泥质橘红陶。烧制变形。圆唇。素面。口下可见轮修痕迹（图一九九，5）。标本F42：4，粗泥质橘红陶。圆唇。口下饰三周弦纹。内、外壁均可见轮修痕迹与烟熏痕迹（图一九九，7）。标本F42：10，粗夹砂红褐陶。方唇。素面。内壁可见轮修痕迹（图一九九，10）。

瓮　1件。标本F42：8，口、腹部残片。细夹砂橘红陶。敛口，平折沿，沿面有六道浅细凹槽，尖圆唇，腹微鼓。口沿下侧饰多周弦纹，弦纹以下饰竖向绳纹（图一九九，12）。

锉　1件。标本F42：12，完整。细泥质橘红陶。平面呈棱形，横断面呈圆角长方形，锐尖。器表麻点清晰，密度较大。长13、中部宽2.5、厚0.9厘米（图一九九，14；图版七一，5）。

（2）石器

2件。器类有研磨器、残石器。

研磨器　1件。标本F42：14，完整。石英细砂岩。器身呈近立方体。器表可见红色颜料痕迹。边长5.3厘米（图一九九，9）。

残石器　1件。标本F42：13，石灰岩。残存部分平面略呈梯形。两面均平坦，器表磨光。残长5、厚1.5厘米（图一九九，11）。

29. F43

F43位于Ⅲ区T0710、T0711、T0810、T0811内，开口于⑧层下。地面式，平面呈方形，边长3.2米。房周围墙体已毁，仅存基槽，宽0.12、深0.15～0.18米，内填疏松的灰褐色土，包含有炭屑；在底部发现一圈柱洞，共57个（D1～D57），其中北墙19个（D1～D19），东墙11个（D20～D30），南墙14个（D31～D44），西墙13个（D45～D57），直径0.06～0.1、深0.08～0.14、柱间距0.04～0.33米，多在0.15米左右，内填疏松的灰褐色土。

居住面南高北低，为灰褐色土铺成，较为坚硬。在北部发现3个柱洞（D58～D60），直径0.18～0.3米。

门向东，位于东墙中部略偏南处。门道长方形，略有损毁，底部平坦，残长0.6、宽0.7米（图二〇〇）。

房内堆积为深灰色土，土质疏松，厚0.08～0.1米，出土少量陶片、兽骨。

30. F44

F44位于Ⅲ区T0712、T0812、T0813内，开口于⑦层下，北部被F64打破。地面式，平面呈圆形，直径4.1米。房周围墙体已毁，仅存基槽，宽0.12～0.16、深0.18米，内填较疏松的黄褐色土；在底部发现柱洞60个（D1～D60），直径0.04～0.07、深0.05～0.08米，柱间距0.04～0.2米，多在0.1米左右。

居住面为黄土加工成的硬面，南部稍高，较为平整。房内东南部发现泥圈柱洞1个（D61），外径0.56、内径0.3、深0.32米，内填疏松的深灰色土。

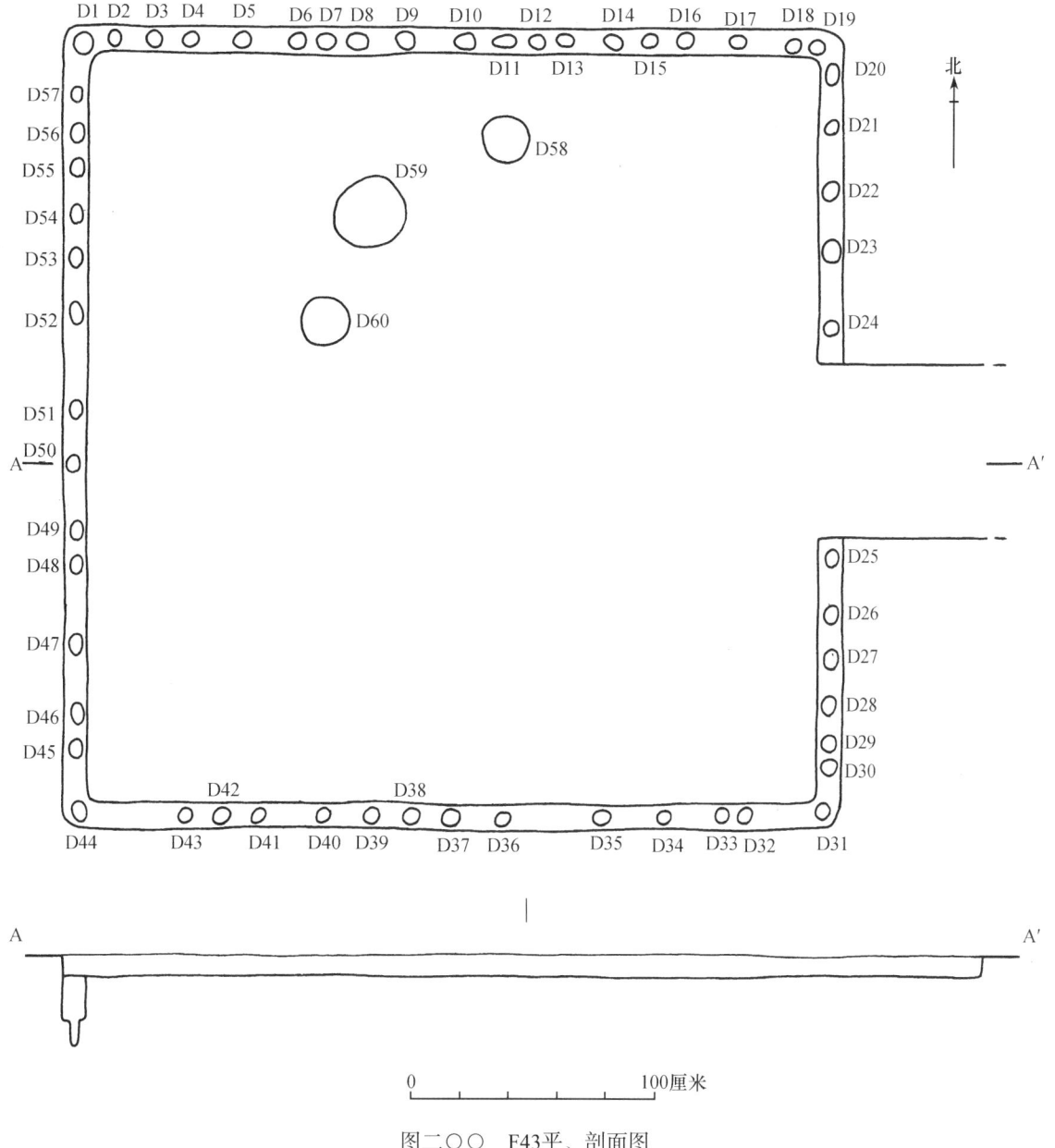

图二〇〇　F43平、剖面图

依据保存情况，推测门可能向北（图二〇一）。

房内堆积可分为2层：第①层为浅黄色土，土质疏松，厚0.14～0.18米，十分纯净；第②层为浅灰色土，土质疏松，厚0.3米，出土少量陶片，另有石块、兽骨。

陶片为主要的出土物，以细泥质橘红陶为主，还有少量粗泥质橘红陶、细夹砂红褐陶、粗夹砂红褐陶；纹饰以素面为主，另有少量绳纹与弦纹。

F44共出土遗物9件。以陶器为主，石器次之。

（1）陶器

8件。器类有盆、钵、瓮、圆陶片，另有器耳。

盆　2件。均口、腹残片。形制相同，均直口微敛，平折沿，弧腹，器表磨光，素面。标本

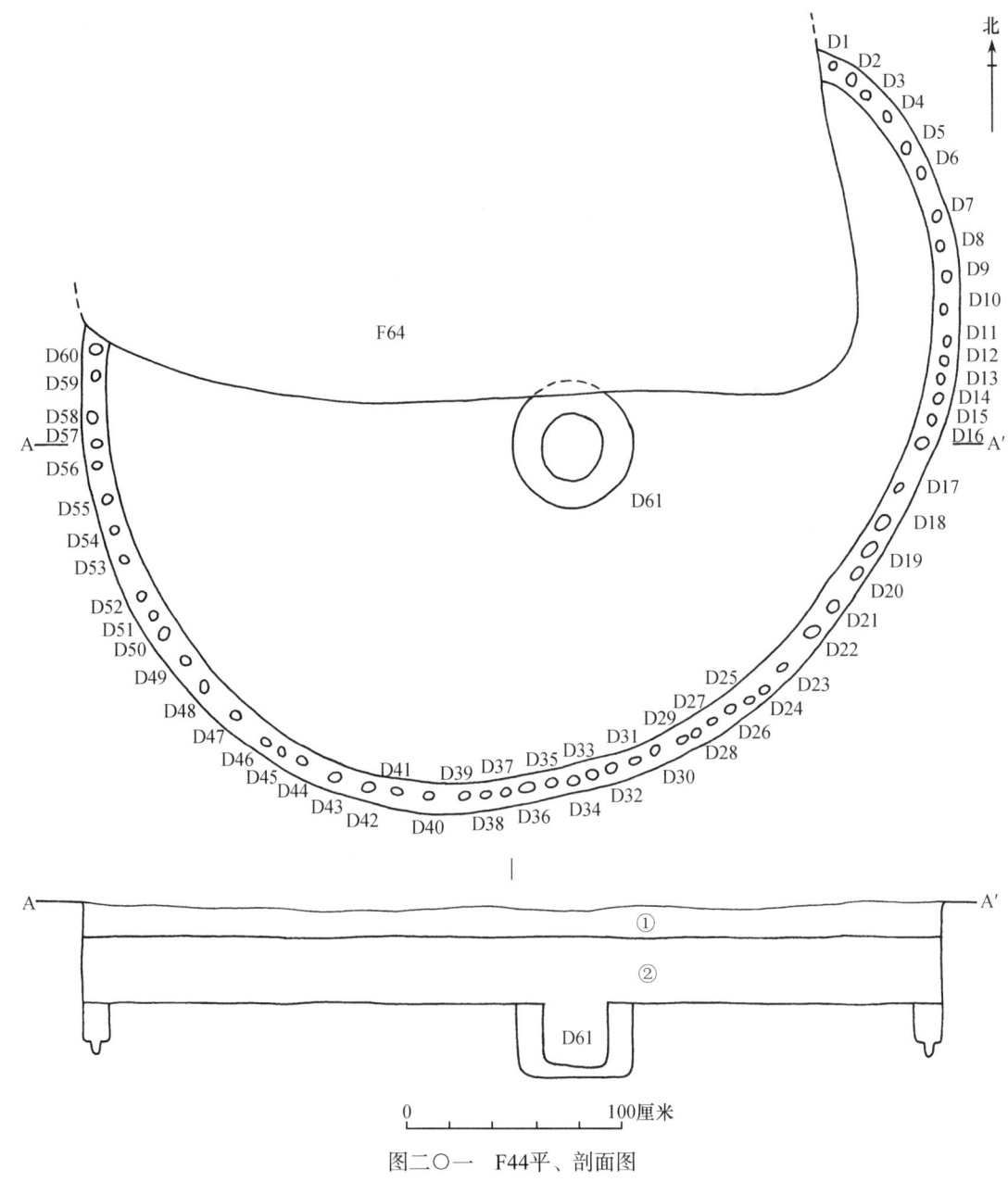

图二〇一 F44平、剖面图

F44:5，细泥质橘红陶。圆唇。唇部可见轮修痕迹（图二〇二，2）。标本F44:6，粗泥质橘红陶。沿面略向外侧下斜，尖圆唇。器表可见轮修痕迹（图二〇二，1）。

钵 4件。均口、腹部残片。标本F44:1、F44:2形制相同，均细泥质橘红陶，直口，深弧腹，器表磨光，素面。标本F44:1，圆唇。口下可见灰白色叠烧痕迹（图二〇二，3）。标本F44:2，方唇。口下可见深红色叠烧痕迹（图二〇二，6）。

标本F44:3、F44:4形制相同，均细夹砂红褐陶，直口微敛，圆唇，斜直腹。F44:3，素面。内、外壁均可见轮修痕迹（图二〇二，5）。标本F44:4，器表饰多周宽浅弦纹。内壁可见轮修痕迹（图二〇二，4）。

瓮 1件。标本F44:7，口、腹部残片。粗夹砂红褐陶。侈口，卷沿，沿面微曲，方唇，唇部

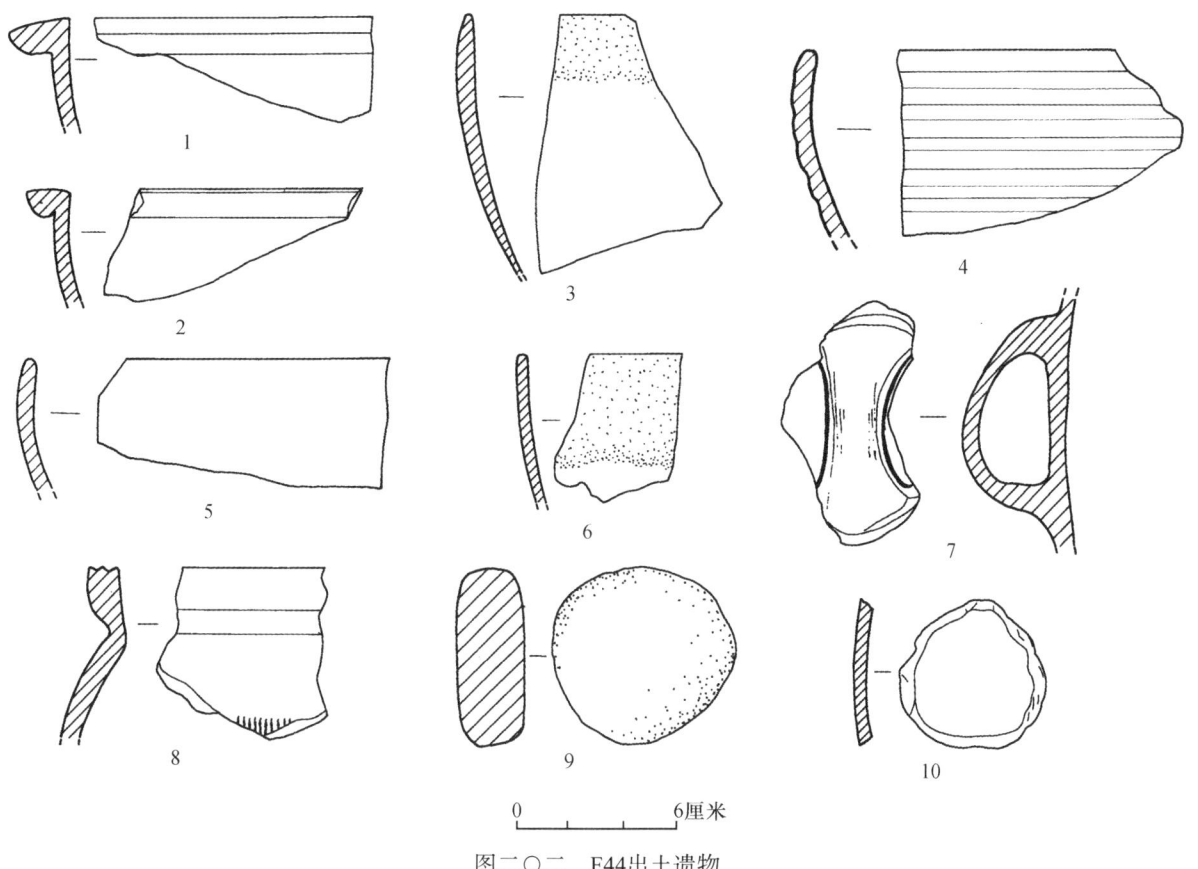

图二〇二 F44出土遗物

1、2.陶盆（F44:6、F44:5） 3~6.陶钵（F44:1、F44:4、F44:3、F44:2） 7.器耳（F44:8）
8.陶瓮（F44:7） 9.研磨器（F44:10） 10.圆陶片（F44:9）

有二道浅细凹槽，腹微鼓。腹部饰竖向绳纹。外沿面可见轮修痕迹（图二〇二，8）。

器耳 标本F44:8，腹部残片。细夹砂红褐陶。弧腹，有一竖向扁圆桥形耳。素面。可能为瓶耳（图二〇二，7）。

圆陶片 1件。标本F44:9，完整。细泥质橘红陶。系利用钵的口沿残片打制而成，保留少量沿面。圆形，边缘稍钝。器表可见深红色叠烧痕迹。直径5.6、厚0.5厘米（图二〇二，10）。

（2）石器

1件。研磨器。标本F44:10，完整。石英细砂岩。器身呈圆饼状，扁平。器表可见黄绿色、红色附着物。直径6.5、厚2.5厘米（图二〇二，9）。

31. F45

F45位于Ⅲ区T0911、T0912、T1011、T1012内，开口于⑦层下。地面式，平面呈长方形，南北长3.35、东西宽3.1米。房周围墙体已毁，仅存墙基槽，宽0.2~0.3、深0.2米；在底部发现柱洞34个（D1~D34），其中西墙12个（D1~D12），北墙6个（D13~D18），东墙8个（D19~D26），南墙8个（D27~D34），直径0.05~0.15米，深0.12~0.26米，柱间距0.1~0.5米，以0.3米左右居多。

居住面西高东低，为黄土加工成的硬面。在中部发现2个柱洞（D35~D36），大小相同，直径

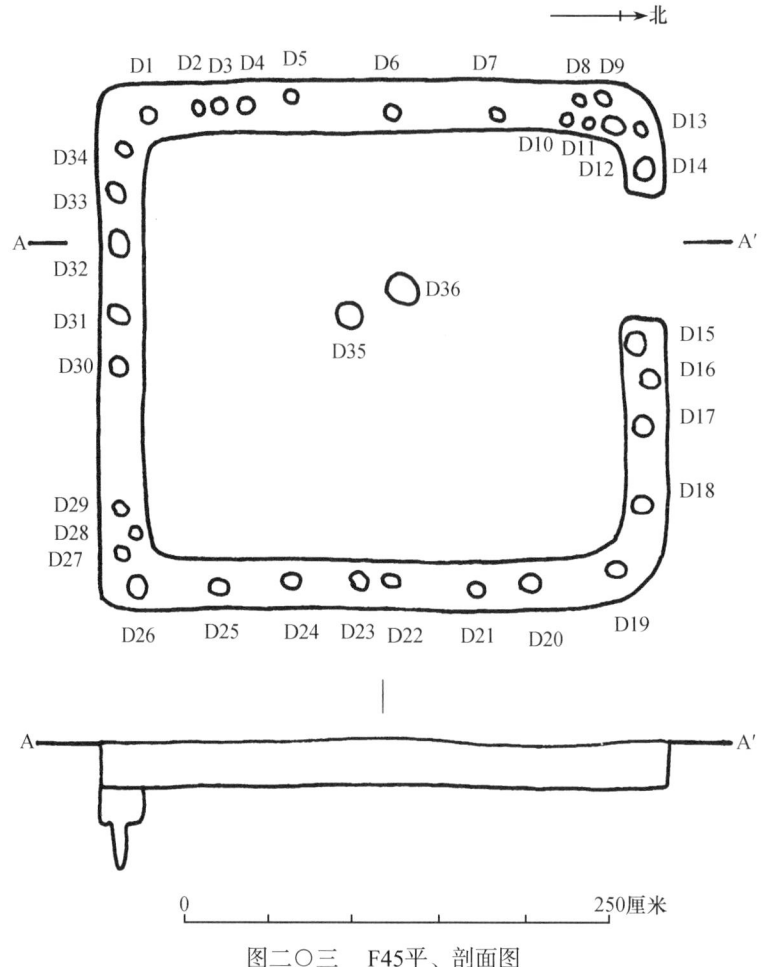

图二〇三　F45平、剖面图

0.15、深0.28米，内填疏松的灰土。

门向北，位于北墙西部，宽0.7米（图二〇三）。

房内堆积为深灰色土，土质疏松，厚0.25米，较为纯净，出土少量陶片。

32. F47

F47位于Ⅲ区T1110、T1111、T1210、T1211内，开口于⑦层下，南部被G2打破，并被F37叠压。地面式，平面呈椭圆形，长径6.7、短径6.1米。房周围墙体大部分已毁，仅有少量残存，草拌泥筑成，残高0.3、宽0.25米。墙下挖有基槽，宽0.23～0.26、深0.3米，内填较为致密的浅褐色土；在底部共发现柱洞51个（D1～D51），直径0.05～0.15、深0.1～0.22、柱间距0.12～0.24米。

房内东北部有一灶面，椭圆形，因长期火烤而变成砖红色烧结面，长径1.02、短径0.9、烧结面厚0.03米。灶西部边缘有一柱洞（D52），直径0.3、深0.22米。

居住面为黄土加工而成的硬面，中间高，四周低，高差0.08米。

门向北，宽1米（图二〇四）。

房内堆积为黄褐色土，土质较为致密，厚0.3～0.34米，夹杂有黄土块，无出土物。

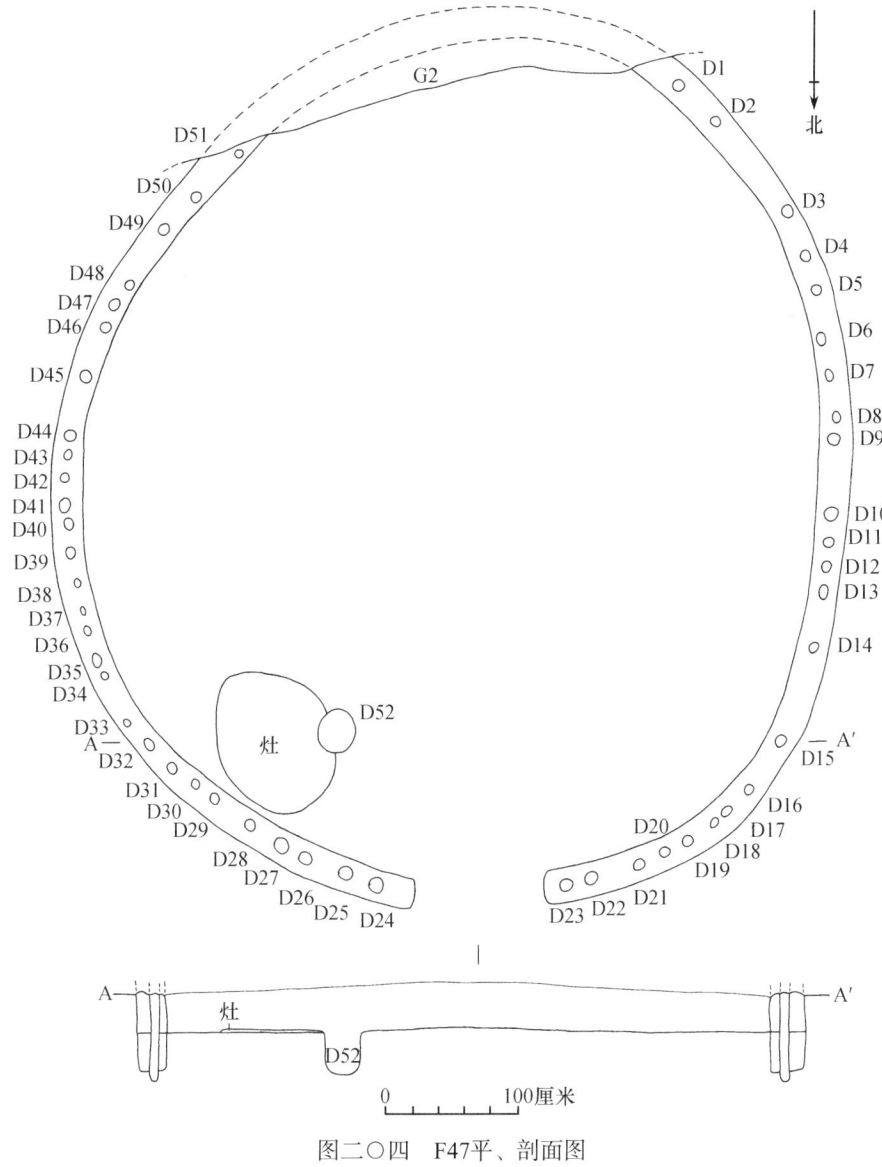

图二〇四 F47平、剖面图

33. F48

F48位于Ⅲ区T1110、T1111、T1210、T1211内，开口于⑧层下，南部被G2打破。地面式，平面呈椭圆形，长径6.5、短径6.1米。房周围墙体大部分已毁，仅有少量残存，残高0.2、宽0.12～0.25米，黄土筑成。墙下挖有基槽，宽0.18～0.22、深0.26米，内填较为致密的灰褐色土；在底部共发现柱洞57个（D1～D57），直径0.05～0.1、深0.08～0.22、柱间距0.12～0.48米，多在0.14米左右。

居住面西南高，东北低，高差0.34米，料姜石末铺就，十分坚硬。

门向北，宽0.68米（图二〇五）。

房内堆积仅为少量黑色草木灰，出土少量陶片。

陶片以细泥质橘红陶为主，粗夹砂红褐陶次之，细夹砂红褐陶再次，还有少量粗泥质橘红陶；纹饰以素面为主，绳纹次之，弦纹再次。

F48共出土遗物33件。以陶器为主，石、骨器次之。

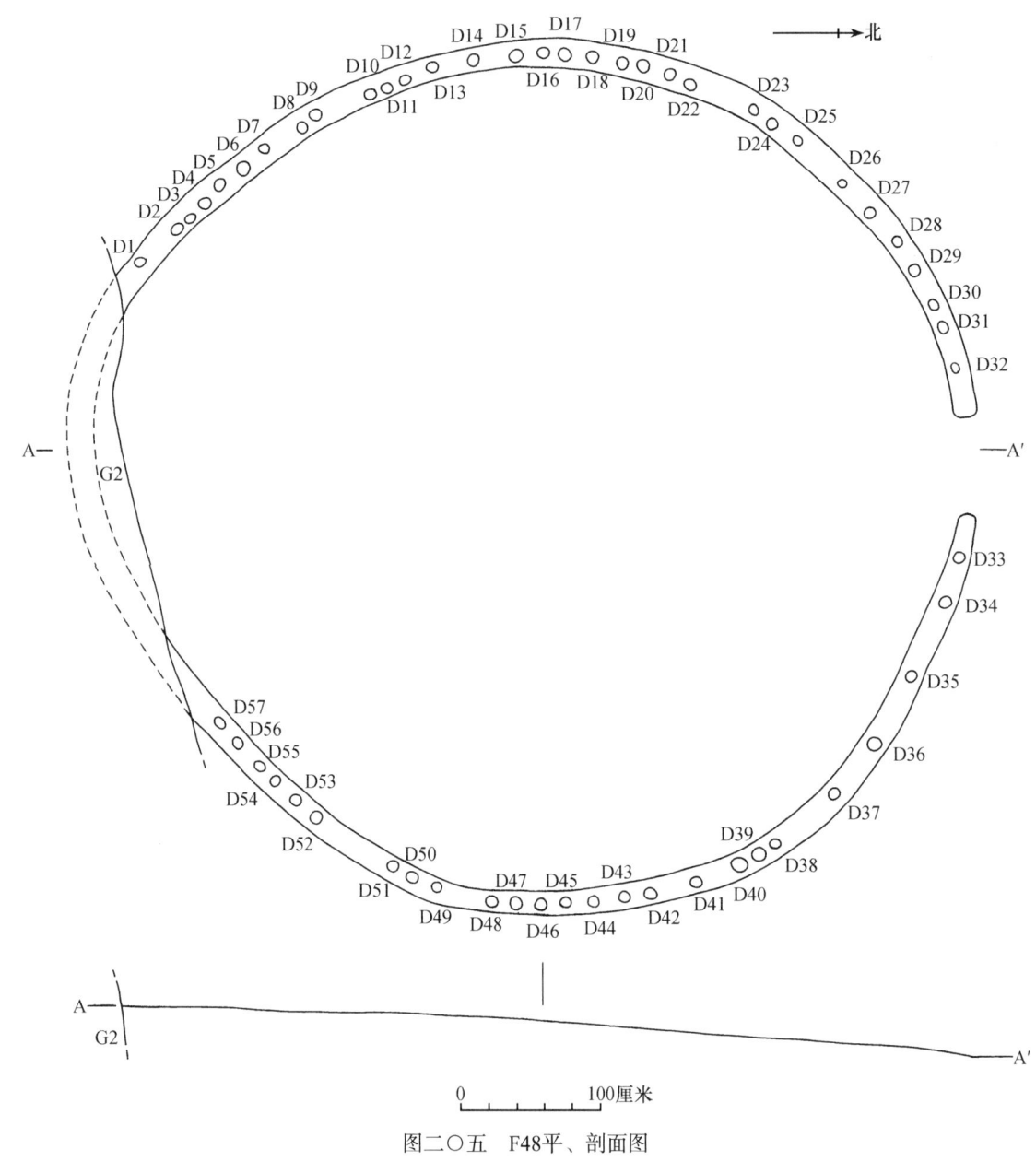

图二〇五 F48平、剖面图

（1）陶器

31件。器类有盆、罐、钵、瓮、圆陶片、锉，另有器底。

盆 6件。均口、腹部残片。标本F48:14，细泥质橘红陶。敞口，折沿，沿面向外侧下斜，圆唇，弧腹。器表磨光。素面。外沿面与口沿下侧可见深红色叠烧痕迹，唇部可见轮修痕迹（图二〇六，8）。

标本F48:11、F48:12、F48:15形制相同，均细泥质橘红陶，直口，平折沿，弧腹，器表磨光，素面。标本F48:11，圆唇。唇部可见轮修痕迹，器表可见烟熏痕迹（图二〇六，12）。标本F48:12，口微敛，方唇。唇部可见轮修痕迹（图二〇六，11）。标本F48:15，圆唇。唇部可见轮修痕迹（图二〇六，10）。

标本F48:13、F48:16形制相同，均细泥质橘红陶，敛口，折沿，弧腹，口沿以下饰多周弦

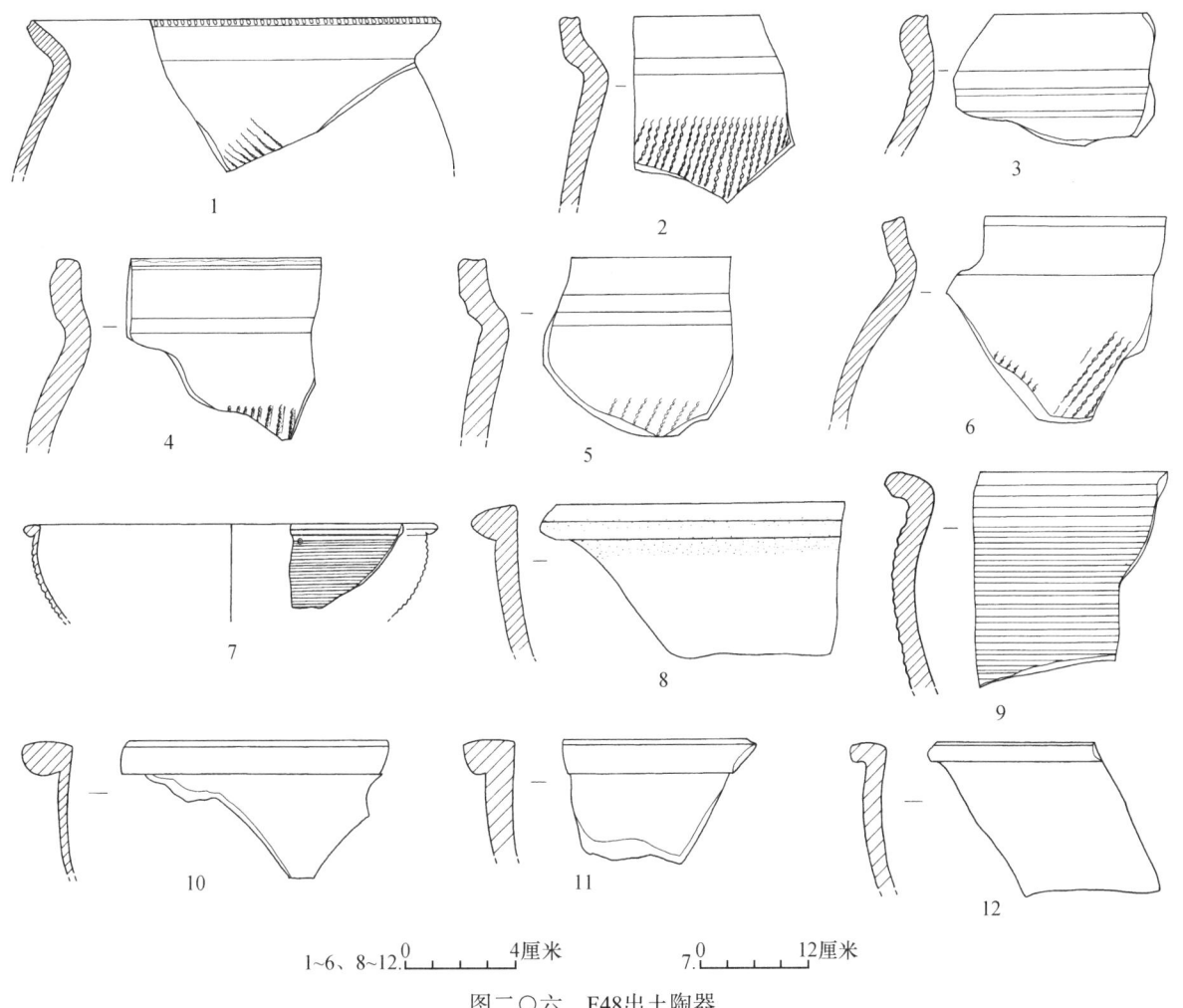

图二〇六　F48出土陶器

1~6.罐（F48：17、F48：19、F48：18、F48：21、F48：20、F48：22）
7~12.盆（F48：16、F48：14、F48：13、F48：15、F48：12、F48：11）

纹。标本F48：13，沿面上鼓，圆唇。唇部可见轮修痕迹（图二〇六，9）。标本F48：16，尖圆唇，口下有一个由外向内单面钻成的圆孔。唇部可见轮修痕迹。复原口径46.2、残高9.3厘米（图二〇六，7）。

罐　7件。均口、腹部残片。标本F48：17，粗夹砂红褐陶。侈口，卷沿，圆唇，鼓腹。唇缘饰一周划纹，腹部饰左上至右下斜向绳纹。内壁可见轮修痕迹。复原口径15.3、残高5.5厘米（图二〇六，1）。

标本F48：18、F48：19、F48：20、F48：21、F48：22形制相同，均粗夹砂红褐陶，侈口，卷沿，沿面微曲，腹微鼓。标本F48：18，方唇，唇部有一道浅细凹槽。口沿以下饰多周弦纹。外沿面可见轮修痕迹（图二〇六，3）。标本F48：19，方唇，唇部有一道浅细凹槽。腹部饰右上至左下斜向绳纹。沿面可见轮修痕迹（图二〇六，2）。标本F48：20，方唇，唇部有一道浅细凹槽，外沿面有一道凸棱。腹部饰右上至左下斜向绳纹（图二〇六，5）。标本F48：21，方唇。腹部饰右上至左下斜向绳纹（图二〇六，4）。标本F48：22，方唇，唇部有一道浅细凹槽。腹部饰右上至左下斜向绳纹。外沿面可见轮修痕迹（图二〇六，6）。

钵　10件。均口、腹部残片。标本F48：5、F48：6、F48：8、F48：9、F48：10形制相同，均细泥质橘红陶，直口微敛，深弧腹，器表磨光，素面。标本F48：5，圆唇。口下可见深红色叠烧痕迹与轮修痕迹（图二〇七，1）。标本F48：6，方唇（图二〇七，7）。标本F48：8，圆唇。口下可见浅褐色叠烧痕迹（图二〇七，10）。标本F48：9，方唇。口下可见深红色叠烧痕迹。复原口径38.4、残高8.1厘米（图二〇七，9）。标本F48：10，圆唇。口下可见深红色叠烧痕迹（图二〇七，8）。

标本F48：1、F48：2、F48：3、F48：4、F48：7形制相同，均敛口，斜直腹，素面。标本F48：1，细夹砂红褐陶。圆唇。器表可见轮修痕迹与烟熏痕迹（图二〇七，5）。标本F48：2，细夹砂红褐陶。圆唇。口下可见轮修痕迹（图二〇七，2）。标本F48：3，粗泥质橘红陶。圆唇。内、外壁均可见轮修痕迹与烟熏痕迹（图二〇七，6）。标本F48：4，细夹砂红褐陶。方唇。器表可见刮抹痕迹（图二〇七，4）。标本F48：7，粗泥质橙黄陶。圆唇。内、外壁均可见轮修痕迹

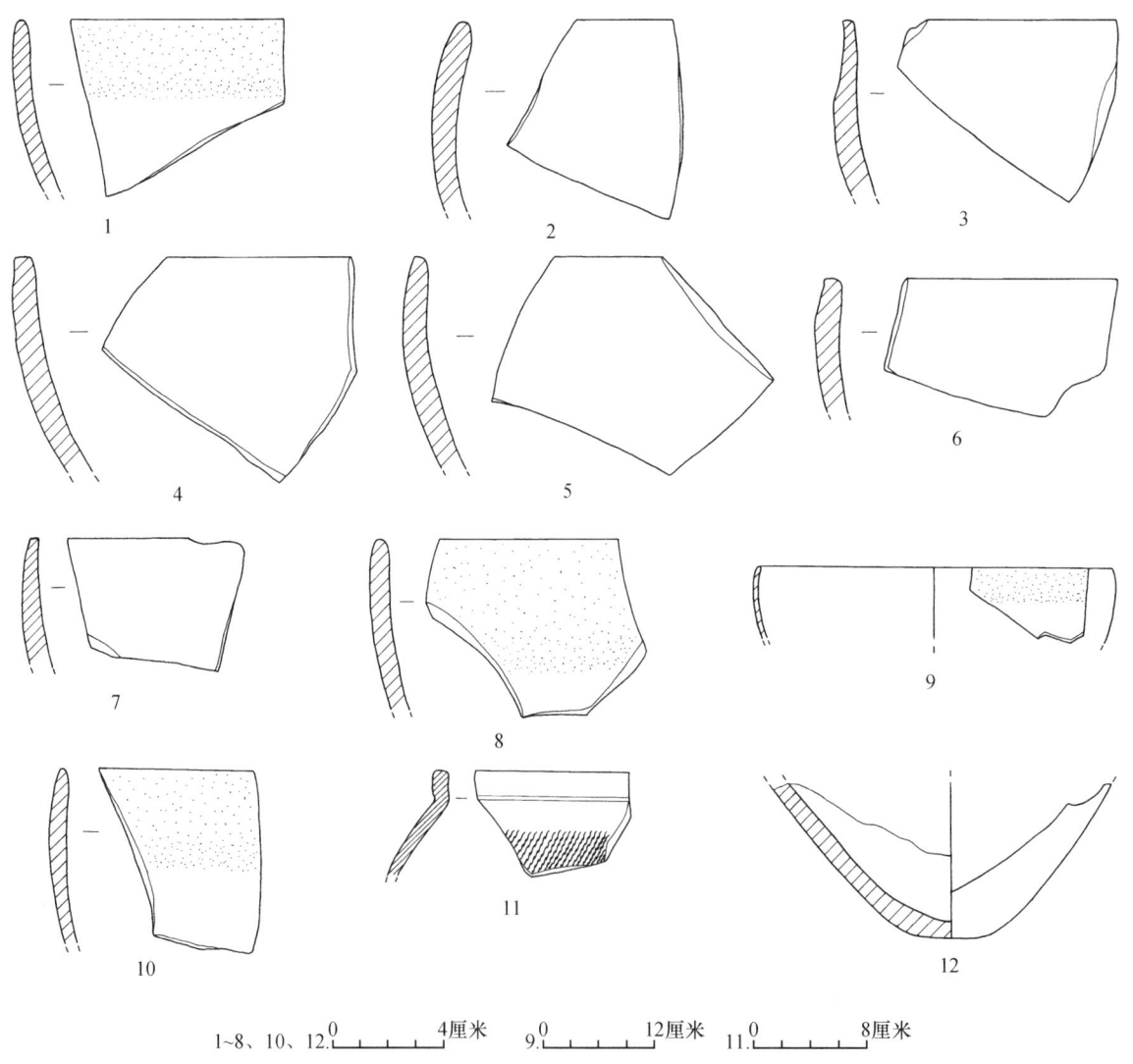

图二〇七　F48出土陶器

1~10. 钵（F48：5、F48：2、F48：7、F48：4、F48：1、F48：3、F48：6、F48：10、F48：9、F48：8）
11. 瓮（F48：23）　12. 器底（F48：24）

（图二〇七，3）。

瓮 1件。标本F48：23，口、腹部残片。粗夹砂红褐陶。直口，卷沿，沿面微曲，圆唇，鼓腹。腹部饰右上至左下斜向绳纹。外沿面可见轮修痕迹（图二〇七，11）。

器底 标本F48：24，底部残片。粗泥质橘红陶。尖底，较为圆钝。素面。器表可见轮修痕迹。可能为瓶底。残高5.5厘米（图二〇七，12）。

圆陶片 6件。形制相同，均圆形。标本F48：25-1，完整。细泥质橘红陶。系利用钵的口部残片打制而成。边缘稍钝。器表可见浅褐色叠烧痕迹。直径7.5、厚0.8厘米（图二〇八，8）。标本F48：25-2，完整。细泥质橘红陶。系利用钵的口部残片打制而成。边缘较锋利。器表可见深褐色叠烧及烟熏痕迹。直径8.4、厚0.7厘米（图二〇八，9）。标本F48：25-3，残。细泥质橘红陶。系利用钵的口部残片打制而成。残存部分呈半圆形，边缘较锋利。器表可见灰白色叠烧痕迹。残

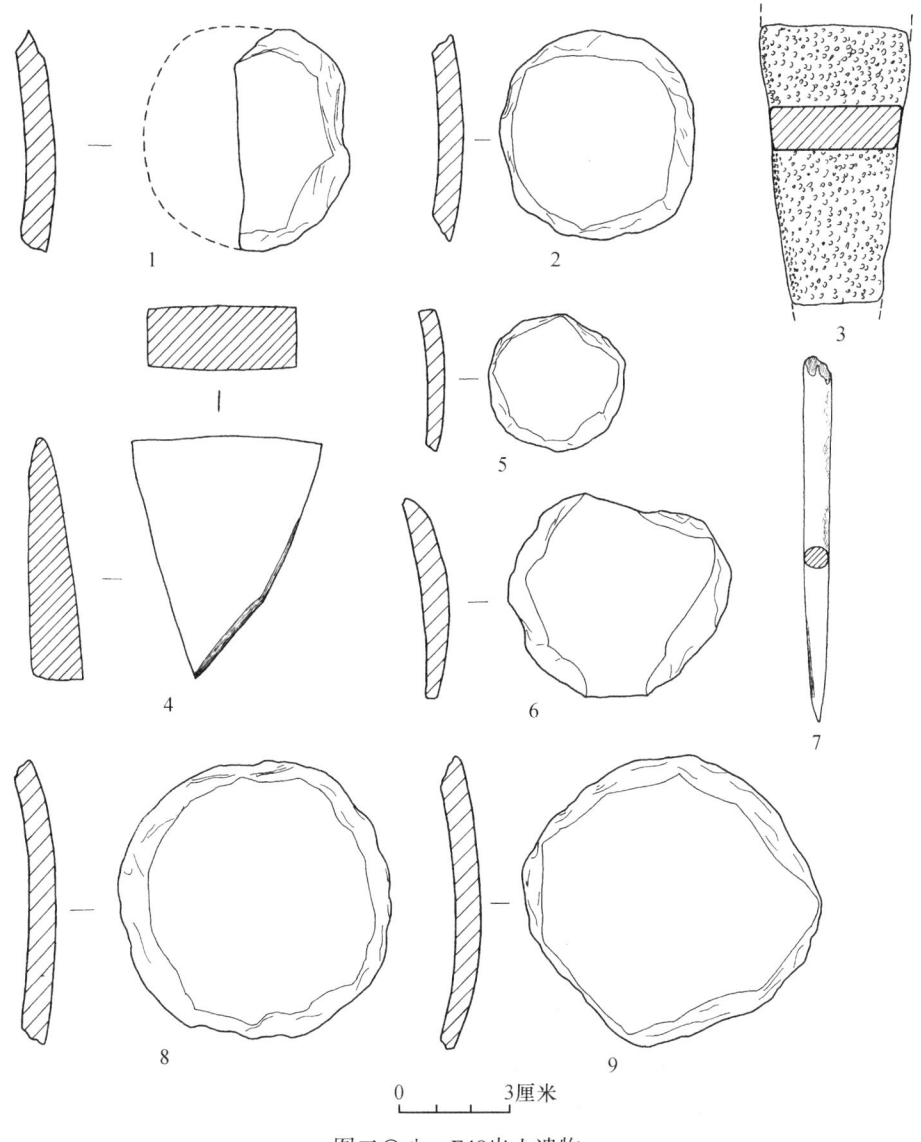

图二〇八 F48出土遗物

1、2、5、6、8、9.圆陶片（F48：25-3、F48：25-5、F48：25-6、F48：25-4、F48：25-1、F48：25-2） 3.陶锉（F48：26）
4.雕刻器（F48：27） 7.骨锥（F48：28）

长6、厚0.8厘米（图二〇八，1）。标本F48∶25-4，稍残。细泥质橘红陶。系利用钵的口沿残片打制而成，保留少量沿面。边缘稍钝。器表可见灰白色叠烧痕迹。直径6.3、厚0.7厘米（图二〇八，6）。标本F48∶25-5，完整。细泥质橘红陶。系利用钵的口部残片打制而成。边缘稍钝。器表可见深红色叠烧痕迹。直径5.5、厚0.7厘米（图二〇八，2）。标本F48∶25-6，完整。细泥质橘红陶。系利用钵的残片打制而成。边缘较锋利。直径3.8、厚0.5厘米（图二〇八，5）。

锉　1件。标本F48∶26，两端均残。细泥质灰陶。残存部分平面呈梯形，横断面呈长方形，两侧边较直。器表麻点清晰，密度较大。残长7.6、宽2.5~4.4、厚1.2厘米（图二〇八，3）。

（2）石器

1件。雕刻器。标本F48∶27，完整。石英岩。平面呈三角形，两边相交于尖部，形成一横刃。两面磨光，刃部可见使用形成的小疤痕，周缘可见零星打制疤痕。长6.6、厚1.4厘米（图二〇八，4）。

（3）骨器

1件。锥。标本F48∶28，完整。系利用动物长骨磨制而成。器身呈圆柱状，横断面呈圆形，尖部较锐利，近尖部两侧各有一较长凹槽。通体磨光，尾端可见劈裂痕迹。长10厘米（图二〇八，7；图版七一，6）。

34. F51

F51位于Ⅲ区T1111、T1112内，开口于⑦层下，东南部被F37打破。地面式，平面呈长方形，东西长4.6、南北宽4.1米。房周围墙体已毁，仅存基槽，宽0.3~0.4、深0.15米；在底部发现一圈柱洞，共51个（D1~D51），北墙20个（D1~D20），东墙7个（D21~D27），南墙12个（D28~D39），西墙12个（D40~D51），直径0.05~0.1米，深0.1~0.26米，柱间距0.04~0.16米，内填疏松的浅灰色土。

居住面为黄土加工成的硬面，较为平整。

门向东，位于东墙中部，宽1.4米（图二〇九）。

房内堆积仅为少量浅灰色土，土质疏松，出土少量陶片。

陶片以细泥质橘红陶为主，粗夹砂红褐陶次之，还有少量细夹砂橘红陶与粗泥质橘红陶；纹饰以素面为主，弦纹次之，绳纹再次，还有零星线纹。

F51共出土遗物20件。以陶器为主，蚌器次之。

（1）陶器

19件。器类有瓶、盆、罐、钵、圆陶片，另有器耳、器底。

瓶　2件。形制相同，均细夹砂橘红陶，直杯口，十分短矮，方唇。标本F51∶9，口沿残片。内壁可见轮修痕迹。复原口径10、残高5.4厘米（图二一〇，8）。标本F51∶10，口、颈部残片。直口微敞，束颈。颈部饰一周弦纹。器表可见轮修痕迹，内壁可见泥条盘筑痕迹。复原口径8、残高6.8厘米（图二一〇，11）。

盆　2件。均口、腹部残片。标本F51∶7，细泥质橘红陶。直口微敞，平折沿，圆唇，弧腹。口沿以下饰多周弦纹。唇部可见轮修痕迹（图二一〇，14）。

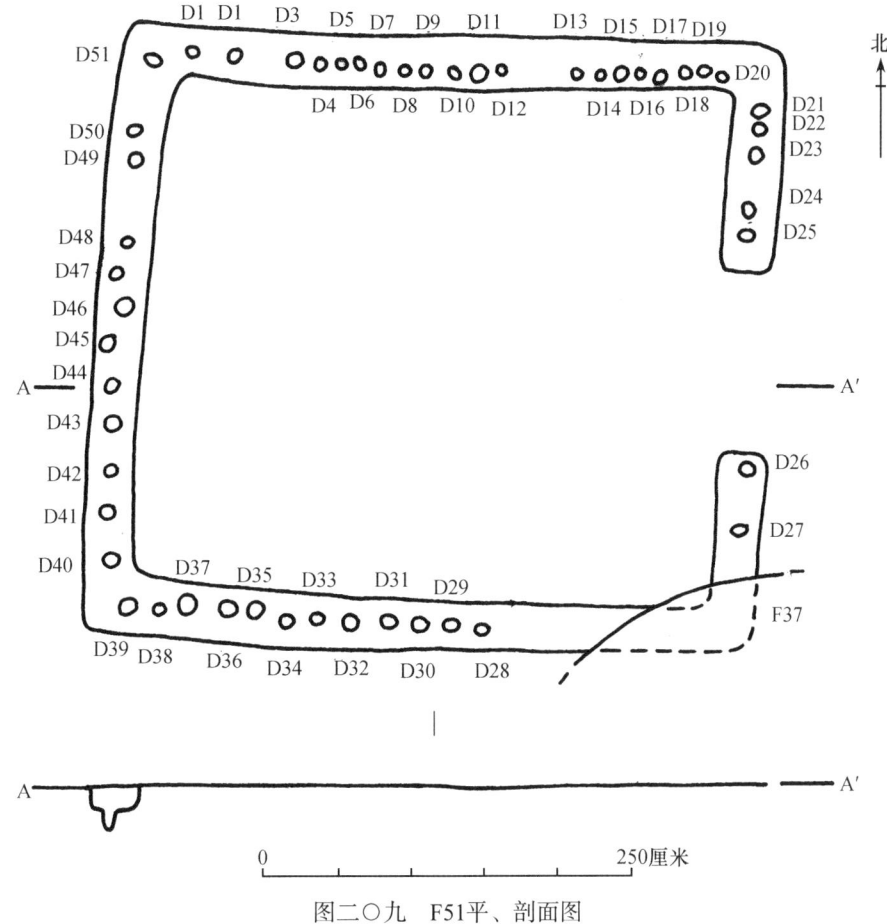

图二〇九 F51平、剖面图

标本F51∶8，粗夹砂红褐陶。敛口，平折沿，沿面向外侧下斜，尖圆唇，弧腹。口沿以下饰多周弦纹。唇部可见轮修痕迹（图二一〇，12）。

罐 3件。均口、腹部残片。形制相同，均粗夹砂红褐陶，侈口，折沿，沿面内曲，鼓腹。标本F51∶11，方唇。口沿以下饰多周弦纹。外沿面可见轮修痕迹（图二一〇，1）。标本F51∶12，圆唇。口沿以下饰多周弦纹。外沿面可见轮修痕迹（图二一〇，2）。标本F51∶13，方唇，肩略鼓，并起一道不显著棱脊。棱脊以下饰竖向绳纹。外沿面可见轮修痕迹，器表可见烟熏痕迹（图二一〇，3）。

钵 6件。均口、腹部残片。形制相同，均细泥质橘红陶，直口微敛，深弧腹。标本F51∶1，圆唇。器表磨光。素面。口下可见浅褐色叠烧痕迹与轮修痕迹。复原口径36、残高7.5厘米（图二一〇，10）。标本F51∶2，方唇。器表磨光。素面。口下可见深红色叠烧痕迹（图二一〇，4）。标本F51∶3，圆唇。器表磨光。口部饰二道线纹。口下可见轮修痕迹，内壁可见刮抹痕迹（图二一〇，7）。标本F51∶4，圆唇。器表磨光。素面。口下可见浅褐色叠烧痕迹（图二一〇，9）。标本F51∶5，方唇。器表磨光。素面（图二一〇，6）。标本F51∶6，圆唇。素面。器表可见轮修痕迹，口下可见深褐色叠烧痕迹（图二一〇，5）。

器耳 标本F51∶14，腹部残片。粗夹砂红褐陶。腹部较直，有一竖向扁圆桥形耳。腹部饰右上至左下斜向绳纹。可能为瓶耳（图二一〇，13）。

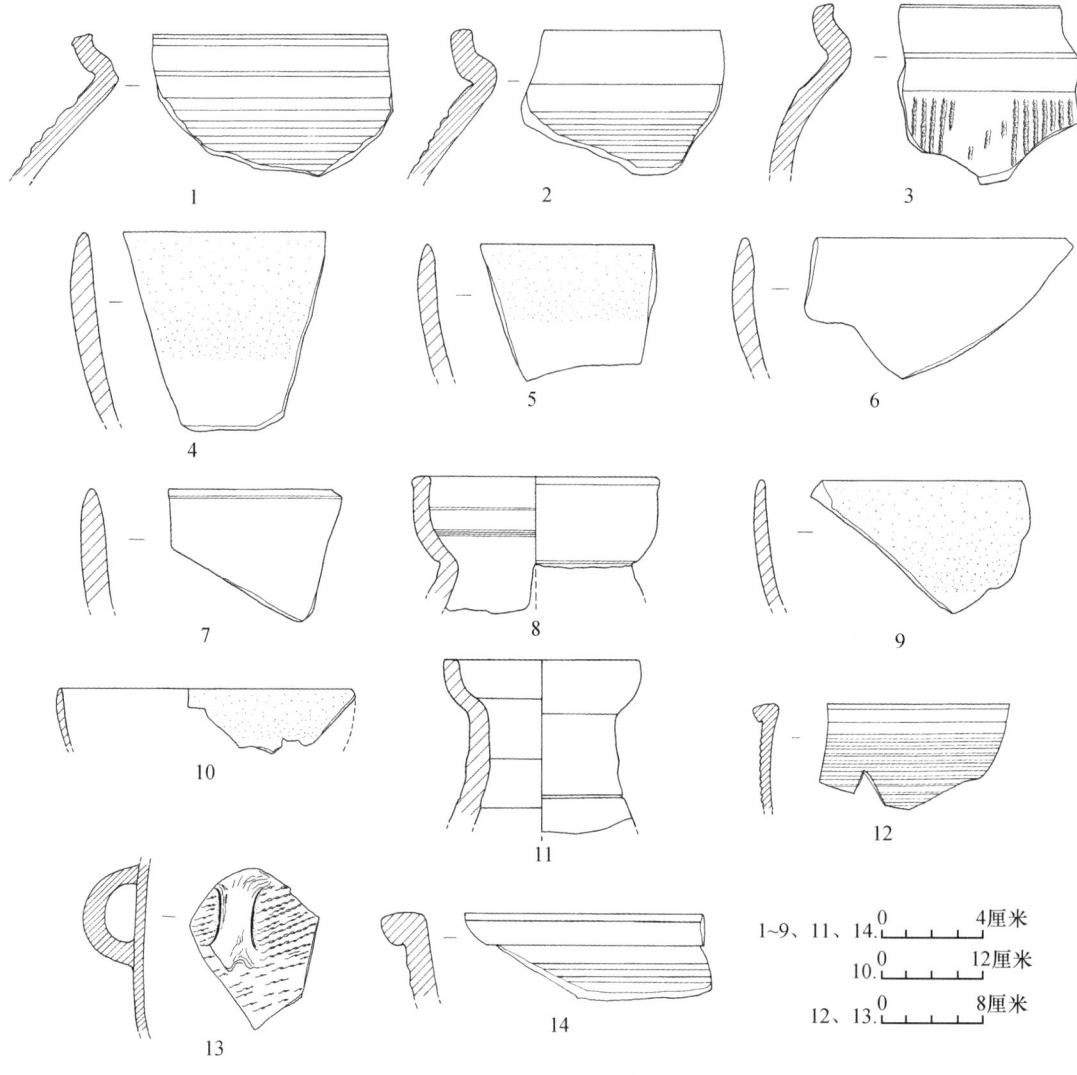

图二一〇 F51出土陶器

1~3. 罐（F51：11、F51：12、F51：13） 4~7、9、10. 钵（F51：2、F51：6、F51：5、F51：3、F51：4、F51：1）
8、11. 瓶（F51：9、F51：10） 12、14. 盆（F51：8、F51：7） 13. 器耳（F51：14）

器底 均下腹、底部残片。形制相同，均下腹斜直，平底，底心内凹，器表磨光，素面。标本F51：15，细泥质橘红陶。内壁可见轮修痕迹。底径6.1、残高2.8厘米（图二一一，7）。标本F51：16，粗泥质橘红陶。器表可见刮抹痕迹。底径6、残高4.2厘米（图二一一，6）。2件可能均为钵底。

圆陶片 6件。均完整。形制相同，均细泥质橘红陶，圆形。标本F51：17-1，系利用盆的残片打制而成。边缘稍钝。直径5.8、厚0.8厘米（图二一一，4）。标本F51：17-2，系利用钵的口部残片打制而成。边缘较锋利。器表可见浅褐色叠烧痕迹。直径5.7、厚1厘米（图二一一，3）。标本F51：17-3，系利用钵的残片打制而成。边缘较锋利。直径3.5、厚0.3厘米（图二一一，2）。标本F51：17-4，系利用钵的残片打制而成。边缘较钝。直径3.7、厚0.6厘米（图二一一，1）。

（2）蚌器

1件。刀。标本F51：18，稍残。平面略呈长方形。刃部平直，较为锋利。使用磨蚀较重。长5.2、宽3.3厘米（图二一一，5）。

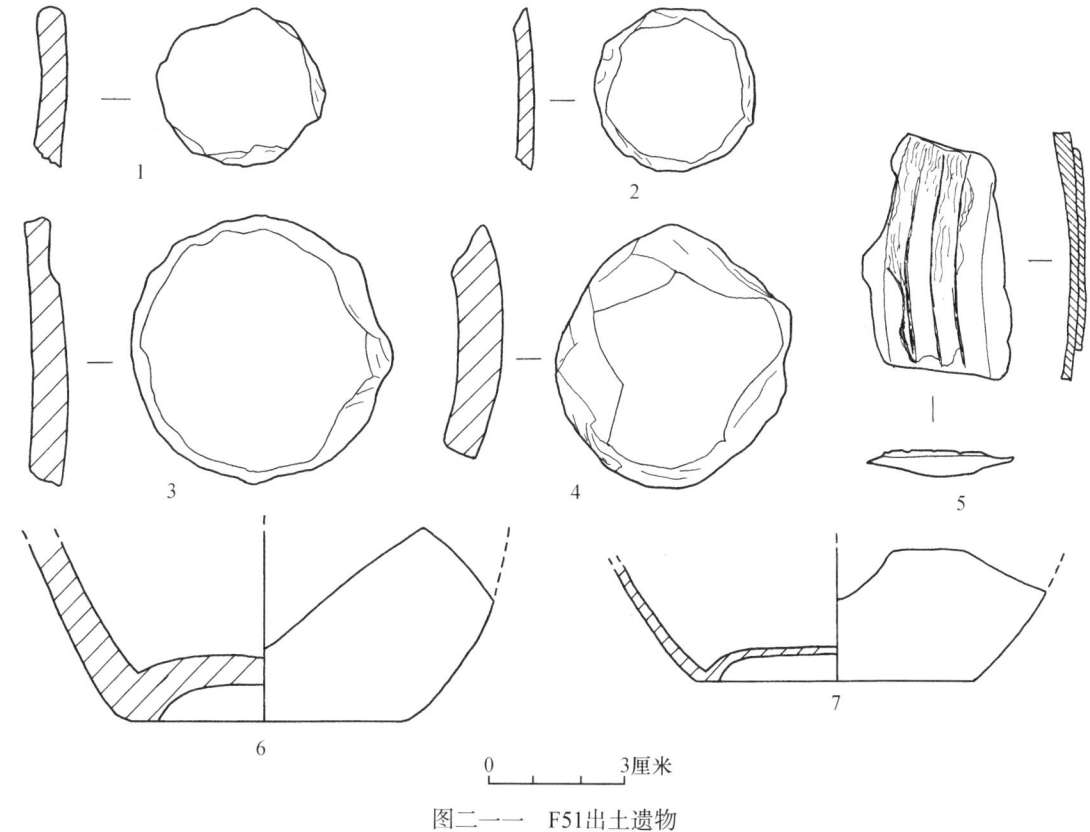

图二一一　F51出土遗物

1~4. 圆陶片（F51：17-4、F51：17-3、F51：17-2、F51：17-1）　5. 蚌刀（F51：18）　6、7. 器底（F51：16、F51：15）

35. F53

F53位于Ⅲ区T1113、T1114、T1213、T1214内，开口于⑥层下。地面式，平面呈椭圆形，长径6.2、短径6米。房周围墙体全部已毁，仅存基槽，宽0.15~0.32、深0.16~0.28米，内填较为致密的浅褐色土；在底部共发现长方形生土台4个，长0.28、宽0.16、高0.13米；在东北部发现柱洞4个（D1~D4），直径0.06~0.09、深0.1~0.14米。

居住面西高东低，高差0.2米，表面铺有一层草拌泥，厚0.02米，经火烤呈青灰色，平整坚硬。房内西部发现2个柱洞（D5~D6），大小相同，直径0.1、深0.24米。

门向北。门口有1个柱洞（D7），直径0.14、深0.18米。门道梯形，底部平坦。长1.5、北端宽1.54、南端宽1.12米（图二一二）。

房内堆积仅为少量草木灰，出土少量陶片，另有兽骨。

F53共出土遗物6件。全部为陶钵。均口、腹部残片。形制相同，均细泥质橘红陶，直口微敛，深弧腹，素面。标本F53：1，方唇，口下有一个两面对钻而成的圆孔。器表可见轮修痕迹（图二一三，4）。标本F53：2，圆唇。器表磨光。口下可见浅红色叠烧痕迹与轮修痕迹（图二一三，3）。标本F53：3，圆唇。口下可见轮修痕迹，腹部可见刮抹痕迹（图二一三，2）。标本F53：4，尖圆唇，口下有一个两面对钻而成的圆孔。口下可见浅褐色叠烧痕迹与轮修痕迹（图二一三，6）。标本F53：5，圆唇。口下可见轮修痕迹，内壁可见烟熏痕迹（图二一三，5）。标本F53：6，圆唇。口下可见浅褐色叠烧痕迹（图二一三，1）。

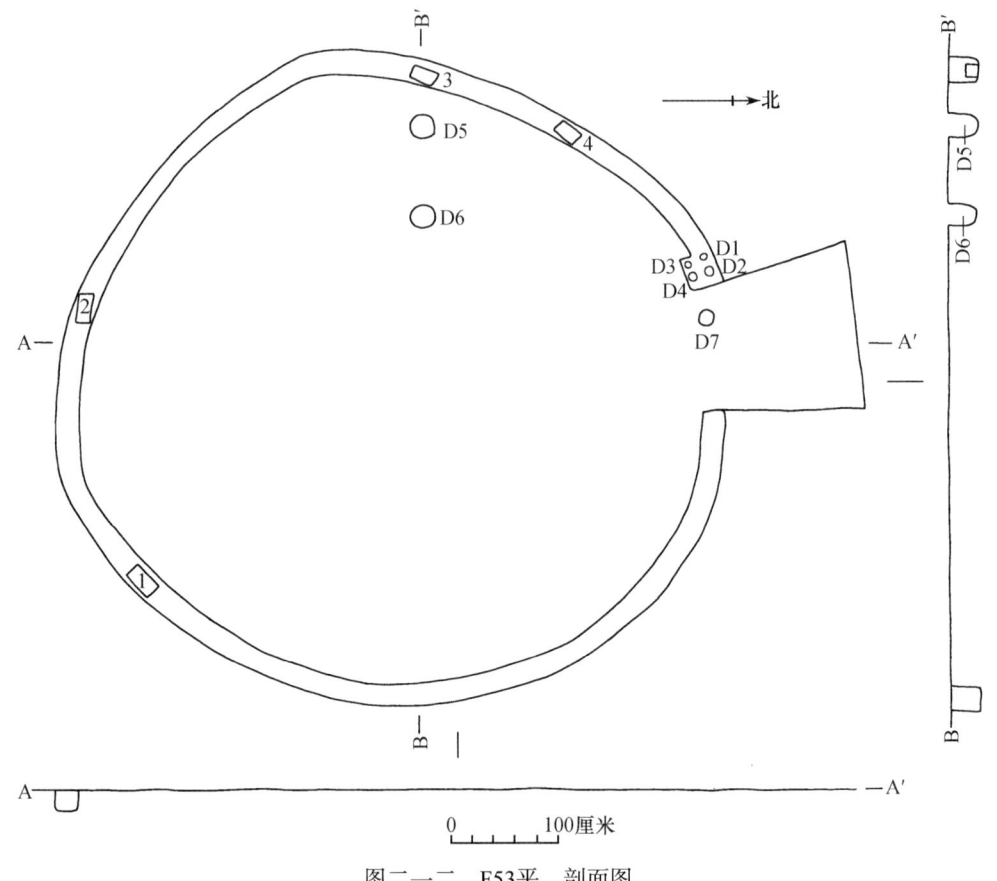

图二一二　F53平、剖面图
1~4.生土台

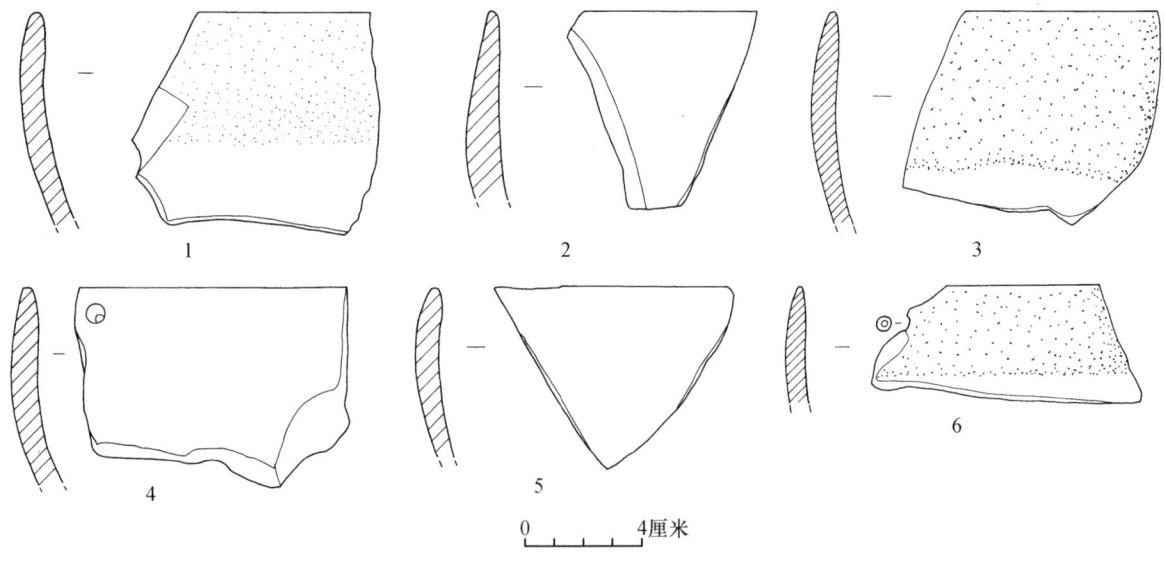

图二一三　F53出土陶钵
1~6.（F53：6、F53：3、F53：2、F53：1、F53：5、F53：4）

36. F54

F54位于Ⅲ区T0314内，开口于④层下，北部被F79叠压。地面式，平面呈方形，边长3.4米。墙体全部已毁，仅存基槽，宽0.12~0.22、深0.08~0.12米，内填疏松的浅黄色土；在底部发现圆形与椭圆形柱洞一圈，共44个（D1~D44），其中北墙13个（D1~D13），东墙12个（D14~D25），南墙8个（D26~D33），西墙11个（D34~D44）；椭圆形柱洞1个（D36），长径0.18、短径0.1、深0.22米；其余全部为圆形柱洞，直径0.05~0.12、深0.1~0.3、柱间距0.1~0.2米。

房内西北部有一灶坑，圆形，锅底状，直径1.2、深0.12米。周缘有灶圈，高0.04、宽0.06米。灶内填有疏松的火烧土块。

居住面为黄土加工而成的硬面，较为平整。室内共发现柱洞3个（D45~D47），其中D46呈椭圆形，长径0.24、短径0.16、深0.2米；其他2个呈圆形，直径0.15~0.24、深0.12~0.35米。

门向东，位于东墙中部偏北处，正对房内灶。门道长方形，底部平坦，残长0.26、宽0.7米（图二一四）。

房内堆积可分为2层：第①层为浅黄色土，土质疏松，厚0.1米，较为纯净；第②层仅分布在灶的周围，为疏松的火烧土，厚0.03~0.05米。

37. F55

F55位于Ⅲ区T1013、T1014、T1113、T1114内，开口于⑥层下。地面式，平面呈椭圆形，长径5.8、短径5米。房周围墙体全部已毁，仅存基槽，宽0.1~0.56、深0.15~0.2米，内填较致密的浅黄色土，包含料姜石碎块；在底部发现柱洞58个（D1~D58），直径0.05~0.16、深0.08~0.22、柱间距0.05~0.76米，以0.15~0.2米居多。房外有一周宽0.4~0.7米的硬面。

房内中部有一灶台，椭圆形，底大顶小。顶部长径0.8、短径0.6米，底部长径1.1、短径0.98米，高0.06米。

居住面北部略高于南部，经过二层处理，总厚度为0.24米：第①层为致密的黄色土，厚0.22米，表面抹光，并经火烧烤，形成厚0.02米的青灰色硬面；第②层为红褐色硬面，经火烧烤，厚0.02米。二层居住面可能是地面整修或者房屋二次利用所形成的。室内北部有一段基槽，长1.12、宽0.1、深0.15米，基槽底部有5个柱洞（D59~D63），直径0.1~0.12、深0.16~0.24。西南部有5个柱洞（D64~D68），直径0.1~0.18、深0.16~0.28米。

门向东北，正对房内灶。门道长方形，残长0.62、宽0.72米（图二一五）。

房内堆积可分为2层：第①层为黄褐色土，土质疏松，厚0.2米，出土少量陶片，另有石块、兽骨；第②层为深灰色土，土质疏松，厚0.1米，含草木灰较多，较为纯净。

陶片为主要的出土物，以粗夹砂红褐陶为主，细泥质橘红陶次之，细夹砂红褐陶和粗泥质橘红陶再次，还有少量细泥质橙黄陶、细夹砂红褐陶及粗泥质橙黄陶；纹饰以素面居多，绳纹次之，还有少量弦纹、划纹及指甲纹（表四九）。

F55共出土遗物64件。以陶器为主，骨器次之，石器再次。

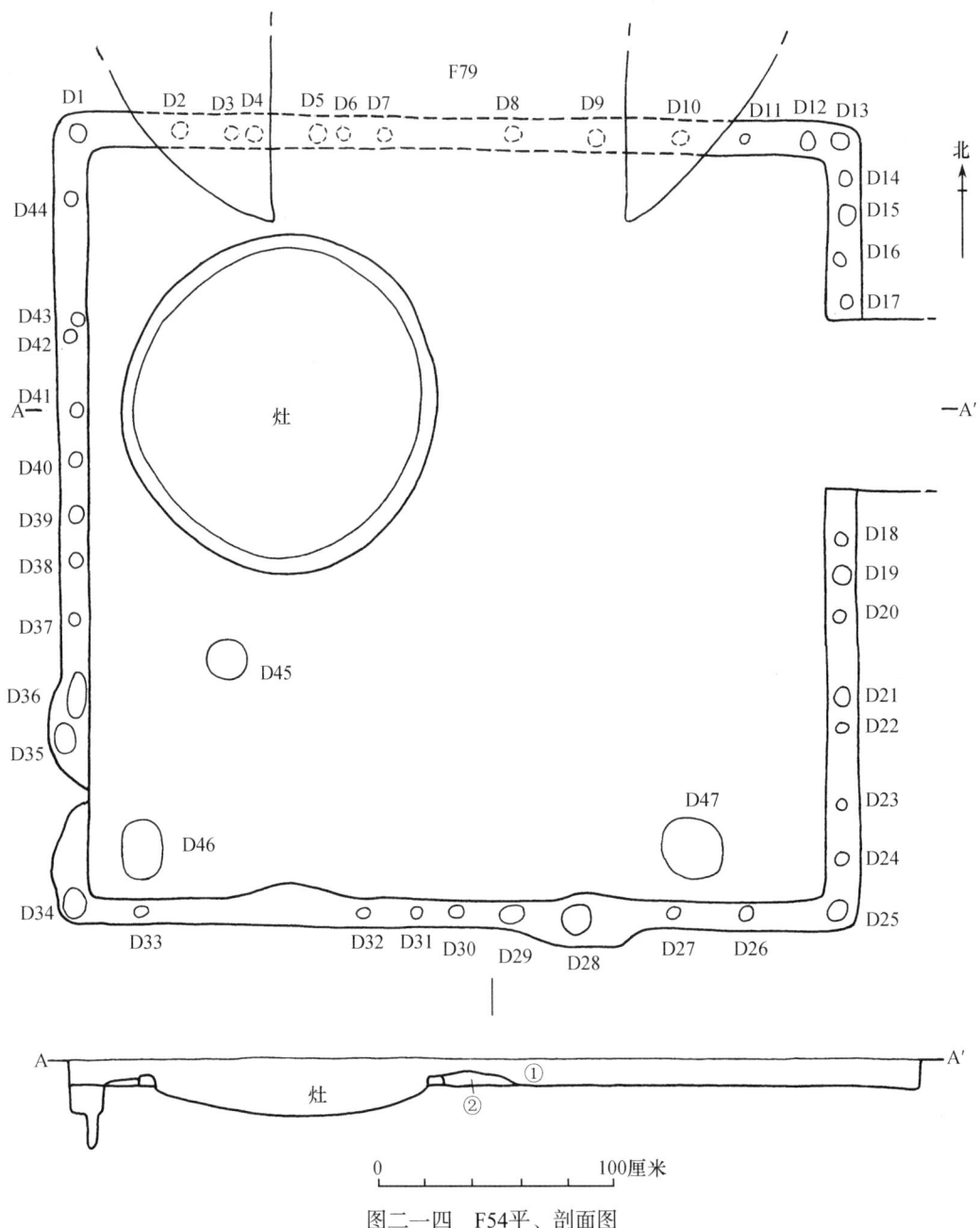

图二一四 F54平、剖面图

（1）陶器

59件。器类有瓶、盆、罐、钵、圆陶片、锉，另有器底（表五〇）。

瓶 2件。形制相同，均直口。标本F55∶15，口沿残片。粗泥质橘红陶。口微敞，方唇。外沿面可见轮修痕迹，内壁可见刮抹痕迹。复原口径10.8、残高3.4厘米（图二一六，1）。标本F55∶16，口、颈部残片。细夹砂红褐陶。口部较为短矮，束颈，溜肩。素面。内壁可见泥条盘筑痕迹，外沿面可见轮修痕迹。复原口径6.8、残高11.6厘米（图二一六，4）。

盆 2件。均口、腹部残片。形制相同。标本F55∶14，细泥质橘红陶。直口微敛，平折沿，圆唇，弧腹。器表磨光。素面。唇部可见轮修痕迹（图二一六，7）。

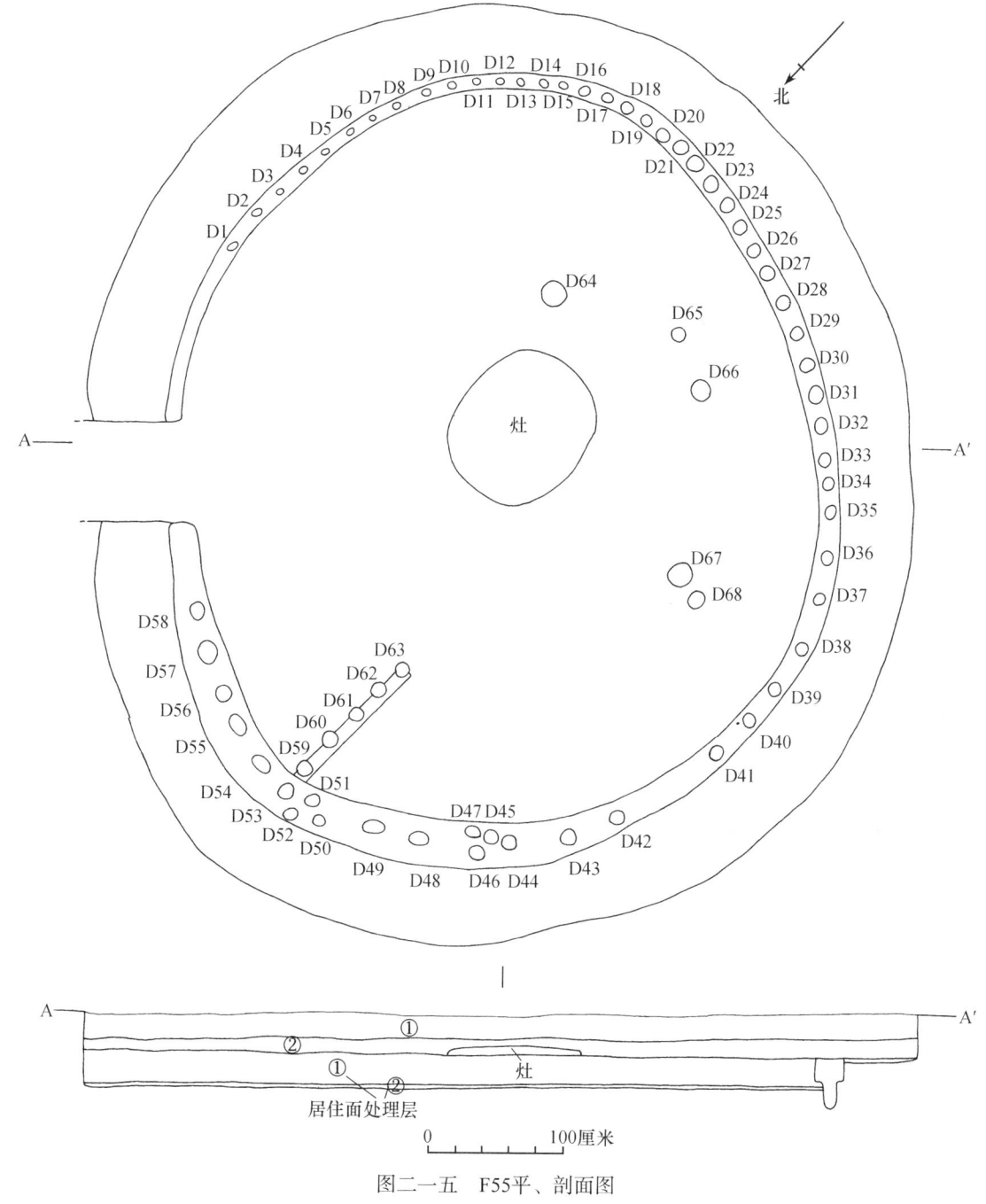

图二一五 F55平、剖面图

罐 14件。均口、腹部残片。标本F55：18、F55：19、F55：20、F55：21、F55：23形制相同，均粗夹砂红褐陶，侈口，卷沿，鼓腹。标本F55：18，沿面内曲，方唇。唇缘饰一周左上至右下斜向划纹，腹部饰多周弦纹（图二一六，2）。标本F55：19，沿面微曲，圆唇。腹部饰右上至左下斜向绳纹与竖向绳纹。外沿面可见轮修痕迹（图二一六，11）。标本F55：20，沿面微曲，方唇。腹部饰右上至左下斜向绳纹。外沿面可见轮修痕迹（图二一六，6）。标本F55：21，圆唇。素面。器表可见轮修痕迹（图二一六，5）。标本F55：23，方唇，口沿以下有一道较矮棱脊。腹部饰右上至左下斜向稀疏绳纹。沿面可见轮修痕迹。复原口径16.2、残高11厘米（图二一六，9）。

表四九　F55陶系统计表　　　　　　　　　　　　　　　　　　　　　（单位：kg）

陶质	细泥质		粗泥质		细夹砂		粗夹砂	合计	百分比（%）	
陶色 纹饰	橘红	橙黄	橘红	橙黄	橘红	红褐	红褐			
素面	0.114	0.11	0.82	0.07	1.02	0.10	1.18	3.414	44.92	
素面+磨光	1.676							1.676	22.05	
绳纹	0.13						1.57	1.70	22.37	
弦纹			0.114		0.12		0.13	0.364	4.79	7.60
指甲纹	0.228							0.228	3.00	100
弦纹+划纹							0.126	0.126	1.66	
绳纹+弦纹			0.09					0.09	1.18	
合计	2.148	0.11	1.024	0.07	1.14	0.10	3.006	7.60		
	7.60									
百分比（%）	28.26	1.45	13.47	0.92	15.00	1.32	39.55			
	100									

表五〇　F55器形统计表　　　　　　　　　　　　　　　　　　　　　（单位：件）

陶质		细泥质			粗泥质		细夹砂			粗夹砂			合计	百分比（%）	
陶色		橘红			橙黄		橘红		橘红	红褐		红褐			
纹饰 器形		素面+磨光	素面	指甲纹	素面	素面	弦纹	素面	弦纹	素面	素面	绳纹	弦纹			
罐	口			1		1					6	3	1	14	29.17	
	底										2					
钵	口	17	2		1	1		1	1	1				30	62.50	100
	底	5			1											
瓶							1			1				2	4.17	
盆		2												2	4.17	
合计		24	2	1	2	2	1	1	1	2	8	3	1	48		
		48														
百分比（%）		50.00	4.17	2.08	4.17	4.17	2.08	4.17	2.08	4.17	16.67	6.25	2.08			
		100														

标本F55：22，粗夹砂红褐陶。侈口，折沿，方唇，鼓腹。腹部饰一周弦纹。口沿下侧可见轮修痕迹（图二一六，3）。

标本F55：17，粗泥质橘红陶。侈口，折沿，方唇，圆鼓腹。口沿以下饰多周弦纹。器表可见烟熏痕迹，内壁可见轮修痕迹。复原口径12、残高5.5厘米（图二一六，10）。

标本F55：24，细泥质橘红陶。敛口，圆唇，口沿内侧有一道宽浅凹槽，圆鼓腹。腹部饰多周整齐的指甲纹。复原口径20.4、残高11.2厘米（图二一六，8）。

钵　30件。标本F55：8、F55：11均口、腹部残片。形制相同，均细夹砂橘红陶，敛口，方

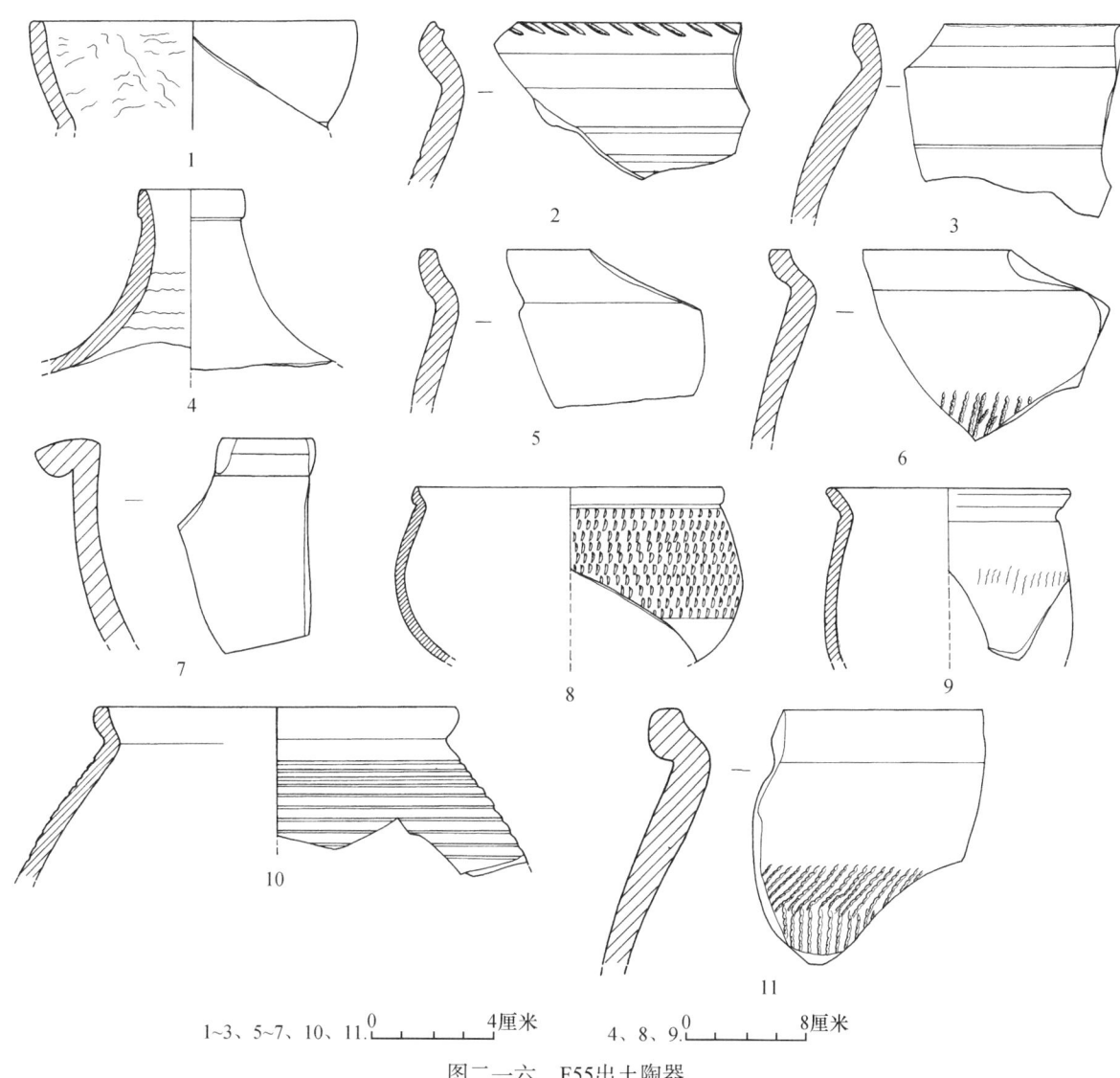

图二一六 F55出土陶器

1、4.瓶（F55:15、F55:16） 2、3、5、6、8~11.罐（F55:18、F55:22、F55:21、F55:20、F55:24、F55:23、F55:17、F55:19） 7.盆（F55:14）

唇，斜直腹。标本F55:8，素面。表层有部分剥落。内壁可见轮修痕迹（图二一七，7）。标本F55:11，腹部饰多周弦纹。内壁可见轮修痕迹（图二一七，3）。

标本F55:1、F55:2、F55:3、F55:4、F55:5、F55:6、F55:7、F55:9、F55:10、F55:12、F55:13形制相同，均直口微敛，深弧腹，素面。标本F55:1，可复原。细泥质橘红陶。方唇，唇部有一道浅细凹槽，圜底，底部有一周浅细凹槽。器表经刮抹较为光滑。内壁可见轮修痕迹。复原口径26、通高13.6厘米（图二一七，4）。标本F55:2，口、腹部残片。细泥质橘红陶。圆唇。器表磨光。口下可见浅褐色叠烧痕迹。内壁可见轮修痕迹（图二一七，12）。标本F55:3，口、腹部残片。细泥质橘红陶。方唇。器表磨光。口下可见浅褐色叠烧痕迹（图二一七，9）。标本F55:4，口、腹部残片。细泥质橘红陶。尖圆唇。器表磨光。口下可见轮修痕迹。内壁可见刮抹痕迹。复原口径20.2、残高8厘米（图二一七，1）。标本F55:5，口、腹部残片。细泥质橘红陶。

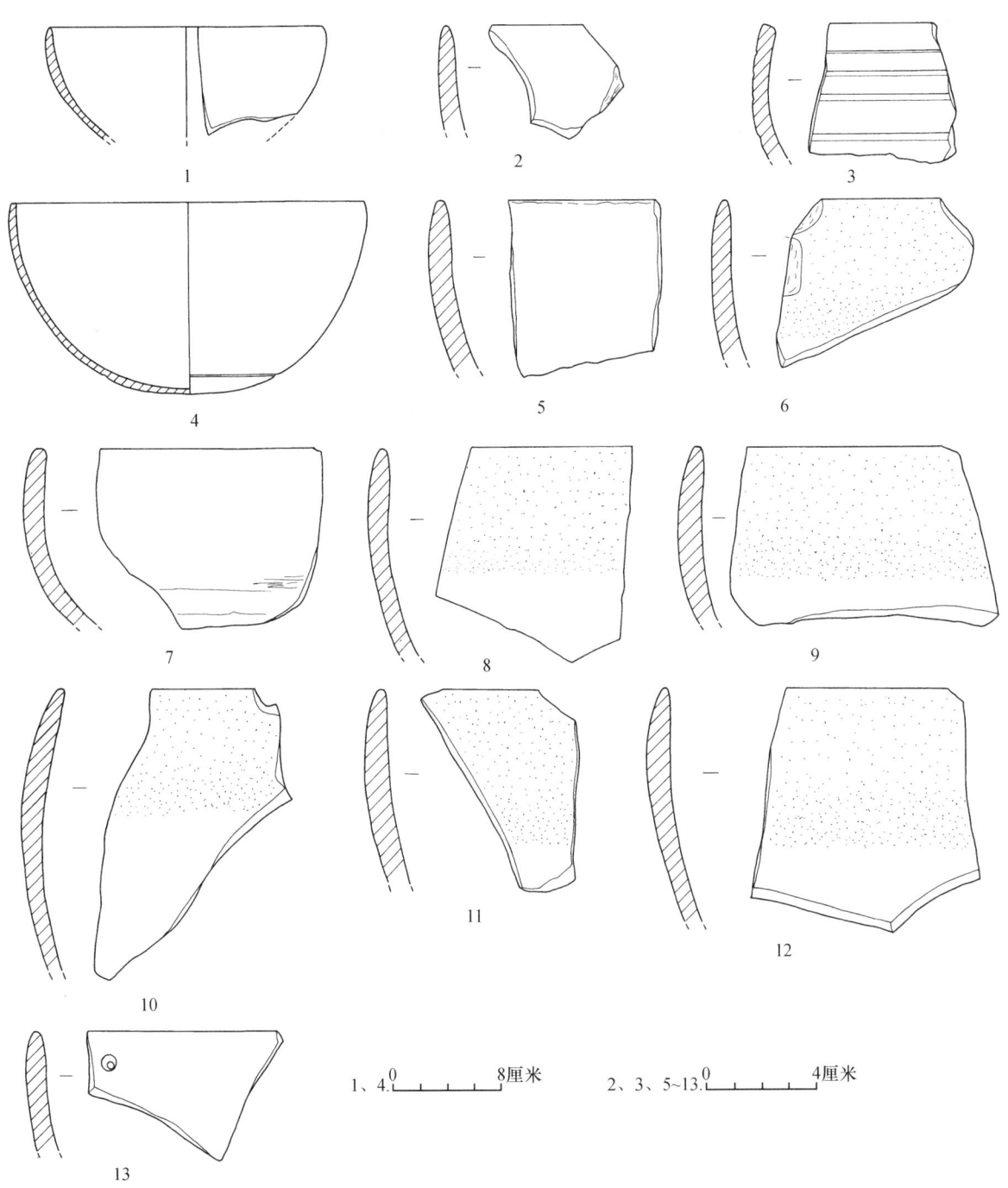

图二一七　F55出土陶钵

1~13.（F55：4、F55：13、F55：11、F55：1、F55：6、F55：7、F55：8、F55：9、F55：3、F55：5、F55：10、F55：2、F55：12）

方唇。器表磨光。口下可见深红色叠烧痕迹（图二一七，10）。标本F55：6，口、腹部残片。粗泥质橘红陶。方唇。口下可见轮修痕迹（图二一七，5）。标本F55：7，口、腹部残片。细泥质橘红陶。方唇。器表磨光。口下可见浅红色叠烧痕迹（图二一七，6）。标本F55：9，口、腹部残片。细泥质橘红陶。圆唇。器表磨光。口下可见深褐色叠烧痕迹（图二一七，8）。标本F55：10，口、腹部残片。细泥质橘红陶。圆唇。器表磨光。口下可见浅红色叠烧痕迹（图二一七，11）。标本F55：12，口、腹部残片。细泥质橘红陶。方唇，口下有一个两面对钻而成的圆孔。器表磨光。口下可见轮修痕迹（图二一七，13）。标本F55：13，口、腹部残片。细夹砂红褐陶。圆唇。内、外壁均可见轮修痕迹（图二一七，2）。

器底　标本F55：25，底部残片。细泥质橘红陶。平底。腹、底相接处饰一周指甲纹。可能为钵或盆底（图二一八，7）。

圆陶片　9件。形制相同，均圆形。标本F55：26-1，完整。细泥质橘红陶。系利用钵的残片打制而成。边缘稍钝。直径3.7、厚0.7厘米（图二一八，3）。标本F55：26-2，完整。细泥质橘红陶。系利用钵的残片打制而成，边缘较钝。直径3.6、厚0.5厘米（图二一八，5）。标本

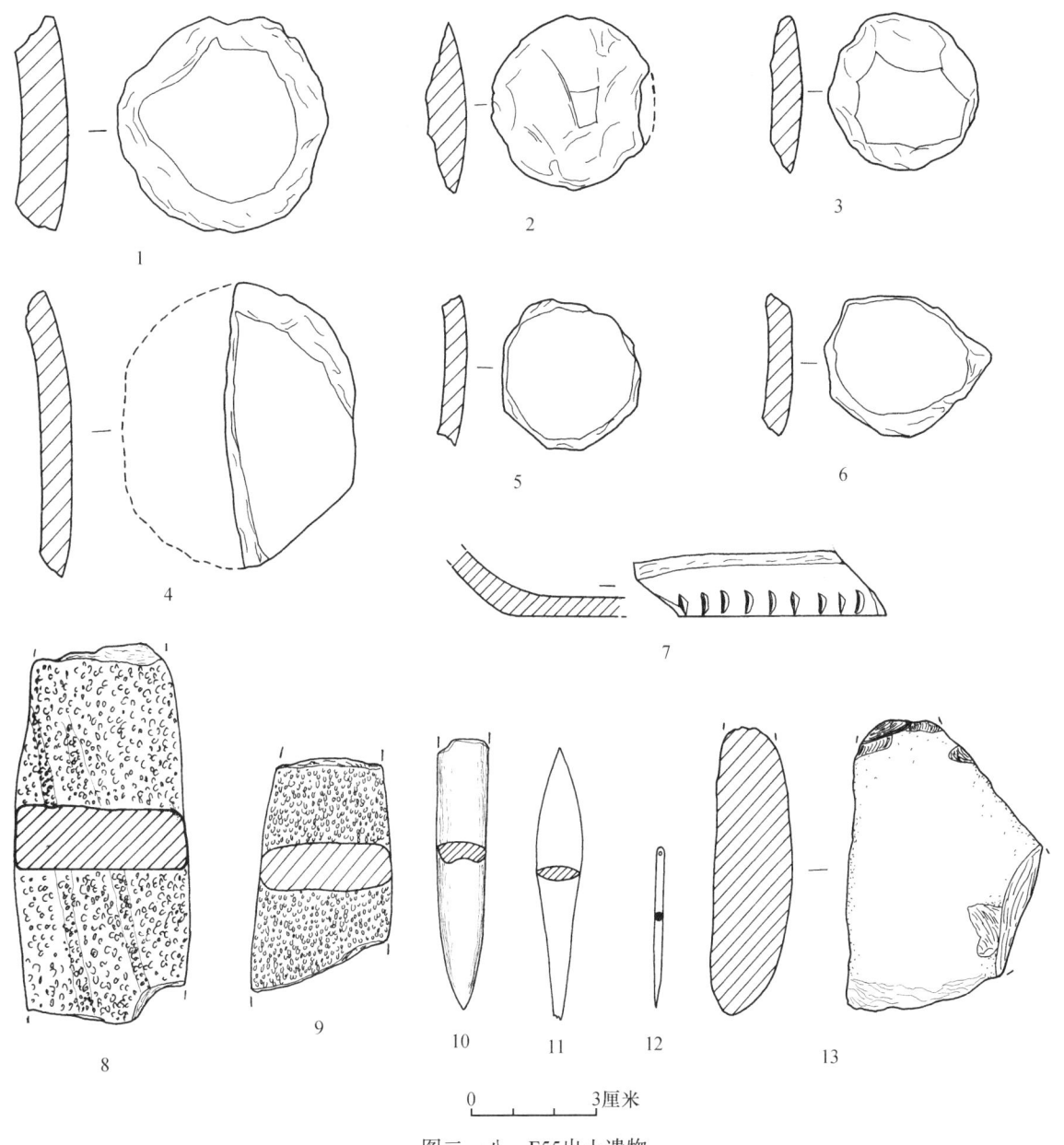

图二一八　F55出土遗物
1~6. 圆陶片（F55：26-4、F55：26-3、F55：26-1、F55：26-5、F55：26-2、F55：26-6）　7. 器底（F55：25）
8、9. 陶锉（F55：28、F55：27）　10. 骨锥（F55：31）　11. 骨镞（F55：33）　12. 骨针（F55：32）　13. 残石器（F55：29）

F55：26-3，稍残。细泥质橘红陶。系利用钵的残片打制而成。边缘较锋利。直径4.2、厚0.9厘米（图二一八，2）。标本F55：26-4，完整。粗夹砂红褐陶。系利用罐的残片打制而成。边缘较钝。器表饰绳纹。直径5、厚1.1厘米（图二一八，1）。标本F55：26-5，残。粗夹砂红褐陶。系利用罐的残片打制而成。残存部分呈半圆形，边缘稍钝。直径6.7、厚0.75厘米（图二一八，4）。标本F55：26-6，完整。粗夹砂红褐陶。系利用罐的残片打制而成。边缘较钝。器表饰细线纹。直径3.4、厚0.6厘米（图二一八，6）。

锉　2件。均残。标本F55：27，粗泥质橘红陶。残存部分平面呈梯形，横断面呈圆角长方形，两侧边稍弧。器表麻点清晰，密度较小。残长5.5、宽2.6~3.2、厚1.1厘米（图二一八，9）。标本F55：28，粗泥质橘红陶。残存部分平面呈长方形，横断面呈长方形，两侧边较直。器表麻点清晰，密度较小。残长9、宽4.2、厚1.4厘米（图二一八，8）。

（2）石器

2件。均为残石器。标本F55：29，角岩。残存部分平面呈不规则形。一面平坦，一面稍鼓。两面磨光。两侧有打制痕迹。残长7、厚1.9厘米（图二一八，13）。

（3）骨器

3件。器类有锥、镞、针。

锥　1件。标本F55：31，一端残。系利用动物长骨磨制而成。器身较扁，横断面呈近梯形，尖部较锐利。通体磨光。残长6.5厘米（图二一八，10）。

镞　1件。标本F55：33，完整。平面呈柳叶形，器身和铤部分界不明显，锋部扁尖，刃部较钝，铤部呈扁圆柱状。通体磨光。长6.6厘米（图二一八，11；图版七二，1）。

针　1件。标本F55：32，完整。器身细长，尖部锐利，尾端有一圆孔。通体磨光。长3.9厘米（图二一八，12）。

38. F56

F56位于Ⅲ区T0411、T0511内，开口于⑦层下，东部被F31打破。地面式，平面呈长方形，东西残长2.3米，南北宽1.8米。房周围墙体已毁，仅存基槽，宽0.04~0.2、深0.17米，内填较为致密的灰褐色土，包含极少量泥质红陶残片；底部发现柱洞3个（D1~D3），大小相同，直径0.06、深0.08米，内填疏松的浅灰色土。

居住面为料姜石末铺成的硬面，较为平整。

门向西，位于西墙南部，宽0.5米（图二一九）。

房内堆积为浅灰色土，土质疏松，厚0.04~0.06米，包含少量火烧土颗粒，出土少量陶片。

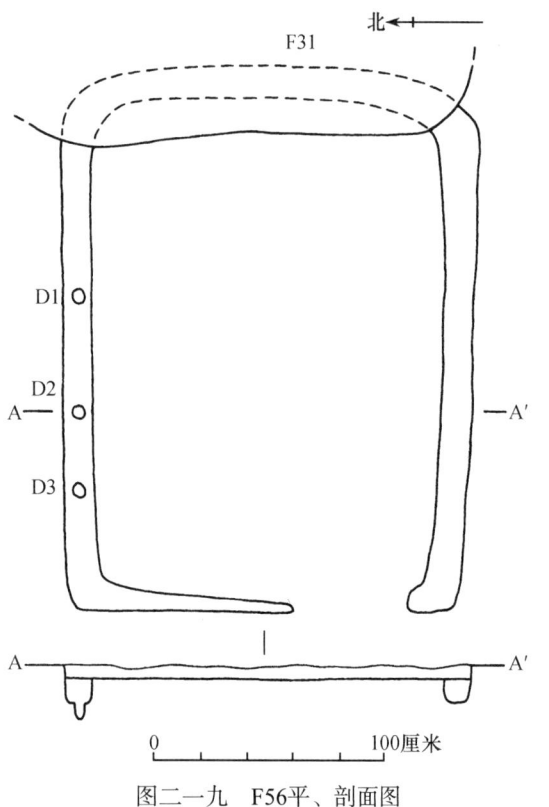

图二一九　F56平、剖面图

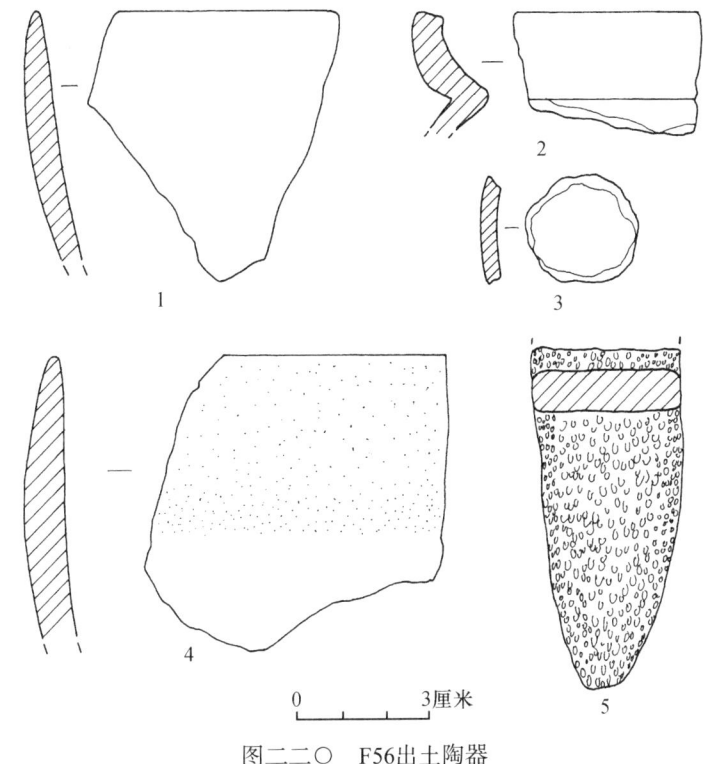

图二二〇　F56出土陶器

1、4. 钵（F56：2、F56：1）　2. 罐（F56：3）　3. 圆陶片（F56：4）　5. 锉（F56：5）

陶片以细泥质橘红陶为主，粗夹砂红褐陶次之；纹饰全部为素面。

F56共出土遗物5件。全部为陶器。器类有罐、钵、圆陶片、锉。

罐　1件。标本F56：3，口沿残片。粗夹砂红褐陶。侈口，折沿，沿面内曲，方唇。素面。外沿面可见轮修痕迹（图二二〇，2）。

钵　2件。均口、腹部残片。形制相同，均细泥质橘红陶，直口微敛，圆唇，深弧腹，素面。标本F56：1，器表磨光。口下可见深红色叠烧痕迹（图二二〇，4）。标本F56：2，表层有部分剥落。内壁可见轮修痕迹（图二二〇，1）。

圆陶片　1件。标本F56：4，完整。细泥质橘红陶。系利用钵的残片打制而成。圆形，边缘较锋利。直径2.5、厚0.3厘米（图二二〇，3）。

锉　1件。标本F56：5，一端残。细泥质橘红陶。残存部分平面呈等腰三角形，两侧边微弧，横断面呈圆角长方形，尖部较钝。器表麻点清晰，密度较大。残长7.5、最宽处3.4、厚0.9厘米（图二二〇，5）。

39. F57

F57位于Ⅲ区T0412、T0413、T0512、T0513内，开口于④层下，北部、中部被H64、H159打破。地面式，平面呈圆形，直径6.3米。墙体大部分已毁，仅有少部分残存，以草拌泥筑成，宽0.4米，残高0.64米。墙下挖有基槽，宽0.18~0.38、深0.16米；在底部共发现柱洞33个（D1~D33），形状有圆形、椭圆形、三角形，东北部柱洞分两行排列，圆形柱洞直径0.06~0.22、椭圆形柱洞长径

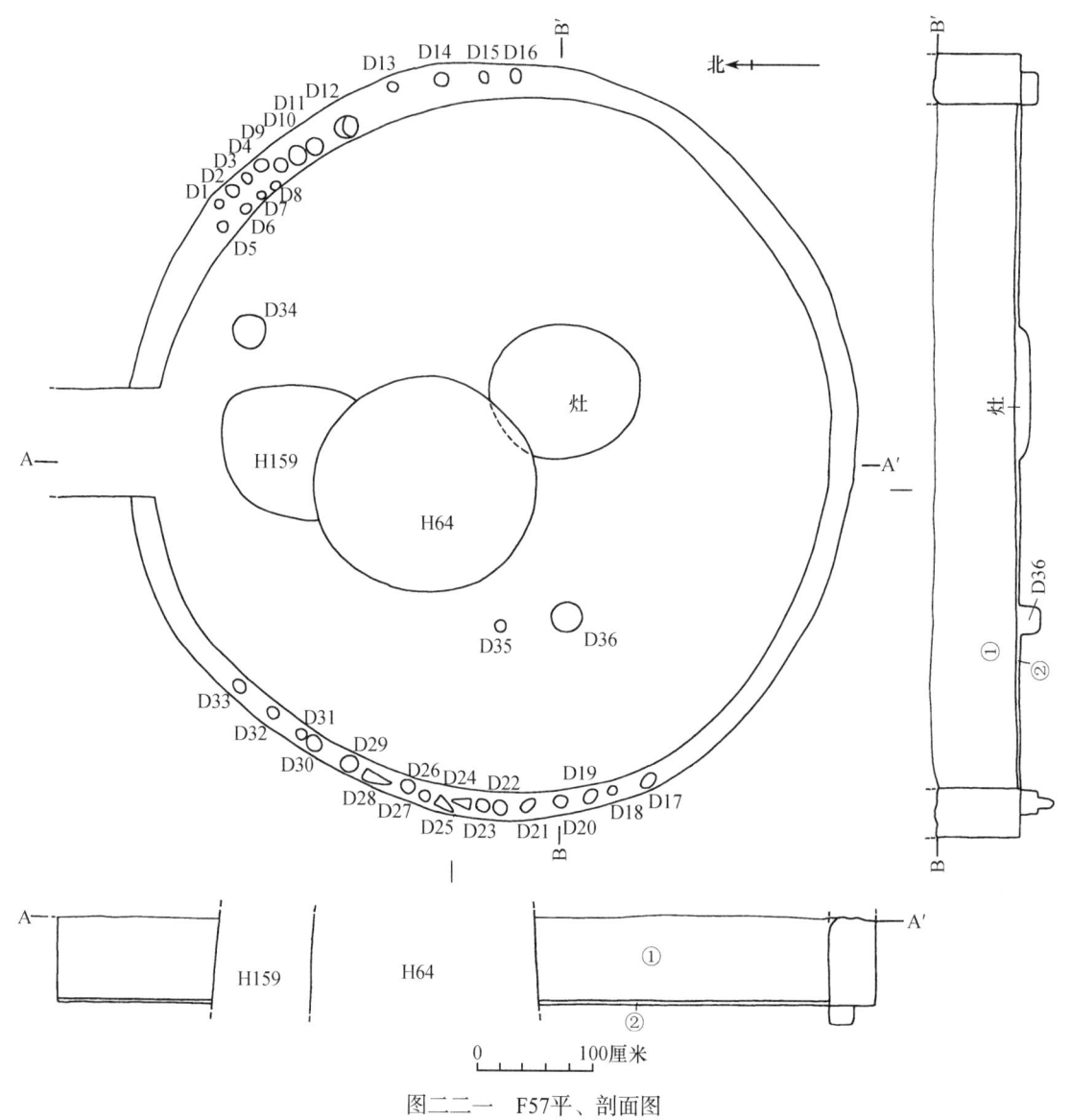

图二二一　F57平、剖面图

0.12～0.14、短径0.08～0.1、三角形柱洞长0.16～0.22、宽0.12、深0.06～0.09米，柱间距0.1～0.36米，内填疏松的浅灰色土，个别柱洞内有朽木痕迹。墙外发现少量踩踏面。

房内中部有一椭圆形灶坑，长径1.3、短径1.12、深0.14米。东北部、西南部共发现柱洞3个（D34～D36），直径0.1～0.3、深0.08～0.26米。

居住面为料姜石末铺成的浅灰色硬面，较为平整。

门向北，正对房内灶。门道长方形，残长0.64、宽0.9米（图二二一）。

房内堆积可分为2层：第①层为疏松的灰色粉砂土，厚0.68米，夹杂大量火烧土颗粒，出土大量陶片；第②层为致密的黄土，厚0.03～0.05米，无包含物。

陶片为主要的出土物，以粗夹砂红褐陶为主，细泥质橘红陶和粗泥质橘红陶次之，还有少量细夹砂橘红陶、细夹砂红褐陶及细泥质黑陶；纹饰以素面为主，绳纹次之，还有少量弦纹（表五一）。

F57共出土遗物14件。全部为陶器。器类有罐、钵、瓮、圆陶片，另有器耳（表五二）。

表五一　F57陶系统计表　　　　　　　　　　　　　　　　　　　　　　（单位：kg）

陶质	细泥质		粗泥质	细夹砂		粗夹砂	合计	百分比（%）	
陶色 纹饰	橘红	黑	橘红	橘红	红褐	红褐			
素面	0.114		0.20	0.07		0.35	0.734	52.81	
素面+磨光	0.10	0.04				0.14	1.39	10.07	100
绳纹					0.04	0.42	0.46	33.09	
绳纹+弦纹						0.06	0.06	4.32	
合计	0.214	0.04	0.20	0.07	0.04	0.83	1.39		
	1.39								
百分比（%）	15.40	2.88	14.39	5.04	2.88	59.71			
	100								

表五二　F57器形统计表　　　　　　　　　　　　　　　　　　　　　　（单位：件）

陶质		细泥质	粗泥质	粗夹砂		合计	百分比（%）	
陶色		橘红	橘红	红褐				
纹饰 器形		素面+磨光	素面	素面	绳纹			
罐	口			2		4	36.36	100
	底			2				
钵		1	3			4	36.36	
瓮				2	1	3	27.27	
合计		1	3	6	1	11		
		11						
百分比（%）		9.09	27.27	54.55	9.09			
		100						

罐　4件。均口、腹部残片。形制相同。标本F57：4，粗夹砂红褐陶。侈口，卷沿，沿面内曲，圆唇，鼓腹。素面。器表可见轮修痕迹与烟熏痕迹（图二二二，1）。

钵　4件。均口、腹部残片。形制相同，均直口微敛，深弧腹，素面。标本F57：1，粗泥质橘红陶。方唇。内、外壁均可见轮修痕迹（图二二二，8）。标本F57：2，粗泥质橘红陶。圆唇。器表可见轮修痕迹（图二二二，6）。标本F57：3，细泥质橘红陶。圆唇。口下可见浅褐色叠烧痕迹，器表可见轮修痕迹（图二二二，5）。

瓮　3件。均口、腹部残片。形制相同，均粗夹砂红褐陶，侈口，卷沿，沿面微曲，鼓腹。标本F57：5，腹部饰右上至左下斜向绳纹。外沿面可见轮修痕迹（图二二二，2）。标本F57：6，圆唇。素面。器表可见轮修痕迹（图二二二，3）。标本F57：7，方唇，唇部有一道浅细凹槽。素面。外沿面可见轮修痕迹（图二二二，4）。

器耳　标本F57：8，腹部残片。细夹砂红褐陶。弧腹，有一竖向圆柱桥形耳。器表饰右上至左

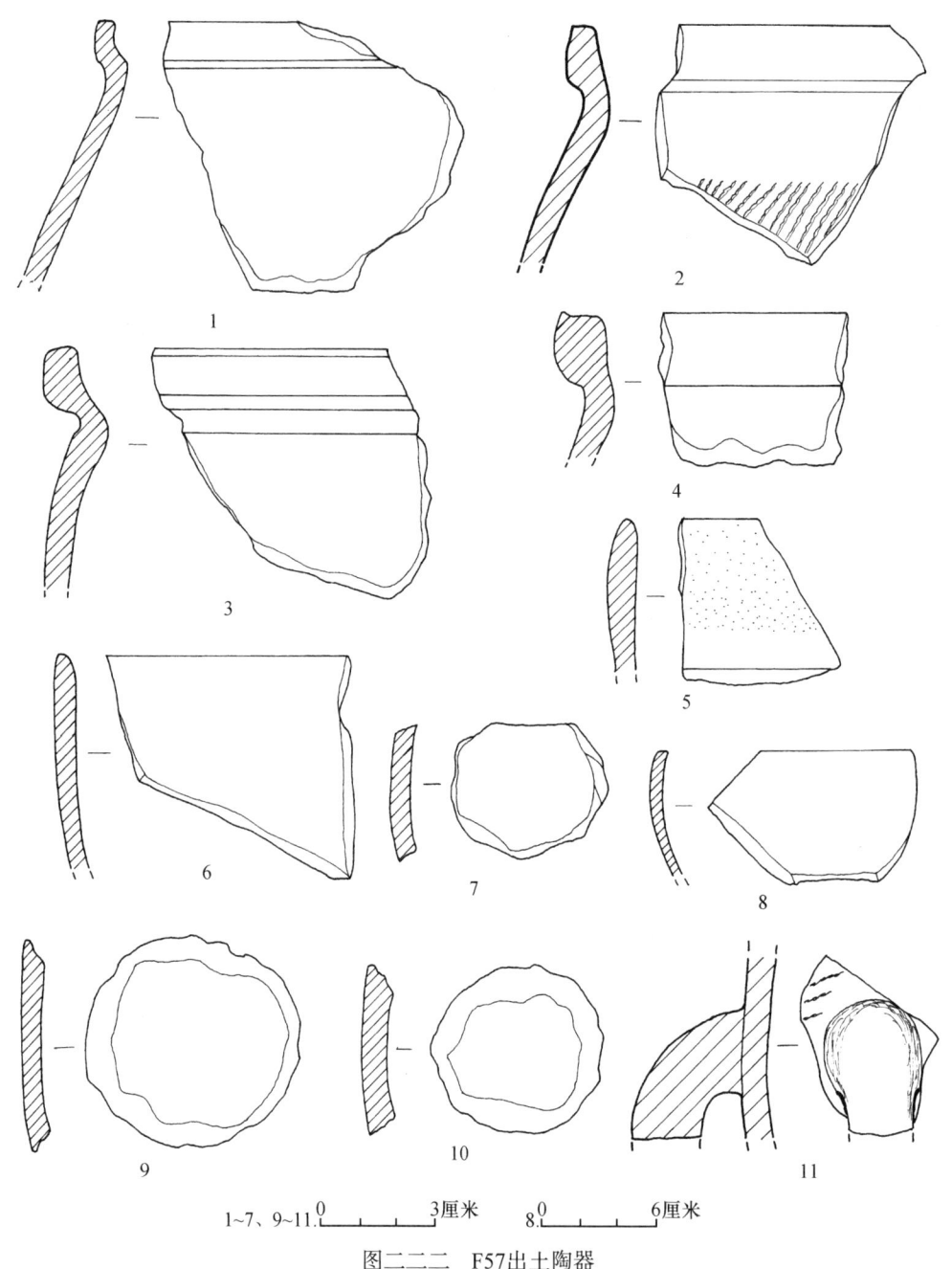

图二二二　F57出土陶器
1.罐（F57：4）　2～4.瓮（F57：5、F57：6、F57：7）　5、6、8.钵（F57：3、F57：2、F57：1）
7、9、10.圆陶片（F57：9-2、F57：9-1、F57：9-3）　11.器耳（F57：8）

下斜向稀疏绳纹。可能为瓶耳（图二二二，11）。

圆陶片　3件。均完整。形制相同，均细泥质橘红陶，圆形。标本F57：9-1，系利用钵的口部残片打制而成。边缘较锋利。口下可见深红色叠烧与烟熏痕迹。直径5.8、厚0.5厘米（图二二二，9）。标本F57：9-2，系利用钵的残片打制而成，有一边未经修整。边缘较钝。直径4.2、厚0.5厘米（图二二二，7）。标本F57：9-3，系利用钵的残片打制而成。边缘较锋利。直径4.6、厚0.7厘米（图二二二，10）。

40. F58

F58位于Ⅲ区T0314内，开口于⑥层下，部分延伸至探方外，未发掘，北部被⑤层堆积打破。地面式，平面呈圆角长方形，东北—西南长3.64、西北—东南残宽3米。房周围墙体已毁，仅存墙基槽，宽0.14~0.36、深0.08~0.14米；在底部发现柱洞15个（D1~D15），其中西南墙5个（D1~D5），东南墙6个（D6~D11），东北墙4个（D12~D15），直径0.08~0.14、深0.16~0.22、柱间距0.24~0.72米。

居住面为黄褐色土加工而成的硬面，较为平整。东部有1个柱洞（D16），直径0.2、深0.3米。门向东南，位于东南墙偏东北处，宽0.6米。进门处有门槛，长0.5、宽0.12、高0.05米（图二二三）。房内堆积为疏松的深灰色土，厚0.03米，较为纯净，无出土物。

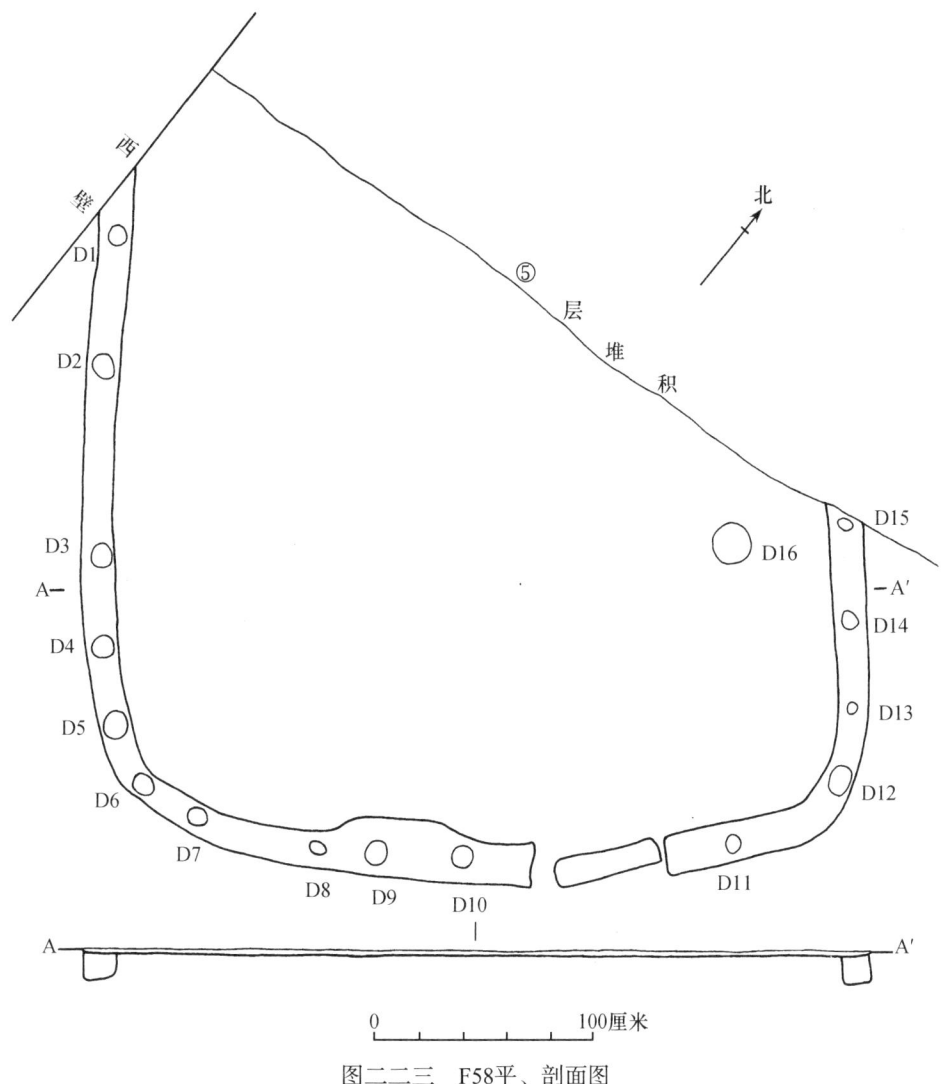

图二二三　F58平、剖面图

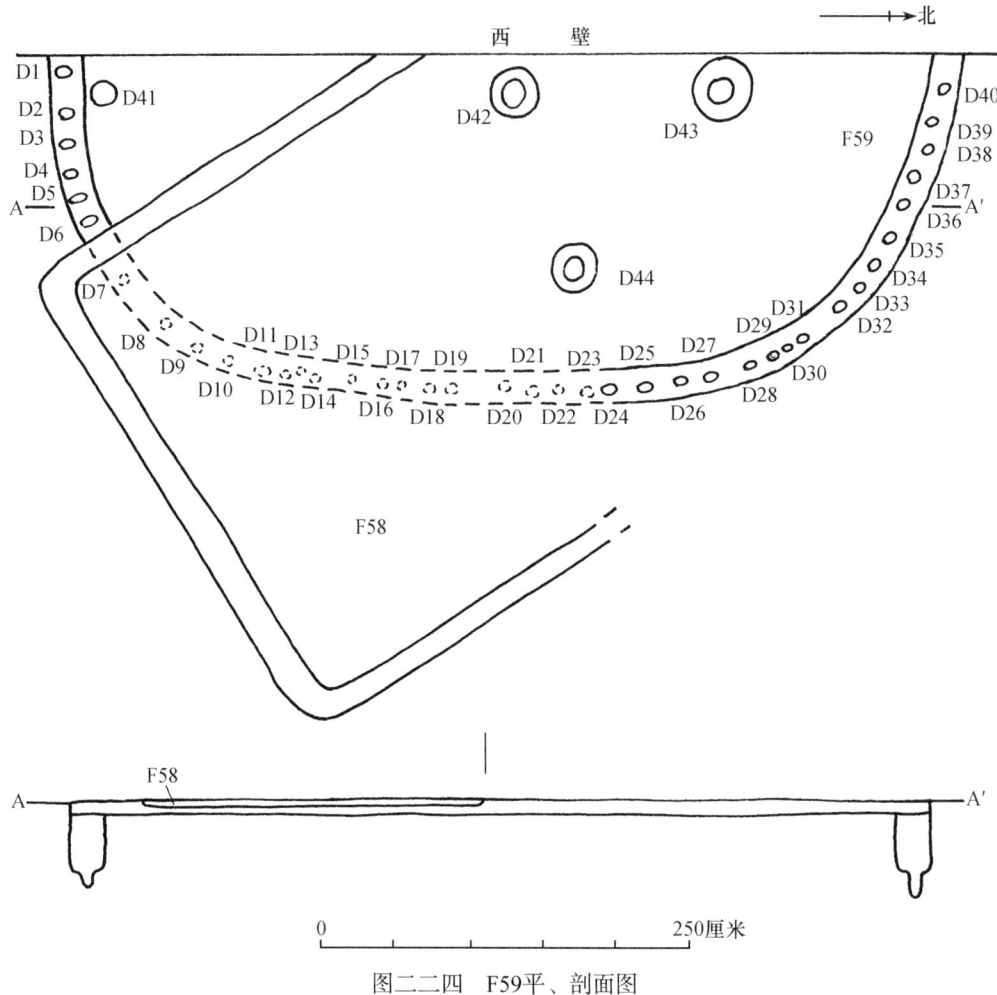

图二二四 F59平、剖面图

41. F59

F59位于Ⅲ区T0314、T0315内,开口于⑥层下,东南部被F58打破,西部延伸至探方外,未发掘。地面式,平面呈圆形,发掘部分呈半圆形,长径6.2、短径2.35米。房周围墙体全部已毁,仅存墙基槽,宽0.2、深0.45米;在底部发现柱洞40个(D1~D40),直径0.05~0.15、深0.06~0.15、柱间距0.15~0.25米,内填疏松黄土。

居住面经过粗略加工,不甚平整。发现4个柱洞,D41直径0.2米,其余3个均为泥圈柱洞,外径0.3~0.45、内径0.18~0.22、深0.35~0.45米。

门不详(图二二四)。

房内堆积为黄褐色土,土质致密,厚0.03~0.05米,无出土物。

42. F60

F60位于Ⅲ区T0314、T0414内,开口于⑦层下。地面式,平面呈长方形,东西长3.2、南北宽2.08米。房周围墙体已毁,仅存墙基槽,宽0.14、深0.12米,内填疏松的灰褐色土;在底部共发现椭圆形与圆形柱洞11个（D1～D11），其中南墙3个（D1～D3），西墙8个（D4～D11）；椭圆形柱洞2个（D3、D11），长径分别为0.12、0.14米，短径分别为0.04、0.08米，深0.14米；其余均为圆形柱洞，直径0.05～0.12、深0.12米，柱间距0.14～0.24米。

居住面为黄土加工而成的硬面，经火烤而呈黑褐色，厚0.02米。东北部有1个柱洞（D12），直径0.3、深0.13米。

门向西北，位于北墙中部。门道长方形，底部平坦，残长0.18、宽0.7米（图二二五）。

房内堆积为浅灰色土，土质疏松，厚0.1米，无出土物。

43. F61

F61位于Ⅲ区T0313、T0314内，开口于⑧层下。地面式，平面呈长方形，东西长4.24、南北宽3.44米。墙体平地起建，大部分已毁，仅在底部有少量残存，残高0.1、宽0.18～0.35米。

居住面为料姜石末和黄土铺就，坚硬平整。房内共发现5个泥圈柱洞（D1～D5），其中D1～D3较小，外径0.22～0.28、内径0.12～0.15、深0.15～0.3米；D4、D5较大，外径0.62、内径0.42、深0.46米。

门向北，位于北墙中部。门道长方形，底部平坦，残长0.34、宽0.7米（图二二六）。

房内堆积为黄褐色土，土质疏松，包含灰褐色土块，厚0.1米，无出土物。

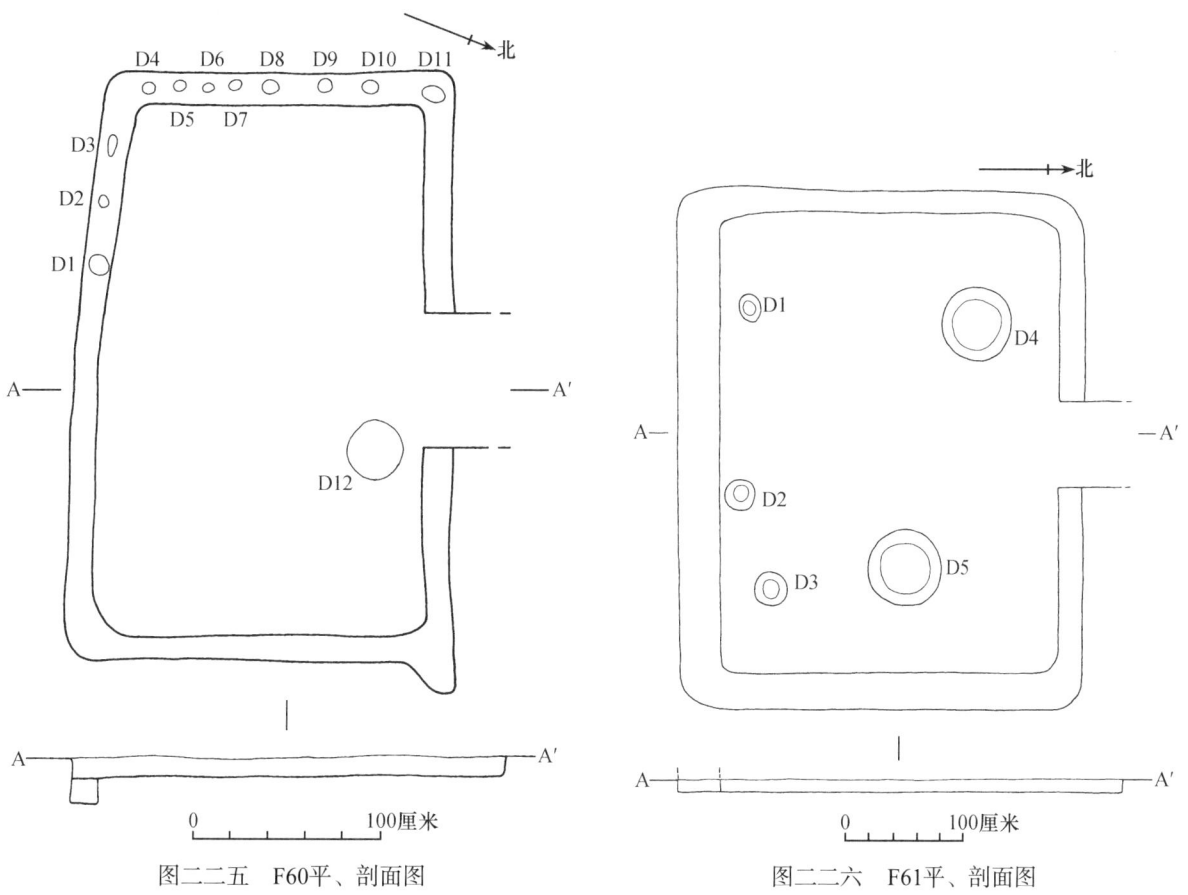

图二二五　F60平、剖面图　　　图二二六　F61平、剖面图

44. F62

F62位于Ⅲ区T0613、T0614、T0713、T0714内，开口于⑧层下。地面式，平面呈方形，边长4.1米。房周围墙体已毁，仅存墙基槽，宽0.15~0.2、深0.2~0.25米，内填较致密的黄土；在底部发现柱洞58个（D1~D58），其中西墙14个（D1~D14），北墙12个（D15~D26），东墙17个（D27~D43），南墙15个（D44~D58），D57、D58为泥圈柱洞，外径0.2、内径0.1米，其他柱洞直径0.05~0.1、深0.2~0.35、柱间距0.05~0.3米。基槽外侧0.4~0.5米处，有一周小沟，宽0.08~0.15、深0.05~0.1米，用途不明。

居住面略经加工，不甚平整。中部有4个柱洞（D59~D62），呈方形分布，直径0.3~0.35、深0.35~0.4米。柱洞底部各有一小圆坑，直径0.1~0.15、深0.1~0.15米。

门向北，位于北墙中部。门道长方形，底部平坦，长0.95、宽0.7米（图二二七）。

房内堆积为黄褐色土，土质致密，厚0.6米，包含火烧土块，出土少量陶片、兽骨。

陶片以细泥质橘红陶为主，粗泥质橘红陶次之；纹饰全部为素面。

F62共出土遗物3件。全部为陶器。器类有盆、钵，另有器底。

盆　1件。标本F62∶4，口沿残片。细泥质橘红陶。直口微敛，平折沿，沿面微鼓，圆唇。沿面磨光。素面。唇部可见轮修痕迹（图二二八，3）。

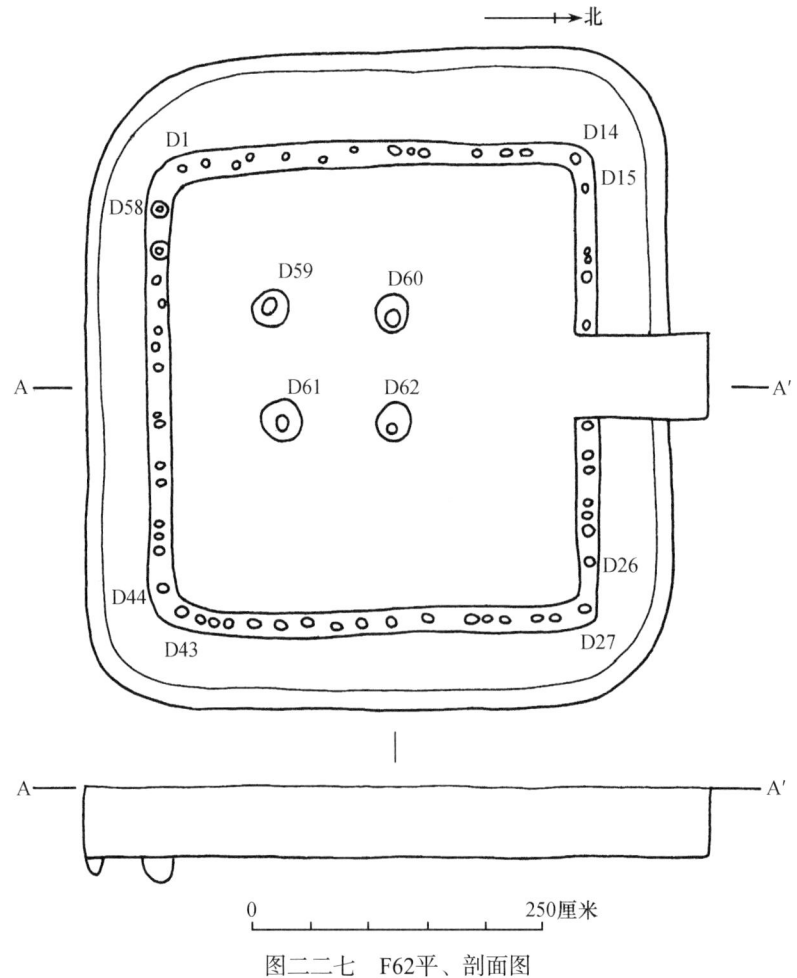

图二二七　F62平、剖面图

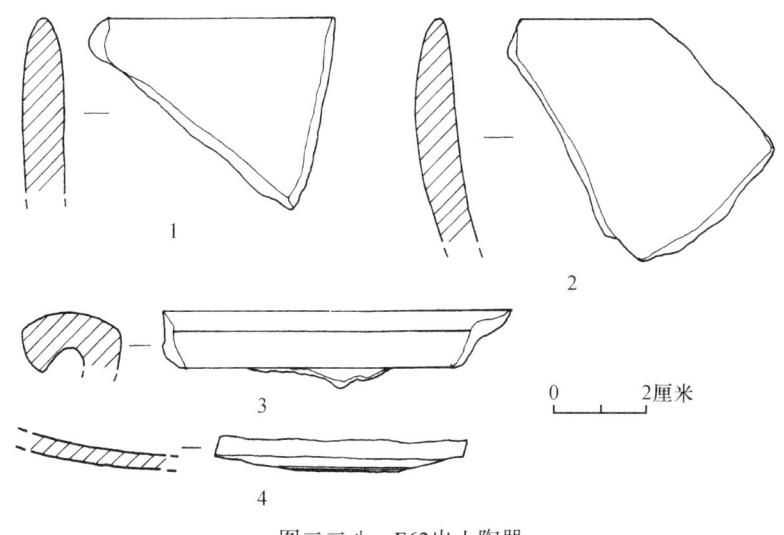

图二二八 F62出土陶器
1、2.陶钵（F62：2、F62：1） 3.陶盆（F62：4） 4.器底（F62：3）

钵 2件。均口、腹部残片。形制相同，均直口微敛，圆唇，深弧腹，素面。标本F62：1，细泥质橘红陶。器表磨光。口下可见轮修痕迹（图二二八，2）。标本F62：2，粗泥质橘红陶。内壁可见轮修痕迹（图二二八，1）。

器底 标本F62：3，底部残片。细泥质橘红陶。圜底，底部有一道浅细凹槽。器表磨光。可能为钵底（图二二八，4）。

45. F63

F63位于Ⅲ区T0714、T0814、T0815内，开口于⑥层下，南墙东段被Z15打破。地面式，平面呈圆角方形，边长4米。房周围墙体已毁，仅存基槽，宽0.14~0.22、深0.2米，底部靠外侧有一台阶，宽0.1、高0.1米，槽内填有较为致密的草拌泥；在底部发现一圈柱洞，共51个（D1~D51），其中北墙16个（D1~D16），东墙13个（D17~D29），南墙13个（D30~D42），西墙9个（D43~D51），直径0.05~0.11、深0.14~0.26、柱间距0.04~0.3米，以0.2米居多。

房内中部有一灶面，圆形，直径0.9、烧结面厚0.02~0.04米，经火烧烤而呈红色。

居住面为黄土加工而成的硬面，较为平整。北部有1个柱洞（D52），直径0.2、深0.32米。

门向西，位于西墙中部，与房内灶相对。门道长方形，略有损毁，残长0.3、宽0.6米（图二二九）。

房内堆积可分为2层：第①层为浅黄色土，土质致密，厚0.2米，包含泥块、火烧土块。第②层为深灰色土，土质疏松，厚0.1米，出土少量陶片。

陶片以细泥质橘红陶为主，粗夹砂红褐陶次之，还有少量粗泥质黑陶；纹饰以素面为主，绳纹次之，还有少量指甲纹。

F63共出土遗物9件。全部为陶器。器类有瓶、罐、钵、圆陶片。

瓶 1件。标本F63：3，可复原。细泥质橘红陶。直杯口，较高，方唇，束颈，溜肩，鼓腹，小平底，最大腹径位于中腹部，腹部有一对竖向圆柱桥形耳。上、中腹部饰右上至左下斜向绳纹。

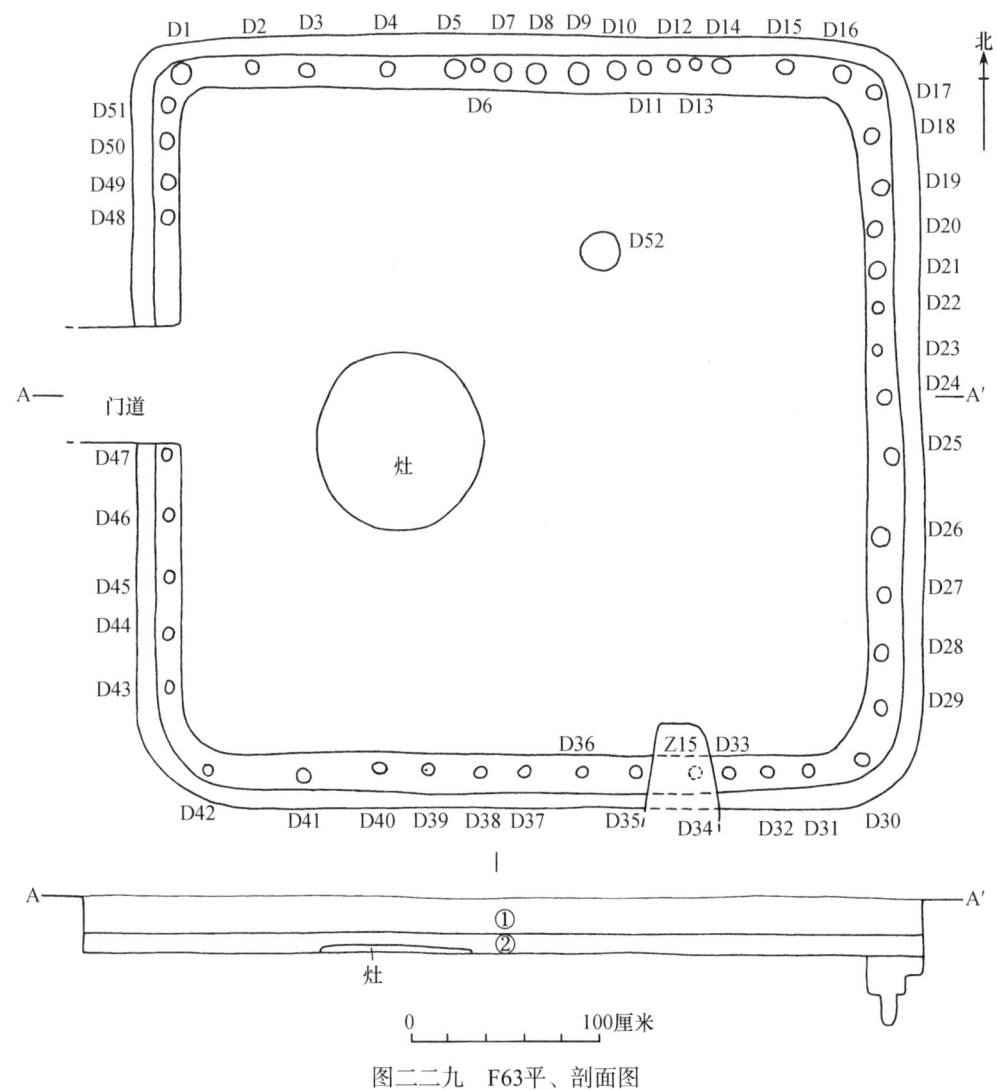

图二二九 F63平、剖面图

口沿外侧可见轮修痕迹。口径5.6、腹径23.6、底径2、通高46厘米（图二三〇，7；彩版一〇，3；图版七二，2；图版一九〇，5）。

罐 3件。标本F63∶5，口、腹部残片。粗夹砂红褐陶。侈口，折沿，方唇，鼓腹。腹部饰右上至左下斜向绳纹。唇部可见轮修痕迹（图二三〇，4）。

标本F63∶4，可复原。粗夹砂红褐陶。侈口，折沿，圆唇，鼓肩，并起一道较矮棱脊，上腹圆鼓，下腹斜收，下腹部有一道较矮棱脊，平底，最大腹径位于中上腹部。素面。口沿下侧可见轮修痕迹，下腹部可见刮抹痕迹。口径15、腹径17.1、底径7.8、通高13.8厘米（图二三〇，1；图版七二，3）。

标本F63∶6，口、腹部残片。细泥质橘红陶。敛口，圆唇，圆鼓腹。口沿以下饰多周整齐的指甲纹。内壁可见刮抹痕迹（图二三〇，9）。

钵 2件。均口、腹部残片。形制相同，均细泥质橘红陶，直口微敛，深弧腹，器表磨光，素面。标本F63∶1，圆唇。口下可见灰白色叠烧痕迹（图二三〇，2）。标本F63∶2，方唇。器表可见烟熏痕迹（图二三〇，5）。

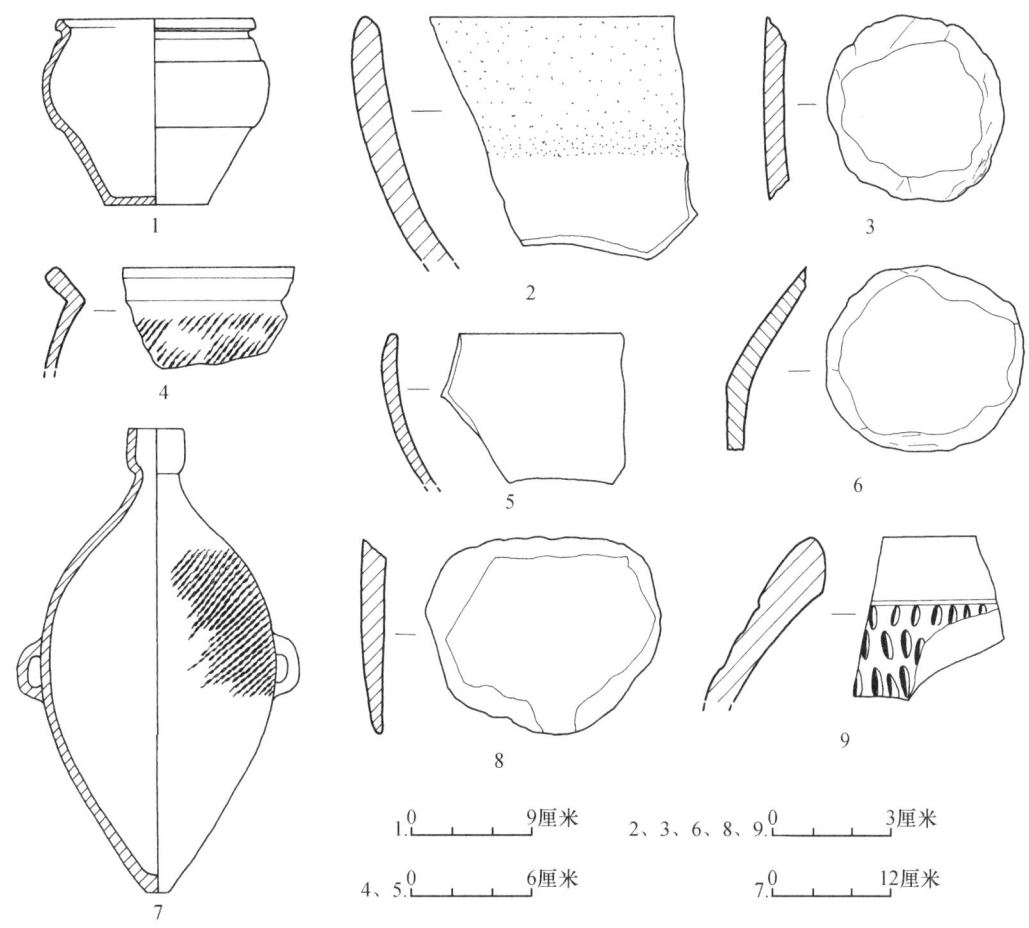

图二三〇　F63出土陶器
1、4、9. 罐（F63：4、F63：5、F63：6）　2、5. 钵（F63：1、F63：2）
3、6、8. 圆陶片（F63：7-2、F63：7-3、F63：7-1）　7. 瓶（F63：3）

圆陶片　3件。均完整。标本F63：7-2、F63：7-3形制相同，均圆形。标本F63：7-2，细泥质橘红陶。系利用钵的口部残片打制而成。边缘较锋利。器表可见深红色叠烧痕迹。直径4.5、厚0.5厘米（图二三〇，3）。标本F63：7-3，粗泥质黑陶。系利用钵的底部残片打制而成。边缘稍钝。直径5、厚0.6厘米（图二三〇，6）。

标本F63：7-1，细泥质橘红陶。系利用钵的口沿残片打制而成，保留少量沿面。椭圆形，边缘较锋利。器表可见浅褐色叠烧痕迹。长径6、短径4.8、厚0.5厘米（图二三〇，8）。

46. F64

F64位于Ⅲ区T0712、T0713、T0812、T0813内，开口于⑥层下。地面式，平面呈梯形，北长3.3、南长3.86、宽2.8米。房周围墙体已毁，仅存墙基槽，宽0.17～0.22、深0.28米；在底部发现柱洞33个（D1～D33），其中西墙4个（D1～D4），北墙8个（D5～D12），东墙11个（D13～D23），南墙10个（D24～D33），直径0.05～0.08、深0.12～0.16米，柱间距多在0.2米左右。

房内南部有一灶坑，椭圆形，锅底状，长径0.82、短径0.3、深0.12米。周缘有泥抹灶圈，宽0.15～0.4米，高0.04米。

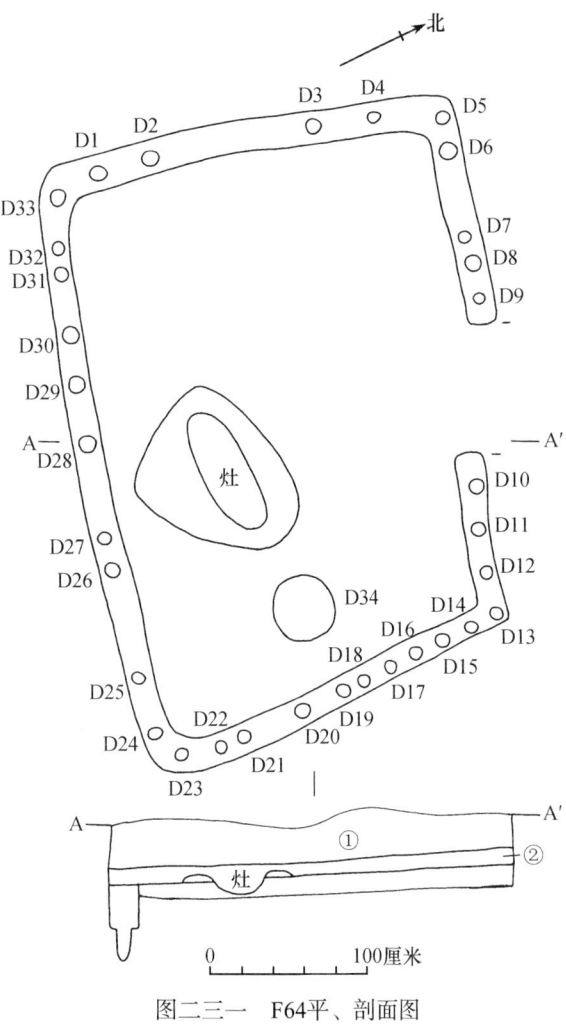

图二三一 F64平、剖面图

居住面东北高，西南低，高差0.3米，为黄土加工而成的硬面，厚0.07～0.15米。东部有1柱洞（D34），直径0.4、深0.3米。

门向东北，位于北墙中部，宽0.8米（图二三一）。

房内堆积可分为2层：第①层为黄褐色土，土质疏松，厚0.3～0.55米，出土少量陶片；第②层为深灰色土，土质疏松，厚0.1米，出土陶片较多，另有兽骨、石块等。

陶片为主要的出土物，以细泥质橘红陶为主，粗夹砂红褐陶次之，还有少量粗泥质橘红陶与细夹砂红褐陶；纹饰以素面为主，绳纹次之，另有少量彩陶与弦纹。

F64共出土遗物18件。以陶器为主，石器次之。

（1）陶器

17件。器类有瓶、罐、钵、瓮、圆陶片，另有器耳。

瓶　1件。标本F64：9，口、颈部残片。细泥质橘红陶。直杯口，圆唇，束颈。器表磨光。素面。内、外壁均可见轮修痕迹，内壁可见泥条盘筑痕迹。口径14、残高9厘米（图二三二，1）。

罐　4件。均口、腹部残片。标本F64：10、F64：12、F64：13形制相同，均粗夹砂红褐陶，侈口，折沿，沿面内曲，鼓腹。标本F64：10，圆唇。腹部饰右上至左下斜向绳纹。器表可见烟熏痕迹，沿面可见轮修痕迹。复原口径15.9、残高11.1厘米（图二三二，3）。标本F64：12，方唇。口沿以下饰右上至左下斜向绳纹（图二三二，5）。标本F64：13，方唇。素面。口沿下侧可见轮修痕迹（图二三二，2）。

标本F64：11，细泥质橘红陶。侈口，折沿，方唇，鼓腹。口沿以下饰右上至左下斜向绳纹。内壁可见刮抹痕迹（图二三二，4）。

钵　8件。均口、腹部残片。标本F64：1、F64：3、F64：4、F64：5、F64：6、F64：8形制相同，均直口微敛，深弧腹。标本F64：1，细泥质橘红陶。尖圆唇。器表磨光。素面。口下可见浅褐色叠烧痕迹（图二三三，12）。标本F64：3，细泥质橘红陶。圆唇。器表磨光。素面。口下可见浅红色叠烧痕迹（图二三三，9）。标本F64：4，细泥质橘红陶。圆唇。器表磨光。素面。内壁可见轮修痕迹（图二三三，13）。标本F64：5，细泥质橘红陶。圆唇。器表磨光。素面（图二三三，4）。标本F64：6，细泥质橘红陶。尖圆唇。口下饰黑色宽带纹彩绘。彩绘下侧可见深红色叠烧痕迹（图二三三，6）。标本F64：8，粗泥质橘红陶。圆唇。表层有部分剥落。素面。内壁可见轮修痕迹（图二三三，7）。

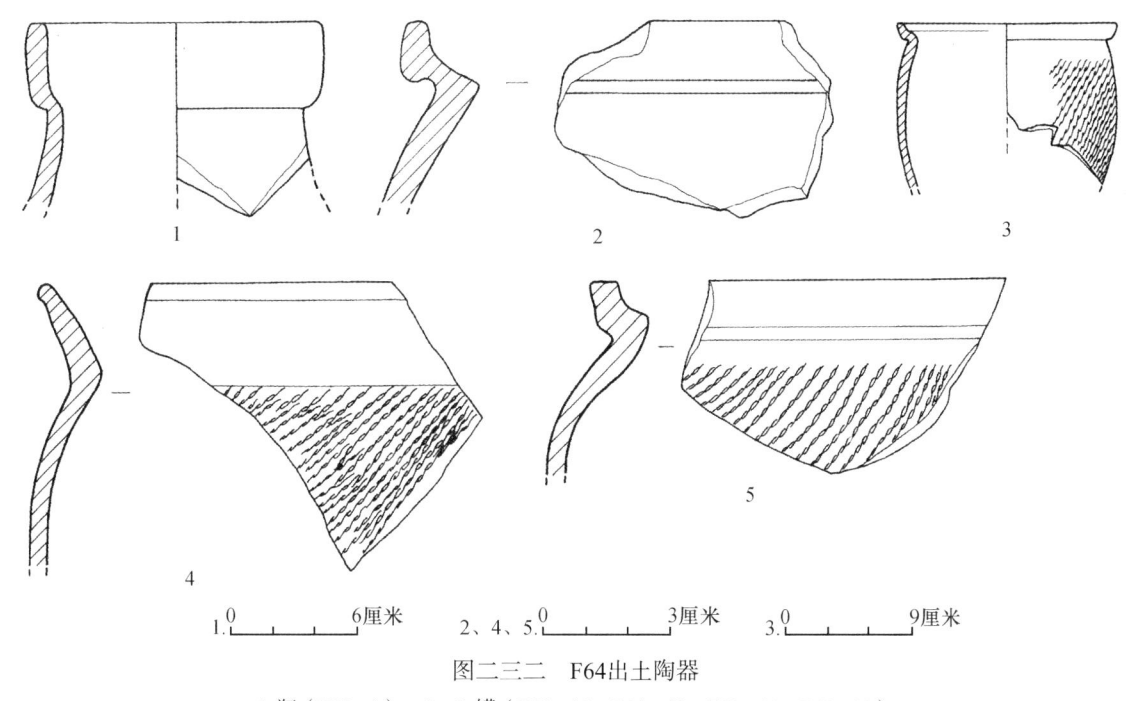

图二三二　F64出土陶器
1. 瓶（F64：9）　2~5. 罐（F64：13、F64：10、F64：11、F64：12）

标本F64：7，细夹砂红褐陶。直口微敛，圆唇，斜直腹。上腹部饰二周宽浅弦纹。内壁可见轮修痕迹（图二三三，10）。

标本F64：2，细泥质橘红陶。敞口，圆唇，深弧腹。器表磨光。素面。口下可见浅红色叠烧痕迹（图二三三，3）。

瓮　2件。均口、腹部残片。标本F64：14，粗夹砂红褐陶。侈口，卷沿，沿面微曲，方唇，鼓腹。腹部饰右上至左下斜向绳纹（图二三三，2）。

标本F64：15，细泥质橘红陶。直口，方唇，直腹。口沿以下饰多周弦纹。内壁可见轮修痕迹（图二三三，1）。

器耳　标本F64：16，腹部残片。细泥质橘红陶。腹部较直，有一竖向圆柱桥形耳。腹部饰横向绳纹。可能为瓶耳（图二三三，8）。

圆陶片　2件。均完整。形制相同，均细泥质橘红陶，圆形。标本F64：17-1，系利用钵的口部残片打制而成。边缘稍钝。器表可见深红色叠烧痕迹。直径5.3、厚0.75厘米（图二三三，14）。标本F64：17-2，系利用钵的残片打制而成。边缘较锋利。直径4.2、厚0.6厘米（图二三三，11）。

（2）石器

1件。残石器。标本F64：18，角岩。残存部分平面略呈方形。两面均磨光。残长5、厚1.6厘米（图二三三，5）。

47. F65

F65位于Ⅲ区T0413、T0513内，开口于⑦层下。地面式，平面呈长方形，东西长2.83、南北宽2.3米。房周围墙体已毁，仅存基槽，宽0.2、深0.18米，内填较为疏松的浅灰色土；在底部发现一圈柱洞，共28个（D1~D28），其中东墙7个（D1~D7），南墙5个（D8~D12），西墙7个

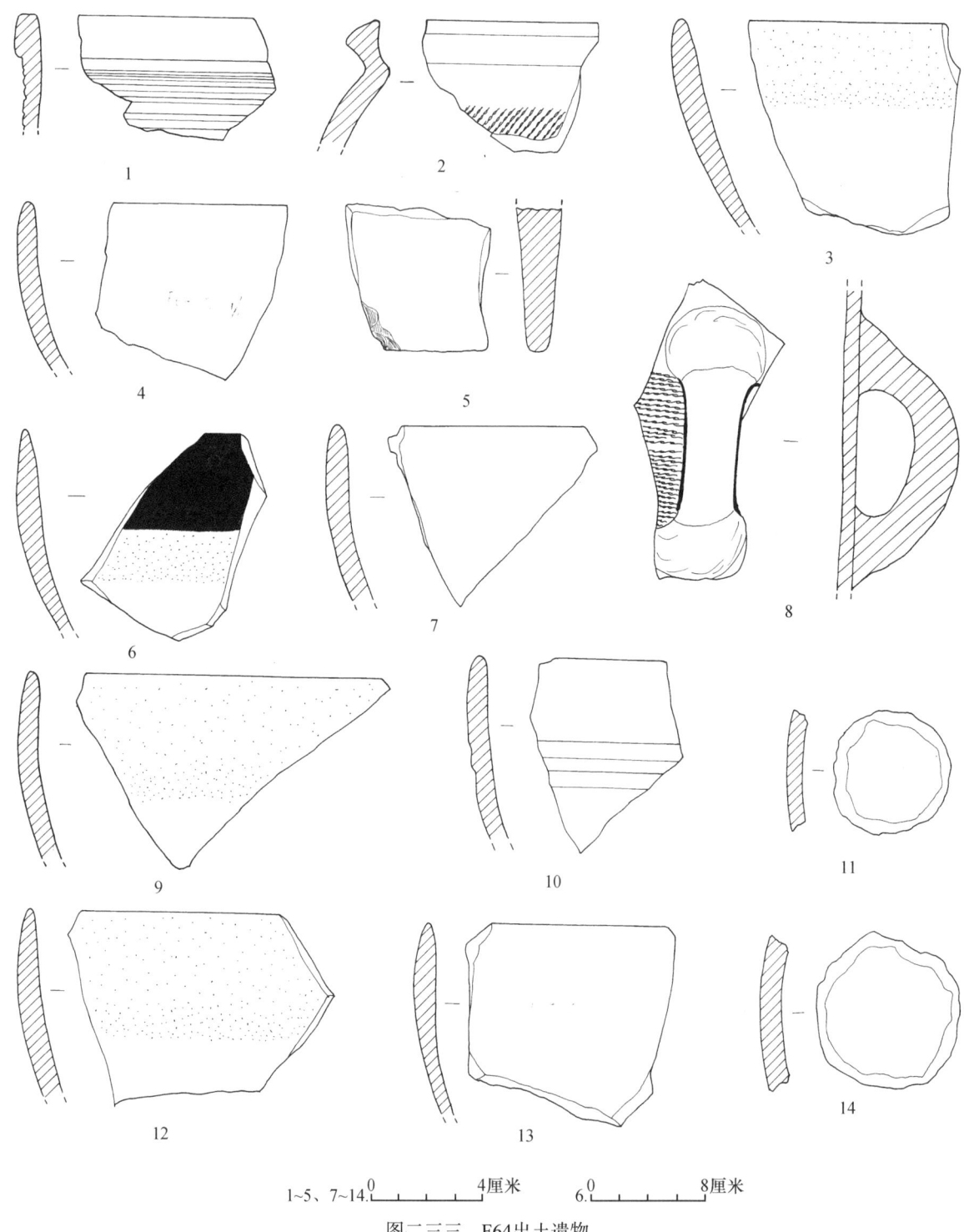

图二三三 F64出土遗物

1、2.陶瓮（F64：15、F64：14） 3、4、6、7、9、10、12、13.陶钵（F64：2、F64：5、F64：6、F64：8、F64：3、F64：7、F64：1、F64：4） 11、14.圆陶片（F64：17-2、F64：17-1） 5.残石器（F64：18） 8.器耳（F64：16）

（D13~D19），北墙9个（D20~D28），直径0.06~0.12、深0.06~0.14米，柱间距多在0.2米左右，内填疏松的浅灰色土。

居住面为黄土加工而成的硬面，十分平整。

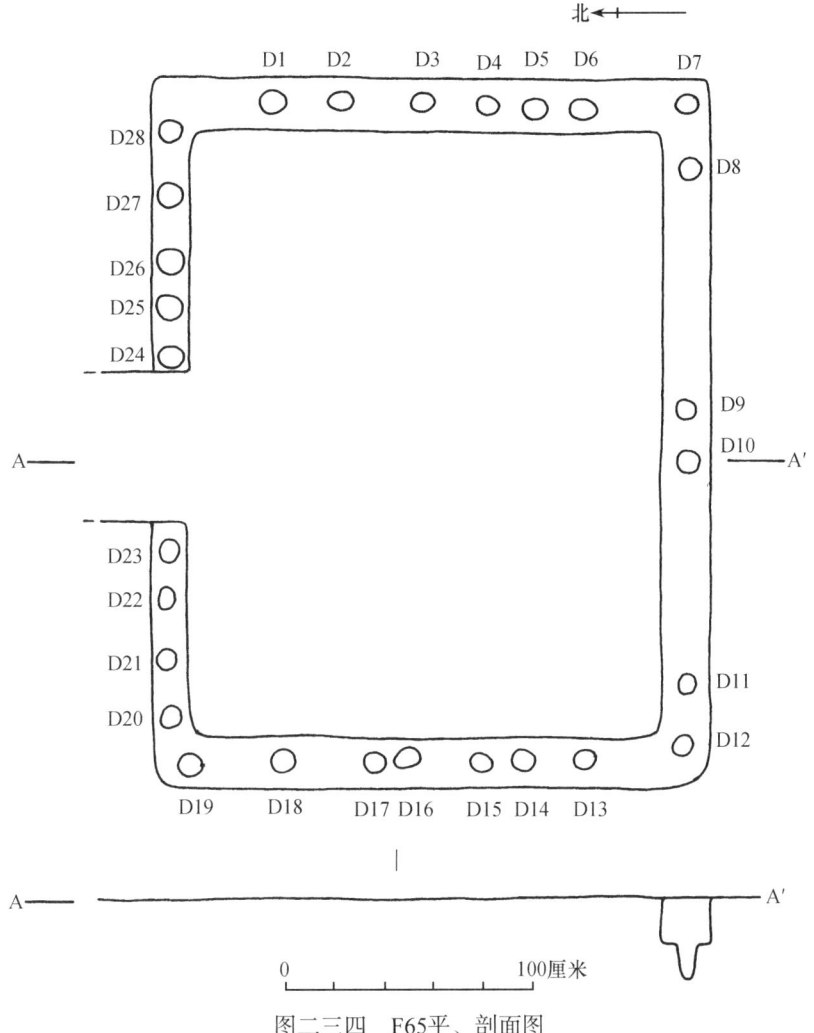

图二三四　F65平、剖面图

门向北，位于北墙中部。门道长方形，底部平坦，残长0.2、宽0.6米（图二三四）。

房内堆积为浅灰色土，土质较为致密，包含少量炭屑及颗粒状料姜石，出土少量陶片，另有石块。

陶片为主要的出土物，以细泥质橘红陶为主，粗泥质橘红陶次之，还有少量粗夹砂红褐陶与细夹砂红褐陶；纹饰以素面为主，另有少量弦纹。

F65共出土遗物15件。以陶器为主，石器次之。

（1）陶器

14件。器类有瓶、盆、罐、钵、圆陶片。

瓶　1件。标本F65：9，口沿残片。细夹砂红褐陶。直杯口，方唇。素面。器表可见轮修痕迹。复原口径8、残高6.2厘米（图二三五，1）。

盆　3件。均口、腹部残片。标本F65：6，细泥质橘红陶。敞口，折沿，沿面向外侧下斜，圆唇，弧腹。器表磨光。素面。唇部可见轮修痕迹（图二三五，2）。

标本F65：7、F65：8形制相同，均细泥质橘红陶，直口，平折沿，弧腹，器表磨光，素面。标

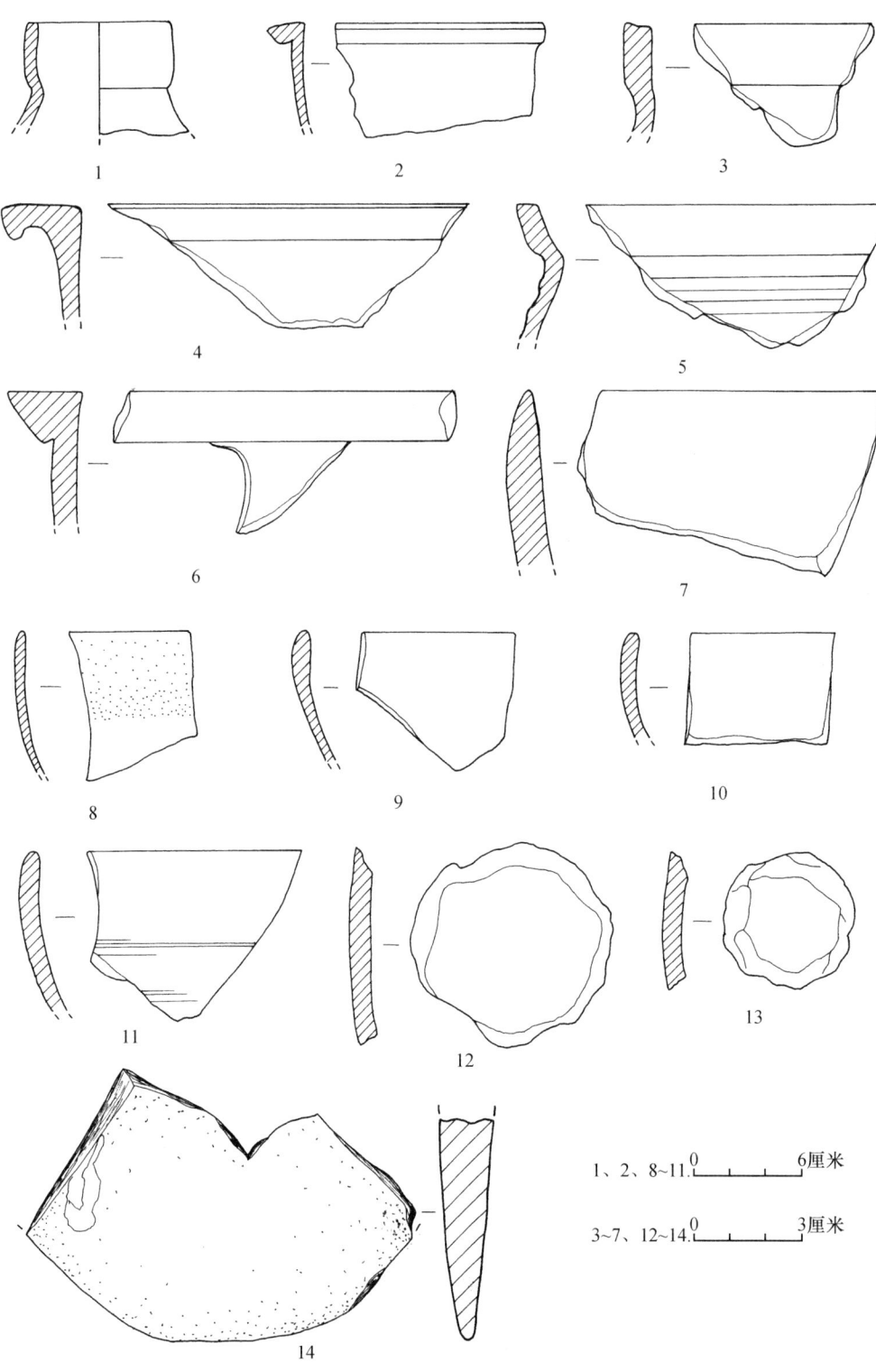

图二三五　F65出土遗物

1.陶瓶（F65∶9）　2、4、6.陶盆（F65∶6、F65∶7、F65∶8）　3、5.陶罐（F65∶10、F65∶11）　7~11.陶钵（F65∶4、F65∶1、F65∶2、F65∶3、F65∶5）　12、13.圆陶片（F65∶13-1、F65∶13-2）　14.残石器（F65∶14）

本F65∶7，沿面微鼓，圆唇。口沿下侧可见轮修痕迹（图二三五，4）。标本F65∶8，口微敛，尖圆唇。唇部可见轮修痕迹（图二三五，6）。

罐　2件。均口、腹部残片。标本F65∶10，粗夹砂红褐陶。直口，方唇，鼓腹。素面。外沿面可见轮修痕迹（图二三五，3）。

标本F65∶11，粗夹砂红褐陶。侈口，卷沿，沿面微曲，方唇，鼓腹。口沿以下饰多周弦纹。器表可见烟熏痕迹（图二三五，5）。

钵　5件。均口、腹部残片。标本F65∶1，细泥质橘红陶。直口，圆唇，深弧腹。器表磨光。素面。口下可见浅褐色叠烧痕迹（图二三五，8）。

标本F65∶2、F65∶3、F65∶4、F65∶5形制相同，均直口微敛，深弧腹。标本F65∶2，粗泥质橘红陶。圆唇。素面。内、外壁均可见刮抹痕迹（图二三五，9）。标本F65∶3，粗泥质橘红陶。方唇。素面。器表可见轮修痕迹（图二三五，10）。标本F65∶4，细泥质橘红陶。尖圆唇。素面。内、外壁均可见轮修痕迹（图二三五，7）。标本F65∶5，粗泥质橘红陶。圆唇。腹部饰一周弦纹。腹部可见轮修痕迹（图二三五，11）。

圆陶片　3件。均完整。形制相同，均细泥质橘红陶，圆形。标本F65∶13-1，系利用钵的口部残片打制而成。边缘较锋利。器表可见深红色叠烧痕迹。直径5.6、厚0.6厘米（图二三五，12）。标本F65∶13-2，系利用钵的残片打制而成。边缘较锋利。外壁可见零星疤痕。直径3.7、厚0.5厘米（图二三五，13）。

（2）石器

1件。残石器。标本F65∶14，石灰岩。通体磨光。器表可见少量打制疤痕。残长7.4、厚1.4厘米（图二三五，14）。

48. F66

F66位于Ⅲ区T0413内，开口于⑦层下。地面式，平面呈长方形，南北长1.76、东西宽1.4米。房周围墙体已毁，仅存墙基槽，宽0.14、深0.26米，内填疏松的深灰色土；在底部共发现柱洞8个（D1~D8），其中东墙2个（D1~D2），西墙4个（D3~D6），北墙2个（D7~D8），平面形状有圆形与椭圆形两种，圆形柱洞5个（D3~D5、D7~D8），直径0.08~0.12、深0.08~0.1米；其余为椭圆形，长径0.08~0.15、短径0.04~0.06、深0.08~0.12米。

居住面为料姜石末铺就，厚0.02米，平整坚硬。

门向南，位于南墙东部，宽0.42米。西侧有1个柱洞（D9），直径0.2、深0.28米（图二三六）。

房内堆积为极少量的草木灰，无出土物。

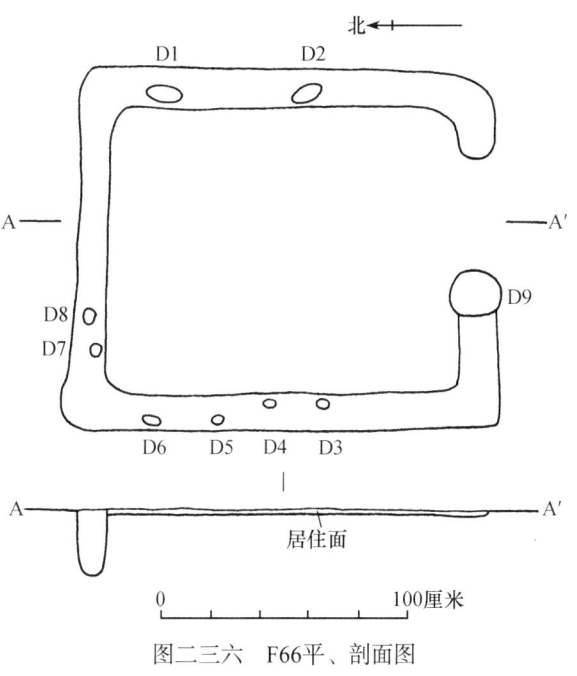

图二三六　F66平、剖面图

49. F67

F67位于Ⅲ区T0613、T0614、T0713、T0714内,开口于⑥层下,北部被H118打破,西部被H80打破。半地穴式,平面呈圆形,直径4.9、残深0.08米。

房内西南部有一灶面,椭圆形,表面经火烧烤呈红褐色,长径0.6、短径0.5米。

居住面为黄土加工而成的硬面,平整坚硬。北部与西南部共发现柱洞10个(D1~D10),直径0.1~0.2米,分布无规律。

门向东。门道长方形,呈东高西低的斜坡状,残长0.58、宽0.8米(图二三七)。

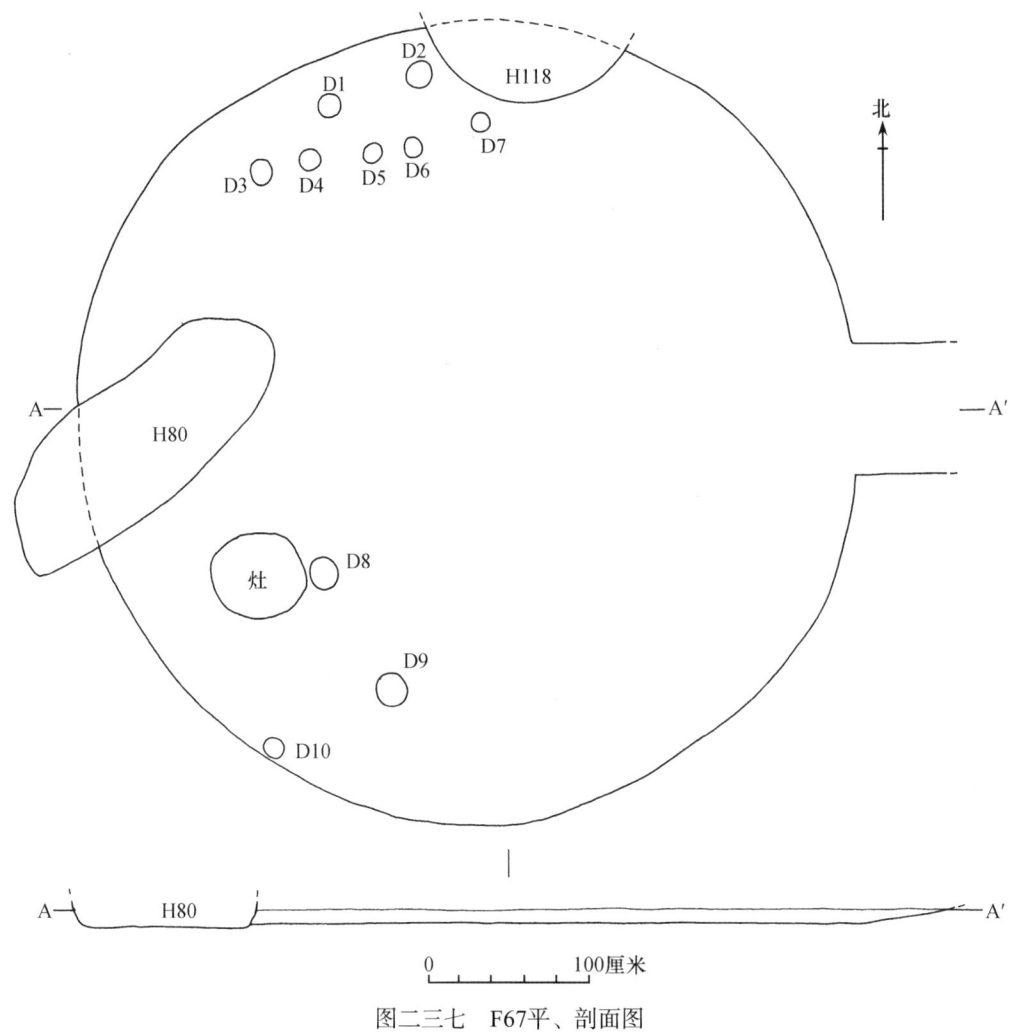

图二三七 F67平、剖面图

房内堆积为黄褐色土,土质较为致密,出土零星陶片。

F67共出土遗物7件。以骨器为主,陶器次之。

(1)陶器

1件。球。标本F67:1,完整。细泥质橘红陶。圆球状。通体磨光。器表可见使用形成的较小坑疤。直径1.4厘米(图二三八,5;图版七二,4)。

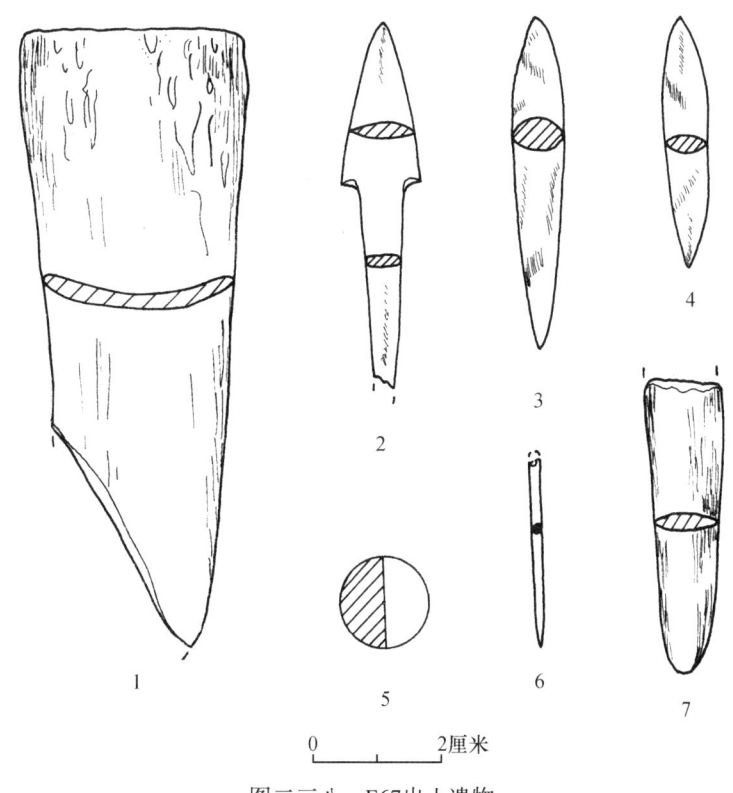

图二三八　F67出土遗物

1、7. 骨匕（F67：5、F67：4）　2～4. 骨镞（F67：3、F67：6、F67：7）　5. 陶球（F67：1）　6. 骨针（F67：2）

（2）骨器

6件。器类有针、镞、匕。

针　1件。标本F67：2，尾端残。器身细长，尖部锐利，尾端有一圆孔。通体磨光。残长2.9厘米（图二三八，6；图版七二，5）。

镞　3件。标本F67：3，铤部残。器身扁平，体部短而铤部长，带翼，体部平面呈等腰三角形，锋部圆尖，刃部锋利。通体磨光。残长5.6厘米（图二三八，2；图版七二，6）。

标本F67：6、F67：7形制相同，均完整，平面均呈柳叶形，锋部圆尖，刃部较钝，通体磨光。标本F67：6，铤部略圆尖。长5.1厘米（图二三八，3；彩版三七，4；图版七三，1）。标本F67：7，铤部圆尖。长3.9厘米（图二三八，4；彩版三七，5；图版七三，2）。

匕　2件。标本F67：4，上部残。残存部分平面呈长条形，较窄，器身扁平而薄，刃部锋利。通体磨光。残长4.5、宽1.3厘米（图二三八，7）。标本F67：5，下部残。残存部分平面呈长条形，器身较宽厚。通体磨光。残长9.5、宽3.5厘米（图二三八，1）。

50. F68

F68位于Ⅲ区T0714、T0814、T0815内，开口于⑥层下，被F63打破。地面式，平面呈圆角方形，边长4.3米。房周围墙体已毁，仅保存有墙基槽，宽0.2、深0.18～0.2米；在底部发现一圈柱洞，共57个（D1～D57），其中南墙14个（D1～D14），西墙14个（D15～D28），北墙15个

（D29～D43），东墙14个（D44～D57），直径0.06～0.1、深0.14～0.26、柱间距0.06～0.12米。

房内西部有一灶面，圆形，直径0.7米，烧结面厚0.04米，经长期火烤而呈红色。

居住面为黄土加工而成的硬面，较为平整。室内共发现2个柱洞（D58～D59），D58位于灶东南侧，直径0.1、深0.16米；D59位于西北部，紧贴西墙，直径0.34、深0.44米。

门向西，位于西墙中部，与房内灶相对。门道长方形，长0.8、宽0.7米（图二三九）。

房内堆积可分为2层：第①层为浅黄色土，土质较致密，厚0.24米，包含泥块、火烧土块；第②层为深灰色土，较为疏松，厚0.1米，出土少量陶片。

陶片以细泥质橘红陶为主，粗夹砂红褐陶次之，还有少量粗泥质橘红陶；纹饰以素面为主，绳纹次之，另有少量指甲纹、彩陶。

F68共出土遗物22件。全部为陶器。器类有瓶、盆、罐、钵、圆陶片。

瓶 1件。标本F68：7，口沿残片。细泥质橘红陶。直杯口，微敛，较为短矮，方唇。素面。内、外壁均可见轮修痕迹。复原口径9.2、残高5厘米（图二四〇，1）。

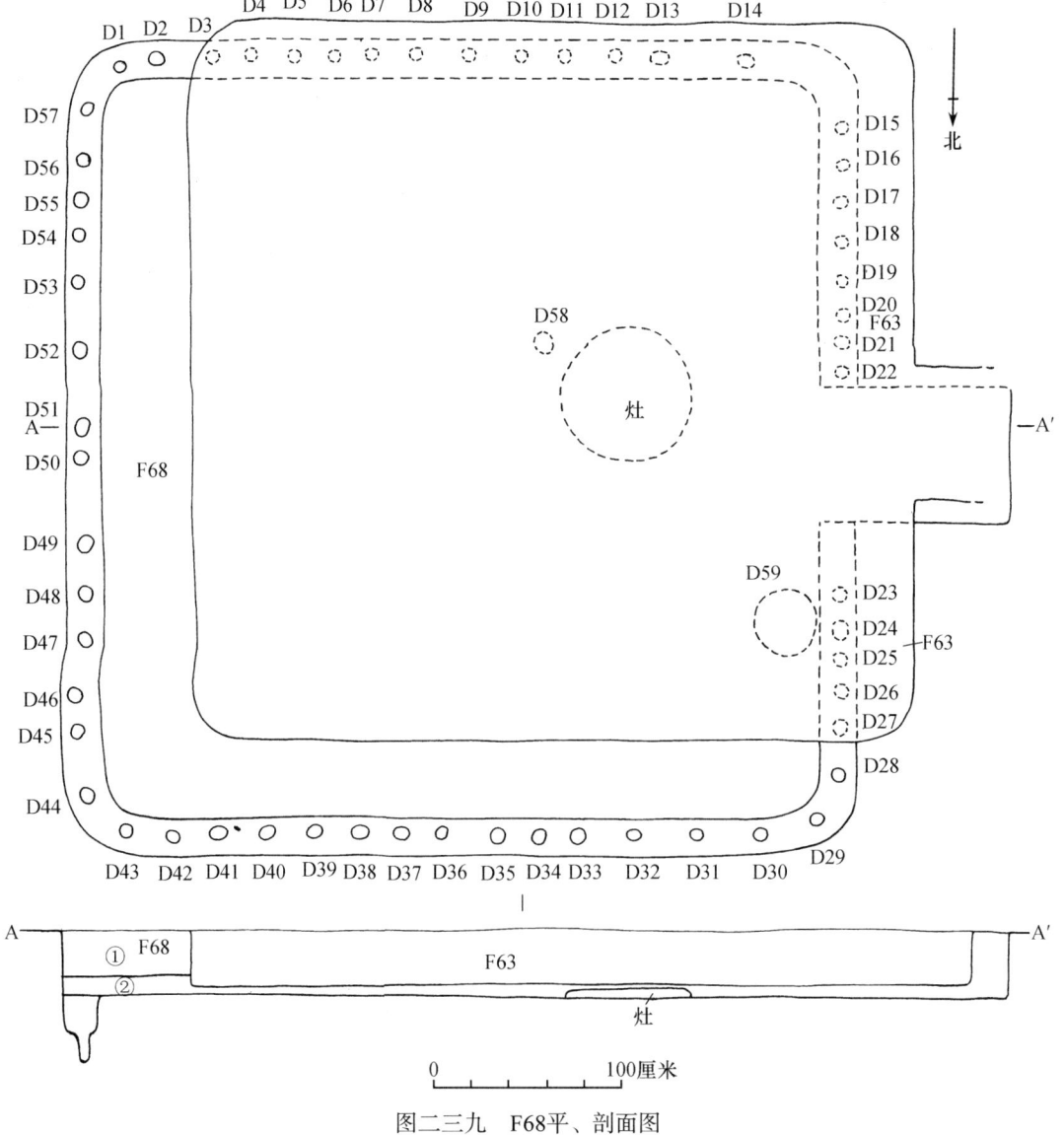

图二三九 F68平、剖面图

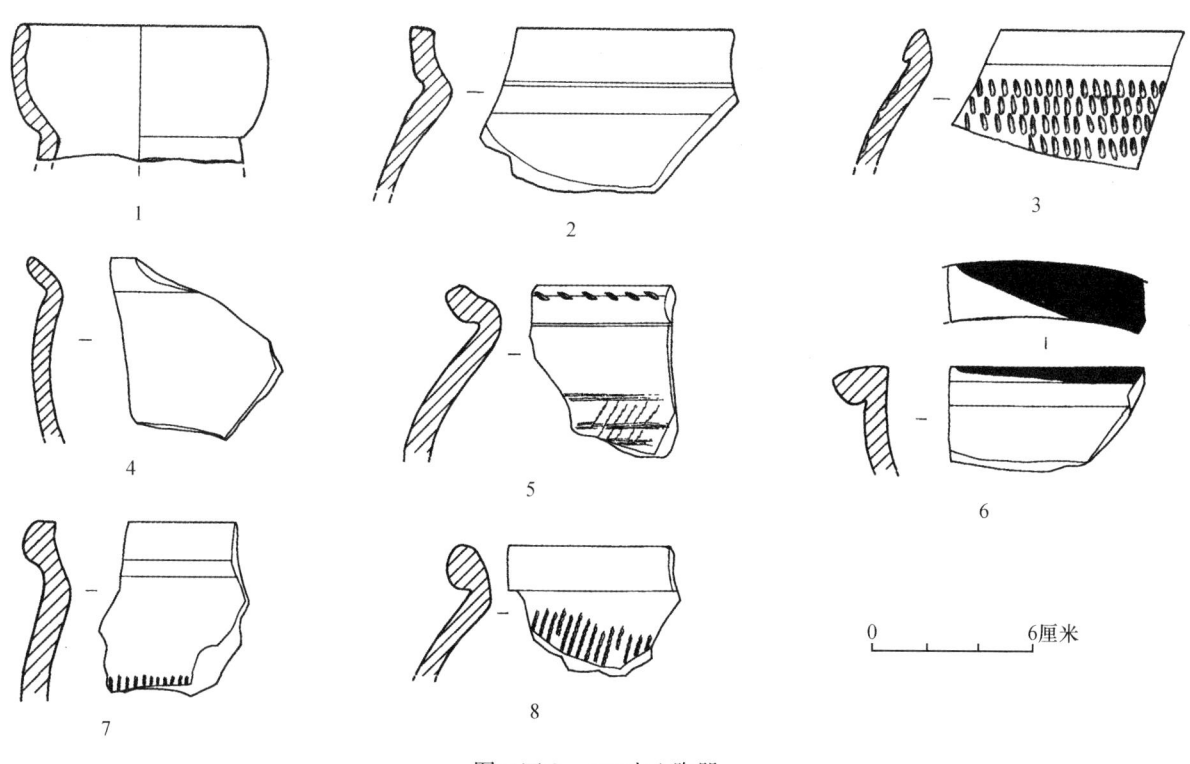

图二四〇 F68出土陶器

1.瓶（F68：7） 2~5、7、8.罐（F68：11、F68：13、F68：8、F68：10、F68：9、F68：12） 6.盆（F68：6）

盆 1件。标本F68：6，口、腹部残片。细泥质橘红陶。直口微敛，折沿，沿面向外侧下斜，圆唇，弧腹。器表磨光。沿面饰黑色几何纹彩绘。唇部可见轮修痕迹（图二四〇，6）。

罐 6件。均口、腹部残片。标本F68：8、F68：9、F68：11形制相同，均粗夹砂红褐陶，侈口，卷沿，鼓腹。标本F68：8，圆唇。素面。器表可见烟熏痕迹（图二四〇，4）。标本F68：9，沿面内曲，方唇。腹部饰竖向绳纹。外沿面与口沿下侧可见轮修痕迹（图二四〇，7）。标本F68：11，沿面微曲，方唇。素面（图二四〇，2）。

标本F68：10，粗夹砂红褐陶。侈口，卷沿，沿面内曲，方唇，鼓腹。唇部饰一周左上至右下斜向划纹，腹部饰右上至左下斜向绳纹。口沿下侧可见轮修痕迹（图二四〇，5）。

标本F68：12，粗夹砂红褐陶。侈口，折沿，圆唇，鼓腹。口沿以下饰右上至左下斜向绳纹，绳纹斜度较小。外沿面可见轮修痕迹（图二四〇，8）。

标本F68：13，粗泥质橘红陶。敛口，尖圆唇，圆鼓腹。口沿以下饰多周整齐的指甲纹。内壁可见轮修痕迹（图二四〇，3）。

钵 5件。均口、腹部残片。形制相同，直口微敛，深弧腹，器表磨光，素面。标本F68：1，粗泥质橘红陶。方唇。口下可见轮修痕迹（图二四一，3）。标本F68：2，细泥质橘红陶。方唇。口下可见深红色叠烧痕迹（图二四一，2）。标本F68：3，细泥质橘红陶。圆唇。口下可见浅褐色叠烧痕迹（图二四一，4）。标本F68：4，细泥质橘红陶。尖圆唇。口下可见浅褐色叠烧痕迹与轮修痕迹（图二四一，8）。标本F68：5，细泥质橘红陶。方唇。口下可见浅红色叠烧痕迹，内壁可见轮修痕迹（图二四一，1）。

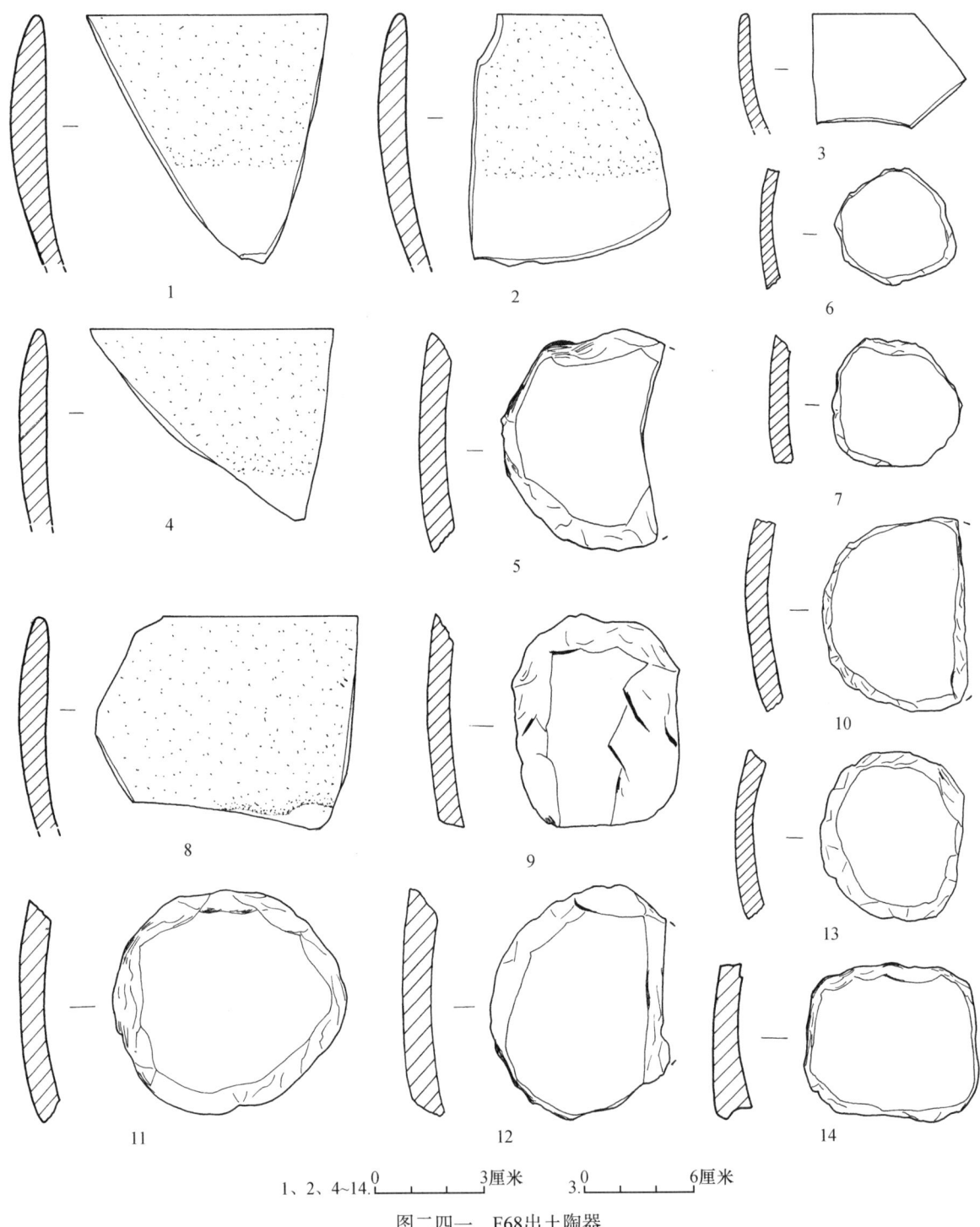

图二四一　F68出土陶器

1~4、8.钵（F68：5，F68：2，F68：1，F68：3，F68：4）　5~7、9~14.圆陶片（F68：14-2、F68：14-9、F68：14-8、F68：14-3、F68：14-6、F68：14-1、F68：14-4、F68：14-7、F68：14-5）

圆陶片　9件。标本F68：14-1、F68：14-2、F68：14-4、F68：14-6、F68：14-8、F68：14-9形制相同，均细泥质橘红陶，圆形。标本F68：14-1，完整。系利用钵的口部残片打制而成。边缘较锋利。器表可见浅褐色叠烧痕迹。直径6.6、厚0.65厘米（图二四一，11）。标本F68：14-2，残。

系利用钵的口部残片打制而成。边缘较锋利。口下可见深红色叠烧痕迹。直径6、厚0.7厘米（图二四一，5）。标本F68∶14-4，残。系利用钵的口沿残片打制而成，保留少量沿面。边缘较锋利。器表可见深红色叠烧痕迹。直径6、厚0.8厘米（图二四一，12）。标本F68∶14-6，残。系利用钵的残片打制而成。边缘较锋利。内壁可见轮修痕迹。直径5.3、厚0.6厘米（图二四一，10）。标本F68∶14-8，完整。系利用钵的残片打制而成。边缘较钝。直径3.5、厚0.4厘米（图二四一，7）。标本F68∶14-9，完整。系利用钵的残片打制而成。边缘较锋利。直径3、厚0.35厘米（图二四一，6）。

标本F68∶14-7，完整。细泥质橘红陶。系利用钵的底部残片打制而成。椭圆形，边缘稍钝。长径4.6、短径4、厚0.55厘米（图二四一，13）。

标本F68∶14-3、F68∶5形制相同，均细泥质橘红陶，近长方形。标本F68∶14-3，完整。系利用钵的口部残片打制而成。边缘较锋利。器表可见深红色叠烧痕迹。长5.7、宽4.5、厚0.6厘米（图二四一，9）。标本F68∶14-5，完整。系利用钵的口部残片打制而成。边缘较钝。器表可见深红色叠烧痕迹。长4.8、宽4.2、厚0.5～1厘米（图二四一，14）。

51. F71

F71位于Ⅲ区T0714、T0814、T0815、T0914、T0915内，开口于⑧层下，北部被W79、W81、H190打破。地面式，平面呈长方形，南北长6.3、东西宽5.5米。房周围墙体已毁，仅存墙基槽，宽0.2、深0.2米，内填较致密的黄褐色土。

房内南部与中部各有一圆形灶面。南部灶直径0.5米，烧结面厚0.05米；中部灶直径0.9米，烧结面厚0.05米。两灶均因长期烧烤呈砖红色。

居住面为黄土加工的硬面，较为平整。在北部与南部共发现柱洞5个（D1～D5），直径0.1～0.25、深0.12～0.28米。在东南部有柱础1个，黄土夯成，十分坚硬，直径0.5米。

门向东，位于东墙中部，宽0.9米（图二四二）。

房内堆积可分为2层：第①层为浅黄色土，土质致密，厚0.16米，包含火烧土块；第②层为深灰色土，土质疏松，厚0.1米，出土少量陶片。

陶片以细泥质橘红陶为主，粗夹砂红褐陶次之，还有少量细夹砂红褐陶；纹饰以素面为主，绳纹次之。

F71共出土遗物9件。全部为陶器。器类有罐、钵、圆陶片。

罐　2件。均口、腹部残片。形制相同，均粗夹砂红褐陶，侈口，卷沿，方唇，鼓腹。标本F71∶7，沿面微曲，唇部有一道凸棱。腹部饰右上至左下斜向绳纹（图二四三，7）。标本F71∶6，鼓肩，并起一道不显著棱脊。棱脊以下饰右上至左下斜向绳纹。外沿面可见轮修痕迹（图二四三，4）。

钵　5件。均口、腹部残片。形制相同，直口微敛，深弧腹，素面。标本F71∶1，细泥质橘红陶。圆唇。器表磨光（图二四三，2）。标本F71∶2，细泥质橘红陶。圆唇。器表磨光。口下可见浅褐色叠烧痕迹（图二四三，5）。标本F71∶3，细泥质橘红陶。方唇。器表磨光。口下可见深红色叠烧痕迹（图二四三，8）。标本F71∶4，细泥质橘红陶。尖圆唇。口下可见浅褐色叠烧痕迹

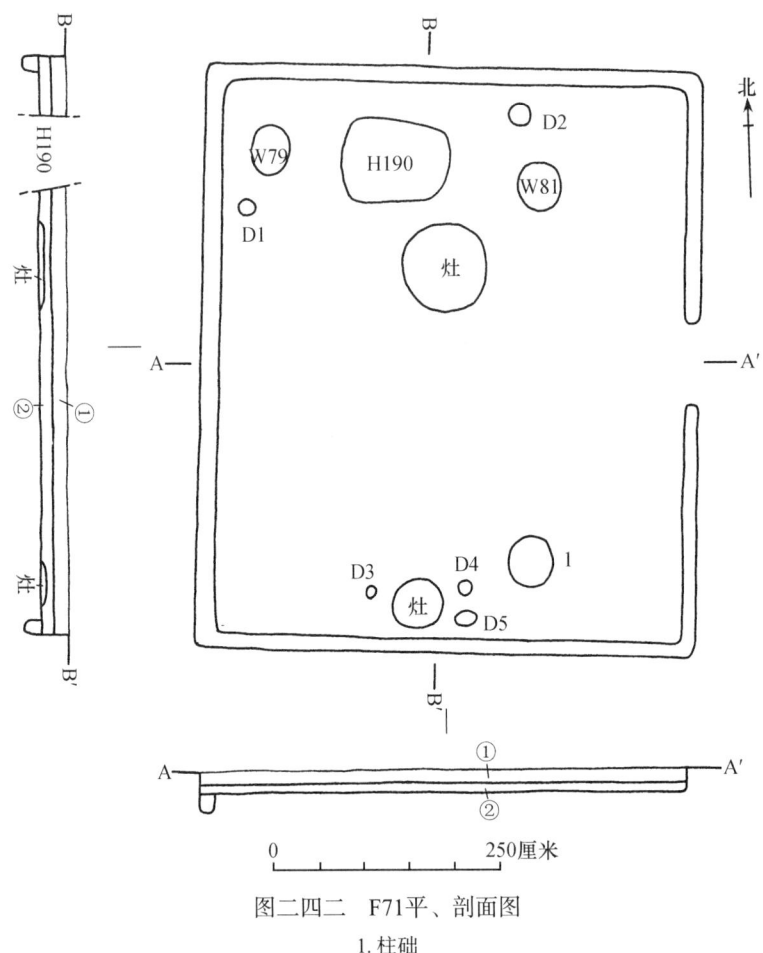

图二四二 F71平、剖面图
1. 柱础

（图二四三，3）。标本F71：5，细夹砂红褐陶。圆唇。器表可见轮修痕迹（图二四三，1）。

圆陶片 2件。均完整。形制相同，均细泥质橘红陶，系利用钵的口部残片打制而成，圆形。标本F71：8-1，边缘稍钝。器表可见浅褐色叠烧痕迹。直径5.3、厚0.55厘米（图二四三，9）。标本F71：8-2，边缘较锋利。器表可见深褐色叠烧痕迹。直径3.8、厚0.8厘米（图二四三，6）。

52. F73

F73位于Ⅲ区T0713、T0813内，开口于⑦层下，西部被F44、F64打破。地面式，平面呈圆形，复原直径4.2米，残存部分呈弓形，最宽处1.6米。房周围墙体已毁，仅存墙基槽，宽0.2～0.23、深0.3米；在底部发现柱洞31个（D1～D31），直径0.05～0.1、深0.12～0.18、柱间距0.06～0.14米。

居住面为黄土加工而成的硬面，较为平整。

门不详（图二四四）。

房内堆积可分为2层：第①层为浅黄色土，较为致密，包含火烧土块，厚0.1米，出土少量陶片，另有骨头；第②层为深灰色土，较为疏松，厚0.15米。

陶片以细泥质橘红陶为主，另有少量粗泥质橘红陶与细夹砂橘红陶；纹饰全部为素面。

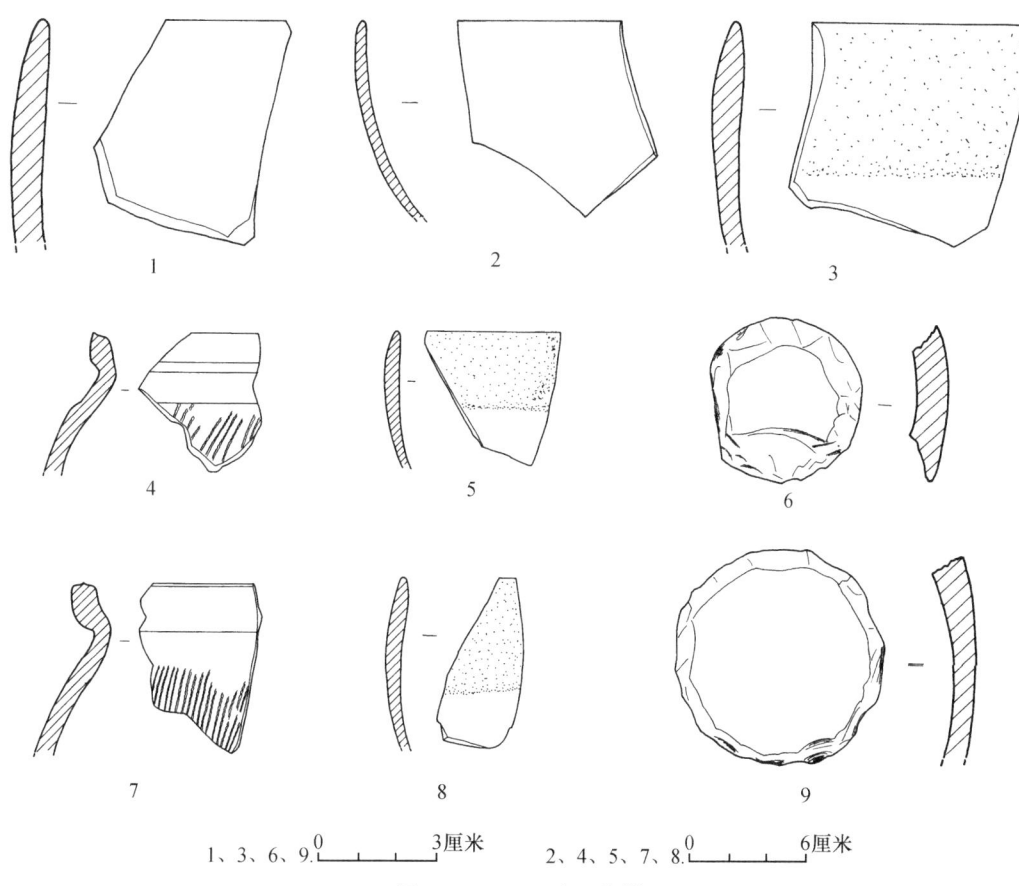

图二四三　F71出土陶器

1~3、5、8.钵（F71∶5、F71∶1、F71∶4、F71∶2、F71∶3）　4、7.罐（F71∶6、F71∶7）
6、9.圆陶片（F71∶8-2、F71∶8-1）

F73共出土遗物5件。以陶器为主，骨器次之。

（1）陶器

4件。器类有瓶、钵。

瓶　1件。标本F73∶4，口沿残片。细夹砂红褐陶。直杯口，微敛，较为短矮，方唇。素面。内、外壁均可见轮修痕迹。复原口径7.4、残高4.6厘米（图二四五，1）。

钵　3件。均口、腹部残片。标本F73∶2、F73∶3形制相同，直口，方唇，深弧腹，器表磨光，素面。标本F73∶2，粗泥质橘红陶。器表可见烟熏痕迹（图二四五，2）。标本F73∶3，细泥质橘红陶。口下可见浅褐色叠烧痕迹，内壁可见轮修痕迹（图二四五，4）。

标本F73∶1，细泥质橘红陶。直口微敛，圆唇，深弧腹。器表磨光。素面。口下可见浅褐色叠烧痕迹。复原口径23.4、残高6厘米（图二四五，3）。

（2）骨器

1件。镞。标本F73∶5，完整。器身略扁平，体部与铤部分界不明显。体部较长而铤部较短，体部横断面呈椭圆形，锋部圆尖，刃部较钝。铤部呈圆锥状。通体磨光。长6.9厘米（图二四五，5；图版七三，3）。

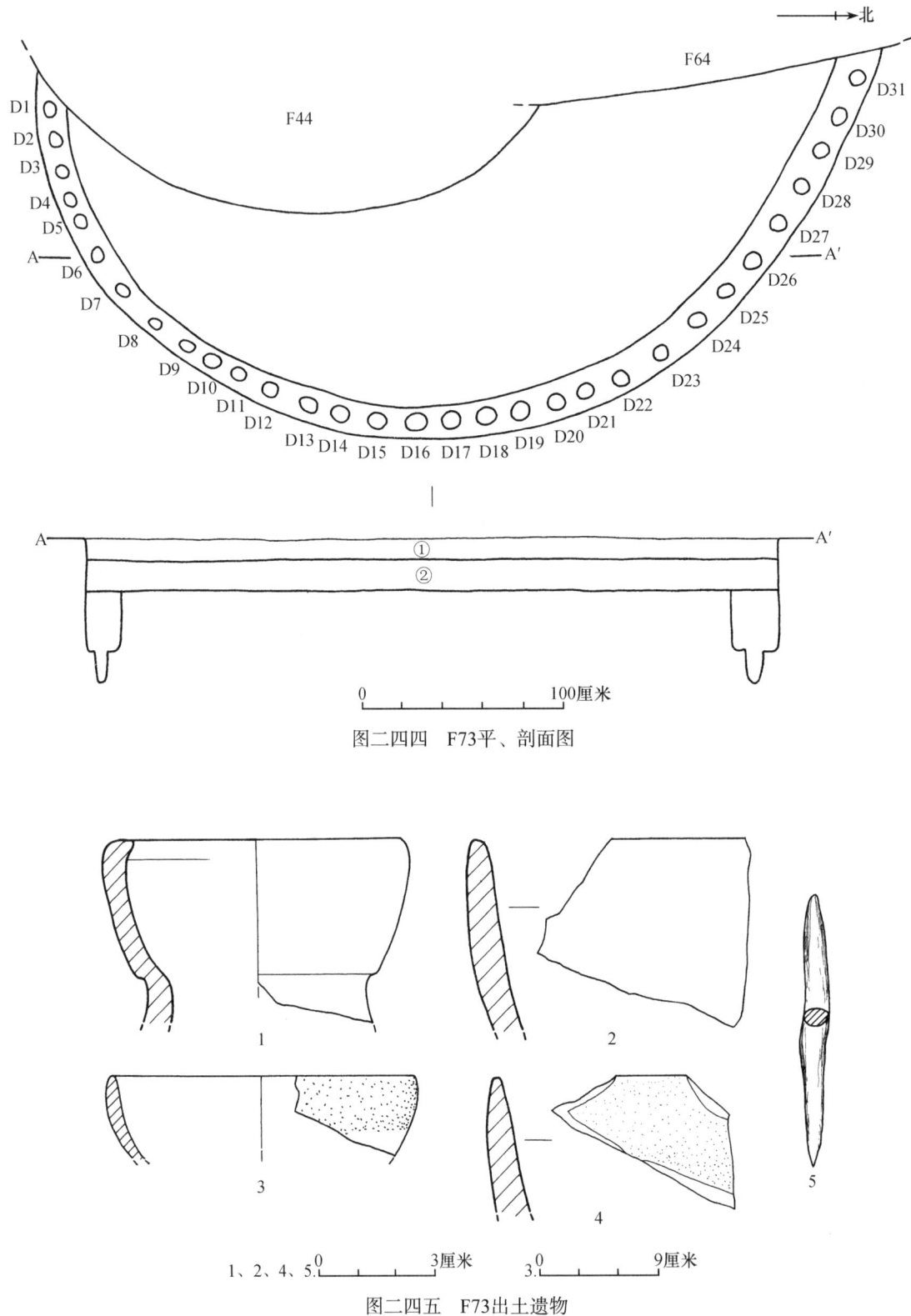

图二四四　F73平、剖面图

图二四五　F73出土遗物
1.陶瓶（F73：4）　2~4.陶钵（F73：2、F73：1、F73：3）　5.骨镞（F73：5）

53. F74

F74位于Ⅲ区T0814、T0815内，开口于⑧层下，被F71打破。地面式，平面呈方形，边长3.96米。房周围墙体已毁，仅存墙基槽，宽0.15、深0.2米；在底部发现有一圈柱洞，共52个（D1～D52），其中北墙16个（D1～D16），东墙11个（D17～D27），南墙12个（D28～D39），西墙13个（D40～D52），直径0.05～0.1、深0.12～0.22、柱间距0.08～0.54米，以0.2米左右居多。

房内东北部有一灶面，长方形，表面经长期烧烤而呈红色，长0.86、宽0.5、烧结面厚0.06米。

居住面为黄土加工而成的硬面，较为平整。室内共发现柱洞5个（D53～D57），其中D57为泥圈柱洞，外径0.38、内径0.18、深0.52米，其他4个直径均为0.12、深0.22米。

门向东，位于东墙中部。门道长方形，底部平坦，略有损毁，残长0.64、宽0.8米（图二四六）。

房内堆积可分为2层：第①层为浅黄色土，土质较致密，包含火烧土块，厚0.25～0.26米，出土大量陶片；第②层为深灰色土，土质疏松，厚0.1米，出土少量陶片。

陶片以细泥质橘红陶为主，另有少量细夹砂红褐陶与细夹砂橘红陶；纹饰以素面为主，弦纹次之。

F74共出土遗物5件。全部为陶器。器类有盆、罐、钵、锉，另有器耳。

盆　1件。标本F74：3，口、腹部残片。细泥质橘红陶。直口微敛，平折沿，沿面微鼓，方唇，弧腹。器表磨光。素面。唇部可见轮修痕迹（图二四七，1）。

罐　1件。标本F74：4，口、腹部残片。细夹砂红褐陶。敛口，方唇，圆鼓腹。口沿以下饰多周弦纹。内壁可见轮修痕迹（图二四七，2）。

钵　2件。均口、腹部残片。标本F74：1，细泥质橘红陶。直口，方唇，深弧腹。器表磨光。素面。口下可见浅褐色叠烧痕迹，内壁可见轮修痕迹（图二四七，3）。

标本F74：2，细泥质橘红陶。直口微敛，圆唇，深弧腹。器表磨光。素面。口下可见深红色叠烧痕迹（图二四七，4）。

器耳　标本F74：5，残。细夹砂橘红陶。扁圆桥形耳。素面。可能为瓶耳（图二四七，6）。

锉　1件。标本F74：6，一端残。细泥质橘红陶。残存部分平面呈三角形，两侧边较直，横断面呈圆角长方形，锐尖。器表麻点清晰，密度较大。残长7.5、最宽处3.4、厚0.8厘米（图二四七，5）。

54. F75

F75位于Ⅲ区T0514、T0614、T0615内，开口于⑧层下，南部被H175、H178打破。地面式，平面呈圆形，直径3.2米。房周围墙体已毁，仅存墙基槽，宽0.15～0.2米，深0.4～0.5米；在底部发现柱洞20个（D1～D20），直径0.05～0.1、深0.3～0.4、柱间距0.2～0.5米。

居住面略经加工，较为平整。

门向北。门道长方形，底部平坦，残长0.36、宽0.7米（图二四八）。

房内堆积可分为2层：第①层为浅黄色土，土质较为致密，厚0.1～0.2米，出土少量陶片；第②层为黄褐色土，土质较为致密，厚0.25～0.4米，无出土物。

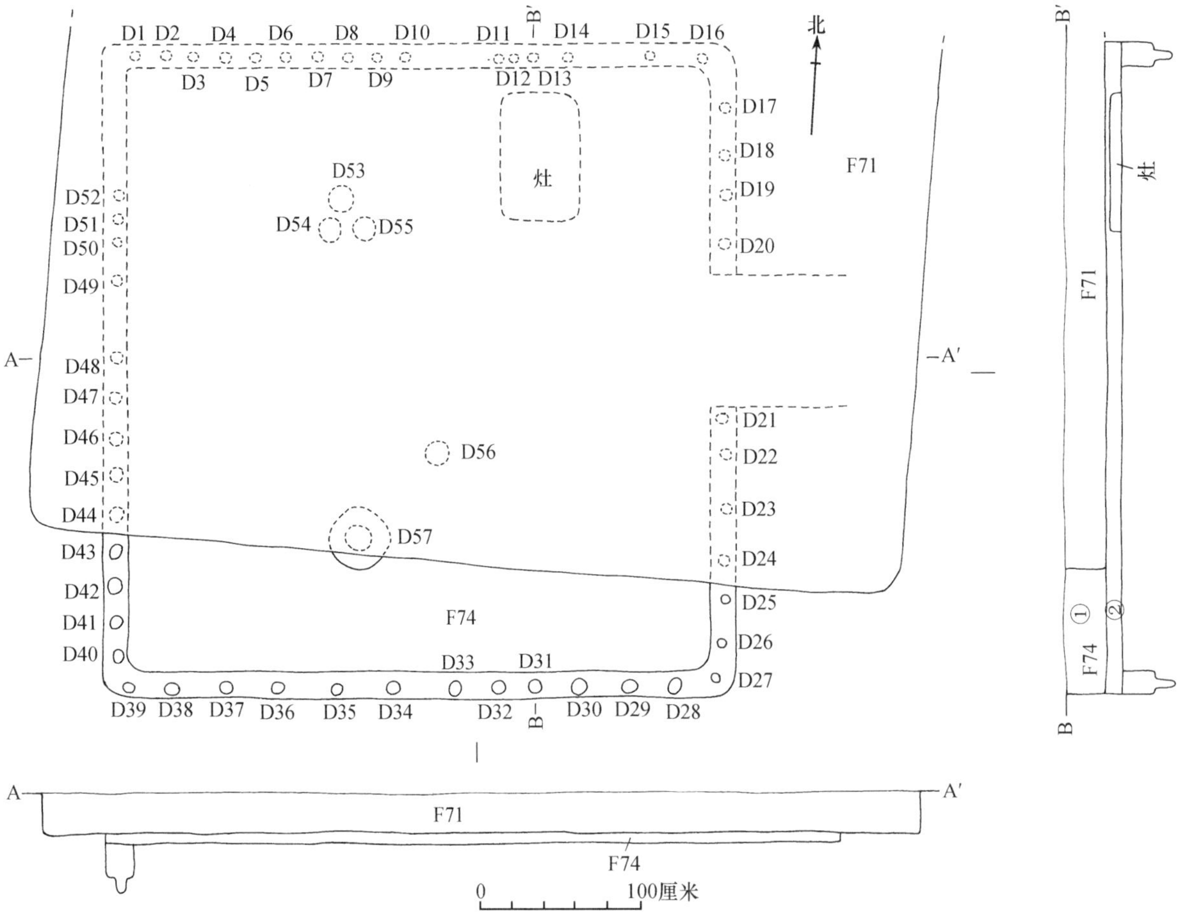

290　西安鱼化寨

图二四六　F74平、剖面图

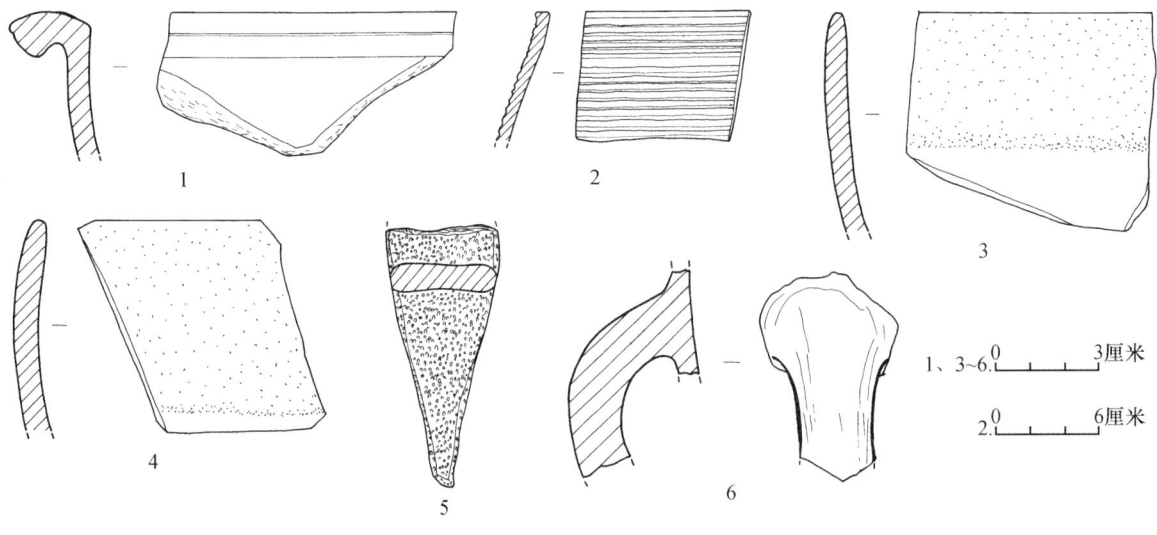

图二四七　F74出土陶器
1.盆（F74：3）　2.罐（F74：4）　3、4.钵（F74：1、F74：2）　5.锉（F74：6）　6.器耳（F74：5）

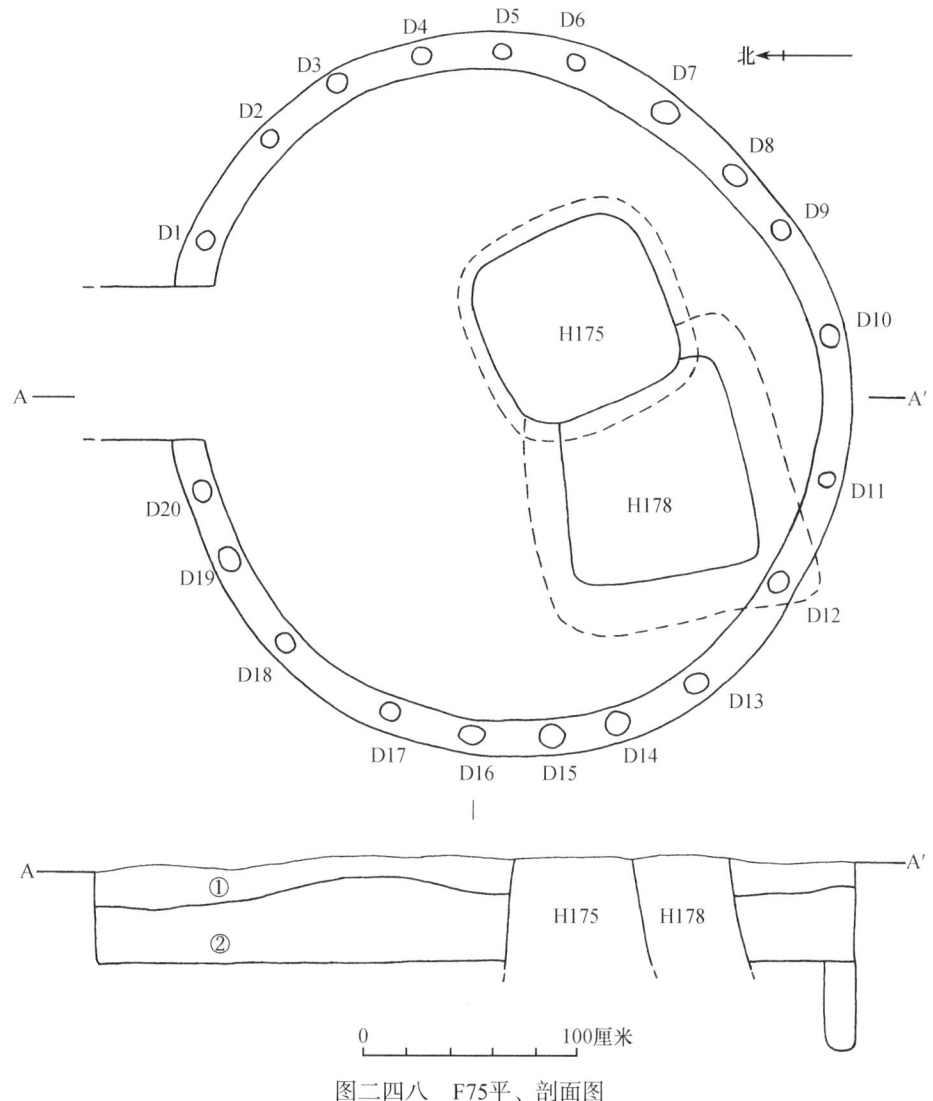

图二四八 F75平、剖面图

陶片以粗夹砂红褐陶为主,细泥质橘红陶、粗泥质橘红陶、细夹砂红褐陶次之;纹饰以素面为主,绳纹和划纹次之,还有少量弦纹及交错绳纹(表五三)。

表五三 F75陶系统计表 （单位：kg）

陶质 陶色 纹饰	细泥质 橘红	粗泥质 橘红	细夹砂 红褐	粗夹砂 红褐	合计		百分比（%）	
素面		0.26	0.16	0.54	0.96		53.63	
素面+磨光	0.31				0.31		17.32	
绳纹				0.21	0.21	1.79	11.73	100
弦纹		0.03	0.02		0.05		2.79	
绳纹+弦纹				0.02	0.02		1.12	
划纹				0.24	0.24		13.41	
合计	0.31	0.29	0.18	1.01	1.79			
	1.79							
百分比（%）	17.32	16.20	10.06	56.42				
	100							

F75共出土遗物33件。全部为陶器。器类有盆、罐、钵、圆陶片（表五四）。

表五四　F75器形统计表　　　　　　　　　　　　　　　　（单位：件）

陶质		细泥质	细夹砂	粗夹砂		合计	百分比（%）	
陶色		橘红	红褐	红褐				
纹饰 器形		素面+磨光	弦纹	素面	划纹			
罐	口			8	1	11	40.74	100
	底			2				
钵	口	10	1			12	44.44	
	底	1						
盆		4				4	14.81	
合计		15	1	10	1	27		
				27				
百分比（%）		55.56	3.70	37.04	3.70			
				100				

盆　4件。均口、腹部残片。形制相同。标本F75：6，细泥质橘红陶。敛口，折沿，沿面向外侧下斜，圆唇，弧腹。器表磨光。素面。唇部可见轮修痕迹（图二四九，7）。

罐　11件。均口、腹部残片。形制相同，均粗夹砂红褐陶，侈口，卷沿，鼓腹。标本F75：7，方唇。唇部饰一周左上至右下斜向划纹。器表可见烟熏痕迹（图二四九，4）。标本F75：8，方唇，唇部有二道浅细凹槽。素面。外沿面可见轮修痕迹（图二四九，6）。标本F75：9，方唇，唇部有一道浅宽凹槽、二道浅细凹槽。素面（图二四九，8）。

钵　12件。均口、腹部残片。标本F75：2、F75：3、F75：4形制相同，均细泥质橘红陶，直口，深弧腹，器表磨光，素面。标本F75：2，方唇。口下可见深红色叠烧痕迹。内壁可见轮修痕迹（图二四九，9）。标本F75：3，尖圆唇。口下可见灰白色叠烧痕迹（图二四九，5）。标本F75：4，尖圆唇。口下可见浅褐色叠烧痕迹（图二四九，3）。

标本F75：1，细泥质橘红陶。敞口，圆唇，弧腹。器表磨光。素面。口下可见轮修痕迹（图二四九，2）。

标本F75：5，细夹砂红褐陶。直口微敛，圆唇，深弧腹。口沿以下饰多周弦纹。器表可见轮修痕迹（图二四九，1）。

圆陶片　6件。均完整。标本F75：10-1、F75：10-2、F75：10-4形制相同，均细泥质橘红陶，圆形。标本F75：10-1，系利用钵的口部残片打制而成。边缘较钝。器表可见浅褐色叠烧痕迹，并可见零星疤痕。直径7.3、厚0.4厘米（图二四九，10）。标本F75：10-2，系利用钵的底部残片打制而成。边缘较锋利。器表有一道浅细凹槽。直径5.1、厚0.4厘米（图二四九，12）。标本F75：10-4，系利用钵的残片打制而成。边缘较钝。直径3.4、厚0.45厘米（图二四九，13）。

标本F75：10-3，细泥质橘红陶。系利用钵的残片打制而成。椭圆形，边缘稍钝。长径3.9、短径3.4、厚0.6厘米（图二四九，11）。

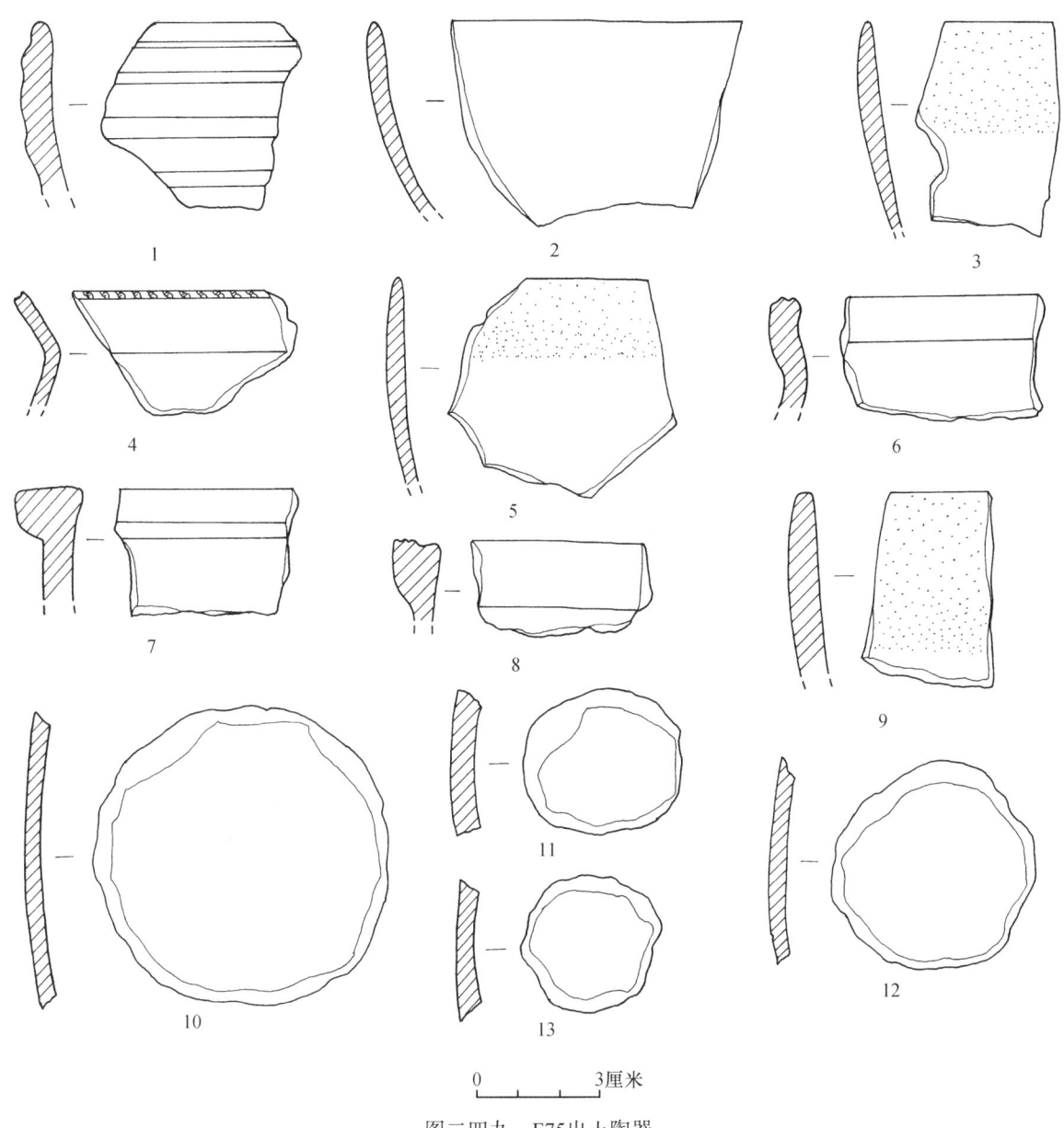

图二四九 F75出土陶器

1~3、5、9.钵（F75：5、F75：1、F75：4、F75：3、F75：2） 4、6、8.罐（F75：7、F75：8、F75：9）
7.盆（F75：6） 10~13.圆陶片（F75：10-1、F75：10-3、F75：10-2、F75：10-4）

55. F78

F78位于Ⅲ区T0813、T0814、T0913、T0914内，开口于⑥层下。地面式，平面呈长方形，南北长4.22、东西宽3.36米。房周围墙体已毁，仅存墙基槽，宽0.2、深0.3米，内填较为致密的黄褐色土；在底部发现一圈柱洞，共71个（D1~D71），北墙19个（D1~D19），东墙16个（D20~D35），南墙15个（D36~D50），西墙21个（D51~D71），直径0.06~0.1、深0.14~0.28、柱间距0.12~0.2米。

房内中部有一灶面，圆形，表面经长期烧烤而呈砖红色，直径0.6、烧结面厚0.05米。

居住面为黄土加工而成的硬面，较平整。南部有1柱洞（D72），直径0.2、深0.3米。

门向东南，位于东墙中部，正对房内灶。门道长方形，底部平坦，长0.64、宽0.7米（图二五〇）。

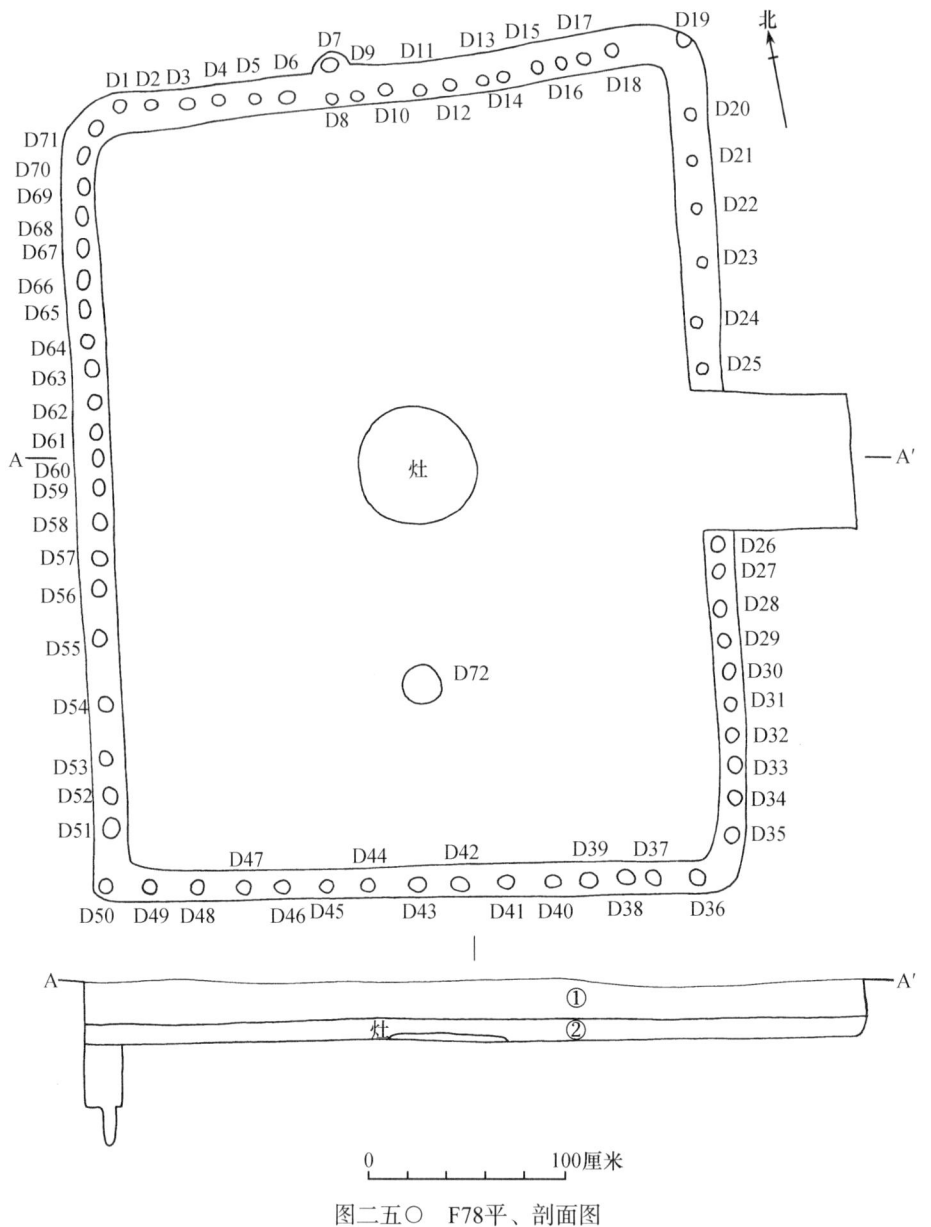

图二五〇　F78平、剖面图

房内堆积可分为2层：第①层为浅黄色土，土质致密，包含少量火烧土块，厚0.2米；第②层为深灰色土，土质疏松，厚0.1米，出土大量陶片。

陶片为主要的出土物，以粗夹砂红褐陶为主，粗泥质橘红陶次之，细夹砂橘红陶及细泥质橘红陶再次；纹饰以素面居多，绳纹及弦纹次之，还有少量交错绳纹（表五五）。

F78共出土遗物11件。全部为陶器。器类有罐、钵、圆陶片、锉，另有器耳（表五六）。

罐　6件。均口、腹部残片。形制相同。标本F78：3，粗夹砂红褐陶。侈口，卷沿，沿面内曲，方唇，鼓腹。腹部饰多周弦纹，并饰右上至左下斜向绳纹，弦纹与绳纹略有交错（图二五一，3）。

表五五　F78陶系统计表　　　　　　　　　　　　　　　　（单位：kg）

陶色\纹饰\陶质	细泥质	粗泥质	细夹砂	粗夹砂	合计		百分比（%）	
	橘红	橘红	橘红	红褐				
素面			0.14	0.18	0.32		30.48	
素面+磨光	0.09	0.23			0.32		30.48	
绳纹				0.17	0.17	1.05	16.19	100
弦纹		0.07		0.07	0.14		13.33	
交错绳纹		0.02			0.02		1.90	
绳纹+弦纹				0.08	0.08		7.62	
合计	0.09	0.32	0.14	0.50	1.05			
百分比（%）	8.57	30.48	13.33	47.62	100			

表五六　F78器形统计表　　　　　　　　　　　　　　　　（单位：件）

陶色\纹饰\陶质\器形		细泥质	细夹砂	粗夹砂		合计	百分比（%）
		橘红	橘红	红褐			
		素面+磨光	素面	素面	绳纹+弦纹		
罐	口		2	2	1	6	54.55
	底		1	2			
钵		2				2	18.18
合计		2	1	4	1	8	100
百分比（%）		25.00	12.50	50.00	12.50	100	

钵　2件。均口、腹部残片。形制相同，均细泥质橘红陶，直口微敛，深弧腹，器表磨光，素面。标本F78：1，圆唇。器表可见轮修痕迹（图二五一，4）。标本F78：2，尖唇。口下可见深红色叠烧痕迹（图二五一，7）。

器耳　标本F78：5，残。细夹砂红褐陶。扁圆桥形耳。素面。可能为瓶耳（图二五一，1）。

圆陶片　2件。均完整。形制相同，均细泥质橘红陶，圆形。标本F78：6-1，系利用钵的口部残片打制而成。边缘较锋利。器表可见灰白色叠烧痕迹。直径4.6、厚0.7厘米（图二五一，6）。标本F78：6-2，系利用钵的残片打制而成。边缘较锋利。器表可见烟熏痕迹。直径4.6、厚0.7厘米（图二五一，5）。

锉　1件。标本F78：7，两端均残。细泥质橘红陶。残存部分平面呈长方形，横断面呈圆角长方形。器表麻点清晰，密度较大。残长3.2、宽3.8、厚1.1厘米（图二五一，2）。

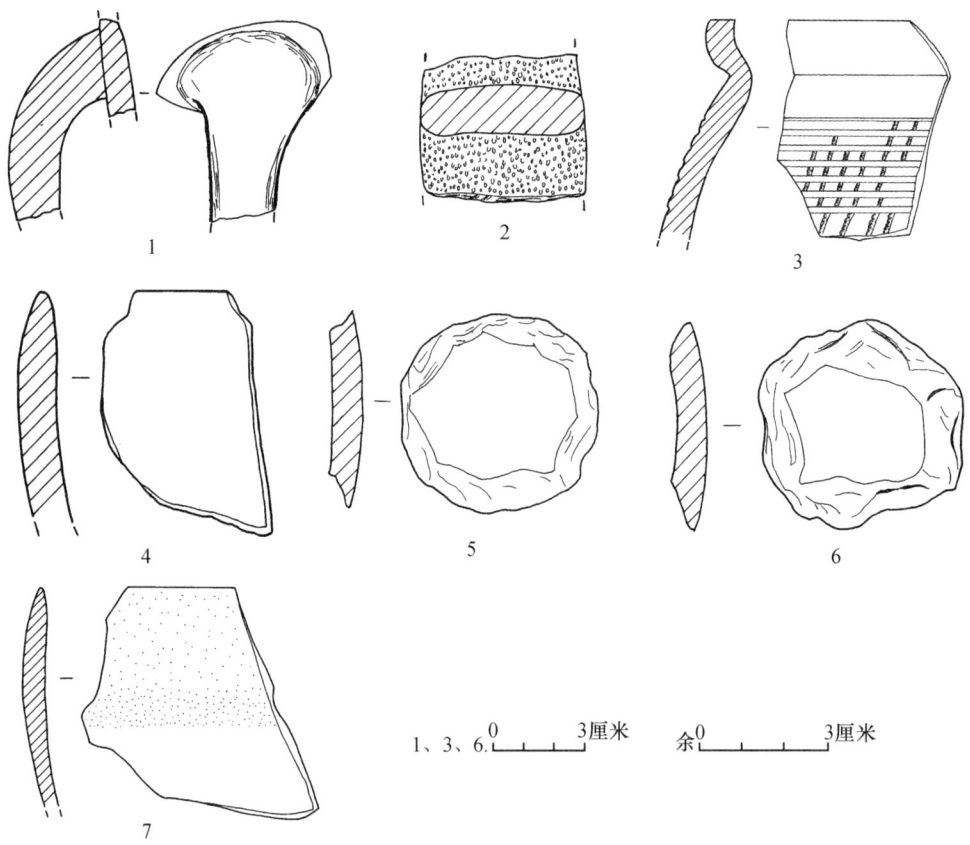

图二五一　F78出土陶器
1. 器耳（F78∶5）　2. 锉（F78∶7）　3. 罐（F78∶3）　4、7. 钵（F78∶1、F78∶2）　5、6. 圆陶片（F78∶6-2、F78∶6-1）

56. F79

F79位于Ⅲ区T0314、T0315、T0316、T0414、T0415内，开口于④层下，东部被H186、H192、H193打破。地面式，平面呈椭圆形，长径6.7、短径5.86米。房周围保存有少量墙体，残高0.6、宽0.22米，墙面抹光，经火烤而呈红褐色。墙下挖有基槽，宽0.18～0.22、深0.24米。

房内中部有一灶坑，长方形，平底，长2.1、宽1.45、深0.1米，南北两侧堆积有火烧土，厚0.12米。灶东北两侧保留有灶圈，宽0.1～0.2米，高0.06米。灶坑西北角与东北角各有1个柱洞（D1、D2），大小相同，直径0.12、深0.31米。

居住面黄土铺就，厚0.2～0.3米，表面经火烤而形成厚0.02米的红褐色硬面，十分平整。北部发现大量原地被压碎的陶器。

门向南。门道长方形，伸入房内，与灶相连，底部南高北低，北端低于居住面0.1米，经火烧烤而形成红褐色的硬面，残长2.7、宽1.4米。门道位于房内部分两侧有矮墙，残高0.05米。门道西北角与东北角各有1个柱洞（D3、D4），大小相同，直径0.12、深0.31米，内填疏松的浅灰色土及炭屑（图二五二；图版三，2）。

房内堆积为红褐色土，土质较为疏松，包含大量草拌泥残块与红烧土块，厚0.4～0.8米，出土大量陶片，另有石块、兽骨。

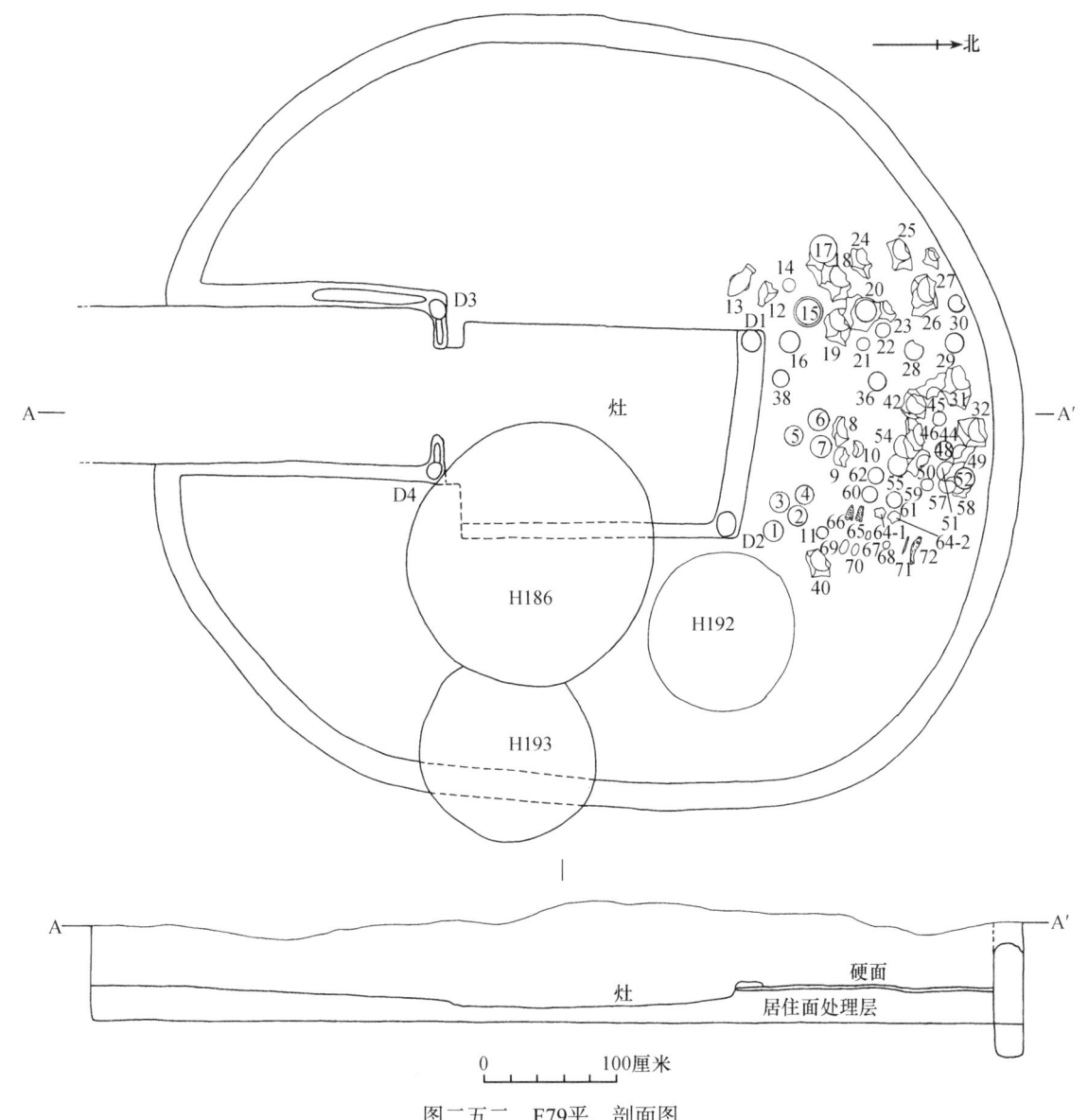

图二五二 F79平、剖面图

1~8、60~62.陶钵 9、10.陶盆 11、13.陶瓶 12.陶器底 14~16、19、21~23、28、30、31、36、38、42、44、45、48、49、52、54、55、58.陶罐 17、18、20、24~27、29、32、40、46、50、51、57.陶瓮 59.陶盂 64-1、2.圆陶片 65、66.陶锉 67.石锛 68.石球 69、70.石锤 71.骨笄 72.饰件

陶片为主要的出土物，以粗夹砂红褐陶为主，细泥质橘红陶及粗泥质橘红陶次之，还有少量细夹砂红褐陶与细夹砂橘红陶；纹饰以绳纹居多，素面及交错绳纹次之，还有少量弦纹、戳印纹、剔刺纹、指甲纹、彩陶（表五七）。

F79共出土遗物153件。以陶器为主，石器次之，骨、角器再次。

（1）陶器

146件。器类有瓶、盆、罐、钵、瓮、盂、圆陶片、锉（彩版四，2；图版七三，4；表五八）。

表五七　F79陶系统计表　　　　　　　　　　　　　　　　　　　　　　　　（单位：kg）

陶质 纹饰 陶色	细泥质 橘红	粗泥质 橘红	细夹砂 橘红	细夹砂 红褐	粗夹砂 红褐	合计	百分比（%）	
素面	0.33	1.10	0.126	1.01	9.77	12.336	14.86	
素面+磨光	8.44					8.44	10.17	
绳纹	1.42	6.36	0.126		40.18	48.086	57.94	
弦纹				0.30	0.67	0.97	1.17	
席纹	0.114					0.114	0.14	
交错绳纹					7.57	7.57	9.12	
绳纹+弦纹		0.06		0.23		0.29	0.35	100
线纹+划纹	0.114					0.114	0.14	
戳印纹		2.61				2.61	3.14	
剔刺纹	2.13					2.13	2.57	
指甲纹	0.23					0.23	0.28	
彩陶	0.10					0.10	0.12	
合计	12.878	10.13	0.252	1.54	58.19	82.99		
	82.99							
百分比（%）	15.52	12.21	0.30	1.86	70.12			
	100							

瓶　5件。标本F79∶13，可复原。细泥质橘红陶。直杯口，微敛较矮，方唇，束颈，溜肩，鼓腹，小平底，中腹部有一对竖向圆柱桥形耳，最大腹径位于中腹部。中、上腹部饰右上至左下斜向绳纹。颈、肩部可见刮抹痕迹，口沿外侧、下腹部可见轮修痕迹，器表可见烟熏痕迹。口径5.6、腹径12.6、底径2.8、通高24.8厘米（图二五三，1；彩版一〇，4；图版七四，1；图版一九〇，6）。

标本F79∶11，口沿残片。细泥质橘红陶。直杯口，较高，方唇。器表磨光。素面。内壁可见轮修痕迹。复原口径6.9、残高5.7厘米（图二五三，4）。

标本F79∶12，腹、底部残片。细夹砂橘红陶。鼓腹，小平底。腹中部饰左上至右下斜向绳纹。下腹部可见刮抹痕迹，内壁可见泥条盘筑与轮修痕迹。底径1.8、残高16.5厘米（图二五三，2）。

盆　4件。均口、腹部残片。标本F79∶9，细泥质橘红陶。窄平折沿，方唇，弧腹。器表磨光。素面。唇部可见轮修痕迹（图二五三，3）。

标本F79∶10，细泥质橘红陶。敛口，圆唇，弧腹。器表磨光。素面。唇部可见轮修痕迹（图二五三，5）。

罐　84件。标本F79∶36，口、腹部残片。粗夹砂红褐陶。侈口，卷沿，尖圆唇，肩略鼓，并起一道不显著棱脊，圆鼓腹。棱脊以下饰右上至左下斜向绳纹。唇部可见轮修痕迹。复原口径13.8、残高5.4厘米（图二五四，7）。

表五八　F79器形统计表

（单位：件）

陶质	细泥质								细夹砂		粗泥质			细夹砂		粗夹砂				合计	百分比（%）
陶色	橘红								橘红		橘红			红褐		红褐					
纹饰\器形	素面+磨光	素面	绳纹	指甲纹	席纹	剔刺纹	底部交错线纹	彩陶	素面	绳纹	绳纹	绳纹+弦纹	戳刺纹	弦纹	绳纹+弦纹	素面	绳纹	弦纹	交错绳纹		
罐　口	16			1							3					6	37	3		84	60.00
底		2	1								1					29					
瓮			1								1	1		1	1	5	9		2	19	13.57
钵	2				1	1	1	2	1	1	1	1				5		3		24	17.14
瓶　口	1		1								1					1				5	3.57
底			1										2								
盆	2										1	1								4	2.86
盖	1												2							3	2.14
器盖																1				1	0.71
合计	20	2	4	1	1	2	1	2	1	1	7	1	2	1	1	41	46	3	2	140	100
百分比（%）	14.28	1.43	2.86	0.71	0.71	1.43	0.71	1.43	0.71	0.71	5.00	0.71	1.43	0.71	0.71	29.29	32.86	2.14	1.43	100	

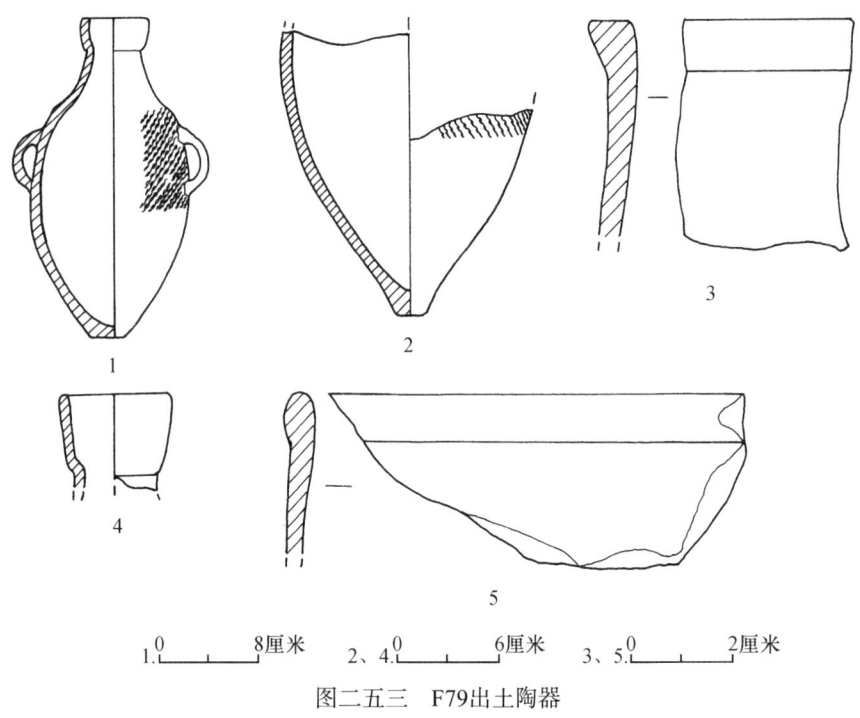

图二五三　F79出土陶器
1、2、4.瓶（F79∶13、F79∶12、F79∶11）　3、5.盆（F79∶9、F79∶10）

标本F79∶45、F79∶55均口、腹部残片。形制相同，均粗夹砂红褐陶，侈口，卷沿，方唇，鼓腹。标本F79∶45，肩略鼓，并起一道不显著棱脊。棱脊以下饰右上至左下斜向绳纹（图二五四，6）。标本F79∶55，唇部有二道浅细凹槽。腹部饰右上至左下斜向绳纹。口沿下侧可见轮修痕迹（图二五四，1）。

标本F79∶23、F79∶30均口、腹部残片。形制相同，均侈口，卷沿，沿面内曲，鼓腹。标本F79∶23，细夹砂红褐陶。方唇。口沿下侧饰弦纹（图二五四，3）。标本F79∶30，粗夹砂红褐陶。圆唇。口沿以下饰右上至左下斜向绳纹。唇部可见轮修痕迹。复原口径22.8、残高6.3厘米（图二五四，8）。

标本F79∶14、F79∶28、F79∶31、F79∶42、F79∶44、F79∶48、F79∶52、F79∶54形制相同，均侈口，折沿，沿面内曲。标本F79∶14，可复原。粗夹砂红褐陶。方唇，唇部有一道凸棱，上腹较直，下腹斜收，平底，最大腹径位于中腹部。上、中腹部饰多周弦纹。唇部可见轮修痕迹。口径11.1、腹径11.1、底径6.3、通高11.4厘米（图二五四，5；彩版一四，4；图版七四，2；图版二〇〇，2）。标本F79∶28，口、腹部残片。粗夹砂红褐陶。方唇，唇部有一道浅细凹槽，鼓腹。腹部饰右上至左下斜向绳纹。外沿面可见轮修痕迹。复原口径25.8、残高12.6厘米（图二五四，9）。标本F79∶31，口、腹部残片。粗夹砂红褐陶。沿面微曲，方唇，鼓腹。腹部饰左上至右下斜向绳纹。口沿下侧可见轮修痕迹。复原口径30、残高8.1厘米（图二五四，11）。标本F79∶42，口、腹部残片。粗夹砂红褐陶。沿面微曲，方唇，鼓腹。腹部饰竖向绳纹。口沿下侧可见轮修痕迹。复原口径24、残高7.5厘米（图二五四，10）。标本F79∶44，口、腹部残片。粗夹砂红褐陶。圆唇，鼓腹。素面。复原口径13.8、残高5.4厘米（图二五四，4）。标本F79∶48，口、腹部残片。粗夹砂红褐陶。圆唇，鼓腹。腹部饰右上至左下斜向绳纹。唇部可见轮修痕迹。复原口径25.8、残

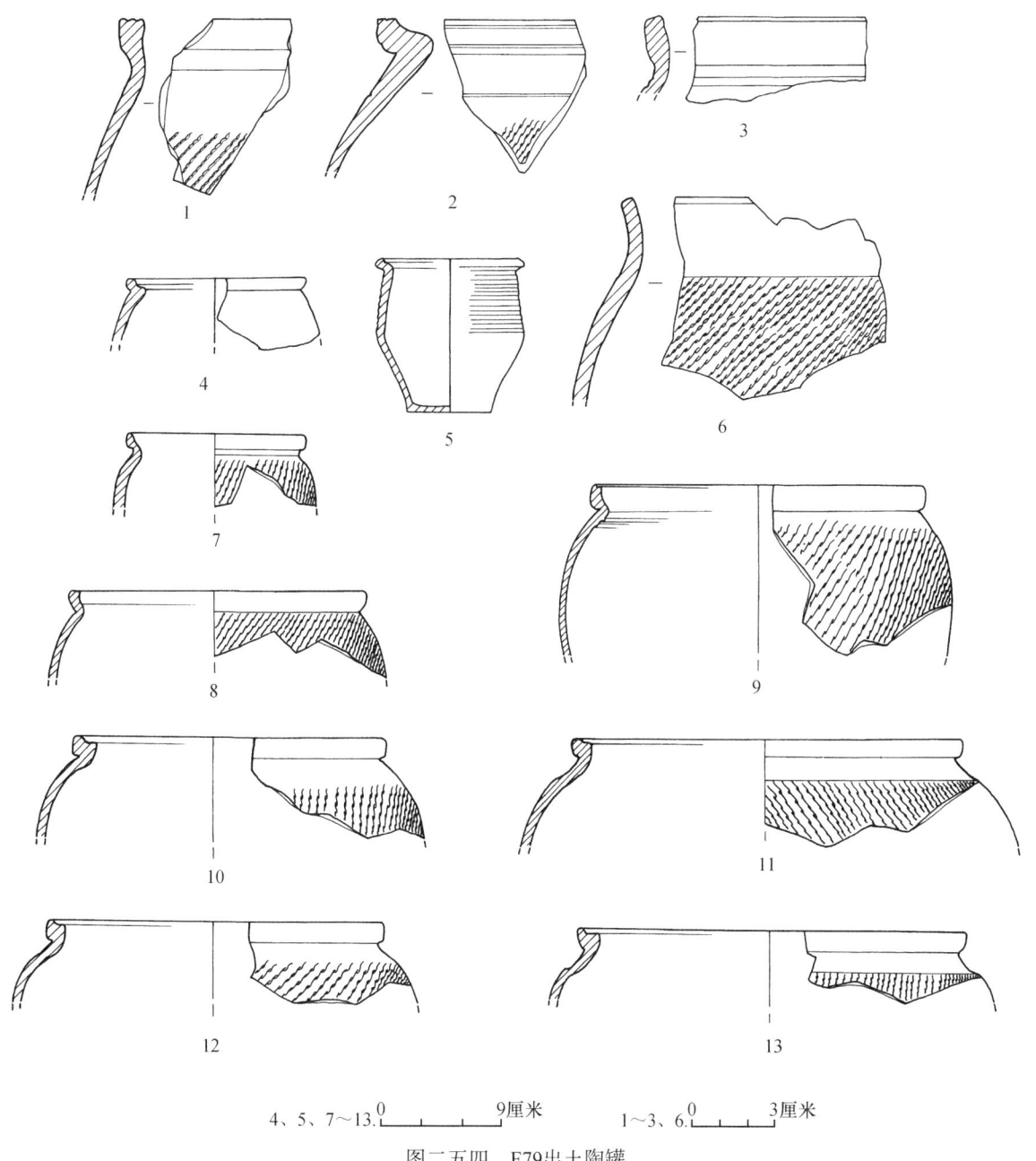

图二五四 F79出土陶罐
1～13.（F79：55、F79：54、F79：23、F79：44、F79：14、F79：45、F79：36、F79：30、F79：28、F79：42、F79：31、F79：48、F79：52）

高6.3厘米（图二五四，12）。标本F79：52，口、腹部残片。粗夹砂红褐陶。沿面微曲，圆唇，鼓肩，并起一道显著棱脊，鼓腹。棱脊以下饰竖向绳纹。口沿下侧可见轮修痕迹。复原口径30、残高5.4厘米（图二五四，13）。标本F79：54，口、腹部残片。细夹砂红褐陶。方唇，唇部有一道浅细凹槽，鼓腹。上腹部饰一周弦纹，弦纹以下饰右上至左下斜向绳纹（图二五四，2）。

标本F79：15、F79：19、F79：38、F79：58形制相同，均粗夹砂红褐陶，侈口，折沿，圆唇，鼓腹。标本F79：15，可复原。中腹圆鼓，下腹斜收，平底，最大腹径位于中上腹部。腹部饰右上至左下斜向绳纹，绳纹斜度较小。口沿下侧可见轮修痕迹。口径18.6、腹径22.2、底径8.1、通高22.5厘米（图二五五，1；图版七四，3）。标本F79∶19，口、腹部残片。口沿下侧有一道较矮棱脊。棱脊以下饰右上至左下斜向绳纹。唇部可见轮修痕迹，内壁可见泥条盘筑痕迹。复原口径27.3、残高14.7厘米（图二五五，8）。标本F79∶38，口、腹部残片。鼓肩，并起一道显著棱脊。棱脊以下饰竖向绳纹。唇部可见轮修痕迹。复原口径19.8、残高4.8厘米（图二五五，4）。标本F79∶58，口、腹部残片。腹部饰右上至左下斜向绳纹。唇部、口沿下侧与内壁均可见轮修痕迹（图二五五，6）。

标本F79∶49，口、腹部残片。粗夹砂红褐陶。侈口，折沿，尖圆唇，鼓腹。口沿以下饰多周弦纹。内壁可见轮修痕迹（图二五五，7）。

标本F79∶16，可复原。粗泥质橘红陶。敛口，方唇，球腹，平底。腹部饰右上至左下斜向绳纹。口径24.9、腹径31.2、底径12.7、通高23.2厘米（图二五五，2；图版七四，4）。

标本F79∶21，可复原。细泥质橘红陶。敛口，折沿，沿面内曲，圆唇，曲腹，平底。上腹部饰多周整齐的指甲纹。沿面可见轮修痕迹。口径19、腹径25、底径9、通高16.5厘米（图二五五，5；彩版一六，4；图版七四，5；图版二〇二，1）。

标本F79∶22，完整。细泥质橘红陶。敛口，圆唇，口沿内侧有一道宽浅凹槽，鼓腹，平底微

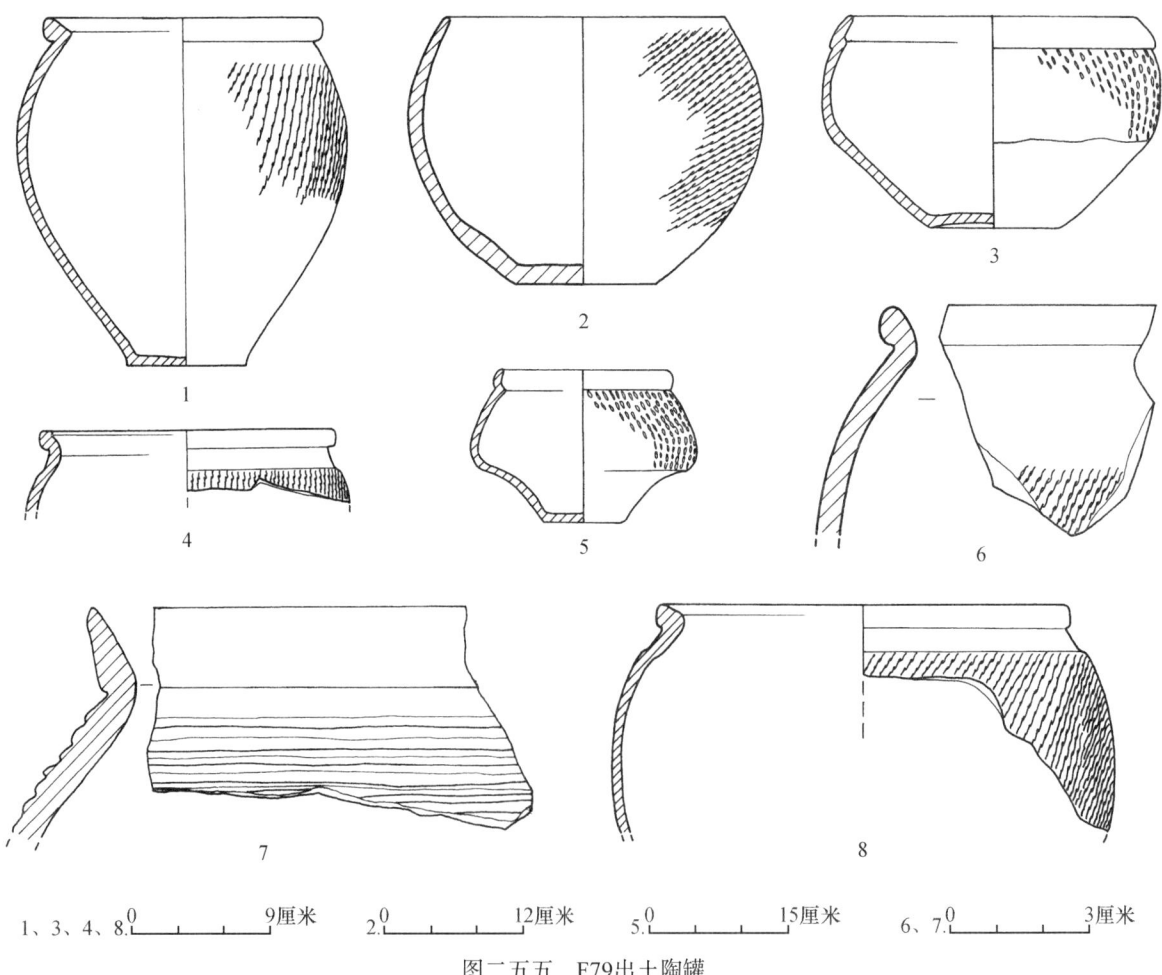

图二五五　F79出土陶罐

1～8.（F79∶15、F79∶16、F79∶22、F79∶38、F79∶21、F79∶58、F79∶49、F79∶19）

凹。腹部饰多周整齐的剔刺纹。口径18.9、腹径22.5、底径8.7、通高13.8厘米（图二五五，3；彩版一六，5；图版七四，6；图版二〇二，3）。

钵 25件。标本F79：1、F79：2、F79：3、F79：4、F79：5、F79：6、F79：7、F79：8、F79：62形制相同，均细泥质橘红陶，直口微敛，圆唇，深弧腹。标本F79：1，可复原。圜底，底部有一周凸棱，口下有二对、腹部有一对，共三对两面对钻而成的圆孔，可能作为修补之用。器表磨光。素面。口下可见轮修痕迹，腹部可见刮抹痕迹。口径23.7、通高12.3厘米（图二五六，3；图版七五，1）。标本F79：2，可复原。圜底近平，底部有一周凸棱。器表磨光。素面。口下可见浅褐色叠烧痕迹与轮修痕迹。口径27、通高14.1厘米（图二五六，4；图版七五，2）。标本F79：3，可复原。平底，底心微凹。表层有部分剥落。底心饰席纹。器表可见烟熏痕迹。口径21.5、底径9、通高11.5厘米（图二五六，6；图版七五，3）。标本F79：4，可复原。圜底，底部有一周浅细凹槽，凹槽内区域较为粗糙，上腹部有一对由内向外单面钻成的圆孔，可能作为修补之用。器表磨光。素面。口下可见深红色叠烧痕迹，下腹部可见烟熏痕迹。口径26、通高14厘米（图二五六，

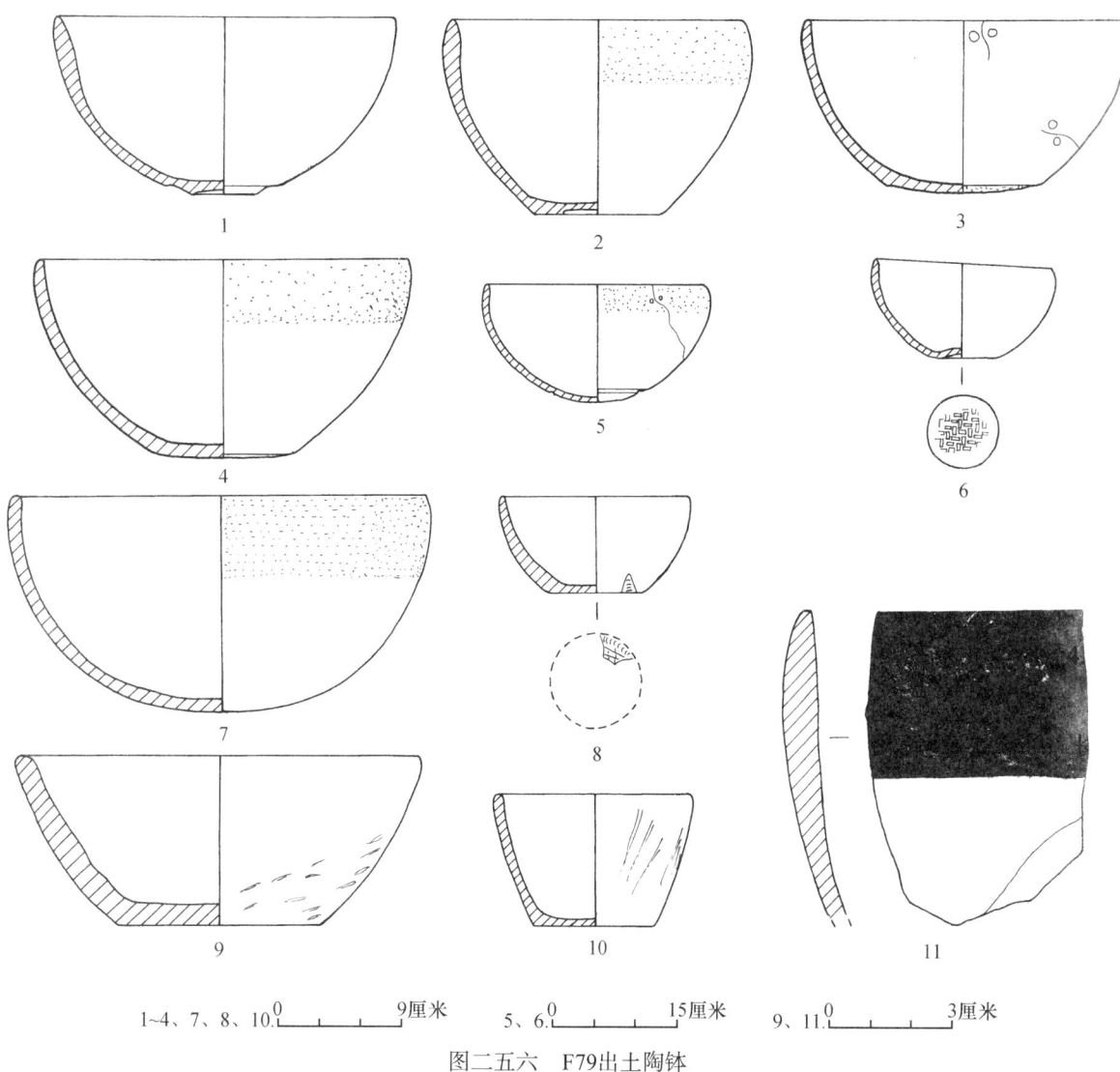

图二五六 F79出土陶钵

1～11. (F79：6、F79：5、F79：1、F79：2、F79：4、F79：3、F79：7、F79：62、F79：61、F79：60、F79：8)

5；图版七五，4）。标本F79：5，可复原。平底，底心内凹，口下有一对两面对钻而成的圆孔，可能作为修补之用。器表磨光。素面。口下可见深红色叠烧痕迹。口径21.3、底径9、通高13.8厘米（图二五六，2；图版七五，5）。标本F79：6，可复原。圜底，底心微凹，底部有一周凸棱。器表磨光。素面。口下可见轮修痕迹，器表可见烟熏痕迹。口径24.9、通高12.6厘米（图二五六，1；图版七五，6）。标本F79：7，可复原。圜底。口下可见浅褐色叠烧痕迹与轮修痕迹，腹部可见刮抹痕迹。口径30、通高15.3厘米（图二五六，7；图版七六，1）。标本F79：62，可复原。平底。底部饰交错线纹，周缘饰短划纹。口下可见轮修痕迹，腹部可见刮抹痕迹。口径13.8、底径6.6、通高6.9厘米（图二五六，8）。标本F79：8，口、腹部残片。器表磨光。口下饰黑色宽带纹彩绘（图二五六，11）。

标本F79：60，完整。细泥质橘红陶。直口，方唇，斜直腹，平底。素面。器表可见竖向刮抹痕迹。口径14.4、底径8.7、通高9.45厘米（图二五六，10；彩版二一，4；图版七六，2）。

标本F79：61，可复原。粗夹砂红褐陶。敞口，圆唇，斜直腹，平底。素面。器表可见刮抹痕迹。口径9.7、底径4.9、通高4厘米（图二五六，9；图版七六，3）。

瓮　19件。标本F79：24，口、腹部残片。细泥质橘红陶。直口微敛，卷沿，沿面内曲，方唇，唇部有一道浅细凹槽，鼓肩，并起一道显著棱脊，圆鼓腹。棱脊以下饰竖向绳纹。唇部与口沿下侧可见轮修痕迹。复原口径26.1、残高6.6厘米（图二五七，6）。

标本F79：20、F79：25、F79：29、F79：32、F79：46均口、腹部残片。形制相同，均粗夹砂红褐陶，侈口，折沿，沿面微曲，鼓腹。标本F79：20，圆唇，沿面与唇部各有一道浅细凹槽，鼓肩，并起一道显著棱脊。棱脊以下饰右上至左下斜向绳纹。唇部与口沿下侧可见轮修痕迹，器表可见烟熏痕迹。复原口径37.5、残高16.5厘米（图二五七，1）。标本F79：25，方唇，唇部有二道浅细凹槽。腹部饰右上至左下斜向绳纹。内壁可见泥条盘筑痕迹。复原口径36、残高10.5厘米（图二五七，3）。标本F79：29，方唇。腹部饰右上至左下斜向绳纹。外沿面可见轮修痕迹。复原口径34.2、残高10.5厘米（图二五七，2）。标本F79：32，方唇，鼓肩，并起一道显著棱脊。棱脊以下饰右上至左下斜向绳纹。外沿面可见轮修痕迹。复原口径36、残高7.5厘米（图二五七，4）。标本F79：46，方唇，唇部有一道浅细凹槽，鼓肩，并起一道显著棱脊。棱脊以下饰右上至左下斜向绳纹（图二五七，7）。

标本F79：26、F79：27均口、腹部残片。形制相同，均敛口，平折沿，鼓腹。标本F79：26，粗泥质橘红陶。沿面有一道浅细凹槽，方唇，口沿内侧有一道浅细凹槽。上腹部饰一周弦纹，弦纹以下饰右上至左下斜向绳纹。复原口径39.3、残高9厘米（图二五七，5）。标本F79：27，粗夹砂红褐陶。方唇。腹部饰交错绳纹（图二五七，11）。

标本F79：50、F79：51、F79：57均口、腹部残片。形制相同，均粗夹砂红褐陶，敛口，圆唇，腹微鼓。标本F79：50，口沿内侧有一道宽深凹槽，折肩。肩部以下饰右上至左下斜向绳纹。唇部可见轮修痕迹（图二五七，8）。标本F79：51，唇部有一道深细凹槽。腹部饰右上至左下斜向绳纹。唇部可见轮修痕迹（图二五七，10）。标本F79：57，鼓肩，并起一周不显著棱脊。棱脊以下饰右上至左下斜向绳纹，绳纹斜度较小。唇部与口沿下侧可见轮修痕迹（图二五七，9）。

标本F79：17、F79：18、F79：40形制相同，均直口，方唇，高领，圆鼓腹。标本F79：17，下腹部稍残。粗夹砂红褐陶。鼓肩，并起一道显著棱脊，上腹圆鼓，下腹斜直，平底，最大腹径位

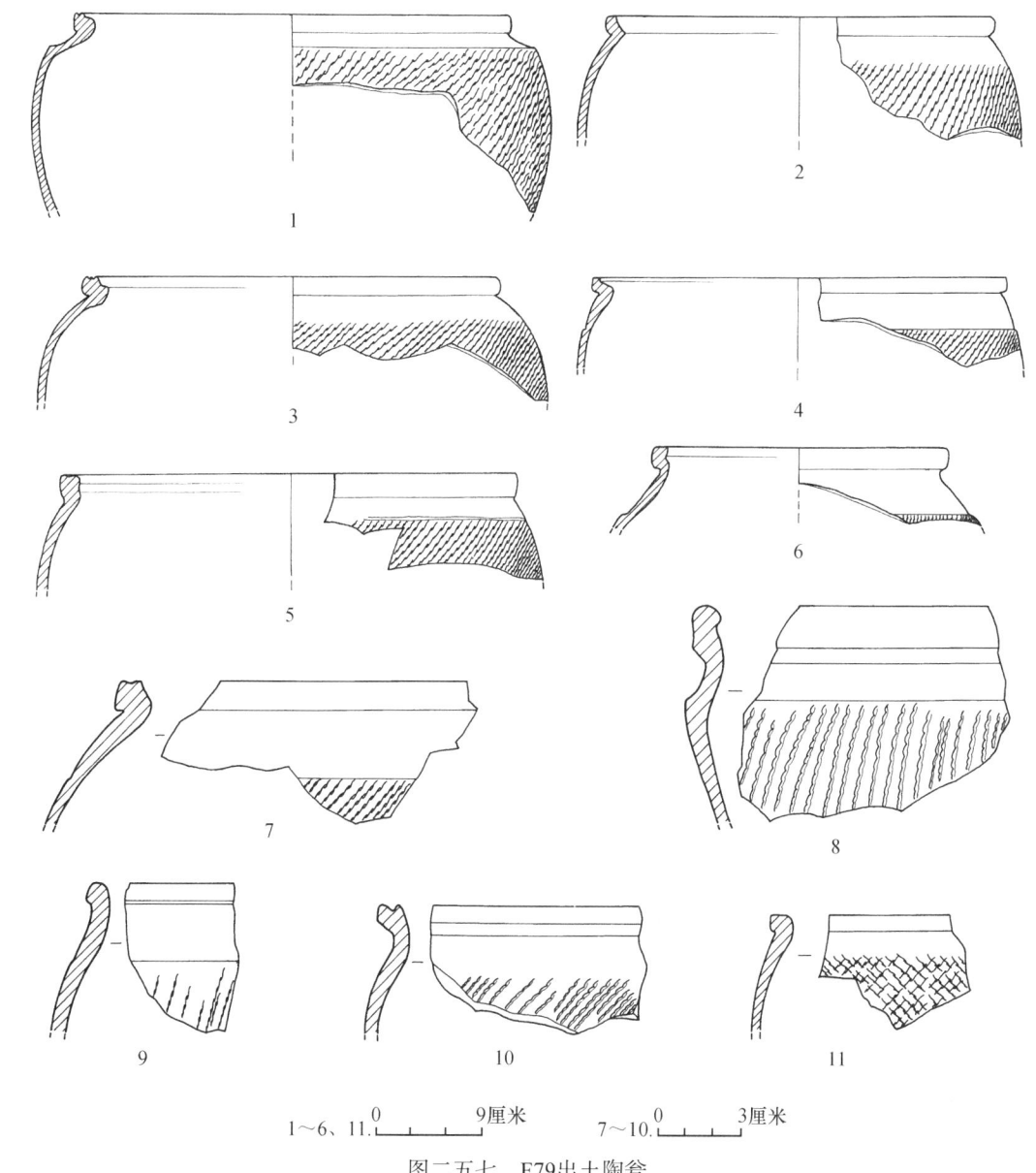

图二五七　F79出土陶瓷

1~11.（F79：20、F79：29、F79：25、F79：32、F79：26、F79：24、F79：46、F79：50、F79：57、F79：51、F79：27）

于上腹部。棱脊以下饰右上至左下斜向绳纹，上腹部饰圆饼状附加堆纹。口沿内侧可见轮修痕迹。口径24、腹径46.5、底径13.8、复原高度61厘米（图二五八，3）。标本F79：18，口、腹部残片。粗夹砂红褐陶。鼓肩，并起一道显著棱脊。棱脊以下饰交错绳纹。复原口径21、残高27.6厘米（图二五八，1）。标本F79：40，口、腹部残片。粗泥质橘红陶。腹部饰右上至左下斜向绳纹，绳纹斜度较小。内壁可见轮修痕迹，器表可见烟熏痕迹（图二五八，2）。

盂　3件。形制相同。标本F79：59，可复原。细夹砂橘红陶。扁鼓状，敛口，圆唇，鼓腹，平底，最大腹径位于中腹部。素面。器表可见轮修痕迹。口径8.4、腹径12.4、底径6.1、通高7.4厘米（图二五八，4；图版七六，4）。

圆陶片　2件。均完整。形制相同，均圆形。标本F79：64-1，细泥质橘红陶。系利用钵的口部

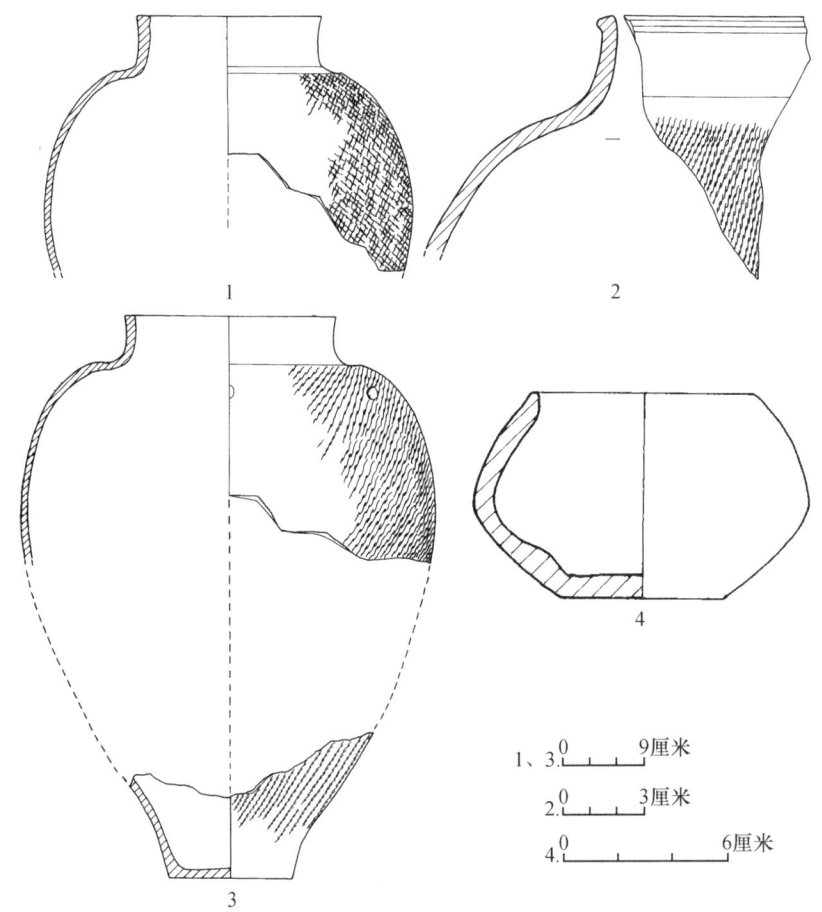

图二五八 F79出土陶器
1~3.瓮（F79：18、F79：40、F79：17） 4.盂（F79：59）

残片打制而成。边缘较钝。器表可见深褐色叠烧痕迹。直径4.9、厚0.7厘米（图二五九，1）。标本F79：64-2，细泥质黑陶。系利用钵的残片打制而成。边缘较钝。直径4.3、厚0.5厘米（图二五九，2；图版七六，5）。

锉 4件。均一端残。标本F79：65，细泥质橘红陶。残存部分平面呈等腰三角形，两侧边稍弧，横断面呈圆角长方形，尖较钝。器表麻点清晰，密度较大。残长13、最宽处3.8、厚1.3厘米（图二五九，3）。标本F79：66，细泥质橘红陶。残存部分平面略呈三角形，一侧边稍弧，另一侧边较直，横断面呈长方形，锐尖。器表麻点清晰，密度较大。残长12、残宽3.2、厚1.2厘米（图二五九，4）。

（2）石器

5件。器类有锛、球、锤。

锛 1件。标本F79：67，完整。石英岩，质地较细腻。平面呈长方形，横断面呈近椭圆形，刃缘锋利。通体磨光。长3.3、宽2.2、厚0.4厘米（图二五九，8；彩版三〇，4；图版七七，3；图版二〇五，4）。

球 2件。形制相同。标本F79：68，完整。泥岩，质地较细腻。圆球状。通体磨光，器表可见

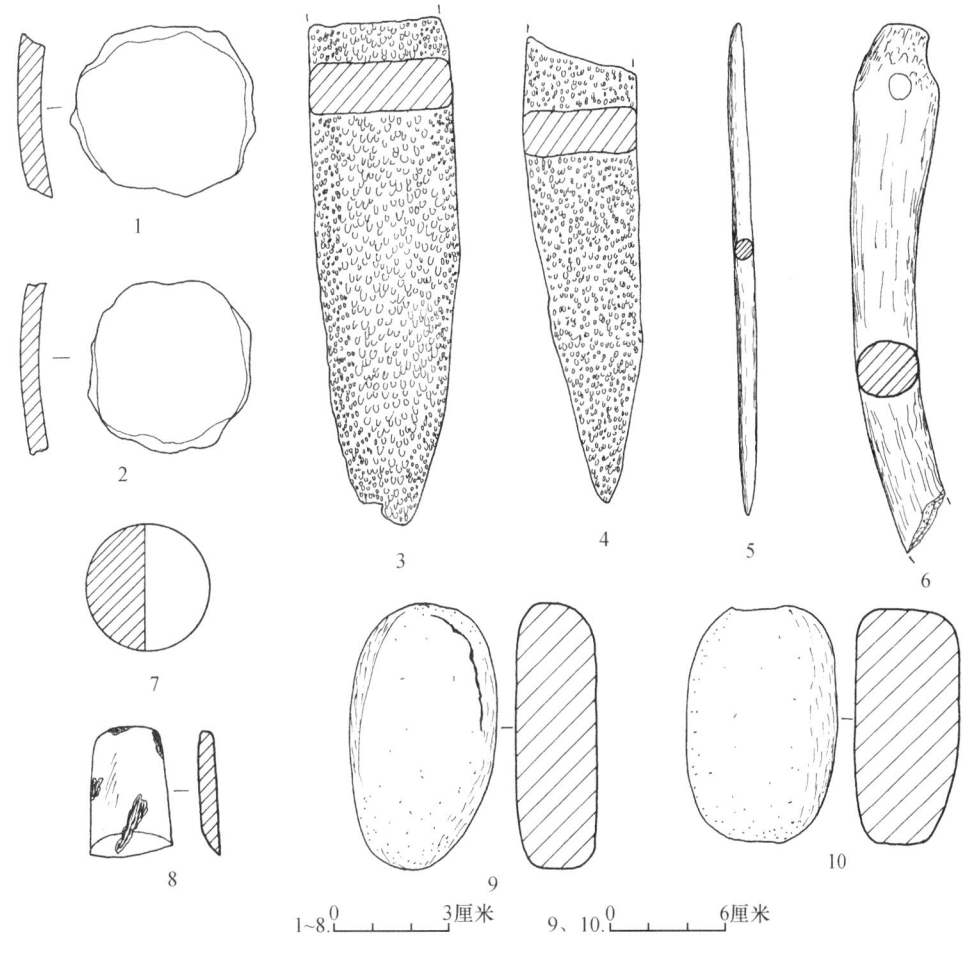

图二五九　F79出土遗物

1、2.圆陶片（F79：64-1、F79：64-2）　3、4.陶锉（F79：65、F79：66）　5.骨笄（F79：71）　6.角饰（F79：72）
7.石球（F79：68）　8.石锛（F79：67）　9、10.石锤（F79：69、F79：70）

零星小疤。直径3.2厘米（图二五九，7；图版七六，6）。

锤　2件。均完整。形制相同，均石英细砂岩，整体呈椭圆形。标本F79：69，两侧有较为密集的坑疤。长13.8、宽7.6、厚4.2厘米（图二五九，9；图版七七，1）。标本F79：70，器表稍经磨光。两侧及两端均有较为密集的坑疤。长12.2、宽8、厚5.6厘米（图二五九，10；图版七七，2）。

（3）骨器

1件。笄。标本F79：71，完整。系利用动物长骨磨制而成。尖部锐利。通体磨光。长12.6厘米（图二五九，5）。

（4）角器

1件。饰件。标本F79：72，一端残。系利用梅花鹿的角磨制而成。器身稍弯曲，横断面呈椭圆形，尾端有一管钻而成的圆孔。器表磨光。表面可见烧烤痕迹。残长13.7厘米（图二五九，6；图版七七，4）。

57. F80

F80位于Ⅲ区T0615、T0616、T0715、T0716内，开口于④层下，西北部与南部分别被H42、H136、F6打破。地面式，平面呈椭圆形，长径6.35、短径5.9米。房周围保留有少量墙体，黄土筑成，宽0.2、残高0.25米。墙下挖有基槽，宽0.2、深0.2米，在底部共发现柱洞37个（D1～D37），直径0.05～0.12、深0.08～0.22、柱间距0.25～0.45米。

居住面东南高，西北低，高差0.15米，为黄土加工而成的硬面。

门向北。门道长方形，北端略有损毁，残长0.7、宽0.9米（图二六〇）。

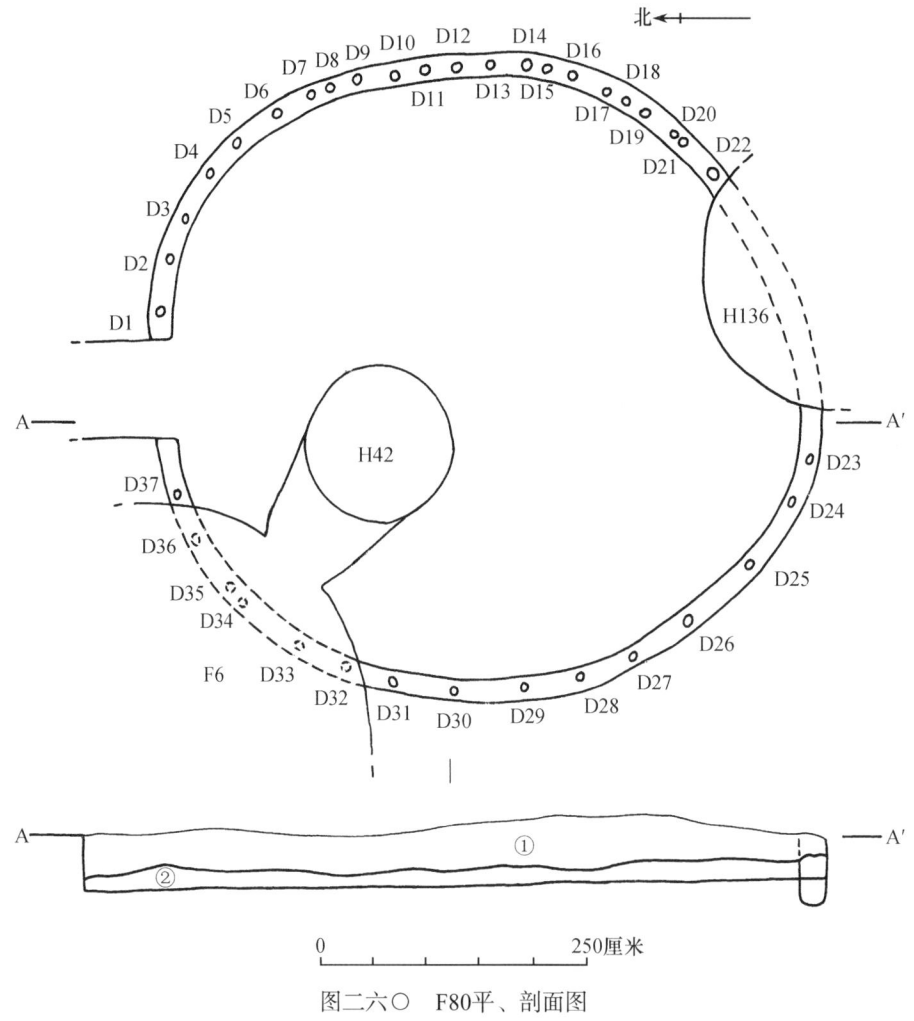

图二六〇　F80平、剖面图

房内堆积可分为2层：第①层为浅黄色土，土质疏松，厚0.4～0.5米；第②层为深灰色土，土质疏松，厚0.1～0.2米，出土大量陶片。

陶片为主要的出土物，以粗夹砂红褐陶为主，细泥质橘红陶次之，还有少量粗泥质橘红陶、细夹砂橘红陶、细夹砂红褐陶、细夹砂橙黄陶和粗夹砂橘红陶；纹饰以绳纹和素面居多，还有少量弦纹、交错绳纹、附加堆纹、戳印纹、席纹、彩陶（表五九）。

F80共出土遗物151件。以陶器为主，骨器次之。

（1）陶器

150件。器类有盆、罐、钵、瓮、盂、器盖，另有墙皮残块（表六〇）。

表五九　F80陶系统计表　（单位：kg）

陶质 陶色 纹饰	细泥质	粗泥质	细夹砂			粗夹砂		合计	百分比（%）	
	橘红	橘红	橘红	橙黄	红褐	橘红	红褐			
素面	5.44	0.90		0.03			6.48	12.85	26.11	
素面+磨光	9.73							9.73	19.77	
绳纹		0.39			0.61		21.26	22.26	45.23	
弦纹	0.35	0.09	1.28			0.126	1.47	3.316	6.74	
交错绳纹					0.06			0.06	0.12	
绳纹+弦纹		0.03					0.22	0.25	0.51	
绳纹+附加堆纹							0.14	0.14	0.28	
戳印纹							0.06	0.06	0.12	
席纹	0.12							0.12	0.24	
弦纹+磨光	0.19							0.19	0.39	
彩陶	0.24							0.24	0.49	
合计	16.07	1.41	1.28	0.03	0.67	0.126	29.63	49.22		
					49.22					
百分比（%）	32.65	2.86	2.60	0.06	1.36	0.26	60.20			
					100					

表六〇　F80器形统计表　（单位：件）

陶质	细泥质					粗泥质	细夹砂	粗夹砂				合计	百分比（%）	
陶色	橘红					橘红	橘红	橘红	红褐					
纹饰 器形	素面	素面+磨光	弦纹	席纹	彩陶	绳纹	弦纹	弦纹	素面	绳纹	弦纹	绳纹+弦纹			
罐 口						1	1	1	15	13	5	1	64	42.67	
底									12	14					
瓮 口						1			2	10	5	3	27	18.00	
底									1	5					
钵 口	23	18		3	5				4				54	36.00	100
底		1													
盆	1		1										2	1.33	
盂		1											2	1.33	
器盖	1								1				1	0.67	
合计	25	20	1	3	5	2	1	1	34	38	15	4	150		
								150							
百分比（%）	16.67	13.33	0.67	2.00	3.33	1.33	0.67	0.67	22.67	25.33	10.00	2.67			
								100							

盆　2件。均口、腹部残片。形制相同。标本F80：10，细泥质橘红陶。直口，平折沿，圆唇，弧腹。口沿以下饰多周弦纹。外沿面可见轮修痕迹，内壁可见烟熏痕迹。复原口径36、残高7.5厘米（图二六一，13）。

罐　64件。均口、腹部残片。标本F80：12、F80：16、F80：19、F80：20、F80：21、F80：22、F80：23、F80：25、F80：27、F80：29、F80：33、F80：34、F80：35形制相同，均粗夹砂红褐陶，侈口，折沿，沿面内曲，鼓腹。标本F80：12，方唇，唇部有一道浅细凹槽。腹部饰多周弦纹，并饰右上至左下斜向绳纹。沿面可见轮修痕迹，内壁可见泥条盘筑痕迹（图二六一，6）。标本F80：16，方唇。口沿以下饰右上至左下斜向绳纹。口沿下侧可见轮修痕迹。复原口径21.9、残高5.4厘米（图二六一，11）。标本F80：19，圆唇，唇部有一道浅细凹槽，口沿下侧有一道较矮棱脊。棱脊以下饰右上至左下斜向绳纹，绳纹斜度较小。外沿面可见轮修痕迹。复原口径30、残高6厘米（图二六一，14）。标本F80：20，方唇，肩略鼓，并起一道不显著棱脊。素面。器表可见刮抹痕迹。复原口径29.1、残高15厘米（图二六一，12）。标本F80：21，方唇，肩略鼓，并起一道不显著棱脊。棱脊以下饰左上至右下斜向绳纹。口沿下侧与内壁均可见轮修痕迹（图二六一，8）。标本F80：22，方唇，肩微鼓，并起一道不显著棱脊。棱脊以下饰左上至右下斜向绳纹。外沿面可见轮修痕迹（图二六一，3）。标本F80：23，方唇。唇部有二道浅细凹槽，肩略鼓，并起一道不显著棱脊。棱脊以下饰右上至左下斜向绳纹（图二六一，7）。标本F80：25，圆唇，唇部有一道浅细凹槽。腹部饰竖向绳纹。口沿下侧可见轮修痕迹（图二六一，9）。标本F80：27，方唇，唇部有一道浅细凹槽。素面（图二六一，4）。标本F80：29，圆唇。腹部饰右上至左下斜向绳纹（图二六一，5）。标本F80：33，圆唇，唇部有一道浅细凹槽。素面。外沿面可见轮修痕迹（图二六一，10）。标本F80：34，方唇。素面。表层有部分剥落。唇部可见轮修痕迹（图二六一，1）。标本F80：35，方唇，口沿下侧有一道较矮凸棱。腹部饰右上至左下斜向绳纹。外沿面可见轮修痕迹（图二六一，2）。

标本F80：31、F80：32形制相同，均粗夹砂红褐陶，侈口，折沿，圆唇，鼓腹。标本F80：31，鼓肩，并起一道显著棱脊。棱脊以下饰竖向绳纹。口沿下侧可见轮修痕迹（图二六二，1）。标本F80：32，腹部饰竖向绳纹。内壁可见轮修痕迹（图二六二，4）。

标本F80：17，粗夹砂橘红陶。侈口，折沿，方唇，唇部有一道浅细凹槽，鼓腹。口沿以下饰多周弦纹。沿面可见轮修痕迹（图二六二，5）。

标本F80：24，粗夹砂红褐陶。敛口，平折沿，沿面有一道浅细凹槽，方唇，鼓肩，并起一道较矮棱脊。腹部饰右上至左下斜向绳纹。口沿下侧可见轮修痕迹（图二六二，2）。

标本F80：36，粗夹砂红褐陶。敛口，方唇，圆鼓腹。上腹部饰一周弦纹，弦纹以下饰右上至左下斜向绳纹。内壁可见轮修痕迹（图二六二，3）。

钵　54件。标本F80：1、F80：2、F80：4、F80：6、F80：7形制相同，均细泥质橘红陶，直口微敛，深弧腹，器表磨光。标本F80：1，可复原。圆唇，圜底近平，底部有一周凸棱，底心有一圆形凹坑。底部饰席纹。口下可见浅褐色叠烧痕迹与轮修痕迹。口径24、通高12.9厘米（图二六二，9；图版七七，5）。标本F80：2，口、腹部残片。圆唇。素面。口下可见浅红色叠烧痕迹，内壁可见烟熏痕迹。复原口径21、残高9.9厘米（图二六二，8）。标本F80：4，口、腹部残片。方唇。素面。口下可见灰白色叠烧痕迹（图二六二，7）。标本F80：6，口、腹部残片。圆唇。唇部

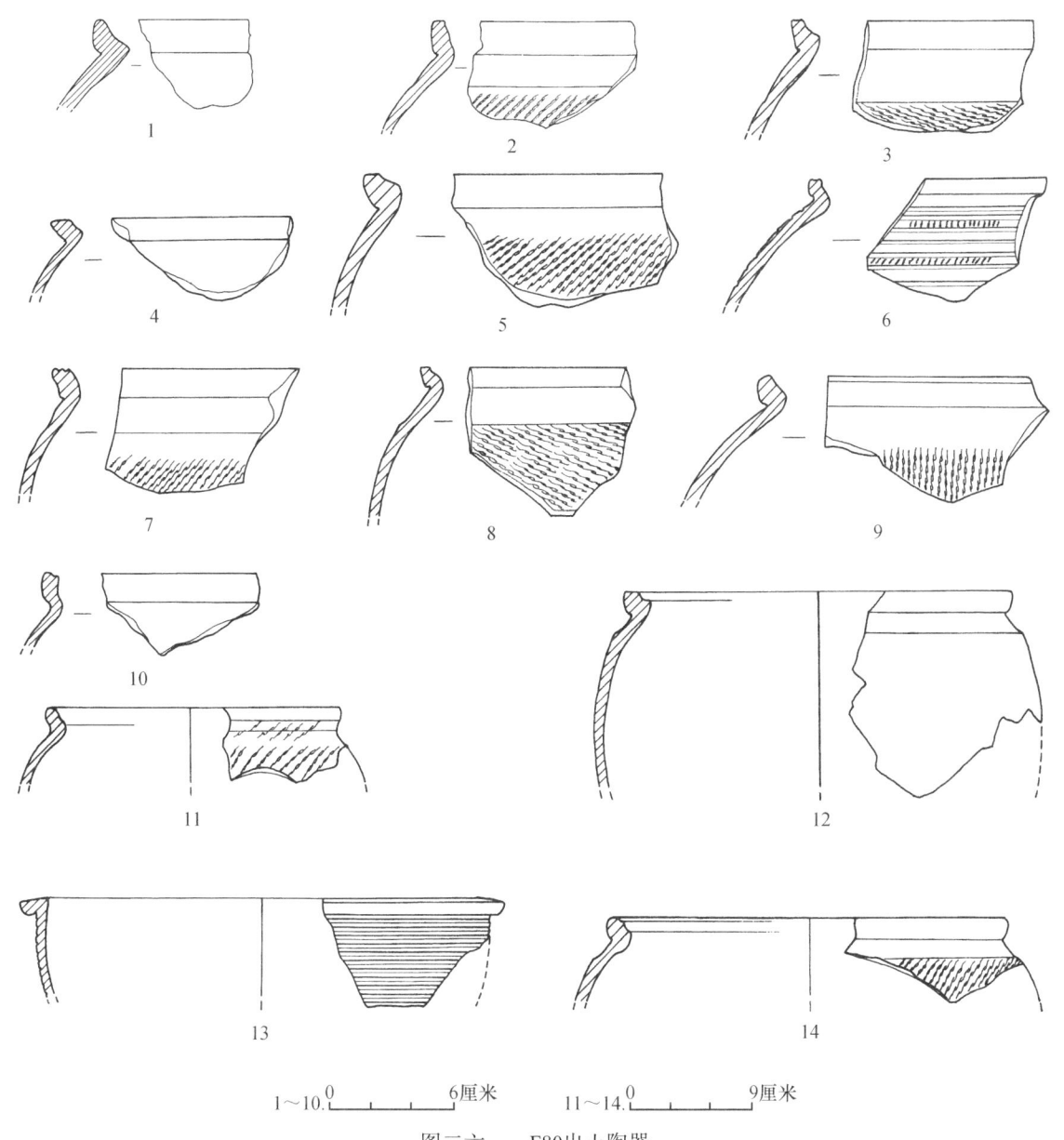

图二六一 F80出土陶器

1~12、14.罐（F80：34、F80：35、F80：22、F80：27、F80：29、F80：12、F80：23、F80：21、F80：25、F80：33、F80：16、F80：20、F80：19） 13.盆（F80：10）

与口下饰黑色宽带纹彩绘。彩绘下侧可见深红色叠烧痕迹（图二六二，10）。标本F80：7，口、腹部残片。圆唇。口下饰黑色宽带纹彩绘。彩绘下侧可见浅红色叠烧痕迹，内壁可见烟熏痕迹（图二六二，11）。

标本F80：5，口、腹部残片。细泥质橘红陶。敛口，圆唇，深弧腹，最大腹径位于中下腹部。器表磨光。腹部饰竖向窄带纹彩绘（图二六二，6）。

瓮 27件。均口、腹部残片。标本F80：14、F80：15、F80：18、F80：28、F80：30形制相同，均粗夹砂红褐陶，侈口，折沿，沿面内曲，鼓腹。标本F80：14，圆唇。上腹部饰二周宽浅弦纹，弦纹以下饰右上至左下斜向绳纹。沿面可见轮修痕迹。复原口径45.9、残高20.7厘米（图

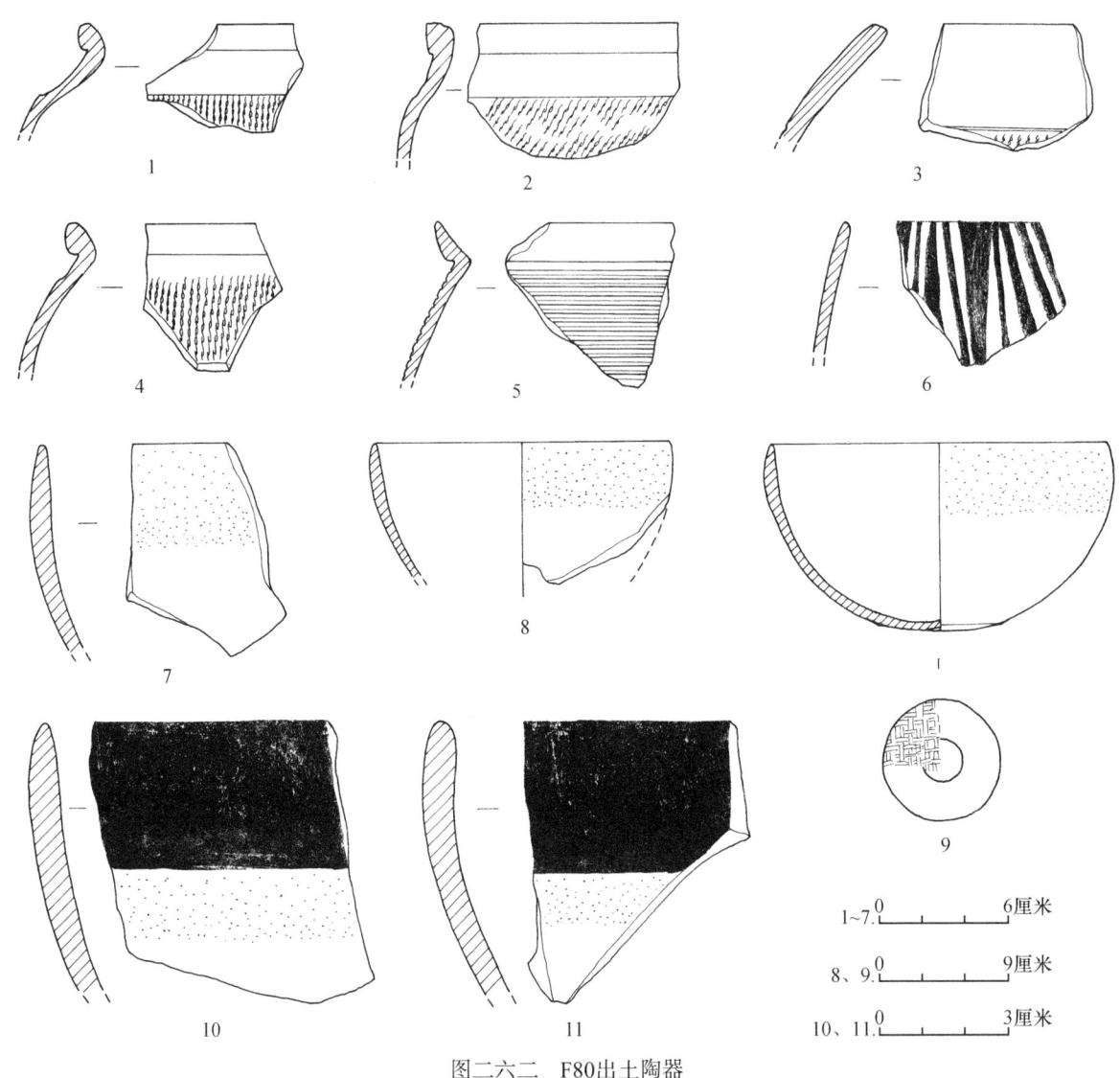

图二六二　F80出土陶器

1~5.罐（F80：31、F80：24、F80：36、F80：32、F80：17）
6~11.钵（F80：5、F80：4、F80：2、F80：1、F80：6、F80：7）

二六三，7）。标本F80：15，方唇，鼓肩，并起一道显著棱脊。腹部饰右上至左下斜向绳纹。外沿面可见轮修痕迹。复原口径39、残高10.8厘米（图二六三，9）。标本F80：18，方唇，鼓肩，并起一道显著棱脊。棱脊以下饰右上至左下斜向绳纹。口沿下侧可见轮修痕迹。复原口径45.9、残高8.7厘米（图二六三，10）。标本F80：28，沿面有一道浅细凹槽，方唇。口沿以下饰多周弦纹（图二六三，3）。标本F80：30，方唇，唇部有二道浅细凹槽，鼓肩，并起一道显著棱脊。棱脊以下饰右上至左下斜向绳纹（图二六三，2）。

标本F80：26，粗夹砂红褐陶。敛口，平折沿，沿面有三道浅细凹槽，尖唇，鼓腹。口沿下侧饰四道弦纹，弦纹以下饰右上至左下斜向绳纹。内壁可见轮修痕迹（图二六三，5）。

标本F80：13，粗泥质橘红陶。敛口，口沿内侧有一道宽浅凹槽，折肩，斜直腹。肩部以下饰右上至左下斜向绳纹，绳纹斜度较小。唇部可见轮修痕迹（图二六三，1）。

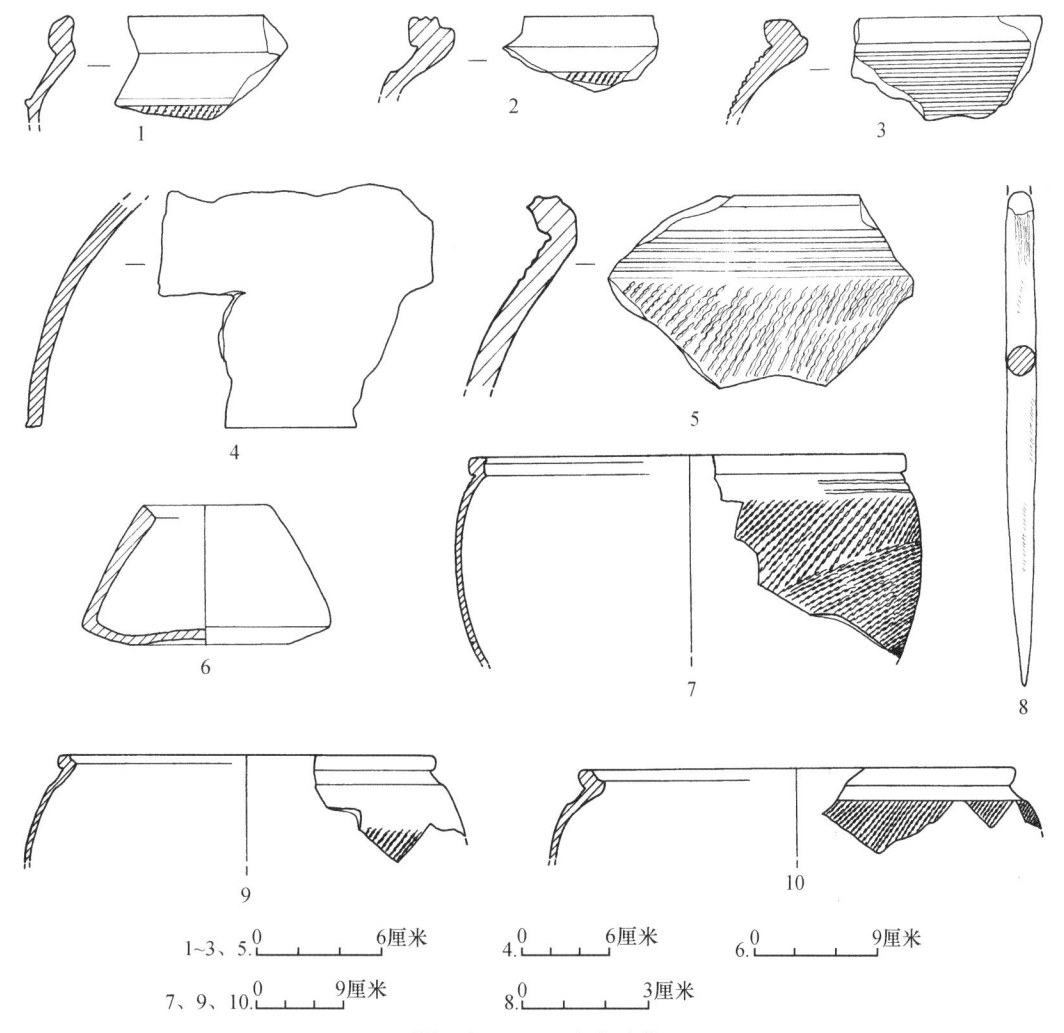

图二六三 F80出土遗物

1~3、5、7、9、10.陶瓮（F80：13、F80：30、F80：28、F80：26、F80：14、F80：15、F80：18） 4.器盖（F80：9）
6.陶盂（F80：37） 8.骨笄（F80：38）

盂 2件。形制相同。标本F80：37，可复原。细泥质橘红陶。敛口，方唇，上腹斜直，下腹部有一道折棱，平底，底心微凹。器表磨光。素面。口径9、腹径18、底径12、通高10厘米（图二六三，6；图版七七，6）。

器盖 1件。标本F80：9，口、壁残片。粗夹砂红褐陶。敞口，方唇，弧壁。素面。器表可见刮抹痕迹（图二六三，4）。

墙皮残块 掺杂有少量植物枝叶。表面有多处戳印痕迹。

（2）骨器

1件。笄。标本F80：38，尾端残。系利用动物长骨磨制而成。器身呈圆柱状，横断面呈圆形，尖部锐利。通体磨光。残长11.7、直径0.7厘米（图二六三，8；图版七八，1）。

58. F81

F81位于Ⅲ区T0813、T0814、T0913、T0914内，开口于⑥层下，中、西部被F78叠压。

地面式，平面呈方形，边长4米。房周围墙体已毁，仅存基槽，宽0.15、深0.2米，内填较致密的黄褐色土；在底部发现一圈柱洞，共56个（D1~D56），北墙18个（D1~D18），东墙12个（D19~D30），南墙16个（D31~D46），西墙10个（D47~D56），直径0.05~0.1、深0.14~0.16、柱间距0.16~0.36米，内填疏松的浅灰色土。房外有一周灰褐色硬面，宽0.6~0.9、厚0.06米。

房内东南部有一灶面，椭圆形，表面经火烧烤而呈红色，长径0.62、短径0.5、烧结面厚0.04米。

居住面为黄土加工而成的硬面，较平整。室内有4个泥圈柱洞（D57~D60），呈长方形排列，外径0.16~0.2、内径0.08~0.1、深0.16~0.32米。

门向东，位于东墙中部。门道长方形，底部平坦，长0.94、宽0.7米（图二六四）。

房内堆积可分为2层：第①层为浅黄色土，土质较为致密，包含大量草拌泥块和火烧土块，厚0.14米，出土少量陶片，另有兽骨；第②层为深灰色土，土质疏松，厚0.1米。

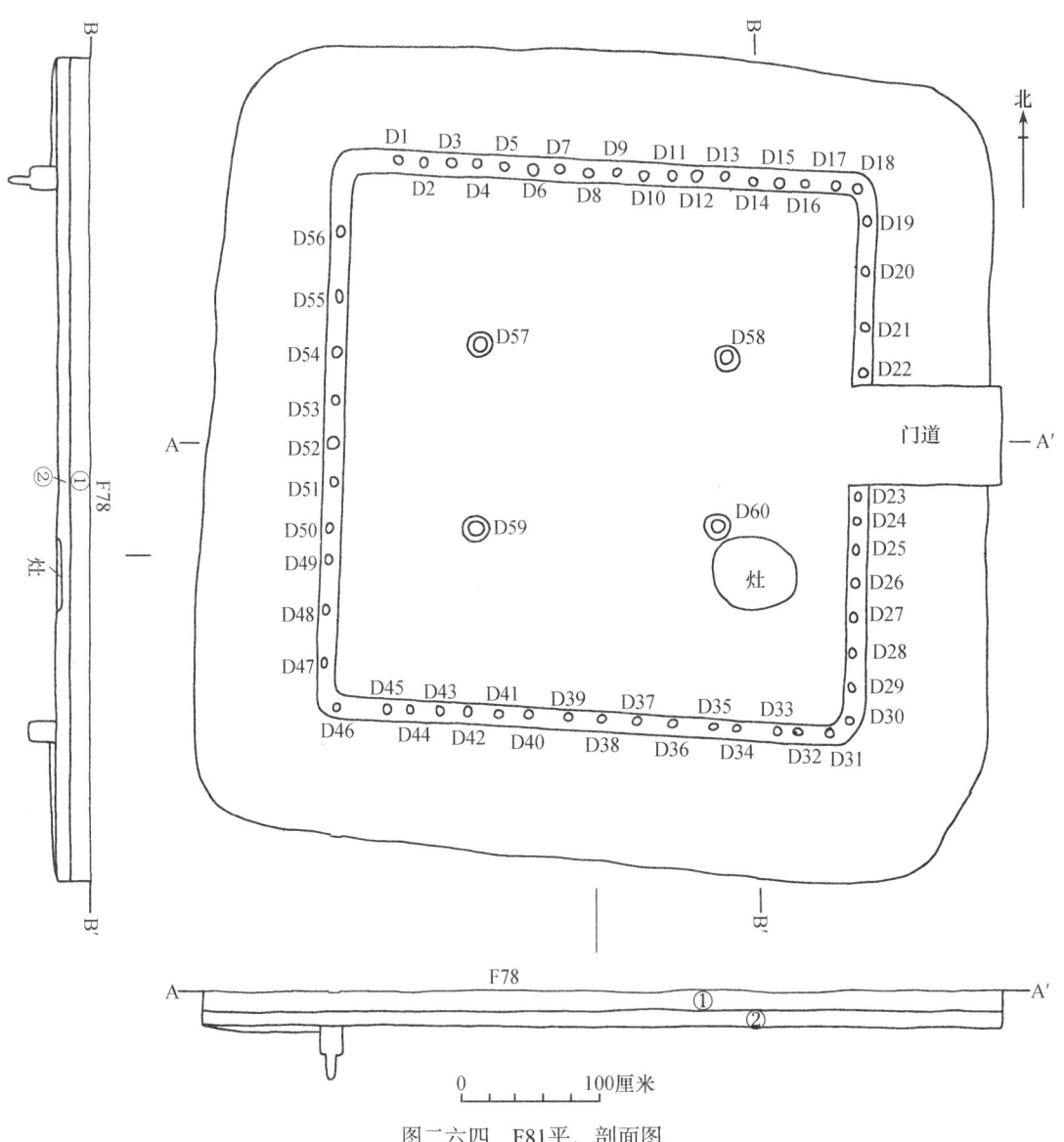

图二六四 F81平、剖面图

陶片为主要的出土物，以细夹砂红褐陶为主，粗夹砂灰陶、粗泥质红褐陶、细泥质橘红陶和粗夹砂红褐陶次之；纹饰以素面居多，绳纹次之，还有少量弦纹及彩陶（表六一）。

表六一　F81陶系统计表　　　　　　　　　　　　　　　　　　　　　（单位：kg）

陶质 陶色 纹饰	细泥质 橘红	粗泥质 红褐	细夹砂 红褐	粗夹砂 红褐	粗夹砂 灰	合计		百分比（%）	
素面		0.32	0.58	0.12	0.15	1.17		65.00	
素面+磨光	0.26					0.26		14.44	
绳纹				0.06	0.25	0.31	1.80	17.22	100
弦纹				0.05		0.05		2.78	
彩陶	0.01					0.01		0.56	
合计	0.27	0.32	0.58	0.23	0.40	1.80			
	1.80								
百分比（%）	15.00	17.78	32.22	12.78	22.22				
	100								

F81共出土遗物7件。全部为陶器。器类有盆、罐、钵，另有器底（表六二）。

表六二　F81器形统计表　　　　　　　　　　　　　　　　　　　　　（单位：件）

陶质 陶色 纹饰 器形	细泥质 橘红 素面+磨光	粗泥质 红褐 素面	粗夹砂 红褐 素面	粗夹砂 红褐 绳纹	粗夹砂 红褐 弦纹	合计		百分比（%）	
罐			1	1		2		28.57	
钵	3	1				4	7	57.14	100
盆					1	1		14.29	
合计	3	1	1	1	1	7			
	7								
百分比（%）	42.85	14.29	14.29	14.29	14.29				
	100								

盆　1件。标本F81:5，口、腹部残片。粗夹砂红褐陶。直口，折沿，沿面向外侧下斜，圆唇，弧腹。口沿以下饰多周弦纹。沿面可见轮修痕迹（图二六五，6）。

罐　2件。均口、腹部残片。形制相同，均粗夹砂红褐陶，侈口，折沿，沿面内曲，方唇，鼓腹。标本F81:7，沿面微曲，外沿面有一道凸棱。素面。器表可见烟熏痕迹（图二六五，2）。标本F81:8，唇部有一道浅细凹槽。口沿以下饰右上至左下斜向绳纹。外沿面可见轮修痕迹。复原口径18.4、残高3.6厘米（图二六五，7）。

钵　4件。均口、腹部残片。形制相同，均直口，方唇，深弧腹，素面。标本F81:1，细泥质橘红陶。器表磨光。口下可见深红色叠烧痕迹与轮修痕迹。复原口径38、残高11.4厘米（图

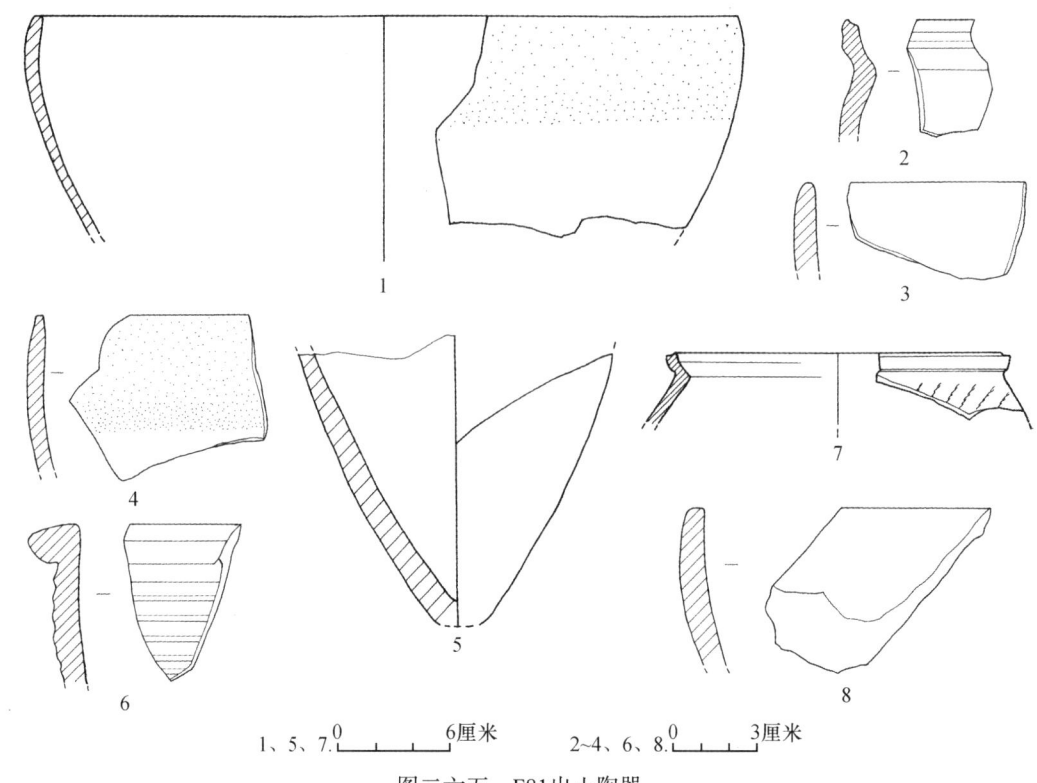

图二六五 F81出土陶器
1、3、4、8.钵（F81:1、F81:3、F81:2、F81:4） 2、7.罐（F81:7、F81:8）
5.器底（F81:6） 6.盆（F81:5）

二六五，1）。标本F81:2，细泥质橘红陶。器表磨光。口下可见浅褐色叠烧痕迹与轮修痕迹（图二六五，4）。标本F81:3，细泥质橘红陶。器表磨光。口下可见轮修痕迹（图二六五，3）。标本F81:4，粗泥质红褐陶。器表经刮抹较为光滑，口下可见轮修痕迹（图二六五，8）。

器底 标本F81:6，下腹、底部残片。细夹砂红褐陶。下腹斜直、尖底，较为圆钝。素面。器表可见刮抹痕迹，内壁可见泥条盘筑痕迹。可能为瓶底。残高15厘米（图二六五，5）。

59. F82

F82位于Ⅲ区T0913、T0914、T1013、T1014内，开口于⑧层下。地面式，平面呈长方形，西北—东南长3.85、西南—东北宽3.5米。房周围墙体已毁，仅存基槽，宽0.15～0.25、深0.25～0.3米，内填较为疏松的浅黄色土；在底部发现一圈柱洞，共45个（D1～D45），其中东南墙9个（D1～D9），西南墙10个（D10～D19），西北墙15个（D20～D34），东北墙11个（D35～D45），直径0.05～0.08、深0.05～0.1、柱间距0.08～0.3米，以0.2米居多。房外有一周硬面，宽0.6～1.1、厚0.05米。

居住面为黄土加工而成的硬面，较为平整。房内共发现3个柱洞（D46～D48），其中D46、D47为泥圈柱洞，大小相同，外径0.45、内径0.3、深0.30米，内填较疏松的灰土；D48直径0.2、深0.22米。

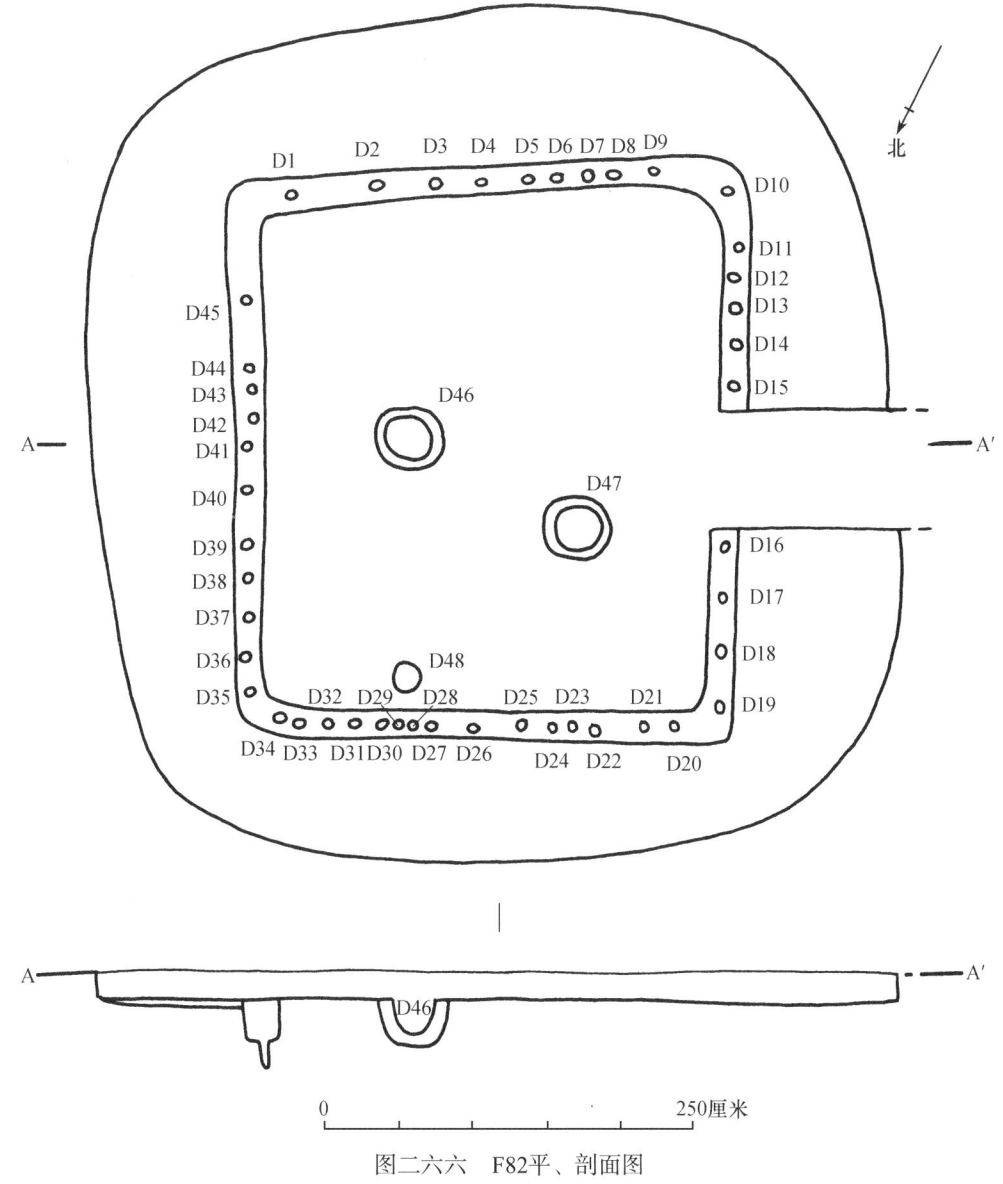

图二六六 F82平、剖面图

门向西南，位于西南墙中部。门道长方形，底部平坦，残长1.1、宽0.75米（图二六六）。

房内堆积为浅黄色土，土质致密，厚0.2米，出土少量陶片，另有石块。

陶片为主要的出土物，以粗夹砂红褐陶为主，细泥质橘红陶及细夹砂橘红陶次之，还有少量细泥质红褐陶及粗夹砂橘红陶；纹饰以素面居多，弦纹及绳纹次之，还有少量交错绳纹（表六三）。

F82共出土遗物13件。全部为陶器。器类有盆、罐、钵、瓮、圆陶片（表六四）。

盆　1件。标本F82∶4，口、腹部残片。细泥质橘红陶。直口，折沿，沿面向外侧下斜，尖圆唇，弧腹。器表磨光。素面。唇部可见轮修痕迹。复原口径38.2、残高5厘米（图二六七，1）。

罐　2件。均口、腹部残片。形制相同，均粗夹砂红褐陶，侈口，卷沿，鼓腹。标本F82∶5，沿面微曲，圆唇。素面。器表可见轮修痕迹（图二六七，3）。标本F82∶8，方唇。腹部饰右上至左下斜向绳纹。外沿面可见轮修痕迹（图二六七，10）。

表六三　F82陶系统计表　　　　　　　　　　　　　　　　　　　　　　　（单位：kg）

陶质	细泥质		细夹砂	粗夹砂		合计	百分比（%）	
陶色纹饰	橘红	红褐	橘红	橘红	红褐			
素面					0.64	0.64	27.12	100
素面+磨光	0.28	0.20				0.48	20.34	
绳纹			0.24	0.10	0.14	0.48	20.34	
弦纹					0.38	0.38	16.10	
交错绳纹					0.14	0.14	5.93	
绳纹+弦纹					0.24	0.24	10.17	
合计	0.28	0.20	0.24	0.10	1.54	2.36		
	2.36							
百分比（%）	11.86	8.47	10.17	4.24	65.25			
	100							

表六四　F82器形统计表　　　　　　　　　　　　　　　　　　　　　　　（单位：件）

陶质	细泥质	粗夹砂			合计	百分比（%）	
陶色	橘红	红褐					
纹饰器形	素面+磨光	素面	弦纹	绳纹+弦纹			
罐		1	1		2	20.00	100
瓮			1	1	2	20.00	
钵	4		1		5	50.00	
盆	1				1	10.00	
合计	5	1	3	1	10		
	10						
百分比（%）	50.00	10.00	30.00	10.00			
	100						

钵　5件。均口、腹部残片。标本F82：1、F82：2形制相同，均细泥质橘红陶，直口，方唇，深弧腹，器表磨光，素面。标本F82：1，口下可见深褐色叠烧痕迹（图二六七，6）。标本F82：2，口下可见轮修痕迹（图二六七，2）。

标本F82：3，细泥质橘红陶。直口微敛，圆唇，深弧腹。器表磨光。素面。口下可见深红色叠烧痕迹（图二六七，5）。

瓮　2件。均口、腹部残片。标本F82：7，粗夹砂红褐陶。侈口，卷沿，圆唇，腹微鼓。口沿以下饰多周弦纹。外沿面可见轮修痕迹（图二六七，7）。

标本F82：6，粗夹砂红褐陶。侈口，卷沿，方唇，唇部有一道浅细凹槽，鼓腹。口沿下侧饰多周弦纹，腹部饰右上至左下斜向绳纹，下部弦纹与绳纹交错。外沿面可见轮修痕迹（图

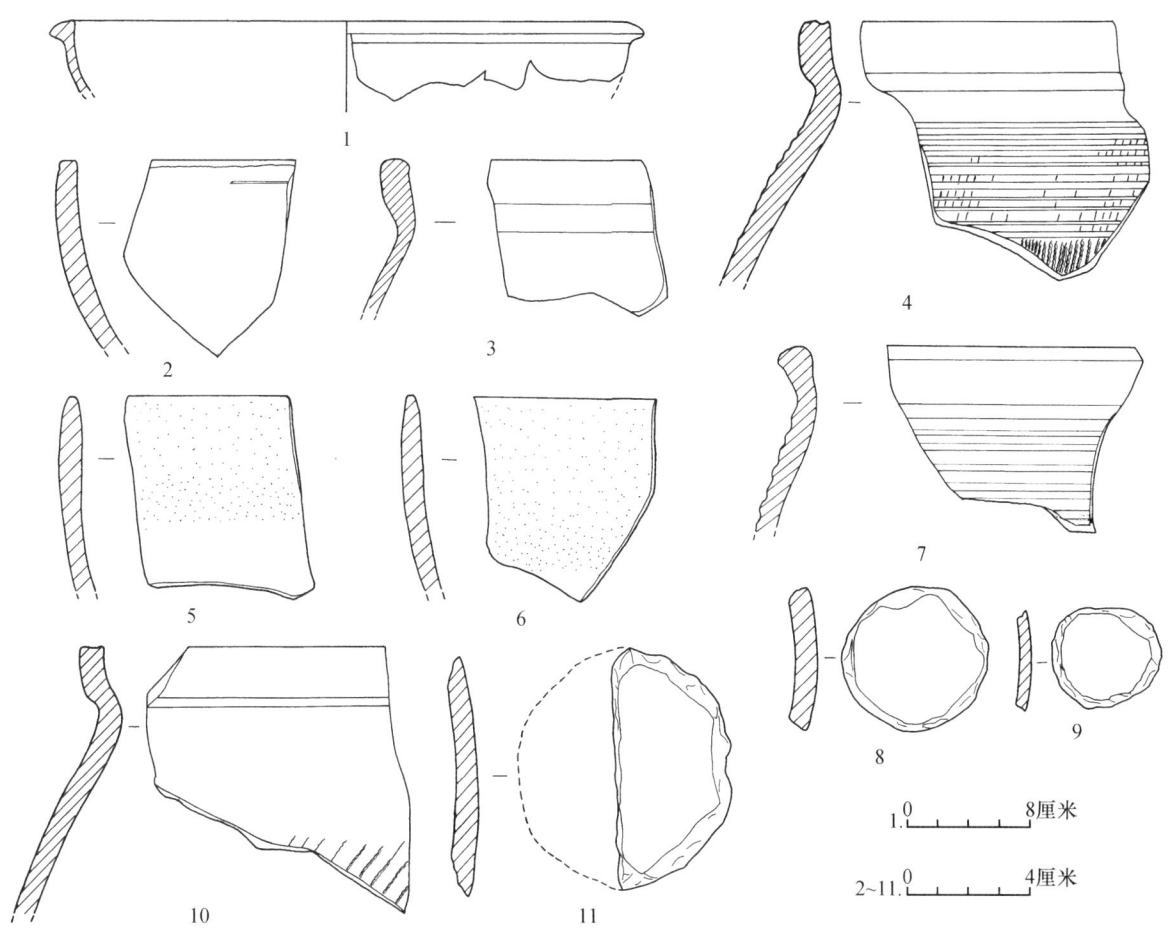

图二六七　F82出土陶器

1.盆（F82：4）　2、5、6.钵（F82：2、F82：3、F82：1）　3、10.罐（F82：5、F82：8）
4、7.瓮（F82：6、F82：7）　8、9、11.圆陶片（F82：9-2、F82：9-3、F82：9-1）

二六七，4）。

圆陶片　3件。标本F82：9-1、F82：9-2形制相同，均细泥质橘红陶，圆形。F82：9-1，残。系利用钵的口部残片打制而成。边缘较锋利。器表可见深红色叠烧痕迹。直径7.5、厚0.7厘米（图二六七，11）。标本F82：9-2，完整。系利用钵的残片打制而成。边缘较钝，稍有磨光。直径4.5、厚0.7厘米（图二六七，8）。

标本F82：9-3，完整。细泥质橘红陶。系利用钵的残片打制而成。椭圆形，边缘较锋利。长径3.6、短径3.1、厚0.4厘米（图二六七，9）。

60. F83

F83位于Ⅲ区T1113、T1114、T1213、T1214内，开口于⑦层下。地面式，平面呈圆形，直径3.7米。房周围保留有少量墙体，残高0.6、宽0.3米，内侧0.2米为黄土筑成，外侧0.1米为草拌泥筑成。墙下挖有基槽，宽0.2、深0.24米，内填较为致密的黄褐色土；在底部发现一圈柱洞，共66个（D1～D66），分内、外二排，相间排列，直径0.04～0.06、深0.1～0.15、柱间距0.26～0.3米，内填疏松的浅灰色土。

居住面为黄土加工而成的硬面，平整坚硬。

门向东北，宽0.7米（图二六八）。

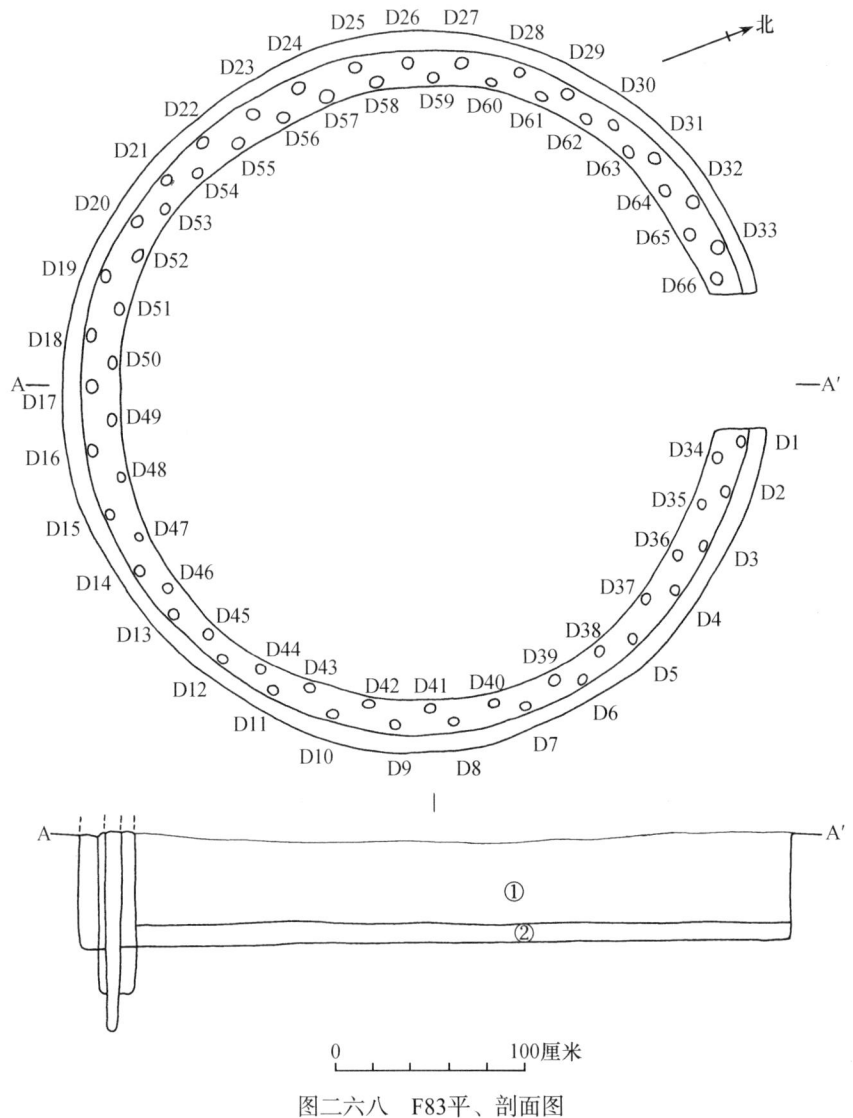

图二六八　F83平、剖面图

房内堆积可分为2层：第①层为浅黄色土，土质较为疏松，包含少量草拌泥块与火烧土块，厚0.5米，出土少量陶片；第②层为浅灰色土，土质疏松，厚0.1米，出土少量陶片，另有石块、兽骨。

陶片为主要的出土物，以粗夹砂红褐陶为主，细泥质橘红陶次之，粗泥质橘红陶和细夹砂红褐陶再次，还有少量细夹砂橘红陶及细泥质灰陶；纹饰以素面居多，绳纹次之，还有少量弦纹（表六五）。

F83共出土遗物33件。以陶器为主，石器次之，骨器再次。

（1）陶器

30件。器类有瓶、盆、罐、钵，另有器耳、器底（表六六）。

表六五　F83陶系统计表　　　　　　　　　　　　　　　　　　　　（单位：kg）

陶质	细泥质		粗泥质	细夹砂		粗夹砂	合计	百分比（%）	
陶色 纹饰	橘红	灰	橘红	橘红	红褐	红褐			
素面	0.57		0.27	0.06	0.23	0.634	1.89	58.88	100
素面+磨光	0.70	0.01					0.71	22.12	
绳纹						0.56	0.56	17.45	
弦纹						0.176	0.05	1.56	
合计	1.27	0.01	0.27	0.06	0.23	1.37	3.21		
	3.21								
百分比（%）	39.56	0.31	8.41	1.87	7.17	42.68			
	100								

表六六　F83器形统计表　　　　　　　　　　　　　　　　　　　　（单位：件）

陶质	细泥质		粗泥质	细夹砂		粗夹砂			合计	百分比（%）	
陶色	橘红		橘红	橘红	红褐	红褐					
纹饰 器形	素面+磨光	素面	素面	素面	素面	素面	绳纹	弦纹			
罐　口						6	2	1	12	40.00	100
底						3					
钵	5	5	1	1					12	40.00	
瓶			1		1				2	6.67	
盆					4				4	13.33	
合计	5	5	2	1	5	9	2	1	30		
	30										
百分比（%）	16.67	16.67	6.67	3.33	16.67	30.00	6.67	3.33			
	100										

瓶　2件。均口沿残片。标本F83∶9，粗泥质橘红陶。敛口，十分短矮，方唇，唇部有一道浅细凹槽。素面。内壁可见轮修痕迹。口径7、残高2.6厘米（图二六九，3）。

标本F83∶8，细夹砂红褐陶。直杯口，较为短矮，方唇。素面。内壁可见轮修痕迹。口径8、残高3.2厘米（图二六九，1）。

盆　4件。均口、腹部残片。形制相同。标本F83∶7，细夹砂红褐陶。侈口，折沿，圆唇，弧腹。素面。内、外壁均可见轮修痕迹（图二六九，2）。

罐　12件。均口、腹部残片。形制相同，均粗夹砂红褐陶，侈口，卷沿，鼓腹。标本F83∶10，沿面微曲，方唇。素面。外沿面可见轮修痕迹（图二六九，6）。标本F83∶11，沿面微曲，圆唇。外沿面饰三周弦纹。外沿面可见轮修痕迹（图二六九，4）。标本F83∶13，沿面微曲，方唇。腹部饰右上至左下斜向绳纹。外沿面可见轮修痕迹，器表可见烟熏痕迹（图二六九，7）。标本

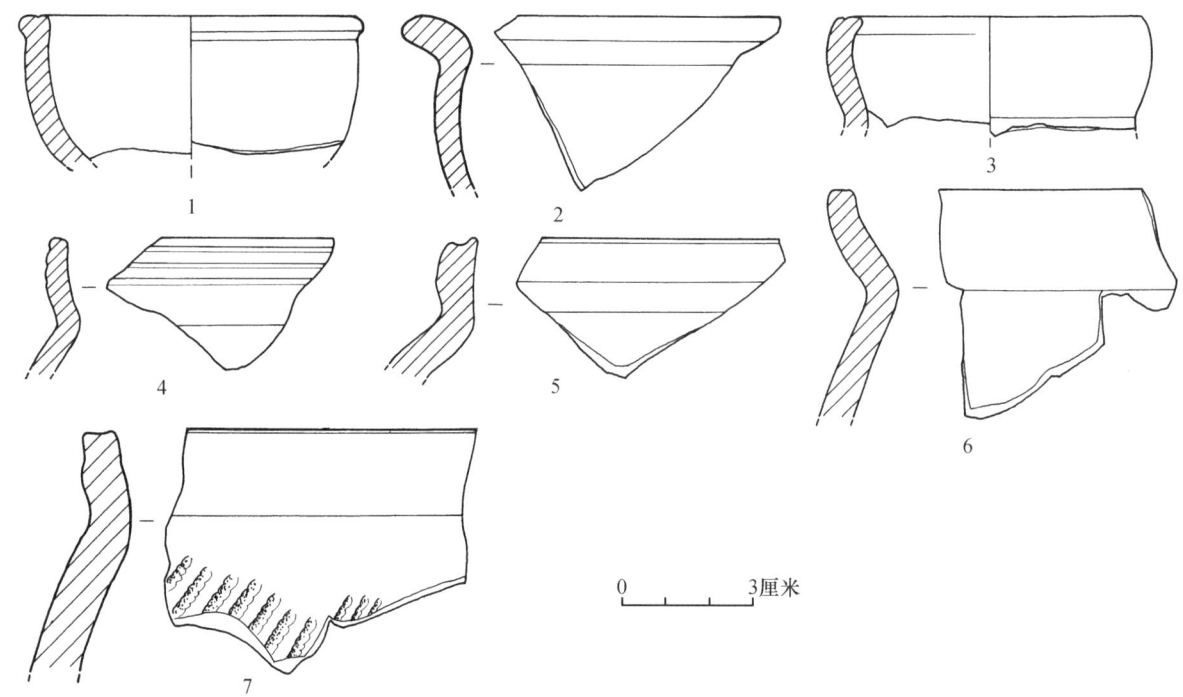

图二六九　F83出土陶器
1、3.瓶（F83：8、F83：9）　2.盆（F83：7）　4~7.罐（F83：11、F83：14、F83：10、F83：13）

F83：14，方唇，唇部有一道浅细凹槽。素面（图二六九，5）。

钵　12件。均口、腹部残片。标本F83：6，细夹砂橘红陶。敛口，方唇，斜直腹。素面。器表可见轮修痕迹（图二七〇，5）。

标本F83：1、F83：2、F83：3、F83：4、F83：5形制相同，均细泥质橘红陶，直口微敛，深弧腹，素面。标本F83：1，尖圆唇。器表经刮抹较为光滑。口下可见轮修痕迹（图二七〇，1）。标本F83：2，方唇。口下可见深红色叠烧痕迹（图二七〇，3）。标本F83：3，圆唇。口下可见浅褐色叠烧痕迹（图二七〇，2）。标本F83：4，方唇。口下可见浅褐色叠烧痕迹与轮修痕迹（图二七〇，4）。标本F83：5，圆唇。口下可见轮修痕迹，腹部可见刮抹痕迹（图二七〇，6）。

器耳　标本F83：15，残。粗泥质橘红陶。扁圆桥形耳。素面（图二七〇，8）。

器底　标本F83：16，下腹、底部残片。细泥质橘红陶。弧腹，圜底，底部有一道浅细凹槽，凹槽内区域较为粗糙。器表磨光。素面。可能为钵底（图二七〇，11）。

（2）石器

2件。均为雕刻器。完整。形制相同，平面均呈三角形，器身扁平，两面均磨光。标本F83：17，石英岩。两边相交形成一横刃，向一侧斜向进行锤击修理。周边可见打制修理痕迹。长7.6、厚1.9厘米（图二七〇，10）。标本F83：18，石英岩。有两个横刃，分别为向两侧斜向打击形成。长5.7、厚1.6厘米（图二七〇，7）。

（3）骨器

1件。笄。标本F83：19，一端稍残。系利用动物长骨通体磨制而成。器身呈圆柱状，横断面呈圆形，尖部锐利。通体磨光。器表可见烧烤痕迹。残长12.5、直径0.8厘米（图二七〇，9；图版七八，2）。

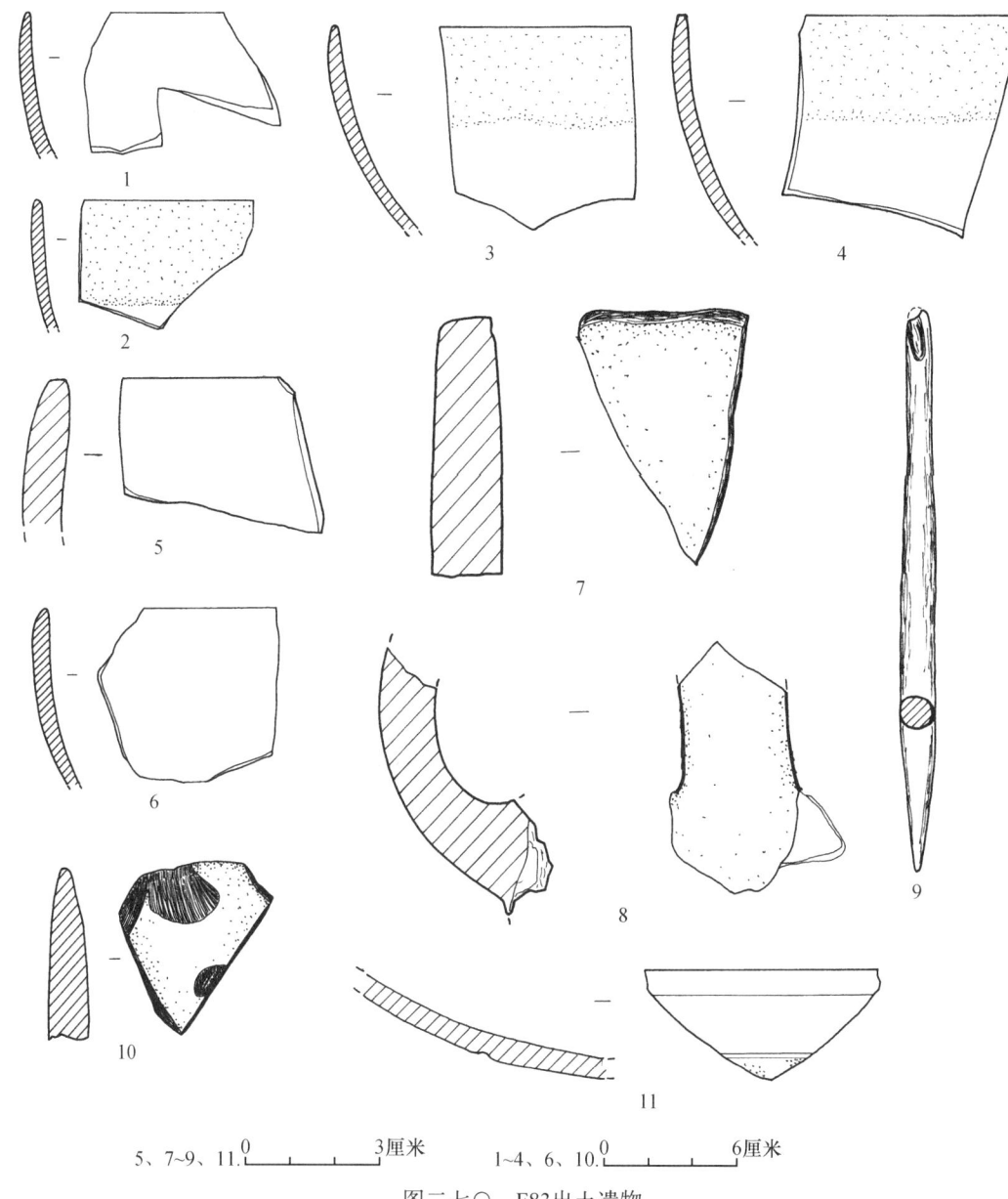

图二七〇 F83出土遗物

1~6.陶钵（F83:1、F83:3、F83:2、F83:4、F83:6、F83:5） 7、10.雕刻器（F83:18、F83:17）
8.器耳（F83:15） 9.骨笄（F83:19） 11.器底（F83:16）

61. F84

F84位于Ⅲ区T0414、T0415、T0513、T0514、T0515、T0614、T0615内，开口于④层下。地面式，平面呈圆形，直径7.55米。房周围保留有部分墙体，宽0.2、残高0.15~0.35米，内壁涂抹有一层草拌泥，经火烤而变得十分坚硬。墙下挖有基槽，宽0.25、深0.4米；在底部发现一圈柱洞，共61个（D1~D61），平面形状分圆形与椭圆形，以圆形居多，直径0.1~0.25米，椭圆形者长径0.1~0.2、短径0.05~0.08米、深0.12~0.28，柱间距0.1~0.3米。柱洞内填有疏松的深灰色土，个别柱洞内残存炭屑。

房内北部有一连通灶坑，为两个长方形灶坑相连，南端有斜坡火道，北部灶坑东西宽1.2、南北长1.3米，南部灶坑东西长1.5、南北宽0.65米，深度相同，均为0.5米，火道长1.5、宽0.65米。

居住面为黄土加工而成的硬面，较为平整。居住面北部发现大量已被压碎的陶器，还有1个泥圈柱洞（D62），外径0.5、内径0.25、深0.31米。

门向北，正对房内灶。门道长方形，残长0.6、宽0.7米（图二七一）。

房内堆积可分为3层：第①层为黄褐色土，土质致密，厚0.05~0.08米；第②层为浅黄色土，土质致密，厚0.1~0.15米；第③层为黄褐色土，土质较为疏松，厚0.15~0.25米，出土大量陶片，另有石块。

陶片为主要的出土物，以粗夹砂红褐陶为主，细泥质橘红陶与粗泥质橘红陶次之，还有少量细

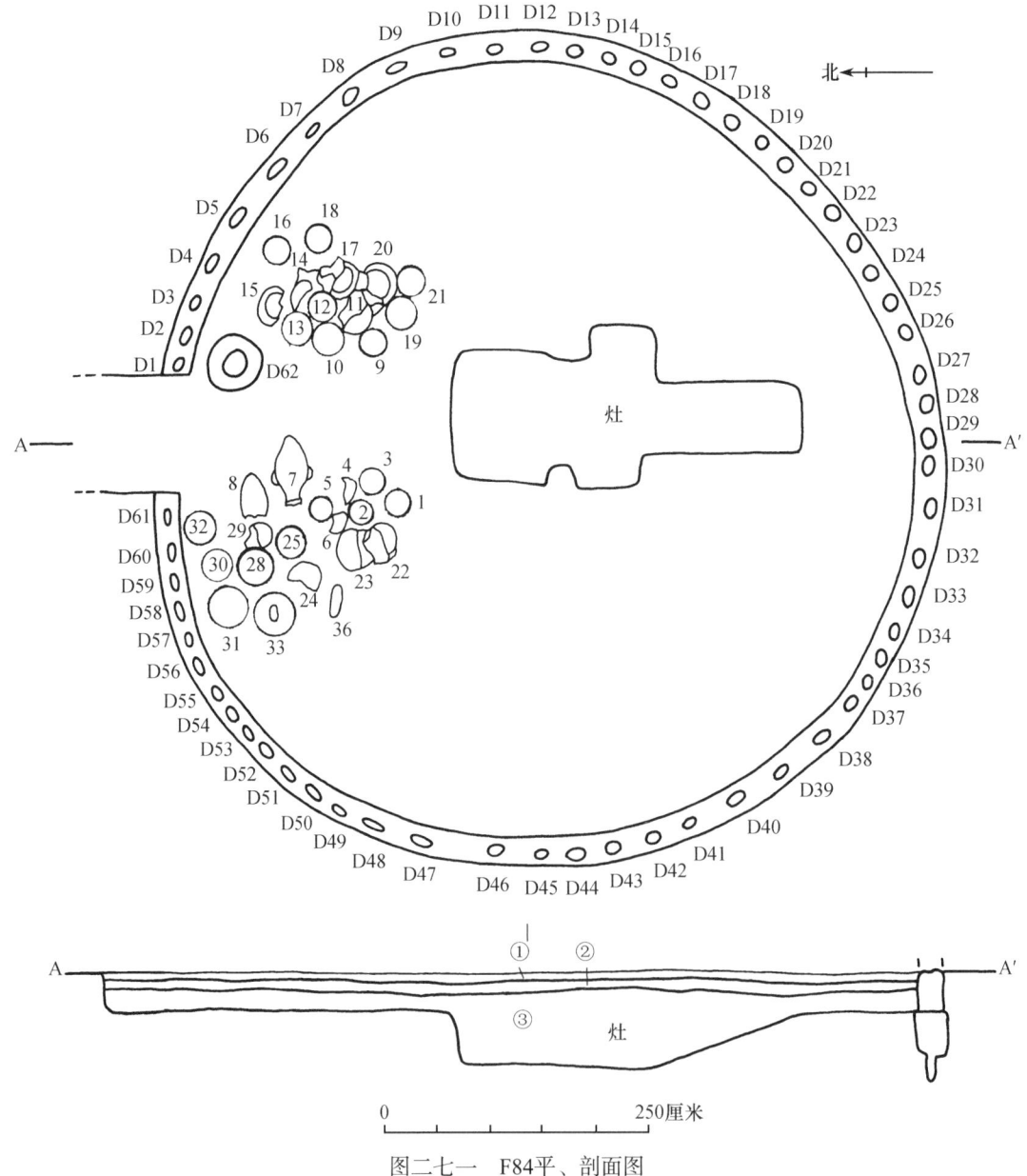

图二七一　F84平、剖面图

1~6.陶钵　7、8.陶瓶　9、11、13~15、17、19、28、32.陶瓮　10、12、16、18、20~25、29~31.陶罐　33.陶器盖　36.石锤

夹砂红褐陶及细夹砂橘红陶；纹饰以绳纹居多，素面次之，弦纹再次，还有少量附加堆纹及席纹（表六七）。

F84共出土遗物82件。以陶器为主，石器次之。

（1）陶器

81件。器类有瓶、罐、钵、瓮、器盖（图版七八，3；表六八）。

表六七　F84陶系统计表　　　　　　　　　　　　　　　　　　　　（单位：kg）

陶质\陶色\纹饰	细泥质 橘红	粗泥质 橘红	细夹砂 橘红	细夹砂 红褐	粗夹砂 红褐	合计		百分比（%）	
素面	4.23	1.34		0.42	8.71	14.70		23.68	
素面+磨光	0.684					0.684		1.10	
绳纹	3.12	2.45		4.76	27.93	38.26	62.08	61.63	100
弦纹				0.12	1.26	1.38		2.22	
附加堆纹				0.12		0.12		0.19	
绳纹+弦纹		2.35	1.23		0.64	4.22		6.80	
绳纹+附加堆纹			1.20			1.20		1.93	
席纹	1.52					1.52		2.45	
合计	9.554	6.14	2.43	5.42	38.54				
	62.08								
百分比（%）	15.39	9.89	3.91	8.73	62.08				
	100								

表六八　F84器形统计表　　　　　　　　　　　　　　　　　　　　（单位：件）

陶质	细泥质			粗泥质			细夹砂					粗夹砂				合计	百分比（%）
陶色	橘红			橘红			橘红					红褐					
纹饰\器形	素面+磨光	绳纹	席纹	素面	绳纹	绳纹+弦纹	绳纹+弦纹	绳纹+附加堆纹	素面	绳纹	弦纹	附加堆纹	素面	绳纹	弦纹	绳纹+弦纹		
瓶		1		1	2												4	4.94
罐 口							1		2	1	1	1	11	6			43	53.07
罐 底						1							16	2				
钵 口	8																13	16.05
钵 底	4		1															
瓮						1		1					17			1	20	24.69
器盖	1																1	1.23
合计	13	1	1	1	2	1	1	2	1	1	44	8	2	1			81	100
	81																	
百分比（%）	16.05	1.23	1.23	1.23	2.47	1.23	1.23	1.23	1.23	1.23	54.32	9.88	2.47	1.23				
	100																	

瓶　4件。标本F84：7，口、上腹部残。粗泥质橘红陶。束颈，溜肩，鼓腹，尖底，最大腹径位于中腹部，中腹部有一对竖向圆柱桥形耳。上、中腹部饰右上至左下斜向绳纹。内壁可见泥条盘筑与轮修痕迹。腹径21.6、残高39厘米（图二七二，1）。

标本F84：8，中、下腹部残片。粗泥质橘红陶。下腹斜直。中腹部饰右上至左下斜向绳纹。内壁可见泥条盘筑痕迹。残高20.4厘米（图二七二，2）。

罐　43件。标本F84：16、F84：23、F84：24、F84：30均口、腹部残片。形制相同，均粗夹砂红褐陶，侈口，卷沿，沿面微曲，方唇，鼓腹。标本F84：16，唇部有二道浅细凹槽。口沿以下饰多周弦纹。复原口径17.7、残高6厘米（图二七二，3）。标本F84：23，鼓肩，并起一道不显著

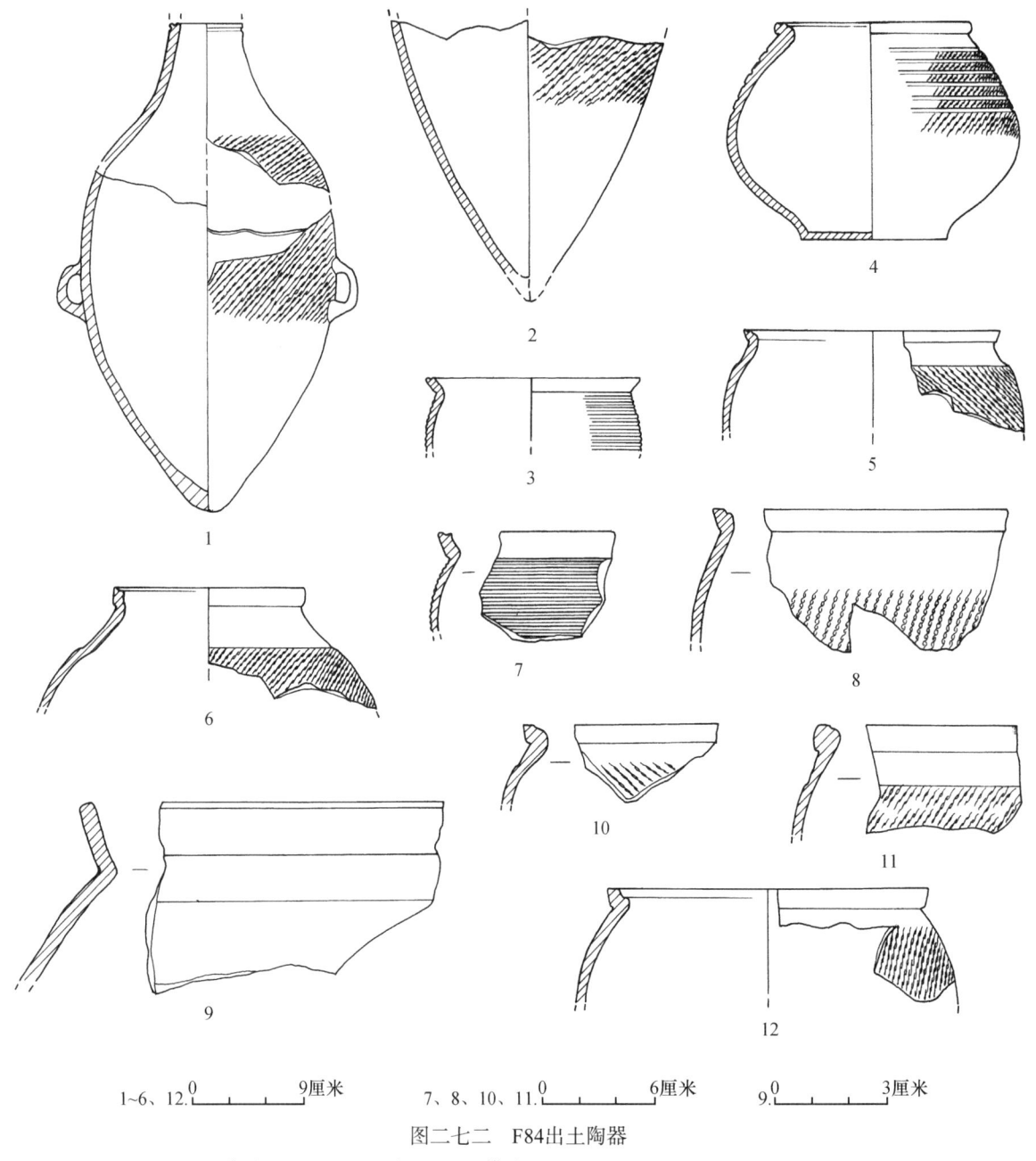

图二七二　F84出土陶器

1、2.瓶（F84：7、F84：8）　3~12.罐（F84：16、F84：25、F84：18、F84：30、F84：24、F84：20、F84：23、F84：29、F84：22、F84：19）

棱脊。素面。沿面可见轮修痕迹（图二七二，9）。标本F84：24，唇部有一道浅细凹槽。口沿以下饰多周弦纹。内壁可见轮修痕迹（图二七二，7）。标本F84：30，唇部有一道浅细凹槽，鼓肩，并起一道显著棱脊。棱脊以下饰右上至左下斜向绳纹。口沿下侧可见轮修痕迹。复原口径15.9、残高9.6厘米（图二七二，6）。

标本F84：18、F84：19、F84：20、F84：22、F84：25、F84：29形制相同，侈口，折沿，沿面内曲，方唇，鼓腹。标本F84：18，口、腹部残片。粗夹砂红褐陶。沿面微曲，肩略鼓，并起一道不显著棱脊。棱脊以下饰左上至右下斜向绳纹。外沿面可见轮修痕迹。复原口径21、残高8.1厘米（图二七二，5）。标本F84：19，口、腹部残片。粗夹砂红褐陶。腹部饰右上至左下斜向绳纹，绳纹斜度较小。口沿下侧可见轮修痕迹。复原口径26.1、残高9厘米（图二七二，12）。标本F84：20，口、腹部残片。粗夹砂红褐陶。腹部饰右上至左下斜向绳纹（图二七二，8）。标本F84：22，口、腹部残片。粗夹砂红褐陶。沿面微曲，肩略鼓，并起一道不显著棱脊。棱脊以下饰右上至左下斜向绳纹。口沿下侧可见轮修痕迹（图二七二，11）。标本F84：29，口、腹部残片。粗夹砂红褐陶。沿面微曲。腹部饰左上至右下斜向绳纹。口沿下侧可见轮修痕迹（图二七二，10）。标本F84：25，可复原。细夹砂橘红陶。中腹圆鼓，下腹呈反弧状急收，平底，最大腹径位于中下腹部。上腹部饰多周弦纹，上、中腹部饰右上至左下斜向绳纹，弦纹与绳纹略有交错。沿面可见轮修痕迹。口径16.2、腹径24、底径12、通高17.4厘米（图二七二，4；彩版一七，2；图版七八，4）。

标本F84：10、F84：21均口、腹部残片。形制相同，粗夹砂红褐陶，侈口，折沿，鼓腹。标本F84：10，方唇，唇部有二道浅细凹槽。口沿以下饰右上至左下斜向绳纹。复原口径26.1、残高9厘米（图二七三，8）。标本F84：21，圆唇，鼓肩，并起一道不显著棱脊。棱脊以下饰右上至左下斜向绳纹。口沿下侧可见轮修痕迹。复原口径15.9、残高6厘米（图二七三，3）。

标本F84：31，可复原。细夹砂红褐陶。直口，圆唇，中腹圆鼓，下腹斜直，尖底，最大腹径位于中腹部，腹中部有一对竖向圆柱桥形耳。上腹部饰一周鼓钉状附加堆纹。口沿下侧可见轮修痕迹，下腹部可见刮抹痕迹。口径17.6、腹径21.6、通高23.4厘米（图二七三，4；彩版一七，3；图版七八，5）。

钵　13件。形制相同，均细泥质橘红陶，直口微敛，深弧腹，器表磨光，素面。标本F84：1，可复原。圆唇，圜底，底部有一周凸棱。口下可见轮修痕迹，腹部可见烟熏痕迹。口径29.4、通高14.7厘米（图二七三，1；图版七九，1）。标本F84：2，可复原。圆唇，圜底近平，底部有一周凸棱。底部饰席纹。口下可见浅褐色叠烧痕迹与轮修痕迹。口径27.9、通高13.5厘米（图二七三，5；图版七九，2）。标本F84：3，口、腹部残片。圆唇。口下可见轮修痕迹，腹部可见刮抹痕迹。复原口径27、残高11.7厘米（图二七三，9）。标本F84：4，口、腹部残片。方唇（图二七三，2）。标本F84：5，口、腹部残片。口下可见浅褐色叠烧痕迹。复原口径30、残高12厘米（图二七三，6）。标本F84：6，口、腹部残片。圆唇，口下有一个由外向内单面钻成的圆孔。口下可见灰白色叠烧痕迹与轮修痕迹（图二七三，7）。

瓮　20件。标本F84：11、F84：12、F84：15、F84：17均口、腹部残片。形制相同，均粗夹砂红褐陶，侈口，折沿，沿面内曲，鼓腹。标本F84：11，沿面微曲，圆唇，鼓肩，并起一道显著棱脊。棱脊以下饰右上至左下斜向绳纹（图二七四，9）。标本F84：12，方唇，唇部有二道浅细

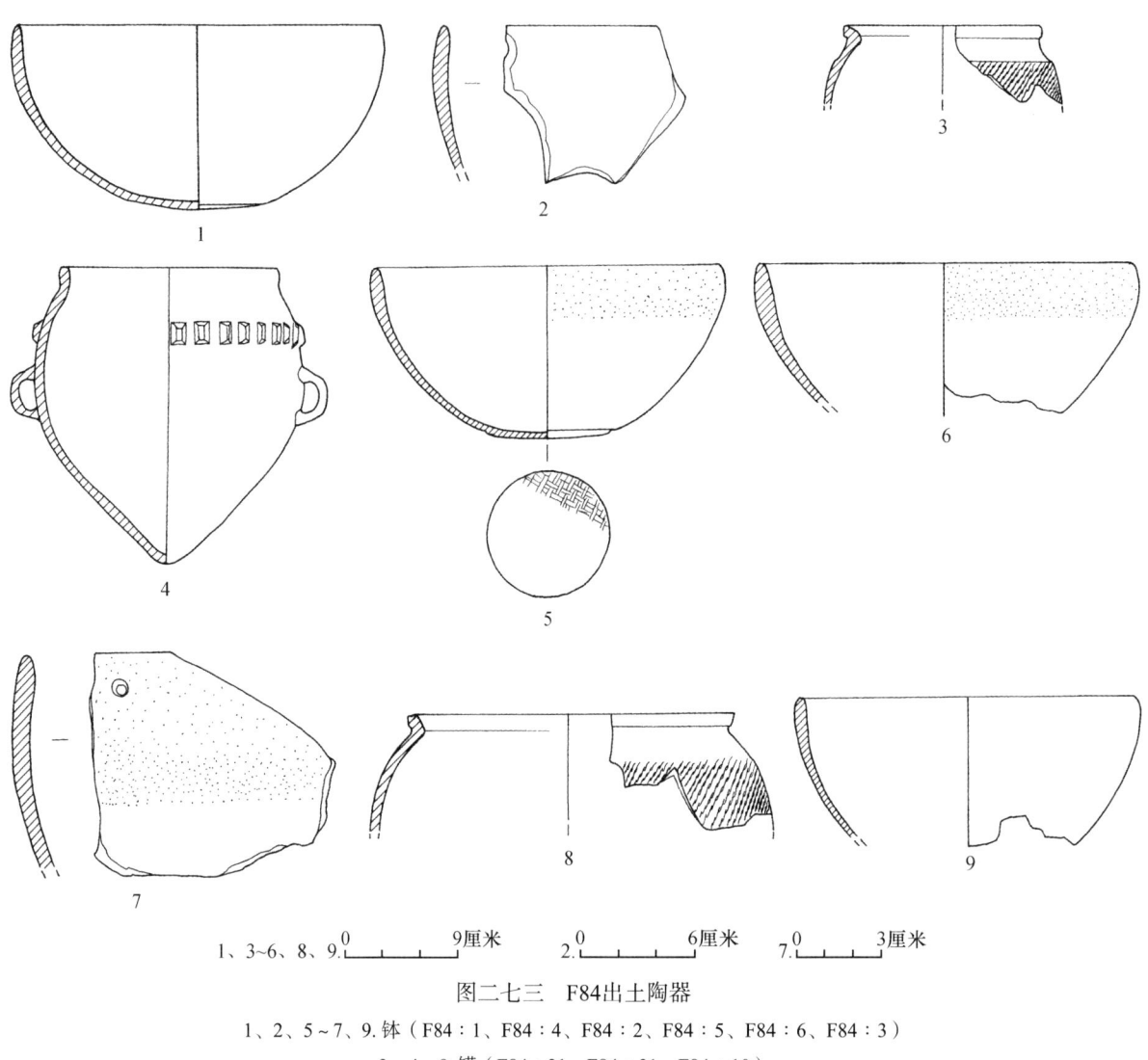

图二七三　F84出土陶器
1、2、5～7、9. 钵（F84：1、F84：4、F84：2、F84：5、F84：6、F84：3）
3、4、8. 罐（F84：21、F84：31、F84：10）

凹槽，鼓肩，并起一道显著棱脊。棱脊以下饰右上至左下斜向绳纹。外沿面可见轮修痕迹。复原口径48、残高12.5厘米（图二七四，5）。标本F84：15，沿面微曲，圆唇。腹部饰右上至左下斜向绳纹。口沿下侧可见轮修痕迹（图二七四，2）。标本F84：17，方唇。腹部饰右上至左下斜向绳纹。口沿下侧可见轮修痕迹（图二七四，3）。

标本F84：32，口、腹部残片。粗泥质橘红陶。侈口，折沿，沿面有三道浅细凹槽，圆唇，上腹圆鼓，下腹呈反弧状斜收，最大腹径位于上腹部。口沿下侧饰多周弦纹，弦纹以下饰右上至左下斜向绳纹。口径48、腹径53、残高26.5厘米（图二七四，10）。

标本F84：13、F84：28均口、腹部残片。形制相同，粗夹砂红褐陶，敛口，平折沿，尖唇，鼓腹。标本F84：13，沿面有二道凸棱。口沿下侧饰四周弦纹，弦纹以下饰右上至左下斜向绳纹。外沿面可见轮修痕迹。复原口径52、残高12.5厘米（图二七四，6）。标本F84：28，沿面有一道浅细凹槽，最大腹径位于上腹部。口沿下侧饰三道弦纹，弦纹以下饰右上至左下斜向绳纹。复原口径55、腹径60、残高20厘米（图二七四，7）。

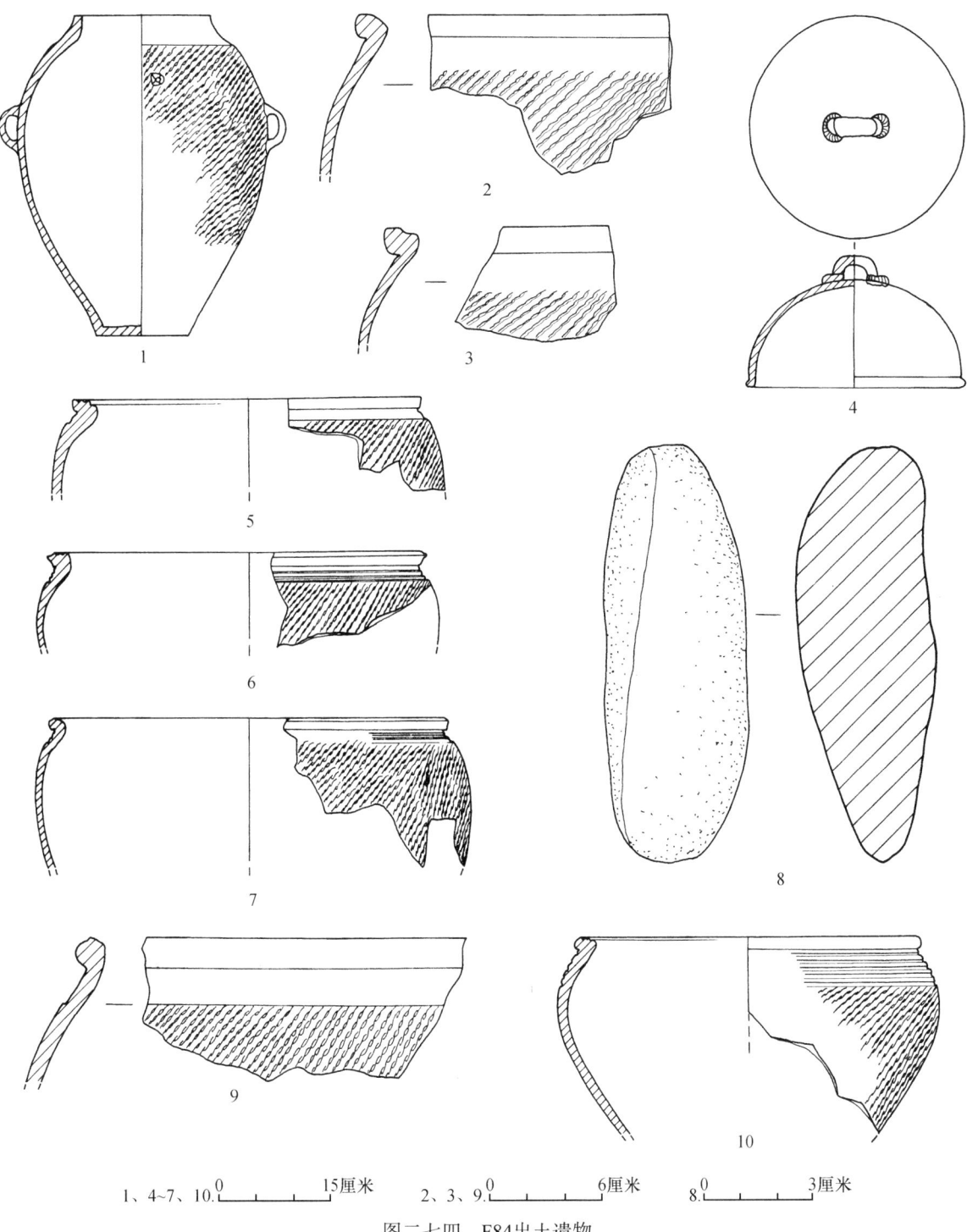

图二七四 F84出土遗物

1~3、5~7、9、10.陶瓮（F84：9、F84：15、F84：17、F84：12、F84：13、F84：28、F84：11、F84：32）
4.器盖（F84：33） 8.石锤（F84：36）

标本F84：9，可复原。细夹砂橘红陶。直口微敛，方唇，口沿内侧有一道浅细凹槽，高领，鼓肩，并起一道显著棱脊，中腹圆鼓，下腹斜收，平底，最大腹径位于中腹部，中腹部有一对竖向圆柱桥形耳。上腹部饰二个鼓钉状附加堆纹，上、中腹部饰右上至左下斜向绳纹。口径19.2、腹径33.3厘米，底径12.7、通高42.6厘米（图二七四，1；彩版二四，2；图版七九，3；图版一九一，1）。

器盖　1件。标本F84：33，可复原。细泥质橘红陶。直口，圆唇，弧壁，弓形纽。器表磨光。素面。口径29.5、通高17.4厘米（图二七四，4；彩版二七，1；图版七九，4）。

（2）石器

1件。锤。标本F84：36，完整。石英细砂岩。石器周身及两端可见多处集中的坑疤。长11.2、宽4厘米（图二七四，8；图版七九，5）。

62. F85

F85位于Ⅲ区T0515、T0516、T0615、T0616内，开口于⑥层下，北部被G1打破。地面式，平面呈圆角长方形，东西长6.3、南北残宽5米。房周围墙体已毁，仅存基槽，宽0.20～0.25、深0.5米；在底部发现柱洞23个，其中东墙8个（D1～D8），南墙8个（D9～D16），西墙7个（D17～D23），直径0.05～0.1、深0.3～0.5、柱间距0.35～0.6米。

居住面为黄土加工而成的硬面，较为平整。在南部发现4个泥圈柱洞（D24～D27），尖锥底，外径0.4～0.55、内径0.3～0.4、深0.5～0.6米。

据残存情况，推测门可能向北（图二七五）。

房内堆积可分为3层：第①层为黄褐色土，土质致密，表面平整坚硬，厚0.15～0.2米，较为纯净；第②层为深灰色土，土质疏松，厚0.15～0.23米，较为纯净；第③层为黄褐色土，土质致密，厚0.15～0.38米，出土少量陶片。

陶片以粗夹砂红褐陶为主，细泥质橘红陶次之，粗泥质橘红陶再次；纹饰以弦纹为主，绳纹与交错绳纹次之，素面再次。

F85共出土遗物15件。全部为陶器。器类有罐、钵、瓮、圆陶片、锉。

罐　6件。标本F85：9，口、腹部残片。粗夹砂红褐陶。侈口，卷沿，沿面微曲，方唇，鼓腹。口沿以下饰多周弦纹。沿面可见轮修痕迹（图二七六，1）。

标本F85：8、F85：10、F85：11、F85：12形制相同，均粗夹砂红褐陶，侈口，折沿，沿面内曲，方唇，鼓腹。标本F85：8，可复原。中腹微鼓，下腹斜收，平底，最大腹径位于中腹部。上、中腹

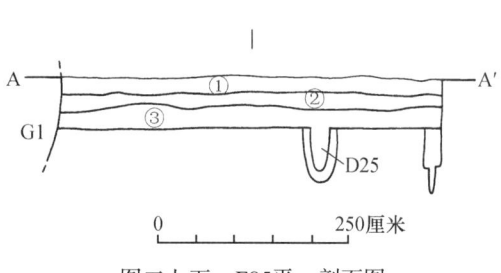

图二七五　F85平、剖面图

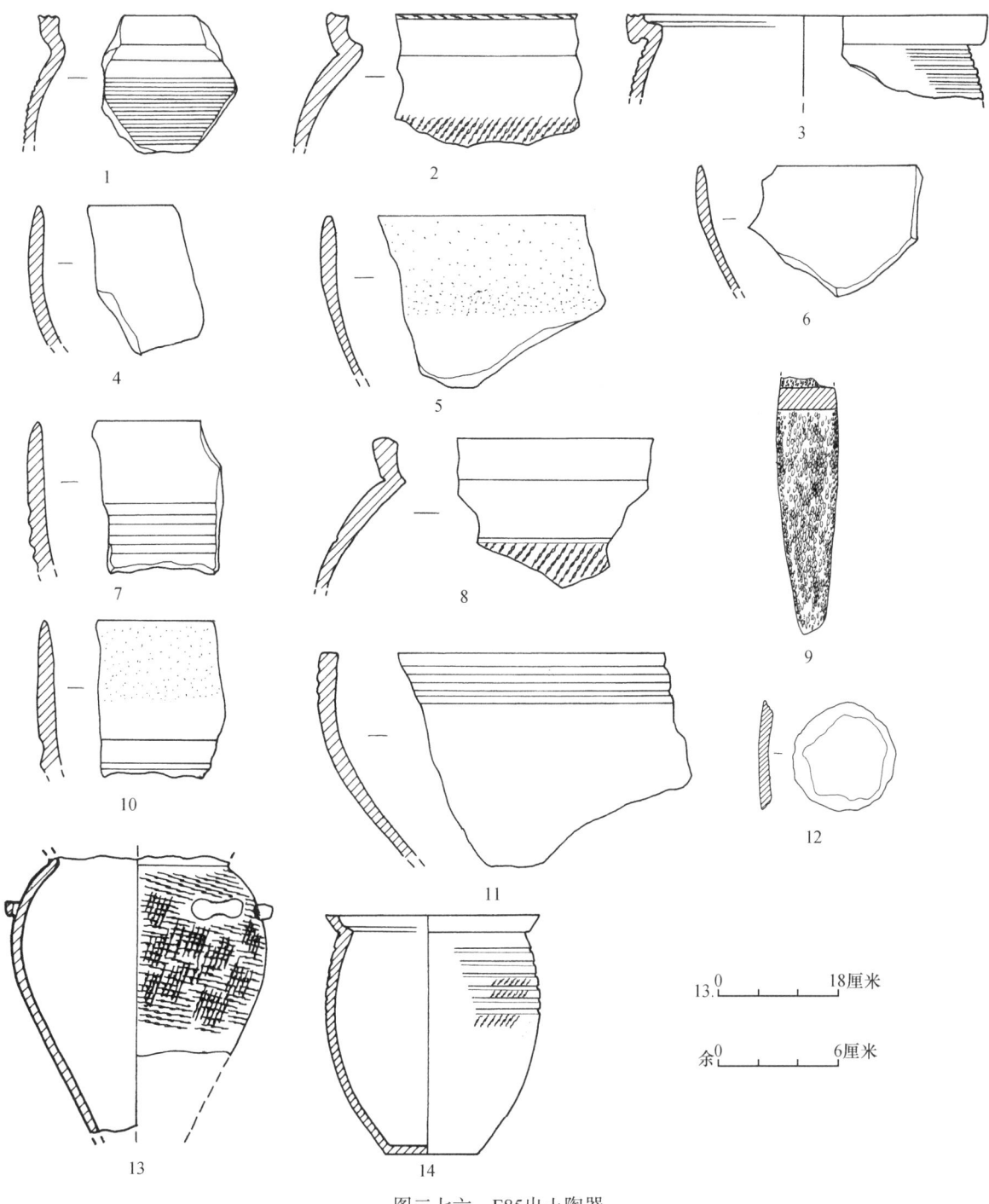

图二七六 F85出土陶器

1~3、8、14.罐（F85：9、F85：12、F85：10、F85：11、F85：8） 4~7、10、11.钵（F85：4、F85：1、F85：3、F85：6、F85：5、F85：2） 9.锉（F85：15） 12.圆陶片（F85：14） 13.瓮（F85：7）

部饰多周弦纹，中腹部饰右上至左下斜向绳纹，绳纹与弦纹略有交错。器表可见烟熏痕迹。口径10.6、腹径10.6、底径4.6、通高11.4厘米（图二七六，14；图版七九，6）。标本F85：10，口、腹部残片。唇部有二道浅细凹槽。口沿以下饰多周弦纹。外沿面可见轮修痕迹。复原口径18、残高4厘米（图二七六，3）。标本F85：11，口、腹部残片。上腹部饰一道弦纹，弦纹以下饰右上至左下斜向绳纹。沿面可见轮修痕迹（图二七六，8）。标本F85：12，口、腹部残片。唇缘饰左上至右下斜向短绳纹，腹部饰右上至左下斜向绳纹。口沿下侧可见轮修痕迹（图二七六，2）。

钵 6件。均口、腹部残片。标本F85：5、F85：6形制相同，均粗泥质橘红陶，直口微敛，尖圆唇，斜直腹。标本F85：5，腹部饰一周弦纹。口下可见浅红色叠烧痕迹与轮修痕迹（图二七六，10）。标本F85：6，腹部饰多周弦纹。口下可见轮修痕迹，器表可见烟熏痕迹（图二七六，7）。

标本F85：1、F85：2、F85：3、F85：4形制相同，均直口微敛，深弧腹。标本F85：1，细泥质橘红陶。方唇。器表磨光。素面。口下可见深褐色叠烧痕迹（图二七六，5）。标本F85：2，粗泥质橘红陶。方唇。口沿下侧饰三道弦纹。内壁可见轮修痕迹（图二七六，11）。标本F85：3，细泥质橘红陶。尖圆唇。器表磨光。素面。器表可见烟熏痕迹（图二七六，6）。标本F85：4，细泥质橘红陶。圆唇。器表磨光。素面。口下可见轮修痕迹（图二七六，4）。

瓮 1件。标本F85：7，腹部残片。粗夹砂红褐陶。上腹圆鼓，下腹斜收，上腹部有横向圆柱桥形耳，最大腹径位于中上腹部。上、中腹部饰交错绳纹。下腹部经刮抹较为光滑。器表可见烟熏痕迹。腹径37.8、残高39.6厘米（图二七六，13）。

圆陶片 1件。标本F85：14，完整。细泥质橘红陶。系利用钵的口部残片打制而成。圆形，边缘稍钝。器表可见浅褐色叠烧痕迹。直径5.2、厚0.5厘米（图二七六，12）。

锉 1件。标本F85：15，一端残。细泥质橘红陶。残存部分平面呈近三角形，横断面呈长方形，钝尖。器表麻点清晰，密度较大，使用痕迹较重。残长12.5、最宽处3.2、厚1.1厘米（图二七六，9）。

63. F87

F87位于Ⅲ区T0615、T0616、T0715、T0716内，开口于⑧层下。地面式，平面呈长方形，东西长4.9、南北宽4.7米。房周围墙体已毁，仅存基槽，宽0.2、深0.15米；在东墙南段与南墙东段底部共发现柱洞15个（D1~D15）。其中东墙6个（D1~D6），南墙9个（D7~D15），直径0.05~0.08、深0.12~0.24、柱间距0.1~0.2米。房外有一周硬面，经火烤而呈红色，宽0.55~0.7、厚0.05~0.08米。

居住面为黄土加工而成的硬面，较为平整。

门向北，位于北墙中部。门道长方形，略有损毁，残长0.65、宽0.8米（图二七七）。

房内堆积可分为2层：第①层为黄褐色土，土质致密，包含少量炭屑，厚0.08米；第②层为深灰色土，土质疏松，包含火烧土块，厚0.1米，出土少量陶片，另有石块、兽骨。

陶片为主要的出土物，以细泥质橘红陶为主，粗夹砂红褐陶次之，细夹砂红褐陶再次；纹饰以素面为主，弦纹次之，绳纹再次。

F87共出土遗物21件。以陶器为主，石器次之，骨器再次。

（1）陶器

14件。器类有盆、罐、钵、瓮、圆陶片。

盆 2件。均口、腹部残片。标本F87：8，细泥质橘红陶。直口微敛，平折沿，圆唇，弧腹。器表磨光。素面。唇部可见轮修痕迹（图二七八，1）。

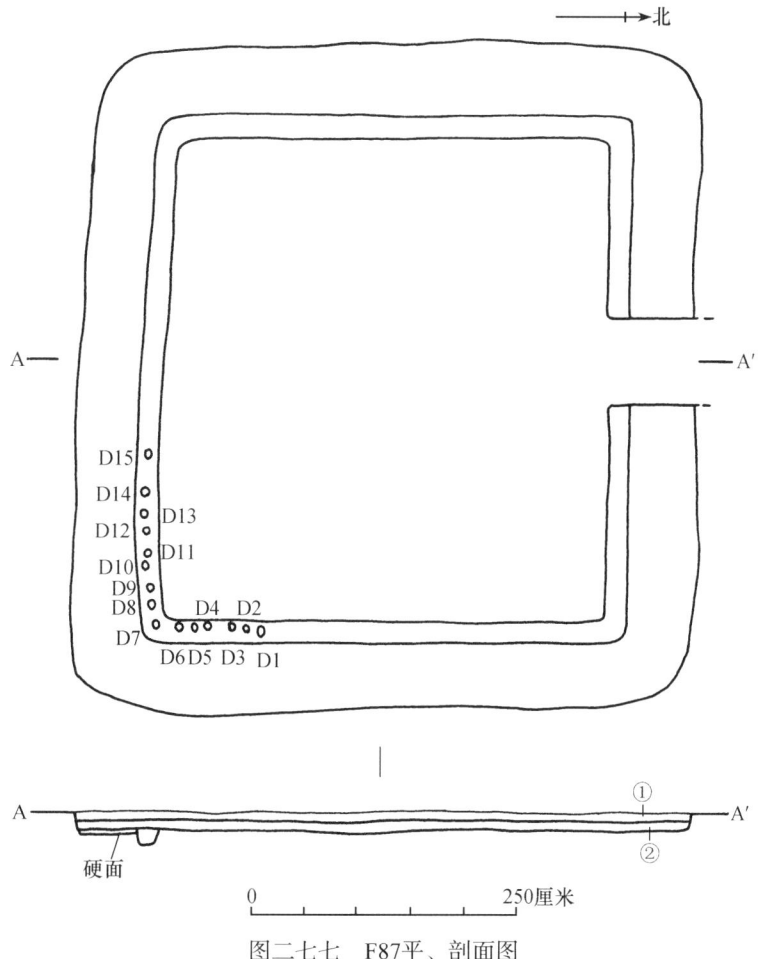

图二七七 F87平、剖面图

标本F87:9，细夹砂红褐陶。敛口，平折沿，圆唇，弧腹。口沿以下饰多周弦纹（图二七八，2）。

罐 1件。标本F87:10，口、腹部残片。粗夹砂红褐陶。侈口，折沿，沿面内曲，方唇，鼓腹。素面。外沿面可见轮修痕迹（图二七八，4）。

钵 7件。均口、腹部残片。标本F87:1、F87:2、F87:3、F87:5、F87:7形制相同，均细泥质橘红陶，直口，深弧腹。标本F87:1，方唇。器表磨光。素面。口下可见灰白色叠烧痕迹，其下侧可见深红色叠烧痕迹（图二七八，10）。标本F87:2，圆唇。器表磨光。素面。口下可见深红色叠烧痕迹（图二七八，11）。标本F87:3，方唇。器表磨光。素面。内壁可见轮修痕迹（图二七八，5）。标本F87:5，圆唇。器表磨光。素面（图二七八，6）。标本F87:7，尖圆唇。腹部饰一周宽浅弦纹。口下可见轮修痕迹（图二七八，3）。

标本F87:4，细泥质橘红陶。敛口，方唇，弧腹。器表磨光。素面（图二七八，8）。

标本F87:6，细夹砂红褐陶。敞口，圆唇，斜直腹。素面。内壁可见轮修痕迹（图二七八，9）。

瓮 1件。标本F87:11，口、腹部残片。粗夹砂红褐陶。侈口，卷沿，沿面微曲，有一道凸棱，方唇，鼓腹。腹部饰右上至左下斜向绳纹。口沿下侧可见轮修痕迹（图二七八，7）。

圆陶片 3件。均完整。标本F87:12-1、F87:12-2形制相同，均细泥质橘红陶，圆形，边缘

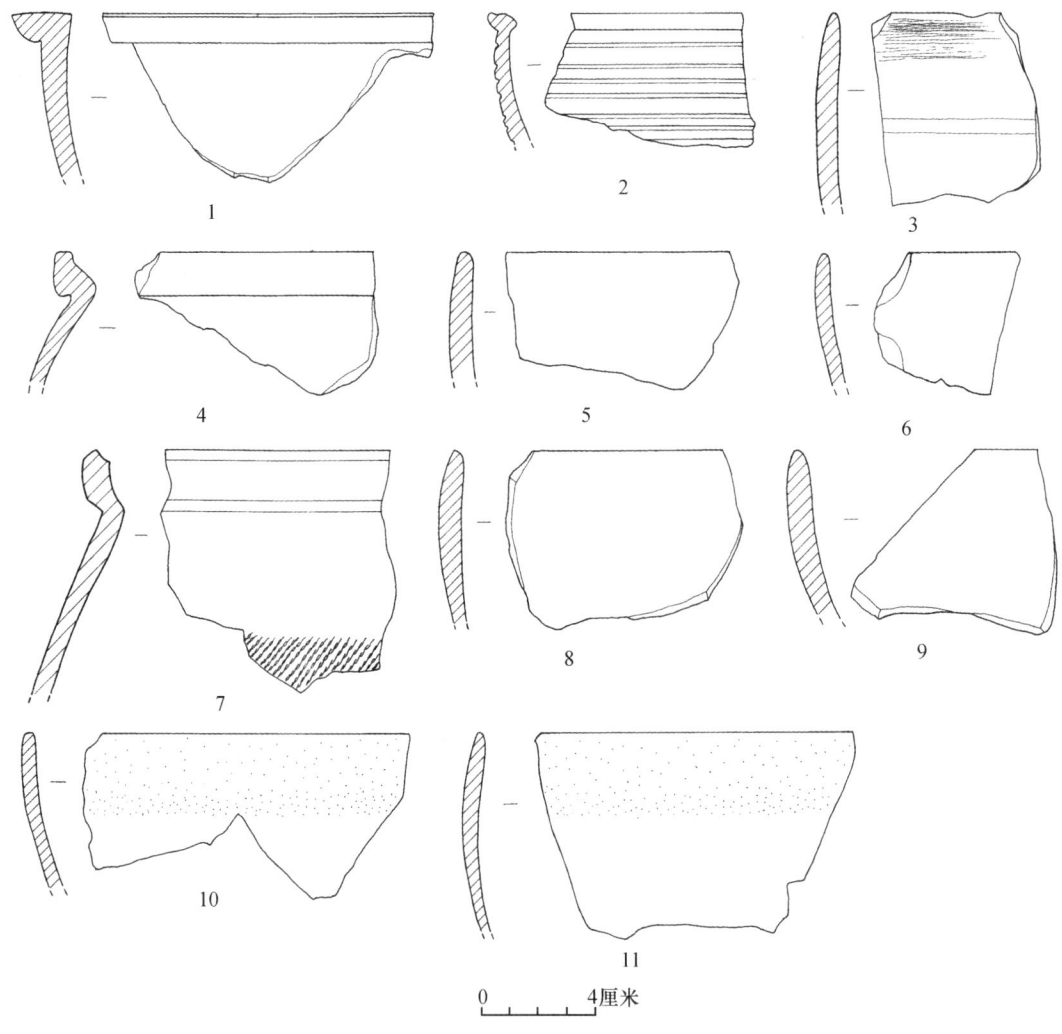

图二七八 F87出土陶器
1、2.盆（F87∶8、F87∶9） 3、5、6、8~11.钵（F87∶7、F87∶3、F87∶5、F87∶4、F87∶6、F87∶1、F87∶2）
4.罐（F87∶10） 7.瓮（F87∶11）

较锋利。标本F87∶12-1，系利用钵的口部残片打制而成。器表可见浅褐色叠烧痕迹。直径6.2、厚0.5厘米（图二七九，1）。标本F87∶12-2，系利用钵的残片打制而成。直径5.1、厚0.6厘米（图二七九，2）。

标本F87∶12-3，细泥质橘红陶。系利用钵的残片打制而成。椭圆形，边缘较锋利。长径3.1、短径2.7、厚0.4厘米（图二七九，5）。

（2）石器

5件。器类有锤、残石器。

锤 1件。标本F87∶17，完整。石英细砂岩。器身较扁平。两端可见集中的坑疤。周身附着有红色颜料。长8.7、宽4.6、厚2.8厘米（图二七九，9；图版八〇，1）。

残石器 4件。标本F87∶13，角岩。残存部分呈三角形。两面均经磨光。器表可见零星打制疤痕。残长8.7、残宽6.3、厚1.5厘米（图二七九，10；图版八〇，2）。标本F87∶14，石灰岩。残存部分呈不规则形。两面均磨光。器身可见零星打制疤痕。残长5.3、残宽3.8、厚1.2厘米（图

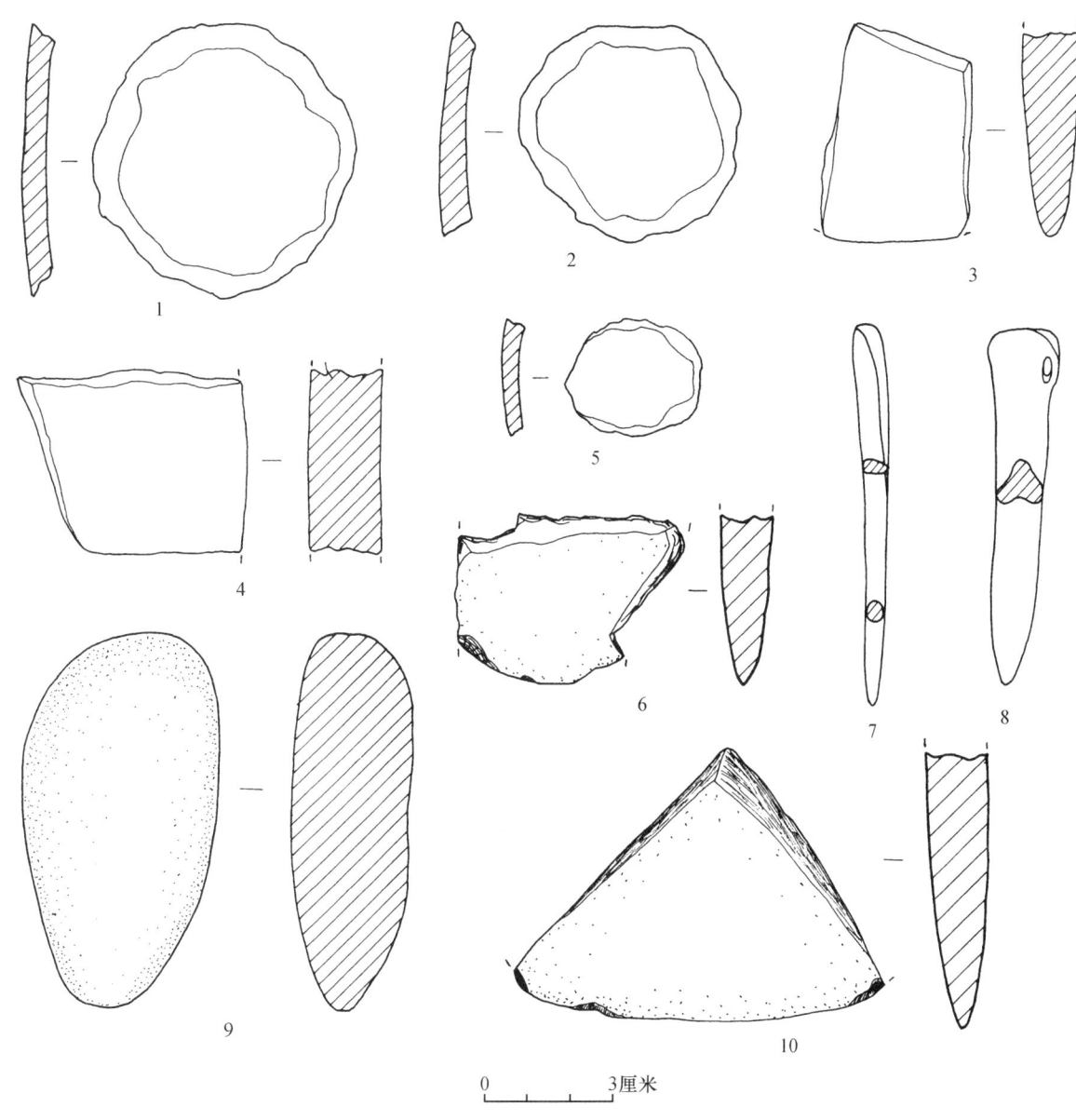

图二七九　F87出土遗物

1、2、5. 圆陶片（F87：12-1、F87：12-2、F87：12-3）　3、4、6、10. 残石器（F87：16、F87：15、F87：14、F87：13）
7、8. 骨锥（F87：19、F87：18）　9. 石锤（F87：17）

二七九，6）。标本F87：15，石英岩。残存部分呈近方形。两面均磨光。器表可见零星打制疤痕。残长5.3、残宽4.3、厚1.7厘米（图二七九，4）。标本F87：16，石灰岩。残存部分呈楔形。两面均磨光。长5、宽3.5、厚1.3厘米（图二七九，3）。

（3）骨器

2件。均为锥。均完整。标本F87：18，系利用梅花鹿的掌骨近段磨制而成，尾端保留骨关节，有一血管孔。器身呈三棱锥状，横断面呈三角形。通体磨光。长8.2厘米（图二七九，8；彩版三五，3；图版八〇，3）。

标本F87：19，系利用动物长骨磨制而成。器身呈扁圆柱状，上半部横断面呈椭圆形，下半部横断面呈圆形，尾端扁平，尖部锐利。长8.8厘米（图二七九，7；彩版三五，4；图版八〇，4）。

64. F88

F88位于Ⅲ区T0315、T0316、T0415、T0416内，开口于④层下，中、南部被F79打破。地面式，平面呈圆角方形，边长5.65米。房周围保留有少量墙体，残高0.25、宽0.26米，墙下挖有基槽，宽0.26、深0.35米，内填较为致密的浅黄色土；在底部发现一圈柱洞，共51个（D1～D51），其中东墙14个（D1～D14），南墙13个（D15～D27），西墙13个（D28～D40），北墙11个（D41～D51），直径0.05～0.06、深0.12～0.28、柱间距0.08～0.5米，以0.3米左右居多。柱洞内填疏松的深褐色土。

房内中部有一灶坑，不规则形，锅底状，因长期使用，壁、底被烧结成红褐色硬面，长径0.5、短径0.45、深0.2米，内填疏松的浅灰色土。

居住面为黄土铺就，表面较为坚硬平整，厚0.13米。

门向北，位于北墙中部，正对房内灶。门道长方形，底部平坦，长1.3、宽0.67米（图二八〇）。

房内堆积为黄褐色土，土质疏松，厚0.4米，无出土物。

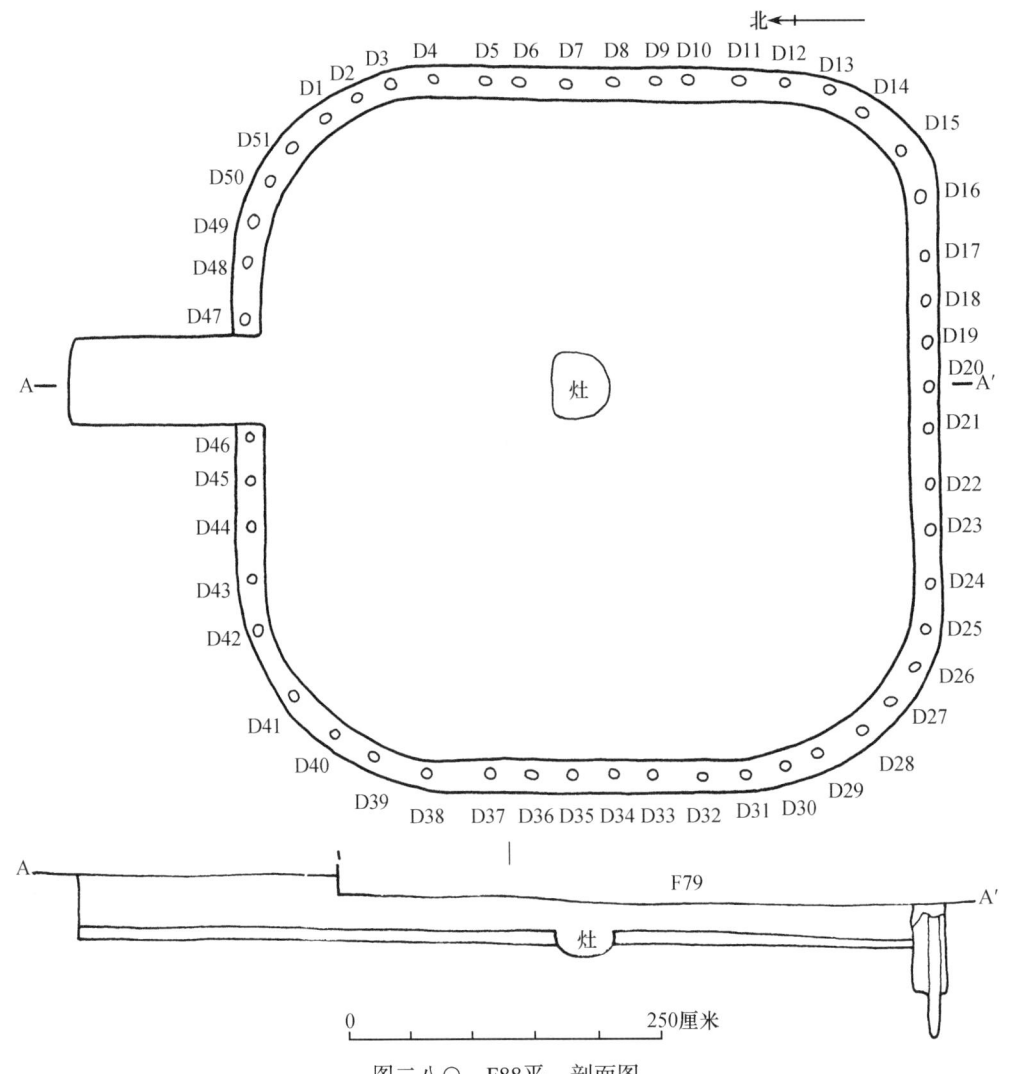

图二八〇　F88平、剖面图

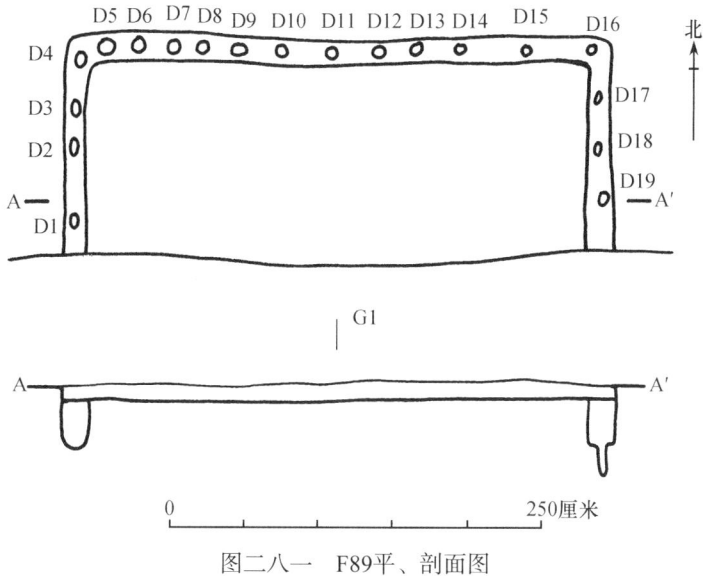

图二八一　F89平、剖面图

65. F89

F89位于Ⅲ区T0617、T0618、T0717、T0718内，开口于④层下，南部被G1打破。地面式，平面呈长方形，南北残长1.5、东西宽3.7米。房周围墙体已毁，仅存基槽，宽0.12～0.15、深0.3米，内填较致密的红褐色土；在底部发现柱洞19个（D1～D19），其中西墙4个（D1～D4）、北墙12个（D5～D16）、东墙3个（D17～D19），直径0.05～0.08、深0.2～0.26、柱间距0.3～0.35米。

居住面为黄土铺就，表面经火烤而较为坚硬，十分平整。

门不详（图二八一）。

房内堆积为红褐色土，土质致密，厚0.1～0.13米，出土少量陶片。

陶片为主要的出土物，以粗夹砂红褐陶为主，粗夹砂橘红陶次之，细泥质橘红陶再次，还有少量粗泥质橘红陶、粗泥质红褐陶、细夹砂红褐陶及细泥质灰陶；纹饰以绳纹居多，素面及弦纹次之，还有少量附加堆纹、线纹及彩陶（表六九）。

表六九　F89陶系统计表　　　　　　　　　　　　　　　　（单位：kg）

陶质	细泥质		粗泥质		细夹砂	粗夹砂		合计	百分比（%）	
陶色 纹饰	橘红	灰	橘红	红褐	红褐	橘红	红褐			
素面	0.22	0.02	0.114				0.86	1.214	26.92	
素面+磨光	0.12							0.12	2.66	
绳纹						1.00	0.57	1.57	34.81	
弦纹	0.114		0.29	0.38	0.24			1.024	22.71	100
附加堆纹							0.26	0.26	5.76	
线纹			0.05					0.05	1.11	
彩陶+绳纹	0.27							0.27	5.99	
合计	0.724	0.02	0.454	0.38	0.24	1.00	1.69	4.51		
	4.51									
百分比（%）	16.05	0.44	10.07	8.43	5.32	22.17	37.47			
	100									

F89共出土遗物15件。全部为陶器。器类有盆、罐、钵、瓮（表七〇）。

表七〇　F89器形统计表　　　　　　　　　　　　　　　　　　（单位：件）

陶质	细泥质			粗泥质		细夹砂	粗夹砂			合计	百分比（%）	
陶色	橘红			橘红		红褐	红褐					
纹饰\器形	素面+磨光	弦纹	彩陶+绳纹	素面	弦纹	弦纹	素面	绳纹	附加堆纹			
盆		1	1							2	13.33	100
罐　口					1	1	3	3	1	10	66.67	
罐　底								1				
钵	1			1						2	13.33	
瓮								1		1	6.67	
合计	1	1	1	1	1	1	3	5	1	15		
	15											
百分比（%）	6.67	6.67	6.67	6.67	6.67	6.67	20.00	33.33	6.67			
	100											

盆　2件。均口、腹部残片。标本F89：3，细泥质橘红陶。敛口，平折沿，沿面微鼓，尖圆唇，弧腹。沿面磨光。口沿以下饰多周弦纹。内壁可见轮修痕迹（图二八二，1）。

标本F89：10，细泥质橘红陶。侈口，卷沿，圆唇，鼓腹。唇部与外沿面饰黑色彩绘，口沿以下饰横向绳纹。复原口径18、残高5厘米（图二八二，3）。

罐　10件。均口、腹部残片。形制相同。标本F89：8，粗夹砂红褐陶。侈口，卷沿，方唇，鼓腹。腹部饰右上至左下斜向绳纹。外沿面可见轮修痕迹（图二八二，2）。

钵　2件。均口、腹部残片。形制相同，均直口微敛，圆唇，深弧腹，素面。标本F89：1，细泥质橘红陶。器表磨光。口下可见浅褐色叠烧痕迹（图二八二，4）。标本F89：2，粗泥质橘红陶。内、外壁均可见轮修痕迹（图二八二，5）。

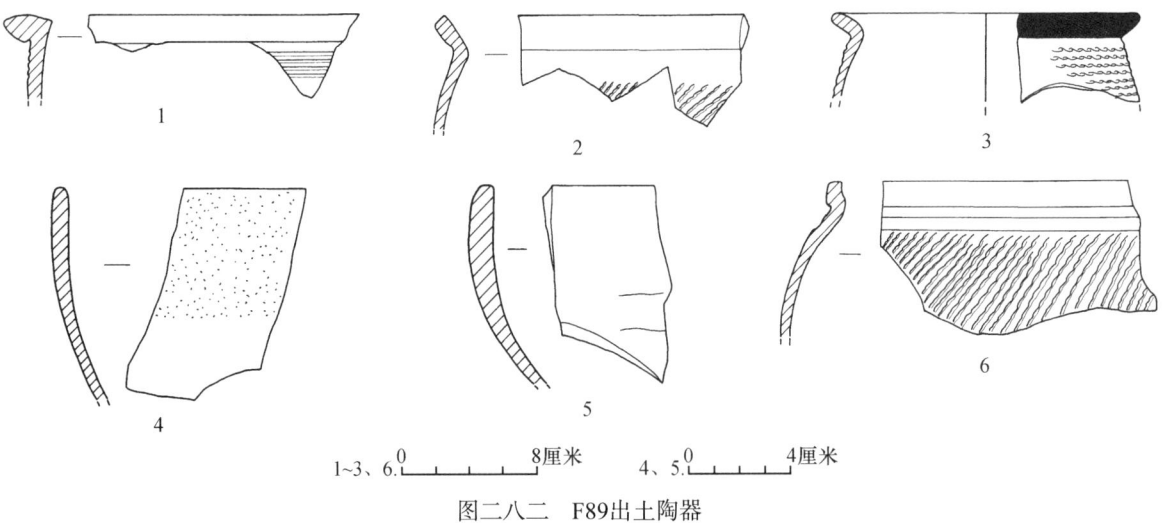

图二八二　F89出土陶器
1、3.盆（F89：3、F89：10）　2.罐（F89：8）　4、5.钵（F89：1、F89：2）　6.瓮（F89：6）

瓮　1件。标本F89∶6，口、腹部残片。粗夹砂红褐陶。侈口，折沿，沿面微曲，方唇，口沿以下有二道较矮棱脊，鼓腹。下侧棱脊以下饰右上至左下斜向绳纹（图二八二，6）。

66. F90

F90位于Ⅲ区T0617、T0618、T0717、T0718内，开口于⑦层下，南部被G1打破。地面式，平面呈圆角长方形，东西长5.15、南北残宽2.25米。房周围墙体已毁，仅存基槽，宽0.15～0.2、深0.2～0.25米；在底部发现一圈柱洞，共44个（D1～D44），其中西墙11个（D1～D11），北墙26个（D12～D37），东墙7个（D38～D44），直径0.05～0.1，深0.1～0.22、柱间距0.1～0.3米。

居住面为黄土加工而成的硬面，较为平整。

门不详。据残存的三面基槽推测，门可能位于南侧（图二八三）。

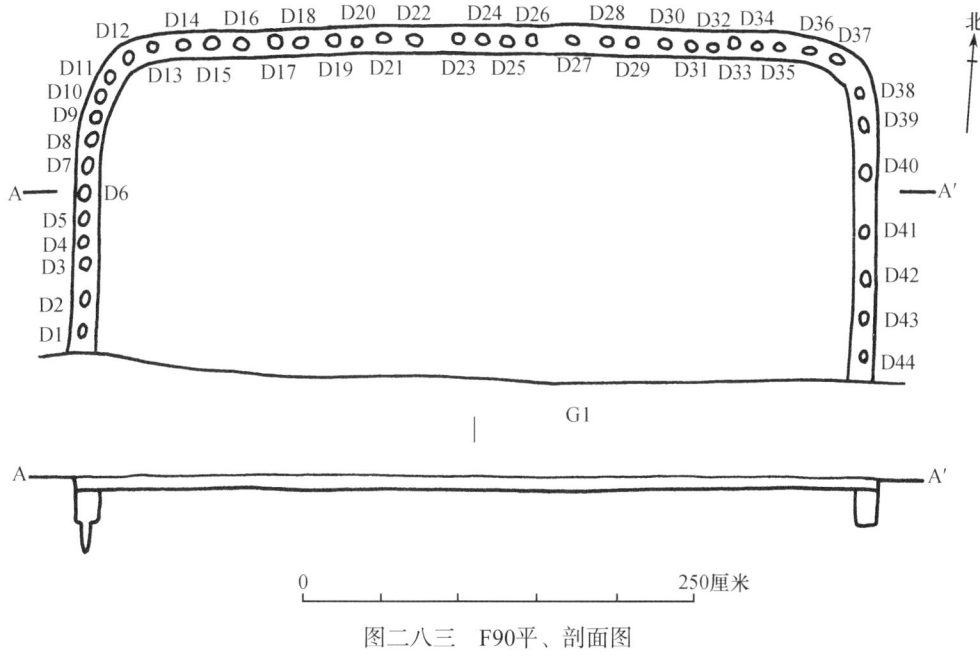

图二八三　F90平、剖面图

房内堆积为黄褐色土，土质致密，厚0.05～0.07米，出土少量陶片，另有石块、兽骨。

陶片为主要的出土物，以粗夹砂橘红陶为主，细夹砂橘红陶和细泥质橘红陶次之，粗泥质橘红陶再次，还有少量粗泥质橙黄陶；纹饰以素面和绳纹居多，弦纹次之，彩陶再次（表七一）。

表七一　F90陶系统计表　　　　　　　　　　　　　　　　　　　　（单位：kg）

陶质	细泥质	粗泥质		细夹砂	粗夹砂	合计		百分比（%）	
陶色 纹饰	橘红	橘红	橙黄	橘红	红褐				
素面	0.09	0.23	0.06	0.33		0.71		39.01	
素面+磨光	0.11					0.11		6.04	
绳纹	0.06				0.59	0.65	1.82	35.71	100
弦纹				0.11	0.11	0.22		12.09	
彩陶	0.13					0.13		7.14	

陶质	细泥质	粗泥质	细夹砂	粗夹砂	合计	百分比（%）
陶色 纹饰	橘红	橘红	橙黄	橘红	红褐		
合计	0.39	0.23	0.06	0.44	0.70	1.82	
			1.82				
百分比（%）	21.43	12.64	3.30	24.18	38.46		
			100				

F90共出土遗物27件。以陶器为主，石器次之，骨器再次。

（1）陶器

24件。器类有瓶、罐、钵、瓮、圆陶片（表七二）。

表七二　F90器形统计表　　　　　　　　（单位：件）

陶质	细泥质				细夹砂		粗夹砂		合计	百分比（%）
陶色	橘红				橘红		红褐			
纹饰 器形	素面	素面+磨光	绳纹	彩陶	素面	弦纹	绳纹	弦纹		
瓶			1						1	6.25
罐							4		4	25.00
钵	3	3		2	1	1			10	62.50
瓮								1	1	6.25
合计	3	3	1	2	1	1	4	1	16	100
				16						
百分比（%）	18.75	18.75	6.25	12.50	6.25	6.25	25.00	6.25		
				100						

瓶　1件。标本F90：11，腹部残片。细泥质橘红陶。鼓腹，中腹部有一对耳，最大腹径位于中上腹部。上、中腹部饰右上至左下斜向绳纹。下腹部可见刮抹痕迹，内壁可见泥条盘筑痕迹，腹径28.2、残高45厘米（图二八四，1）。

罐　4件。标本F90：15、F90：16均口、腹部残片。形制相同，均粗夹砂红褐陶，侈口，折沿，沿面内曲，方唇，鼓腹。标本F90：15，腹部饰右上至左下斜向绳纹。外沿面可见轮修痕迹（图二八四，3）。标本F90：16，沿面微曲，唇部有两道浅细凹槽。腹部饰竖向绳纹。器表可见烟熏痕迹（图二八四，6）。

标本F90：12、F90：13形制相同，均粗夹砂红褐陶，侈口，折沿，鼓腹。标本F90：12，可复原。圆唇，上腹微鼓，下腹斜直，平底，最大腹径位于上腹部。中腹部饰右上至左下斜向绳纹。沿面可见轮修痕迹，口部可见烟熏痕迹，下腹部可见刮抹痕迹。口径16.2、腹径15.6、底径4.2、通高13.8厘米（图二八四，4；图版八〇，5）。标本F90：13，口、腹部残片。圆唇。腹部饰右上至左下斜向绳纹。外沿面、内壁均可见轮修痕迹。复原口径15.9、残高6.6厘米（图二八四，7；图版二〇四，5）。

第二编　发掘资料　　341

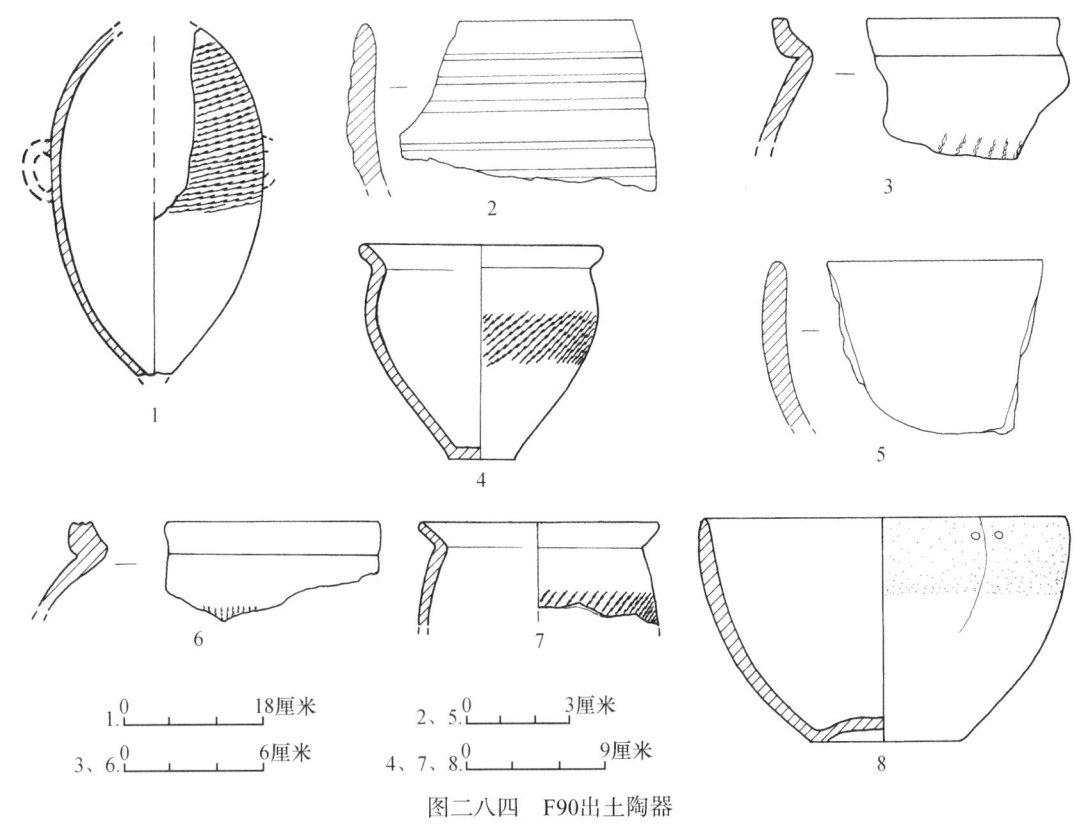

图二八四　F90 出土陶器
1. 瓶（F90：11）　2、5、8. 钵（F90：10、F90：8、F90：1）　3、4、6、7. 罐（F90：15、F90：12、F90：16、F90：13）

钵　10件。标本F90：8、F90：10均口、腹部残片。形制相同，均细夹砂橘红陶，敛口，斜直腹。标本F90：8，方唇。素面。内、外壁均可见轮修痕迹（图二八四，5）。标本F90：10，圆唇。口沿以下饰多周弦纹。内壁可见轮修痕迹（图二八四，2）。

标本F90：1，可复原。细泥质橘红陶。直口微敛，圆唇，口沿下侧有一对两面对钻的圆孔，深弧腹，平底，底心内凹。器表磨光。素面。口下可见深红色叠烧痕迹。口径24、底径10.2、高14.4厘米（图二八四，8；图版八〇，6）。

标本F90：2、F90：3、F90：4、F90：5、F90：6、F90：7、F90：9均口、腹部残片。形制相同，均细泥质橘红陶，直口微敛，深弧腹。标本F90：2，方唇。器表磨光。素面。口下可见深红色叠烧痕迹（图二八五，1）。标本F90：3，方唇。器表磨光。素面。口下可见浅红色叠烧痕迹，器表可见刮抹痕迹，内壁可见轮修痕迹（图二八五，2）。标本F90：4，圆唇。素面。口下可见轮修痕迹，器表可见刮抹痕迹（图二八五，7）。标本F90：5，圆唇。素面。表层有部分剥落（图二八五，8）。标本F90：6，圆唇。器表磨光。口下与唇部饰黑色宽带纹彩绘（图二八五，6）。标本F90：7，圆唇。器表磨光。口下与唇部饰黑色宽带纹彩绘。彩绘下侧可见深红色叠烧痕迹（图二八五，5）。标本F90：9，方唇。器表磨光。素面。内壁可见烟熏痕迹（图二八五，3）。

瓮　1件。标本F90：14，口、腹部残片。粗夹砂红褐陶。侈口，折沿，方唇，鼓腹。口沿以下饰多周弦纹。内沿面可见刮抹痕迹，外沿面可见轮修痕迹（图二八五，4）。

圆陶片　8件。均完整。形制相同，均细泥质橘红陶，圆形。标本F90：17-1，系利用钵的口部残片打制而成。边缘较锋利。器表可见灰白色叠烧痕迹。直径6、厚0.55厘米（图二八六，2）。标

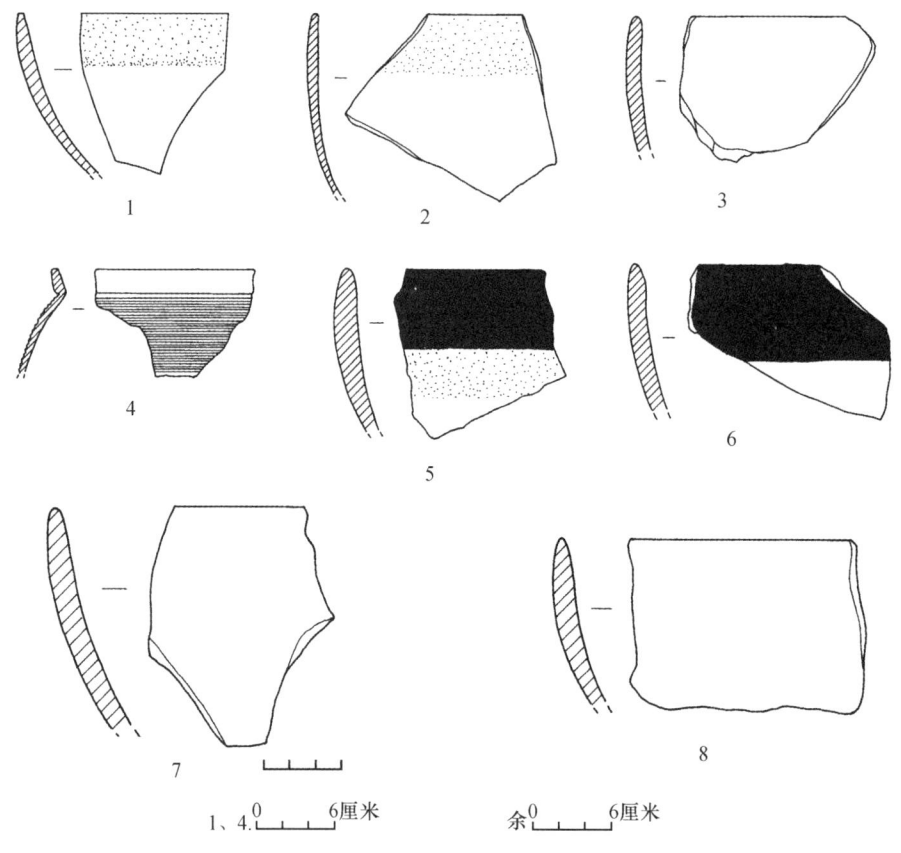

图二八五　F90出土陶器

1~3、5~8.钵（F90∶2、F90∶3、F90∶9、F90∶7、F90∶6、F90∶4、F90∶5）　4.瓮（F90∶14）

本F90∶17-2，系利用钵的口沿残片打制而成，保留少量沿面。边缘较锋利。器表可见浅褐色叠烧痕迹。直径6.5、厚0.5厘米（图二八六，4）。标本F90∶17-3，系利用钵的残片打制而成。边缘较钝。器表有二道弦纹。直径5、厚0.7厘米（图二八六，1）。标本F90∶17-4，系利用钵的残片打制而成。边缘稍钝。直径4.4、厚0.5厘米（图二八六，5）。标本F90∶17-5，系利用钵的口部残片打制而成。边缘较锋利。器表可见浅褐色叠烧痕迹。直径4.5、厚0.5厘米（图二八六，6）。

（2）石器

2件。器类有研磨器、残石器。

研磨器　1件。标本F90∶18，残。石英岩。横断面呈半圆形。器表磨光。表面残存红色颜料痕迹。一侧比较突出，一面可见较密集的坑疤。推测可能同时用作石锤。残长10.8、宽6、厚4厘米（图二八六，3）。

残石器　1件。标本F90∶19，凝灰岩。器身呈半环状，横断面呈三角形。通体磨光。残长8.3厘米（图二八六，8）。

（3）骨器

1件。镞。标本F90∶20，锋部与铤部均残。体部平面呈柳叶形，扁平而薄，刃部较锋利，铤部呈扁圆柱状。通体磨光。残长5.5、宽1.5厘米（图二八六，7）。

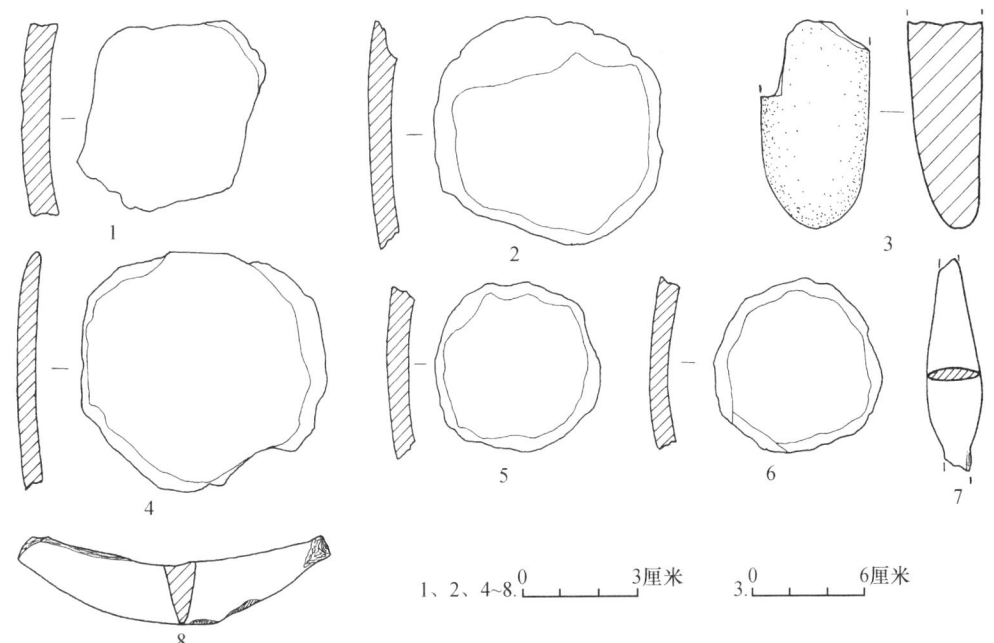

图二八六 F90出土遗物
1、2、4~6. 圆陶片（F90：17-3、F90：17-1、F90：17-2、F90：17-4、F90：17-5） 3. 研磨器（F90：18）
7. 骨镞（F90：20） 8. 残石器（F90：19）

67.F100

F100位于Ⅲ区T0412、T0413、T0414、T0512、T0513、T0514内，开口于⑤层下，东南部被F57打破。半地穴式，平面呈椭圆形，长径7.25、短径6.95、残高0.3米。

居住面为黄土加工而成的硬面，表面涂有一层草拌泥，经火烧烤十分坚硬，较为平整，厚0.1米。

门向北。门道长方形，呈北高南低的斜坡状，残长0.55、宽0.75米（图二八七）。

房内堆积为浅黄色土，土质较致密，厚0.3米，出土少量陶片，另有兽骨。

陶片以细泥质橘红陶为主，粗夹砂红褐陶次之；纹饰全部为素面。

F100共出土遗物7件。以陶器为主，骨器次之。

（1）陶器

6件。器类有罐、钵、锉。

罐 2件。均口、腹部残片。标本F100：4，粗夹砂红褐陶。侈口，卷沿，沿面微曲，方唇，鼓腹。素面。器表可见轮修痕迹（图二八八，4）。

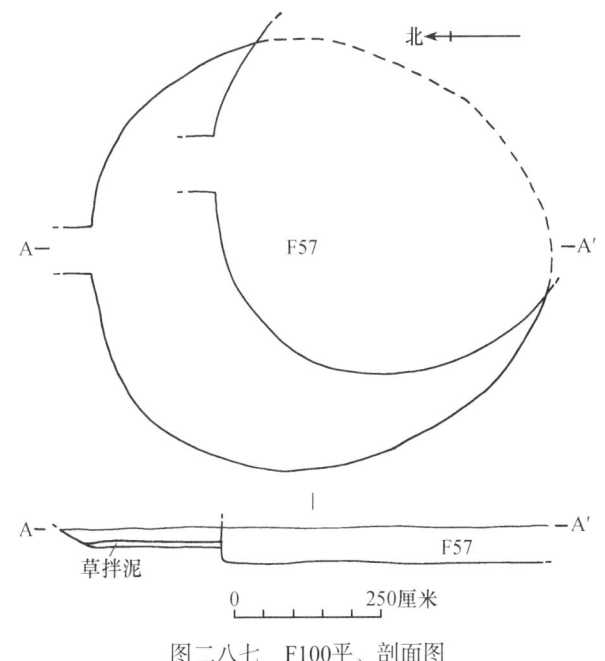

图二八七 F100平、剖面图

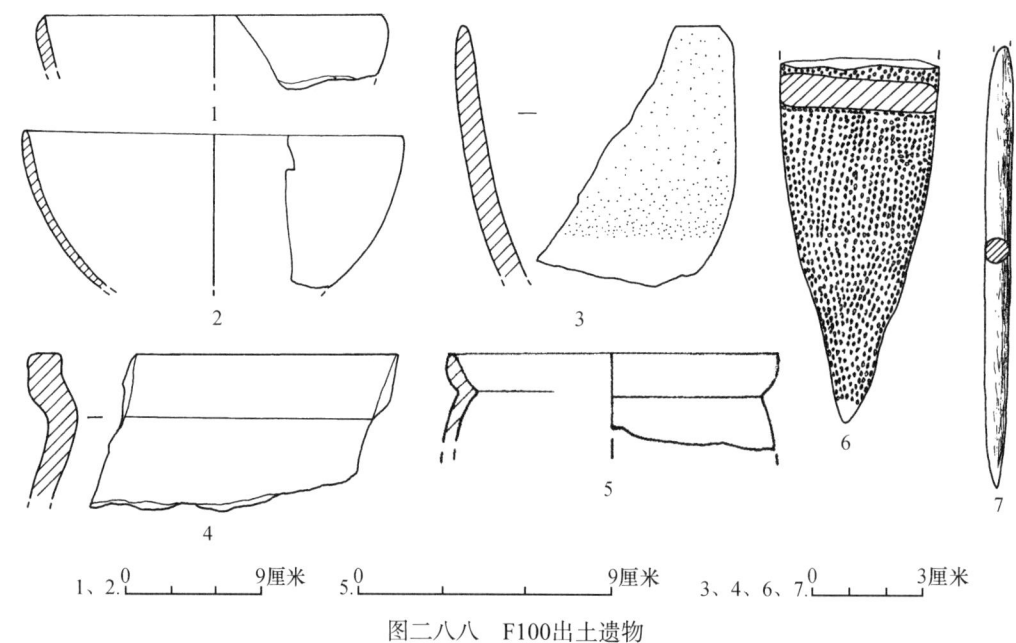

图二八八　F100出土遗物

1~3. 陶钵（F100:1、F100:3、F100:2）　4、5. 陶罐（F100:4、F100:5）　6. 陶锉（F100:6）　7. 骨笄（F100:7）

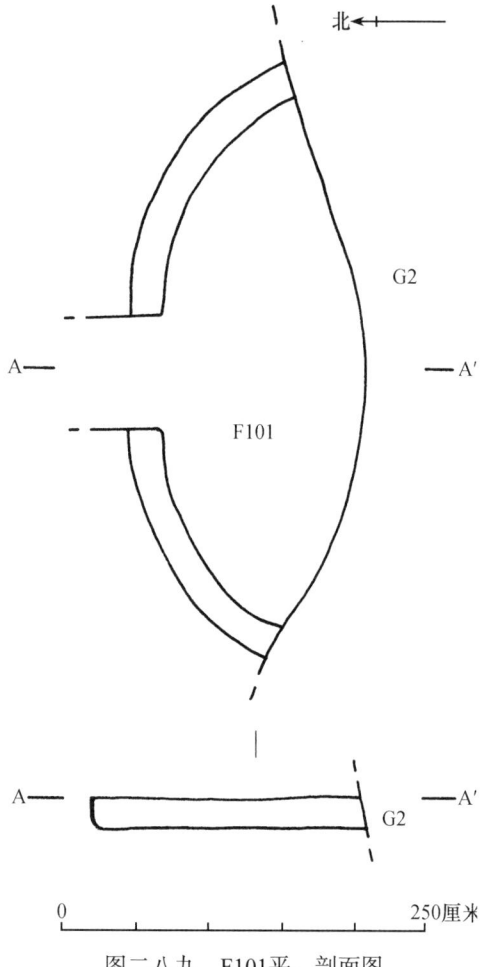

图二八九　F101平、剖面图

标本F100:5，粗夹砂红褐陶。侈口，折沿，沿面内曲，圆唇，鼓腹。素面。器表可见轮修痕迹与烟熏痕迹。复原口径12、残高3.9厘米（图二八八，5）。

钵　3件。均口、腹部残片。形制相同，均细泥质橘红陶，直口微敛，深弧腹，器表磨光，素面。标本F100:1，尖圆唇。器表可见轮修痕迹。复原口径22.8、残高4.5厘米（图二八八，1）。标本F100:2，圆唇。口下可见浅褐色叠烧痕迹（图二八八，3）。标本F100:3，圆唇。口下可见轮修痕迹。复原口径25.8、残高10.2厘米（图二八八，2）。

锉　1件。标本F100:6，一端残。细泥质橘红陶。残存部分平面呈等腰三角形，横断面呈圆角长方形，锐尖，两侧边稍弧。器表麻点清晰，密度较大。残长9.8、最宽处4.3、厚0.8厘米（图二八八，6）。

（2）骨器

1件。笄。标本F100:7，一端残。系利用动物长骨磨制而成。器身圆柱状，横断面呈圆形，尖部锐利。通体磨光。残长11.8厘米（图二八八，7）。

68. F101

F101位于Ⅲ区T0810内，开口于④层下，南部被G2

打破。地面式，平面呈圆形，残存部分平面大体呈半圆形，长径4米，短径1.6米。房周围墙体已毁，仅存基槽，宽0.2~0.3、深0.3米，内填较为致密的浅黄色土。

居住面为黄土加工而成的硬面，较平整。

门向北。门道长方形，底部平坦，残长0.35、宽0.75米（图二八九）。

房内堆积为浅灰色土，土质疏松，厚0.2米，出土少量陶片。

陶片以细泥质橘红陶为主，粗夹砂红褐陶次之，还有少量粗泥质橘红陶与细夹砂红褐陶；纹饰以素面为主，绳纹次之，还有少量弦纹。

F101共出土遗物10件。全部为陶器。器类有盆、罐、钵、瓮。

盆　1件。标本F101∶7，口、腹部残片。细泥质橘红陶。直口微敞，平折沿，圆唇，弧腹。器表磨光。素面。唇部可见轮修痕迹（图二九〇，8）。

罐　2件。均口、腹部残片。标本F101∶10，粗夹砂红褐陶。侈口，卷沿，沿面微曲，方唇，鼓腹。腹部饰右上至左下斜向绳纹。沿面可见轮修痕迹（图二九〇，7）。

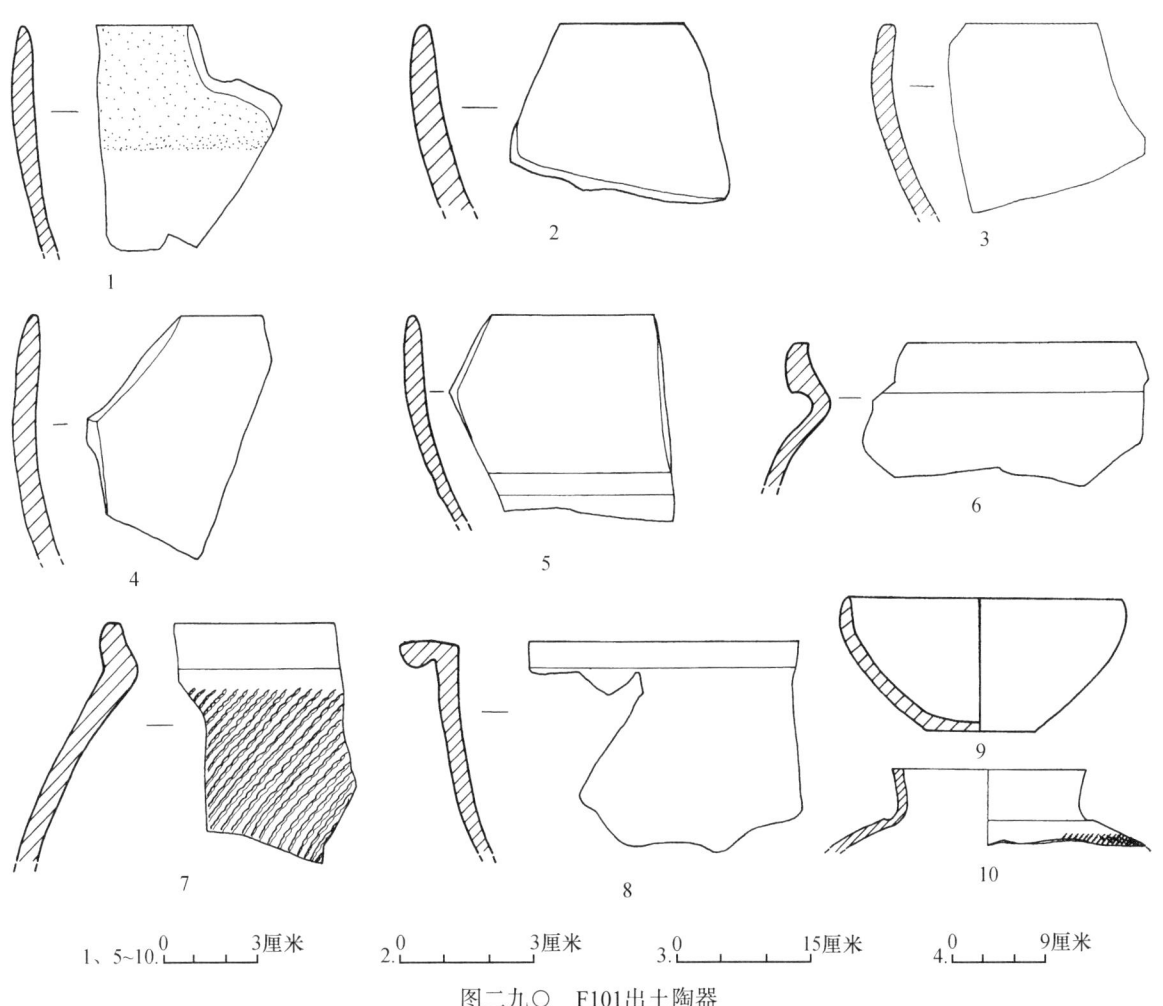

图二九〇　F101出土陶器

1~5、9.钵（F101∶4、F101∶1、F101∶2、F101∶3、F101∶5、F101∶6）　6、7.罐（F101∶9、F101∶10）
8.盆（F101∶7）　10.瓮（F101∶8）

标本F101：9，粗夹砂红褐陶。侈口，折沿，沿面内曲，圆唇，鼓腹。素面。外沿面可见轮修痕迹（图二九〇，6）。

钵　6件。标本F101：2、F101：3均口、腹部残片。形制相同，均粗泥质橘红陶，敛口，方唇，斜直腹，素面。标本F101：2，器表可见轮修痕迹（图二九〇，3）。标本F101：3，内、外壁均可见轮修痕迹，内壁可见烟熏痕迹（图二九〇，4）。

标本F101：1、F101：4、F101：5均口、腹部残片。形制相同，均细泥质橘红陶，直口微敛，深弧腹。标本F101：1，圆唇。器表磨光。素面。口部可见轮修痕迹（图二九〇，2）。标本F101：4，尖唇。素面。口下可见浅褐色叠烧痕迹，内壁可见刮抹痕迹（图二九〇，1）。标本F101：5，圆唇。腹部饰一周弦纹。器表可见刮抹痕迹，内、外壁均可见轮修痕迹（图二九〇，5）。

标本F101：6，可复原。细夹砂红褐陶。直口微敛，圆唇，斜直腹，平底。素面。口下可见轮修痕迹，腹部可见刮抹痕迹。口径31、底径12.5、通高15厘米（图二九〇，9）。

瓮　1件。标本F101：8，口、腹部残片。粗夹砂红褐陶。直口微侈，方唇，高领，鼓肩，并起一道显著棱脊，圆鼓腹。棱脊以下饰交错绳纹。内壁可见轮修痕迹。复原口径19.2、残高7.2厘米（图二九〇，10）。

69. F102

F102位于Ⅲ区T0718、T0719内，开口于⑤层下，南部被H206打破。地面式，平面呈圆角方形，边长4米。房周围墙体已毁，仅存基槽，宽0.1、深0.1米，内填较为致密的黄褐色土。

房内南部有一灶面，椭圆形，大部分被H206打破，表面为一层红色烧结面，残存部分长径0.7、短径0.15、烧结面厚0.05米。

居住面为黄土加工而成的硬面，较为平整。室内共发现柱洞4个（D1~D4），其中3个为泥圈柱洞（D1~D3），外径0.2~0.3、内径0.05~0.15、深0.15~0.2米；D4直径0.15、深0.2米。西南部发现一个黄土夯成的圆形柱础，直径0.25、高0.05米。

门向北，位于北墙中部，正对房内灶。门道梯形，底部平坦，长0.6、宽0.6~0.8米（图二九一）。

房内堆积可分为3层：第①层为浅黄褐色土，土质较硬，厚0.15~0.3米，出土大量陶片；第②层为深灰色土，土质疏松，厚0.05~0.1米，较为纯净；第③层为黄褐色土，土质较为致密，厚0.05米。

陶片以细泥质橘红陶为主，粗夹砂红褐陶次之；纹饰以素面为主，绳纹次之，弦纹再次。

F102共出土遗物19件。以陶器为主，石器次之。

（1）陶器

18件。器类有盆、罐、钵、瓮、盂、圆陶片、锉，另有器底。

盆　2件。均口、腹部残片。标本F102：7，细泥质橘红陶。直口，平折沿，沿面微鼓，圆唇，弧腹。器表磨光。素面。口沿下侧可见轮修痕迹（图二九二，1）。

标本F102：8，细泥质橘红陶。敞口，平折沿，尖圆唇，斜直腹。器表磨光。素面。外沿面可见轮修痕迹（图二九二，4）。

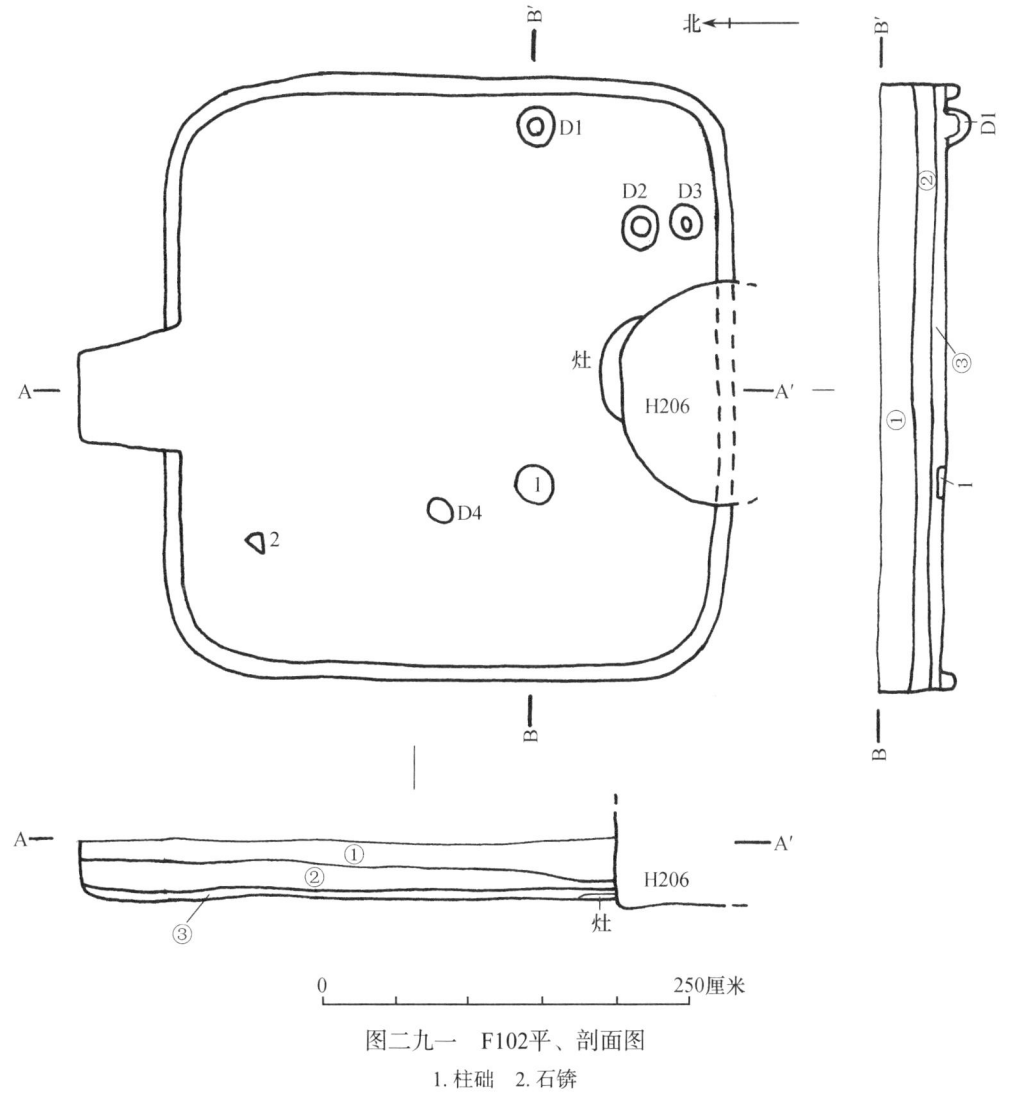

图二九一　F102平、剖面图
1. 柱础　2. 石锛

罐　3件。均口、腹部残片。标本F102:10、F102:11形制相同，均粗夹砂红褐陶，侈口，折沿，沿面内曲，方唇，鼓腹。标本F102:10，唇部有一道浅细凹槽。口沿以下饰多周弦纹（图二九二，3）。标本F102:11，内沿面与腹部相接处有一道凸棱。腹部饰右上至左下斜向绳纹。沿面可见轮修痕迹（图二九二，2）。

标本F102:13，粗夹砂红褐陶。侈口，折沿，方唇，鼓腹。腹部饰右上至左下斜向绳纹。口沿以下可见轮修痕迹（图二九二，12）。

钵　4件。均口、腹部残片。形制相同，均细泥质橘红陶，直口微敛，深弧腹，器表磨光，素面。标本F102:1，圆唇。口下可见深红色叠烧痕迹（图二九二，7）。标本F102:2，方唇。口下可见深红色叠烧痕迹（图二九二，8）。标本F102:3，圆唇。口下可见浅褐色叠烧痕迹（图二九二，9）。标本F102:4，方唇。口下可见浅褐色叠烧痕迹与轮修痕迹（图二九二，10）。

瓮　2件。均口、腹部残片。标本F102:12，粗夹砂红褐陶。侈口，卷沿，沿面微曲，方唇，唇部有一道凸棱，直腹。腹部饰竖向绳纹（图二九二，11）。

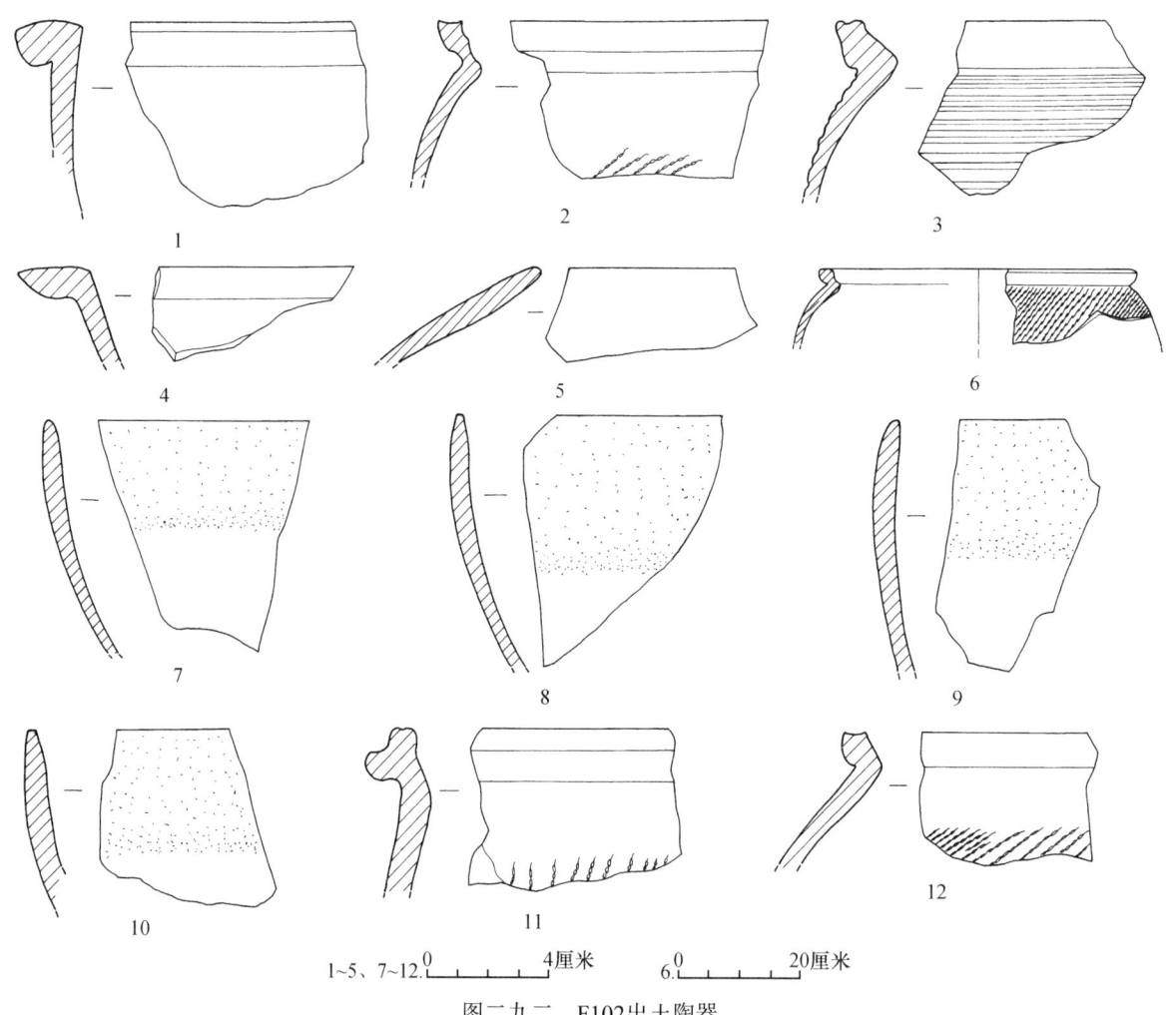

图二九二　F102出土陶器
1、4.盆（F102：7、F102：8）　2、3、12.罐（F102：11、F102：10、F102：13）　5.盂（F102：5）
6、11.瓮（F102：9、F102：12）　7～10.钵（F102：1、F102：2、F102：3、F102：4）

标本F102：9，粗夹砂红褐陶。侈口，折沿，沿面内曲，圆唇，鼓腹。口沿以下饰右上至左下斜向绳纹。唇部可见轮修痕迹。复原口径52、残高12厘米（图二九二，6）。

盂　1件。标本F102：5，口、腹部残片。细泥质橘红陶。敛口，圆唇，圆鼓腹。器表磨光。素面。内壁可见轮修痕迹（图二九二，5）。

器底　标本F102：6，下腹、底部残片。细泥质橘红陶。弧腹，圜底，底部有一道浅细凹槽，凹槽内区域较为粗糙。器表磨光。素面。底部可见烟熏痕迹。可能为钵底（图二九三，3）。

圆陶片　2件。均完整。标本F102：14-1，细泥质橘红陶。系利用钵的残片打制而成。圆形，刃部较钝。直径4.4、厚0.6厘米（图二九三，2）。

标本F102：14-2，细泥质橘红陶。系利用钵的残片打制而成。椭圆形，刃部较锋利。长径5.8、短径4.8、厚0.5厘米（图二九三，1）。

锉　4件。标本F102：15，两端均残。细泥质橘红陶。残存部分平面呈梯形，横断面呈圆角

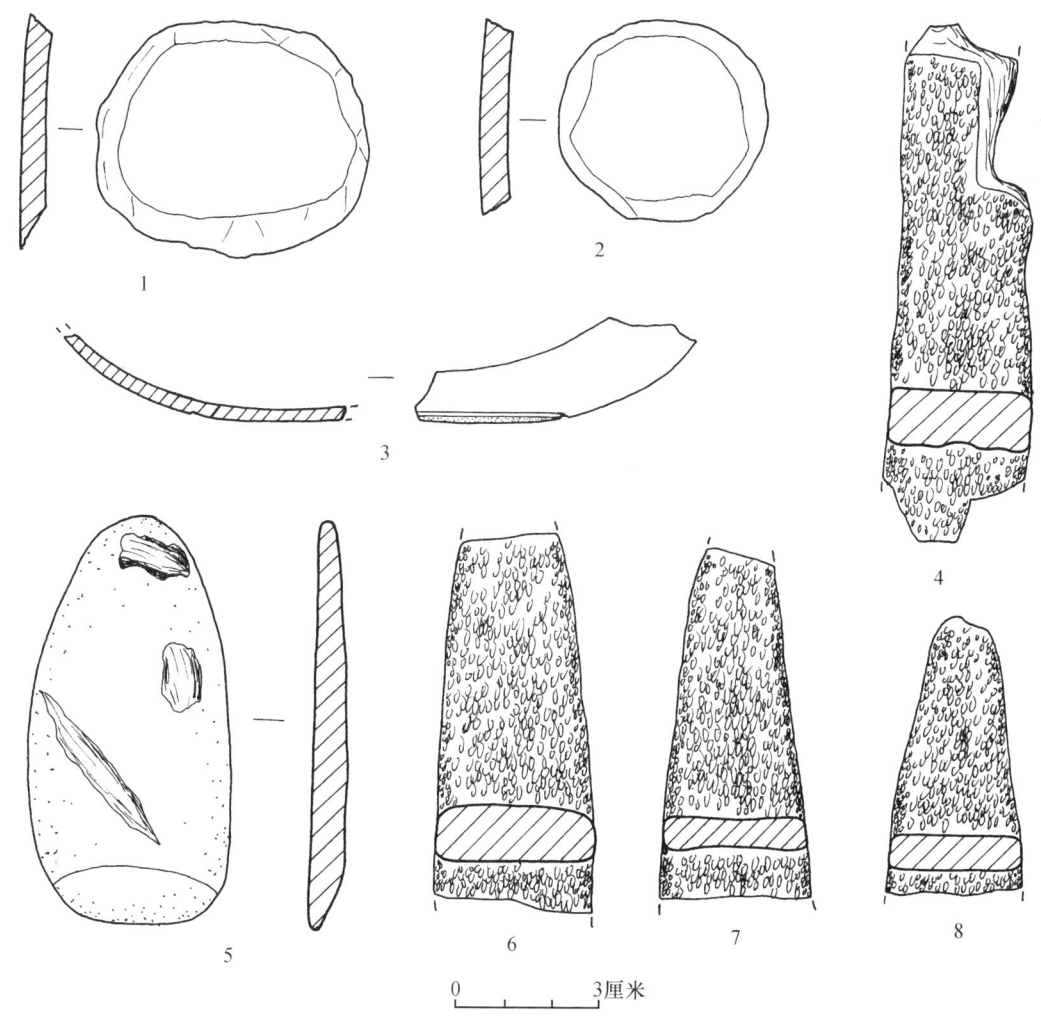

图二九三 F102出土遗物
1、2. 圆陶片（F102:14-2、F102:14-1） 3. 器底（F102:6）
4、6~8. 陶锉（F102:17、F102:16、F102:15、F102:18） 5. 石锛（F102:19）

长方形，两侧边较直。器表麻点清晰，密度较小。残长7.2、宽1.7~3.3、厚0.7厘米（图二九三，7）。标本F102:16，两端均残。细泥质橘红陶。残存部分平面略呈梯形，横断面呈圆角长方形，两侧边较直。器表麻点清晰，密度较大。残长7.8、宽2.3~3.4、厚1.1厘米（图二九三，6）。标本F102:17，两端均残。细泥质橘红陶。残存部分略呈长方形，横断面呈长方形，两侧边较直。器表麻点清晰，密度较小。残长10.7、最宽处3、厚1.2厘米（图二九三，4）。标本F102:18，一端残。细泥质橘红陶。残存部分平面呈三角形，横断面呈圆角长方形，两侧边较直。器表麻点清晰，密度较小。残长5.7、最宽处2.9、厚0.7厘米（图二九三，8）。

（2）石器

1件。锛。完整。标本F102:19，绿石英。平面呈长条形，上端略窄，下端较宽，直刃，较为锋利。通体磨光。长8.4、宽4.3、厚0.7厘米（图二九三，5）。

70. F103

F103位于Ⅲ区T0812内，开口于④层下。地面式，平面略呈椭圆形，长径3、短径2.25米。房周围墙体已毁，仅存基槽，宽0.2~0.25、深0.3米，内填较为致密的浅褐色土。

居住面为黄土加工而成的硬面，较为平整。

门向北，宽0.55米（图二九四）。

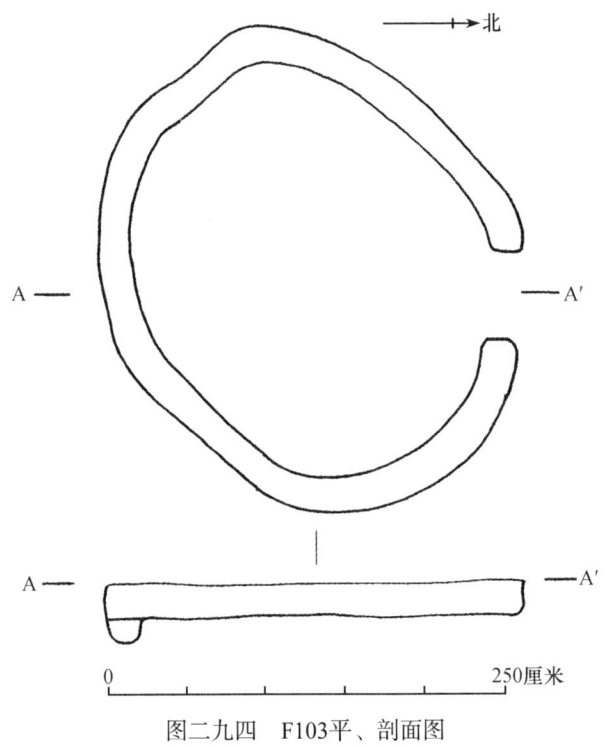

图二九四　F103平、剖面图

房内堆积为黄褐色土，土质疏松，厚0.2米，出土少量陶片。

陶片以粗夹砂红褐陶为主，细泥质橘红陶次之；纹饰以绳纹为主，素面次之，还有少量弦纹。

F103共出土遗物7件。全部为陶器。器类有瓶、罐、钵、瓮、圆陶片。

瓶　1件。标本F103:2，口、腹部残片。细泥质橘红陶。直杯口，较高，方唇，唇部有一道浅细弦纹，束颈，溜肩，鼓腹。肩部饰多道横向绳纹，腹部饰右上至左下斜向绳纹。外沿面可见轮修痕迹，内壁可见泥条盘筑痕迹。口径8.4、残高19.5厘米（图二九五，1）。

罐　3件。均口、腹部残片。标本F103:6，粗夹砂红褐陶。侈口，折沿，方唇，沿面内曲，鼓腹。口沿以下饰右上至左下斜向绳纹。内壁可见轮修痕迹（图二九五，7）。

标本F103:5，粗夹砂红褐陶。侈口，折沿，圆唇，鼓腹。口沿以下饰横向绳纹。内壁可见轮修痕迹（图二九五，2）。

标本F103:3，粗夹砂红褐陶。侈口，折沿，圆唇，圆鼓腹。腹部饰右上至左下斜向绳纹。唇部可见轮修痕迹（图二九五，4）。

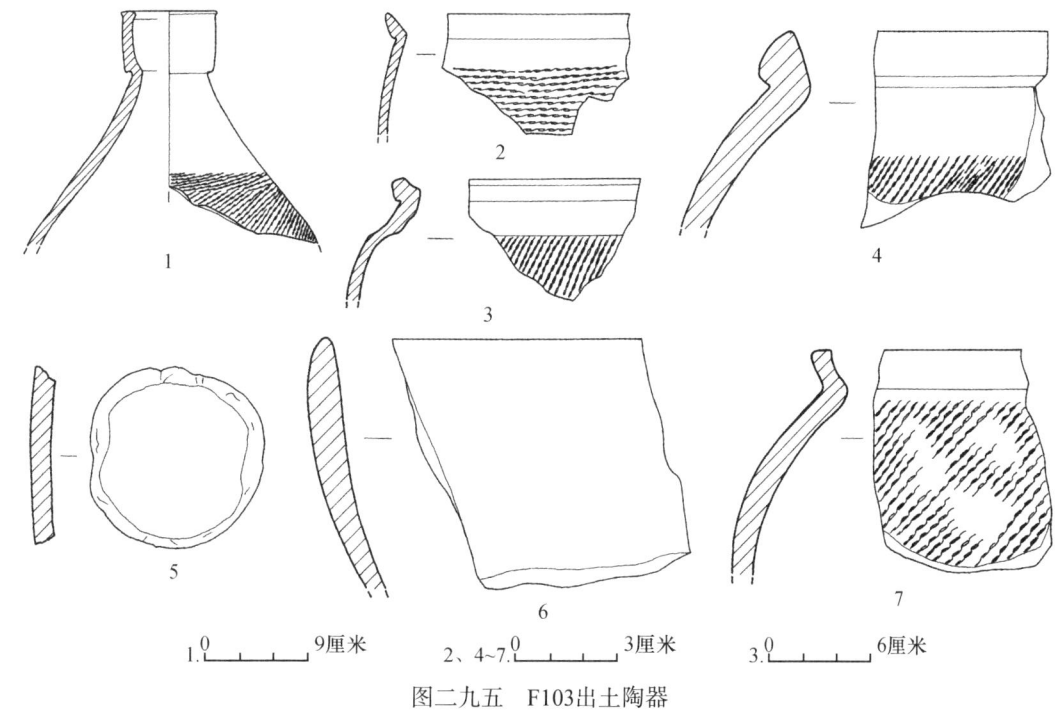

图二九五 F103出土陶器

1.瓶（F103：2） 2、4、7.罐（F103：5、F103：3、F103：6） 3.瓮（F103：4） 5.圆陶片（F103：7） 6.钵（F103：1）

钵　1件。标本F103：1，口、腹部残片。细泥质橘红陶。直口微敛，圆唇，深弧腹。器表磨光。素面。器表可见轮修痕迹（图二九五，6）。

瓮　1件。标本F103：4，口、腹部残片。粗夹砂红褐陶。侈口，折沿，沿面微曲，方唇，鼓肩，并起一道不显著棱脊，鼓腹。棱脊以下饰右上至左下斜向绳纹。唇部可见轮修痕迹（图二九五，3）。

圆陶片　1件。标本F103：7，完整。细泥质橘红陶。系利用钵的残片打制而成。圆形，边缘较钝。直径5、厚0.6厘米（图二九五，5）。

71. F107

F107位于Ⅲ区T0712与T0812内，开口于⑤层下。地面式，平面呈圆角长方形，东西长3.9、南北宽2.9米。房周围墙体已毁，仅存基槽，宽0.15、深0.15米，内填较为致密的黄褐色土。

居住面为灰褐色土加工而成的硬面，较为平整。

门向北，位于北墙中部。门道长方形，底部平坦，残长0.3、宽0.7米（图二九六）。

房内堆积可分为2层：第①层为浅黄色土，土质较为致密，厚0.45米，较为纯净；第②层为深灰色土，土质疏松，厚0.1米，出土少量陶片。

F107共出土遗物3件。全部为陶罐。F107：1、F107：2均口、腹部残片。形制相同，均粗夹砂红褐陶，侈口，折沿，鼓腹。标本F107：1，圆唇。素面。沿面可见轮修痕迹，器表可见烟熏痕迹。复原口径15.9、残高6.6厘米（图二九七，1）。标本F107：2，方唇。外沿面与口沿下侧可见轮修痕迹（图二九七，2）。

标本F107∶3，腹、底部残片。粗夹砂红褐陶。斜直腹，平底。中腹部饰竖向绳纹。下腹部可见刮抹痕迹。底径8.6、残高11厘米（图二九七，3）。

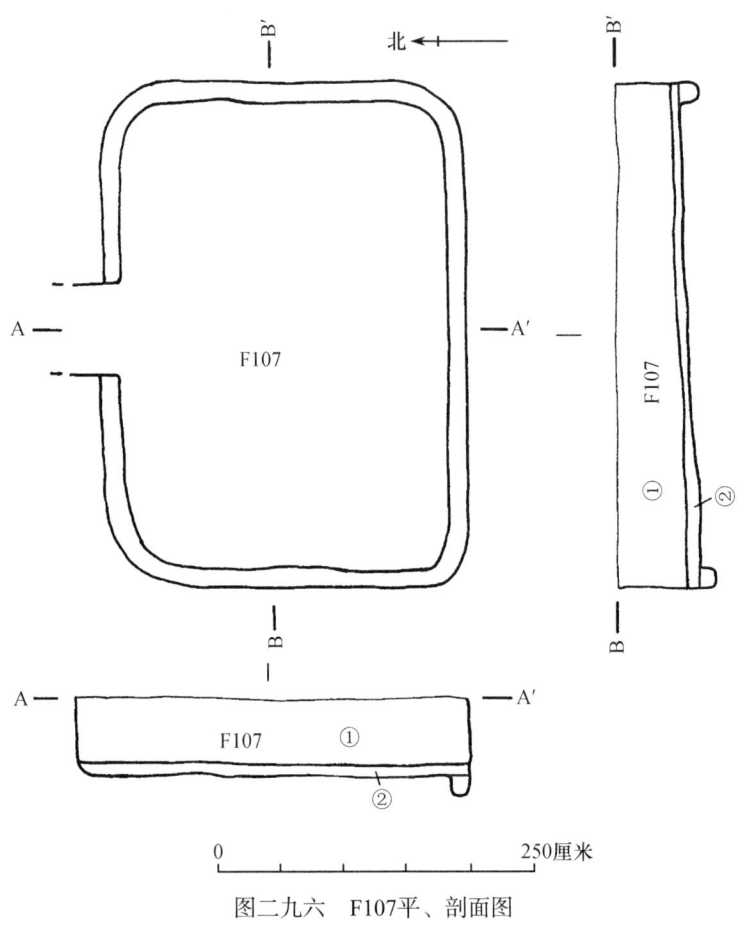

图二九六 F107平、剖面图

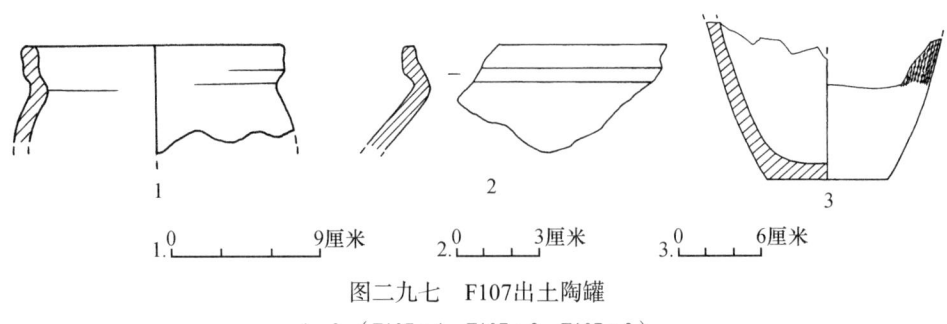

图二九七 F107出土陶罐
1~3.（F107∶1、F107∶2、F107∶3）

第二节 灶 址

除了房址内的灶址，该期还发现6座零星分布的单独灶址，编号为Z5、Z6、Z7、Z15、Z25、Z27。所有灶址全部为灶坑。平面形状有方形、圆形、椭圆形、不规则形四种，其中方形2座，圆形1座，椭圆形2座，不规则形1座。结构有筒状与锅底状两种，其中筒状4座，锅底状2座。

1. Z5

Z5位于Ⅲ区T1013西南部与T1012西北部，开口于F26居住面之下，被F26、H67打破。平面呈椭圆形，锅底状，直壁，平底，壁、底有明显的火烧痕迹，底部有一层火烧面。口部残长径0.76、短径0.7、底部长径0.6、短径0.58、深0.8米（图二九八）。

灶内堆积可分为2层：第①层为深灰色土，土质疏松，包含少量火烧土块，厚0.3米；第②层为草木灰，厚0.5米，出土零星陶片，另有骨头。

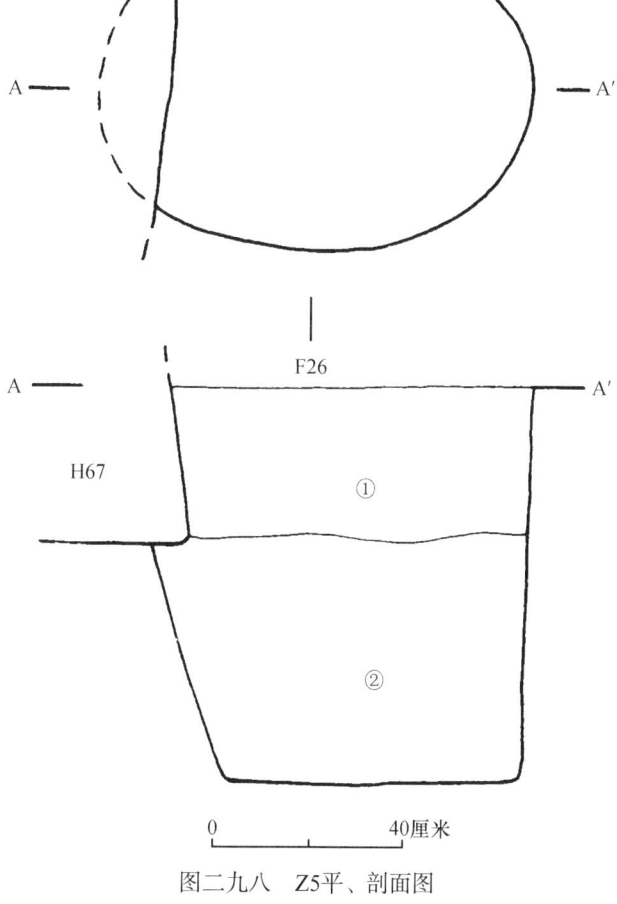

图二九八　Z5平、剖面图

2. Z6

Z6位于Ⅲ区T1013西南部与T1012西北部，开口于F26居住面之下，被F26、H67、Z5打破。平面呈圆角方形，筒状，平底，壁、底均因火烤而形成一层青灰色硬面。残存部分长径1.02、短径0.84、深0.6米（图二九九）。

灶内堆积可分为2层：第①层为深灰色土，土质疏松，厚0.3米，出土少量骨头；第②层为草木灰，厚0.3米。

3. Z7

Z7位于Ⅲ区T1013西南部，开口于F26居住面之下，被F26、H67、Z6打破。平面呈圆形，筒状，平底，底部有火烧痕迹。残长径0.7、短径0.42、深0.4米（图三〇〇）。

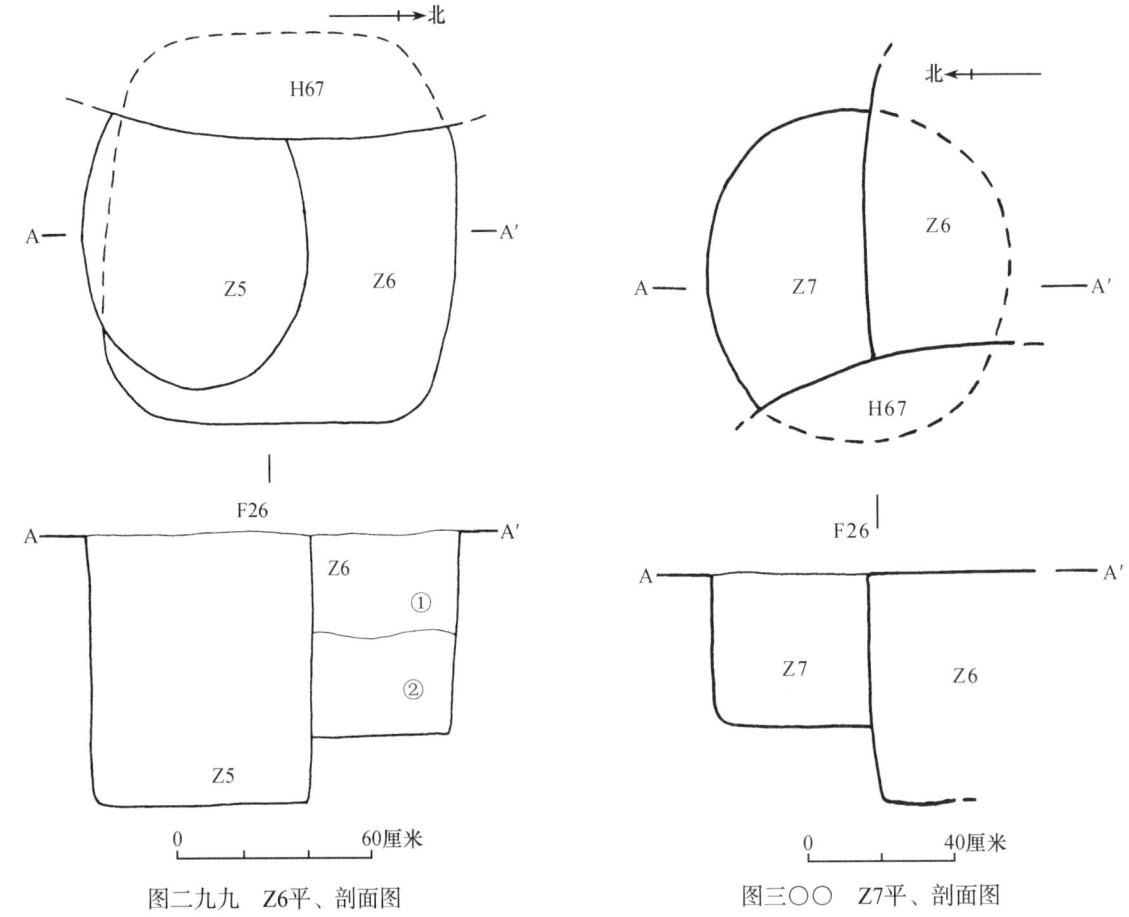

图二九九　Z6平、剖面图

图三〇〇　Z7平、剖面图

灶内堆积为浅灰色土，土质松散，包含少量火烧土块。

4. Z15

Z15位于Ⅲ区T0814南部，开口于⑥层下。平面呈不规则形，筒状，底部北高南低，壁、底均经烧烤而形成砖红色烧结面。南北长1.4、宽0.2~0.48、深0.16~0.2米（图三〇一）。

灶坑内堆积为浅灰色土，土质疏松，夹杂少量草木灰。

5. Z25

Z25位于Ⅲ区T0620南部，开口于⑥层下。平面呈圆角长方形，筒状，平底。口部南北长1.12、东西宽1、底部南北长1、东西宽0.92、深0.2米（图三〇二）。

灶内堆积为深灰色土，土质较为疏松，包含少量火烧土颗粒。

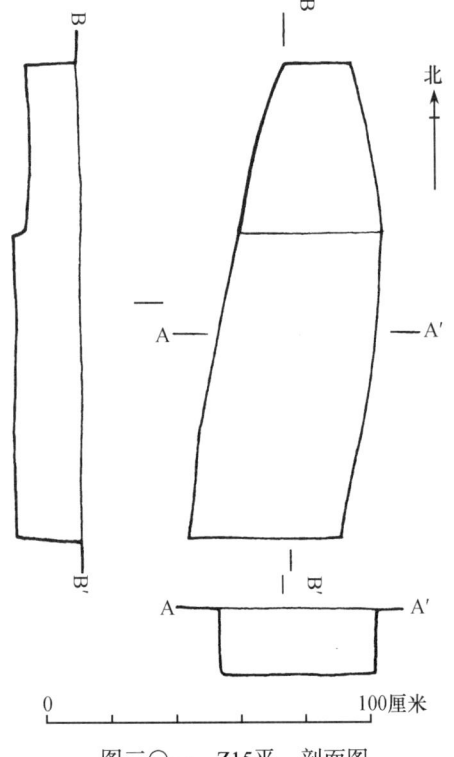

图三〇一　Z15平、剖面图

6. Z27

Z27位于Ⅲ区T0619东南部，开口于⑤层下。平面呈椭圆形，锅底状。长径0.94、短径0.76、深0.11米（图三〇三）。

灶内堆积为深灰色土，土质较为疏松，包含少量火烧土块。

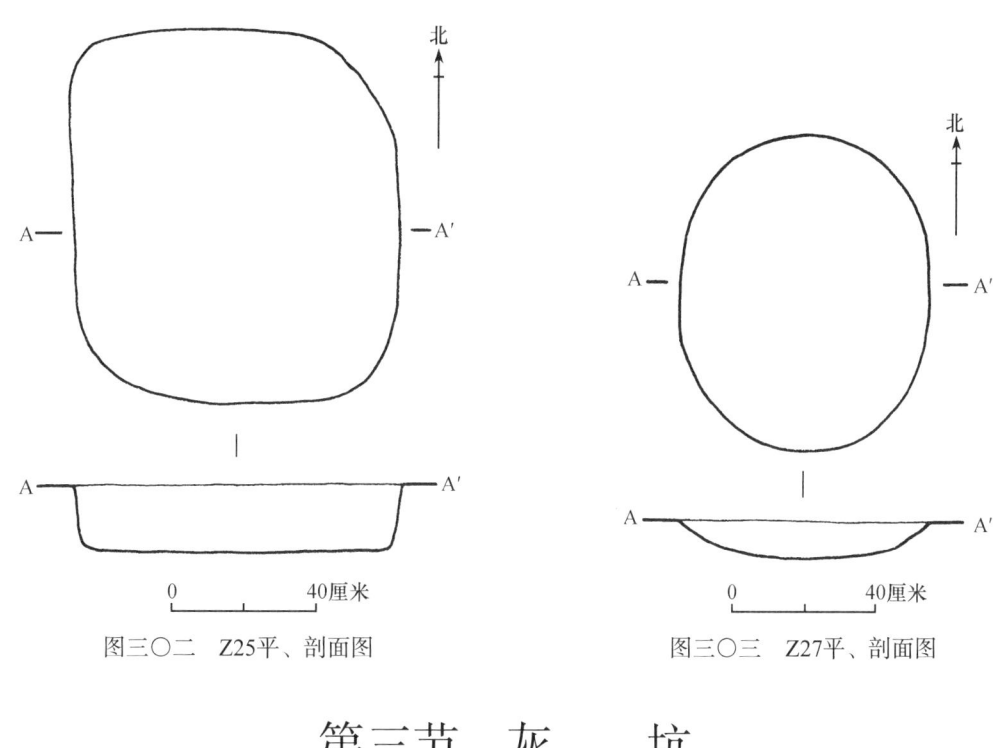

图三〇二　Z25平、剖面图　　　　图三〇三　Z27平、剖面图

第三节　灰　　坑

灰坑共发现72座，编号为H5、H9、H10、H13、H17、H20、H22、H28、H30、H32、H80、H81、H88、H91、H97、H99、H106、H107、H108、H109、H111、H144、H145、H149、H150、H151、H152、H153、H156、H160、H161、H162、H163、H164、H165、H167、H168、H169、H170、H171、H172、H173、H174、H175、H176、H178、H179、H180、H182、H183、H185、H190、H191、H193、H194、H195、H199、H203、H205、H207、H210、H222、H230、H232、H236、H240、H241、H244、H248、H249、H252、H254。平面形状有椭圆形、圆形、（长）方形、梯形、不规则形五种，其中圆形21座，椭圆形18座，（长）方形22座，梯形4座，不规则形7座。结构有袋状、筒状、锅底状三种，其中袋状41座，筒状15座，锅底状16座。此外，9座灰坑底部保留有加工痕迹，其中底部经烧烤的3座，底部为硬面的6座。22座底部有台阶，其中有一级台阶的8座，有二级台阶的12座，有三级台阶的2座。

1. H5

H5位于Ⅱ区T0201中部，开口于④层下。平面呈圆形，锅底状，弧壁，圜底。坑口径1.2、深0.7米（图三〇四）。

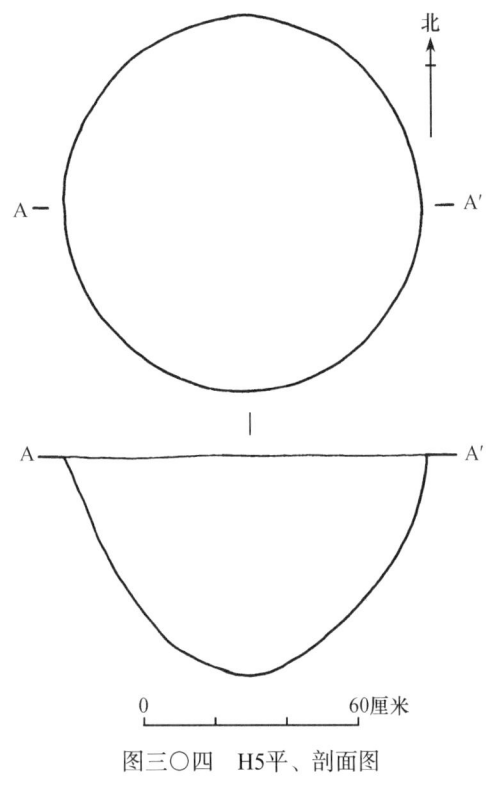

坑内堆积为浅灰色土，土质较为疏松，包含少量料姜石块，出土少量陶片，另有兽骨。

陶片以粗夹砂红褐陶为主，细泥质橘红陶次之；纹饰以绳纹为主，素面次之。

H5共出土遗物7件。全部为陶器。器类有盆、罐、钵、瓮。

盆　1件。标本H5：2，口、腹部残片。细泥质橘红陶。直口，平折沿，圆唇，弧腹。器表磨光。素面（图三〇五，1）。

钵　1件。标本H5：1，口、腹部残片。细泥质橘红陶。直口微敛，圆唇，深弧腹。器表磨光。素面。口下可见浅褐色叠烧痕迹与轮修痕迹（图三〇五，3）。

罐　2件。均口、腹部残片。标本H5：4，粗夹砂红褐陶。侈口，卷沿，沿面微曲，方唇，鼓腹。腹部饰竖向绳纹。沿面可见轮修痕迹（图三〇五，7）。

标本H5：7，粗夹砂红褐陶。侈口，折沿，沿面微曲，圆唇，鼓腹。素面。沿面可见轮修痕迹与烟熏痕迹（图三〇五，2）。

瓮　3件。均口、腹部残片。标本H5：5、H5：6形制相同，均粗夹砂红褐陶，侈口，折沿，沿面内曲，鼓腹。标本H5：5，沿面微曲，圆唇。腹部饰右上至左下斜向绳纹，绳纹斜度较小。唇部

图三〇四　H5平、剖面图

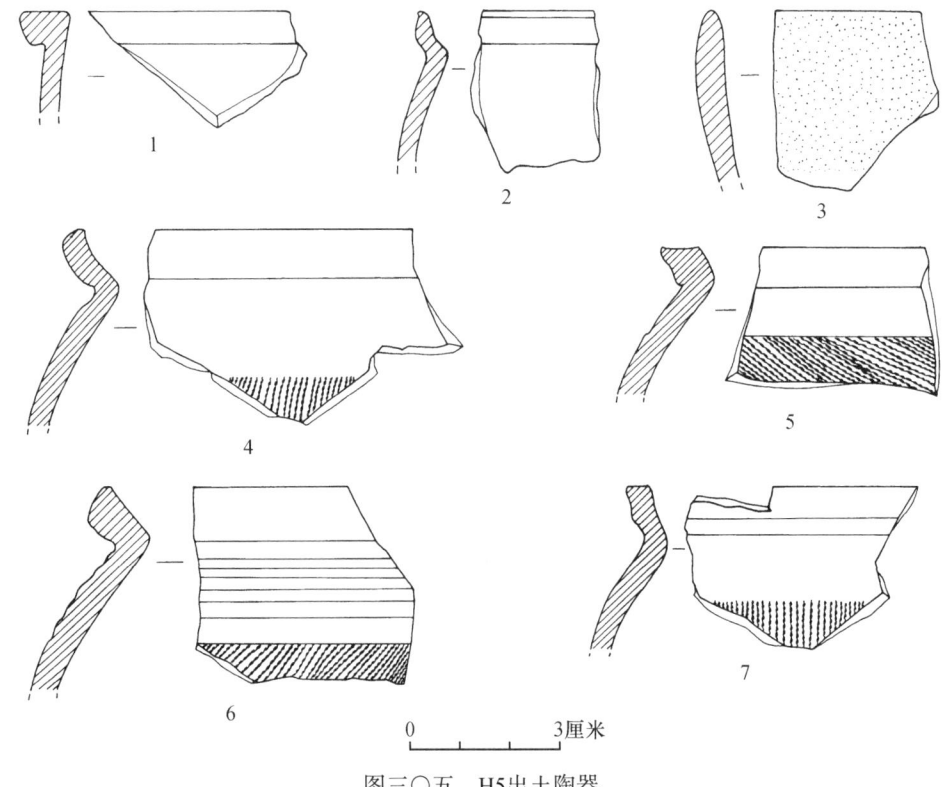

图三〇五　H5出土陶器

1.盆（H5：2）　2、7.罐（H5：7、H5：4）　3.钵（H5：1）　4~6.瓮（H5：5、H5：3、H5：6）

可见轮修痕迹（图三〇五，4）。标本H5：6，方唇。口沿下侧饰多周弦纹，弦纹以下饰右上至左下斜向绳纹（图三〇五，6）。

标本H5：3，粗夹砂红褐陶。侈口，折沿，沿面有一道凸棱，尖圆唇，鼓肩，并起一道较矮棱脊，鼓腹。棱脊以下饰左上至右下斜向绳纹。内壁可见轮修痕迹（图三〇五，5）。

2. H9

H9位于Ⅱ区T0102西部与T0202东部，开口于④层下。平面呈圆形，锅底状，弧壁，圜底。坑口径1.1、深0.6米（图三〇六）。

坑内堆积为浅灰色土，土质较为疏松，出土少量陶片，另有石块。

陶片以细泥质橘红陶为主，粗夹砂红褐陶次之；纹饰全部为素面。

H9共出土遗物4件。全部为陶器。器类有盆、罐、钵，另有器底。

盆　1件。标本H9：3，口、腹部残片。细泥质橘红陶。敛口，平折沿，沿面微鼓，方唇。器表磨光。素面。口下可见轮修痕迹（图三〇七，3）。

罐　1件。标本H9：4，口、腹部残片。粗夹砂红褐陶。侈口，折沿，圆唇，鼓腹。沿面可见轮修痕迹（图三〇七，2）。

钵　2件。均口、腹部残片。形制相同，均细泥质橘红陶，直口微敛，圆唇，深弧腹，器表磨光，素面。标本H9：1，口下可见浅褐色叠烧痕迹与轮修痕迹（图三〇七，1）。标本H9：2，口下可见深褐色叠烧痕迹（图三〇七，4）。

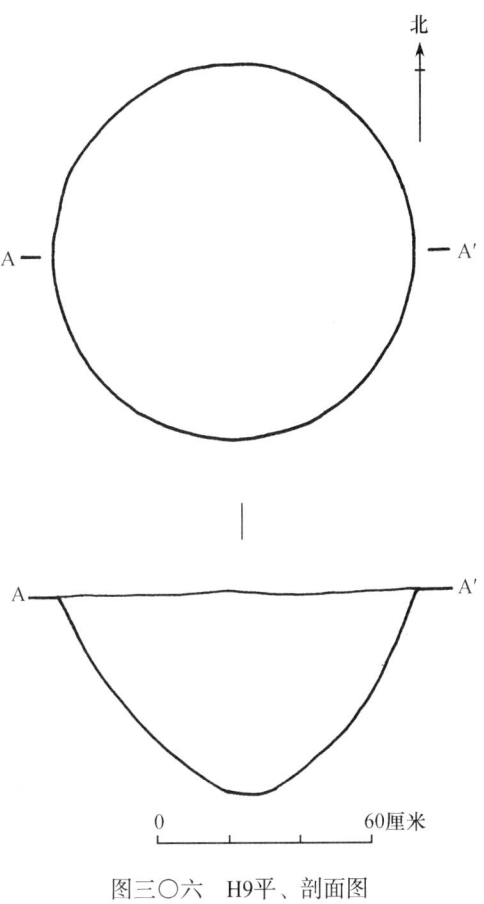

图三〇六　H9平、剖面图

器底　标本H9：5，下腹、底部残片。细泥质橘红陶。下腹斜直，小平底。素面。器表可见刮抹痕迹。可能为瓶底。底径2、残高4厘米（图三〇七，5）。

3. H10

H10位于Ⅱ区T0106北部，开口于④层下，南部被F2打破。平面呈椭圆形，锅底状，斜直壁，平底。坑口长径2.38、短径1.4、底长径2.14、短径1.18、深0.4米（图三〇八）。

坑内填土为浅灰色土，土质疏松，包含大量火烧土块，出土大量陶片，另有石块、兽骨。

陶片为主要的出土物，以粗夹砂红褐陶为主，细泥质橘红陶次之，还有一定比例的粗泥质橘红陶和细夹砂橘红陶；纹饰以绳纹居多，素面次之，弦纹再次，还有少量附加堆纹、划纹及席纹（表七三）。

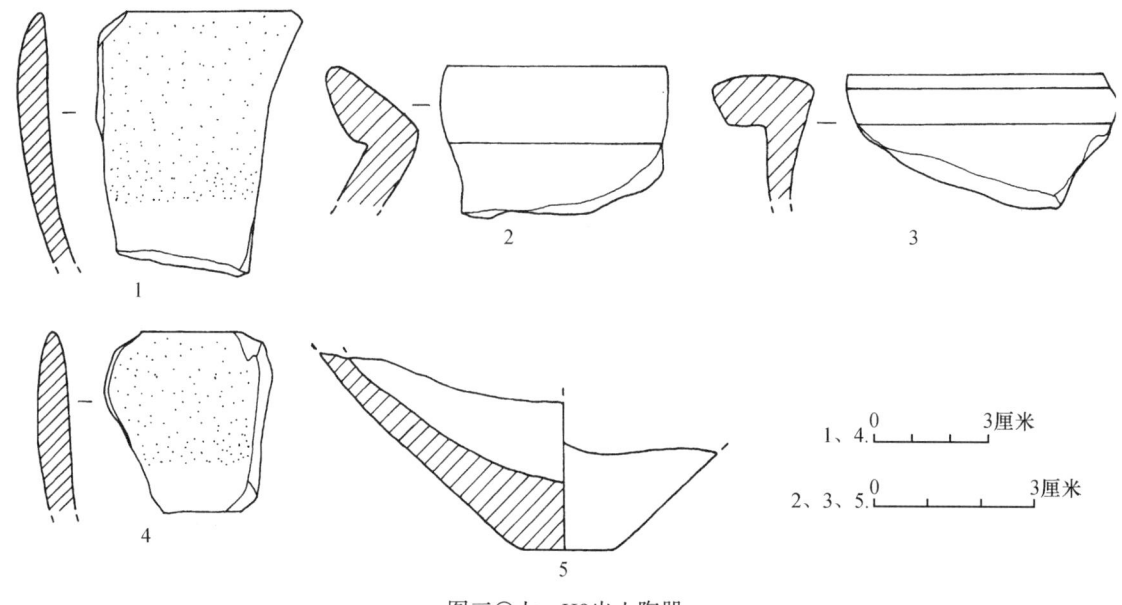

图三〇七 H9出土陶器
1、4.钵（H9：1、H9：2） 2.罐（H9：4） 3.盆（H9：3） 5.器底（H9：5）

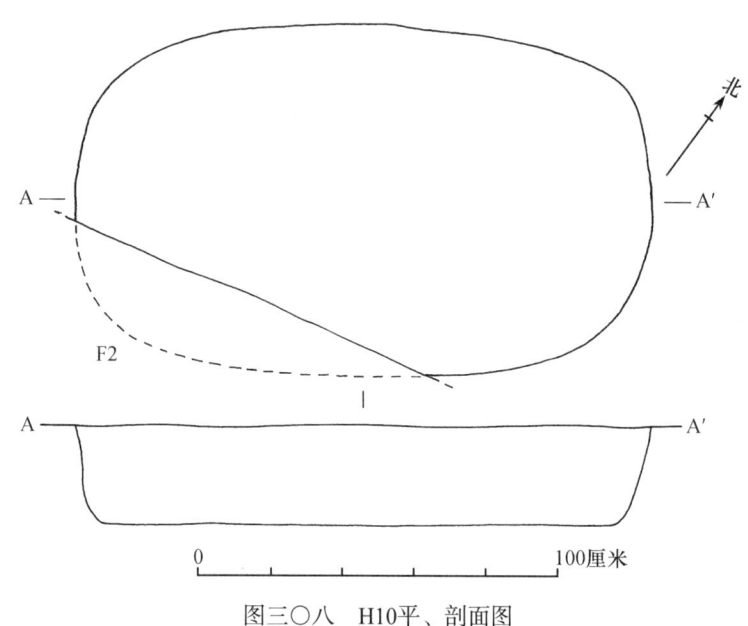

图三〇八 H10平、剖面图

H10共出土遗物17件。全部为陶器。器类有罐、钵、瓮（表七四）。

罐 9件。标本H10：11、H10：12均口、腹部残片。形制相同，均侈口，卷沿，鼓腹。标本H10：12，粗夹砂红褐陶。圆唇，鼓肩，并起一道较矮棱脊，上腹圆鼓，下腹斜直，最大腹径位于上腹部。棱脊以下饰右上至左下斜向绳纹。内壁可见泥条盘筑痕迹，器表可见烟熏痕迹。口径27、腹径30、残高18.9厘米（图三〇九，7）。标本H10：11，细夹砂橘红陶。方唇。腹部饰右上至左下斜向绳纹（图三〇九，8）。

标本H10：8、H10：10均口、腹部残片。形制相同，均粗夹砂红褐陶，侈口，折沿，沿面内曲，鼓腹。标本H10：8，方唇。口沿以下饰右上至左下斜向绳纹。复原口径18、残高9.3厘米（图

表七三　H10陶系统计表　　　　　　　　　　　　　　　　　　　　　　　（单位：kg）

陶质\陶色\纹饰	细泥质 橘红	粗泥质 橘红	细夹砂 橘红	粗夹砂 红褐	合计		百分比（%）	
素面				3.63	3.63		11.43	
素面+磨光	5.70				5.70		17.94	
绳纹			0.32	15.83	16.15		50.83	
附加堆纹				0.60	0.60	31.77	1.89	100
绳纹+弦纹		2.03			2.03		6.39	
绳纹+划纹	1.67				1.67		5.26	
席纹	0.114			1.88	1.994		6.28	
合计	7.484	2.03	0.32	21.94	31.77			
	31.77							
百分比（%）	23.56	6.39	1.01	69.06				
	100							

表七四　H10器形统计表　　　　　　　　　　　　　　　　　　　　　　　（单位：件）

陶质	细泥质	粗泥质	细夹砂	粗夹砂			合计	百分比（%）	
陶色	橘红	橘红	橘红	红褐					
纹饰\器形	素面+磨光	席纹	绳纹+弦纹	绳纹	素面	绳纹	附加堆纹			
罐 口			1		4		1	9	52.94	100
罐 底				2		1				
钵	2	1						3	17.65	
瓮				1		4		5	29.41	
合计	2	1	1	2		9	1	17		
	17									
百分比（%）	11.76	5.888	5.88	5.88	11.76	52.94	5.88			
	100									

三〇九，4）。标本H10：10，沿面微曲，圆唇。腹部饰右上至左下斜向绳纹。沿下可见轮修痕迹。复原口径20.4、残高8.4厘米（图三〇九，5）。

标本H10：4，可复原。粗夹砂红褐陶。侈口，折沿，圆唇，上腹圆鼓，下腹斜收，平底，最大腹径位于上中腹部。腹部饰右上至左下斜向绳纹。沿面可见轮修痕迹。口径15.9、腹径18.6、底径7.8、通高18.9厘米（图三〇九，6；图版八一，1）。

钵　3件。均可复原。形制相同，均细泥质橘红陶，直口微敛，深弧腹，圜底，素面。标本H10：1，尖圆唇。器表经刮抹较为光滑。底部饰席纹。器表可见刮抹痕迹。口径25.2、通高14.1厘米（图三〇九，1；图版八一，2）。标本H10：2，方唇。器表磨光。口下可见灰褐色叠烧痕迹，器表可见烟熏痕迹。口径32、通高16厘米（图三〇九，2；图版八一，3）。标本H10：3，方唇，

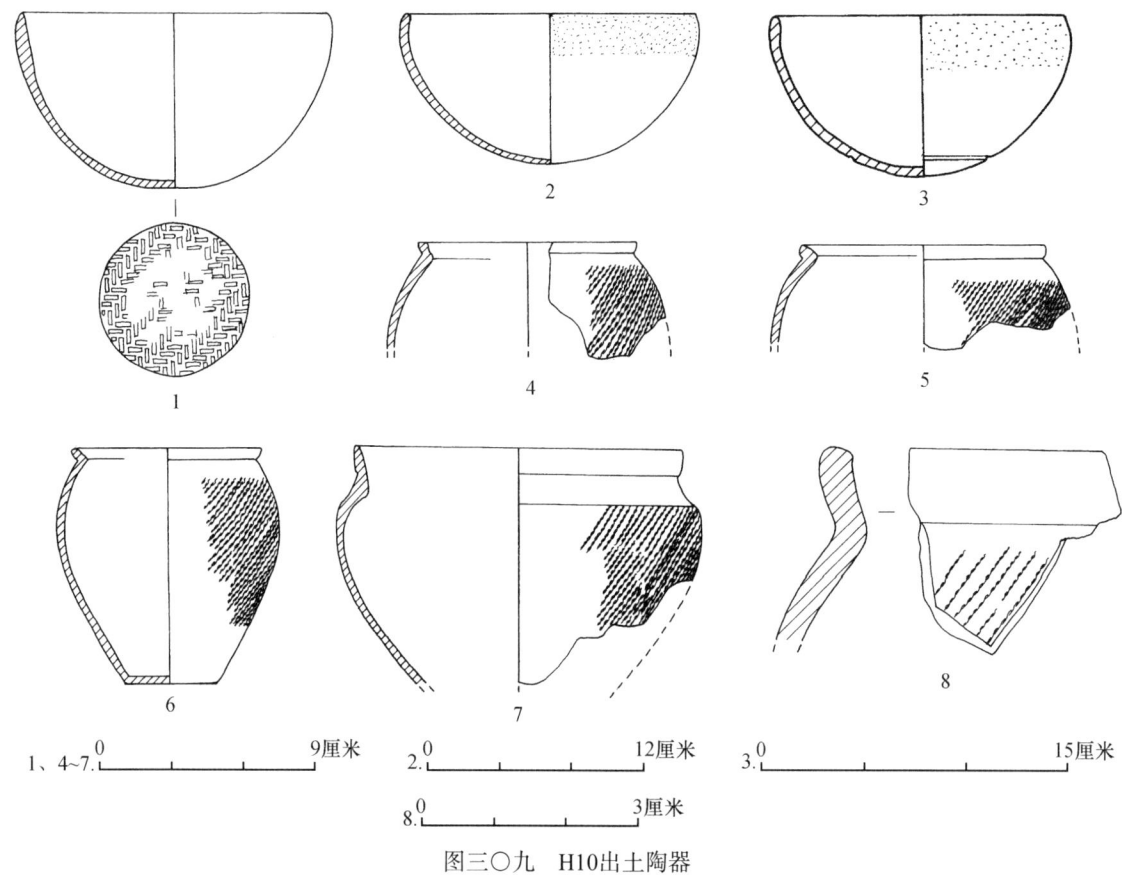

图三〇九　H10出土陶器

1~3. 钵（H10：1、H10：2、H10：3）　4~8. 罐（H10：8、H10：10、H10：4、H10：12、H10：11）

底部有一周浅细凹槽，凹槽内区域较为粗糙，腹部与近底部各有1个由外向内单面钻成的圆孔。器表磨光。口下可见深褐色叠烧痕迹。口径28、通高15.5厘米（图三〇九，3；图版八一，4）。

瓮　5件。标本H10：5、H10：7、H10：9形制相同，均敛口，平折沿，沿面略向外侧下斜。标本H10：5，可复原。粗夹砂红褐陶。沿面有五道浅细凹槽，圆唇，鼓肩，并起一周较矮棱脊，上腹圆鼓，下腹斜直，平底，最大腹径位于上腹部。棱脊以下饰右上至左下斜向绳纹。口径55.5、腹径62.5、底径15.5、通高50厘米（图三一〇，4）。标本H10：7，可复原。粗泥质橘红陶。沿面有五道浅细凹槽，方唇，上腹圆鼓，下腹斜直，平底微凹，最大腹径位于上腹部。上腹部饰多周弦纹，中腹部饰右上至左下斜向绳纹。器表可见烟熏痕迹。口径49.2、腹径51、底径15、通高31厘米（图三一〇，1）。标本H10：9，口、腹部残片，沿面有部分剥落。粗夹砂红褐陶。圆唇，鼓肩，并起一道较矮棱脊，鼓腹。棱脊以下饰右上至左下斜向绳纹（图三一〇，2）。

标本H10：13，口、腹部残片。粗夹砂红褐陶。侈口，折沿，沿面内曲，方唇，唇部有二道浅细凹槽，鼓肩，并起一道较矮棱脊，鼓腹。棱脊以下饰左上至右下斜向绳纹。内壁可见泥条盘筑痕迹，器表可见烟熏痕迹。复原口径39.9、残高9.6厘米（图三一〇，3）。

标本H10：6，口、腹部残片。粗夹砂红褐陶。侈口，卷沿，厚圆唇，唇部有二周浅细凹槽，肩略鼓，并起一道不显著棱脊，腹微鼓。棱脊以下饰左上至右下斜向绳纹。内壁可见泥条盘筑痕迹，器表可见烟熏痕迹。复原口径31.8、残高15厘米（图三一〇，5）。

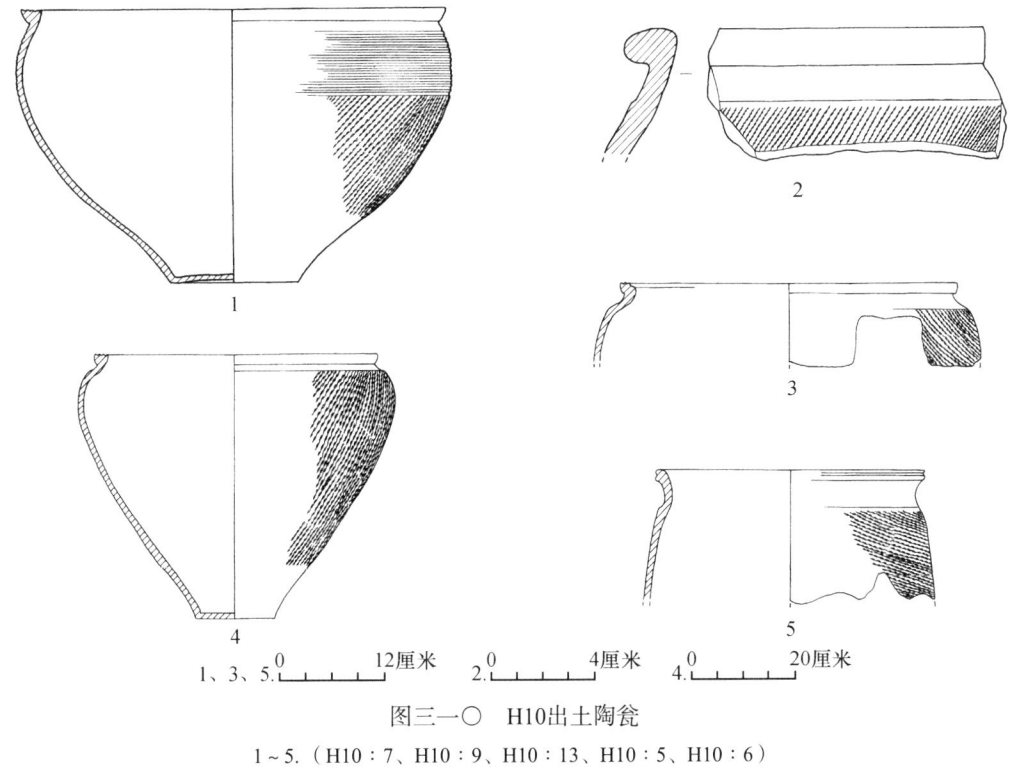

图三一〇　H10 出土陶瓷
1~5.（H10:7、H10:9、H10:13、H10:5、H10:6）

4. H13

H13位于Ⅱ区T0103西部，开口于④层下。平面呈不规则形，锅底状，斜直壁，平底。坑口长径1.28、短径1.1、底长径1.1、短径1、深0.3米（图三一一）。

坑内堆积为浅灰色土，土质疏松，包含火烧土颗粒，出土少量陶片。

陶片以细泥质橘红陶为主，另有少量粗夹砂灰褐陶与粗泥质橘红陶；纹饰以素面为主，彩陶次之。

H13共出土遗物4件。全部为陶器。器类有盆、罐、钵。

盆　1件。标本H13:3，口沿残片。细泥质橘红陶。直口，平折沿，尖圆唇。器表磨光。沿面饰黑色短线与三角纹图案。沿下可见轮修痕迹。复原口径30.3、残高3.3厘米（图三一二，1）。

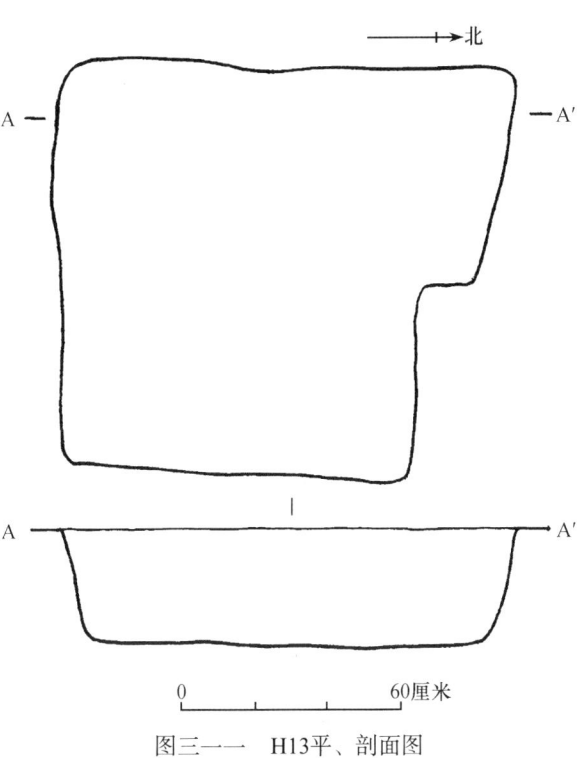

图三一一　H13平、剖面图

罐　1件。标本H13:4，口、腹部残片。粗夹砂灰褐陶。侈口，卷沿，方唇，鼓腹。素面。口下可见轮修痕迹（图三一二，4）。

钵　2件。均口、腹部残片。形制相同，均直口微敛，圆唇，深弧腹，器表磨光，素面。标本

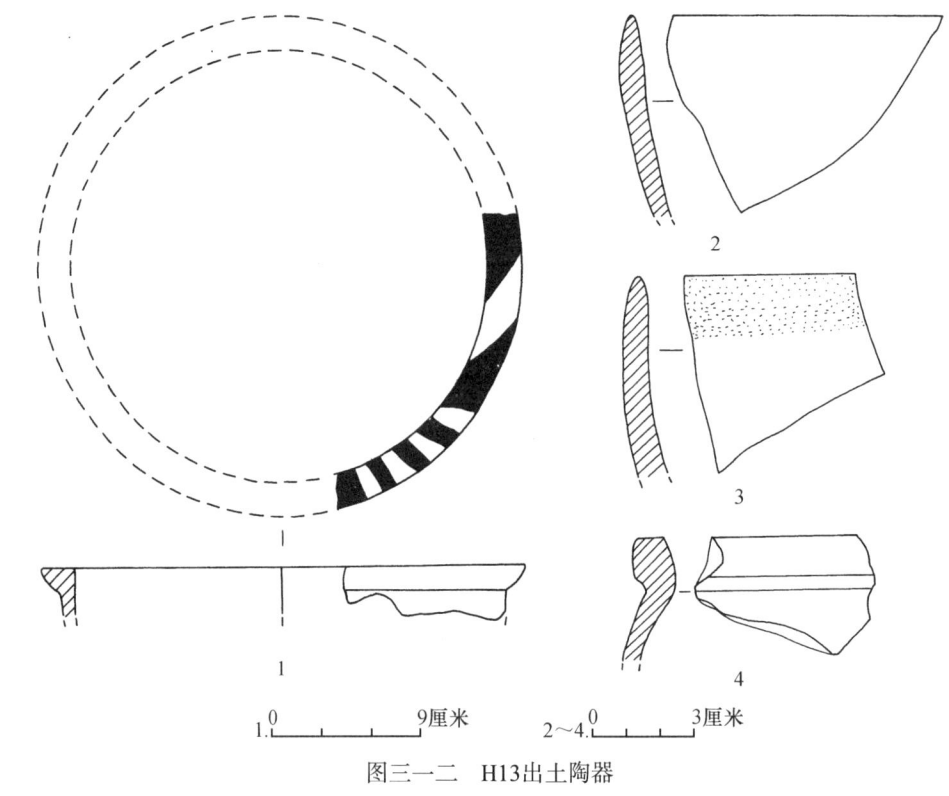

图三一二　H13出土陶器

1. 盆（H13∶3）　2、3. 钵（H13∶1、H13∶2）　4. 罐（H13∶4）

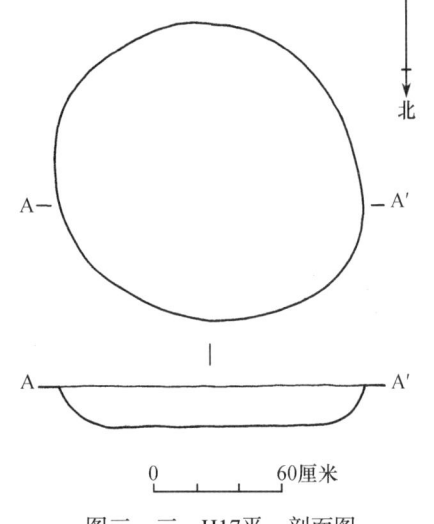

图三一三　H17平、剖面图

H13∶1，细泥质橘红陶（图三一二，2）。标本H13∶2，粗泥质橘红陶。口下可见浅红色叠烧痕迹与轮修痕迹（图三一二，3）。

5. H17

H17位于Ⅱ区T0102西南部，开口于④层下。平面呈圆形，锅底状，弧壁，平底。坑口径1.42、底径1.1、深0.18米（图三一三）。

坑内堆积为浅灰色土，土质疏松，出土零星陶片、兽骨。

6. H20

H20位于Ⅱ区T0202东部，开口于④层下，西南部被H11打破，东部被G1打破。平面呈椭圆形，筒状，直壁，平底。坑口长径4.2、短径3.44、深1米。坑底西北部有一台阶，扇形，高0.44米（图三一四）。

坑内堆积可分2层：第①层为浅灰色土，土质疏松，包含大量火烧土颗粒与炭屑，厚0.8米，出土大量陶片，另有石块、兽骨；第②层为深灰色土，土质疏松，包含少量火烧土颗粒，厚0.2米。

陶片以细泥质橘红陶为主，粗夹砂红褐陶次之，还有少量粗泥质橘红陶及粗夹砂橘红陶；纹饰以素面为主，绳纹次之。

H20共出土遗物15件。以陶器为主，石器次之。

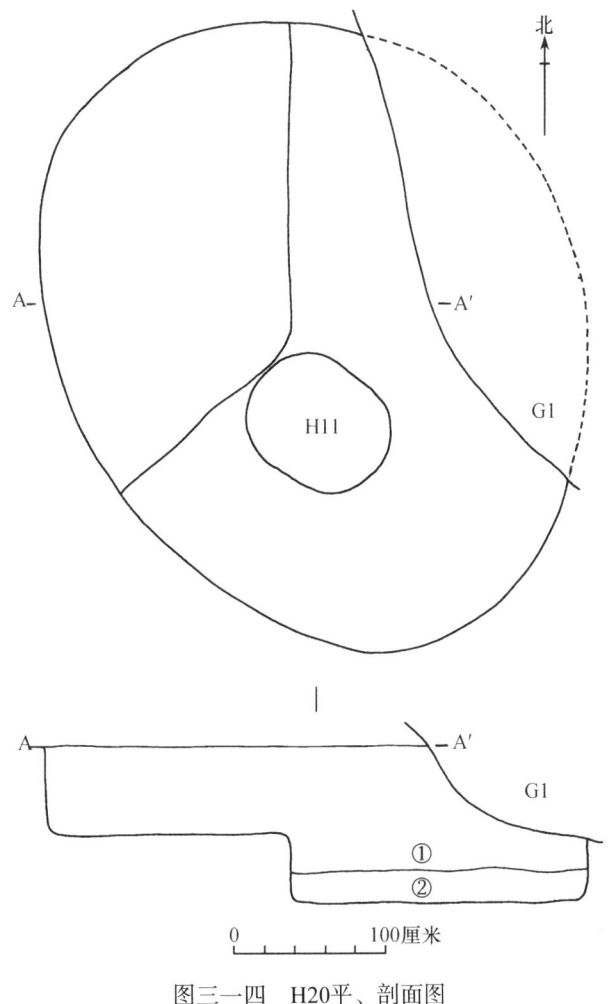

图三一四 H20平、剖面图

（1）陶器

14件。器类有钵、瓮、圆陶片、锉。

钵 4件。均口、腹部残片。形制相同，均直口，深弧腹，素面。标本H20：1，细泥质橘红陶。口微敛，圆唇。器表磨光。口下可见浅褐色叠烧痕迹，器表可见轮修痕迹（图三一五，4）。标本H20：2，细泥质橘红陶。口微敛，尖圆唇。器表磨光（图三一五，10）。标本H20：3，细泥质橘红陶。圆唇，口下有一个两面对钻而成的圆孔。器表磨光（图三一五，1）。标本H20：4，粗泥质橘红陶。圆唇（图三一五，2）。

瓮 4件。均口、腹部残片。标本H20：6、H20：7形制相同，均粗夹砂橘红陶，侈口，卷沿，方唇，鼓腹。标本H20：6，腹部饰竖向绳纹。唇部可见轮修痕迹，器表可见烟熏痕迹（图三一五，12）。标本H20：7，器表有部分剥落。唇缘饰一周划纹。唇部可见轮修痕迹，口部可见烟熏痕迹（图三一五，11）。

标本H20：5，粗夹砂红褐陶。敛口，圆唇，鼓腹。腹部饰右上至左下斜向绳纹。内壁可见轮修痕迹（图三一五，9）。

标本H20：8，粗夹砂红褐陶。直口，方唇，鼓腹。腹部饰右上至左下斜向绳纹。唇部可见轮修痕迹（图三一五，7）。

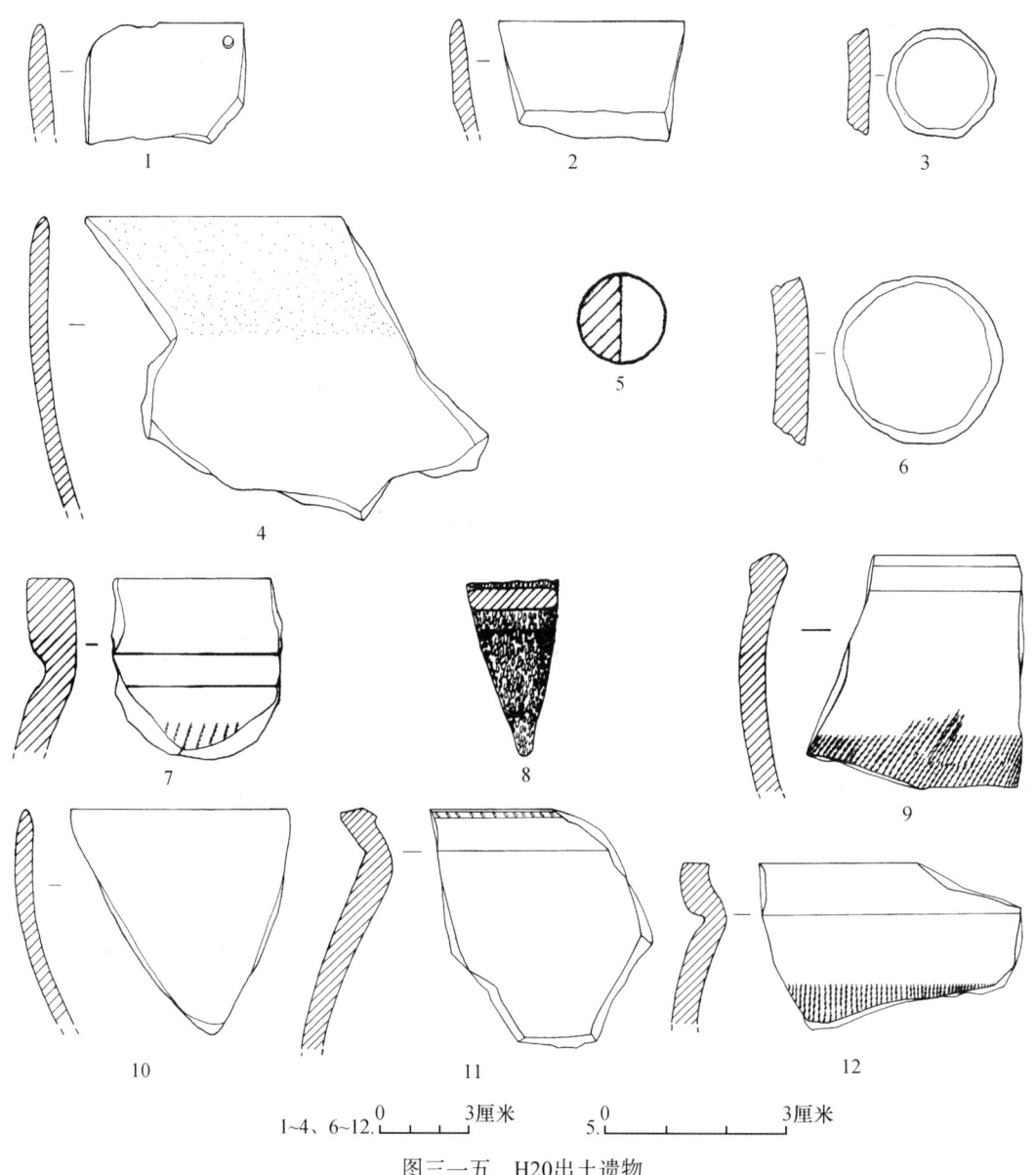

图三一五　H20出土遗物

1、2、4、10. 陶钵（H20∶3、H20∶4、H20∶1、H20∶2）　3、6. 圆陶片（H20∶9-1、H20∶9-2）　5. 石球（H20∶12）
7、9、11、12. 陶瓮（H20∶8、H20∶5、H20∶7、H20∶6）　8. 陶锉（H20∶10）

圆陶片　4件。形制相同，均细泥质橘红陶，系利用钵的残片打制而成，圆形。标本H20∶9-1，稍残。边缘锋利。直径3.6、厚0.7厘米（图三一五，3）。标本H20∶9-2，完整。边缘锋利。表面可见烟熏痕迹。直径5.7、厚1.1厘米（图三一五，6）。

锉　2件。形制相同。标本H20∶10，完整。粗泥质橘红陶。平面呈三角形，横断面呈圆角长方形，两侧边较直，锐尖。器表麻点清晰，密度较大。长5.8、顶部宽3.1、厚0.7厘米（图三一五，8；图版八一，5）。

（2）石器

1件。球。标本H20∶12，完整。石英岩。圆球状。器表磨光。直径1.4厘米（图三一五，5）。

7. H22

H22位于Ⅱ区T0106东部，开口于F2居住面之下。平面呈圆形，锅底状，斜直壁，平底。坑口径1.4、底径1、深0.8米（图三一六）。

坑内堆积可分为2层：第①层为浅灰色土，土质疏松，包含零星火烧土块，厚0.6米，出土少量陶片；第②层为灰褐色土，土质较致密，厚0.2米。

陶片以细泥质橘红陶为主，还有少量粗夹砂红褐陶与粗夹砂橘红陶；纹饰以素面为主，绳纹次之。

H22共出土遗物5件。全部为陶器。器类有罐、钵。

罐 2件。均口、腹部残片。标本H22：4，粗夹砂红褐陶。侈口，卷沿，圆唇，鼓腹。素面。唇部可见轮修痕迹（图三一七，2）。

标本H22：5，粗夹砂橘红陶。侈口，折沿，圆唇，鼓腹。腹部饰右上至左下斜向绳纹。口沿下侧可见轮修痕迹（图三一七，1）。

钵 3件。形制相同，均细泥质橘红陶，直口微敛，深弧腹，器表磨光。标本H22：1，可复原。方唇，圜底。素

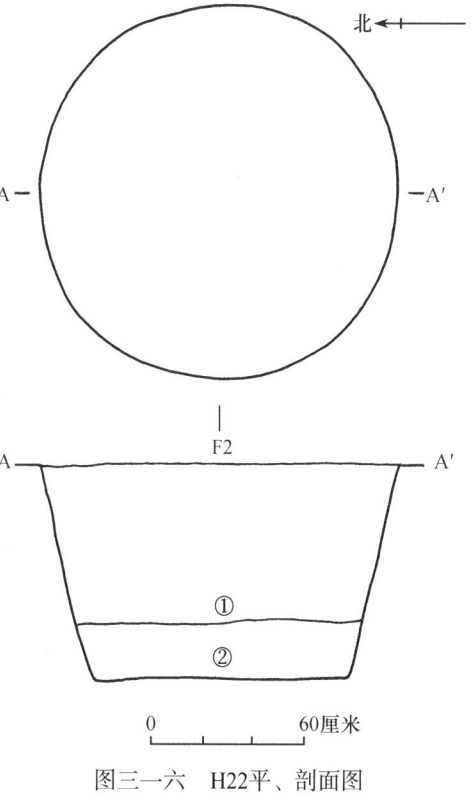

图三一六 H22平、剖面图

面。口下可见浅褐色叠烧痕迹与轮修痕迹。口径28.5、通高16厘米（图三一七，4；图版八一，6）。标本H22：2，可复原。圆唇，腹稍浅，圜底，口下与腹部各有一对由内向外单面钻成的圆孔，可能作为修补之用。底部饰绳纹。器表可见刮抹痕迹。口径14.7、通高6.6厘米（图三一七，3；图版八二，1）。

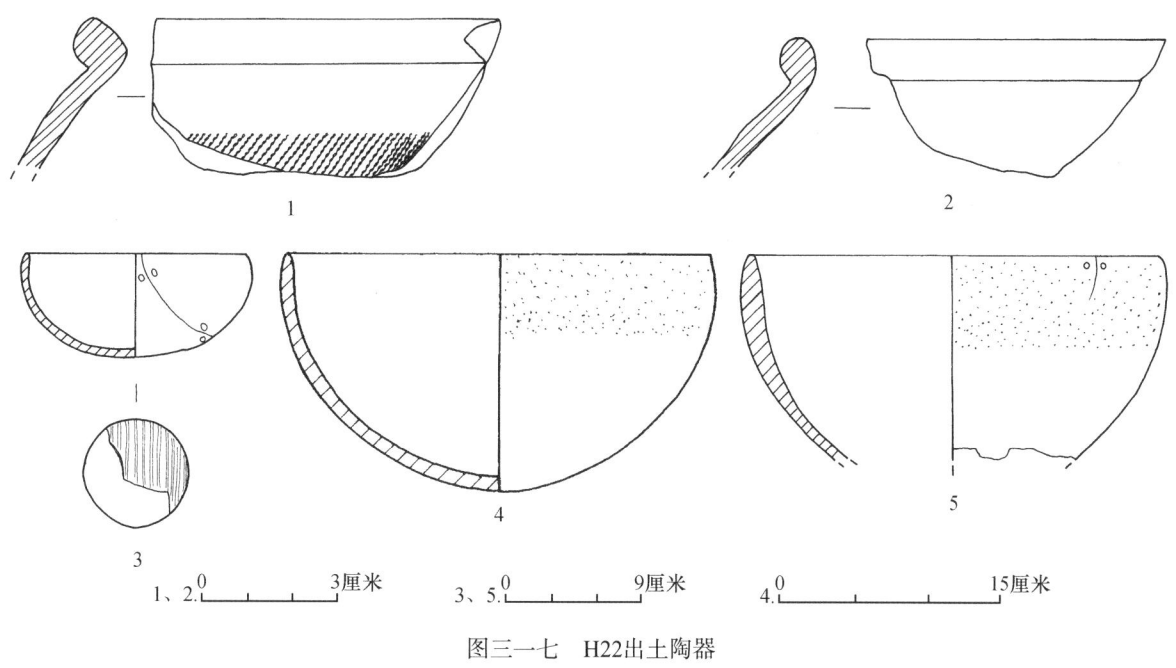

图三一七 H22出土陶器
1、2. 罐（H22：5、H22：4） 3~5. 钵（H22：2、H22：1、H22：3）

标本H22：3，口、腹部残片。圆唇，口下有一对两面对钻而成的圆孔，可能作为修补之用。素面。口下可见深红色叠烧痕迹。复原口径27.6、残高13.5厘米（图三一七，5）。

8. H28

H28位于Ⅱ区T0103东部与T0203西部，开口于④层下。平面呈圆形，筒状，直壁，平底。坑口径1.2、深0.4米（图三一八）。

坑内堆积为浅灰色土，土质疏松，出土零星陶片。

9. H30

H30位于Ⅱ区T0202西北部，开口于④层下。平面呈方形，锅底状，斜直壁，平底。坑口边长0.45、底边长0.35、深0.2米（图三一九）。

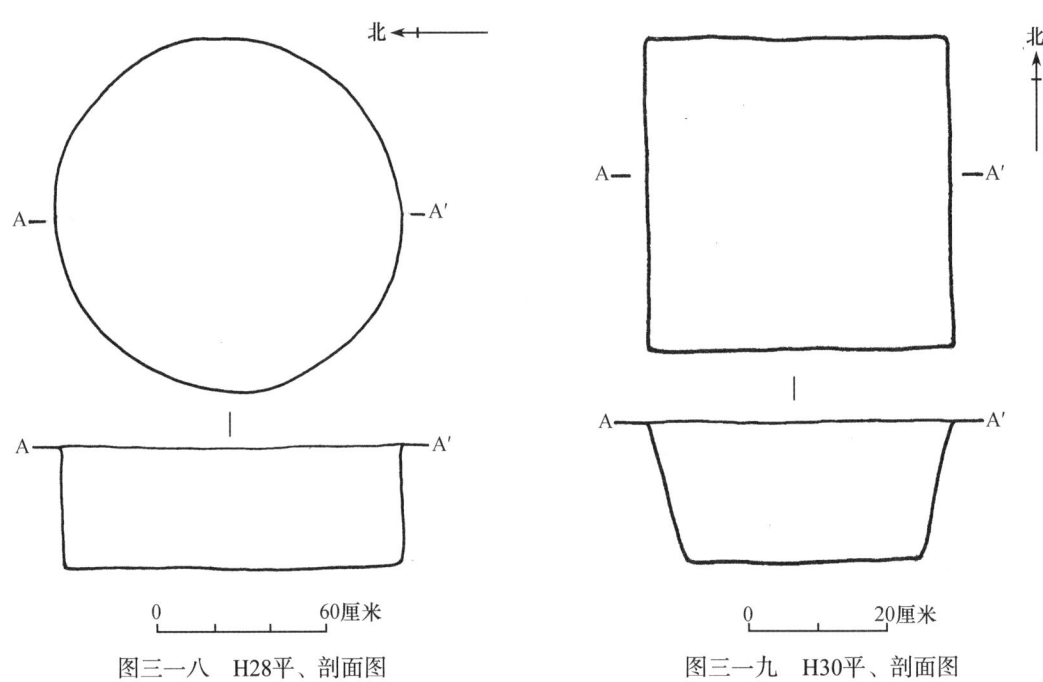

图三一八 H28平、剖面图　　图三一九 H30平、剖面图

坑内堆积为浅灰色土，土质疏松，出土少量陶片。

陶片以粗夹砂红褐陶为主，粗泥质橘红陶次之；纹饰全部为素面。

H30共出土遗物3件。全部为陶器。器类有钵、瓮，另有器底。

钵　1件。标本H30：1，口、腹部残片。粗泥质橘红陶。直口微敛，圆唇，深弧腹。器表磨光。素面。腹部可见刮抹痕迹（图三二〇，1）。

瓮　2件。均口、腹部残片。标本H30：2，粗夹砂红褐陶。侈口，卷沿，沿面微曲，方唇。素面。内壁可见轮修痕迹（图三二〇，2）。

标本H30：3，粗夹砂红褐陶。敛口，平折沿，沿面有五道浅细凹槽，圆唇，鼓腹。素面（图三二〇，3）。

器底　1件。标本H30：4，下腹、底部残片。粗泥质橘红陶。下腹斜直，尖底，较为圆钝。素面。内壁可见泥条盘筑及轮修痕迹。可能为瓶底。残高3.5厘米（图三二〇，4）。

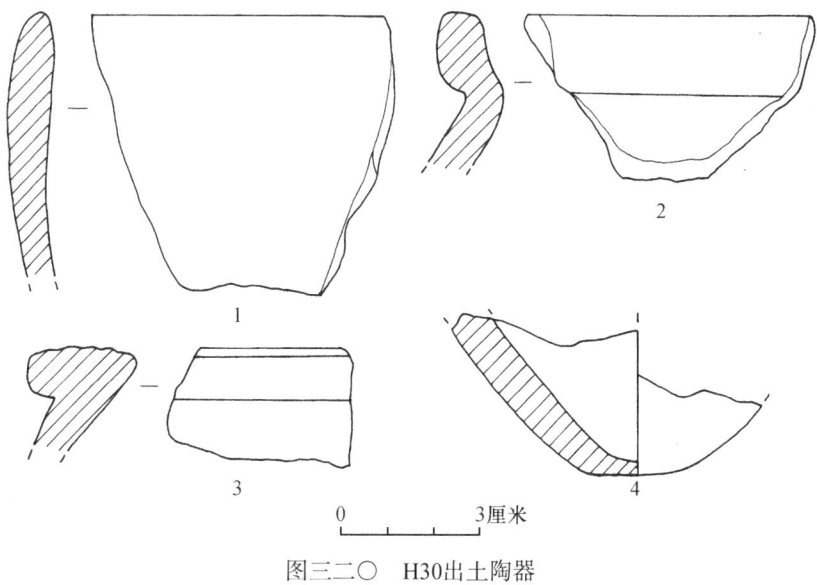

图三二〇 H30出土陶器
1.钵（H30∶1） 2、3.瓮（H30∶2、H30∶3） 4.器底（H30∶4）

10. H32

H32位于Ⅱ区T0105东北部，开口于④层下。平面呈椭圆形，袋状，斜直壁，底部凹凸不平。坑口长径1.84、短径1.4米，底长径1.96、短径1.52米，深0.5~0.56米（图三二一）。

坑内堆积为浅灰色土，土质疏松，包含火烧土颗粒，出土少量陶片、兽骨。

陶片以细泥质橘红陶为主，粗夹砂红褐陶次之，还有少量细夹砂橘红陶、粗泥质橘红陶、粗夹砂灰褐陶；纹饰以绳纹为主，素面次之，弦纹再次。

H32共出土遗物9件。全部为陶器。器类有瓶、盆、钵、瓮。

瓶　2件。形制相同，均溜肩，鼓腹，小平底，最大腹径位于中腹部，腹部有一对竖向圆柱桥形耳。标本H32∶5，口部残缺。细夹砂橘红陶。上、中腹部饰右上至左下斜向绳

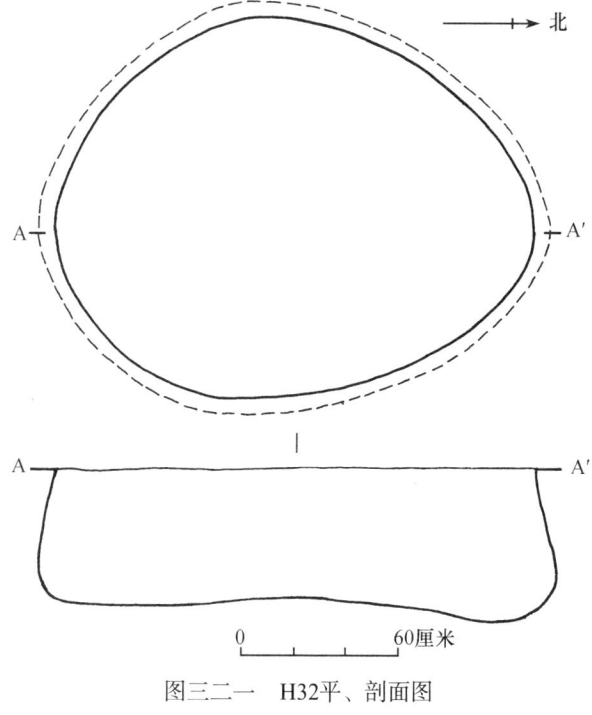

图三二一 H32平、剖面图

纹。下腹部可见刮抹痕迹。腹径20、底径2、残高39.6厘米（图三二二，2；图版八二，2）。标本H32∶4，可复原。粗泥质橘红陶。直杯口，微敛，较为短矮，方唇，束颈。上、中腹部饰右上至左下斜向绳纹。口部可见轮修痕迹，下腹部可见刮抹痕迹。口径8.4、腹径29.4、底径1.8、通高65.4厘米（图三二二，1；图版八二，3）。

盆　1件。标本H32∶3，口、腹部残片。细泥质橘红陶。敛口，折沿，沿面向外侧下斜，圆

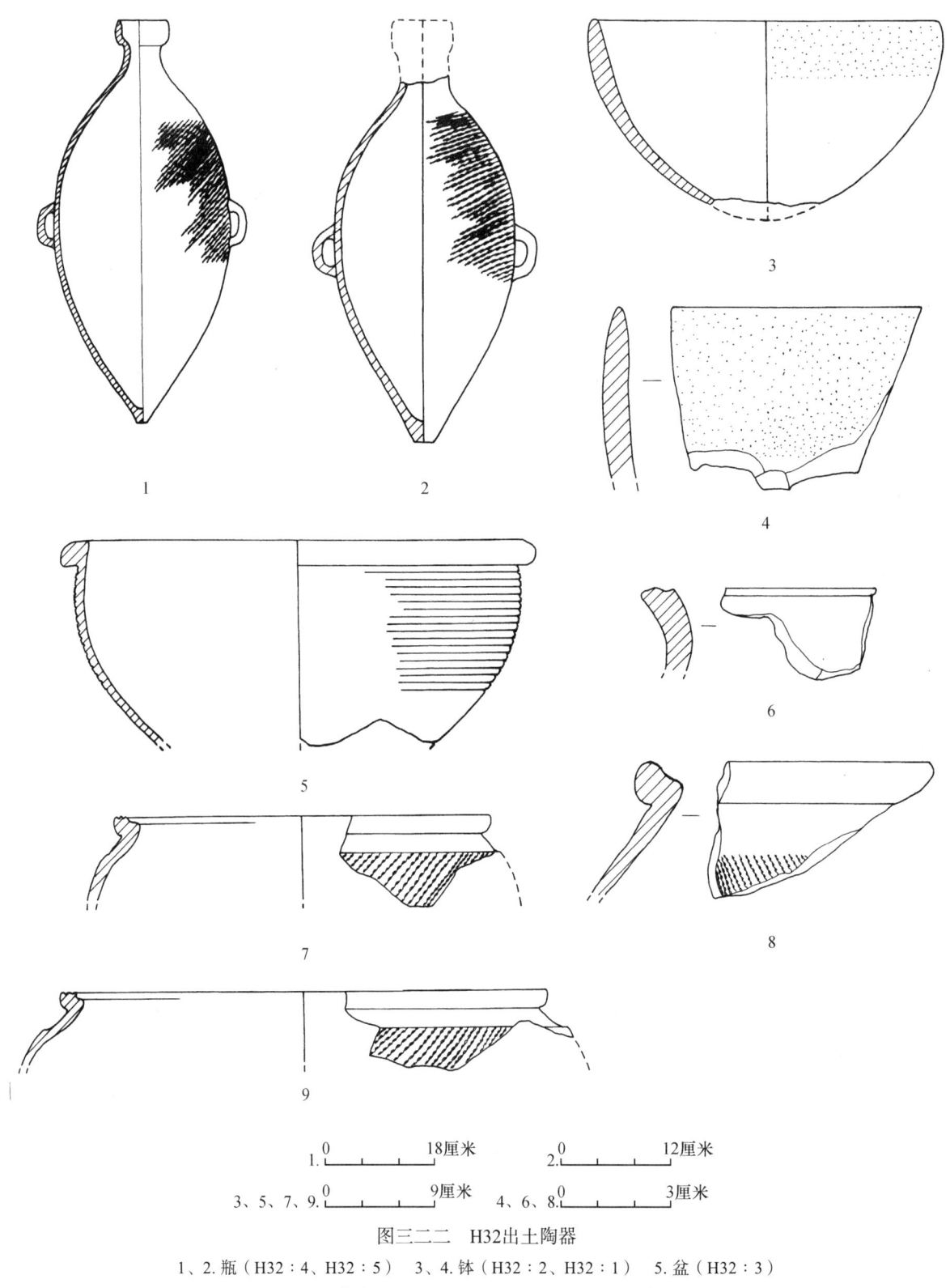

图三二二　H32出土陶器

1、2.瓶（H32：4、H32：5）　3、4.钵（H32：2、H32：1）　5.盆（H32：3）
6~9.瓮（H32：9、H32：7、H32：8、H32：6）

唇，深弧腹。上、中腹部饰多周弦纹，下腹部磨光。复原口径36.3、残高16.8厘米（图三二二，5）。

钵　2件。均口、腹部残片。形制相同，均细泥质橘红陶，直口微敛，深弧腹，器表磨光，素面。标本H32∶1，尖圆唇。口下可见深红色叠烧痕迹（图三二二，4）。标本H32∶2，方唇。口下可见浅褐色叠烧痕迹与轮修痕迹，器表可见刮抹痕迹与烟熏痕迹。复原口径28.5、残高15厘米（图三二二，3）。

瓮　4件。均口、腹部残片。标本H32∶9，粗夹砂红褐陶。侈口，卷沿，方唇，唇部有一道浅细凹槽。素面（图三二二，6）。

标本H32∶6、H32∶7、H32∶8形制相同，均侈口，折沿，沿面内曲，鼓腹。标本H32∶6，粗夹砂灰褐陶。方唇，唇部有二道浅细凹槽，鼓肩，并起一道显著棱脊。棱脊以下饰右上至左下斜向绳纹。复原口径41.1、残高6.6厘米（图三二二，9）。标本H32∶7，粗夹砂灰褐陶。方唇，唇部有二道浅细凹槽，鼓肩，并起一道显著棱脊。棱脊以下饰右上至左下斜向绳纹。复原口径31.8、残高7.5厘米（图三二二，7）。标本H32∶8，粗夹砂红褐陶。圆唇。口沿以下饰左上至右下斜向绳纹。沿面可见轮修痕迹（图三二二，8）。

11. H80

H80位于Ⅲ区T0613西北部，开口于⑤层下。平面呈不规则形，锅底状，斜直壁，平底。坑口长径1.9、短径0.64、深0.1米（图三二三）。

坑内堆积为深灰色土，土质较为疏松，出土少量陶片，另有兽骨。

H80共出土遗物4件。全部为陶器。器类有盆、钵。

盆　1件。标本H80∶4，口沿残片。细泥质橘红陶。直口，微敛，平折沿，尖圆唇。唇部可见轮修痕迹（图三二四，4）。

钵　3件。均口、腹部残片。形制相同，均细泥质橘红陶，直口微敛，圆唇，深弧腹。标本H80∶1，器表磨光，唇部与口下饰黑色宽带纹彩绘（图三二四，1）。标本H80∶2，器表磨光。口下可见浅红色叠烧痕迹（图三二四，3）。标本H80∶3，器表经刮抹较为光滑。口下可见轮修痕迹（图三二四，2）。

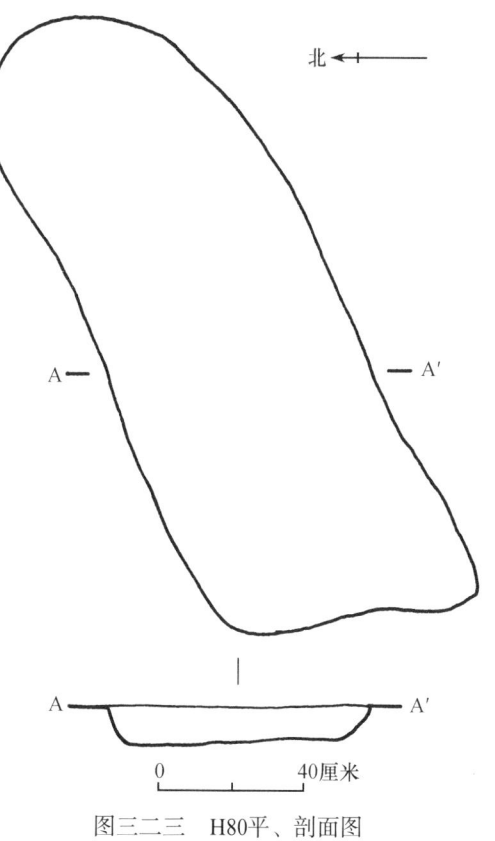

图三二三　H80平、剖面图

12. H81

H81位于Ⅲ区T0613西部，开口于⑤层下。平面呈不规则形，筒状，直壁，平底，底部不甚平整。坑口长径1.1、短径0.68、深0.16米（图三二五）。

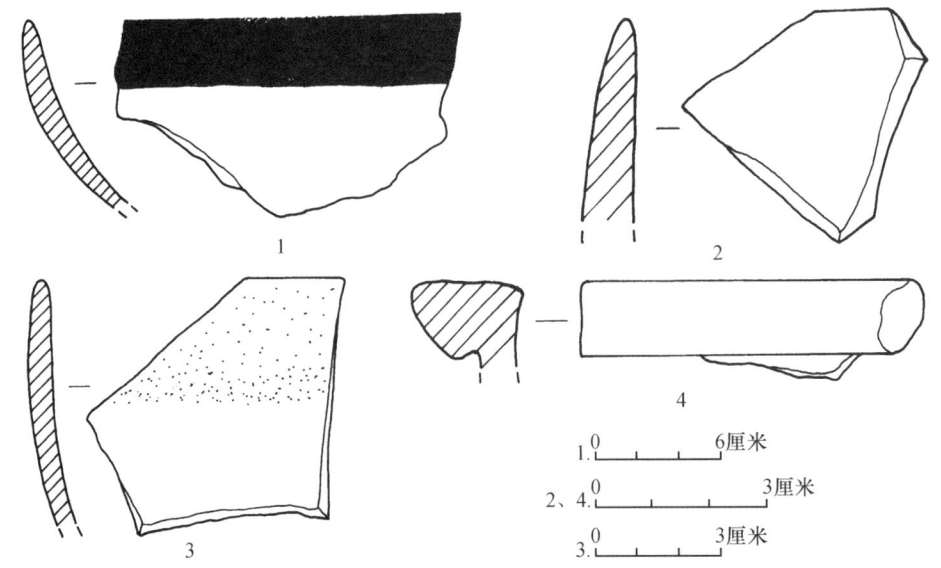

图三二四 H80出土陶器
1~3.钵（H80：1、H80：3、H80：2） 4.盆（H80：4）

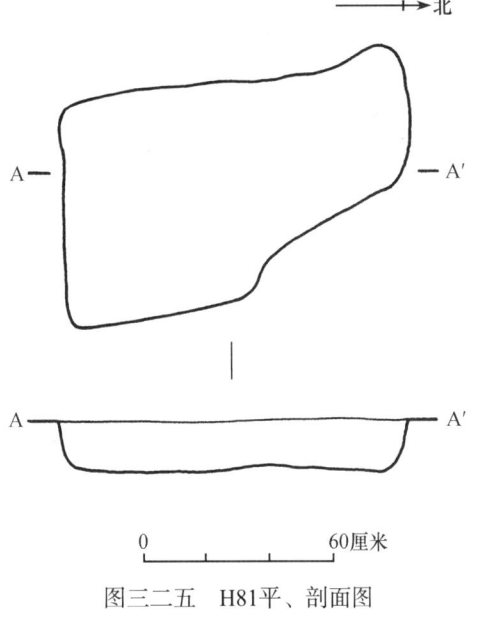

图三二五 H81平、剖面图

坑内堆积为深灰色土，土质较为疏松，包含少量料姜石块，出土少量陶片，另有兽骨。

陶片以细泥质橘红陶为主，粗夹砂红褐陶次之；纹饰以素面为主，绳纹次之，还有少量彩陶与弦纹。

H81共出土遗物16件。以陶器为主，石器次之。

（1）陶器

15件。器类有瓶、盆、罐、钵、圆陶片、锉（表七五）。

瓶 1件。标本H81：9，口沿残片。细泥质橘红陶。直杯口，微敛，较高，方唇。器表磨光。素面。内、外壁均可见轮修痕迹。口径8、残高5厘米（图三二六，9）。

盆 2件。标本H81：7，口沿残片。细泥质橘红陶。直口，平折沿，圆唇。沿面饰黑色几何纹彩绘。唇部可见轮修痕迹（图三二六，8）。

标本H81：8，口、腹部残片。粗夹砂红褐陶。敛口，折沿，沿面微鼓，向外侧下斜，圆唇，弧腹。口沿以下饰多周弦纹。沿面可见轮修痕迹（图三二六，11）。

罐 2件。均口、腹部残片。标本H81：11，粗夹砂红褐陶。侈口，卷沿，沿面微曲，方唇，鼓腹。腹部饰右上至左下斜向绳纹。唇部可见轮修痕迹（图三二六，10）。

标本H81：10，粗夹砂红褐陶。侈口，折沿，沿面内曲，圆唇，鼓腹。腹部饰左上至右下斜向绳纹。器表可见烟熏痕迹（图三二六，7）。

钵 6件。均口、腹部残片。形制相同，均细泥质橘红陶，直口微敛，深弧腹。标本H81：1，圆唇。器表经刮抹较为光滑。素面。口下可见灰白色叠烧痕迹，腹部可见刮抹痕迹（图三二六，

表七五 H81器形统计表　　　　　　　　　　　　　　　　　　　　　（单位：件）

陶质	细泥质		粗夹砂		合计	百分比（%）	
陶色	橘红		红褐				
纹饰＼器形	素面+磨光	素面	彩陶	绳纹	弦纹			
瓶	1					1	9.09	
盆		1		1		2	18.18	100
罐				2		2	18.18	
钵	4		1		1	6	54.55	
合计	5	1	2	2	1	11		
	11							
百分比（%）	45.45	9.09	18.18	18.18	9.09			
	100							

3）。标本H81：2，圆唇。器表磨光。素面（图三二六，1）。标本H81：3，方唇。器表磨光。素面。口下可见轮修痕迹与烟熏痕迹（图三二六，2）。标本H81：4，圆唇。器表磨光。素面。口下可见浅褐色叠烧痕迹（图三二六，5）。标本H81：5，圆唇。器表磨光。素面。口下可见深红色叠烧痕迹（图三二六，6）。标本H81：6，圆唇。器表磨光。口下饰黑色宽带纹彩绘。内壁可见刮抹痕迹（图三二六，4）。

圆陶片　3件。形制相同，均细泥质橘红陶，系利用钵的残片打制而成，圆形。标本H81：12-1，完整。边缘稍钝。直径3.7、厚0.65厘米（图三二六，15）。标本H81：12-2，残。边缘较锋利。直径4.6、厚0.8厘米（图三二六，14）。

锉　1件。标本H81：13，两端均残。细泥质橘红陶。残存部分平面呈不规则形，横断面呈圆角长方形。器表麻点清晰，密度较大。残长8.8、最宽处3.7、厚0.7厘米（图三二六，12）。

（2）石器

1件。雕刻器。标本H81：14，完整。凝灰岩。器身较扁平，平面呈梯形，截断的两边组成一横刃。器表磨光。刃部有使用形成的较小疤痕。长6.2、宽5、厚1.6厘米（图三二六，13）。

13. H88

H88位于Ⅲ区T0712西北部与T0713西南部，开口于④层下。平面呈不规则形，锅底状，弧壁，圜底。坑口长径1.4、短径1.12、深0.57米（图三二七）。

坑内堆积为浅灰色土，土质较为疏松，包含大量火烧土块，出土少量陶片，另有兽骨。

H88共出土遗物17件。以陶器为主，石器次之。

（1）陶器

15件。器类有钵、圆陶片。

钵　9件。标本H88：1、H88：9形制相同，均细泥质橘红陶，敛口，圆唇，深弧腹，最大径位于中下腹部，素面。标本H88：1，可复原。圜底，底部有一小凹坑。器表磨光。内、外壁均可见轮修

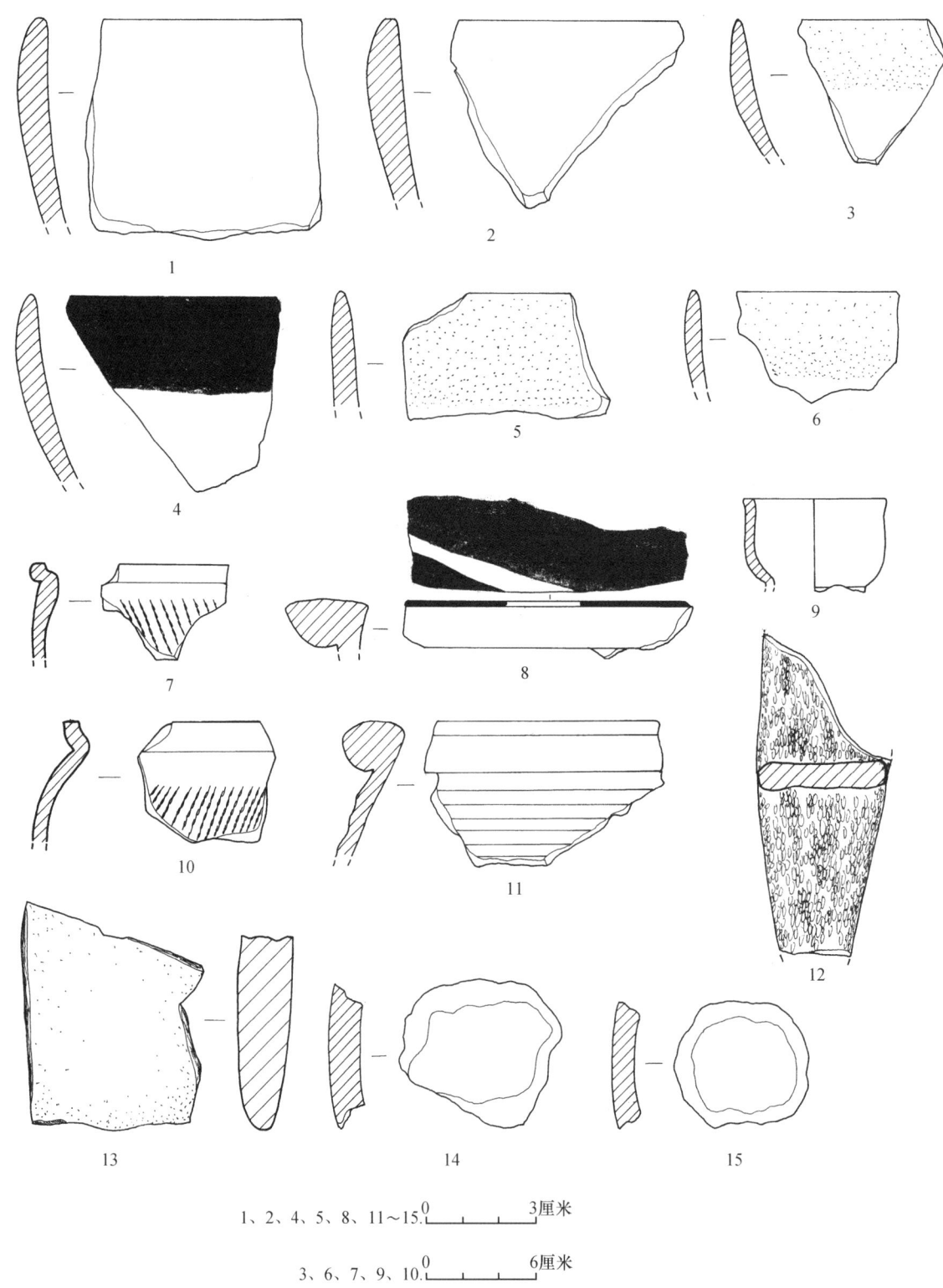

图三二六　H81出土遗物

1~6.陶钵（H81：2、H81：3、H81：1、H81：6、H81：4、H81：5）　7、10.陶罐（H81：10、H81：11）　8、11.陶盆（H81：7、H81：8）　9.陶瓶（H81：9）　12.陶锉（H81：13）　13.石雕刻器（H81：14）　14、15.圆陶片（H81：12-2、H81：12-1）

痕迹。口径17.2、通高10.6厘米（图三二八，11；图版八二，4）。标本H88：9，口、腹部残片。器表磨光。口下可见轮修痕迹（图三二八，4）。

标本H88：7，口、腹部残片。细泥质橘红陶。敛口，圆唇，斜直腹。器表经刮抹较为光滑。素面。唇部与内壁可见轮修痕迹，器表可见刮抹痕迹（图三二八，8）。

标本H88：2、H88：3、H88：4、H88：5、H88：6、H88：8均口、腹部残片。形制相同，均细泥质橘红陶，直口微敛，深弧腹，器表磨光，素面。标本H88：2，圆唇。器表可见烟熏痕迹（图三二八，2）。标本H88：3，方唇。口下可见深红色叠烧痕迹（图三二八，1）。标本H88：4，圆唇。口下可见浅褐色叠烧痕迹（图三二八，7）。标本H88：5，尖圆唇。内壁可见轮修痕迹（图三二八，5）。标本H88：6，圆唇。口下可见浅褐色叠烧痕迹与轮修痕迹（图三二八，6）。标本H88：8，圆唇。内壁可见烟熏痕迹（图三二八，9）。

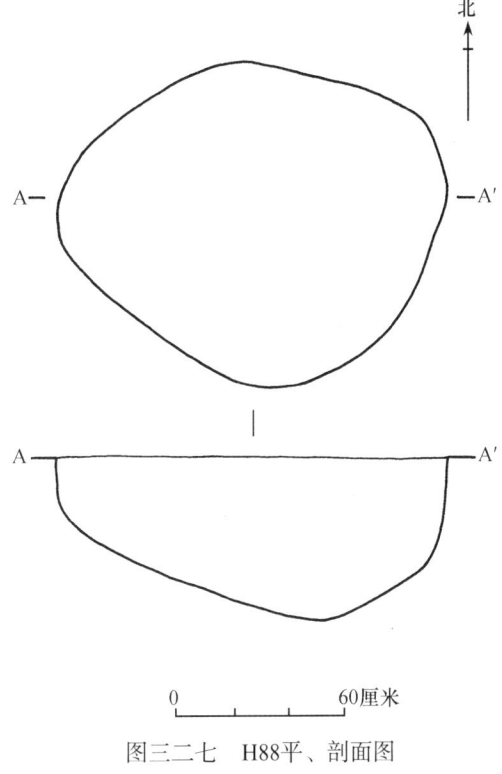

图三二七　H88平、剖面图

圆陶片　6件。形制相同，均细泥质橘红陶，系利用钵的残片打制而成，圆形。标本H88：11-1，残。边缘稍钝。直径6.6、厚0.4厘米（图三二八，3）。标本H88：11-2，完整。边缘较锋利。直径4、厚0.6厘米（图三二八，12）。

（2）石器

2件。均为残石器。标本H88：10，石灰岩。器身扁平，残存部分平面呈三角形。两面磨光。器表可见零星打制痕迹。残长7.5、厚1.6厘米（图三二八，10）。

14. H91

H91位于Ⅲ区T1012东南部与T1112西南部，开口于④层下。平面呈椭圆形，筒状，南壁内收，不甚规整，平底。坑口长径0.96、短径0.93、深1.06米（图三二九）。

坑内堆积为浅灰色土，土质较疏松，出土少量兽骨。

陶片以粗夹砂红褐陶为主，细泥质橘红陶次之，还有少量粗泥质橘红陶与细夹砂红褐陶；纹饰以绳纹为主，素面次之，彩陶再次，还有少量弦纹与划纹。

H91共出土遗物36件。以陶器为主，骨器次之。

（1）陶器

35件。器类有盆、罐、钵、瓮、圆陶片、锉（表七六）。

盆　5件。均口、腹部残片。标本H91：9，细泥质橘红陶。敞口，卷沿，圆唇，弧腹。器表磨光。素面（图三三〇，3）。

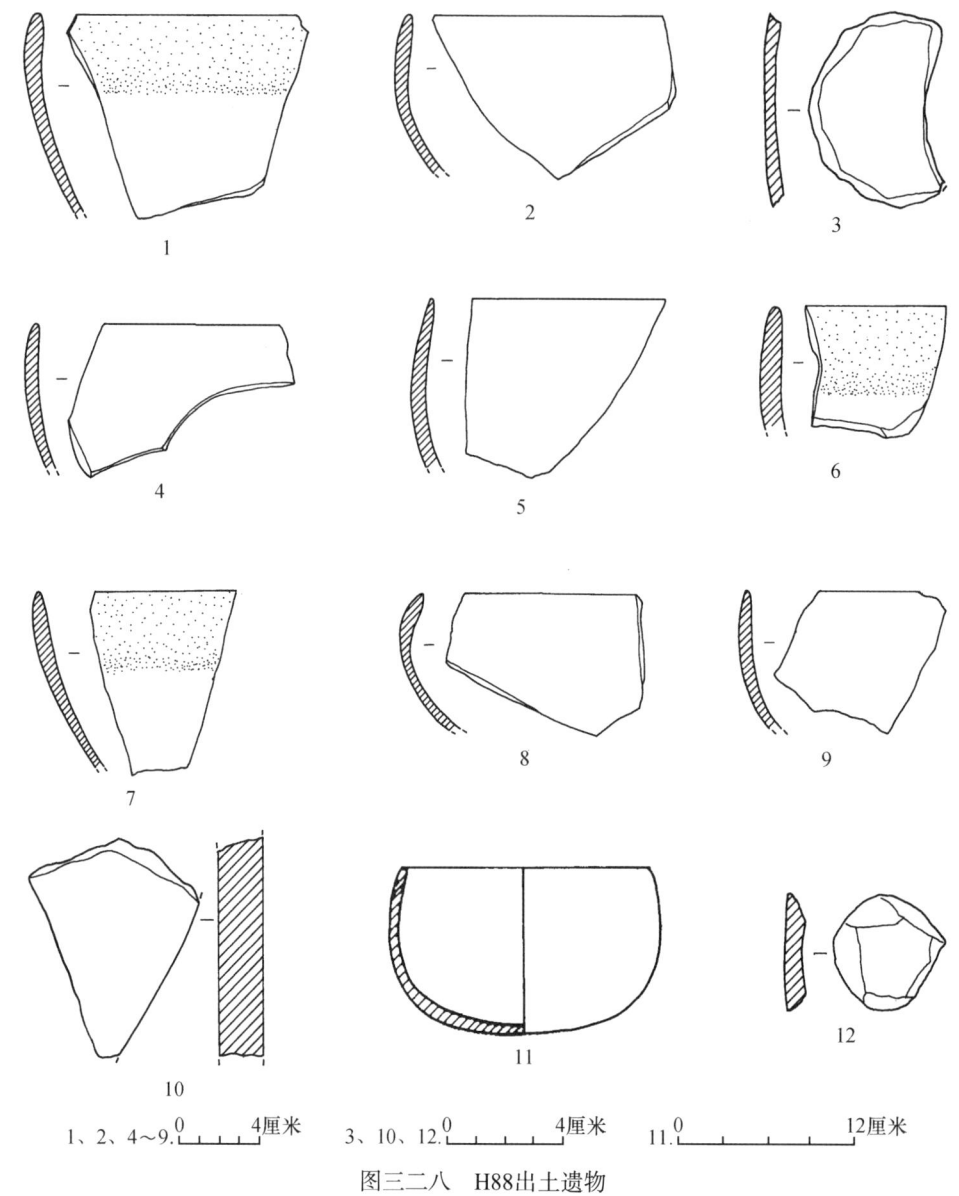

图三二八 H88出土遗物
1、2、4~9、11. 陶钵（H88：3、H88：2、H88：9、H88：5、H88：6、H88：4、H88：7、H88：8、H88：1）
3、12. 圆陶片（H88：11-1、H88：11-2）　10. 残石器（H88：10）

标本H91：7、H91：8、H91：10、H91：12形制相同，均直口，平折沿，弧腹。标本H91：7，细泥质橘红陶。圆唇，沿面略向外侧下斜。素面。器表可见轮修痕迹（图三三〇，1）。标本H91：8，细泥质橘红陶。圆唇，沿面略向外侧下斜。沿面饰黑色短线与三角纹彩绘。器表可见轮修痕迹（图三三〇，5）。标本H91：10，粗泥质橘红陶。圆唇。器表磨光。沿面饰黑色短线与三角纹彩绘。唇部可见轮修痕迹（图三三〇，4）。标本H91：12，细夹砂红褐陶。圆唇。腹部饰数周弦纹（图三三〇，2）。

罐　12件。均口、腹部残片。标本H91：22，粗夹砂红褐陶。侈口，卷沿，圆唇，鼓腹。腹部饰左上至右下斜向绳纹（图三三一，3）。

标本H91：14、H91：18、H91：21、H91：26形制相同，均粗夹砂红褐陶，侈口，折沿，沿面内曲，方唇，鼓腹。标本H91∶14，腹部饰右上至左下斜向绳纹。复原口径22.6、残高5厘米（图三三一，10）。标本H91∶18，沿面微曲，唇部有一道浅细凹槽。腹部饰右上至左下斜向绳纹。唇部可见轮修痕迹（图三三一，2）。标本H91∶21，唇部有一道浅细凹槽，鼓肩，并起一道显著棱脊。口沿以下饰竖向绳纹。口部可见烟熏痕迹。复原口径15.4、残高6.8厘米（图三三一，6）。标本H91∶26，腹部饰左上至右下斜向绳纹（图三三一，1）。

标本H91∶13、H91∶15、H91∶24、H91∶27形制相同，均粗夹砂红褐陶，侈口，折沿，鼓腹。标本H91∶13，尖唇。腹部饰多周弦纹。沿面可见轮修痕迹（图三三一，11）。标本H91∶15，圆唇。口沿以下饰多周弦纹。内壁可见轮修痕迹（图三三一，7）。标本H91∶24，沿面有一道浅细凹槽，圆唇，鼓肩，并起一道显著棱脊。棱脊以下饰竖向绳纹（图三三一，5）。标本H91∶27，方唇。唇部饰一周划纹。器表可见刮抹痕迹（图三三一，9）。

标本H91∶16、H91∶19、H91∶25形制相同，均粗夹砂红褐陶，敛口，平折沿，鼓腹。标本H91∶16，沿面有四道浅细凹槽，方唇。唇缘饰一周划纹，上腹部饰多周弦纹（图三三一，4）。标本H91∶19，圆唇。口沿以下饰稀疏的右上至左下斜向绳纹。内壁可见轮修痕迹（图三三一，8）。标本H91∶25，沿面有五道浅细凹槽，方唇。口沿以下饰多周弦纹（图三三一，12）。

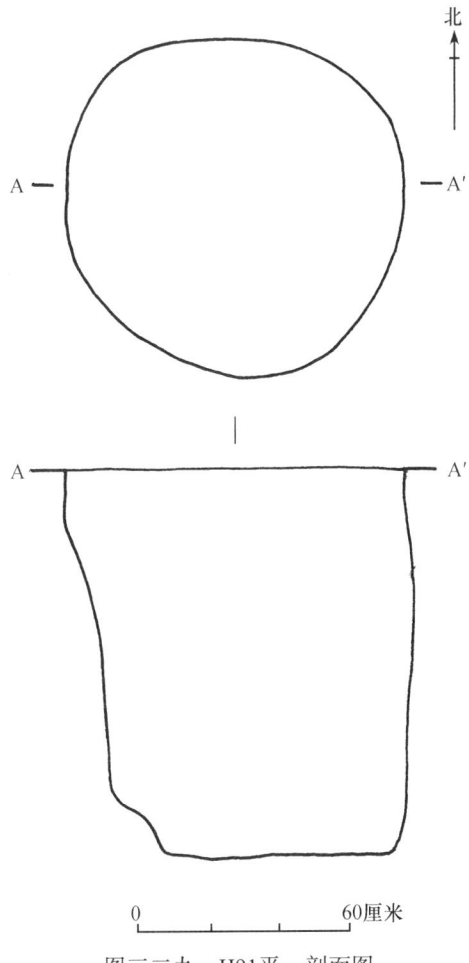

图三二九　H91平、剖面图

表七六　**H91器形统计表**　　　　　　（单位：件）

陶质	细泥质		粗泥质		细夹砂		粗夹砂					合计		百分比（％）
陶色	橘红		橘红		红褐		红褐							
纹饰＼器形	素面＋磨光	素面	素面	彩陶	素面	弦纹	绳纹	弦纹	划纹	绳纹＋弦纹	弦纹＋划纹			
盆	1	1	1		1							5	26	19.23
罐							7	3	1		1	12		46.15
钵	3	1		1								6		23.08
瓮						1	1			2		3		11.54
合计	4	1	1	1	1	1	8	3	1	2	1	26		100
百分比（％）	15.38	7.69	3.85	3.85	3.85	3.85	30.77	11.54	3.85	7.69	3.85	100		

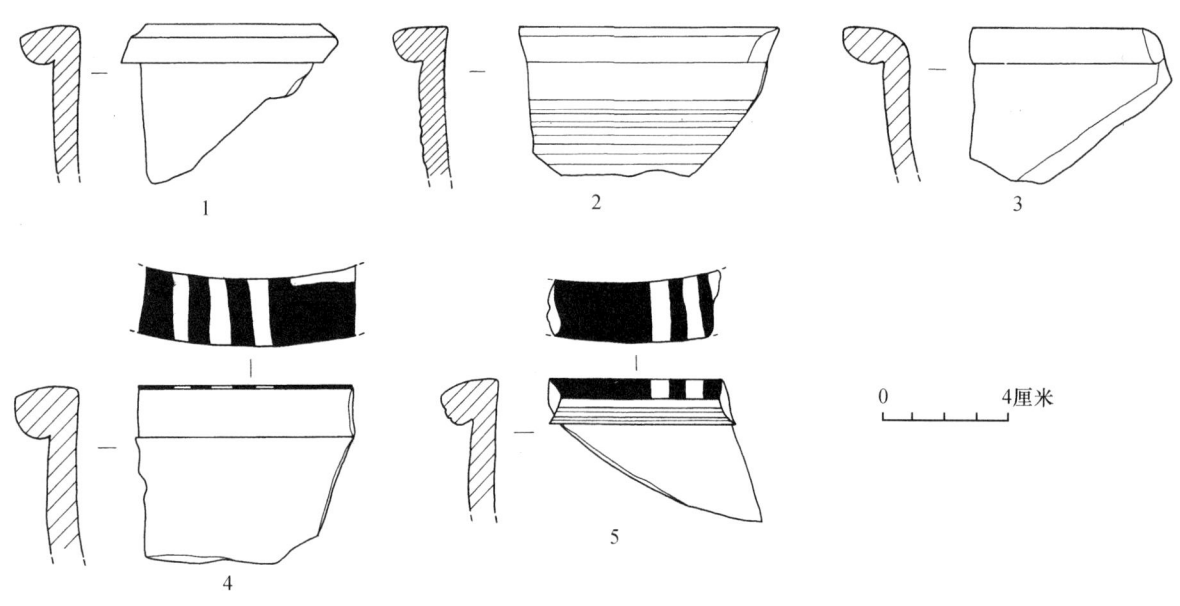

图三三〇　H91出土陶盆
1~5.（H91：7、H91：12、H91：9、H91：10、H91：8）

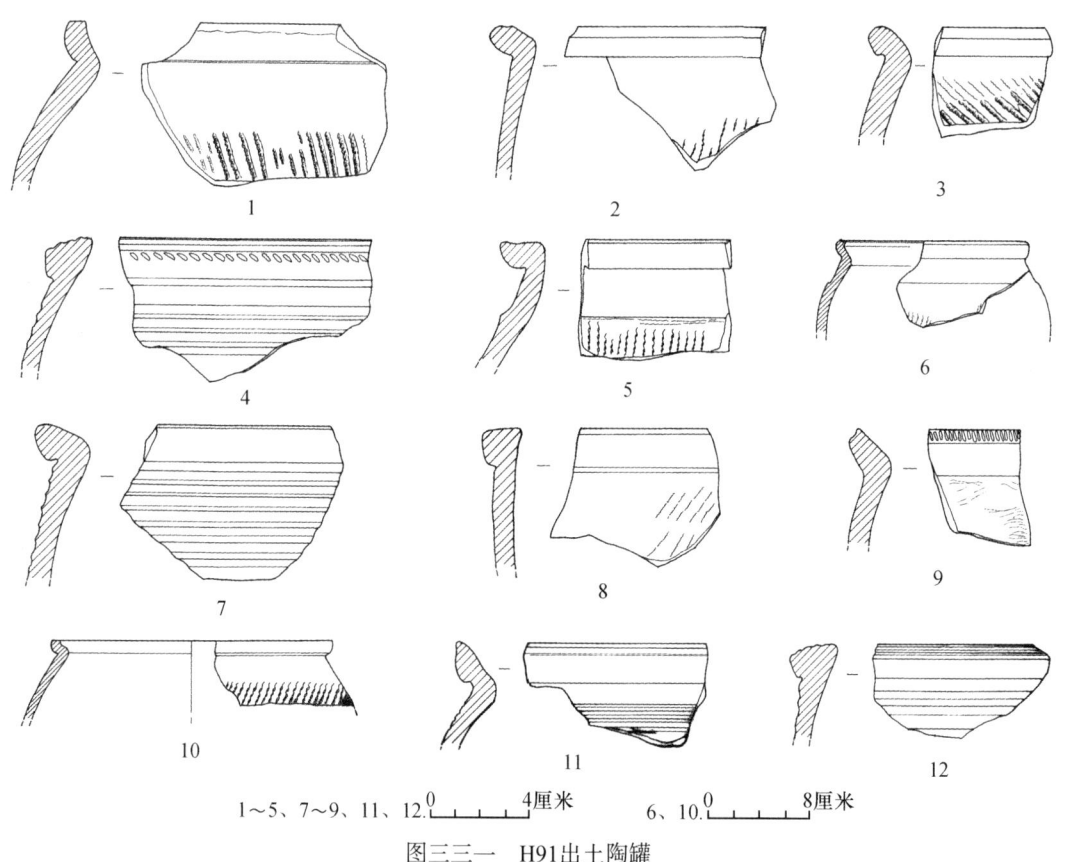

图三三一　H91出土陶罐
1~12.（H91：26、H91：18、H91：22、H91：16、H91：24、H91：21、H91：15、H91：19、H91：27、H91：14、H91：13、H91：25）

钵 6件。均口、腹部残片。形制相同，均直口微敛，深弧腹，素面。标本H91：1，细泥质橘红陶。圆唇。器表磨光。口下可见浅褐色叠烧痕迹。复原口径29.7、残高9.9厘米（图三三二，1）。标本H91：2，细泥质橘红陶。方唇。器表磨光。口下可见浅褐色叠烧痕迹。复原口径30、残高7.4厘米（图三三二，7）。标本H91：3，细泥质橘红陶。圆唇。表层有部分剥落。口下可见浅褐色叠烧痕迹。复原口径30、残高9.6厘米（图三三二，2）。标本H91：4，粗泥质橘红陶。圆唇，腹部有一道浅细凹槽。口下可见浅红色叠烧痕迹与轮修痕迹（图三三二，4）。标本H91：5，细泥质橘红陶。尖圆唇。器表磨光。口下可见轮修痕迹。复原口径26、残高4.6厘米（图三三二，3）。标

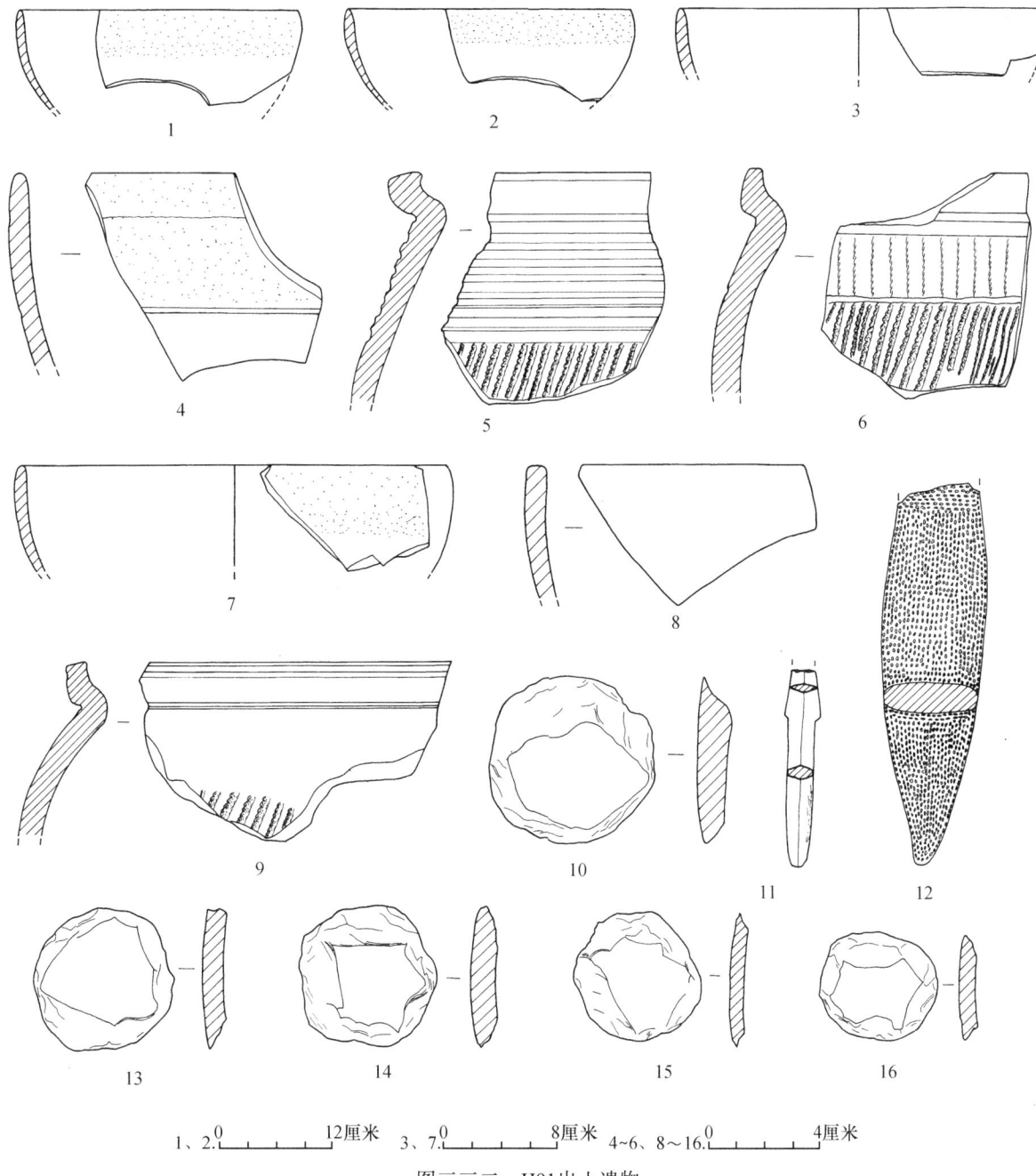

图三三二 H91出土遗物

1～4、7、8.陶钵（H91：1、H91：3、H91：5、H91：4、H91：2、H91：6） 5、6、9.陶瓮（H91：23、H91：20、H91：17）
10、13～16.圆陶片（H91：30-1、H91：30-2、H91：30-3、H91：30-4、H91：30-5） 11.骨镞（H91：32） 12.陶锉（H91：31）

本H91：6，细夹砂红褐陶。方唇。口下可见轮修痕迹（图三三二，8）。

瓮　3件。均口、腹部残片。标本H91：17、H91：20形制相同，均粗夹砂红褐陶，侈口，卷沿，沿面内曲，方唇，鼓腹。标本H91：17，腹部饰右上至左下斜向绳纹。外沿面可见轮修痕迹（图三三二，9）。标本H91：20，上腹部饰一周弦纹，口沿下侧饰竖向绳纹，腹部饰右上至左下斜向绳纹，绳纹斜度较小（图三三二，6）。

标本H91：23，粗夹砂红褐陶。侈口，折沿，沿面内曲，方唇，鼓腹。口沿下侧饰多周弦纹，腹部饰右上至左下斜向绳纹（图三三二，5）。

圆陶片　5件。均完整。形制相同，均圆形。标本H91：30-1，粗夹砂红褐陶。系利用罐的残片打制而成。边缘稍钝。器表饰斜向绳纹。直径6、厚1.1厘米（图三三二，10）。标本H91：30-2，细泥质橘红陶。系利用钵的残片打制而成。边缘较钝。直径5、厚0.7厘米（图三三二，13）。标本H91：30-3，细泥质橘红陶。系利用钵的口部残片打制而成。边缘较锋利。器表可见深红色叠烧痕迹。直径5、厚0.9厘米（图三三二，14）。标本H91：30-4，细泥质橘红陶。系利用钵的残片打制而成。边缘较锋利。直径4.6、厚0.5厘米（图三三二，15）。标本H91：30-5，细泥质橘红陶。系利用钵的残片打制而成。边缘较锋利。直径4.3、厚0.6厘米（图三三二，16）。

锉　4件。均残。形制相同。标本H91：31，一端残。粗泥质橘红陶。平面呈梭形，横断面呈椭圆形，锐尖。器表麻点清晰，密度较大。残长13、中部宽3.8、厚1.1厘米（图三三二，12）。

（2）骨器

1件。镞。标本H91：32，锋部残。系利用动物长骨磨制而成。器身扁平，体部与铤部分界明显，体部短而铤部长，带翼，体部平面呈等腰三角形，两面中部均有脊，刃部锋利，铤部呈四棱柱状。通体磨光。残长6.8厘米（图三三二，11；图版八二，5）。

15. H97

H97位于Ⅲ区T1012西南部，开口于⑦层下。平面呈长方形，筒状，直壁，平底，底部不甚平整。坑口东西长0.96、南北宽0.44～0.48、深0.3米（图三三三）。

坑内堆积可分为2层：第①层为浅灰色土，厚0.2米，包含零星火烧土颗粒；第②层为黄褐色土，土质较致密，厚0.1米，包含草木灰与炭屑，出土零星陶片，另有兽骨。

16. H99

H99位于Ⅲ区T1012东南部，开口于⑥层下，南部被F35打破。平面呈椭圆形，筒状，直壁，平底，底部有一层硬面。坑口长径1、短径0.8、深1.1米（图三三四）。

坑内堆积为浅黄色土，土质较致密，出土少量陶片。

H99共出土遗物2件。全部为陶器。器类有罐、钵。

罐　1件。标本H99：2，口沿残片。粗夹砂红褐陶。侈口，折沿，沿面微曲，方唇。素面。外沿面可见轮修痕迹（图三三五，1）。

钵　1件。标本H99：1，口沿残片。细泥质橘红陶。直口微敛，圆唇。器表磨光。素面。内壁可见刮抹痕迹（图三三五，2）。

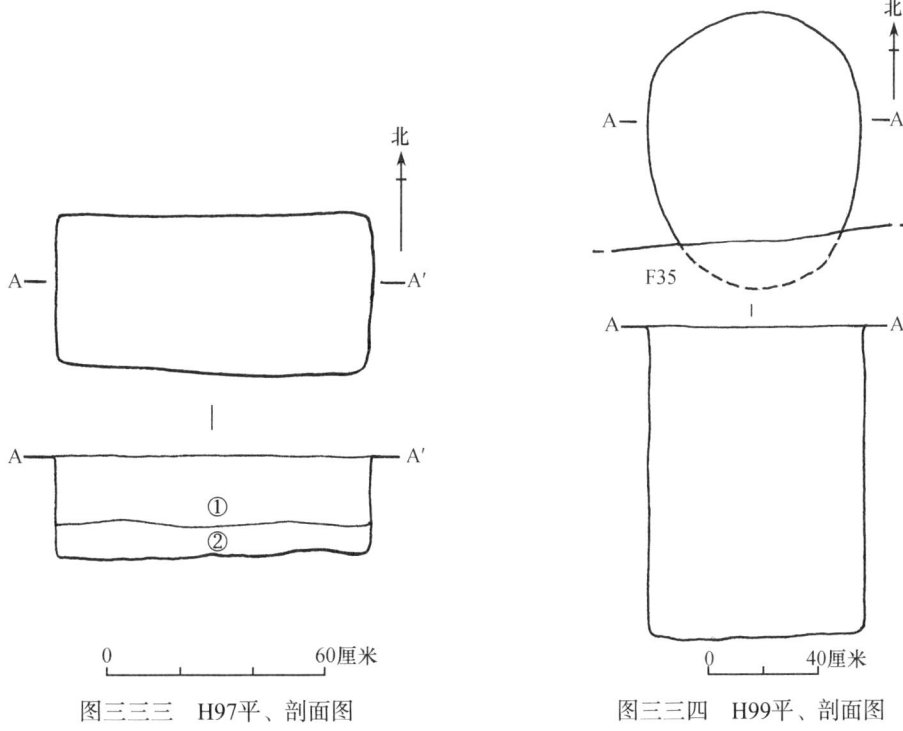

图三三三　H97平、剖面图　　　　　图三三四　H99平、剖面图

17. H106

H106位于Ⅲ区T0712西南部，开口于④层下。平面呈圆形，锅底状，斜直壁，平底。坑口径0.9、底径0.56、深0.5米（图三三六）。

坑内堆积为灰褐色土，土质疏松，包含少量火烧土块与料姜石块，出土少量陶片。

陶片以细泥质橘红陶为主，另有少量粗夹砂红褐陶；纹饰以素面为主，还有少量绳纹与彩陶。

H106共出土遗物7件。全部为陶器。器类有瓶、罐、钵。

瓶　1件。标本H106：7，完整。细泥质橘红陶。直口微敛，较为短矮，方唇，束颈，溜肩，

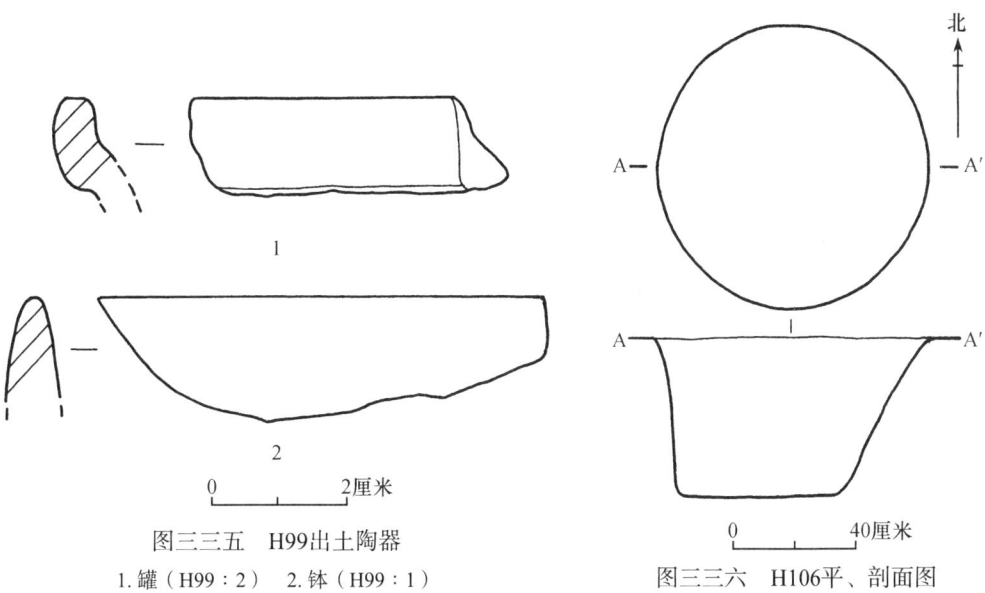

图三三五　H99出土陶器
1. 罐（H99：2）　2. 钵（H99：1）

图三三六　H106平、剖面图

鼓腹，小平底，最大腹径位于中腹部，腹中部有一对竖向扁圆桥形耳。腹中部饰右上至左下斜向绳纹。下腹部可见刮抹痕迹。口径6、腹径15、底径1.2、通高27.9厘米（图三三七，4；彩版一〇，5；图版八二，6）。

罐　1件。标本H106：6，口、腹部残片。粗夹砂红褐陶。侈口，卷沿，尖圆唇，鼓腹。素面。内壁可见轮修痕迹（图三三七，3）。

钵　5件。均口、腹部残片。形制相同，均细泥质橘红陶，直口微敛，深弧腹。标本H106：1，圆唇。素面。内壁可见轮修痕迹（图三三七，2）。标本H106：2，圆唇。器表磨光。口下饰黑色宽带纹彩绘。彩绘下侧可见浅褐色叠烧痕迹（图三三七，6）。标本H106：3，尖圆唇。素面。器表经刮抹较为光滑（图三三七，7）。标本H106：4，圆唇。素面。口下可见深红色叠烧痕迹（图三三七，1）。标本H106：5，圆唇。素面。口下可见深红色叠烧痕迹与轮修痕迹（图三三七，5）。

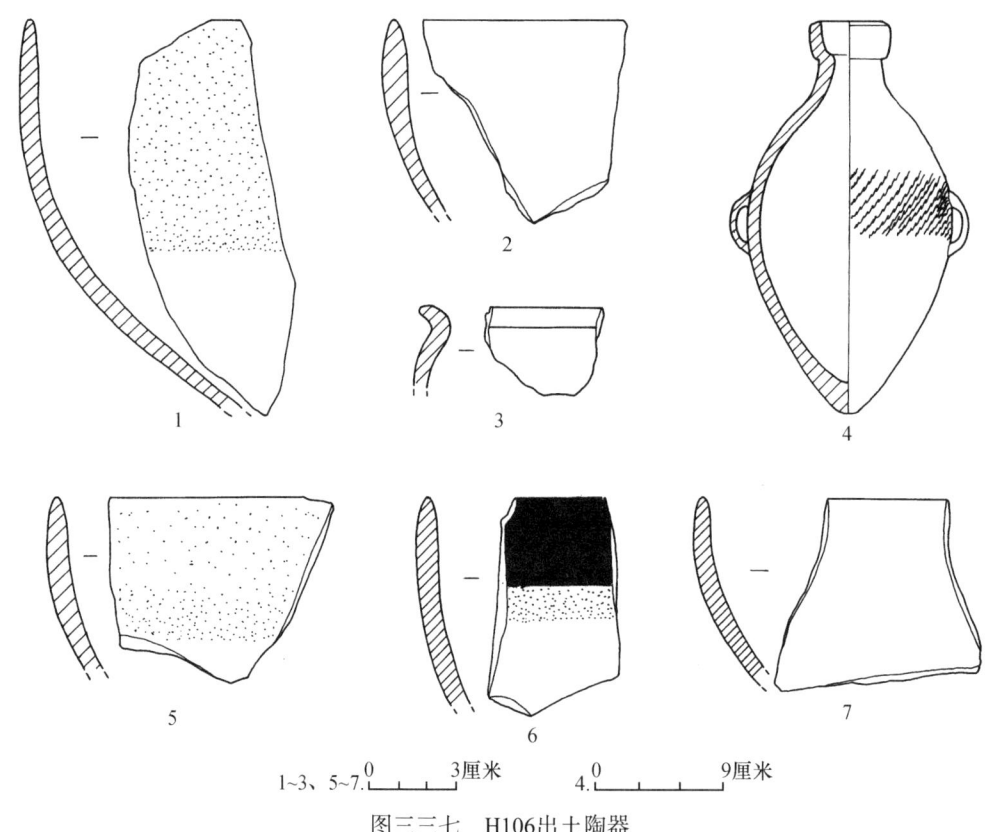

图三三七　H106出土陶器

1、2、5~7.钵（H106：4、H106：1、H106：5、H106：2、H106：3）　3.罐（H106：6）　4.瓶（H106：7）

18. H107

H107位于Ⅲ区T1212西部，开口于④层下。平面呈椭圆形，锅底状，斜直壁，平底。坑口长径0.64、短径0.6、底长径0.46、短径0.42、深0.35米（图三三八）。

坑内堆积为黄褐色土，土质较致密，出土少量陶片，另有兽骨。

陶片为主要的出土物，以粗夹砂红褐陶为主，细泥质橘红陶次之；纹饰全部为素面。

H107仅出土陶瓮1件。标本H107：1，口沿残片。粗夹砂红褐陶。侈口，卷沿，沿面微曲，方唇。素面。外沿面可见轮修痕迹（图三三九）。

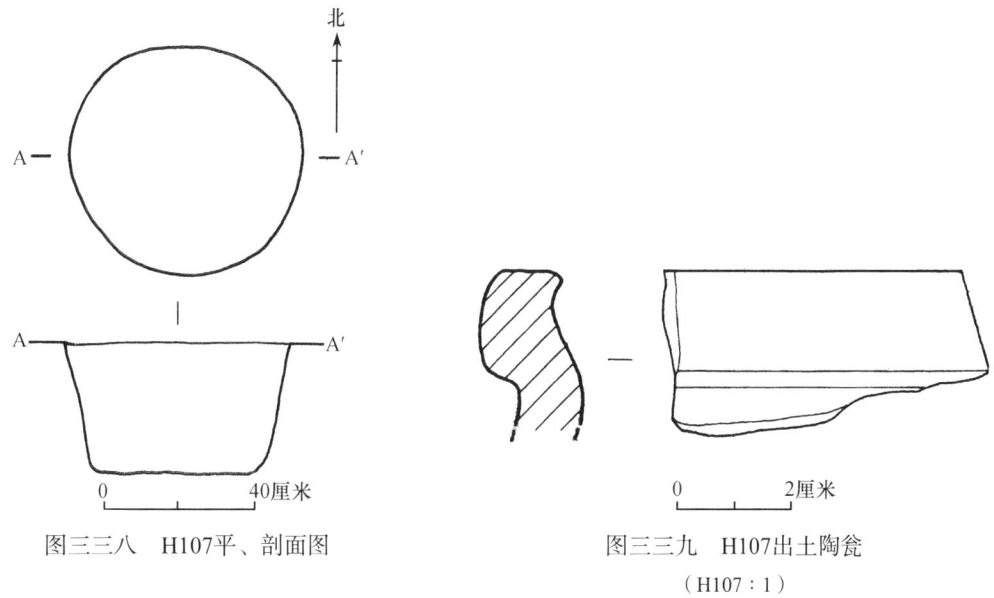

图三三八　H107平、剖面图　　　图三三九　H107出土陶瓮
　　　　　　　　　　　　　　　　　　　（H107：1）

19. H108

H108位于Ⅲ区T1212西南部，开口于F22之下。平面呈椭圆形，锅底状，斜直壁，平底。坑口长径0.62、短径0.48、底长径0.32、短径0.2、深0.35米（图三四〇）。

坑内堆积为黄褐色土，土质较致密，出土零星陶片，另有兽骨。

陶片为主要的出土物，以粗夹砂红褐陶为主，并有一定比例的粗泥质红褐陶；纹饰以绳纹居多，素面和弦纹也占一定比例（表七七）。

表七七　H108陶系统计表　　　　　　　　　　（单位：kg）

陶质　　陶色　纹饰	粗泥质 红褐	粗夹砂 红褐	合计		百分比（%）	
素面		0.04	0.04		17.39	
绳纹		0.16	0.16	0.23	69.57	100
弦纹	0.03		0.03		13.04	
合计	0.03	0.20	0.23			
	0.23					
百分比（%）	13.04	86.96				
	100					

20. H109

H109位于Ⅲ区T1211西北部与T1212西南部，开口于⑥层下。平面呈方形，袋状，口部有三层台阶，弧壁，平底。坑口径1.26、底径1.4、深1.6米。三层台阶距坑口分别为0.06、0.22、0.3米，宽分别为0.06、0.14、0.08米（图三四一）。

坑内堆积为灰褐色土，土质疏松，出土少量陶片，另有兽骨。

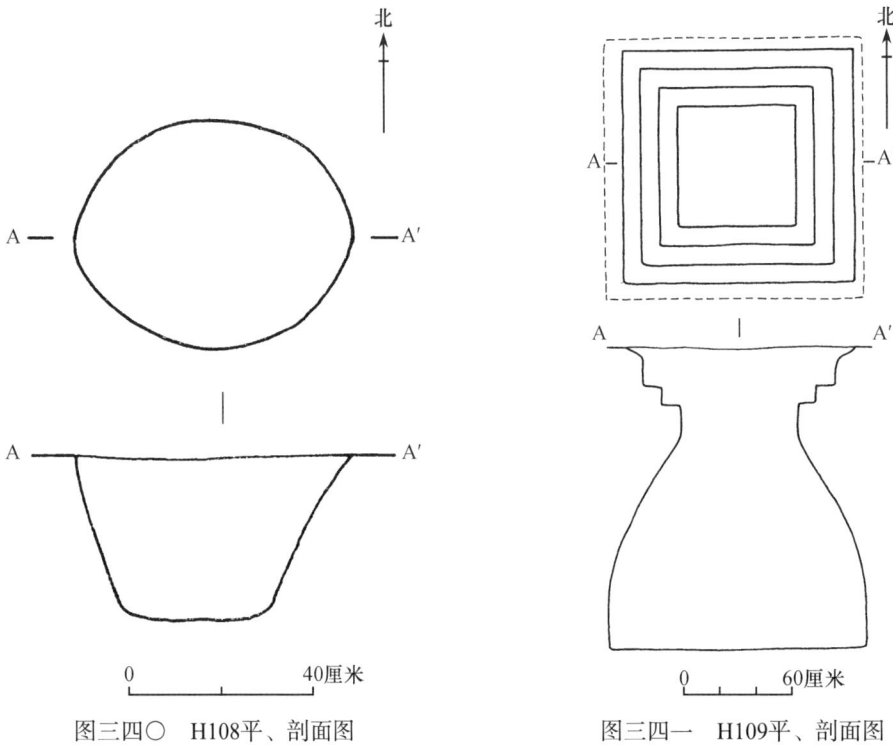

图三四〇 H108平、剖面图　　　图三四一 H109平、剖面图

陶片为主要的出土物，以粗夹砂红褐陶为主，细泥质橘红陶次之，并有一定比例的细夹砂红褐陶与粗泥质橘红陶；纹饰以素面居多，绳纹次之，并有少量弦纹（表七八）。

H109共出土遗物15件。以陶器为主，骨器次之。

表七八　H109陶系统计表　　　　　　　　　　　　　　　　（单位：kg）

陶质 纹饰	细泥质 橘红	粗泥质 橘红	细夹砂 红褐	粗夹砂 红褐	合计		百分比 （%）	
素面		0.114	0.16	1.09	1.364	3.09	44.14	100
素面+磨光	0.54				0.54		17.48	
绳纹			0.04	1.11	1.15		37.22	
弦纹				0.04	0.04		1.29	
合计	0.54	0.114	0.24	2.20	3.09			
	3.09							
百分比 （%）	17.48	3.69	7.77	71.20				
	100							

（1）陶器

14件。器类有瓶、罐、钵（表七九）。

表七九　H109器形统计表　　　　　　　　　　　　　　　　　　　（单位：件）

陶质	细泥质	粗泥质	细夹砂	粗夹砂		合计	百分比（%）	
陶色	橘红	橘红	红褐	红褐				
纹饰 器形	素面+磨光	素面	弦纹	素面	绳纹			
瓶		1				1	7.14	
罐				6	1	7	50.00	100
钵	5		1			6	42.86	
合计	5	1	1	6	1	14		
	14							
百分比（%）	35.71	7.14	7.14	42.86	7.14			
	100							

瓶　1件。标本H109：4，口、颈部残片。粗泥质橘红陶。直杯口，微敛，较为短矮，方唇，短颈，口、颈相接处有一道浅细凹槽。内、外壁均可见轮修痕迹（图三四二，1）。

罐　7件。均口、腹部残片。形制相同，均粗夹砂红褐陶，侈口，卷沿，沿面微曲，鼓腹。标本H109：5，方唇。腹部饰竖向绳纹（图三四二，5）。标本H109：6，圆唇。素面。外沿面与口沿下侧均可见轮修痕迹（图三四二，3）。

钵　6件。均口、腹部残片。标本H109：1、H109：2形制相同，均细泥质橘红陶，直口微敛，深弧腹，器表磨光，素面。标本H109：1，圆唇。口下可见浅褐色叠烧痕迹（图三四二，6）。标本H109：2，方唇，口下有一由外向内单面钻成的圆孔。口下可见浅褐色叠烧痕迹（图三四二，2）。

标本H109：3，细夹砂红褐陶。敛口，圆唇，斜直腹。腹部饰二周浅弦纹。内、外壁均可见轮修痕迹（图三四二，4）。

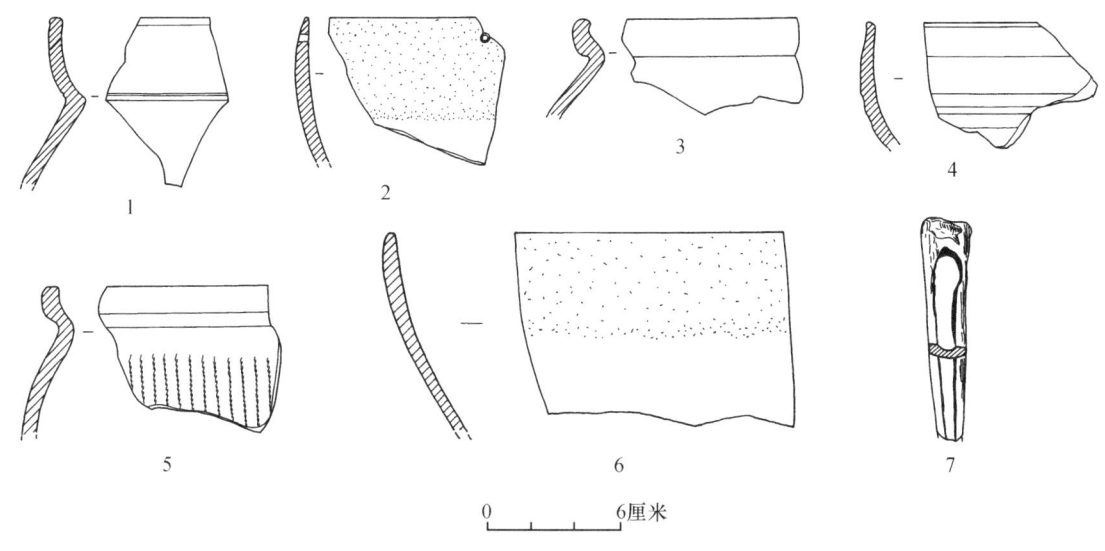

图三四二　H109出土遗物
1.陶瓶（H109：4）　2、4、6.陶钵（H109：2、H109：3、H109：1）　3、5.陶罐（H109：6、H109：5）　7.骨锥（H109：7）

（2）骨器

1件。锥。标本H109：7，尖部残。系利用梅花鹿右掌骨近段外半侧磨制而成，尾端保留关节面。横断面呈弧形。通体磨光。残长9.9厘米（图三四二，7）。

21. H111

H111位于TG1西南角，开口于④层下，西南部延伸至探沟外，未发掘。发掘部分平面呈不规则形，锅底状，弧壁，圜底。发掘部分坑口长径2.58、短径1.36、深1.12米（图三四三）。

坑内堆积为浅灰色土，土质疏松，包含火烧土颗粒，出土大量陶片，另有兽骨、田螺壳。

陶片为主要的出土物，以粗夹砂红褐陶为主，粗泥质橘红陶次之，并有一定比例的细泥质橘红陶及少量细泥质橙黄陶、细泥质黑陶及细夹砂红褐陶；纹饰以绳纹和素面居多，弦纹次之，还有少量附加堆纹（表八〇）。

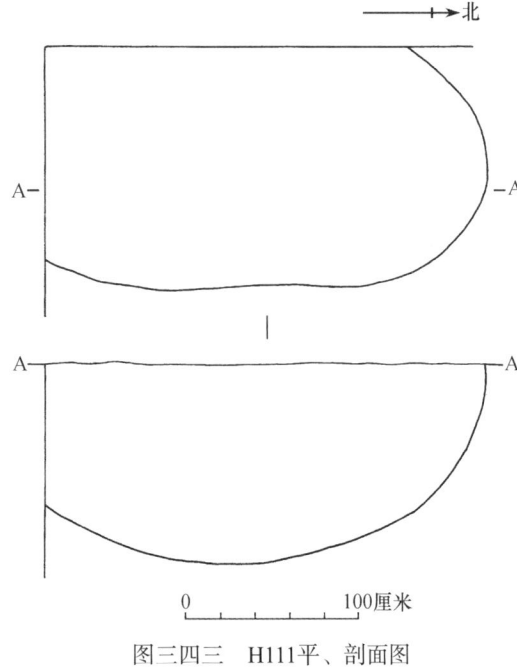

图三四三 H111平、剖面图

表八〇 H111陶系统计表　　　　　　（单位：kg）

陶质 纹饰	细泥质			粗泥质	细夹砂	粗夹砂	合计	百分比 （%）	
陶色	橘红	橙黄	黑	橘红	红褐	红褐			
素面				0.36		0.76	1.12	23.83	
素面+磨光	0.46	0.17	0.12				0.75	15.96	
绳纹				0.22		1.99	2.21	47.02	
弦纹				0.04	0.11	0.21	0.36	7.66	4.70	100
绳纹+弦纹						0.16	0.16	3.40	
绳纹+附加堆纹				0.10			0.10	2.13	
合计	0.46	0.17	0.12	0.72	0.11	3.12	4.70		
	4.70								
百分比（%）	9.79	3.62	2.55	15.32	2.34	66.38			
	100								

H111共出土遗物32件。以陶器为主，石器次之，角器再次。

（1）陶器

27件。器类有盆、罐、钵、瓮、圆陶片、锉（表八一）。

盆　2件。均口、腹部残片。形制相同，均细泥质橘红陶，直口微敛，平折沿，弧腹，器表磨光，素面。标本H111：5，方唇。内壁可见轮修痕迹（图三四四，9）。标本H111：6，圆唇。口沿下侧可见轮修痕迹（图三四四，10）。

表八一 H111器形统计表　　　　　　　　　　　　　　　　　　　　（单位：件）

陶质	细泥质	细夹砂		粗夹砂				合计	百分比（%）	
陶色	橘红	黑	红褐	红褐						
纹饰 器形	素面+磨光	素面+磨光	弦纹	素面	绳纹	弦纹	绳纹+弦纹			
盆	2							2	10.00	100
罐　口				2	4	1		9	45.00	
底				2						
钵　口	4	1	1					8	40.00	
底	2									
瓮							1	1	5.00	
合计	8	1	1	4	4	1	1	20		
	20									
百分比（%）	40.00	5.00	5.00	20.00	20.00	5.00	5.00			
	20									

罐　9件。均口、腹部残片。形制相同，均粗夹砂红褐陶，侈口，卷沿，沿面微曲，鼓腹。标本H111：7，方唇。素面。内壁可见烟熏痕迹（图三四四，3）。标本H111：8，圆唇，唇部有一道浅细凹槽，口沿下侧有一道凸棱。口沿以下饰左上至右下斜向绳纹。外沿面可见轮修痕迹（图三四四，5）。标本H111：10，方唇，唇部有二道浅细凹槽。腹部饰右上至左下斜向绳纹。外沿面可见轮修痕迹。复原口径24、残高6.8厘米（图三四四，4）。

钵　8件。均口、腹部残片。标本H111：3，细夹砂红褐陶。敛口，圆唇，斜直腹。口沿以下饰多周弦纹（图三四四，8）。

标本H111：1，细泥质橘红陶。直口，方唇，深弧腹。器表磨光。素面。口下可见浅红色叠烧痕迹（图三四四，6）。

标本H111：2、H111：4形制相同，均直口微敛，圆唇，深弧腹，器表磨光，素面。标本H111：2，细泥质橘红陶。口下可见轮修痕迹（图三四四，2）。标本H111：4，细泥质黑陶。内壁可见轮修痕迹（图三四四，7）。

瓮　1件。标本H111：9，口、腹部残片。粗夹砂红褐陶。侈口，卷沿，沿面微曲，圆唇，唇部有一道浅细凹槽，腹微鼓。口沿下侧饰二道宽浅弦纹，腹部饰右上至左下斜向绳纹（图三四四，1）。

圆陶片　4件。均完整。形制相同，均细泥质橘红陶，圆形。标本H111：11-1，系利用钵的口部残片打制而成。边缘较锋利。器表可见深红色叠烧痕迹。直径5.6、厚0.4厘米（图三四五，3）。标本H111：11-2，系利用钵的口部残片打制而成。边缘较钝，磨蚀较重。器表可见浅褐色叠烧痕迹。直径4.8、厚0.5厘米（图三四五，4）。标本H111：11-3，系利用钵的口部残片打制而成。边缘较锋利。器表可见深红色叠烧痕迹。直径4.3、厚0.5厘米（图三四五，5）。标本H111：11-4，系利用钵的残片打制而成。边缘稍钝。直径3.7、厚0.4厘米（图三四五，6）。

锉　3件。标本H111：13、H111：14形制相同，均粗泥质橘红陶，平面呈三角形，横断面呈圆角长方形，两侧边较直，锐尖，器表麻点清晰，密度较大。标本H111：13，尖部稍残。残长8.7、

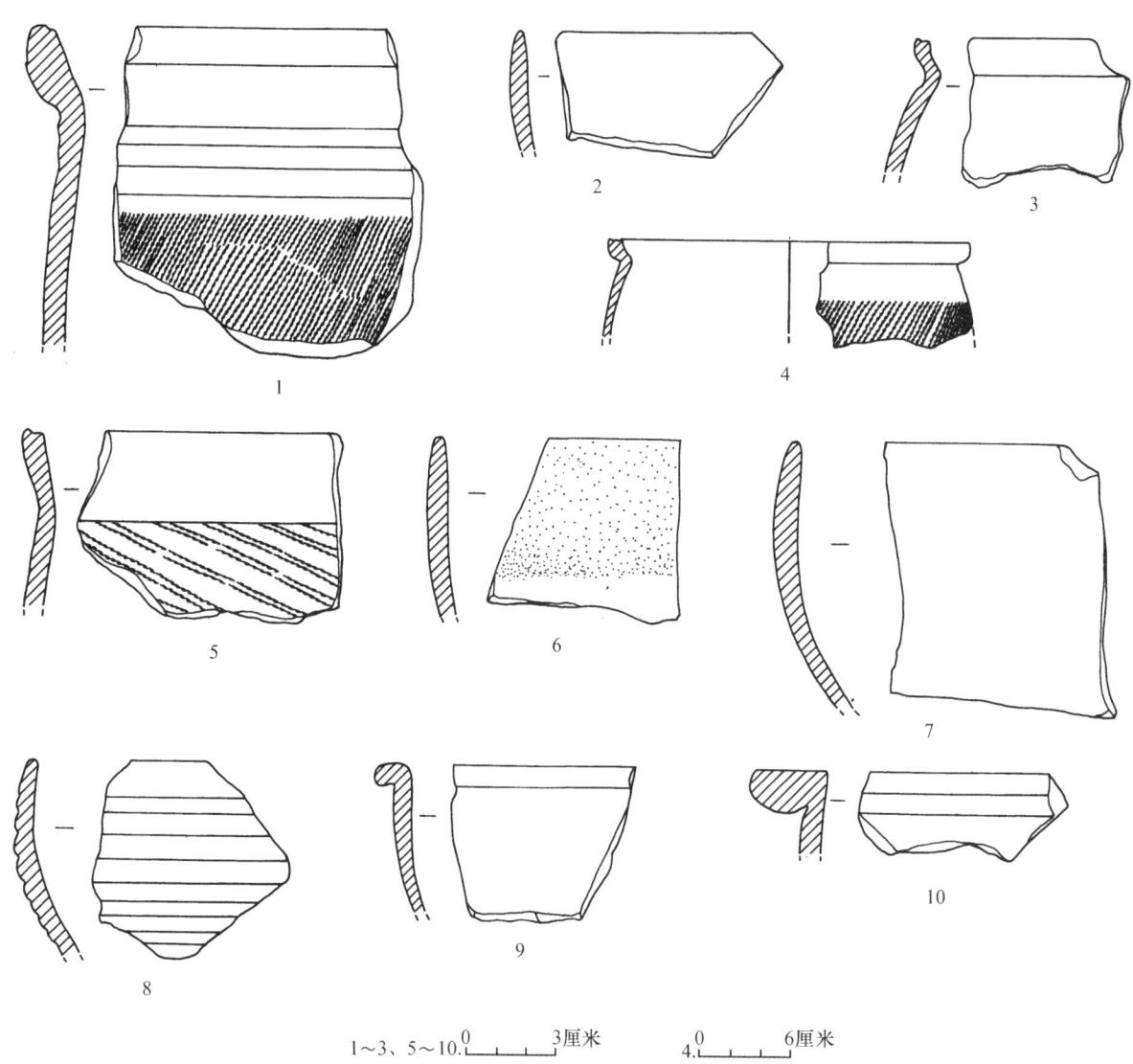

图三四四　H111出土陶器
1.瓮（H111∶9）　2、6~8.钵（H111∶2、H111∶1、H111∶4、H111∶3）　3~5.罐（H111∶7、H111∶10、H111∶8）　9、10.盆（H111∶5、H111∶6）

上部宽3、厚0.9厘米（图三四五，9）。标本H111∶14，完整。长12.1、上部宽3.6、厚1厘米（图三四五，11；图版八三，1）。

标本H111∶12，两端均残。粗泥质橘红陶。平面呈梭形，横断面呈圆角长方形，两侧边稍弧。器表麻点清晰，密度较小。残长11.9、中部宽4.2、厚1.1厘米（图三四五，12）。

（2）石器

4件。器类有锤、研磨器、石核、残石器。

锤　1件。标本H111∶17，残。石英岩。保留部分砾石面，器表可见较为集中的坑疤。残长6.5、宽5.5、厚4.7厘米（图三四五，2）。

研磨器　1件。标本H111∶18，残。凝灰岩。残存部分平面呈半圆形，一面平坦，一面稍鼓。周缘附着有红色颜料，并可见打制修理痕迹。残存部分长径10.1、短径7、厚2.4厘米（图三四五，

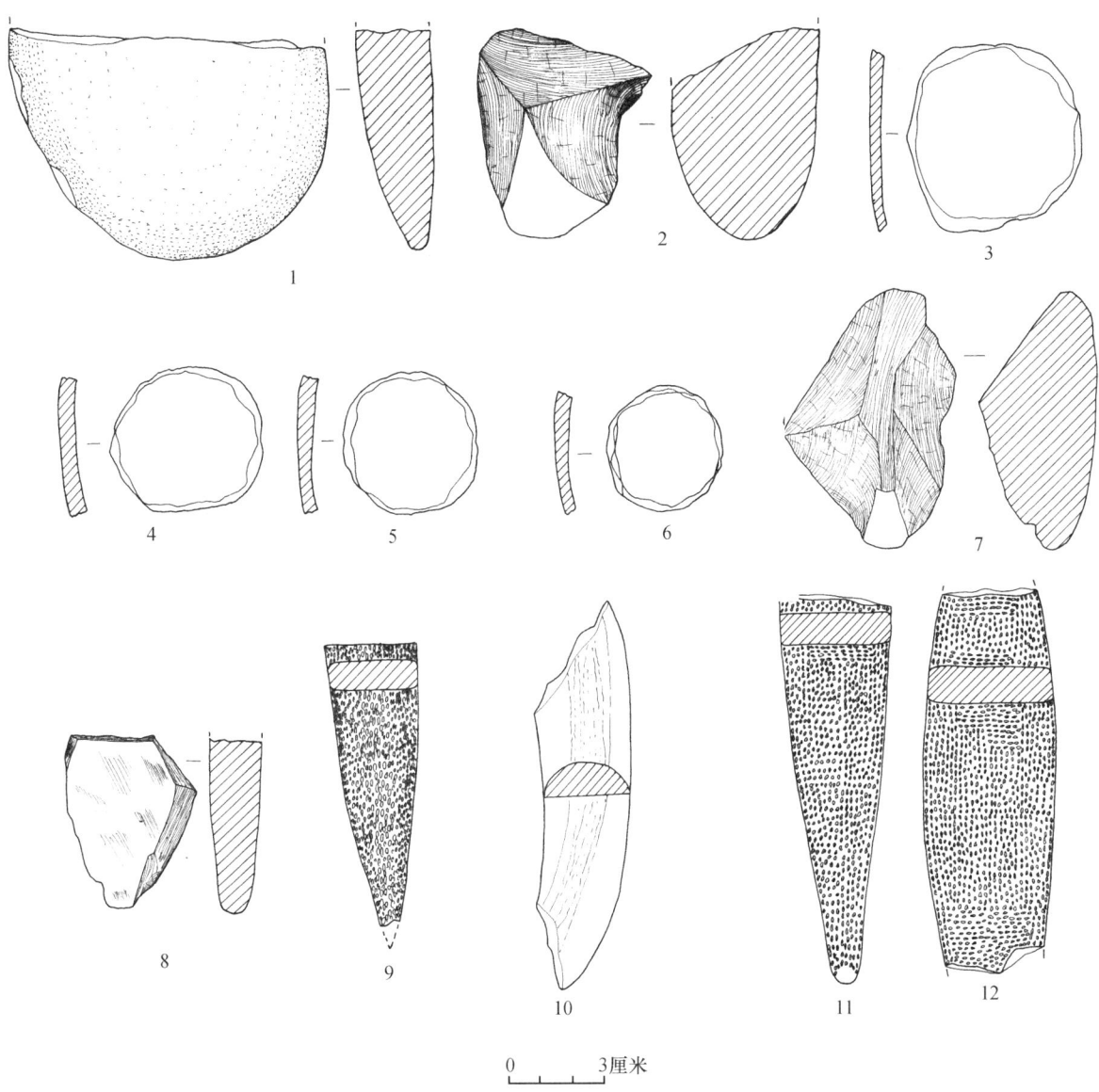

图三四五　H111出土遗物

1. 研磨器（H111∶18）　2. 石锤（H111∶17）　3~6. 圆陶片（H111∶11-1、H111∶11-2、H111∶11-3、H111∶11-4）
7. 石核（H111∶16）　8. 残石器（H111∶15）　9、11、12. 陶锉（H111∶13、H111∶14、H111∶12）　10. 角器（H111∶19）

1；图版八三，2）。

石核　1件。标本H111∶16，闪长岩。可见数次多向剥片痕迹，其中一个剥片较成功。保留部分砾石面。长8.1、宽5.3、厚3.8厘米（图三四五，7）。

残石器　1件。标本H111∶15，角岩。平面呈不规则形。两面磨光。长5.4、宽4.1、厚1.6厘米（图三四五，8）。

（3）角器

1件。锥。标本H111∶19，完整。系利用梅花鹿角的残段加工而成。中部劈裂，两端截断，各形成一尖。器表稍磨光。长12厘米（图三四五，10）。

22. H144

H144位于Ⅲ区T0811东北角、T0812东南角、T0911西北角、T0912西南角，开口于⑦层下。平面呈椭圆形，袋状，斜直壁，底部南高北低。坑口长径1.52、短径1.4米，底长径2.04、短径1.96米，深0.6～0.72米（图三四六）。

坑内堆积可分为2层：第①层为灰褐色土，土质疏松，厚0.14米；第②层为深灰色土，土质较致密，包含火烧土块，厚0.46～0.6米，出土大量陶片、兽骨。

陶片以细泥质橘红陶为主，细夹砂红褐陶次之，还有少量细夹砂橘红陶与粗夹砂红褐陶；纹饰以素面为主，弦纹次之。

H144共出土遗物15件。全部为陶器。器类有瓶、盆、罐、钵、器盖、圆陶片，另有器底（表八二）。

瓶　1件。标本H144：13，口沿残片。细夹砂红褐陶。直口，较为短矮，方唇。素面。外沿面可见轮修痕迹，内壁可见泥条盘筑痕迹。复原口径9.2、残高4.6厘米（图三四七，1）。

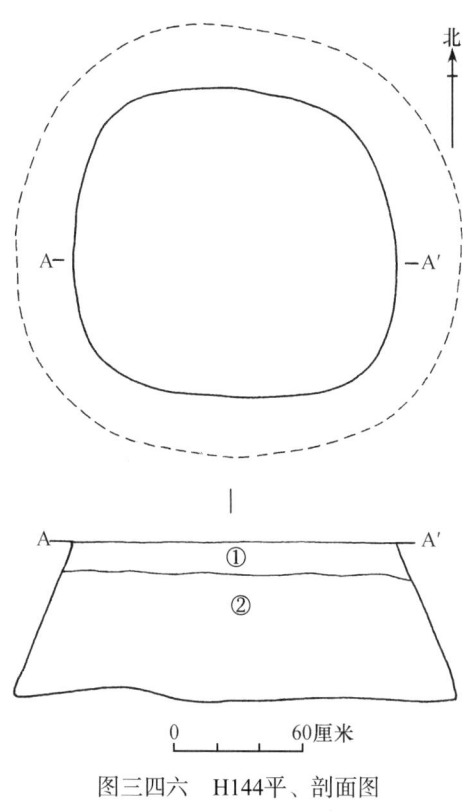

图三四六　H144平、剖面图

表八二　H144器形统计表　　　　（单位：件）

陶质	细泥质	细夹砂			粗夹砂	合计		百分比（%）	
陶色	橘红	橘红		红褐		红褐			
器形＼纹饰	素面+磨光	素面	弦纹	素面	弦纹	素面				
瓶				1			1	14	7.14	100
盆					1		1		7.14	
罐		1					1		7.14	
钵	7	2				1	10		71.43	
器盖	1						1		7.14	
合计	8	2	1	1	1	1	14			
	14									
百分比（%）	57.14	14.29	7.14	7.14	7.14	7.14				
	100									

盆　1件。标本H144：12，口、腹部残片。细夹砂红褐陶。直口，窄平折沿，圆唇，弧腹。口沿以下饰多周弦纹。器表可见烟熏痕迹（图三四七，4）。

罐　1件。标本H144：14，口、腹部残片。细夹砂橘红陶。侈口，卷沿，圆唇，腹微鼓。口沿以下饰多周弦纹。外沿面可见轮修痕迹（图三四七，3）。

钵　10件。均口、腹部残片。标本H144：7、H144：8形制相同，均细泥质橘红陶，直口，方唇，深弧腹，器表磨光，素面。标本H144：7，口下可见浅褐色叠烧痕迹与轮修痕迹（图三四七，

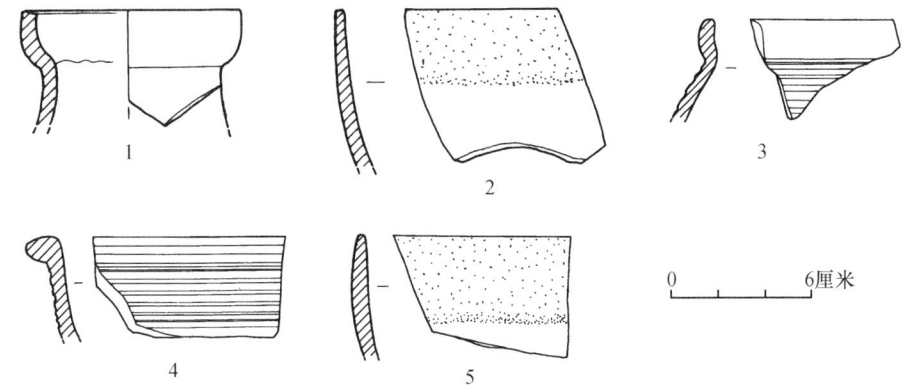

图三四七　H144出土陶器

1. 瓶（H144：13）　2、5. 钵（H144：7、H144：8）　3. 罐（H144：14）　4. 盆（H144：12）

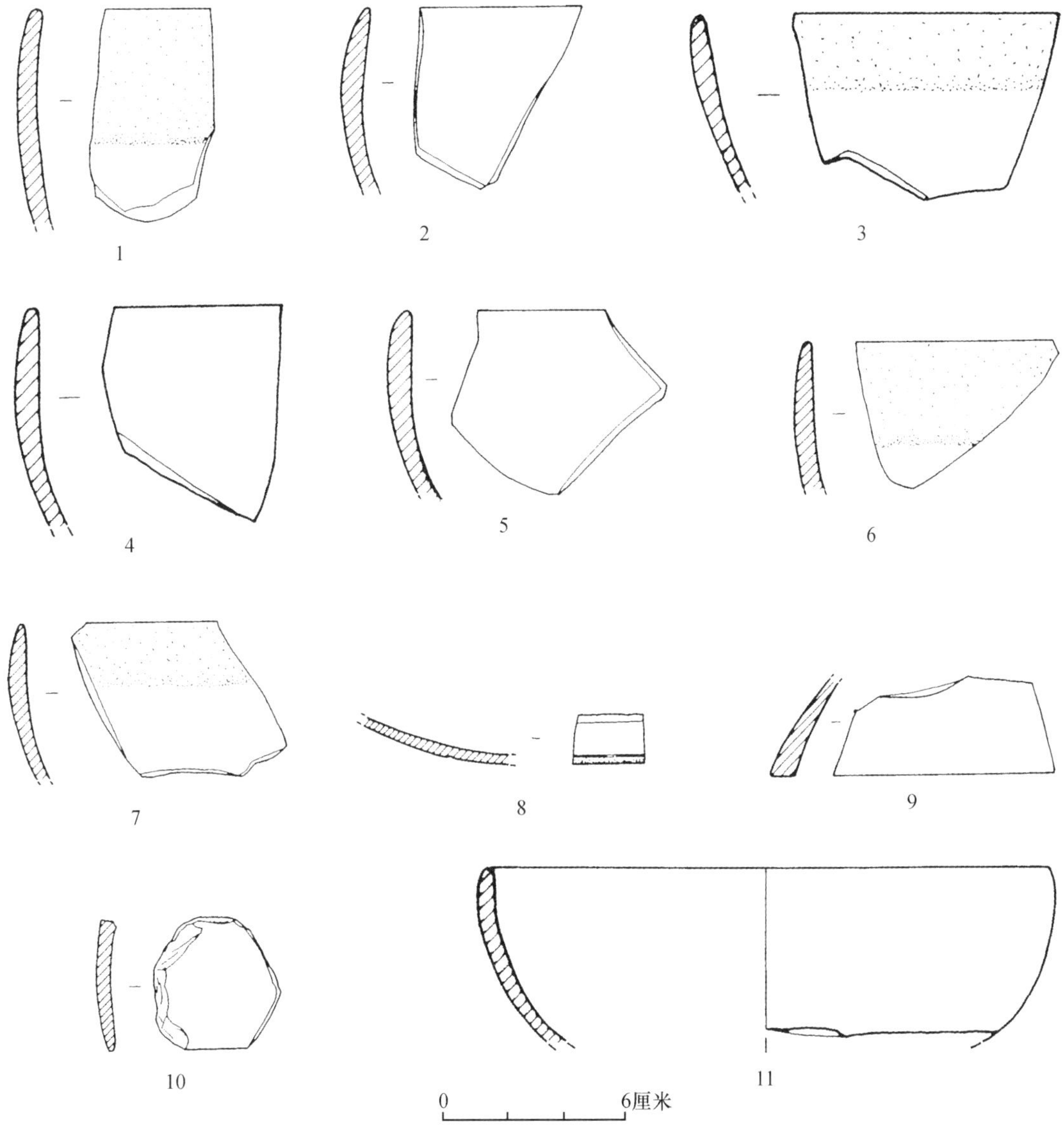

图三四八　H144出土陶器

1~7、11. 钵（H144：4、H144：2、H144：6、H144：3、H144：1、H144：5、H144：9、H144：10）
8. 器底（H144：11）　9. 器盖（H144：15）　10. 圆陶片（H144：16）

2）。标本H144：8，口下可见深红色叠烧痕迹（图三四七，5）。

标本H144：1、H144：2、H144：3、H144：4、H144：5、H144：9、H144：10形制相同，均直口微敛，深弧腹，素面。标本H144：1，粗夹砂红褐陶。圆唇。器表可见轮修痕迹（图三四八，5）。标本H144：2，细泥质橘红陶。尖圆唇。器表磨光。器表可见烟熏痕迹（图三四八，2）。标本H144：3，细夹砂橘红陶。圆唇。口下可见轮修痕迹（图三四八，4）。标本H144：4，细泥质橘红陶。方唇。器表磨光。口下可见浅褐色叠烧痕迹（图三四八，1）。标本H144：5，细泥质橘红陶。圆唇。器表磨光。口下可见深红色叠烧痕迹（图三四八，6）。标本H144：9，细泥质橘红陶。圆唇。器表磨光。口下可见深红色叠烧痕迹，内壁可见轮修痕迹（图三四八，7）。标本H144：10，细夹砂橘红陶。圆唇。内壁可见轮修痕迹。复原口径19.6、残高6厘米（图三四八，11）。

标本H144：6，细泥质橘红陶。敞口，圆唇，深弧腹。器表磨光。素面。口下可见深红色叠烧痕迹（图三四八，3）。

器底　标本H144：11，底部残片。细泥质橘红陶。圜底，底部有一道浅细凹槽，凹槽内区域较为粗糙。器表磨光。可能为钵底。残高1.7厘米（图三四八，8）。

器盖　1件。标本H144：15，口、壁残片。细泥质橘红陶。敞口，方唇，斜直壁。器表磨光。素面（图三四八，9）。

圆陶片　1件。标本H144：16，完整。细泥质橘红陶。系利用钵的口沿残片打制而成，保留少量沿面。圆形，边缘较钝。器表可见深红色叠烧痕迹。直径4.3、厚0.5厘米（图三四八，10）。

23.H145

H145位于Ⅲ区T0912东北部，开口于⑦层下。平面呈圆形，袋状，斜直壁，平底。坑口径1.6、底径2、深0.66~0.7米（图三四九）。

坑内堆积为灰褐色土，土质较疏松，出土大量陶片，另有兽骨。

陶片为主要的出土物，以粗夹砂红褐陶为主，细泥质橘红陶次之，细夹砂橘红陶再次，还有少量粗夹砂灰褐陶、粗泥质橘红陶和细夹砂红褐陶；纹饰以素面居多，绳纹次之，并有一定比例的弦纹和少量划纹、席纹（表八三）。

H145共出土遗物30件。全部为陶器。器类有瓶、盆、罐、钵、瓮、器盖、圆陶片、锉（表八四）。

瓶　1件。标本H145：9，口沿残片。细泥质橘红陶。直杯口，微敛，较为短矮，方唇，唇部有二道浅细凹槽。器表磨光。素面。唇部与内壁均可见轮修痕迹。复原口径8.6、残高6厘米（图三五〇，1）。

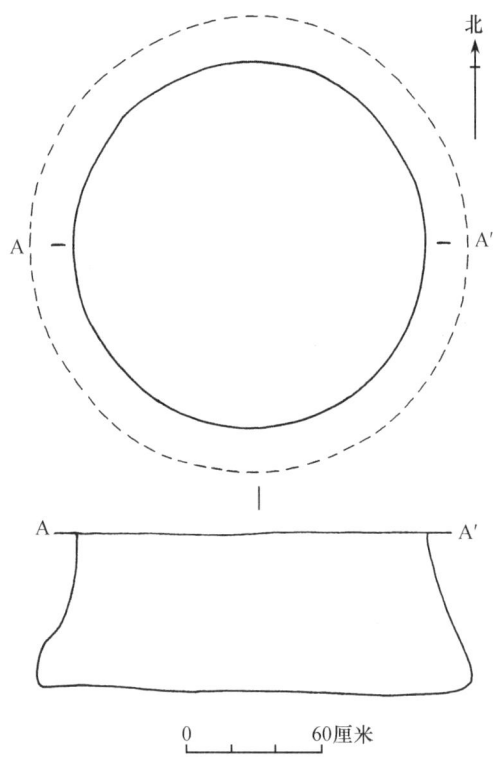

图三四九　H145平、剖面图

表八三　H145陶系统计表　　　　　　　　　　　　　　　　（单位：kg）

陶质\陶色\纹饰	细泥质 橘红	粗泥质 橘红	细夹砂 橘红	细夹砂 红褐	粗夹砂 红褐	粗夹砂 灰褐	合计	合计	百分比（%）	百分比（%）
素面	0.03	0.114	0.32	0.10	1.20	0.126	1.89		43.85	
素面+磨光	0.35						0.35		8.12	
绳纹			0.07		1.29		1.36		31.55	
绳纹+弦纹					0.44		0.44	4.31	10.21	100
划纹	0.01						0.01		0.22	
席纹	0.02						0.02		0.46	
线纹	0.114						0.114		2.65	
划纹+绳纹					0.126		0.126		2.92	
合计	0.524	0.114	0.39	0.10	3.056	0.126	4.31			
合计	4.31									
百分比（%）	12.16	2.65	9.05	2.32	70.90	2.92				
百分比（%）	100									

表八四　H145器形统计表　　　　　　　　　　　　　　　　（单位：件）

陶质	细泥质	细泥质	细泥质	粗泥质	细夹砂	细夹砂	粗夹砂	粗夹砂	粗夹砂	粗夹砂	合计	合计	百分比（%）	百分比（%）
陶色	橘红	橘红	橘红	橘红	橘红	红褐	红褐	红褐	红褐	灰褐				
纹饰\器形	素面+磨光	素面	线纹	素面	素面	素面	素面	绳纹	绳纹+弦纹	绳纹+划纹	素面				
瓶	1											1		4.17	
盆	2											2		8.33	
罐 口					1	1		2	2	2		10	24	41.67	100
罐 底							2								
钵	2	1	1	1		1						6		25.00	
瓮				1				1	1	1		4		16.67	
器盖											1	1		4.17	
合计	5	1	1	1	2	2	4	3	3	1	1	24			
合计	24														
百分比（%）	20.83	4.17	4.17	4.17	8.33	8.33	16.67	12.50	12.50	4.17	4.17				
百分比（%）	100														

盆　2件。均口、腹部残片。标本H145：7，细泥质橘红陶。敛口、窄平折沿，圆唇，弧腹。器表磨光。素面。器表可见轮修痕迹（图三五〇，9）。

标本H145：8，细泥质橘红陶。直口微敛，平折沿，沿面略向外侧下斜，圆唇，弧腹。器表磨光。素面。唇部可见轮修痕迹（图三五〇，7）。

罐　10件。均口、腹部残片。形制相同。标本H145：13，粗夹砂红褐陶。侈口，卷沿，方唇，

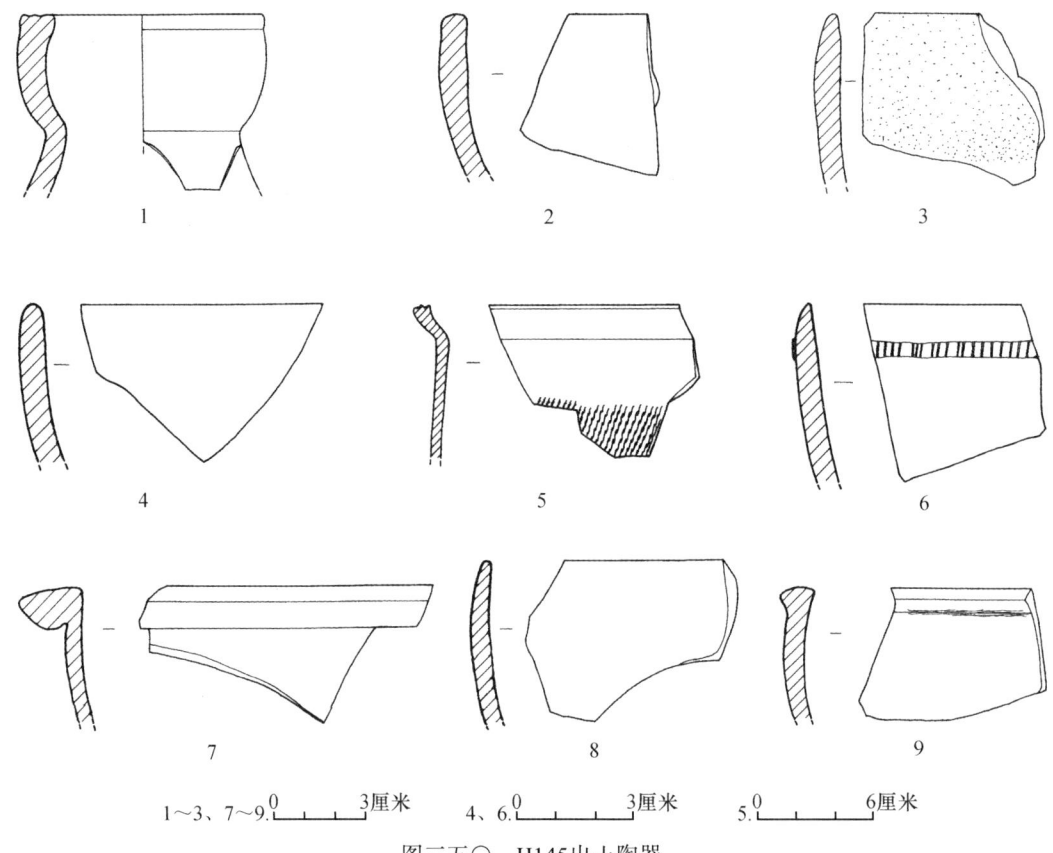

图三五〇　H145出土陶器

1. 瓶（H145：9）　2～4、6、8. 钵（H145：5、H145：1、H145：6、H145：4、H145：2）　5. 罐（H145：13）
7、9. 盆（H145：8、H145：7）

唇部有二道浅细凹槽，鼓腹。腹部饰右上至左下斜向绳纹。外沿面可见轮修痕迹（图三五〇，5）。

钵　6件。均口、腹部残片。标本H145：1、H145：2、H145：5、H145：6形制相同，均直口微敛，深弧腹，素面。标本H145：1，细泥质橘红陶。圆唇。器表磨光。口下可见浅褐色叠烧痕迹（图三五〇，3）。标本H145：2，细泥质橘红陶。方唇。器表磨光（图三五〇，8）。标本H145：5，粗泥质橘红陶。方唇。内、外壁均可见轮修痕迹（图三五〇，2）。标本H145：6，细夹砂红褐陶。圆唇。内、外壁均可见轮修痕迹（图三五〇，4）。

标本H145：4，细泥质橘红陶。敞口，尖唇，深弧腹，口下有一周凸棱。凸棱上饰竖向短线纹（图三五〇，6）。

瓮　4件。均口、腹部残片。标本H145：11、H145：12、H145：14形制相同，均粗夹砂红褐陶，侈口，卷沿，方唇，鼓腹。标本H145：11，沿面内曲。腹部饰右上至左下斜向绳纹。外沿面可见轮修痕迹。复原口径46、残高9.2厘米（图三五一，2）。标本H145：12，沿面微曲，唇部有二道浅细凹槽，肩略鼓。口沿下侧饰三周弦纹，弦纹以下饰右上至左下斜向绳纹（图三五一，5）。标本H145：14，唇部与外沿面均有一道浅细凹槽。唇部饰一周划纹，腹部饰右上至左下斜向绳纹（图三五一，1）。

标本H145：10，细夹砂橘红陶。直口微侈，圆唇，高领，鼓腹。素面。唇部可见轮修痕迹。复原口径23.6、残高7.2厘米（图三五一，3）。

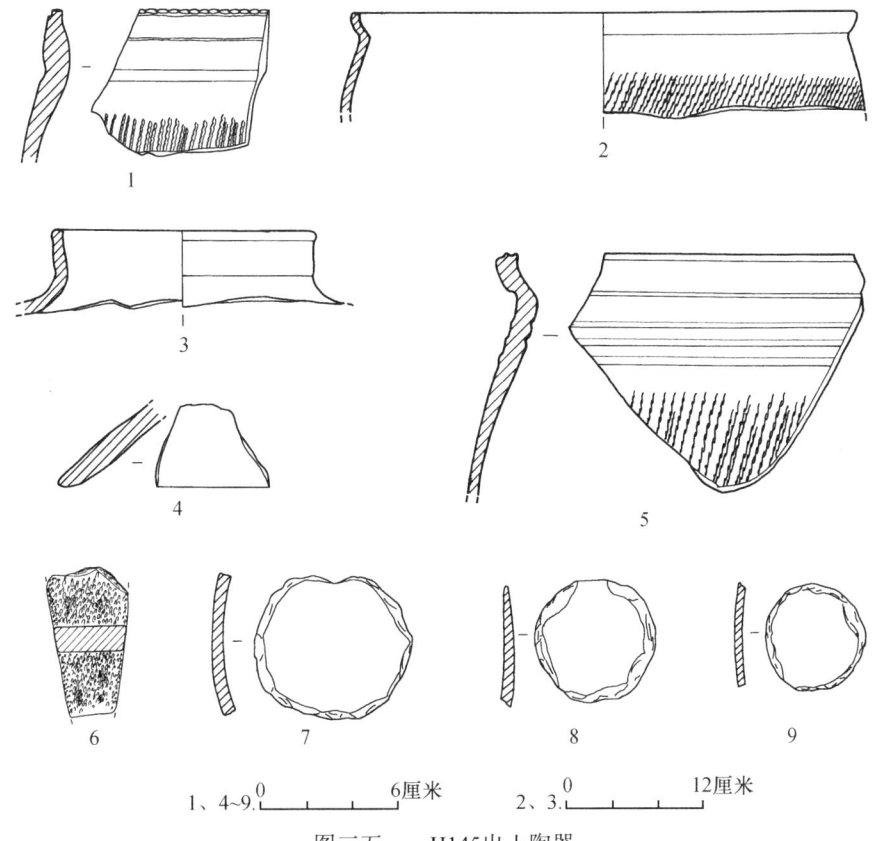

图三五一 H145出土陶器
1~3、5.瓮（H145∶14、H145∶11、H145∶10、H145∶12） 4.器盖（H145∶15） 6.锉（H145∶17）
7~9.圆陶片（H145∶16-1、H145∶16-2、H145∶16-3）

器盖 1件。标本H145∶15，口、壁残片。粗夹砂灰褐陶。敞口，圆唇，斜直壁。素面。器表可见轮修痕迹（图三五一，4）。

圆陶片 5件。形制相同，均圆形。标本H145∶16-1，稍残。细泥质橘红陶。系利用钵的口部残片打制而成。边缘较锋利。器表可见深红色叠烧痕迹与烟熏痕迹。直径6.9、厚0.5厘米（图三五一，7）。标本H145∶16-2，完整。细泥质橘红陶。系利用钵的口沿残片打制而成，保留少量沿面。边缘较锋利。器表可见深褐色叠烧痕迹与烟熏痕迹。直径5.4、厚0.4厘米（图三五一，8）。标本H145∶16-3，完整。细夹砂灰陶。系利用罐或瓮的残片打制而成。边缘较钝。直径4.6、厚0.3厘米（图三五一，9；图版八三，3）。

锉 1件。标本H145∶17，两端均残。细泥质橘红陶。残存部分平面呈梯形，横断面呈长方形，两侧边较直。器表麻点清晰，密度较大。残长6.4、宽2.3~3.7、厚1.1厘米（图三五一，6）。

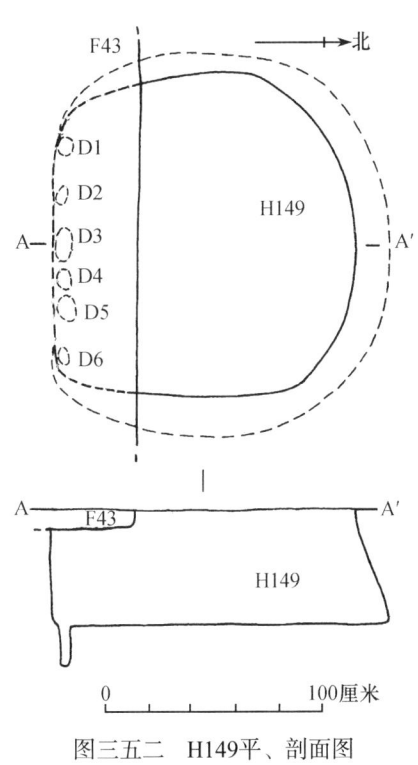

图三五二 H149平、剖面图

24. H149

H149位于Ⅲ区T0711东部与T0811西部，开口于⑧层下，南部被F43打破。平面呈椭圆形，袋状，南壁竖直，北壁斜直，平底。底部靠南壁有一排小柱洞，共6个（D1~D6），口径0.06~0.16、深0.1~0.16米。残存部分坑口长径1.4、短径1米，底部长径1.68米，短径1.52米，深0.5米（图三五二）。

坑内堆积为灰褐色土，土质较为致密，出土少量陶片。

陶片以细泥质橘红陶与粗泥质橘红陶居多，还有少量粗夹砂红褐陶与细夹砂橘红陶；纹饰全部为素面。

H149共出土遗物10件。以陶器为主，石器次之。

（1）陶器

6件。器类有瓶、罐、钵、锉，另有器底。

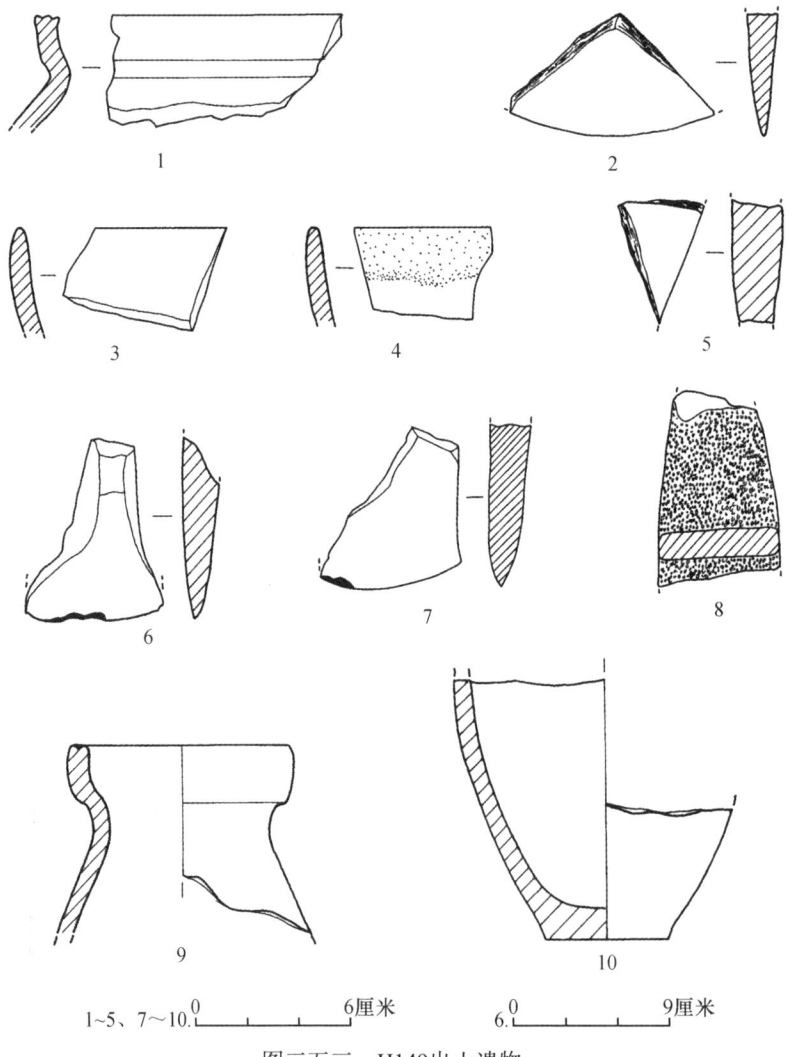

图三五三　H149出土遗物

1. 陶罐（H149：4）　2、6. 残石器（H149：10、H149：9）　3、4. 陶钵（H149：2、H149：1）　5. 雕刻器（H149：8）
7. 石斧（H149：7）　8. 陶锉（H149：6）　9. 陶瓶（H149：3）　10. 器底（H149：5）

瓶　1件。标本H149：3，口、颈部残片。粗泥质橘红陶。直杯口，微敛，较为短矮，方唇，唇部有一道浅细凹槽，束颈。素面。器表可见轮修痕迹，内壁可见泥条盘筑痕迹。复原口径8.8、残高7.2厘米（图三五三，9）。

罐　1件。标本H149：4，口、腹部残片。粗夹砂红褐陶。侈口，卷沿，沿面微曲，方唇，唇部有二道浅细凹槽，鼓腹。素面。外沿面可见轮修痕迹（图三五三，1）。

钵　2件。均口、腹部残片。形制相同，均细泥质橘红陶，直口微敛，圆唇，深弧腹，素面。标本H149：1，器表磨光。口下可见深红色叠烧痕迹（图三五三，4）。标本H149：2，表层有少量剥落。口下可见轮修痕迹（图三五三，3）。

器底　标本H149：5，腹、底部残片。细夹砂橘红陶。腹微鼓，平底。器表磨光。素面。可能为壶底。底径7.2、残高15厘米（图三五三，10）。

锉　1件。标本H149：6，两端均残。粗泥质橘红陶。残存部分平面呈梯形，横断面呈圆角长方形，两侧边稍弧。器面麻点清晰，密度较大。残长7.4、宽3.4～4.9、厚1.1厘米（图三五三，8）。

（2）石器

4件。器类有斧、雕刻器、残石器。

斧　1件。标本H149：7，残。角岩。残存部分平面呈近梯形，刃部较锋利。通体磨光。刃部可见使用形成的疤痕。残长6.3、宽1.9～5.6、厚1.5厘米（图三五三，7；图版八三，4）。

雕刻器　1件。标本H149：8，残。角岩。残存部分平面呈三角形，两面较平坦，刃部刃角较小。两面磨光。刃部可见使用形成的细小疤痕。残长4.6、厚1.9厘米（图三五三，5）。

残石器　2件。标本H149：9，角岩。残存部分平面呈不规则形，两面平坦，刃部较锋利。器表磨光。刃部可见打制痕迹。残长7厘米（图三五三，6）。标本H149：10，角岩。残存部分平面呈三角形。通体磨光。残长4.7厘米（图三五三，2）。

25. H150

H150位于Ⅲ区T0811东北部，开口于⑧层下。平面呈椭圆形，筒状，直壁，平底。坑口长径1.78、短径1.6、深0.5米（图三五四）。

坑内堆积为灰褐色土，土质较疏松，出土少量陶片、兽骨、石块。

陶片为主要的出土物，以粗夹砂红褐陶为主，另有少量细夹砂橘红陶、细泥质橘红陶；纹饰以素面为主，另有少量弦纹。

H150共出土遗物7件。以陶器为主，石器次之。

（1）陶器

5件。器类有罐、钵、瓮、圆陶片。

罐　2件。均口、腹部残片。形制相同，均粗夹砂红褐陶，侈口，卷沿，沿面微曲，方唇，鼓腹，素面。

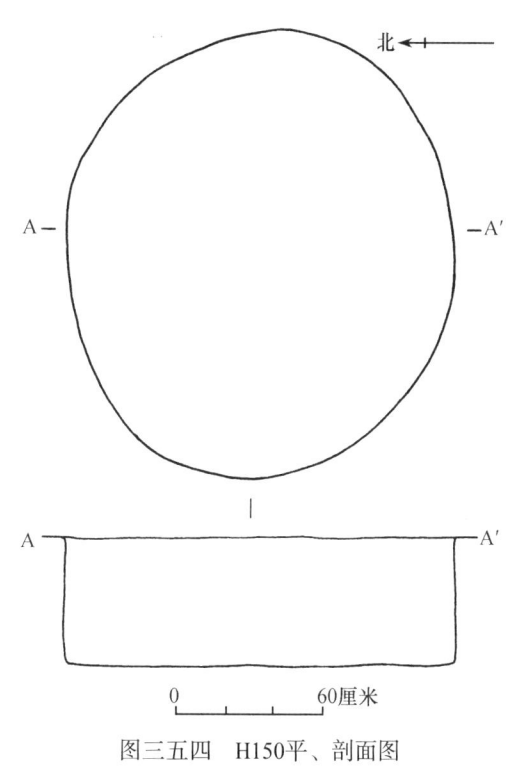

图三五四　H150平、剖面图

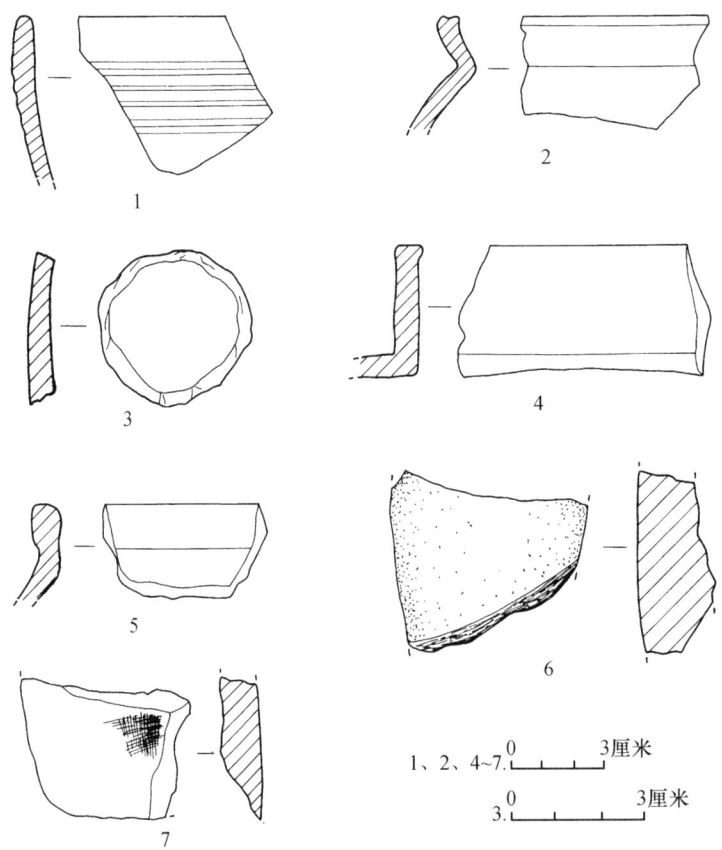

图三五五　H150出土遗物
1.陶钵（H150：1）　2、5.陶罐（H150：4、H150：2）　3.圆陶片（H150：5）　4.陶瓮（H150：3）
6.残石器（H150：6）　7.研磨器（H150：7）

标本H150：2，内壁可见轮修痕迹（图三五五，5）。标本H150：4，唇部有一道浅细凹槽（图三五五，2）。

钵　1件。标本H150：1，口、腹部残片。细夹砂橘红陶。敛口，方唇，斜直腹。口沿以下饰多周浅弦纹。内壁可见轮修痕迹（图三五五，1）。

瓮　1件。标本H150：3，口、腹部残片。粗夹砂红褐陶。直口，方唇，高领，鼓腹。素面。内沿面可见轮修痕迹（图三五五，4）。

圆陶片　1件。标本H150：5，完整。细泥质橘红陶。系利用钵的残片打制而成。圆形，边缘较钝。直径3.5、厚0.5厘米（图三五五，3）。

（2）石器

2件。器类有研磨器、残石器。

研磨器　1件。标本H150：7，残。闪长岩。平面呈不规则形，一面较平坦。器表可见红色颜料痕迹。残长4.5厘米（图三五五，7）。

残石器　1件。标本H150：6，石英岩。一面稍鼓。器表磨光。表面可见琢制痕迹。残长5.7厘米（图三五五，6）。

26. H151

H151位于Ⅲ区T0811东部，开口于⑧层下，北部被H150打破。平面呈不规则形，袋状，斜直壁，平底，底部有一层硬面。残存部分坑口长径1.5、短径1.48米，底长径1.82、短径1.7米，深0.42米（图三五六）。

坑内堆积为浅灰色土，土质较致密，包含少量草木灰，出土少量陶片，另有骨头。

H151共出土遗物2件。全部为陶器。器类有钵、瓮。

钵　1件。标本H151∶1，口、腹部残片。细泥质橘红陶。直口微敞，圆唇，深弧腹。器表磨光。素面。口下可见深红色叠烧痕迹（图三五七，1）。

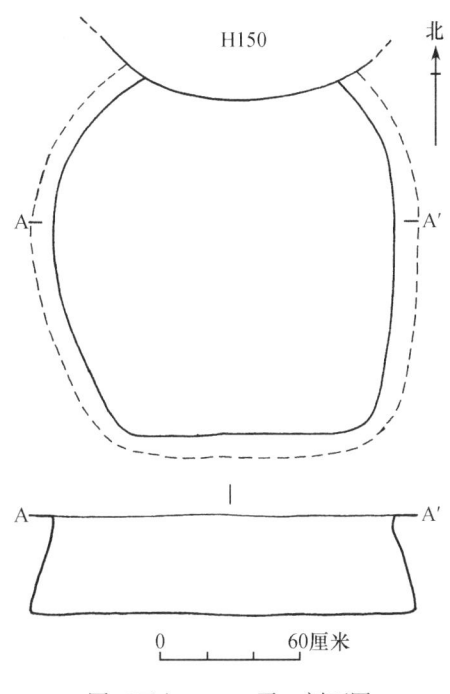

图三五六　H151平、剖面图

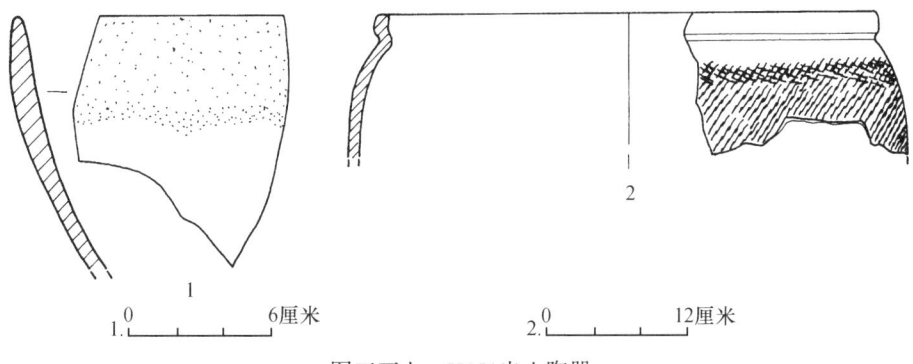

图三五七　H151出土陶器
1. 钵（H151∶1）　2. 瓮（H151∶2）

瓮　1件。标本H151：2，口、腹部残片。粗夹砂红褐陶。侈口，卷沿，沿面微曲，方唇，鼓腹。口沿下侧饰交错绳纹，腹部饰右上至左下斜向绳纹。外沿面可见轮修痕迹，器表可见烟熏痕迹。复原口径44、残高12厘米（图三五七，2）。

27. H152

H152位于Ⅲ区T1014西部，开口于⑥层下。平面呈长方形，袋状，斜直壁，平底。坑口南北长0.8、东西宽0.72、底南北长1.3、东西宽1.39、深1.7米。坑底东南部有一曲尺状台阶，高0.2米（图三五八）。

坑内堆积为浅灰色土，土质较疏松，出土少量陶片，另有兽骨。

陶片为主要的出土物，以粗夹砂红褐陶和细泥质橘红陶为主，细夹砂红褐陶次之，并有少量粗泥质橘红陶和粗泥质红褐陶；纹饰以素面居多，弦纹次之，绳纹再次，并有一定比例的交错绳纹（表八五）。

H152共出土遗物25件。全部为陶器。器类有盆、罐、钵、圆陶片（表八六）。

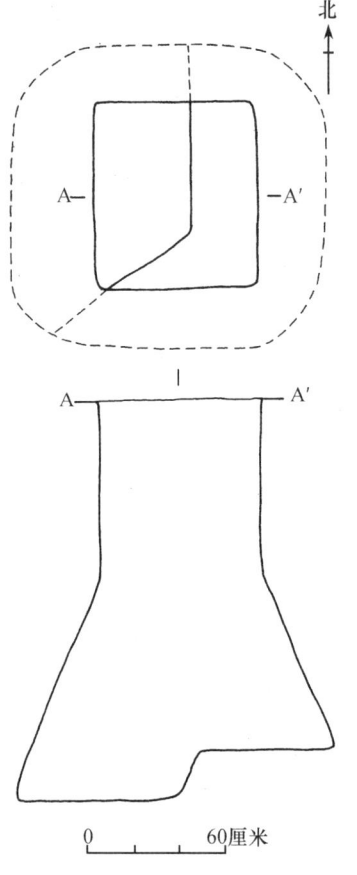

图三五八　H152平、剖面图

表八五　H152陶系统计表　　　　　　　　　　　　　　　　（单位：kg）

陶质 陶色 纹饰	细泥质 橘红	粗泥质 橘红	粗泥质 红褐	细夹砂 红褐	粗夹砂 红褐	合计	百分比 （%）	
素面	0.21	0.21	0.07	0.52	0.69	1.70	33.86	
素面+磨光	0.34	0.114			0.454		9.04	
绳纹		0.01		0.97	0.98	5.02	19.52	100
弦纹	1.12			0.38	1.50		29.88	
交错绳纹				0.39	0.39		7.77	
合计	1.67	0.334	0.07	0.91	2.04	5.02		
	5.02							
百分比 （%）	33.27	6.65	1.39	18.13	40.64			
	100							

盆　3件。标本H152：6，可复原。细泥质橘红陶。敞口，折沿，沿面向外侧下斜，圆唇，深弧腹，平底。腹部饰多周弦纹。口径36、底径11.4、通高15厘米（图三五九，1；图版八三，5；图版二〇〇，3）。

标本H152：7，口沿残片。细泥质橘红陶。直口，平折沿，沿面微鼓，圆唇。沿面磨光。素面。唇部可见轮修痕迹（图三五九，4）。

表八六　H152器形统计表　　　　　　　　　　　　　　　　　（单位：件）

陶质	细泥质			粗泥质		细夹砂	粗夹砂				合计		百分比（％）	
陶色	橘红			橘红		红褐	红褐							
纹饰＼器形	素面+磨光	素面	弦纹	素面+磨光	素面	素面	素面	绳纹	弦纹	绳纹+弦纹					
盆	1	1	1								3		13.04	100
罐　口						1		4	4	1	14	23	60.87	
罐　底						4								
钵	2	1		1	1	1					6		26.09	
合计	3	2	1	1	1	1	5	4	4	1	23			
	23													
百分比（％）	13.04	8.70	4.35	4.35	4.35	4.35	21.74	17.39	17.39	4.35				
	100													

罐　14件。均口、腹部残片。标本H152：13，粗夹砂红褐陶。侈口，卷沿，方唇，唇部有一道凸棱，直腹。口沿以下饰多周弦纹。复原口径21.4、残高6.4厘米（图三五九，7）。

标本H152：8、H152：9、H152：11、H152：12形制相同，均粗夹砂红褐陶，侈口，折沿，沿面内曲，鼓腹。标本H152：8，圆唇。口沿以下饰多周弦纹。器表可见烟熏痕迹。复原口径27.4、残高7.1厘米（图三五九，5）。标本H152：9，方唇。口沿以下饰多周弦纹。外沿面可见烟熏痕迹（图三五九，6）。标本H152：11，方唇。腹部饰竖向绳纹。外沿面可见轮修痕迹（图三五九，8）。标本H152：12，方唇。腹部饰右上至左下斜向绳纹。外沿面可见轮修痕迹（图三五九，2）。

标本H152：10，粗夹砂红褐陶。侈口，折沿，方唇，鼓腹。口沿以下饰多周弦纹。沿面可见轮修痕迹（图三五九，3）。

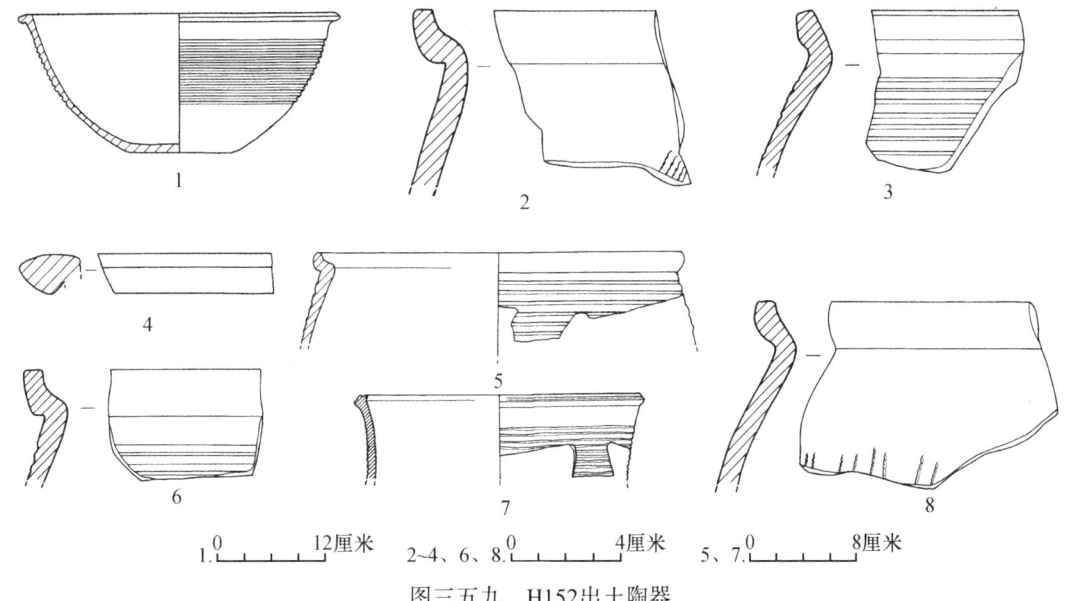

图三五九　H152出土陶器
1、4.盆（H152：6、H152：7）　2、3、5~8.罐（H152：12、H152：10、H152：8、H152：9、H152：13、H152：11）

钵 6件。均口、腹部残片。标本H152：1、H152：2、H152：3形制相同，均直口，深弧腹，器表磨光，素面。标本H152：1，粗泥质橘红陶。圆唇。口下可见轮修痕迹（图三六〇，1）。标本H152：2，细泥质橘红陶。方唇。口下可见浅褐色叠烧痕迹（图三六〇，2）。标本H152：3，细泥质橘红陶。圆唇。口下可见浅褐色叠烧痕迹（图三六〇，3）。

标本H152：4、H152：5形制相同，均敛口，方唇，斜直腹，素面。标本H152：4，粗泥质橘红陶。口下可见轮修痕迹。器表可见刮抹痕迹（图三六〇，4）。标本H152：5，细夹砂红褐陶。唇部有一道浅细凹槽。内壁可见轮修痕迹。复原口径27.2、残高3厘米（图三六〇，5）。

圆陶片 2件。均完整。形制相同，均细泥质橘红陶，圆形。标本H152：14-1，系利用钵的底部残片打制而成。边缘稍钝。直径4.7、厚0.9厘米（图三六〇，6）。标本H152：14-2，系利用钵的残片打制而成。边缘较锋利。直径4.5、厚0.9厘米（图三六〇，7）。

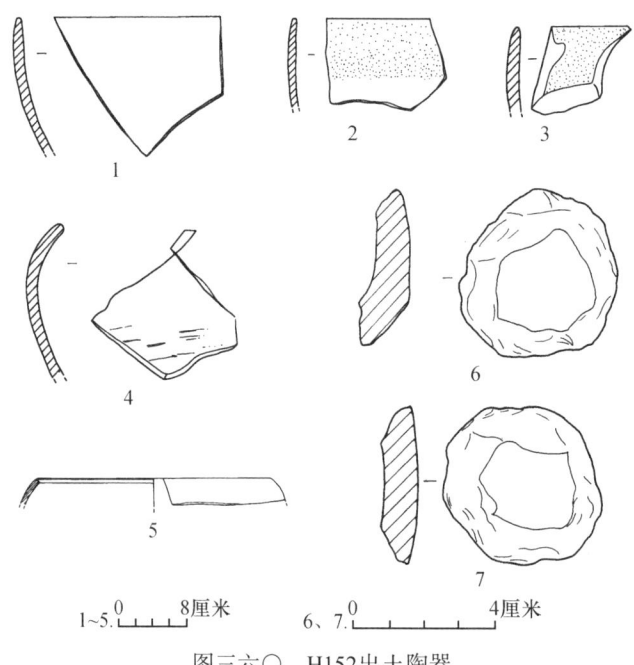

图三六〇 H152出土陶器
1～5.钵（H152：1、H152：2、H152：3、H152：4、H152：5） 6、7.圆陶片（H152：14-1、H152：14-2）

28. H153

H153位于Ⅲ区T1014东部，开口于⑥层下。平面呈方形，袋状，斜直壁，平底。坑口边长0.82、底边长1.04、深1.14米（图三六一）。

坑内堆积为浅灰色土，土质较疏松，包含少量炭屑，出土少量陶片。

陶片以粗夹砂红褐陶为主，细泥质橘红陶次之，还有少量细夹砂红褐陶、粗泥质橘红陶、细泥质红褐陶；纹饰以素面为主，绳纹次之，弦纹再次，还有少量交错绳纹。

H153共出土遗物9件。全部为陶器。器类有罐、钵、瓮、圆陶片。

罐 3件。均口、腹部残片。标本H153：7、H153：8形制相同，均粗夹砂红褐陶，侈口，卷沿，鼓腹，素面。标本H153：7，圆唇。外沿面可见轮修痕迹（图三六二，2）。标本H153：8，方唇，口沿下侧有一道棱脊。外沿面可见轮修痕迹，器表可见烟熏痕迹。复原口径16.6、残高8.6厘米

（图三六二，3）。

标本H153：4，口、腹部残片。细夹砂红褐陶。敛口，圆唇，球形腹。腹部饰交错绳纹。内壁可见轮修痕迹。复原口径19.4、残高12.6厘米（图三六二，1；图版一九一，2）。

钵　3件。均口、腹部残片。形制相同，均直口微敛，深弧腹，素面。标本H153：1，细泥质橘红陶。圆唇。器表磨光。口下可见浅褐色叠烧痕迹（图三六二，5）。标本H153：2，细泥质橘红陶。方唇。器表磨光。口下可见深红色叠烧痕迹（图三六二，4）。标本H153：3，粗泥质橘红陶。方唇。器表经刮抹较为光滑。口下可见轮修痕迹（图三六二，6）。

瓮　2件。均口、腹部残片。形制相同，均粗夹砂红褐陶，侈口，卷沿，沿面微曲，方唇，鼓腹。标本H153：5，口沿下侧饰七周弦纹，弦纹以下饰右上至左下斜向绳纹。外沿面可见轮修痕迹（图三六二，8）。标本H153：6，唇部有一道凸棱。腹部饰右上至左下斜向绳纹。唇部可见轮修痕迹。复原口径46.8、残高8.7厘米（图三六二，7）。

圆陶片　1件。标本H153：9，完整。细泥质红褐陶。系利用盆的残片打制而成。圆形，边缘较钝。直径5.7、厚0.7厘米（图三六二，9）。

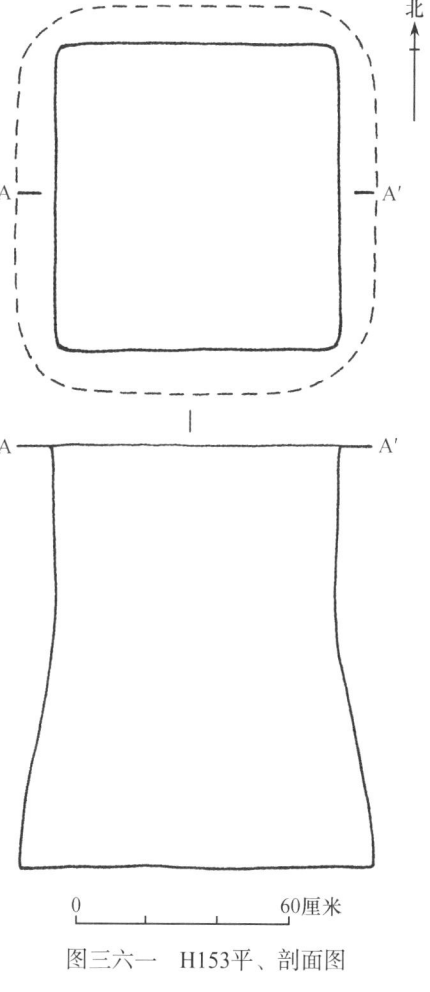

图三六一　H153平、剖面图

29. H156

H156位于Ⅲ区T0414东部，开口于④层下，东部被F84打破。平面呈椭圆形，锅底状，弧壁，圜底。坑口长径1.9、短径1.3、深0.46米（图三六三）。

坑内堆积为灰褐色土，包含火烧土残块，出土少量陶片。

陶片以细泥质橘红陶为主，粗夹砂红褐陶次之，还有少量粗泥质橘红陶；纹饰全部为素面。

H156共出土遗物9件。全部为陶器。器类有罐、钵、圆陶片。

罐　3件。均口、腹部残片。标本H156：5、H156：7形制相同，均粗夹砂红褐陶，侈口，折沿，沿面内曲，方唇，鼓腹，素面。标本H156：5，唇部有一道凸棱。沿面可见轮修痕迹（图三六四，1）。标本H156：7，器表可见刮抹痕迹与烟熏痕迹。复原口径26.1、残高8.4厘米（图三六四，2）。

标本H156：6，粗夹砂红褐陶。侈口，折沿，圆唇。素面。沿面可见轮修痕迹，器表可见烟熏痕迹。复原口径14.1、残高4.5厘米（图三六四，3）。

钵　4件。均口、腹部残片。形制相同，均直口微敛，深弧腹，器表磨光，素面。标本H156：1，细泥质橘红陶。方唇。器表可见烟熏痕迹（图三六四，7）。标本H156：2，细泥质橘红陶。尖圆唇。口下可见浅褐色叠烧痕迹（图三六四，8）。标本H156：3，细泥质橘红陶。直口，方唇。内

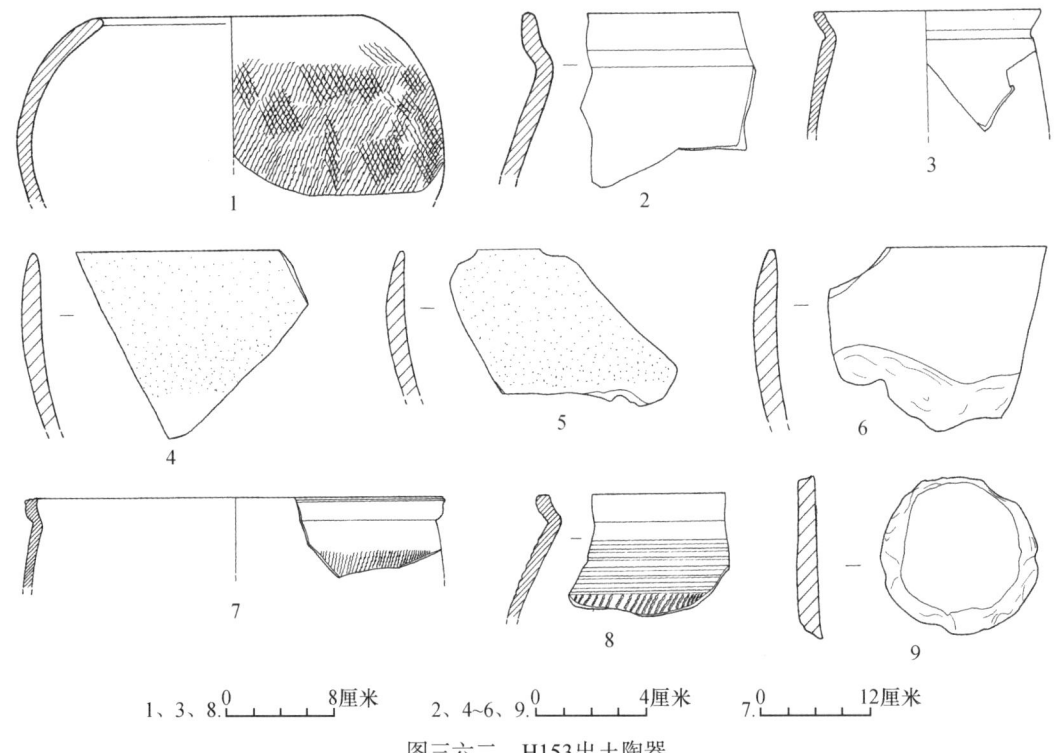

图三六二 H153出土陶器

1~3. 罐（H153：4、H153：7、H153：8） 4~6. 钵（H153：2、H153：1、H153：3）
7、8. 瓮（H153：6、H153：5） 9. 圆陶片（H153：9）

壁可见轮修痕迹（图三六四，5）。标本H156：4，粗泥质橘红陶。方唇。器表可见轮修与刮抹痕迹（图三六四，4）。

圆陶片　2件。均完整。标本H156：8-1，细泥质橘红陶。系利用钵的口部残片打制而成。椭圆形，边缘较锋利。器表可见灰白色叠烧痕迹与轮修痕迹。长径5.8、短径4.9、厚0.6厘米（图三六四，9）。

标本H156：8-2，细泥质橘红陶。系利用钵的残片打制而成。圆形，边缘较锋利。外壁可见零星疤痕。直径4、厚0.6厘米（图三六四，6）。

30. H160

H160位于Ⅲ区T0414东部，开口于⑥层下。平面呈圆形，袋状，斜直壁，平底。坑口径0.74、底径1.7、深2.14米。底部有三层台阶，台面平整：第一层台阶距坑口1.43、高0.22米；第二层台阶距坑口1.65、高0.29米；第三层台阶距坑口1.94、高0.2米（图三六五；图版四，1）。

坑内堆积为灰褐色土，土质疏松，包含红褐色火烧土残块，出土少量陶片，另有骨头。

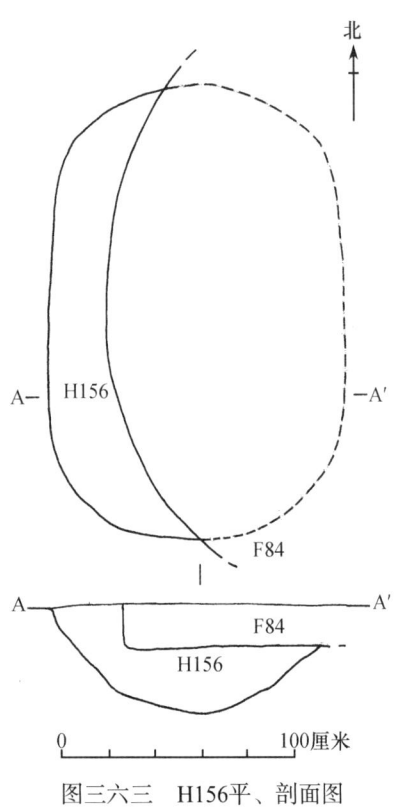

图三六三　H156平、剖面图

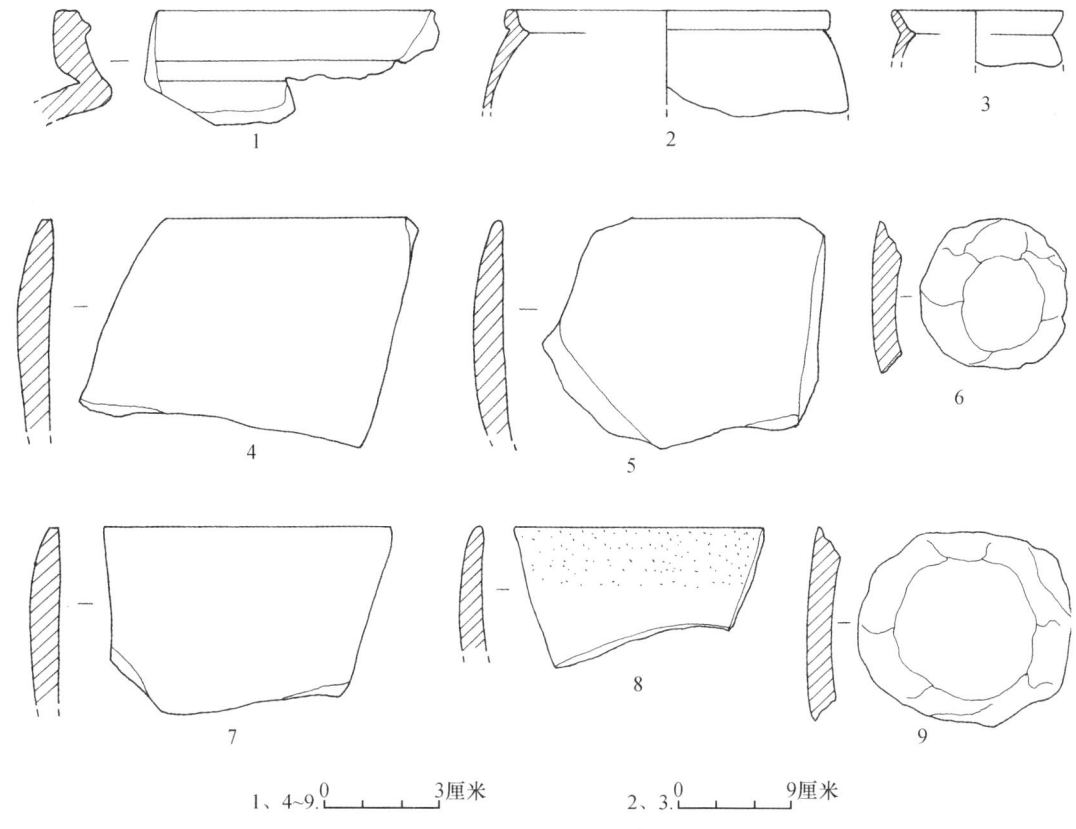

图三六四　H156出土陶器

1~3. 罐（H156∶5、H156∶7、H156∶6）　4、5、7、8. 钵（H156∶4、H156∶3、H156∶1、H156∶2）
6、9. 圆陶片（H156∶8-2、H156∶8-1）

陶片为主要的出土物，以细泥质橘红陶和粗夹砂红褐陶为主，细夹砂橘红陶次之，并有少量粗泥质橘红陶；纹饰以素面为主，绳纹次之，弦纹再次，并有少量交错绳纹、剔刺纹及彩陶（表八七）。

表八七　H160陶系统计表　　　　　　　　　　　　　　　　　　（单位：kg）

陶质\纹饰	细泥质	粗泥质	细夹砂	粗夹砂	合计		百分比（%）
陶色	橘红	橘红	橘红	红褐			
素面	0.17	0.17	0.32	0.53	1.19		17.53
素面+磨光	2.07				2.07		30.49
绳纹			0.35	2.01	2.36		34.76
弦纹	0.55			0.30	0.85	6.79	12.52	100
交错绳纹			0.13		0.13		1.91
彩陶	0.06				0.06		0.88
弦纹+剔刺纹				0.126	0.126		1.86
合计	2.85	0.17	0.80	2.966	6.79		
	6.79						
百分比（%）	41.97	2.50	11.78	43.68			
	100						

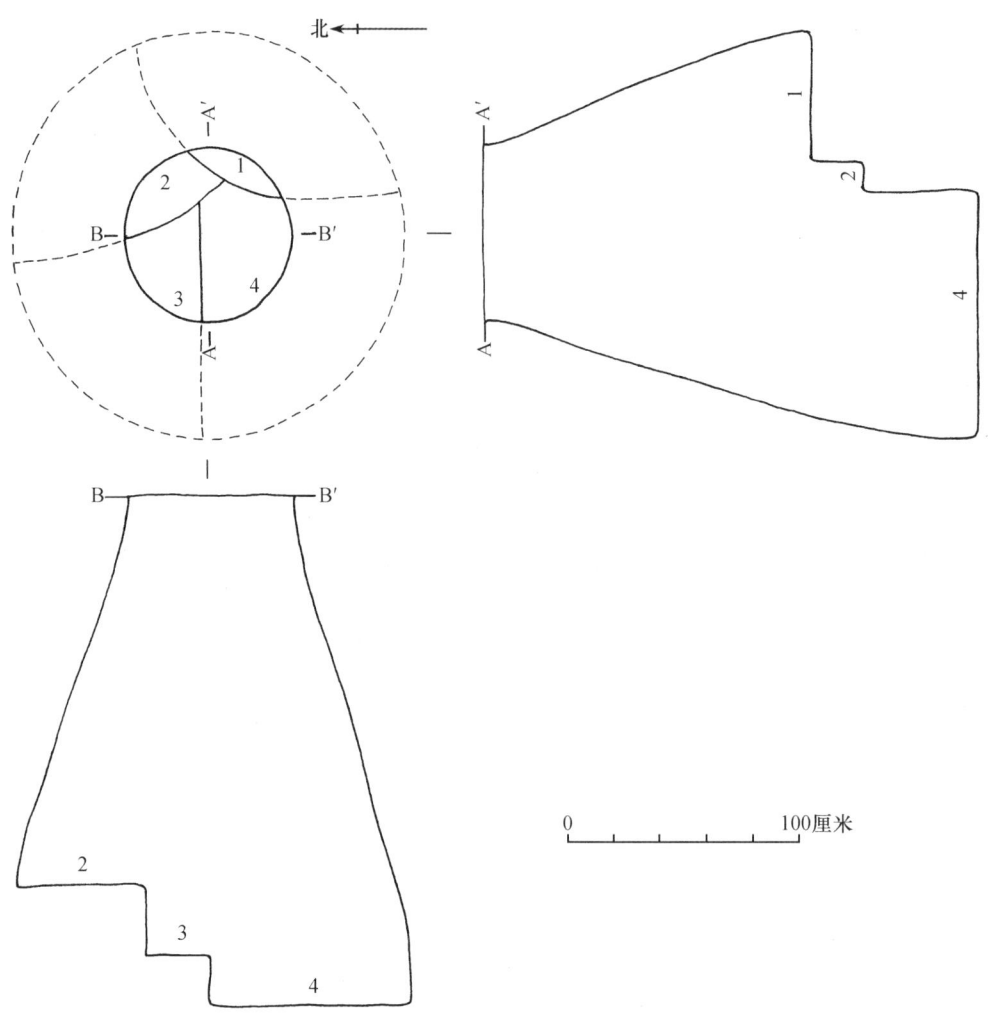

图三六五　H160平、剖面图

H160共出土遗物45件。以陶器为主，骨器次之。

（1）陶器

43件。器类有盆、罐、钵、瓮、圆陶片（表八八）。

表八八　H160器形统计表　　　　（单位：件）

陶质	细泥质			粗夹砂			合计		百分比（%）
陶色	橘红			红褐					
纹饰\器形	素面+磨光	弦纹	彩陶	素面	绳纹	弦纹			
盆	2	1	1				4	42	9.52
罐　口	6	2	1	4	5	5	27		64.29
底				4					
钵	7	1					8		19.05
瓮				1	2		3		7.14
									100

续表

陶质	细泥质			粗夹砂			合计	百分比（%）
陶色	橘红			红褐				
纹饰 \ 器形	素面+磨光	弦纹	彩陶	素面	绳纹	弦纹		
合计	15	4	2	8	6	7	42	
	42							
百分比（%）	35.71	9.52	4.76	19.05	14.29	16.67		
	100							

盆 4件。均口、腹部残片。标本H160：4、H160：5形制相同，均细泥质橘红陶，直口微敛，折沿，沿面向外侧下斜，圆唇，深弧腹。标本H160：4，内壁磨光。口下饰多周弦纹。复原口径40.5、残高11.1厘米（图三六六，14）。标本H160：5，沿面饰黑色几何纹彩绘。唇部与外壁均可见轮修痕迹。复原口径36.3、残高5.1厘米（图三六六，12）。

标本H160：6，细泥质橘红陶。直口，平折沿，沿面微鼓，方唇，深弧腹。器表磨光。素面。唇部可见轮修痕迹（图三六六，8）。

罐 27件。均口、腹部残片。形制相同，均粗夹砂红褐陶，侈口，折沿，沿面内曲，鼓腹。标本H160：11，沿面微曲，方唇。腹部饰右上至左下斜向绳纹。唇部可见轮修痕迹，器表可见烟熏痕迹（图三六六，7）。标本H160：8，沿面微曲，圆唇。腹部饰竖向绳纹。唇部可见轮修痕迹，器表可见烟熏痕迹（图三六六，4）。标本H160：13，圆唇。口沿下侧饰多周弦纹。唇部可见轮修痕迹，器表可见烟熏痕迹（图三六六，3）。标本H160：12，沿面微曲，圆唇。口沿以下饰多周细弦纹。器表可见烟熏痕迹。复原口径12、残高4.3厘米（图三六六，13）。

钵 8件。均口、腹部残片。形制相同，均细泥质橘红陶，直口微敛，深弧腹，器表磨光，素面。标本H160：1，圆唇。腹部饰二周弦纹。口下可见浅褐色叠烧痕迹。口径30.9、残高10厘米（图三六六，10；图版八三，6）。标本H160：2，方唇。口下可见浅褐色叠烧痕迹（图三六六，6）。标本160：3，方唇。口下可见浅褐色叠烧痕迹与轮修痕迹（图三六六，5）。

瓮 3件。均口、腹部残片。标本H160：9、H160：10形制相同，均粗夹砂红褐陶，侈口，卷沿，方唇，唇部有一道凸棱，鼓腹。标本H160：9，口沿以下饰多周弦纹，弦纹上饰有少量剔刺纹。外沿面可见轮修痕迹（图三六六，1）。标本H160：10，口沿以下饰多周弦纹（图三六六，9）。

标本H160：7，粗夹砂红褐陶。侈口，折沿，方唇，鼓腹。腹部饰右上至左下斜向绳纹。唇部与口沿下侧可见轮修痕迹（图三六六，2）。

圆陶片 1件。标本H160：14，细泥质橘红陶。系利用钵的口部残片打制而成。圆形，边缘较锋利。外壁有部分小疤痕。器表可见深褐色叠烧痕迹。直径6.2、厚0.6厘米（图三六六，11）。

（2）骨器

2件。器类有镞、匕。

镞 1件。标本H160：15，锋部稍残。体部与铤部分界明显，二者等长，器身扁平，带翼，体部平面呈等腰三角形，锋部扁尖，刃部较钝，铤部呈扁圆柱状。通体磨光。残长5.9厘米（图三六六，15；图版八四，1）。

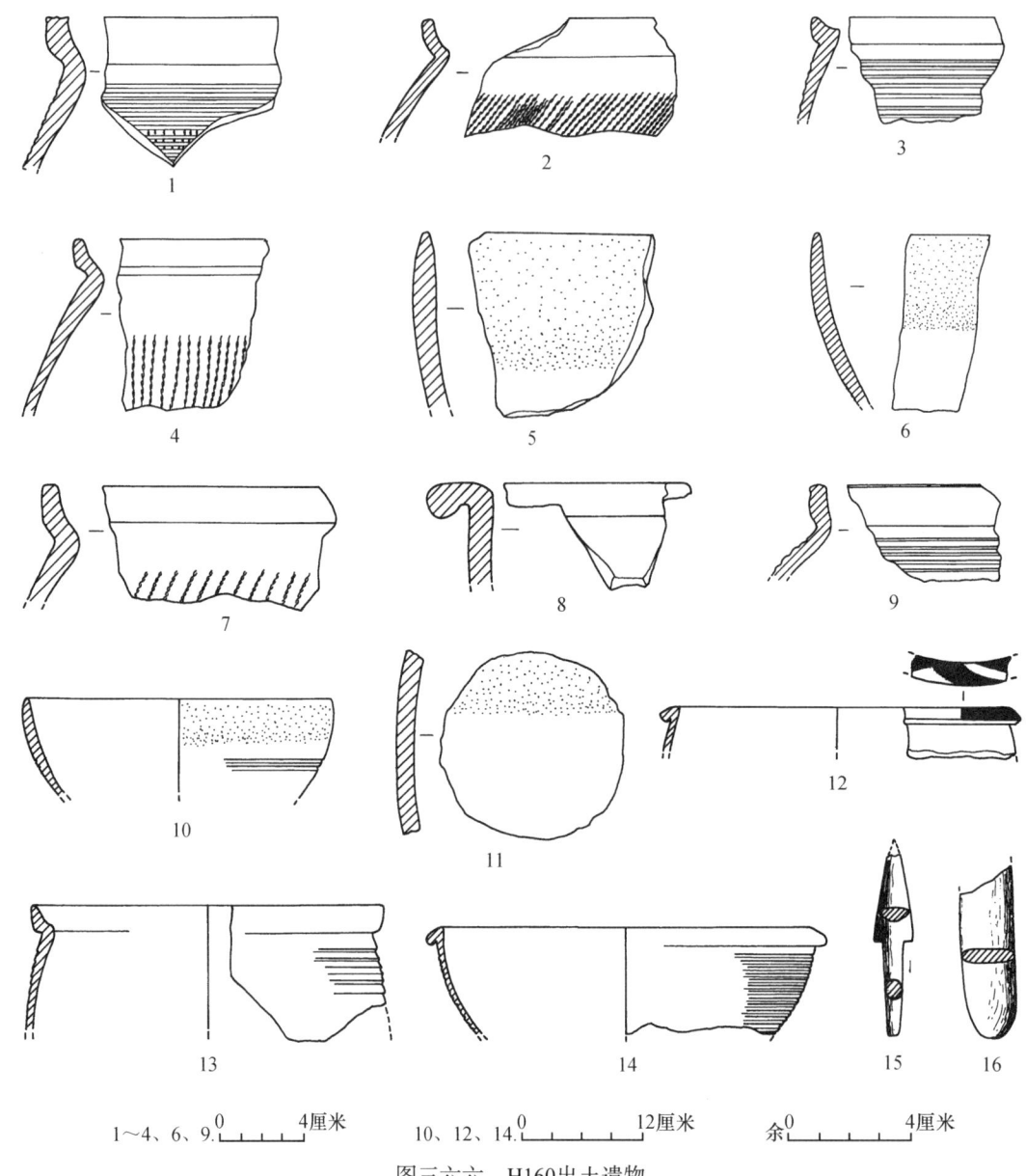

图三六六 H160出土遗物

1、2、9.陶瓮（H160：9、H160：7、H160：10） 3、4、7、13.陶罐（H160：13、H160：8、H160：11、H160：12）
5、6、10.陶钵（H160：3、H160：2、H160：1） 11.圆陶片（H160：14）
8、12、14.陶盆（H160：6、H160：5、H160：4） 15.骨镞（H160：15） 16.骨匕（H160：16）

匕 1件。标本H160：16，上部残。系利用动物长骨磨制而成。残存部分平面呈长条形，器身扁平而薄，刃部较钝。残长5.6、宽1.8厘米（图三六六，16）。

31. H161

H161位于Ⅲ区T0213东部与T0313西部，开口于⑧层下。平面呈梯形，袋状，斜直壁，底部南高北低。坑口东西长1.6~1.9、南北宽1.32米，底东西长1.6~2.2、南北宽1.66米，深0.4~0.5米（图三六七）。

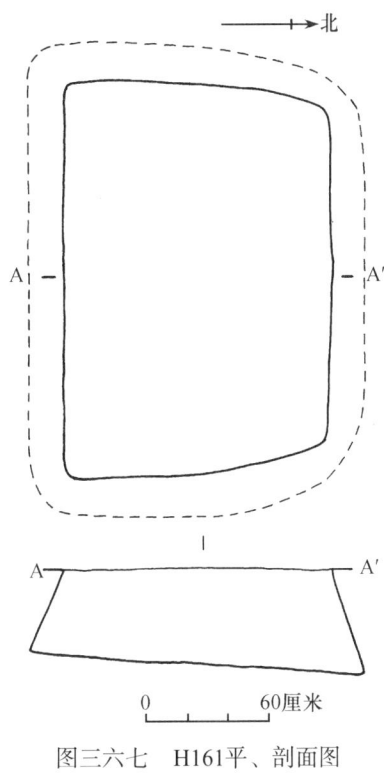

图三六七　H161平、剖面图

坑内堆积为深灰色土，土质较致密，出土少量陶片。

陶片为主要的出土物，以细泥质橘红陶为主，粗夹砂红褐陶次之，细夹砂红褐陶再次，还有少量粗泥质橘红陶与细泥质黑陶；纹饰以素面为主，绳纹次之，弦纹再次。

H161共出土遗物35件。以陶器为主，石器次之。

（1）陶器

33件。器类有瓶、盆、罐、钵、盂、圆陶片、锉，另有指甲纹陶片（表八九）。

表八九　**H161器形统计表**　　　　　　　　　　　（单位：件）

陶质	细泥质		粗泥质		细夹砂	粗夹砂			合计	百分比（%）	
陶色	橘红陶	黑	橘红		红褐	红褐					
纹饰\器形	素面+磨光	素面+磨光	素面+磨光	素面	素面	素面	绳纹	弦纹			
瓶					1				1	5.00	100
盆	1								1	5.00	
罐						2	2	5	9	45.00	
钵	1	1	2	1	2	1			8	40.00	
盂					1				1	5.00	
合计	2	1	2	1	4	3	2	5	20		
	20										
百分比（%）	10.00	5.00	10.00	5.00	20.00	15.00	10.00	25.00			
	100										

瓶　1件。标本H161：10，口、颈部残片。细夹砂红褐陶。直杯口，微敞，较为短矮，方唇，短颈。素面。外沿面可见轮修痕迹，颈部可见刮抹痕迹。复原口径8、残高6.8厘米（图三六八，1）。

盆　1件。标本H161：9，口、腹部残片。细泥质橘红陶。直口微敛，平折沿，尖唇，弧腹。器表磨光。素面。唇部可见轮修痕迹（图三六八，2）。

罐　9件。均口、腹部残片。标本H161：16、H161：17形制相同，均粗夹砂红褐陶，侈口，卷沿，方唇，唇部有一道凸棱，直腹，口沿以下饰多周弦纹。标本H161：16，外沿面可见轮修痕迹（图三六八，3）。标本H161：17，沿面微曲。内壁可见轮修痕迹（图三六八，9）。

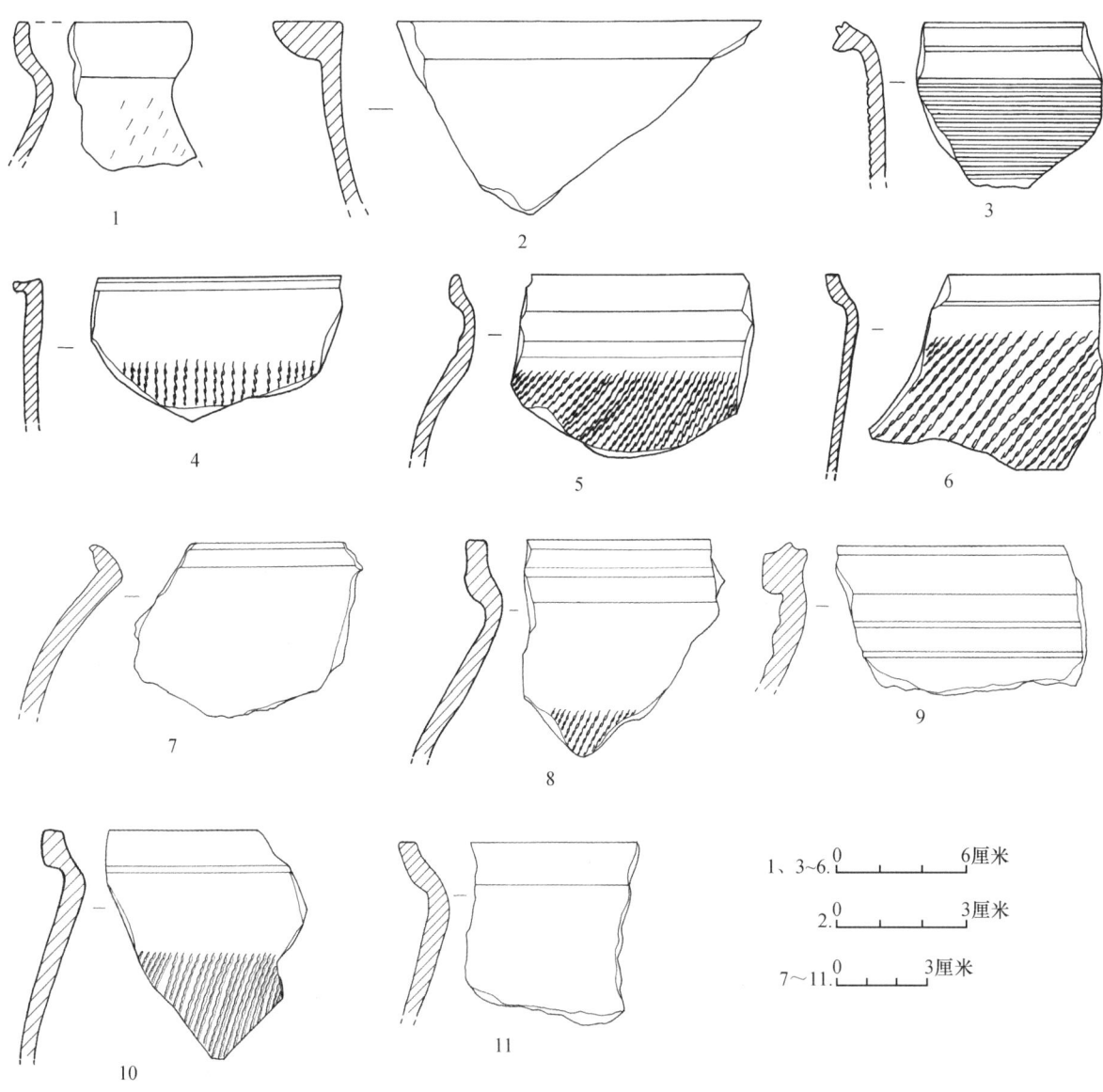

图三六八　H161出土陶器

1.瓶（H161：10）　2.盆（H161：9）　3～11.罐（H161：16、H161：13、H161：12、H161：11、H161：14、H161：15、H161：17、H161：18、H161：19）

标本H161∶14，粗夹砂红褐陶。侈口，折沿，尖圆唇，圆鼓腹。素面。外沿面、内壁均可见轮修痕迹（图三六八，7）。

标本H161∶13，粗夹砂红褐陶。直口，窄平折沿，沿面有一道浅凹槽，圆唇，直腹。腹部饰竖向绳纹。口沿下侧可见轮修痕迹（图三六八，4）。

标本H161∶11、H161∶12、H161∶18、H161∶19形制相同，均粗夹砂红褐陶，侈口，卷沿，鼓腹。标本H161∶11，方唇。口沿以下饰右上至左下斜向绳纹（图三六八，6）。标本H161∶12，圆唇。腹部饰右上至左下斜向绳纹。口沿下侧可见轮修痕迹（图三六八，5）。标本H161∶18，方唇。腹部饰右上至左下斜向绳纹。外沿面与内壁均可见轮修痕迹，器表可见烟熏痕迹（图三六八，10）。标本H161∶19，方唇。素面。器表可见轮修痕迹（图三六八，11）。

标本H161∶15，粗夹砂红褐陶。侈口，折沿，沿面内曲，方唇，鼓腹。腹部饰右上至左下斜向绳纹。口沿下侧可见轮修痕迹（图三六八，8）。

钵　8件。均口、腹部残片。标本H161∶1、H161∶5形制相同，均直口，方唇，深弧腹，器表磨光，素面。标本H161∶1，细泥质橘红陶。口下可见深红色叠烧痕迹。复原口径34、残高10厘米（图三六九，9）。标本H161∶5，粗泥质橘红陶。口下有一个由内向外单面钻成的圆孔。口下可见浅褐色叠烧痕迹（图三六九，1）。

标本H161∶3、H161∶6、H161∶7、H161∶8形制相同，均敛口，斜直腹，素面。标本H161∶3，细夹砂红褐陶。圆唇。器表可见轮修痕迹（图三六九，2）。标本H161∶6，细夹砂红褐陶。方唇。口沿内侧可见轮修痕迹（图三六九，5）。标本H161∶7，粗夹砂红褐陶。方唇。器表可见轮修痕迹（图三六九，4）。标本H161∶8，粗泥质橘红陶。方唇。内、外壁均可见轮修痕迹（图三六九，3）。

标本H161∶2、H161∶4形制相同，均直口微敛，圆唇，深弧腹，器表磨光，素面。标本H161∶2，细泥质黑陶。口下贴有一层泥条。器表可见轮修痕迹（图三六九，7）。标本H161∶4，粗泥质橘红陶。口下可见浅褐色叠烧痕迹（图三六九，6）。

盂　1件。标本H161∶20，口、腹部残片。细夹砂红褐陶。敛口，圆唇，鼓腹。内、外壁均可见轮修痕迹，器表可见烟熏痕迹。复原口径18、残高6.8厘米（图三六九，8）。

指甲纹陶片　标本H161∶21，粗泥质橘红陶。弧壁。器表饰多周整齐的指甲纹。内壁可见刮抹痕迹（图三六九，10；图版二〇二，5）。

圆陶片　11件。均完整。标本H161∶22-1、H161∶22-2、H161∶22-3、H161∶22-4形制相同，均圆形。标本H161∶22-1，细泥质橘红陶。系利用钵的口部残片打制而成，两侧微经修整。边缘较为锋利。器表可见深红色叠烧痕迹。直径5.7、厚0.5厘米（图三七〇，1）。标本H161∶22-2，细泥质橘红陶。系利用钵的口部残片打制而成。边缘较为锋利。外壁可见零星疤痕。器表可见深红色叠烧痕迹。直径5.5、厚0.6厘米（图三七〇，2）。标本H161∶22-3，细泥质橘红陶。系利用钵的口沿残片打制而成，保留部分沿面。边缘较钝。直径4.5、厚0.4厘米（图三七〇，8）。标本H161∶22-4，粗夹砂红褐陶。系利用罐类器的残片打制而成。边缘较钝。直径5.5、厚0.7厘米（图三七〇，3）。

标本H161∶22-5，细泥质橘红陶。系利用钵的口部残片打制而成。半圆形，边缘较为锋利。外

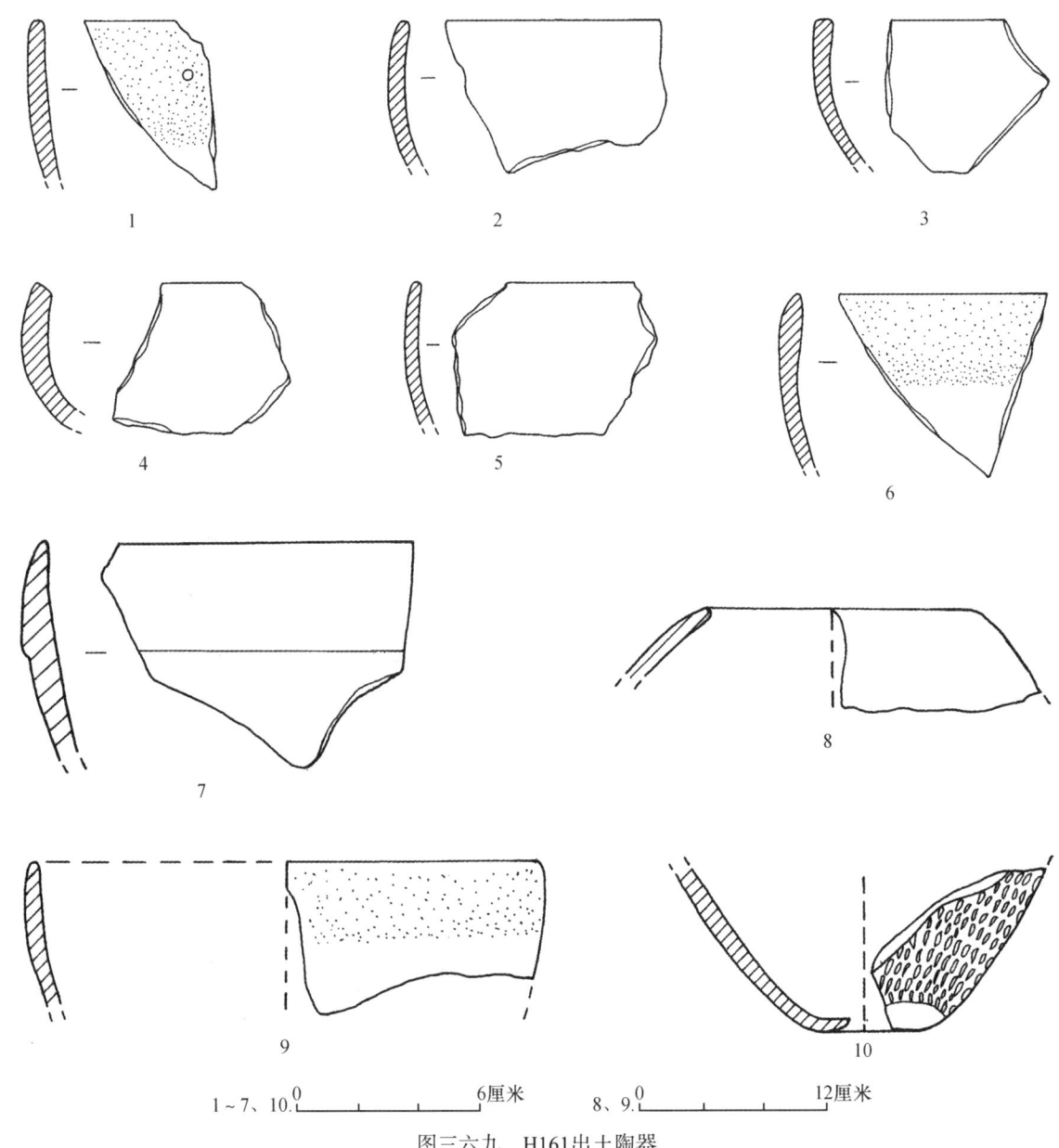

图三六九 H161出土陶器

1~7、9. 钵（H161：5、H161：3、H161：8、H161：7、H161：6、H161：4、H161：2、H161：1）
8. 盂（H161：20）　10. 陶片（H161：21）

壁可见零星疤痕。器表可见深红色叠烧痕迹。直径7、厚0.6厘米（图三七〇，4）。

标本H161：22-6，细泥质橘红陶。系利用盆或瓶类器的残片打制而成。不规则形，其中一侧打出一个缺口，边缘较为锋利。外壁可见零星疤痕。长径8.5、短径6.2、厚0.6厘米（图三七〇，5）。

锉　2件。标本H161：23，两端均残。细泥质橘红陶。残存部分平面呈梯形，横断面呈圆角长方形，两侧边稍弧。器表麻点清晰，密度较大。长10.5、宽2.4~4.2、厚1厘米（图三七〇，7）。

标本H161：24，完整。细泥质橘红陶。平面呈等腰三角形，横断面呈长方形，两侧边较直，锐尖。器表麻点清晰，密度较大。长8.7、顶部宽2.5、厚1.3厘米（图三七〇，6）。

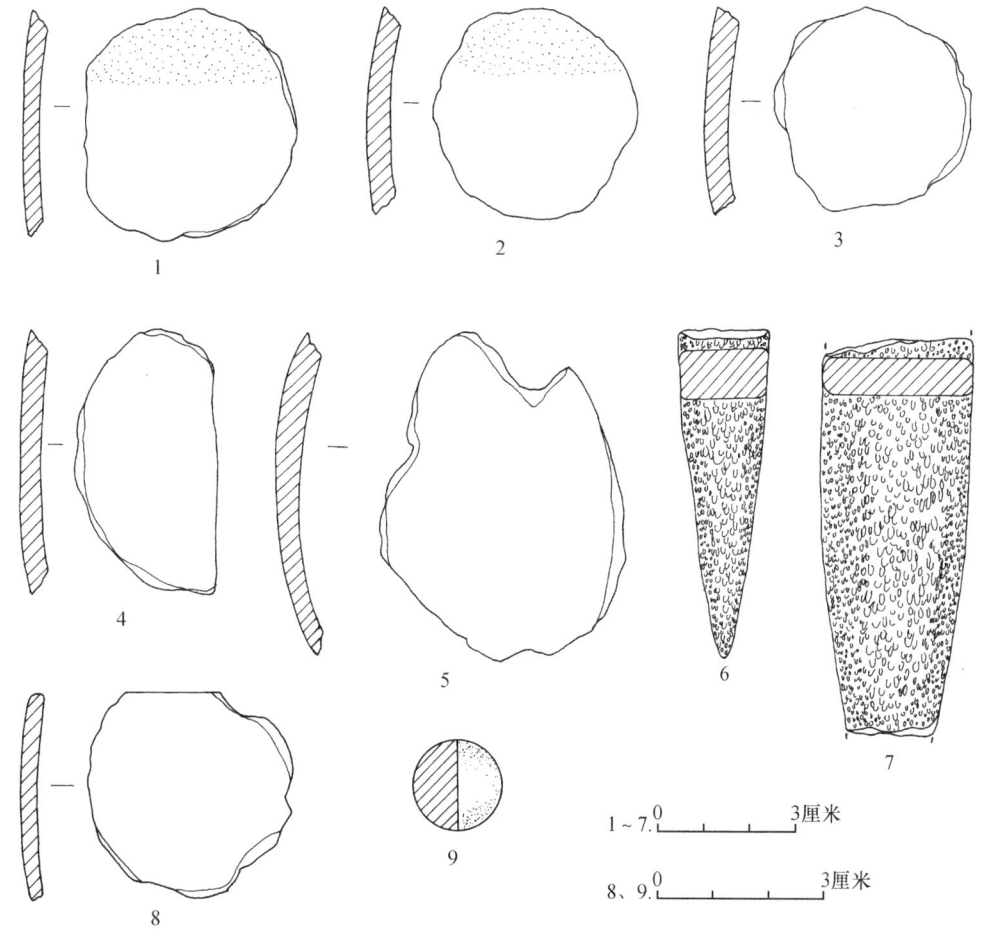

图三七〇　H161出土遗物

1~5、8.圆陶片（H161∶22-1、H161∶22-2、H161∶22-4、H161∶22-5、H161∶22-6、H161∶22-3）
6、7.陶锉（H161∶24、H161∶23）　9.石球（H161∶25）

（2）石器

2件。均为球。标本H161∶25，完整。石英岩。圆球状。通体磨光。器表遍布小坑疤。直径2厘米（图三七〇，9；图版八四，2）。

32. H162

H162位于Ⅲ区T0314中部，开口于⑧层下，南部被H165打破。平面呈圆角长方形，筒状，直壁，平底。坑口长1.68、宽1.62、深0.4米（图三七一）。

坑内堆积为深灰色土，土质较疏松，包含少量料姜石块，出土大量陶片，另有兽骨、蚌壳。

陶片为主要的出土物，以粗夹砂红褐陶为主，细泥质橘红陶及粗泥质橘红陶次之，并有一定比例的细夹砂橘红陶；纹饰以素面为主，绳纹次之，并有一定比例的弦纹及少量交错绳纹、彩陶（表九〇）。

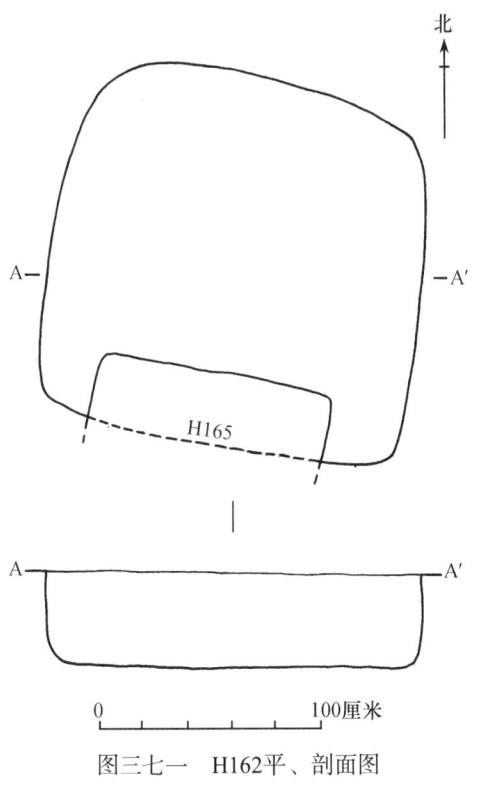

图三七一 H162平、剖面图

表九〇 H162陶系统计表 （单位：kg）

陶质 陶色 纹饰	细泥质 橘红	粗泥质 橘红	细夹砂 橘红	粗夹砂 红褐	合计		百分比 （%）	
素面		0.58	0.20	0.95	1.73		46.88	
素面+磨光	0.64				0.64		17.34	
绳纹		0.04	0.06	0.78	0.88		23.85	
交错绳纹				0.04	0.04	3.69	1.08	100
绳纹+弦纹				0.30	0.30		8.13	
交错绳纹+弦纹				0.09	0.09		2.44	
彩陶	0.01				0.01		0.27	
合计	0.65	0.62	0.26	2.16	3.69			
	3.69							
百分比（%）	17.62	16.80	7.05	58.54				
	100							

H162共出土遗物33件。全部为陶器。器类有罐、钵、瓮、盂、圆陶片，另有彩陶片（表九一）。

第二编　发掘资料

表九一　H162器形统计表　　　　　　　　　　　　　　　　　　　（单位：件）

陶质	细泥质	粗泥质	粗夹砂				合计		百分比（%）
陶色	橘红	橘红	红褐						
纹饰 器形	素面+磨光	素面	素面	绳纹	绳纹+弦纹	弦纹+交错绳纹			
罐		1	5	3	3	1	13	29	44.83
钵	9		1				10		34.48
瓮				2	2	1	5		17.24
盂		1					1		3.45
合计	9	2	6	5	5	2	29		100
				29					
百分比（%）	31.03	6.90	20.69	17.24	17.24	6.90			
				100					

罐　13件。均口、腹部残片。形制相同。标本H162∶10，粗夹砂红褐陶。侈口，卷沿，方唇，唇部有一道浅细凹槽，鼓腹。腹部饰右上至左下斜向绳纹。唇部可见轮修痕迹（图三七二，1）。

钵　10件。均口、腹部残片。标本H162∶3，细泥质橘红陶。直口，方唇，深弧腹。器表磨光。素面。口部可见轮修痕迹，口下可见红褐色叠烧痕迹。器表可见烟熏痕迹（图三七二，4）。

标本H162∶1、H162∶2、H162∶4、H162∶5形制相同，均细泥质橘红陶，直口微敛，圆唇，深弧腹，器表磨光，素面。标本H162∶1，尖圆唇。口部可见轮修痕迹（图三七二，3）。标本H162∶2，器表可见轮修痕迹（图三七二，6）。标本H162∶4，器表可见烟熏痕迹（图三七二，5）。标本H162∶5，口下可见浅褐色叠烧痕迹，器表可见烟熏痕迹（图三七二，2）。

瓮　5件。均口、腹部残片。形制相同，均粗夹砂红褐陶，侈口，卷沿，方唇，腹微鼓。标本H162∶8，口沿下侧饰多周弦纹，弦纹以下饰右上至左下斜向绳纹。内壁可见轮修痕迹（图三七三，7）。标本H162∶9，沿微内曲，唇部有一道浅细凹槽。口沿下侧饰多周弦纹，弦纹以下饰右上至左下斜向绳纹。器表可见烟熏痕迹（图三七三，8）。标本H162∶11，唇部有二道浅细凹槽。口沿下

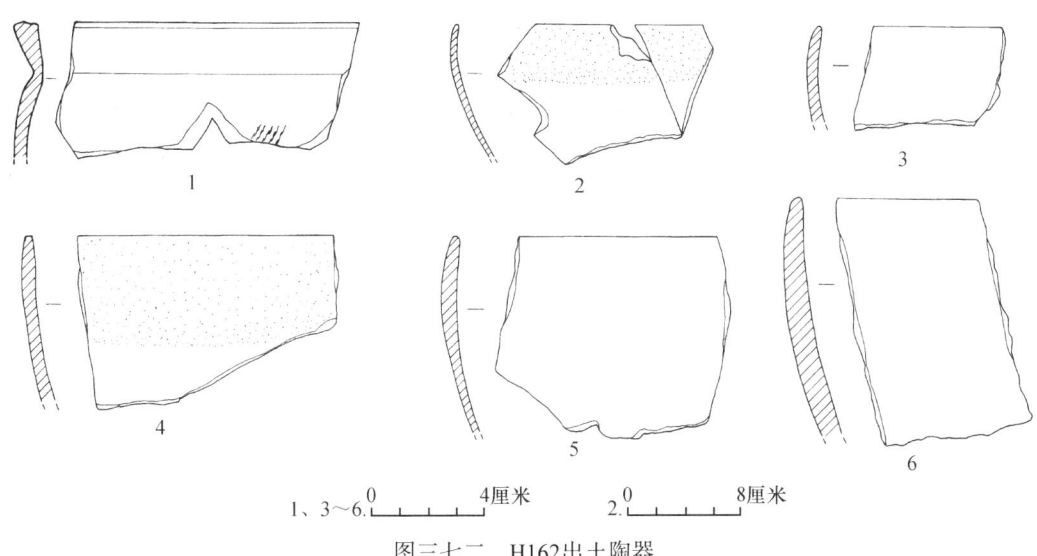

1、3~6. 0　　4厘米　　2. 0　　8厘米

图三七二　H162出土陶器

1.罐（H162∶10）　2~6.钵（H162∶5、H162∶1、H162∶3、H162∶4、H162∶2）

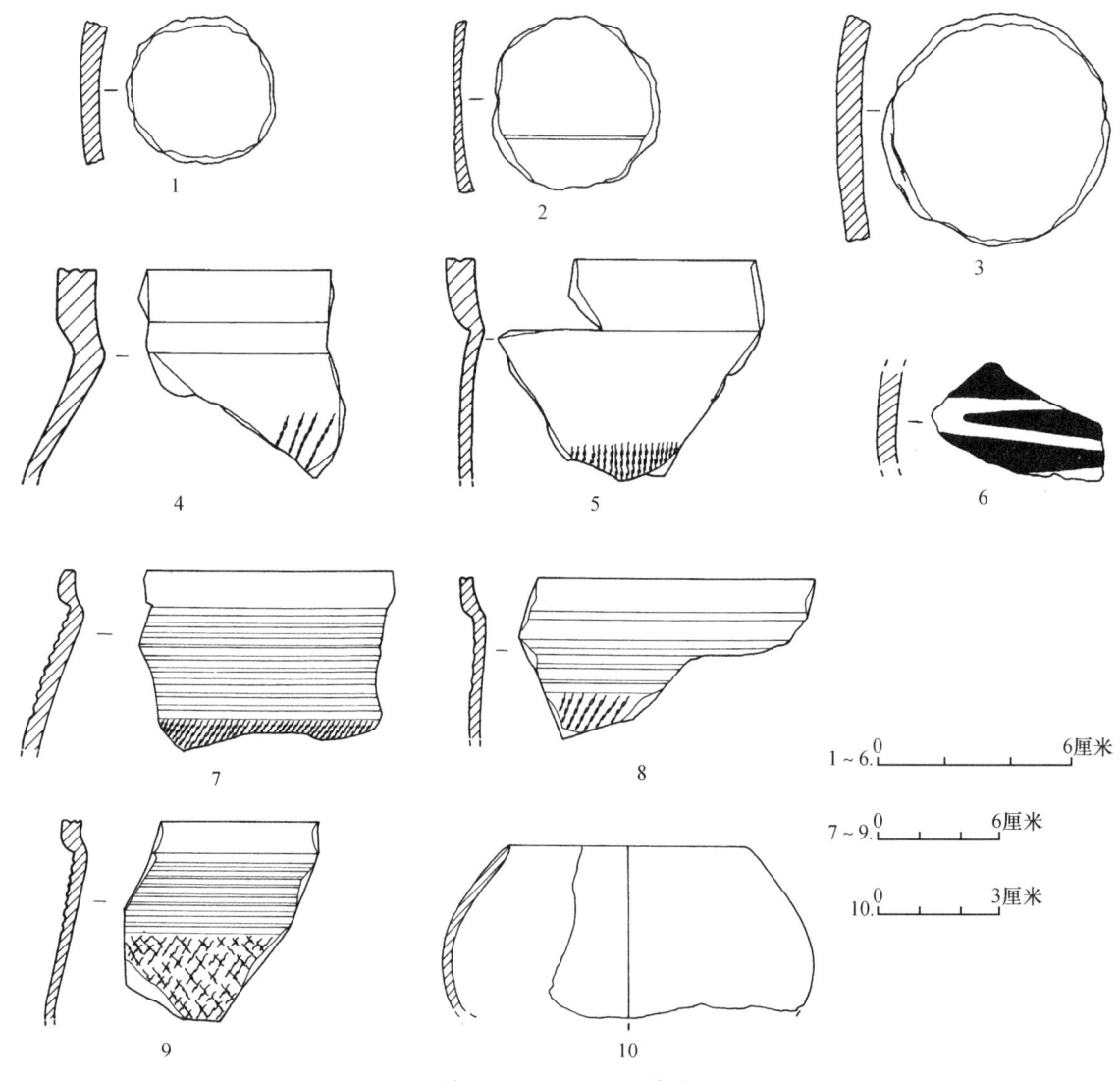

图三七三　H162出土陶器
1~3.圆陶片（H162：13-1、H162：13-2、H162：13-3）　4、5、7~9.瓮（H162：6、H162：7、H162：8、H162：9、H162：11）　6.彩陶片（H162：13）　10.盂（H162：12）

侧饰多周弦纹，弦纹以下饰交错绳纹。唇部可见轮修痕迹（图三七三，9）。标本H162：6，厚方唇，唇部有两道浅细凹槽。腹部饰右上至左下斜向绳纹。唇部可见轮修痕迹（图三七三，4）。标本H162：7，厚方唇，唇部有两道凹槽。腹部饰竖向绳纹。唇部可见轮修痕迹（图三七三，5）。

盂　1件。标本H162：12，口、腹部残片。粗泥质橘红陶。敛口，尖圆唇，鼓腹。素面。复原口径6、腹径9.3、残高4.2厘米（图三七三，10）。

彩陶片　标本H162：13，腹部残片。细泥质橘红陶。器表饰三道窄带纹黑彩。器表可见轮修痕迹。可能为盆残片（图三七三，6）。

圆陶片　4件。均完整。形制相同，均圆形。标本H162：13-1，粗泥质橘红陶。系利用盆的残片打制而成。边缘稍钝。器身可见少量疤痕。内壁可见轮修痕迹。外壁可见烟熏痕迹。直径7.2、厚0.8厘米（图三七三，1）。标本H162：13-2，细泥质橘红陶。系利用钵的底部残片打制而成。边缘较锋利。器表可见一道浅细凹槽。直径5.3、厚0.3厘米（图三七三，2）。标本H162：13-3，细泥质橘红陶。系利用钵的残片打制而成。边缘稍钝。器表可见少量疤痕。直径4.7、厚0.6厘米（图三七三，3）。

33. H163

H163位于Ⅲ区T0514西南部，开口于⑦层下。平面呈椭圆形，袋状，斜直壁，平底，底部有一层硬面。坑口长径1.06、短径0.88、底长径1.26、短径1.08、深1.32米。底部有二层台阶：第一层台阶呈半圆形，距口部1.16、高0.1米；第二层台阶呈扇形，距口部1.26、高0.06米（图三七四）。

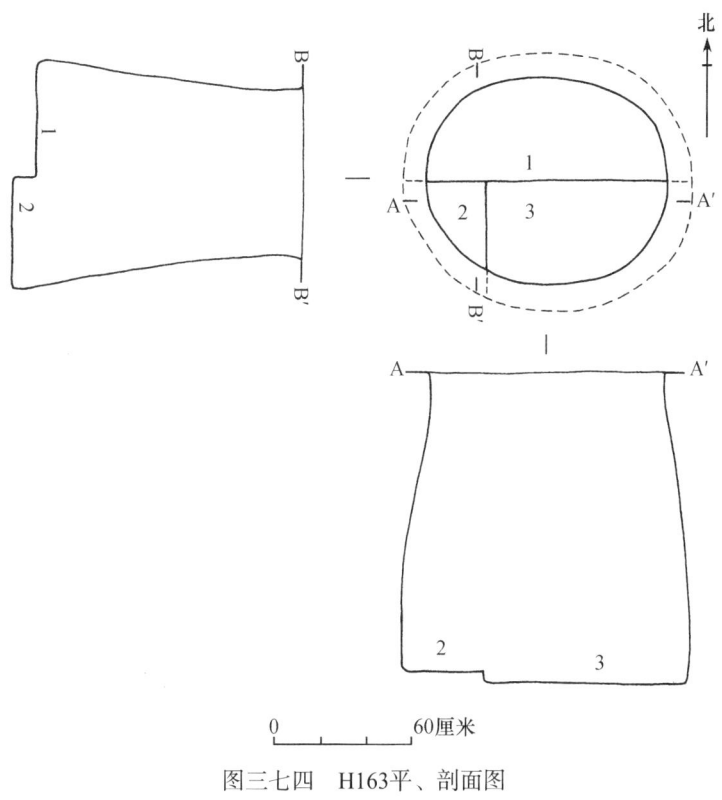

图三七四　H163平、剖面图

坑内堆积为黄褐色土，土质疏松，包含少量炭屑、火烧土颗粒及黄土块，出土少量陶片。

陶片为主要的出土物，以粗夹砂红褐陶为主，细夹砂橘红陶和细泥质橘红陶次之；纹饰以素面占绝大多数，并有一定比例的绳纹（表九二）。

表九二　H163陶系统计表　　　　　　　　　　　　　　　（单位：kg）

陶质　　陶色 纹饰	细泥质 橘红	细夹砂 橘红	粗夹砂 红褐	合计		百分比 （%）	
素面		0.14	0.48	0.62	0.98	63.27	100
素面+磨光	0.14	0.126	0.266			27.14	
绳纹			0.09	0.09		9.18	
合计	0.14	0.266	0.57	0.98			
	0.98						
百分比 （%）	14.29	27.14	58.16				
	100						

H163共出土遗物15件。全部为陶器。器类有钵、瓮、盂、圆陶片、锉、球。

钵 5件。均口、腹部残片。形制相同，均细泥质橘红陶，直口微敛，深弧腹，器表磨光，素面。标本H163：1，圆唇。复原口径18.3、残高6厘米（图三七五，1）。标本H163：2，圆唇。口下可见深红色叠烧痕迹，内壁可见轮修痕迹（图三七五，2）。标本H163：5，方唇。口下可见轮修与烟熏痕迹（图三七五，3）。

瓮 3件。均口、腹部残片。形制相同。标本H163：6，粗夹砂红褐陶。侈口，卷沿，沿面微曲，方唇，唇部有一道浅细凹槽，鼓腹。腹部饰右上至左下斜向绳纹。外沿面可见轮修痕迹（图三七五，4）。

盂 1件。标本H163：3，口、腹部残片。细夹砂橘红陶。敛口，圆唇，鼓腹。器表磨光。素面。口部可见轮修痕迹。口径14、残高5厘米（图三七五，5）。

圆陶片 4件。均完整。标本H163：4-1、H163：4-3、H163：4-4形制相同，均细泥质橘红陶，圆形。标本H163：4-1，系利用钵的口沿残片打制而成。边缘较锋利。器表可见深红色叠烧痕迹。

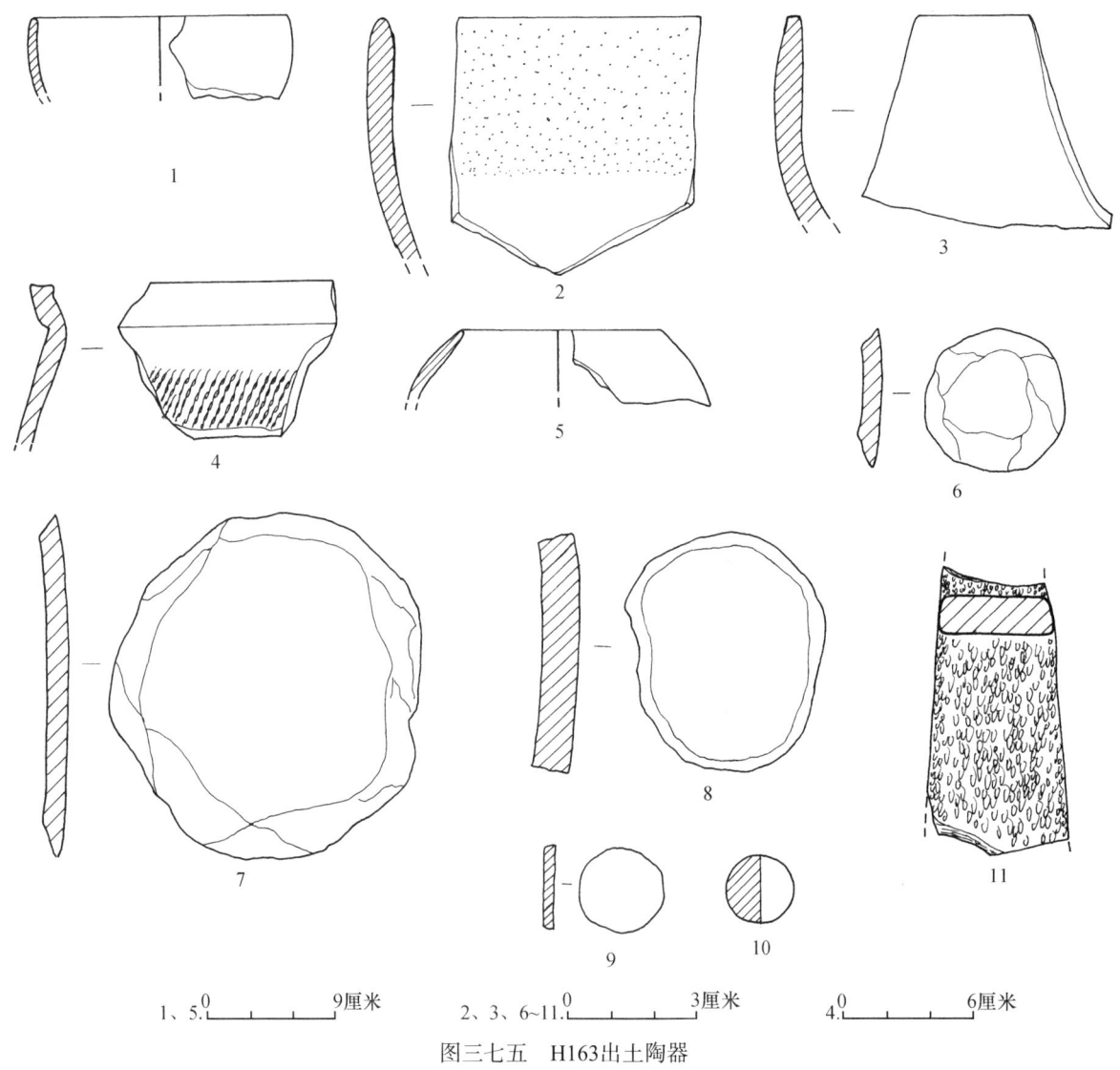

图三七五 H163出土陶器

1~3. 钵（H163：1、H163：2、H163：5） 4. 瓮（H163：6） 5. 盂（H163：3）
6~9. 圆陶片（H163：4-4、H163：4-1、H163：4-2、H163：4-3） 10. 球（H163：7） 11. 锉（H163：8）

直径7.8、厚0.6厘米（图三七五，7）。标本H163：4-3，系利用钵的残片打制而成。边缘较钝。直径2、厚0.3厘米（图三七五，9；图版八四，3、4）。标本H163：4-4，系利用钵的残片打制而成。边缘较锋利。直径3.3、厚0.5厘米（图三七五，6）。

标本H163：4-2，细泥质橘红陶。系利用钵的口沿残片打制而成。椭圆形，边缘稍钝。可见叠烧痕迹。长径5.6、短径4.9、厚0.9厘米（图三七五，8）。

锉　1件。标本H163：8，两端均残。残存部分平面呈近梯形，两侧边较直，横断面呈圆角长方形。器表麻点清晰，密度较大。残长6.7、中部宽3.3、厚0.9厘米（图三七五，11）。

球　1件。标本H163：7，完整。泥质灰陶。圆球形，表面较为光滑。直径1.6厘米（图三七五，10）。

34. H164

H164位于Ⅲ区T0414东南部，开口于⑧层下。平面呈椭圆形，袋状，反弧壁，平底。坑口长径0.8、短径0.6、底长径1.28、短径1.16米，深0.95米（图三七六）。

坑内堆积为灰褐色土，土质疏松，包含火烧土残块，出土大量陶片。

陶片为主要的出土物，以细泥质橘红陶为主，粗泥质橘红陶次之，粗夹砂红褐陶再次，还有少量细夹砂橘红陶；纹饰以素面为主，弦纹次之，还有少量附加堆纹。

H164共出土遗物26件。以陶器为主，骨器次之。

（1）陶器

25件。器类有瓶、盆、钵、瓮、圆陶片、锉，另有附加堆纹陶片（表九三）。

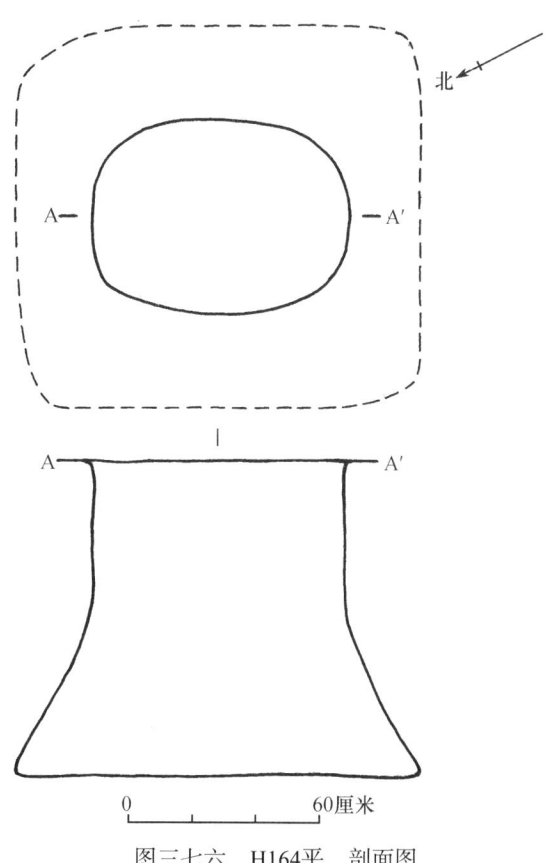

图三七六　H164平、剖面图

表九三　H164器形统计表　　　　　　　　　　　　（单位：件）

陶质	细泥质	细夹砂		粗泥质		粗夹砂			合计	百分比（%）	
陶色	橘红	橘红	红褐	橘红		红褐					
纹饰\器形	素面+磨光	素面	素面	素面	弦纹	素面	绳纹	弦纹			
瓶	1	1							2	13.33	100
盆				1					1	6.67	
钵	5		1	1	2	1			10	66.67	
瓮							1	1	2	13.33	
合计	6	1	1	2	2	1	1	1	15		
	15										
百分比（%）	40.00	6.67	6.67	13.33	13.33	6.67	6.67	6.67			
	100										

瓶　2件。均口、颈、肩部残片。标本H164:13，细泥质橘红陶。环形敛口，方唇，束颈，溜肩。器表磨光。素面。外沿面可见轮修痕迹，内壁可见泥条盘筑痕迹。复原口径8、残高5.5厘米（图三七七，1）。

标本H164:12，细夹砂橘红陶。直杯口，微敞，较为短矮，方唇，束颈，溜肩。素面。外沿面可见轮修痕迹，内壁可见泥条盘筑痕迹。复原口径9、残高10厘米（图三七七，4）。

盆　1件。H164:11，口、腹部残片。粗泥质橘红陶。直口微敛，平折沿，沿面微鼓，圆唇，弧腹。口沿以下饰多周弦纹。复原口径18、残高5.7厘米（图三七七，5）。

钵　10件。均口、腹部残片。标本H164:3、H164:7、H164:9形制相同，均细泥质橘红陶，直口，方唇，深弧腹，器表磨光，素面。标本H164:3，口下有一个由外向内单面钻成的圆孔。器表可见烟熏痕迹（图三七七，9）。标本H164:7，口下可见灰白色叠烧痕迹（图三七七，3）。标本H164:9，口下可见深红色叠烧痕迹与烟熏痕迹（图三七七，8）。

标本H164:2、H164:4、H164:8、H164:10形制相同，均敛口，斜直腹。标本H164:2，细泥质橘红陶。圆唇。器表磨光。素面。内外壁均可见轮修痕迹（图三七七，6）。标本H164:4，细夹砂红褐陶。方唇。素面。口下可见轮修痕迹（图三七七，2）。标本H164:8，粗泥质橘红陶。圆唇。器表经刮抹较为光滑。素面。口下可见轮修痕迹，器表可见刮抹痕迹（图三七七，12）。标本H164:10，粗夹砂红褐陶。方唇。内壁磨光。口沿下侧饰多周宽浅弦纹。器表可见轮修痕迹（图三七七，10）。

标本H164:1、H164:5、H164:6形制相同，均直口微敛，圆唇，深弧腹。标本H164:1，细泥质橘红陶。器表磨光。素面。口下可见轮修痕迹（图三七七，13）。标本H164:5，粗泥质橘红陶。器表抹光。口沿下侧饰一周弦纹。内壁可见轮修痕迹（图三七七，7）。标本H164:6，粗泥质橘红陶。口下有一个两面对钻而成的圆孔。唇部可见轮修痕迹（图三七七，11）。

瓮　2件。均口、腹部残片。标本H164:14，粗夹砂红褐陶。侈口，卷沿，沿面微曲，方唇，唇部有一道凸棱，鼓腹。素面（图三七八，1）。

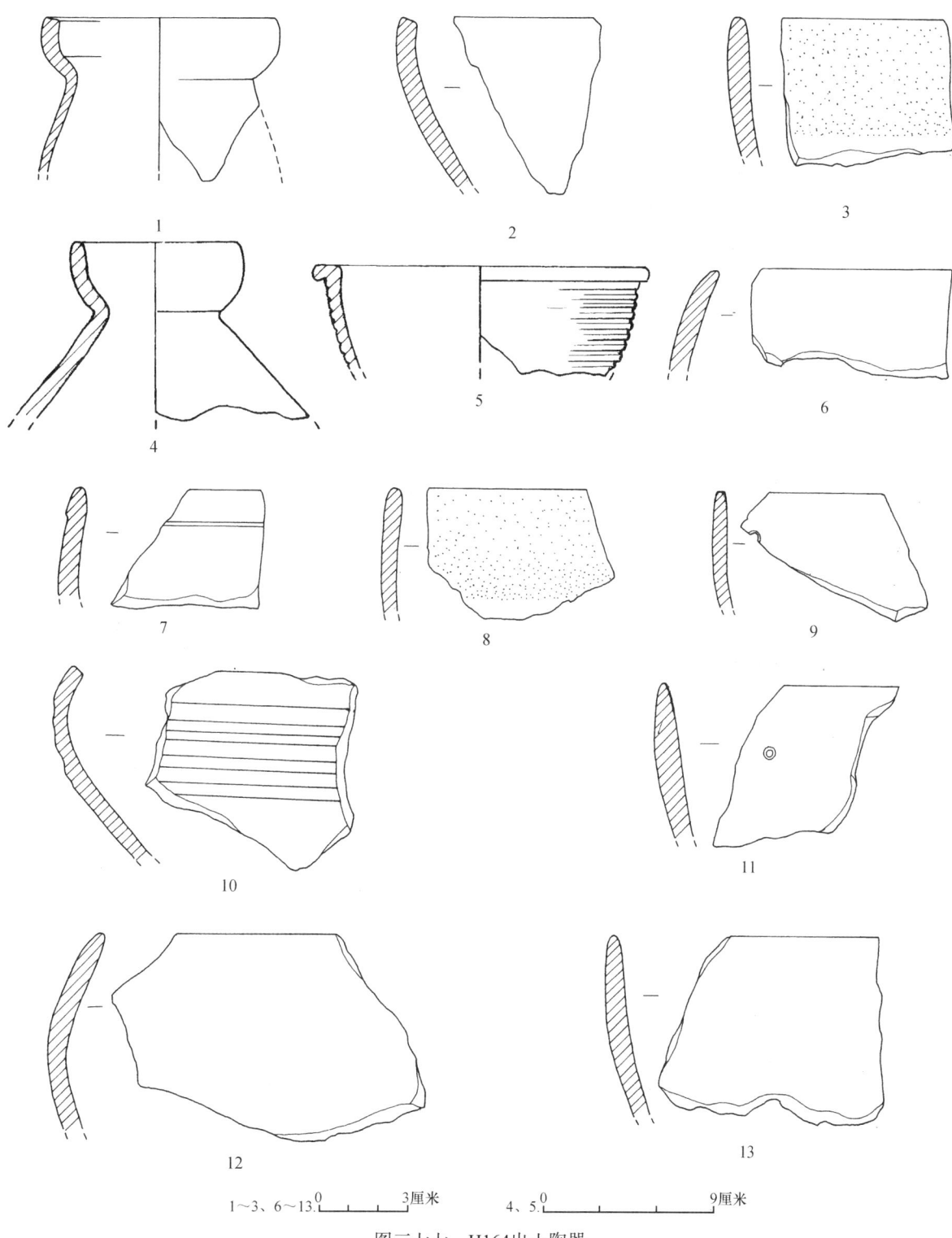

图三七七　H164出土陶器

1、4.瓶（H164：13、H164：12）　2、3、6~13.钵（H164：4、H164：7、H164：2、H164：5、H164：9、H164：3、H164：10、H164：6、H164：8、H164：1）　5.盆（H164：11）

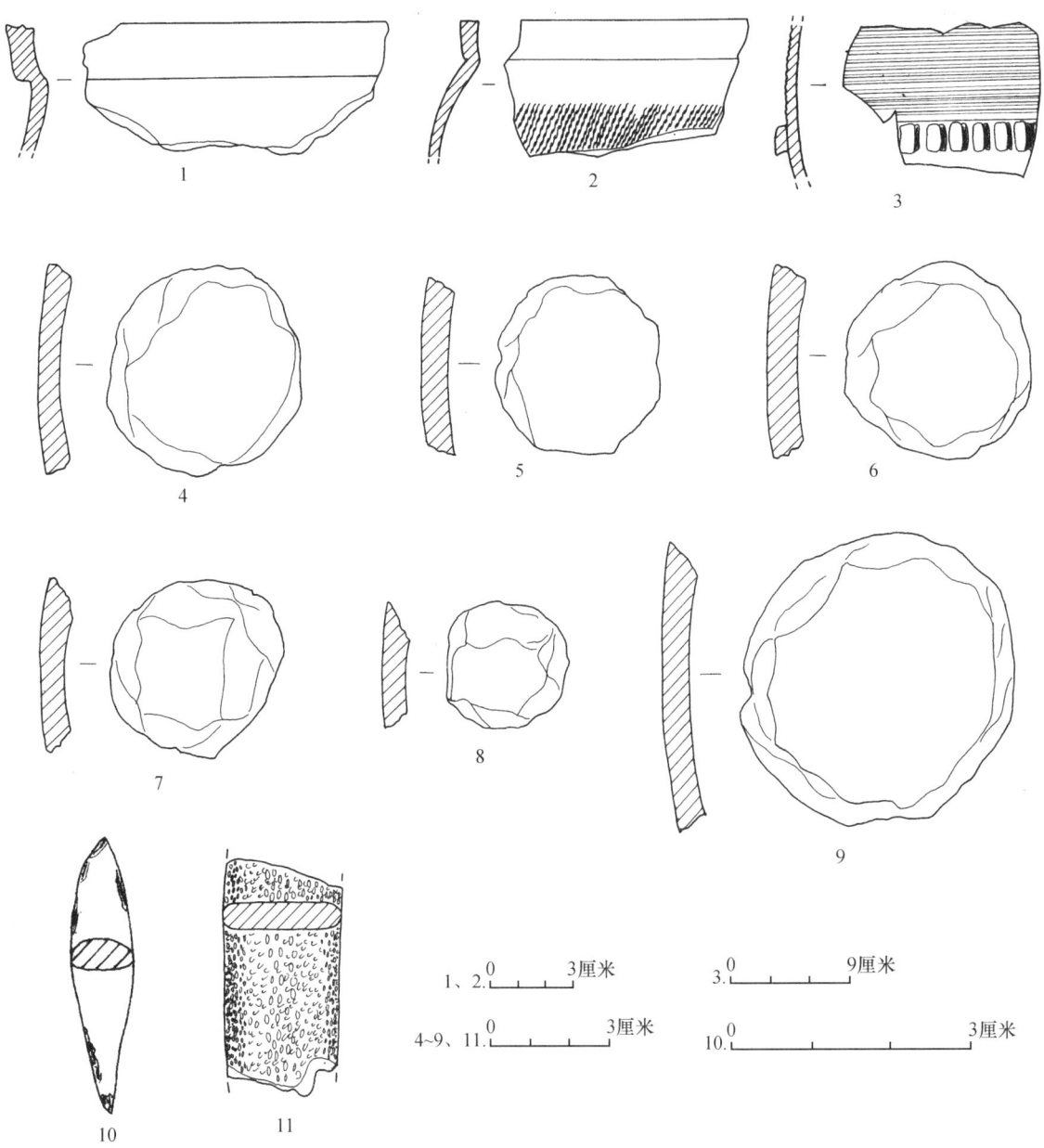

图三七八　H164出土遗物
1、2.陶瓮（H164：14、H164：15）　3.陶片（H164：16）　4～9.圆陶片（H164：17-2、H164：17-3、H164：17-4、
H164：17-5、H164：17-6、H164：17-1）　10.骨镞（H164：19）　11.陶锉（H164：18）

标本H164：15，粗夹砂红褐陶。敛口，方唇，鼓腹。腹部饰右上至左下斜向绳纹。外沿面可见轮修痕迹（图三七八，2）。

附加堆纹陶片　标本H164：16，腹部残片。粗泥质橘红陶。腹部较直。器表磨光。上部饰多周弦纹，弦纹下侧饰一周鼓钉状附加堆纹。内壁可见轮修痕迹。可能为尖底罐残片（图三七八，3；图版二〇一，1）。

圆陶片　9件。均完整。形制相同，均圆形。标本H164：17-1，细泥质橘红陶。系利用钵的残片打制而成。边缘稍钝。直径7.1、厚0.7厘米（图三七八，9）。标本H164：17-2，细泥质橘红陶。系利用钵的口部残片打制而成。边缘较钝。器表可见深红色叠烧痕迹。直径5、厚0.6厘米（图三七八，4）。标本H164：17-3，细泥质橘红陶。系利用钵的残片打制而成。边缘稍钝。直径4.2、厚0.7厘米（图三七八，5）。标本H164：17-4，细夹砂红褐陶。系利用罐的残片打制而成。边缘稍钝。直径4.8、厚0.75厘米（图三七八，6）。标本H164：17-5，细夹砂红褐陶。系利用罐的残片打制而成。边缘较锋利。直径4.5、厚0.55厘米（图三七八，7）。标本H164：17-6，细泥质橘红陶。系利用钵的残片打制而成，有一侧边未修整。边缘较锋利。直径3、厚0.6厘米（图三七八，8）。

锉　1件。标本H164：18，两端均残。细泥质橘红陶。残存部分平面呈近长方形，两侧边较直，横断面呈圆角长方形。器表麻点清晰，密度较大。残长5.8、宽3、厚0.7厘米（图三七八，11）。

（2）骨器

1件。镞。标本H164：19，锋部稍残。平面呈柳叶形，体部与铤部分界不甚明显，锋部扁尖，刃部较钝，铤部呈扁圆柱状。通体磨光。器表可见烧烤痕迹。长3.5厘米（图三七八，10；图版八四，5）。

35. H165

H165位于Ⅲ区T0314中部，开口于F58居住面之下，被F58、F59打破。平面呈长方形，筒状，直壁，平底。坑口长1.14、宽0.9、深0.4米（图三七九）。

坑内堆积为黄褐色土，包含少量料姜石块，出土少量陶片、石块。

陶片为主要的出土物，以细泥质橘红陶为主，粗夹砂红褐陶次之；纹饰全部为素面。

H165共出土遗物9件。以陶器为主，石器次之。

（1）陶器

7件。器类有钵、圆陶片、锉。

钵　3件。均口、腹部残片。标本H165：2、H165：3形制相同，敛口、方唇，斜直腹，素面。标本H165：2，粗夹砂红褐陶。内外壁均可见轮修痕迹（图三八〇，1）。标本H165：3，细泥质橘红陶。器表磨光。口下可见浅褐色叠烧痕迹，内壁可见轮修痕迹（图三八〇，2）。

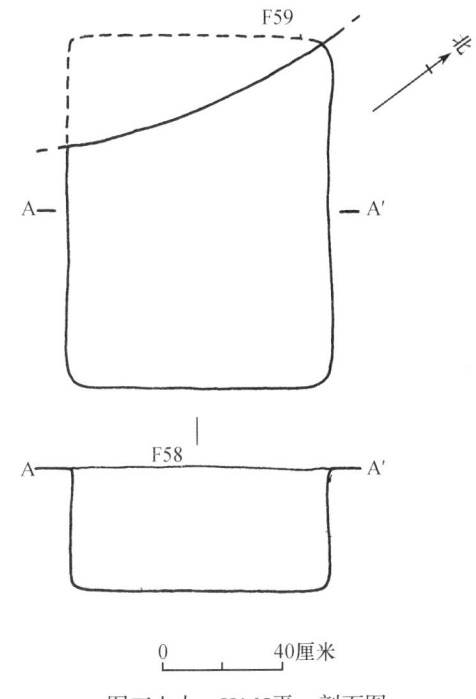

图三七九　H165平、剖面图

标本H165：1，细泥质橘红陶。直口，方唇，深弧腹。器表磨光。素面。口下可见深红色叠烧痕迹，内壁可见轮修痕迹（图三八〇，4）。

圆陶片　3件。均完整。形制相同，均细泥质橘红陶，系利用钵的残片打制而成，圆形。标本H165：4-1，边缘稍钝。直径6、厚0.7厘米（图三八〇，6）。标本H165：4-2，边缘较锋利。直径3.7、厚0.3厘米（图三八〇，7）。

锉　1件。标本H165：5，两端均残。细泥质橘红陶。残存部分平面呈长方形，两侧边较直，

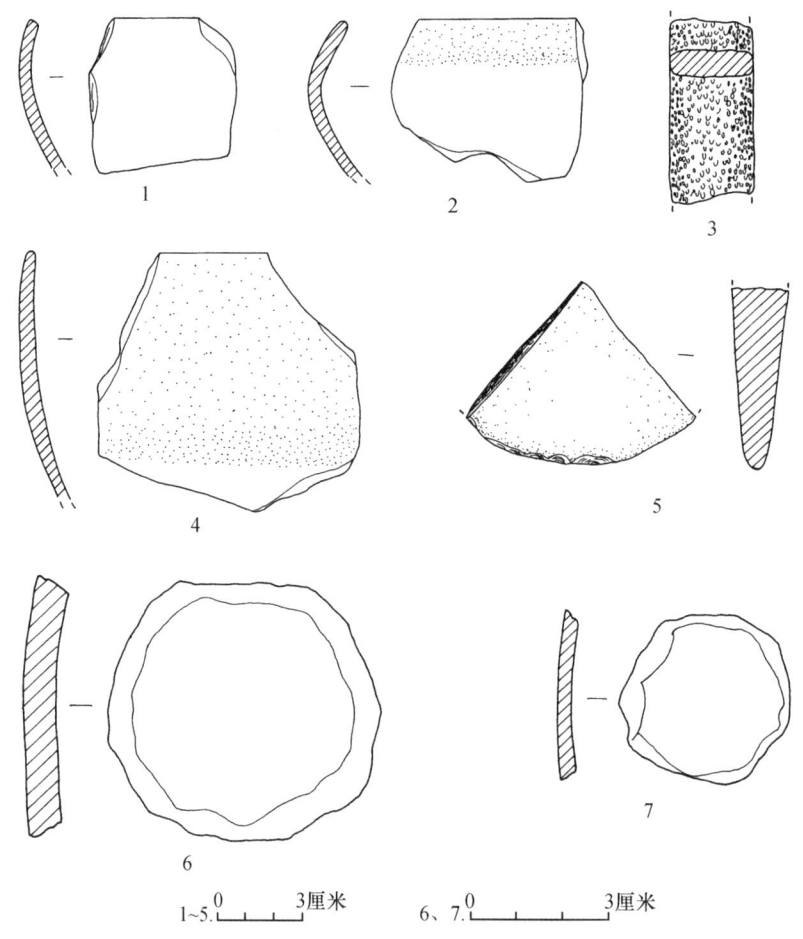

图三八〇 H165出土遗物
1、2、4. 陶钵（H165:2、H165:3、H165:1） 3. 陶锉（H165:5） 5. 残石器（H165:6）
6、7. 圆陶片（H165:4-1、H165:4-2）

横断面呈圆角长方形。器表麻点清晰，密度较大。残长6.4、宽3、厚0.9厘米（图三八〇，3）。

（2）石器

2件。均为残石器。标本H165:6，石英岩。残存部分平面呈扇形，弧刃，较钝。两面磨光。刃缘处有连续打击形成的多层疤痕。残长6.4厘米（图三八〇，5；图版八四，6）。

36. H167

H167位于Ⅲ区T0514中部，开口于⑧层下。平面呈圆形，袋状，斜直壁，平底。坑口径0.76、底径1.06、深0.5米（图三八一）。

坑内堆积为黄褐色土，土质疏松，包含少量火烧土颗粒，出土少量陶片。

陶片主为要的出土物，以细泥质橘红陶为主，粗泥质橘红陶次之，粗夹砂红褐陶再次；纹饰全部为素面。

H167共出土遗物15件。以陶器为主，骨器次之。

（1）陶器

11件。器类有瓶、盆、钵、瓮、圆陶片。

瓶 1件。标本H167：8，口、颈部残片。粗泥质橘红陶。敞口，较高，圆唇，束颈。器表磨光。素面。内外壁均可见轮修痕迹。口径10、残高8厘米（图三八二，9）。

盆 1件。标本H167：7，口、腹部残片。细泥质橘红陶。直口微敞，平折沿，尖圆唇，弧腹。器表磨光。素面。唇部可见轮修痕迹（图三八二，15）。

钵 6件。均口、腹部残片。形制相同，均直口微敛，深弧腹，器表磨光，素面。标本H167：1，粗泥质橘红陶。圆唇。内外壁均可见轮修痕迹（图三八二，4）。标本H167：2，细泥质橘红陶。圆唇（图三八二，3）。标本H167：3，细泥质橘红陶。圆唇。口下可见浅褐色叠烧痕迹，器表可见轮修与烟熏痕迹（图三八二，5）。标本H167：4，细泥质橘红陶。方唇。口下可见浅褐色叠烧痕迹，内壁可见烟熏痕迹（图三八二，6）。标本H167：5，细夹砂橘红陶。圆唇。内外壁均可见轮修痕迹（图三八二，7）。标本H167：6，粗泥质橘红陶。圆唇。器表可见轮修痕迹（图三八二，8）。

瓮 2件。均口、腹部残片。标本H167：9，粗夹砂红褐陶。侈口，卷沿，圆唇，鼓腹。素面。口下可见轮修痕迹，器表可见烟熏痕迹（图三八二，2）。

标本H167：10，粗夹砂红褐陶。侈口，折沿，沿面内曲，方唇，鼓腹。素面。唇部可见轮修痕迹（图三八二，1）。

圆陶片 1件。标本H167：11，稍残。细泥质橘红陶。系利用钵的口部残片打制而成。圆形，边缘较锋利。器表可见深红色叠烧痕迹。直径6.9、厚0.5厘米（图三八二，14）。

（2）骨器

4件。器类有针、镞、饰件。

针 2件。标本H167：12，尾端稍残。器身细长，尖部锐利，尾端扁平，有一圆孔。通体磨光。长8.4厘米（图三八二，12；图版八五，1、2）。标本H167：13，完整。器身细长，尖部锐利，尾端稍扁平，有一椭圆形孔。长13厘米（图三八二，13；彩版四〇，5；图版八五，3）。

镞 1件。标本H167：14，铤部残。平面呈柳叶形，器身扁平，锋部扁尖，两面有脊，刃部锋利。通体磨光。残长5.4厘米（图三八二，10；图版八五，4）。

饰件 1件。标本H167：15，完整。平面呈长条形，器身扁平，两侧边稍弯，尾端有一个两面对钻而成的圆孔。通体磨光。长5.4、宽1厘米（图三八二，11；彩版四四，4；图版八五，5）。

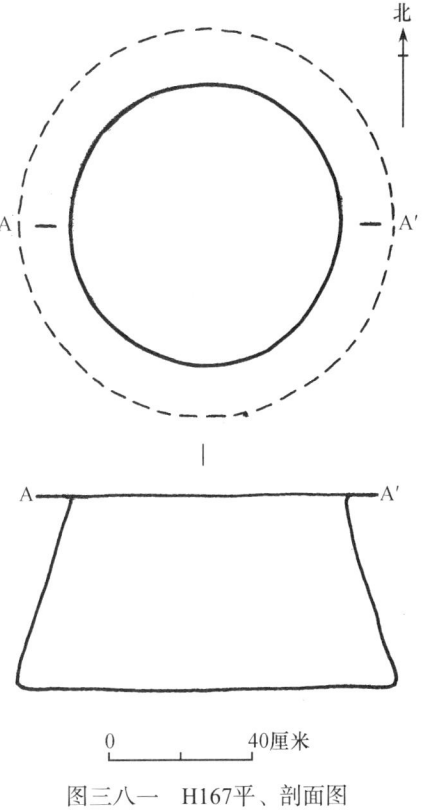

图三八一 H167平、剖面图

37. H168

H168位于Ⅲ区T0414西南部，开口于⑧层下。平面呈不规则形，锅底状，弧壁，平底，底部不甚平整。坑口长径0.99、短径0.5米，底长径0.85、短径0.36米，深0.19米（图三八三）。

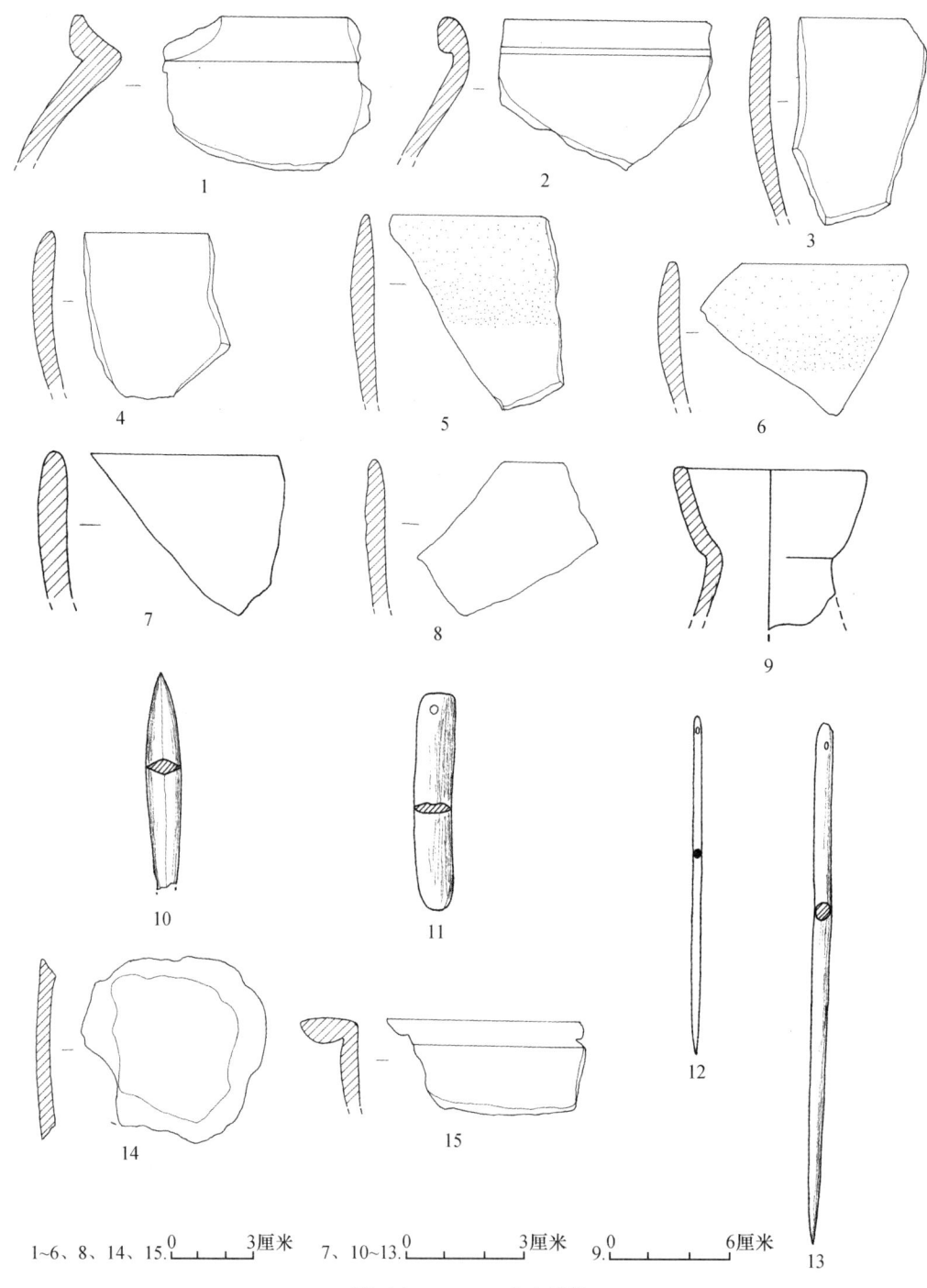

图三八二　H167出土遗物

1、2. 陶瓮（H167∶10、H167∶9）　3～8. 陶钵（H167∶2、H167∶1、H167∶3、H167∶4、H167∶5、H167∶6）
9. 陶瓶（H167∶8）　10. 骨镞（H167∶14）　11. 骨饰件（H167∶15）　12、13. 骨针（H167∶12、H167∶13）
14. 圆陶片（H167∶11）　15. 陶盆（H167∶7）

坑内堆积为灰褐色土，土质疏松，出土少量陶片，另有兽骨。

陶片为主要的出土物，以细泥质橘红陶为主，粗夹砂红褐陶次之，粗泥质橘红陶再次，还有少量细夹砂红褐陶；纹饰以素面为主，弦纹次之。

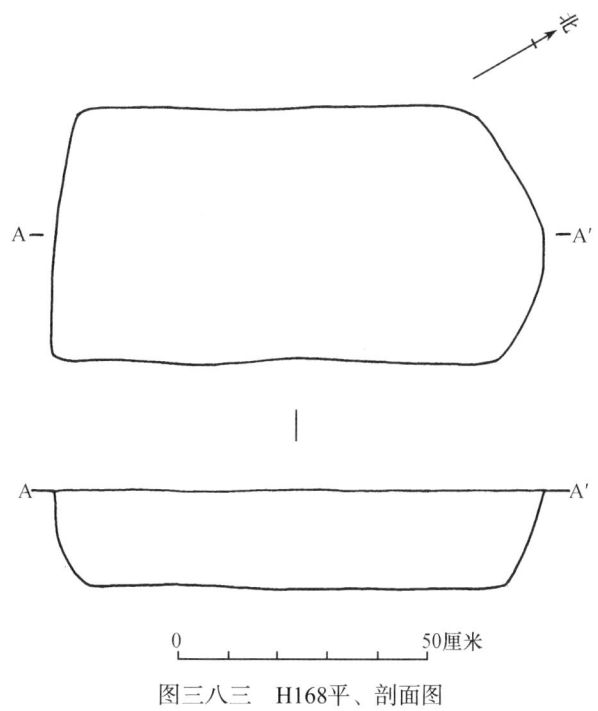

图三八三　H168平、剖面图

H168共出土遗物23件。全部为陶器。器类有瓶、盆、罐、钵、瓮、圆陶片（表九四）。

表九四　H168器形统计表　　　　　　　　　　　　　（单位：件）

陶质	细泥质	粗泥质		细夹砂	粗夹砂		合计	百分比（％）	
陶色	橘红	橘红		红褐	红褐				
纹饰＼器形	素面＋磨光	素面	素面	弦纹	素面	素面	弦纹			
瓶				1			1		5.56	
盆	1		1				1	3	16.67	
罐					1		1	18	5.56	100
钵	4	1	3	1				9	50.00	
瓮						1	3	4	22.22	
合计	5	1	3	2	1	2	4	18		
	18									
百分比（％）	27.78	5.56	16.67	11.11	5.56	11.11	22.22			
	100									

瓶　1件。标本H168∶14，口、颈、肩部残片。细夹砂红褐陶。直杯口，较为短矮，方唇，束颈较短，溜肩。素面。沿外侧可见轮修痕迹，肩部可见刮抹痕迹。复原口径9、残高9厘米（图三八四，1）。

盆　3件。均口、腹部残片。形制相同，均直口，平折沿，深弧腹，素面。标本H168∶10，细泥质橘红陶。圆唇。器表磨光。唇部可见轮修痕迹，器表可见烟熏痕迹（图三八四，4）。标本

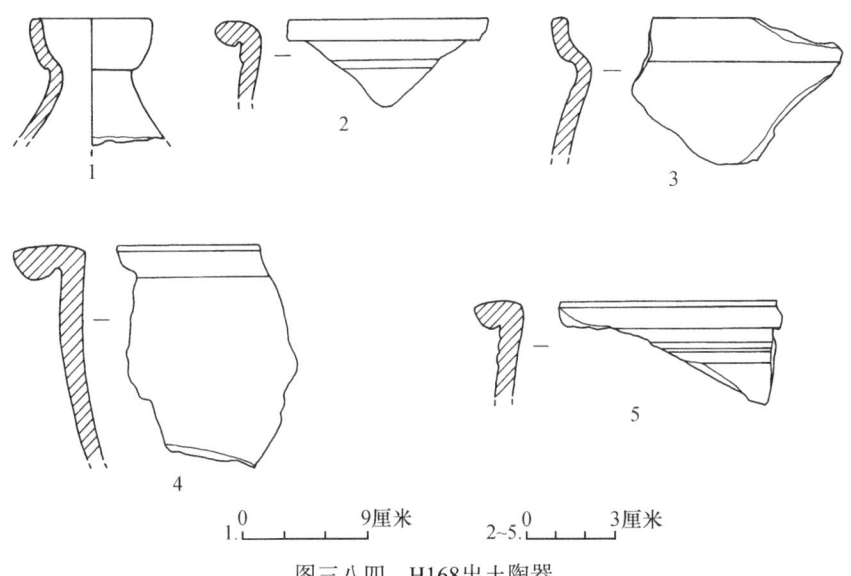

图三八四　H168出土陶器

1.瓶（H168∶14）　2、4、5.盆（H168∶13、H168∶10、H168∶12）　3.罐（H168∶17）

H168∶12，粗夹砂红褐陶。圆唇。口沿以下饰多周弦纹（图三八四，5）。标本H168∶13，粗泥质橘红陶。沿面微鼓，圆唇。口沿以下饰弦纹（图三八四，2）。

罐　1件。标本H168∶17，口、腹部残片。粗夹砂红褐陶。侈口，卷沿，沿面内曲，方唇，鼓腹。素面。沿外侧可见轮修痕迹（图三八四，3）。

钵　9件。均口、腹部残片。标本H168∶8、H168∶9形制相同，均粗泥质橘红陶。直口，方唇，深弧腹。标本H168∶8，素面。器表经刮抹较为光滑。口下可见轮修痕迹（图三八五，9）。标本H168∶9，腹部饰多周弦纹。口部可见烟熏痕迹（图三八五，3）。

标本H168∶1、H168∶2、H168∶3、H168∶4、H168∶5、H168∶6、H168∶7形制相同，均为直口微敛，深弧腹，素面。标本H168∶1，细泥质橘红陶。方唇。器表磨光。口下可见深红色叠烧痕迹。复原口径33.6、残高7.2厘米（图三八五，7）。标本H168∶2，细泥质橘红陶。圆唇。器表磨光。口下可见浅褐色叠烧痕迹（图三八五，1）。标本H168∶3，细泥质橘红陶。圆唇。器表经刮抹较为光滑。口下可见轮修痕迹，腹部可见刮抹痕迹（图三八五，2）。标本H168∶4，粗泥质橘红陶。圆唇。器表经刮抹较为光滑。口下可见轮修痕迹（图三八五，4）。标本H168∶5，细泥质橘红陶。圆唇。器表磨光。器表可见烟熏痕迹（图三八五，5）。标本H168∶6，细泥质橘红陶。尖圆唇。器表磨光。口下可见深红色叠烧痕迹与烟熏痕迹（图三八五，6）。标本H168∶7，粗泥质橘红陶。尖圆唇。器表经刮抹较为光滑。口下可见轮修痕迹（图三八五，8）。

瓮　4件。均口、腹部残片。标本H168∶15、H168∶16、H168∶18形制相同，均粗夹砂红褐陶，侈口，卷沿，鼓腹。标本H168∶15，沿面微曲，圆唇。口沿以下饰多周弦纹。唇部可见轮修痕迹（图三八六，1）。标本H168∶16，方唇。口沿以下饰多周弦纹。唇部可见轮修痕迹，内壁可见烟熏痕迹（图三八六，3）。标本H168∶18，沿面微曲，方唇，唇部有一道浅细凹槽。素面。外沿面可见轮修痕迹（图三八六，2）。

标本H168∶11，粗夹砂红褐陶。敛口，卷沿，尖圆唇，鼓腹。腹部饰多周弦纹。内壁可见轮修痕迹（图三八六，4）。

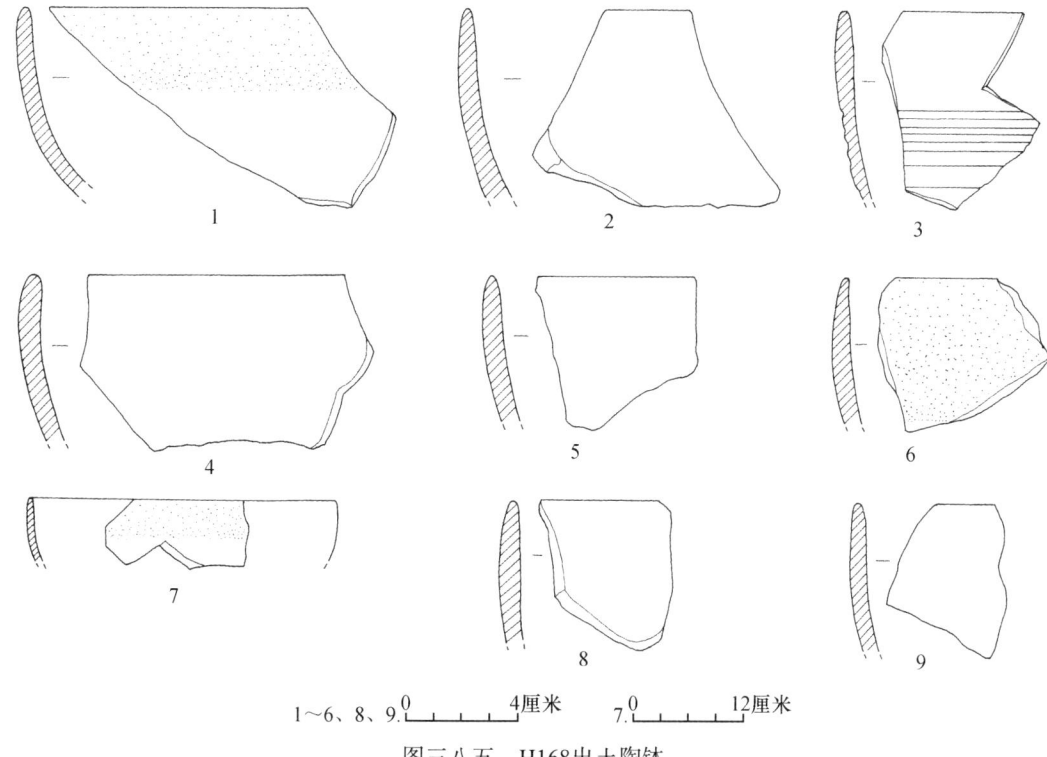

1~6、8、9. 0 —— 4厘米   7. 0 —— 12厘米

图三八五　H168出土陶钵

1~9.（H168：2、H168：3、H168：9、H168：4、H168：5、H168：6、H168：1、H168：7、H168：8）

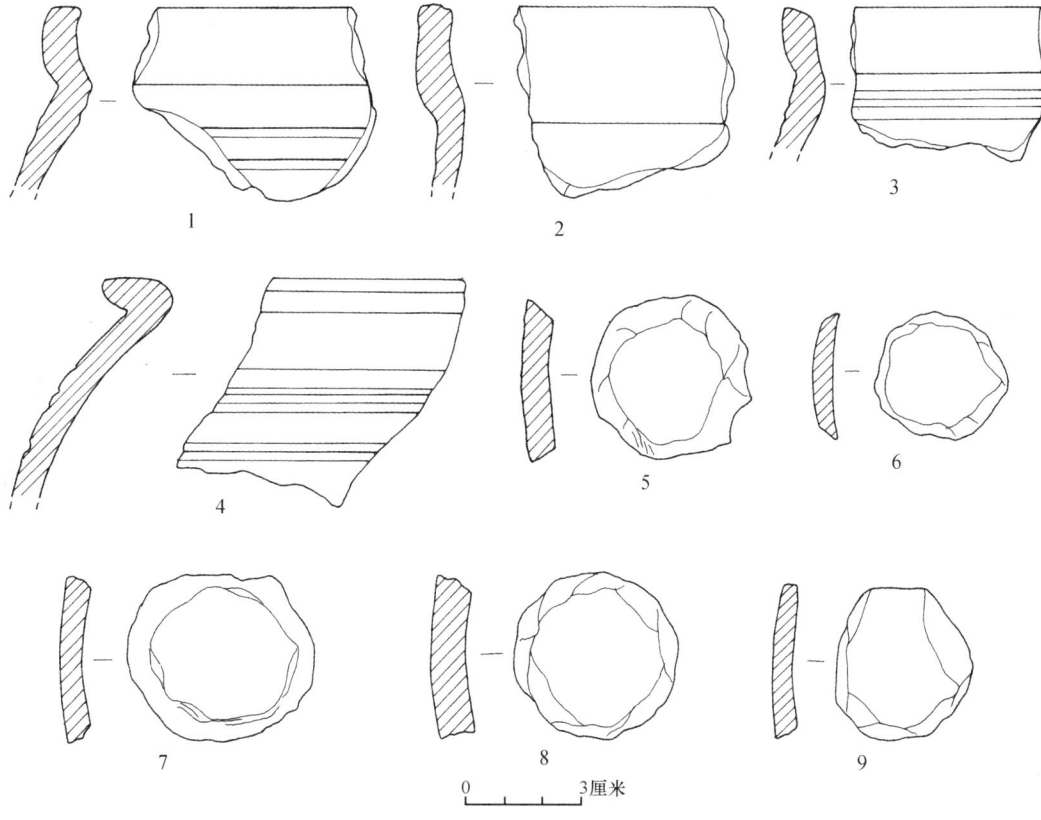

0 —— 3厘米

图三八六　H168出土陶器

1~4. 瓮（H168：15、H168：18、H168：16、H168：11）

5~9. 圆陶片（H168：19-3、H168：19-4、H168：19-1、H168：19-2、H168：19-5）

圆陶片　5件。均完整。形制相同，均圆形。标本H168：19-1，细泥质橘红陶。系利用钵的口部残片打制而成。边缘较锋利。器表可见深红色叠烧痕迹。直径4.9、厚0.6厘米（图三八六，7）。标本H168：19-2，细泥质橘红陶。系利用钵的口部残片打制而成。边缘稍钝。器表可见浅褐色叠烧痕迹。直径4.4、厚0.9厘米（图三八六，8）。标本H168：19-3，粗泥质橘红陶。系利用罐的残片打制而成。边缘较钝。器表饰绳纹。直径4.1、厚0.7厘米（图三八六，5）。标本H168：19-4，细泥质橘红陶。系利用钵的残片打制而成。边缘较钝。直径3.5、厚0.5厘米（图三八六，6）。标本H168：19-5，细泥质橘红陶。系利用钵的口沿残片打制而成，保留少量沿面。边缘较锋利。直径3.7、厚0.6厘米（图三八六，9）。

38. H169

H169位于Ⅲ区T0514南部，开口于⑧层下。平面大体呈圆形，袋状，斜直壁，平底。坑口径1.36、底径1.56、深1.3米。底部有一层扇形台阶，表面光滑平整，高0.1米（图三八七）。

坑内堆积为灰褐色土，土质疏松，包含较多火烧土块及黄土块，出土少量陶片，另有兽骨。

陶片为主要的出土物，以粗夹砂红褐陶为主，粗夹砂橘红陶次之，细泥质橘红陶再次，并有少量粗泥质橘红陶和细夹砂橘红陶；纹饰以绳纹居多，素面次之，并有一定比例的划纹（表九五）。

H169共出土遗物14件。全部为陶器。器类有罐、钵、圆陶片（表九六）。

罐　11件。均口、腹部残片。形制相同，均粗夹砂红褐陶，侈口，卷沿，方唇，鼓腹。标本H169：3，沿面微曲，唇部有一道凸棱。唇缘饰划纹，腹部饰右上至左下斜向绳纹（图三八八，1）。标本H169：4，腹部饰右上至左下斜向绳纹。口沿外侧可见轮修痕迹（图三八八，2）。标本H169：5，沿面微曲。口沿以下饰右上至左下斜向绳纹。唇部可见轮修痕迹（图三八八，3）。标本H169：6，沿面微曲。腹部饰右上至左下斜向绳纹。唇部可见轮修痕迹（图三八八，4）。

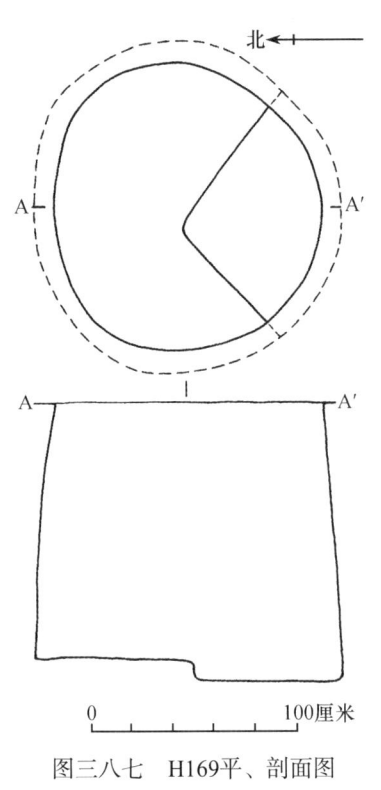

图三八七　H169平、剖面图

表九五　H169陶系统计表　　　　　　　　　　　　　　　（单位：kg）

陶质 陶色 纹饰	细泥质	粗泥质	细夹砂	粗夹砂		合计	百分比 （%）
	橘红	橘红	橘红	橘红	红褐		
素面		0.16	0.09	0.11	0.44	0.80	25.24
素面+磨光	0.33					0.33	10.41
绳纹			0.10	0.94	0.83	1.87	58.99
绳纹+划纹				0.12	0.05	0.17	5.36
合计	0.33	0.16	0.19	1.17	1.32	3.17	100
	3.17						

续表

陶质	细泥质	粗泥质	细夹砂	粗夹砂		合计	百分比（%）
陶色纹饰	橘红	橘红	橘红	橘红	红褐		
百分比（%）	10.41	5.05	5.99	36.91	41.64		
	100						

表九六　H169器形统计表　　　　　　　　　　　　　　（单位：件）

陶质	细泥质	粗夹砂		粗夹砂		合计	百分比（%）
陶色	橘红	橘红		红褐			
纹饰器形	素面+磨光	素面	绳纹	绳纹+划纹	绳纹	绳纹+划纹		
罐 口		3	2	1	3	1	11	84.62	100
罐 底		1						13		
钵	2						2	15.38	
合计	2	4	2	1	3	1	13		
	13							
百分比（%）	15.38	30.77	15.38	7.69	23.08	7.70		
	100							

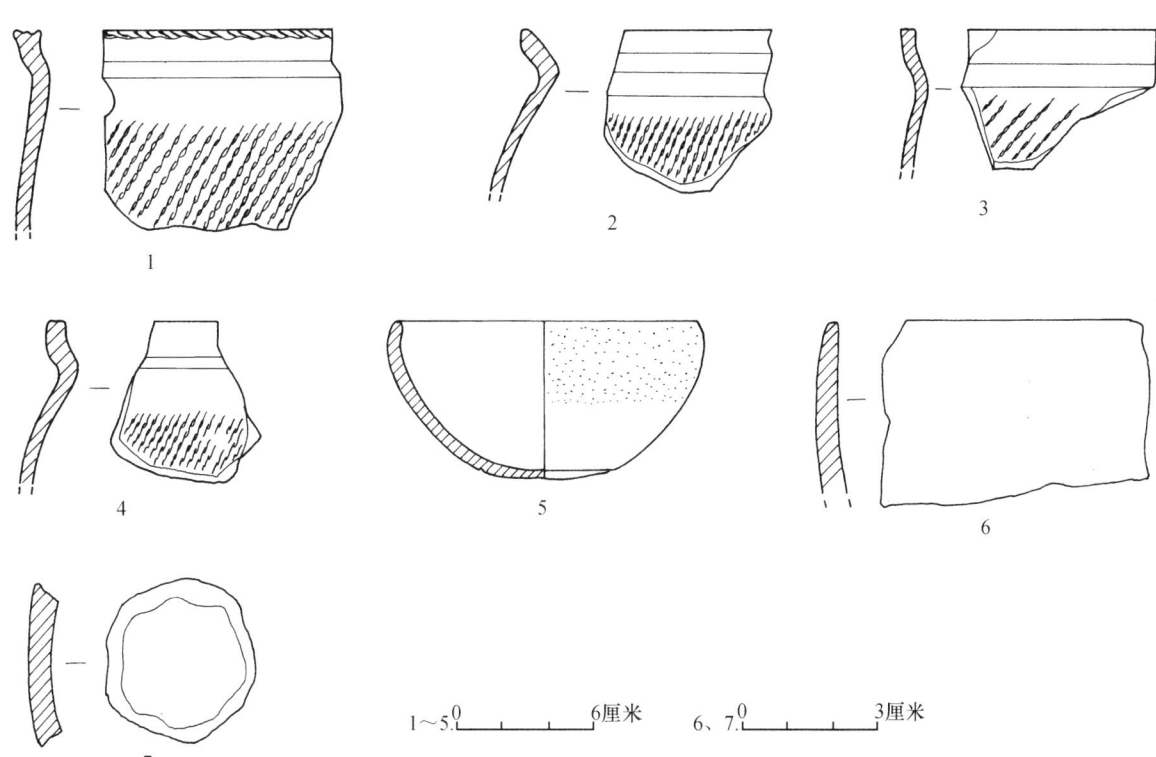

1～5. 0 ⎯⎯ 6厘米　　6、7. 0 ⎯⎯ 3厘米

图三八八　H169出土陶器
1～4. 罐（H169:3、H169:4、H169:5、H169:6）　5、6. 钵（H169:1、H169:2）　7. 圆陶片（H169:7）

钵　2件。形制相同，均细泥质橘红陶，直口微敛，深弧腹，器表磨光，素面。标本H169：1，可复原。圆唇，圜底，底部有一周凸棱。口下可见深红色叠烧痕迹与轮修痕迹。口径13.5、通高6.8厘米（图三八八，5；图版八五，6）。标本H169：2，口沿残片。方唇。器表可见烟熏痕迹（图三八八，6）。

圆陶片　1件。标本H169：7，完整。细泥质灰陶。系利用钵的残片打制而成。圆形，边缘稍钝。直径3.3、厚0.5厘米（图三八八，7）。

39. H170

H170位于Ⅲ区T0413北部，开口于⑧层下。平面呈椭圆形，袋状，斜直壁，平底。坑口长径0.56、短径0.52米，底长径1.28、短径1.2米，深1.25米。底部有二层台阶：第一层台阶呈半圆形，距口部1、高0.12米；第二台阶呈扇形，距口部1.12、高0.13米（图三八九；图版四，2）。

坑内堆积为浅灰色土，土质较疏松，包含少量料姜石块，出土少量陶片。

陶片为主要的出土物，以细泥质橘红陶为主，粗夹砂红褐陶次之，粗泥质橘红陶再次，还有少量细夹砂橘红陶、粗夹砂灰褐陶、粗泥质灰陶；纹饰以素面为主，绳纹次之，弦纹再次，还有少量交错绳纹。

H170共出土遗物24件。全部为陶器。器类有瓶、盆、罐、钵、瓮、圆陶片，另有附加堆纹陶片（表九七）。

瓶　1件。标本H170：6，口、颈部残片。细泥质橘红陶。直杯口，微敛，较为短矮，方唇，唇部有二道浅细凹槽，束颈。素面。颈部可见轮修痕迹，内壁可见泥条盘筑痕迹。口径8、残高8.6厘米（图三九〇，1）。

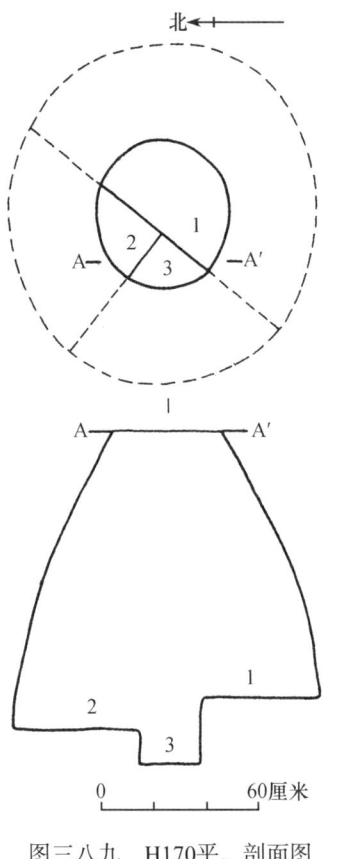

图三八九　H170平、剖面图

盆　2件。均口、腹部残片。标本H170：4，粗泥质橘红陶。敛口，平折沿，圆唇，弧腹。器表磨光，表层有部分剥落。素面。沿面可见轮修痕迹（图三九〇，2）。

标本H170：5，细夹砂橘红陶。敛口，平折沿，沿面微鼓，方唇，弧腹。口沿以下饰多周弦纹。唇部可见轮修痕迹（图三九〇，3）。

罐　4件。均口、腹部残片。标本H170：9、H170：11形制相同，均侈口，卷沿，方唇，唇部有一道凸棱，直腹，腹部饰多周弦纹。标本H170：9，粗夹砂灰褐陶。沿面可见轮修痕迹（图三九〇，5）。标本H170：11，粗夹砂红褐陶。内壁可见刮抹痕迹（图三九〇，4）。

标本H170：7、H170：8形制相同，均粗夹砂红褐陶，侈口，折沿，方唇，鼓腹。标本H170：7，口沿以下饰多周弦纹，弦纹以下饰稀疏的竖向绳纹。沿面可见轮修痕迹（图三九〇，7）。标本H170：8，腹部饰竖向绳纹。唇部可见轮修痕迹，器表可见烟熏痕迹（图三九〇，6）。

钵　3件。均口、腹部残片。形制相同，均直口，深弧腹，素面。标本H170：1，细泥质橘

表九七　H170器形统计表　　　　　　　　　　　　　　　　（单位：件）

陶质	细泥质	粗泥质	细夹砂		粗夹砂					合计	百分比（%）	
陶色	橘红	橘红	橘红	灰褐	红褐							
纹饰＼器形	素面+磨光	素面	素面+磨光	素面	弦纹	弦纹	绳纹	弦纹	交错绳纹	绳纹+弦纹			
瓶		1									1	8.33	
盆			1	1							2	16.67	
罐					1	1		1		1	4	33.33	100
钵	2			1							3	25.00	
瓮							1		1		2	16.67	
合计	2	1	1	1	1	1	1	2	1	1	12		
	12												
百分比（%）	16.67	8.33	8.33	8.33	8.33	8.33	8.33	16.67	8.33	8.33			
	100												

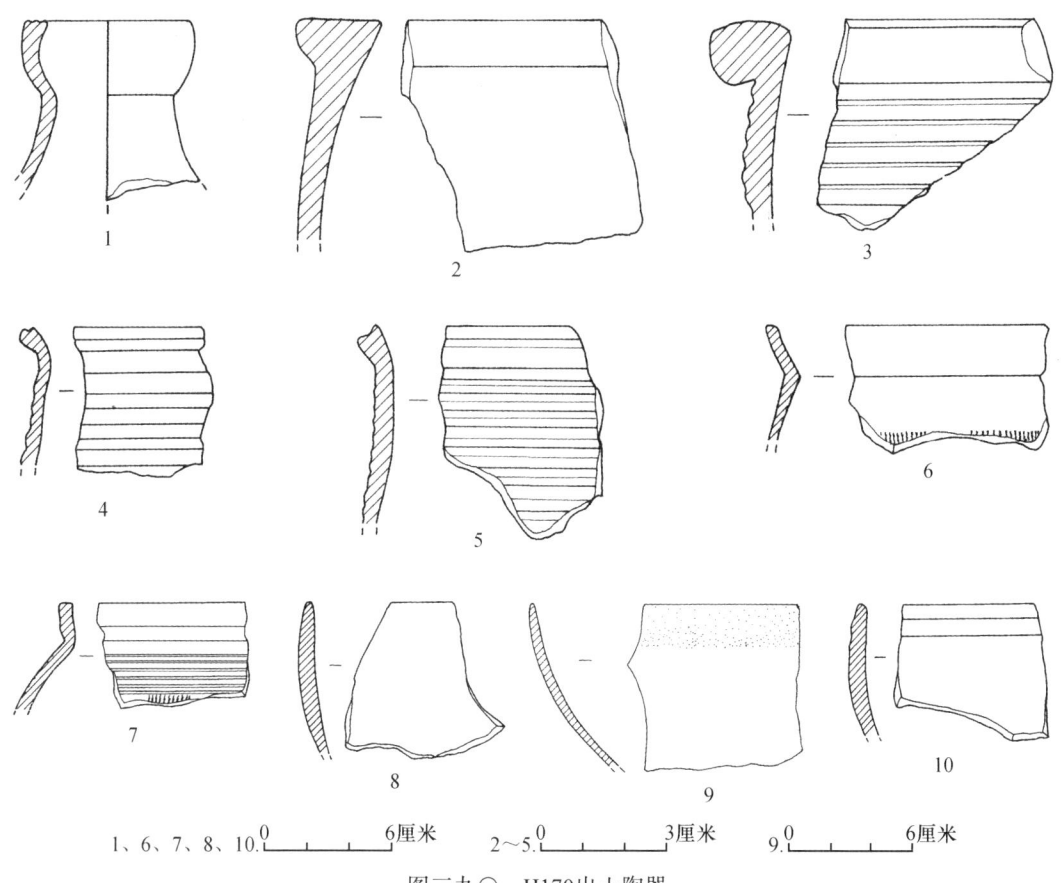

图三九〇　H170出土陶器

1. 瓶（H170：6）　2、3. 盆（H170：4、H170：5）　4～7. 罐（H170：11、H170：9、H170：8、H170：7）

8～10. 钵（H170：3、H170：1、H170：2）

红陶。圆唇。器表磨光。口下可见浅褐色叠烧痕迹（图三九〇，9）。标本H170：2，细夹砂橘红陶。直口微敛，方唇，口沿下侧有一道矮棱。器表经刮抹较为光滑。器表可见轮修痕迹（图三九〇，10）。标本H170：3，细泥质橘红陶。口微敛，方唇。器表磨光。内壁可见轮修痕迹（图三九〇，8）。

瓮　2件。均口、腹部残片。标本H170：10，粗夹砂红褐陶。侈口，卷沿，沿面微曲，方唇，鼓腹。腹部饰右上至左下斜向绳纹。外沿面可见轮修痕迹（图三九一，1）。

标本H170：12，粗夹砂红褐陶。敛口，卷沿，圆唇，鼓腹。腹部饰交错绳纹（图三九一，3）。

附加堆纹陶片　标本H170：13，腹部残片。粗泥质橘红陶。腹部饰多周弦纹，弦纹下侧饰鼓钉状附加堆纹。可能为尖底罐的残片（图三九一，2）。

圆陶片　12件。形制相同，均圆形，边缘较锋利。标本H170：14-1，残。细泥质橘红陶。系利用钵的口部残片打制而成。器表可见深褐色叠烧痕迹。直径7、厚0.5厘米（图三九一，7）。标本H170：14-2，残。细泥质橘红陶。系利用钵的残片打制而成。直径5、厚0.6厘米（图三九一，4）。标本H170：14-3，残。细泥质橘红陶。系利用钵的残片打制而成。器表可见轮修痕迹。直径5.6、厚0.7厘米（图三九一，6）。标本H170：14-4，完整。粗泥质灰陶。系利用钵的残片打制而成。直径4、厚0.4厘米（图三九一，5）。

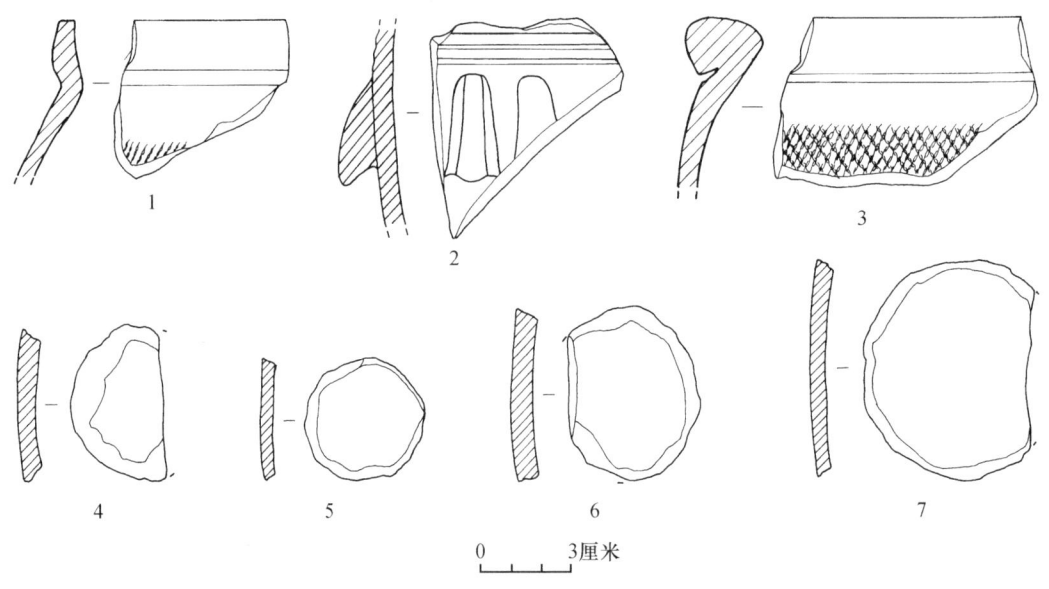

图三九一　H170出土陶器
1、3. 瓮（H170：10、H170：12）　2. 陶片（H170：13）
4~7. 圆陶片（H170：14-2、H170：14-4、H170：14-3、H170：14-1）

40. H171

H171位于Ⅲ区T0514北部，开口于⑧层下，西南部被H167打破。平面呈椭圆形，袋状，斜直壁，平底。坑口长径1.7、短径1.5、底长径1.9、短径1.7、深0.96米。底部有二层台阶，表面平整：第一层台阶距口部0.6、高0.27米；第二层台阶距口部0.86、高0.1米（图三九二）。

坑内堆积为灰褐色土，土质疏松，包含大量火烧土块、黄土块，出土少量陶片，另有田螺壳、兽骨。

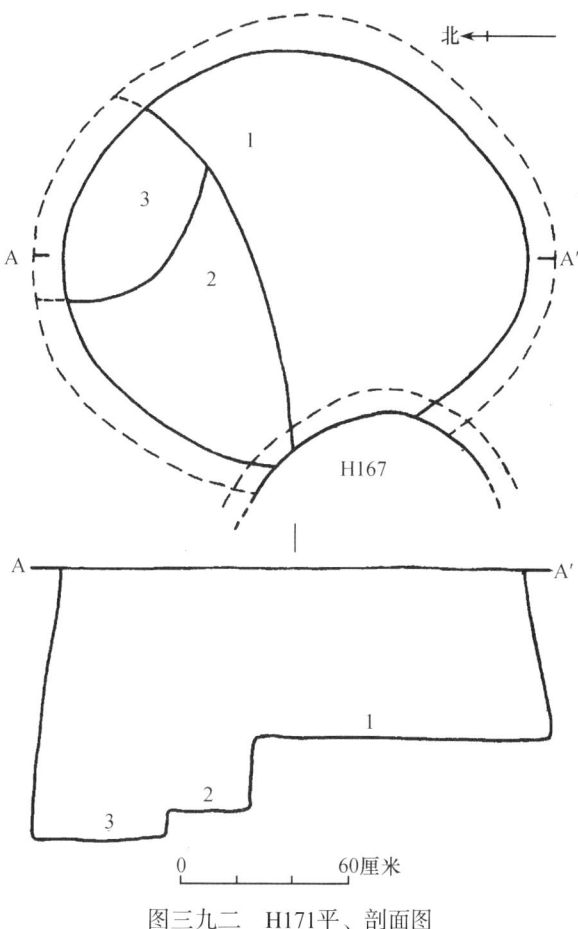

图三九二 H171平、剖面图

陶片为主要的出土物，以细泥质橘红陶为主，粗夹砂红褐陶次之，并有一定比例的细泥质橙黄陶、粗泥质橘红陶和少量粗泥质橙黄陶；纹饰以素面居多，绳纹次之（表九八）。

H171共出土遗物10件。以陶器为主，角器次之。

表九八 H171陶系统计表 （单位：kg）

陶质 纹饰	细泥质		粗泥质		粗夹砂	合计		百分比（%）	
陶色	橘红	橙黄	橘红	橙黄	红褐				
素面+磨光	0.32	0.114	0.114	0.02		0.568	0.78	72.82	100
绳纹					0.21	0.21		26.92	
合计	0.32	0.114	0.114	0.02	0.21	0.78			
	0.78								
百分比（%）	41.03	14.62	14.62	2.56	26.92				
	100								

（1）陶器

9件。器类有瓶、钵、瓮、圆陶片。

瓶 1件。标本H171：3，口、颈部残片。粗泥质橘红陶。环形口，方唇。素面。内外壁均可见轮修痕迹。复原口径10、残高3.8厘米（图三九三，1）。

钵　5件。均口、腹部残片。标本H171：1，细泥质橘红陶。直口微敛，圆唇，深弧腹，沿下有两个两面对钻而成的圆孔。器表磨光。素面。口下可见深红色叠烧痕迹。复原口径40.2、残高10.8厘米（图三九三，4）。

标本H171：2，细泥质橙黄陶。敞口，方唇，弧腹。器表磨光。素面。器表可见轮修痕迹。复原口径24、残高7.2厘米（图三九三，2）。

瓮　1件。标本H171：4，口、腹部残片。粗夹砂红褐陶。侈口，卷沿，方唇，唇部有一道凸棱，腹微鼓。腹部饰右上至左下斜向绳纹。外沿面可见轮修痕迹（图三九三，3）。

圆陶片　2件。均完整。形制相同，均细泥质橘红陶，系利用钵的残片打制而成，圆形。标本H171：6-1，边缘较锋利。直径4、厚0.5厘米（图三九三，5）。标本H171：6-2，边缘稍钝。直径4.8、厚0.7厘米（图三九三，6）。

（2）角器

1件。锥。标本H171：7，尖部稍残。系利用梅花鹿角的角尖磨制而成。器身弯曲，横断面呈圆形，尖部锐利。尖部磨光。残长8.6厘米（图三九三，7）。

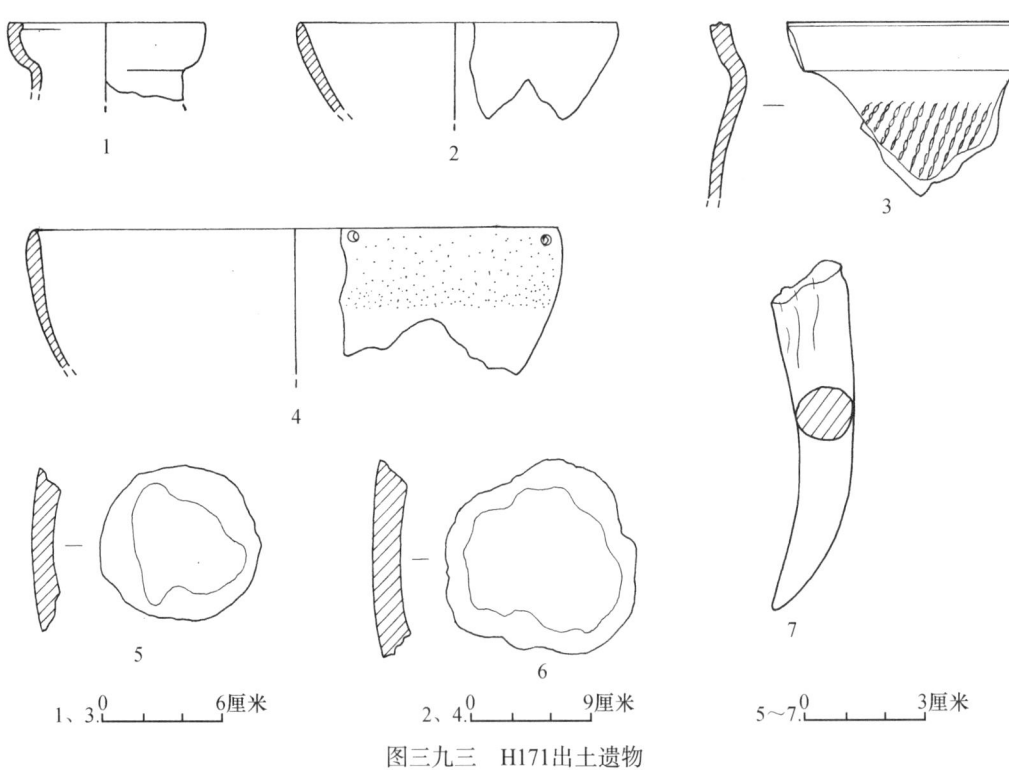

图三九三　H171出土遗物
1. 陶瓶（H171：3）　2、4. 陶钵（H171：2、H171：1）　3. 陶瓮（H171：4）
5、6. 圆陶片（H171：6-1、H171：6-2）　7. 角锥（H171：7）

41. H172

H172位于Ⅲ区T0413东部，开口于⑧层下。平面呈梯形，袋状，斜直壁，平底。坑口南北长0.7～0.84、东西宽0.66～0.76米，底南北长1.4、东西宽1.38米，深0.9米。底部有二层台阶：第一层长径0.86、短径0.46、高0.07米；第二层长径1.4、短径1.38、高0.12米（图三九四）。

坑内堆积为灰褐色土，土质较疏松，出土大量陶片。

陶片为主要的出土物，以细泥质橘红陶为主，粗泥质橘红陶次之，粗夹砂红褐陶再次；纹饰以素面为主，还有少量指甲纹、弦纹。

H172共出土遗物12件。全部为陶器。器类有罐、钵、圆陶片，另有指甲纹陶片。

罐　1件。标本H172：6，口、腹部残片。粗夹砂红褐陶。侈口，卷沿，方唇，唇部有一道凸棱，直腹。素面。口下可见轮修痕迹（图三九五，4）。

钵　5件。均口、腹部残片。标本H172：3，细泥质橘红陶。直口，方唇，深弧腹。器表磨光。素面。口下可见浅褐色叠烧痕迹，内壁可见刮抹痕迹（图三九五，1）。

标本H172：2，粗泥质橘红陶。敛口，方唇，斜直腹。器表磨光。素面。器表可见轮修痕迹（图三九五，2）。

标本H172：1、H172：4、H172：5形制相同，均直口微敛，圆唇，深弧腹，素面。标本H172：1，细泥质橘红陶。器表磨光。内壁可见轮修痕迹（图三九五，3）。标本H172：4，细泥质橘红陶。器表磨光。口部可见轮修痕迹，腹部可见刮抹痕迹。复原口径36、残高11.1厘米（图三九五，12）。标本H172：5，粗泥质橘红陶。器表经刮抹较为光滑。口部可见轮修痕迹，腹部可见刮抹痕迹。复原口径41、残高12厘米（图三九五，11）。

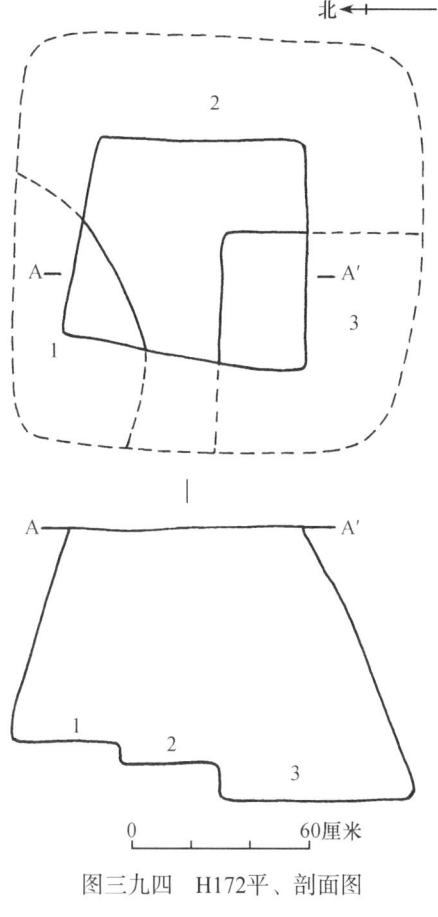

图三九四　H172平、剖面图

指甲纹陶片　标本H172：7，腹部残片。粗夹砂红褐陶。器表饰密集指甲纹（图三九五，6）。

圆陶片　6件。均完整。形制相同，均圆形。标本H172：8-1，细泥质橘红陶。系利用盆的残片打制而成。边缘较锋利。器表饰多道弦纹。直径4.8、厚0.5厘米（图三九五，5）。标本H172：8-2，细泥质橘红陶。系利用钵的口沿残片打制而成。边缘较钝。器表可见浅红色叠烧痕迹。直径5.8、厚0.6厘米（图三九五，8）。标本H172：8-3，细泥质橘红陶。系利用钵的残片打制而成。边缘较钝。直径3.6、厚0.55厘米（图三九五，9）。标本H172：8-4，细泥质橘红陶。系利用钵的口部残片打制而成。边缘较钝。器表可见浅褐色叠烧痕迹。直径2.8、厚0.5厘米（图三九五，10）。标本H172：8-5，粗夹砂红褐陶。系利用罐的残片打制而成。边缘较钝。直径6.1、厚0.9厘米（图三九五，7）。

42. H173

H173位于Ⅲ区T0713西北角、T0714西南角，开口于⑧层下。平面呈方形，袋状，斜直壁，平底。坑口边长1.52、颈部边长0.56、底边长1.26、深1.6米。坑底西南角、东北角各有一弧形台阶，台面平整：东北角台阶宽0.56～0.62、长0.68、高0.1米；西南角台阶宽0.6～0.64、长0.65、高0.14米（图三九六；图版四，3）。

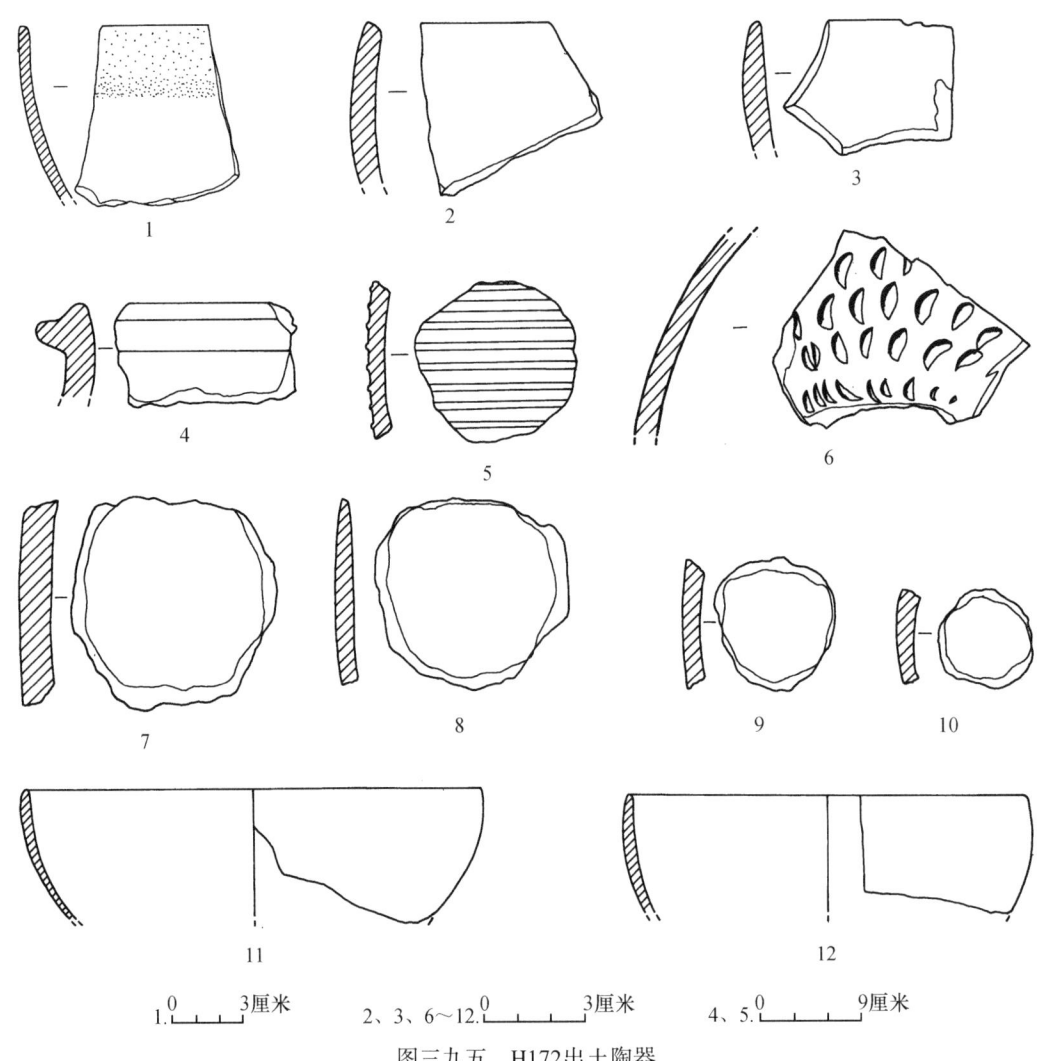

图三九五 H172出土陶器

1~3、11、12.钵（H172:3、H172:2、H172:1、H172:5、H172:4） 4.罐（H172:6）
5、7、8~10.圆陶片（H172:8-1、H172:8-5、H172:8-2、H172:8-3、H172:8-4） 6.陶片（H172:7）

坑内堆积为黑色土，土质疏松，出土少量陶片及大量田螺壳、兽骨。

H173共出土遗物5件。以陶器为主，骨器次之。

（1）陶器

3件。器类有罐、钵、圆陶片。

罐 1件。标本H173:2，口、腹部残片。粗夹砂红褐陶。侈口，卷沿，方唇，鼓腹。腹部饰右上至左下斜向绳纹。外沿面可见轮修痕迹（图三九七，1）。

钵 1件。标本H173:1，口、腹部残片。粗泥质橘红陶。直口微敛，圆唇，深弧腹。器表经刮抹较为光滑。素面。内、外壁均可见轮修痕迹（图三九七，3）。

圆陶片 1件。标本H173:3，完整。细泥质橘红陶。系利用钵的口部残片打制而成。圆形，边缘较钝。器表可见浅褐色叠烧痕迹。直径4.5、厚0.5厘米（图三九七，2）。

（2）骨器

2件。器类有锥、匕。

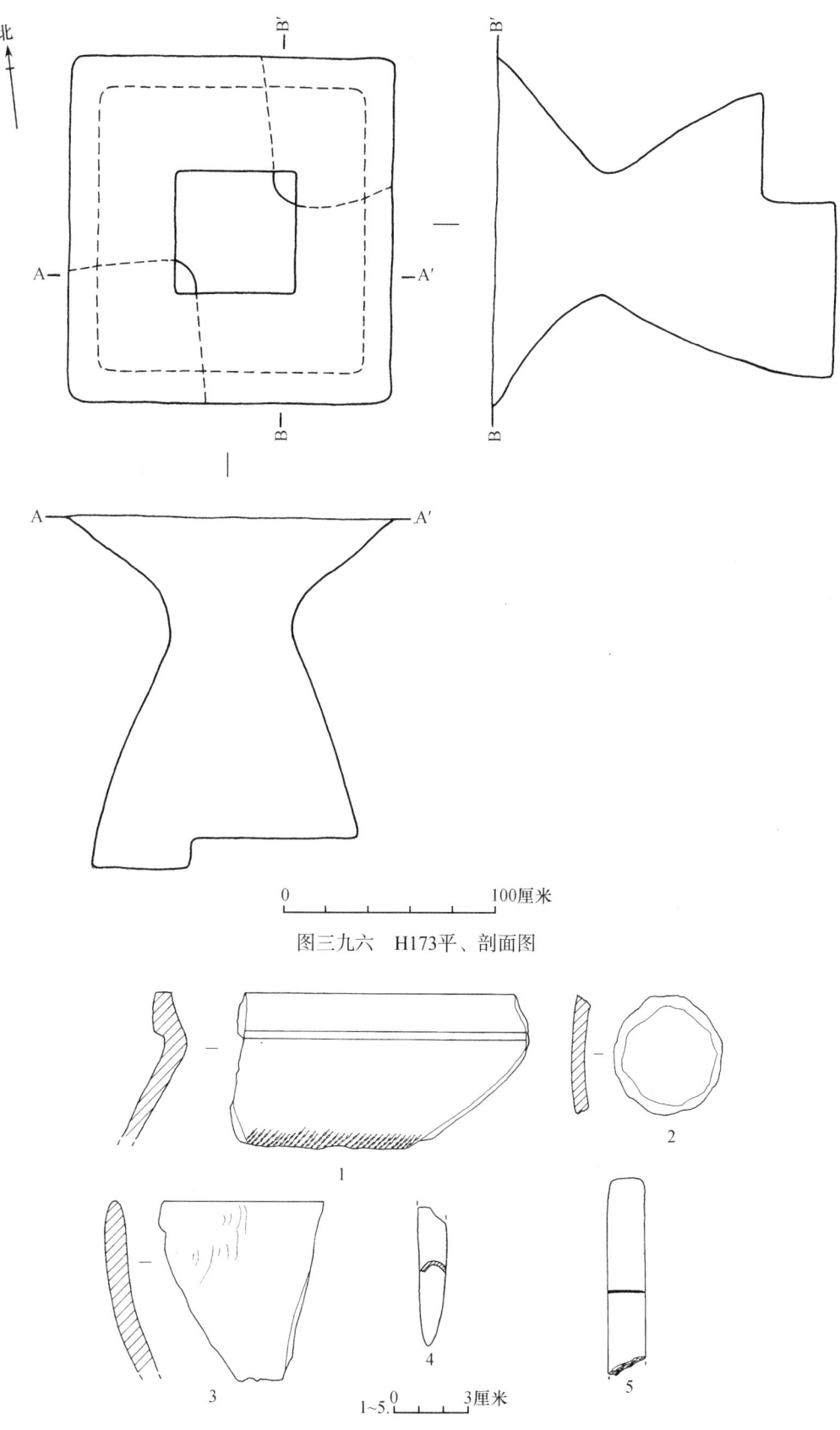

图三九六 H173平、剖面图

图三九七 H173出土遗物
1. 陶罐（H173∶2） 2. 圆陶片（H173∶3） 3. 陶钵（H173∶1） 4. 骨锥（H173∶4） 5. 骨匕（H173∶5）

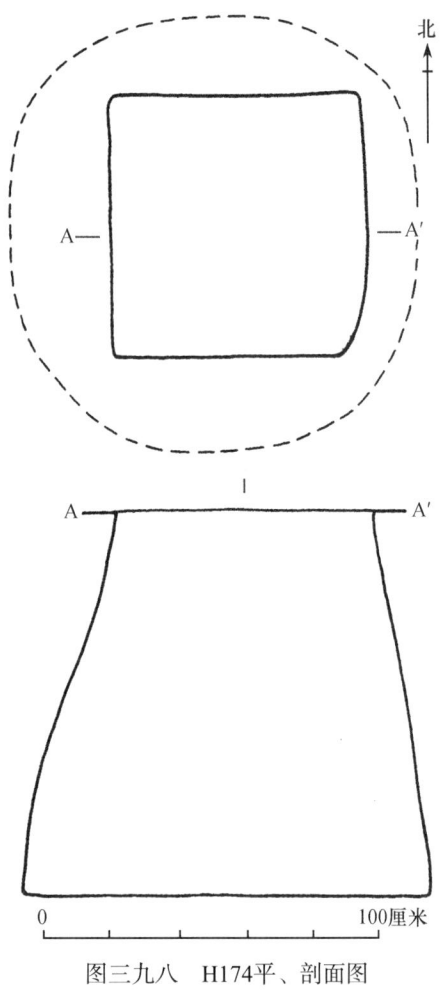

图三九八 H174平、剖面图

锥 1件。标本H173:4,一端稍残。系利用长骨骨片磨制而成。器身较扁平,横断面呈弧形,尖部锐利。通体磨光。残长5.4厘米(图三九七,4)。

匕 1件。标本H173:5,一端残。系利用长骨骨片磨制而成。平面呈长条形,器身较为扁平。通体磨光。残长7.7、宽1.5厘米(图三九七,5)。

43. H174

H174位于Ⅲ区T0714东南部,开口于⑧层下。口部平面呈方形,底部呈圆形,袋状,斜直壁,平底。坑口边长0.76、底径1.22、深1.1米(图三九八)。

坑内堆积为深灰色土,土质疏松,夹杂少量黄土块,出土少量陶片,另有兽骨。

陶片以细泥质橘红陶为主,粗夹砂红褐陶次之;纹饰以素面为主,还有少量弦纹、绳纹。

H174共出土遗物4件。全部为陶器。器类有罐、钵、圆陶片、锉。

罐 1件。标本H174:2,口、腹部残片。粗夹砂红褐陶。侈口,卷沿,沿面微内曲,方唇,唇部有一道浅细凹槽。口沿下侧饰多周弦纹,弦纹以下饰右上至左下斜向绳纹。外沿面可见轮修痕迹(图三九九,1)。

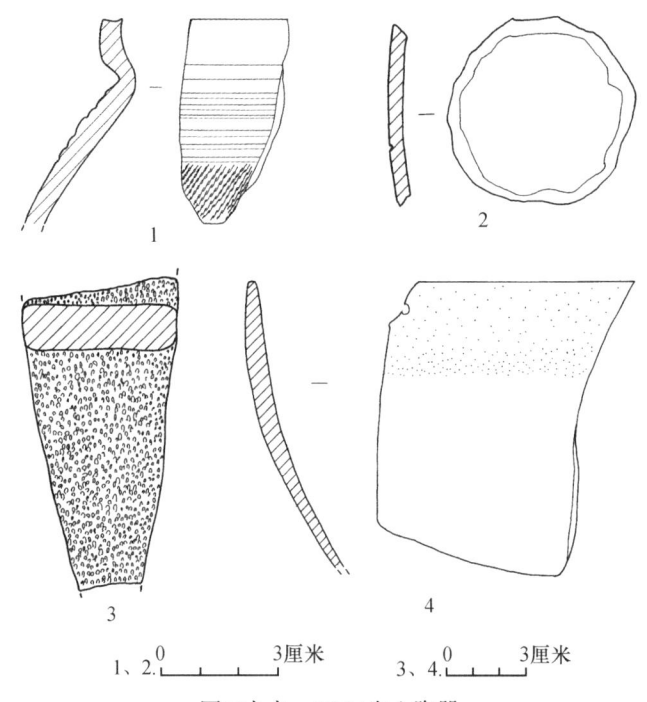

图三九九 H174出土陶器
1.罐(H174:2) 2.圆陶片(H174:3) 3.锉(H174:4) 4.钵(H174:1)

钵　1件。标本H174:1，口、腹部残片。细泥质橘红陶。直口微敛，方唇，深弧腹，口下有一由内向外单面钻成的圆孔。器表磨光。素面。口下可见深红色叠烧痕迹（图三九九，4）。

圆陶片　1件。标本H174:3，完整。细泥质橘红陶。系利用钵的底部残片打制而成。圆形，边缘较锋利。器表有一道浅细凹槽，凹槽内较为粗糙。直径4.8、厚0.35厘米（图三九九，2）。

锉　1件。标本H174:4，两端均残。细泥质橘红陶。残存部分平面呈梯形，两侧边较直，横断面呈圆角长方形。器表麻点清晰，密度较大。残长7.8、宽1.8～4、厚1.2厘米（图三九九，3）。

44. H175

H175位于Ⅲ区T0614西部，开口于⑧层下。平面大致呈圆角长方形，袋状，斜直壁，平底。坑口南北长0.74、东西宽0.69、底部南北长0.85、东西宽0.83、深1.11米。底部有二层台阶，台面平整：第一层台阶距坑口0.85、长径0.8、短径0.38～0.55、高0.13米；第二层台阶距坑口1、长径0.5、短径0.4、高0.12米（图四〇〇）。

坑内堆积可分为2层：第①层为灰褐色土，土质疏松，包含少量炭屑，厚0.35米；第②层为浅黄色土，土质较疏松，包含少量炭屑，厚0.77米，出土大量陶片。

陶片为主要的出土物，以细泥质橘红陶为主，粗夹砂红褐陶次之，细夹砂红褐陶再次，还有少量粗泥质橙黄陶与粗泥质橘红陶；纹饰以素面为主，另有少量弦纹、绳纹、彩陶、附加堆纹。

H175共出土遗物17件。以陶器为主，石、骨器次之。

（1）陶器

15件。器类有盆、罐、钵、圆陶片，另有器底、附加堆纹陶片。

盆　1件。标本H175:8，口、腹部残片。细泥质橘红陶。敛口，折沿，沿面向外侧下斜，圆唇，弧腹。口沿以下饰多周弦纹。沿面可见轮修痕迹（图四〇一，7）。

罐　2件。均口、腹部残片。标本H175:10，粗夹砂红褐陶。侈口、卷沿，沿面微曲，方唇，唇部有一道浅细凹槽，鼓腹。腹部饰右上至左下斜向绳纹。外沿面及其下侧可见轮修痕迹（图四〇一，8）。

标本H175:12，粗夹砂红褐陶。侈口，卷沿，方唇，鼓腹。素面。沿面可见轮修痕迹，器表可见烟熏痕迹（图四〇一，3）。

钵　5件。均口、腹部残片。形制相同，直口微敛，深弧腹。标本H175:1，细泥质橘红陶。方唇。器表磨光。素面。口下可见浅褐色叠烧痕迹（图四〇一，6）。标本H175:2，细泥质橘红陶。圆唇。器表磨光。口下饰黑色宽带纹彩绘（图四〇一，1）。标本H175:3，粗泥质橘黄陶。圆唇。器表经刮抹较为光滑。素面。内、外壁均可见轮修痕迹（图四〇一，2）。标本H175:4，

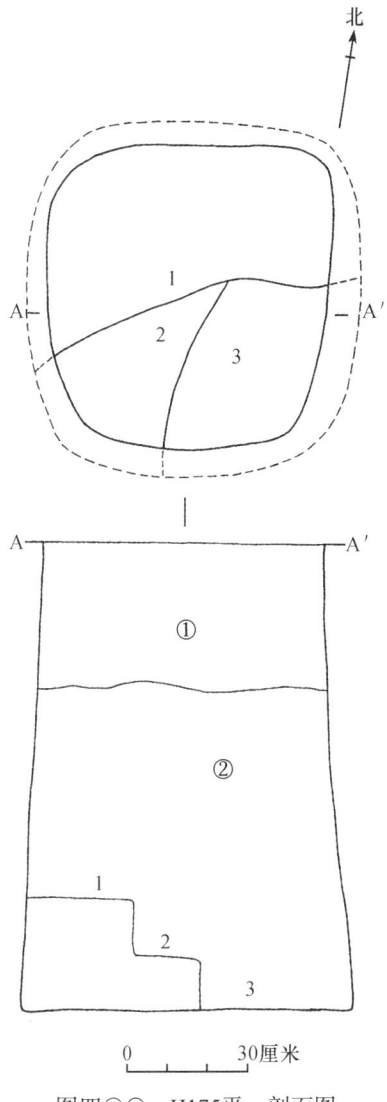

图四〇〇　H175平、剖面图

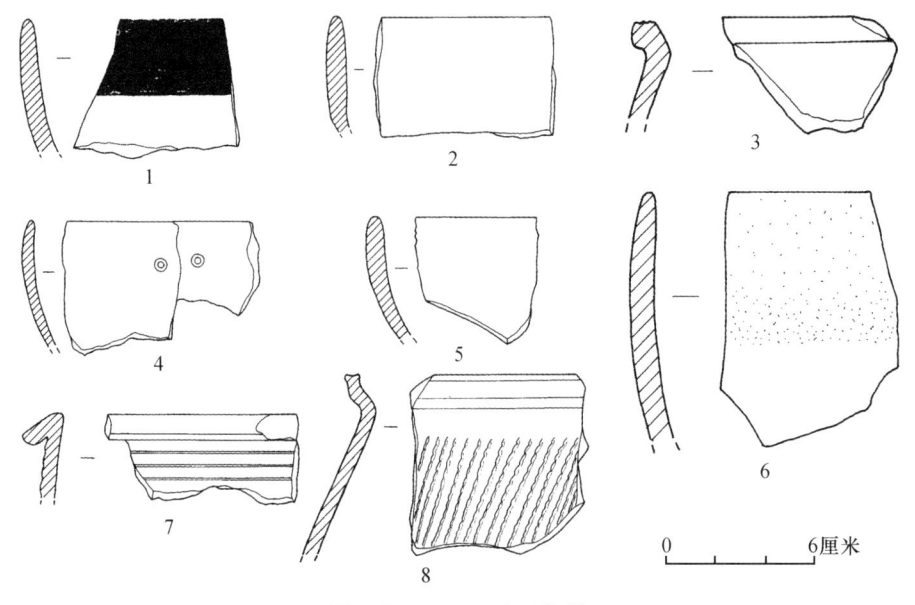

图四〇一　H175出土陶器

1、2、4~6.钵（H175：2、H175：3、H175：4、H175：6、H175：1）　3、8.罐（H175：12、H175：10）　7.盆（H175：8）

细泥质橘红陶。圆唇。口下有一对两面对钻而成的圆形穿孔，可能作修补之用。器表磨光。素面（图四〇一，4）。标本H175：6，粗泥质橘红陶。圆唇。器表经刮抹较为光滑。素面。器表可见轮修痕迹，内壁可见刮抹痕迹（图四〇一，5）。

器底　标本H175：9，底部残片。细夹砂红褐陶。器壁斜直，小平底。素面。器表可见刮抹痕迹。可能为瓶底。残高2厘米（图四〇二，6）。

附加堆纹陶片　标本H175：13，腹部残片。细夹砂红褐陶。腹部较直。上部饰弦纹，下侧饰鼓钉状附加堆纹。可能为尖底罐残片（图四〇二，1）。

圆陶片　7件。形制相同，均圆形。标本H175：14-1，完整。细泥质橘红陶。系利用钵的口沿残片打制而成，保留少量沿面。边缘较锋利。器表可见深红色叠烧痕迹。直径5.8、厚0.4厘米（图四〇二，4）。标本H175：14-2，完整。细泥质橘红陶。系利用钵的口部残片打制而成。边缘较锋利。器表可见深红色叠烧痕迹。直径4.5、厚0.6厘米（图四〇二，3）。标本H175：14-3，残。细泥质橘红陶。系利用钵的残片打制而成。边缘稍钝。直径6.2、厚0.4厘米（图四〇二，7）。标本H175：14-4，完整。粗泥质橘红陶。系利用钵的残片打制而成。边缘较锋利。直径4.4、厚0.55厘米（图四〇二，5）。标本H175：14-5，完整。细泥质橘红陶。系利用钵的残片打制而成。边缘较钝。直径3.4、厚0.6厘米（图四〇二，2）。

（2）石器

1件。残石器。标本H175：15，石英岩。平面呈不规则形，器身较扁平。两面磨光。残长6.3厘米（图四〇二，8）。

（3）骨器

1件。锥。标本H175：17，完整。系利用獐的右跖骨近段掌外侧磨制而成，尾端保留关节。横断面呈弧形，尖部锐利。通体磨光。长11.2厘米（图四〇二，9；彩版三五，5；图版八六，1）。

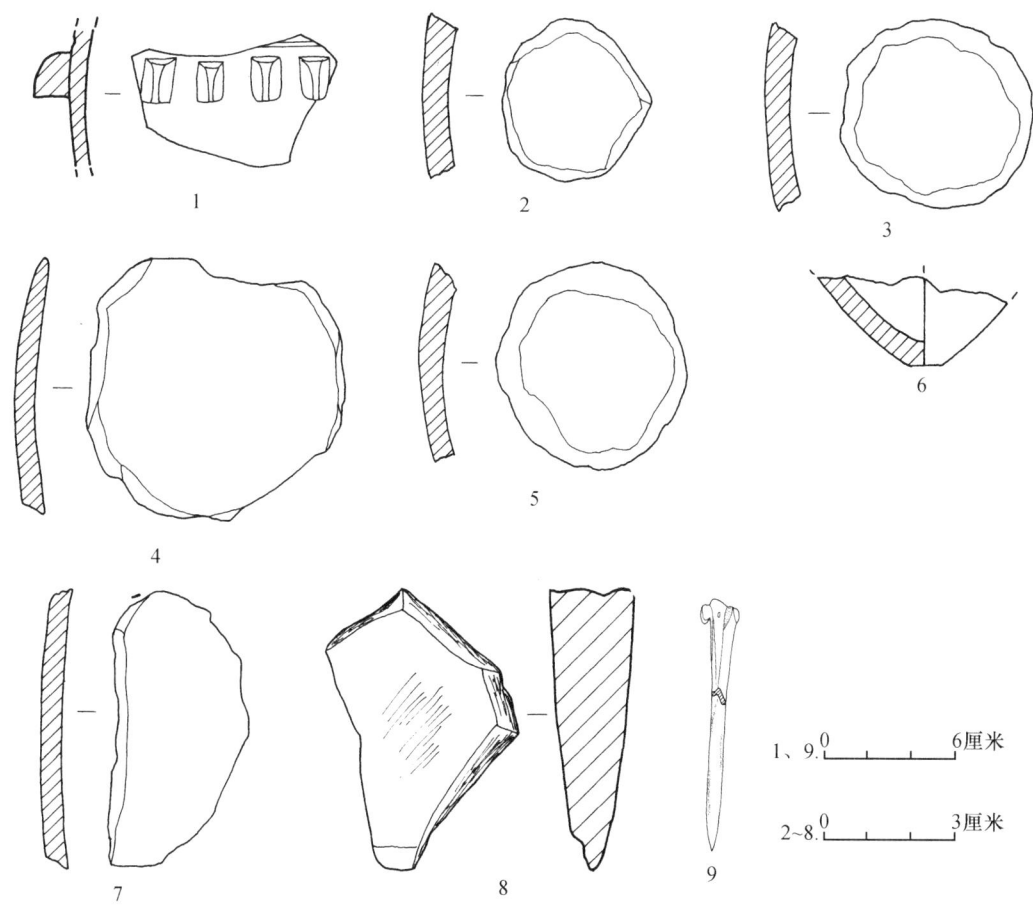

图四〇二　H175出土遗物

1. 陶片（H175：13）　2~5、7. 圆陶片（H175：14-5、H175：14-2、H175：14-1、H175：14-4、H175：14-3）
6. 器底（H175：9）　8. 残石器（H175：15）　9. 骨锥（H175：17）

45. H176

H176位于Ⅲ区T1311西南部，开口于⑥层下。平面呈圆角方形，袋状，斜直壁，平底。坑口边长0.76、底边长1.16、深1.2米（图四〇三）。

坑内堆积可分为3层：第①层为深灰色土，土质疏松，厚0.3米；第②层为浅灰色土，土质疏松，厚0.4米；第③层为黄褐色土，土质疏松，包含少量火烧土块，厚0.5米，出土零星陶片。

46. H178

H178位于Ⅲ区T0614西部，开口于⑧层下，东部被H175打破。坑口平面呈梯形，底部呈圆角方形，袋状，斜直壁，平底。坑口东西长0.9、南北宽0.76~0.88、底边长1.36、深1.78米。底部有二层台阶，台面平整：第一层台阶距口部1.48、长径0.62、短径0.34、高0.18米；第二层台阶距口部1.66、高0.12米（图四〇四）。

坑内堆积为深灰色土，土质疏松，包含少量黄土块、料姜石块，出土大量陶片，另有兽骨。

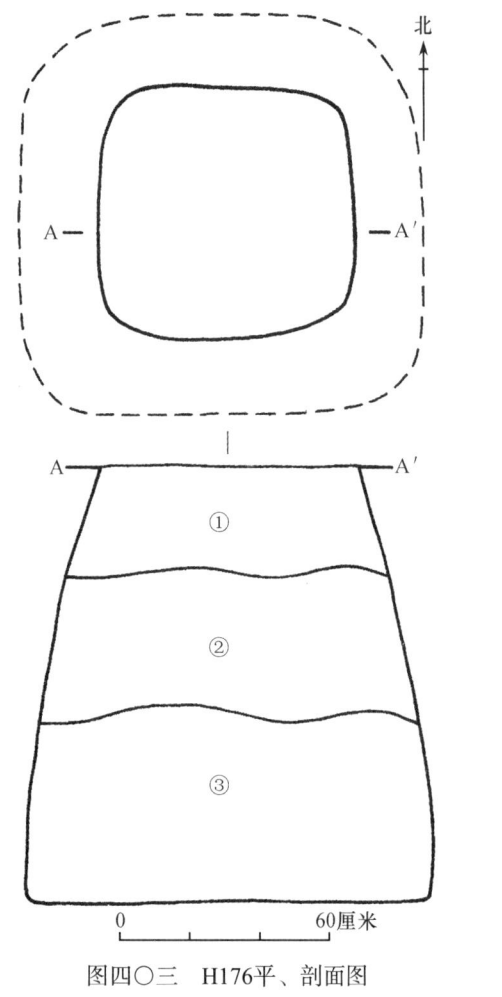

图四〇三 H176平、剖面图

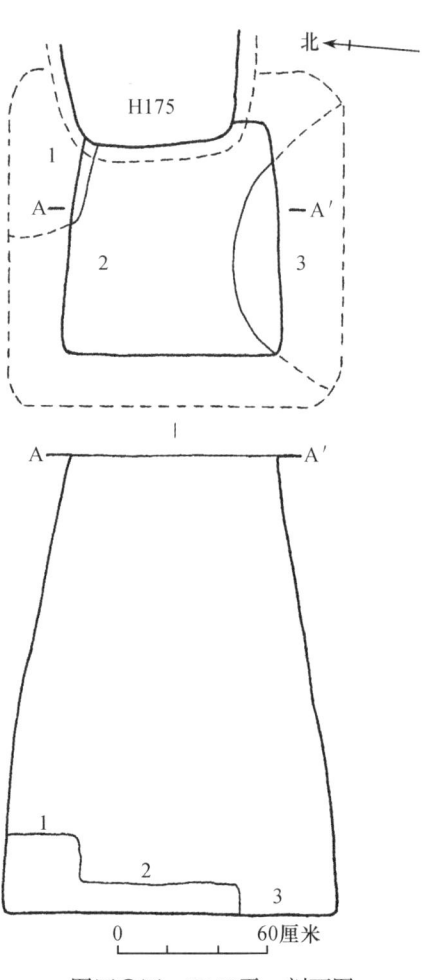

图四〇四 H178平、剖面图

陶片为主要的出土物，以粗夹砂红褐陶为主，细夹砂橘红陶次之，并有少量细泥质橘红陶和细泥质灰陶；纹饰以绳纹居多，素面次之，并有少量弦纹（表九九）。

H178共出土遗物15件。全部为陶器。器类有瓶、钵、瓮、圆陶片（表一〇〇）。

表九九 H178陶系统计表 （单位：kg）

纹饰	陶质	细泥质		细夹砂	粗夹砂	合计	百分比（%）	
	陶色	橘红	灰	橘红	红褐			
素面				1.01	0.22	1.23		30.15
素面+磨光		0.13	0.06			0.19	4.08	4.66	100
绳纹					2.64	2.64		64.71
弦纹					0.02	0.02		0.49
合计		0.13	0.06	1.01	2.88	4.08		
		4.08						
百分比（%）		3.19	1.47	24.75	70.59			
		100						

表一〇〇 H178器形统计表　　　　　　　　　　　　　（单位：件）

陶质	细泥质	细夹砂	粗夹砂	合计	百分比（%）	
陶色	橘红	橘红	红褐			
纹饰 器形	素面+磨光	素面	绳纹			
瓶		1		1	10.00	100
钵	6	1		7	70.00	
瓮			2	2	20.00	
合计	6	2	2	10		
（%）				10		
百分比（%）	60.00	20.00	20.00			
	100					

瓶　1件。标本H178：4，口沿残片。细夹砂橘红陶。直杯口，微敛，较为短矮，方唇，唇部有一道浅细凹槽。内、外壁均可见轮修痕迹。直径8.2、残高4.8厘米（图四〇五，1）。

钵　7件。标本H178：2、H178：3、H178：8均口、腹部残片。形制相同，均细泥质橘红陶，直口微敛，深弧腹，器表磨光，素面。标本H178：2，圆唇。口下可见浅褐色叠烧痕迹（图四〇五，4）。标本H178：3，圆唇。口部可见轮修痕迹（图四〇五，7）。标本H178：8，方唇。口下可见浅红色叠烧痕迹与轮修痕迹（图四〇五，10）。

标本H178：1，可复原。细夹砂橘红陶。直口微敛，圆唇，腹部较直，平底。上腹经刮抹较为光滑，下腹粗糙。素面。上腹部可见轮修痕迹。口径38.4、底径13.5、通高17.4厘米（图四〇五，12）。

瓮　2件。均口、腹部残片。形制相同，均粗夹砂红褐陶，侈口，卷沿，方唇，鼓腹，腹部饰右上至左下斜向绳纹。标本H178：5，外沿面可见轮修痕迹（图四〇五，2）。标本H178：6，器表可见烟熏痕迹。复原口径30、残高9厘米（图四〇五，3）。

圆陶片　5件。均完整。形制相同，均圆形。标本H178：7-1，细泥质橘红陶。系利用钵的口部残片打制而成。边缘较锋利。器表可见深红色叠烧痕迹。直径5.2、厚0.7厘米（图四〇五，8）。标本H178：7-2，细泥质橘红陶。系利用盆的残片打制而成。边缘较锋利。器表饰二道弦纹。直径4.2、厚0.5厘米（图四〇五，5）。标本H178：7-3，细泥质橘红陶。系利用钵的口部残片打制而成。边缘较锋利。器表可见深红色叠烧痕迹。直径3.9、厚0.4厘米（图四〇五，11）。标本H178：7-4，细夹砂橘红陶。系利用钵的残片打制而成。边缘较锋利。器表可见刮抹痕迹。直径4.2、厚0.4厘米（图四〇五，9）。标本H178：7-5，细泥质橘红陶。系利用钵的口沿残片打制而成，保留少量沿面。边缘稍钝。直径3.9、厚0.7厘米（图四〇五，6）。

47. H179

H179位于Ⅲ区T0614东南部，开口于⑧层下。平面呈圆角方形，袋状，斜直壁，平底。坑口边长0.92、底边长1.5、深1.2米。底部有一曲尺状台阶，台面平整，距坑口1.06、高0.14米（图四〇六）。

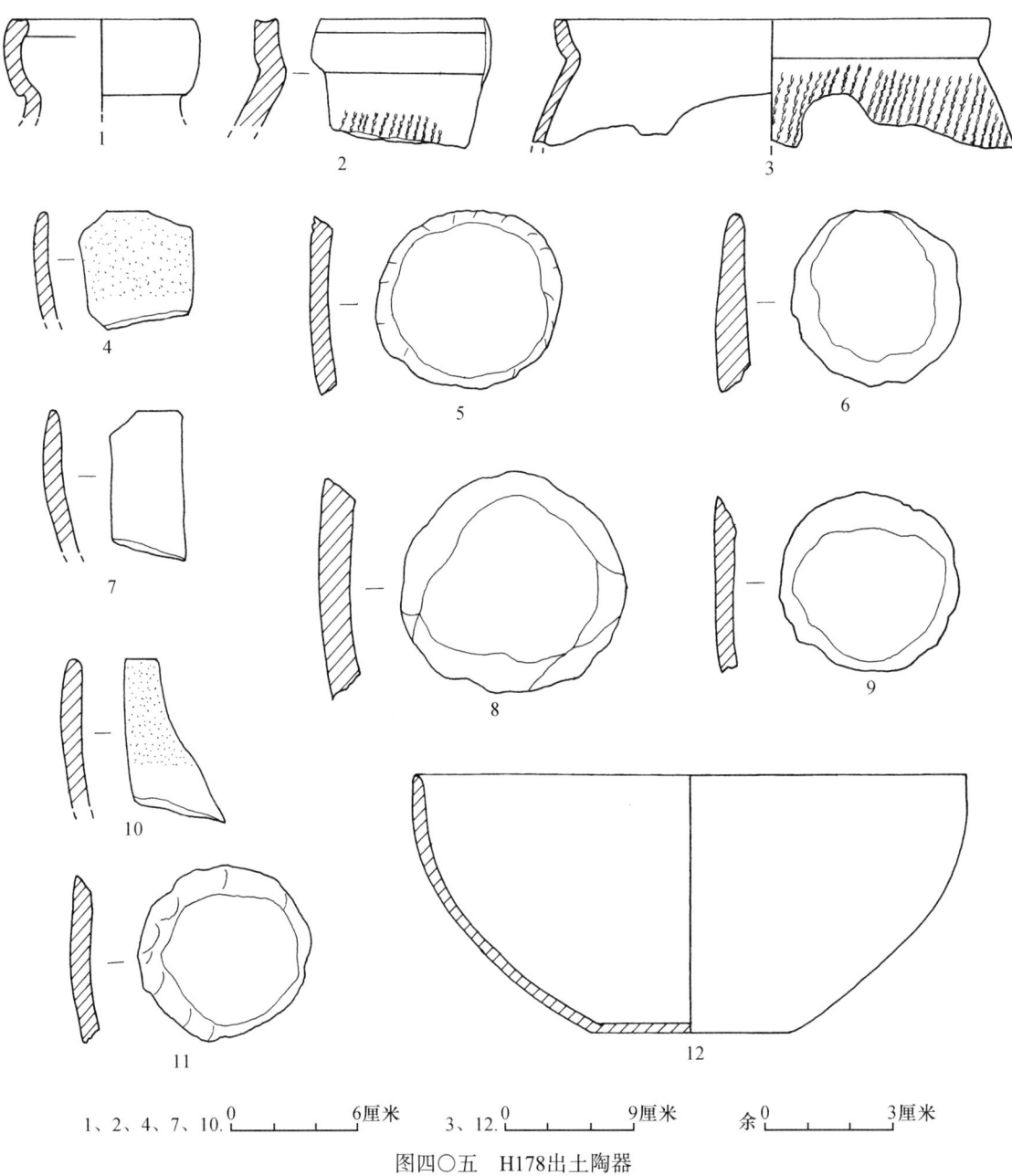

图四〇五　H178出土陶器

1. 瓶（H178：4）　2、3. 瓮（H178：5、H178：6）　4、7、10、12. 钵（H178：2、H178：3、H178：8、H178：1）
5、6、8、9、11. 圆陶片（H178：7-2、H178：7-5、H178：7-1、H178：7-4、H178：7-3）

坑内堆积可分为2层：第①层为灰褐色土，土质较疏松，包含少量炭屑，厚0.6米；第②层为深灰色土，土质疏松，厚0.46～0.6米，出土少量陶片，另有石块、兽骨。

陶片为主要的出土物，以细泥质橘红陶为主，细夹砂红褐陶次之，粗夹砂红褐陶再次；纹饰全部为素面（表一〇一）。

H179共出土遗物24件。以陶器为主，石器次之，骨、角器再次（表一〇二）。

（1）陶器

18件。器类有罐、钵、圆陶片、锉。

罐 5件。均口、腹部残片。形制相同。标本H179：5，口沿残片。粗夹砂红褐陶。侈口，卷沿，方唇，唇部有一道浅细凹槽。素面。唇部可见轮修痕迹（图四〇七，7）。

钵 10件。均口、腹部残片。形制相同，均细泥质橘红陶，直口微敛，圆唇，深弧腹，器表磨光，素面。标本H179：1，内壁可见刮抹痕迹（图四〇七，4）。标本H179：2，口下可见灰白色叠烧痕迹（图四〇七，2）。标本H179：3，表层有部分剥落。器表可见轮修痕迹（图四〇七，3）。标本H179：4，口下可见浅褐色叠烧痕迹（图四〇七，1）。

圆陶片 2件。标本H179：6-1，稍残。细泥质橘红陶。系利用钵的残片打制而成。椭圆形，边缘较锋利。长径8、短径7、厚0.5厘米（图四〇七，5）。

标本H179：6-2，完整。细泥质橘红陶。系利用钵的口部残片打制而成。圆形，边缘较锋利。器表可见深红色叠烧痕迹。直径5.5、厚0.5厘米（图四〇七，6）。

锉 1件。标本H179：7，两端均残。细泥质橘红陶。残存部分平面呈梯形，两侧边较直，横断面呈圆角长方形。器表麻点清晰，密度较大。残长6、残宽1.8～3.1、厚1厘米（图四〇七，10）。

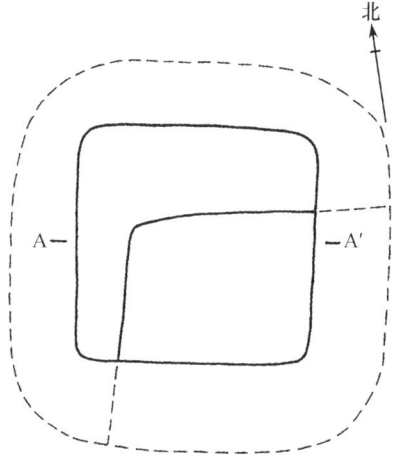

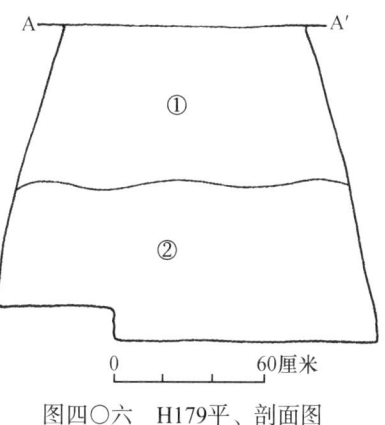

图四〇六 H179平、剖面图

表一〇一 H179陶系统计表　　　　　　　　　　　　　　　（单位：kg）

陶色 纹饰 \ 陶质	细泥质	细夹砂	粗夹砂	合计	百分比（%）	
	橘红	红褐	红褐			
素面		0.53	0.33	0.86	1.50	57.33	100
素面+磨光	0.64			0.64		42.67	
合计	0.64	0.53	0.33	1.50			
	1.50						
百分比（%）	42.67	35.33	22.00				
	100						

表一〇二 H179器形统计表　　　　　　　　　　　　　　　（单位：件）

器形 \ 陶质		细泥质	粗夹砂	合计	百分比（%）	
	陶色	橘红	红褐			
	纹饰	素面+磨光	素面			
罐	口		2	5	33.33	100
	底		3			
钵	口	9		10	66.67	
	底	1			15	

续表

陶质	细泥质	粗夹砂	合计	百分比（%）
陶色	橘红	红褐		
纹饰＼器形	素面+磨光	素面		
合计	10	5	15	
	15			
百分比（%）	66.67	33.33		
	100			

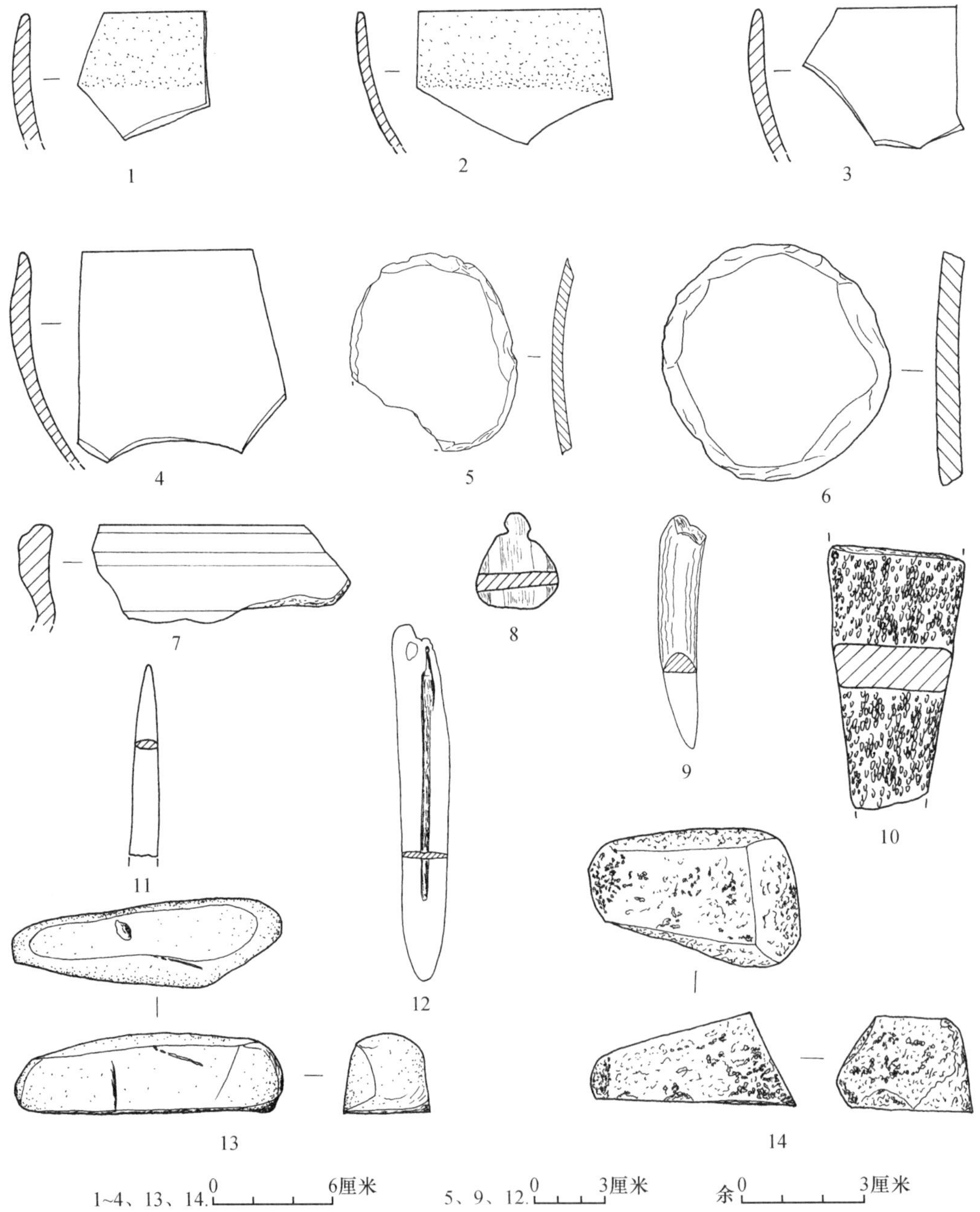

图四〇七　H179出土遗物

1~4. 陶钵（H179：4、H179：2、H179：3、H179：1）　5、6. 圆陶片（H179：6-1、H179：6-2）　7. 陶罐（H179：5）　8. 石坠饰（H179：10）　9. 角锥（H179：13）　10. 陶锉（H179：7）　11. 骨镞（H179：11）　12. 骨匕（H179：12）　13. 石锤（H179：8）　14. 研磨器（H179：9）

（2）石器

3件。器类有锤、研磨器、坠饰。

锤　1件。标本H179∶8，完整。闪长岩。长条形，一面较平坦，利于把握。两端均可见较为密集的坑疤。长13、宽4厘米（图四〇七，13；图版八六，2）。

研磨器　1件。标本H179∶9，完整。石英细砂岩。平面呈近三角形，横断面呈梯形。每个面均有磨痕，但均较为平坦，底部最大的一面最为光滑。长10、宽6.4厘米（图四〇七，14；图版八六，3）。

坠饰　1件。标本H179∶10，绿色石英岩。器身较扁平，平面呈倒置的心形。上端两侧各有一向内的凹缺，便于拴系。长2.2、宽2厘米（图四〇七，8；彩版三二，5；图版八六，4）。

（3）骨器

2件。器类有镞、匕。

镞　1件。标本H179∶11，铤部残。器身扁平而薄，锋部扁尖，刃部锋利。通体磨光。残长4.5厘米（图四〇七，11）。

匕　1件。标本H179∶12，完整。系利用动物长骨磨制而成。平面呈长条形，器身较扁平，舌形尖，尾端有一椭圆形孔，尖部较锋利。通体磨光。长14.3厘米（图四〇七，12；图版八六，5）。

（4）角器

1件。锥。标本H179∶13，完整。系利用梅花鹿角的角尖磨制而成。横断面呈半圆形，尖部较锐利。尖部磨光。长9.5厘米（图四〇七，9；图版八六，6）。

48. H180

H180位于Ⅲ区T0613西北部，开口于⑧层下。坑口平面呈梯形，底部呈圆角方形，袋状，斜直壁，平底。坑口东西长0.58~0.8、南北宽0.66、底部边长1.18、深1米。底部有一台阶，台面平整，高0.2米（图四〇八）。

坑内堆积为灰褐色土，土质疏松，出土少量陶片，另有兽骨。

陶片为主要的出土物，以粗夹砂红褐陶为主，并有一定比例的细泥质橘红陶、细夹砂橘红陶和粗泥质橘红陶，还有少量细泥质灰陶；纹饰以绳纹居多，素面次之（表一〇三）。

H180共出土遗物24件。以陶器为主，石器次之。

（1）陶器

23件。器类有瓶、罐、钵、圆陶片（表一〇四）。

瓶　1件。标本H180∶5，口、颈部残片。细夹砂橘红陶。直杯口，微敞，较为短矮，方唇，短颈。素面。内壁可见轮修痕迹。口径8、残高7厘米（图四〇九，5）。

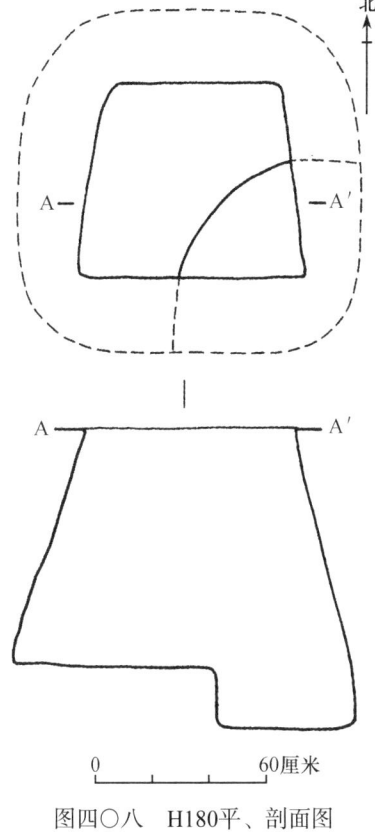

图四〇八　H180平、剖面图

表一〇三 H180陶系统计表 （单位：kg）

陶质 陶色 纹饰	细泥质		粗泥质	细夹砂	粗夹砂	合计		百分比（%）	
	橘红	灰	橘红	橘红	红褐				
素面	0.114		0.25	0.32	0.84	1.524	4.00	38.10	100
素面+磨光	0.34	0.06			0.40	0.40		10.00	
绳纹					2.08	2.08		52.00	
合计	0.454	0.06	0.25	0.32	2.92	4.00			
	4.00								
百分比（%）	11.35	1.50	6.25	8.00	73.00				
	100								

表一〇四 H180器形统计表 （单位：件）

陶质 陶色 纹饰 器形	细泥质			细夹砂	粗夹砂		合计	百分比（%）	
	橘红		灰	橘红	红褐				
	素面+磨光	素面	素面+磨光	素面	素面	绳纹			
瓶				1			1	5.6	100
罐 口					2	5	11	61.1	
罐 底					4				
钵	4	1	1				6	33.3	
合计	4	1	1	1	6	5	18		
	18								
百分比（%）	22.22	5.56	5.56	5.56	33.34	27.77			
	100								

罐 11件。均口、腹部残片。形制相同。标本H180：7，粗夹砂红褐陶。侈口，卷沿，方唇，唇部有一道浅细凹槽，鼓腹。腹部饰右上至左下斜向绳纹。复原口径21、残高8.6厘米（图四〇九，6）。

钵 6件。均口、腹部残片。标本H180：3，细泥质橘红陶。直口，方唇，深弧腹。器表磨光。素面。口下可见深红色叠烧痕迹，内壁可见轮修痕迹（图四〇九，4）。

标本H180：1、180：2、180：4形制相同，均细泥质橘红陶，直口微敛，圆唇，深弧腹，素面。标本H180：1，器表磨光。口下可见浅褐色叠烧痕迹（图四〇九，1）。标本H180：2，器表磨光。唇部可见轮修痕迹，内壁可见烟熏痕迹（图四〇九，3）。标本H180：4，器表经刮抹较为光滑。器表可见轮修痕迹（图四〇九，2）。

圆陶片 5件。均完整。形制相同，均圆形。标本H180：10-1，细泥质橘红陶。系利用钵的口沿残片打制而成，保留少量沿面。边缘稍钝。直径4.1、厚0.6厘米（图四〇九，12）。标本H180：10-2，细泥质橘红陶。系利用钵的口部残片打制而成。边缘较锋利。器表可见深红色叠烧痕迹。直径3.7、厚0.6厘米（图四〇九，9）。标本H180：10-3，粗泥质红褐陶。系利用钵的口部残片打制而成。边缘较钝。器表可见深褐色叠烧痕迹。直径4、厚0.6厘米（图四〇九，10）。标本H180：10-4，细泥质橘红陶。系利用钵的残片打制而成。边缘较钝。直径3.7、厚0.5厘米（图

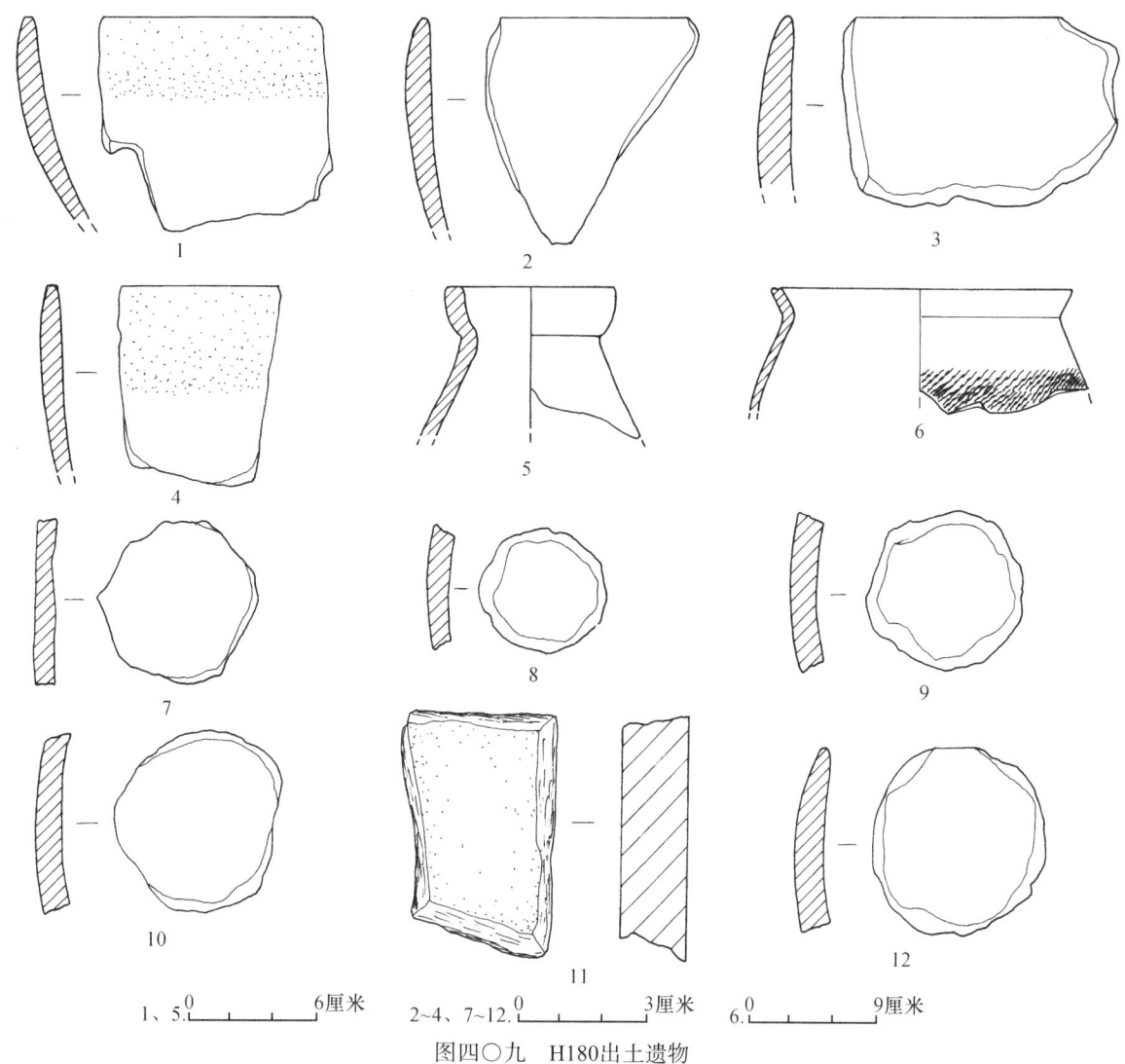

图四〇九 H180出土遗物

1~4.陶钵（H180:1、H180:4、H180:2、H180:3） 5.陶瓶（H180:5） 6.陶罐（H180:7） 7~10、12.圆陶片（H180:10-4、H180:10-5、H180:10-2、H180:10-3、H180:10-1） 11.残石器（H180:9）

四〇九，7）。标本H180:10-5，细泥质橘红陶。系利用钵的残片打制而成。边缘较锋利。直径3、厚0.5厘米（图四〇九，8）。

（2）石器

1件。残石器。标本H180:9，石英岩。残存部分平面呈近长方形，器身较扁平。两面磨光。残长5.6、残宽3.6、厚1.6厘米（图四〇九，11）。

49. H182

H182位于Ⅲ区T0813北部，开口于⑧层下。平面呈圆形，袋状，斜直壁，平底。坑口径1、底径1.6、深1.3米。底部有一台阶，台面平整，高0.2米（图四一〇）。

坑内堆积为灰褐色土，土质疏松，包含少量黄土块、火烧土块、炭屑，出土大量陶片。

陶片以粗夹砂红褐陶为主，细泥质橘红陶次之；纹饰以绳纹为主，素面次之。

H182共出土遗物7件。全部为陶器。器类有罐、钵、瓮、圆陶片。

罐　2件。均口、腹部残片。标本H182：4，粗夹砂红褐陶。侈口，卷沿，沿面微曲，方唇，鼓腹。腹部饰右上至左下斜向绳纹。外沿面可见轮修痕迹（图四一一，2）。

标本H182：5，粗夹砂红褐陶。侈口，折沿，沿面微曲，方唇，鼓腹。腹部饰右上至左下斜向绳纹。口沿下侧可见轮修痕迹。复原口径24、残高8.4厘米（图四一一，7）。

钵　2件。标本H182：1，口、腹部残片。细泥质橘红陶。直口，方唇，深弧腹。器表磨光。素面（图四一一，3）。

标本H182：2，可复原。细泥质橘红陶。直口微敛，圆唇，深弧腹，圜底，底部有一周凸棱，口下有一个由外向内单面钻成的圆孔。器表磨光。素面。口下可见浅褐色叠烧痕迹。口径18、通高8.9厘米（图四一一，6；图版八七，1）。

瓮　2件。均口、腹部残片。标本H182：3，粗夹砂红褐陶。侈口，卷沿，沿面微曲，方唇，口沿下侧有一道矮棱，鼓腹。腹部饰右上至左下斜向绳纹。外沿面可见轮修痕迹（图四一一，4）。

标本H182：6，粗夹砂红褐陶。侈口，折沿，沿面微曲，方唇，鼓腹。腹部饰右上至左下斜向绳纹。口沿下侧可见轮修痕迹（图四一一，1）。

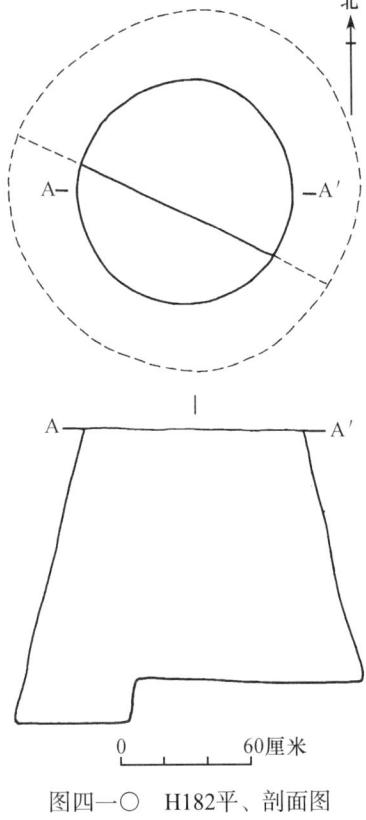

图四一〇　H182平、剖面图

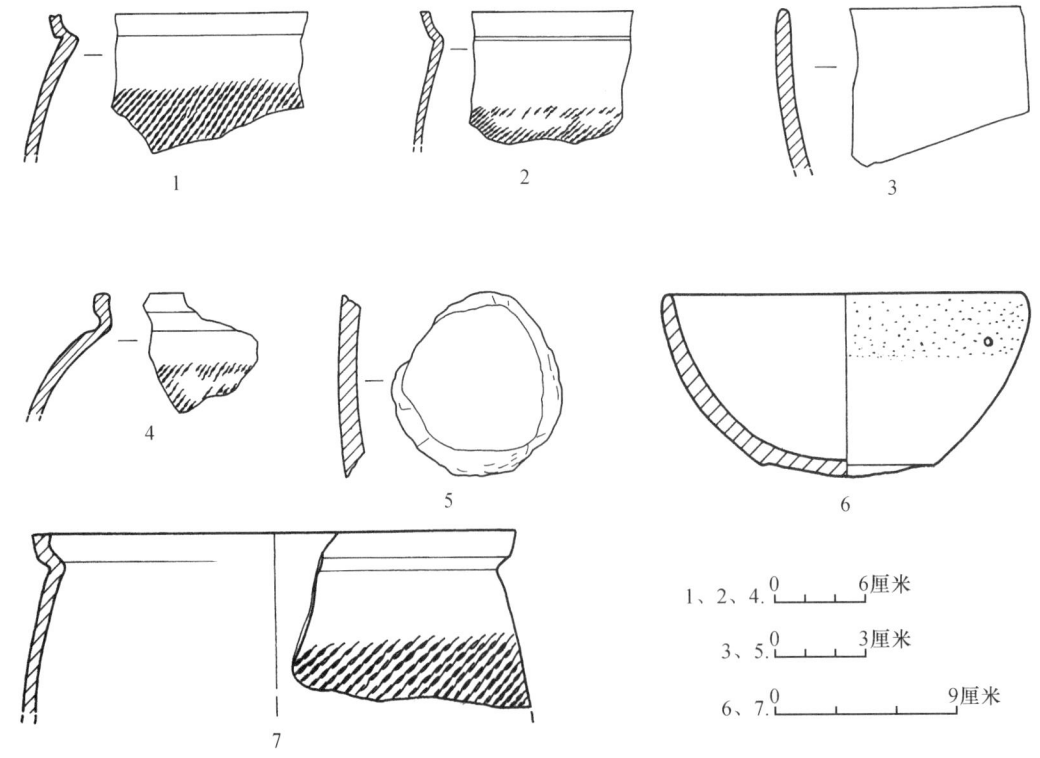

图四一一　H182出土陶器

1、4.瓮（H182：6、H182：3）　2、7.罐（H182：4、H182：5）　3、6.钵（H182：1、H182：2）　5.圆陶片（182：7）

圆陶片 1件。标本H182：7，稍残。细泥质橘红陶。系利用钵的残片打制而成。圆形，边缘较锋利。直径5.6、厚0.7厘米（图四一一，5）。

50. H183

H183位于Ⅲ区T0813东南部，开口于⑧层下。坑口平面呈圆形，底呈椭圆形，袋状，斜直壁，底呈北高南低的斜坡状。坑口径1.02、底长径1.7、短径1.4、深1.72米。底部有二层台阶，台面平整：第一层台阶距坑口0.7、高0.3米；第二层台阶距坑口1、高0.22米（图四一二）。

坑内堆积可分为2层：第①层为灰褐色土，土质疏松，厚1.1~1.56米，包含少量黄土块、火烧土块、炭屑，出土大量陶片；第②层为浅黄色土，土质较致密，厚0.18米。

陶片为主要的出土物，以粗夹砂红褐陶为主，并有一定比例的细泥质橘红陶及少量细泥质红褐陶、粗泥质橘红陶；纹饰以素面居多，弦纹次之，绳纹再次，并有少量划纹（表一〇五）。

H183共出土遗物24件。全部为陶器。器类有盆、罐、瓮、器盖、圆陶片、锉（表一〇六）。

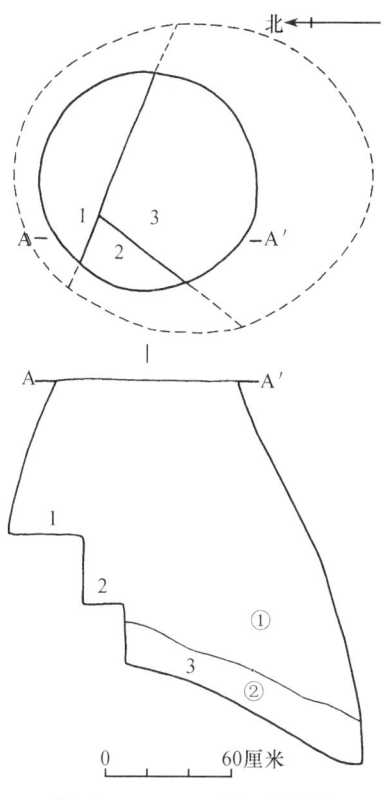

图四一二 H183平、剖面图

表一〇五 H183陶系统计表　　　　（单位：kg）

陶质	细泥质		粗泥质	粗夹砂	合计		百分比（%）	
陶色 纹饰	橘红	红褐	橘红	红褐				
素面			0.10	1.81	1.91	6.12	31.21	100
素面+磨光	0.95	0.03	0.114		1.094		17.88	
绳纹				1.19	1.19		19.44	
弦纹				0.22	0.22		3.59	
绳纹+弦纹				1.58	1.58		25.82	
划纹+弦纹+绳纹				0.126	0.126		2.06	
合计	0.95	0.03	0.214	4.80	6.12			
	6.12							
百分比（%）	15.52	0.49	3.50	80.49				
	100							

表一〇六　H183器形统计表　　　　　　　　　　　　　　　　　　（单位：件）

陶质	细泥质	粗泥质	粗夹砂					合计		百分比（%）
陶色	橘红	橘红	红褐							
纹饰 \ 器形	素面+磨光	素面+磨光	素面	素面	绳纹	弦纹	绳纹+弦纹	绳纹+弦纹+划纹			
盆	1								1		4.76
罐　口		1		2	4		4	1	16	21	76.19	100
底				4							
瓮					2	1			3		14.29
器盖			1						1		4.76
合计	1	1	1	6	6	1	4	1	21		
	21										
百分比（%）	4.76	4.76	4.76	28.57	28.57	4.76	19.06	4.76			
	100										

盆　1件。标本H183:1，口、腹部残片。细泥质橘红陶。敞口，平折沿，圆唇，斜直腹。器表磨光。素面。沿面可见轮修痕迹，器表可见烟熏痕迹（图四一三，4）。

罐　16件。标本H183:2，可复原。粗泥质橘红陶。敛口，尖圆唇，球形腹，平底。器表磨光。素面。口径14、腹径26、底径11、通高22.5厘米（图四一三，10；彩版一五，6；图版八七，2）。

标本H183:4、H183:6均口、腹部残片。形制相同，均粗夹砂红褐陶，侈口，卷沿，方唇，鼓腹。标本H183:4，唇部有两道浅细凹槽，肩微鼓。上腹部饰四周弦纹，弦纹以下饰右上至左下斜向绳纹。口沿下侧可见轮修痕迹。复原口径27.9、残高8.4厘米（图四一三，11）。标本H183:6，唇部有两道浅细凹槽。口沿下侧饰多周弦纹，弦纹以下饰右上至左下斜向绳纹。外沿面可见轮修痕迹（图四一三，2）。

标本H183:3、H183:7、H183:8均口、腹部残片。形制相同，粗夹砂红褐陶，侈口，折沿，沿面微曲，方唇，鼓腹。标本H183:3，唇部有两道浅细凹槽。唇缘饰一周左上至右下斜向划纹，口沿下侧饰多周弦纹，弦纹以下饰右上至左下斜向绳纹。内壁可见轮修痕迹。复原口径27、残高15.9厘米（图四一三，14）。标本H183:7，腹部饰右上至左下斜向绳纹。沿面可见烟熏痕迹。复原口径26.1、残高7.5厘米（图四一三，13）。标本H183:8，素面。外沿面与口沿下侧可见轮修痕迹。复原口径24.9、残高5.4厘米（图四一三，12）。

瓮　3件。均口、腹部残片。形制相同，均粗夹砂红褐陶，侈口，折沿，沿面内曲，鼓腹。标本H183:5，沿面微曲，圆唇。腹部饰右上至左下斜向绳纹。外沿面可见轮修痕迹（图四一三，1）。标本H183:9，圆唇。口沿以下饰多周弦纹。外沿面可见轮修痕迹（图四一三，5）。标本H183:10，方唇。腹部饰右上至左下斜向绳纹。器表可见烟熏痕迹（图四一三，3）。

器盖　1件。标本H183:11，纽部残片。粗泥质橘红陶。圆饼形纽，平顶，束颈，顶部有一圆孔。素面。器表可见轮修痕迹。残高5.2厘米（图四一三，7）。

圆陶片　2件。完整。形制相同，均细泥质橘红陶，系利用钵的残片打制而成，圆形。标本

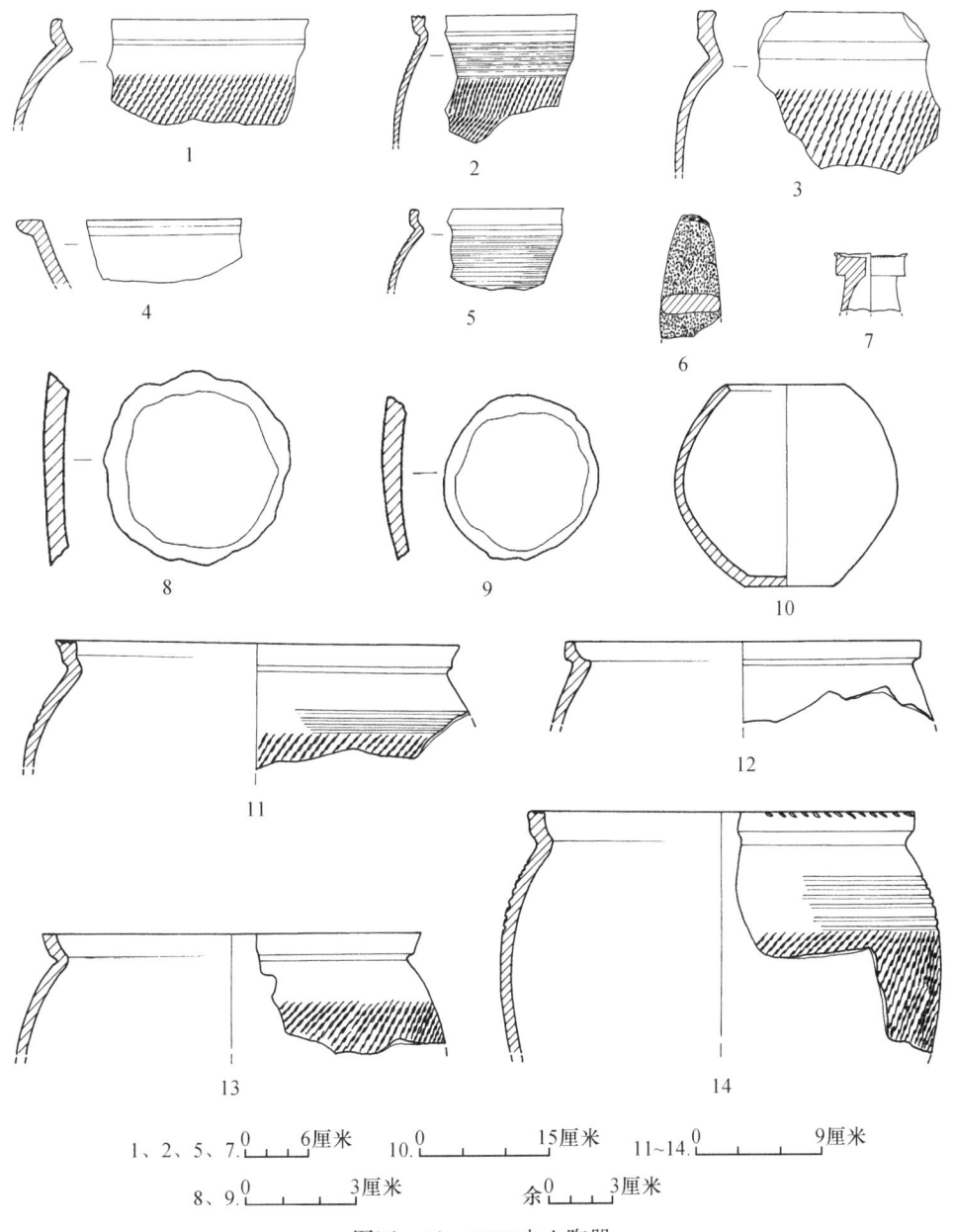

图四一三 H183出土陶器

1、3、5.瓮（H183∶5、H183∶10、H183∶9） 2、10~14.罐（H183∶6、H183∶2、H183∶4、H183∶8、H183∶7、H183∶3）
4.盆（H183∶1） 6.锉（H183∶13） 7.器盖（H183∶11） 8、9.圆陶片（H183∶12-1、H183∶12-2）

H183∶12-1，边缘较锋利。直径5、厚0.5厘米（图四一三，8）。标本H183∶12-2，边缘稍钝。直径4、厚0.5厘米（图四一三，9）。

锉 1件。标本H183∶13，一端残。粗泥质橘红陶。残存部分平面呈三角形，两侧边较直，横断面呈圆角长方形。器表麻点清晰，密度较大。残长5.5、最宽处2.9、厚0.9厘米（图四一三，6）。

51. H185

H185位于Ⅲ区T0313东部与T0413西部，开口于⑧层下。平面呈长方形，袋状，斜直壁，平底。坑口南北长1.1、东西宽1米，底南北长1.46、东西宽1.22米，深0.95米。底部有二层台阶，台面平整：第一层台阶呈长方形，距坑口0.7、高0.05米；第二层台阶呈长方形，距坑口0.75、高0.2米（图四一四）。

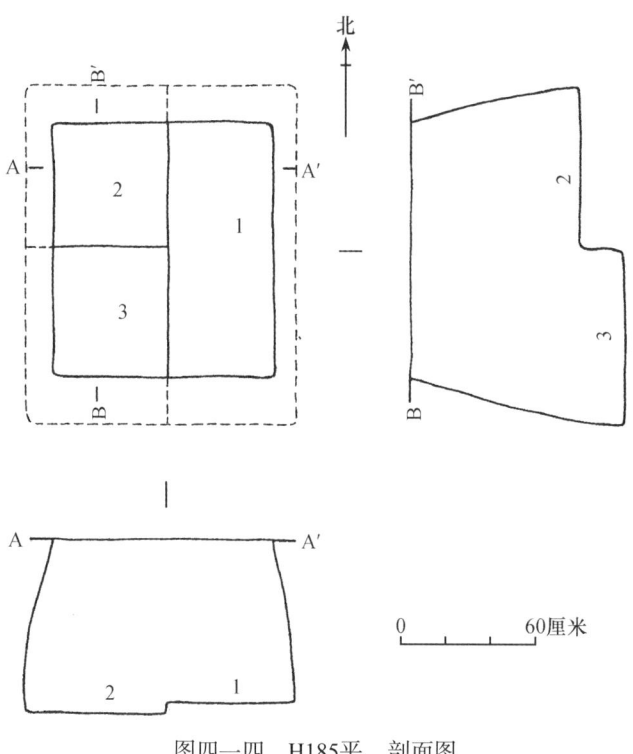

图四一四　H185平、剖面图

坑内堆积为深灰色土，土质较疏松，包含大量火烧土块及黄土块。

陶片为主要的出土物，以细泥质橘红陶为主，细夹砂橘红陶次之；纹饰以素面为主，弦纹次之。

H185共出土遗物11件。以陶器为主，石器次之。

（1）陶器

10件。器类有盆、钵、圆陶片。

盆　1件。标本H185：5，口、腹部残片。细泥质橘红陶。直口微敛，平折沿，沿面微鼓，圆唇，深弧腹。口部以下饰多周弦纹。内壁磨光，可见轮修痕迹（图四一五，2）。

钵　4件。均口、腹部残片。形制相同，均直口微敛，深弧腹，素面。标本H185：1，细夹砂橘红陶。圆唇。器表经刮抹较为光滑，表层有部分剥落。内壁可见刮抹痕迹（图四一五，1）。标本H185：2，细泥质橘红陶。方唇。器表磨光。口下可见深红色叠烧痕迹（图四一五，5）。标本H185：3，细泥质橘红陶。圆唇。器表磨光。口下可见深红色叠烧痕迹（图四一五，6）。标本H185：4，细夹砂橘红陶。圆唇。内壁可见轮修痕迹（图四一五，4）。

圆陶片　5件。均完整。形制相同，均细泥质橘红陶，圆形。标本H185：6-1，系利用钵的口部残片打制而成。边缘较锋利。器表可见深红色叠烧痕迹。直径5.8、厚0.6厘米（图四一五，7）。标本H185：6-2，系利用钵的残片打制而成。边缘较钝。直径4.7、厚0.6厘米（图四一五，8）。标本H185：6-3，系利用钵的口部残片打制而成。边缘较钝。器表可见深红色叠烧痕迹。直径3.6、厚0.6厘米（图四一五，9）。

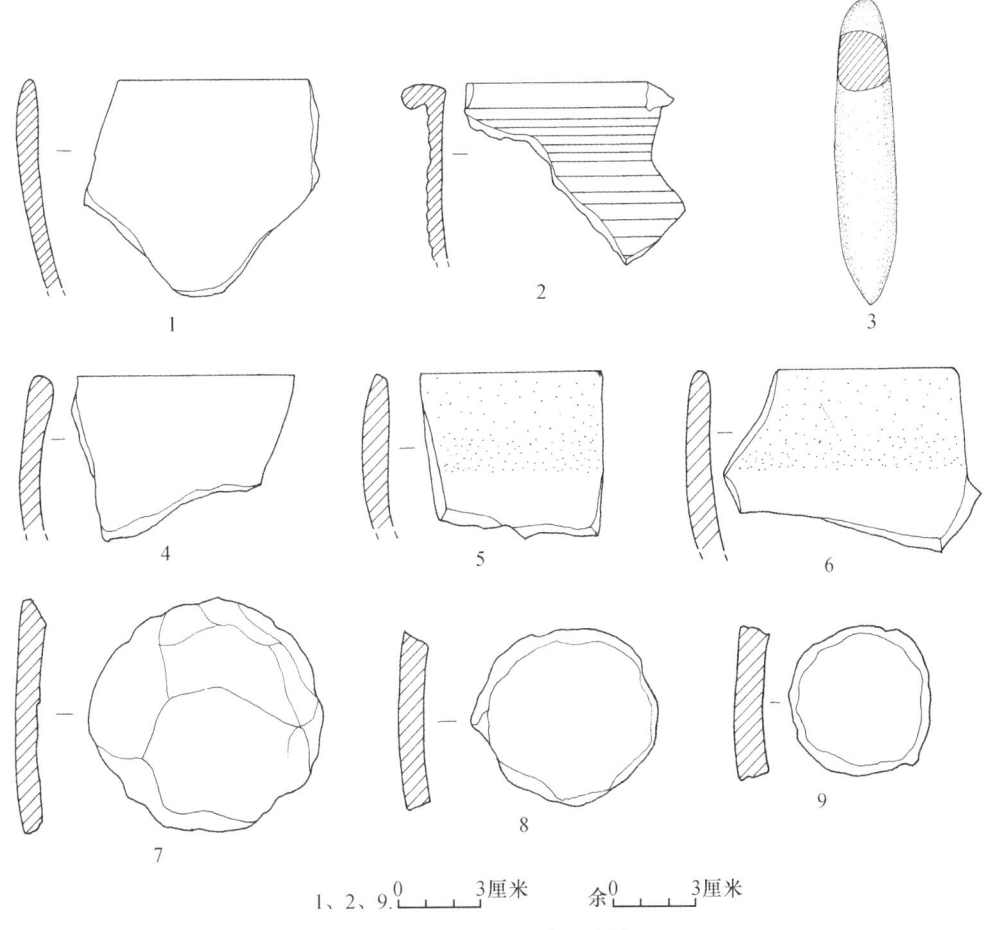

图四一五 H185出土遗物

1、4~6.陶钵（H185:1、H185:4、H185:2、H185:3） 2.陶盆（H185:5） 3.研磨器（H185:7）
7~9.圆陶片（H185:6-1、H185:6-2、H185:6-3）

（2）石器

1件。研磨器。标本H185:7，完整。石英细砂岩。长条状，两端两面均有光滑的研磨面，表面残留有红色颜料痕迹。两端及两侧有集中的坑疤。长10.8厘米（图四一五，3；彩版三二，1；图版八七，3）。

52. H190

H190位于Ⅲ区T0815西北部，开口于⑤层下。坑口平面呈方形，底部呈椭圆形，袋状，斜直壁，平底。坑口边长0.6、底长径1.8、短径1.6、深2米。底部有二层台阶，台面平整：第一层台阶距坑口1.6、高0.15米；第二层台阶距坑口1.75、高0.25米（图四一六）。

坑内堆积为浅灰色土，土质疏松，包含少量火烧土块、黄土块，出土大量陶片，另有兽骨、兽牙、鹿角。

陶片为主要的出土物，以粗夹砂红褐陶为主，细泥质橘红陶次之，粗泥质红褐陶再次，还有少量细泥质红褐陶、粗泥质橘红陶、细夹砂橙黄陶；纹饰以绳纹居多，席纹和素面次之，并有少量弦纹、彩陶（表一〇七）。

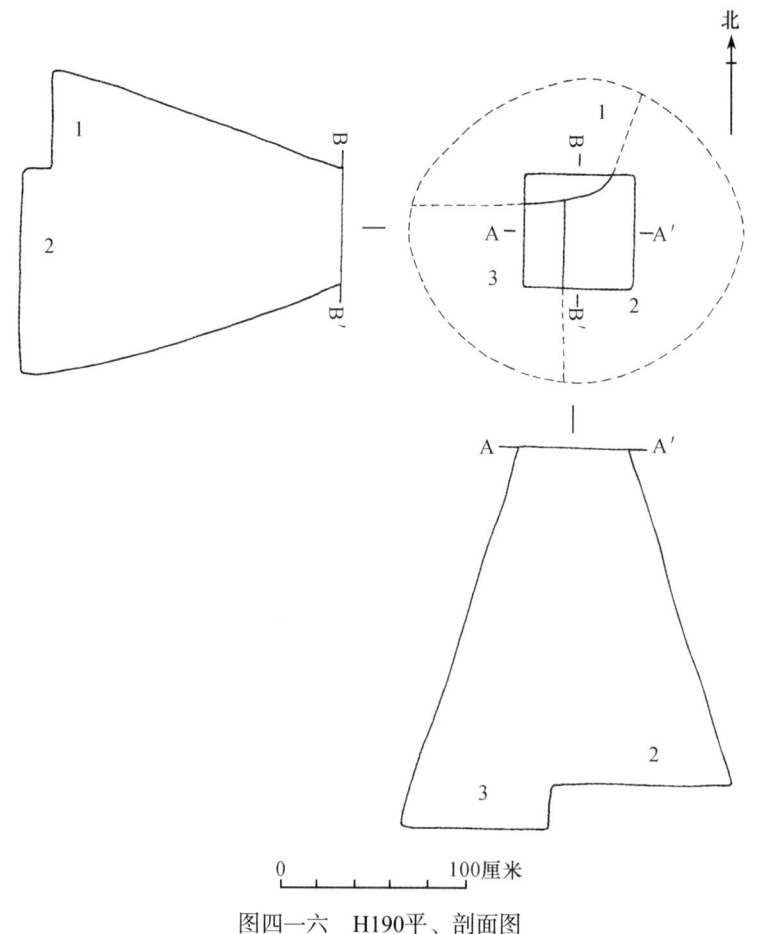

图四一六 H190平、剖面图

表一〇七 H190陶系统计表　　　　　　　　　　　　　（单位：kg）

陶质 纹饰 陶色	细泥质		粗泥质		细夹砂	粗夹砂	合计		百分比（%）	
	橘红	红褐	橘红	红褐	橙黄	红褐				
素面	0.114		0.03		0.02	0.42	0.584		7.17	
素面+磨光	0.60	0.10					0.70		8.60	
绳纹	0.32		0.34	1.61		3.00	5.27		64.74	
弦纹	0.11						0.11	8.14	1.35	100
绳纹+弦纹						0.13	0.13		1.60	
席纹	1.23						1.23		15.11	
彩陶	0.114						0.114		1.40	
合计	2.488	0.10	0.37	1.61	0.02	3.55	8.14			
	8.14									
百分比（%）	30.57	1.23	4.55	19.78	0.25	43.61				
	100									

H190共出土遗物28件。全部为陶器。器类有瓶、盆、罐、钵、瓮、圆陶片，另有器底、器耳（表一〇八）。

表一〇八 H190器形统计表 （单位：件）

陶质	细泥质					粗泥质		粗夹砂			合计	百分比（%）	
陶色	橘红					橘红	红褐	红褐					
纹饰\器形	素面+磨光	绳纹	弦纹	席纹	彩陶	绳纹	绳纹	素面	绳纹	绳纹+弦纹			
瓶		1					2				3	40.74	
盆		1		1							2	7.41	
罐												33.33	100
钵 口	6	1	1	1							9	11.11	
钵 底													
瓮					1				1		2	7.41	
合计	6	2	2	1	1	1	3	3	7	1	27		
	27												
百分比（%）	22.22	7.41	7.41	3.70	3.70	3.70	11.11	11.11	25.93	3.70			
	100												

瓶 3件。均口、腹部残片。形制相同。标本H190∶20，细泥质橘红陶。直杯口，方唇，短颈，鼓腹。肩部饰数道横向绳纹，腹部饰右上至左下斜向绳纹。外沿面可见轮修痕迹，内壁可见泥条盘筑痕迹。口径8.4、残高18厘米（图四一七，1）。

盆 2件。均口、腹部残片。形制相同。标本H190∶8，细泥质橘红陶。敞口，卷沿，圆唇，弧腹。器表磨光。沿面饰黑色短线与弧边三角形彩绘。沿面可见轮修痕迹（图四一七，8）。

罐 11件。均口、腹部残片。标本H190∶13，粗夹砂红褐陶。侈口，卷沿，沿面内曲，方唇，鼓腹。腹部饰竖向绳纹。口沿下侧可见轮修痕迹（图四一七，7）。

标本H190∶9、H190∶11、H190∶12、H190∶14、H190∶15形制相同，均粗夹砂红褐陶，侈口，折沿，沿面内曲，方唇，鼓腹。标本H190∶9，口沿下侧有两道宽浅凹槽，肩略鼓，并起一道不显著棱脊。腹部饰右上至左下斜向绳纹。外沿面可见轮修痕迹，器表可见烟熏痕迹。复原口径28.8、残高6.4厘米（图四一七，3）。标本H190∶11，肩略鼓，并起一道不显著棱脊。腹部饰右上至左下斜向绳纹。外沿面可见轮修痕迹。复原口径24.8、残高8厘米（图四一七，2）。标本H190∶12，腹部饰右上至左下斜向绳纹。外沿面与口沿下侧均可见轮修痕迹。复原口径30、残高8.4厘米（图四一七，4）。标本H190∶14，口沿下侧饰两周弦纹，腹部饰左上至右下斜向绳纹。外沿面可见轮修痕迹（图四一七，5）。标本H190∶15，肩略鼓，并起一道不显著棱脊。棱脊以下饰右上至左下斜向绳纹。口沿下侧可见轮修痕迹（图四一七，6）。

钵 9件。形制相同，均细泥质橘红陶，直口微敛，深弧腹，器表磨光。标本H190∶1，可复原。圆唇，平底。素面。口径12.8、底径4.6、通高6.6厘米（图四一八，1；图版八七，4）。标本H190∶2，可复原。圆唇，圜底近平，底部有一周凸棱。底部饰席纹。口径21、底径9、通高10.5厘米（图四一八，5；图版八七，5）。标本H190∶7，可复原。圆唇，圜底。素面。口下可见深红色叠烧痕迹。口径29.2、通高14.4厘米（图四一八，2；图版八七，6）。标本H190∶3，口、腹部残片。方唇。素面。器表可见烟熏痕迹（图四一八，8）。标本H190∶4，口、腹部残片。方唇。素

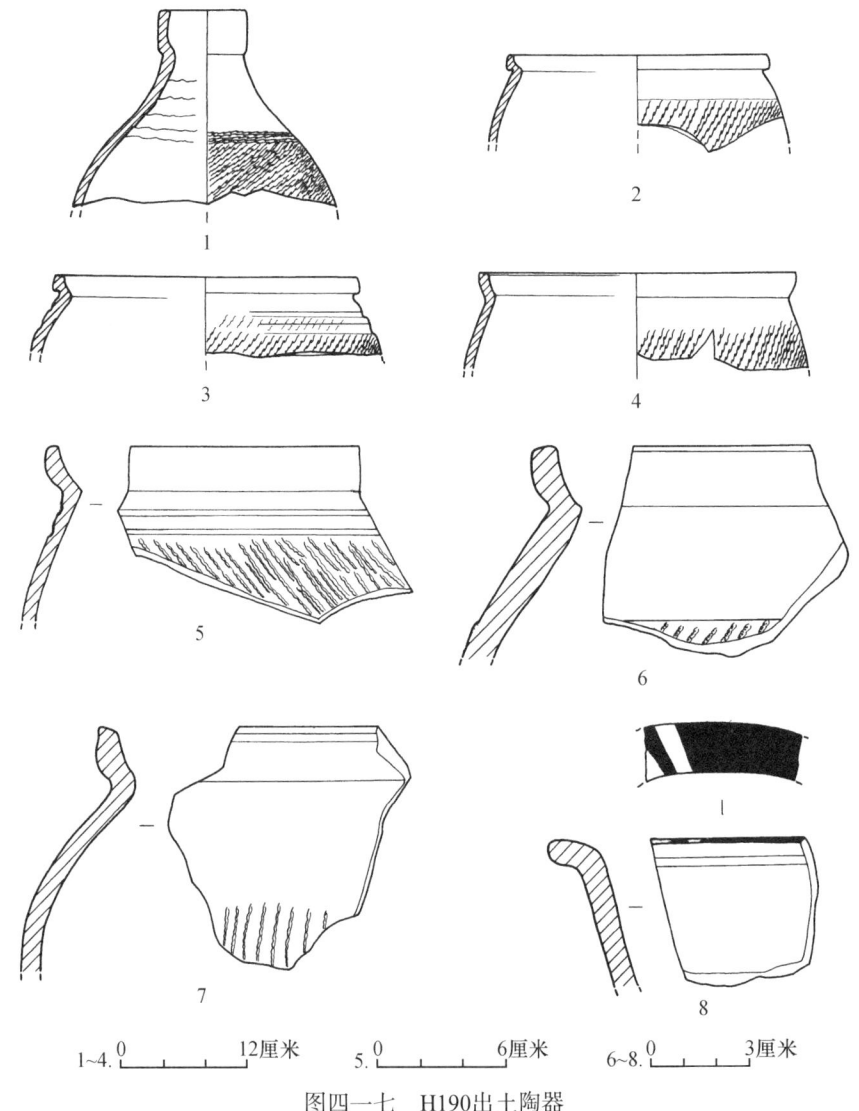

图四一七　H190出土陶器

1.瓶（H190：20）　2~7.罐（H190：11、H190：9、H190：12、H190：14、H190：15、H190：13）　8.盆（H190：8）

面。口下可见浅褐色叠烧痕迹（图四一八，11）。标本H190：5，口、腹部残片。方唇。素面。器表可见刮抹痕迹。复原口径16、残高5.2厘米（图四一八，4）。标本H190：6，口、腹部残片。方唇。上腹部饰多周弦纹。口下可见浅红色叠烧痕迹与轮修痕迹（图四一八，3）。

瓮　2件。均口、腹部残片。标本H190：10，粗夹砂红褐陶。侈口，折沿，沿面内曲，方唇，鼓腹。腹部饰右上至左下斜向绳纹，绳纹斜度较小（图四一八，7）。

标本H190：16，粗泥质橘红陶。敛口，圆唇，鼓腹。腹部饰右上至左下斜向绳纹。口沿下侧与内壁均可见轮修痕迹（图四一八，9）。

器底　标本H190：17，下腹、底部残片。细泥质橘红陶。下腹斜直，平底，底心内凹。器表磨光。素面。器表可见烟熏痕迹。可能为钵底。复原底径5.8、残高5.4厘米（图四一八，6）。

器耳　标本H190：18，耳部残片。细泥质橘红陶。圆柱桥形耳。素面（图四一八，12）。

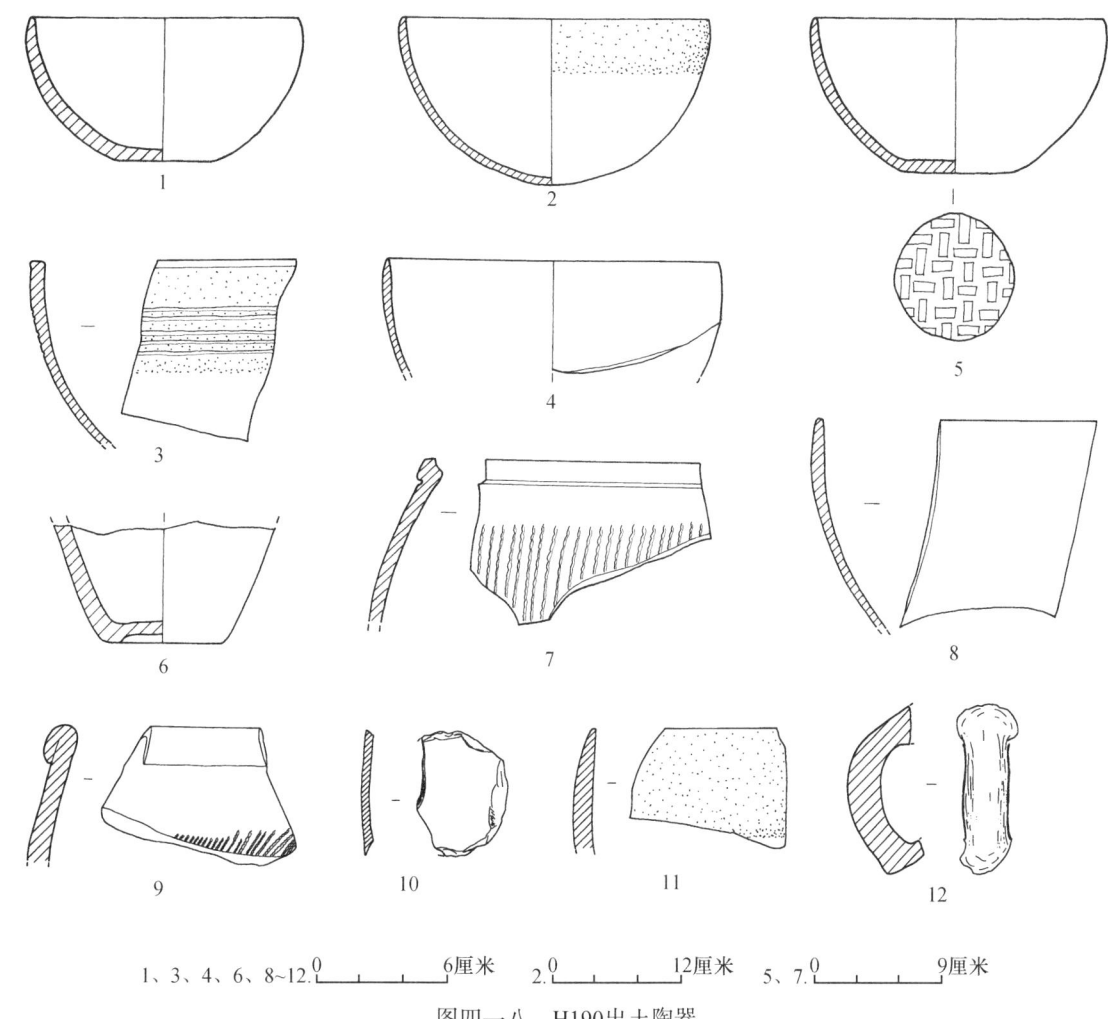

图四一八 H190出土陶器

1~5、8、11. 钵（H190：1、H190：7、H190：6、H190：5、H190：2、H190：3、H190：4） 6. 器底（H190：17）
7、9. 瓮（H190：10、H190：16） 10. 圆陶片（H190：19） 12. 器耳（H190：18）

圆陶片 1件。标本H190：19，残。细泥质橘红陶。系利用钵的残片打制而成。圆形，残存部分呈半圆形，边缘较锋利。直径5.8、厚0.35厘米（图四一八，10）。

53. H191

H191位于Ⅲ区T0715东部，开口于⑤层下。坑口平面呈椭圆形，底部呈菱形，袋状，斜直壁，平底。坑口长径2、短径1.18、底边长1.38、深2.5米。底部靠近北壁处有二层台阶，台面平整：第一层台阶平面呈梯形，距坑口1.9、长1.38、宽0.38~0.48、高0.26米；第二层台阶平面呈梯形，距坑口2.16、长1、宽0.46~0.56、高0.34米（图四一九）。

坑内堆积可分为2层：第①层为浅灰色土，土质疏松，包含少量炭屑，厚2米，出土大量陶片；第②层为灰褐色土，土质较致密，厚0.5米，出土少量陶片。

陶片为主要的出土物，以粗夹砂红褐陶为主，细泥质橘红陶次之，并有少量粗泥质橘红陶、细泥质灰陶和细夹砂橘红陶；纹饰以绳纹和素面居多，并有一定比例的席纹和少量划纹、彩陶（表一〇九）。

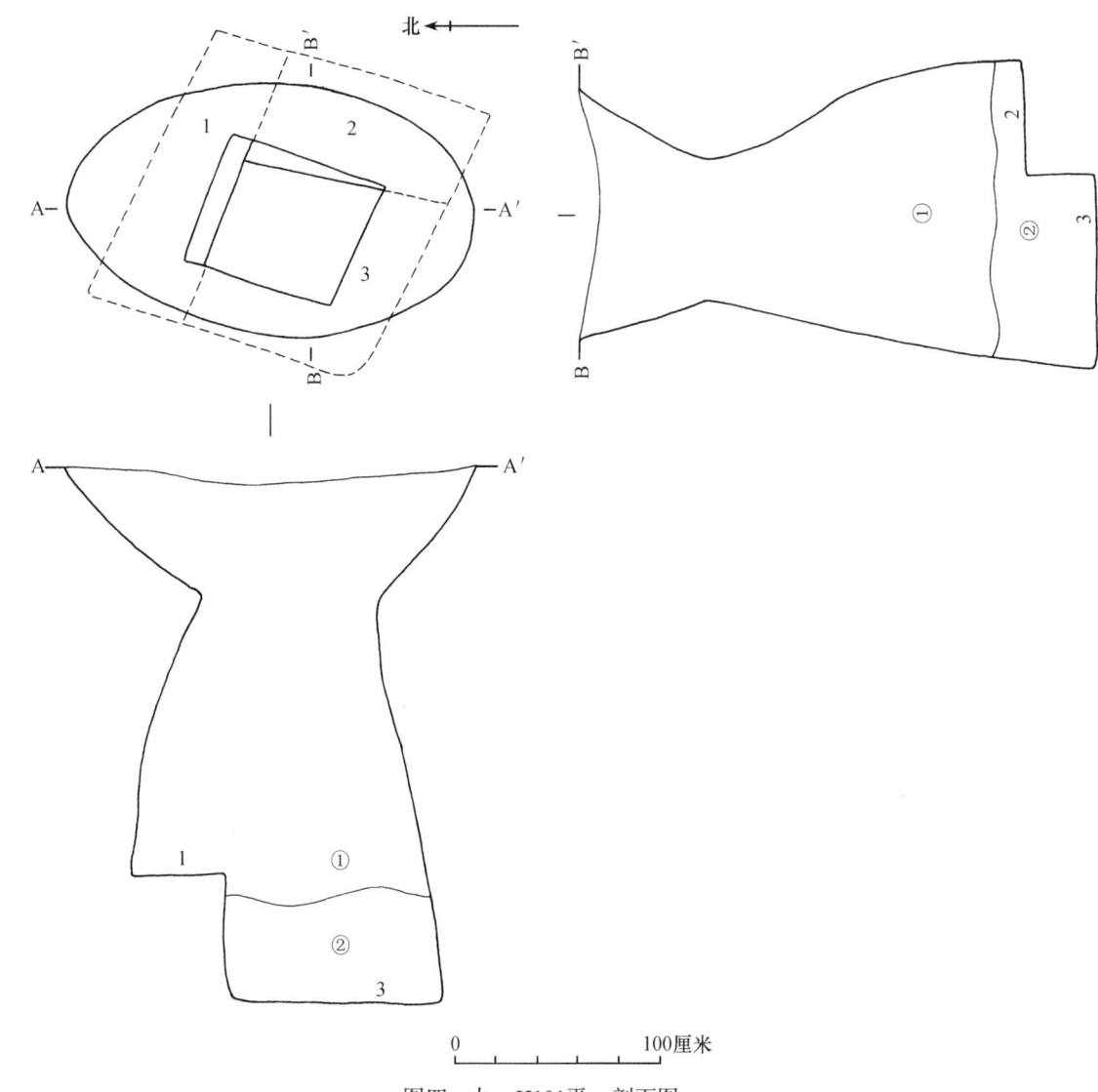

图四一九　H191平、剖面图

表一〇九　H191陶系统计表　　　　　　　　　　　　　　（单位：kg）

陶质	细泥质		粗泥质	细夹砂	粗夹砂	合计	百分比（%）	
纹饰＼陶色	橘红	灰	橘红	橘红	红褐			
素面			0.46	0.126	1.67	2.256	30.90	
素面+磨光	0.78	0.13				0.91	12.47	
绳纹	0.25			0.07	2.82	3.14	43.01	
席纹	0.86					0.86	11.78	100
划纹					0.126	0.126	1.73	
彩陶	0.01					0.01	0.14	
合计	1.90	0.13	0.46	0.196	4.616	7.30	7.30	
	7.30							
百分比（%）	26.01	1.78	6.30	2.68	63.23			
	100							

H191共出土遗物31件。以陶器为主，骨器次之。

（1）陶器

30件。器类有罐、钵、圆陶片、锉（表一一〇）。

表一一〇　H191器形统计表　　　　　　　　　　　　　　　（单位：件）

陶质	细泥质		粗泥质	细夹砂	粗夹砂			合计		百分比（%）
陶色	橘红	灰	橘红	橘红	红褐					
纹饰＼器形	素面＋磨光	席纹	素面	素面	素面	素面	绳纹	划纹			
罐　口						5	4	1	14	28	50.00
罐　底						3	1				
钵　口	6	1	2	2	1				14		50.00
钵　底	1			1							100
合计	7	1	2	3	1	8	5	1	28		
百分比（%）	25.00	3.57	7.14	10.71	3.57	28.57	17.86	3.57	100		

罐　14件。均口、腹部残片。标本H191∶12，粗夹砂红褐陶。侈口，卷沿，沿面微曲，方唇，鼓腹。唇缘饰一周划纹。器表可见烟熏痕迹（图四二〇，4）。

标本H191∶8、H191∶9、H191∶10、H191∶11形制相同，均粗夹砂红褐陶，侈口，折沿，沿面内曲，鼓腹。标本H191∶8，方唇。腹部饰右上至左下斜向绳纹（图四二〇，3）。标本H191∶9，方唇。腹部饰竖向绳纹。外沿面可见轮修痕迹（图四二〇，2）。标本H191∶10，圆唇。腹部饰左上至右下斜向绳纹。复原口径26.1、残高6厘米（图四二〇，5）。标本H191∶11，沿面微曲，圆唇。腹部饰左上至右下斜向绳纹。唇部可见轮修痕迹（图四二〇，1）。

钵　14件。形制相同，均直口微敛，深弧腹。标本H191∶1，可复原。细夹砂橘红陶。尖圆唇，圜底，底部有一周凸棱。素面。口径21、通高10.8厘米（图四二一，7；图版八八，1）。标本H191∶2，可复原。细泥质橘红陶。圆唇，圜底，底部有一周凸棱。底部饰席纹。口下可见轮修痕迹，腹部可见刮抹痕迹。口径12.2、通高5.8厘米（图四二一，8；图版八八，2）。标本H191∶3，口、腹部残片。细泥质橘红陶。圆唇。器表磨光。素面。口下可见浅褐色叠烧痕迹（图四二一，3）。标本H191∶4，口、腹部残片。细泥质橘红陶。尖圆唇。器表磨光。素面。口下可见浅褐色叠烧痕迹（图四二一，1）。标本H191∶5，口、腹部残片。细泥质橘红陶。圆唇。器表磨光。素面。口下可见浅褐色叠烧痕迹与轮修痕迹（图四二一，4）。标本H191∶6，口、腹部残片。粗泥质橘红陶。圆唇。素面。器表可见刮抹痕迹（图四二一，2）。标本H191∶7，口、腹部残片。细泥质橘红陶。方唇。器表磨光。素面。口下可见轮修痕迹（图四二一，5）。

圆陶片　1件。标本H191∶13，完整。细泥质橘红陶。系利用钵的口沿残片打制而成，保留少量沿面。圆形，边缘稍钝。直径3.7、厚0.5厘米（图四二一，9）。

锉　1件。标本H191∶14，两端均残。粗泥质橘红陶。残存部分平面呈梯形，横断面呈圆

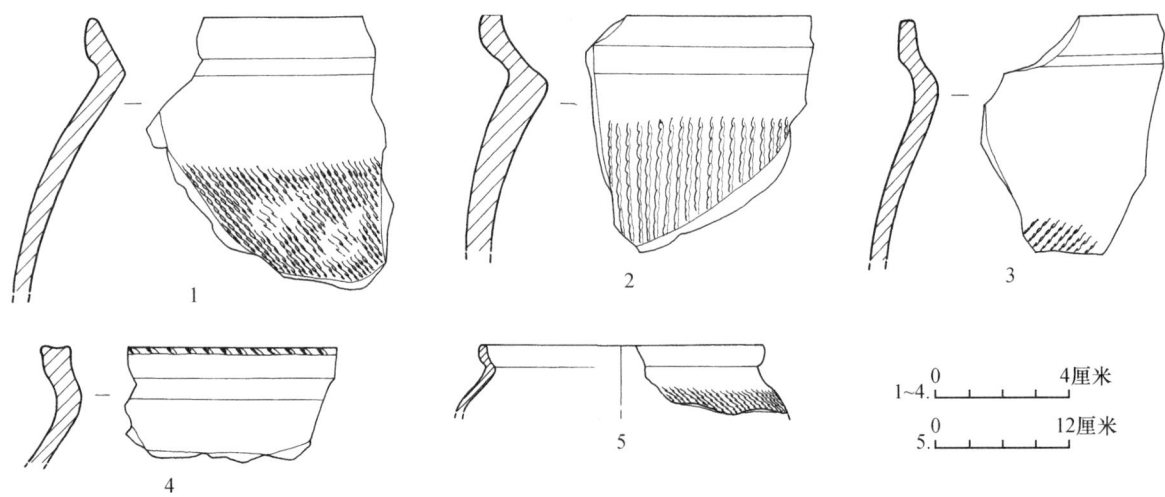

图四二〇　H191出土陶罐
1~5.（H191：11、H191：9、H191：8、H191：12、H191：10）

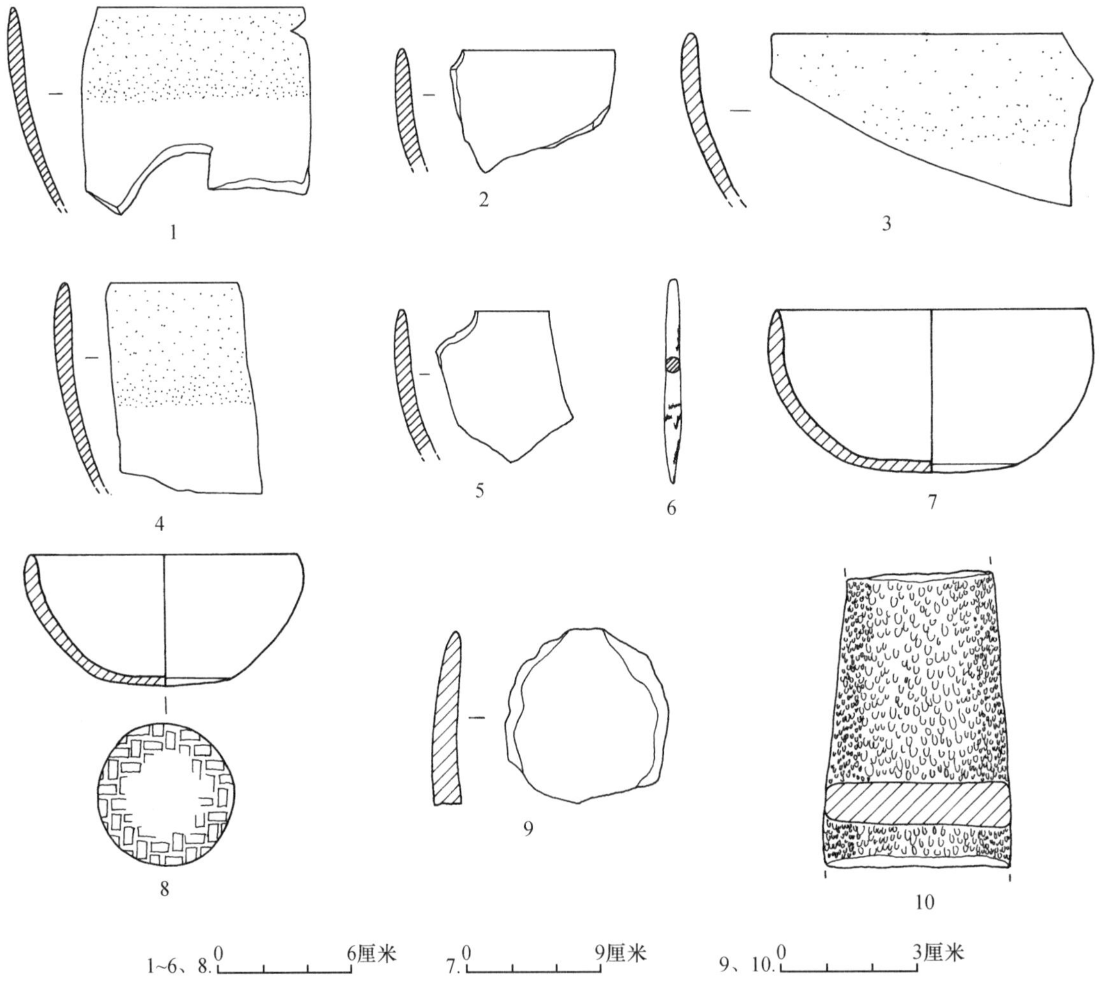

图四二一　H191出土遗物
1~4、5、7、8.陶钵（H191：4、H191：6、H191：3、H191：5、H191：7、H191：1、H191：2）　6.骨锥（H191：17）
9.圆陶片（H191：13）　10.陶锉（H191：14）

角长方形，两侧边较直。器表麻点清晰，密度较大。器身可见磨损痕迹。残长6.5、宽3.3~4.2、厚0.8厘米（图四二一，10）。

（2）骨器

1件。锥。标本H191∶17，完整。器身呈圆柱状，横断面呈圆形，尖部较锐利。通体磨光。长9厘米（图四二一，6；彩版三五，6；图版八八，3）。

54. H193

H193位于Ⅲ区T0415西南部，开口于④层下，西部被H186打破。平面呈圆形，袋状，斜直壁，平底。坑口径0.88、底径1.4、深0.76米（图四二二）。

坑内堆积为灰褐色土，土质疏松，包含少量火烧土块，出土大量陶片。

陶片为主要的出土物，以细泥质橘红陶为主，粗夹砂红褐陶次之，粗泥质橘红陶再次；纹饰以绳纹为主，素面次之。

H193共出土遗物18件。以陶器为主，石、骨器次之。

（1）陶器

16件。器类有盆、罐、钵、瓮、圆陶片。

盆 1件。标本H193∶6，口沿残片。细泥质橘红陶。直口，平折沿，沿面微鼓，圆唇。素面。沿面可见轮修痕迹（图四二三，1）。

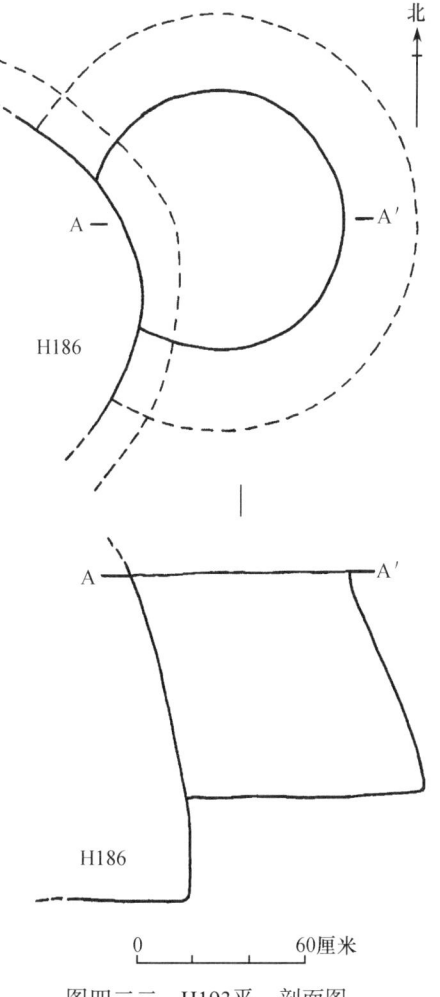

图四二二 H193平、剖面图

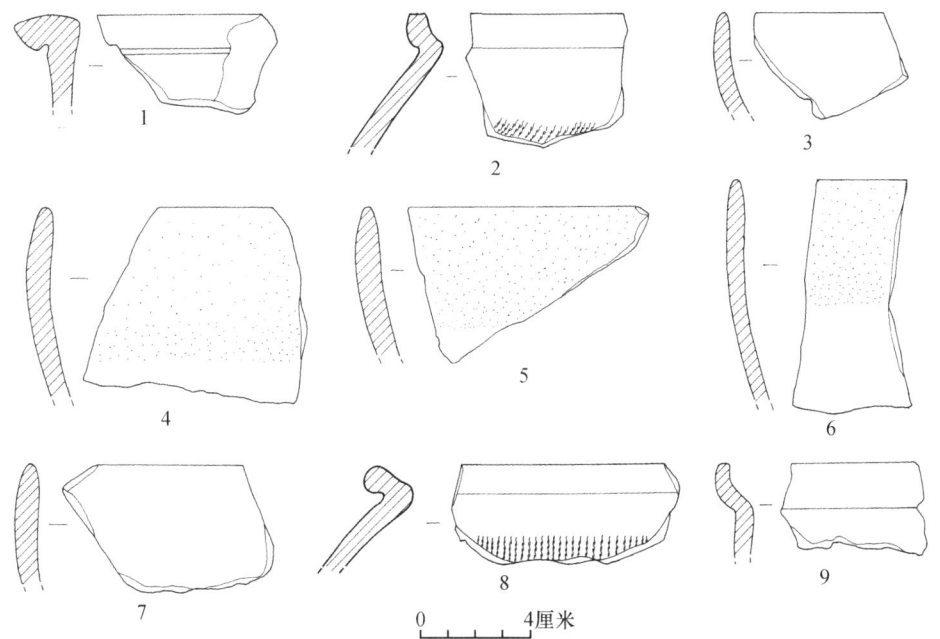

图四二三 H193出土陶器

1.盆（H193∶6） 2、8、9.罐（H193∶9、H193∶7、H193∶8） 3~7.钵（H193∶1、H193∶5、H193∶3、H193∶4、H193∶2）

罐 3件。均口、腹部残片。标本H193∶8，粗夹砂红褐陶。侈口，卷沿，沿面内曲，方唇，腹微鼓。素面。外沿面可见轮修痕迹（图四二三，9）。

标本H193∶7、H193∶9形制相同，均粗夹砂红褐陶，侈口，折沿，沿面内曲，鼓腹。标本H193∶9，方唇。腹部饰右上至左下斜向绳纹。外沿面可见轮修痕迹，器表可见烟熏痕迹（图四二三，2）。标本H193∶7，圆唇。口沿以下饰竖向绳纹。器表可见烟熏痕迹（图四二三，8）。

钵 5件。均口、腹部残片。形制相同，直口微敛，深弧腹，素面。标本H193∶1，细泥质橘红陶。圆唇。器表磨光。内外壁均可见轮修痕迹，内壁可见烟熏痕迹（图四二三，3）。标本H193∶2，粗泥质橘红陶。圆唇。器表磨光。口部可见刮抹痕迹（图四二三，7）。标本H193∶3，细泥质橘红陶。方唇。器表磨光。口下可见浅褐色叠烧痕迹（图四二三，5）。标本H193∶4，细泥质橘红陶。圆唇。器表磨光。口下可见浅褐色叠烧痕迹，内壁可见轮修痕迹（图四二三，6）。标本H193∶5，细泥质橘红陶。圆唇。器表磨光。口下可见浅褐色叠烧痕迹（图四二三，4）。

瓮 3件。均口、腹部残片。标本H193∶12，粗夹砂红褐陶。侈口，卷沿，方唇，鼓腹。腹部饰右上至左下斜向绳纹，绳纹斜度较小。外沿面可见轮修痕迹（图四二四，7）。

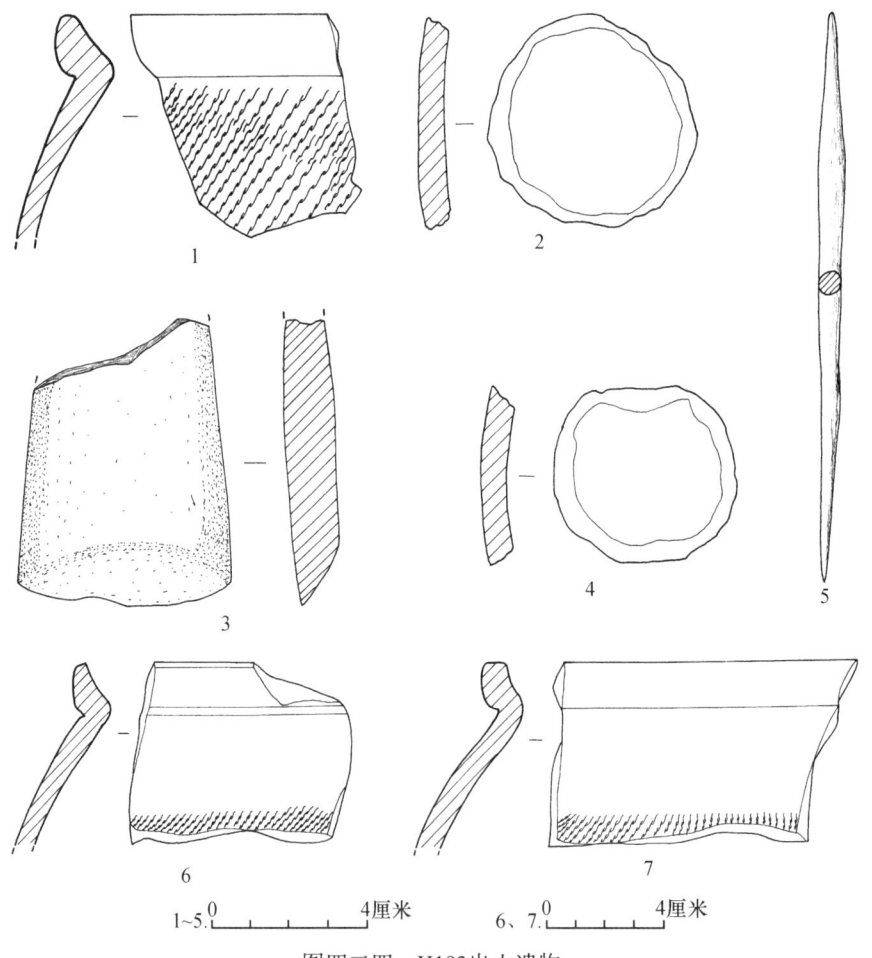

图四二四 H193出土遗物

1、6、7. 陶瓮（H193∶11、H193∶10、H193∶12） 2、4. 圆陶片（H193∶13-1、H193∶13-2） 3. 石锛（H193∶14）
5. 骨笄（H193∶15）

标本H193：10、H193：11形制相同，均粗夹砂红褐陶，侈口，折沿，鼓腹。标本H193：10，方唇。腹部饰右上至左下斜向绳纹。口下可见轮修痕迹（图四二四，6）。标本H193：11，圆唇。腹部饰右上至左下斜向绳纹。唇部可见轮修痕迹（图四二四，1）。

圆陶片　4件。均完整。形制相同，细泥质橘红陶，圆形。标本H193：13-1，系利用钵的残片打制而成。边缘较锋利。直径5.2、厚0.7厘米（图四二四，2）。标本H193：13-2，系利用钵的口部残片打制而成。边缘稍钝。器表可见浅褐色叠烧痕迹。直径4.6、厚0.6厘米（图四二四，4）。

（2）石器

1件。锛。标本H193：14，残。石英岩。平面呈梯形，横断面呈圆角长方形，刃部锋利。通体磨光。器表与刃部可见使用形成的零星疤痕。残长7.1、残宽4.7~5.6、厚1.3厘米（图四二四，3；图版八八，4）。

（3）骨器

1件。笄。标本H193：15，完整。系利用动物长骨磨制而成。横断面呈圆形，尖部较为锐利。通体磨光。长14、最大直径0.6厘米（图四二四，5；彩版四二，6；图版八八，5；图版二○六，1）。

55. H194

H194位于Ⅲ区T0914东南部，开口于⑦层下。坑口平面呈方形，底部呈椭圆形，袋状，斜直壁，平底。坑口边长0.82、底长径1.5、短径1.36、深1.5米。底部有一台阶，长1.46、宽0.2~0.6、高0.5米（图四二五）。

坑内堆积为黄褐色土，土质较致密，包含草拌泥块、炭屑，出土零星陶片。

56. H195

H195位于Ⅲ区T0914西北部，开口于⑦层下。平面呈长方形，袋状，斜直壁，平底，底部有一层硬面。坑口南北长0.81、东西宽0.7、底东西长1.34、南北宽1.2、深1.5米。底部有二层台阶，台面平整：第一层台阶距坑口1、高0.3米；第二层台阶距坑口1.3、高0.2米（图四二六）。

坑内堆积为深灰色土，土质较疏松，包含少量草拌泥块和火烧土块，出土大量陶片，另有石块、兽骨。

陶片为主要的出土物，以粗夹砂红褐陶为主，细夹砂橙黄陶、粗泥质橘红陶、细泥质橘红陶次之，并有少量细夹砂红褐陶和细夹砂橘红陶；纹饰以素面居多，绳纹次之，弦纹再次，并有少量交错绳纹、席纹和划纹（表一一一）。

H195共出土遗物55件。以陶器为主，石、骨器次之。

（1）陶器

53件。器类有瓶、罐、钵、瓮、圆陶片、锉，另有器底（表一一二）。

瓶　1件。标本H195：12，口、颈部残片。粗泥质橘红陶。直杯口，微敛，较为短矮，圆唇，束颈。器表磨光。素面。内壁可见轮修痕迹。复原口径7.9、残高4.8厘米（图四二七，1）。

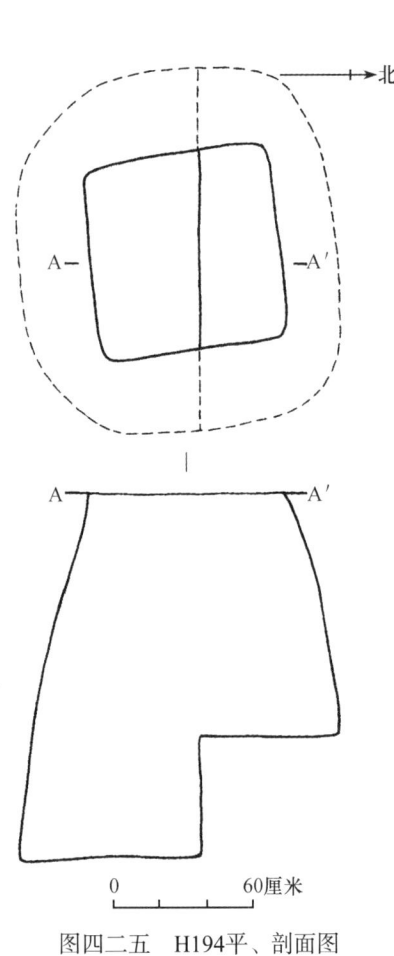

图四二五　H194平、剖面图

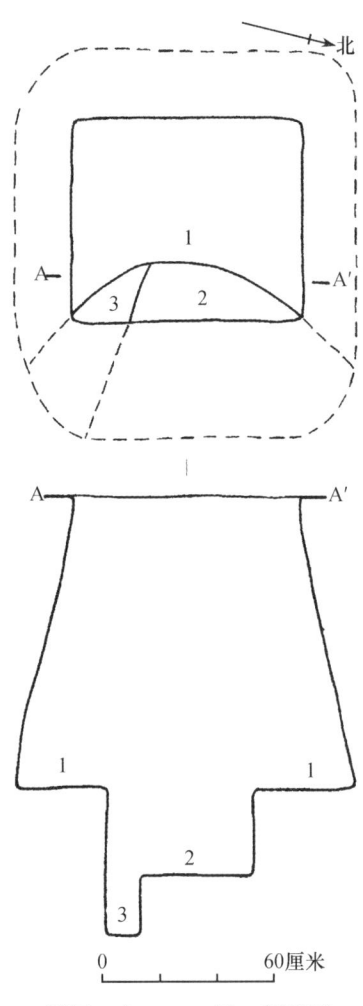

图四二六　H195平、剖面图

表一一一　H195陶系统计表　　　　　　　　　　（单位：kg）

陶质	细泥质	粗泥质	细夹砂		粗夹砂	合计		百分比（％）	
陶色纹饰	橘红	橘红	橘红	红褐	橙黄	红褐			
素面		1.06		0.252	1.15	0.67	3.132		43.20
素面+磨光	0.80	0.114					0.914		12.61
绳纹				0.04		2.18	2.22		30.62
弦纹						0.51	0.51	7.25	7.03	100
交错绳纹			0.14				0.14		1.93
绳纹+弦纹						0.25	0.25		3.45
绳纹+划纹						0.06	0.06		0.83
席纹	0.02						0.02		0.28
合计	0.82	1.174	0.14	0.252	1.19	3.67	7.25			
	7.25								
百分比（％）	11.31	16.19	1.93	3.48	16.41	50.62				
	100								

表一一二　H195器形统计表　　　　　　　　　　　　　　　（单位：件）

陶质	细泥质		粗泥质	细夹砂		粗夹砂						合计	百分比（%）
陶色	橘红		橘红	红褐	橙黄	红褐							
纹饰 器形	素面+磨光	席纹	素面+磨光	素面	素面	素面	素面	绳纹	弦纹	绳纹+弦纹	绳纹+划纹		
瓶			1									1	2.32
罐　口						3		7	1	2	1	19	44.19
罐　底						5							
钵　口	7			3								21	48.84
钵　底	4	1			2	4							
瓮								1		1		2	4.65
合计	11	1	1	3	2	4	8	8	1	3	1	43	100
							43						
百分比（%）	25.58	2.32	2.32	6.98	4.65	9.30	18.60	18.60	2.32	6.98	2.32		
							100						

罐　19件。均口、腹部残片。标本H195：14、H195：15、H195：19形制相同，均粗夹砂红褐陶，侈口，卷沿，方唇，唇部有一道凸棱，直腹。标本H195：14，腹部饰右上至左下斜向绳纹，绳纹斜度较小。口沿下侧可见轮修痕迹（图四二七，4）。标本H195：15，口沿内侧有一道宽浅凹槽。腹部饰右上至左下斜向绳纹，绳纹斜度较小。唇部、口沿下侧均可见轮修痕迹（图四二七，6）。标本H195：19，口沿内侧有一道宽浅凹槽。口沿以下饰多周弦纹。外沿面可见轮修痕迹（图四二七，2）。

标本H195：20，粗夹砂红褐陶。侈口，卷沿，方唇，外沿面有一道较矮凸棱，鼓腹。腹部饰

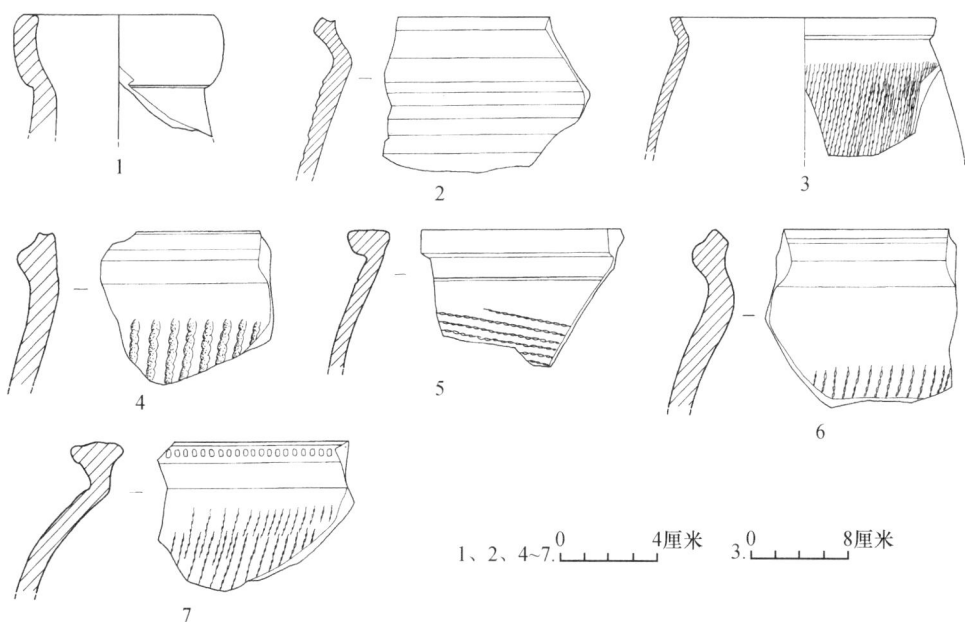

图四二七　H195出土陶器
1.瓶（H195：12）　2~7.罐（H195：19、H195：20、H195：14、H195：13、H195：15、H195：16）

右上至左下斜向绳纹。外沿面可见轮修痕迹，口部可见烟熏痕迹。复原口径22、残高10.8厘米（图四二七，3）。

标本H195∶13、H195∶16形制相同，均粗夹砂红褐陶，敛口，平折沿，鼓腹。标本H195∶13，圆唇。口沿下侧饰一周弦纹，腹部饰左上至右下斜向绳纹（图四二七，5）。标本H195∶16，沿面略向外侧下斜，圆唇，口沿内侧有一周宽浅凹槽。唇缘饰一周划纹，口沿以下饰右上至左下斜向绳纹（图四二七，7）。

钵　21件。标本H195∶1、H195∶4、H195∶5形制相同，均细泥质橘红陶，直口，深弧腹，器表磨光，素面。标本H195∶1，可复原。圆唇，圜底近平。底部饰席纹。口下可见深红色叠烧痕迹。口径9.1、通高4.3厘米（图四二八，1；图版八八，6）。标本H195∶4，口、腹部残片。圆唇。表层有部分剥落（图四二八，7）。标本H195∶5，口、腹部残片。尖唇。口下可见浅褐色叠烧痕迹（图四二八，9）。

标本H195∶11，口、腹部残片。细夹砂红褐陶。敛口，方唇，斜直腹。素面。内壁可见轮修痕迹（图四二八，5）。

标本H195∶8、H195∶9、H195∶10均口、腹部残片。形制相同，均直口微敛，斜直腹，素面。标本H195∶8，粗泥质橘红陶。尖圆唇。器表刮抹光滑。口下可见轮修痕迹，腹部可见刮抹痕迹（图四二八，3）。标本H195∶9，粗泥质橘红陶。圆唇。口下可见轮修痕迹（图四二八，8）。标本H195∶10，细夹砂红褐陶。方唇。内、外壁均可见轮修痕迹（图四二八，4）。

标本H195∶2、H195∶6、H195∶7均口、腹部残片。形制相同，均细泥质橘红陶，直口微敛，深弧腹，器表磨光，素面。标本H195∶2，圆唇。口下可见深红色叠烧痕迹（图四二八，10）。标本H195∶6，圆唇。口下可见深红色叠烧痕迹，内壁可见轮修痕迹（图四二八，2）。标本H195∶7，方唇。口下有一个由外向内单面钻成的圆孔。口下可见灰白色叠烧痕迹（图四二八，6）。

瓮　2件。均口、腹部残片。形制相同，均粗夹砂红褐陶。侈口，卷沿，沿面内曲，方唇，鼓腹。标本H195∶17，口沿下侧饰多周弦纹，弦纹以下饰右上至左下斜向绳纹。外沿面可见轮修痕迹（图四二八，11）。标本H195∶18，腹部饰右上至左下斜向绳纹。外沿面可见轮修痕迹。复原口径42.4、残高6厘米（图四二八，13）。

器底　标本H195∶21，下腹、底部残片。细泥质橘红陶。下腹斜直，平底，底心内凹。器表磨光。底心饰席纹。可能为钵底。复原底径9.4、残高3.1厘米（图四二八，12）。

圆陶片　8件。形制相同，均圆形。标本H195∶22-1，完整。细泥质橘红陶。系利用钵的口部残片打制而成。边缘较锋利。器表可见深红色叠烧痕迹。直径6.4、厚0.7厘米（图四二九，1）。标本H195∶22-2，完整。细夹砂红褐陶。系利用瓶的残片打制而成。边缘较钝。直径5.3、厚0.8厘米（图四二九，7）。标本H195∶22-3，完整。细泥质橘红陶。系利用钵的口部残片打制而成。边缘较锋利。器表可见深褐色叠烧痕迹。直径4.9、厚0.7厘米（图四二九，2）。标本H195∶22-4，完整。细泥质橘红陶。系利用钵的残片打制而成。边缘较钝。直径4、厚0.8厘米（图四二九，6）。标本H195∶22-5，残。细泥质橘红陶。系利用钵的口沿残片打制而成。残存部分平面呈半圆形，边缘较锋利。器表可见深红色叠烧痕迹。直径6.7、厚0.5厘米（图四二九，8）。

锉　2件。均残。形制相同。标本H195∶23，尖部稍残。粗泥质橘红陶。平面呈三角形，横断

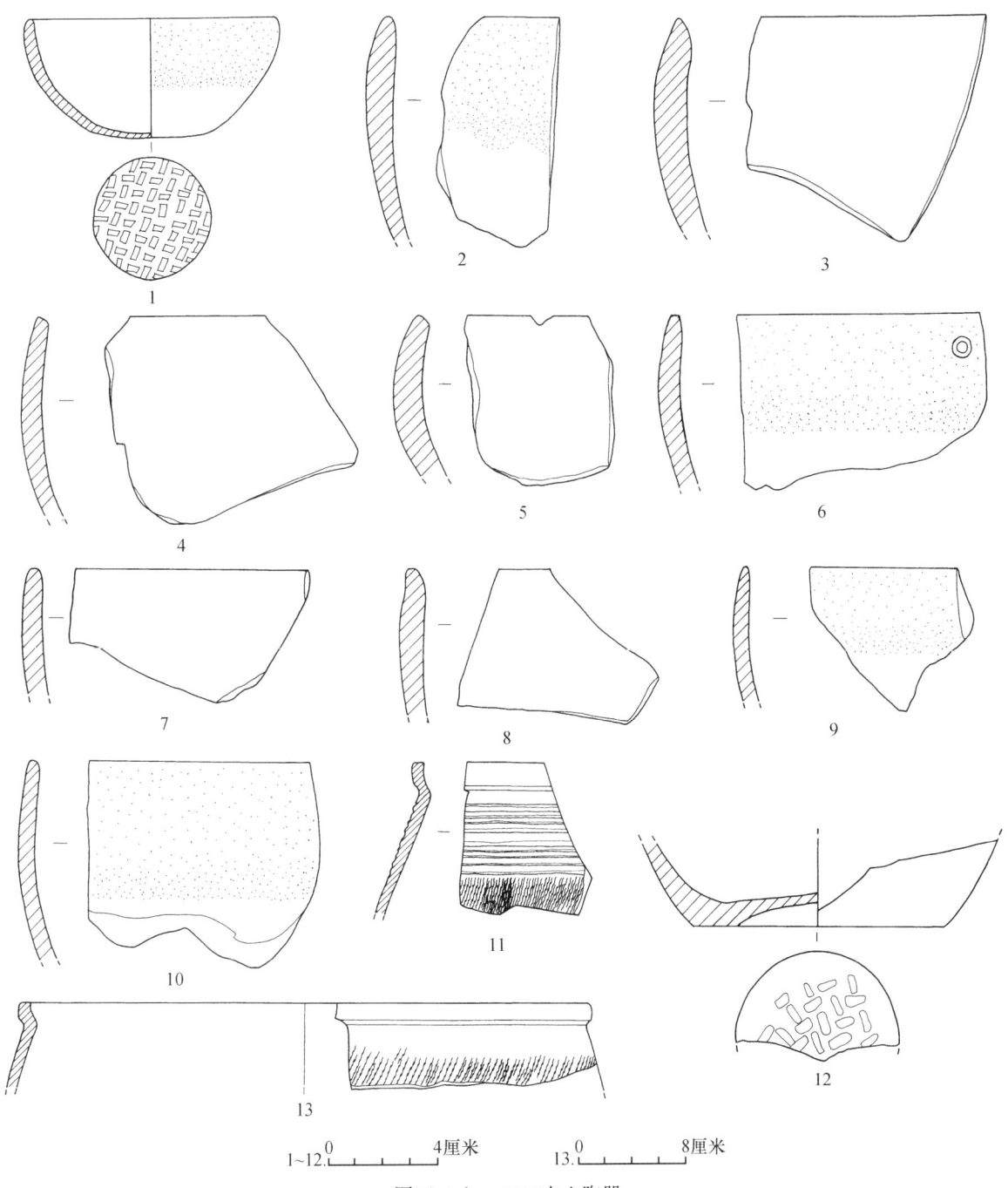

图四二八　H195出土陶器

1~10.钵（H195：1、H195：6、H195：8、H195：10、H195：11、H195：7、H195：4、H195：9、H195：5、H195：2）
11、13.瓮（H195：17、H195：18）　12.器底（H195：21）

面呈圆角长方形，两侧边稍弧，顶部边缘不甚整齐。器表麻点清晰，密度较大。残长8.9、顶部宽3.6、厚1.1厘米（图四二九，3）。

（2）石器

1件。残石器。标本H195：24，石英粗砂岩。断面呈椭圆形。两面均磨光。残长6.6厘米（图四二九，4）。

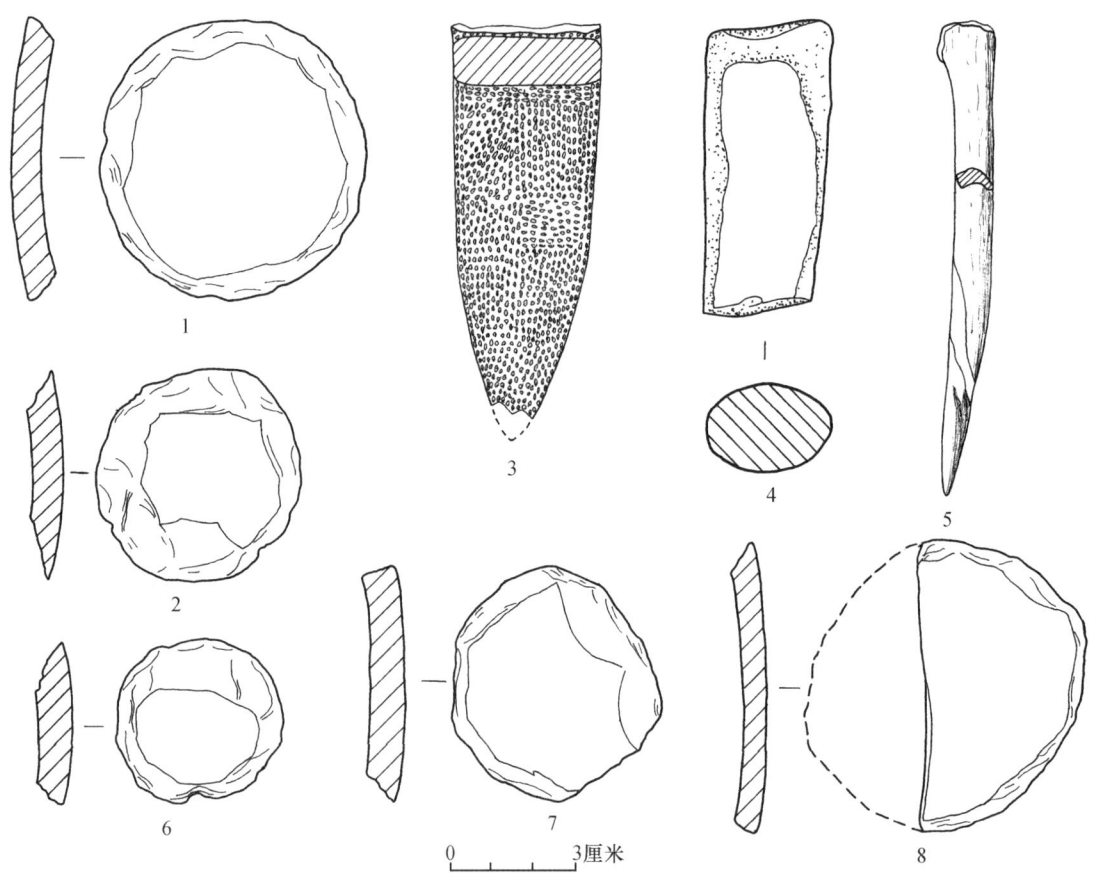

图四二九　H195出土遗物

1、2、6~8.圆陶片（H195：22-1、H195：22-3、H195：22-4、H195：22-2、H195：22-5）　3.陶锉（H195：23）
4.残石器（H195：24）　5.骨锥（H195：25）

（3）骨器

1件。锥。标本H195：25，完整。系利用动物尺骨磨制而成。尾端保留关节面，横断面呈弧形，尖部较锐利。通体磨光。长10.9厘米（图四二九，5；彩版三六，1；图版八九，1）。

57. H199

H199位于Ⅲ区T0912东北角、T0913东南角、T1012西北角、T1013西南角，开口于⑤层下。平面呈圆形，袋状，斜直壁，平底。坑口径0.56、底径1.6、深1.53米。底部靠东壁有一台阶，大体呈半圆形，距坑口1.36、长径1.56、短径0.6、高0.16米（图四三〇）。

坑内堆积为浅灰色土，土质疏松，出土零星陶片、兽骨。

58. H203

H203位于Ⅲ区T0515西南部，开口于F84居住面之下。平面呈圆形，袋状，斜直壁，平底。坑口径1.06、底径1.2、深0.6米（图四三一）。

坑内堆积为深灰色土，土质疏松，出土少量陶片。

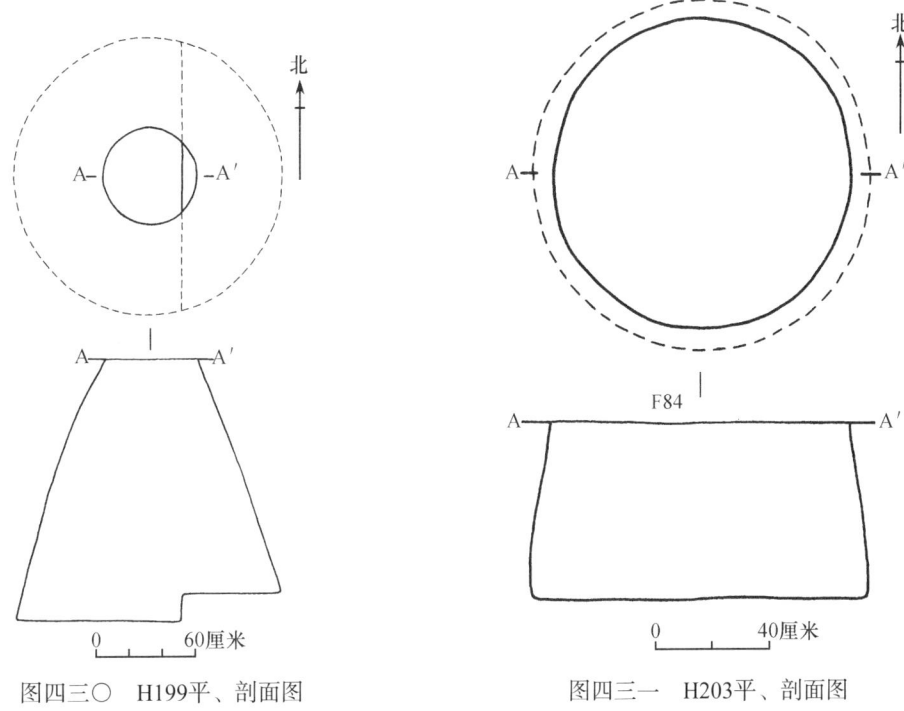

图四三〇　H199平、剖面图　　　　　图四三一　H203平、剖面图

陶片为主要的出土物，以粗夹砂红褐陶为主，细泥质橘红陶次之，粗泥质橘红陶再次，还有少量粗夹砂橘红陶；纹饰以绳纹为主，素面次之，弦纹再次，还有少量剔刺纹与彩陶。

H203共出土遗物22件。全部为陶器。器类有瓶、盆、罐、钵、瓮，另有器耳（表一一三）。

表一一三　H203器形统计表　　　　　　　　　　　（单位：件）

陶质	细泥质				粗泥质		粗夹砂	粗夹砂			合计	百分比（%）	
陶色	橘红				橘红		橘红	红褐					
纹饰\器形	素面+磨光	弦纹	剔刺纹	彩陶	素面	绳纹	素面	绳纹	弦纹	绳纹+弦纹			
瓶					1						1	22	4.55	100
盆		1									1		4.55	
罐		1	1					6	1	1	10		45.45	
钵	4			1				5			5		22.73	
瓮						1	1	2	1		5		22.73	
合计	4	2	1	1	1	1	1	8	2	1	22			
	22													
百分比（%）	18.18	9.09	4.55	4.55	4.55	4.55	4.55	36.36	9.09	4.55				
	100													

瓶　1件。标本H203：8，口沿残片。粗泥质橘红陶。直杯口，微敛，较为短矮，圆唇。素面。器表可见轮修痕迹。复原口径8.8、残高5厘米（图四三二，1）。

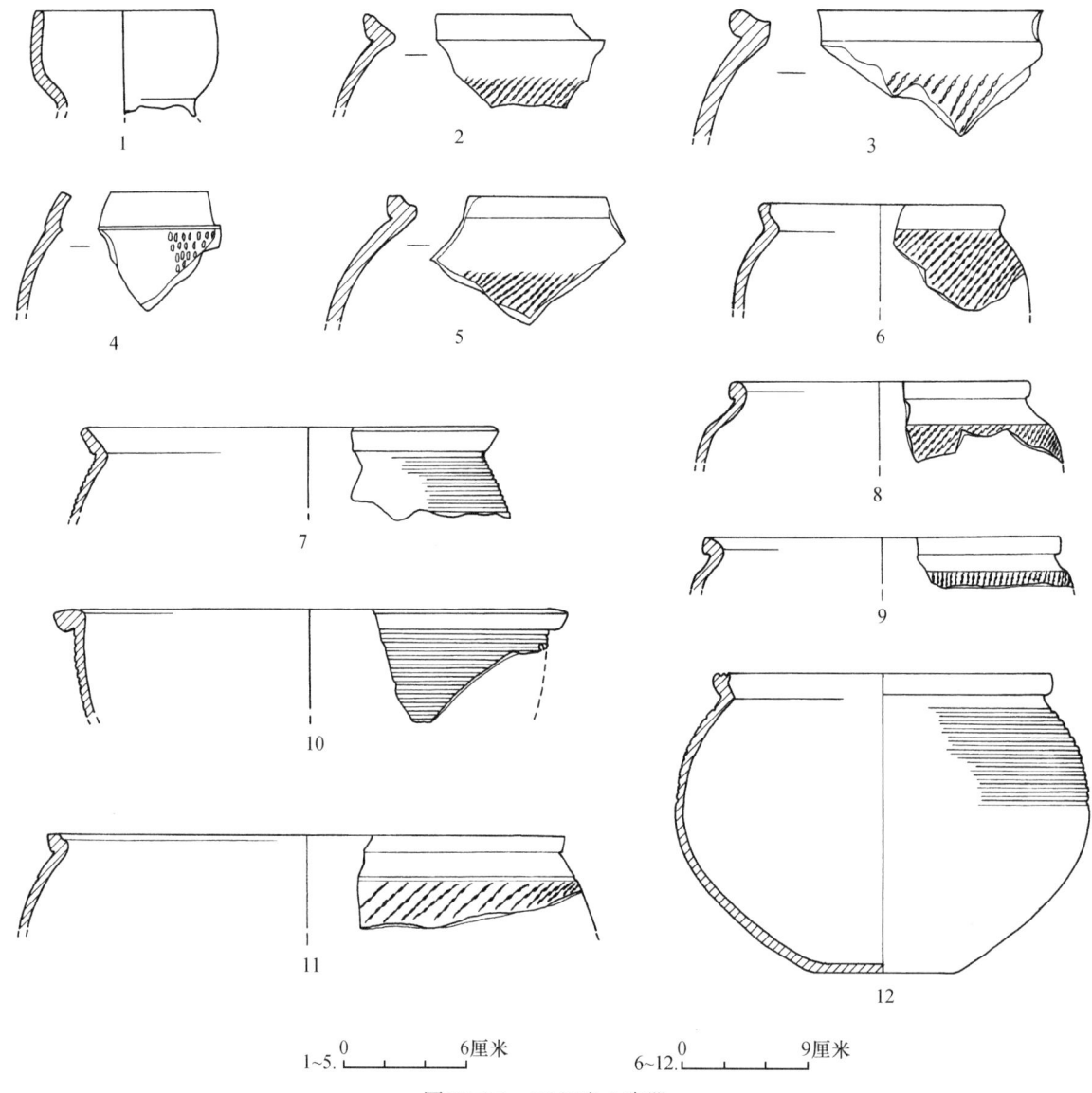

图四三二　H203出土陶器

1. 瓶（H203∶8）　2~9、11~12. 罐（H203∶12、H203∶14、H203∶18、H203∶19、H203∶13、H203∶17、H203∶16、H203∶21、H203∶11、H203∶10）　10. 盆（H203∶7）

盆　1件。标本H203∶7，口、腹部残片。细泥质橘红陶。直口，平折沿，圆唇，唇部有一道浅细凹槽，弧腹。口沿以下饰多周弦纹。唇部可见轮修痕迹。复原口径38.1、残高7.8厘米（图四三二，10）。

罐　10件。标本H203∶10，可复原。细泥质橘红陶。侈口，折沿，沿面内曲，方唇，唇部有二道浅细凹槽，圆鼓腹，平底，最大腹径位于中腹部。上腹部饰多周弦纹。下腹部磨光。外沿面可见轮修痕迹。口径24.6、腹径30.3、底径10.5、通高21.3厘米（图四三二，12；图版八九，2；图版二〇〇，4）。

标本H203∶13，口、腹部残片。粗夹砂红褐陶。侈口，折沿，沿面内曲，圆唇，鼓腹。口沿以下饰右上至左下斜向绳纹。复原口径18、残高7.5厘米（图四三二，6）。

标本H203∶11、H203∶12、H203∶14、H203∶16、H203∶19、H203∶21均口、腹部残片。形制相同，粗夹砂红褐陶，侈口，折沿，沿面微曲，鼓腹。标本H203∶11，方唇。上腹部饰一周弦纹，弦纹下侧饰右上至左下斜向绳纹。复原口径38.1、残高6.6厘米（图四三二，11）。标本H203∶12，圆唇。腹部饰右上至左下斜向绳纹。口沿下侧可见轮修痕迹（图四三二，2）。标本H203∶14，圆唇。腹部饰右上至左下斜向绳纹（图四三二，3）。标本H203∶16，圆唇，肩略鼓，并起一道不显著棱脊。棱脊以下饰右上至左下斜向绳纹。外沿面可见轮修痕迹。复原口径21.9、残高5.7厘米（图四三二，8）。标本H203∶19，方唇。腹部饰右上至左下斜向绳纹。口沿下侧可见轮修痕迹（图四三二，5）。标本H203∶21，圆唇。肩略鼓，并起一道不显著棱脊。口沿以下饰竖向绳纹。复原口径26.1、残高3.9厘米（图四三二，9）。

标本H203∶17，口、腹部残片。粗夹砂红褐陶。侈口，折沿，方唇，圆鼓腹。口沿以下饰多周弦纹。沿面可见轮修痕迹。复原口径30.9、残高6.6厘米（图四三二，7）。

标本H203∶18，口、腹部残片。细泥质橘红陶。敛口，方唇，口沿内侧有一道宽浅凹槽，圆鼓腹。口沿以下饰多周整齐的剔刺纹。内壁可见刮抹痕迹（图四三二，4）。

钵　5件。均口、腹部残片。形制相同，细泥质橘红陶，直口微敛，深弧腹，器表磨光。标本H203∶1，方唇。口下可见轮修痕迹（图四三三，3）。标本H203∶2，圆唇。口下饰黑色宽带纹彩绘（图四三三，10）。标本H203∶4，圆唇。口下可见深红色叠烧痕迹（图四三三，7）。标本H203∶5，尖圆唇。口下可见浅红色叠烧痕迹（图四三三，6）。

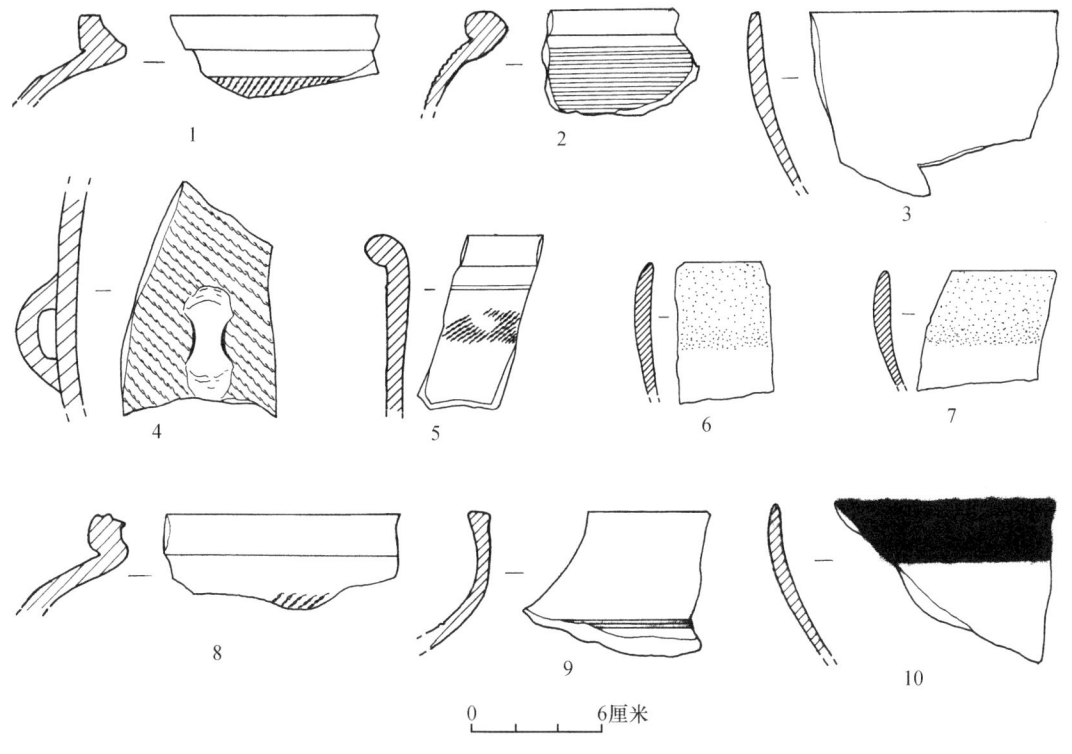

图四三三　H203出土陶器

1、2、5、8、9.陶瓮（H203∶25、H203∶22、H203∶6、H203∶23、H203∶24）
3、6、7、10.陶钵（H203∶1、H203∶5、H203∶4、H203∶2）　4.器耳（H203∶27）

瓮　5件。均口、腹部残片。标本H203：22、H203：23、H203：25形制相同，均粗夹砂红褐陶，侈口，折沿，沿面微曲，方唇，鼓腹。标本H203：22，口沿以下饰多周弦纹（图四三三，2）。标本H203：23，唇部有一道凸棱。腹部饰右上至左下斜向绳纹（图四三三，8）。标本H203：25，鼓肩，并起一道显著棱脊。棱脊以下饰右上至左下斜向绳纹。口沿下侧可见轮修痕迹（图四三三，1）。

标本H203：24，粗夹砂橘红陶。直口，方唇，高领，鼓肩，并起一道显著棱脊，圆鼓腹。素面。领部可见轮修痕迹（图四三三，9）。

标本H203：6，粗泥质橘红陶。敞口，卷沿，圆唇，斜直腹。器表饰右上至左下斜向绳纹。唇部可见轮修痕迹（图四三三，5）。

器耳　标本H203：27，腹部残片。粗泥质橘红陶。鼓腹，有一竖向扁圆桥形耳。器表饰左上至右下斜向绳纹。可能为瓶耳（图四三三，4）。

59. H205

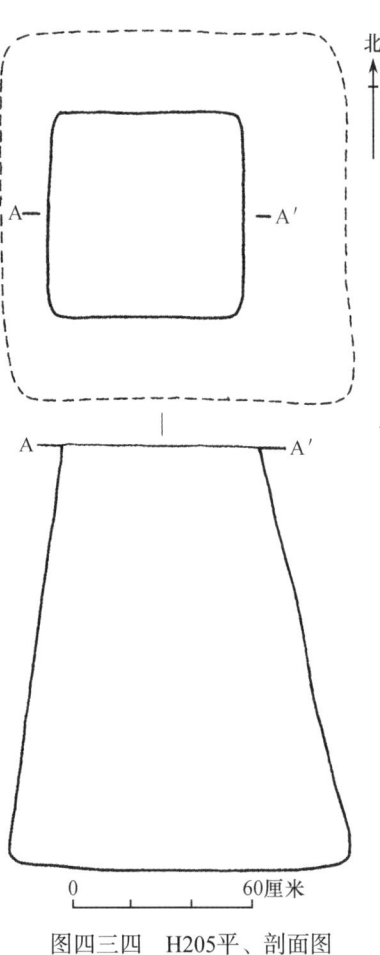

图四三四　H205平、剖面图

H205位于Ⅲ区T0516西部，开口于⑦层下。平面呈方形，袋状，斜直壁，平底，底部有一层硬面。坑口边长0.8、底径1.41、深1.66米（图四三四）。

坑内堆积为浅灰色土，土质疏松，包含少量草拌泥块和火烧土块，出土少量陶片。

陶片为主要的出土物，以细夹砂橘红陶为主，并有一定比例的粗夹砂红褐陶、粗泥质橘红陶、细泥质橘红陶和少量细泥质红褐陶、粗夹砂橘红陶；纹饰以素面居多，绳纹次之、弦纹再次（表一一四）。

H205共出土遗物5件。全部为陶器。器类有罐、钵、圆陶片，另有器耳。

罐　1件。标本H205：3，口、腹部残片。粗夹砂红褐陶。侈口，卷沿，方唇，唇上有一道凸棱，直腹。口沿以下饰多周弦纹。唇部可见轮修痕迹（图四三五，2）。

钵　2件。标本H205：1，可复原。粗泥质橘红陶。直口微敛，圆唇，斜直腹，平底。器表磨光。素面。口部可见轮修痕迹，腹部可见刮抹痕迹。口径36、底径14.4、通高17.7厘米（图四三五，4；图版八九，3）。

标本H205：2，口、腹部残片。细泥质橘红陶。直口，方唇，深弧腹。器表磨光。素面。口下可见浅褐色叠烧痕迹（图四三五，1）。

表一一四 H205陶系统计表　　　　　　　　　　　　　　　　（单位：kg）

陶质	细泥质		粗泥质	细夹砂	粗夹砂		合计	百分比（%）	
陶色 纹饰	橘红	红褐	橘红	橘红	橘红	红褐			
素面			0.12	1.97			2.09	65.93	
素面+磨光	0.114	0.05	0.228				0.392	12.37	
绳纹						0.31	0.31	9.78	100
弦纹						0.126	0.126	3.97	
绳纹+弦纹	0.17				0.08		0.25	7.89	
合计	0.284	0.05	0.348	1.97	0.08	0.436	3.17		
	3.17								
百分比（%）	8.96	1.58	10.98	62.15	2.52	13.75			
	100								

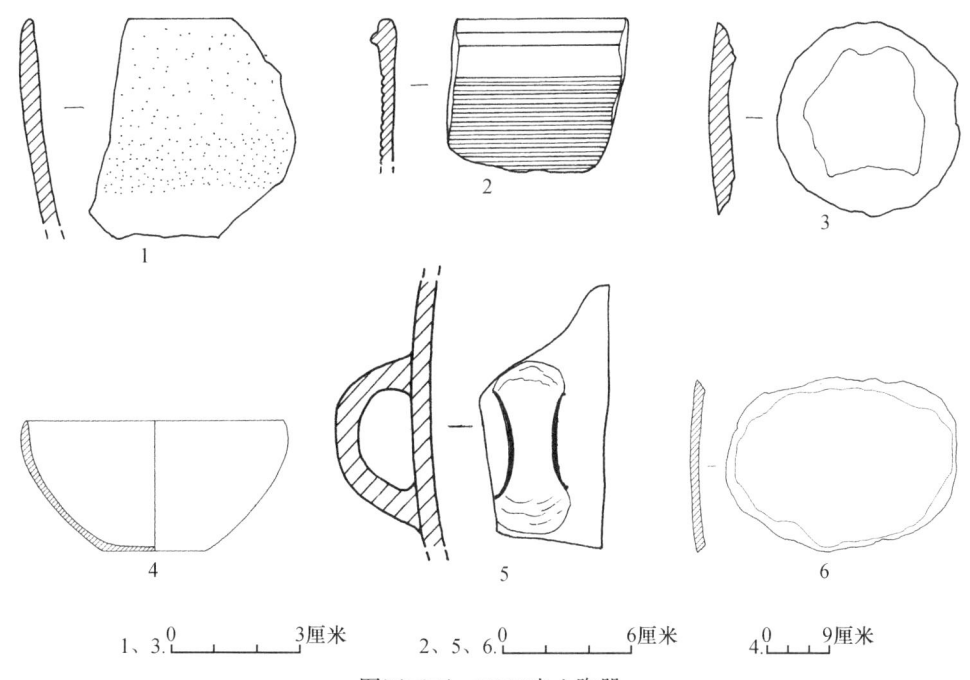

图四三五　H205出土陶器
1、4.钵（H205：2、H205：1）　2.罐（H205：3）　3、6.圆陶片（H205：5-2、H205：5-1）　5.器耳（H205：4）

器耳　标本H205：4，腹部残片。粗泥质橘红陶。腹部微鼓，有一竖向扁圆桥形耳。器表磨光。素面。内壁可见泥条盘筑与轮修痕迹。可能为瓶耳（图四三五，5）。

圆陶片　2件。均完整。标本H205：5-1，细泥质橘红陶，系利用钵的口部残片打制而成。椭圆形。边缘较锋利。器表可见深红色叠烧痕迹。长径10.8、短径7.9、厚0.4厘米（图四三五，6；图版八九，4）。

标本H205：5-2，细泥质橘红陶。系利用钵的残片打制而成。圆形。边缘较锋利。直径4.3、厚0.4厘米（图四三五，3）。

60. H207

H207位于Ⅲ区T0716东南部,开口于④层下。平面呈方形,袋状,斜直壁,底部北高南低。坑口边长1.04、底边长1.5、深2.56米(图四三六)。

坑内堆积可分为4层:第①层为浅褐色土,土质较为致密,包含少量火烧土颗粒,厚0.67~0.73米,出土少量骨头;第②层为深灰色土,土质疏松,厚0.66米;第③层为灰褐色土,土质较为致密,厚0.5~0.76米,出土少量陶片;第④层为黄褐色土,土质致密,包含少量料姜石块,厚0.24~0.58米,出土少量陶片、兽骨。

陶片为主要的出土物,以粗夹砂橘红陶为主,粗夹砂红褐陶次之,并有少量的细泥质橘红陶、粗泥质橘红陶、细夹砂红褐陶和粗夹砂橙黄陶;纹饰以绳纹居多,素面次之,还有少量弦纹、指甲纹(表一一五)。

H207共出土遗物18件。以陶器为主,石器次之。

(1)陶器

17件。器类有罐、钵、圆陶片、锉(表一一六)。

罐 12件。均口、腹部残片。标本H207:6,粗夹砂红褐陶。侈口,卷沿,沿面微曲,方唇,鼓腹。素面。外沿面可见轮修痕迹(图四三七,2)。

标本H207:5,粗夹砂红褐陶。侈口,折沿,沿面内曲,方唇,鼓腹。腹部饰右上至左下斜向绳纹。外沿面可见轮修痕迹(图四三七,1)。

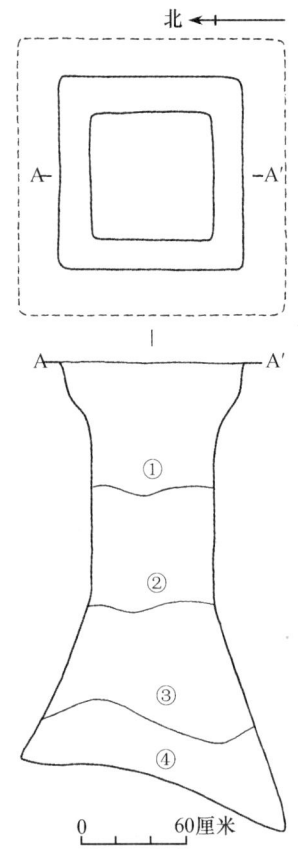

图四三六 H207平、剖面图

表一一五 H207陶系统计表 (单位:kg)

陶质 陶色 纹饰	细泥质	粗泥质	细夹砂	粗夹砂			合计	百分比(%)	
	橘红	橘红	红褐	橘红	橙黄	红褐			
素面	0.05					1.42	1.47	22.83	
素面+磨光	0.06	0.06					0.12	1.86	
绳纹		0.15		3.13		1.34	4.62	71.74	100
弦纹					0.05		0.05	0.78	
指甲纹			0.126			0.05	0.176	2.73	
合计	0.11	0.21	0.126	3.13	0.05	2.81	6.44		
	6.44								
百分比(%)	1.71	3.26	1.96	48.60	0.78	43.63			
	100								

表一一六　H207器形统计表　（单位：件）

<table>
<tr><td colspan="2">陶质</td><td>细泥质</td><td colspan="3">粗夹砂</td><td colspan="2" rowspan="3">合计</td><td colspan="2" rowspan="3">百分比（%）</td></tr>
<tr><td colspan="2">陶色</td><td>橘红</td><td colspan="3">红褐</td></tr>
<tr><td colspan="2">纹饰 / 器形</td><td>素面+磨光</td><td>素面</td><td>绳纹</td><td>指甲纹</td></tr>
<tr><td rowspan="2">罐</td><td>口</td><td rowspan="2"></td><td>2</td><td rowspan="2">4</td><td rowspan="2">1</td><td rowspan="2">12</td><td rowspan="3">14</td><td rowspan="2">85.71</td><td rowspan="3">100</td></tr>
<tr><td>底</td><td>5</td></tr>
<tr><td colspan="2">钵</td><td>2</td><td></td><td></td><td></td><td>2</td><td>14.29</td></tr>
<tr><td colspan="2" rowspan="2">合计</td><td>2</td><td>7</td><td>4</td><td>1</td><td>14</td><td rowspan="2"></td><td rowspan="2"></td><td rowspan="2"></td></tr>
<tr><td colspan="5">14</td></tr>
<tr><td colspan="2" rowspan="2">百分比（%）</td><td>14.29</td><td>50.00</td><td>28.57</td><td>7.14</td><td></td><td rowspan="2"></td><td rowspan="2"></td><td rowspan="2"></td></tr>
<tr><td colspan="5">100</td></tr>
</table>

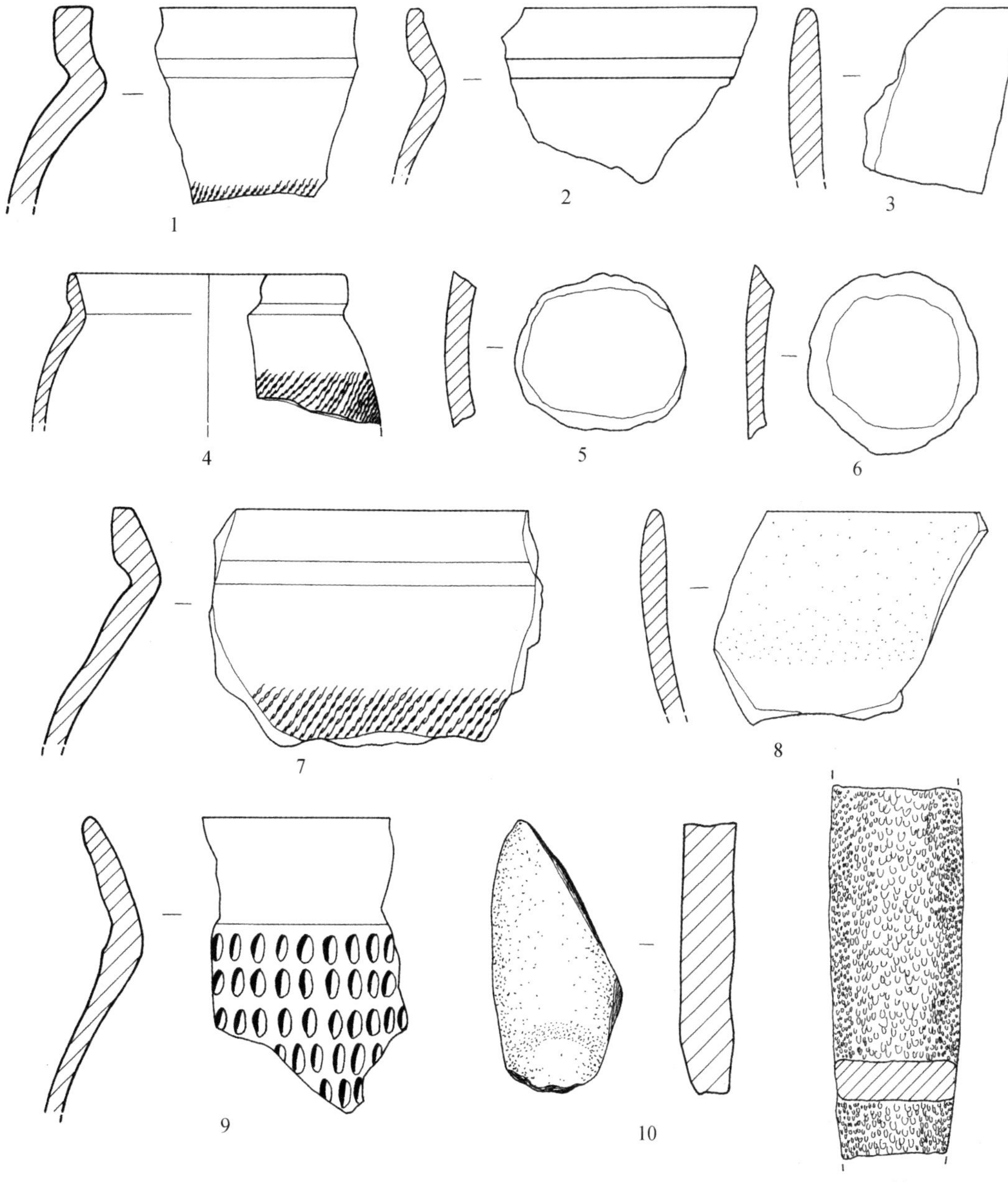

1~3、5~11. 0　3厘米　4. 0　6厘米

图四三七　H207出土遗物

1、2、4、7、9. 陶罐（H207：5、H207：6、H207：3、H207：4、H207：7）　3、8. 陶钵（H207：2、H207：1）　5、6. 圆陶片（H207：8-1、H207：8-2）　10. 砍砸器（H207：10）　11. 陶锉（H207：9）

标本H207：3、H207：4形制相同，均粗夹砂红褐陶，侈口，折沿，鼓腹。标本H207：3，圆唇。腹部饰右上至左下斜向绳纹。外沿面及口沿下侧均可见轮修痕迹。复原口径14.2、残高7.6厘米（图四三七，4）。标本H207：4，方唇。腹部饰右上至左下斜向绳纹。外沿面可见轮修痕迹（图四三七，7）。

标本H207：7，细夹砂红褐陶。侈口，卷沿，圆唇，鼓腹。口沿以下饰多周排列整齐的指甲纹。唇部可见轮修痕迹，内壁可见烟熏痕迹（图四三七，9）。

钵　2件。均口、腹部残片。形制相同，均细泥质橘红陶，直口微敛，圆唇，深弧腹，器表磨光，素面。标本H207：1，口下可见灰白色叠烧痕迹（图四三七，8）。标本H207：2，口下可见轮修痕迹（图四三七，3）。

圆陶片　2件。均完整。标本H207：8-1，细泥质橘红陶。系利用钵的残片打制而成。椭圆形，边缘较钝。长径4.5、短径3.9、厚0.5厘米（图四三七，5）。

标本H207：8-2，细泥质橘红陶。系利用钵的口部残片打制而成。圆形，边缘稍钝。直径4.5、厚0.5厘米（图四三七，6）。

锉　1件。标本H207：9，两端均残。细泥质橘红陶。残存部分平面呈长条形，两侧边稍弧，横断面呈圆角长方形。器表麻点清晰，密度较小。残长9.5、宽2.8~3.4、厚1厘米（图四三七，11）。

（2）石器

1件。砍砸器。标本H207：10，残。石英岩。系以劈裂的石片打制修理出一条直刃，背面保留砾石面，刃缘锋利。残长6.9、厚1.5厘米（图四三七，10）。

61. H210

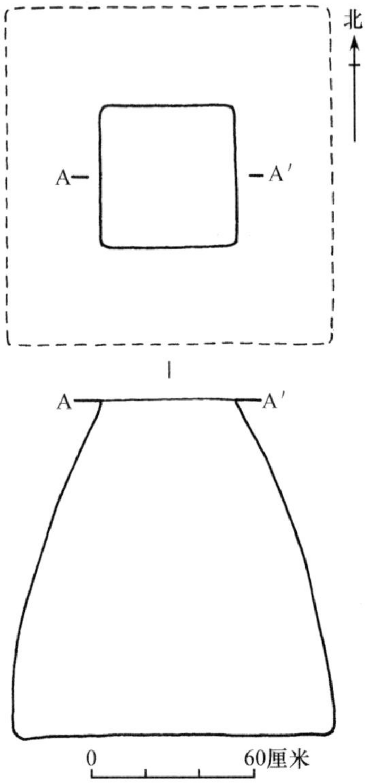

H210位于Ⅲ区T0815北部与T0816南部，开口于⑧层下。平面呈方形，袋状，斜直壁，平底，底部有一层硬面。坑口边长0.5、底边长1.2、深1.2米（图四三八）。

坑内堆积为深灰色土，土质疏松，包含大量火烧土块，出土少量陶片。

H210共出土遗物3件。全部为陶器。器类有钵、瓮。

钵　1件。标本H210：1，口、腹部残片。细泥质橘红陶。直口微敛，方唇，深弧腹。器表磨光。素面。口下可见浅褐色叠烧痕迹，内壁可见轮修痕迹（图四三九，1）。

瓮　2件。标本H210：2，口、腹部残片。粗夹砂红褐陶。侈口，卷沿，沿面内曲，方唇，鼓腹。口沿以下饰多周弦纹，腹部饰右上至左下斜向绳纹。外沿面、内壁均可见轮修痕迹（图四三九，2）。

标本H210：3，腹部残片。粗泥质橘红陶。高领，上腹圆鼓，下腹斜直，上腹部有横向扁圆桥形耳，最大腹径位于上中腹部。腹部饰右上至左下斜向绳纹。内壁可见泥条盘筑与轮修痕迹。腹径32、残高35.2厘米（图四三九，3）。

图四三八　H210平、剖面图

表一一六　H207器形统计表　　　　　　　　　　　　　　　　　　　　　　（单位：件）

陶质	细泥质	粗夹砂			合计		百分比（%）	
陶色	橘红	红褐						
器形＼纹饰	素面+磨光	素面	绳纹	指甲纹				
罐　口		2	4	1	12	14	85.71	100
底		5						
钵	2				2		14.29	
合计	2	7	4	1	14			
	14							
百分比（%）	14.29	50.00	28.57	7.14				
	100							

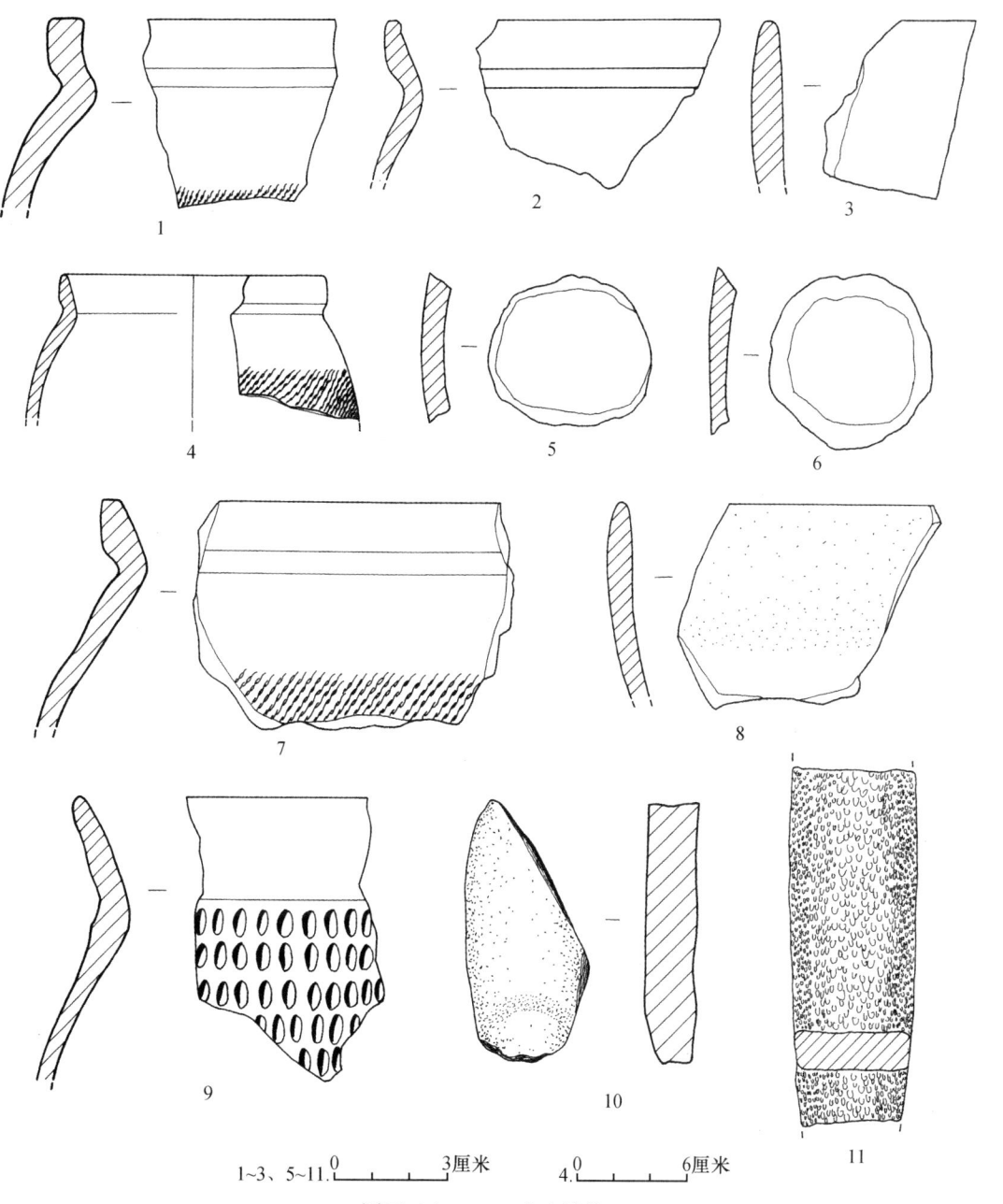

1~3、5~11. 0　　　3厘米　　　4. 0　　　6厘米

图四三七　H207出土遗物

1、2、4、7、9. 陶罐（H207：5、H207：6、H207：3、H207：4、H207：7）　3、8. 陶钵（H207：2、H207：1）
5、6. 圆陶片（H207：8-1、H207：8-2）　10. 砍砸器（H207：10）　11. 陶锉（H207：9）

标本H207：3、H207：4形制相同，均粗夹砂红褐陶，侈口，折沿，鼓腹。标本H207：3，圆唇。腹部饰右上至左下斜向绳纹。外沿面及口沿下侧均可见轮修痕迹。复原口径14.2、残高7.6厘米（图四三七，4）。标本H207：4，方唇。腹部饰右上至左下斜向绳纹。外沿面可见轮修痕迹（图四三七，7）。

标本H207：7，细夹砂红褐陶。侈口，卷沿，圆唇，鼓腹。口沿以下饰多周排列整齐的指甲纹。唇部可见轮修痕迹，内壁可见烟熏痕迹（图四三七，9）。

钵　2件。均口、腹部残片。形制相同，均细泥质橘红陶，直口微敛，圆唇，深弧腹，器表磨光，素面。标本H207：1，口下可见灰白色叠烧痕迹（图四三七，8）。标本H207：2，口下可见轮修痕迹（图四三七，3）。

圆陶片　2件。均完整。标本H207：8-1，细泥质橘红陶。系利用钵的残片打制而成。椭圆形，边缘较钝。长径4.5、短径3.9、厚0.5厘米（图四三七，5）。

标本H207：8-2，细泥质橘红陶。系利用钵的口部残片打制而成。圆形，边缘稍钝。直径4.5、厚0.5厘米（图四三七，6）。

锉　1件。标本H207：9，两端均残。细泥质橘红陶。残存部分平面呈长条形，两侧边稍弧，横断面呈圆角长方形。器表麻点清晰，密度较小。残长9.5、宽2.8～3.4、厚1厘米（图四三七，11）。

（2）石器

1件。砍砸器。标本H207：10，残。石英岩。系以劈裂的石片打制修理出一条直刃，背面保留砾石面，刃缘锋利。残长6.9、厚1.5厘米（图四三七，10）。

61. H210

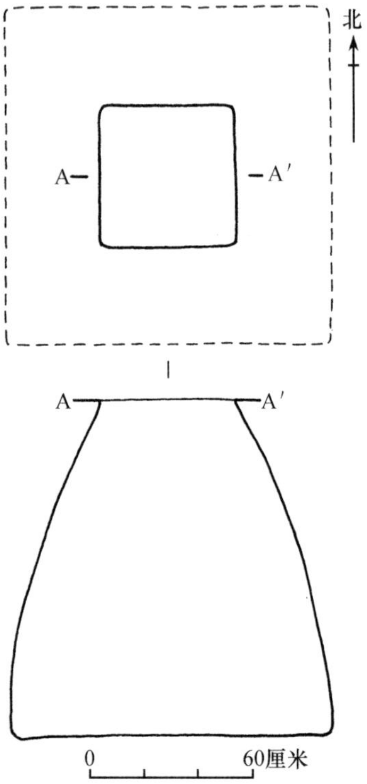

H210位于Ⅲ区T0815北部与T0816南部，开口于⑧层下。平面呈方形，袋状，斜直壁，平底，底部有一层硬面。坑口边长0.5、底边长1.2、深1.2米（图四三八）。

坑内堆积为深灰色土，土质疏松，包含大量火烧土块，出土少量陶片。

H210共出土遗物3件。全部为陶器。器类有钵、瓮。

钵　1件。标本H210：1，口、腹部残片。细泥质橘红陶。直口微敛，方唇，深弧腹。器表磨光。素面。口下可见浅褐色叠烧痕迹，内壁可见轮修痕迹（图四三九，1）。

瓮　2件。标本H210：2，口、腹部残片。粗夹砂红褐陶。侈口，卷沿，沿面内曲，方唇，鼓腹。口沿以下饰多周弦纹，腹部饰右上至左下斜向绳纹。外沿面、内壁均可见轮修痕迹（图四三九，2）。

标本H210：3，腹部残片。粗泥质橘红陶。高领，上腹圆鼓，下腹斜直，上腹部有横向扁圆桥形耳，最大腹径位于上中腹部。腹部饰右上至左下斜向绳纹。内壁可见泥条盘筑与轮修痕迹。腹径32、残高35.2厘米（图四三九，3）。

图四三八　H210平、剖面图

表一一六 H207器形统计表　　　　　　　　　　　　　　　　　　　　（单位：件）

陶质	细泥质	粗夹砂			合计		百分比（%）	
陶色 纹饰 器形	橘红	红褐						
	素面+磨光	素面	绳纹	指甲纹				
罐　口		2	4	1	12	14	85.71	100
底		5						
钵	2				2		14.29	
合计	2	7	4	1	14			
	14							
百分比（%）	14.29	50.00	28.57	7.14				
	100							

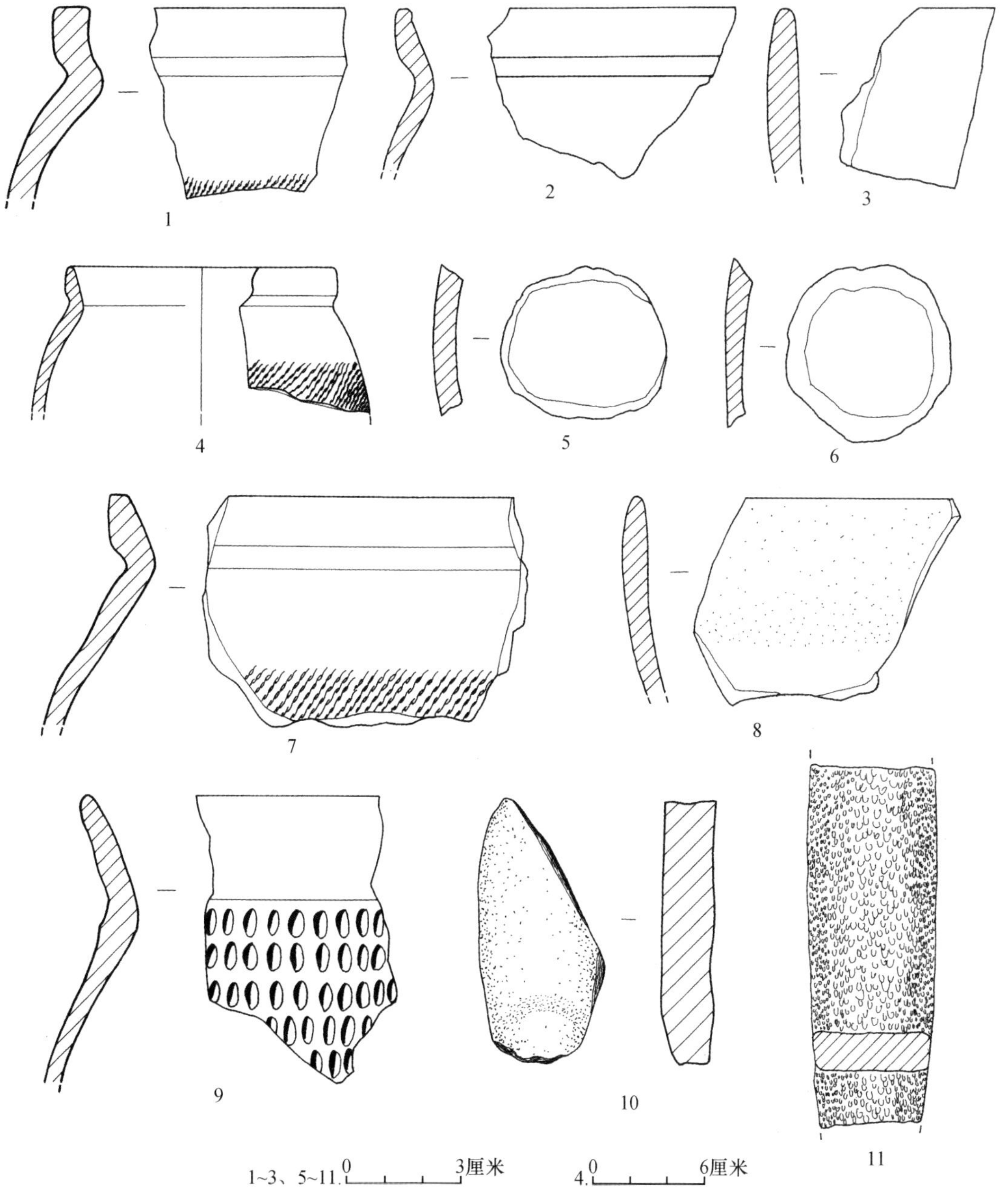

1~3、5~11. 0　　　3厘米　　　4. 0　　　6厘米

图四三七　H207出土遗物

1、2、4、7、9.陶罐（H207：5、H207：6、H207：3、H207：4、H207：7）　3、8.陶钵（H207：2、H207：1）
5、6.圆陶片（H207：8-1、H207：8-2）　10.砍砸器（H207：10）　11.陶锉（H207：9）

标本H207∶3、H207∶4形制相同，均粗夹砂红褐陶，侈口，折沿，鼓腹。标本H207∶3，圆唇。腹部饰右上至左下斜向绳纹。外沿面及口沿下侧均可见轮修痕迹。复原口径14.2、残高7.6厘米（图四三七，4）。标本H207∶4，方唇。腹部饰右上至左下斜向绳纹。外沿面可见轮修痕迹（图四三七，7）。

标本H207∶7，细夹砂红褐陶。侈口，卷沿，圆唇，鼓腹。口沿以下饰多周排列整齐的指甲纹。唇部可见轮修痕迹，内壁可见烟熏痕迹（图四三七，9）。

钵　2件。均口、腹部残片。形制相同，均细泥质橘红陶，直口微敛，圆唇，深弧腹，器表磨光，素面。标本H207∶1，口下可见灰白色叠烧痕迹（图四三七，8）。标本H207∶2，口下可见轮修痕迹（图四三七，3）。

圆陶片　2件。均完整。标本H207∶8-1，细泥质橘红陶。系利用钵的残片打制而成。椭圆形，边缘较钝。长径4.5、短径3.9、厚0.5厘米（图四三七，5）。

标本H207∶8-2，细泥质橘红陶。系利用钵的口部残片打制而成。圆形，边缘稍钝。直径4.5、厚0.5厘米（图四三七，6）。

锉　1件。标本H207∶9，两端均残。细泥质橘红陶。残存部分平面呈长条形，两侧边稍弧，横断面呈圆角长方形。器表麻点清晰，密度较小。残长9.5、宽2.8~3.4、厚1厘米（图四三七，11）。

（2）石器

1件。砍砸器。标本H207∶10，残。石英岩。系以劈裂的石片打制修理出一条直刃，背面保留砾石面，刃缘锋利。残长6.9、厚1.5厘米（图四三七，10）。

61. H210

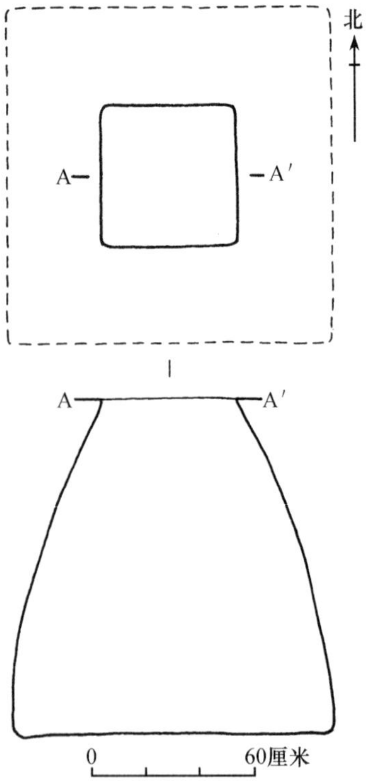

H210位于Ⅲ区T0815北部与T0816南部，开口于⑧层下。平面呈方形，袋状，斜直壁，平底，底部有一层硬面。坑口边长0.5、底边长1.2、深1.2米（图四三八）。

坑内堆积为深灰色土，土质疏松，包含大量火烧土块，出土少量陶片。

H210共出土遗物3件。全部为陶器。器类有钵、瓮。

钵　1件。标本H210∶1，口、腹部残片。细泥质橘红陶。直口微敛，方唇，深弧腹。器表磨光。素面。口下可见浅褐色叠烧痕迹，内壁可见轮修痕迹（图四三九，1）。

瓮　2件。标本H210∶2，口、腹部残片。粗夹砂红褐陶。侈口，卷沿，沿面内曲，方唇，鼓腹。口沿以下饰多周弦纹，腹部饰右上至左下斜向绳纹。外沿面、内壁均可见轮修痕迹（图四三九，2）。

标本H210∶3，腹部残片。粗泥质橘红陶。高领，上腹圆鼓，下腹斜直，上腹部有横向扁圆桥形耳，最大腹径位于上中腹部。腹部饰右上至左下斜向绳纹。内壁可见泥条盘筑与轮修痕迹。腹径32、残高35.2厘米（图四三九，3）。

图四三八　H210平、剖面图

表一一六 H207器形统计表 （单位：件）

陶质		细泥质	粗夹砂			合计		百分比（%）	
陶色		橘红	红褐						
器形	纹饰	素面+磨光	素面	绳纹	指甲纹				
罐	口		2	4	1	12	14	85.71	100
	底		5						
钵		2				2		14.29	
合计		2	7	4	1	14			
			14						
百分比（%）		14.29	50.00	28.57	7.14				
			100						

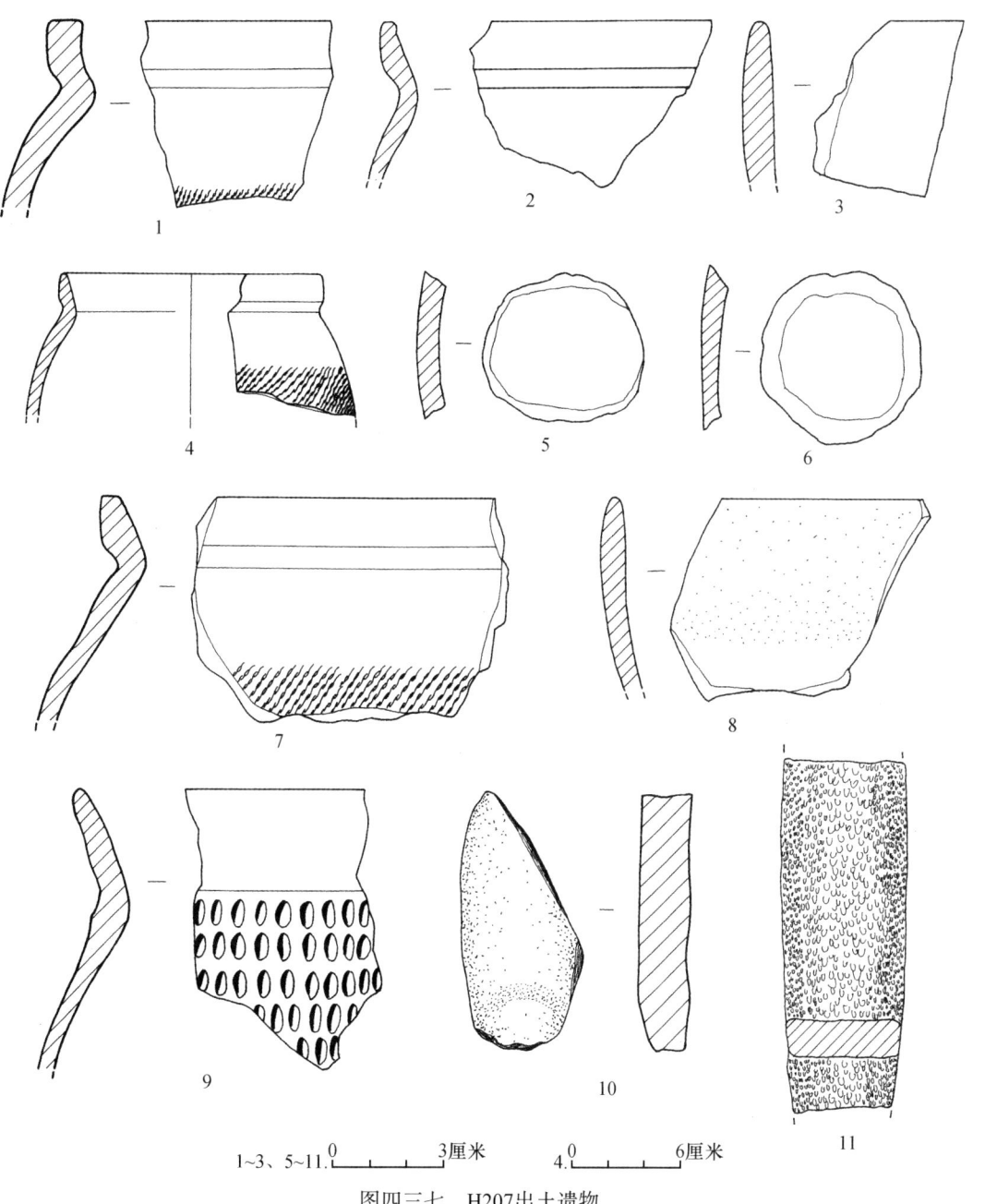

1~3、5~11 0　　3厘米　　　　4 0　　6厘米

图四三七　H207出土遗物

1、2、4、7、9.陶罐（H207：5、H207：6、H207：3、H207：4、H207：7）　3、8.陶钵（H207：2、H207：1）
5、6.圆陶片（H207：8-1、H207：8-2）　10.砍砸器（H207：10）　11.陶锉（H207：9）

标本H207：3、H207：4形制相同，均粗夹砂红褐陶，侈口，折沿，鼓腹。标本H207：3，圆唇。腹部饰右上至左下斜向绳纹。外沿面及口沿下侧均可见轮修痕迹。复原口径14.2、残高7.6厘米（图四三七，4）。标本H207：4，方唇。腹部饰右上至左下斜向绳纹。外沿面可见轮修痕迹（图四三七，7）。

标本H207：7，细夹砂红褐陶。侈口，卷沿，圆唇，鼓腹。口沿以下饰多周排列整齐的指甲纹。唇部可见轮修痕迹，内壁可见烟熏痕迹（图四三七，9）。

钵　2件。均口、腹部残片。形制相同，均细泥质橘红陶，直口微敛，圆唇，深弧腹，器表磨光，素面。标本H207：1，口下可见灰白色叠烧痕迹（图四三七，8）。标本H207：2，口下可见轮修痕迹（图四三七，3）。

圆陶片　2件。均完整。标本H207：8-1，细泥质橘红陶。系利用钵的残片打制而成。椭圆形，边缘较钝。长径4.5、短径3.9、厚0.5厘米（图四三七，5）。

标本H207：8-2，细泥质橘红陶。系利用钵的口部残片打制而成。圆形，边缘稍钝。直径4.5、厚0.5厘米（图四三七，6）。

锉　1件。标本H207：9，两端均残。细泥质橘红陶。残存部分平面呈长条形，两侧边稍弧，横断面呈圆角长方形。器表麻点清晰，密度较小。残长9.5、宽2.8～3.4、厚1厘米（图四三七，11）。

（2）石器

1件。砍砸器。标本H207：10，残。石英岩。系以劈裂的石片打制修理出一条直刃，背面保留砾石面，刃缘锋利。残长6.9、厚1.5厘米（图四三七，10）。

61. H210

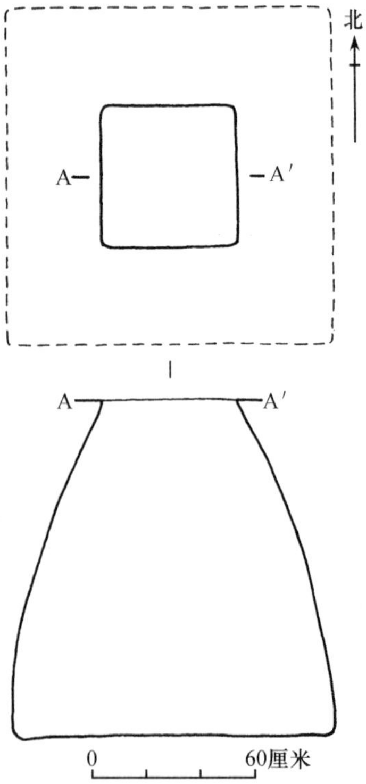

H210位于Ⅲ区T0815北部与T0816南部，开口于⑧层下。平面呈方形，袋状，斜直壁，平底，底部有一层硬面。坑口边长0.5、底边长1.2、深1.2米（图四三八）。

坑内堆积为深灰色土，土质疏松，包含大量火烧土块，出土少量陶片。

H210共出土遗物3件。全部为陶器。器类有钵、瓮。

钵　1件。标本H210：1，口、腹部残片。细泥质橘红陶。直口微敛，方唇，深弧腹。器表磨光。素面。口下可见浅褐色叠烧痕迹，内壁可见轮修痕迹（图四三九，1）。

瓮　2件。标本H210：2，口、腹部残片。粗夹砂红褐陶。侈口，卷沿，沿面内曲，方唇，鼓腹。口沿以下饰多周弦纹，腹部饰右上至左下斜向绳纹。外沿面、内壁均可见轮修痕迹（图四三九，2）。

标本H210：3，腹部残片。粗泥质橘红陶。高领，上腹圆鼓，下腹斜直，上腹部有横向扁圆桥形耳，最大腹径位于上中腹部。腹部饰右上至左下斜向绳纹。内壁可见泥条盘筑与轮修痕迹。腹径32、残高35.2厘米（图四三九，3）。

图四三八　H210平、剖面图

表一一六　H207器形统计表　　（单位：件）

陶质	细泥质	粗夹砂			合计		百分比(%)	
陶色	橘红	红褐						
器形＼纹饰	素面+磨光	素面	绳纹	指甲纹				
罐　口		2	4	1	12	14	85.71	100
底		5						
钵	2				2		14.29	
合计	2	7	4	1	14			
	14							
百分比(%)	14.29	50.00	28.57	7.14				
	100							

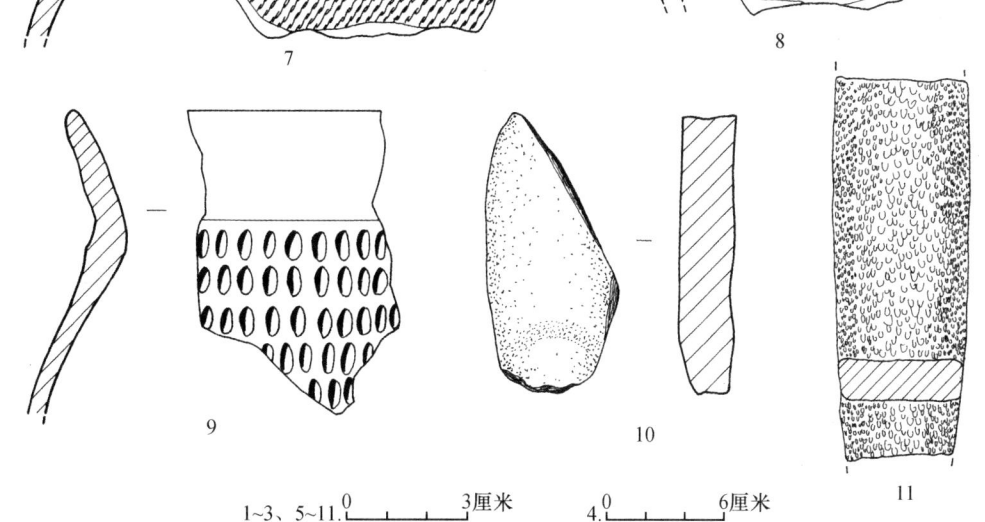

图四三七　H207出土遗物

1、2、4、7、9.陶罐（H207∶5、H207∶6、H207∶3、H207∶4、H207∶7）　3、8.陶钵（H207∶2、H207∶1）
5、6.圆陶片（H207∶8-1、H207∶8-2）　10.砍砸器（H207∶10）　11.陶锉（H207∶9）

标本H207：3、H207：4形制相同，均粗夹砂红褐陶，侈口，折沿，鼓腹。标本H207：3，圆唇。腹部饰右上至左下斜向绳纹。外沿面及口沿下侧均可见轮修痕迹。复原口径14.2、残高7.6厘米（图四三七，4）。标本H207：4，方唇。腹部饰右上至左下斜向绳纹。外沿面可见轮修痕迹（图四三七，7）。

标本H207：7，细夹砂红褐陶。侈口，卷沿，圆唇，鼓腹。口沿以下饰多周排列整齐的指甲纹。唇部可见轮修痕迹，内壁可见烟熏痕迹（图四三七，9）。

钵　2件。均口、腹部残片。形制相同，均细泥质橘红陶，直口微敛，圆唇，深弧腹，器表磨光，素面。标本H207：1，口下可见灰白色叠烧痕迹（图四三七，8）。标本H207：2，口下可见轮修痕迹（图四三七，3）。

圆陶片　2件。均完整。标本H207：8-1，细泥质橘红陶。系利用钵的残片打制而成。椭圆形，边缘较钝。长径4.5、短径3.9、厚0.5厘米（图四三七，5）。

标本H207：8-2，细泥质橘红陶。系利用钵的口部残片打制而成。圆形，边缘稍钝。直径4.5、厚0.5厘米（图四三七，6）。

锉　1件。标本H207：9，两端均残。细泥质橘红陶。残存部分平面呈长条形，两侧边稍弧，横断面呈圆角长方形。器表麻点清晰，密度较小。残长9.5、宽2.8～3.4、厚1厘米（图四三七，11）。

（2）石器

1件。砍砸器。标本H207：10，残。石英岩。系以劈裂的石片打制修理出一条直刃，背面保留砾石面，刃缘锋利。残长6.9、厚1.5厘米（图四三七，10）。

61. H210

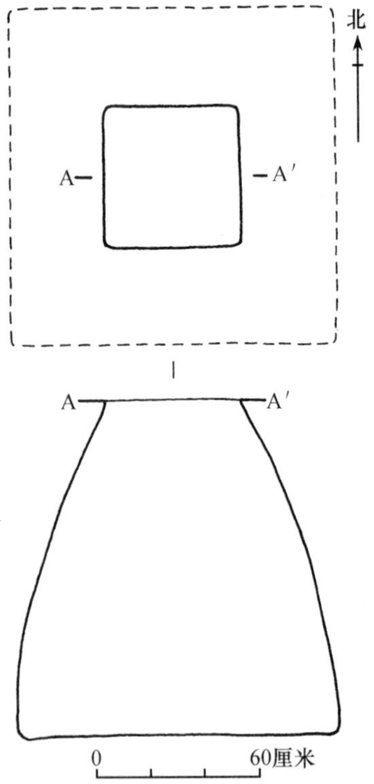

H210位于Ⅲ区T0815北部与T0816南部，开口于⑧层下。平面呈方形，袋状，斜直壁，平底，底部有一层硬面。坑口边长0.5、底边长1.2、深1.2米（图四三八）。

坑内堆积为深灰色土，土质疏松，包含大量火烧土块，出土少量陶片。

H210共出土遗物3件。全部为陶器。器类有钵、瓮。

钵　1件。标本H210：1，口、腹部残片。细泥质橘红陶。直口微敛，方唇，深弧腹。器表磨光。素面。口下可见浅褐色叠烧痕迹，内壁可见轮修痕迹（图四三九，1）。

瓮　2件。标本H210：2，口、腹部残片。粗夹砂红褐陶。侈口，卷沿，沿面内曲，方唇，鼓腹。口沿以下饰多周弦纹，腹部饰右上至左下斜向绳纹。外沿面、内壁均可见轮修痕迹（图四三九，2）。

标本H210：3，腹部残片。粗泥质橘红陶。高领，上腹圆鼓，下腹斜直，上腹部有横向扁圆桥形耳，最大腹径位于上中腹部。腹部饰右上至左下斜向绳纹。内壁可见泥条盘筑与轮修痕迹。腹径32、残高35.2厘米（图四三九，3）。

图四三八　H210平、剖面图

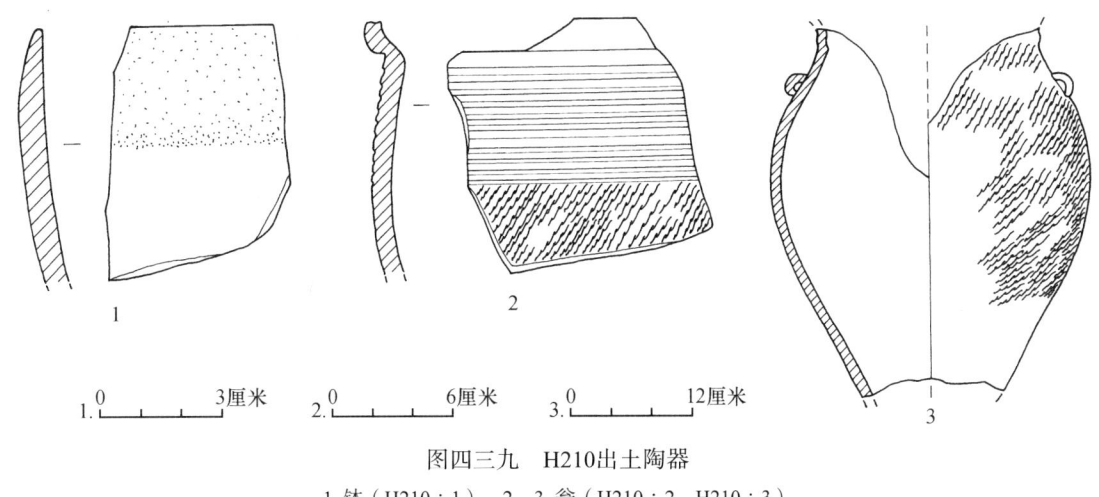

图四三九　H210出土陶器
1. 钵（H210∶1）　2、3. 瓮（H210∶2、H210∶3）

62. H222

H222位于Ⅲ区T0620东部，开口于④层下。平面呈椭圆形，袋状，斜直壁，平底。坑口长径0.98、短径0.72米，底长径1.18、短径0.9米，深0.85米（图四四〇）。

坑内堆积可分为2层：第①层为浅灰色土，土质较致密，厚0.2～0.3米；第②层为灰褐色土，土质致密，厚0.55～0.65米，包含大量火烧土块及炭屑，出土少量陶片，另有兽骨。

陶片为主要的出土物，以细泥质橘红陶为主，粗夹砂红褐陶次之，还有少量细夹砂红褐陶、细泥质红褐陶、粗泥质橘红陶；纹饰以素面为主，绳纹次之，弦纹再次，并有少量彩陶。

H222共出土遗物19件。以陶器为主，骨、角器次之。

（1）陶器

17件。器类有盆、罐、钵、瓮、甑、圆陶片、锉（表一一七）。

盆　3件。均口、腹部残片。标本H222∶12，粗夹砂红褐陶。直口微敛，平折沿，沿面略向外侧下斜，方唇。素面。沿面可见轮修痕迹（图四四一，9）。

标本H222∶9，细泥质橘红陶。直口，平折沿，圆唇，弧腹。口沿以下饰多周弦纹。唇部可见轮修痕迹（图四四一，7）。

标本H222∶8，细泥质橘红陶。敞口，平折沿，圆唇，斜直腹。素面。沿面可见轮修痕迹，器表可见刮抹痕迹（图四四一，2）。

罐　1件。标本H222∶15，口、腹部残片。细夹砂红褐陶。敛口，尖圆唇，口沿内侧有一道宽浅凹槽，圆鼓腹。口沿以下饰多周弦纹，腹部饰右上至左下斜向绳纹，下部弦纹与绳纹略有交错（图四四一，10）。

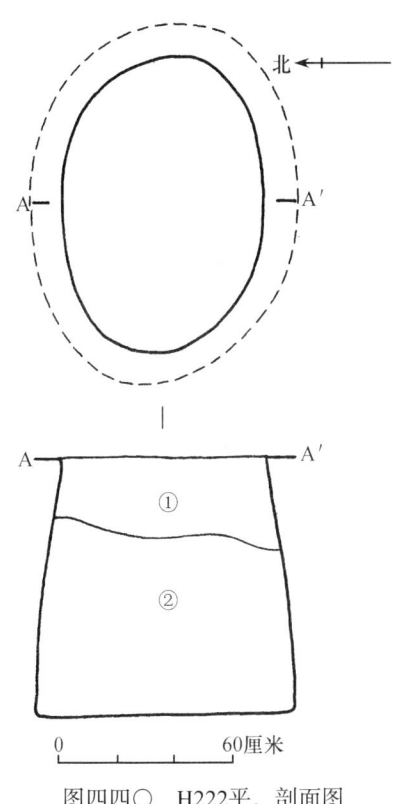

图四四〇　H222平、剖面图

表一一七 H222器形统计表　　　　　　　　　　　　　　　　　　　　　　（单位：件）

陶质	细泥质				细夹砂	粗泥质	粗夹砂		合计		百分比（%）	
陶色	橘红				红褐	红褐	橘红	红褐				
纹饰＼器形	素面+磨光	素面	弦纹	彩陶	素面+磨光	绳纹+弦纹	素面	素面	绳纹				
盆		1	1					1		3	15	20.00	100
罐					1					1		6.67	
钵	2	1		1		1	1	1		6		40.00	
瓮								1	3	4		26.67	
甑										1		6.67	
合计	2	2	1	1	1	1	1	3	3	15			
	15												
百分比（%）	13.33	13.33	6.67	6.67	6.67	6.67	6.67	20.00	20.00				
	100												

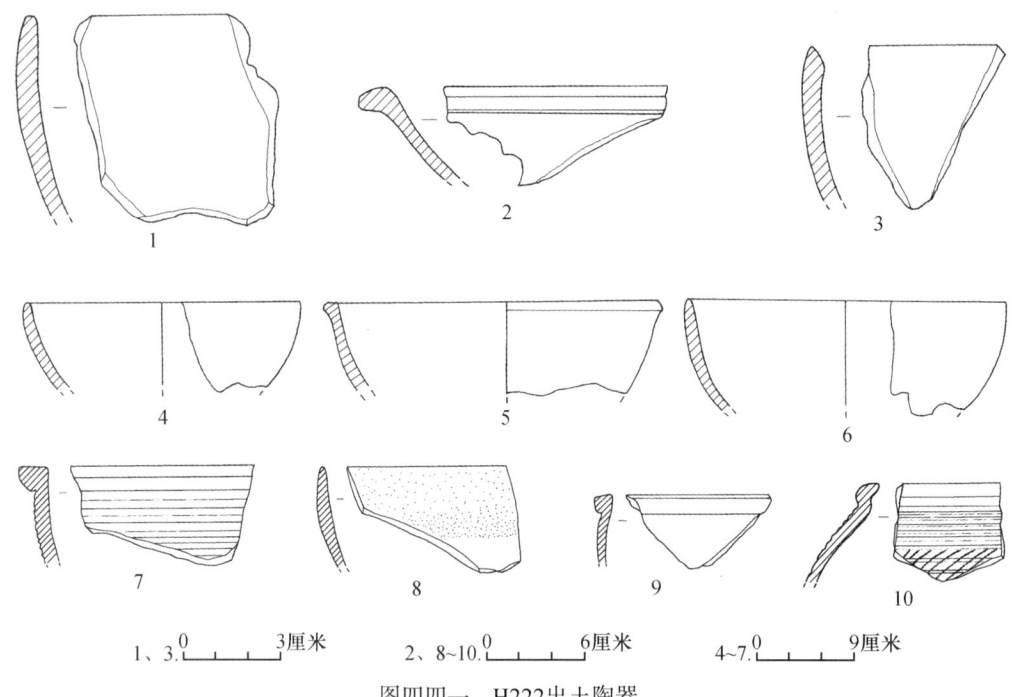

1、3、8. 厘米　　2、8~10. 厘米　　4~7. 厘米

图四四一　H222出土陶器

1、3~6、8. 钵（H222：4、H222：6、H222：5、H222：7、H222：2、H222：3）

2、7、9. 盆（H222：8、H222：9、H222：12）　10. 罐（H222：15）

钵　6件。均口、腹部残片。形制相同，均直口微敛，深弧腹，素面。标本H222：2，细泥质橘红陶。圆唇。口下可见轮修痕迹。复原口径30.3、残高10.5厘米（图四四一，6）。标本H222：3，细泥质橘红陶。圆唇。器表磨光。口下可见浅褐色叠烧痕迹（图四四一，8）。标本H222：4，细泥质红褐陶。圆唇。器表磨光（图四四一，1）。标本H222：5，细泥质橘红陶。方唇。器表磨光。复原口径26.1、残高8.1厘米（图四四一，4）。标本H222：6，粗泥质橘红陶。尖圆唇。表层有部

分剥落（图四四一，3）。标本H222：7，粗夹砂红褐陶。厚方唇。口下可见轮修痕迹。复原口径31.8、残高9厘米（图四四一，5）。

瓮 4件。均口、腹部残片。标本H222：16，粗夹砂红褐陶。侈口，卷沿，方唇，唇部有二道浅细凹槽。素面。口沿下侧可见轮修痕迹（图四四二，1）。

标本H222：13、H222：18形制相同，均粗夹砂红褐陶，敛口，口沿内侧有一道宽浅凹槽，鼓腹。标本H222：13，方唇，唇部有两道浅细凹槽，外沿面有一道浅细凹槽。腹部饰右上至左下斜向绳纹（图四四二，3）。标本H222：18，圆唇。腹部饰竖向绳纹。唇部可见轮修痕迹（图四四二，2）。

标本H222：17，粗夹砂红褐陶。直口微侈，方唇，高领，鼓肩，并起一道显著棱脊，鼓腹。棱脊以下饰右上至左下斜向绳纹（图四四二，4）。

甑 1件。标本H222：1，可复原。细泥质橘红陶。形制与钵相同，直口微敛，圆唇，浅弧腹，圜底，底部有一个由内向外打制而成的圆孔。器表磨光。口下饰黑色宽带纹彩绘。下腹部可见烟熏痕迹。口径22.2、孔径0.9、通高9厘米（图四四二，5；彩版二六，5；图版八九，5、6）。

圆陶片 1件。标本H222：20，完整。细泥质橘红陶。系利用钵的口部残片打制而成。圆形，边缘较锋利。器表可见浅褐色叠烧痕迹。直径7、厚0.5厘米（图四四二，6）。

锉 1件。标本H222：21，完整。粗夹砂灰褐陶。平面呈三角形，两侧边较直，横断面呈长方形，锐尖。器表麻点清晰，密度较小。器身磨损严重。长9.3、顶部宽3.1、厚0.9厘米（图四四二，7；图版九〇，1）。

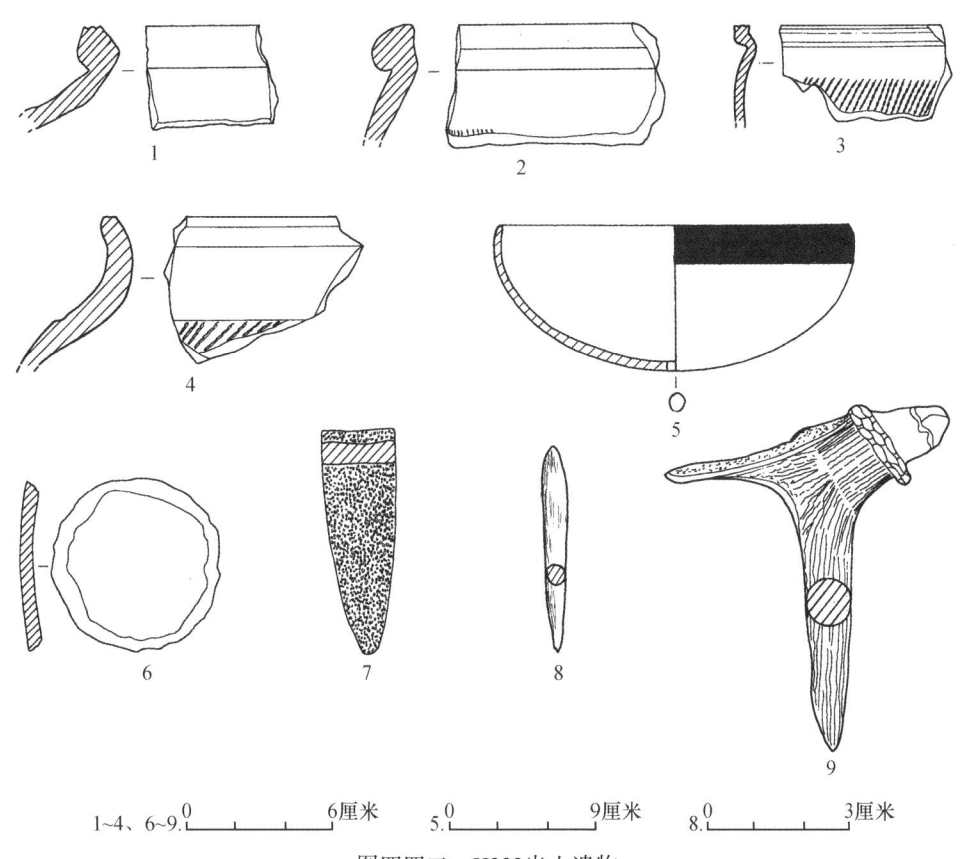

图四四二 H222出土遗物

1~4.陶瓮（H222：16、H222：18、H222：13、H222：17） 5.陶甑（H222：1） 6.圆陶片（H222：20）
7.陶锉（H222：21） 8.骨锥（H222：22） 9.角锥（H222：23）

（2）骨器

1件。锥。标本H222∶22，完整。横断面呈圆形，尖部锐利。通体磨光。长4.2厘米（图四四二，8；图版九〇，2）。

（3）角器

1件。锥。标本H222∶23，稍残。系利用梅花鹿带角柄的右鹿角基部制成。一枝杈截断，断面可见磨光及烧烤痕迹，另一枝杈可见劈裂痕迹。长14.3厘米（图四四二，9；图版九〇，3）。

63. H230

H230位于Ⅲ区T0617北部与T0618南部，开口于⑤层下。平面呈圆形，袋状，斜直壁，平底。坑口径1.18、底径1.78、深1.7米（图四四三）。

坑内堆积可分为2层：第①层为浅灰色土，土质疏松，厚1.1米，出土少量陶片；第②层为黄褐色土，厚0.6米，出土少量陶片。

陶片为主要的出土物，以细泥质橘红陶为主，粗夹砂红褐陶次之，粗泥质橘红陶再次；纹饰以素面为主，弦纹次之，绳纹再次，还有少量交错绳纹。

H230共出土遗物13件。以陶器为主，石器次之，骨器再次。

（1）陶器

10件。器类有瓶、盆、罐、钵、瓮、圆陶片。

瓶　2件。均口沿残片。标本H230∶5，细泥质橘红陶。直口微敛，较为短矮，方唇。素面。器表可见轮修痕迹。口径9.2、残高5厘米（图四四四，4）。

标本H230∶4，粗泥质橘红陶。直杯口，较高，方唇，唇部有一道不显著棱脊。素面。内、外壁均可见轮修痕迹（图四四四，12）。

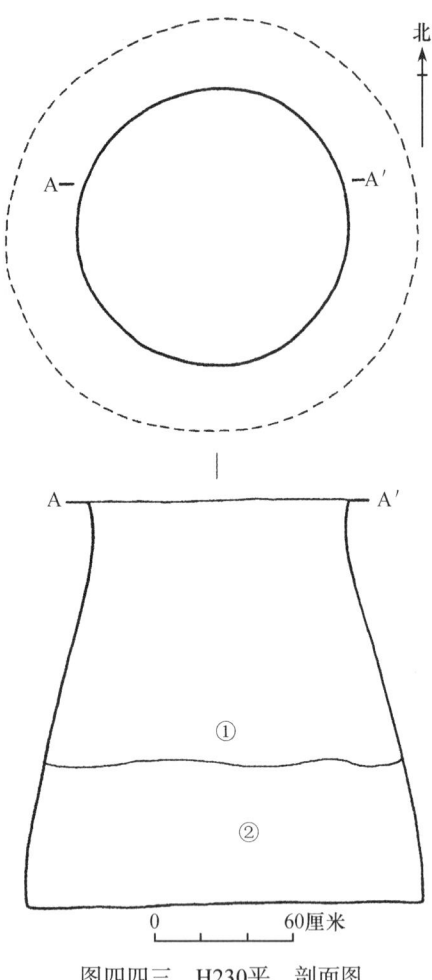

图四四三　H230平、剖面图

盆　1件。标本H230∶2，口、腹部残片。细泥质橘红陶。直口微敛，平折沿，方唇，弧腹。口部以下饰多周弦纹。唇部可见轮修痕迹（图四四四，9）。

罐　3件。均口、腹部残片。标本H230∶8，粗夹砂红褐陶。侈口，折沿，圆唇，鼓腹。素面。外沿面可见轮修痕迹，器表可见烟熏痕迹（图四四四，5）。

标本H230∶6，粗夹砂红褐陶。侈口，卷沿，方唇，唇部有一道浅细凹槽，鼓腹。外沿面饰一道弦纹，腹部饰右上至左下斜向绳纹。外沿面可见轮修痕迹（图四四四，1）。

标本H230∶9，粗夹砂红褐陶。侈口，折沿，沿面微曲，方唇，鼓腹。素面。内壁可见轮修痕迹（图四四四，2）。

钵　1件。标本H230∶1，口沿残片。细泥质橘红陶。直口微敛，圆唇。器表磨光。素面。口下可见轮修痕迹（图四四四，8）。

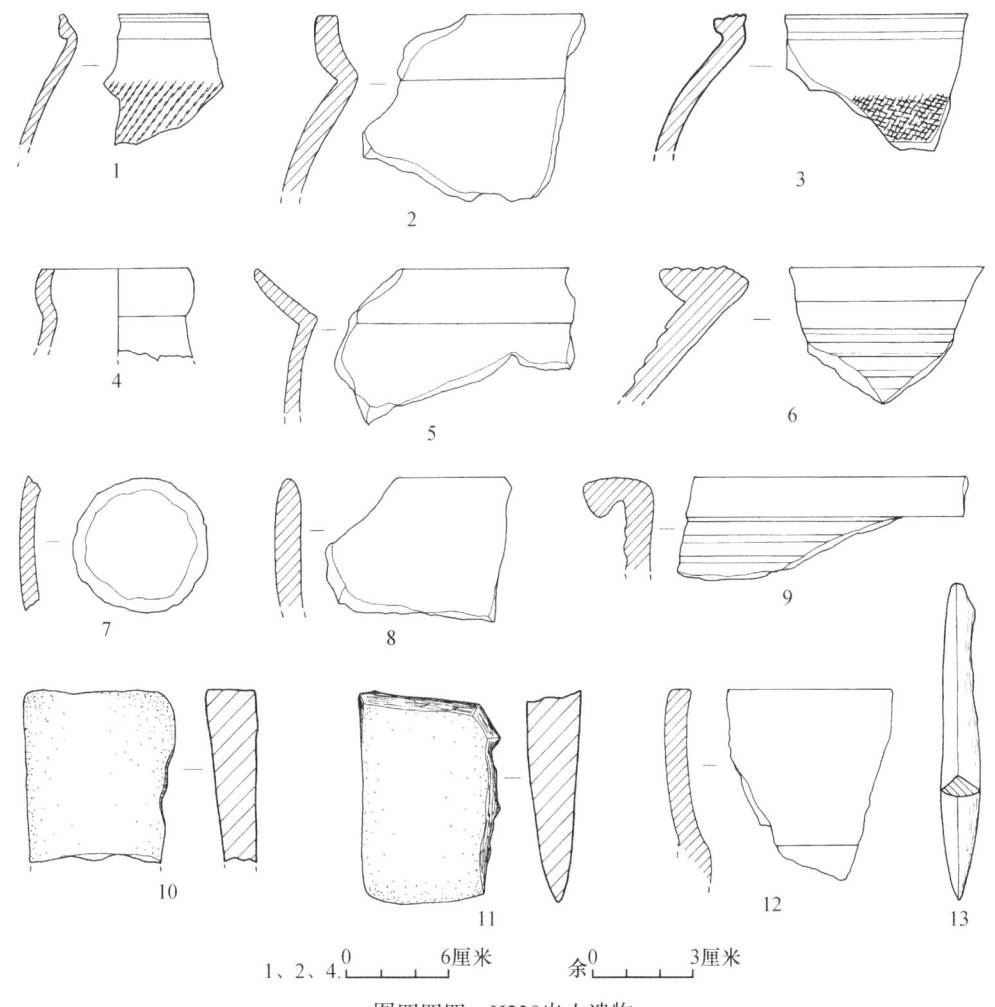

图四四四　H230出土遗物

1、2、5. 陶罐（H230：6、H230：9、H230：8）　3、6. 陶瓮（H230：7、H230：3）　4、12. 陶瓶（H230：5、H230：4）
7. 圆陶片（H230：10）　8. 陶钵（H230：1）　9. 陶盆（H230：2）　10. 研磨器（H230：11）　11. 残石器（H230：12）
13. 骨锥（H230：13）

瓮　2件。均口、腹部残片。形制相同，均敛口，折沿，圆唇，鼓腹。标本H230：7，粗夹砂橘红陶。窄平折沿，沿面有三道浅细凹槽，口沿内侧有一道凹槽。腹部饰交错绳纹。内壁可见轮修痕迹（图四四四，3）。标本H230：3，细泥质橘红陶。平折沿，沿面有六道浅细凹槽。口沿以下饰多周弦纹（图四四四，6）。

圆陶片　1件。标本H230：10，完整。细泥质橘红陶。系利用钵的口部残片打制而成。圆形，边缘较锋利。器表可见深红色叠烧痕迹。直径4.1、厚0.45厘米（图四四四，7）。

（2）石器

2件。器类有研磨器、残石器。

研磨器　1件。标本H230：11，残。石英细砂岩。残存部分平面呈长方形，一面较平坦，一面稍鼓。通体磨光。底部平面可见红色颜料痕迹。残长5、宽4.6、厚1~1.5厘米（图四四四，10）。

残石器　1件。标本H230：12，石灰岩。平面呈长方形，刃缘较锋利。器表磨光，可见使用形成的较小疤痕。残长6.2、宽4厘米（图四四四，11）。

（3）骨器

1件。锥。标本H230：13，完整。系利用梅花鹿角的残段磨制而成。横断面呈三角形，尖部锐利。尖部磨光。长9.3厘米（图四四四，13；图版九〇，4）。

64. H232

H232位于Ⅲ区T0618南部，开口于④层下。平面呈圆角方形，锅底状，弧壁，底部不甚平整。坑口边长0.8、底边长0.5、深0.3米（图四四五）。

坑内堆积为深褐色土，土质较为致密，包含少量火烧土块，出土少量陶片。

陶片以细泥质橘红陶为主，另有少量粗夹砂红褐陶；纹饰以素面为主，绳纹次之。

H232共出土遗物5件。以陶器为主，石器次之。

（1）陶器

4件。器类有盆、钵、瓮。

盆　1件。标本H232：3，口、腹部残片。细泥质橘红陶。直口微敛，窄折沿，尖圆唇，弧腹。器表磨光。素面。唇部可见轮修痕迹（图四四六，2）。

钵　2件。均口、腹部残片。形制相同，均细泥质橘红陶。直口微敛，圆唇，深弧腹，器表磨光，素面。标本H232：1，口下可见浅褐色叠烧痕迹与刮抹痕迹（图四四六，4）。标本H232：2，口下可见灰白色叠烧痕迹（图四四六，3）。

瓮　1件。标本H232：4，口、腹部残片。粗夹砂红褐陶。敛口，方唇，唇部有一道浅细凹槽，鼓肩，并起一道不显著棱脊，鼓腹。棱脊以下饰右上至左下斜向绳纹。唇部可见轮修痕迹（图四四六，1）。

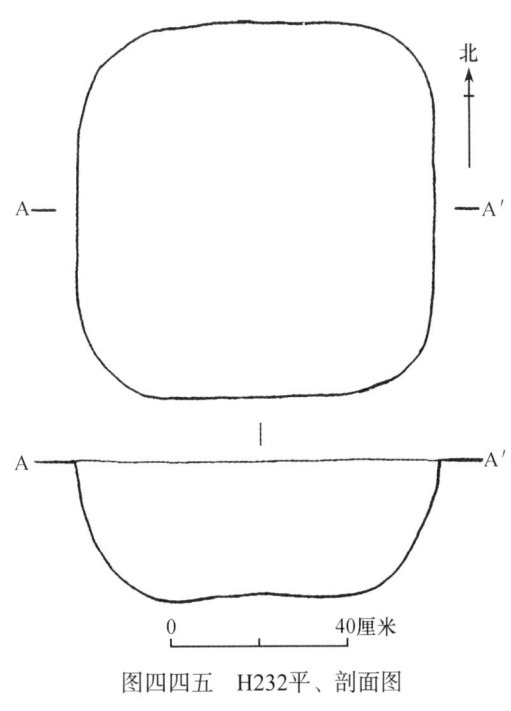

图四四五　H232平、剖面图

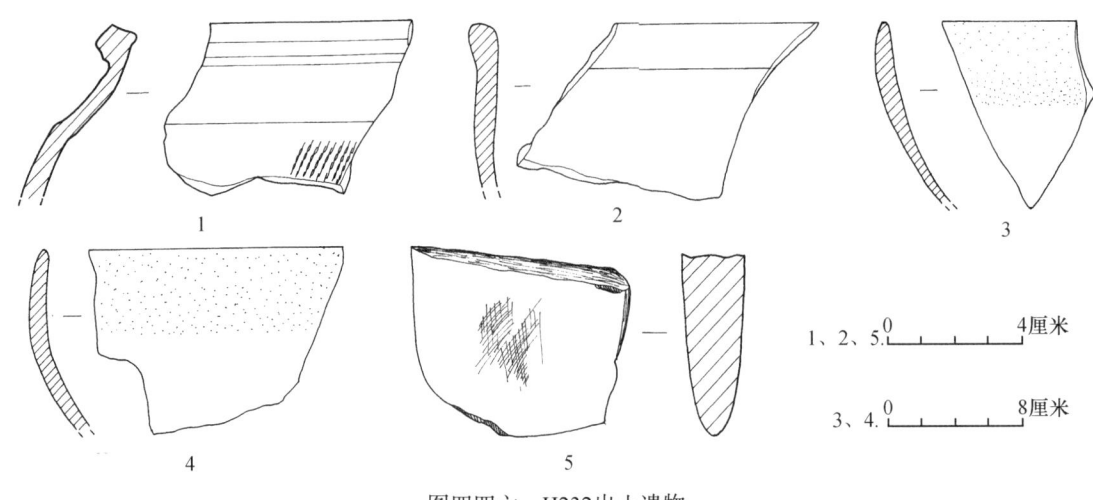

图四四六　H232出土遗物

1. 陶瓮（H232：4）　2. 陶盆（H232：3）　3、4. 陶钵（H232：2、H232：1）　5. 刮削器（H232：5）

（2）石器

1件。刮削器。标本H232：5，完整。石英岩。平面呈长方形，两侧边缘稍经打击修理，弧形刃，较锋利。两面磨光。器表有使用形成的连续疤痕。长径6.5、短径5.5厘米（图四四六，5；图版九〇，5）。

65. H236

H236位于Ⅲ区T0413中部，开口于F66居住面之下。平面呈圆形，筒状，直壁，平底。坑口径1、深0.7米（图四四七）。

坑内堆积为浅灰色土，土质较为疏松，包含少量火烧土块。

陶片为主要的出土物，以粗夹砂红褐陶为主，细泥质橘红陶和粗泥质橘红陶次之，并有一定比例的细夹砂橘红陶和少量粗泥质红褐陶、细夹砂红褐陶、细夹砂灰陶；纹饰以素面居多，绳纹次之，还有少量弦纹、彩陶（表一一八）。

H236共出土遗物28件。以陶器为主，石器次之。

（1）陶器

26件。器类有盆、罐、钵、瓮、圆陶片、锉，另有器耳（表一一九）。

盆　3件。均口、腹部残片。标本H236：9，细泥质橘红陶。直口微敛，窄折沿，沿面向外侧下斜，圆唇，弧腹。器表磨光。沿面饰黑色彩绘。口下可见轮修痕迹（图四四八，7）。

标本H236：7、H236：8形制相同，均粗泥质橘红陶。直口，平折沿，弧腹，器表磨光，素面。标本H236：7，方唇。唇部可见轮修痕迹（图四四八，1）。标本H236：8，沿面微鼓，圆唇。口下可见轮修痕迹（图四四八，2）。

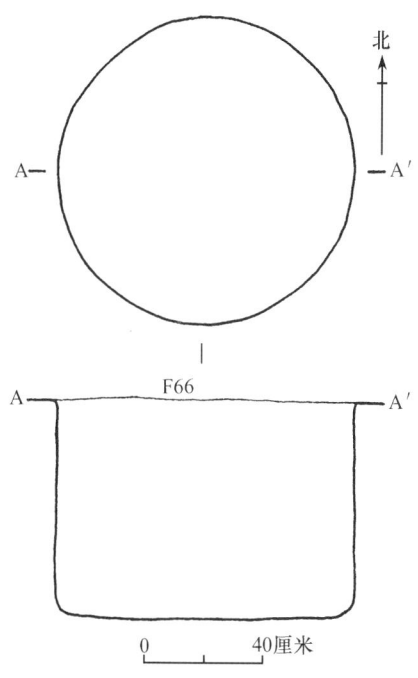

图四四七　H236平、剖面图

表一一八　H236陶系统计表　　　　（单位：kg）

陶质 陶色 纹饰	细泥质	粗泥质		细夹砂			粗夹砂	合计		百分比 （%）	
	橘红	橘红	红褐	橘红	红褐	灰	红褐				
素面	0.114	0.86	0.114	0.41	0.126	0.17	0.35	2.144		44.48	
素面+磨光	0.78	0.228						1.008		20.91	
绳纹							1.24	1.24	4.82	25.73	100
弦纹							0.22	0.22		4.56	
彩陶	0.21							0.21		4.36	
合计	1.104	1.088	0.114	0.41	0.126	0.17	1.81	4.82			
	4.82										
百分比 （%）	22.90	22.57	2.37	8.51	2.61	3.53	37.55				
	100										

表一一九　H236器形统计表　　　　　　　　　　　　　（单位：件）

陶质	细泥质			粗泥质		细夹砂	粗夹砂				合计	百分比（%）	
陶色	橘红			橘红		红褐	橘红	红褐					
纹饰＼器形	素面+磨光	素面	彩陶	素面+磨光	素面	素面	素面	素面	绳纹	弦纹			
盆			1	2							3	13.04	100
罐								2	3		5	21.74	
钵	8	1			1	1	1	1			13	56.52	
瓮									1	1	2	8.70	
合计	8	1	1	2	1	1	1	3	4	1	23		
百分比（%）	34.78	4.35	4.35	8.70	4.35	4.35	4.35	13.04	17.39	4.35	100		

罐　5件。均口、腹部残片。形制相同。标本H236∶11，粗夹砂红褐陶。侈口，卷沿，沿面微曲，方唇，唇部有一道不显著凸棱，鼓腹。腹部饰竖向绳纹。口下可见轮修痕迹（图四四八，4）。

钵　13件。均口、腹部残片。标本H236∶6，细泥质橘红陶。直口，方唇，深弧腹。器表磨光。素面。口下可见浅褐色叠烧痕迹与轮修痕迹（图四四八，10）。

标本H236∶1、H236∶2、H236∶3、H236∶4、H236∶5形制相同，均直口微敛，圆唇，深弧腹，素面。标本H236∶1，粗泥质红褐陶。器表经刮抹较为光滑。口部可见轮修痕迹，腹部可见刮抹痕迹。复原口径36、残高13.8厘米（图四四八，5）。标本H236∶2，细泥质橘红陶。器表磨光。口下可见深红色叠烧痕迹。复原口径33.6、残高6.9厘米（图四四八，6）。标本H236∶3，细泥质橘红陶。器表磨光。口下可见深红色叠烧痕迹与轮修痕迹（图四四八，3）。标本H236∶4，细泥质橘红陶。器表经刮抹较为光滑。器表可见轮修痕迹，口部可见烟熏痕迹（图四四八，9）。标本H236∶5，粗夹砂红褐陶。器表经刮抹较为光滑。口下可见轮修痕迹（图四四八，8）。

瓮　2件。均口、腹部残片。标本H236∶10，粗夹砂红褐陶。侈口，卷沿，沿面微曲，方唇，鼓腹。腹部饰右上至左下斜向绳纹。外沿面与口沿下侧均可见轮修痕迹，器表可见烟熏痕迹（图四四九，1）。

标本H236∶12，粗夹砂红褐陶。敛口，折沿，沿面向外侧下斜，尖圆唇，口沿内侧有一道宽浅凹槽，直腹。口沿以下饰多周弦纹。沿面可见轮修痕迹（图四四九，3）。

器耳　标本H236∶13，细夹砂红褐陶。竖向扁圆桥形耳。素面（图四四九，8）。

圆陶片　2件。形制相同，均圆形。标本H236∶14-1，完整。细夹砂橘红陶。系利用盆的残片打制而成。边缘较锋利。直径5.5、厚0.65厘米（图四四九，7）。标本H236∶14-2，残。细泥质橘红陶。系利用钵的口部残片打制而成。边缘较锋利。器表可见深红色叠烧痕迹。直径6.3、厚0.5厘米（图四四九，6）。

锉　1件。标本H236∶15，两端均残。细泥质橘红陶。残存部分平面呈近长方形，横断面呈圆角长方形。器表麻点清晰，密度较大。残长6.8、宽5.4、厚0.9厘米（图四四九，4）。

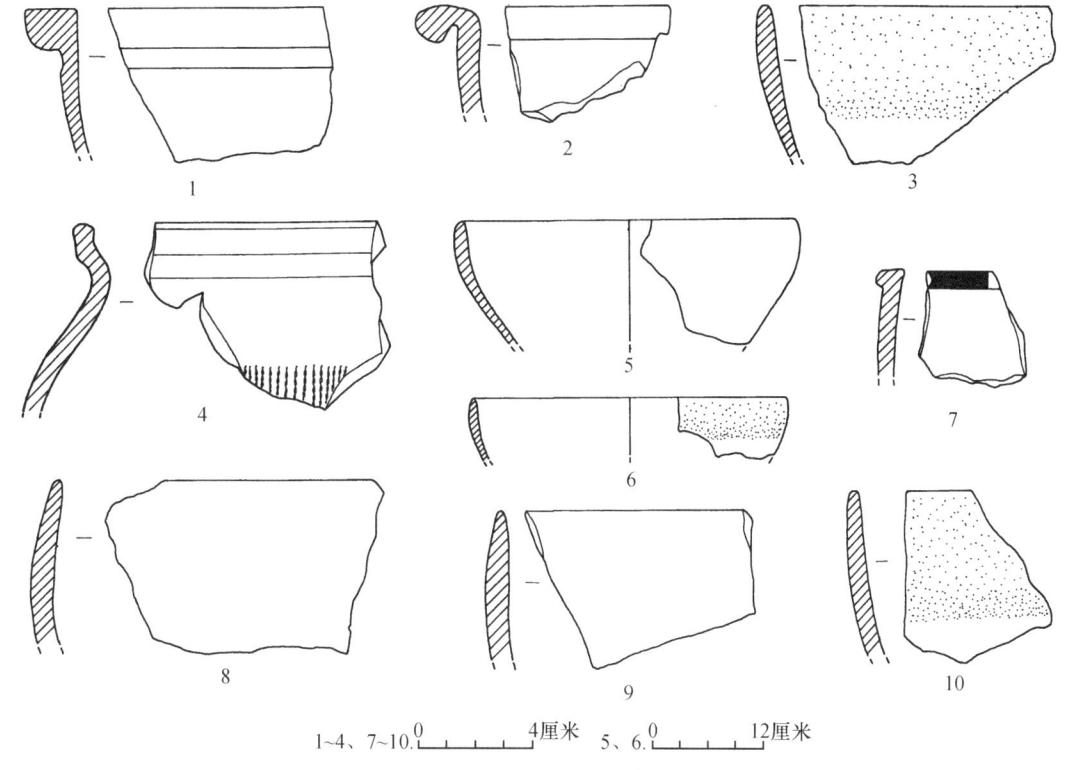

1~4、7~10. 0 ⎿⎯⎯⎯⎯⎿ 4厘米   5、6. 0 ⎿⎯⎯⎯⎿ 12厘米

图四四八　H236出土陶器

1、2、7. 盆（H236：7、H236：8、H236：9）

3、5、6、8~10. 钵（H236：3、H236：1、H236：2、H236：5、H236：4、H236：6）　4. 罐（H236：11）

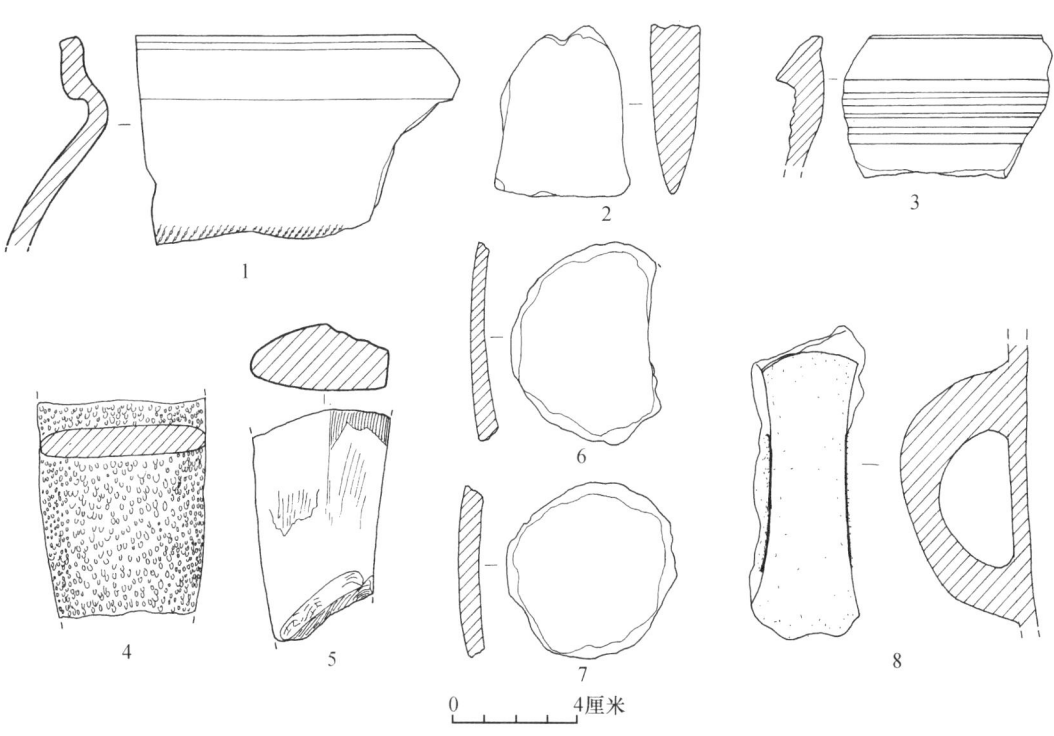

0 ⎿⎯⎯⎯⎿ 4厘米

图四四九　H236出土遗物

1、3. 陶瓮（H236：10、H236：12）　2、5. 残石器（H236：17、H236：16）　4. 陶锉（H236：15）

6、7. 圆陶片（H236：14-2、H236：14-1）　8. 器耳（H236：13）

（2）石器

2件。均为残石器。标本H236：16，板岩。平面呈不规则形，断面呈近椭圆形。稍经磨光。残长7.3厘米（图四四九，5）。标本H236：17，石灰岩。平面呈不规则形，断面呈三角形，刃部呈三角形。通体磨光。刃部有使用形成的疤痕。残长5.3厘米（图四四九，2）。

66. H240

H240位于Ⅲ区T0712东南部，开口于⑦层下。平面呈长方形，筒状，直壁，平底。坑口东西长1.8、南北宽0.8、深0.5米（图四五〇）。

坑内堆积为浅褐色土，土质较为致密，包含少量火烧土颗粒，出土少量陶片。

陶片以细泥质橘红陶为主，粗夹砂红褐陶次之，还有少量粗泥质橘红陶；纹饰以素面为主，绳纹次之，还有少量弦纹。

H240共出土遗物7件。以陶器为主，石器次之。

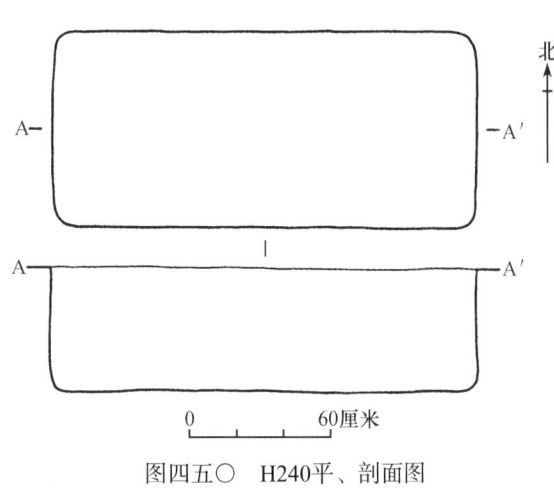

图四五〇　H240平、剖面图

（1）陶器

6件。器类有钵、瓮、圆陶片。

钵　3件。均口、腹部残片。均直口微敛，深弧腹，素面。标本H240：1，细泥质橘红陶。方唇。器表磨光。口下可见浅褐色叠烧痕迹，内壁可见轮修痕迹（图四五一，2）。标本H240：2，细泥质橘红陶。圆唇，腹部有一道较矮棱脊。器表经刮抹较为光滑。口下可见轮修痕迹（图四五一，3）。标本H240：3，粗泥质橘红陶。圆唇。口下与内壁均可见轮修痕迹，器表可见烟熏痕迹（图四五一，1）。

瓮　2件。均口、腹部残片。形制相同，均粗夹砂红褐陶，侈口，卷沿，沿面微曲，方唇，腹微鼓。标本H240：4，唇部有一道凸棱。口沿下侧饰多周弦纹，弦纹以下饰右上至左下斜向绳纹。沿面可见轮修痕迹（图四五一，7）。标本H240：5，腹部饰右上至左下斜向绳纹。外沿面、内壁均可见轮修痕迹（图四五一，5）。

圆陶片　1件。标本H240：6，完整。细泥质橘红陶。系利用钵的口部残片打制而成。圆形，边缘稍钝。器表可见深红色叠烧痕迹。直径6.2、厚0.5厘米（图四五一，6）。

（2）石器

1件。残石器。标本H240：7，残。石英岩。平面呈长方形。器表磨光。残长5.2厘米（图四五一，4）。

67. H241

H241位于Ⅲ区T0611东北角、T0612东南角、T0711西北角、T0712西南角，开口于⑤层下。平面呈圆形，筒状，直壁，平底。坑口径0.9、深0.5米（图四五二）。

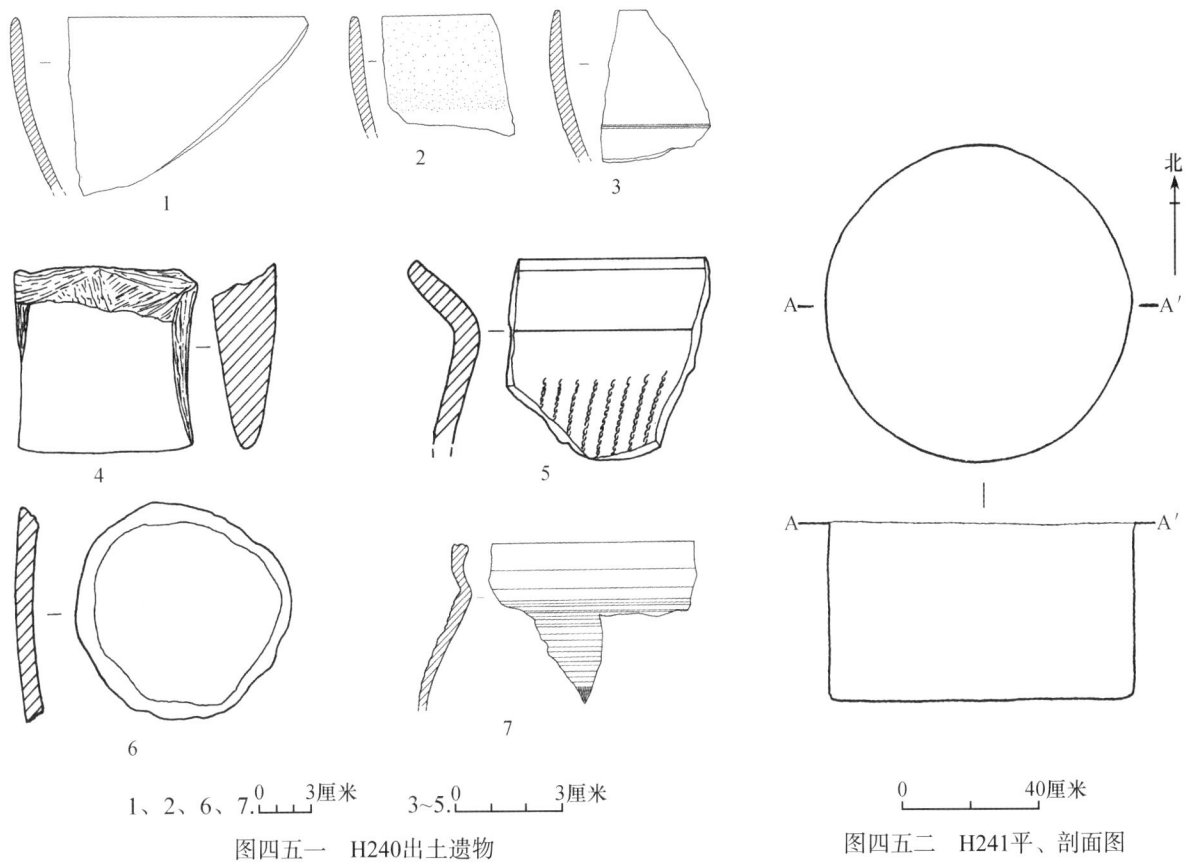

图四五一　H240出土遗物
1、2、3.陶钵（H240：3、H240：1、H240：2）　4.残石器（H240：7）
5、7.陶瓮（H240：5、H240：4）　6.圆陶片（H240：6）

图四五二　H241平、剖面图

坑内堆积为浅灰色土，土质疏松，包含少量火烧土块，出土少量陶片。

H241共出土遗物2件。全部为陶器。器类有瓮、甑。

瓮　1件。标本H241：3，口、腹部残片。粗夹砂红褐陶。侈口，折沿，沿面微曲，方唇，唇部有一道浅细凹槽，腹微鼓。口沿以下饰多周弦纹。器表可见烟熏痕迹，内壁可见轮修痕迹（图四五三，1）。

甑　1件。标本H241：2，下腹、底部残片。细夹砂橘红陶。下腹斜收，平底，底心有一圆形穿孔。器表经刮抹较为光滑。素面。下腹部可见刮抹痕迹。底径6、孔径1.2、残高4.6厘米（图四五三，2）。

68. H244

H244位于Ⅲ区T0916东北部与T0917东南部，开口于④层下。平面呈圆形，袋状，斜直壁，平底。坑口径1.46、底径2.84、深0.98米（图四五四）。

坑内堆积为浅灰色土，土质疏松，出土少量陶片。

陶片为主要的出土物，以粗夹砂红褐陶为主，细泥质橘红陶次之，并有一定数量的粗泥质橘红陶和少量细泥质灰陶、细泥质黑陶、细夹砂红褐陶；纹饰以素面和绳纹居多，并有少量弦纹、彩陶（表一二〇）。

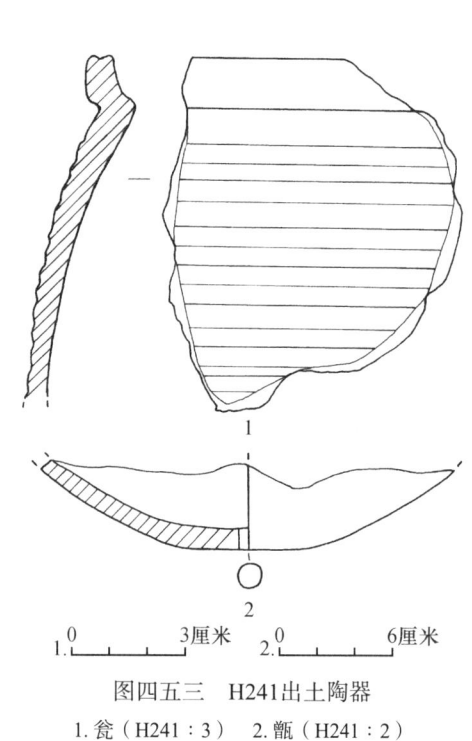

图四五三　H241出土陶器
1. 瓮（H241：3）　2. 甑（H241：2）

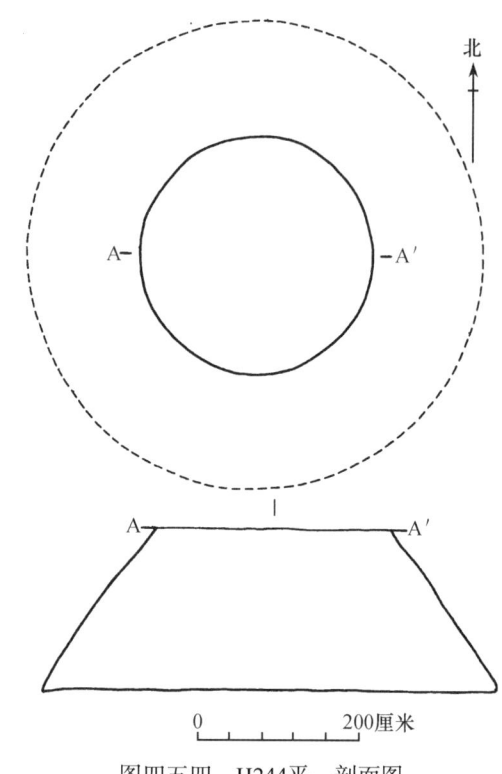

图四五四　H244平、剖面图

表一二〇　**H244陶系统计表**　　　　　　　　　　（单位：kg）

陶质	细泥质			粗泥质	细夹砂	粗夹砂	合计	百分比（%）
陶色 纹饰	橘红	灰	黑	橘红	红褐	红褐		
素面	0.114			0.13		0.23	0.474	13.86
素面+磨光	1.18	0.06	0.04				1.28	37.43
绳纹				0.10	0.02	1.40	1.52	44.44
弦纹	0.02					0.04	0.06	1.75
彩陶	0.09						0.09	2.63
合计	1.404	0.06	0.04	0.23	0.02	1.67	3.42	
	3.42							100
百分比（%）	41.05	1.75	1.17	6.73	0.58	48.83		
	100							

　　H244共出土遗物21件。全部为陶器。器类有盆、罐、钵、瓮、圆陶片（表一二一）。

　　盆　1件。标本H244：5，口、腹部残片。细泥质橘红陶。敛口，平折沿，沿面微鼓，圆唇，弧腹。口沿以下饰多周弦纹。沿面可见轮修痕迹（图四五五，8）。

　　罐　1件。标本H244：6，口、腹部残片。细泥质橘红陶。侈口，卷沿，圆唇，鼓腹。腹部饰多周弦纹。口沿以下可见轮修痕迹。复原口径27.6、残高12.2厘米（图四五五，2）。

　　钵　12件。标本H244：2、H244：3、H244：4均口、腹部残片。形制相同，均细泥质橘红陶，直口微敛，圆唇，深弧腹。标本H244：2，器表磨光。口下饰黑色宽带纹彩绘（图四五五，6）。标本H244：3，器表磨光。口下与唇部饰黑色宽带纹彩绘。内壁可见轮修痕迹（图四五五，5）。

表一二一 H244器形统计表 （单位：件）

陶质	细泥质				粗泥质	粗夹砂		合计		百分比（%）	
陶色	橘红				橘红	红褐					
器形＼纹饰	素面+磨光	素面	弦纹	彩陶	素面	素面	绳纹				
盆			1					1	19	5.26	100
罐			1					1		5.26	
钵	9	1		2				12		63.16	
瓮					1	1	3	5		26.32	
合计	9	1	2	2	1	1	3				
	19										
百分比（%）	47.37	5.26	10.53	10.53	5.26	5.26	15.79				
	100										

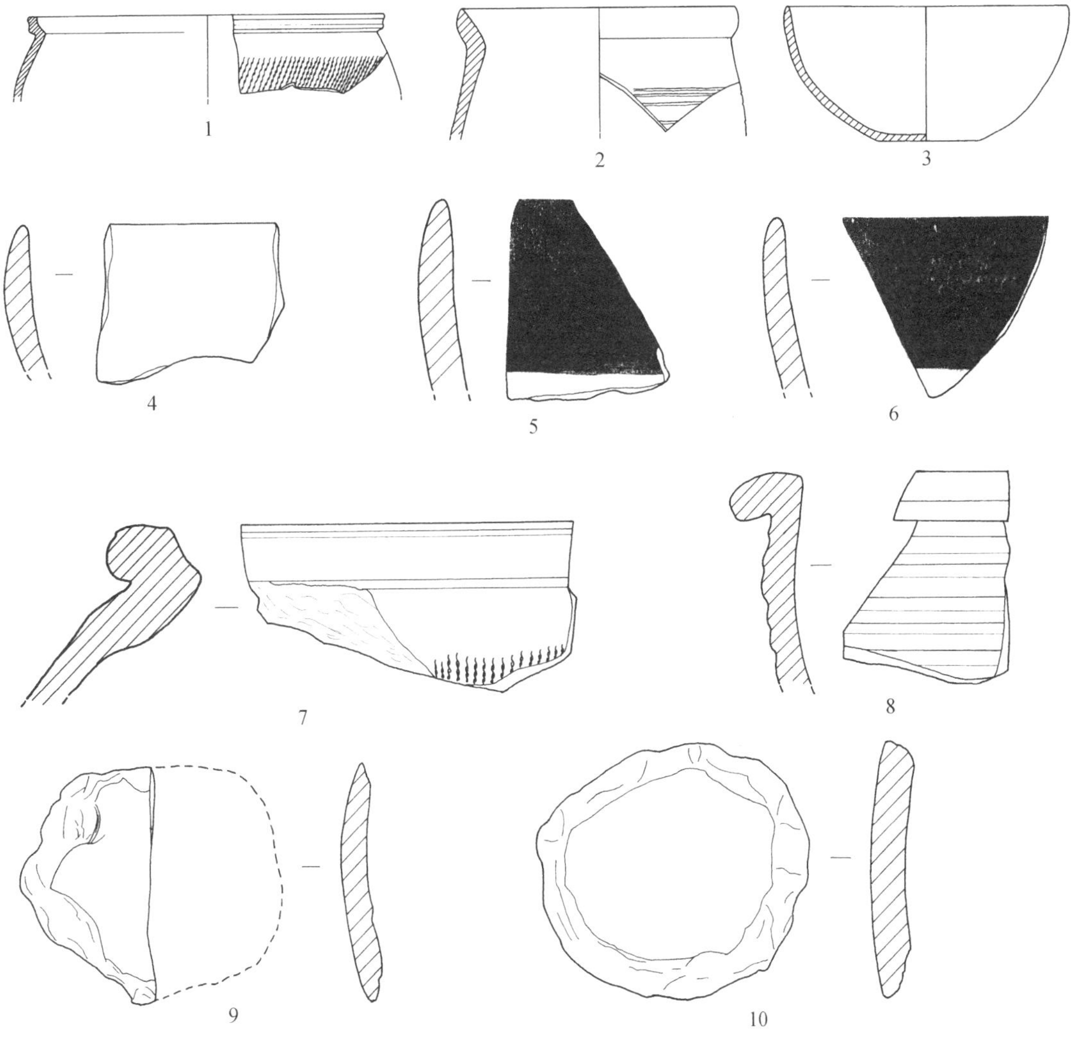

1、3、5. 0 6厘米 2、4、6、7、9、10. 0 3厘米 8. 0 6厘米

图四五五 H244出土陶器

1、7. 瓮（H244：7、H244：8） 2. 罐（H244：6） 3～6. 钵（H244：1、H244：4、H244：3、H244：2）
8. 盆（H244：5） 9、10. 圆陶片（H244：9-2、H244：9-1）

标本H244：4，素面。器表经刮抹较为光滑。口下可见轮修痕迹（图四五五，4）。

标本H244：1，可复原。细泥质橘红陶。敞口，圆唇，深弧腹，平底。器表磨光。素面。口径28.3、底径10、通高13.2厘米（图四五五，3；图版九〇，6）。

瓮　5件。均口、腹部残片。标本H244：7，粗夹砂红褐陶。侈口，折沿，沿面内曲，方唇，鼓腹。腹部饰右上至左下斜向绳纹。口沿下侧可见轮修痕迹。复原口径35.6、残高7.6厘米（图四五五，1）。

标本H244：8，粗夹砂红褐陶。侈口，折沿，沿面有一道浅细凹槽，圆唇，鼓腹。腹部饰竖向绳纹。口沿下侧可见轮修痕迹（图四五五，7）。

圆陶片　2件。形制相同，均细泥质橘红陶，圆形。标本H244：9-1，完整。系利用钵的残片打制而成。边缘稍钝。直径6.8、厚0.8厘米（图四五五，10）。标本H244：9-2，残。系利用钵的残片打制而成。残存部分呈半圆形，边缘较锋利。直径5.9、厚0.6厘米（图四五五，9）。

69. H248

H248位于Ⅲ区T1014西北部，开口于④层下。平面呈椭圆形，筒状，直壁，平底。坑口长径0.76、短径0.72、深0.8米（图四五六）。

坑内堆积为浅褐色土，土质较为致密，出土少量陶片。

陶片以细夹砂红褐陶为主，还有少量粗夹砂红褐陶、细泥质橘红陶、粗泥质橘红陶；纹饰以绳纹为主，素面次之。

H248共出土遗物5件。全部为陶器。器类有罐、钵，另有剔刺纹陶片。

罐　2件。均口、腹部残片。形制相同，粗夹砂红褐陶，侈口，折沿，圆唇，鼓腹。标本H248：5，口沿以下饰左上至右下斜向绳纹。外沿面可见轮修痕迹（图四五七，2）。标本H248：6，腹部饰竖向绳纹（图四五七，1）。

钵　3件。均口、腹部残片。标本H248：1，细夹砂红褐陶。直口，方唇，深弧腹，口下有两道浅细凹槽。器表可见轮修痕迹（图四五七，4）。

标本H248：2、H248：3形制相同，均直口微敛，深弧腹，器表磨光。素面。标本H248：2，细泥质橘红陶。圆唇。口下可见浅褐色叠烧痕迹（图四五七，5）。标本H248：3，粗泥质橘红陶。尖圆唇。表层有部分剥落。口下可见烟熏痕迹（图四五七，6）。

剔刺纹陶片　标本H248：7，腹部残片。细夹砂红褐陶。弧腹。器表饰多周整齐的剔刺纹。内壁可见刮抹痕迹。可能为罐残片（图四五七，3）。

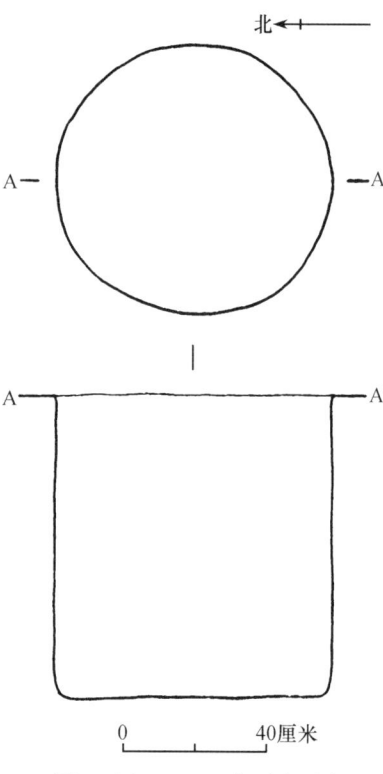

图四五六　H248平、剖面图

70. H249

H249位于Ⅲ区T1014中部，开口于④层下。平面呈圆形，筒状，直壁，平底。坑口径1.4、深1米（图四五八）。

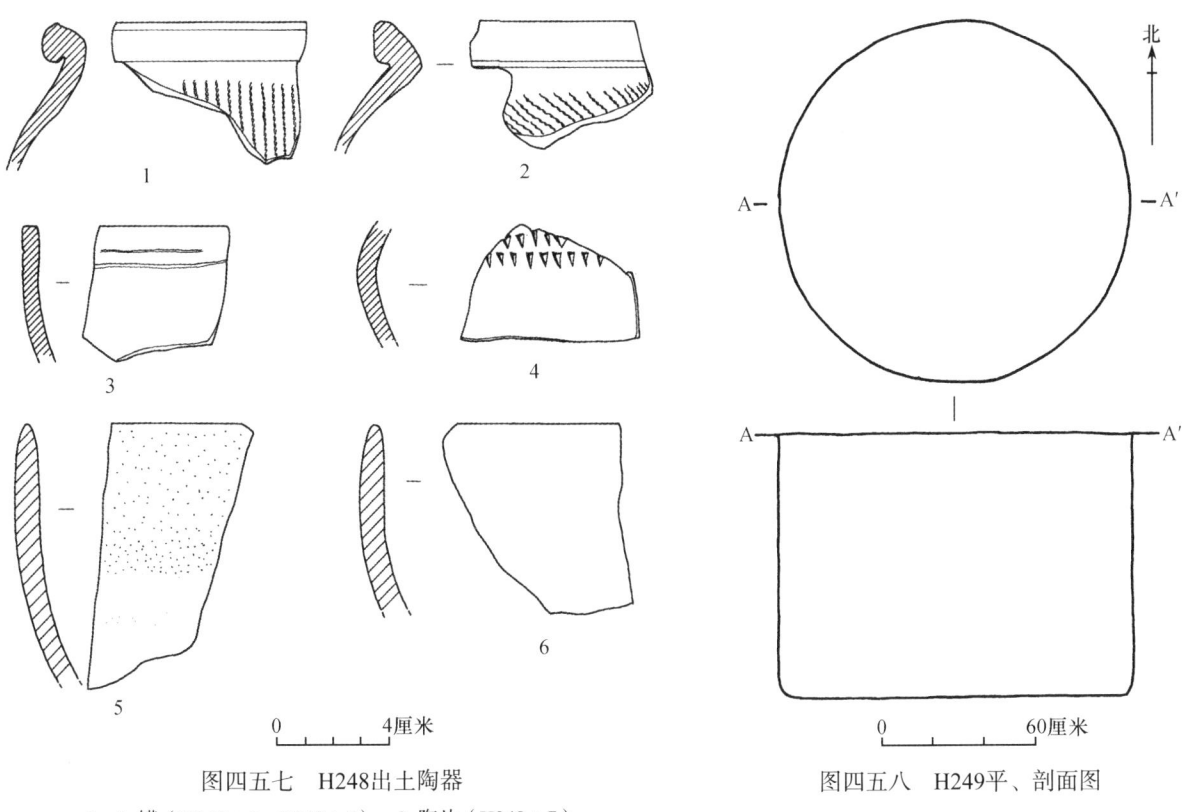

图四五七　H248出土陶器
1、2.罐（H248：6、H248：5）　3.陶片（H248：7）
4～6.钵（H248：1、H248：2、H248：3）

图四五八　H249平、剖面图

坑内堆积为浅褐色土，土质较为致密，包含少量火烧土块与炭屑，出土少量陶片。

H249共出土遗物4件。以陶器为主，石、骨器次之。

（1）陶器

2件。器类有钵、罐，另有器耳。

钵　1件。标本H249：1，口、腹部残片。细泥质橘红陶。直口微敛，圆唇，深弧腹。器表磨光。素面。内壁可见轮修痕迹（图四五九，2）。

罐　1件。标本H249：2，口、腹部残片。粗夹砂红褐陶。侈口，卷沿，沿面微曲，方唇，鼓腹。腹部饰左上至右下斜向绳纹。外沿面可见轮修痕迹（图四五九，1）。

器耳　标本H249：3，腹部残片。细夹砂橘红陶。弧腹，有一竖向扁圆桥形耳。腹部饰右上至左下斜向绳纹（图四五九，5）。

（2）石器

1件。石片。标本H249：4，石英细砂岩。平面呈近长方形。可见打击点及半锥体。背面保存砾石面。残长7厘米（图四五九，3）。

（3）角器

1件。锥。标本H249：5，残。系利用梅花鹿角的角尖磨制而成。器表磨光。器表可见烟熏痕迹，并可见啮齿类的咬痕。残长5.9厘米（图四五九，4）。

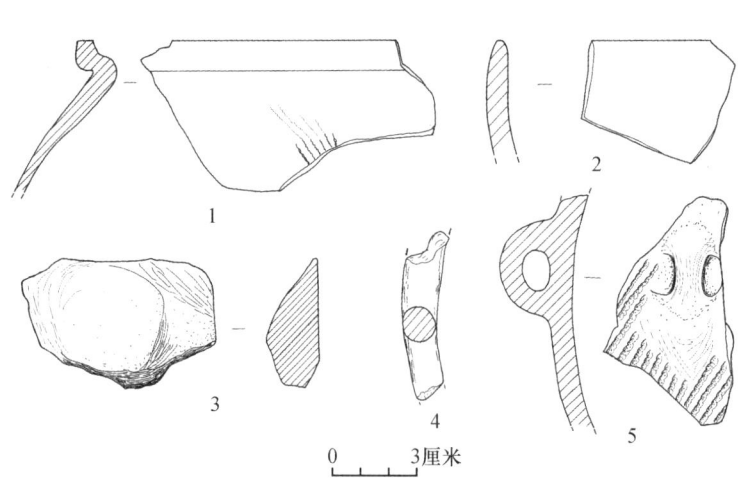

图四五九　H249出土遗物
1. 陶罐（H249：2）　2. 陶钵（H249：1）　3. 石片（H249：4）
4. 角锥（H249：5）　5. 器耳（H249：3）

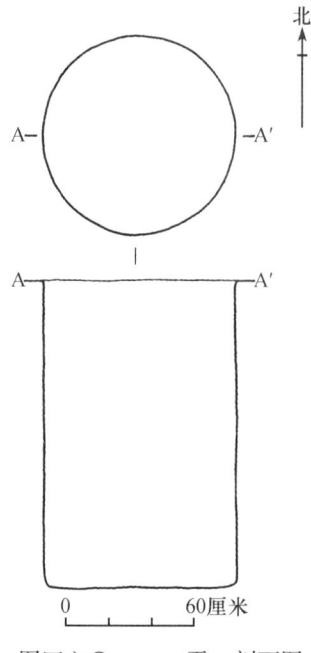

图四六〇　H252平、剖面图

71. H252

H252位于Ⅲ区T1114东部，开口于④层下。平面呈圆形，筒状，直壁，平底。坑口径0.9、深1.4米（图四六〇）。

坑内堆积为深褐色土，土质较为致密，出土少量陶片。

陶片为主要的出土物，以细泥质橘红陶和粗夹砂红褐陶为主，细夹砂橘红陶和细夹砂橙黄陶次之，并有少量细泥质灰陶及粗泥质橘红陶；纹饰以素面占绝大多数，绳纹次之，还有一定比例的弦纹（表一二二）。

H252共出土遗物36件。全部为陶器。器类有盆、罐、钵，另有器底、器耳（表一二三）。

盆　4件。均口、腹部残片。形制相同。标本H252：6，细泥质橘红陶。直口微敛，折沿，沿面向外侧下斜，方唇，弧腹。口沿以下饰多周弦纹。唇部可见轮修痕迹（图四六一，4）。

表一二二　H252陶系统计表　　　　　　　　　（单位：kg）

陶质 纹饰	陶色	细泥质		粗泥质	细夹砂		粗夹砂	合计		百分比（%）	
		橘红	灰	橘红	橘红	橙黄	红褐				
素面			0.08	0.05	0.32	0.35	0.81	1.61		40.76	
素面+磨光		1.45						1.45		36.71	
绳纹		0.12					0.49	0.61	3.95	15.44	100
弦纹		0.05						0.05		1.27	
绳纹+弦纹							0.23	0.23		5.82	
合计		1.62	0.08	0.05	0.32	0.35	1.53	3.95			
		3.95									
百分比（%）		41.01	2.03	1.27	8.10	8.86	38.73				
		100									

表一二三 H252器形统计表　　　　（单位：件）

陶质	细泥质	细夹砂	粗夹砂			合计		百分比（%）	
陶色	橘红	橘红	红褐						
器形 \ 纹饰	素面+磨光	弦纹	素面	素面	绳纹	绳纹+弦纹				
盆	2	1	1				4		11.11	
罐 口				6	2		14	36	38.89	100
罐 底				3	2	1				
钵 口	17						18		50.00	
钵 底	1									
合计	20	1	1	9	4	1	36			
	36									
百分比（%）	55.56	2.78	2.78	25.00	11.11	2.78				
	100									

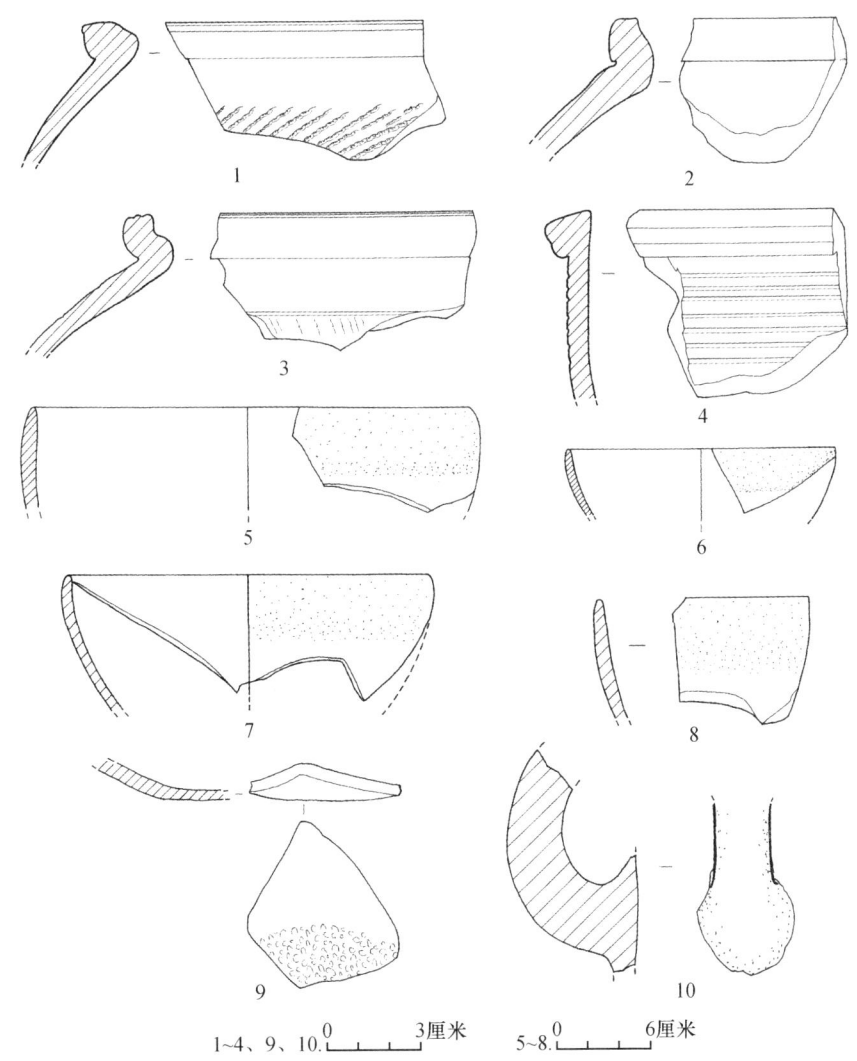

1~4、9、10. ├──┤ 3厘米　　5~8. ├──┤ 6厘米

图四六一　H252出土陶器

1~3. 罐（H252：8、H252：10、H252：9）　4. 盆（H252：6）　5~8. 钵（H252：2、H252：4、H252：1、H252：3）
9. 器底（H252：5）　10. 器耳（H252：12）

罐　14件。均口、腹部残片。形制相同，均粗夹砂红褐陶，侈口，折沿，沿面内曲，方唇，鼓腹。标本H252：8，沿面微曲。腹部饰右上至左下斜向绳纹。唇部可见轮修痕迹（图四六一，1）。标本H252：9，唇部有两道浅细凹槽。口沿下侧饰一周弦纹，弦纹以下饰左上至右下斜向绳纹，绳纹斜度较小。唇部可见轮修痕迹（图四六一，3）。标本H252：10，素面。外沿面可见轮修痕迹（图四六一，2）。

钵　18件。均口、腹部残片。形制相同，均细泥质橘红陶，直口微敛，深弧腹，器表磨光，素面。标本H252：1，圆唇。口下可见浅褐色叠烧痕迹与刮抹痕迹。口径23.6、残高8.2厘米（图四六一，7）。标本H252：2，尖圆唇。口下可见浅褐色叠烧痕迹。复原口径28.6、残高6.6厘米（图四六一，5）。标本H252：3，圆唇。口下可见浅褐色叠烧痕迹（图四六一，8）。标本H252：4，圆唇。口下可见浅褐色叠烧痕迹与轮修痕迹。复原口径18、残高4.2厘米（图四六一，6）。

器底　标本H252：5，底部残片。细泥质橘红陶。圜底，底部有一周凸棱，凸棱内区域较为粗糙。器表磨光。可能为钵底。残高1.2厘米（图四六一，9）。

器耳　标本H252：12，耳部残片。粗泥质橘红陶。圆柱桥形耳。素面（图四六一，10）。

72. H254

H254位于Ⅲ区T0617西北部与T0618西南部，开口于④层下。平面呈圆角方形，袋状，斜直壁，平底。坑口边长0.8、底边长1、深0.66米（图四六二）。

坑内填土为浅灰色土，土质疏松，出土少量陶片。

H254仅出土陶钵1件。标本H254：1，口、腹部残片。细泥质橘红陶。直口微敛，方唇，深弧腹。器表磨光。素面。口下可见轮修痕迹（图四六三）。

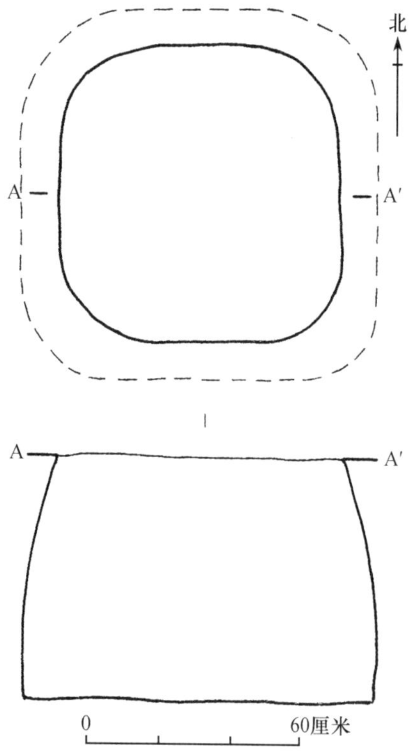

图四六二　H254平、剖面图

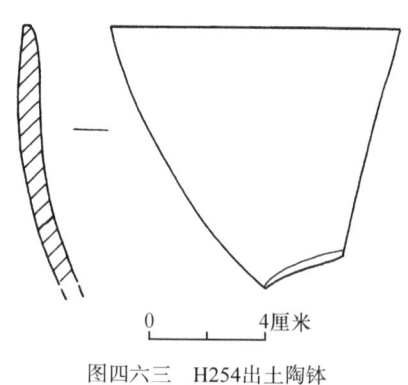

图四六三　H254出土陶钵（H254：1）